Traditionelle mehrstimmige Messen in erneuerter Liturgie – ein Widerspruch?

Jakob Johannes Koch

Traditionelle mehrstimmige Messen in erneuerter Liturgie – ein Widerspruch?

Verlag Friedrich Pustet
Regensburg

Die Deutsche Bibliothek – CIP-Einheitsaufnahme

Ein Titeldatensatz für diese Publikation ist bei
Der Deutschen Bibliothek erhältlich.

ISBN 3-7918-1799-5

Umschlaggestaltung: Martin Veicht. form fünf, Regensburg
Druck und Bindung: Friedrich Pustet, Regensburg
Printed in Germany 2002

Inhalt

Abbildungsverzeichnis

Tabellenverzeichnis

Vorwort

Traditionelle mehrstimmige Messen in erneuerter Liturgie – dass ich mich an ein solch brisantes Thema heranwagte, hat biographische Hintergründe: Als Absolvent zweier Hochschulstudien in Kath. Theologie und Musik hatte ich mich spätestens seit dem Abschluss der Meisterklasse bei Fischer-Dieskau so weit mit meinem theologischen Promotionsfach Liturgiewissenschaft identifiziert, dass ich in einen inneren Interessenkonflikt geriet, der schließlich Züge des von Goethe geschilderten Widerstreits der in einem Menschen vereinten „zwei Seelen“ annahm: Aus der Perspektive des Gesangssolisten machte es mir Freude, sonntäglich bei den großen solennen Messen etwa Mozarts oder Bruckners mitzuwirken. Ich machte die Erfahrung, dass viele Gottesdienstbesucher durch diese Musik spirituell mehr angerührt wurden als durch feierliche Riten oder tiefsinnige Predigten. Andererseits musste ich auch erleben, wie jugendliche Gottesdienstbesucher unter der Musik fast physisch litten, wie in den hinteren Kirchenbänken während der musikalischen Darbietung „Privatgespräche“ stattfanden, wie Musiker zwischen den Ordinariumssätzen Unterhaltungsliteratur lasen, wie Honorare unmittelbar nach dem Agnus Dei an Musikerkollegen ausbezahlt werden mussten, da diese bereits zum nächsten Engagement aufbrachen oder wie während der Kommunion Kontonummern und Quittungen ausgetauscht wurden. Als Liturgiewissenschaftler, der sich mit den Maximen der sog. „Erneuerten Liturgie“ des Zweiten Vatikanischen Konzils auseinandergesetzt hatte, war mir klar, dass es sich bei den zuletzt geschilderten Vorkommnissen zwar um besonders extreme Fälle handelte, dass sich aber darin letztlich ein weit tieferes Problem widerspiegelte: Liturgie und Kirchenmusik als zwei voneinander oft unabhängige Größen, die dann nicht mehr zu einem schöpferischen Miteinander zusammenfinden, sondern sich im Gegenteil wechselseitg beeinträchtigen.

Was aber macht das Thema so brisant? Im Jahr 1903 erließ Papst Pius X. sein Motuproprio „Tra le sollecitudini“. Es war dies das erste Mal, dass in einem päpstlichen Erlass wortwörtlich der *ganzen* gottesdienstlichen Gemeinde das Recht einer *aktiven* Teilnahme an der Liturgie zuerkannt wurde. Dies war ein Durchbruch, der eine konsequenzenreiche Entwicklung auslöste und ohne den sich die Frage der hier vorgelegten Abhandlung in dieser Zuspitzung vielleicht niemals gestellt hätte. Denn schon wenig später wurde die Unvereinbarkeit der neuen liturgischen Konzepte mit dem traditionellen mehrstimmigen Kirchenmusikrepertoire von der „Liturgischen Bewegung“ zur Sprache gebracht: Wie kann der Gottesdienstbesucher einerseits persönlich aktiv an der Liturgie teilnehmen, wenn ihm andererseits die Rolle eines passiven Konzertbesuchers aufgenötigt wird?

Im Zuge der Liturgiereform des Zweiten Vatikanums verdichtete sich diese Diskussion und erlebte einen Höhepunkt Ende der 1980er-Jahre: In der Zeitschrift „Musica sacra“ erschienen 1988 unter dem Titel „Die Eucharistie als Konzertmesse?“ Ausführungen des Liturgiewissenschaflers Stefan Rau, in denen eine Unvereinbarkeit traditioneller mehrstimmiger Messen mit der erneuerten Liturgie konstatiert wurde. Die öffentliche Thematisierung des schon lange als brisant geltenden Gegenstandes löste im deutschsprachigen Raum im Bereich der Kirchenmusik und der Liturgik eine umfangreiche Debatte aus, die zwar zu erwarten gewesen war, aber in ihrer Vehemenz dennoch überraschte. Da teilweise unsachliche Emotionalität den Diskurs prägte, blieb dieser weithin ohne konsensfähiges Ergebnis. Das Problem gilt nach wie vor als hochaktuell – der Großteil aller Kirchenmusiker/-innen und Liturgen des deutschsprachigen Raumes sieht sich regelmäßig mit dem dargestellten Problem konfrontiert –, harrte aber bislang noch einer einlässlicheren konstruktiv-sachlichen Behandlung.

Wenn ich also hiermit einen musikliturgischen „Zankapfel" aufgreife, so geschieht dies nicht in der Absicht, das Problem schönzureden. Ich lasse die polare Spannung bestehen, versuche aber durch konstruktive Impulse, sie von einem kontradiktorisch lähmenden Gegensatz in eine produktiv mobilisierende Spannung zu wandeln. Als Musiker und Liturgiewissenschaftler fühle ich mich beiden „Parteien" gleichermaßen zugehörig, was mir vielleicht die Chance gibt, einigermaßen unparteiisch zu sein. So hoffe ich, zur Beilegung eines immer wieder aufflackernden Streites beitragen zu können, indem ich zu verdeutlichen suche, dass es unter bestimmten Rahmenbedingungen durchaus möglich ist, traditionelle mehrstimmige Kirchenmusik und erneuerte Liturgie in Einklang zu bringen. Zugleich will diese Abhandlung auch jenseits der spezifisch katholischen Problemstellung als Nachschlagewerk auf dem Gebiet einer der kulturgeschichtlich bedeutendsten Kompositionsgattungen des Abendlandes der überkonfessionellen Kirchenmusikforschung wie auch der Aufführungspraxis dienlich sein. Als Hilfestellung für jene Leser/-innen, die mit der musikologischen Fachterminologie nur wenig vertraut sind, werden einige wichtige Begriffe im Fußnotenapparat erklärt. Unerlässlich aber ist es, das sich der Leser/die Leserin stets die betreffende Musik zu vergegenwärtigen sucht. Da Notenbeispiele dies nicht ersetzen können und da bei einer Erläuterung der knapp 100 besprochenen Messen anhand von Werktextbelegen das ohnehin schon umfangreiche Buch um weitere 100 bis 150 Seiten zugenommen hätte, wurde hierauf verzichtet. Die zitierten Werke sind größtenteils ediert und leicht zugänglich, so dass mir meine Vorgehensweise vertretbar erscheint.

Dass meine Forschungsarbeit finanziell gesichert war, verdanke ich der Studienstiftung des Deutschen Volkes, die mich durch ein Promotionsstipendium unterstützt hat. Dass meine fächerübergreifende Abhandlung überdies eine universitäre Betreuung fand, die keine Scheuklappen des eigenen Faches kannte, sondern sich im Gegenteil das hierbei indispensable interdisziplinäre Anliegen auf die Fahnen schrieb, ermöglichte mein Doktorvater Univ.-Prof. Dr. Albert Gerhards. Sein Bonner Liturgiewissenschaftliches Seminar bot als ausgewiesene Begegnungsplattform von Kunst und Liturgie meiner Arbeit den nötigen Nährboden. Dafür danke ich ihm. Den deutschen (Erz-)Diözesen, die sich an den Drucklegungskosten beteiligt haben, gilt ebenfalls mein ausdrücklicher Dank.

Nicht zuletzt habe ich meiner Frau Edith zu danken, die – praktizierende Kirchenmusikerin im Nebenberuf – mich immer wieder konstruktiv in meinen Überlegungen bestärkte und mir den für meine Arbeit nötigen Freiraum schuf. Ihr sei dieses Buch gewidmet.

Bonn, Dezember 2001 *Jakob Johannes Koch*

Einleitung

Vielen gilt es geradezu als Synonym für liturgische Festlichkeit: Das mehrstimmig gesungene Ordinarium missae, womöglich in der Form einer Orchestermesse der Wiener Klassik oder der Romantik. Selbst kleine Landpfarreien setzen alles in Bewegung, um wenigstens an den höchsten Herrenfesten eine solche Messvertonung aufführen zu können. An den katholischen Kathedralen ist die Pflege polyphoner (Ordinariums-)Kompositionen sogar seitens des Apostolischen Stuhles ausdrücklich erwünscht[1], und so gibt es beispielsweise in Deutschland Bischofskirchen, in welchen binnen eines Jahres bis zu sechzig Mal eine mehrstimmige Vertonung des Ordinarium missae erklingt[2]. Die traditionelle mehrstimmige Messe ist also in der heutigen Zeit durchaus nicht nur im marginalen Bereich irgendeiner „Kirchenmusik-Szene" zu finden, sondern sie scheint vielmehr in der römisch-katholischen Liturgie nach wie vor einen selbstverständlichen Ort zu haben. Allein dies wäre Grund genug, sie etwa als ein interessantes kulturelles Phänomen der Gegenwart kulturwissenschaftlich zu untersuchen. Der Liturgiewissenschaft freilich geht es bei diesem Thema um mehr als nur historische, soziologische oder musikologische Implikationen: Zeigt doch der prüfende Blick hinter die „Kulissen" heutiger musikliturgischer Praxis, dass der Status quo der traditionellen mehrstimmigen Messe doch nicht so eindeutig und unumstritten ist, wie es zunächst scheinen mag.

Das Problem, welches sich im Hinblick auf die heutige gottesdienstliche Verortung traditioneller mehrstimmiger Messen ergibt, hat einen liturgietheologischen Hintergrund von großer Tragweite. Die erneuerte Liturgie unserer Tage, wie sie in der Konstitution „*Sacrosanctum Concilium*" (1963) des Zweiten Vatikanischen Konzils grundgelegt und in der nachkonziliaren Liturgiereform konkretisiert wurde, wird gleichsam von drei tragenden Säulen gestützt: von der tätigen Teilnahme der gottesdienstlichen Gemeinde, der Rollenverteilung innerhalb der liturgischen Feiergemeinschaft und dem weiteren Raum für die Landessprache im Gottesdienst. Erklingt ein polyphoner Ordinariumszyklus, sind aber gerade diese drei Grundpostulate vom objektiven Standpunkt aus infrage gestellt, denn währenddessen ist der zuhörenden Gemeinde eine ganzheitliche, d.h. leibgeistige Teilnahme nicht möglich, die liturgischen „Rollen" sind nicht mehr verteilt, sondern das musikalische Ensemble zieht die Ausführung des Gesanges exklusiv an sich und der Großteil der Gemeinde vermag dem Textinhalt aufgrund seiner Fremdsprachlichkeit (Latein) nicht zu folgen. Dass die Beschaffenheit traditioneller mehrstimmiger Messen in den genannten Punkten so offenkundig den Richtlinien erneuerter Liturgie zuwiderläuft, rührt daher, dass ihre Urheber sie auf die Kleruslliturgie ver-

[1] Dies geht etwa aus den Äußerungen der Liturgiekonstitution „*Sacrosanctum Concilium*" (1964), Art. 114 oder der Instruktion „*Musicam sacram*", Art. 20 der Ritenkongregation (1967) hervor.

[2] Belegt wird diese Angabe durch eine aktuelle Befragung unter den Hauptverantwortlichen der Kirchenmusik an allen katholischen Kathedralen Deutschlands, welche eigens für die vorliegende Arbeit durchgeführt wurde. Vgl. hierzu ausführlich Kapitel 3.1 (Seite 91-95) sowie die Einführung zum Kapitel 5 (Seite 190-193).

gangener Jahrhunderte hin konzipierten und natürlich noch nichts von einer späteren Liturgiereform wissen konnten. Die „Kongregation für den Gottesdienst und die Sakramentenordnung" schrieb daher 1987 in ihrem Rundschreiben „*De concentibus in ecclesiis*" („*Concerti nelle chiese*"): „Wenn die Kirchenmusik innerhalb eines Gottesdienstes aufgeführt wird, soll sie sich an dessen Eigenart anpassen. Dies verpflichtet nicht selten dazu, den Gebrauch von Werken einzuschränken, die aus einer Zeit stammen, in der die tätige Teilnahme der Gläubigen an der Liturgie noch nicht als eine Quelle wahrhaft christlichen Geistes ... angesehen wurde." [3]

Was der Apostolische Stuhl hier als Lösung des Problems vorschlägt, betrifft im Grunde alle *traditionellen* mehrstimmigen Messen, d.h. alle das Ordinarium missae im lateinischen Wortlaut vertonenden chorischen und chorisch-instrumentalen Kompositionen, welche vor der Liturgiereform des 20. Jahrhunderts entstanden. Es fragt sich aber, ob dies wirklich der angemessenste Lösungsansatz ist. Denn es könnte ja sein, dass sich innerhalb der aus früheren Zeiten überkommenen Kirchenmusik liturgisch-theologische Botschaften ihrer Schöpfer verbergen, die dem heutigen Menschen wieder neu jene sakralen Tiefendimensionen der Liturgie erschließen können, welche ihm aufgrund der zunehmenden Säkularisierung unserer Epoche unzugänglich geworden sind. Jene Sprache der Musik, wie sie von den Großen des Messen-Genres wie z.B. Palestrina, Mozart oder Bruckner auf unüberbietbare Weise „gesprochen" wird, vermag die christlichen Glaubenswahrheiten bisweilen mit einem größeren existentiellen Bezug einzufangen, als es der verbalen Rede zu Gebote steht. Die Potenz der traditionellen mehrstimmigen Messe, spirituelle Evidenzerlebnisse auslösen zu können, darf somit gerade für den heutigen Gottesdienst als Chance angesehen werden. Die eingangs angedeutete partielle Inkompatibilität zur erneuerten Liturgie ist gleichwohl unleugbar, d.h. die liturgische „Aufführung" traditioneller mehrstimmiger Messen bedeutet einen Kompromiss in fortwährender polarer Spannung: Letztere kann zum unversöhnlichen Gegensatz werden, kann aber auch eine mobilisierende und produktive Dynamik freisetzen. Wird ein polyphones Ordinarium als museales Artefakt einfach in den Gottesdienst „importiert", liegt seine Potenz brach. Die liturgisch-theologischen Impulse sind zunächst größtenteils in der *„Gestalttiefe"*[4] des Werkes *ver-borgen* und können durch rein stimmungsmäßiges Hören allenfalls rudimentär rezipiert werden. Es bedarf folglich einer hermeneutischen Methode, sie zu *ent-bergen* und die Hörer zu einem wirklichen Verstehen der „Sprache" der Musik zu führen. Eine solche Methode zu entwickeln und damit die Spannung zwischen traditionellen mehrstimmigen Messen und erneuerter Liturgie fruchtbar zu machen, ist das Anliegen der vorliegenden Monographie.

Das hier entworfene hermeneutische Modell ist die *doppelte Werkkontextualisierung*. Es beruht auf der Erkenntnis, dass die vermeintlichen Ideale totaler Zweckfreiheit, Funktionslosigkeit sowie zeit- und geschichtsloser Inhaltlichkeit der Kunst und somit auch der liturgischen Musik utopisch sind. „Kirchenmusik ist

---

[3] Deutsche Übersetzung zitiert nach SEKRETARIAT DER DEUTSCHEN BISCHOFSKONFERENZ 8.
[4] WELLEK 251.

keine kontextunabhängige Musik, ist nicht Klang-Ereignis an sich, sondern sie bildet einen integrierenden Bestandteil der liturgischen Feier. Als Teil eines Ganzen steht die Kirchenmusik in einem Funktionszusammenhang, wobei ihre spezielle Aufgabe aus dem Liturgieverständnis der jeweiligen Zeit resultiert."[5] Liturgische Musik muss in ihre genuinen, konkreten Kontexte stimmig eingebettet werden, will sie zu sich selbst und damit zu ihrem Rezipienten kommen. Die stimmige Einbettung in den je konkreten Ereignis-Kontext nennen wir *Werkkontextualisierung*. Die erste Werkkontextualisierung bedeutet: Das Werk aus seinem Produktionskontext heraus verstehen zu lernen. Die zweite Werkkontextualisierung bedeutet: Das in der ersten Werkkontextualisierung geistig erschlossene Werk in den Kontexten heutiger Liturgie (=Rezeptionskontext) konstruktiv verorten. Es geht der vorliegenden Publikation dabei nicht nur um eine Vermittlung zwischen musikliturgischem Dogmatismus und laissez faire, zwischen Traditionalismus und „musikalischem Ikonoklasmus", sondern sie will zugleich auch die Relevanz eines *personalen Ansatzes der Liturgiewissenschaft* darlegen: Komponisten und Rezipienten mehrstimmiger Messen sind als personale Individuen daraufhin zu „befragen", was das objektive liturgische Geschehen bei ihnen an subjektiven Gefühlen, Artikulationen und Handlungen auslöst und was sie an Persönlich-Subjektivem in die objektive Liturgie hineintragen. Die doppelte Werkkontextualisierung stützt sich mithin zu einem wesentlichen Teil auf die Autobiographie-Forschung. Damit soll ein Beitrag zur Ergründung dessen geleistet werden, was „sensus fidei" konkret meint und warum dessen Kenntnis für eine liturgia semper reformanda unabdingbar ist.

Was also ist die Intention der vorliegenden Abhandlung? Sie will einen Beitrag dazu leisten, die Kluft zwischen traditioneller mehrstimmiger Kirchenmusik und heutiger Gottesdienstgestalt zu überbrücken und die Hörgewohnheit sakraler Musik von der Haltung des konsumgesättigten bildungsbürgerlichen Konzertpublikums in ein existentiell betroffenes Hören zu wandeln. Sie will überdies eine hermeneutische Methode zum Verständnis traditioneller sakraler Kunst (insbesondere Musik) in der Gegenwart bereitstellen.

Mit dieser Konzeption will sich das Buch folglich nicht nur an den wissenschaftlichen Theoretiker wenden, sondern zugleich auch als praxisbegleitendes Nachschlagewerk Hilfestellungen für die Arbeit mit Kirchenchören und Kantoreien, für die Vorbereitung von Predigten in chorisch gestalteten Gottesdiensten, für kirchenmusikalische Probenarbeit, für Werkeinführungen in erwachsenbildnerischen Seminaren und Vorträgen etc. bieten. Anhand eines ausführlichen Stichwortverzeichnisses im Anhang lässt sich jede der ca. 100 behandelten Messen problemlos nachschlagen.

Der Aufbau der Abhandlung ist auf den eigentlichen Hauptteil, den Transfer der Methode auf das konkrete Messenœuvre, hingeordnet: Das erste Kapitel erklärt, was eine Ordinariumsvertonung von ihrer historischen Genese her ist. Das zweite Kapitel legt den geschichtlichen Werdegang und das Wesen dessen dar, was wir

---

[5] GERHARDS, Der liturgische Hintergrund der Palestrina-Renaissance im 19. Jahrhundert 181.

als „erneuerte Liturgie“ bezeichnen. Das dritte Kapitel führt das erste und zweite Kapitel zu einer Synthese zusammen und zeigt auf, welche Probleme sich daraus – d.h. aus der Verbindung der traditionellen mehrstimmigen Messe mit der erneuerten Liturgie – ergeben. Das vierte Kapitel entwirft die Hermeneutik der doppelten Werkkontextualisierung und das fünfte Kapitel, das Hauptkapitel der Abhandlung, vollzieht schließlich die Anwendung der Methode auf das konkrete Messenœuvre (hier enthalten: Werkeinführungen zu ca. 100 Messen der heute am häufigsten aufgeführten Messenkomponisten). Das Buch schließt mit einem Ausblick, in dem zur Abrundung des Ganzen noch einige Einzelaspekte als Impulse zum Weiterdenken aufgegriffen werden.

1 Die traditionelle mehrstimmige Messe

Für eine fruchtbare Erörterung des heutigen Stellenwertes von traditionellen mehrstimmigen Messen in erneuerter Liturgie erweist es sich als unabdingbar, zu allererst der Frage nachzugehen, was eine (musikalische) Messe überhaupt ist, wie diese kompositorische Gattung entstand, und wie sie sich im Laufe der Jahrhunderte weiterentwickelte. Denn nur wer bei diesem komplexen Thema die historische Genese berücksichtigt, kann sich mit den gattungsspezifischen Problemfeldern, die sich im Zusammenhang mit der erneuerten Liturgie ergeben, auf eine wirklich adäquate Weise, d.h. mit dem nötigen Maß an Sensibilität und Konstruktivität auseinander setzen.

Im Sinne eines methodisch stringenten Vorgehens wird mithin der erste Schritt die terminologische Klärung des musikologischen Gattungsbegriffes „Messe" sein. Dieser begrifflichen Definition schließt sich die Darlegung der markantesten liturgiegeschichtlichen und -theologischen Eckdaten des Ordinarium missae an, womit dann zugleich ein organischer Übergang in die historische Entwicklung der traditionellen mehrstimmigen Messe unter der Fragestellung des Wort-Ton-Verhältnisses eröffnet wird.

1.1 Zur Terminologie des musikologischen Genusbegriffes „Messe"

1.1.1 „Missa" im musikalischen Sinne – Historische Entwicklung des Terminus und begriffliche Ausdifferenzierung

Das lateinische Wort „*missa*" – im Deutschen mit dem Lehnwort „*Messe*" übersetzt – taucht im vierten Jahrhundert erstmals als liturgischer Genusbegriff auf. Das Lexem leitet sich aus dem liturgischen Entlassungsgruß „*Ite, missa est*" her und wurde ab dem genannten Zeitpunkt zunächst als Gattungsbezeichnung für jene Teile der Feiern der Liturgien des westlichen Abendlandes angewandt, die mit Entlassung und Segen endeten. Allmählich findet eine bedeutungsmäßige Ausdehnung auf ganze liturgische Feiern statt, bis man mit dem als Pars pro toto verwendeten Wort ab dem Ende des fünften Jahrhunderts schließlich den gesamten gottesdienstlichen Vollzug der Eucharistie bezeichnete.[6]

Als musikologischer Genusbegriff erscheint das Wort „*missa*" erstmals im 14. Jahrhundert. Im gesungenen Vortrag der die Messliturgie konstituierenden Texte wurzelnd, ist die Bezeichnung hier gleichsam eine fachspezifische Abzweigung des liturgischen Begriffes. Als solchermaßen gebrauchter Terminus technicus ist seine Denotation – von sehr wenigen Ausnahmen abgesehen – nicht etwa die musikalische Gestaltung der gesamten Meßliturgie[7], sondern nahezu ausschließlich

---

6 Vgl. MEYER, Art. Messe. I. Begriff, Begriffsentwicklung 159 sowie MEYER, Eucharistie. Geschichte, Theologie, Pastoral 40 f.

7 Insofern der musikologische Genusbegriff „Missa" eine fachspezifische Abzweigung des liturgischen Begriffes ist, sollte er in seinem weitesten Sinn im Grunde alle Stücke umfassen, die in der Messfeier gesungen werden. Hierzu zählen das *Proprium missae* (Un-

die mehrstimmige Vertonung der fünf Teile des im engeren Sinne verstandenen Ordinarium missae.[8] Erst im 17. Jahrhundert ging er auch auf die einstimmigen Ordinariumsgesänge über.[9]

In einer liturgiewissenschaftlichen Abhandlung mit interdisziplinärem Horizont kann trotz des jeweiligen semantischen Zusammenhanges eine Verwechslung der liturgischen und musikologischen Bedeutung von „Messe" nicht generell ausgeschlossen werden. Mithin wird in der vorliegenden Arbeit die musikologische Bedeutung von „Messe" erforderlichenfalls durch entsprechende Epitheta (z.B. „mehrstimmig") kenntlich gemacht, während das Fehlen eines Epithetons auf den liturgischen Wortsinn hinweist.

Die in der vorliegenden Publikation ebenfalls häufig verwendeten Bezeichnungen *„Ordinariumszyklus"*, *„zyklische Ordinariumskomposition"*, *„zyklische Ordinariumsvertonung"* oder *„zyklische Messkomposition"* sind vollkommen deckungsgleiche Synonyma zum Begriff „Messe". Ohne den Zusatz „zyklisch" sind sie als Gattungs-Oberbegriffe aufzufassen. D.h. sie bezeichnen dann alle Arten der Ordinariumsvertonung, nämlich sowohl die zyklische Vertonung der fünf Ordinariumsteile, als auch die Vertonung nur eines einzelnen Teiles des Ordinarium missae (*Messen- oder Ordinariumssatz*).

1.1.2 Die „traditionelle mehrstimmige Messe" – Definition

Die vorliegende Publikation erörtert wie gesagt die Problematik, ob und wie sich die *traditionellen* mehrstimmigen Messen mit den neuen liturgischen Konzepten des Zweiten Vatikanischen Konzils in Einklang bringen lassen. Diese Fragestellung in extenso zu behandeln ist gleichwohl erst möglich, wenn deren zentrale Begrifflichkeiten geklärt sind. Nachdem oben die Terminologie des musikologischen Genusbegriffes „Messe" in genere erläutert wurde, muss nun folgerichtig definiert werden, wie dessen Qualifizierung in specie als *„traditionelle mehrstimmige Messe"* zu verstehen ist: *Als traditionelle mehrstimmige Messe sei im Folgenden bezeichnet eine die Ordinariumstexte Kyrie, Gloria, Credo, Sanctus und Agnus Dei zyklisch und im lateinischen Wortlaut vertonende Komposition in der Faktur eines sich aus wenigstens zwei Stimmen konstituierenden Satzes in durchgängig harmonischer Tonalität, die ausschließlich konzipiert ist für die Interpretation durch chorischen und/oder solistischen Gesang, welcher gegebenenfalls begleitet wird von Musikinstrumenten, deren originäre Provenienz abendländisch und deren Klangerzeugung innerhalb des Werkes konventionell ist.*

---

terteilung der Eigentexte gemäß *Proprium de tempore [Herrenjahr]* und *Proprium de Sanctis [Festkalender der Heiligen]*), also die Gesänge mit entsprechend dem liturgischen Kalendarium wechselnden Eigentexten (Introitus, Graduale, Alleluja, Tractus, Sequenz, Offertorium und Communio), das *Ordinarium missae*, also die gleich bleibenden Texte (Kyrie, Gloria, Credo, Sanctus, Agnus Dei, siehe Kapitel 1.2.3) sowie die mehr der liturgischen Deklamation zuzurechnenden priesterlichen Gesänge (Lektionen und Orationen).

8 Vgl. hierzu Kapitel 1.2.1 (Seite 7 f.).

9 Vgl. STÄBLEIN, Art. Messe. Die lateinische Messe. Die einstimmigen Melodien 151 sowie ferner WAGNER (Peter Joseph) 17.

Insbesondere zwei Komponenten der soeben gegebenen knappen Definition bedürfen im Folgenden einer ausführlicheren Darlegung, damit in der an späterer Stelle erfolgenden Erörterung der zentralen Problematik auf eine fundierte Diskussionsgrundlage zurückgegriffen werden kann: Zunächst soll im anschließenden Kapitel die Entstehung und die theologische Essenz des Ordinariums aufgezeigt werden, sodann widmet sich ein weiteres Kapitel der Erforschung der Genese der mehrstimmigen Messe.

1.2 Die textliche und substantielle Basis der traditionellen mehrstimmigen Messe: Das Ordinarium missae

1.2.1 Das Ordinarium missae – begriffliche Ausdifferenzierung

Die traditionelle mehrstimmige Messe ist nichts anderes als die Vertonung des Ordinarium missae. Sie bildet zunächst, ganz abgesehen von der Semantik, in Melodik und Metrik die Struktur seiner Textoberfläche prosodisch nach: Das Ordinarium ist also ihre textliche Basis. Es ist aber auch ihre substantielle Basis: Es transportiert eine theologische Aussage, hat eine liturgische Verortung und ist vom Beginn seiner Existenz an – also bereits viele Jahrhunderte vor Entstehung der ersten mehrstimmigen Messen – kultischer Gesang bzw. verklanglichter Text. Eine angemessene Auseinandersetzung mit einer Problematik, welche die traditionelle mehrstimmige Messe anbetrifft, verlangt mithin ebenso nach einer Auseinandersetzung mit dem Ordinarium missae.

Ordinarium missae (vom lateinischen „ordinarius" – ordentlich, üblich) ist im engeren Sinne der Terminus für die – im Gegensatz zum *Proprium*[10] – textlich feststehenden und gleich bleibenden, ursprünglich von der Gemeinde gebeteten oder gesungenen, später nur noch parallel zum obligatorischen privaten Gebet des Priesters vom Chor gesungenen Teile der abendländischen Messe: Kyrie, Gloria, Credo, Sanctus-Benedictus und Agnus Dei.[11] Die Texte liegen teils als Prosa, teils in freien Rhythmen nach der Art psalmodischer Hymnodie vor. Die Einteilung der Messgesänge in Ordinariums- und Propriumsgesänge hat der Ordo Cantus Missae bis heute beibehalten. Da der Begriff Ordinarium missae im weitesten Sinne *alle* gleich bleibenden und feststehenden Riten und Texte bezeichnet, umfasst er eigentlich auch den Canon Missae, das Libera nos, das Asperges, das Pater noster[12], das Ite missa est und andere kurze, gleich bleibende Gruß-, Segens- oder Einleitungsformen. Die Relation zwischen der letzt- und erstgenannten Begriffsbedeutung ist mithin subsumtiv. Da für unsere Untersuchungen der musikliturgische Aspekt im Vordergrund steht, ist der Begriff „Ordinarium" im Folgenden jedoch stets im oben definierten engeren Sinne zu verstehen.

---

10 Definition siehe Fußnote 7.
11 Vgl. MASSENKEIL, Art. Ordinarium missae 134 oder auch STEINER 701.
12 Noch in der „*Allgemeinen Einführung in das Römische Meßbuch*" (1970) wird das Gebet des Herrn zum Messordinarium expressis verbis hinzugezählt (Vgl. AEM, n. 19).

1.2.2 Die Entstehung des Ordinarium missae

Unter Berücksichtigung unserer Themenstellung seien von den für eine musikalische Ausgestaltung der lateinischen Messe infrage kommenden Liturgien die gallikanische, keltische, mailändische (ambrosianische) und mozarabische Ausprägung ausgegrenzt. Der folgende geschichtliche Überblick konzentriert sich schwerpunktmäßig auf die römische (bzw. fränkisch-römische) Liturgie.

Die Menschheit hat von jeher, was sich auch durch unzählige archäologische und literarische Zeugnisse aus allen Kulturepochen belegen lässt, speziell in der Kult-Ausübung seit Jahrtausenden eine musikalische Gestaltung und Umrahmung religiös-zeremonieller Handlungen und Ereignisse als besonders feierlich empfunden und überdies hierbei dem gesungenen Wort eine Vorrangstellung gegenüber dem gesprochenen Wort zugewiesen.[13] Dies ist im christlichen Kult seit dessen Entstehung nicht anders und gilt auch für das Ordinarium missae.

Schon in den ersten Jahrhunderten nach den Gründungen der von der judenchristlichen Urgemeinde ausgehenden christlichen Hausgemeinden begannen sich neben den lokal deutlich differierenden Kultformen, wie etwa den unterschiedlichen Typen synagogaler oder hellenistischer Prägung, durch die zunehmende Communiostruktur[14] in bestimmten Teilen und Bereichen *einheitliche* Formen des christlichen Kultes zu entwickeln.[15] Man kann sagen, dass im dritten Jahrhundert „... verschiedenes darauf hin [weist], daß für den allgemeinen Gang der Liturgie in der Gesamtkirche eine einheitliche Ordnung bestand, ein durch Gewohnheitsrecht entstandenes ... Netz von Bestimmungen ... über [den] Aufbau des Gottesdienstes“.[16] In der Feier des Herrenmahles hatten sich neben den vorerst noch improvisatorisch gesprochenen verschiedenen priesterlichen Eucharistieorationen und den zunächst noch rein mündlich bewahrten Akklamationen, Gebetsformularen und Rufen[17] bei besonders bedeutsamen Teilen der Feier ebenfalls verbal tradierte Hymnen, Kehrverse und Responsorien herauskristallisiert, die überregional von allen Gemeinden in textlich ähnlichem oder sogar gleichem Wortlaut gesprochen oder gesungen wurden. Die Suche nach der jeweiligen historischen Keimzelle dieser Teile, die bereits als „Ursubstanz“ des Ordinariums fungierten, führt überwiegend in die Kirche des Orients, wo sie bereits im zweiten und dritten Jahrhundert nachweisbar sind.[18]

Im vierten Jahrhundert setzte dann, einhergehend mit der erstmaligen schriftlichen Fixierung der Messtexte, eine regionale Aufsplittung der Messliturgie ein, eine „Verzweigung der Liturgien“[19] in den kirchlichen Organisationen der jeweiligen geographischen Räume. Von diesen geographischen Räumen, in denen die Liturgie fortan trotz eines gewissen Austausches immer eigenständigere, getrennte

---

[13] Zum Kultgesang der Hochkulturen des Altertums vgl. etwa CROSSLEY 12-30.49-53.92-102.112-118.146-159.
[14] D.h. Gemeinschaft [griech. κοινωνία] der Orts- und Teilkirchen
[15] Vgl. JUNGMANN, Missarum sollemnia Bd. 1 41 f.
[16] JUNGMANN, Missarum sollemnia Bd. 1 42.
[17] Vgl. hierzu HÄUSSLING, Akklamationen und Formeln 222 f.
[18] Vgl. hierzu ausführlich etwa MEYER, Eucharistie. Geschichte, Theologie, Pastoral 87-121.
[19] JUNGMANN, Missarum sollemnia Bd. 1 36.

Entwicklungsgänge nahm, sind als wichtigste zu nennen der alexandrinisch-ägyptische, der antiochenisch-syrische, der byzantinische, der römisch-afrikanische und der gallische Bereich.

„Die Anfänge der lateinischen Messe in Rom sind zunächst in tiefes Dunkel gehüllt. (...) [Wir] stehen ... für die Zwischenzeit [zwischen dem dritten und dem sechsten Jahrhundert] vorderhand einfach vor dem scharfen Kontrast, in dem die ... [spätere] lateinische Messe Roms von der durch Hippolyt bezeugten [früheren] griechischen Form derselben absticht."[20] Auch wenn sich die Liturgien ab dem vierten Jahrhundert deutlich verzweigten, standen die Gemeinden der großen Zentren doch meist in einer regen Verbindung. So pflegte etwa die römische Gemeinde mittels des damaligen ökonomisch und interkulturell bedingten Seeverkehrs intensive Kontakte beispielsweise zu der Gemeinde von Alexandria, die ihrerseits wiederum mit der Metropole Antiochia im Austausch stand. Auf diese Weise gelangten auch jene Texte nach Rom, die wir oben als „Ursubstanz" des Ordinariums bezeichnet haben. Vor allem im fünften Jahrhundert, aber auch in den beiden folgenden Jahrhunderten fanden sie Aufnahme in die römische Messliturgie: Es waren dies der Kyrie-Huldigungsruf, der Gloria-Hymnus, der Sanctus-Hymnus und schließlich der „Agnus Dei"-Ruf. Das Symbolum wurde in die römische Liturgie der Messe – im Gegensatz zu den anderen Messliturgien des westlichen Abendlandes, wo es schon im sechsten Jahrhundert eingefügt wurde – erst im 11. Jahrhundert integriert.[21]

Nachdem in den ersten Jahrhunderten im Osten und Westen des römischen Reiches zunächst das Koiné-Griechisch die liturgische Sprache war, wurden im Westen zwischen dem ausgehenden dritten und dem sechsten Jahrhundert neben allen anderen Messtexten auch die Ordinariumstexte ungeachtet deren ursprünglicher Sprachprovenienz[22] um 280/90 auch außerhalb des rein lateinischen Sprachgebietes in die einheitliche lateinische Liturgiesprache übersetzt (mit Ausnahme einzelner hebräischer und griechischer Lexeme bzw. Syntagmen wie z.B. „Kyrie eléison" oder „Sabaoth"). Dieser Vorgang wird als *Latinisierung* bezeichnet.[23] Dass die Sprache der Ordinariumstexte im Gottesdienst der abendländischen Kirche von nun an überall Latein war, ist für unsere Themenstellung in doppelter Hinsicht von besonderer Relevanz: Phonetische Spezifika und Kantabilität einerseits, die Problematik von Idiomatisierung und sozial abhängigem und damit unterschiedlichem Sprachzugang andererseits sind Aspekte, die garade in Bezug auf die spätere Entstehung der mehrstimmigen Messe eine erhebliche Rolle spielen sollten.

---

[20] JUNGMANN, Missarum sollemnia Bd. 1 63.

[21] Auf Entstehung und Entwicklung der genannten einzelnen Texte wird im folgenden Kapitel 1.2.3 („Die fünf Teile des Ordinarium") näher eingegangen.

[22] Sc. syrisch und griechisch.

[23] Die Latinisierung setzte zunächst in Nordafrika und in Rom ein und breitete sich in den folgenden Jahrhunderten im gesamten westlichen Abendland aus. Allerdings lassen sich die Details dieses Prozesses nicht mehr rekonstruieren. D.h. es können keine Aussagen darüber gemacht werden, wann in welchem Land die lateinische Sprache zur Liturgiesprache wurde. Es muss davon ausgegangen werden, dass zumindest in Rom während der ersten Jahrzehnte des 4. Jahrhunderts noch eine Doppelsprachigkeit Latein-Griechisch praktiziert wurde. Diese Phase wurde wohl erst zwischen 360 und 382 beendet. Vgl. LURZ, Art. Kirchensprachen 57 f., KINDERMANN 660 sowie PFAFF, Aus der Frühgeschichte des Cantus Romanus 101.

Zusammenfassend lässt sich also für die römische Liturgie die Zeit zwischen anbrechendem dritten und ausgehendem fünften Jahrhundert als äußerst dicht und entwicklungsreich bezeichnen: „Die Umrisse der römischen Messe ... müssen ... um die Wende des 5. Jahrhunderts im Wesentlichen bereits fertig vorhanden gewesen sein."[24] In der Zeit vom sechsten bis zum beginnenden achten Jahrhundert verfestigten sich diese Umrisse zu einem greifbaren Ganzen und – bezogen auf den Gegenstand unserer Untersuchungen – lässt sich auch die Entstehung des Ordinariums als weitestgehend abgeschlossen bezeichnen: Es hatten sich bis zum Anfang des achten Jahrhunderts feststehende, textlich gleich bleibende Stücke der Messe gleichsam als „Essenz des christlichen Kultes"[25] herauskristallisiert, für die schon bald der Begriff „Ordinarium" geprägt wurde.

1.2.3 Die fünf Teile des Ordinarium missae unter besonderer Berücksichtigung ihrer historischen Entwicklung zwischen Gemeinde- und Klerusliturgie

Im Folgenden wird dargelegt, welches die prägnanten Eckdaten hinsichtlich der geschichtlichen Provenienz und Genese der fünf Teile des im engeren Sinne verstandenen Ordinariums sind, worin ihre Wesensmerkmale bestehen und welchen Ort sie innerhalb der Messliturgie einnehmen. Konzentration auf die prägnanten Eckdaten bedeutet hierbei bewusste Fokussierung angesichts der Überfülle des historischen Materials. Die Ausführungen dieses Kapitels sollen zudem unter dem Gesamtaspekt der hier vorgelegten Abhandlung erfolgen: Da diese erörtern will, ob und wie sich die traditionellen mehrstimmigen Messen mit den neuen liturgischen Konzepten des Zweiten Vatikanischen Konzils in Einklang bringen lassen, ist damit auch zentral die Frage nach der Rolle der gottesdienstlichen Gemeinde während der liturgischen „Aufführung" dieser Kompositionen tangiert. Spielte die Gemeinde beim lateinischen Ordinarium schon immer die Rolle einer Zuhörerin, oder war sie dabei einst aktiv eingebunden? Welche Faktoren lösten die unübersehbare liturgiegeschichtliche Wandlung zwischen Spätantike und Hochmittelalter aus? Die nachstehenden Darlegungen sollen hierauf die für den weiteren Fortgang der Abhandlung unverzichtbare Antwort geben.

1.2.3.1 Kyrie

Das *Kyrie* stammt aus der paganen Antike. Die Anrufung κύριε ἐλέησον fungierte zunächst als Huldigungsruf an die mit einer Gottheit gleichgesetzte Sonne (Sol invictus) sowie als Jubelakklamation beim Empfang eines Herrschers (z.B. Kaisers), die von der Menge endlos wiederholt wurde. Die griechische Liturgie der Ostkirche übertrug diesen Begeisterungsruf der versammelten Massen auf Jesus Christus. Eine theologische Grundlage für diese Verchristlichung eines paganen Brauches ist u.a. in Phil 2, 6-11 zu erkennen, wo der Apostel Paulus beschreibt,

---

24 JUNGMANN, Missarum sollemnia Bd. 1 75.
25 OEHLMANN 15.

wie aus dem erniedrigten Gekreuzigten durch Gottes Tat der κύριος wurde, dem die Huldigung des ganzen Kosmos zukommt.[26] Zugleich dürfte die liturgische Rezeption der κύριε ἐλέησον-Akklamation auch im Rekurs auf die Bearbeitungen der markinischen Wundergeschichten im Matthäus-Evangelium erfolgt sein, wo dieser Ruf u.a. von Kranken und Angehörigen von Besessenen mit der Bitte um Heilung an Jesus gerichtet wird.[27] Aus der griechischen Liturgie kam das Kyrie im fünften Jahrhundert unübersetzt nach Rom „ ... als ein Bestandteil jener Litaneien, wie sie im Orient seit dem 4. Jahrhundert nachweisbar ... sind. (...) Am *Kyrie* war ursprünglich der zelebrierende Priester nicht beteiligt“[28]. Möglicherweise war das Kyrie in Rom zunächst ein selbstständiger Gemeindegesang gänzlich ohne Klerusbeteiligung (also nicht einmal Beteiligung von sog. Minoristen), was indes nicht eindeutig belegt werden kann[29] Im Zusammenhang mit der römischen Messe ist die Kyrieakklamation erstmals im sechsten Jahrhundert verifzierbar, und zwar zu Beginn der Messfeier: Bei der Prozession von der Collecta zur Statio sowie in späterer Zeit – nach dem Unterbleiben der Stationsprozessionen – innerhalb der Messfeier war es Aufgabe des Diakons, eine Litanei anzustimmen, wobei die Gemeinde jede Bitte mit dem griechischen κύριε ἐλέησον-Ruf beantwortete. Zunächst gab es dabei keine zahlenmäßige Beschränkung der Rufe. Seit Papst *Gregor I. dem Großen* (540-604, Pontifikat 590-604) wechselte man dann den κύριε ἐλέησον-Ruf mit „Χρίστε ἐλέησον“ ab und es fand eine Reduzierung auf drei mal drei Rufe statt.[30] Wenn es bei Gregorius magnus heißt „ ... a clericis dicitur, et a populo respondetur ...“[31] so zeigt dies, dass noch im 6. / 7. Jahrhundert zum Kyrie unbedingt die Beteiligung von Klerus *und Gemeinde* gehörte. Diese punktuelle Beobachtung spiegelt im Übrigen auch das frühchristliche Liturgie-Verständnis in genere und in engem Konnex damit die Interpretation des Priestertums wider. „Gemeinsam war allen Gemeinden die mehr oder weniger deutliche Absage an die gängigen Vorstellungen eines priesterzentrierten Opferkultes, wie sie im Wort von der Gegenwart Christi (Mt 18,20: Wo zwei oder drei ...) und in dem ‚Ein für allemal' des Opfers Christi (Hebr 5,1.10; 8,1.6) bezeugt ist: Einer allein ist Priester, Jesus Christus; und weil die Kirche der konkret gewordene Leib Christi und somit die Gegenwart Christi in der Welt ist, gehen mit diesem Ver-

---

[26] Vgl. HANSSLER 8 f. sowie ferner MEURER 28. Die originäre Bedeutung der Kyrieakklamation als begeisterter Jubelruf (ἐλεέειν=mitleiden im Sinne eines huldvollen Sich-herab-lassens) wandelte sich im Laufe der christlichen Rezeption hin zur Interpretation im Sinne eines inständigen Flehrufes um Erbarmen angesichts der Sündhaftigkeit des Rufenden. Hinsichtlich dieses Bedeutungswandels besteht in unseren Tagen ein lebhafter Disput, wie heute das Kyrie adäquat zu deuten sei. Die Frage ist insbesondere für die ausführenden Musiker von großer Wichtigkeit, da bei der musikalischen Gestaltung ein Konsens darüber gebildet werden muss, welche der beiden genannten Grundgestimmtheiten zum Ausdruck gebracht werden soll. Vgl. hierzu beispielsweise BRÜCKEN 51 sowie GSCHWIND 104.

[27] Vgl. PRASSL, Art. Kyrie. I. Liturgisch 552. Ad verbum begegnet der κύριε ἐλέησον-Ruf in Mt 15,22 (Mutter einer besessenen Tochter) und in Mt 20,30 (zwei Blinde in Jericho). In abgewandelter Form findet er sich überdies in Mt 8,25 und 14,30 (dort: κύριε σῶσόν = Herr, rette!) sowie Mt 15,25 (dort: κύριε βοήθει = Herr, hilf!).

[28] JUNGMANN, Missarum sollemnia Bd. 1 430.445.

[29] Vgl. PRASSL, Art. Kyrie. I. Liturgisch 552.

[30] Später, nämlich ab dem 7./8. Jahrhundert, wurde die Dreierstruktur des Kyrie trinitarisch gedeutet. Vgl. PRASSL, Art. Kyrie. I. Liturgisch 552.

[31] GREGORIUS I. COGNOMENTO MAGNUS 956.

ständnis die kultischen und priesterlichen Begriffe auf die Gesamtkirche über."[32] Exemplarisch kann jedoch an der Entwicklung des Kyrie aufgezeigt werden, wie dieses dialogische, interagierende Ineinandergreifen von liturgischer Actio des Klerus und des Volkes verloren ging. Um die Wende zum achten Jahrhundert wurde durch den *Ordo Romanus I* das Anstimmen und Vorsingen des Kyriegesanges verbindlich der aus Klerikern bestehenden Schola übertragen; die Beteiligung der Gemeinde wurde hier im Gegensatz zur zitierten Ordnung Gregors des Großen nicht mehr erwähnt. War damit zunächst noch nicht generell die Gemeindebeteiligung ausgeschlossen, also zumindest potentiell noch möglich, so wird etwa hundert Jahre später durch den *Ordo ex St. Amand* vorgeschrieben, dass beim Pontifikalgottesdienst das jeweils erste Kyrie von der aus Klerikern bestehenden Schola gesungen und von einer Klerikergruppe mehrmals wiederholt werden müsse, womit nun in diesem Fall eine Gemeindebeteiligung explizit unmöglich geworden war. Von hieraus war es freilich nur noch ein kleiner Schritt zur völligen Ausschaltung der Gemeinde hinsichtlich ihrer Mitwirkung am Kyrie. Zeitgenössischen Berichten des 12. und 13. Jahrhunderts zufolge übernahmen an den mit zahlreichem Klerus ausgestatteten Kirchen[33] (z.B. Kathedral-, Kloster-, Stiftskirchen sowie Konvente) generell die Kleriker (oder Mönche) die Ausführung des Kyrie[34], wobei ab dem 13. Jahrhundert zusätzlich zum Gesang der Schola der Text des Kyrie duplizierend auch vom Zelebranten privatim mitgesprochen werden musste (sog. „Stille Rezitation"), um liturgische Gültigkeit zu besitzen.[35] In kleineren Pfarr- oder Filialkirchen wurden die Gesänge des Ordinariums auch von einzelnen Kantoren vorgetragen.[36]

1.2.3.2 Gloria

Beim *Gloria*, „dem ehrwürdigen altchristlichen Hymnus"[37], lässt sich eine ähnliche liturgiehistorische Entwicklung eruieren. Seine ältesten mündlichen Traditionsschichten verweisen auf eine Entstehung im Orient wohl schon im zweiten Jahrhundert. Dort fand er zunächst nur im Stundengebet, also noch nicht in der

---

32 SCHWENZER 218 f.

33 Im 14./15. Jahrhundert war in vielen Regionen des westlichen Europa der Großteil der Kirchen mit zahlreichem Klerus ausgestattet, da der Anteil der Kleriker an der Gesamtbevölkerung sehr hoch war (beispielsweise gehörte damals in der Diözese Genf jeder hundertste Einwohner dem Klerus an und in England war sogar jeder fünfzigste Einwohner Priester. Vgl. AUBRUN 159).

34 Vgl. JUNGMANN, Missarum sollemnia Bd. 1 441 f.

35 Die Einführung der seitens des Priesters praktizierten duplizierenden stillen Rezitation der Ordinariumstexte ist auf den Einfluss des Kanonisten und Liturgikers *Wilhelm Durandus von Mende d.Ä.* (*Guilelmus Durantis*) (1230-1296) zurückzuführen, welcher in seinem für die römische Liturgie maßgeblich gewordenen *Rationale divinorum officiorum* (1291) vorschreibt, dass die Ordinariumstexte ungeachtet ihrer von der Schola gesungenen Vertonung von den Cappellani des Papstes zu rezitieren bzw. zu lesen seien. Dies war zugleich ein folgenschwerer Impuls für das Auseinanderbrechen des gemeinsamen Vollzuges von Liturgie und Musik. Vgl. HUCKE, Singen und Musizieren. Geschichtlicher Überblick 151 f.

36 Vgl. hierzu HARNONCOURT, Von der lateinischen Messe des Mittelalters zum volkssprachlichen Gottesdienst der Protestanten 78.

37 AEM, n. 31.

Messliturgie, als hymnisches „Morgengebet" (später auch als Abendgebet) Verwendung.[38] Die älteste schriftliche Fixierung dieses Textes liegt im siebten Buch der *Constitutiones Apostolorum* (um 380) vor, die sich allerdings noch deutlich von der uns heute geläufigen Fassung unterscheidet. Letztere ist erst im griechischen *Codex Alexandrinus* (dort: ὕμνος ἑωθινός) aus dem fünften Jahrhundert schriftlich bezeugt, allerdings mit umfangreichen Erweiterungen, die bei der späteren Übernahme in die römische Liturgie verloren gingen. Noch vor dieser Niederschrift im Codex Alexandrinus hatte *Hilarius von Poitiers* (um 315-367) während seiner Verbannung in Kleinasien in der byzantinischen Liturgie den Gloriahymnus in mündlicher Fassung kennen gelernt, zu einer Zeit, als er noch – wie ursprünglich auch das Kyrie – ein Gesang der Gemeinde war. Der Überlieferung nach, der die Patrologie eine hohe historische Wahrscheinlichkeit zumisst[39], war es Hilarius von Poitiers, der den Hymnus in die lateinische Sprache übersetzte und um 360 in den Westen „importierte" (diese Übersetzung lässt sich allerdings nicht durch schriftliche Zeugnisse verifizieren).[40] Der Text weist als Lobpreis der göttlichen Trinität (daher auch die spätere Bezeichnung „*doxologia major*") eine dreiteilige Gliederung in Lobgesang der Engel (*Hymnus angelicus* [Lk 2,14]), preisende Huldigung an den dreifaltigen Gott (*Doxologie*) und rühmende, hymnische Christusrufe mit anschließenden Bitten an das „Lamm Gottes" auf. Der Hymnus, der wohl im vierten Jahrhundert in die römische Messliturgie aufgenommen wurde, hatte seine Position dort von Anfang an im Eröffnungsteil der Messe. Zunächst wurde er nur an Weihnachten in der Bischofsmesse gesungen. Im sechsten Jahrhundert dehnte Papst *Symmachus* († 514, Pontifikat 498-514) seine liturgische Verwendung auch auf die gewöhnlichen Sonntage und die Märtyrerfeste aus, wobei die Reservierung für die Messe des Bischofs aufrechterhalten wurde.[41] Die gesangliche Ausführung des größten Teiles des Gloria war in der Messe zunächst unbestritten Sache der Gemeinde, d.h. der Hauptteil des Gesanges ist als originärer Gemeindegesang zu betrachten, welcher in Berücksichtigung dessen auch sehr einfach gehalten war. Lediglich die Intonation gehörte zu den Obliegenheiten des Klerus. Hier gab es allerdings genaue Bestimmungen bezüglich des für diese Aufgabe mindestens erforderlichen Weihegrades. In Rom durfte es bis zu Beginn des 12. Jahrhunderts nur der Bischof anstimmen. Dem Presbyter war die Intonation des Gloria lediglich in seiner Primiz und in der Osternacht gestattet. Im nördlichen Fränkischen Reich durfte der Presbyter hingegen in jeder von ihm geleiteten Messfeier freudigen Charakters den Gloriahymnus anstimmen. Diese Gepflogenheit konnte sich schließlich um 1200 auch in Rom durchsetzen, womit fortan eine einheitliche Ordnung gegeben war. Analog zu der oben dargestellten Entwicklung des Kyrie wurde aufgrund der Bestimmungen der Ordines in der römischen Liturgie wohl ab dem achten Jahrhundert die gesangliche Ausführung des Gloria ausschließlich der Klerikerschola übertragen. Historisch verifizierbar ist die Elimina-

---

[38] Vgl. OEHLMANN 15.
[39] Vgl. etwa FEDER (Alfred Leonhard) 6-8.
[40] Vgl. GAMBER 250-252.
[41] Vgl. GERHARDS / LURZ 751.

tion der Gemeindebeteiligung beim Gloria z.B. im *Ordo Romanus XI*[42] um 1140. Bemerkenswerter Weise blieb aber noch einige Zeit die liturgische Tradition bestehen, dass sich der Bischof beim Anstimmen des Hymnus, welcher dann von der Klerikerschola (oder den Mönchen) weitergesungen wurde, zum Volk wandte, was – wahrscheinlich unreflex bestehen geblieben – an die ursprüngliche Gemeindebeteiligung erinnerte.[43] Ähnlich wie beim Kyrie war die Gemeinde beim Gloria zunächst anscheinend nur in den mit zahlreichem Klerus ausgestatteten Kirchen ausgeschlossen, wurde aber dann später in ihrer Mitwirkung gänzlich verdrängt. Hinsichtlich dieser Problematik und der Einführung der sog. stillen Rezitation sei auf die bereits im historischen Aufriss des Kyrie formulierten Aussagen rückverwiesen, die auch für das Gloria gelten.

1.2.3.3 Credo

Das *Credo* bedarf eines besonderen Augenmerkes innerhalb dieser Ausführungen, denn es ist der Teil, der sowohl in Bezug auf seine Dauer, als auch betreffs seiner musikalischen Glanzentfaltung (zumindest in mehrstimmigen Vertonungen) im Allgemeinen die anderen Ordinariumsteile der Messliturgie übertrifft. Die Fassung des Glaubensbekenntnisses, wie wir es heute vorliegen haben, geht in ihren Ursprüngen auf das alte Taufsymbolum von Jerusalem (*Apostolisches Symbolum*, das auch heute noch bei der Taufe verwendet wird) zurück. Dieses gelangte im Zuge der apostolischen Missionierung unter anderem auch nach Rom und diente dort, wie in der Gesamtkirche, zum Bekenntnis des Glaubens – auch gegen Häresien – vor dem eigentlichen Taufakt innerhalb der Feier des Taufsakramentes, war also ebenfalls, wie die bisher genannten Ordinariumsteile, zunächst nicht in der Herrenmahlsfeier beheimatet. An die Verwendung als Taufbekenntnis gemahnt die singularische Formel „Credo“ (in Sonderheit bei der *redditio symboli*). Während in Rom bei der Tauffeier das Apostolische Symbolum als Erkennungszeichen der christlichen Gemeinschaft zunächst beibehalten wurde, bildete sich in den Zentren des Orients, ausgehend von diesem „Ursymbolum“, eine Vielzahl von diversen beträchtlich erweiterten Formen heraus.[44] Diese verschiedenen Glaubensbekenntnisse, die ja jeweils in sich Kompendien der diversen theologischen Ansätze der ersten Jahrhunderte waren[45], wurden in den Konzilien von *Nicäa* (325) und *Konstantinopel* (381) in einem lebhaften und komplexen Prozess diskutiert, teilweise als Irrlehre verworfen und das Verbliebene in konsentisch formulierten Glaubensbekenntnissen verkündet. Das Konzil von *Chalcedon* (451) fasste den von den Konzilien von Nicäa und Konstantinopel verkündeten Glauben zu einem Symbolum zusammen, welches erstmals in den Konzilsakten als Bekenntnis der Konzils-

---

[42] Dieser Ordo wurde von dem Kanoniker *Benedikt von St. Peter* zwischen 1140 und 1143 verfasst. Vgl. JUNGMANN, Missarum sollemnia Bd. 1 87.
[43] Vgl. JUNGMANN, Missarum sollemnia Bd. 1 458-460.
[44] Vgl. HANSSLER 12.
[45] Es ging besonders um christologische bzw. trinitätstheologische Fragen. Diesbezügliche Details sind für die Fragestellung der Arbeit irrelevant, verwiesen sei hier auf die einschlägigen dogmengeschichtlichen Werke.

väter erscheint. Dieses Symbolum, für das die geläufige Bezeichnung *Nicaeno-Constantinopolitanum* geprägt wurde, verdrängte zunehmend als griechisches und lateinisches Taufrezitativ das Apostolische Glaubensbekenntnis und wurde, nachdem es im Zuge der antiarianischen Konsolidierung durch Beschluss des dritten Konzils von Toledo (568) auch im Westen – in der mozarabischen und gallikanischen Messliturgie vor dem Vaterunser – Aufnahme gefunden hatte, im Jahre 1014 auf Betreiben Kaiser *Heinrichs II.* († 1024) schließlich als jüngste Hinzufügung zum Ordinarium auch in die römische Messe als fester Bestandteil integriert.[46] „Das *Credo* ist in die Messe eingeführt worden als Bekenntnis der gläubigen Gemeinde"[47] und blieb von der Idee her auch in den folgenden Jahrhunderten ein Aktionsfeld der Gemeinde, was bereits vor seiner Einführung in Rom anhand der diversen im nördlichen Fränkischen Reich durch die karolingische Reform eingeführten volkssprachlichen Fassungen deutlich wurde. Das Credo wurde wie gesagt sehr spät in die römische Liturgie eingefügt, also zu einem Zeitpunkt, als die anderen, wesentlich früher integrierten Ordinariumsteile sich bereits zu anspruchsvoll ausgeschmückten Vertonungen entwickelt hatten. Wohl weil das Credo aus dieser Entwicklung „ausgeklammert" gewesen war, blieb es, von seinem Ursprung her ohnehin eine simple syllabische Rezitation, auch in der Gestalt seiner einstimmigen Vertonung ein sehr schlichter Gesang, den die Gemeinde leicht bewältigen konnte. Erst mit dem Aufkommen der Mehrstimmigkeit im 9./10. Jahrhundert wurden die neuen Vertonungen für den Gemeindegesang unpraktikabel und dem Klerikerchor übertragen.[48] Lediglich in Gallien konnte sich das Credo noch das ganze Mittelalter hindurch als Volksgesang erhalten, bis es mit Beginn der Neuzeit auch dort dem Chorgesang anheim fiel.[49] Im Gegensatz zu den anderen Ordinariumsteilen liegt mithin beim Credo der Grund für die Elimination der Gemeindebeteiligung nicht in der Klerikalisierungswelle des Hochmittelalters begründet, sondern hat eine primär musikalische Ursache.

1.2.3.4 Sanctus

Das *Sanctus* übernahmen die Christen der Urkirche aus der jüdischen Synagogenliturgie des 2. Jahrhunderts. Dort war das auf die Akklamation der Serafim bei der Tempelvision des Jesaja (Jes 6,3) rekurrierende Dreimalheilig (Trishagion) Teil des Morgengebetes.[50] Als Bestandteil der Liturgie des Herrenmahles ist diese Akklamation erstmals im vierten Jahrhundert in den Liturgien des Ostens (Jerusalem, Antiochien, Ägypten) nachweisbar. Dort wurde sie in die jeweiligen

---

[46] Vgl. JUNGMANN, Missarum sollemnia Bd. 1 591-602 sowie PROBST, Art. Credo 1340 f.; ferner PFAFF, Art. Mass. Liturgy and chant. The Ordinary. Evolution of the principal chants 773.

[47] JUNGMANN Missarum sollemnia Bd. 1 603.

[48] Vgl. JUNGMANN, Missarum sollemnia Bd. 1 604 f.

[49] Vgl. FELLERER, Kirchlicher Volksgesang vom Mittelalter bis zur Gegenwart 52 und GENNRICH 21 f.

[50] Vgl. PRASSL, Art. Sanctus. I. Liturgisch 4. Im jüdisch-synagogalen Kontext wird das Dreimalheilig mit dem Terminus technicus *Kedusha* bezeichnet.

Anaphoren integriert.[51] Im Westen ist die Sanctus-Akklamation wohl ebenfalls früh rezipiert worden, eventuell sogar schon im zweiten Jahrhundert.[52] In der auf das Jahr 215 datierten *Traditio Apostolica*, welche *Hippolyt von Rom* († um 230) zugeschrieben wird, ist das Sanctus zwar nicht vorhanden, aber die „ ... Tatsache, daß die Anaphora der ‚Traditio Apostolica' kein Sanctus enthält, kann nicht zu dem Schluß führen, daß es zu dieser Zeit nirgendwo in Gebrauch gewesen sei ...“[53], d.h. man nimmt an, dass es im Westen zunächst sowohl Hochgebete mit als auch ohne Sanctus gegeben hat.[54] Erst Anfang des fünften Jahrhunderts wurde das Sanctus auch in Rom in das Hochgebet aufgenommen.

Wohl erstmals im 4. Jahrhundert in Kleinasien wurde das Sanctus gegenüber Jes 6,3 textlich leicht verändert: Im hebräischen Urtext ist das Subjekt des „Erfülltseins mit der Herrlichkeit Gottes“ nur „die ganze Erde“. Im Sinne einer christologischen Neuinterpretation wurde nun ein weiteres Subjekt, nämlich „coeli“ vorangesetzt. Hinter dieser Erweiterung steht der Gedanke, dass die Herrlichkeit Gottes nicht mehr nur aus der irdischen Schöpfung, sondern auch aus dem zur Rechten Gottes verherrlichten Christus aufstrahlt: Christus riss die Schranken zwischen Himmel und Erde nieder und erwirkte dadurch die Vereinigung von Erde und Himmel zum Gottes-Lob, zu dem der Mensch aufgrund seiner Sünde nicht fähig war. Diesem christologischen Verständnis entgegenkommend, wurde das Sanctus auf syrischem Boden wohl zwischen dem vierten und sechsten Jahrhundert – möglicherweise im heortologischen Kontext des Osterfestes – durch Hinzufügung des Hosanna/Benedictus (Mt 21,9, Ps 117,25 f. LXX) erweitert. Ein exakter Zeitpunkt dieser Adjunktion ist heute nicht benennbar, man geht vielmehr von einer stufenweisen Einführung des Hosanna/Benedictus aus. Das erweiterte Sanctus wurde im Osten mit „ἐπινίκιος ὕμνος“ bezeichnet, dem griechisch-antiken Terminus technicus für das Preislied auf den Sieg: Hierdurch ist der anamnetische Bezug auf den Oster-Sieg Christi explizit thematisiert. Die Rezeption der syrischen Gepflogenheit des Hosanna/Benedictus als Teil des Sanctus ist im Westen zuerst bei *Caesarius von Arles* (* um 470, † 542), also auf gallischem Gebiet bezeugt. Im siebten Jahrhundert drang sie schließlich auch nach Rom vor.[55]

Das Sanctus ist, wie kein anderer Ordinariumsgesang in diesem Maße, von seinem Ursprung her genuin ein Gemeindegesang. Da nämlich das Sanctus immer schon mehr war als bloße Erinnerung, ist es von seiner Grundintention her wesenhaft auf Gemeindebeteiligung im Sinne der realsymbolischen Teilnahme *aller* an der „himmlischen Liturgie“ verwiesen. Diese ausnahmslose Mitwirkung des ganzen Volkes beim Sanctus war im christlichen Altertum selbstverständlich und wurde – im Gegensatz zur abendländischen Kirche – im Osten beibehalten.[56] Die

---

[51] Als Teil der Anaphora ist das Sanctus erstmals im eucharistischen Darbringungsgebet des ägyptischen Bischofs *Serapion von Thmuis* († nach 362) verifizierbar. Vgl. PRASSL, Art. Sanctus. I. Liturgisch 4.
[52] Vgl. JUNGMANN, Missarum sollemnia Bd. 2 166.
[53] GERHARDS, Entstehung und Entwicklung des Eucharistischen Hochgebets im Spiegel der neueren Forschung 83.
[54] Vgl. GERHARDS, Die Präfationen 209.
[55] Vgl. GERHARDS, Die griechische Gregoriosanaphora 215-225 sowie PRASSL, Art. Sanctus. I. Liturgisch 49.
[56] Vgl GERHARDS, Das Sanctus 49-51.

liturgischen Bücher Roms bezeugen, dass die wesenseigene Gemeindebeteiligung beim Sanctus zuerst in Rom unterbunden wurde, als um die Wende zum siebten Jahrhundert – zunächst bei den Festgottesdiensten – der Gesang einer Klerikergruppe übertragen wurde. Etwas länger konnte der Gemeindegesang beim Sanctus, bestärkt durch die karolingische Reform, noch auf fränkischem Boden bewahrt werden, bevor er auch dort der „Aufführung“ durch die Klerikerschola weichen musste. Am längsten, nämlich bis zum 12. Jahrhundert, blieb der Volksgesang bei diesem Ordinariumsteil in Gallien erhalten.[57] Um den Gesang für die Mehrstimmigkeit geeignet zu machen, formte man den schlicht kantillierenden Duktus um, indem man ihm melodische Ornamentik bzw. verschiedene Intervalle innerhalb des Halbtonbereiches hinzufügte. Die Folge war, dass der Schwierigkeitsgrad der neuen Ausgestaltungen die Möglichkeiten der singenden Gemeinde überstieg und sich fortan der aus Klerikern bestehende Sängerchor des Gesanges annahm.[58] Dieses Geschehen steht gleichwohl erst am Endpunkt jenes oben dargestellten Prozesses, in dessen Verlauf das Sanctus sukzessive der Gemeinde entzogen wurde und dessen ausschlaggebender Impuls wie gesagt – nicht aus musikalischen Gründen sondern aufgrund der Klerikalisierung der Liturgie – Ende des sechsten Jahrhunderts von Rom ausging.

1.2.3.5 Agnus Dei

Das *Agnus Dei* hat seine historischen Wurzeln in der griechischen und syrischen Liturgie. Es war dort, ähnlich wie das Kyrie, Bestandteil einer Litanei.[59] Im Osten deutete man schon früh das Brechen des eucharistischen Brotes als Hinweis auf die Passion Christi und als für die Mahlgemeinschaft konstitutiven Vorgang. Das eucharistische Brot wurde – in Kontinuität mit der tradierten Symbolik frühjüdischer Sündenbock-Rituale – zudem schon früh als „Lamm“ (lat. *agnus*) bezeichnet, das die Sünden der Welt hinwegnimmt. Nachdem der litaneiartige Agnus Dei-Gesang im Westen bereits durch die Übernahme des Gloria-Hymnus bekannt geworden war, wurde er unter Papst *Sergius I.* († 702, Pontifikat 687 - 701) schließlich um das Jahr 700 in die Römische Messliturgie eingeführt, wo er dann ein einfacher, rezitativisch ausgeführter Gemeindegesang zum – bis zum siebten Jahrhundert schweigend vollzogenen – Brotbrechen war. Er wurde so oft wiederholt, wie es die Dauer der Brotbrechung verlangte.[60] „Ab dem 9./10. Jahrhundert werden in der Liturgie Strömungen bestimmend, die die Meßfeier vornehmlich als Akt privater Frömmigkeit betrachten und nicht mehr als gemeinschaftliche Feier. Damit verliert die aktive Mitfeier und Mitgestaltung durch die Gemeinde an Wert,

---

[57] Vgl. JUNGMANN, Missarum sollemnia Bd. 2 162 f. und WAGNER (Peter Joseph) 9.

[58] Vgl. WAGNER (Peter Joseph) 9 sowie GERSTMEIER, Art. Sanctus. II. Musikalisch 5. Als die Vertonungen des Sanctus-Benedictus zunehmend umfangreicher wurden, spaltete sich schließlich wieder das Benedictus vom Sanctus ab und wurde in der Folgezeit meist nach der Konsekration gesungen.

[59] Vgl. PFAFF, Art. Mass. Liturgy and chant. The Ordinary. Evolution of the principal chants 773.

[60] Vgl. MEYER, Agnus Dei (liturgisch) 243 sowie ANGENENDT, *Das Frühmittelalter. Die abendländische Christenheit von 400 bis 900* 247.

diese wird zum passiven Zuschauer eines geheimnisvollen Tuns des Priesters am Altar. Die ‚Meßpflicht' gilt als erfüllt, sobald der Priester kommuniziert hat. Die gemeinsame Kommunion der mitfeiernden Gläubigen wird mithin zunehmend als Störung dieses priesterlichen Tuns betrachtet und entfällt immer mehr. Dies wiederum hatte die Abschaffung der großen Brote und die Einführung kleiner Hostien zur Folge, wodurch die Brotbrechung ihre bisherige zentrale Bedeutung verliert und auf das Brechen der Priesterhostie beschränkt wird."[61] Aufgrund des partiellen Bedeutungsverlustes des Agnus Dei wird es in der Folgezeit zunehmend erst nach der Brotbrechung angestimmt und zwar während des sich daran anschließenden Friedensgrußes. Hierher rührt auch die ab dem 11. Jahrhundert gebräuchliche Einführung der abweichenden Textierung des letzten Rufes „Dona nobis pacem". Es wurde bald üblich, dass der Priester noch während des Gesanges mit der stillen Rezitation fortfuhr und die Kommunion empfing. Somit wurde dem Agnus Dei sekundär die Funktion eines Kommuniongesanges zuteil. Solchermaßen losgelöst von seinem genuinen liturgischen Ort, bildete sich nun auch die Dreizahl der Anrufungen heraus.[62] Das Agnus Dei wird in der frühest rekonstruierbaren schriftlichen Quelle, dem *Sacramentarium Gregorianum*, das vom Beginn des siebten Jahrhundert datiert, als gemeinsam von Gemeinde und Klerus ausgeführter, schlichter rezitativischer Gesang erwähnt. Analog zum Kyrie sang der Klerus den ersten Teil vor und die Gemeinde antwortete mit dem zweiten Teil. Der *Ordo Romanus I* aus dem ausgehenden siebten Jahrhundert übertrug jedoch bald den Hauptpart des Gesanges der Klerikerschola. Allerdings war die Einführung dieser Gepflogenheit vorerst nur auf Rom beschränkt und beließ auch dort der Gemeinde noch eine Mitwirkungsmöglichkeit: Ihr kam, im Wechsel mit dem neben der Schola vorhandenen übrigen Klerus, entweder die Wiederholung der ganzen Anrufung oder aber die der jeweiligen Akklamation „miserere nobis" zu. Erst im 11. und 12. Jahrhundert wurde das Agnus Dei der Gemeinde endgültig entzogen und ging ganz auf die Klerikerschola über. Kurze Zeit später wurde auch für diesen Ordinariumsgesang die stille Rezitation des Zelebranten verbindlich vorgeschrieben.[63]

1.2.4 Das Ordinarium missae und die „Missa sine populo": Kleiner Exkurs über die geschichtlichen Zusammenhänge von kirchlichem Amtsverständnis und Liturgie

An der bis hierhin aufgezeigten Entwicklung der fünf Teile des im engeren Sinne verstandenen Ordinariums wird auf eindrückliche Weise evident, dass sich die Liturgie von einer Gemeindeliturgie in eine Klerusliturgie wandelte. Dieser Klerikalisierungsprozess bahnte sich im westlichen Abendland im Grunde bereits ab dem fünften Jahrhundert an und erreichte seinen Höhepunkt mit dem 15. Jahrhundert. Was aber waren die Gründe für die hier zutage tretende Entwicklung? Die

---

[61] SCHÜTZEICHEL, Agnus Dei - liturgisches Relikt vergangener Jahrhunderte oder sinnvoller Begleitgesang? 452.

[62] Vgl. SCHÜTZEICHEL, Agnus Dei - liturgisches Relikt vergangener Jahrhunderte oder sinnvoller Begleitgesang? 452.

[63] Vgl. JUNGMANN, Missarum sollemnia Bd. 2 417-419.

Hauptursache liegt zweifellos in der Wandlung des kirchlichen Amtsverständnisses. Dieser Wandel, dessen konkrete Auswirkungen in der liturgischen Praxis freilich erst mit einer gewissen Verzögerung spürbar wurden, setzt in der Kirche des Westens bereits im dritten Jahrhundert ein und basiert im Wesentlichen auf zwei, die Dogmatik und die neutestamentliche Exegese betreffenden Faktoren. Im dritten Jahrhundert bilden sich im Westen und im Osten zwei divergierende Ekklesiologien heraus, nämlich eine christomonistische und eine pneumatische.[64] Die pneumatische Ekklesiologie des Ostens hält weiterhin an der Bedeutung des Charismas innerhalb einer Communiostruktur fest und schließt damit ein primär auf die Hierarchie fixiertes Amtsverständnis aus. Sie bindet die Pneumatologie in die Ethik ein, beharrt auf der Unverfügbarkeit des Gottesgeistes sowie der Vielfalt der göttlichen Einheit, und verhindert so die Entstehung strikt vertikaler Strukturen in Amt und Liturgie.[65] Demgegenüber entfaltet sich im Westen eine Leib-Christi-Ekklesiologie, welche die Pneumatologie weitgehend ausblendet. Die Kirche wird nur noch als „ ... Institution und Repräsentation der zweiten göttlichen Person begriffen. Die Basis der Ekklesiologie wird nahezu einzig und allein die Christologie, deren Standbein zum damaligen Zeitpunkt neben der Inkarnationslehre ein leicht monophysitischer Triumphalismus ist. Die Kirche erscheint dann als statisch-monolithisches Gebilde, ... als unbewegliche Wahrheits- und Wertbesitzerin, als ehrwürdig-ehrfurchtgebietende ‚Mater et Magistra' definierter Menschlichkeit. Und alles das konzentrierte und inkarnierte sich im kirchlichen Amt, das bis in den Alltagssprachgebrauch mit *Kirche* synonym gebraucht wurde [...]. Dieser ‚lehrenden' stand die ‚hörende' Kirche gegenüber – rezeptiv, passiv, gehorsam im Idealfall wie ein Kadaver."[66] Die Ausprägung einer solchen Ekklesiologie ist wesentlich bedingt durch den Identitätsfindungsprozess der westlichen Kirche in den ersten Jahrhunderten, die für die Legitimation der Ausprägung ihrer konkreten Gestalt bevorzugt die christologischen Bilder des Neuen Testamentes (in Sonderheit der Paulusbriefe) heranzog. Dabei wurden diese allerdings nicht in ihrem ursprünglichen Sinn verwendet. Denn auch wenn sich beispielsweise die Ekklesiologie des Paulus grundsätzlich zur Institutionalität und Verfasstheit der Christusgemeinde bekennt, ist sie doch keinesfalls amtsfixiert oder -zentriert, sondern betont die Relevanz des Charismas, ist mithin eindeutig pneumatologisch ausgerichtet. In der Kirchenvätertheologie des Westens tritt allerdings deutlich zutage, wie bereits in der Zeit unmittelbar nach Paulus die christologischen Bilder des Neuen Testamentes oft einseitig instrumentalisiert werden. Gemäß dieser Rezeption ist die „ ... Kirche ... Christi Leib; ihr Haupt ist Christus; der ist unsichtbar, weshalb er irdische Vikare berufen hat – Apostel erst, Bischöfe in apostolischer Nachfolge dann – ....; alle geistlichen Lebensströme gehen nun von Christus zum Papst und vom Papst zu den Bischöfen und von ihnen zum Rest der Christenheit über. .... [Das] Pneuma ... wird in die hierarchischen Strukturen eingebunden und damit domestiziert."[67]

---

[64] Vgl. etwa KEHL 65.
[65] Vgl. BEINERT 92-113, dort insbesondere 97-99.
[66] BEINERT 99 f. Vgl. ähnlich auch KEHL 65.115 f. sowie NEUNER 420.
[67] BEINERT 97. Vgl. ähnlich auch KEHL 115 f.

Dass das so entstandene streng vertikale Kirchenmodell zwangsläufig auch schwer wiegende Folgen für alle Bereiche liturgischer Praxis, also nicht nur für die Ausführung der Ordinariumsgesänge, haben musste, liegt auf der Hand. „Der Klerus als kirchlicher Stand des in den Bereich des Numinosen Erhobenen kündigt sich ... an. [...] Sobald die Sinnbestimmung des Gottesdienstes nicht mehr primär in der Auferbauung einer Gemeinde Christi gesehen wird, sondern mehr in der Erfüllung eines notwendigen Kultpensums innerhalb einer konstituierten Öffentlichkeit, genügt schließlich die Anwesenheit jenes Minimums an Kultpersonal, das für den rituellen Ablauf unbedingt notwendig bleibt. Dieses handelt auch dann ‚im Namen der Kirche', wenn die Gemeinde faktisch fehlt."[68] Aufgrund dieser im Frühmittelalter anhebenden Entwicklung wurde die liturgische Anwesenheit des Kirchenvolkes fakultativ bzw. irrelvant; liturgisch konstitutive Actio der gottesdienstlichen Gemeinde fand nicht mehr statt, weshalb in der Folgezeit zunehmend die Praxis der *Missa sine populo* aufkam.[69] Mithin wurde schließlich auch die sakrale Musik nur noch als ornamentales Beiwerk der Liturgie angesehen. Sie war nicht mehr liturgischer Dienst, sondern nur noch paraliturgisches Tun. Anders ausgedrückt: Sie war nicht mehr an sich Gottesdienst, sondern nur noch Musik *zum* Gottesdienst, die unabhängig vom Fortgang der Messe erklang.[70]

Dieser sich im Frühmittelalter abzeichnende Verlust einer realen Communio-Liturgie zeigt sich auf sinnenfällige Weise etwa daran, dass die gottesdienstliche Gemeinde zunehmend auch räumlich-architektonisch vom Mittelpunkt des liturgischen Geschehens abgesondert wurde: Die Zelebration vollzog sich ursprünglich bis weit in das Hochmittelalter hinein *versus populum* an einem frei im Raum stehenden Altar. Dann jedoch änderte sich die Zelebrationsrichtung (*aversus a populo*) und der Altar rückte infolgedessen immer näher an die Apsiswand heran. Ab dem 13. Jahrhundert verbindet er sich schließlich mit dem Lettner, einer zwischen Chor und Langhaus errichteten Trennwand und der auf diese Weise abgetrennte Altar-Raum wird zum „ ... soziologisch gemeinten Klerikerraum (Presbyterium)."[71]

Die eingangs vorangestellte Frage, ob die Gemeinde beim lateinischen Ordinarium schon immer die Rolle einer Zuhörerin spielte oder einst aktiv eingebunden war bzw. welche Faktoren die liturgiegeschichtliche Wandlung zwischen Spätantike und Hochmittelalter auslösten, ist hiermit beantwortet. Welche Bedeutung die solchermaßen gewonnenen Erkenntnisse hinsichtlich des übergreifenden Gesamt-Themas der vorliegenden Monographie haben, wird in den Kapiteln 3 („Das Problem der Vereinbarkeit ...") und 4 („Die Methode der doppelten Werkkontextualisierung") dargelegt.

---

68 HÄUSSLING, Mönchskonvent und Eucharistiefeier 269 f. Vgl. hierzu auch ANGENENDT, Geschichte der Religiosität im Mittelalter 442-446.

69 Vgl. METZGER 130 f. Die Messe ohne Gemeinde wurde auch *Privatmesse* (*Missa specialis, Missa solitaria*) genannt. Wurden mehrere Privatmessen gleichzeitig in einem Kirchenraum gelesen, so sprach man von *Simultanmesse*.

70 Vgl. etwa SCHÜTZEICHEL, Zur Situation der katholischen Kirchenmusik im deutschsprachigen Raum 260.

71 GERHARDS / WINTZ 437. Vgl. auch METZGER 142.

1.3 Die historische Entwicklung der traditionellen mehrstimmigen Messe unter besonderer Berücksichtigung des Wort-Ton-Verhältnisses

In der Fachliteratur gibt es eine große Fülle an Darstellungen des geschichtlichen Werdeganges der (musikalischen) Messe. Ginge es uns lediglich um die musikologischen Aspekte der Gattung, so könnten wir etwa auf das derzeit umfassendste Standardwerk, den jüngst erschienenen Band „Messe und Motette" aus dem von Siegfried Mauser herausgegebenen Handbuch der musikalischen Gattungen[72], verweisen und uns unverzüglich dem zweiten thematischen Block, der erneuerten Liturgie, zuwenden. Eine *theo-logi*sche Abhandlung aber, auch und gerade wenn sie ein interdisziplinär relevantes Thema aufgreift, sollte ihren Forschungsgegenstand letztlich immer im Horizont des *Theo-Logos*, d.h. des geoffenbarten Gottes-Wortes angehen. Dies gilt umso mehr, als die traditionelle mehrstimmige Messe einen Text vertont, der ja zu allererst als Reflexion bzw. Feier des Theo-Logos verstanden sein will. Der Theologe hat mithin nach dem Wort-Ton-Verhältnis der traditionellen mehrstimmigen Messen zu fragen, d.h. ob die Vertonungen die *theo-logische* Dimension ihrer Vorlage einholen oder ob sie hinter ihr zurückbleiben. Selbstverständlich kann hier keine generelle Aussage getroffen, sondern nur exemplarisch vorgegangen werden. Es liegt im Hinblick auf den durch das Gesamtthema gegebenen Rahmen nahe, dabei nur solche Messenkomponisten auszuwählen, deren Werke in der heutigen römisch-katholischen Messliturgie auch tatsächlich aufgeführt werden. Die nachstehenden Ausführungen wollen in einem auf das Wesentliche konzentrierten Überblick aufzeigen – und dies ist für eine interdisziplinär fundierte Annäherung an unser Thema indispensabel –, wie es zu den epochentypischen Ausprägungen der mehrstimmigen Messe kam, welches ihre zu berücksichtigenden Wesensmerkmale sind, und auf welche Weise in ihnen das Wort-Ton-Verhältnis realisiert ist.

1.3.1 Die einstimmigen Einzelgesänge des Ordinarium missae im spätantiken und frühmittelalterlichen Cantus romanus (4. – 8. Jahrhundert)

„Die gleichbleibenden oder stehenden Meßgesänge wie Kyrie, Gloria, Credo, Sanktus-Benediktus und Agnus Dei - das Ordinarium missae (...) - waren anfänglich sehr einfach, oft nur Rezitationen, wie sie die Allgemeinheit der Gläubigen eben leicht zu erfassen und zu singen vermochte. Sie standen in Bezug auf ihren künstlerischen Bau hinter den wechselnden [... Gesängen des] Proprium Missae (die den Festzeiten eigentümlichen Gesänge) zurück, zu deren Ausführung ... [wohl ab der Mitte des vierten Jahrhunderts] eine geschulte Schola vorhanden war. Erst im Laufe der Zeit entwickelten sich die stehenden Meßgesänge zu kunstvolleren, neumatischen tonreicheren Melodien, die auch den Rang des Festtages be-

---

[72] MAUSER, Siegfried (Hg.), Handbuch der musikalischen Gattungen. Band 9: Messe und Motette (hg. zus. mit LEUCHTMANN, Horst), Laaber 1998.

rücksichtigen."[73] Bei den Ordinariumsgesängen der ersten Jahrhunderte, bei welchen noch nicht von „Kompositionen" im späteren Sinne, sondern treffender von kantillierten Rezitationen gesprochen werden kann, gab es in enger Anlehnung an die Gesangsformen der jüdischen Synagoge lediglich zwei fundamentale musikalische Ausdrucksformen: Die Akklamation und eine ganz einfache psalmodische Hymnodie. Die aufgrund der wesenseigenen Schlichtheit der proto- bzw. altrömischen Ordinariumsgesänge verifizierbare originäre Gemeindebeteiligung deutet zugleich – im Gegensatz zu der mehr individuell-künstlerischen Gestalt der Gesänge des Propriums – auf die ursprüngliche liturgietheologische Absicht hin, die Gemeinschaft aller Anwesenden mit dem Zelebranten zu symbolisieren. In den ersten Jahrhunderten bestand zwischen den einzelnen Ordinariumsgesängen noch kein formaler Zusammenhang, es handelte sich um Einzelgesänge.[74] Aufgrund deren zunächst sehr schlichten melodischen Wendungen entsteht aus heutiger Sicht – so weit der Urzustand überhaupt noch rekonstruiert werden kann – der Eindruck des Fehlens einer Textausdeutung, da die Gesänge wie gesagt ihren historischen Ausgangspunkt im antiken synagogalen Sprechgesang haben, der seinerseits nicht primär am Wortsinn ausgerichtet ist, sondern zuvörderst der autonomen Struktur vorgegebener, traditioneller melodischer Formeln folgt.[75] Die Frage nach einer personalen Urheberschaft der Ordinariumsgesänge des Cantus romanus ist heute mit geschichtswissenschaftlichen Methoden nicht eindeutig zu beantworten. Der Übergang zwischen Improvisation und mnemonischer Fixierung war ein fluidaler Vorgang. Obgleich die melodische Ausschmückung der kultischen kantillierten Rezitationen schon vor der ersten tonschriftlichen Fixierung[76] einem jeweils personal-kreativen Akt entsprang, muss zugleich darauf hingewiesen werden, dass im Bereich kultischer Kunst gemäß dem damaligen Denken die Urheberschaft hinter dem Geschaffenen weit zurückstand und nahezu bedeutungslos blieb. Das bis zum achten Jahrhundert rein mündlich tradierte alte Repertoire ist mithin anonym.[77]

1.3.2 Die einstimmigen Ordinariumsgesänge des Cantus gregorianus und deren Zusammenstellung zu Ordinariumszyklen (8. - 13. Jahrhundert)

Als um die Mitte des achten Jahrhunderts die römische Liturgie auf Betreiben *Pipins des Jüngeren* (714-768) nach Gallien gebracht wurde und von *Karl dem Großen* (742-814) für das ganze Frankenreich vorgeschrieben wurde[78], wurden selbstverständlich auch die entsprechenden altrömischen Ordinariumsgesänge dieser Liturgie in den fränkischen Raum „importiert". Die Rekonstruktion der

---

[73] GOLLER 155.
[74] Vgl. WAGNER (Peter Joseph) 9 f., RIGHETTI 649-655 sowie GERSTMEIER, Art. Messe. III. Kirchenmusikalisch 161.
[75] Vgl. JASCHINSKI, Musik, die dem Wort dient 81.
[76] Die erste Aufzeichnung des altrömischen Repertoires mit einer diastematischen Notation findet erst nachträglich im zehnten Jahrhundert statt. Vorher, d.h. seit dem ausgehenden achten Jahrhundert wurden nur die Texte aufgezeichnet. Vgl. HAUG 1036.
[77] Vgl. CARDINE 8.
[78] Vgl. METZGER 119 f.

Historie des gregorianischen Chorals ergibt heute mit breitem Konsens – gegen anders lautende Thesen[79] - folgendes Bild für die weitere Entwicklung: Nachdem durch die römischen Kantoren neben den anderen Gattungen des Cantus romanus auch die Ordinariumsvertonungen an den karolingischen Hof gekommen waren, entstand dort das Bedürfnis, diese auf die fränkische Kultmusik abzustimmen. Gemäß dieser Intention fand circa zwischen 750 und 850 die Phase einer redaktionellen Verschmelzung und Umformung statt, die Neues hervorbrachte: Die schlichten altüberlieferten Melodien wurden mit zahlreichen Verzierungen bzw. verschiedenen Intervallen innerhalb des Halbtonbereiches bereichert (besonders das Kyrie, Sanctus und Agnus Dei).[80] Ab 850 breitete sich dieser neuartige Gesangsmodus, für den sich bereits zu diesem Zeitpunkt die Bezeichnung *Cantus gregorianus*[81] durchgesetzt hatte, in allen geographischen Räumen der abendländischen Kirche (mit Ausnahme von Spanien und Mailand) aus und wurde so zum Symbol einer auch im politischen Sinne einheitsstiftenden Liturgie.[82] Um die Wende zum 10. Jahrhundert wurde das Repertoire der Gesänge erstmals anhand eines adiastematischen, d.h. nicht tonabständigen Notationssystems (sog. „*reine* Neumen") graphisch aufgezeichnet. Zugleich begannen die fränkischen Musiker, einzelne Abschnitte der Gesänge mit *Tropen*[83] zu versehen, wodurch fortan den betreffenden tropierten Gesängen ein inhärenter Propriumscharakter eignete. Ab dem 10./11. Jahrhundert wurde in Italien und Frankreich die diastematische, d.h. eine die Tonabstände nach Höhe und Tiefe angebende Tonschrift entwickelt. Die Niederschrift der einzelnen Ordinariumsgesänge erfolgte in einem Buch, in das auch sämtliche anderen Messgesänge mit aufgenommen wurden, dem *Graduale*. Aufgrund der besseren Praktikabilität wurden die Gesänge des Ordinarium missae bald in einem eigenen Teil des Graduale, dem sog. *Kyriale* aufgeschrieben und in Gruppen angeordnet.[84] Mit Beginn des 12. Jahrhunderts sind in den jeweili-

---

[79] Es ist vereinzelt die These anzutreffen, die Umarbeitung des Cantus romanus in den Cantus gregorianus sei bereits seit dem siebten Jahrhundert mit dem Wunsch nach einer größeren Effektivität und Feierlichkeit des vertonten Wortes (möglicherweise im speziellen Hinblick auf den päpstlichen Gottesdienst) erfolgt. So etwa STÄBLEIN, Die Gesänge des altrömischen Graduale Vat. lat. 5319 52-61 oder in ähnlicher Weise auch JASCHINSKI, Musik, die dem Wort dient 81.

[80] Da die gesamte Skala möglicher Ausdrucksnuancen von nur einer einzigen Melodielinie evoziert wurde, verwendet der gregorianische Gesang in kunstvoller Verknüpfung Imitationen, Gegenbewegungen, Repetitionen, musikalische Reime oder melodische Echowirkungen. Nachdem das solchermaßen ausgestaltete Melodienrepertoire fertig ausgebildet war, entstand die kirchentonale Klassifizierung, wobei der Umfang der Melodik zunächst meist auf den Ambitus eines Hexachords festgelegt wurde. Vgl. hierzu ROBERTSON 197 und GÜMPEL, Art. Gregorianischer Gesang 146 f.

[81] Diese Bezeichnung datiert aus dem 8./9. Jahrhundert, als man die in den vorangegangenen Jahrhunderten gesammelten und dann ausgearbeiteten bzw. umgeformten Gesänge mit der Autorität Papst *Gregors des Großen* (540-604, Pontifikat 590-604) in Verbindung zu bringen versuchte, indem man ihm die Sammlung der in der römischen Liturgie verwendeten Melodien legendarisch zuschrieb.

[82] Vgl. GERHARDS / KOHLHAAS 546.

[83] Als Tropus im engeren Sinne bezeichnet man man eine musikalisch-literarische Interpolation, d.h. die nachträgliche syllabische Textierung gegebener melismatischer Gesänge sowie deren musikalische Erweiterung. Ferner wird auch die Neukomposition tropierter Texte mit diesem Terminus bezeichnet. 700 Jahre nach dem Entstehen der ersten Tropen wurde durch das Konzil von Trient (1562) ein Tropenverbot promulgiert.

[84] Diese gruppenweise Anordnung sah vor, dass z.B. alle vorhandenen Kyrie-Vertonungen, Gloria-Vertonungen u.s.w. zugunsten einer besseren Auffindbarkeit und Übersicht einen

gen regionalen Kyrialien schließlich erste Ansätze einer bewussten Koppelung verschiedener Ordinariumsgesänge zu Paaren[85] erkennbar, die bereits hinsichtlich ihrer Verortung im liturgischen Kalendarium rubriziert sind. Diese Teil-*Formulare* stellen den Ausgangspunkt der in der Folgezeit zunehmenden Zyklusbildung dar. Im 13. Jahrhundert endlich begegnen wir erstmals Vollformularen (*Messformularen*)[86], d.h. Ordinariumszyklen bestehend aus Kyrie, Gloria, Sanctus und Agnus Dei, wobei jedes Formular einem bestimmten Fest des Kirchenjahres zugeordnet ist. Hierdurch wurde die Abgrenzung des Ordinariums gegenüber dem Proprium hinsichtlich der liturgischen Verwendung deutlich relativiert.[87] Das Credo, welches unter den Ordinariumsgesängen immer als Außenseiter figurierte[88], fand keine Aufnahme in die Zyklen. Für die wenigen Credovertonungen wurde im Kyriale eine Art Anhang geschaffen. Das Kriterium für die Zyklusbildung war wohl zunächst nicht musikalisch bestimmt, sondern bestand in der textbezogenen Orientierung an den Tropen. Erst im Spätmittelalter kam der Usus auf, die Gesänge auch tonartlich oder motivisch zu verknüpfen.[89]

Über das Wort-Ton-Verhältnis in den Ordinariumsgesängen des gregorianischen Chorals kann keine generell gültige Aussage getroffen werden, da es in hohem Maße von der stark differierenden Qualität der Faktur sowie dem jeweiligen Kompositionsverfahren (Originalkomposition oder Typus-Melodien und Centonisationen) abhängt. Während manche Choräle hinsichtlich der Semantik der Textvorlage indifferent sind und sich lediglich an deren syntaktischer und metrischer Oberfläche entlangbewegen, betreiben die Komponisten anderer Gesänge eine pointierte Textauslegung, die die theologischen Aussagen nicht nur adäquat verklanglicht, sondern darüber hinaus deren nicht mehr zu verbalisierende Transzendenzbezüge erahnen lässt. Eine angemessene Beurteilung des Wort-Ton-Verhältnisses des Cantus gregorianus ist grundsätzlich nur im gleichzeitigen Bemühen um eine größtmögliche Authentizität seiner Interpretation möglich, d.h. in seiner differenzierten Erschließung durch die musikalische Semiologie.[90]

---

jeweils eigenen Ort im Kyriale zugewiesen bekamen. Daneben bildete sich in den folgenden Jahrhunderten eine große Anzahl regional differierender alternativer Praktiken heraus, etwa die Vorgehensweise, nach der alle tropierten Proprien zusammen mit den tropierten (und nicht tropierten) Ordinarien sowie gelegentlich auch Sequenzen in einem speziellen Teil des Graduale, dem *Tropar*, vereinigt wurden. Vgl. etwa STÄBLEIN, Art. Messe. Die lateinische Messe. Die einstimmigen Melodien 153.

85 Meistens steht das Kyrie zusammen mit dem Gloria, sowie das Sanctus zusammen mit dem Agnus Dei paarweise.

86 Die Anzahl der Formulare innerhalb der regional differierenden Kyrialien bewegt sich zwischen vier und achtzehn.

87 Vgl. CROCKER 774 sowie STÄBLEIN, Art. Messe. Die lateinische Messe. Die einstimmigen Melodien 150-158.

88 Dass dem – wie bereits in Kapitel 1.2.3 dargelegt – sehr spät in den Ordo der römischen Messe eingegliederten Credo im gregorianischen Ordinarium die schwächste Position zukommt, ist unter anderem dadurch bedingt, dass es im Gegensatz zu den akklamatorischen und hymnischen Ordinariumsgesängen nur äußerst selten tropiert wurde und ihm von daher kein Propriumscharakter eignete, womit sich auch eine kalendarische Rubrizierung ausschloss. Vgl. GERSTMEIER, Art. Messe. III. Kirchenmusikalisch 161 sowie PFAFF, Art. Mass. Liturgy and chant. The Ordinary. Evolution of the principal chants 773.

89 Die Namen der Messformulare, die sich zuvor nach den Rubriken richteten, wurden fortan auch nach Tonartenbezeichnungen gewählt. Vgl. STÄBLEIN, Art. Messe. Die lateinische Messe. Die einstimmigen Melodien 157.

90 Vgl. CARDINE 12.13.43-46.

1.3.3 *Die zyklische Messkomposition der frühen Mehrstimmigkeit (9./10. - 14. Jahrhundert)*

Wie in Kapitel 1.3.2 dargelegt, waren zunächst die Propriumsgesänge zum einen um ein Vielfaches zahlreicher und zum anderen weitaus kunstvoller als die Ordinariumsgesänge. Mithin war es für die – vorerst noch nicht namentlich zu verifizierenden – Komponisten der um 900 aufkommenden Mehrstimmigkeit nahe liegender, zunächst die Gesänge des Propriums in das Gewand der Mehrstimmigkeit zu hüllen[91]. Es ist bemerkenswert, dass diese Gesänge zu den ersten mehrstimmigen Kompositionen überhaupt zählen – die Mehrstimmigkeit hat also ihre Wurzel im Messgesang. Allerdings waren diese frühen mehrstimmigen Kompositionen noch nicht streng auskomponiert, sondern wurden als improvisatorische Gesangspraktiken ausgeführt, d.h. über die geläufige einstimmige Melodie improvisierte man freie Stimmen im Quart- oder Quintgang.[92]

Noch das zwölfte Jahrhundert, aber auch die spätere *Ars antiqua*[93] kennt jedoch die Ordinariumsteile bis auf wenige Ausnahmen nur als einstimmige Gesänge, obgleich es in dieser Epoche bereits eine Fülle von drei- und vierstimmigen Propriumskompositionen gab, etwa aus der Feder der beiden Hauptmeister der *Notre-Dame-Epoche*[94] *Leonius* (* erste Hälfte 12. Jahrhundert, † Ende 12. Jahrhundert) und *Perotinus* (um 1165-1220). Zunächst liegt uns aus dieser Zeit nur eine kleine Anzahl von Sätzen einzelner oder paarweise gruppierter Teile des Messordinariums vor. Als ältestes bekanntes Zeugnis einer mehrstimmigen Vertonung eines Ordinariumsteiles gilt eine zeitlich etwa um 1100 anzusetzende Bearbeitung des Kyrie-Tropus „*Cunctipotens genitor Deus*", die im sog. „*Mailänder Traktat*" erhalten ist. Es handelt sich hierbei um eine zweistimmige *Organumkomposition* (im Organum purum-Stil)[95] im Satz Note gegen Note, wobei die bekannte einstimmige Melodie als Unterstimme fungiert, während sich eine neu geschaffene Oberstimme darüberwölbt.[96] Erst im Verlauf des 14. Jahrhunderts, mit dem Aufkommen der

---

[91] Spätere formale Differenzierung in *Motette*, *Organum* und *Diskantus*.

[92] Vgl. KAST 170.

[93] Als *Ars antiqua* wird die Epoche der *Mensuralnotation* zwischen ca. 1230 und 1320 bezeichnet, deren Spezifikum u.a. die Entfaltung der sog. *Clausulae* ist. Die wesentliche Kompositionsart der Ars antiqua ist der *Discantus*: Dem vorliegenden Choral-Cantus-firmus werden unter Abwechslung der Konkordanzen Oktave und Quinte eine oder mehrere Stimmen in Gegenbewegung hinzugefügt. Die hierbei verwendeten rhytmischen bzw. melodischen Formeln der jeweiligen Abschnitte wurden als Clausulae bezeichnet.

[94] Die *Notre-Dame-Epoche* erstreckt sich auf den Zeitraum von ca. 1160 bis 1230. In ihr wurde das Organum (siehe Fußnote 95) entscheidend entwickelt, womit sie zugleich im Hinblick auf die Frühzeit der Motette eine große Relevanz besitzt.

[95] Das *Organum* ist eine Komposition, in der die Hauptstimme, welche als gregorianischer Cantus firmus vorliegt, in parallelen Quarten, Quinten oder Oktaven begleitet wird. Beim *Organum purum* mit seinen melismatischen Organalpartien über Haltetönen sind die Töne rhythmisch nicht proportional festgelegt, d.h. die Oberstimmen-Töne werden je nach ihrem Konkordanzgrad mit der Unterstimme kürzer oder länger gesungen, wobei sich Kürze oder Länge aus dem Zusammenhang ergeben. Vgl. hierzu ausführlich HAAS (Max) 874 f. sowie ferner STEIN 495.

[96] Vgl. KAST 170.

Ars nova[97], wandten sich die Komponisten der Mehrstimmigkeit zögerlich auch den Teilen des Ordinariums zu, wobei bei der mehrstimmigen Vertonung tropierter Melodien zunächst sogar den Tropen eine weitaus größere Aufmerksamkeit entgegengebracht wurde als dem Grundbestand.[98] Dennoch blieb die mehrstimmige Komposition von Messteilen von ihrer Bedeutung her zunächst weit hinter der Motette zurück.

Eine zyklisch geschlossene Komposition aller fünf Ordinariumsteile finden wir in der frühen Mehrstimmigkeit um die Mitte des 14. Jahrhunderts nur sehr selten. Einige wenige Werke entstanden als erste mehrstimmige Messen in der Faktur dreistimmiger Sätze zunächst in Barcelona, Besançon, Toulouse und Tournai. Die Identität ihrer Schöpfer liegt indes noch im Dunkeln.[99]

Die älteste vollständige mehrstimmige zyklische Ordinariumsvertonung, die namentlich eindeutig einem Komponisten zugewiesen werden kann, ist die zur damaligen Zeit erratische Komposition des Meisters der französischen Ars nova κατ᾽ ἐξοχήν: Es handelt sich hierbei um die 1364 entstandene, kontrapunktisch durchgearbeitete vierstimmige „Messe de Notre Dame" von *Guillaume de Machaut* (1300/05-1377), ein überaus feierliches, stilistisch und formal geniales Werk von beispielhaftem Rang.[100] Das enge Wort-Ton-Verhältnis zeugt davon, dass der Komponist die theologischen Aussage des Ordinariums intensiv verinnerlichte.[101] Diese Komposition Machauts markiert zugleich den eigentlichen Beginn der Geschichte der musikalischen Gattung „mehrstimmige Messe". Allerdings bleiben

---

97 *Ars nova*: Von der römischen Kirche insbesondere in den Bullen *Docta Sanctorum* (1324/25) und *In agro dominico* (1329) Papst *Johannes XXII.* (um 1245-1334, Pontifikat 1316-1334) vehement abgelehnte Epoche von 1315/22 - 1377, deren Spezifika ein neues Notationssystem, Gleichberechtigung des Zweiertaktes sowie das Streben nach gesteigerter rhythmischer Subtilität und ferner nach harmonischer Lieblichkeit waren.

98 Vgl. LÜTOLF 299.

99 Nicht jedes dieser Werke schließt das Gesamt der fünf Ordinariumsteile Kyrie, Gloria, Credo, Sanctus und Agnus Dei ein. Einige beschränken sich auch auf nur vier Teile, beinhalten aber dafür die Vertonung des „Ite missa est". Vgl. hierzu FINSCHER / LÜTTEKEN 185. Von einigen namhaften Musikologen wird die Hypothese formuliert, die genannten Ordinariumszyklen seien aus bereits vorhandenen Einzelsätzen verschiedener Komponisten ad hoc zusammengestellt worden (kompilatorische Praxis). Die stilistische Heterogenität der einzelnen Sätze dieser Zyklen lassen eine solche Vermutung durchaus berechtigt erscheinen. Vgl. etwa SCHMID (Bernhold) 84 f., GERSTMEIER, Art. Messe. III. Kirchenmusikalisch 161 und FINSCHER / LÜTTEKEN 185.

100 Drei Sätzen dieses Werkes liegt jeweils ein liturgischer Cantus firmus zugrunde, während die anderen Sätze frei komponiert sind. Vgl hierzu ausführlicher GÖLLNER 783. Nicht nur bei Machaut, sondern bei nahezu allen Messen-Komponisten der frühen Mehrstimmigkeit war es üblich, den Ordinariumssätzen die jeweiligen bereits vorhandenen Choralmelodien des überlieferten gregorianischen Ordinariums als Cantus firmus zugrundezulegen. Diese Gepflogenheit lässt sich auch an vielen mehrstimmigen Messen späterer Jahrhunderte noch nachweisen. Messen dieses Typs wurden später als *Choralmessen* bezeichnet. Als sich hiervon abzweigende Form entstand kurze Zeit später die *choralparaphrasierende Messe*, in der der Choral nur noch die substantielle Basis der Komposition (*Cantus planus*) bildet.

101 Der in diesem Werk zutage tretenden persönlichen Religiosität entspricht auch die These von *Anne Walters Robertson*, nach der Machaut diese (musikalische) Messe eventuell sogar als Votivmesse für sich selber komponierte habe mit der testamentarischen Verfügung, die Messe möge nach seinem Ableben immer am Jahrestag seines Todes für sein Seelenheil gesungen werden. Vgl. hierzu ausführlich WALTERS ROBERTSON 100-137 sowie ähnlich LEECH-WILKINSON 13.

Werke dieser Konzeption bis weit in das 15. Jahrhundert hinein die Ausnahme und werden erst im zweiten Drittel dieses Jahrhunderts zur Regel.[102]

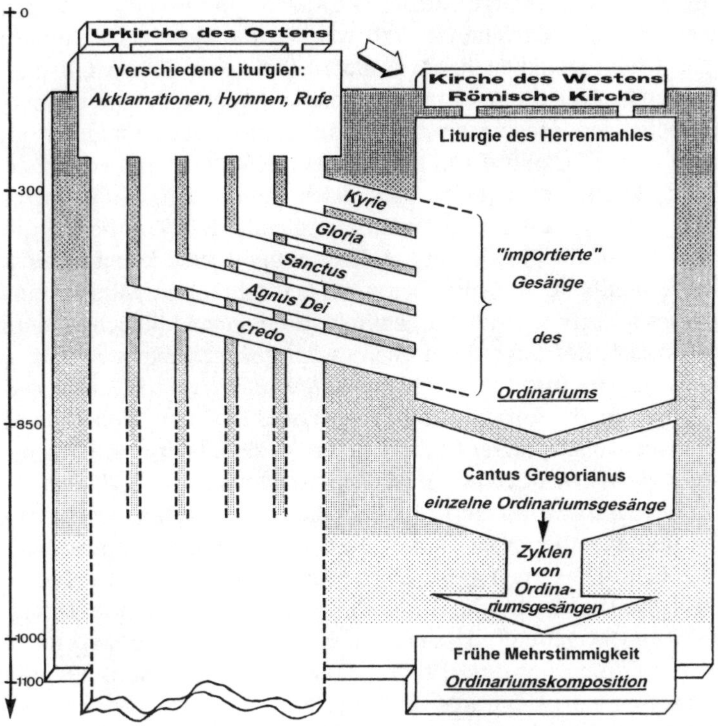

Abbildung 1: Die historische Entwicklung des gesungenen Ordinariums bis zur frühen Mehrstimmigkeit

1.3.4 Die mehrstimmige Messe des 15. und 16. Jahrhunderts

„Die Schöpfung der fünfsätzigen zyklischen Vertonung der Texte des Ordinarium missae gilt als eine der bedeutendsten Leistungen in der Musikgeschichte des 15. Jahrhunderts."[103] Innerhalb der mehrstimmigen Ordinariumszyklen bildeten sich fortan folgende Gestaltungsformen heraus: Es gab den zunehmend vorherrschenden *motettischen* Kompositionstyp, der eine vorgegebene chorale Melodie (*cantus firmus*) in einer (Tenor mit zwei duettierenden Oberstimmen) oder mehreren Stimmen in der Urgestalt oder in kolorierter Fassung als musikalisches Material verwendet; daneben den Ordinariumssatz freier Konzeption, in dem kein Cantus-firmus-Bezug vorliegt und die Stimmen nach Art des Diskantliedes bzw. Kantilenensatzes frei geführt werden, wobei auch Choralkolorierung im Diskant möglich

---

[102] Vgl. MASSENKEIL, Art. Messe 292, vgl. auch OEHLMANN 16.
[103] KÖRNDLE, Das musikalische Ordinarium missae nach 1400 154.

ist. Als weitere Gestaltungsform fanden *homorhythmische* Sätze – ebenfalls ohne Cantus firmus – mit gleichem Text in allen Stimmen Verwendung.[104]

Hervorzuheben ist die nunmehr besondere Bedeutung der Cantus-firmus-Technik für die mehrstimmige Messe: Die *Cantus-firmus-Messe* zieht nun nicht mehr, wie es noch bei Machaut der Fall war, für die einzelnen Ordinariumssätze verschiedene Choralmelodien heran, sondern legt allen Sätzen ein und dieselbe Melodie zugrunde. Der Cantus firmus ist hierbei nicht mehr die chorale Melodie eines entsprechenden gregorianischen Ordinariumssatzes. Vielmehr griffen die Komponisten nun auf Cantus firmi anderer choraler oder sogar weltlicher Gesänge zurück. Durch Isorhythmie, gleich bleibenden Cantus firmus und satzeröffnende Mottobildung wird die von den Komponisten intendierte zyklische Geschlossenheit erreicht: eine fortan für die Gattung mehrstimmige Messe kompositionstechnisch nachgerade verbindliche Vorgabe. Bereits in den Jahren um 1400 ist ein dahingehendes kompositorisches Bemühen deutlich zu erkennen, zunächst allerdings nur bei den französischen, franko-flämischen und englischen Exponenten der Gattung wie *Johannes Ciconia* (um 1335-1411), *Arnoldus* und *Hugo de Lantins* (wohl erste Hälfte 15. Jahrhundert), sowie *Lyonel Power* (gest. 1445) und *John Dunstable* (um 1380-1453). Noch ausgeprägter findet sich das Merkmal der geschlossenen Einheit in der *Franko-flämischen Schule*, deren Repräsentanten wie *Guillaume Dufay* (um 1400-1474) oder *Antoine Busnois* († 1492) die mehrstimmige Messe zu einer der beliebtesten und exponiertesten Gattungen der gesamten Kunstmusik der damaligen Zeit machten. Dies zeigt zugleich, welch hohen liturgischen Stellenwert die Feier der Eucharistie im Denken und Bewusstsein des Spätmittelalters innehatte.[105] Es fällt im Übrigen auf, dass sich zu dieser Zeit gewissermaßen eine Mischform zwischen Ordinarium und Proprium herausgebildet hatte: Viele der mehrstimmigen Messen um 1450 waren nämlich *Plenarium- oder Plenarmessen*[106].

Während die in der Messliturgie aufgeführten Werke Machauts noch größtenteils wortausdeutend waren, die Musik also den Ordinariumstexten eher untergeordnet war, gehorcht die Konzeption der Franko-flämischen Schule eher einer abstrakt musikalischen Gesetzmäßigkeit, ist demnach mehr formales Konstrukt denn dem Wortsinn verpflichtet. Die Stimmendisposition hatte sich hin zur Vier- und Fünfstimmigkeit entwickelt. Möglicherweise wurde der Chor bereits von einzelnen Instrumenten begleitet, was indes nicht eindeutig zu belegen ist. Bis zum späten 15. Jahrhundert war der gebräuchlichste Messentypus die sog. *Tenormesse*. Der Cantus firmus, der in breiten Notenwerten gehalten ist, liegt in allen Sätzen im Tenor. Überdies liegen uns aus dieser Epoche aber auch mehrstimmige Messen vor, in denen der Cantus firmus in allen Stimmen melodisch verarbeitet ist. Diese Tendenz einer Gleichberechtigung aller Stimmen fand ebenfalls zunehmend

---

104 Vgl. GÜMPEL, Art. Messe 121 und MASSENKEIL, Art. Messe 292.
105 Vgl. ähnlich GÖLLNER 783 f.
106 Die *Plenarium- oder Plenarmesse* ist eine spezielle Form der Messkomposition: In ihr werden Ordinarium und Proprium kombiniert, indem zu den fünf Ordinariumssätzen weitere Sätze aus dem Proprium hinzutreten oder einzelne Ordinariumssätze zugunsten der Aufnahme zusätzlicher Propriumssätze weggelassen werden. Eine Sonderausprägung der Plenarmesse ist das seit Ende des 15. Jahrhunderts belegbare (musikalische) Requiem, also die (musikalische) Totenmesse (lat.: Missa pro defunctis).

Verbreitung, wobei einem imitatorischem Kontrapunkt dezidiert homorhythmische Partien gegenüberstehen. Jedoch auch *Kanontechnik*[107] erfreute sich in den Vertonungen des Ordinariums bald großer Beliebtheit. Ein extremer Exponent dieses Typs ist *Johannes Ockeghem* (1425-1496/97), dessen inneres Movens aber trotz seiner ausgeklügelten Manier stets das geistliche Wort der vertonten Texte blieb. Neben die *Quodlibet-* und *frei durchkomponierten* mehrstimmigen Messe trat in der zweiten Hälfte des 15. Jahrhunderts ein weiterer neuer Typus: Die *Parodiemesse*. Diese später durch das *Tridentinum* (1545-1563) scharf, aber letztlich wirkungslos verurteilte Kompositionsgattung übernimmt einen ganzen mehrstimmigen Satz meist weltlicher Herkunft[108] und verarbeitet diesen. Das Heranziehen weltlicher Vorlagen als thematisches Material für mehrstimmige Messen wurde fortan in allen Jahrhunderten bis über die Romantik hinaus praktiziert.

Unter den bedeutenden Komponisten von zyklischen Ordinariumsvertonungen wie *Jacob Obrecht* (1450/51-1505), *Heinrich Isaak* (1450-1517) und *Pierre de La Rue* (1460-1518) ragt in jener Epoche besonders *Josquin Desprez* (um 1440-1521) hervor, dessen exzeptionelles Œuvre mehr als 20 mehrstimmige Messen umfasst. Neben seiner kompositorischen Virtuosität war es vor allem seine tiefe Empathie gegenüber dem Text, die seine zyklischen Ordinariumsvertonungen zu einer vollendeten Verschmelzung von künstlerischer und theologischer Aussage gelangen ließ.[109] Aus der immensen Anzahl franko-flämischer, französischer, deutscher und spanischer Messen-Komponisten, die sich an Desprez orientierten oder zu seiner Zeit wirkten, die aufzuzählen den Rahmen unseres Aufrisses jedoch sprengen würde, seien repräsentativ nur *Nicolas Gombert* (* Ende 15. Jahrhundert, † um 1556), *Adrian Willaert* (um 1485-1562), *Jehan Mouton* (um 1459 - 1522), *Ludwig Senfl* (um 1486-1543), *Cristóbal de Morales* (um 1500-1553) und *Tomás Luis de Victoria* (1548/50 – 1611) genannt.[110] Zu dieser Zeit fand auch die zuvor bereits in einzelnen organalen Ordinariumssätzen des 13. Jahrhunderts anzutreffende *Alternatimpraxis* Eingang in die zyklische mehrstimmige Ordinariumskomposition. Die nach dieser Praxis benannte *Alternatimmesse*[111] hatte den Ausgangspunkt ihrer Verbreitung in Venedig: Beispiele lassen sich etwa aufzeigen bei *Andrea Gabrieli*

---

[107] *Kanontechnik:* Strenge, starre Imitation einer Stimme durch eine andere bei Stimmtausch.

[108] Parodiert wurden Tanzsätze, Madrigale sowie Liebes- oder Trinklieder (=Chansons). Bei letzterer Vorlage spricht man von *Chansonmesse*. Ab ca. 1530 wurde es üblich, statt Chansons Motetten zu parodieren. Es finden sich ferner mehrstimmige Messen, in denen Parodien über Parodien, also *Doppelparodien* vorliegen. Mehrstimmige Messen ohne Vorlage oder mit bewusst verschwiegener Vorlage wurden mit „*Missa sine nomine*" bezeichnet. Vgl. hierzu ausführlich FINSCHER / LÜTTEKEN 196 f.

[109] Vgl. FELLERER, Die Messe. Ihre musikalische Gestalt vom Mittelalter bis zur Gegenwart 9.

[110] Vgl. KAST 172-181 und MASSENKEIL, Art. Messe 292 f.

[111] Die *Alternatimmesse* ist eine auf die Aufführungsweise des antiphonischen Gesanges zurückgehende Form der mehrstimmigen Messe, bei der einzelne Teile im Wechsel zwischen Solist und Chorgruppe, auch zwischen zwei Sängergruppen oder zwischen Chor und Orgel vorgetragen werden. Bei der erstgenannten Ausprägung trägt der eine Teil der Aufführenden die einstimmigen, der andere Teil die mehrstimmigen Teile vor. Bei der letztgenannten Ausprägung, der sog. *Orgel-Choral-Alternatimmesse* (Kurzbezeichnung: „*Orgelmesse*") bildeten sich für die Abfolge der einander abwechselnden Chor- und Orgelabschnitte insbesondere beim Kyrie und Agnus Dei feste, einheitliche Schemata heraus. Vgl. RUF, Art. alternatim 34 sowie ferner STEIN 444.

(* um 1510, † 1586) oder im Messenœuvre des Kreises um den Tonsetzer *Girolamo Frescobaldi* (1583-1643).

Ab 1550, mit dem Anbruch der Gegenreformation, wurde Italien auf dem Gebiet der mehrstimmigen Messe führend: Der Motor dieser Wende – Italien war in der genannten Hinsicht zuvor eher bedeutungslos – war *Giovanni Pierluigi da Palestrina*[112] (um 1525-1594), das Haupt der römischen Schule des 16. Jahrhunderts, der alle anderen Komponisten des Genres überragte. Auf dem *Konzil von Trient* wurde die Frage diskutiert, ob die Mehrstimmigkeit der zyklischen Ordinariumsvertonung, die teilweise mit dem Aufkommen der Figuralmusik als einseitig auf kompositorische Finessen fixierter Selbstzweck betrieben wurde, nicht von den eigentlichen Inhalten der Eucharistie und des Wortes Gottes abzulenken drohe. Man sah solche Kompositionen als verwerflich an. „[In] 1562 the Council of Trent officially banned all 'seductive and impure' melodies from church use, and the primary goal of the reformers was to see that the Mass text was made as intelligibile as possible to congregations."[113] Die Haltung des Konzils war angesichts gewisser Kompositionen, die mit allzu oberflächlich-prunkvoller Weltlichkeit glänzten, bis zu einem gewissen Grade gerechtfertigt. Dennoch hätte es einen unabsehbaren Schaden für die Kirchenmusik bedeutet, wäre das Konzil so weit gegangen, die kunstvollere Mehrstimmigkeit generell zu verbieten. Historisch nicht zu verifizierenden Überlieferungen zufolge soll Palestrina durch seine tief religiöse und zugleich jeglicher selbstgefälligen stilistischen Auswüchse entbehrenden „Missa Papae Marcelli" mit dazu beigetragen haben, dass keine weiteren gravierenderen Beschlüssen gegen die kunstvolle Mehrstimmigkeit erfolgten.[114] Palestrina wurde sogar zum klassischen Meister der katholischen Kirchenmusik schlechthin. Sein Ruhm basiert zum einen auf seiner exponierten Stellung und Tätigkeit unter anderem an St. Peter in Rom, vor allem aber auf jener bahnbrechenden stilistischen Manier, die das Konzil überzeugt hatte: Die für ihn signifikante vollkommene Gleichberechtigung der Stimmen, dezente Rhythmik, klangliche und diktionelle Perspikuität, Glättung bzw. Rundung der melodischen Linien und strenge Wortorientiertheit wurden aufgrund der Anerkennung durch einflussreiche kuriale Kreise bald zum Ideal jeglicher kirchlicher Musik erhoben.[115] Folglich überdauerte der Kompositionsstil Palestrinas als lehramtlich vom Tridentinum im Sinne einer Richtlinie geforderter *Palestrinastil*, später auch *Stilus gravis*, *Stile antico* oder *Stilus ecclesiasticus* genannt, alle stilistischen Wandlungen der Musikgeschichte

---

112 Zum Messeschaffen Palestrinas siehe ausführlich Kapitel 5.1.

113 LOCKWOOD 788. Diese Aussagen des Konzils sind fixiert im „*Decretum de observandis et evitandis in celebratione missarum*" der 22. Konzilssitzung vom 17.09.1562.

114 Siehe hierzu ausführlicher Kapitel 5.1.2.

115 Diese „musica intelligibile" kam freilich dem Repräsentationsbedürfnis der politischen Machthaber nicht unbedingt entgegen. Gerade auch in Italien ließen sich die meisten weltlichen Territorialherren weiterhin großdimensionierte mehrstimmige Messen als Auftragskompositionen für die teilweise sehr aufwändigen höfischen Liturgien schreiben. Exemplarisch seien etwa die Herzöge von Gonzaga genannt, die für die prunkvolle Liturgie der mantuanischen Hofliturgie neben ihren Hofkapellmeistern wie *Giovanni Giacomo Gastoldi* (* um 1550, † 1622) und *Giaches de Wert* (1535-1596) auch Palestrina mit der Komposition von mehrstimmigen Messen beauftragten.

sogar bis in das 19. und 20. Jahrhundert hinein.[116] Während aller Jahrhunderte blieb Rom das Zentrum, von dem aus dieser Stil in seiner Gültigkeit bewahrt und in seinem Wirkungsgrad verbreitet wurde.[117]

Eine gewisse Modifikation des konservativen Stils fand in Venedig statt. Nach einer zunächst noch traditionsbewussten Beibehaltung der stilistischen Strenge und Schlichtheit lässt sich dort gegen Ende des 16. Jahrhunderts eine zaghafte Experimentierfreudigkeit in die Richtung eines neuen kompositorischen „Terrains" erkennen: *Giovanni Gabrieli* (1554-1612) und *Giovanni Croce* (1557-1609) bereiteten die Gattung der konzertierenden Messe[118] vor. Gabrieli übertrug zudem erstmals die in Venedig entwickelte *Doppelchörigkeit* und den instrumental sekundierten *Sologesang* auf die mehrstimmige Messe.[119]

Mit Palestrinas epochaler Bedeutung kongruent ist hinsichtlich des kompositionsgeschichtlichen Stellenwertes das Schaffen des ebenfalls im 16. Jahrhundert wirkenden *Orlando di Lasso*s (1532-1594). Anders als Palestrina verließ er Italien und schrieb die Mehrzahl seiner zahlreichen mehrstimmigen Messen in Deutschland. Obgleich deren aufwändige stilistische Gestaltung Momente unüberbietbarer Ausdrucksdichte zeitigt, ist der Wortsinn des liturgischen Textes oft durch eine zu einseitig musikalische Akzentsetzung überdeckt. Die Gestik wirkt stellenweise beihnahe nervös und erscheint infolgedessen der von sakraler Kontemplation geprägten Messenkonzeption Palestrinas gelegentlich fast entgegengesetzt. In seinen späten Messen hingegen ist der Duktus mehr am Wort orientiert und kommt infolgedessen die Theologie des Ordinariums durch die Musik hindurch zu ihrer eigentlichen Aussage.[120] Ebenfalls im österreichisch-deutschen Raum hatten ihre Wirkungsstätten die im 16. Jahrhundert gattungsgeschichtlich relevanten Tonsetzer *Philippe de Monte* (1521-1603), *Blasius Amon* (* um 1560, † 1590) und *Jacobus Gallus* (1591-1568), deren mehrstimmige Messen eine meist erhebliche Kürze und simple Harmonik miteinander gemein haben, wobei der Umgang mit dem liturgischen Wort bisweilen eher oberflächlich wirkt. Persönlich-bekenntnishafte und textverinnerlichende Züge tragen dagegen die überaus qualitätvollen zyklischen Messkompositionen *Hans Leo Haßlers*[121] (1564-1612), des Hauptes der süddeutschen protestantischen Komponisten.[122]

Im Gegensatz zu den bewusst für die alltägliche Liturgie komponierten mehrstimmigen Ordinariumszyklen der eben erwähnten Exponenten des österreichisch-deutschen Raumes sind die mehrstimmigen Messen der Tonsetzer Englands, welche von der Entwicklung des Festlandes weitgehend unberührt geblieben waren, bis ca. 1650 fast ausschließlich als politisch-liturgische Fest-Ordinarien mit einer prunkvollen, vielschichtigen Ornamentik angelegt. Erst im Gefolge kirchenamtli-

---

116 Zur Palestrina-Renaissance des 19. und frühen 20. Jahrhunderts siehe ausführlicher Kapitel 1.3.7.
117 Vgl. MASSENKEIL, Art. Messe 292 f. und OEHLMANN 17-22.
118 Siehe hierzu das folgende Kapitel 1.3.5 „Die mehrstimmige Messe des 17. Jahrhunderts".
119 Vgl. GÜMPEL, Art. Messe 121.
120 Vgl. HUSCKE 153-155 sowie LEUCHTMANN 656 f. Vgl. ferner auch HABERL, Orlando di Lasso 404.
121 Zum Messeschaffen Haßlers siehe ausführlich Kapitel 5.1.
122 Vgl. KAST 181.

cher protestantisch-humanistischer Reformbestrebungen vollzog sich wieder eine Annäherung an die kontinentale Entwicklung: Als prominenteste Vertreter müssen hier *Thomas Tallis* (* um 1505, † 1585) sowie *William Byrd* (1543-1623) angeführt werden. Letzterer verdeutlicht in seinen zyklischen Messkompositionen durch eine intensive Ausdeutung der Textvorlage eindrücklich die zentralen Sinnzusammenhänge des Ordinarium missae.[123]

1.3.5 Die mehrstimmige Messe des 17. Jahrhunderts

Eine unübersehbare Zäsur zeichnete sich in der Entwicklung der mehrstimmigen Messe mit dem anbrechenden 17. Jahrhundert ab. Die sich neu etablierenden musikalischen Gattungen wie *Oper*, *Oratorium* und *Kantate* vermochten es, die mehrstimmige Messe innerhalb kürzester Zeit aus ihrer zentralen Position im Bewusstsein der öffentlichen Musikrezeption zu verdrängen. Überdies bewegte sich nun auch die *Instrumentalmusik*, die im europäischen Raum zuvor nie als eigenständige Gattung, sondern hauptsächlich als fakultative Begleitung der Vokalmusik existiert hatte, hin zu einer eigenen Selbstständigkeit. Dennoch behielt die Kirchenmusik ihren Stellenwert bezüglich ihrer Repräsentationsfunktion am Hof und in der institutionell verfassten Kirche noch bis zum ausgehenden 18. Jahrhundert weitestgehend bei.

Um die Wende zum 17. Jahrhundert kristallisierten sich in der Kirchenmusik neue Tendenzen (*Stile moderno*) heraus, die stilistisch mit dem lehramtskonformen Palestrinastil kollidieren mussten. Sie hatten ihren Ursprung ebenfalls in Italien, wurden aber rasch von Schulen anderer Länder rezipiert: Generalbass und Monodie traten als bestimmende Prinzipien in den Vordergrund und wirkten sich spürbar auf den Umgang mit dem vertonten Text aus. Die Rhythmik erfuhr auf eine neuartige Weise eine hochsublime Differenzierung, während sich die Tonalität nun in – für das damalige Empfinden – kühne Bereiche hineinwagte. Gesteigerte Expressivität wurde in der neuen Kompositionsrichtung durch eine freiere Dissonanzbehandlung[124] erreicht, in vielen Werken deutet sich bereits die spätere Dur-Moll-Polarität an. Die A-cappella-Aufführungspraxis wich einer zunehmenden Instrumentalisierung der Kirchenmusik.

Die Folge der unausbleiblichen Kollision von Stile moderno und kirchlich favorisiertem Stilus ecclesiasticus, die begleitet war von einer vehementen theologischen wie musikfachlichen Diskussion, war keine Konsensbildung, sondern eine fortan getrennte und folglich immer mehr divergierende Parallelentwicklung der beiden disparaten Stile. Es muss betont werden, dass dieser Auseinanderentwicklung der Stile ein paralleles Nebeneinander folgte, ohne dass einer der Stile eine Dominanzstellung gegenüber dem Anderen innegehabt hätte. Der Bedarf an Kompositionen beider Richtungen war im 17. und 18. Jahrhundert gleichermaßen groß.

---

[123] Vgl. FINSCHER / LÜTTEKEN 200 f.

[124] Ab der Mitte des 17. Jahrhunderts treten neben die *zufälligen* Dissonanzen, die – durch die Stimmführung bedingt – harmoniefremde Töne beinhalten, auch vermehrt sog. *wesentliche* Dissonanzen. Letztere liegen als Septakkorde vor, die als Ganzes dissonieren.

Hierdurch erklärt sich näherhin die oben angedeutete „Konservierung“ des Palestrina-Stils durch alle Jahrhunderte hindurch, sei es in der eher inferioren Gestalt rein historistischen Epigonentums (so etwa teilweise im Caecilianismus des 19. Jahrhunderts[125]) oder aber in den hochwertigeren Produkten kreativen Aktualisierens.

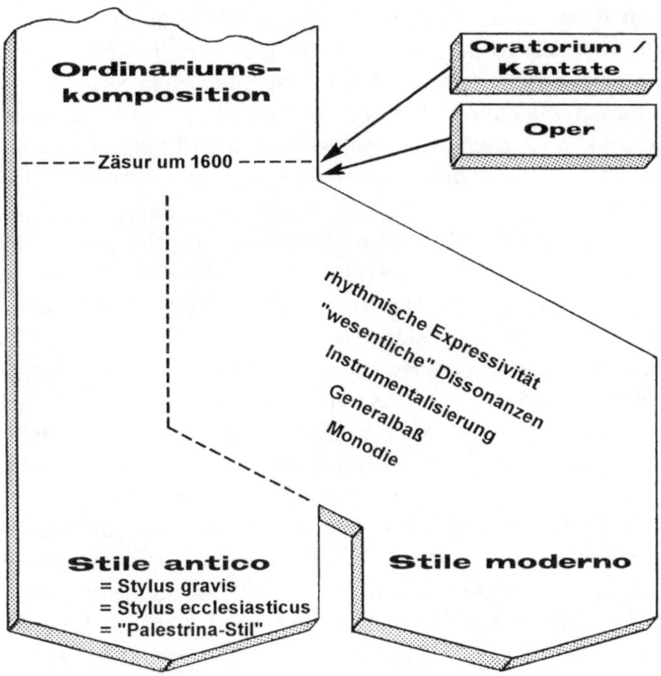

Abbildung 2: Die mehrstimmige Messe im 17. Jahrhundert

Es ist nahe liegend, dass die in Rom wirkenden Komponisten von mehrstimmigen Messen während der folgenden Jahrhunderte den Palestrinastil am häufigsten rezipierten, um nicht mit dem kirchenamtlichen Leitungsapparat und dessen strengen Vorgaben in Konflikt zu geraten.[126] Es muss jedoch angemerkt werden, dass sich die im Stile antico gehaltenen Werke nicht nur bei einflussreichen Vertretern der Kurie, sondern auch bei Aufführenden und Hörern einer beachtlichen Beliebtheit erfreuten. „The advantages to the performer were its natural simplicity, which made it suitable for small churches or for ferial days in larger ones. Its disadvantages [however] lay in its inexpressiveness and divorce from contemporary idioms“[127]. Aus der reputablen Anzahl von Tonsetzern, die damals in Rom zyklische Ordinariumsvertonungen im Stilus ecclesiasticus schrieben, seien als bedeu-

[125] Vgl. MUSCH, Bd. 2 453.
[126] Vgl. MASSENKEIL, Art. Messe 293 f.
[127] ARNOLD, Art. Mass. 1600-1975. Italy 1600-1680 791.

tendste nur *Francesco Soriano* (1549-1630), *Giovanni Bernardino Nanino* (um 1560-1623), *Giovanni Francesco Anerio* (um 1567-1630), *Gregorio Allegri* (1582-1652) und *Antonio Cifra* (1584-1629) genannt. Auf Nebenerscheinungen jener Zeit, wie die Kompositionsrichtung des sog. *Kolossalbarock*, in der die Mehrchörigkeit (in Anlehnung an die Paxis der Cori spezzati) auf die Spitze getrieben wurde, soll hier nicht näher eingegangen werden.

In den von Rom weiter entfernten Zentren Oberitaliens waren die Ordinariumskomponisten nicht in diesem Maße einer kirchenamtlichen Kontrolle unterworfen und wandten sich, wenn auch sehr zögerlich, dem Stile moderno zu. Ausgehend von diesem Neuaufbruch, lässt sich hier in den ersten Dezennien des Seicento die Geburt eines neuen Typs von zyklischen Ordinariumsvertonungen eruieren: Die sog. *Messa concertata* (*konzertante oder konzertierende Messe*) hob zu einem Siegeszug durch weite Teile Italiens und der umliegenden Länder an. Charakteristisch für diesen formal zur großbesetzten vokal-instrumentalen Concerto-Anlage tendierenden Kompositionstyp ist der im Verlauf des Werkes stete Wechsel von monodischen und homorhythmischen sowie homophonen und polyphonen Partien. Der Satz mit mehreren solistisch behandelten Stimmen ist vier- bis sechsstimmig und sieht einen Generalbass vor. Die affektbetonte melodische Linienführung wird immer wieder durch Zäsuren unterbrochen. Die bisherige werkübergreifende Bindung an einen Cantus firmus wird aufgegeben, d.h. die Vertreter der neuen Richtung waren an einer monolithisch-zyklischen Gestalt der Komposition nicht mehr so angelegentlich interessiert, wie dies noch bei den Anhängern des alten Stils der Fall war.[128] Erste bedeutende Exponenten der Messa concertata waren in Italien *Lodovico Viadana*[129] (1560-1627), *Adriano Banchieri* (1568-1634) und *Alessandro Grandi* (wohl 1577-1630), in Süddeutschland *Gregor Aichinger* (1564-1628). Hervorzuheben ist die bemerkenswerte Tatsache, dass viele der „modernen" Tonsetzer Kompositionen für die Messliturgie sowohl im neuen als auch im alten Stil zu Papier brachten, was wiederum das gleichberechtigte Nebeneinander der beiden Typen bzw. den Bedarf an beiderlei Formen dokumentiert. So hinterließ beispielsweise *Claudio Monteverdi* (1567- 1643), der in seinen Madrigalen und Opern als der weitaus Progressivste und Kühnste seiner Generation gelten darf, seine zyklischen Ordinariumsvertonungen hauptsächlich im traditionellen Stilus ecclesiasticus.[130]

Was sich mit dem Aufkommen der Messa concertata abzuzeichnen begonnen hatte, war eine Mischung konventioneller stilistischer Merkmale mit eklatanten Neuerungen, weswegen diese Kompositionsweise von den Zeitgenossen als *Stile misto* bezeichnet wurde. Die mehrstimmige Messe dieses Stils verfestigte sich in der Folgezeit zu einer Vorform der barocken konzertanten Messe: Begleitende Instrumente werden nun meistens obligat *in concerto* vorgeschrieben, oder sind wenigstens *ad libitum* vorgesehen. War die gesangliche Ausführung einer mehr-

---

[128] Vgl. etwa SCHMITT 168-170.

[129] Neben der großbesetzten Form der Missa concertata entwickelte Viadana auch den gattungsgeschichtlich weniger bedeutenden Typus der generalbassgestützten solistischen Messe für eine Singstimme und Basso continuo.

[130] Vgl. MASSENKEIL, Art. Messe 294 und ROBERTSON / STEVENS Bd. 2 262.

stimmigen Messe bislang durchgehend einem Chorapparat übertragen, so sieht der weiterentwickelte Kompositionstyp eine *Verteilung der Stimmen auf Solo- und Tuttisänger* oder *Concerto- und Ripienochöre* vor. Bestimmte Passagen, insbesondere am Schluss des Gloria und Credo, werden kontrapunktisch vertont - eine Praxis, die im Settecento an den entsprechenden Stellen in die *Fugen- und Fugatobildung* mündete. Der Stile misto fand wiederum zuerst bei den Tonsetzern Oberitaliens, dort besonders Bolognas, die größte Rezeption. Als wichtige Namen seien *Maurizio Cazzati* (um 1620-1677) und *Giovanni Paolo Colonna* (1637-1695) genannt. Aus dem reichhaltigen Repertoire an konzertierenden Messen, die aus jener Schule hervorgingen, waren nicht wenige *Kurzmessen*, d.h. es wurden lediglich Kyrie, Gloria und/oder Credo vertont. Der Grund hierfür lag nicht etwa, wie vermutet werden könnte, darin, dass man die Gemeinde bei Sanctus und Agnus Dei zu Wort kommen lassen wollte. Vielmehr sollte hierdurch Raum für die „Aufführung" von Motetten und Instrumentalkompositionen geschaffen werden. An die Stelle der ausgesparten Ordinariumsteile trat, während der Priester die Texte des Ordinariums leise betete, mithin entweder untextierte Musik oder die Teile wurden durch Textvertonungen ersetzt, die keinerlei semantische Verbindung zu den Ordinariumstexten aufwiesen.[131]

Die französische mehrstimmige Messe im 17. und anbrechenden 18. Jahrhundert ging die Wege des Stile misto nicht vorbehaltlos mit. So blieben Tonsetzer wie *Jean de Bournonville* (um 1585-1632), *François Eustache de Caurroy* (1549-1609) oder *André Campra* (1660-1744) bei meist vier- bis fünfstimmigen A-cappella-Sätzen und setzten damit die Tradition des 16. Jahrhunderts dezidiert fort. Diese Linie der Traditionsorientierung durchbrach erst *Marc-Antoine Charpentier* (um 1634-1704). Er schuf ein beachtliches Œuvre an konzertierenden „Messen" variabler Besetzungen und überbrückte damit, nachdem Frankreich diesbezüglich lange Zeit eigene Wege gegangen war, den „Graben" zur mehrstimmigen Messe des übrigen Europa.[132]

1.3.6 Die mehrstimmige Messe des musikalischen Spätbarocks und die konzertante, symphonisch konzipierte Orchestermesse der Vorklassik und Wiener Klassik (18. Jahrhundert)

Die Entwicklung zu Beginn des 17. Jahrhunderts lässt sich zutreffend mit dem Begriff *Interferenz* kennzeichnen. Während ein Komponistenzweig sich den Neuerungen weitgehend verweigerte und noch bis zum Ende des nämlichen Jahrhunderts am alten Stil festhielt, lässt sich andererseits in den ersten Dezennien von einem weit reichenden Neuaufbruch sprechen (*Vorklassik*).

---

[131] Vgl. hierzu auch HOCHRADNER, Das 18. Jahrhundert 216.
[132] MASSENKEIL, Art. Messe 294 f.

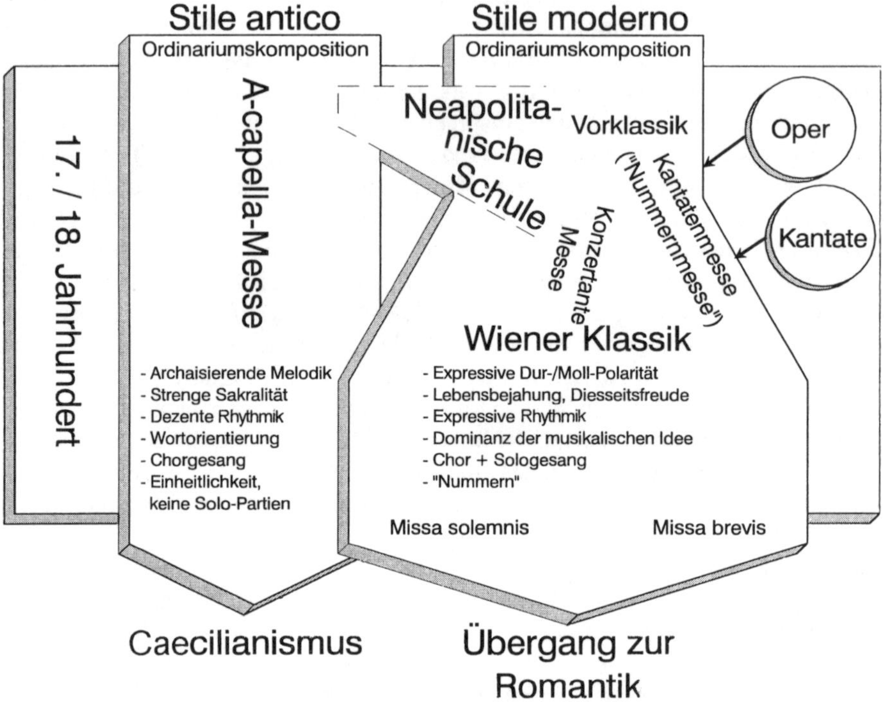

Abbildung 3: Die Interferenz der Kompositionsstile der mehrstimmigen Messe im 18. Jahrhundert

Den zuerst angesprochenen Tonsetzern, zu denen etwa *Giuseppe Ottavio Pitoni* (1657-1743) oder *Pompeo Cannicciari* (1670 - 1744) zu zählen sind, gebrach es meist an Originalität; sie gehörten gewisser Maßen einer auslaufenden Linie an. Nur *Johann Joseph Fux* (1660-1741) vermochte es, mit seinen einer Palestrina-Renaissance zuzurechnenden zyklischen Messkompositionen bis zu einem gewissen Grad zu reüssieren. Daneben lässt sich auch eine Komponistengruppe eruieren, deren Messenœuvre gewissermaßen dichotom ist: Neben Nachblüten des Palestrinastils finden wir gelegentlich bei ein und demselben Tonsetzer auch konzertante Messen als Früchte des Stile moderno. Paradigmatisch seien etwa *Giovanni Battista Casali* (1715-1792) oder *Claudio Casciolini* (1697-1760) genannt.

Zwischen Stile-antico-Observanz und der Weiterentwicklung des Stile moderno ist die sog. *Neapolitanische Schule* anzusetzen, deren zyklische Ordinariumskomposition durch die stilistischen Merkmale sowohl des *Stile antico* als auch der neuen Kompositionsweise gekennzeichnet ist. Sie ist noch keine durchgehends konzertante Messe, sondern besteht – in Anlehnung an den *Stile misto* – aus wechselnd homophonen und polyphonen Abschnitten. Auch vom ausdrucksmäßigen Charakter her bilden diese Werke eine Synthese zwischen dem jenseitig-ernsten, liturgischen Gestus des alten Stils und dem diesseitsfixierten, lebens- und prunkvollen Gebaren, das aus der weltlichen Musik einströmte. Die zyklische Ordinariumsvertonung neapolitanischer Prägung ist verbunden mit Namen wie *Pietro Alessandro Gaspare Scarlatti* (1660-1725), *Francesco Durante* (1684-1755), *Giovanni Battista Pergolesi* (1710-1736) und *Giovanni Paisiello* (1740-1816). In Venedig wurde die Richtung von *Antonio Lotti* (1666 - 1740), in Bologna von *Giovanni Battista Martini* (1706-1784) vertreten.

In Deutschland und Österreich gab es zahlreiche Tonsetzer, die den Stilwandlungen wenn auch nicht mit totaler Ablehnung, so doch mit Skepsis gegenüberstanden. Sie vertonten das Ordinarium missae mit einem eher konservativen, sich teilweise auch an der Neapolitanischen Richtung orientierenden Gepräge. Vertreter dieser Haltung waren *Antonio Salieri* (1750-1825), *Johann Georg Albrechtsberger* (1736-1809), *Karl Ditters von Dittersdorf* (1739-1799), *Johann Baptist Vanhal* (1739-1813) und viele andere mehr.

Einflüsse der neapolitanischen Linie machten sich in Deutschland in Dresden bemerkbar und etablierten sich, u.a. durch das dortige Wirken des oben erwähnten Italieners Lotti, zu einer Kompositionslandschaft mit weitem Wirkungskreis. Charakteristisch waren in den zyklischen Ordinariumsvertonungen u.a. thematische Verknüpfung der Sätze, ostinate Figuren im Orchester und insgesamt eine ausgeprägtere Individualisierung des instrumentalen Anteils. Die Schöpfer dieser ursprünglich für die Dresdner Hofkirche geschaffenen Werke waren neben Lotti: *Jan Dismas Zelenka* (1679-1745), *Giovanni Alberto Ristori* (1692-1753), *Johann Adolf Hasse* (1699-1783) und andere weniger bedeutende.[133] In Sonderheit in der Kompositionsrichtung Hasses ist eine „ ... oft bis zur Knechtung des Textes gehende Musikseligkeit [anzutreffen] ... [sowie eine] Unterordnung ... unter das Reinmusikalische“[134]. Ebenfalls für die Dresdner Hofkirche, allerdings nicht vergleichbar mit den zuvor genannten Komponisten, da diese bei weitem hinter sich lassend, schrieb *Johann Sebastian Bach* (1685-1750) neben vier Missae breves seine „Messe in h-Moll“ (BWV 232). Dieses Opus, das „ ... alles, was frühere Epochen an musikalisch-sakraler Pracht geschaffen hatten, zusammenfaßt und überbietet“[135], schrieb der protestantische J. S. Bach für seinen katholischen Landesherren, welcher in der Elbestadt residierte. Das Werk ist auch in Bezug auf das in ihm verwirklichte, vollendet ausgewogene Wort-Ton-Verhältnis ein Höhepunkt im gesamten Messenrepertoire der ersten Jahrhundert-Hälfte. Gleichwohl wurde es seiner Monumentalität wegen nahezu nie in der Messliturgie aufgeführt, dagegen sehr häufig im Konzert.[136] Mit Bachs „h-Moll-Messe“ begegnet uns ein Typus, der sich aus den musikhistorischen Wandlungen jener Zeit heraus erklärt: Wie zu Beginn von Kapitel 1.3.5 bereits angesprochen, befand sich die Gattung der musikalisch gestalteten Bühnenstücke etwa seit der zweiten Hälfte des 17. Jahrhunderts in einem deutlichen Aufwärtstrend. Dies hatte zum einen zur Folge, dass das öf-

---

[133] Vgl. SENN, Art. Messe. Die mehrstimmige Messe. Von 1600 bis zur Gegenwart. Von der neapolitanischen Schule bis zur Nachklassik 198-204 und MASSENKEIL, Art. Messe 295.
[134] ABERT Bd. 1 130.
[135] OEHLMANN 25.
[136] Liturgische „Aufführungen“ der Messe in h-Moll BWV 232 sind auch heute noch aufwändige Ausnahmeprojekte, die bei einer angemessenen Umsetzung gleichwohl chancenreiche Impulse geben können.

fentliche Musikinteresse, welches zuvor beinahe uneingeschränkt der mehrstimmigen Messe und der Kirchenmusik im weiteren Sinne gegolten hatte, sich nun verstärkt dem neuen Genre *Oper* zuwandte, zum anderen, dass nun sowohl strukturelle als auch stilistisch-formale Spezifika der Oper (wie auch des *Oratoriums*) Eingang in die zyklischen Ordinariumsvertonungen fanden. Diese Entwicklung führte ihrerseits zur Bildung jenes Kompositionstyps, wie er uns in reinster Ausprägung in Bachs besagtem Opus begegnet, der affektbetonten *Kantatenmesse*[137]. Wie in der Oper bzw. deren sakralem „Ableger", der Kantate, lösen darin Arien, Duette, Ensembles und Chorsätze (*Nummern*) einander ab. Weitere frühe Träger dieses Typs waren *Pietro Andrea Ziani* (um 1620-1684), *Antonio Caldara* (1670-1736), *Francesco Bartolomeo Conti* (1682-1732) und *Florian Leopold Gaßmann* (1729-1774).[138]

In der ersten Hälfte des 18. Jahrhunderts war es Usus geworden, nicht nur an den Hochfesten (*Sollemnitates*) und Festen (*Festa*), sondern auch an gewöhnlichen Sonntagen Orchestermessen zu Gehör zu bringen. In den Stifts- und Klosterkirchen, sowie den zahlreichen städtischen Gotteshäusern gehörten sie zu jeder normalen Sonntagsmesse, mitunter wurden sie auch in Wochentags-Messen aufgeführt. Der prunkvollen Gestaltung der mehrstimmigen Messe jener Zeit „ ... liegt der Gedanke zugrunde, die Verherrlichung Gottes bedürfe der höchsten künstlerischen Form, d.h. des Gestaltens nach höfischem Muster, das je nach den verschiedenen Möglichkeiten zu erreichen gesucht wird. Die große Kompositionsform der Messe und ihre Ausführung in umfangreicher Besetzung nach Art der höfischen Musikpflege mit Solisten, Chor und Orchester erscheint als die besonders würdige Form der musikalischen Gottesdienstgestaltung. Der Prunkgottesdienst der Kathedralen wird zum Vorbild, dem mit geringeren Mitteln die Gemeindegottesdienste nachzueifern suchen. Teilweise bedingt durch die Ausläufer der gegenreformatorischen Kampfsituation, wird durch Übernahme von Elementen des Hofzeremoniells ein ausgeprägter Triumphalismus gepflegt. Die Liturgie wird zum heiligen Schauspiel, vollendet ausgeführt mit allen Mitteln der Musik. (...) Liturgische Handlung und musikalische Gestaltung ... [sind] zwei getrennte Abläufe, zwischen denen der Gemeinde nur die Rolle des Zuschauens und Zuhörens übrig bleibt.[139]

Aber auch jenseits des Glanzes höfischer und städtischer Repräsentation vertonen im 18. Jahrhundert besonders in Süddeutschland und Österreich zahlreiche Komponisten das Ordinarium missae in kleinster instrumentaler und vokaler Besetzung als sog. *Land-* oder *Bauernmessen* (*Missae rurales*)[140]. Zu den bekanntes-

---

[137] Der allenthalben verwendete Terminus „*Kantatenmesse*" ist im Grunde nicht ganz zutreffend, da in den so bezeichneten Messkompositionen die *Rezitative* als typische Bestandteile der Kantate fehlen. Vielmehr sind solche Ordinariumsvertonungen dem Typus der barocken *Missa longa solemnitatis* zuzurechnen. Vgl. RIEDEL (Friedrich Wilhelm), Liturgie und Kirchenmusik 132.

[138] Vgl. MASSENKEIL, Art. Messe 295 und SENN, Art. Messe. Die mehrstimmige Messe. Von 1600 bis zur Gegenwart. Von der neapolitanischen Schule bis zur Nachklassik 200.

[139] MUSCH Bd. I 57.

[140] Land- oder Bauernmessen (Missae rurales) werden von *Rudolf Flotzinger* (* 1939) prägnant definiert als „ ... vokal-instrumentale Meßkompositionen, die im Gefolge des nachtridentinischen Liturgieverständnisses speziell für das Laienmusizieren in kleineren

ten Vertretern dieses speziellen Genres gehören *Johann Valentin Rathgeber* (1682-1750), *Marian Königsperger* (1708-1769) *und Anton Kobrich* (1714-1791). Weitere Komponisten des Messentyps lassen sich bis weit ins 19. Jahrhundert hinein antreffen. Missae rurales sind oftmals auf eine plakative Wirkung hin konzipiert, weswegen sie dem Aussagereichtum der Textvorlage meist nicht gerecht werden. Sie gleiten oft ins nahezu Triviale ab. Überdies finden sich in etlichen dieser Werke problematische Textverstümmelungen.[141]

Ein weiteres für die Genese der mehrstimmigen Messe bedeutsames Zentrum wurde die österreichische Stadt Salzburg. Hier bildete sich unter nicht unbeträchtlichem neapolitanischem Einfluss ein der Kantatenmesse nahe stehender Lokalstil heraus, der zunächst von *Johann Ernst Eberlin* (1702-1762), *Leopold Mozart* (1719 - 1787), *Anton Cajetan Adlgasser* (1729-1777) und – als wichtigstem – *Michael Haydn* (1737-1806), welcher in der Kirchenmusik zu Lebzeiten sogar berühmter war als sein Bruder *Joseph*, gepflegt wurde. Bei den genannten Exponenten, besonders bei Michael Haydn, der neben zahlreichen anderen Komponisten auch *Wolfgang Amadeus Mozart* (1756-1791) beeinflusste, zeichnet sich bereits die Form der konzertanten Messe der Wiener Schule ab, obgleich noch in ungleich ernsterem und streng-sakralerem Gestus.

Die konzertante Messe der *Wiener Schule* (auch *Wiener Klassik*) ist das Produkt des Auflösungsprozesses des vielgliedrigen Prinzips der Kantatenmesse zugunsten einer symphonischen Verlaufsform nach dem dynamischen Konzept des Sonatensatzes.[142] Die den vorigen Dezennien eigene Zurückhaltung in der persönlichen Ausdeutung des Messtextes geht deutlich zurück zugunsten eines subjektiv gesteigerten, intensiveren Ausdruckswillens, der sich vor Weltfreude und prunkender Feierlichkeit nicht scheut. Solche Tendenzen stießen auf päpstlich-kurialer Seite auf Missfallen. Im Jahre 1749 erließ Papst *Benedikt XIV.* (1675-1758, Pontifikat 1740-1758) die Enzyklika „*Annus qui*“[143] über die Kirchenmusik, die sich gegen übertriebenen Prunk in der Kirchenmusikpraxis wendete. Das päpstliche Rundschreiben stellte strenge Normen auf über das, was in der Messliturgie musikalisch zulässig sei und was nicht. Kirchenmusik mit Instrumenten sei so zu gestalten, dass sie weder profan noch weltlich oder gar opernhaft klinge. Die Verwendung von Pauken, Trompeten, Pfeifen und Jagdhörnern wurde untersagt, woran man sich in Wien und den österreichischen Erbländern allerdings nur in den Jahren zwischen 1753 und 1767 hielt.[144] Bei den Tonsetzern, die in der Wiener Klassik wirkten, lassen sich vor allem drei unterschiedliche Ausprägungen der zyklischen Ordinariumsvertonung eruieren: Zunächst die *Missa solemnis*[145] (auch *Missa lon-*

Kirchen geschrieben und daher vor allem in den von der sogenannten Gegenreformation erfaßten Gebieten verbreitet wurden, die deshalb durch bescheidene Haltung und geringe, vor allem aber variable Besetzungsmöglichkeiten bestimmt sind ...“ FLOTZINGER 64.

141 Vgl. FLOTZINGER 64.

142 Vgl. ACKERMANN 213.

143 Vgl. hierzu etwa UNVERRICHT 157 f., RIEDEL (Friedrich Wilhelm), Liturgie und Kirchenmusik 123 und SCHWAIGER 210.

144 Vgl. SENN, Art. Messe. Die mehrstimmige Messe. Von 1600 bis zur Gegenwart. Von der neapolitanischen Schule bis zur Nachklassik 202.

145 Die Missa solemnis, die stets alle fünf Ordinariumsteile umfasst, ist als Nummern-Messe konzipiert. D.h. innerhalb der einzelnen Ordinariumsteile werden noch einmal

ga genannt), die musikalische Festmesse für Kirchenfeste hohen und höchsten heortologischen Ranges, an denen pontifiziert oder zumindest mit großer Assistenz zelebriert wurde. „Solemnis" bezieht sich auf die außergewöhnliche Länge, auf den feierlich-repräsentativen Charakter und eine größere Besetzung u.a. mit Trompeten und Pauken, was jedoch von der römisch-deutschen Kaiserin *Maria Theresia* (1717-1780) zeitweilig verboten wurde. Die *Missa brevis* oder *brevissima*[146], die kurze Messe für einfache Sonntage (daher auch *Dominikal-Messe* genannt) oder Kirchenfeste geringeren Ranges war musikalisch weniger aufwändig gestaltet. Sie erfüllte die mancherorts – namentlich in Salzburg – von der kirchlichen Obrigkeit ergangene Forderung nach größtmöglicher Kürze. Hintergrund dieser Restriktionen war jedoch keine Willkür oder Kunstverschmähung, sondern sie entsprachen vielmehr ganz den kirchlichen Intentionen jener Epoche, die von der liturgischen Musik in erster Linie leichte Verständlichkeit und Schlichtheit erwartete. Dass dieses Postulat gleichwohl auch negative Folgen hatte, konnte nicht ausbleiben: In den langen textreichen Stücken Gloria und Credo wenden die Komponisten zum Teil Textschichtung an, sodass der Text liturgisch vollständig ist, aber nur wenige Takte braucht, wodurch ein angemessenes Wort-Ton-Verhältnis schwerlich realisierbar ist. Als dritter Typus schließlich ist die eher seltene *Chormesse*[147] zu nennen.

Hauptträger der konzertanten Messe der Wiener Klassik sind *Joseph Haydn* (1732-1809) und *Wolfgang Amadeus Mozart* (1756-1791).

Joseph Haydn[148] schuf 14 Vertonungen des Ordinarium missae, von denen besonders die frühen Werke der Wiener Tradition verpflichtet sind. Letztere sind auch auf eindrückliche Weise geprägt von Lebensbejahung und Diesseitsfreude. Seine bedeutendsten mehrstimmige Messen sind die sechs späten, groß angelegten

---

Zergliederungen vorgenommen (sektionales Schema). So wird beispielsweise das Benedictus vom Sanctus abgespalten und erhält eine eigenständige und vom Sanctus unabhängige Form. Mit dem „Dona nobis pacem" des Agnus Dei wird oft genauso verfahren. Da hieraus meist ein großer Umfang resultiert, wurde auch die Bezeichnung *Missa longa* eingeführt. Daneben gab es noch die etwas kompaktere und weniger aufwändige Form der *Missa brevis et solemnis*. Missae solemnes kamen innerhalb besonderer Messfeiern wie beispielsweise an einem Hochfest des Kirchenjahres (Sollemnitas), Kirchweihfest, fürstlichen Geburts- oder Namenstag, Stiftungsfest oder bei einer Inthronisation zur Aufführung.

146 Die Missa brevis zeichnet sich durch einen konzisen Umfang aus. Sie kann alle Teile des Ordinariums umfassen, oder auch nur (als Minimum) Kyrie und Gloria. Es wird, wo immer sich Gelegenheit bietet, mit rein musikalischer Konzeption vorgegangen. Kantatenhafte Aufreihung und Textwiederholung werden zugunsten formal straffen Durchkomponierens weitestgehend vermieden. Trompeten und/oder Pauken sind in der Instrumentierung eher selten anzutreffen. Dagegen findet häufig das so genannte *Kirchentrio* Verwendung (Zwei Violinen und Generalbass bzw. Violinen, Bass, Orgel). Auf ausgedehnte, virtuose Solopartien wird verzichtet, die Intonationen des Gloria und Credo bleiben meist unvertont. Diese besetzungsmäßig eingeschränkte Ausprägung des konzertierenden Messenstils nannte man auch *Stilus mediocris*, *Stilus ordinarius* oder *Stilus dominicalis*.
Der Terminus „Missa brevis" wird erstmals bereits im 16. Jahrhundert, etwa bei Palestrina oder Gabrieli, verwendet. Trotz der Kürze der betreffenden Kompositionen wurde zu dieser Zeit die tridentinische Forderung der Vollständigkeit und Verständlichkeit des Textes noch erfüllt. Vgl. hierzu etwa FLOTZINGER 64 f.

147 Die Bezeichnung „Chormesse" bezieht sich lediglich auf die Besetzung. Sie ist durchgehend chorisch besetzt und sieht keine Gesangssoli vor. Der Chorpart wird begleitet durch selbstständige Instrumente und gegebenenfalls eine konzertierende Orgel.

148 Zum Messeschaffen Haydns siehe ausführlich Kapitel 5.2.

und von symphonischem Geist geprägten Missae solemnes (sog. „Hochämter"), die einen Kulminationspunkt in der barocken Tradition der konzertierenden Messe markieren. In diesen symphonisch beeinflussten Schöpfungen, die in reicher instrumentaler Besetzung und Ausarbeitung gehalten sind, stehen heiter bis liebliche Passagen neben ernsten Klängen innerlichster Kontemplation und bisweilen nachgerade hochdramatischen Ausbrüchen. Obgleich sich vornehmlich der späte Haydn eine gewissenhafte Wortausdeutung angelegen sein lässt, droht diese in einzelnen Passagen etwas atomistisch zu werden und nur den literarisch-theatralischen Sinn zu erfassen.

Wolfgang Amadeus Mozart[149] lehnt sich in seinen frühen (musikalischen) Messen noch deutlich an das Neapolitanische Messenmodell an. Später applizierte er jedoch auch das symphonische Formschema auf sein Messenschaffen. Diesen *Sinfonischen Messen* festlichen Charakters eignet eine reiche Orchesterbesetzung, oft mit Bläsern, Pauken und Orgel. Die breite Palette des mozartischen Volumens an verschiedensten musikalischen Charakteren innerhalb dieser Werke reicht von repräsentativ-ernster Brillanz bis hin zu volkstümlich-heiterer Liedhaftigkeit.[150] „Das symphonische Element, das im Erstarken der orchestralen Thematik zum Ausdruck kommt, nimmt größeren Raum ein, das Opernhafte, das den Komponisten mehr und mehr fesselte, drängt sich ein. Solostimmen und Chor treten einander wirkungsvoll gegenüber, [vornehmlich] im ‚Credo' fehlt es nicht an Textdeutungen und Tonmalereien, die nun schon ... mit beträchtlichem künstlerischen Raffinement gearbeitet sind. (...) [Es] scheint ... zuweilen, als setze sich die freie individuelle Schöpferkraft über die liturgischen Bindungen hinweg."[151] Bei Textstellen des Ordinariums, die Mozart nicht existentiell tangierten, geht die Intensität der Wort-Ausdeutung graduell deutlich zurück. Dort aber, wo er sich durch den Text in seiner persönlichen Religiosität berührt fühlte, erreicht das Wort-Ton-Verhältnis eine eindringliche Dichte, die in dieser Epoche und darüber hinaus beispiellos ist.

1.3.7 Die mehrstimmige Messe des Caecilianismus, die Orchestermesse der Hoch- und Spätromantik und die traditionelle mehrstimmige Messe des 20. Jahrhunderts (19. und 20. Jahrhundert)

Im Kontext des vorangegangenen Kapitels wurde aufgezeigt, wie sich allmählich, d.h. im Sinne eines musik-evolutorischen Prozesses, während des 18. Jahrhunderts die Präferenzen der öffentlich-gesellschaftlichen Musikrezeption von der sakralen Musik hin auf die Genres der Oper, der Symphonie und der Kammermusik verschoben. Diese wie gesagt ohnehin zumindest partiell schon vorhandene Tendenz verdichtet sich um die Wende zum 19. Jahrhundert zu einer allgemein gültigen Situation.[152] Ausschlaggebend hierfür waren die politischen und geistigen Strö-

---

149 Zum Messeschaffen Mozarts siehe ausführlich Kapitel 5.2.
150 Vgl. ARNOLD 794.
151 OEHLMANN 278.
152 Vgl. etwa FELLINGER 223.

mungen gegen Ende des 18. Jahrhunderts bzw. die sich daraus ergebenden Ereignisse. So zeitigte etwa die durch Aufklärung und Französische Revolution ausgelöste Säkularisation für die katholische Kirche in weiten Teilen Europas den Verlust eines beträchtlichen Teiles ihrer Vermögenswerte, womit fortan auch die vordem umfangreiche materielle Basis der Kirchenmusik empfindlich geschmälert war. Zusammen mit dem allgemeinen kirchlichen Indifferentismus bedeutete dies für die mehrstimmige Messe, dass die meisten Komponisten ihr – wenn überhaupt – nur noch einen marginalen Bereich ihres Œuvres widmeten und sich ansonsten vornehmlich auf die gesellschaftlich bevorzugten musikalischen Gattungen konzentrierten. Somit muss konstatiert werden, dass um 1800 eine kontinuierliche Entwicklung der Gattung „mehrstimmige Messe" aufzuhören scheint.[153] Für ihre weitere Entwicklungsgeschichte ist mithin fortan eine dem 17. Jahrhundert durchaus vergleichbare Stildivergenz signifikant. Während ein erster Hauptstrang die konzertante symphonische Orchestermesse weiter verfolgt, tendiert ein zweiter, aus dem ersten erwachsender, sich aber dann verselbstständigender Strang, hin zu einer ins Heroische gesteigerten, verschachtelten Großform der Konzertmesse symphonischer Konzeption im Sinne einer liturgiefernen Individualisierung. Ein dritter Hauptstrang schließlich widmet sich der Neubelebung des durch Giovanni Pierluigi da Palestrina geschaffenen Stilus ecclesiasticus (siehe Kapitel 1.3.4 ff.).[154]

Zunächst soll der erste Entwicklungsstrang in Form eines bewusst knappen Überblicks nachgezeichnet werden. Wie im vorausgehenden Kapitel aufgezeigt, vollzog sich die Entwicklung der konzertanten Messe in organischer Stringenz ausgehend vom Messenstil der Neapolitanischen Schule über dessen Weiterentwicklung in Oberitalien (in Sonderheit Venedig) bis hin zur symphonischen Messe der Wiener Klassik, in deren gattungsspezifischem Spektrum neben formal progressiven Kompositionen auch ein Festhalten am formalen Rahmen der Kantatenmesse feststellbar ist. Genau hier knüpft der italienische Komponist *Luigi Cherubini* (1760-1842) an: Hinsichtlich der konzertanten, symphonischen zyklischen Messkomposition, deren Tradition er bewusst weiterführt, erfüllt er mit seinem umfangreichen Messenœuvre gleichsam eine Scharnierfunktion zwischen dem 18. und 19. Jahrhundert, wobei – bei einer dem Ordinarium missae stets angemessenen Textausdeutung und liturgieorientiertem Gesamtduktus – besonders die Art und Weise seiner klangfarblich überaus nuancierten Orchesterinstrumentierung zukunftsweisend war.[155] Ebenfalls am Typus der Wiener Orchestermesse orientierte sich neben *Carl Maria von Weber* (1786-1826), dessen drei zyklischen Ordinariumkompositionen weder zu Lebzeiten noch später eine sonderliche Popularität vergönnt war, der österreichische Komponist *Franz Peter Schubert* (1797-1828). Er, der gleichsam die Inkarnation des Übergangsstadiums zwischen Klassik und Romantik ist, vertonte das Ordinarium missae sechsmal[156], wobei die ersten vier

---

153 Vgl. MASSENKEIL, Art. Messe 295.
154 Vgl. GERSTMEIER, Art. Messe. III. Kirchenmusikalisch 162.
155 Vgl. LODES 274 und ACKERMANN 214.
156 Die berühmten „Gesänge zur Feyer des heiligen Opfers der Messe" („Deutsche Messe") D 872 nach Dichtungen von *Johann Philipp Neumann* (1774-1856), welche Schubert im

Vertonungen[157] seinen Jugendjahren entstammen und, obgleich von intuitiver Begabung zeugend, noch keine wirklich tief gehende Sakralität aufweisen. Wahrhaft große Meisterwerke sind hingegen die beiden solennen mehrstimmigen Messen der 1820er-Jahre[158]. Die Inhalte der Ordinariumstexte musikalisch sorgfältig auslegend, sind diese Werke ein Begegnungsfeld von klassischer Tradition und romantischem Harmonie- und Klangempfinden, welches sich in einer expressiven, nachgerade volkstümlichen Liedhaftigkeit und lyrischen Melodik manifestiert.[159] Im Fundus der zyklischen Messvertonungen *Franz Liszt*s (1811-1886) tritt eindrücklich die bereits erwähnte, für das Messen-Repertoire des 19. Jahrhunderts bezeichnende, Divergenz der Kompositionsstile zutage: Während er in seinen mehrstimmigen Messen einerseits auf das vom 18. Jahrhundert überkommene symphonische Verfahren zurückgreift, ja sogar gleichsam sakrale Symphonische Dichtungen schafft, wird zugleich wieder ein deutliches Interesse an der Vokalpolyphonie des 16. Jahrhunderts evident. Dabei „ ... heischt er äußerlich Kirchlichkeit, ohne sie zu erreichen ...“[160] Ein Nebeneinander der Stile trifft auch im Hinblick auf die mehrstimmigen Messen *Anton Bruckner*s[161] (1824-1896) zu. Orchestrale Klangfülle und Wagnersche Harmonik werden mit den historischen Schichten des Chorals und des Palestrina-Stils vereint. Insbesondere seine von einer exzeptionellen Ausdrucksdichte geprägten späten mehrstimmigen Messen dokumentieren das spannungsvolle Verhältnis zwischen liturgischer Bindung und persönlicher Frömmigkeit. Dabei zeugen die Messen Anton Bruckners durchwegs von seiner einer tiefen Ehrfurcht gegenüber dem eucharistischen Mysterium entspringenden Verinnerlichung der theologischen Essenz des Ordinarium missae.[162] Ein Messen-Komponist, der zunächst an die Tradition der konzertanten symphonischen Messen anknüpfte, sich jedoch später eher an die polychoralen Strukturen des 16. und 17. Jahrhunderts anlehnte, war *Josef Gabriel Rheinberger*[163] (1839-1901). In seinem ausgedehnten Messenschaffen findet sich neben Orchestermessen im italienisierenden Wiener Stil eine große Anzahl von orgelbegleiteten und ferner A-cappella-Messen, in denen auf eine charakteristische, produktive Weise Anklänge an die altklassische Polyphonie mit einer höchst kunstfertigen kontrapunktischen

---

Jahre 1827 vertonte, sind bei dieser Zählung nicht berücksichtigt, da sie als Zyklus freier, volkssprachlicher Ordinariums- und Propriumsparaphrasen nicht als Ordinariumsvertonungen im engeren Sinne gelten. Das Requiem in c-Moll D 453 wird als Mischform zwischen Ordinariums- und Propriumsvertonung (sog. „Plenariummesse“) ebenfalls nicht in die Zählung der Schubertmessen aufgenommen.

157 Es handelt sich hierbei um die Messe Nr. 1in F-Dur D 105 (1814), die Messe Nr. 2 in G-Dur D 167 (1815), die Messe Nr. 3 in B-Dur D 324 (1815-1820) sowie die Messe Nr. 4 in C-Dur D 452 (1816).

158 Es handelt sich hierbei um die Missa solemnis (Messe Nr. 5) in As-Dur D 678 (1819-1822, Revision 1826, 2 Fassungen) sowie die Missa solemnis (Messe Nr. 6) in Es-Dur D 950 (1828).

159 Neben vollständigen mehrstimmigen Ordinariumszyklen komponierte Schubert auch mehrere Ordinariumseinzelsätze wie folgt: Kyrie in d-Moll D 31, Kyrie in B-Dur D 45, Kyrie in d-Moll D 49, Sanctus (Kanon) D 56, Kyrie in F-Dur D 66 und Kyrie in a-Moll D 755.

160 Irmen, Gabriel Josef Rheinberger als Antipode des Cäcilianismus 178.

161 Zum Messeschaffen Anton Bruckners siehe ausführlich Kapitel 5.3.

162 Vgl. etwa Gerstmeier, Art. Bruckner 710 oder Senn, Art. Messe. Die mehrstimmige Messe. Von 1600 bis zur Gegenwart 212.

163 Zum Messeschaffen Rheinbergers siehe ausführlich Kapitel 5.3.3.2..

Technik verbunden sind. Gleichwohl führte Rheinbergers subjektive Akzentsetzung auf vollendete musikalische Ästhetik dazu, dass die Semantik des Ordinariumstextes durch die oft eher musikalisch bestimmte und damit problematische Deklamationsrhythmik mitunter überdeckt zu werden droht. Die bei den vier zuletzt genannten Komponisten in deren mehrstimmigen Messen anzutreffende Stilsynthese ist in Frankreich bei *Charles Gounod* (1818-1893) und *César Franck* (1822-1890) ebenfalls vorhanden. Beide schreiben zyklische Ordinariumsvertonungen, die sich – abgesehen von wenigen partiellen Ausnahmen innerhalb einzelner Sätze – durch liturgischen Gestus und das erfolgreiche Bemühen um das Einholen des Wortsinns auszeichnen.[164]

Bevor wir uns dem zweiten Entwicklungsstrang der Messen-Entwicklung des 19. Jahrhunderts zuwenden, sei noch eine Sonderform der mehrstimmigen Messe erwähnt, die bereits seit dem ausgehenden 18. Jahrhundert aus der konzertanten symphonischen Orchestermesse organisch hervorging und im 19. Jahrhundert einen Höhepunkt erreichte: Die *Pastoral-* oder *Weihnachtsmesse* (*Missa pastoritia*)[165]. Indem sie bewusst auf das Hochfest der Geburt Christi hin konzipiert ist, was durch entsprechend pointierte musikalisch-stilistische Elemente erreicht wird, weist sie Propriumscharakter auf. Die prominentesten Schöpfer solcher Kompositionen sind *Georg Joseph Vogler* (1749-1814), *Anton Diabelli* (1781-1858, *Karl Kempter* (1819-1871), *Ignaz Reimann* (1820-1885) und *Joseph Friedrich Hummel* (1841-1919).[166] Meist wird bei diesem Messentypus mit den vertonten Gebeten des Ordinarium missae ähnlich verfahren wie bei den in Kapitel 1.3.6 genannten Missae rurales. Nur selten erreichen die Werke sakrale Tiefendimensionen.

Für den oben genannten zweiten Entwicklungsstrang ist als erster namhafter Exponent *Ludwig van Beethoven* (1770-1827) zu nennen. Obschon uns heute nur zwei mehrstimmige Messen vorliegen, weisen die Quellen darauf hin, dass der bedeutende Tonsetzer an weiteren Messen gearbeitet oder solche projektiert hat.[167] Die beiden erhaltenen mehrstimmigen Messen[168] sind in einer Mischung von symphonischen Elementen und Stile antico-Traditionalismen gehalten. Sie wurden zwar jeweils zunächst für bestimmte liturgische Anlässe geplant, zugleich aber auf Beethovens eigenes Betreiben auch als Konzertmessen aufgeführt. Besonders hinsichtlich der Missa solemnis in D-Dur, deren extreme Aufführungsdauer eine Integration in den gewohnten liturgischen Rahmen ohnehin mehr als fraglich erscheinen lässt, sprechen die Ignorierung der ursprünglich liturgischen Bestimmung und die sogleich erfolgte Uraufführung eines Großteils der Messe im Kon-

---

[164] Vgl. URSPRUNG 274-276.

[165] Bei der Pastoral- oder Weihnachtsmesse (Missa pastoritia) handelt es sich um eine Mischform zwischen konzertant-symphonischem und A-cappella-Stil, in der bevorzugt in Kyrie und Credo (dort „Et incarnatus est“) ein musikalisches Weihnachtsidiom herausgebildet wird. Solches geschieht, indem durch Harmonik in parallelen Terzen und Sexten, Instrumentierung mit Violinen und pastorellen Blasinstrumenten, Bordunbass sowie eine innig-melodiöse, oft im „wiegenden“ Sicilianorhythmus (3/8-, 6/8- oder 12/8-Takt) gehaltene Linie das Musizieren der Hirten zu Bethlehem veranschaulicht wird.

[166] Vgl. hierzu LOOS 59-68.

[167] Vgl. KNOTZINGER 56.

[168] Es handelt sich hierbei um die Messe in C-Dur op. 86 und die Missa solemnis in D-Dur op. 123.

zertsaal gegen ein primäres Verständnis als rein liturgisches Werk.[169] Dessen ungeachtet spiegelt die außerordentlich detailorientierte Textausdeutung die zu Unrecht oft infrage gestellte hohe religiöse Motivation Beethovens wider. Beide Messen sind „... geistliche Musik im ernstesten, erhabenen Sinne."[170] Die sich bei Beethoven anbahnende und im Laufe des 19. Jahrhunderts zunehmend verselbstständigende Entwicklung des Typus der Konzertmesse ließe sich anhand mannigfacher Beispiele verifizieren. Als exponierte Vertreter dieser Messen-Konzeption, die etwa auch von *Friedrich Kiel* (1821-1885), *Albert Becker* (1834-1899), *Felix Draeseke* (1835-1913) oder *Max Bruch* (1838-1920) verfolgt wurde, seien hier *Louis Spohr* (1784-1859), *Robert Schumann* (1810-1856) und *Antonín Dvorak* (1841-1904) herausgegriffen. Spohr komponierte seine (einzige) mehrstimmige Messe a priori nicht für die Liturgie, sondern ausschließlich für das Konzertpodium und widmete sie, um diese Intention noch zu unterstreichen, den deutschen Gesangsvereinen. Schumanns zwar zunächst für einen bestimmten liturgischen Anlass geschriebene, aber aufgrund ihres formal enorm ausladenden Sanctus-Satzes schwerlich in den liturgischen Ablauf zu integrierende Messe erklang ebenfalls bald nur noch im außerliturgischen Rahmen.[171] Auch die zyklische Ordinariumskomposition Dvoraks ist „...von vorneherein mehr für den Konzertsaal bestimmt. Das sagt [freilich] nichts gegen den Ernst ihres religiösen Gehalts. ... [Sie ist] Ausdruck naiver, undogmatischer Frömmigkeit, die sich mit starkem und tiefem menschlichem Gefühl verbindet."[172]

Der dritte Entwicklungsstrang der Gattungshistorie der mehrstimmigen Messe im 19. Jahrhundert widmet sich, wie bereits erwähnt, der dezidierten, also mit reformatorischer Intention betriebenen Neubelebung des zum kirchlichen Kompositions-Ideal erhobenen Messenstils Palestrinas und damit einer bewussten Abkehr von den Stil- und Formprinzipien der Wiener Klassik. Als namhafter Exponent dieser Wandlung ist der süddeutsche Komponist *Johann Kaspar Aiblinger* (1779-1867) zu nennen, dessen mehrstimmige Messen ab seiner mittleren Schaffensperiode jenes neue, der altklassischen Vokalpolyphonie nachempfundene A-cappella-Ideal verkörpern. Mit ihm Hand in Hand ging der ebenfalls in München wirkende *Caspar Ett* (1788-1847). Indem beider Messenschaffen die Fühlung mit dem aktuellen Zeitstil niemals völlig aufgibt, zeugt es von künstlerischer Potenz und individueller Persönlichkeit – der Umgang mit dem vertonten Wort ist überwiegend theologisch inspiriert und der Würde der Liturgie angemessen.[173] Jene Ansätze einer gemäßigten Richtung der kirchenmusikalischen Restauration mündeten in eine von Süddeutschland aus weiträumig sich bis in die kleinste Pfarrei ausbreitende dogmatisierende Institutionalisierung der Reform. Diese als *Caecilianismus* bezeichnete Bewegung organisierte sich aus dem *Allgemeinen Caecilienverein* (für

---

169 Vgl. BECK, Das Religiöse in der nichtliturgischen Musik Ludwig van Beethovens 68 f.
170 OEHLMANN 293. Vgl. zudem WESSLING 241 und MARX 87.
171 Vgl. KONRAD 78 ff.
172 OEHLMANN 355.
173 Vgl. ACKERMANN 215 und HARNONCOURT, Katholische Kirchenmusik vom Cäcilianismus bis zur Gegenwart 83. Theologische Unterstützung der Münchener kirchenmusikalischen Restauration kam besonders von Seiten *Johann Michael Sailer*s (1751-1832). Vgl. hierzu besonders SCHUH 94-109.

die deutschsprachigen Länder) [*ACV*] heraus, der sich im Jahre 1865 konstituierte.[174] Sie strebte, fußend auf den Grundprinzipien des Stilus ecclesiasticus und der Melodik des gregorianischen Chorals, die „... strenge Einbindung [der Kirchenmusik] in die Liturgie auf der Basis des tridentinischen Konzils ... [an und] war im Grunde eine klerikale Bewegung. Sie war der Versuch von musikalisch begabten Geistlichen, aus der Kirche heraus jenen Einfluß auf die Kirchenmusik wiederzugewinnen, der durch die Säkularisation verloren gegangen war. Doch schüttete man dabei das Kind mit dem Bade aus ...“[175]. Das „... im Grunde antinomische Prinzip des Caecilianismus, Palestrinastil und liturgisch motivierte technische Einfachheit zu verbinden, brachte in den Meßkompositionen nicht immer überzeugende Lösungen.“[176] Hervorzuheben sind jedoch die mehrstimmigen Messen von *Friedrich Koenen* (1829-1887), *Franz Xaver Witt* (1834-1888) und *Franz Nekes* (1844-1914), obgleich auch hier bei vielen Passagen die eigentliche theologische Aussage des Ordinariums trotz bzw. gerade wegen der starren, nur am oberflächlichen Wortlaut orientierten Observanz der selbstgesetzten kompositorischen Maximen nicht zum Ausdruck kommt. Muss man also vielen der caecilianischen mehrstimmigen Messen ein inadäquates Wort-Ton-Verhältnis attestieren, so gibt es darunter auch etliche, bei denen von einem Wort-Ton-Verhältnis gar nicht mehr die Rede sein kann. Deutlich qualitätvollere zyklische Ordinariumsvertonungen schuf hingegen der Caecilianer *Michael Georg Haller* (1840-1915), der in seinen besten Kompositionen nicht nur im Hinblick auf stilistische Kriterien, sondern auch auf eine sensible Textausschöpfung mit dem Vorbild Palestrinas durch bemerkenswertes Können nahezu kongruiert.[177]

Obgleich der Caecilianismus zu Beginn des 20. Jahrhunderts durch ein Motuproprio zumindest bezüglich bestimmter Aspekte indirekt bestätigt wurde[178], geriet er durch die bewegungsinternen Richtungsdivergenzen in eine Krise, die schließlich dazu führte, dass er zugunsten einer neuen gemäßigten Auffassung entradikalisiert und -dogmatisiert wurde. Die diktatorisch-willkürliche Trennung zwischen angeblich sakralen und vermeintlich profanen Stilformen wurde zunehmend überwunden. Diese Entwicklung zeitigte auch für die Weiterentwicklung der mehrstimmigen Messe deutliche Folgen. Beispielsweise wurde für das Messenschaffen der Folgezeit der zuvor von den Caecilianern überwiegend abgelehnte Anton Bruckner zu einem neuem Leitbild, so etwa – neben vielen anderen – für die mehrstimmigen Messen von *Josef Venantius von Wöss* (1863-1943), *Joseph Renner junior* (1868-1934) oder *Joseph Messner* (1893-1969).[179] Signifikant für

---

174 Ab ca. 1870 konnte der Caecilianismus auch im Ausland, namentlich in Holland und Amerika, Fuß fassen. Vgl. SENN, Art. Messe. Die mehrstimmige Messe. Von 1600 bis zur Gegenwart 212.

175 RIEDEL (Friedrich Wilhelm), Musik und Geschichte. Gesammelte Aufsätze und Vorträge zur musikalischen Landeskunde 206. Vgl. hierzu etwa auch BIBA, Der Cäcilianismus 123-126 und GERHARDS, Liturgisch – geistlich. Wandlungen und Entwicklungen der Kirchenmusikanschauung im 20. Jahrhundert 4 f.

176 ACKERMANN 215.

177 Vgl. etwa DAUSCH 15 ff. oder ferner URSPRUNG 279.

178 Siehe hierzu näher Kapitel 2.1 „Die liturgische und kirchenmusikalische Situation am Vorabend der Liturgischen Bewegung“, Seite 56.

179 Vgl. SENN, Art. Messe. Die mehrstimmige Messe. Von 1600 bis zur Gegenwart 213 f.

die Entradikalisierung des Caecilianismus und die damit verbundene Öffnung gegenüber einem modernen Kirchenmusikstil sind auch die zahlreichen zyklischen Ordinariumsvertonungen von *Peter Griesbacher* (1864-1933), welche als Synthese von Palestrinastil und spätromantischem Ausdruck farbenreiche Wagnersche Harmonik, Chromatik, sowie die Übernahme leitmotivischer Strukturen mit der Orientierung am gregorianischen Choral verbinden. Bei einem bisweilen höchst pathetischen Duktus, der stellenweise als übersteigert empfunden werden kann, zeugen diese mehrstimmigen Messen dennoch von einem ehrfürchtig-sensiblen Nachspüren der Botschaft des zu vertonenden Wortes.[180] Während Griesbacher sich also insbesondere in vielen seiner späteren mehrstimmigen Messen von dem dezidierten Stilideal des Caecilianismus entfernte, verfolgten etliche seiner Zeitgenossen in ihrem Messenschaffen das Vorbild der Gregorianik und der altklassischen Polyphonie weiter, freilich nicht mehr in der starren Observanz des orthodoxen Caecilianismus. Für diese Richtung seien stellvertretend *Josef Gruber* (1855-1933), *Vinzenz Goller* (1873-1953) (erste Schaffensperiode) und *Heinrich Lemacher* (1891-1966) genannt. Neben dieser stilistischen Rückbesinnung findet sich im Messenwerk des frühen 20. Jahrhundert auch eine formal retrospektive Ausrichtung: Der bereits im 15. Jahrhundert entstandene Typus der Plenarium- oder Plenarmesse[181] wird wieder belebt. Gleichsam als liturgische Gesamtkunstwerke werden solche mehrstimmigen Messen etwa von *Karl Maria Pembauer* (1876-1939), *Alfons Schlögl* (1886-1926) oder *Josef Lechthaler* (1891-1948) geschrieben.[182] An Kompositionsmodellen des Barocks und der Renaissance orientieren sich die zyklischen Messkompositionen etwa von *Zoltán Kodály* (1882-1967), *Ernst Pepping* (1901-1981) oder *Jean Langlais* (1907-1991), wobei hier mitunter recht gegensätzliche kirchenmusikalische Stilkomponenten miteinander verknüpft werden. Obwohl die letztgenannten Tonsetzern in ihren mehrstimmigen Messen vor allem in Bezug auf die formale Anlage erkennbar um Liturgizität bemüht sind, ist die Gesamtkonzeption doch eher musikalisch bestimmt denn textexegetisch motiviert. Während für die heutige Liturgie aus dem Messen-Fundus der vorangegangenen Jahrhunderte, ja selbst noch des 19. Jahrhundert, hinsichtlich kompositorischer und ausdrucksmäßiger Vortrefflichkeit aus dem Vollen geschöpft werden kann, lassen sich im 20. Jahrhundert „ ... nur noch vereinzelt ... M[esse]n von einiger künstlerischer Relevanz aufzeigen.“[183] Ein Blick auf die Historie zeigt beredt, dass in den früheren Jahrhunderten innerhalb der Kirchenmusik die jeweiligen musikgeschichtlichen Epochen – abgesehen von den üblichen Interferenz-Situationen der Epochenübergänge – meist nur von zwei führenden Kompositionsstilen (Stilus ecclesiasticus und jeweiliger Gegenwartsstil) dominiert wurden. Demgegenüber vollzog sich im 20. Jahrhundert in wachsendem Maße eine sich von stilistischen Traditionslinien emanzipierende kompositorische Individuation,

---

180 Vgl. KÖHLER (Rafael) 92-100 und SCHARNAGEL, Das kirchenmusikalische Schaffen Peter Griesbachers im Spannungsfeld von Tradition und Fortschritt 99-101 sowie ferner STEIN, Der Wagner der Kirchenmusik. Komponist – Kirchenmusiklehrer – Glockenfachmann – Stiftsdekan: Peter Griesbacher 103.106.
181 Zu diesem Messen-Typus siehe Kapitel 1.3.4.
182 Vgl. ACKERMANN 218
183 MASSENKEIL Art. Messe 296.

welche spätestens zu Beginn der 1960er-Jahre einen solch immensen Stilpluralismus gezeitigt hatte, dass man in der zweiten Jahrhunderthälfte, in der ja kirchenamtlich nach wie vor eine konsentische Werkwahl gefordert wird, bei der liturgischen „Aufführung“ mehrstimmiger Messen lieber auf das sog. „klassische“ Repertoire zurückgreift. Hierin liegt der Grund dafür, dass sich vor etwa vierzig Jahren die bislang kontinuierliche Entwicklung der Gattung der an traditionellen musikliturgischen Konzepten orientierten mehrstimmigen Messe aufzulösen begann. Letzte erwähnenswerte, durch ein eigenständiges und dennoch liturgieorientiertes Profil geprägte Ausläufer dieses zum Erliegen gekommenen Gattungskontinuums sind beispielsweise die mehrstimmigen Messen von *Johann Nepomuk David* (1895-1977), *Francis Poulenc* (1899-1963), *Hermann Schroeder* (1904-1984), *Benjamin Britten* (1913-1976) oder *Johannes Driessler* (* 1921). Kompositorisch signifikant ist für dieses Messen-Œuvre am Endpunkt des bisherigen gattunsevolutorischen Kontinuums die Verbindung einer Anlehnung an Satzmuster der altklassischen Polyphonie mit linearer Kompositionsweise im A-cappella-Stil und ausdrucksintensiven harmonischen Reibungen.[184] Obgleich die zyklischen Ordinariumsvertonungen von *Igor Strawinskij* (1882-1971) und *Paul Hindemith* (1895-1963) von klarer liturgischer Bestimmung bei gleichzeitiger hoher musikalischer Qualität gekennzeichnet sind – die mit bewusst archaisierenden Zügen vertonten zyklischen Ordinariumsvertonungen beider Komponisten zeichnen sich durch eine tief gehende Wortinterpretation und wortbezogene Deklamation aus – „ ... prallen ... gerade diese Werke ... an Implikationen der Gattungskonsistenz ab. [... Die] eigentümliche Verbindung von gattungsinnovativen und gattungsauflösenden Zügen ist für das 20. Jahrhundert typisch, und die Protagonisten sperren sich geradezu gegen die Übernahme sämtlicher bewährter Muster: So stehen die kirchenmusikalischen Maßgaben im Hintergrund, weshalb die Messen ... Stravinskijs und Hindemiths für die weitere Entwicklung der Gattung keine Impulse freizusetzen vermochten.“[185] Inmitten dieser allgemeinen Gattungsauflösung fand mit dem Zweiten Vatikanischen Konzil (1962-1965) ein Ereignis statt, welches zwar die ehemals zentrale Bedeutung der Gattung nicht wiederherstellte, aber dafür elementare neue Leitlinien für sie setzte. Die sich daraus ergebenden kirchenmusikalischen Impulse führten zu einem völlig neuen, überwiegend liturgietheologisch inspirierten Genre der mehrstimmigen Messe, welches die gottesdienstliche Gemeinde als aktiven liturgischen Rollenträger mit einbezieht: Es handelt sich dabei um die sog. musikalische *Missa cum populo activo*, welche das endgültige Ende der Gattung der traditionellen mehrstimmigen Messe markiert.

---

184 Vgl. HOCHRADNER, Das 20. Jahrhundert, 342-344 sowie ferner ACKERMANN 217 f.
185 HOCHRADNER, Das 20. Jahrhundert 344 f.

2 Die erneuerte Liturgie in ihrem Zusammenhang mit der Kirchenmusik

Im ersten großen Kapitel der vorliegenden Abhandlung wurden die für unsere zentrale Fragestellung relevanten Facetten der traditionellen mehrstimmigen Messe beleuchtet: Ihre Terminologie, ihre textliche Basis sowie ihre historische Entwicklung unter besonderer Berücksichtigung des Wort-Ton-Verhältnisses wurden in dem für die Schaffung einer fundierten Diskussionsgrundlage erforderlichen Maße behandelt. Nun gilt es, dasselbe auch hinsichtlich der zweiten Komponente des Themas, der erneuerten Liturgie, zu tun. Es liegt nahe, den Blick bewusst auf jene Inhalte der erneuerten Liturgie zu lenken, welche die Kirchenmusik und damit die traditionelle mehrstimmige Messe betreffen. Es geht folglich in diesem zweiten Kapitel um die erneuerte Liturgie in ihrem Zusammenhang mit der Kirchenmusik.

Auch hier soll zunächst ein knapper Aufriss der die Ausprägung der erneuerten Liturgie bedingenden Historie gegeben werden. Die Wurzeln der erneuerten Liturgie sollen freigelegt und von dort ausgehend dann schrittweise die Stränge der Weiterentwicklung bzw. des Wachsens und Fruchtbarwerdens verfolgt werden. Dies alles geschieht freilich unter steter Berücksichtigung der kirchenmusikalischen Relevanz. Das Zweite Vatikanische Konzil (1962-1965) als Angelpunkt der erneuerten Liturgie, in welchem alle einschlägigen vorherigen Strömungen kulminierten und von welchem die diesbezüglich bedeutendsten Impulse ausgingen, steht selbstverständlich im Mittelpunkt unseres Interesses. Anhand der lehramtlichen Verlautbarungen des Zweiten Vatikanums sollen mithin die für unser Thema wichtigsten Aspekte herausgearbeitet und im Lichte der Rezeptionsgeschichte der Liturgiereform in ihrer konkreten Bedeutung für die traditionelle mehrstimmige Messe aufgezeigt werden.

2.1 Die liturgische und kirchenmusikalische Situation am Vorabend der Liturgischen Bewegung

Der erste Schritt unseres Vorgehens wird es sein, die Wurzeln der erneuerten Liturgie freizulegen. In Kapitel 1.2.3 „Die fünf Teile des Ordinarium missae unter besonderer Berücksichtigung ihrer historischen Entwicklung zwischen Gemeinde- und Klerusliturgie“ wurde aufgezeigt, wie zwischen dem fünften und dem 15. Jahrhundert ein ekklesiologisch bedingter binnenkirchlicher Wandlungsprozess stattfand, unter dessen Auswirkung die Liturgie von einer ursprünglichen Gemeindeliturgie in eine Klerusliturgie übergegangen war. Anhand der fünf Teile des Ordinariums wurde in concreto deutlich, wie die Gemeindebeteiligung eliminiert wurde und damit alle Bestandteile der Messfeier, die nicht zu den liturgischen Aufgaben des zelebrierenden Priesters gehörten – also auch die Kirchenmusik – beliebig und verzichtbar geworden waren.

Dieses Kapitel beschäftigt sich nun mit jenen Bestrebungen der Neueren Zeit, welche die beschriebene starre Gestalt der römisch-katholischen Klerusliturgie zu verändern trachteten.

Die Kluft zwischen Volk und Liturgie wurde bereits im ausgehenden Mittelalter als solche empfunden und hätte schon zu Beginn der Neuzeit durch eine Liturgiereform überwunden werden können, hätte nicht die Reformation an die Stelle der Reform eine Revolution gesetzt. Auch die Epoche der Aufklärung brachte noch keinen grundlegenden Wandel. Allerdings sind in ihr wenigstens partiell Aufbrüche festzustellen, die tatsächlich geringfügige Veränderungen hin zu mehr Gemeindebeteiligung brachten und deren Erwähnung für das Verständnis der liturgischen Erneuerung des 19. und 20. Jahrhunderts notwendig ist. Das 18. Jahrhundert war geistig geprägt durch das Streben nach Klarheit und Vernünftigkeit, durch einen entschiedenen Widerwillen gegen allen Gefühlsüberschwang und alles Irrationale. Nachdem die Aufklärung zunächst primär in den protestantischen Ländern Fuß gefasst hatte, erreichte sie immer mehr auch die katholischen Länder[186], wo sie zu einer innerkirchlichen Reformbewegung führte, zur sog. *katholischen Aufklärung.*[187] Ihr erklärtes Ziel war u.a. die Befreiung der Liturgie von den barocken Überwucherungen des Gottesdienstes. Sie sah in der Liturgie zuvörderst ein Vehikel zur moralischen Erbauung bzw. Belehrung des Volkes und suchte folglich einen Weg, dem Volk eine Teilnahme – freilich nur in gewissen Grenzen – zu ermöglichen. Den zahlreichen, im Wirkungsfeld der katholischen Aufklärung durchgeführten Reformversuchen kommt hierbei das unleugbare Verdienst zu, wieder die ursprüngliche klassische Form des Gottesdienstes ins Bewusstsein gerufen zu haben. Allerdings verhinderte das in einem nüchternen, oft rigorosen Intellektualismus gründende ausschließliche Interesse an der *äußeren Form* die Verinnerlichung des wesenhaften Mysteriums und des lebendigen Geistes der Liturgie, was letztlich zum Scheitern der Reformversuche führte.[188] Während mithin die „ ... Programmpunkte der Aufklärungsliturgiker im gottesdienstlichen Leben der folgenden Zeit keinerlei Spuren zurückgelassen haben, war ihre Arbeit auf *einem* Gebiet von dauerndem Erfolg gekrönt, nämlich auf dem Gebiet des deutschen Kirchengesanges ... [als] ... planmäßige Förderung des kirchlichen Volksgesanges“[189] Offiziell geschah dies zunächst in der Edition einer großen

---

[186] Die katholische Aufklärung fand in den katholischen Ländern eine je eigene Ausprägung. Neben Deutschland sind hier vor allem zu nennen: Österreich (Kirchenreform des „Josephinismus“ unter der Alleinregierung Josephs II in den Jahren 1780-1790), Frankreich (Weiterführung der Eigenliturgien) und Italien (Synode von Pistoja 1786, in der – obgleich ihre Reformpläne vom Apostolischen Stuhl teilweise verurteilt wurden – insbesondere hinsichtlich der Teilnahme der Gläubigen an der Liturgie zukunftsweisende Ansätze formuliert wurden. Vgl. hierzu etwa GERHARDS, Von der Synode in Pistoia (1786) zum Zweiten Vatikanischen Konzil? 34-45.)

[187] Umfassend und einlässlich wird die katholische Aufklärung in Kapitel 5.2.1 „Der religionsgeschichtliche und liturgiehistorische Makrokontext“ (Seite 252) behandelt (theologische, religionsgeschichtliche und philosophische Grundlagen sowie liturgiehistorische Phänomenologie).

[188] Vgl. etwa MAYER, Liturgie, Aufklärung und Klassizismus 124-127.

[189] JUNGMANN, Missarum sollemnia Bd. I 205 (Kursivsetzung: Jakob Johannes Koch). Es muß darauf hingwiesen werden, dass auch schon vor der katholischen Aufklärung deutscher paraliturgischer Gemeindegesang praktiziert wurde. Als Beispiele seien etwa die volkssprachlichen Wendungen der Kyrie-Akklamationen im 14. Jahrhundert, die sog. Leisen des 15. Jahrhunderts, die geistlichen Lieder des *Friedrich Spee* (1591-1635) sowie das barocke Gemeindelied, das durch Einfalt und religiöses Gefühl geprägt ist, ge-

Anzahl von volkssprachlichen Gesangbüchern, deren erstes das sog. *Landshuter Gesangbuch* (1777) von *Johann Franz Seraph von Kohlbrenner* (1728-1783) war. In Sonderheit die darin enthaltene *deutsche Singmesse*[190] *„Hier liegt vor deiner Majestät“* erlebte eine bemerkenswerte Rezeption.[191] Ab 1768 wurden unter offizieller Mitwirkung der Bischöfe von den deutschen Bistümern volkssprachliche Diözesangesangbücher veröffentlicht[192], die seitdem bis heute kontinuierlich herausgegeben werden. Die darin enthaltenen Kirchenlieder sollten bewusst auch in den sonn- und festtäglichen Hauptgottesdiensten anstelle der mehrstimmigen Messen, Motetten und lateinischen Choräle gesungen werden.[193] Hochämter, deren Liturgie durch deutsche Gemeindelieder übersungen wurde – der Zelebrant betete die liturgischen Texte ja weiterhin privatim und unabhängig von einer musikalischen Gestaltung – nannte man *„deutsche Hochämter“*.[194] Bei der Einführung des volkssprachlichen Gemeindegesanges ging man allerdings wenig rücksichtsvoll, ja teilweise fast militant vor. Das Kirchenvolk war nicht darauf vorbereitet, dass dem Gemeindegesang plötzlich eine solch große Bedeutung beigemessen wurde. Besonders für Menschen mit niederer Bildungsprovenienz, die aufgrund mangelnder Schulbildung den Großteil der Texte nicht lesen konnten, waren die Gesänge nicht eingängig genug; sie fühlten sich überdies durch die neue, vermeintlich „lutherische“ Praxis in ihrem katholischen Traditionsbewusstsein verunsichert. Hier wäre eine sensible und geduldige Propädeutik nötig gewesen, um die Gläubigen didaktisch angemessen in ihre neue Rolle einzuführen. So blieb dem volkssprachlichen Gemeindelied jene impulsgebende Schlüsselposition verwehrt, die ihm hinsichtlich seiner Vorreiterrolle für eine umfassendere liturgische Reform zugedacht gewesen war – es blieb lediglich als Einzelphänomen bestehen. „Das Scheitern ... [der anderen] Reformansätze ... während der Zeit der Aufklärung ist nicht zuletzt darin zu suchen, daß diese die Gesetze des organischen Wachsens mißachtet hatten.“[195]

Die katholische Aufklärung hatte also gleichsam „das Kind mit dem Bade ausgeschüttet“. Ein Großteil der Gläubigen war von den Neuaufbrüchen eher abgeschreckt als motiviert worden: Man setzte letztendlich alle rationalistischen Ver-

---

nannt. Das Neue am Kirchenlied der Aufklärung war neben seiner Orientierung am Lehrhaften und Moralischen vor allem seine planmäßige Forderung und Förderung. Vgl. hierzu ausführlicher JANOTA 62-67, SCHMID (Hans) 110-115 sowie HUCKE, Singen und Musizieren. Das Kirchenlied 174 f.

190 Unter der Bezeichnung „deutsche Singmesse“ versteht man einen Zyklus von freien Ordinariumsparaphrasen in deutscher Sprache. Die musikalischen Merkmale der Gesänge, die originär einstimmig konzipiert sind, sind wie folgt: Eine für den Gesang einer Gruppe geeignete einfache Melodie, metrische Form, strophischer Aufbau, geringer Tonvorrat und Ambitus sowie Kurzmotivik.

191 Diese deutsche Singmesse erlangte in der völlig neuen Vertonung *Michael Haydn*s (1737-1806), der das Landshuter Gesangbuch 1790 überarbeitete und verbesserte, bald in ganz Deutschland und Österreich eine bemerkenswerte Popularität. Vgl. KURTHEN, Zur Geschichte der deutschen Singmesse 76 f. sowie KRÄTSCHMER 13 ff.

192 Es handelte sich hierbei noch nicht um Einheitsgesangbücher, sondern um verschiedene Gesangbücher mit je eigenen, von Diözese zu Diözese unterschiedlich ausgewählten Kirchenliedern.

193 Vgl. KRÄTSCHMER 13.

194 Vgl. PERSCH 135 f. Das „Deutsche Hochamt“ wurde unter anderem durch den Theologen *Ignatz Heinrich von Wessenberg* (1774 - 1860), der von 1817-1827 Verweser der Diözese Konstanz war, maßgeblich gefördert.

195 GERHARDS, Aus der Geschichte lernen? 475.

änderungsbestrebungen mit Zerstörung des Liebgewordenen gleich. Die Folge war, dass man schließlich in Bezug auf die Religion die menschliche Vernunft verteufelte und die erstarrte kirchliche Tradition der vorigen Jahrhunderte wieder zur alleinigen Autorität erhob: Das ewige Pendel der Geschichte hatte sich wieder einmal von der Elongation der Reform nach nur kurzer Schwingungsdauer in die entgegengesetzte Elongation der Restauration bewegt. Um die Mitte des 19. Jahrhunderts waren die letzten Stimmen der liturgischen Reformideen der Aufklärungszeit verstummt.[196] Dort, wo auch die Kirchenmusik sich dem Extrem eines totalen Tradititionalismus anschloss, konnte das für sie nur den Abstieg in den unkreativen Bereich des Historismus bedeuten. Die infolge einer solchen Haltung entstandenen Werke im ausschließlich restituierenden Stil der altklassischen Polyphonie waren zwangsläufig nur leere Hülsen der kopierten Tradition.[197]

Die Neuorientierung dieser Epoche war gleichwohl nicht nur negativ ausgerichtet. In die kirchlich-religiösen Geisteshaltungen spielte ja auch das Ereignis der Säkularisation nach 1803 mit hinein, durch welche die Kirche des Großteils ihrer materiellen Güter beraubt war: Dies war ein Anstoß, sich wieder auf das eigentlich Wesenhafte zu besinnen, auf die Ausrichtung hin zu einer neuen verinnerlichten Religiosität. Die geistige und geistliche Neuordnung geschah in der *katholischen Bewegung*, die ihren ideellen Nährboden in der Romantik des 19. Jahrhunderts fand.[198] Es ging damit ein Erwachen eines katholischen Gemeinschaftsbewusstseins einher, dem die Gründung zahlreicher kirchlicher Vereine, Organisationen, aber auch kirchlicher Chöre entsprang.[199]

Auf kirchenmusikalischem Gebiet ging aus dieser Entwicklung im Jahre 1865 der in Deutschland überaus einflussreiche *Allgemeinen Caecilienverein* (für die deutschsprachigen Länder) [*ACV*] hervor.[200] Diese Vereinigung trachtete danach, die Instrumental- und instrumental begleitete Musik innerhalb des Gottesdienstes[201] sowie den in der Form des deutschen Hochamtes praktizierten volkssprachlichen Gemeindegesang innerhalb des Hochamtes (Missa sollemnis) und des Amtes (Missa cantata) auszumerzen. Anstelle des Ausgemerzten trat nun eine neu geschaffene, erklärtermaßen einzig an der Würde Liturgie orientierte „wahre Kirchenmusik" in strikter Observanz des Palestrinastiles, buchstabentreu ausgerichtet an den alten römischen Verboten und Richtlinien.[202] Neben eher historistischen

---

196 Auch *gemäßigte* Gegner des kirchlichen Rationalismus wie *Johann Michael Sailer* (1751-1832) oder *Johann Baptist Hirscher* (1788-1865) vermochten es nicht, den neuen Traditionalismus aufzuhalten.

197 Vgl. DAHLHAUS 341.

198 Vgl. hierzu ausführlich die Kapitel 5.3.1.1 „Der Katholizismus in Romantik und Restauration" und 5.3.1.2 „Die Messliturgie im 19. Jahrhundert – Stagnation, Restauration und Repristination".

199 Vgl. dazu JUNGMANN, Liturgische Erneuerung zwischen Barock und Gegenwart 9 ff.

200 Zum Messeschaffen dieser Kompositionsrichtung siehe bereits Kapitel 1.3.7.

201 Ausgenommen ist selbstverständlich die Orgel.

202 Nach den Richtlinien des ACV durften in der Liturgie nur solche Komponisten aufgeführt werden, die sich willig dem Diktat des vom Verein dogmatisierten Sakralstiles unterwarfen. Diese wurden in einen eigenen Vereinskatalog („Cäcilienvereins-Katalog") aufgenommen. Vgl. FELLERER, Kirchenmusik im 19. Jahrhundert 168 f.
Trotz dieser unleugbaren Juridisierung der Kirchenmusik (und damit auch der Liturgie) darf freilich nicht übersehen werden, dass der Caecilianismus gerade in seiner Überzeugung von der hervorragenden Stellung der Kirchenmusik die liturgische Musik als in-

Kompositionen entstanden auch etliche Werke, die den restaurativen Historismus überwanden und in der Auseinandersetzung mit dem Palestrinastil durchaus Eigenständiges hervorbrachten. Der ACV bewirkte zwar, dass in großen Teilen Deutschlands tatsächlich die Praxis des deutschen Hochamtes unterbunden wurde, maß dem volkssprachlichen Gemeindelied gleichwohl in der Missa lecta (vulgo: Stille Messe) und den außereucharistischen Gottesdiensten eine große Bedeutung bei. Die rationalistischen Kirchenlieder der katholischen Aufklärung wurden durch modernisierte Fassungen von Liedern des 16. und 17. Jahrhunderts ersetzt. Der ACV führte mit der Herausgabe von 23 volkssprachlichen Einheitsliedern die erste pragmatische Initiative für die Entstehung eines Einheits-Gebet- und Gesangbuches (mit kleinen Diözesananhängen) für die deutschen Diözesen durch, wie es dann später auch tatsächlich verwirklicht wurde.[203]

Jedoch nicht nur das kirchenmusikalische Interesse kehrte zurück ad fontes, sondern es wurden erstmals auch methodisch fundierte Forschungen über die christliche Frühzeit unternommen. Aus solchen seriösen Bestrebungen um eine Rekonstruktion der Historie aus den wissenschaftlich gesicherten Quellen kristallisierte sich ein zunehmend objektiveres Bild der Liturgiegeschichte heraus, das den späteren liturgischen Erneuerungsbestrebungen als ein argumentativ gesichertes Korrektiv zur Überwindung von Fehlentwicklung und Misssständen dienlich war.

Die historischen Bemühungen korrelierten mit einer Phase der Repristination frühchristlicher Verhältnisse im Sinne einer idealen Verwirklichung christlichen bzw. kirchlichen Lebens. Die hieraus erwachsenden Bestrebungen einer an der Würde, ja Innerlichkeit des römisch-katholischen Gottesdienstes orientierten liturgischen Neubesinnung traten zum ersten Mal in einer außergewöhnlichen charismatischen Form in der Person des französischen Abtes *Prosper-Louis-Pascal Guéranger* (1805-1875) zutage. Er gründete 1833 in dem französischen Dorf Solesmes eine monastische Gemeinschaft, die sich gemäß den klösterlichen Regeln des Benediktinerordens konstituierte und in deren Gottesdiensten der liturgische Neuaufbruch zugleich seinen praxisbezogenen Niederschlag fand. Eher restaurative Züge trägt Guérangers einseitige Idealisierung des gregorianischen Chorals, die aber auf dem Hintergrund der Euphorie des damaligen historischen Forschungsdranges zu beurteilen ist. Der heute nicht unumstrittene erste Abt von Solesmes hinterließ grundlegende (teils unvollendete) Schriften, die – gleichwohl mit einem polemischen Unterton, den man aber aus der damaligen Situation heraus verstehen muss – im Sinne eines vehementen Plädoyers für die Verbreitung eines liturgischen Geistes und einer *lebendigen, aktiven Teilnahme* an der Liturgie der Kirche gehalten sind. Der für die Kirche lebensspendende Geist Jesu Christi, der nach ihrem Glauben in der Feier des heiligen Messopfers besonders gegenwärtig ist, kann nach Guéranger nur dann *allen* zuteil werden, wenn auch *alle* aktiv an der

---

tegrierenden Bestandteil der Liturgie wieder neu ins Bewusstsein brachte: Nur die gesungene Liturgie wird als Liturgie in ihrem vollen Sinne angesehen. Vgl. HARNONCOURT, Der Liturgiebegriff bei den Frühcaecilianern und seine Anwendung auf die Kirchenmusik 107.

[203] HARNONCOURT, Katholische Kirchenmusik vom Cäcilianismus bis zur Gegenwart 79.

einen, am urchristlichen Ideal orientierten Liturgie teilnehmen.[204]

Auch in England konstituierte sich eine liturgietheologische Bewegung, welche u.a. ebenfalls auf einer Rückorientierung an der urkirchlichen Liturgie basierte: Die aus dem Anglokatholizismus erwachsene *Oxfordbewegung*, deren Hauptziel eine Entliberalisierung der Hochkirche war, gelangte insbesondere im *Traktarianismus* (führende Persönlichkeit war hier *John Henry Newman* [1801-1890]) zu einer aus dem Vorbild der Kirche des Altertums genährten Gottesdienstpraxis. Dieser Neuaufbruch zeitigte eine sich über ganz England ausbreitende liturgische Welle von enormer Dynamik.[205]

In Deutschland knüpften die beiden Benediktiner und leiblichen Brüder *Maurus* (1825-1890) und *Placidus Wolter* (1828-1908) an den Ansatz ihres geistlichen Lehrers Guéranger an und gründeten im Jahre 1863 das Kloster Beuron in Hohenzollern. Wie Guéranger ging es ihnen nicht in erster Linie um die *Theorie* einer inneren und äußeren Teilnahme an der gottesdienstlichen Feier, sondern es war ihr unbedingtes Anliegen, die Liturgie aus der täglichen betenden und singenden, d.h. feiernden *Aktuierung* im klösterlichen Gottesdienst heraus im Sinne eines liturgischen Aufbruchs mit Vorbildcharakter neu zu gestalten.[206] Dieses Anliegen wurde auch von den Tochterklöstern der Beuroner Kongregation, den in den folgenden Jahrzehnten erworbenen Abteien Maria Laach in der Eifel und Seckau in der Steiermark, weitergeführt. Maria Laach sollte später innerhalb der deutschen Liturgischen Bewegung die führende Rolle übernehmen.

Neben den Gebrüdern Wolter wirkte in Beuron (später auch in Maria Laach) der Benediktinerpater *Anselm Schott* (1843-1896). Er setzte sich für eine größere Mündigkeit des latein-unkundigen Volkes in der Messfeier ein, indem er das Missale Romanum in das Deutsche übersetzte. Diese übersetzte Fassung fand als lateinisch-deutsches „Messbuch der heiligen Kirche“ (1883)[207] vornehmlich bei Studenten, Akademikern, Seminaren und Klöstern eine gewisse Verbreitung und wurde zu einem wichtigen Moment der Liturgischen Bewegung, da nun erstmals zumindest Teile des Kirchenvolkes ad verbum den semantischen Inhalt der liturgischen Texte erfuhr.[208] Unter der Führung durch Erzabt Maurus Wolter zeitigte

---

[204] Guérangers Forderung einer streng rubrikentreuen einheitlich römischen Liturgie kann man nur auf der Folie der besonderen kirchlichen Situation im nachrevolutionären Frankreich richtig einschätzen: Durch die französische Revolution war der christliche Glaube in seiner Grundfeste erschüttert worden und sah sich angesichts der zunehmenden totalen Säkularisierung in eine tiefe Krise gestürzt. Guéranger wollte mit seinem Festhalten an einer buchstabentreuen römischen Liturgie einen Partikularismus der gallikanischen Kirchen (bzw. Liturgien) verhindern, um so in dieser schweren Zeit die für den Fortbestand der Kirche unabdingbare weltüberspannende Einheit zu wahren. Der einseitigen Hochschätzung der Ratio im säkularisierten Bewusstsein stellte er mit Nachdruck die altüberlieferte Liturgie mit ihrer mystisch-symbolischen, reichen Sinnbildhaftigkeit und Würde gegenüber. Vgl. SCHILSON, Restauration und Erneuerung: Ein Blick auf den Ursprung und die erste Etappe der Liturgischen Bewegung 426-429 sowie SCHILSON, Guéranger 1091.

[205] Vgl. MAYER, Die Stellung der Liturgie von der Zeit der Romantik bis zur Jahrhundertwende 67 f.

[206] Hierzu gehörte auch die Wiederentdeckung des Kirchenjahres. Vgl. dazu WAGNER, Liturgische Bewegung 1097.

[207] In der Folgezeit wurde diese deutsche Übersetzung des Messbuches auch „Schott“ genannt.

[208] Vgl. BERON, Art. Anselm Schott 477 und ferner MUSCH Bd. 1 72

aber auch das liturgische Leben des Klosters Beuron bald eine beträchtliche Breitenwirkung. Es konnte freilich nicht ausbleiben, dass auch reine Ästheten von der neuen Art der Gottesdienstgestalt fasziniert waren. Diejenigen jedoch, die sich von dem heiligen Ernst und der hohen Würde der Beuroner Liturgie religiös angezogen fühlten, waren nichtsdestotrotz bald in der Mehrzahl und trugen ihre Erfahrungen unter das Kirchenvolk.[209]

Die soeben schlaglichtartig dargestellte kirchenmusikalische und liturgische Situation fand am 22.11.1903 ihre kirchenamtlich bestätigende offizielle Stellungnahme in dem mit höchster Rechtskraft ausgestatteten *Motuproprio sulla Musica sacra „Tra le sollecitudini“* (lat. *„Inter pastoralis officii sollicitudines“*) des Papstes *Pius X.*(1835-1914, Pontifikat 1903-1914). Der päpstliche Erlass basiert in seinen Grundzügen auf einem *Regolamento per la Musica Sacra* der Ritenkongregation von 1884, in dem auf die verschiedenen kirchenmusikalischen Reformen Europas wie auf die kirchenmusikalisch-liturgischen Probleme und Wandlungen der jüngeren Zeit eingegangen wurde. Das Motuproprio wurde zu Beginn des Jahres 1904 für alle Kirchen als kirchenrechtlich verbindlich erklärt. Während das Motuproprio in etlichen Passagen die Grundhaltung der innerkirchlichen Restauration beibehält, werden ganz im Gegensatz dazu in zwei Textabschnitten jene zukunftsweisenden Aussagen formuliert, welche die eigentliche Liturgische Bewegung auslösten:

In der Einleitung heißt es: „Da es nun Unser lebhaftester Wunsch ist, daß der wahrhaft christliche Geist in jeder Hinsicht aufblühe und bei allen Gläubigen erhalten bleibe, müssen Wir zuallererst für die ... Würde des Gotteshauses sorgen; denn dort versammeln sich ja die Gläubigen, um diesen Geist aus seiner ersten und unentbehrlichen Quelle zu schöpfen: aus der *tätigen Teilnahme* [ital.: partecipazione attiva; lat. actuosa communicatio] an den hochheiligen Mysterien und am öffentlichen feierlichen Gebet der Kirche.“[210] Die zweite bedeutsame Aussage lautet: „Im besonderen sorge man dafür, daß der gregorianische Gesang beim Volke wieder eingeführt werde, damit die Gläubigen am kirchlichen Gottesdienst wieder *tätigeren Anteil* nehmen, so wie es früher der Fall war.“[211] Das Reformanliegen kommt im Schlüsselbegriff *partecipazione attiva* bzw. *actuosa communicatio* zum Ausdruck. Bahnbrechend war die hier zu Tage tretende Erkenntnis, dass die Elimination der Gemeindebeteiligung im gregorianischen Gesang in specie wie in der Liturgie in genere eine sekundäre Entwicklung war, die es rückgängig zu machen galt. Darin bestand die Keimzelle des Neuaufbruches, von der dann zunehmend auch andere liturgische Beteiligungsmöglichkeiten der Gemeinde ausgehen sollten.[212]

Pius X. erachtete die mit allzu oberflächlich-prunkvoller Weltlichkeit glänzende Kirchenmusik als Gefährdung einer würdevollen Liturgie. Deshalb bekräftigt er

---

[209] Vgl. JUNGMANN, Liturgische Erneuerung zwischen Barock und Gegenwart 13 f.

[210] PIUS X., Instructio „Tra le sollecitudini“, Einleitung. Deutsche Übersetzung zitiert nach MEYER / PACIK 23 ff. (Kursivsetzung: Jakob Johannes Koch).

[211] PIUS X., Instructio „Tra le sollecitudini“ I/3. Deutsche Übersetzung zitiert nach MEYER / PACIK 27 (Kursivsetzung: Jakob Johannes Koch).

[212] Vgl. etwa KOHLSCHEIN 40.

den Stilus ecclesiasticus in seiner ungebrochenen Vorbildfunktion. Verherrlichung Gottes und Erbauung der Gläubigen sah Pius X. am vollkommensten im gregorianischen Choral verwirklicht, dessen asketische, klare und vermeintlich universale Sprache ihm am besten geeignet schien, um das Kirchenvolk aller Nationen zu aktiver tätiger Teilnahme an der Liturgie hinzuführen. Infolgedessen heißt es im Motuproprio: *„Eine Kirchenkomposition* [somit auch mehrstimmige Messe] *ist um so heiliger und liturgischer, je mehr sie sich in Verlauf, Eingebung und Geschmack der gregorianischen Melodik nähert; und sie ist um so weniger des Gotteshauses würdig, als sie sich von diesem höchsten Vorbild entfernt.*"[213]

Dass der Erlass außerdem nach wie vor bei feierlichen liturgischen Gottesdiensten explizit den Gebrauch der *lateinischen* Sprache für Riten und Gesänge vorschreibt, wird etwas abgemildert durch den Umstand, dass sich das Verbot der Volkssprache *nicht auf alle* Formen des Gottesdienstes erstreckt. Gleichwohl ist diese Aussage noch weit entfernt von einer ad verbum und generell erteilten Approbation des volkssprachlichen Kirchenliedes, ganz zu schweigen von einer Anerkennung der Liturgizität, also Gleichwertigkeit mit den lateinischen Ordinariumsteilen.[214]

Bei aller Ambivalenz des Motuproprio kann der Tenor, der Einsatz für eine *lebendige und tätige Teilnahme der Gemeinde an der Liturgie*, gar nicht genug in seiner positiven Bedeutung für die Liturgische Bewegung, der wir uns im nächsten Kapitel zuwenden wollen, herausgehoben werden.

2.2 Die Liturgische Bewegung: Volksliturgie und Musik im Gottesdienst

Das ekklesiale Phänomen der Liturgische Bewegung ist aus einem polygenen Prozess heraus als „ ... eine echte Lebensäußerung im Organismus der Kirche"[215] entstanden. Es ist unmöglich, sie monolithisch, d.h. als fest umrissenes historisches Ganzes zu erfassen. Deswegen wurde jene im vorangegangenen Kapitel geschilderte Entwicklung bewusst als *Vorabend* der Liturgischen Bewegung bezeichnet. Denn wer wollte es unternehmen in diesem komplexen Konglomerat von verschiedenen Wirkungszentren, -kreisen und Einflusslinien feste Grenzen zu ziehen und den exakten Beginn der Liturgischen Bewegung zu definieren. Eine solche Grenzziehung wird je nach Standpunkt unterschiedlich ausfallen. Mit der Bezeichnung „Vorabend" soll mithin dem notwendigen subjektiven Ermessensspielraum Rechnung getragen werden. „All das viele, das hier [in den liturgisch-theologischen Neuaufbrüchen des 19. Jahrhunderts] erstrebt und ersehnt, geleistet und veröffentlicht wurde, war – und zwar überall ... – Bodenbereitung und Saat, ‚Inkubation' und ‚Vorgeschichte' ..., ein Dasein also, das nicht oder noch nicht im Licht der eigentlichen Geschichte steht, sondern das noch auf den erweckenden

213 PIUS X., Instructio „Tra le sollecitudini" I/3. Deutsche Übersetzung zitiert nach MEYER / PACIK 27 (Kursivsetzung: Jakob Johannes Koch).
214 Vgl. HABERL, Das Motuproprio des Papstes Pius X. 283-286.
215 MAAS-EWERD, Liturgie und Pfarrei. Einfluß der Liturgischen Erneuerung auf Leben und Verständnis der Pfarrei im deutschen Sprachgebiet 34.

und belebenden Strahl wartet, um in das geschichtliche Leben einzutreten."[216] Erst im 20. Jahrhundert, mit Beginn ihrer Breitenwirkung auf der pastoralen Ebene, kommt die Liturgische Bewegung voll zum Erblühen.[217] Ihre Auswirkungen auf die Liturgie im Nexus mit der Kirchenmusik seien im Folgenden schlaglichtartig beleuchtet.

Die von Pius X. in seinem Motuproprio „*Tra le sollecitudini*" deutlich ausgesprochene Forderung nach einer aktiven Beteiligung der Gläubigen erwies sich schon bald als Impuls von ungeheurer Tragweite. Beim gesamtbelgischen Katholikentag in Mecheln am 23.09.1909 hielt der von Kardinal *Désiré Mercier* (1851-1926) unterstützte Liturgiker und Ökumeniker *Lambert Beauduin* (1873-1960)[218] eine Rede, in welcher er – ausgehend von eben jenem päpstlichen Wort von der partecipazione attiva – die Notwendigkeit der Schaffung einer Volksliturgie darlegte. Diese Rede hatte eine explosionsartige Wirkung und zog eine intensive pastoralliturgische Bewegung zunächst in Belgien und Holland, dann aber auch in den benachbarten Ländern, nach sich.[219] Damit gab es nun innerhalb der Liturgischen Bewegung zwei unterschiedlich Richtungen: Zum einen jene strenge benediktinische Richtung, wie sie sich im 19. Jahrhundert in den Benediktinerabteien herausgebildet hatte und zum anderen die volksliturgische Richtung, die durch das sog. „*Mechelner Ereignis*" angestoßen worden war. Auch wenn beide Richtungen ein gemeinsames Ziel, nämlich die gemeinschaftliche Feier der Liturgie, hatten, gab es doch divergente Ansätze, wie das Ziel zu erreichen sei.[220] Die strenge benediktinische Richtung sah in der Liturgie eine fixe und und maßgebende Größe, zu der das Volk emporgeführt werden muss. Ihre liturgischen Idealformen waren Choralvesper, Choralamt und Missa recitata, wobei die Teilnahmemöglichkeit der Gemeinde allenfalls im stillen Mitbeten der Texte anhand der volkssprachlichen Übersetzung des „Schott" bestand. In den Pfarreien erlebte dieser Ansatz nur einen geringen Widerhall. Er wurde eher von „elitären" Gruppen aufgegriffen, so etwa von einem Teil der nach dem ersten Weltkrieg entstandenen katholischen Jugendbünde der studierenden Jugend.[221] Hier fand insofern eine gewisse Modifikation der benediktinischen Richtung statt, als man zwar die klassische römische Liturgie feierte, aber die gregorianischen Gesänge in der volkssprachlichen Form der sog. *Deutschen Gregorianik*[222] sang.

---

[216] MAYER, Die geistesgeschichtliche Situation der Liturgischen Erneuerung in der Gegenwart 44. Vgl. etwa auch MAAS-EWERD, Art. Liturgische Bewegung I. Katholische Kirche 992 f.

[217] Ein sehr prägnanter Überblick über die Phasen der Liturgischen Bewegung findet sich etwa bei NEUNHEUSER 133-138.

[218] Lambert Beauduin war nicht nur ein Initiator der katholischen Liturgischen Bewegung, sondern auch eine Schlüsselfigur für das Entstehen der christlichen Einigungsbewegung, die nach seinem Tode durch *Yves Marie-Joseph Congar* (geb. 1904) theologisch entfaltet wurde und durch die u.a. von *Max Josef Metzger* (1887-1944) gegründete *Una-Sancta-Bewegung* eine institutionelle Verfasstheit erhielt.

[219] Vgl. WAGNER, Liturgische Bewegung 1098.

[220] Vgl. HARNONCOURT, Von der Liturgischen Bewegung zur Liturgiereform 158.

[221] Hier sind als wichtigste zu nennen der von dem Theologen und Religionsphilosophen *Romano Guardini* (1885-1968) geistig geführte *Quickborn*kreis sowie das von *Heinrich Kahlefeld* (1903-1980) gegründete *Leipziger Oratorium vom hl.Filippo Neri*.

[222] Unter „Deutscher Gregorianik" versteht man Gesänge des früh- und hochmittelalterlichen gregorianischen Repertoires, bei denen – bei weitestgehender Beibehaltung der

Die volksliturgische Richtung war dagegen von Anfang an pastoral ausgerichtet, d.h. sie konzentrierte sich auf die Verbreitung der Reformideen in den Pfarreien. Für sie ist die Liturgie eine veränderbare Größe, die den Erfordernissen der Zeit angepasst werden muss – die geistlichen Bedürfnisse der Menschen sind der Maßstab, zu ihnen soll die Liturgie heruntergeholt werden. Diese Richtung wurde im deutschen und österreichischen Raum maßgeblich durch den Chorherren *Pius Parsch* (1884-1954) vertreten, der im Augustiner-Chorherrenstift Klosterneuburg bei Wien Modelle für die Umsetzung dieses Postulates in die Praxis schuf: Die Gemeindevesper und die Betsingmesse. Bei der Betsingmesse wurden nicht nur die Ordinariumsgesänge, sondern auch die Prozessionsgesänge durch volkssprachliche Liedparaphrasen ersetzt und zwar ganz dezidiert auch beim sonn- und festtäglichen Hauptgottesdienst in der Form des Deutschen Hochamtes. Denn man sah im Volksgesang die vordringlichste Möglichkeit, die tätige Teilnahme der Gemeinde zu fördern. So entstand etwa auch der *Deutsche Choral*[223], der erstmals zu einer Wiederbelebung kirchenmusikalischer Dienste auch für Nicht-Kleriker führte (Kantor, Schola) und bald seinen Niederschlag in den deutschen Gesangbüchern finden sollte. Diese Formen deutschen Gemeindegesanges setzte man gezielt gegen den mehrstimmigen Chorgesang ein, in dem man eine Behinderung der Gemeindebeteiligung sah. Verständlicherweise sahen sich viele Kirchenmusiker in ihrer Arbeit bedroht und es entstand ein Konfliktpotential, das in der Folgezeit immer wieder zu Reibungen führte.[224]

Auch die volksliturgische Richtung wurde in entscheidendem Maße von Teilen der katholischen Jugendbünde aufgegriffen und weitergeführt.[225] Gerade durch diese Jugendbünde wurde die Liturgische Bewegung in die Pfarrgemeinden hineingetragen und von vielen aufgeschlossenen Pfarrseelsorgern aufgegriffen. In den Pfarreien erwachte zunehmend die Bereitschaft, eine lebendige Liturgiefeier aktiv mitzutragen. Hier bot es sich nun an, den alten Brauch der Messandachten aufzugreifen und zu einer neuen Form zu erweitern. Während die herkömmliche Messandacht ein Mixtum compositum aus paraphrasierten liturgischen, biblischen und frei erfundenen Texten war, orientierte sich die neu konzipierte Messandacht weitgehend am Verlauf der Messe und übersetzte möglichst viele Texte wörtlich. Bahnbrechend war die von Romano Guardini verfasste Messandacht aus dem Jahre 1920. „Für diese Zeit revolutionär ist ... die Bereitschaft, einer an die Kapa-

---

originalen Melodie – der originäre lateinische Text durch eine deutsche Übersetzung ersetzt wurde. Hierdurch ergeben sich freilich bei melismenreichen Melodien zahlreiche Probleme (Falsche Silbenbetonung sowie Unmöglichkeit, den Melodieduktus adäquat wiederzugeben) Vgl. etwa HARNONCOURT, Der „Gregorianische Gesang“ in unserer Zeit 160 oder HAMACHER 299 f.

223 Der Deutsche Choral übernimmt nicht die originalen Melodien des früh- und hochmittelalterlichen gregorianischen Repertoires, sondern zieht diese lediglich als Vorlage für Neuschöpfungen heran. Vorbildfunktion für diese Neuschöpfungen hatte neben der musikalischen Gestalt auch der Formenreichtum des Cantus gregorianus. So entstanden zahlreiche volkssprachliche Psalmen, Antiphonen, Responsorien, Prosa-Hymnen, Akklamationen und Litaneien.

224 Vgl. HARNONCOURT, Katholische Kirchenmusik vom Cäcilianismus bis zur Gegenwart 96 f.

225 Als bedeutsamste sind hier zu nennen der von dem Jugenseelsorger *Ludwig Wolker* (1887-1955) geleitete *katholische Jungmännerverband Deutschlands* und der von dem Jugenseelsorger *Ludwig Esch* (1883-1956) gegründete *Bund Neudeutschland*.

zität des ‚Volkes' angemessenen Liturgie den Vorzug zu geben gegenüber der Integrität der liturgischen Hochform."[226] Von Guardinis Messandacht ging folglich einer der wichtigsten Anstöße zur Entstehung der sog. *Gemeinschaftsmesse* (auch: *Missa dialogata*) aus, die in den Zwanzigerjahren in den katholischen Jugendbünden und etlichen Akademikerkreisen „erprobt" und circa ab 1930 auch in den Pfarreien heimisch wurde. Die bedeutendsten Neuerungen waren u.a. das laute, im Wechsel zwischen Vorbeter[227] und Gemeinde erfolgende volkssprachliche Beten der Orationen und der übrigen Teile des Propriums sowie des Credos, das volkssprachliche Vortragen der Epistel und des Evangeliums durch den Priester, das volkssprachliche gemeinsame Beten des Vaterunsers und das volkssprachliche Beten einiger kurzer Dialoge. Freilich blieb diese Feierform Paraliturgie, denn zur Gültigkeit der liturgischen Texte bedurfte es weiterhin des amtlichen Privatim-Gebetes des Zelebranten.[228] Auch wenn die Gemeinschaftsmesse zu diesem Zeitpunkt noch weit von ihrer Approbation durch den Heiligen Stuhl entfernt war, wurde ihr Anliegen doch indirekt bestätigt durch die am 20.12.1928 publizierte Constitutio Apostolica *„Divini cultus sanctitatem"* *Pius XI.* (1857-1939, Pontifikat 1922-1939), der darin das dringliche Desiderat formulierte, „ ... daß die Gläubigen nicht wie Fremde oder stumme Zuschauer, sondern, von der Schönheit der Liturgie zuinnerst ergriffen, an den heiligen Zeremonien ... teilnehmen"[229].

Freilich blieb auch die Liturgische Bewegung nicht von Zwistigkeiten verschont. Seit 1939 kristalliserte sich ein deutliches binnenkirchliches Generationenproblem heraus, das sich lähmend auf eine organische Weiterentwicklung auswirkte. Ein öffentlicher Disput war aufgrund der nationalsozialistischen antikirchlichen Repressionen nicht möglich, weshalb man die Kontroverse auf dem Boden der Liturgie austrug. Einem progressistischen Lager, das die alten liturgischen Ausdrucksformen undifferenziert als obsolet abtat, stand auf der anderen Seite Unflexibilität und Uncouragiertheit gegenüber. Vor allem aber waren es die Unklarheiten, Eigenmächtigkeiten und Kompetenzrangeleien, die das Eingreifen durch eine ordnende Hand unumgänglich werden ließen.[230] Die Beendigung der

---

[226] GERHARDS, Romano Guardini als Prophet des Liturgischen. Die Frage nach der Liturgiefähigkeit des heutigen Menschen neu gestellt 147.

[227] Der Vorbeter ohne höhere klerikale Weihen war allerdings nur Dolmetscher des lateinisch lesenden Priesters, er übte damit noch nicht selber einen liturgischen Dienst aus.

[228] Vgl. MAAS-EWERD, Auf dem Weg zur „Gemeinschaftsmesse". Romano Guardinis „Meßandacht" aus dem Jahre 1920 456-459.

[229] PIUS XI., Constitutio Apostolica "Divini Cultus sanctitatem" IX. Deutsche Übersetzung zitiert nach: MEYER / PACIK 43.

[230] Es war ein erster Schritt zur Beilegung der Krise der Liturgischen Bewegung, dass die *Fuldaer Bischofskonferenz (FBK)* die Bischöfe *Albert Stohr* (Mainz, 1890-1961) und *Simon Konrad Landersdorfer* (Passau, 1880-1969) als Referenten für liturgische Fragen einsetzte und ihnen die Führung der Liturgischen Bewegung in Deutschland übertrug. Diese wiederum veranlassten die Errichtung des *Liturgischen Referates* (später *Liturgische Kommission*), das sich gezielt der Lösung der Probleme annahm. Der Vorsitzende der FBK, Kardinal *Adolf Bertram* (Breslau, 1859-1945), setzte sich bestimmt, aber zugleich mit deeskalierender Besonnenheit gegen die Gegner des Deutschen Hochamtes durch und erließ für die Arbeit des Liturgischen Referates 1940 die *„Richtlinien für die Feier der Gemeinschaftsmesse"*. Gemäß diesen Leitlinien normierte das Liturgische Referat die Form der Betsing- und Gemeinschaftsmesse, was sogleich einen Niederschlag in den Diözesangesangbüchern fand. Im Auftrag des deutschen Episkopates richtete Kardinal Bertram einen Brief an das Päpstliche Staatssekretariat mit der Bitte, die Praxis des Deutschen Hochamtes in den Diözesen, wo es in der Messfeier zur Tradition

Krise der Liturgischen Bewegung wurde schließlich dadurch erreicht, dass Papst *Pius XII.* (1876-1958, Pontifikat 1939-1958), der als Nuntius in Deutschland mit Wohlwollen die Anfänge der Liturgischen Bewegung mitverfolgt hatte, die Angriffe ihrer Gegner durch die Enzyklika „*Mystici Corporis Christi*" (29.06.1943) entkräftete, da hierin die tätige Teilnahme aller Christen insbesondere an der Messfeier offiziell anerkannt wurde. Es wird betont, dass nicht der Priester alleine, sondern auch die Gläubigen durch dessen Hände und in betender Gemeinschaft mit ihm das eucharistische Opfer darbringen.[231]

Nach dem Ende des Zweiten Weltkrieges konnten die zeitweilig national getrennten Stränge der Liturgischen Bewegung wieder auf internationaler Ebene zusammengeführt werden, und es begann eine sehr förderliche länderübergreifende Zusammenarbeit. Neben Deutschland, Österreich und Frankreich[232] hatte sich die Bewegung auch in Holland, Belgien, in der Schweiz, in Polen, der ehemaligen Tschechoslowakei, dem ehemaligen Jugoslawien, Italien und Spanien ausgebreitet[233]. Die zunehmende Internationalität und Intensivierung der Bestrebungen führte zu sorgfältigen Überprüfungen durch die höchste kirchliche Autorität in Rom, die schließlich in eine lehramtliche Äußerung, nämlich die Enzyklika „*Mediator Dei*" mündeten, welche am 20.11.1947 unterzeichnet wurde. Das päpstliche Rundschreiben widmete sich ausschließlich liturgischen Fragen. Dass darin einzelne Eigenmächtigkeiten und Übertreibungen der Liturgischen Bewegung getadelt werden, ist jedoch nicht der Hauptgegenstand. Belangvoll ist vielmehr, dass der Papst der Liturgischen Bewegung damit gleichsam die Magna Charta libertatis gewährte.[234] In der Liturgie-Enzyklika „*Mediator Dei*" spricht er sich für die Verwendung der Volkssprache dort aus, wo sie sich als für das Volk nützlich erweist. Damit wurde neben der bereits 1943 approbierten Volkssprachlichkeit des Kirchenliedes[235] eine Übersetzung von liturgischen Texten zumindest nicht ausgeschlossen. Das päpstliche Rundschreiben überwindet überdies erstmals die bisherige kirchenamtliche Fixierung auf die klassische Vokalpolyphonie, indem es auch der modernen Musik, freilich unter Vorgabe des strengen Sakralitätsanspruches,

---

geworden war, zu tolerieren. Dieser Bitte wurde am 24.12.1943 in einem Schreiben des Kardinal-Staatssekretärs *Luigi Maglione* (1877-1944) an Kardinal Adolf Bertram entsprochen: Das Deutsche Hochamt als Verbindung der feierlichen Formen der Messe (Missa sollemnis und Missa cantata) wurde darin vom Heiligen Stuhl ausdrücklich als Consuetudo legitima aller damals zu Deutschland gehörenden Diözesen anerkannt. Diese Anerkennung als Sonderrecht bedeutete allerdings nicht, dass dem Deutschen Hochamt damit volle Liturgizität zuerkannt worden wäre. Es blieb zunächst weiterhin Paraliturgie Vgl. MAAS-EWERD, Die Krise der Liturgischen Bewegung in Deutschland und Österreich. Zu den Auseinandersetzungen um die „liturgische Frage" in den Jahren 1939-1944 88-474.

231 Vgl. HARNONCOURT, Katholische Kirchenmusik vom Cäcilianismus bis zur Gegenwart 101.

232 In Frankreich wurde die Anregung des Liturgikers Lambert Beauduins rezipiert und 1943 in Paris das *Centre de Pastorale liturgique* gegründet, das für die Liturgische Bewegung in Frankreich eine große Bedeutung erlangen sollte. In Österreich gingen wichtige Entwicklungen vom *Institutum Liturgicum* in Salzburg aus.

233 Vgl. etwa HAMACHER 302-305.

234 Vgl. WAGNER Liturgische Bewegung 1098. Außerdem auch HAMACHER 296-300.

235 Für Pius XII., der in seiner späteren Enzyklika „Musicae sacrae disciplina" die gesamte Musica sacra in streng liturgische Musik und religiöse Musik aufgliederte, zählte das volkssprachliche Kirchenlied lediglich zur letzgenannten Sparte.

offiziell einen Platz im Gottesdienst zugesteht. Gleichsam als Leitfaden betont der Papst außerdem die Notwendigkeit, dass der äußeren Teilnahme am Gottesdienst auch eine innerliche Teilnahme entsprechen müsse.[236] Aber auch über „*Mediator Dei*" hinaus setzte Pius XII. die Liturgiereform Pius' X. fort, indem er für etliche muttersprachliche Ritualien (Texte und Gesänge) die Approbation erteilte, eine Neuordnung der Ostervigil vornahm und die Heilige Woche erneuerte. Weitere bedeutende Änderungen waren die Vereinfachungen der Rubriken (*Rubrikenreform*), die offizielle Einführung der Abendmesse sowie eine Modifikation des Nüchternheitsgebotes.[237] Es war ein erklärtes Anliegen Pius' XII., die Kirchenmusik den Gegenwartsverhältnissen anzupassen. Diese Intention kommt etwa in seiner Enzyklika „*Musicae sacrae disciplina*" vom 25.12.1955 zum Ausdruck. In diesem Dokument wird die Notwendigkeit des Singens im christlichen Gottesdienst erklärt, aber auch die gottesdienstliche Verwendung von Musikinstrumenten grundsätzlich positiv bewertet. Die Förderung des volkssprachlichen Gemeindegesanges wird unter Hinweis auf seine katechetische und missionarische Bedeutung anempfohlen. In der Missa lecta durften nun offiziell religiöse Gesänge in der Volkssprache gesungen werden. Nur drei Jahre später, nämlich am 03.09.1958, erschien die Instructio „*De Musica sacra et sacra Liturgia*". Abgesehen von der neuerlichen Betonung, dass die Kirchenmusik aufs Engste mit der Liturgie verbunden sei und der gottesdienstliche Gesang ganz zur Liturgie gehöre[238] (Art. 104), brachte die Instructio allerdings keine wesentlichen Neuerungen. Da sie versucht, einerseits der traditionalistischen Richtung und andererseits der Liturgischen Bewegung Rechnung zu tragen, bleiben ob dieses Antagonismus wesentlichere Änderungsanstöße unausgesprochen.

Nach dem Tod Pius XII. im Jahre 1958 wurde Kardinal *Angelo Giuseppe Roncalli* (1881-1963) zum Oberhaupt der katholischen Kirche gewählt (Pontifikat 1958-1963) und nahm den Papstnamen *Johannes XXIII.* an. Aus der persönlichen Überzeugung heraus, dass die Kirche sich den drängenden Problemen und Fragen der Gegenwart öffnen müsse, kündigte er im Jahre 1959 ein ökumenisches Konzil an, welches er 1961 als „*Zweites Vatikanisches Konzil*"[239] nach Rom einberief. Unter den vom katholischen Weltepiskopat im Vorfeld eingereichten Themen war neben Vertiefung des Glaubens, Erneuerung des sittlichen Lebens der Gläubigen, Ökumene, Reform des Kirchenrechtes und Anpassung an die Erfordernisse der Gegenwart[240] als ein zentrales Anliegen die *Erneuerung der Liturgie* genannt: Die

---

236 Die Enzyklika „*Mediator Dei*" verdient es, hinsichtlich ihres positiven Einflusses auf die Liturgische Bewegung und die Neuansätze innerhalb der Kirchenmusik mit Nachdruck hervorgehoben zu werden. Sie widerspiegelt deutlich das subjektive und innige Verhältnis Eugenio Pacellis zur Musik. Pacelli, der selbst ein passionierter Amateur-Violinist war, schätzte nicht nur ganz besonders die mehrstimmigen Messen der deutschen Klassik und Romantik, sondern zeigte sich auch der kompositorischen Moderne gegenüber aufgeschlossen. Neunundfünfzigmal hat Pius XII. Stellung genommen zu Problemen der Kirchenmusik und Liturgie, was zeigt, wie wichtig ihm dieser Bereich war. Vgl. HABERL, Papst Pius XII. und die Kirchenmusik 360-362.

237 Vgl. WAGNER Liturgische Bewegung 1098 und HAMACHER 300-302.

238 D.h. der Gesang ist eben nur Zutat *zur* Liturgie und nicht selber Liturgie.

239 Das Zweite Vatikanische Konzil wird in der vorliegenden Arbeit fortan auch mit „Das Konzil" bezeichnet.

240 Neben der Erneuerung der Liturgie sollte besonders dieses Thema zu einem Brennpunkt der konziliaren Debatte werden: Eine der bedeutendsten Leistungen des Konzils war es,

von der Liturgischen Bewegung intendierten Ziele, die von einem Großteil der Kardinäle und Bischöfe bejaht wurden, drängten mithin auf eine Bestätigung durch die konziliare Lehrgewalt.[241]

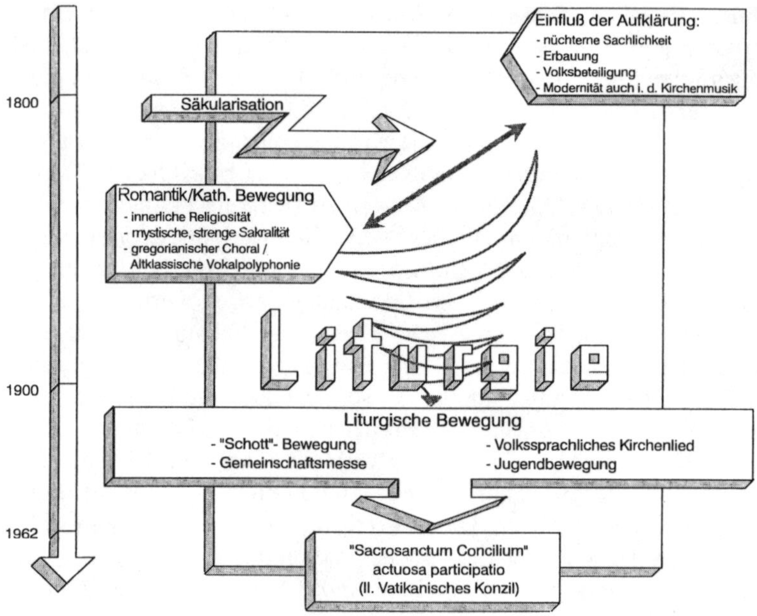

Abbildung 4: Die Liturgische Bewegung - Wegbereiterin für „Sacrosanctum Concilium"

Die Liturgische Bewegung stand vor ihrem eigentlichen Höhepunkt, der *Approbation ihrer Errungenschaften durch das Lehramt*. Die Vorgänge im Zusammenhang mit der konziliaren Liturgiekommission und der Entstehung des Konzilsdokumentes über die heilige Liturgie werden – freilich angesichts ihrer enormen Komplexität bewusst fokussiert – Gegenstand des folgenden Kapitels sein.

2.3 Die liturgisch-kirchenmusikalischen Neuerungen des Zweiten Vatikanischen Konzils und der Liturgiereform

2.3.1 Der Entstehungsprozess der Liturgiekonstitution „Sacrosanctum Concilium" (1963) während der Praeparatoria und der ersten und zweiten Konzilsperiode des Zweiten Vatikanischen Konzils

„In der Geschichte der Liturgie unterscheidet sich die Reform des II. Vatikanischen Konzils von allen anderen durch ihren pastoralen Charakter. Die Teil-

---

dem Erbe der Tradition das Aggiornamento ("Heutigwerden") gegenüberzustellen und damit der Kirche ein neues Selbstverständnis in der Welt von heute zuzuweisen.

241 Vgl. Overath 372

nahme des Gottesvolkes an der liturgischen Feier und seine aktive Hineinnahme sind letzter Zweck der Reform. [...] Im Laufe der Jahrhunderte ... [war] jedoch gleichsam ein geistiger Riß entstanden zwischen dem Ritus und seinem theologischen Inhalt."[242] Die Zusammenfügung dieses Risses, die mit der Liturgischen Bewegung bereits begonnen hatte, wollte das Konzil nun vollenden.

Anfang 1960 konstituierte Papst Johannes XXIII. eine Zentralkommission, zehn vorbereitende theologische Kommissionen und drei Sekretariate[243], die aus den oben erwähnten Anregungen und Wünschen der Bischöfe thematisch zusammenfassende *Schemata* erarbeiteten, welche dann ihrerseits wiederum als Grundlage für die zwischen 1963 und 1965 feierlich verkündeten *vier Konstitutionen* dem konziliaren Plenum zur Diskussion ausgehändigt wurden. Neben den von den entsprechenden Kommissionen entworfenen Schemata für die Kirchen-, Offenbarungs-, und Pastoralkonstitution[244] wurde von der liturgischen Kommission, der *Pontifica Commissio de sacra Liturgia Praeparatoria Concilii Vaticani II.* ein Schema der Liturgiekonstitution erarbeitet, das am 01.02.1962 abgeschlossen wurde. Dieses Schema wurde nun an die Zentralkommission weitergeleitet, die – unter weitestgehender substantieller Wahrung des Inhaltes – einige Modifikationen vornahm.

Bei der feierlichen Konzilseröffnung am 11.10.1962 wurde bemerkenswerter Weise das *Schema Constitutionis de sacra Liturgia* als erstes auf die Tagesordnung des Konzils gesetzt und den Konzilsvätern im Wortlaut übergeben. Die Kurie legte nun für die „Wahl" der Konzilskommissionen Listen mit den von ihr lancierten Personen vor. Über diese Listen sollte diskussionslos abgestimmt werden. Die Kurie, welcher die Koordination des Konzils oblag, versuchte auf diese Weise, den Einfluss, der ihr durch ihren großen bürokratischen Apparat zur Verfügung stand, gegenüber den anderen Teilen der Weltkirche zu nutzen. Man kann davon ausgehen, dass die tatsächlichen Intentionen Johannes XXIII. in den vorbereiteten Schemata nicht voll zum Tragen kamen. Die Mehrheit des versammelten Weltepiskopates wehrte sich jedoch gegen dieses Vorgehen und lehnte die kurialen Wahllisten ab. Daraufhin kamen völlig neue Listen zur Abstimmung. Der Vorgang ist insofern bemerkenswert, als er eine Signalwirkung für den ganzen weiteren Verlauf des Konzils besaß.[245]

Bei der Abstimmung über die neuen Listen wurden zwei Drittel der Kommissionsmitglieder durch das Konzilsplenum frei gewählt und ein Drittel durch den Papst ernannt. Am 22.10.1962 nahm die neu gewählte konziliare Liturgiekommis-

---

[242] BUGNINI 25.
[243] Die Sekretariate hatten die Aufgabe, Dekrete über aktuelle kirchliche Diskussionsfelder wie soziale Kommunikationsmittel (Dekret über die sozialen Kommunikationsmittel "Inter mirifica", 1963) oder Ökumene (Ökumenismusdekret "Unitatis redintegratio", 1964) zu erarbeiten. Weitere sieben Dekrete wurden von den vorkonziliaren Kommissionen erarbeitet.
[244] Es handelt sich hierbei genauerhin um die dogmatische Konstitution über die Kirche "Lumen Gentium" (1964), die dogmatische Konstitution über die göttliche Offenbarung "Dei Verbum" (1965) und die pastorale Konstitution über die Kirche in der Welt von heute "Gaudium et spes" (1965).
[245] Vgl. etwa PESCH 89 f. oder OVERATH 372-374.

sion ihre Tätigkeit auf. Sie überprüfte die Emendationes der Konzilsväter und erarbeitete neue Textfassungen ad mentem patrum. Hierbei wurde jedes Kapitel der geplanten Liturgiekonstitution einer eigenen Subkommission zugewiesen, wobei von der Subkommission für Musica sacra der Text des neuen Kapitels VI *De Musica sacra* erarbeitet wurde.[246] Bereits am 14.11.1962 wurde das Schema der Konstitution grundsätzlich angenommen. Nach redaktionellen textlichen Glättungen wurde die Liturgiekonstitution (*Constitutio de sacra Liturgia*) „*Sacrosanctum Concilium*"[247] in der zweiten Konzilsperiode am 22.11.1963 angenommen und am 04.12.1963 feierlich verkündet. Inkraftgesetzt wurde die Konstitution durch das Motuproprio „*Sacram Liturgiam*" vom 25.01.1964 Papst *Pauls VI.* (1897-1978, Pontifikat 1963-1978), den Nachfolger des während des Konzils verstorbenen Johannes XXIII..[248]

2.3.2 Inhaltliche Schwerpunkte der Liturgiekonstitution „Sacrosanctum Concilium"

Es sind vor allem drei inhaltliche Schwerpunkte der Liturgiekonstitution zu nennen, welche hinsichtlich des Themas der vorliegenden Publikation besondere Relevanz besitzen: Die *tätige Teilnahme der gottesdienstlichen Gemeinde*, die *liturgische Rollenverteilung* und der *weitere Raum für die Landessprache im Gottesdienst*. Hierauf soll der Fokus der nachfolgenden Darlegungen primär gerichtet sein.

Das geradezu revolutionär Neue an der Liturgiekonstitution „*Sacrosanctum Concilium*" ist die Verlagerung des früheren Schwerpunktes, der auf der Einhaltung liturgischer *Regeln* (Rubrizistik) lag, hin zu einer situationsgemäßen und gemeindegerechten *Feier*.[249] Dieser bedeutungsvolle Wandel wird in der Zentralbegrifflichkeit der Liturgiekonstitution, der Aussage von der „Aktiven (bzw. 'tätigen') Teilnahme aller Gläubigen"[250], der *actuosa participatio* in allen gottes-

---

[246] In den nun in der Konzilsaula erfolgenden Diskussionen über das Schema der Konstitution, die vom 22.10.1962 bis zum 13.11.1962 dauerten, gab es Statements von 253 Konzilsvätern. Dies zeigte die Dringlichkeit des Themas. Erwartungsgemäß wurden hierbei auch etliche konservative Stimmen laut, die sich gegen Veränderungen wehrten. Man befürchtete im Falle der Preisgabe der bis dahin geltenden tridentinischen Liturgie einen gravierenden Identitätsverlust für die katholische Kirche, schrieb man doch beispielsweise der lateinischen Sprache eine weltumspannende Einigungskraft zu. Es zeigte sich jedoch im weiteren Verlauf des Konzils, dass jene Konzilsväter, welche die Forderungen der Liturgischen Bewegung, wie etwa nach dem Gebrauch der Volkssprache, unterstützten, in der Mehrzahl waren. Noch während der Diskussionen wurde dem Plenum die neue Fassung des VI. Kapitels *De Musica sacra* vorgestellt. Bei 2080 bejahenden Stimmen gab es nur sechs ablehnende Stimmen bzw. neun, die weitere Hinzufügungen wünschten. Nach erneuter Abstimmung fanden Letztere ebenfalls Eingang in den Text. Vgl. JASCHINSKI, Musica sacra oder Musik im Gottesdienst? 84-99.

[247] Die Liturgiekonstitution Sacrosanctum Concilium wird im Folgenden mit „SC" abgekürzt

[248] Vgl. OVERATH 374 f. und JUNGMANN, Konstitution über die heilige Liturgie (Constitutio de sacra Liturgia). Einleitung (Die Vorgeschichte) und Kommentar 12 f.

[249] Vgl. HARNONCOURT, Katholische Kirchenmusik vom Cäcilianismus bis zur Gegenwart 111.

[250] Andere Attribute der Teilnahme: Bewusst, voll, fromm, fruchtbar, vollkommen, innere und äußere; vgl. SC, Art. 11, 14, 19, 21, 27, 41, 48, 50, 55, 79.

dienstlichen Feiern, deutlich. Denn die neue, d.h. eigentlich wiedergewonnene, Sicht der gottesdienstlichen Feier begreift Liturgie als Feier des *ganzen* heiligen Volkes (Vgl. SC, Art. 26. 27). Eine frühere synonyme Verwendung des Actuosa-participatio-Begriffes, der infolgedessen zum inneren und äußeren Leitmotiv der Liturgischen Bewegung wurde, fanden wir schon im oben dargelegten Motuproprio Pius X. von 1903 vor (dort: *partecipazione attiva* bzw. *actuosa communicatio*). Die dort angebahnte Entwicklung fand mithin circa 60 Jahre später ihren Kulminationspunkt in der konziliaren Bestätigung des Zweiten Vatikanums. Ein beredtes Zeugnis für die eminente Bedeutung des Actuosa-participatio-Terminus vermag die Tatsache zu geben, dass er expressis verbis allein in 12 Artikeln von „*Sacrosanctum Concilium*" zu finden ist[251], darüber hinaus aber auch an vielen Textstellen synonym bzw. paraphrasiert vorliegt. In paradigmatischem Sinne tritt uns die Formulierung in SC, Art. 14 vor Augen, wenn es dort heißt:

„Die Mutter Kirche wünscht sehr, alle Gläubigen möchten zu der vollen, bewußten und tätigen Teilnahme an den liturgischen Feiern geführt werden, wie sie das Wesen der Liturgie selbst verlangt und zu der das christliche Volk, ‚das auserwählte Geschlecht, das königliche Priestertum, der heilige Stamm, das Eigentumsvolk' (1 Petr 2,9; vgl. 2,4-5) kraft der Taufe berechtigt und verpflichtet ist."[252]

Das obige Zitat ist zugleich der Leitsatz der gesamten Konstitution. In ihm werden die Intentionen der Konzilsväter hinsichtlich der Liturgiereform mit großer Prägnanz gebündelt. Obgleich im weiteren Verlauf der Konstitution der Actuosa-participatio-Begriff nie explizit definiert wird, implizieren ihn gleichwohl die im Dokument zusammengetragenen diversen Reformanliegen. Aufgrund der binnentextlichen Kontextuierung ist eindeutig zu ersehen, dass sich der genannte Begriff auf Liturgie insgesamt, d.h. in *all* ihren sich in der gottesdienstlichen Versammlung der Gemeinde aktuierenden Formen und Vollzügen bezieht. „Ein wesentliches Leitmotiv der Neuordnung ist der Wandel von einem statischen Liturgieverständnis zu einem dynamischen. [...] Liturgie wird also nicht in erster Linie von ihrem Ziel her beschrieben, die Messe also nicht von der eucharistischen Gabe her, sondern sie wird als Prozeß gesehen. [...] Dieses dynamische Verständnis ... gewinnt vor allem eine dialogische Sicht der Liturgie zurück. [...] Liturgie ist [im Sinne von „*Sacrosanctum Concilium*" die] ... Weiterführung des Priesteramtes Christi, wobei dieses sazerdotale Amt allen durch Taufe und Firmung Eingegliederten zukommt; im Unterschied zum presbyterialen Dienst des Amtsträgers. Daraus ergibt sich, daß allen Gläubigen kraft der Taufe Recht und Amt zur Liturgie zukommen."[253]

Zur *inneren* Teilnahme vgl. GÖLLER 129. Dort heißt es in Bezug auf die innere actuosa participatio: „Aus der Zusammenschau der einzelnen Stellen [sc. der Liturgiekonstitution] geht hervor, daß es sich bei der actuosa participatio nicht nur um produktive Tätigkeiten (knien, stehen, laut beten, singen) handelt, sondern daß auch rezeptive Tätigkeiten (zusehen, hören, still beten) gemeint sind". Vgl. ähnlich auch MIRANDA Y GÓMEZ 126 f.

[251] In SC, Artikel 11, 14, 19, 21, 26, 30, 41, 50, 79, 114, 121, 124.

[252] Deutsche Übersetzung zitiert nach LTHK-SONDERBAND „Das Zweite Vatikanische Konzil. Konstitutionen, Dekrete, Erklärungen (lat./dt.) und Kommentare" Bd. 1 29.

[253] RICHTER, Die erneuerte Liturgie im Horizont der Fragestellung Romano Guardinis nach der Liturgiefähigkeit des Menschen von heute 152 f.

Einer möglichen Fehlinterpretation des Actuosa-participatio-Begriffes steht der gerade auch für die kirchenmusikalische Diskussion überaus wichtige Grundsatz der *Rollenverteilung* entgegen, der in SC, Art. 28 formuliert wird: „Bei den liturgischen Feiern soll jeder, sei er Liturge oder Gläubiger, in der Ausübung seiner Aufgabe nur das und all das tun, was ihm aus der Natur der Sache und gemäß den liturgischen Regeln zukommt."[254] (SC, Art. 28) Das bedeutet zum einen, dass in der Liturgie nicht jeder das Gleiche tut, zum anderen ist damit auch eindeutig jene missbräuchliche Deutung der actuosa participatio ausgeschlossen, die aus diesem Begriff ableiten möchte, dass alle pausenlos und an jeder Stelle kollektiv tätig sein müssen.[255]

Neben der grundlegenden Wandlung des Liturgieverständnisses hinsichtlich einer ausgewogeneren Rollenverteilung war eine mindestens ebenso eklatante und einschneidende Neuerung der Constitutio de sacra Liturgia, dass sie der Landessprache im Gottesdienst einen weiteren Raum zubilligte („amplior locus ipsi [sc. linguae vernaculae] tribui valeat"[256]). Diese Aussage bezieht sich ausdrücklich *auch auf die Messe*, wobei – und dies ist äußerst bemerkenswert – kein Teil der Messliturgie, wie etwa das eucharistische Hochgebet, davon ausgenommen ist. Um die, eine subjektive Auslegung bewusst zulassende, Diplomatie der diesbezüglichen Aussage des Dokumentes richtig einschätzen zu können, muss man freilich berücksichtigen, dass diese folgenschwere Errungenschaft das Ergebnis eines auch schon während der Vorbereitungsphase[257] zähen, durchaus emotional gefärbten Ringens von Vertretern unterschiedlichster Standpunkte war. Der auch schon vor dem Konzil heftig diskutierte Reformgedanke einer verstärkten Muttersprachlichkeit der liturgischen Texte war erwartungsgemäß der problematischste Gegenstand der liturgiebezogenen Konzilsdebatte. Es galt, einen *intermediären Modus procedendi* zu finden zwischen der konservativen Richtung, die im Erhalt einer rein lateinischen Liturgiesprache die alleinige Garantie für Einheit und Rechtgläubigkeit sah, und den progressiven Vorreitern aus dem Lager der Liturgischen Bewegung, die eine durchgehends muttersprachliche Liturgiesprache anstrebten. Um in dieser Frage überhaupt eine beiden Seiten auch nur halbwegs gerecht werdende minimalkonsentische Formulierung fixieren zu können, musste folglich auch der – gleichwohl eben nicht apodiktisch gehaltene – Hinweis auf die grundsätzliche Beibehaltung der lateinischen Sprache in den lateinischen Riten erfolgen, der aber bestehendes Sonderrecht respektiert.[258]

Die konsequenzenreiche erhebliche Neuerung gegenüber „Mediator Dei" (1947) war dagegen, dass es ex nunc der Entscheidung der jeweiligen Bischofskonferenz anheim gestellt wurde, wie viel Raum sie denn nun realiter der Muttersprache in der Liturgie zuzubilligen gedächte. Auch wenn natürlich die modifizierte Klausel „actis ab Apostolica Sede probatis seu confirmatis"[259] angehängt ist, wird den

---

[254] Deutsche Übersetzung zitiert nach LThK-Sonderband „Das Zweite Vatikanische Konzil. Konstitutionen, Dekrete, Erklärungen (lat./dt.) und Kommentare" Bd. 1 37.
[255] Vgl. Merkel 535 f.
[256] SC, Art. 36 § 2.
[257] Vgl. hierzu ausführlich Bugnini 43-45.
[258] Vgl. hierzu Pacik, Entwicklungen und Tendenzen in der Kirchenmusik 266.
[259] SC, Art 36, § 3.

bischöflichen Kollegialorganen auf Nationalebene damit dennoch ein eindeutiges Initiativrecht hin zu einer Ausweitung der Volkssprachlichkeit gewährt[260] - ein Recht, von dem ja im Zuge der anschließenden Liturgiereform auch weidlich Gebrauch gemacht werden sollte.

Wir haben aus der Liturgiekonstitution zunächst einmal bewusst jene generell gültigen, pastoraltheologisch motivierten Aussagen ausgewählt, die nicht einen speziellen Bestandteil der Liturgie betreffen, aber dennoch bezüglich der gegebenen Themenstellung Relevanz besitzen. Es sind dies in erster Linie die soeben behandelten Schwerpunkte der *actuosa participatio*, der *Rollenverteilung* und des *weiteren Raumes für die Landessprache*, die in entscheidender Weise das Gesamtthema der vorliegenden Monographie, die traditionelle mehrstimmige Messe in der erneuerten Liturgie, tangieren. Neben diesen allgemeinen Aussagen äußert sich die Liturgiekonstitution aber auch in einem eigenen Kapitel ganz gezielt zur Kirchenmusik. Dieses VI. Kapitel „De Musica sacra“ soll Gegenstand der folgenden Ausführungen sein.

2.3.3 *Das VI. Kapitel der Liturgiekonstitution „Sacrosanctum Concilium“ (1963) „De Musica sacra“ und die kirchenmusikalisch relevanten nachkonziliaren Dokumente der Liturgiereform – die neue Grundlegung und ihre Konsequenzen*

2.3.3.1 *Der Stellenwert der Musik im Gottesdienst gemäß „Sacrosanctum Concilium“*

Die Essenz des VI. Kapitels „De Musica sacra“ der Liturgiekonstitution lässt sich im Prinzip bereits im Eingangsartikel (SC, Art. 112) in gebündelter Form ausmachen. In ihm werden die eigentlich programmatischen Aussagen gemacht.

Zunächst wird die hohe Aufgabe der kirchlichen Musik umnschrieben: Das Gebet der Kirche, die sich vor Gott versammelt hat, erhält durch sie eine würdigere Form. Indem sich in ihr die eine Stimme der Gemeinde manifestiert, stärkt sie das Gefühl der Zusammengehörigkeit und Einheit. Sie erhöht zudem im festlichen Gottesdienst den Glanz der Feier. Hierdurch erhält sie ihre besondere Würde. In dieser ihrer Würde ragt sie unter den anderen Künsten besonders hervor, ist sie doch „ein ... notwendige[r] ... und integrierende[r] ... Bestandteil der feierlichen Liturgie“[261] (SC, Art. 112), was von anderen Künsten nicht gesagt werden kann. Jene besondere Würde kommt ihr aber vor allem aufgrund ihrer Verbindung mit dem Wort zu. Die Musik darf nicht nur als Ausschmückung und Zutat der Liturgie angesehen werden, da sie eben *integrierender* Bestandteil ist, der – zwar nicht Wesensbestand aber dennoch unverzichtbar – zur vollen Gestalt der Liturgie gehört.[262]

---

260 Vgl. JUNGMANN, Konstitution über die heilige Liturgie (Constitutio de sacra Liturgia). Einleitung (Die Vorgeschichte) und Kommentar 43.

261 Deutsche Übersetzung zitiert nach LTHK-SONDERBAND „Das Zweite Vatikanische Konzil. Konstitutionen, Dekrete, Erklärungen (lat./dt.) und Kommentare“ Bd. 1 95.

262 Vgl. JUNGMANN, Konstitution über die heilige Liturgie (Constitutio de sacra Liturgia). Einleitung (Die Vorgeschichte) und Kommentar 95 f.

Allen im weiteren Verlauf des VI. Kapitels genannten Einzelbestimmungen ist damit als programmatische Conditio sine qua non die unbedingte *Liturgizität* jeglicher im Gottesdienst verorteter sakraler Musik vorangestellt. Die damit intendierte Neuerung gegenüber der Auffassung der vorangegangenen Jahrhunderte ist die fundamental gewandelte Sichtweise, mit der nun die Musica Sacra gesehen wird: Sie ist nicht länger nur ornamentales Beiwerk, additiver und akzidenteller Rahmen der Liturgie, sondern vielmehr – wie oben zitiert – *notwendiger und integrierender Bestandteil*. Anders ausgedrückt: Sie ist nicht mehr Paraliturgie (Musik *zum* Gottesdienst) sondern selber Liturgie (Musik *im* Gottesdienst). Eine hieraus zu ziehende stringente Konklusion betrifft die Ausübenden der Musica sacra. Sie sind vollwertige *liturgische Rollenträger*, die in der Liturgie ebenso ihren eigenständigen und unverzichtbaren Ort haben wie der Zelebrant und neben ihm die Ausübenden anderer liturgischer Dienste, die fortab ebenfalls nicht mehr im herkömmlichen Sinne als „Assistenten" gelten.

Sowohl die theologische als auch die anthropologische Grundlegung der Musik bleibt in SC, Kap. VI rudimentär. Ein Eingehen auf den anthropologischen Aspekt, der sonst stets ein explizites Anliegen des Konzils ist, hätte gerade hinsichtlich der gottesdienstlichen Verwendung von Musik an dieser Stelle der Liturgiekonstitution einen wichtigen Beitrag zur Verinnerlichung des neuen Verständnisses liefern können. Präsentiert sich doch Musik „ ... als grundlegendes anthropolog(isches) Phänomen [...] in ihrem grundsätzlich *kommunikativen* Charakter [... . Sie hat] als vergemeinschaftende Kraft ... *rituelle Funktion*"[263]. Erstaunlicherweise wird dieser anthropologische Essential-Charakter der Musik nicht in seiner Bedeutung für die Liturgie zur Sprache gebracht. Merkwürdig ist überdies, dass in diesem VI. Kapitel, das gleich in seinem Eingangsartikel eine unübersehbar gewandelte Sicht von Kirchenmusik zum Ausdruck bringt, das Einhalten der Tradition und das Berufen auf Vorschriften eindeutig Vorrang hat gegenüber den Impulsen für die Erneuerung.[264] Zwei Sätze des VI. Kapitels lassen in Gegenüberstellung zu einer Aussage des VII. Kapitels sogar eine Kontradiktion zu Tage treten: In SC, Art. 116 wird betont, dass der gregorianische Gesang der der römischen Liturgie eigene Gesang sei, und in SC, Art. 120 wird die Pfeifenorgel als in Ehren zu haltendes traditionelles Musikinstrument vor allen anderen Instrumenten herausgehoben. Damit wird die abendländische Kirchenmusiktradition über die anderen liturgischen Musikformen der Weltkirche gestellt. Im Widerspruch dazu heißt es im VII. Kapitel (SC, Art. 123), das sich u.a. mit der sakralen Kunst befasst: „Die Kirche hat niemals einen Stil als ihren eigenen betrachtet, sondern hat je nach Eigenart und Lebensbedingungen der Völker ... die Sonderart eines jeden Zeitalters zugelassen"[265].

Die genannten Unklarheiten resultieren aus der diplomatischen Haltung jener

---

[263] FERMOR 544 f.

[264] Vgl. HARNONCOURT, Katholische Kirchenmusik vom Cäcilianismus bis zur Gegenwart 114 f. Vorschriften und Tradition werden immerhin achtmal erwähnt, so in SC, Art. 112, Art. 113, Art. 114, Art. 116, Art. 118, Art. 119, Art. 120 und Art. 121.

[265] Deutsche Übersetzung zitiert nach LTHK-SONDERBAND „Das Zweite Vatikanische Konzil. Konstitutionen, Dekrete, Erklärungen (lat./dt.) und Kommentare" Bd. 1 103.

Subkommission, welche für die redaktionelle Ausarbeitung der Liturgiekonstitution zuständig war. Es sollte „... möglichst allen Konzilsvätern die Zustimmung ermöglicht werden, aber eine klare Interpretation des Konzilswillens (den es im Sinne eines *unanimis consensus* gar nicht gegeben hat), ist dadurch beträchtlich erschwert. [...] Zurückhaltende Konservative und voraneilende Progressisten finden Bestimmungen, auf die sie sich in der Verfolgung ihrer Ziele berufen können."[266]

Mithin waren es weniger die Aussagen des VI. Kapitels der Liturgiekonstitution, die in der Folgezeit eine nachhaltige Wirkung in der liturgisch-kirchenmusikalischen Praxis zeitigten, sondern vor allem die pastoraltheologisch motivierten generellen Reformbestimmungen der übrigen Kapitel der Konstitution, die *actuosa participatio*, die *Rollenverteilung* und der *weitere Raum für die Landessprache*.

2.3.3.2 Die nachkonziliare Liturgiereform, aufgezeigt an ihren kirchenmusikalisch relevanten Dokumenten

Das in der Constitutio de sacra Liturgia grundgelegte gewandelte Liturgie- und Kirchenmusikverständnis stand zunächst nur auf dem Papier. Es galt nun, das beschwerliche und gigantische Projekt in Angriff zu nehmen, diese Postulate in der weltweiten liturgischen wie kirchenmusikalischen Praxis zu etablieren. Diesem komplexen Prozess, der sich innerhalb der sog. *Liturgiereform* abspielte, widmen sich die folgenden Ausführungen. Dabei gilt ein besonderes Augenmerk den vom Apostolischen Stuhl publizierten kirchenmusikalisch relevanten Dokumenten der Liturgiereform. Einzelbestimmungen und –regelungen werden freilich nur dann behandelt werden, wenn sie für unsere Gesamt-Themenstellung von Belang sind. Im Hinblick auf das Thema der vorliegenden Abhandlung werden von den einschlägigen teilkirchlichen Dokumenten nur die Verlautbarungen der deutschen Bischöfe erwähnt und auch dies nur wofern sie gegenüber den Dokumenten des Apostolischen Stuhles wesentliche Zusätze beinhalten.

Die praktische Umsetzung der Liturgiekonstitution wurde unmittelbar nach Beendigung des Konzils in Angriff genommen. Da in der ganzen Kirche aufgrund der Diskussion über „*Sacrosanctum Concilium*" eine hohe Erwartung existierte und das Unternehmen der Realisierung des Konzilsdokumentes äußerst umfangreich zu werden schien, war keine Zeit zu verlieren. Überdies begannen vielerorts schon eigenmächtige, unkoordinierte Initiativen. Bereits während der zweiten Konzilssitzung hatten sich einige Bischöfe und Experten für die Konzeption eines Reformplanes und die ersten Schritte zu einer konkreten Umsetzung der Konstitution interessiert. Am 13.01.1964 rief *Paul VI.* das *Consilium ad exsequendam Constitutionem de sacra Liturgia*[267] ins Leben. Am 25.01.1964 wurde – wie bereits oben erwähnt – mit dem Motuproprio „*Sacram Liturgiam*" bekannt gegeben, dass

---

[266] HARNONCOURT, Katholische Kirchenmusik vom Cäcilianismus bis zur Gegenwart 113.
[267] Kurzbezeichnung: „Consilium" (deutsche Bezeichnung: „Liturgierat")

das Consilium errichtet worden sei, um die Bestimmungen der Liturgiekonstitution in die Praxis umzusetzen.[268] Dem Consilium wurde damit die Überprüfung und zentrale Koordination der Umsetzungsbemühungen der Bischofskonferenzen, die Erstellung der neuen liturgischen Bücher sowie die Ausarbeitung konkreter Reformbestimmungen übertragen. Dieser fortan vom Consilium als leitendem Organ weltweit koordinierte Vorgang, die *Umsetzung der Liturgiekonstitution in die Praxis*, wird wie gesagt als die postkonziliare *Liturgiereform* bezeichnet.

Nur wenige Monate nach der Bekanntgabe seiner Errichtung, am 26.09.1964, publizierte das Consilium die erste *Instructio ad executionem Constitutionis de sarcra Liturgia recte ordinandam „Inter oecumenici"*. Obgleich hier nicht unmittelbar auf die Bestimmungen des VI. Kapitels der Liturgiekonstitution eingegangen wird, enthält die Instructio dennoch etliche Aussagen, die für die weitere Entwicklung der Kirchenmusik Wichtigkeit besaßen: Die bedeutendste Neuerung war die Abschaffung des obligatorischen, vom Zelebranten zusätzlich zur gottesdienstlichen Musik zu lesenden privaten Gebetes der jeweils vertonten liturgischen Texte (Art. 32 und Art. 33).[269] Was das VI. Kapitel der Liturgiekonstitution gleichsam als theoretischen Entwurf vorgab, wenn es die Musik im Gottesdienst als notwendigen und integrierenden Bestandteil der Liturgie bezeichnete, fand nun mit der genannten Bestimmung der Instructio *„Inter oecumenici"* seinen stringenten Niederschlag für die liturgische Praxis. Allerdings galt diese Bestimmung zunächst nur dann, wenn den Vertonungen eine wörtliche, approbierte Übersetzung der lateinischen Liturgietexte zugrundelag. Dennoch war damit eines der wesentlichsten Merkmale abendländischer katholischer Klerusliturgie abgeschafft worden. Eine weitere kirchenmusikalisch belangvolle Weisung der Instructio war die an die Bischofskonferenzen gegebene Erlaubnis, auch bei der Missa in cantu, ja sogar beim Pontifikalamt, volkssprachliche Ordinariums- und Propriumsgesänge, volkssprachliche Lesungen und Fürbitten, volkssprachliche Dialog- und Grußformeln und das volkssprachliche Vaterunser zu gestatten (Art. 57). Konsequenterweise weist *„Inter oecumenici"* auch darauf hin, dass die Platzierung der Aufführenden gottesdienstlicher Musik im Kirchenraum so zu wählen sei, dass diese als Teil der versammelten Gemeinde in Erscheinung treten (Art. 97).

Die Instructio *„Inter oecumenici"* hatte ganz bewusst die Musik im Gottesdienst nicht in ihren Mittelpunkt gestellt, denn zum Zeitpunkt ihrer Publikation befand sich bereits eine eigene Kirchenmusikinstruktion in statu nascendi, die etwa ein Jahr später, nämlich am 05.03.1967, von der *Sacra Congregatio rituum* veröffentlicht wurde. In dieser *Instructio de musica in sacra Liturgia*, nach ihren Anfangsworten mit *„Musicam sacram"*[270] bezeichnet, wurde nun eine ganze Reihe praktischer Konsequenzen aus der Liturgiekonstitution gezogen, auf die im Folgenden

---

[268] Vgl. BUGNINI 72 sowie JASCHINSKI, Musica sacra oder Musik im Gottesdienst? 227-229.

[269] Auch die vom Vorbeter, Lektor oder Diakon vorgetragenen liturgischen Texte und Lesungen mussten fortan nicht mehr vom Zelebranten privatim gelesen werden, sofern sie in wörtlichen, approbierten Übersetzungen vorgetragen wurden.

[270] Die Instructio de musica in sacra Liturgia „Musicam sacram" wird im Folgenden mit *MS* abgekürzt.

näher eingegangen werden soll.[271] Die bedeutungsvollste Neu-Regelung der Instructio war die Erlaubnis zur gültigen Substitution von liturgischen Gesängen durch andere, womit der volkssprachliche Gemeindegesang ex nunc auch in der liturgischen Praxis nicht mehr nur als Beiwerk zur Liturgie, sondern selber als Liturgie galt.[272] Anstelle des lateinischen Ordinariums des Graduale Romanum oder deren wörtlichen Übersetzungen durften fortan auch Paraphrasen verwendet werden, sofern von den Bischofskonferenzen eine Approbation erteilt wurde. Den Ordinariumsparaphrasen wurde damit volle liturgische Gültigkeit zuerkannt. Substituiert werden dürfen mit In-Kraft-Treten der Instructio aber auch einige Gesänge des Propriums. Konkret bezieht sich hier die Erlaubnis auf den Introitus, das Offertorium und die Communio, außerdem auf den Schluss der Messe („ ... in fine Missae"). Bei den letztgenannten Teilen müssen nicht einmal Paraphrasen herangezogen werden, sondern es genügt, wenn die volkssprachlichen Messgesänge den Teilen der Messe, dem Fest und dem liturgischen Kalendarium entsprechen (Art. 32, Art. 36 und Art. 55). Weiterhin fällt auf, dass implizit die Klassifizierung zwischen Missa in cantu und Missa lecta aufgegeben wird, wenn gestattet wird, dass selbst in der Missa sollemnis und Missa cantata der Zelebrant sprechen, aber in der Missa lecta auch singen kann (Art. 8 und Art. 29). Zukunftsweisend war in Anknüpfung an SC, Art. 28 auch die Bestimmung, dass die *Funktionalität* bzw. *Funktionsgerechtigkeit*[273] jedes liturgischen Bestandteiles und Gesanges in Bezug auf das Gesamt der Messliturgie gewahrt werden müsse. Jene Bestandteile, die originär zum Singen bestimmt sind, sollen möglichst – in Abstimmung auf den Grad der Feierlichkeit – auch gesungen werden (Art. 6 und Art. 7). Ein mehrstimmiges Ordinarium mit oder ohne Instrumentalbegleitung ist nur gestattet „ ... unter der Voraussetzung, dass das Volk nicht gänzlich von der Teilnahme am Gesang ausgeschlossen wird." (Art. 34)[274]

Bezüglich der konkreten Substitution der liturgischen Gesänge durch andere gab es innerhalb der Bischofskonferenzen, deren Ermessen dieses Unterfangen anheim gegeben worden war, divergierende Standpunkte. Da aber die Anzahl derer, die eine möglichst große Nähe der Gemeindelieder zu den originären liturgischen Texten verlangten, gering war im Vergleich zu den Befürwortern einer Rücksichtnahme auf das bereits in den Gemeinden bestehende Repertoire an volkssprachlichen Gemeindeliedern, wurden die in den Diözesangesangbüchern vorhandenen Lieder und Gesänge pauschal approbiert.[275]

Mit den soeben behandelten, teilweise sehr konsequenzenreichen Bestimmun-

---

[271] Vgl. zum Entstehungsprozess von „*Musicam sacram*" ausführlich JASCHINSKI, Musica sacra oder Musik im Gottesdienst? 241-289.

[272] Vgl. GERHARDS, „Einheit in Vielfalt". Zum Stand der Liturgischen Erneuerung 30 Jahre nach dem Zweiten Vatikanischen Konzil 107.

[273] Der in der nachkonziliaren deutschen Kirchenmusikpraxis zunehmend verwendete Begriff der Funktionalität bzw. Funktionsgerechtigkeit wird in „Musicam sacram" folgendermaßen grundgelegt: „Genuina celebrationis liturgicae ordinatio ... postulat ... ut sensus et natura propria cuisque partis et cuisque cantus probe serventur." (Art. 6). Zitiert nach *AAS* 59 (1967) 107.

[274] Deutsche Übersetzung zitiert nach RENNINGS / KLÖCKENER (Rand-Nr. 766) 413.

[275] Vgl. etwa DEUTSCHE BISCHOFSKONFERENZ, Beschluß bezüglich muttersprachlicher liturgischer Gesänge in der Meßfeier (1967) 252-253 und ÖSTERREICHISCHE BISCHOFSKONFERENZ, Beschluß: Prozessionsgesänge (1967) 4/IV.

gen und Regelungen der Instructio „*Musicam sacram*" waren die zentralen Richtlinien der Konzilsdokumente auf die kirchenmusikalische Praxis übertragen worden. Seitdem gab es keine Verlautbarungen des Apostolischen Stuhles, die gegenüber „*Musicam sacram*" gravierendere Neuerungen gebracht hätten. Dennoch sollen in knapper Form noch jene kirchenamtlichen Publikationen der Folgezeit erwähnt werden, die Ergänzungen oder Vertiefungen zum Bestand der seitdem geltenden Bestimmungen beinhalten. Diesbezüglich erwähnenswert ist zweifellos die *Instructio altera ad exsecutionem Constitutionis de sacra Liturgia „Tres abhinc annos"*, deren Veröffentlichung vom 04.05.1967 datiert und die sich hauptsächlich mit Modifikationen des Ordo Missae befasst. Von den die Kirchenmusik betreffenden Weisungen seien folgende miteinander im Zusammenhang stehende Absätze herausgegriffen: Es wurde die Erlaubnis erteilt, das eucharistische Hochgebet laut und in der jeweiligen Muttersprache zu beten, womit – was den Konzilsvätern zu Beginn des Konzils noch gänzlich inakzeptabel erschienen war – es damit nun erstmals möglich war, die gesamte Messe in der Muttersprache zu feiern (Art. 28). Dabei eröffnete die Instructio die Möglichkeit, den Einsetzungsbericht mit Epiklese und Anamnese auch zu singen (Art. 10). Die nach dieser Entscheidung zunehmend häufigere Verwendung der muttersprachlichen Übersetzung des umfangreichen Canon Romanus machte zugleich deutlich, dass eine sensible sprachliche Modifikation im Sinne einer Anpassung an die lebendige, zeitgemäße Muttersprache dem inneren Mitvollzug durch die Gläubigen sehr förderlich wäre. Um den diesbezüglich in vielen Ländern schon aufkeimenden eigenmächtigen Initiativen zuvorzukommen, fasste das Consilium ad exsequendam Constitutionem de sacra Liturgia den Entschluss, die bereits seit längerer Zeit geplante Kanonreform in Angriff zu nehmen. Ein eigens eingesetzter Studienausschuss erarbeitete unter dem Gesichtspunkt einer gewissenhaften Beibehaltung der Kohärenz der römischen Messe drei zusätzlich zum alten Canon Romanus (fortan: *Prex eucharistica prima*) hinzutretende, für die Übersetzung in die jeweiligen Muttersprachen vorgesehene, Hochgebete (*Preces eucharistica secunda, tertia et quarta*) und Präfationen. Diese wurden nach ihrer Approbation am 23.05.1968 amtlich veröffentlicht.[276]

Am 06.04.1969 wurde schließlich der neue *Ordo missae*, der erste Teil des neuen römischen Messbuches, zusammen mit der *Institutio generalis Missalis Romani* bereitgestellt. Dieser erste Teil enthält Bestimmungen für die Auswahl der Gesänge zur Messfeier unter Berücksichtigung der Funktion der einzelnen Teile.[277] Am 25.05.1969 folgte der *Ordo Lectionum Missae*, der die neuen Perikopenverzeichnisse enthielt. Anstelle der Zwischengesänge des Graduale Romanum beinhaltet er eine ganz neue Zusammenstellung der Antwortpsalmen nach der Lesung und der Alleluja-Verse vor dem Evangelium. Das vollständige neue Missale Romanum (Editio typica) wurde am 26.03.1970 publiziert. Es enthält nur noch die Messtexte für den Zelebranten und den Ordo Missae.[278] Für die Singweisen ist ein Anhang vorhanden.

---

276 Vgl. WAGNER, Neue eucharistische Hochgebete 97-99.
277 Vgl. NIKOLASCH 193-208.
278 Zu Eröffnung und Kommunion sind überdies die Antiphonen angegeben, die der Zelebrant sprechen soll, wenn hier nicht gesungen wird.

Der Instructio altera ad executionem Constitutionis de sacra Liturgia folgte einige Jahre später, am 05.09.1970, noch die *Instructio tertia ad Constitutionem de sacra Liturgia recte exsequendam „Liturgicae instaurationes"*. Von erheblicher Bedeutung für die weitere kirchenmusikalische Entwicklung ist in dieser Verlautbarung zunächst vor allem die Bestimmung, dass zur Förderung des Volksgesanges auch neue Formen verwendet werden sollen, „ ... die der Eigenart der Völker und dem Empfinden des modernen Menschen entsprechen" (Art. 3c).[279] Es sollen weiterhin auch für Messfeiern mit besonderen Gruppen, wie etwa Messfeiern mit Kindern und Jugendlichen, eigene Gesangbücher herausgegeben werden. Die Anzahl der für den gottesdienstlichen Gebrauch potentiell verwendbaren Musikinstrumente soll nicht unbegrenzt sein. Kriterium der Auswahl ist zum einen, dass sie mit dem Ort sowie der inneren Einstellung der Gemeinde harmonieren und so die Frömmigkeit fördern, zum anderen, dass sie nicht zu viel Lärm verursachen (Art. 3c).

Der Pluralismus in der Rollenverteilung bei der Ausübung von Musik im Gottesdienst war das Anliegen der *Gemeinsamen Synode der Bistümer in der Bundesrepublik Deutschland* 1971-1975. In ihrem Beschluss vom 21.11.1975 erteilt sie die Weisung, dass der gottesdienstliche Gesang nicht ausschließlich durch die Gemeinde ausgeführt werden solle, sondern auch durch Liturgen, Kantoren, Sängergruppen und Chöre. Fortan sei dafür zu sorgen, dass in allen Gemeinden als Minimum ein Vorsänger (Kantor) vorhanden ist, nach Möglichkeit aber auch eine Vorsängergruppe (Chor oder Schola). Diese sollen ihren Dienst als Teil der Gemeinde nicht nur an Festtagen und nicht nur in der Eucharistiefeier ausüben. Auch die Instrumentalmusik (der Orgel und anderer für den Gottesdienst geeigneter Musikinstrumente) soll nicht eingeschränkt, sondern im Gegenteil nach Kräften gefördert werden (Kapitel 6, Art. 2)[280] Die restaurative Tendenz dieser Verlautbarung lässt sich dadurch erklären, dass angesichts gewisser Fehlauslegungen des Anliegens der Liturgiereform – nicht nur in der Kirchenmusik sondern auch in den anderen liturgischen Bereichen – dringend ein Korrektiv erforderlich wurde. Denn dass die Realisierung der Konzilsdekrete nicht problemlos verlaufen konnte, lag u.a. am Geist der 1960er- und ′70er-Jahre, einer Phase, die auch als „Zweite Aufklärung" oder „Kulturexplosion" bezeichnet wurde. Es entstand hierdurch vielerorts eine Diskrepanz zwischen dem, was das Konzil verkündet hatte und dem, was unter der ablenkenden Einwirkung anderer Faktoren realiter daraus wurde. Moderat-besonnenes Vorgehen wurde nicht selten durch progressistische Einseitigkeit übertönt, die es vorzog, sich auf den imaginären Begriff des „Geistes des Konzils" zu berufen, der dann oft für das undifferenzierte Abschaffen auch bewährter liturgischer Elemente missbraucht wurde.[281] Auf dem speziellen Gebiet der Musik im Gottesdienst war ja – völlig in Übereinstimmung mit den Verlautbarungen des Apostolischen Stuhles – die nachkonziliare Situation durch entschiedene

---

[279] Deutsche Übersetzung zitiert nach RENNINGS / KLÖCKENER (Rand-Nr. 2176) 954.
[280] Vgl. GEMEINSAME SYNODE DER BISTÜMER IN DER BUNSDESREPUBLIK DEUTSCHLAND 218.
[281] Vgl. VOLK 558 f. sowie ferner PROBST, Die Liturgiereform des II. Vatikanums – eine Reform gegen die Frömmigkeit? 234 f. und BAUMGARTNER 117 f.

Förderung des Volksgesanges, Ersatz der regelmäßigen lateinischen Ämter durch Messen in der Muttersprache und durch die freie Option für eine große Anzahl volkssprachlicher Gemeindegesänge gekennzeichnet. Diese Situation, die zunächst nicht explizit gegen den mehrstimmigen Chorgesang oder gregorianischen Scholagesang gerichtet war, sondern auch durchaus ein friedliches Nebeneinander zugelassen hätte, überspitzte sich vielerorts zunehmend zuungunsten der Sängergruppen. Denn man missdeutete die Bestimmungen der Liturgiereform vielfach als Legitimation zur gänzlichen Abschaffung des Chor- oder Scholagesanges. Dies führte innerhalb der betroffenen Pfarreien zu einer regelrechten Kampfsituation, die nicht selten eine Auflösung der Chöre (oder gegebenenfalls auch der Choralscholae) nach sich zog. Es wurde jedoch in wachsendem Maße erkannt, dass dies nicht die optimale Lösung für eine gemeindeorientierte Liturgie sein konnte: Der reine Volksgesang wurde bald als eintönig empfunden, das kirchenmusikalische Leben der Pfarreien verlor an künstlerischer Substanz und Profil. Deshalb sah sich die Synode der Bistümer in der Bundesrepublik Deutschland veranlasst, einen Impuls zu setzen, der einer Einebnung der kirchenmusikalischen Landschaft entgegenwirken sollte. Der Impuls wurde in der Tat aufgenommen und führte wieder zu einem erkennbaren Bestreben, durch Mehrstimmigkeit und Instrumentalmusik eine größere Feierlichkeit des Gottesdienstes zu erreichen.[282] Eine gewisse Spannung zwischen dem Bedürfnis nach Gemeindebeteiligung einerseits und dem Interesse von Kirchenmusikern, Chören und Instrumentalisten an einer anspruchsvolleren mehrstimmigen Gestaltung der Liturgie andererseits ist indes bis heute geblieben. Dieser Problematik wird sich das dritte große Kapitel der vorliegenden Publikation ausführlich widmen.[283]

Die am 17.04.1980 von der *Sacra Congregatio pro cultu divino* veröffentlichte *Instructio de quibusdam normis circa cultum mysterii eucharistici „Inaestimabile donum*“ brachte gegenüber der rund zehn Jahre älteren Instructio tertia nichts wesentlich Neues, sondern rief gültige Bestimmungen ins Gedächtnis. Für die Kirchenmusik ist nur eine Stelle, nämlich Nummer 6, bedeutsam. Sie wendet sich gegen die noch immer verbreitete Gepflogenheit, das Hochgebet zu übersingen und schärft – mit Verweis auf die AEM, n. 12 – ein, dass der Zelebrant den Canon missae vollständig laut vorzutragen habe.

Eine weitere wichtige Verlautbarung des Apostolischen Stuhles zu Fragen der Kirchenmusik, die unsere hier betriebene Erörterung zumindest teilweise tangiert, ist das am 05.11.1987 von der *Sacra Congregatio pro cultu divino* an die Vorsitzenden der Bischofskonferenzen und nationalen Liturgiekommissionen gesandte Rundschreiben („Epistula“) „*De concentibus in ecclesiis*“ (in der italienischen Fassung: „*Concerti nelle chiese*“). Es erhielt mit seiner Publikation am 05.12.1987 Rechtsnorm. Obwohl sich diese Erklärung hauptsätzlich mit der außerliturgischen Darbietung sakraler Musik beschäftigt, wird an einer Stelle auch auf die gottesdienstliche Musica sacra bezug genommen. Die dort geäußerte Direktive besagt,

---

282 Vgl. HARNONCOURT, Katholische Kirchenmusik vom Cäcilianismus bis zur Gegenwart 131 f.

283 Siehe hierzu Kapitel 3 der vorliegenden Arbeit „Das Problem der Vereinbarkeit“.

dass vorkonziliare Kirchenmusik, welche gegen das Actuosa-participatio-Postulat verstößt, nicht mehr innerhalb der Liturgie, sondern nur noch in kirchenmusikalischen Konzerten dargeboten werden solle – eine Problematik, die in unserer Abhandlung erst an späterer Stelle ausführlicher diskutiert wird.[284] Eine weitere Aussage der Verlautbarung zielt auf die Qualität der liturgischen Orgelmusik. Hier wird ausdrücklich der Wunsch nach mehr Professionalität geäußert. Nach der Erklärung sollen an allen (!) Kirchen, vor allem aber an den bedeutenderen, ausgebildete Musiker zur Verfügung stehen. Auch auf die Qualität der Instrumente soll geachtet werden, wobei den historischen Exemplaren eine besondere Sorge zu gelten hat. Der Rest des Dokumentes widmet sich den Einzelbestimmungen zu außerliturgischen Konzerten in Kirchenräumen.[285] Da diese im gegebenen Zusammenhang nicht von unmittelbarer Relevanz sind, soll nicht näher darauf eingegangen werden.

Da zum Publikationstermin der vorliegenden Monographie die *Institutio generalis* der *Editio typica tertia Missalis Romani ex decreto Sacrosancti Oecumenici Concilii Vaticani II instauratum* noch nicht in Kraft getreten war, sondern lediglich in vorläufiger Fassung vorlag, konnten bezüglich deren Artikel über die Ordinariumsgesänge (insbesondere nn. 53 et 366) hier noch keine verbindlichen Aussagen erfolgen. Man darf jedoch davon ausgehen, dass das dort ausgesprochene Verbot der Substituierung der Ordinariumsgesänge durch andere Gesänge zumindest im deutschsprachigen Raum nicht mit einem generellen Verbot volkssprachlicher Ordinariumsparaphrasen gleichzusetzen ist, sofern Letztere die Grundstruktur und die Kernaussagen des jeweiligen lateinischen Originals angemessen wiedergeben. Auch bei früheren ähnlich gearteten Bestimmungen wurde stets die *Legitima traditio* des deutschsprachigen Raumes zugunsten volkssprachlicher Ordinariumsparaphrasen anerkannt und in der AEM entsprechend berücksichtigt.

Hiermit sei unser schlaglichtartiger Überblick über die nachkonziliare Liturgiereform unter dem Blickwinkel ihrer kirchenmusikalischen Relevanz in Verbindung mit unserer zentralen Themenstellung beendet. Es wurde aufgezeigt, wie die pastoraltheologisch motivierten generellen Reformbestimmungen der Liturgiekonstitution „*Sacrosanctum Concilium*", die *actuosa participatio*, die *Rollenverteilung* und der *weitere Raum für die Landessprache* im weiteren Verlauf der Liturgiereform u.a. in den genannten kirchenamtlichen Dokumenten in concreto entfaltet und für die Praxis fruchtbar gemacht wurden. Zugleich wurde deutlich, dass es *die* erneuerte Liturgie im Sinne einer monolithischen starren Größe niemals gegeben hat und niemals geben wird, sondern dass Liturgie als liturgia semper reformanda immer eine Liturgie im Werden ist.[286] Weil sie das ist, kann sie auch nicht ausschließlich aus traditionellen oder ausschließlich aus neuen Elementen bestehen – sie wird beides letztlich immer als spannungsvolle Polarität aushalten müssen, um

---

284 Die Diskussion dieser Frage erfolgt in Kapitel 3 „Das Problem der Vereinbarkeit".

285 Es wird beispielsweise vorgeschrieben, dass in Kirchenräumen grundsätzlich nur religiöse Musik aufgeführt werden darf, dass für jedes Konzert in einem Kirchenraum der Ortsordinarius seine Zustimmunge geben muss und dass kein Eintritt verlangt werden darf (Art. 8, Art. 9, Art. 10).

286 Vgl. etwa GERHARDS, Koinonia (Communio) und die Gestalt einer Liturgie im Werden 110.

nicht zum rubrizistischen Regelwerk des „tötenden Buchstabens“ (2 Kor 3,6) zu degenerieren. Dass der Rekurs auf diese Erkenntnis gerade im heutigen musikliturgischen Umgang mit traditionellen mehrstimmigen Messen indispensabel ist, wird das Methodologie-Kapitel dieser Monographie (Kapitel 4 „Die Methode der doppelten Werkkontextualisierung, aufgewiesen am Beispiel der traditionellen mehrstimmigen Messe. Ein Lösungsangebot“) deutlich machen.

2.3.4 Die Interpreten/Interpretinnen und Rezipienten/Rezipientinnen der traditionellen mehrstimmigen Messe im Licht der erneuerten Liturgie

Nachstehend gilt es, basierend auf den Ergebnissen der vorangegangenen Kapitel, zu untersuchen, in welchem Wirkungs- und Beziehungskonnex sich die mehrstimmige Messe *heute,* d.h. *in der erneuerten Liturgie* befindet. Hierbei treten eindeutig drei feststehende Größen in den Vordergrund, die sich bei der liturgischen „Aufführung“ von traditionellen mehrstimmigen Messen in einer interpersonalen Relation befinden: Die Gemeinde, der Chor, die Instrumentalisten und Instrumentalistinnen; *die Gemeinde* als die zur actuosa participatio aufgerufene Rezipientin der mehrstimmigen Messe, *der Chor* als institutionell in der Gemeinde verwurzelter traditioneller Hauptträger der „Aufführung“ mehrstimmigen Messe und musikalischer Vertreter der Gemeinde, *die Instrumentalisten und Instrumentalistinnen* als meist aus dem außerkirchlichen Bereich hinzugezogene und nicht eindeutig in der kirchlichen Tradition verankerte Ausführende der mehrstimmigen Messe, die gegenüber dem Chor begleitende Funktion haben. Obgleich das Messenrepertoire ab dem 17. Jahrhundert auch Gesangssolisten vorsieht und diese in manchen mehrstimmigen Messen auch einen wichtigen Part ausführen, sollen sie trotzdem in den Ausführungen dieses Kapitels noch nicht berücksichtigt werden. Der Grund für diese Entscheidung liegt vor allem darin, dass ihre liturgische Rolle – ungeachtet der überaus berechtigten Frage, ob bei den Gesangssolisten ein Bewusstsein für ihre gottesdienstliche Funktion vorhanden ist oder nicht – derjenigen des Chores im Grunde gleichkommt. Aufgrund der gezielten Knappheit der folgenden Ausführungen erfolgt daher keine Differenzierung zwischen liturgischem Chor- und Sologesang. Wir wollen uns mithin nur den drei Größen Gemeinde, Chor und Instrumentalist/-in in drei konzisen Abschnitten zuwenden. Dabei erfolgt ganz bewusst noch keine Problematisierung – dieser Schritt ist dem dritten großen Kapitel vorbehalten. Die Funktion der drei Abschnitte ist es vielmehr, die zuvor weitgehend chronologisch dargelegten Wesensmerkmale der erneuerten Liturgie nun systematisch zu ordnen, indem sie auf die drei Bezugsgrößen der mehrstimmigen Messe angewandt werden.

2.3.4.1 Die Gemeinde

Zunächst gilt unser Augenmerk der Gemeinde. Sie ist für unsere Themenstellung insofern von erheblicher Relevanz, als sie die *Rezipientin* der mehrstimmigen Messe ist. Die geschichtlichen Fakten zur Stellung der Gemeinde in der Eucharistiefeier wurden in den vorangegangenen Kapiteln, insbesondere in den Kapiteln 1.2.3 „Die fünf Teile des Ordinarium missae unter besonderer Berücksichtigung ihrer historischen Entwicklung zwischen Gemeinde- und Klerusliturgie" sowie in den Kapiteln 2.1 bis 2.3, die sich mit der Liturgichen Erneuerung des 18.-20. Jahrhunderts befassten, bereits einlässlich erläutert. Hier geht es folglich nur noch einmal um eine komprimierte Zusammenfassung dessen, was „erneuerte Liturgie" für den Konnex „Gemeinde und Musik im Gottesdienst" bedeutet.

Wie bereits dargelegt, stand es von kirchenamtlicher Seite aus bis in die erste Hälfte des 20. Jahrhunderts hinein außer Frage, dass die aktive Teilnahme der Gemeinde für das Gelingen eines Gottesdienstes überflüssig war. Wir haben gesehen, dass es die Liturgiereform war, die die Gemeinde „ ... endgültig aus ihrem liturgischen Dornröschenschlaf erweckt[e]."[287] Die für den Konnex „Gemeinde und Musik im Gottesdienst" relevanteste Aussage der Liturgiekonstitution „*Sacrosanctum Concilium*" sei hier noch einmal wiederholt: Man möge „ ... eifrig dafür Sorge tragen, daß in jeder liturgischen Feier mit Gesang die gesamte Gemeinde der Gläubigen die ihr zukommende tätige Teilnahme auch zu leisten vermag"[288] (SC, Art. 114). War es früher so, dass Gemeindegesang nur dann geduldet wurde, wenn kein Chor vorhanden war, der den Gottesdienst in wirklich feierlicher Form „umrahmen" konnte, so ist heute das Verhältnis genau umgekehrt: „Alle besonderen kirchenmusikalischen Dienste haben eine Grundaufgabe gemeinsam: den Dienst am Gesang der Gemeinde, der das Fundament der Kirchenmusik bildet."[289] In der Instructio „*Musicam sacram*" (1967) heißt es: „Nichts ist feierlicher und schöner in den heiligen Feiern, als wenn eine ganze Gemeinde ihren Glauben und ihre Frömmigkeit *singend* ausdrückt" (MS, Art. 16).[290] Dem gesungenen Wort ist also nach Möglichkeit der Vorzug vor dem rezitierten Wort zu geben. Die sich solchermaßen im Gemeindegesang äußernde tätige Teilnahme des *ganzen* Volkes umfasst die Lieder, Hymnen, Responsorien, Antiphonen, Psalmen und Kehrverse, sowie die vertonten festen Sprechsequenzen wie Akklamationen und Formeln[291]. Das volkssprachliche Kirchenlied gilt seit der Liturgiereform des Zweiten Vatikanischen Konzils auch kirchenamtlich als „Messgesang" und nicht mehr „Gesang zur Messe". Das volkssprachliche Kirchenlied ist *vollgültiger liturgischer Akt.*

Da die irdische Liturgie in ihren tiefsten Dimensionen vorauskostendes Teilnehmen an der himmlischen Liturgie bedeutet (SC, Art. 8), die ewig und entgrenzt ist, sollte diesem Aspekt u.a. auch in einem potentiellen Pluralismus der liturgischen „Rollenausübung" entsprochen werden, dessen praktische Umsetzung freilich von Fall zu Fall unterschiedlich auszusehen hat. Zunächst einmal muss betont werden, dass *alle* zur gottesdienstlichen Feier Versammelten *Gemeinde* sind; eine Unterscheidung zwischen Publikum und Ausführenden gibt es nicht. Gleichwohl

---

287 LÖSCHBERGER 248.

288 Deutsche Übersetzung zitiert nach LTHK-SONDERBAND „Das Zweite Vatikanische Konzil. Konstitutionen, Dekrete, Erklärungen (lat./dt.) und Kommentare" Bd. 1 97.

289 HARNONCOURT, Gesang und Musik im Gottesdienst (in: Liturgie im Fernkurs) 78.

290 Zitiert nach RENNINGS / KLÖCKENER (Rand-Nr. 748) 409 (Kursivsetzung: Jakob Johannes Koch).

291 Vgl. HÄUSSLING, Akklamationen und Formeln 220 sowie ferner WIESLI, „Darum singen wir ...". Verstummt der Gesang am Altar? 129.

ist sie eine horizontal *gegliederte* Versammlung, d.h. jeder Gottesdienst hat seine ihm entsprechende Rollenverteilung (siehe auch SC, Art. 28).[292] Ohne diese wäre er eindimensional und „dramaturgisch" leblos. Auf den gottesdienstlichen Gesang übertragen meint das Prinzip der Rollenverteilung, dass die Gemeinde Personen braucht, die einen *Dienst am Gesang* ausüben (Chor, Schola, Instrumentalisten, Kantor etc.). In der Regel geschieht dies durch Singen *mit der Gemeinde*, kann aber bei der Verwendung von Kunstgesang durchaus auch durch Singen *für die Gemeinde* (d.h. *stellvertretendes* Singen) erfolgen. Liturgietheologisch gesehen ist die Gemeinde aber auch in diesem letzgenannten Fall kein Publikum, sondern bleibt immer noch feiernde Gemeinde. Wenn diese Alternation mit anderen Rollenträgern im wechselseitigen Aufeinander-Eingehen und dialogischen Respektieren erfolgt, kann sie sogar eine Chance bergen: Die Wirkung der gegenseitigen Auferbauung.[293] Erfolgt das stellvertretende Singen beispielsweise durch einen Chor, dann „ ... verleiht [die Gemeinde] dem Chor ... ihre Stimme, damit die größtmögliche künstlerische Ausdruckskraft des Menschen im Dialog zwischen Gott und Mensch zur Sprache kommen kann."[294]

Der Pluralismus verschiedener liturgischer Rollen ist nicht nur ein Angebot an die Gemeinde, sondern bedeutet für sie Verpflichtung und Übernahme von Verantwortung: Für die Ermöglichung eines funktionsgemäßen und „dramaturgisch" sinnvollen Mitvollzuges im Sinne der *actuosa participatio* muss es die Gemeinde etwa als ihre Aufgabe ansehen, auch neue Lieder zu lernen. Sie muss überdies dafür Sorge tragen, dass die in der Gemeinde dazu Befähigten ihr besonderes musikalisches Charisma auch wirklich entfalten können, indem sie den Dienst eines Kantors oder Chorsängers ausüben. Eine solche *Aufgabenteilung* und Einbeziehung aller möglichen Ausdrucksformen des Menschen sind für eine lebendige Messfeier unabdingbar. Wünschenswert ist indes gerade bei diesen liturgischen Aufgaben, dass die Motivation hierzu intrinsisch ist, also von der Gemeinde selbst ausgeht, damit die Bemühung um Lebendigkeit der Gestaltung kein Lippenbekenntnis bleibt, sondern wirklich fruchtbar werden kann.

2.3.4.2 Der Chor

Der Chor vollführt den Hauptpart bei der liturgischen „Aufführung" traditioneller mehrstimmiger Messen. Zwar kann er auch mit Instrumentalisten und Instrumentalistinnen zusammenwirken, hat ihnen gegenüber aber stets eine Vorrangstellung inne, da er die musikalische Ganzheit des Werkes, bestehend aus Melodik, Rhythmik und Harmonik durch die Vertonung der verbalen Textaussage des Ordinariumstextes – das eigentliche Movens einer wortorientierten mehrstimmigen Messe – krönt. Um angemessen das Problem der Vereinbarkeit von traditioneller

---

[292] Vgl. etwa HARNONCOURT, Liturgie und Gemeinde 13 oder DUFFRER 77.

[293] Vgl. HARNONCOURT, Gemeindegesang im christlichen Gottesdienst. Thesen zu seiner Geschichte und Theologie 57 und HARNONCOURT, So sie's nicht singen, so gleuben sie's nicht. Singen im Gottesdienst als Ausdruck des Glaubens oder liturgische Zumutung? 163.

[294] LÖSCHBERGER 253.

mehrstimmiger Messe und erneuerter Liturgie diskutieren zu können, ist es von erheblicher Notwendigkeit, sich von der Stellung des Chores in der erneuerten Liturgie und in der Gemeinde ein Bild zu machen. Im Folgenden sei daher das Wirkungsfeld und das Wesen des Chores kurz beleuchtet.

Im Rahmen der Auseinandersetzung mit dem Ordinarium in Kapitel 1.2.3 „Die fünf Teile des Ordinarium missae unter besonderer Berücksichtigung ihrer historischen Entwicklung zwischen Gemeinde- und Klerusliturgie" kam bereits ein wesentlicher Bestandteil der geschichtlichen Entwicklung des Chores zur Sprache: Seit dem Frühmittelalter ist *chorus* ausschließlich die Bezeichnung für die sich aus der Gemeinde heraushebende Gruppe der Kleriker, die im Gottesdienst gemeinsam mit der ebenfalls aus Klerikern bestehenden Schola cantorum die musikalische Ausführung aller Vertonungen liturgischer Texte übernahm. Die Kompositionen der frühen Mehrstimmigkeit (9./10. Jahrhundert) stellten gesangstechnisch noch nicht allzu hohe Anforderungen und konnten von den herkömmlichen Chori bewältigt werden. Im Laufe des 12. Jahrhunderts wurden jedoch die mehrstimmigen Kompositionen anspruchsvoller. Besonders die Oberstimmen verlangten einen immer größeren stimmlichen Ambitus mit einer zunehmend höheren Tessitura, wofür die Möglichkeiten einer gewöhnlichen männlichen Stimme nicht mehr ausreichten. Für die hohen Stimmlagen mussten mithin Knabenstimmen, Kastraten und die nur selten vorkommenden Countertenöre (Alti) herangezogen werden.[295] Damit war es erforderlich geworden, den liturgischen Dienst des Chorgesanges auch auf Christgläubige ohne klerikale Weihen (Knaben ab dem achten Lebensjahr, Jungmänner und Männer) zu übertragen. Da aber von den kirchenamtlichen Bestimmungen her der chorus auch weiterhin grundsätzlich als liturgische Aufgabe des Klerus angesehen wurde, galt die Beteiligung von Christgläubigen ohne klerikale Weihen immer als Ausnahmefall und die ausgewählten nichtklerikalen Sänger hatten nur den Status von Stellvertretern des Klerus inne. Die Voraussetzung dafür war, dass sie diesen Dienst offiziell übertragen bekamen und die vorgeschriebenen Rubriken und Formen einhielten.[296] Die Stellvertretung bezog sich allerdings nur auf die mehrstimmigen Kompositionen, nicht auf den Cantus gregorianus, der weiterhin nur von Klerikern und Mönchen gesungen werden durfte. Circa ab der Mitte des 18. Jahrhunderts wurden Sopran und Alt erstmals mit Frauenstimmen besetzt, was vom Apostolischen Stuhl mehr oder weniger stillschweigend geduldet wurde.[297] Obgleich das Dekret „*De lucis electricae usu, et de cantu mulierum in ecclesiis*" der Ritenkongregation vom 17.01.1908 schließlich offiziell erlaubte, dass, wenn ein reiner Knaben- oder Männerchor aus praktischen Gründen nicht gebildet werden kann, auch ein gemischter Chor oder sogar ein reiner Mädchen-/Frauenchor im Gottesdienst singen dürfe, wird dabei doch eingeschärft, dass dies nur im schwer wiegenden, vom Ortsordinarius festzu-

---

[295] Aufgrund der frauenfeindlichen mittelalterlichen Theologie waren insbesondere in der Messe den Frauen jegliche Möglichkeiten der Übernahme liturgischer Dienste verwehrt.

[296] Ab 1555 mussten gemäß päpstlichem Erlass in der Capella Sistina auch die nicht dem Klerus angehörenden Sänger unverheiratet sein.

[297] Vgl. KLÖCKNER, Art. Chor II. Musikalisch 1083 und EGGEBRECHT 244 f.

stellenden Ausnahmefall geschehen dürfe, ansonsten aber verboten sei. Diese Weisung wurde noch im Jahre 1958 in Art. 100 der Instruktion „*De Musica sacra et sacra Liturgia*" der Ritenkongregation erneut bekräftigt, mit dem Zusatz, dass bei der Beteiligung von Frauen und/oder Mädchen der Chor nicht im Presbyterium oder vor der Kommunionbank Aufstellung nehmen solle. Außerdem wurde den Chorsängerinnen nach wie vor die liturgische Gültigkeit ihres Tuns aberkannt (Art. 93 c). Dass man von kirchenamtlicher Seite aus nun, da man – zunächst nur auf den Ausnahmefall bezogen – offiziell Männern und Frauen im liturgischen Chorgesang ein objektiv gleiches Tun gestattete, dem Gesang der Männer Liturgizität zuerkannte, dem Gesang der Frauen aber nicht, war nicht nur absurd, sondern bedeutete auch eine eklatante Abqualifizierung der Frau. Diese Auffassung wird in SC, Art. 29 überwunden. Dort wird den entsprechenden gottesdienstlichen Handlungen *aller* damit betrauter römisch-katholischen Christgläubigen ohne klerikale Weihen – die Mitglieder von Kirchenchören werden hier ad verbum genannt – volle Liturgizität zuerkannt, wobei die Frauen nicht ausgeschlossen werden.[298] Explizit wird den Chorsängerinnen die liturgische Gültigkeit ihres Handelns in MS, Art. 22 zuerkannt. Der Chor ist damit nicht mehr Ersatz für die Kleriker, sondern ist den Klerikern in der Liturgie vollwertig nebengeordnet. Eine Folge dieses Auffassungswandels war wie gesagt auch, dass der Priester während der gottesdienstlichen „Aufführung" einer mehrstimmigen Messe die Ordinariumstexte nicht mehr privatim am Altar beten muss, da sie durch den Chor ebenso gültig vollzogen sind.[299]

Wie bereits unter 2.3.4.1 (Die Gemeinde) referiert, sieht „*Sacrosanctum Concilium*" das Singen im Gottesdienst als die wichtigste Form der tätigen Teilnahme der versammelten Gemeinde an der Liturgie an. Nun gehört das Singen zu den liturgischen Vorgängen, die die gemeindliche Versammlung zwar leisten kann und im Regelfall auch selbst leistet, die sie aber zu besonderen Anlässen in Formen ausgeführt haben möchte, die nur eine speziell dafür geeignete Gruppe bewältigen kann.[300] Zu diesen besonderen Formen gehört die Vokalpolyphonie, die im VI. Kapitel von „*Sacrosanctum Concilium*" (SC, Art. 116) als besondere Form neben dem homophonen Choral genannt wird. Sie darf als künstlerische Hochform insbesondere bei herausgehobenen Anlässen keinesfalls im Gottesdienst fehlen, kann aber von der ganzen Gemeinde ganz sicher nicht ausgeführt werden.[301] Der Vokalpolyphonie widmet sich daher eine Gruppe von musikalisch begabten Gemeindemitgliedern, die sich in einem (Kirchen-)Chor zusammenfinden, um durch die Musik ihren Glauben zu bezeugen und einen spezifischen Dienst für die Gemeinde zu übernehmen.

Der Chor ist institutionell und wesenhaft in der Gemeinde verwurzelt. Wie bereits erwähnt, soll daher auch gemäß kirchenamtlicher Weisung darauf geachtet

---

[298] Vgl. RAHNER / VORGRIMLER 41 und HUCKE, Die Kirchenmusik in der Liturgiekonstitution des 2. Vatikanischen Konzils 11.
[299] Vgl. etwa POMELLA 71.
[300] Vgl. ähnlich PACIK, Entwicklungen und Tendenzen in der Kirchenmusik 287.
[301] Vgl. HARNONCOURT, Gesang und Musik im Gottesdienst (in: Schützeichel [Hg.], Die Messe) 17.

werden, dass die Chorsänger und -sängerinnen in der Liturgie auch räumlich so platziert werden, dass sie als Teil der versammelten gottesdienstlichen Gemeinschaft in Erscheinung treten.[302] Grundsätzlich soll sich der Chor aber an allen drei Grundelementen gemeindlichen Lebens gleichermaßen beteiligen, welche da sind: λειτουργία (Gottesdienst - den Glauben feiern), μαρτυρία (Verkündigung - den Glauben weitergeben) und διακονία (Geschwisterdienst - den Glauben tun)[303]. Vorrangiger Ort seiner Tätigkeit bleibt selbtverständlich der Gottesdienst. In der Liturgiekonstitution SC, Art. 29 heißt es dazu wörtlich: „Die Mitglieder der Kirchenchöre vollziehen einen wahrhaft liturgischen Dienst ['vero ministerio liturgico funguntur']."[304]

In der Liturgie nimmt der Chor zwei Aufgaben wahr, nämlich zum einen die innere und zum anderen die äußere tätige Teilnahme der Gemeinde (actuosa participatio) zu fördern, indem er den Gemeindegesang unterstützt oder auch stellvertretend für die Gemeinde singt. Solchermaßen hat der Chor teil am Verkündigungsauftrag der Kirche: Texte des Glaubens werden durch ihn mit den Mitteln der Musik gedeutet, erläutert und vertieft, um auf diese Weise die Gemeinde in ihrem Glauben zu bestärken, ihrer Freude und Betroffenheit Ausdruck zu geben und ihre Einheit zu fördern. Damit besitzt der Dienst des Chores auch eine soziale Dimension, da er nicht für sich selbst singt, sondern für die Gemeinde.[305] Das „Ausdeuten mit den Mitteln der Musik" erschöpft sich nicht etwa in der Ausführung eines mehrstimmigen Ordinariums, das ja zumindest textlich keinen Bezug auf den Eigencharakter des jeweiligen Gottesdienstes nimmt. Funktionsgerechter Chorgesang bedeutet darüber hinaus, dass der Chor die besonders charakteristischen, zentralen Texte des Tages musikalisch hervorhebt. Er kann so die Gemeinde in die Grundaussage des Tages oder der Kirchenjahreszeit einführen.[306] Funktionsgerechtigkeit bedeutet für den Chor aber auch, dass die Chorinterventionen mit der je eigenen Dynamik der liturgischen Handlung harmonieren bzw. dass der Chor sich in die liturgische Handlung mit großer Aufmerksamkeit und Sensibilität einordnet.[307] Die oberste Maxime jedes einzelnen Chorsängers und jeder einzelnen Chorsängerin muss indes immer die Wahrhaftigkeit der Interpretation, d.h. die Verinnerlichung des Textes und des Verkündigungsanliegens der Musik sein. Dies gilt auch und gerade in Bezug auf die traditionellen mehrstimmigen Messen. Ein Weg, wie dieses Desiderat in die Realität umgesetzt werden kann, wird in Kapitel 6 aufgezeigt.

---

[302] So bereits in "*Inter Oecumenici*", Art. 97, aber auch in der AEM, nn. 63 und 274.
[303] Die genannten drei pastoralliturgischen Grundaufgaben sind zugleich auch die Leitmotive der Liturgiereform. Vgl. hierzu RICHTER, Die erneuerte Liturgie im Horizont der Fragestellung Romano Guardinis nach der Liturgiefähigkeit des Menschen von heute 150 f.
[304] Deutsche Übersetzung zitiert nach LTHK-SONDERBAND „Das Zweite Vatikanische Konzil. Konstitutionen, Dekrete, Erklärungen (lat./dt.) und Kommentare" Bd. 1 36.
[305] Vgl. SCHÜTZEICHEL, Chor 290 und BRETSCHNEIDER, Der Kirchenchor in der Liturgie 19*.
[306] Vgl. NIKLAUS 156 f.
[307] Vgl. HAMELINE 115.

2.3.4.3 Der Instrumentalist/ Die Instrumentalistin

Innerhalb des thematischen Komplexes der mehrstimmigen Messen nehmen die Instrumentalisten und Instrumentalistinnen eine Sonderstellung ein, was nachfolgend noch näher zu explizieren sein wird. Der liturgische Dienst des Organisten wird in diesem Kapitel absichtlich ausgeklammert. Obgleich in vielen zyklischen Ordinariumsvertonungen eine Orgel als *konzertierende Orgel* oder *Alternatimpart* obligat ist, besitzt dieser im Vergleich zu den übrigen mannigfachen Aufgabenfeldern liturgischen Orgelspiels[308] verhältnismäßig nebensächliche Bereich für unsere Themenstellung keine Relevanz. Unser Blick soll vielmehr den anderen Instrumentalisten und Instrumentalistinnen gelten, die im Gegensatz zu Organist und Chor meistens nicht institutionell in der Gemeinde bzw. in der Pfarrei verwurzelt sind. Es ist eher Zufall, wenn solche Instrumentalisten und Instrumentalistinnen sog. praktizierende Christen sind und aufgrund eigener Glaubensüberzeugung an der Liturgie der Messfeier innerlich aktiv teilnehmen. Zumindest ist es – anders als beim Kirchenchor – nicht die Regel. Instrumentalisten und Instrumentalistinnen werden mithin zu besonderen Anlässen, wie der musikalischen Gestaltung von Hochfesten, Festen oder Pontifikalämtern hinzugezogen bzw. meist aus dem außerkirchlichen Bereich in die bestehende Kirchenmusikpraxis einer Kirchengemeinde/Pfarrei „importiert". Sie sind auch oft – besonders im städtischen Bereich – professionelle Ausübende mit einem speziellen Berufsethos, dessen Kompatibilität mit liturgischen wie spirituellen Intentionen gelegentlich problematisch sein kann. Hieraus ergibt sich ein umfangreiches und vielschichtiges Problemfeld, dessen Erörterung gleichwohl erst weiter hinten erfolgen soll.[309] Die Gründe für das nicht immer entspannte Verhältnis von Kirchenamt und liturgischer Instrumentalmusik erklären sich im Wesentlichen durch die einschlägige Historie. Ein skizzenhafter, komprimierter Überblick vermag in Bezug auf die angedeutete Problematik überaus erhellend zu sein.

Die Instrumentalmusik war in den ersten Jahrhunderten im christlichen Gottesdienst verpönt. Dies rührte wohl daher, dass sich die christliche Kirche dezidiert von der paganen, aber auch von der jüdischen Musikpraxis lösen wollte, in der Instrumentalmusik einen zentralen Ort innehatte. Zum anderen war man der Meinung, dass instrumentale Musik gemessen am höchsten musikalischen Ideal des menschlichen Gesanges generell einen gewissen Verfall des Musizierens bedeute, vor dem man den christlichen Gottesdienst bewahren wollte.[310] Diese abwertende und negative Haltung der jungen christlichen Kirche spiegelt sich anschaulich in den einschlägigen Texten der Kirchenväter wider. So schreibt z.B. *Aurelius Augustinus* (354-430) in seinem Kommentar des 41. Psalms: „Wenn die Leute hier ihre ausschweifenden Feste feiern, stellen sie gewöhnlich vor dem Haus Musikinstrumente (organa) auf oder bestellen eine Musikkapelle (symphoniacos) oder was

---

[308] Die Aufgaben des Organisten in der Liturgie sind vor allem: Führung und Begeitung des Gemeindegesangs, Führung und Begeitung des Kantors und der Schola, Solistisches Orgelspiel in Form von Improvisation, freier Orgel-Literatur, choralgebundener Literatur.

[309] Siehe hierzu Kapitel 3 „Das Problem der Vereinbarkeit".

[310] Vgl. SCHNEIDER, "Lobt Gott mit Flöten und Saitenspiel". Instrumentalmusik in der Liturgie 89 sowie GERHARDS, Lobt Gott mit Flöten und Saitenspiel 97.

sonst geeignet ist, der *Zügellosigkeit* zu dienen und dazu anzureizen (vel quaeque musica ad luxuriam servientia et illicentia).“[311] Auch *Thomas von Aquin* (wohl 1225-1274) spricht mit einer gewissen Verächtlichkeit von der instrumentalen Musik im Hinblick auf eine liturgische Verwendung: „Solche Instrumente (sc. „fistula“, „cithara“, „aliquod aliud artificiale organum“) nämlich bereiten mehr sinnliches Ergötzen, als dass durch sie eine ernste innere Verfassung geformt würde.“[312] Die Verachtung des instrumentalen Musizierens führte zu der nachgerade grotesken Situation, dass man die alttestamentlichen Psalmen ausgiebig sang, jedoch deren eindeutige Hinweise auf instrumentale Begleitung (beispielsweise im 150. Psalm) in einem allegorischen Sinne zu deuten versuchte. Heute lässt sich eindeutig historisch verifizieren, dass die Psalmen in der jüdischen Vortragstradition ohne instrumentale Begleitung undenkbar waren. Mit dem Aufkommen der Polyphonie waren in den Gottesdiensten trotz kirchenamtlichen Widerstandes auch Musikinstrumente anzutreffen. Obgleich die kirchliche Autorität diese schließlich grundsätzlich duldete, wurden zugleich durch strenge Restriktionen der Römischen Kurie – in Sonderheit im 17. und 18. Jahrhundert – vermeintlich heidnisch-profane oder „bacchantische“ Instrumente, wie Pauken, Trommeln aller Form und Größe, Pfeifen, Jagdhörner, Kastagnetten, Schellen etc. für die katholische Liturgie verboten.[313] Die kirchenmusikalische Restauration des 19. Jahrhunderts (vornehmlich des Caecilianismus[314]), welche wieder die altklassische Vokalpolyphonie zum Stilideal erhob, verschärfte die kirchenamtliche Ablehnung eines liturgischen Einsatzes von Musikinstrumenten noch einmal erheblich. Selbst zu Beginn des 20. Jahrhunderts war der Apostolische Stuhl noch dringlich darauf bedacht, dass die gottesdienstliche Instrumentalmusik deutlich von jeder auch noch so geringfügigen weltlichen Stilorientierung[315] fern gehalten werde. Bemerkenswerterweise wurden von kirchenamtlicher Seite aus bis zur Mitte unseres Jahrhunderts etwa die instrumental begleiteten Messen der Wiener Klassik nur widerwillig geduldet, da sie eindeutig von Opern sowie auch Volksmusik beeinflusst sind. Über ein eventuelles liturgisches Rollenverständnis der Instrumentalisten wurde in der Zeit vor dem Zweiten Vatikanischen Konzil nicht nachgedacht. „Die Vorstellung einer aktiven Teilnahme der Musiker an der Liturgie durch ihr Instrumentalspiel stand hier überhaupt nicht auf der Bildfläche.“[316]

Auch hier war es wieder das Vaticanum II und die nachfolgende Liturgiereform, die eine gewisse Änderung der Situation herbeiführten. so heißt es etwa in der Liturgiekonstitution „*Sacrosanctum Concilium*“ im Anschluss an die wohl

---

[311] AUGUSTINUS (9.46-50) 467. Deutsche Übersetzung nebst Kursivsetzung: Jakob Johannes Koch.

[312] AQUIN, Thomas von (qu. 91, a. 2.4) 576. Deutsche Übersetzung: Jakob Johannes Koch.

[313] Zu erwähnen ist in diesem Zusammenhang noch einmal besonders die im Jahre 1749 von Papst Benedikt XIV. (1675 - 1758, Pontifikat 1740 - 1758) erlassene Enzyklika „*Annus qui*", auf die in Kapitel 1.3.6 bereits eingegangen wurde.

[314] Die Stellung des Caecilianismus zu vermeintlich „weltlichen“, instrumentalbegleiteten oder rein instrumentalen Werken wurde bereits in den Kapiteln 1.3.7 und 2.1 dargelegt.

[315] Gemeint waren hiermit vor allem die Gattungen Oper-, Theater-, Tanz-, und Balletmusik. Das bereits erwähnte Motuproprio Pius X. von 1903 bezeichnet solche Musik als "Hindernisse für den kirchlichen Gottesdienst". Vgl. hierzu SCHMID-KEISER 27.

[316] SCHMID-KEISER 27.

wollenden Ausführungen zur Pfeifenorgel: „Andere Instrumente ... dürfen nach dem Ermessen und mit Zustimmung der für die einzelnen Gebiete zuständigen Autorität ... zur Liturgie zugelassen werden, sofern sie sich für den heiligen Gebrauch eignen oder für ihn geeignet gemacht werden können, der Würde des Gotteshauses angemessen sind und die Erbauung der Gläubigen wirklich fördern" (Art. 120)[317]. Kurze Zeit nach der Verlautbarung dieses Dokumentes wurden in der Instructio „*Musicam sacram*" die Stellen ausgewiesen, an denen Instrumentalmusik für den gültigen Vollzug der liturgischen Funktion eingesetzt werden kann: Zur Eröffnung, zum Offertorium und zur Communio (Art. 65). Bei den übrigen Teilen der Messliturgie darf sie nur als Begleitung zum gesungenen Text eingesetzt werden. Die belangvollsten Einzelbestimmungen der Liturgiereform zur liturgischen Verwendung von Musikinstrumenten wurden bereits in Kapitel 2.3.3.2 „Die nachkonziliare Liturgiereform, aufgezeigt an ihren kirchenmusikalisch relevanten Dokumenten" aufgeführt und sollen deshalb nicht noch einmal wiederholt werden. Hervorzuheben ist die in der liturgischen Erneuerung der zweiten Hälfte des 20. Jahrhunderts pointiert zutage tretende Wende in der Einschätzung der Instrumentalmusik: Früher wurde sie primär als Mittel zur Steigerung der Feierlichkeit gemäß dem entsprechenden liturgischen Festgrad angesehen. Man ging überdies davon aus, dass die Kultfähigkeit eines Musikinstrumentes stets schon mit dessen Eigenart für alle Zeiten vorgegeben sei. Dabei erlag man einer musikpsychologischen Täuschung. Denn weniger die Klangeigenschaften eines Instrumentes entscheiden über die Wirkung beim Hörer, als vielmehr der beständig im Wandel begriffene soziale Aspekt der Instrumentalpraxis, also ihre Funktion im gesellschaftlichen Leben – und dies so nachhaltig, dass der durchschnittliche Hörer davon kaum abstrahieren kann. Die früher kirchenamtlich apodiktisch festgeschriebene Unterscheidung der „Sakralität" oder „Profanität" eines Musikinstrumentes ist also realiter niemals absolut und zeitlich unbegrenzt definierbar, sondern unterliegt als subjektives, rezeptionspsychologisches Phänomen den soziokulturellen Bedingungen der jeweiligen Epoche und der geographischen Räume sowie deren diversen Binnenstrukturen. Diese Erkenntnis berücksichtigend bezeichnen nun die Dokumente der nachkonziliaren Liturgiereform als Kriterium für die gottesdienstliche Eignung eines Musikinstrumentes nicht mehr dessen vermeintliche „Sakralität" oder „Profanität", sondern seine *ministeriale Verwendung* in der Liturgie, d.h. Anpassung an die differenzierten Anforderungen des gottesdienstlichen Geschehens (SC, Art. 120; MS, Art. 63). Für die Erfüllung dieser Voraussetzung ist potentiell jedes Musikinstrument geeignet, wobei freilich – je nach geographisch-kultureller Prägung der gottesdienstlichen Gemeinde – Rücksicht zu nehmen ist auf eventuelle störende Assoziationen, die bei der Verwendung eines bestimmten Musikinstrumentes bei den Hörern evoziert werden können.[318]

Vokalmusik hat durch den ihr applizierten Text neben ihrem musikalisch-

---

[317] Deutsche Übersetzung zitiert nach LThK-SONDERBAND „Das Zweite Vatikanische Konzil. Konstitutionen, Dekrete, Erklärungen (lat./dt.) und Kommentare" Bd. 1 99.

[318] Vgl. WIESLI, Die Instrumente in der liturgischen Feier 36 f.

atmosphärischen Gehalt immer eine konkrete, semantisch fassbare Aussage. Demgegenüber ist die instrumentale Musik nun *absolute Musik*. Ihr fehlt diese textliche Aussage. Dies bringt ihr den Vorteil, dass sie nicht eindeutig festgelegt ist und von daher ein breitgestreutes Verwendungsspektrum an unterschiedlichen liturgischen „Orten" ermöglicht. „Sie kann ... mit ihren rein musikalischen Äußerungen einen klanglichen Hintergrund, eine gewünschte Atmosphäre schaffen und auf ihre spezifische Weise Aussagen unterstreichen."[319] Sie übt einen Dienst am Wort und einen Dienst am Ritus aus. Der Dienst am Wort konkretisiert sich in den Funktionen der Gesangsbegleitung und der Deklamationsstütze.

Die Gesangsbegleitung durch Musikinstrumente kann sich auf den Gemeindegesang, den Gesang einer Vokalgruppe oder den in einer kombinierten Form erfolgenden Gesang der Gemeinde zusammen mit einer oder mehreren Vokalgruppen beziehen. Im ersten Fall ist die Funktion der Instrumente vor allem die des Stützens und Führens. Das Singen der gottesdienstlichen Gemeinde soll dadurch einerseits technisch erleichtert und gefördert werden, andererseits aber auch in einem ekklesialen Sinne zu einer noch tieferen Vermittlung des Erlebens der Communio fidelium geführt werden (MS, Art. 5 und Art. 64). In den beiden letztgenannten Fällen üben die Musikinstrumente ebenfalls die Funktion einer musikalischen Begleitung (Akkompagnement) aus und zwar meist in einer alle Stimmen motivisch durchformenden Satztechnik, bei der eine in durchbrochener Arbeit strukturierte Hauptmelodie und die ihr zugeordnete obligate Begleitung oft nahtlos ineinander aufgehen. Dabei werden die melodieführenden Stimmen zum größeren Teil von den Vokalisten und Vokalistinnen und zum geringeren Teil von den Instrumentalisten und Instrumentalistinnen übernommen. Dennoch kommt den Instrumentalisten und Instrumentalistinnen damit auch in den Teilen des Ordinariums zumindest in einzelnen Formabschnitten eine gewisse Autonomie zu. D.h. auch hier tritt neben den rein musikalischen Aspekt die Wahrnehmung einer ministerialen Funktion in der Liturgie, woraus sich mithin entsprechende Konsequenzen im Hinblick auf die innere Einstellung der Instrumentalisten und Instrumentalistinnen ergeben.

Die zweite Möglichkeit einer Wahrnehmung des Dienstes am liturgischen Wort besteht für die Instrumentalmusik in der *Deklamationsstütze*, also einer überwiegend mit leichten Percussionsinstrumenten erfolgenden improvisatorischen rhythmischen Begleitung der Textdeklamation oder des Sprechgesanges, wobei durch Unterstreichung einzelner Lexeme oder Syntagmen das semantische Relief des Textes hervorgehoben wird. Da die römisch-katholische Liturgie die Form einer solchen Deklamationsstütze allerdings nur im afrikanischen und orientalischen Raum kennt, soll hier nicht näher darauf eingegangen werden, obgleich sie gewiss auch für die abendländische Liturgie eine Bereicherung bedeuten würde.[320]

Im Sinne erneuerter Liturgie muss aber für jegliche gottesdienstliche Instrumentalmusik immer der Dienst am Ritus im Vordergrund stehen. Gerade weil die

---

[319] SCHNEIDER, "Lobt Gott mit Flöten und Saitenspiel". Instrumentalmusik in der Liturgie 90. Vgl. auch GERHARDS, Lobt Gott mit Flöten und Saitenspiel 99.

[320] Vgl. WIESLI, Die Instrumente in der liturgischen Feier 39 f.

erneuerte Liturgie den Musikinstrumenten mehr Raum als je zuvor in der abendländischen Liturgiegeschichte einräumt, kommt den Instrumentalisten und Instrumentalistinnen ein hohes Maß an Verantwortung zu. Sie sollten stets die Funktionsgerechtigkeit ihres musikalischen Tun im Auge behalten, d.h. einfühlsam die wechselnden Gehalte der gottesdienstlichen Feier ausloten, musikalisch nachvollziehen und verdeutlichen. Das bedeutet keinesfalls, dass hier der Musik ihre Eigenwirksamkeit genommen werden soll. Die Eigenwirksamkeit der Musik kommt aber in der Liturgie dann am besten zum Tragen, wenn im wahrsten Sinn des Wortes „selbstvergessen" musiziert wird: Nur wer die eigene Selbstdarstellung vergisst, kann die Dimensionen des sich in der Liturgie aktuierenden Glaubens-Myteriums in die Musik einfließen lassen. Für unsere späteren Überlegungen zur liturgischen „Aufführung" traditioneller mehrstimmiger Messen wird sich gerade dieser Aspekt als besonders relevant erweisen.

2.3.5 Die mehrstimmige Messe als Medium im heilsgeschichtlichen Dialog zwischen Gott und Mensch

Instrumental Musizierende, Chor, Gemeinde: mit der gerade dargelegten gottesdienstlichen Instrumentalmusik und deren Ort in der erneuerten Liturgie wurde die letzte der Kurzcharakteristiken der *drei Bezugsgrößen der mehrstimmige Messe* erstellt. Nachdem jede dieser drei Größen gesondert behandelt wurde, geht es nachfolgend darum, aufzuzeigen, auf welche Weise bei der „Aufführung" einer traditionellen mehrstimmigen Messe in der erneuerten Liturgie unserer Tage Gemeinde, Chor und Instrumentalisten bzw. Instrumentalistinnen in eine interpersonale Relation treten und welches die liturgietheologische Bedeutung dieser gemeinsamen liturgisch-musikalischen Handlung ist. Hierbei wird gleichsam ein *ideales Modell* entworfen. Es geht also noch nicht um die Problematisierung der realen Situation der gegenwärtigen liturgisch-kirchenmusikalischen Praxis.

Die erneuerte Liturgie unserer Zeit ist wesentlich auch die Frucht eines neuen ekklesiologischen Ansatzes, der etwa in der am 21.11.1964 proklamierten *Constitutio dogmatica de Ecclesia „Lumen gentium"* (LG) des Zweiten Vatikanischen Konzils deutlich erkennbar ist und dessen Anliegen es ist, das streng vertikale Kirchenmodell aufzubrechen: Wenn die ganze Kirche in LG (Kapitel I und II) als Mysterium und als Volk Gottes verstanden wird, knüpft das Konzil hier einerseits an die Tradition der ersten christlichen Jahrhunderte an, welche die Kirche als Sakrament betrachtet und greift andererseits auf das biblisch begründete (u.a. von Augunstinus rezipierte) Konzept zurück, welches die Kirche als pilgerndes Gottesvolk sieht. Zugleich betont LG den κοινωνια- bzw. Communio-Charakter der Kirche: Die Kirche ist demnach eine Gemeinschaft des Dialogs und eine Einheit in pluraler Gemeinschaft.[321]

Eine solche Ekklesiologie hat natürlich auch erhebliche Konsequenzen für das Liturgie-Verständnis: Indem die innergöttliche personale Liebes-Communicatio

---

[321] Vgl. NEUNER 512-522.

Gottes in den heilsökonomischen Relationen des Erlösungsmysteriums aufscheint, stiftet sie sich zugleich in die durch Christus konstituierte Kirche ein. Als von Gott berufene Gemeinschaft von glaubenden Menschen hat die Kirche teil an diesem Mysterium und ist somit nicht nur eine soziale Kommunikationsgemeinschaft, sondern auch eine geistliche „Kommunikations-Communio“[322]. Als Höhepunkt, dem das Tun der Kirche zustrebt und Quelle, aus der sie ihre Kraft schöpft (SC, Art. 10), ist die Liturgie gleichsam Brennpunkt der ekklesialen Communio und als dynamisch-dialogische Feier der Vergegenwärtigung des Paschamysteriums ein zutiefst kommunikatives Geschehen.[323] Damit resultiert die „ ... Wirksamkeit des liturgisch[en] ... Geschehens ... nicht nur ... ex opere operato, sondern auch und insbesondere ex opere operantium“[324] Dieses kommunikative Verständnis von Liturgie meint nicht die Nivellierung des Person-Seins des einzelnen Menschen. Die recht verstandene gottesdienstliche Communio individueller Personen will vielmehr das Person-Sein der Einzelnen bestärken und fördern.[325] Jene sich in der Liturgie aktuierende Kommunikation geschieht auf zwei Ebenen, nämlich als zwischenmenschliche Kommunikation und als Kommunikation zwischen Gott und Mensch. Liturgie ist so verstanden ein vieldimensionales Interaktionsgeflecht. In ihr ereignet sich die Zuwendung Gottes zum Menschen. Die Heilserfahrung von Gott geliebt zu werden und durch sein Heilshandeln erlöst zu sein, verbindet verschiedene Menschen zu einer Glaubensgemeinschaft, die sich darüber austauscht und gegenseitig bestärkt. Sie antwortet auf die Zuwendung Gottes im Kult und seinen verschiedenen Ausdrucksmodi.[326] Nach diesem Verständnis dürfen wir auch die liturgische „Aufführung“ einer mehrstimmigen Messe als einen bedeutsamen interpersonalen Akt im kommunikativen Geschehen der Liturgie ansehen. Dies soll anhand eines *liturgietheologischen Relationsmodells der mehrstimmigen Messe* verdeutlicht werden.

Der erlösungsbedürftige Mensch wurde und wird in der sich individuell immer wieder neu aktuierenden Heilstat Gottes existentiell angesprochen. Seine liebende Rettungs-Initiative durch den in Jesus Christus inkarnierten göttlichen Logos ist ein gnadenhaftes Zuvor-Kommen. Gott ist immer der Beginnende – der Mensch ist immer der Angesprochene. So der Mensch sich auf dieses Angebot Gottes zum Dialog einlässt, tritt er ein in einen Prozess des Innewerdens und Reflektierens seiner Erfahrungen mit Gott. Zeugnis einer solchen Reflexion sind die in der mehrstimmigen Messe vertonten Texte Kyrie, Gloria, Credo, Sanctus und Agnus Dei. Sie wurden formuliert von jenen Menschen der ersten christlichen Jahrhunderte, welche sich durch die zuvor-kommende göttliche Initiative betreffen ließen und diese ihre Erfahrung sprachlich artikulieren bzw. an andere weitergeben

---

322 MEUFFELS 37. Vgl. außerdem MEUFFELS 34-37.

323 Diesen Aspekt bringt etwa auch Art. 7 der Liturgiekonstitution „*Sacrosanctum Concilium*“ zum Ausdruck, wonach die Liturgie nicht nur ausschließlich Verherrlichung Gottes ist, sondern zugleich auch die Heiligung des Menschen bewirkt und damit eine anabatische *und zugleich* katabatische Dynamik bsitzt.

324 GERHARDS, Gottesdienst und Menschwerdung. Vom Subjekt liturgischer Feier 278.

325 Vgl. GERHARDS, Menschwerdung durch Gottesdienst. Zur Positionsbestimmung der Liturgie zwischen kirchlichem Anspruch und individuellem Erleben 29-31.

326 Vgl. HARNONCOURT, Miteinander und einander gegenüber. Eine dynamisch-dialogische Theologie der Liturgie 137 f.

wollten. In diesen sprachlichen Zeugnissen kommen die Grundformen menschlicher Reaktion auf die Zuwendung Gottes zum Ausdruck: Dank, Lobpreis, Anbetung, Bekenntnis und Bitte. Die Texte selber werden nun ein Medium des Wortes Gottes für jeden weiteren Menschen, der sich ihnen innerlich öffnet, indem er sie betet und meditiert. Damit sie auch im kultischen Gesang ein Medium zu sein vermögen, müssen sie zuvor zur Inspirationsquelle eines Komponisten werden. Im Akt des Vertonens deutet der Tonsetzer den Ordinariumstext und gießt ihn in Synthese mit seinen eigenen existentiellen Erfahrungen in die künstlerische Form der Messvertonung ein. In der Ordinariumskomposition treffen also, so sie nicht nur ein grammatisch-stilistisches und tonsatztechnisches Elaborat ist, zwei Zeugnisse der göttlichen Ansprache an den Menschen zusammen: Die Wort-Sprache derer, welche die Ordinariumstexte einst formulierten und die Ton-Sprache derer, welche diesen Text vertonten. Wort- und Ton-Sprache verschmelzen in der Messvertonung zu einem Werk. Modellhaft gesprochen ist dieser erste kommunikative Akt zwischen Gott und Mensch eine deszendente bzw. katabatische Bewegung.[327]

Der einzelne Mensch, der sich vom Wort Gottes existentiell hat berühren lassen, erfährt sich dadurch als erlöst und von Gott geliebt – er setzt einen Akt des Glaubens. Als genuin soziales Wesen drängt es ihn, mit anderen Menschen über diese seine Erfahrung in einen bezeugenden und gegenseitig bestärkenden Austausch zu treten: Es bildet sich eine Kommunikations-Communio, eine Gemeinschaft der Erlösten und der Glaubenden. Zum Höhepunkt dieser Gemeinde wird die gemeinsame Feier des Glaubensmysteriums, die Liturgie. Feier verlangt nach Hochformen menschlicher Ausdrucksfähigkeit. Der mehrstimmige Gesang wird mit einem großen Konsens als eine solche Hochform betrachtet und soll nach dem Willen der Gemeinde als eine der vielen verschiedenen Ausdrucksformen in der Liturgie einen Ort haben. Sie delegiert für diesen liturgischen Dienst diejenigen Gemeindemitglieder, die das Charisma des Kunstgesanges besitzen und die sich wiederum in einem Vokalensemble zusammenschließen. In einer mehrstimmigen Komposition, beispielsweise einer Ordinariumskomposition, erkennen die Vokalisten und Vokalistinnen ein adäquates Ausdrucksmedium des pastoralliturgischen Glaubenserlebens der ganzen Gemeinde. Indem sie (gegebenenfalls zusammen mit Instrumentalisten und Instrumentalistinnen) diese Komposition erklingen lassen, tritt ihnen die Gemeinde nicht als passives Publikum gegenüber, sondern beide – Musizierende und Hörer – vereinen sich während der Verklanglichung der mehrstimmigen Messe zu einer ebenso verbalen wie non-verbalen Kommunikationsgemeinschaft untereinander und mit Gott, wodurch der Aufbau bzw. die geistliche Vertiefung der Gemeinde bewirkt und gefördert wird. Bezogen auf ein gedachtes Interaktionsmodell spielt sich das soeben Beschriebene auf einer horizontalen Ebene ab. Der (mehrstimmige) Gesang steht im heilsgeschichtlichen Dialog von Gott und Mensch zwischen der Zuwendung Gottes zum Menschen und dessen an Gott gerichteter Antwort.[328]

---

[327] Vgl. hierzu etwa HARNONCOURT, Die liturgische und apostolische Sendung der Musica Sacra 59.

[328] Vgl. hierzu etwa HARNONCOURT, Liturgie als kommunikatives Geschehen 24 f.

Die in der Wort- und Tonsprache der Messkomposition transportierten Grundmodi des Dankes und Lobpreises, der Anbetung, des Bekenntnisses und der Bitte sind zunächst einmal die Antwort jener Menschen an Gott, die zu einem ganz bestimmten Zeitpunkt in einer konkreten situativen Verfasstheit den Ordinariumstext formulierten und das musikalische Werk komponierten. Wenn eine Gemeinde von Christgläubigen nun diese Komposition in einer litugischen Feier verklanglicht, dann kommt durch das Moment der Interpretation etwas wesentlich Neues hinzu. Ein Werk interpretieren heißt nicht, es nur textgetreu zu reproduzieren, sondern ihm eine eigene, ebenfalls konkret situative Grundgestimmtheit und Intention zu applizieren. Übertragen auf die liturgische „Aufführung" einer mehrstimmigen Messe bedeutet dies: Die ganze versammelte Gemeinde, sowohl die Vokalisten und Vokalistinnen (gegebenenfalls zusammen mit Instrumentalisten und Instrumentalistinnen), als auch die Hörer und Hörerinnen der Musik, macht die Komposition zu ihrer eigenen, an Gott gerichteten Antwort. Sie tut dies als intersubjektives Kollektiv, wobei aber zugleich jeder Gläubige – sei es singend, sei es hörend – einen individuellen Schwerpunkt innerhalb der musikalisch formulierten Antwort setzt. Gerade darin findet die verklanglichte Ordinariumkomposition ihre tiefste Berechtigung, ihren genuinen, unverzichtbaren Ort in der Liturgie. Wiederum auf das liturgische Kommunikationmodell bezogen, ist diese an Gott gerichtete Antwort als latreutischer Akt eine aszendente bzw. anabatische Bewegung.

Das Ineinander der drei beschriebenen Ebenen soll durch die nachfolgende Graphik noch einmal visuell veranschaulicht werden.

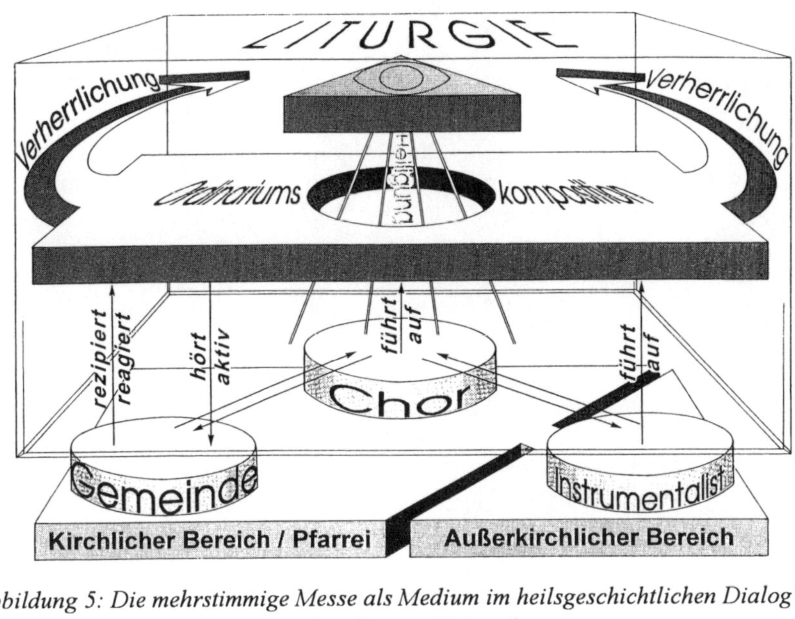

Abbildung 5: Die mehrstimmige Messe als Medium im heilsgeschichtlichen Dialog zwischen Gott und Mensch

Es wurde soeben in einem idealen Modell aufgezeigt, auf welche Weise bei der „Aufführung“ einer traditionellen mehrstimmigen Messe in der erneuerten Liturgie unserer Tage Gemeinde, Chor und Instrumentalisten bzw. Instrumentalistinnen in eine interpersonale Relation treten und welches die liturgietheologische Bedeutung dieser gemeinsamen musikliturgischen Handlung ist. Dies war gewissermaßen die auf die mehrstimmige Messe hingeordnete Bündelung aller vorangegangenen Darlegungen und Überlegungen zum Komplex „erneuerte Liturgie im Nexus mit der Kirchenmusik“. Solchermaßen abgerundet soll dieses Kapitel in den nächsten Schritt unseres Vorgehens münden, in die *problemerörternde, auf die reale liturgisch-kirchenmusikalische Praxis der Gegenwart bezogene* Synthese der beiden bislang erarbeiteten großen Komponenten des Themas, der traditionellen mehrstimmigen Messe und der erneuerten Liturgie.

3 Das Problem der Vereinbarkeit von traditionellen mehrstimmigen Messen und erneuerter Liturgie

3.1 Die traditionelle mehrstimmige Messe in der erneuerten Liturgie: Aktuelle Fakten

Im ersten Kapitel („Die traditionelle mehrstimmige Messe") wurde die historische Genese des Ordinarium missae und seiner traditionellen mehrstimmigen Vertonung dargelegt. Das zweite Kapitel („Die erneuerte Liturgie in ihrem Zusammenhang mit der Kirchenmusik") behandelte die Konzepte und Inhalte der erneuerten Liturgie. Das folgende dritte Kapitel führt nun den Hauptgegenstand des ersten Kapitels mit jenem des zweiten Kapitels in einer Synthese zusammen: Es geht um das Problem der Vereinbarkeit von traditionellen mehrstimmigen Messen und erneuerter Liturgie.

Die nachstehenden Ausführungen wollen ergründen, welche Schwierigkeiten auftreten, wenn mehrstimmige Ordinariumszyklen des traditionellen Repertoires innerhalb der heutigen Messliturgie „aufgeführt" werden. Dabei drängt sich sogleich die Frage auf: Erklingen denn in der heutigen Messliturgie überhaupt noch traditionelle mehrstimmige Messen oder ist dies nicht allenfalls nur noch ein höchst seltener Ausnahmefall bei exzeptionellen liturgischen Anlässen, welcher mithin einer ausführlichen Erörterung gar nicht wert ist? Diesbezüglich sollen zunächst einige statistische Daten Auskunft geben. Da es aus monetären und infrastrukturellen Gründen nicht möglich war, alle derzeit circa 1600 deutschen hauptberuflichen Kirchenmusiker/-innen zum gegebenen Thema zu befragen, wurde stattdessen eigens für die vorliegende Abhandlung eine Gesamterhebung unter den *Hauptverantwortlichen der Kirchenmusik an allen katholischen Kathedralen Deutschlands* in Form einer postalischen Befragung mittels eines standardisierten Fragebogens durchgeführt. Alle 27 für die jeweilige Kathedrale kirchenmusikalisch Hauptverantwortlichen (Domkapellmeister oder Dommusikdirektor bzw. in Einzelfällen auch Domchordirektor oder Domorganist) hatten einen Fragenkatalog über die gegenwärtige musikliturgische Praxis im Umgang mit traditionellen mehrstimmigen Messen zu beantworten. 25 der 27 angeschriebenen Personen sandten ihren ausgefüllten Fragebogen zurück, womit die Rücklaufquote bei annähernd 93 % (92,592 %) lag. Damit ist also bis auf einen kleinen Rest von lediglich 7,407 % die Grundgesamtheit der Hauptverantwortlichen der Kirchenmusik an allen katholischen Kathedralen Deutschlands im Wesentlichen erfasst. Da sich die nicht am Dom wirkenden Kirchenmusiker/-innen deutscher Diözesen bei ihrer musikliturgischen Arbeit erfahrungsgemäß nicht selten auch an der Kirchenmusikpraxis der Kathedrale des jeweiligen Bistums orientieren, erweist sich Letztere in gewisser Weise als kirchenmusikalischer Trendsetter.[329] Insofern lassen die

---

[329] Vgl. etwa WALTER (Rudolf), Katholischer Kirchenmusiker / Katholische Kirchenmusikerin 13.

Ergebnisse unserer Befragung überdies teilweise auch Rückschlüsse auf die generelle Kirchenmusikpraxis zu.

Die erste Teilfrage des Fragebogens galt der Aufführungsfrequenz traditioneller mehrstimmiger Messen. Die Angeschriebenen wurden dabei in folgender Weise zur Daten-Angabe aufgefordert:

„Geben Sie bitte die Gesamtanzahl aller Aufführungen von traditionellen mehrstimmigen Messen (Ordinariumskompositionen) an, die im Zeitraum der letzten fünf Jahre (1993-1997) innerhalb von Messfeiern stattfanden."

Bei der statistischen Auswertung kam folgendes Ergebnis zustande: An den 25 erfassten deutschen katholischen Bischofskathedralen wurden zwischen 1993 und 1997 insgesamt 2897 bzw. durchschnittlich pro Dom 115,88 traditionelle mehrstimmige Ordinariumskompositionen aufgeführt. Das sind *pro Kathedrale im jährlichen Durchschnitt 23 traditionelle mehrstimmige Messen*. Die höchste an einem deutschen katholischen Dom eruierte Aufführungsfrequenz wurde mit 300 im Zeitraum 1993-1997 angegeben. Das sind durchschnittlich 60 pro Jahr. Die niedrigste an einem deutschen katholischen Dom eruierte Aufführungsfrequenz wurde mit 21 im Zeitraum 1993-1997 angegeben. Das sind durchschnittlich 4,2 pro Jahr.

Liturgische Aufführungsfrequenz traditioneller mehrstimmiger Messen	
Häufigkeit der Aufführung im Zeitraum 1993-1997	Anzahl der deutschen Kathedralen
21-50	3
51-100	8
101-150	5
151-200	4
201-250	3
251-**300**	2

Liturgische Aufführungsfrequenz traditioneller mehrstimmiger Messen	
Häufigkeit der Aufführung pro Jahr	Anzahl der deutschen Kathedralen
4-10	3
11-20	8
21-30	5
31-40	4
41-50	3
51-**60**	2

Tabelle 1: Liturgische Aufführungsfrequenz traditioneller mehrstimmiger Messen (Befragungsergebnis)

Die eingangs gestellte Frage, ob in der heutigen Messliturgie noch traditionelle mehrstimmige Messen erklingen, ist nun anhand der gewonnenen Fakten zumindest für die Kathedralen eindeutig beantwortbar: An den katholischen deutschen Bischofskirchen werden auch in der heutigen Zeit regelmäßig – nämlich im statistischen Durchschnitt nahezu alle zwei Wochen – traditionelle mehrstimmige Ordinarien zur „Aufführung" gebracht. Damit steht fest, dass eine Erörterung der sich daraus ergebenden Probleme nicht nur legitimiert, sondern geboten ist. Was die jährliche Aufführungsfrequenz des traditionellen Messenrepertoires an den sonstigen deutschen katholischen Pfarrkirchen (Stadt-, Vorstadt- und Landpfarreien) anbelangt, so liegen diesbezüglich keine gesicherten Daten vor. Eine langjährige Beobachtung der deutschen Kirchenmusikpraxis lässt aber auf einen Durchschnittswert schließen, der hinsichtlich der Aufführungshäufigkeit pro Jahr circa 70-80 % unterhalb der jährlichen Aufführungshäufigkeit an den Domen liegen dürfte.

Hinsichtlich der hier zu erörternden Problematik ist es nicht nur wichtig, die Aufführungsfrequenz der musikalischen Messen zu kennen, sondern auch zu eruieren, *zu welchen liturgischen Anlässen* heute traditionelle mehrstimmige Messen erklingen. Bei der Gesamterhebung unter den Hauptverantwortlichen der Kirchenmusik an allen katholischen Kathedralen Deutschlands lautete daher die zweite Frage:
„*Wie häufig werden in den Messfeiern zu den nachfolgend genannten Anlässen traditionelle mehrstimmige Messen aufgeführt*?"

Es wurden bei dieser Frage 13 mögliche Anlässe vorgegeben und die Befragten gebeten, die Häufigkeit gemäß einer vierstufigen Skala anzugeben.[330] Die Frage wurde in 92 % der eingegangenen Fragebogen beantwortet, während bei 8 % diesbezüglich keine Angaben gemacht wurden. Das Ergebnis der statistischen Auswertung sei mittels einer Tabelle wiedergegeben:

	noch nicht erlebt	*gar nicht*	*selten*	*häufig*	*immer*
• Aussendungsfeiern:	36 %	48 %	8 %		
• Beauftragungsfeiern:	32 %	52 %	8 %		
• Feste (Festa):		16 %	36 %	20 %	20 %
• Gedenktage:		28 %	48 %	12 %	4 %
• gewöhnliche Sonntagsmessfeier:		12 %	8 %	48 %	24 %
• Jubiläen der Kirchweihe:		12 %	12 %	20 %	48 %
• Hochfeste (Sollemnitates):				20 %	72 %
• Kirchweihen:	4 %	28 %	8 %	28 %	24 %
• Patrozinien:		12 %		16 %	64 %
• Priesterjubiläen:	4 %	32 %	12 %	16 %	28 %
• Priesterweihen	4 %	28 %	12 %	20 %	28 %
• Primizen:	20 %	48 %	16 %	4 %	4 %
• Pontifikalämter:			8 %	24 %	60 %

Tabelle 2: Liturgische Anlässe für die Aufführung traditioneller mehrstimmiger Messen (Befragungsergebnis)

[330] Auf dem Fragebogen befindet sich hinter jedem der aufgelisteten Anlässe ein leeres Kästchen. Die Befragten sollten die Aufführungshäufigkeit gemäß folgendem Schlüssel angeben: Leeres Kästchen = „gar nicht", 1 = „selten", 2 = „häufig", 3 = „immer". Wer einen der genannten Anlässe persönlich noch nicht erlebte, sollte den Anlass durchstreichen. Überdies wurden noch freie Zeilen angeboten, um hier nicht angeführte Anlässe nachzutragen. Davon wurde jedoch kein Gebrauch gemacht.

Aus dem Befragungsergebnis geht hervor, dass das mehrstimmig vom Chor gesungene lateinische Messordinarium offenbar wieder als Inbegriff einer festlichen Liturgiegestaltung gilt. Bei dem Großteil der Kathedralen ist die Aufführung einer traditionellen mehrstimmigen Messe an *Hochfesten, insbesondere an den Hochfesten des Eigenkalenders*, obligatorisch oder erfolgt doch zumindest häufig. Da bei herausragenden liturgischen Anlässen meist der Ortsordinarius oder seltener auch ein Auxiliarbischof pontifiziert, ist an der Kathedrale im Falle der liturgischen „Aufführung" eines mehrstimmigen Ordinariums die Form der Messfeier häufig ein Pontifikalamt. Während traditionsgemäß bei Priesterweihen häufig mehrstimmige Messen erklingen, wird diese Form der musikliturgischen Gestaltung bei Aussendungs- und Beauftragungsfeiern (etwa von Pastoral- oder Gemeindereferenten) offenbar als weniger geeignet empfunden.

Gemeinhin werden Messfeiern, in welchen das Ordinarium mehrstimmig ausgeführt wird, als „Hochamt" bezeichnet. In der Tat unterschied noch 1958 die Instruktion *„‚De Musica sacra et sacra Liturgia' ad mentem litterarum encyclicarum Pii Papae XII. ‚Musicae sacrae disciplina' et ‚Mediator Dei'"* zwei Arten von Messen, nämlich die „Missa lecta" (gesprochene, sog. „stille" Messe) und die „Missa in cantu" (n. 3). „Missa in cantu" galt als Oberbegriff für die „Missa cantata" und die „Missa sollemnis". Gemäß dieser Verlautbarung hieß die Messe nur dann „Missa cantata" (einfaches „Amt"), wenn der Zelebrant die von den Rubriken vorgeschriebenen Teile kantillierte. Wurden sie von ihm gesprochen, hieß sie auch dann „Missa lecta", wenn etwa Gemeinde und Chor sangen (diese Vorschrift war auch mitbedingt durch das vorkonziliare Verständnis vom Priester als alleinigem liturgischem Rollenträger). Wurde die „Missa cantata" mit Leviten gefeiert, wurde sie als „Missa sollemnis" (feierliches „Hochamt") bezeichnet. Generell mussten bei der „Missa in cantu" sowohl vom Volk als auch vom Chor alle Gesänge lateinisch gesungen werden.[331] Die Instruktion *„Musicam sacram"* legte zwar in Art. 28 die Unterscheidung zwischen Missa lecta, cantata und sollemnis erneut fest, allerdings wurde diese Differenzierung gleichzeitig von demselben Dokument unterlaufen: Denn nach MS, Art. 8 ist es einerseits keine zwingende Vorschrift mehr, dass in der festlichen Messe Amtsgebete und Lesungen immer kantilliert werden, und nach MS, Art. 29 ist andererseits die Kantillation nicht nur der festlichen Messe vorbehalten. Die *„Allgemeine Einführung in das Römische Meßbuch"* (1970) kennt schließlich gar keine Unterscheidung mehr zwischen Missa lecta, cantata und sollemnis. So kann als Synthese aus den Kernaussagen von SC und MS sowie aus den anderen nachkonziliaren Dokumenten eine neue Umschreibung der *gottesdienstlichen Feierlichkeit* gefolgert werden, welche nicht mehr durch statische Formen festgelegt ist. Signifikant ist dabei die neu gewonnene Haltung: „Feierlichkeit kommt nicht allein dadurch zustande, daß möglichst viel und aufwendig musiziert wird. Aus den nachkonziliaren Dokumenten ergibt sich ein differenzierteres Bild [...]. Diese Aussagen lassen sich so zusammenfassen: Feierlicher Gottesdienst heißt: Gesang + tätige Teilnahme der Gemeinde + Rollenverteilung

[331] Vgl. zur historischen Entwicklung der kirchenmusikalisch gestuften Feierlichkeit der Liturgie etwa auch RAINOLDI 64-73.

+ funktionsgerechter Vollzug."[332] Obzwar das Gestaltungsprinzip der gestuften Feierlichkeit überzeitlich gültig bleibt, wird durch das soeben Dargelegte deutlich, dass der statische Terminus „Hochamt" als Bezeichnung für die liturgische Verortung der traditionellen mehrstimmigen Messe nicht mehr sachgerecht ist.

3.2 Das Problem der Vereinbarkeit. Eine Einführung

Das Problem der Vereinbarkeit von traditionellen mehrstimmigen Messen und erneuerter Liturgie war so lange nicht existent, wie die Messliturgie eine reine Klerusliturgie und das Mitwirken der Gemeinde somit für den liturgisch gültigen Vollzug nicht erforderlich war. Erst als durch das Motuproprio „*Tra le sollecitudini*" (1903) erstmals auch seitens des Apostolischen Stuhles explizit die Relevanz der partecipazione attiva (actuosa communicatio) hervorgehoben wurde, erwachte das Gespür dafür, dass sich bestimmte Formen kirchenmusikalischer Gestaltung mit diesem neuen Leitgedanken schwerlich vereinbaren lassen. In den 1930er-Jahren wurde die zunehmende Inkompatibilität der neuen liturgischen Konzepte mit der herkömmlichen liturgischen Aufführungspraxis des traditionellen Messenrepertoires schließlich von den Exponenten der Liturgischen Bewegung öffentlich zur Sprache gebracht. So schrieb etwa *Richard Beron* (1902-1989) im Jahre 1933 unter dem bemerkenswerten Titel „*Liturgie oder Konzert*?": „In der Kirche ist kein Platz für den Konzertchor, die Kirche faßt einzig nur den Kultchor. [...] Wann werden unsere Kirchensänger ... die Zeichen der Zeit zu deuten wissen, daß sie weniger eine kirchenmusikalische als vielmehr eine eminent seelsorgerliche Aufgabe zu lösen mitberufen sind? [...] Was ist denn der Chor der Kirchensänger? Etwa ein Gesangsverein, der Sonntag für Sonntag von der Empore herab das betende, zur Passivität (oder Langweile?) verurteilte Kirchenvolk ansingt ...? [...] Es ist uns fremd geworden, in der aktiven Gemeinde ein Wesensstück der liturgischen Feier zu sehen. ... . Durch die Taufe sind wir ja nicht bloß liturgiefähig, sondern liturgiepflichtig geworden. [...] Wozu haben wir denn überhaupt einen Sängerchor, wenn er immer nur die Stücke singt, die eigentlich dem Volk zufallen ...? Der Chor überlasse dem Volk die Ordinarien und behalte sich dabei die Führung vor."[333] Aus diesen sehr emotionalen Worten spricht die ganze Entschlossenheit der damals noch jungen volksliturgischen Richtung. Deren Begründer, *Pius Parsch* (1884-1954), äußerte sich im Jahre 1935 in Wien bei einem Referat vor Kirchenmusikern zur gegebenen Problematik auf ähnlich dezidierte Weise und erntete dadurch bei letzteren zum Teil scharfen Widerspruch. Eine seiner dabei vorgetragenen provokanten Thesen lautete: „Das heutige polyphone Hochamt, in dem das Volk von der Teilnahme ausgeschlossen ist, bei dem der Sängerchor rückwärts konzertiert, hat in der liturgisch erneuerten Kirche keinen Platz. Soweit ich die kirchlichen Verhältnisse überblicke, glaube ich, daß in 50 Jahren polyphone Hochämter nur mehr in den Konzerthaussälen aufgeführt werden."[334]

---

[332] PACIK, Probleme des „Hochamts" 158 f. Vgl. hierzu etwa auch HILDENBRAND 206 f.
[333] BERON, Liturgie oder Konzert? 138-143.
[334] PARSCH, Volksliturgie und Kirchenmusik 26.

Die Prognose Parschs erfüllte sich indes nicht. Zwar hatte die Liturgiereform des Zweiten Vatikanums tatsächlich zur Folge, dass in dem unmittelbar auf das Konzil folgenden Zeitraum die Aufführungshäufigkeit traditioneller mehrstimmiger Messen spürbar zurückging, da die Chöre vielfach aus den Pfarreien verdrängt wurden oder sich gänzlich auflösten.[335] Aber spätestens bis zum Beginn der 1980er-Jahre hatten die kirchlichen Chöre ihren vorigen Stellenwert wieder zurückgewonnen und das traditionelle Repertoire mehrstimmiger Ordinariumszyklen wurde innerhalb der Messliturgie wieder in zunehmendem Maße restituiert. So konnte es nicht ausbleiben, dass der Diskurs um die liturgische Vereinbarkeit dieser Kompositionen erneut aufflammte. Ende der 1980er-Jahre entzündete sich eine Diskussion weiten Ausmaßes an einer in ganz anderem Kontext geäußerten kurzen, eher beiläufigen Anmerkung. *Klemens Richter* (* 1940) schrieb in einem pastoralliturgischen Buch[336] im Rahmen der Thematik „Audiovisuelle Medien im Gottesdienst?“: „Wenn das Medium ‚Mittel‘ der Kommunikation ist, muß es dem personalen Handeln dienen und darf dieses Handeln keinesfalls ersetzen. [...] Nun bietet die moderne Technik eine Reihe von Medien an, die dieses personale Handeln eben leicht ‚ersetzen‘. Das galt aber auch früher schon für herkömmliche Medien! Eine Mozartmesse konnte zum Beispiel die Musik so stark in den Vordergrund rücken, daß die Gemeinde nicht mehr beteiligt war, jedenfalls nicht als Träger der Liturgie. Sie hörte nur noch und nahm meditierend auf. (Dazu hätte aber auch der Konzertsaal gereicht.)“[337] Auf diese Aussage hin ließ der Freiburger Musikdidaktiker *Anton Stingl* (* 1908) Richter brieflich *„Sechs Gesichtspunkte zum Thema Kirchenchor und Gemeinde“*.[338] zukommen, in denen er die Praxis mehrstimmiger Messordinarien verteidigte. Daraufhin verfasste der damalige wissenschaftliche Assistent Richters, *Stefan Rau* (* 1957), einige Grundsatzüberlegungen zum Vereinbarkeitsproblem, welche 1988 in der Zeitschrift *Musica sacra* unter dem Titel *„Die Eucharistie als Konzertmesse?“* publiziert wurden. Die Aussage dieses Textes sei anhand eines kurzen Auszuges widergegeben: „Immer wieder ist versucht worden, die tätige Teilnahme der Gemeinde spiritualistisch auf ein aktives Zuhören zu verengen und ihre Rechte streitig zu machen. [...] In Treue gegenüber ihrem Auftrag darf die Gemeinde Christi sich auch durch gesellschaftliche Zustimmung nicht selbst zum Museumswächter oder Konservator kultureller Errungenschaften degradieren lassen ...; Evangelium und lebende Menschen müssen auch in unseren liturgischen Feiern Priorität haben vor dem konservatorischen Interesse. [...] Haben wir ... das Recht, solch für eine bestimmte Situation geschaffenes Kunstwerk wie eine Messe jener [sc. früheren] Zeit für unsere heutigen Bedürfnisse umzuorganisieren? Denn es ist eindeutig, daß wir weder ‚tridentinische Messe spielen‘ können, um den Kompositionen den ihnen angemessenen liturgischen Rahmen ihrer Zeit zu geben, noch ihre Werke unverändert auf die völlig neu

---

335 Vgl. HARNONCOURT, Katholische Kirchenmusik vom Cäcilianismus bis zur Gegenwart 132.

336 Bibliographische Angaben: RICHTER, Klemens, Was bedeutet die Liturgie für mein Leben? Zu Fragen aus der Gemeinde von heute, Freiburg i.B. 1983.

337 RICHTER, Was bedeutet die Liturgie für mein Leben? 100.

338 Vgl. hierzu BRETSCHNEIDER, Vorbemerkung zu „Die Eucharistie als Konzertmesse“ von Stefan Rau 404.

gestaltete und vor allem theologisch anders akzentuierte Meßfeier heute übertragen können. [...] Konkret heißt das: ist eine Komposition für unseren heutigen Gottesdienst ungeeignet und hat man aus – sehr verständlichen – künstlerischen Bedürfnissen Bedenken, sie umzugestalten, so muß man konsequenterweise auf eine Darbietung in der Messe verzichten."[339] Die öffentliche Behandlung des schon lange zuvor als brisant geltenden Gegenstandes „traditionelle mehrstimmige Messe und erneuerte Liturgie" löste eine umfangreiche Leserbrief-Debatte aus, die zwar grundsätzlich zu erwarten gewesen war, aber in ihrer Vehemenz dennoch überraschte. Auch über das Zeitschriftenforum hinaus kam es zu Reibungen zwischen den konträren Standpunkten, wobei man mitunter auch von einer angeblichen Kluft zwischen Kirchenmusikern und Liturgikern sprach. Da teilweise unsachliche Emotionalität und Polemik die Debatte prägten, blieb sie letztlich unfruchtbar und verlief sich im Ungelösten.

Eine der jüngsten Thematisierungen des Konfliktfeldes „Traditionelle mehrstimmige Messen und erneuerte Liturgie" findet sich in dem Lehrbuch „*Die Liturgie der Kirche*" von *Michael Kunzler* (* 1951), wo es heißt: „Nach wie vor sehen Kirchenchöre ihre Ehre darin, an den großen Festtagen eine Messe – meist aus der Wiener Klassik – ‚aufzuführen' und gegen die eindeutigen Konzilsbestimmungen die Gemeinde zu ‚entmündigen'."[340]

Dass die obigen, exemplarisch ausgewählten Äußerungen alle aus dem deutschsprachigen Raum stammen, erklärt sich aus der besonders reichen und fest verankerten Orchestermessen-Tradition dieses geographischen Gebietes. Das Problem wird jedoch auch in anderen Ländern wahrgenommen und diskutiert. Als Beispiel sei hier „*The Snowbird Statement on Catholic Liturgical Music*" angeführt – eine weithin beachtete Resolution, die 1995 von einer Gruppe namhafter Vertreter der katholischen Kirchenmusik und Liturgiewissenschaft im englischen Sprachraum verabschiedet und anschließend vom „Madeleine Institute" in Salt Lake City veröffentlicht wurde. Dort heißt es u.a.: „Pieces from the so-called treasury of sacred music must not be used in an unreformed, preconciliar manner, for reasons of mere nostalgic sentimentality or in any way at cross-purposes with the structure and pastoral intent of the renewed rites."[341]

Über diese Feststellung hinaus erfolgt jedoch auch hier keine differenziertere Erörterung der vielschichtigen Problematik. So harrt das Problem bis heute einer umfassenderen konstruktiv-sachlichen Behandlung.

---

[339] RAU 405-408.
[340] KUNZLER 198. Eine ähnliche Position vertritt etwa auch der nordamerikanische Liturgiker *Jan Michael Joncas* (* 1951). Vgl. JONCAS 85.113.
[341] THE SNOWBIRD STATEMENT ON CATHOLIC LITURGICAL MUSIC Art. 22. Bibliographische Angaben siehe Literaturverzeichnis im Anhang.

3.3 Stellungnahmen des Apostolischen Stuhles zum Vereinbarkeitsproblem

Das Problem der Vereinbarkeit von mehrstimmigen Messen und liturgischen Richtlinien war im Laufe der Kirchengeschichte bereits seit dem Aufkommen der Mehrstimmigkeit diverse Male Gegenstand von Verlautbarungen des Apostolischen Stuhles – dies wurde detailliert bereits im ersten großen Kapitel dieser Monographie aufgezeigt und wird auch noch an späterer Stelle (in Kapitel 5.1.3) ausführlicher thematisiert werden. Bei den einschlägigen kirchenamtlichen Stellungnahmen zwischen dem 14. und dem frühen 20. Jahrhundert ging es stets darum, dass gewisse Ausprägungen der mehrstimmigen Messe zu modern, zu progressiv seien bzw. mit ihrem weltlichen Charakter nicht der sakralen Würde der Messliturgie entsprächen und dass als Kriterium für die liturgische Eignung von Messvertonungen bestimmte von der Amtskirche festgesetzte Richtlinien zu beachten seien. Demgegenüber ist das Vereinbarkeitsproblem, um welches es uns in den nachstehenden Ausführungen gehen soll, ganz anders geartet: Jene Eigenschaften traditioneller mehrstimmiger Messen, welche seit dem Zweiten Vatikanum zu kirchenamtlichen Direktiven herausforderten, betreffen nun nicht mehr ihren Stil, sondern ihre partielle liturgietheologische Unvereinbarkeit mit den Konzepten erneuerter Liturgie, wie sie durch das Konzil grundgelegt wurde. Diese Weisungen sollen nachstehend aufgezeigt werden.

Es existieren viele Dokumente des Zweiten Vatikanischen Konzils und der nachkonziliaren Liturgiereform, die im weiteren Sinne Rahmenbedingungen für die liturgische „Aufführung" traditioneller mehrstimmiger Messe vorgeben. Diese wurden im zweiten Kapitel („Die erneuerte Liturgie in ihrem Zusammenhang mit der Kirchenmusik") angeführt und erläutert. Demgegenüber lassen sich jedoch nur wenige kirchenamtliche Stellungnahmen finden, welche *expressis verbis* die Problematik der Unvereinbarkeit von traditionellen mehrstimmigen Messvertonungen und erneuerter Liturgie artikulieren. Im Folgenden soll diesbezüglich ein kurzer Überblick gegeben werden. Die Liturgiekonstitution „*Sacrosanctum Concilium*" (1963) bestimmt in Art. 116 „Andere Arten der Kirchenmusik, besonders die Mehrstimmigkeit, werden für die Feier der Liturgie *keineswegs ausgeschlossen, wenn sie dem Geist der Liturgie im Sinne von Art. 30 entsprechen.*"[342] In dem besagten Art. 30 aber heißt es: „*Um die tätige Teilnahme zu fördern*, soll man den Akklamationen des Volkes, den Antworten, dem Psalmengesang, den Antiphonen, den Liedern ... Sorge zuwenden."[343] In anderem Wortlaut weist darauf auch Art. 114 noch einmal hin: „ ... die Bischöfe und die übrigen Seelsorger [mögen] eifrig dafür Sorge tragen, daß *in jeder liturgischen Feier mit Gesang* die gesamte Gemeinde der Gläubigen *die ihr zukommende Teilnahme* auch zu leis-

---

[342] Deutsche Übersetzung zitiert nach LThK-Sonderband „Das Zweite Vatikanische Konzil. Konstitutionen, Dekrete, Erklärungen (lat./dt.) und Kommentare" Bd. 1 99 (Kursivsetzung: Jakob Johannes Koch).

[343] Deutsche Übersetzung zitiert nach LThK-Sonderband „Das Zweite Vatikanische Konzil. Konstitutionen, Dekrete, Erklärungen (lat./dt.) und Kommentare" Bd. 1 37 (Kursivsetzung: Jakob Johannes Koch).

ten vermag ..."[344]. Liest man die drei Artikel in einem Kontext, so ist damit Folgendes bedeutet: Mehrstimmige Kirchenmusik darf innerhalb der Liturgie nur dann erklingen, wenn dabei das Postulat der actuosa participatio berücksichtigt wird.[345] Dabei müssen die in Art. 30 aufgezählten Teile der Liturgie als Entfaltungsraum der aktiven Gemeindebeteiligung gewahrt bleiben. Die in Art. 116 hinsichtlich des liturgischen Stellenwertes der Polyphonie gebrauchte Formulierung „minime excluduntur" drückt dabei in ihrem semantischen Duktus unverkennbare Zurückhaltung aus.

Art. 16 der Instruktion „*Musicam sacram*" (1967) verbalisiert die Intention von „*Sacrosanctum Concilium*" noch eindrücklicher: „Nichts ist feierlicher und schöner in den heiligen Feiern, als wenn eine ganze Gemeinde ihren Glauben und ihre Frömmigkeit singend ausdrückt. Deshalb soll die tätige Teilnahme des ganzen Volkes ... eifrig gefördert werden. [...] bei Verwendung mehrstimmiger Musik können jedoch einige Gesänge des Volkes einem Sängerchor übertragen werden, *wenn nur das Volk von den anderen, ihm zukommenden Teilen nicht ausgeschlossen wird. Nicht zu billigen ist jedoch der Brauch, den ganzen Gesang des gesamten ‚Proprium' und des gesamten ‚Ordinarium' einem Sängerchor zuzuweisen und das Volk gänzlich von der Teilnahme am Gesang auszuschließen.*"[346] Zu Beginn des Art. 34 wird das Gesagte noch einmal mit anderen Worten wiederholt: „Wenn die Gesänge des sogenannten Ordinarium Missae mehrstimmig gesungen werden, können sie vom Sängerchor in der gewohnten Weise mit oder ohne Instrumentalbegleitung vorgertragen werden *unter der Voraussetzung, daß das Volk nicht gänzlich von der Teilnahme am Gesang ausgeschlossen wird.*"[347] Das Vereinbarkeitsproblem, wie es uns aus diesen beiden Äußerungen entgegentritt, betrifft ganz eindeutig die Tatsache, dass das wichtige Postulat der actuosa participatio im Falle der liturgischen „Aufführung" traditioneller mehrstimmiger Messen nicht im vollen Maße umgesetzt werden kann, da die Gemeinde währenddessen zwangsläufig in eine passive, d.h. rein rezeptive Rolle gedrängt wird. Durch die Formulierung „Probandus autem non est ..." (MS, Art. 16 c) wird mithin ein regelrechtes Verbot ausgesprochen, alle Teile des Ordinariums *und zugleich* des Propriums mit mehrstimmiger Musik auszugestalten. Das bedeutet nicht, dass innerhalb der Messliturgie gar keine vollständigen mehrstimmigen Ordinariumszyklen mehr gesungen werden dürfen, auch wenn MS fälschlicherweise oft so ausgelegt wird. Die auf einen prägnanten Nenner gebrachte Forderung von MS lautet vielmehr: Wenn chorische (und gegebenenfalls instrumentale) Mehrstimmigkeit beim Ordinarium, dann Gemeindegesang beim Proprium, wenn chorische (und gegebenenfalls instrumentale) Mehrstimmigkeit beim Proprium, dann Gemeindegesang beim Ordi-

---

[344] Deutsche Übersetzung zitiert nach LTHK-SONDERBAND „Das Zweite Vatikanische Konzil. Konstitutionen, Dekrete, Erklärungen (lat./dt.) und Kommentare" Bd. 1 97 (Kursivsetzung: Jakob Johannes Koch).

[345] Diese Aussage wird im Rekurs auf die zitierten SC-Artikel auch in Art. 10 der „*Richtlinien für die Feier der heiligen Messe in Gemeinschaft*" der deutschen Bischöfe (1965) rezipiert.

[346] Deutsche Übersetzung zitiert nach RENNINGS / KLÖCKENER (Rand-Nr. 748) 409 (Kursivsetzung: Jakob Johannes Koch).

[347] Deutsche Übersetzung zitiert nach RENNINGS / KLÖCKENER (Rand-Nr. 766) 413 (Kursivsetzung: Jakob Johannes Koch).

narium. Es sind selbstverständlich auch Mischformen möglich, etwa in der Weise, dass die einzelnen Gesänge des Propriums und Ordinariums abwechselnd mehrstimmig und als Gemeindegesang ausgeführt werden. Die erhebliche Einschränkung, welche MS gegenüber der vorkonziliaren Kirchenmusikpraxis mit sich brachte, besteht allerdings darin, dass in der Messfeier nicht mehr jede beliebige traditionelle mehrstimmige Messe des bislang kirchenamtlich gebilligten Repertoires erklingen soll. Art. 53 instruiert diesbezüglich: „Aus dem überlieferten Schatz der Kirchenmusik soll zunächst das hervorgeholt werden, *was den Bedürfnissen der erneuerten Liturgie entspricht* ...; das übrige schließlich, das mit dem Wesen und der angemessenen seelsorglichen Ausrichtung der liturgischen Feier *nicht in Einklang gebracht werden kann, soll nach Tunlichkeit in Andachtsübungen, besonders auch in selbständige Wortgottesdienste übernommen werden.*"[348] Hier sind die Gründe für die Unvereinbarkeit nicht mehr auf den Aspekt der actuosa participatio beschränkt, sondern die Formulierung „quae sacrae Liturgiae instauratae exigentiis respondeant" lässt indirekt erkennen, dass sich potentiell auch noch andere Inhalte der erneuerten Liturgie zu den traditionellen mehrstimmigen Messvertonungen inkompatibel erweisen könnten. Es wird darauf hingewiesen, dass gegebenenfalls auch konkrete pastoralliturgische Gegebenheiten gegen eine liturgische Verwendung des „Thesaurus musicae sacrae traditus" sprechen. Hierzu wären etwa Gegebenheiten wie die konkrete Befindlichkeit einer gottesdienstlichen Gemeinde (Altersstruktur, geistliche und kulturelle Bildungsstruktur, gegebenenfalls Struktur der nationalen Zugehörigkeiten etc.) oder spezielle liturgisch-praktische Erfordernisse (z.B. ortskirchliche bzw. lokale liturgische Spezifika) zu rechnen. Sollten sich also im Zusammenhang mit diesen pastoralliturgischen Faktoren eine Unvereinbarkeit ergeben, so wird als Konsequenz nahe gelegt, die betreffenden Kompositionen nicht mehr innerhalb der Messe zu verwenden, sondern nur noch innerhalb anderer Actiones liturgicae oder Sacra exercitia erklingen zu lassen.

Die bis dato jüngste Verlautbarung des Apostolischen Stuhles, welche die Vereinbarkeitsproblematik berührt, ist das im Jahre 1987 von der „Kongregation für den Gottesdienst und die Sakramentenordnung" an die Vorsitzenden der Bischofskonferenzen und nationalen Liturgiekommissionen gesandte Rundschreiben „*De concentibus in ecclesiis*" („*Concerti nelle chiese*"). Der betreffende Passus sei nachstehend zitiert: „Wenn die Kirchenmusik innerhalb eines Gottesdienstes aufgeführt wird, soll sie sich an dessen Eigenart anpassen. Dies verpflichtet nicht selten dazu, den *Gebrauch von Werken einzuschränken, die aus einer Zeit stammen, in der die tätige Teilnahme der Gläubigen an der Liturgie noch nicht als eine Quelle wahrhaft christlichen Geistes* (vgl. SC, n. 14; Pius X., Tra le sollecitudini) *angesehen wurde*. Dieser Wandel bei der Aufführung der Musikstücke ist ähnlich dem, der für andere Schöpfungen der Kunst im Bereich der Liturgiefeier vorgenommen wurde ... . Das bedeutete nicht Verachtung der Vergangenheit, sondern geschah um eines *wichtigeren Zieles* willen: der *tätigen Teilnahme der Versamm-*

[348] Deutsche Übersetzung zitiert nach RENNINGS / KLÖCKENER (Rand-Nr. 785) 419 (Kursivsetzung: Jakob Johannes Koch).

lung. Wenn damit nun manche Musikwerke in der liturgischen Feier *nur beschränkt Verwendung finden*, so können sie doch außerhalb des Gottesdienstes in kirchenmusikalischen Konzerten als ganzes dargeboten werden. [Art. 6]“[349] Diese Weisung stimmt im Wesentlichen mit den einschlägigen Artikeln von „*Musicam sacram*“ überein, dringt allerdings bezüglich der Erkenntnis des Problems weiter in die Tiefe vor. Während die früheren Verlautbarungen lediglich Symptomdiagnosen stellen, erklärt das Rundschreiben von 1987, *warum* die traditionellen Vertonungen liturgischer Texte von ihrer historischen Genese her gegen das Postulat der actuosa participatio verstoßen: Sie entstanden in einer Zeit, in welcher die Gemeindebeteiligung für den gültigen Vollzug eines Gottesdienstes nicht erforderlich war. Demnach hatte auch die musikalische Konzeption der vorkonziliaren Kirchenmusik keinerlei Rücksicht auf die gottesdienstliche Gemeinde zu nehmen. Damit ist der wesentliche Grund der Vereinbarkeitsproblematik genannt, nämlich die Spannung zwischen Produktions- und Rezeptionskontext. Wie vorher bereits Art. 53 von „*Musicam sacram*“, empfiehlt auch die Verlautbarung von 1987, die für die erneuerte Messliturgie ungeeigneten Vertonungen liturgischer Texte außerhalb der Messliturgie darzubieten.

Der Blick auf die obig aufgeführten konziliaren und nachkonziliaren kirchenamtlichen Verlautbarungen zeigt, dass das Problem der Vereinbarkeit von traditionellen mehrstimmigen Messen und erneuerter Liturgie durchaus nicht nur Zankapfel eines persönlichen Schlagabtausches zwischen Kirchenmusikern und Liturgen innerhalb einer kirchenmusikalischen „Insider-Szene“ ist, sondern letztlich alle liturgischen Subjekte auf solch grundlegende Weise betrifft, dass es der Apostolische Stuhl einer gesamtkirchlichen Thematisierung für wert befand. Daher erscheint es angebracht, nachfolgend die Einzelaspekte des Problems noch detaillierter zu explizieren.

3.4 Traditionelle mehrstimmige Messen in erneuerter Liturgie: Einzelaspekte des Problems

In diesem Kapitel sollen die Teilprobleme, welche der gegebenen Problemstellung zugrundeliegen, aufgezeigt werden. Das Wort „aufzeigen“ ist bewusst gewählt, denn es geht noch nicht um Lösungskonzepte, sondern um das sachliche Konstatieren des objektiv Widerständigen sowie des subjektiv als widerständig Empfundenen, welches sich im Umgang mit traditionellen mehrstimmigen Messen innerhalb der liturgischen Praxis herauskristallisiert. Um die Problematik nicht in der Weise eines Glasperlenspiels abzuhandeln, schien es geboten, zunächst auch die im einschlägigen Diskurs geäußerten *subjektiven* Thematisierungen der hier behandelten Problematik mit einfließen zu lassen. Diese bereits jetzt in „berechtigt“ und „unberechtigt“ zu kategorisieren wäre voreilig – während des weiteren Ver-

---

[349] Deutsche Übersetzung zitiert nach SEKRETARIAT DER DEUTSCHEN BISCHOFSKONFERENZ 8 (Kursivsetzung: Jakob Johannes Koch).

laufes der vorliegenden Abhandlung wird sich eine solche Qualifizierung aufgrund der Faktenlage vielmehr von selbst ergeben.

Der Frage, wie das Vereinbarkeitsproblem zu bewältigen sei, muss notwendigerweise die Frage nach seiner Artung und deren vielschichtiger Struktur vorausgehen. Der eigentliche Lösungsansatz wird hingegen erst in Kapitel 4 „Die Methode der doppelten Werkkontextualisierung, aufgewiesen am Beispiel der traditionellen mehrstimmigen Messe. Ein Lösungsangebot“ (Seite 119-190) angeboten. Einige Teilaspekte werden überdies im abschließenden Kapitel 6 „Impulse und Perspektiven“ (Seite 425-436) im Sinne einer Abrundung und einer Anregung zum Weiterdenken aufgegriffen.

3.4.1 Spannung zwischen musikalisch-ästhetischen und liturgietheologischen Intentionen

Kirchenmusik im Allgemeinen wie die traditionelle mehrstimmige Messe im Speziellen befindet sich im Wirkungsbereich zweier Pole, von deren jedem sie so weit wie möglich zu vereinnahmen versucht wird. Zwei unterschiedliche Kraftfelder zerren gleichsam an ihr und es gehört somit zu ihrem Wesen, sich in einem permanenten Spannungszustand zu befinden. Die beiden Pole, von denen hier die Rede ist, sind einerseits der musikalisch-ästhetische Anspruch einer werktextgetreuen Interpretation und andererseits der liturgietheologische Anspruch einer Dienstbarkeit gegenüber den Erfordernissen gottesdienstlichen Feierns. Aus der Perspektive des ersten Poles gilt: Bei der Musica sacra handelt es sich primär um Musik, alle anderen Interessen haben sich diesbezüglich unterzuordnen. Aus der Sicht des zweiten Poles steht fest: Musica sacra ist primär ein Teil der Liturgie, welcher alle musikalischen Belange in Demut dienstbar sein müssen. Isoliert betrachtet, ist jeder Pol für sich nachvollziehbar. In der Tat kann nicht geleugnet werden, dass die traditionelle mehrstimmige Messe von ihrem Urheber genuin gemäß den ästhetischen Gesetzmäßigkeiten der Musik konzipiert ist. Sie liegt uns zunächst ja nur in der Form des Werktextes vor und ist demgemäß ein potentielles Schallereignis, das sich in seiner an den werktextlichen Vortragsbezeichnungen orientierten Aktuierung durch die musikalischen Hauptmerkmale Melos, Rhythmus, Harmonie und Dynamik konstituiert. Das Opus in seiner Verklanglichung realisieren zu können, setzt unweigerlich voraus, dass Interpreten und/oder Interpretinnen vorhanden sind, welche die werktextlichen Vortragsbezeichnungen in das vom Urheber intendierte Schallereignis umzusetzen befähigt sind. Es lässt sich also festhalten: Ohne einen musikalischen Werktext und ohne die ihn verklanglichenden musikalisch-performativen Interpreten/Interpretinnen wäre die „traditionelle mehrstimmige Messe“ als liturgisch disponible Größe überhaupt nicht vorhanden. Andererseits steht ebenso unumstößlich fest, dass das musikalische Genre der „Messe“ ohne den konstitutiven Bezug zu seinem eigentlichen Ursprungsort seines eigentlichen Sinnes entriete: Die formale Struktur, der vertonte Text, der im Wort-Ton-Verhältnis realisierte theologische Symbolkanon und das spezifisch sakrale Ausdrucksidiom sind aus der Messliturgie gezeugt und nur im Rekurs auf sie verständlich. Die mehrstimmige Messe gibt es als musikalische Gattung nur deshalb, weil sich ein kompositorischer Gestaltungswille bewusst den Vorgaben des christlichen Kultes anpaßte. Folglich bedarf auch ihre performative Aktuierung der Anpassung an die Belange der Liturgie, um der Gattungsbezeichnung voll gerecht zu werden. Da also sowohl der musikalisch-ästhetische als auch der liturgietheologische Anspruch der traditionellen mehrstimmigen Messe je für sich genommen berechtigt sind, aber eben jeder gegenüber dem Anderen eine gewisse Dominanz zu behaupten trachtet, stellt sich die Frage, wie diese beiden Ansprüche miteinander harmonisiert werden können.

Aus dem Gesagten geht hervor, dass wir es hier mit einem ersten nicht unerheblichen Teilproblem der übergreifenden Gesamtproblematik zu tun haben. Dieses ergibt sich vor „ ... dem Hintergrund des Spannungsverhältnisses zwischen der kirchlich geregelten Liturgie mit ihren Texten und rituellen Vollzügen einerseits und der darin eingebundenen Kirchenmusik mit autonomem künstlerischem Anspruch und einer dementsprechenden Tendenz zum Absoluten andererseits. Ein solches Spannungsverhältnis kann sich fruchtbar auswirken, unterliegt aber auch leicht der Gefahr zur einen oder anderen Seite hin aufgelöst zu werden. Dies kann zu einer Entleerung des künstlerischen Gehalts der Kirchenmusik oder aber zu einer Umfunktionierung der Liturgie führen."[350] In praxi wird Letzteres etwa darin deutlich, dass sich die Interpreten und Interpretinnen der traditionellen mehrstimmigen Messe nicht selten mehr als Aufführende denn als Mitfeiernde betrachten. Dies mag teilweise auch an einer inneren Einstellung liegen, welche a priori der Musik einen höheren Rang als der Liturgie einräumt, hat aber wohl meist einen anderen Grund: Die stimm- und instrumentaltechnischen Anforderungen eines anspruchsvollen Werktextes bedürfen zu ihrer adäquaten Bewältigung einer derart hohen mentalen Konzentration, dass das außermusikalische, d.h. liturgische Geschehen des Gottesdienstes oft nicht mehr wahrgenommen werden kann. Überdies stellt die Aufführung eines kompositorisch komplexen Opus auch innerhalb der Liturgie für die Ausführenden eine gewisse Stresssituation dar. Der Leistungsdruck als Wille zur Perfektion bedeutet mitunter eine enorme psychische Belastung, die für die Interpreten und Interpretinnen ein subjektives Zurücktreten der liturgischen Feier ebenfalls mitbedingt. Auch hinsichtlich der zuhörenden Gemeinde lässt sich die Spannung zwischen musikalisch-ästhetischem und liturgischem Anspruch exemplifizieren. Es „ ... besteht die Gefahr, daß der eine oder andere Gottesdienstbesucher eine feierlich gestaltete Eucharistiefeier mit Gesang des Meßordinariums ... allein wegen der Musik besucht und den ‚Rest' als Rahmen für die Musik in Kauf nimmt. Dieser Fall des Konzertbesuchers stellt natürlich nicht die Regel dar, kommt aber durchaus vor wie Kirchenmusiker gerne bestätigen werden. [... .Eine weitere] Gefahr liegt ... bei der versammelten Gemeinde selbst, die sich allzuleicht dem Berieselungseffekt hingeben kann und sich von schöner Musik gewissermaßen berauschen läßt."[351] Der hier geschilderten Verabsolutierung des rein Musikalischen steht aber bisweilen auch eine Nichtachtung der Musik seitens der Vorsteher des Gottesdienstes und sonstiger liturgisch

---

[350] GERHARDS, Der liturgische Grund der Palestrina-Renaissance im 19. Jahrhundert 181.
[351] MÜLLER (Frank) 508.

Verantwortlicher gegenüber. Hier ist beispielsweise die teilweise anzutreffende Ignorierung von Art. 32 der Instruktion „*Inter Oecumenici*" zu nennen, denn noch immer werden von einigen Zelebranten alle Ordinariumstexte zur entsprechenden Vertonung duplizierend privatim mitgesprochen (sog. „Stille Rezitation"), wodurch der vollen liturgischen Gültigkeit der Messvertonung nicht Rechnung getragen wird.[352] Letzteres wird ebenfalls deutlich durch die Gepflogenheit mancher Liturgen, auch im Falle der mitkomponierten Intonation die jeweilige Intonation trotzdem zusätzlich anzustimmen. Es wird außerdem fast immer versäumt, individuelle musikalisch-symbolische Gestaltungselemente des in der Messvertonung verwirklichten Wort-Ton-Verhältnisses, welche sich hervorragend zur Ausdeutung bestimmter Aspekte der Tagesliturgie eignen würden, in der Homilie aufzugreifen oder auch nur eine kurze Einführung in die Messkomposition zu geben. Es fehlt dabei offenbar der Sensus dafür, dass die homiletische Verknüpfung einer Werkeinführung mit Schrifttexten oder liturgisch-mystagogischen Erläuterungen zu spirituellen Evidenzerlebnissen führen könnten, die sonst in dieser Weise nur schwer zu bewirken sind.

Die aufgeführten Beispiele lassen erkennen, dass die liturgische Aufführung traditioneller mehrstimmiger Messen in der Tat zu einer polaren Spannung zwischen musikalisch-ästhetischem und liturgietheologischem Anspruch führt, welche sich häufig aufgrund vereinseitigender Absolutsetzung des jeweiligen Poles zu einem konträren Gegensatz verhärtet.

3.4.2 Missverhältnis der Proportionen und Akzentuierungen

Die Liturgie der Messe hat von ihrer genuinen Gestalt her einen „dramaturgischen" Charakter und es ist eine wesentliche Zielsetzung erneuerter Liturgie, diesen auszuschöpfen. Das Verhältnis von Wort, Musik, ritueller Entfaltung, Raumgestalt und Phasen der Stille muss in sich stimmig sein. Es gibt Feier-Elemente, welche aufgrund ihrer theologischen Dichte besonders hervorgehoben und als Höhepunkte kenntlich gemacht werden müssen (Kernriten). Daneben gibt es Feier-Elemente, die auf Kernriten hinführen bzw. diese ausdeuten. Damit die Höhepunkte auf eine adäquate Weise zur Geltung kommen können, müssen die vor- und nachbereitenden Elemente entsprechend weniger festlich gestaltet werden. Richtete man sich nun – ungeachtet der Frage nach der Praktikabilität – ausschließlich nach den inneren Gesetzen dieser liturgischen Dramaturgie, so wäre die logische Konsequenz, sich etwa auch beim Einsatz des Gestaltungsmittels Gesang auf die Kernriten (Evangelium, Hochgebet) zu konzentrieren.

---

[352] Die einzige Ausnahme, wo die duplizierende Privatim-Rezitation vom theologischen Aspekt her sinnvoll erscheint, ist das Sanctus-Benedictus (siehe hierzu die „*Richtlinien für die Feier der heiligen Messe in Gemeinschaft*" der deutschen Bischöfe [1965], Art. 11), da dieses ein Teil des eucharistischen Hochgebetes ist und hier überdies die gemeinsame Teilnahme *aller* in der Feier Versammelten an der himmlischen Liturgie realsymbolisch zum Ausdruck kommen soll. Dabei geht es aber nicht darum, dass das Sanctus-Benedictus ohne das Mitsprechen des Zelebranten keine liturgische Gültigkeit besäße, sondern einzig um den liturgietheologischen Zeichencharakter.

Betrachtet man nun die traditionelle mehrstimmige Messe, so fällt auf, dass sie den dargelegten dramaturgischen Richtlinien meist regelrecht zuwiderläuft: Indem die vor- und nachbereitenden Feier-Elemente prononciert betont werden, können sich die Kernriten demgegenüber nicht mehr in der nötigen Weise als Höhepunkte abheben – der ursprüngliche Spannungsbogen wird nivelliert. Dies soll nachfolgend noch näher erläutert werden.

Bereits beim Eröffnungsteil (bis einschließlich zur Oratio collecta) werden die üblichen Proportionen eklatant verschoben: Liturgisch gesehen ist die Eröffnung eher untergeordnet. Musikalisch wird sie jedoch zu einem gewichtigen Hauptteil hochstilisiert. Der solchermaßen bereits in der Kyrie-Vertonung begonnene Spannungsbogen wird im anschließenden Gloria zu einem ersten herausragenden Höhepunkt gesteigert.[353]

Der spätestens seit der Liturgiereform wieder hochbedeutsame Wortgottesdienst (als „Tisch des Wortes" ein ebenbürtiges Gegenüber zum „Tisch des Brotes") findet musikalisch gesehen überwiegend keine Beachtung. Lediglich das Credo, das gesprochen nur etwa zwei Minuten in Anspruch nimmt, wird zum kirchenmusikalischen Mittelpunkt des mehrstimmigen Ordinariumszyklus erhoben, indem es in subjektiv deutender Anamnese der trinitarisch ausgedeuteten Heilsgeschichte als dramatisch durchstrukturierter Monumentalsatz gestaltet wird. In der breiten, detaillierten Ausfaltung der einzelnen heilsökonomischen Aspekte antizipiert es in gewisser Weise die liturgische Anamnese des eucharistischen Hochgebetes und lässt Letztere aufgrund des proportionalen Missverhältnisses untergeordnet erscheinen.[354]

Während der eigentlichen Eucharistiefeier (vom Offertorium bis zur Postcommunio) wird die zentrale Mitte der gesamten Liturgie, das eucharistische Hochgebet, überdeckt und verfremdet, da dieses liturgische Kernstück zum Teil von subjektiv deutenden Ordinariumskompositionen interferiert wird. Indem in der Sanctus-Vertonung der Vorausblick in die himmlische Herrlichkeit betont und in der Benedictus-Vertonung der im eucharistischen Sakrament sich real vergegenwärtigende Christus begrüßt wird (oft im pastoral gefärbten musikalischen Bild des Weihnachtsgeschehens), findet eine subjektiv-theologische Akzentverschiebung statt, die sich mit den ursprünglichen Aussagen der besagten Ordinariumsteile nicht mehr restlos deckt. Überdies droht eine im Vergleich zum gesamten Hochgebet überproportioniert lange Sanctus-Vertonung die Einheit des eucharistischen Hochgebetes zu sprengen. Durch die Überbetonung des hymnischen Charakters wird die akklamatorische Funktion des Sanctus in vielen Vertonungen zumeist in den Hintergrund gedrängt.[355]

Die Vertonung des Agnus Dei, welche von ihrer genuinen Funktion her den Akt der Brotbrechung begleiten soll, ist hinsichtlich der heute nur noch kurz währenden Dauer des Brotbrechens als großes musikalisches Finale meist zu ausladend proportioniert. Mit dem Schlussakkord dieses Satzes ist dann die Ordinariums-

---

[353] Vgl. hierzu etwa auch PACIK, Probleme des „Hochamts" 165.
[354] Vgl. HARNONCOURT, Die liturgische und apostolische Sendung der Musica Sacra 65.
[355] Vgl. etwa RENNINGS, Gottesdienst im Geist des Konzils 264 f. sowie PACIK, Probleme des „Hochamts" 167.

vertonung beendet. Die Kommunion hingegen, die ja schon von der etymologischen Provenienz des Wortes her signalisiert, dass sich hier in besonderer Weise eine Mahlgemeinschaft konstituieren will, in welcher sich der durch Christus gestiftete neue Bund in der Communio der Glieder des einen Leibes Christi realisiert, bleibt in der musikalischen Ausdeutung weitgehend unbeachtet.

Aber auch abgesehen von den aufgezeigten Eigenheiten der traditionellen mehrstimmigen Ordinariumskomposition, welche durch den Werktext faktisch vorgegebenen sind, lassen sich innerhalb der Messliturgie häufig dramaturgisch inadäquate Gepflogenheiten feststellen, welche wohl auf unreflektierte Gewohnheit zurückzuführen sind. So erscheint es von der Theologie der Messe her fragwürdig, das Sanctus als festliche mehrstimmige Vertonung erklingen zu lassen, die Gesangsteile des Hochgebetes aber zu sprechen; oder aber, das Kyrie aufwändig zu musizieren und demgegenüber das Evangelium nur zu sprechen.[356] Aus diesem in manchen Messfeiern vorhandenen Übergewicht der mehrstimmigen musikalischen Gestaltung gegenüber den anderen liturgischen Zeremonien, Riten und Texten entsteht nicht selten der Eindruck, es handele sich dabei um ein „Kirchenkonzert mit liturgischer Präsenz“[357] bzw. ein „Konzert mit Meßbegleitung“[358]. Es ist diesbezüglich jedoch zu beachten, dass das aufgezeigte Problem nicht nur ein Problem der Musik ist, sondern auch eines der Konzeption und konkreten Gestaltung eines Gottesdienstes. „Anhand der Musik fallen Defizite der anderen liturgischen Gestalten erst recht auf ... . Wird nun einem reichen musikalischen Geschehen am Chor ein kärgliches Tun an Ambo und Altar und womöglich nichts in der Gemeinde gegenübergestellt, so ist Kritik durchaus angebracht.“[359] Wenn traditionelle mehrstimmige Messen mit der heutigen Liturgie unvereinbar erscheinen, liegt dies folglich zum Teil auch daran, dass aufgrund mangelnder Koordination zwischen kirchenmusikalisch Tätigen und liturgisch Verantwortlichen sowie aufgrund unterentwickelter liturgiepraktischer Sensibilität die Erfordernisse und Chancen liturgischer Dramaturgie nicht genügend berücksichtigt werden.

3.4.3 Lateinische Sprache versus Volksprache

Ein weiteres Teilproblem ergibt sich aus der Sprache des in der traditionellen mehrstimmigen Messe vertonten Textes. Diese ist bei dem größten Teil des vorkonziliaren Messenrepertoires die Kirchensprache des Westens, nämlich *Latein*. Der Gebrauch der lateinischen Sprache wurde in SC, Art. 36 § 1 für die Liturgie grundsätzlich weiterhin festgeschrieben, allerdings mit der den nationalen bischöflichen Kollegialorganen zugestandenen Option, diesbezüglich auch anders zu entscheiden (§ 2-3). Von dieser punktuellen konziliaren Bestimmung her befindet sich also die liturgische „Aufführung“ lateinischer mehrstimmiger Messvertonungen in keinem Widerspruch zu den Richtlinien erneuerter Liturgie. Das Problem

---

356 Vgl. HILDENBRAND 205.
357 URSPRUNG 219.
358 PRASSL, „Entkleidet den Katholicismus nicht seiner Kunstgewänder!" 135.
359 PRASSL, Orchestermessen in der heutigen Liturgie 317.

der Vereinbarkeit ergibt sich vielmehr erst aus dem größeren Kontext von „*Sacrosanctum Concilium*“. Die zentrale Forderung einer actuosa participatio der Gemeinde wird dort u.a. folgendermaßen entfaltet: „So richtet die Kirche ihre ganze Sorgfalt darauf, daß die Christen diesem Geheimnis des Glaubens [sc. Feier der Eucharistie] nicht wie Außenstehende ... beiwohnen; sie sollen vielmehr durch die Riten und Gebete dieses Mysterium wohl verstehen lernen und so die heilige Handlung bewußt, fromm und tätig mitfeiern, sich durch das Wort Gottes formen lassen ...“[360] (SC, Art. 48). In diesem Zusammenhang aber erweist sich die Sprache der Riten und Gebete als überaus bedeutsamer Faktor. Wenn diese nämlich dazu verhelfen sollen, das liturgische Mysterium in seinem inneren Wesen zu verstehen (bene intellegere), müssen sie logischerweise in einer Sprache vorgetragen werden, welche die Muttersprache der Gläubigen oder eine gleichermaßen geläufige Sprache ist. Anderenfalls blieben die Gläubigen Außenstehende, womit ein unbestreitbarer Widerspruch zum Anliegen der erneuerten Liturgie bestünde.

Dieser Widerspruch aber muss bei objektiver Betrachtung für die Gegenwart konstatiert werden, denn der größte Teil der Christen innerhalb der nicht-romanischen Länder versteht heute die lateinische Sprache nicht einmal mehr im Ansatz. Dies soll anhand einiger objektiver Daten wenigstens für Deutschland belegt werden. Im Schuljahr 1996/97 erhielten in der Bundesrepublik Deutschland circa 640.000 Schüler/-innen Lateinunterricht.[361] Bei einer bundesweiten Gesamtschülerzahl von 10.069.000 (ebenfalls Schuljahr 1996/97)[362] lernten demnach *nur 6,36 %*[363] aller Kinder und Jugendlichen, welche eine Allgemeinbildende Schule besuchten, die Fremdsprache Latein. Rein rechnerisch gäbe es demnach derzeit in Deutschland insgesamt 2.834.447 lateinkundige Menschen. Dies sind *lediglich 3,46 %*[364] *der deutschen Gesamtbevölkerung*, wobei diese Prozentangabe sogar als Maximum anzusehen ist.[365]

Dass Latein vom Großteil der normalen gottesdienstlichen Gemeinde in den nicht-romanischen Ländern nicht verstanden wird, ist nicht erst heute, sondern

---

[360] Deutsche Übersetzung zitiert nach LTHK-SONDERBAND „Das Zweite Vatikanische Konzil. Konstitutionen, Dekrete, Erklärungen (lat./dt.) und Kommentare“ Bd. 1 51 f.
[361] Vgl. DEUTSCHER ALTPHILOLOGENVERBAND 4.
[362] Vgl. BARATTA 232.
[363] Ungerundet: 6,35614261595 %.
[364] Ungerundet: 3,456130079829 %.
[365] Da 1996/97 nur 6,36 % aller Kinder und Jugendlichen, welche eine Allgemeinbildende Schule besuchten, die Fremdsprache Latein lernten (die äußerst geringe Anzahl an außerschulisch Studierenden, welche Latein als Anfänger neu erlernen, ist hier vernachlässigbar), wurden bei gleichzeitig 598.871 Schulabgängern (Vgl. HARENBERG 10 f.) folglich lediglich 38.065 lateinkundige Schüler/-innen in die Gesellschaft entlassen. Rechnete man diese jährlich „Emission“ lateinkundiger Schülerinnen und Schüler auf 57,65 Lebensjahre hoch (= Differenz zwischen der derzeitigen durchschnittlichen Lebenserwartung in Deutschland und dem durchschnittlichen Schulabgangs-Alter Latein lernender Schüler/-innen), so würden in diesem Zeitraum insgesamt 2.194.447 lateinkundige Menschen in die Gesellschaft entlassen. Bei einer Addition aller jeweils aktuell Latein lernenden Menschen mit allen bereits im Lateinischen Ausgebildeten käme man mithin auf insgesamt 2.834.447 lateinkundige Menschen innerhalb Deutschlands. Dies sind *lediglich 3,46 % der deutschen Gesamtbevölkerung* (1996: 82.012.162. Vgl. BARATTA 229). Da überdies feststeht, dass der Anteil Latein lernender Schüler/-innen an der Gesamtschülerzahl vor 1996 durchschnittlich auf jeden Fall weniger als 6,36 % war, ist der genannte Anteil lateinkundiger Menschen an der deutschen Gesamtbevölkerung als Maximum anzusehen.

bereits seit dem ausgehenden Frühmittelalter der Fall. Europaweit wurde die fortan tote Sprache nur noch von einer sehr dünnen Schicht Hochgebildeter verstanden.[366] Diese Gegebenheit wurde aber hinsichtlich der Liturgie solange nicht als Missstand empfunden, wie die gottesdienstliche Gemeinde vom eigentlichen liturgischen Geschehen abgesondert war. Die Gläubigen hatten aus der Not eine Tugend gemacht und beteten spätestens seit dem 15. Jahrhunderts parallel zur Messe ihre eigene, von den lateinischen Texten der objektiven Liturgie unabhängige volkssprachliche Paraliturgie. Das Zweite Vatikanische Konzil aber lenkt nun bewusst die Aufmerksamkeit des gläubigen Kirchenvolkes auf die Riten und Gebete der objektiven Actio liturgica. Werden diese teilweise – wie im Falle der traditionellen mehrsimmigen Messvertonung – weiterhin in lateinischer Sprache vorgetragen, so wird das Problem mit einem Mal wieder evident: Die Verwendung lateinischer Texte und Gesänge innerhalb der Messe ist aufgrund der verbreiteten Latein-Unkundigkeit mit dem Postulat eines inneren Mitvollzuges der Gemeinde kaum vereinbar. Bislang wurde in dieser Debatte von den Befürwortern des lateinischen Ordinariums stets das Argument ins Feld geführt, die semantischen Inhalte der einzelnen Ordinariumsteile seien den praktizierenden Katholiken ja hinreichend bekannt. Dem ist entgegenzuhalten, dass die Ordinariumstexte (vor allem Gloria und Sanctus) heute nur noch selten in der *wortgetreuen* volkssprachlichen Übersetzung des authentischen Wortlautes des Graduale/Missale Romanum gebetet bzw. gesungen werden, sondern meistens in mehr oder weniger freien Ordinariumsparaphrasen. Wenn an Sonntagen und Hochfesten zwar das Credo in der wortgetreuen Übersetzung gesprochen wird, so zieht man (seit 1974) dem Nicaeno-Constantinopolitanum häufig das kürzere Symbolum Apostolicum vor. Insofern lässt sich auch nicht behaupten, dass etwa der Inhalt des Nicaeno-Constantinopolitanums, welches ja der Credo-Text aller traditioneller mehrstimmiger Vertonungen ist, heute jedem Katholiken ad verbum geläufig sei.

Das hier aufgezeigte Problem hat noch eine weitere Facette, welche es zu erwähnen gilt. Diese betrifft nicht die heutige Unkenntnis der toten Sprache Latein als grammatikalisches System, sondern die Verständlichkeit des sprachlich-*semantischen* Duktus der Ordinariumstexte. Es geht also nicht nur um die Langue, sondern auch um die Parole. „Tatsächlich haben sich manche Hoffnungen nicht erfüllt, die viele in die mehr oder weniger ausschließliche Verwendung der Muttersprache im Gottesdienst gesteckt hatten. ‚Verstehen' der Liturgie ist durch eine bloße Übersetzung altehrwürdiger Texte noch nicht gewährleistet."[367] Damit ein muttersprachlicher Text wirklich *volkssprachlich* wird, genügt nicht seine lexikalische und grammatikalische Korrektheit, sondern eine an der „Parole" orientierte Kongruenz mit der aktuellen Denkweise, Mentalität, Emotionalität sowie Kommunikations- und Interaktionsweise der Gegenwart. Von daher stellt sich die bedenkenswerte Frage, ob dem normalen Gläubigen heute z.B. damit geholfen ist, „unigenitus" mit „eingeboren", „Genitus, non factus" mit „gezeugt, nicht geschaf-

---

366 Vgl. KINDERMANN 660.
367 GERHARDS, Theologische Aspekte des volkssprachlichen Gottesdienstes 141. Vgl. ähnlich auch BLIJLEVENS 287.

fen", „consubstantialis Patri" mit „eines Wesens mit dem Vater" etc. zu übersetzen. Dass die hier exemplarisch angeführten Formulierungen fundamentaler christlicher Glaubenswahrheiten theologisch so überaus komplex sind, schlägt sich in ihrem sprachlichen Duktus nieder. Die menschliche Sprache erreicht hier teilweise einen Abstraktionsgrad, der sie gleichsam zu einem Code komprimiert, welcher nur decodierbar ist, wenn man um die dogmengeschichtliche Genese des Glaubensbekenntnisses weiß und ein fundiertes systematisch-theologisches Fachwissen besitzt. Der heutige normale katholische Gläubige verfügt weder über das Erstere noch über das Letztere. Somit lässt sich das Problem „Lateinische Sprache versus Volksprache" hinsichtlich des dargelegten Aspektes auch mit „Theologisches Idiom versus Volkssprache" umschreiben. Es wird diesbezüglich mitunter der Hinweis geäußert, dass das Nicaeno-Constantinopolitanum von seiner historischen Genese her auch als künstlerisch-ästhetisches Sprach-Gebilde betrachtet werden müsse, bei welchem es nicht so sehr um das punktuelle Verstehen der einzelnen Glaubenssätze, sondern eher um das intuitive Erfassen des Symbolums als mystisch-realsymbolisches Ganzes gehe. Ob ein solches Verständnis dem heutigen pastoralliturgischen Anspruch, d.h. dem Verlangen der Gläubigen nach einer Liturgie, deren Texte unter Ermöglichung eines *verstehenden* Mitvollzuges ihr konkretes Leben tangieren, entspricht, erscheint aber doch wohl eher fraglich.

3.4.4 „Musik gegen Geld" – Divergenz zwischen musiksoziologischem Immanenzbezug und spirituellem Transzendenzbezug

Das hier aufzuzeigende Teilproblem ist zwar eher speziell geartet, wird aber doch im Zusammenhang mit der liturgischen Aufführung traditioneller mehrstimmiger Messen immer wieder kontrovers und mit einem hohen Maß an Emotionalität diskutiert: Es geht um die Frage, ob es mit der Würde und spirituellen Dimension der Liturgie vereinbar sei, in ihr Messvertonungen „aufzuführen" , welche unter der Forderung monetärer Gegenleistungen komponiert wurden und heute überdies von Musikern interpretiert werden, welche ebenfalls für ihr Tun finanziell entlohnt werden. Tatsächlich lässt sich nicht leugnen, dass etwa Giovanni Pierluigi da Palestrina, Hans Leo Haßler, Joseph Haydn, Wolfgang Amadeus Mozart – um nur einige prominente Beispiele zu nennen – es bei der Entstehung zumindest eines Teiles ihrer Messvertonungen durchaus nicht an Gespür für den materiellen Gegenwert ihrer Arbeit mangeln und sich dementsprechend beachtlich vergüten ließen. Während dies als historisches Faktum gelten kann, ist es jedoch nicht mehr eruierbar, inwieweit materielle Gründe eventuell sogar das *initiale Movens* für die Genese einer Ordinariumskomposition gewesen sein könnten. Aber gerade an dieser Mutmaßung entzünden sich oft die Gemüter. Denn träfe der genannte hypotetische Fall zu, dann wäre – so die Argumentation – der Gedanke unerträglich, dass einerseits die Vertonung einiger der traditionsreichsten und ehrwürdigsten Texte der Liturgie nur ein missbräuchliches Vehikel zu einem dinglich-profanen Zweck war, damit aber andererseits der aufrichtige Glaube der heutigen gottesdienstlichen Gemeinde stellvertretend verkündet werden soll.

Die Bedenken richten sich aber wie gesagt nicht nur auf Vergangenes, sondern auch auf die heutige liturgische Aufführungspraxis mehrstimmiger Messvertonungen. Während als Ausführende bei Werken der altklassischen Vokalpolyphonie und schlichten, allenfalls von einem Kirchentrio begleiteten Kurzmessen in der Regel noch Laien bzw. Amateure ausreichen, deren Motivation einzig in ihrer Musikbegeisterung sowie im praktizierten Glaubensleben besteht und die ihr musikalisches Tun demzufolge unentgeltlich verrichten, kann die Kirche bei anspruchsvolleren Orchestermessen die Interpreten und Interpretinnen nicht mehr aus den eigenen Reihen rekrutieren: Sie bedarf professioneller oder zumindest bewährter semiprofessioneller Musiker/-innen, welche zur Kirche oder zumindest zur betreffenden Pfarrei meist keine persönliche Beziehung haben. Diese zur Mitwirkung bei einer gottesdienstlichen Aufführung zu motivieren, wird daher erfahrungsgemäß nur dann gelingen, wenn ein entsprechendes Honorar in Aussicht gestellt wird. Hauptberufliche Musiker/-innen betrachten solche kirchenmusikalischen Engagements meist nur als Gelegenheit zu einer verhältnismäßig dankbaren Nebeneinnahme. Im Musikerjargon bildete sich für diese Art des Gelegenheits-Engagements die Bezeichnung „*Musik gegen Geld*" heraus, welche üblicherweise nur in der Abkürzung „*Mugge*" verwendet wird.

Die Einwände, die demgegenüber nun geltend gemacht werden, verhalten sich analog zu denjenigen, die oben bereits hinsichtlich der Komponisten aufgezeigt wurden. Emphatisch-polemisch wurden sie bereits im Jahre 1933 von dem schon erwähnten Richard Beron geäußert: „Was ist denn der Chor der Kirchensänger? ... Ist er eine Sängergilde, deren Mitglieder sich darin gefallen, möglichst oft als Solisten zu glänzen und ihre Namen in der Zeitung gedruckt zu finden? Sind es erlesene Künstlerkreise, die (bisweilen ohne überhaupt katholisch zu sein!) gegen ein nicht gar zu mageres Honorar mit allen möglichen und unmöglichen lärmenden Instrumenten die sieben-, acht- und mehrstimmigen ‚Festaufführungen' begleiten, nicht zur Erbauung, sondern zur Zerstreuung der gläubigen und wirklich betenden Christen? Wo bleibt die Heiligkeit und Weihe des Levitendienstes ...? Wo bleibt hier die kultische Bezogenheit ..., wo der Geist gemeinschaftlichen Opferns ...?"[368] Der scharfe Ton dieser Worte muss freilich verstanden werden auf dem Hintergrund der radikalen Neubesinnung der Liturgischen Bewegung, welcher Beron nahe stand. Sein Anliegen einer nur durch den selbstlosen Dienst am Kult motivierten Kirchenmusik findet sich gleichwohl auch in den Verlautbarungen des Zweiten Vatikanums wieder. So benennt etwa die Konstitution „*Sacrosanctum Concilium*", Art. 112 als das einzige Ziel der Musica sacra „die Ehre Gottes und die Heiligung der Gläubigen"[369]. Damit erscheint also auch in Bezug auf die erneuerte Liturgie der kommerzielle Aspekt kirchenmusikalischer Tätigkeit weiterhin problematisch. Im Grunde ist die hier gegebene Problematik zugleich auch eine Facette der bereits oben dargelegten Spannung zwischen musikalisch-ästhetischen und liturgietheologischen Intentionen. Exemplarisch lässt sich dies anhand der Aufzeichnung einer Diskussion im Rahmen eines kirchenmusikali-

---

[368] BERON, Liturgie oder Konzert? 138 f.

[369] Deutsche Übersetzung zitiert nach LTHK-SONDERBAND „Das Zweite Vatikanische Konzil. Konstitutionen, Dekrete, Erklärungen (lat./dt.) und Kommentare" Bd. 1 95.

schen Symposiums im Jahre 1989 verifizieren. *Hansjakob Becker* (* 1938) äußerte sich dort als Vertreter der *Liturgiewissenschaft* über bezahlte Interpreten gottesdienstlicher Musik folgendermaßen: „Und daß diese nun zufällig Glaubende, auch innerlich glaubende Christen sind, das ist nun der seltene Glücksfall ... Da kommen Menschen zusammen, um das Gedächtnis des Herrn zu feiern, und dann organisieren sie das so, daß einige von außen kommen, und die bekommen dafür, daß sie das Gedächtnis des Herrn feiern, Geld. Das ist eine schwierige Sache."[370] Als Vertreter der *Musikwissenschaft* entgegnete *Hubert Johannes Unverricht* (* 1927): „Zu glauben, daß die Kirchenmusik umsonst sei, ist ein Irrtum – und, daß honorierte Kirchenmusik nicht mehr Kirchenmusik sei, ist eine Fehlkonstruktion."[371] Die Emotionsbeladenheit des Themas mag in gewisser Weise verständlich werden, wenn man beispielsweise auf den Emporen deutscher Gotteshäuser mitunter erlebt, wie Orchestermusiker sich zwischen den einzelnen Ordinariumssätzen der Lektüre belletristischer Literatur hingeben, wie das Honorar bereits unmittelbar nach dem Agnus Dei an Solisten oder Instrumentalisten ausbezahlt werden muss, da diese bereits zu ihrem nächsten Engagement aufbrechen oder wie während der Kommunion Kontonummern und Quittungen ausgetauscht werden.[372] Da die Kirche zur Verwirklichung des auch theologisch begründbaren Anspruches auf eine möglichst makellose Kultmusik professioneller Ausführender ohne Zweifel dringend bedarf, besteht hier in der Tat ein Problem, welches im Zusammenhang mit der traditionellen mehrstimmigen Messe eine ungebrochene Aktualität und Brisanz besitzt.

3.4.5 Passivität der Gemeinde versus Actuosa-participatio-Postulat

Im ersten Kapitel („Die traditionelle mehrstimmige Messe") der vorliegenden Publikation wurde die historische Genese des Ordinarium missae ausführlich beschrieben. Dabei wurde deutlich, dass bei den fünf Teilen des Ordinariums, Kyrie, Gloria, Credo, Sanctus und Agnus Dei, ursprünglich eine aktive Gemeindebeteiligung selbstverständlich war, dass Letztere aber zunächst durch die zunehmende Klerikalisierung der Liturgie sowie auch durch das spätere Aufkommen der Mehrstimmigkeit schließlich unmöglich wurde. Das zweite Kapitel („Die erneuerte Liturgie in ihrem Zusammenhang mit der Kirchenmusik") legte dar, wie durch den fundamentalen Paradigmenwechsel des Zweiten Vatikanischen Konzils die erstarrte Gestalt einer vertikal ausgerichteten Klerusliturgie von einem neuen Liturgiekonzept abgelöst wurde, welches den Gottesdienst als latreutische und realsymbolische „Kommunikations-Communio" gleichberechtigter liturgischer Subjekte begreift. Die diesem Verständnis zugrunde liegenden zentralen Postulate der Rollenverteilung und der actuosa participatio führten in stringenter Konsequenz dazu, dass die nachkonziliare Liturgiereform der gottesdienstlichen Gemeinde auch wieder das Recht auf den gültigen Mitvollzug des Ordinarium missae zu-

---

[370] BECKER 211.
[371] UNVERRICHT 211.
[372] Vgl. hierzu etwa auch RAU 408.

rückgab. Diese bedeutsame Frucht der Reform soll nachfolgend in ihren Grundzügen skizziert werden.

Die Liturgiekonstitution „*Sacrosanctum Concilium*" spricht zwar die Gemeindebeteiligung beim Ordinarium missae nicht expressis verbis an, beinhaltet in Art. 30 aber eine Aussage, welche diesbezüglich doch immerhin indirekt relevant ist: „Um die tätige Teilnahme zu fördern, soll man den Akklamationen des Volkes ... Sorge zuwenden."[373] Da sowohl das Kyrie als auch das Sanctus (zumindest das eigentliche Trishagion) von ihrer genuinen liturgischen Funktion her als Akklamationen zu gelten haben, sind sie von dieser konziliaren Bestimmung mitbetroffen.

Die Instruktion „*Musicam sacram*" (1967) rezipiert SC, Art. 30 in der Essenz der Aussage, verwendet dabei allerdings einen anderen Wortlaut: „Deshalb soll die tätige Teilnahme des ganzen Volkes, die sich im Singen äußert, folgendermaßen eifrig gefördert werden. ... Sie umfasse zunächst die Akklamationen ..."[374] (MS, Art. 16). Nachdem solchermaßen zunächst implizit Kyrie und Sanctus unter jene Texte der Messfeier subsumiert werden, an welchen die Gemeinde aktiv beteiligt sein soll, wird „*Musicam sacram*" an späterer Stelle auch konkreter. In Art. 34 heißt es: „Wenn die Gesänge des sogenannten Ordinarium Missae mehrstimmig gesungen werden, ... möge man beachten: Das Symbolum als eine Form, den Glauben zu bekennen, soll nach Möglichkeit von allen gesungen werden, oder in einer solchen Form, die eine entsprechende Teilnahme der Gläubigen gestattet. Das Sanctus als abschließende Akklamation zur Präfation soll regelmäßig von der ganzen Versammlung, gemeinsam mit dem Priester, gesungen werden. Das Agnus Dei kann so oft wie nötig gesungen werden, ... Es ist zu wünschen, daß das Volk wenigstens in die Schlußbitten einstimmt."[375] Da sowohl hinsichtlich des Credo als auch in Bezug auf das Sanctus jeweils die Formulierung „*praestat* ab omnibus cantari" bzw. „*praestat* ab universo coetu ... cantari" gebraucht wird, liegt hier zwar keine absolut verbindliche Direktive, aber doch immerhin eine dringliche Empfehlung vor.

Die „*Allgemeine Einführung in das Römische Meßbuch*" (1970) rekurriert in ihren liturgischen Weisungen auf die soeben zitierten Artikel von „*Musicam sacram*". In Nummer 15 sagt sie über die Akklamationen und somit auch über Kyrie und Sanctus, sie seien das „ ... Mindestmaß an tätiger Teilnahme, das in jeder Form der Meßfeier von den versammelten Gläubigen zu leisten ist, damit das gemeinsame Handeln deutlich zum Ausdruck kommt und gefördert wird."[376] Darüber hinaus beinhaltet die AEM aber auch – ebenfalls im Rückgriff auf MS – noch etliche Einzelbestimmungen, in denen die Ordinariumssätze namentlich aufgeführt und erläutert werden. So ist in AEM, n. 30 zu lesen: „Dem Allgemeinen Schuldbekenntnis folgt – sofern es nicht darin enthalten war – das Kyrie. Da in

---

[373] Deutsche Übersetzung zitiert nach LThK-Sonderband „Das Zweite Vatikanische Konzil. Konstitutionen, Dekrete, Erklärungen (lat./dt.) und Kommentare" Bd. 1 37.

[374] Deutsche Übersetzung zitiert nach Rennings / Klöckener (Rand-Nr. 748) 409.

[375] Deutsche Übersetzung zitiert nach Rennings / Klöckener (Rand-Nr. 766) 413 f.

[376] Deutsche Übersetzung zitiert nach der Offiziellen deutschen Übersetzung der AEM im Meßbuch für die Bistümer des deutschen Sprachgebietes.

diesem Gesang die Gläubigen den Herrn anrufen und um sein Erbarmen bitten, soll das Kyrie für gewöhnlich von allen gesungen werden, das heißt von Gemeinde und Sängerchor beziehungsweise Kantor."[377] In Bezug auf die anderen Ordinariumsteile verfügt die AEM in Nummer 43: „Das Credo oder Glaubensbekenntnis dient als Element der Meßfeier dazu, daß die Gemeinde dem Worte Gottes, wie sie es in den Lesungen und in der Homilie gehört hat, zustimmt, [und] darauf antwortet ... ."[378] Die nachfolgende Nummer 44 artikuliert das für uns Entscheidende: „Das Glaubensbekenntnis wird an den Sonntagen und Hochfesten vom Priester mit allen gemeinsam gesprochen. [...] Will man es singen, soll es in der Regel von allen gemeinsam oder im Wechsel gesungen werden."[379] Bezüglich des Sanctus-Rufes besagt die AEM: „Die gesamte Gemeinde vereint sich mit den himmlischen Mächten und singt oder spricht das Sanctus. Dieser Ruf ist Teil des eucharistischen Hochgebetes und wird von allen gemeinsam mit dem Priester vorgetragen."[380] (AEM, n. 55 b). Nummer 108 fügt noch hinzu: „Nach der Antwort der Gemeinde ‚Das ist würdig und recht' trägt der Priester die Präfation vor. Hat er sie beendet, faltet er die Hände, und alle, Priester, Mitwirkende und Gemeinde, singen oder sprechen das ‚Sanctus-Benedictus."[381] Auch beim Agnus Dei sieht die AEM die aktive Beteiligung der Gemeinde vor: „Während der Brechung und Mischung wird vom Sängerchor oder vom Kantor unter der Beteiligung aller das Agnus Dei in der Regel gesungen, sonst vernehmlich gesprochen."[382] (AEM, n. 56 e).

Hinsichtlich der Ausführung des Ordinarium missae stimmt auch das *Cæremoniale episcoporum* von 1984 im Wesentlichen mit der AEM überein. So heißt es dort beispielsweise über das Sanctus: „Der Bischof setzt die Präfation fort. Ist sie beendet, faltet er die Hände und singt gemeinsam mit den Konzelebranten, den Mitwirkenden und dem Volk: ‚Heilig'"[383] (n. 154). Die Stellvertretung durch einen Chor wird hier nicht erwähnt.

Liest man die oben zitierten kirchenamtlichen liturgischen Weisungen in einem gemeinsamen Kontext, so lassen sich als zusammenfassendes Resultat nunmehr jene Ordinariumsteile präzise benennen, bei welchen die Gemeinde beteiligt sein

---

377 Deutsche Übersetzung zitiert nach der OFFIZIELLEN DEUTSCHEN ÜBERSETZUNG DER AEM IM MEßBUCH FÜR DIE BISTÜMER DES DEUTSCHEN SPRACHGEBIETES.

378 Deutsche Übersetzung zitiert nach der OFFIZIELLEN DEUTSCHEN ÜBERSETZUNG DER AEM IM MEßBUCH FÜR DIE BISTÜMER DES DEUTSCHEN SPRACHGEBIETES.

379 Deutsche Übersetzung zitiert nach der OFFIZIELLEN DEUTSCHEN ÜBERSETZUNG DER AEM IM MEßBUCH FÜR DIE BISTÜMER DES DEUTSCHEN SPRACHGEBIETES.

380 Deutsche Übersetzung zitiert nach der OFFIZIELLEN DEUTSCHEN ÜBERSETZUNG DER AEM IM MEßBUCH FÜR DIE BISTÜMER DES DEUTSCHEN SPRACHGEBIETES. Offenbar liegt dieser Weisung als Begründung die nur partiell zutreffende Meinung zugrunde, beim Sanctus handele es sich um eine Akklamation (AEM, n. 55 b spricht vom „Sanctus-Ruf"). Dies trifft aber nur auf das eigentliche Trishagion zu, während das Hosanna/Benedictus ein Hymnus ist. Dementsprechend heißt es z.B. in acht von zehn lateinischen Präfationen des Missale von 1970: „*hymnum* gloriae tuae canimus". Somit würde zumindest das Hosanna/Benedictus eine stellvertretende Ausführung durch den Chor nicht grundsätzlich verbieten.

381 Deutsche Übersetzung zitiert nach der OFFIZIELLEN DEUTSCHEN ÜBERSETZUNG DER AEM IM MEßBUCH FÜR DIE BISTÜMER DES DEUTSCHEN SPRACHGEBIETES.

382 Deutsche Übersetzung zitiert nach der OFFIZIELLEN DEUTSCHEN ÜBERSETZUNG DER AEM IM MEßBUCH FÜR DIE BISTÜMER DES DEUTSCHEN SPRACHGEBIETES.

383 Deutsche Übersetzung: Jakob Johannes Koch. Der lateinische Text lautet: „Episcopus prosequitur præfationem; eaque finita, iunctis manibus, una cum concelebrantibus, ministris et populo, cantat: *Sanctus*."

soll: Das Kyrie als gemeinsamer, um Erbarmen bittender Ruf, das Credo als affirmative Antwort der Gemeinde auf das Wort Gottes, in welche das je persönliche Bekenntnis des Einzelnen (Credo) mit einfließt, das Sanctus-Benedictus als latreutische Vereinigung aller Feiernden mit der „himmlischen Liturgie" und als Einstimmen der gesamten gottesdienstlichen Versammlung in das Hochgebet sowie das Agnus Dei als Begleitgesang, welcher durch seine *gemeinsame* Ausführung der auch ekklesiologisch konstitutiven Symbolik des Brotbrechens (Die Gläubigen werden *ein* Leib) gerecht werden soll. Dabei werden diktional graduelle Unterschiede gemacht. Beim Kyrie ist die aktive Beteiligung der Gemeinde nur „für gewöhnlich", beim Credo und Agnus Dei nur „in der Regel" erforderlich. Dies bedeutet, dass in Ausnahmefällen auch eine stellvertretende Ausführung durch die Schola oder den Chor möglich ist. Anders verhält es sich – von den *gesamtkirchlichen* Dokumenten her gesehen – beim Sanctus. Da die einschlägigen gesamtkirchlichen Weisungen diesbezüglich im Indikativ und ohne jeden relativierenden Zusatz stehen, müsste man eigentlich davon ausgehen, dass das Sanctus als einziger Ordinariumsgesang *immer* gemeinsam mit der Gemeinde zu singen sei, womit jede liturgische „Aufführung" eines *vollständigen* Ordinariums letztlich von diesen kirchenamtlichen Bestimmungen abwiche.

Die deutschen Bischöfe trugen aber bereits im Jahre 1965 der Tatsache Rechnung, dass es innerhalb des deutschsprachigen Raumes eine zur kultisch-kulturellen Identität dieses geographischen Bereiches gehörende *Legitima traditio* ist, innerhalb der Messfeier *vollständige* (d.h. alle fünf Sätze umfassende) mehrstimmige Ordinarien „aufzuführen". So verfügten sie bereits in ihren „*Richtlinien für die Feier der heiligen Messe in Gemeinschaft*" (1965): „Das Sanctus-Benedictus nimmt ... eine besondere Stellung ein. [...] Sein Vortrag ist daher eine Aufgabe sowohl des zelebrierenden Priesters als auch der Gemeinde. Sie sollte daher dieses ihr besonderes Ehrenamt nach Möglichkeit auch wahrnehmen, selbst wenn andere Teile des Meßordinariums von Schola oder Kirchenchor gesungen werden, und der Zelebrant sollte mitsingen. Die Gemeinde kann sich jedoch auch dabei durch Schola oder Kirchenchor vertreten lassen ..."[384] (Art. 11). Diese Regelung wird auch in dem im Jahre 1998 für das deutsche Sprachgebiet neu herausgegebenen *Zeremoniale für die Bischöfe im deutschen Sprachgebiet* wieder aufgegriffen. Dort heißt es in Nummer 154: „Wenn der Chor in der gewohnten Weise ein vollständiges ‚Ordinarium Missae' singt, dann kann er ausnahmsweise das ‚Heilig, heilig, heilig ...' singen. ‚Sanctus' und ‚Benedictus' sollen nicht voneinander getrennt werden." Bei dieser Weisung wird allerdings – wie dies ja auch schon aus den Richtlinien von 1965 hervorgeht – ausdrücklich darauf hingewiesen, dass der Ausschluss der Gemeinde beim Sanctus-Benedictus nur im Ausnahmefall geschehen soll. Die Weisung in Nummer 154 ist übrigens nicht im kanonischen Sinne als Spezialnorm zu werten, welche nur für Pontifikalämter gilt, son-

---

[384] Zitiert nach PAULINUS-VERLAG 228. Ein mehrstimmig unter Ausschluss der Gemeinde gesungenes Sanctus ist als fakultative Option auch in den „*Richtlinien für die Feier der heiligen Messe*" der Österreichischen Bischofskonferenz (1965) in Art. 60 und 62 vorgesehen.

dern besitzt auch für die normale, nicht von einem Bischof zelebrierte Gemeindemesse Gültigkeit.

Der einzige Ordinariumssatz, welcher gemäß den nachkonziliaren Bestimmungen des Apostolischen Stuhles in potentiell *uneingeschränktem Maße* unter vollständigem Ausschluss der Gemeinde gesungen werden darf, ist das Gloria. Da es ein doxologischer Hymnus ist, spricht grundsätzlich nichts dagegen, es in einer mehrstimmigen Vertonung von einem musikalischen Ensemble stellvertretend für die Gemeinde ausführen zu lassen. Die AEM instruiert diesbezüglich: „Das Gloria wird von allen gemeinsam oder im Wechsel von Gemeinde und Sängerchor oder vom Sängerchor allein gesungen."[385] (n. 31). In Nummer 87 wird ergänzend hinzugefügt: „Das Gloria kann entweder vom Priester oder von den Vorsängern angestimmt oder von allen gemeinsam begonnen werden."[386] Damit steht fest: Beim Gloria ist die Gemeindebeteiligung nicht nur ausnahmsweise, sondern grundsätzlich fakultativ.

Da aber bei vier der fünf Ordinariumsteile für gewöhnlich bzw. in der Regel ein aktiver Mitvollzug geboten ist, stellt sich auch hier wieder die Frage, wie dies mit der liturgischen „Aufführung" traditioneller mehrstimmiger Messen zu vereinbaren sei. Hinsichtlich der Kirchenmusikpraxis in Land- und Vorstadtpfarreien wird wohl – abgesehen von einigen lokal begrenzten Ausnahmen – überwiegend mit Recht darauf verwiesen, dass mehrstimmige, chorisch ausgeführte Ordinarien ohnehin nur bei einigen wenigen, exzeptionellen liturgischen Anlässen gesungen werden. Da aber aus der eingangs zitierten Befragung hervorging, dass z.B. zwischen 1993 und 1997 an den deutschen katholischen Domen im Jahresdurchschnitt 23,18 traditionelle mehrstimmige Ordinariumsvertonungen innerhalb von Messfeiern aufgeführt wurden, aber auch in Extremfällen an einzelnen Domen sogar bis zu 60 Messen pro Jahr erklangen, wird dort der Hinweis auf den Ausnahmefall doch zumindest fragwürdig. Gerade an den Bischofskathedralen, aber auch an manchen Stadtpfarrkirchen besteht überdies häufig die Gepflogenheit, im Falle der „Aufführung" einer mehrstimmigen Messe auch die Teile des Propriums mit mehrstimmiger Vokal- oder Instrumentalmusik oder mit ausschließlich von der Schola gesungenem Cantus gregorianus zu gestalten, sodass sich die gottesdienstliche Gemeinde schließlich überhaupt nicht mehr aktiv einbringen kann oder allenfalls noch das Eingangs- und Schlusslied singen darf.[387]

Um der Gemeinde auch im Falle eines mehrstimmig gesungenen Ordinariums den nötigen Entfaltungsraum zur aktiven Teilnahme zu gewähren, rieten Liturgiker wiederholt dazu, einzelne Sätze der zyklischen Messvertonung auszulassen. Dies wiederum ruft seitens des musikologischen und aufführungspraktischen Standpunktes heftigste Bedenken hervor. Es wird entgegnet, dass durch die Herausnahme eines einzelnen Satzes der musikalische Spannungsbogen der gesamten

---

385 Deutsche Übersetzung zitiert nach der OFFIZIELLEN DEUTSCHEN ÜBERSETZUNG DER AEM IM MEßBUCH FÜR DIE BISTÜMER DES DEUTSCHEN SPRACHGEBIETES.

386 Deutsche Übersetzung zitiert nach der OFFIZIELLEN DEUTSCHEN ÜBERSETZUNG DER AEM IM MEßBUCH FÜR DIE BISTÜMER DES DEUTSCHEN SPRACHGEBIETES.

387 Vgl. etwa auch HARNONCOURT, Die liturgische und apostolische Sendung der Musica Sacra 50 oder MÜLLER (Frank) 508 f.

Komposition, welche ja bewusst als Zyklus konzipiert ist, zusammenbreche. In der Tat existieren ja bei einem gewissen Teil des traditionellen Repertoires thematisch-motivische Verknüpfungen zwischen den einzelnen Sätzen, d.h. es wird z.B. ein Motiv eines der ersten Sätze im werktextlichen Kontext eines späteren Satzes zitiert.[388] Nicht selten ist mittels eines solchen Verfahrens durch den Komponisten eine subtile Textausdeutung intendiert. Anhand der kompositorisch hergestellten semantischen Beziehung „formuliert" der Tonsetzer bisweilen seine ganz persönlichen theologischen Aussagen. Durch das Herausreißen eines einzelnen Satzes aus dem Ordinariumszyklus ginge das Werk somit unter Umständen seiner individuellen künstlerischen und theologischen Aussage und somit letztlich auch seines liturgischen Wertes verlustig.

So kristallisiert sich hinsichtlich des Dargelegten eines der schwer wiegendsten Teilprobleme der Gesamtproblematik heraus: Einerseits erfordert die Pietät vor der individuellen Intention des Komponisten, die Achtung seiner geschichtlich-künstlerischen Leistung und die Integrität der werktextlichen Handhabung die komplette Aufführung einer traditionellen mehrstimmigen Messe (d.h. aller fünf Sätze), andererseits wäre damit den liturgischen Funktionen besonders des Credo und des Sanctus nicht Rechnung getragen, welche von ihrer liturgietheologischen Grundlegung her wesenhaft eine actuosa participatio der Gemeinde erfordern.[389] Wer heute beschließt, eine Messe des traditionellen mehrstimmigen Repertoires innerhalb der Messliturgie erklingen zu lassen, wird sich mit dem aufgezeigten Problem zwangsläufig intensiv auseinander setzen müssen.

3.4.6 Differenzen zwischen vorkonziliarem und heutigem liturgischem Kontext

Das letzte hier aufgezeigte Teilproblem ist zugleich das im einschlägigen Diskurs am häufigsten zur Sprache gebrachte. Stefan Rau, der im Jahre 1988 – wie bereits erwähnt – in der Zeitschrift Musica sacra mit seinen Überlegungen zum Thema „Die Eucharistie als Konzertmesse?" den Impuls zu einer breiteren Erörterung des Themas gab, umschreibt dieses Teilproblem folgendermaßen: „Es wäre ein Anachronismus zu erwarten, Musik, die für die Liturgie vor 200 Jahren komponiert wurde, sei genauso passend für unseren Gottesdienst. Denn natürlich haben die Komponisten damals die Gottesdienstgestalt ihrer Zeit vor Augen gehabt, kannten sie nur die Vorschriften und Bedingungen ihrer Verhältnisse."[390] Diese zunächst hinsichtlich der Wiener Klassik formulierte Aussage tangiert natürlich auch alle anderen vorkonziliaren Epochen, in welchen das Ordinarium missae mehrstimmig vertont wurde. Ohne auf die von Rau vorgebrachte Wertung („Anachronismus") eingehen zu wollen, ist dem Kern seiner Aussage zuzustimmen: Es ist Fakt, dass die liturgische Gestalt der vorkonziliaren Liturgie von jener der heutigen so genannten erneuerten Liturgie in graduell unterschiedlichem Maße divergiert. Dies rührt daher,

---

[388] Vgl. hierzu etwa LODES 272.
[389] Vgl. hierzu etwa auch GERHARDS, Höhepunkt auf dem Tiefpunkt? Überlegungen zur musikalischen Gestalt des eucharistischen Hochgebets 169.
[390] RAU 407.

dass sich Liturgie ja niemals in einem geschichtlich und geographisch „neutralen" Raum ereignet, sondern immer auf irgendeine Weise durch die philosophisch-geistesgeschichtliche, religionssoziologische und religiöse, aber auch soziokulturelle und politische Signatur einer ganz konkreten Epoche geprägt ist. Überdies muss berücksichtigt werden, dass die Liturgie der jeweiligen historischen Phasen nicht nur die objektiven liturgischen Zeremonien, Riten, Rubriken, Texte und kalendarischen Eigenheiten umfasst, sondern ebenso auch durch die Paraliturgie, Sacra exercitia und Pia exercitia geprägt ist. Gerade die letztgenannten Kultformen sind eklatant dem zeitlichen Wandel unterworfen und überwucherten die sog. „objektive" Liturgie oft in erheblichem Maße. Wer es unternahm, das Ordinarium missae zu vertonen, hatte auf die vielschichtigen Faktoren, welche die Messliturgie seiner Epoche prägten, Rücksicht zu nehmen. Beabsichtigte ein Tonsetzer, bei seinen Rezipienten ein Echo hervorzurufen bzw. den musikalischen Geschmack und Zeitgeist zu treffen, blieb ihm letztlich gar nichts anderes übrig, als sich flexibel an die multifaktorielle Signatur seiner Schaffensepoche anzupassen.[391] „Die Komponisten waren Kinder ihrer Zeit; daß sie von einer Jahrhunderte später stattfindenden Liturgiereform nichts gewußt haben, können wir ihnen nicht vorwerfen. Aber wir sollten die Schwierigkeit sehen: Die in unseren Gottesdiensten verwendete Musik ist zum Großteil nicht für die gegenwärtige Liturgie geschaffen."[392]

Ein weiterer im gegebenen Zusammenhang zu nennender Aspekt des Problems ist die Frage, inwieweit die Komponisten traditioneller mehrstimmiger Messen die Liturgie ihrer Zeit *subjektiv* deuteten und das Ergebnis dieser ihrer Deutung zur Basis ihres kompositorischen Konzeptes machten. Es muss davon ausgegangen werden, dass ein Komponist die Liturgie seiner Zeit niemals als Ganzes und „objektiv" rezipierte, sondern aus dem dort Rezipierten nur das seinem Denken und Fühlen Entsprechende selektierte. Aus heutiger Sicht werden daher mitunter Bedenken laut, ob ein Musikwerk, welches zu einem nicht unerheblichen Teil das subjektiv-individuelle Liturgieerleben und die persönliche Religiosität seines Urhebers widerspiegelt, gleichsam als stellvertretendes musikalisches „Sprachrohr" einer ganzen gottesdienstlichen Gemeinde fungieren kann und darf. Denn – so wird gefragt – wie soll sich der einzelne Gläubige heute in einer musikalischen Textausdeutung wieder finden können, welche aufgrund ihrer geschichtlich-punktuellen Subjektivität möglicherweise kaum oder gar nicht seinem eigenen Denk-, Emotions- und Mentalitätshorizont entspricht? Ist mit dem Versuch, die singuläre Komponistenintention zum Maßstab des Glaubens einer ganzen Gemeinde zu machen, nicht einem schädlichen Subjektivismus und Individualismus innerhalb der Liturgie Tür und Tor geöffnet? Die Beantwortung dieser Frage fällt je nach Standpunkt sehr unterschiedlich aus, was im einschlägigen Diskurs nicht selten zu einer unversöhnlichen Frontenbildung führt.

Vorderhand lässt sich faktisch konstatieren: Da die traditionelle mehrstimmige Messe für einen liturgischen Kontext geschaffen wurde, der in vielem von den

---

[391] Vgl. hierzu etwa auch MERKES 143.
[392] PACIK, Probleme des „Hochamts" 157. Vgl. ebenso auch GEORGIADES 98 sowie ferner KLÖCKNER, Stellungnahme zu „Forum" MS(D) 2/'89 198.

Konzepten erneuerter Liturgie differiert, erscheinen dem heutigen Rezipienten manche ihrer Merkmale zunächst fremd und unverständlich: Zum Beispiel die strukturelle Zergliederung des Ordinariumstextes, der innerhalb der musikalischen Textausdeutung topisch verwendete Symbolkanon, die zu langen, zu kurzen oder reziprok scheinbar unausgewogenen Proportionen der einzelnen Ordinariumssätze, die expressiv ausdeutende Hervorhebung punktueller, scheinbar aus dem Textzusammenhang gerissener Lexeme oder Syntagmen usw. – all dies kann der normale Hörer aus sich heraus nicht nachvollziehen, d.h. nicht in seinem So-Sein verstehen. Da aber der innere Nach- und Mitvollzug der Liturgie und ihrer Feier-Elemente unabdingbare Voraussetzung erneuerter Liturgie ist, verwundert es nicht, dass die zuletzt aufgezeigte Problematik einer der zentralen Gegenstände der über die traditionelle mehrstimmige Messe geführten Diskussion ist: „Die immer wieder vorgebrachte Hauptkritik ist die teilweise Inkompatibilität neuer und alter liturgischer Strukturen, die an der Frage herkömmlicher Kirchenmusik unübersehbar wird."[393]

3.5 Konklusion

Nachdem das Problem der Vereinbarkeit von traditionellen mehrstimmigen Messen und erneuerter Liturgie in sechs Teilprobleme aufgegliedert wurde, zeigt sich, dass es wesentlich vielschichtiger ist, als man auf den ersten Blick annehmen möchte. Mühelose Lösungskonzepte, welche rasch und sicher in der Wirkung das Widerständige glätten könnten, liegen jedoch nicht einfach am Wege; handelt es sich doch nicht in erster Linie um rein liturgie- oder aufführungspraktische, sondern vielmehr um weit essentiellere Fragen, die in den Bereich philosophisch-theologischer Grundsatzerörterung hineindrängen. Das zuletzt aufgezeigte Teilproblem, die Differenz zwischen vorkonziliarem und heutigem liturgischem Kontext, greift an die Wurzeln des theologischen Verständnisses von Liturgie schlechthin. Alle zuvor aufgezeigten Teilprobleme sind gewissermaßen auf dieses letzte und fundamentalste Teilproblem hingeordnet. Denn die traditionelle mehrstimmige Messe in ihrem jeweilig konkreten So-Sein akzeptieren und nachvollziehen zu können, wird nur dann gelingen, wenn man ihre substantiellen, über das rein Musikalische hinausragenden Konstituenzien *versteht*. *Verstehen* meint in diesem Sinne also nicht, die musikalisch-kompositionstechnischen Strukturen und Details des Werktextes zu analysieren und zu benennen, sondern unterhalb der werktextlichen Oberfläche des Werkes in seine Tiefendimensionen vorzustoßen. Gelingt dies, so wird sich das oben aufgezeigte Widerständige unversehens als weniger unüberwindlich erweisen, ja es können sich sogar vorher noch nicht erahnte neue Wege des konstruktiven Umganges mit dem wertvollen Thesaurus traditioneller mehrstimmiger Ordinariumsvertonungen auftun. Einen ersten Aufbruch in diese Richtung will der im Folgenden dargelegte Ansatz der *doppelten Werkkontextualisierung* unternehmen.

---

[393] PRASSL, „Entkleidet den Katholicismus nicht seiner Kunstgewänder!" 128.

4 Die Methode der doppelten Werkkontextualisierung, aufgewiesen am Beispiel der traditionellen mehrstimmigen Messe. Ein Lösungsangebot

Nachdem im vorigen Kapitel das Problem der Vereinbarkeit von traditionellen mehrstimmigen Messen und den Konzepten erneuerter Liturgie aufgezeigt wurde, widmen sich die folgenden Darlegungen der Erarbeitung eines Lösungsansatzes, der diesbezüglich nicht ein Entweder–oder, sondern ein Sowohl–als–auch erstrebt. Dabei kann es freilich nicht darum gehen, die aufgezeigten Probleme nivellierend schönzureden. Unsere Zielsetzung ist es vielmehr, Wege aufzuzeigen, wie die blockierende Widerständigkeit der bestehenden Spannungen in eine konstruktive, ja für die Liturgie letztlich notwendige Triebkraft umgewandelt werden kann. Als erster Schritt in Richtung dieses Zieles wird in dem vorliegenden Kapitel eine liturgiewissenschaftliche Hermeneutik entwickelt, welche an späterer Stelle auch an den Paradigmen konkreter traditioneller mehrstimmiger Ordinariumszyklen exemplifiziert werden soll. Zunächst jedoch erfolgen einige propädeutische Darlegungen.

4.1 Die polare Spannung zwischen Altem und Neuem fruchtbar machen – Lebendige Liturgie als „Collage“

Die im Fokus dieser Monographie stehende Problematik lässt sich methodisch bewusst vereinfachend als Spannung zwischen Kultelementen der Vergangenheit und der Gegenwart, also zwischen Altem und Neuem beschreiben: Entstanden für die Gottesdienstpraxis der Vergangenheit, ist der traditionellen mehrstimmigen Messe das Epitheton „alt“ zuzuweisen: Wir finden heute ihren Werktext als etwas zu einem bestimmten zurückliegenden chronologischen Punkt des linearen Zeitverlaufes Abgeschlossenes bzw. Fertiges vor. Wenn wir demgegenüber den kultischen Gestaltungselementen gegenwärtiger Liturgiepraxis eine chronolgische Qualität zuweisen, so ist diese logischerweise „neu“: Denn in der gegebenen Fragestellung geht es ja nur sekundär darum, was „erneuerte Liturgie“ *in ihrer historischen Genese* meint – so gesehen ist ja auch sie bereits etwas „Altes“ – sondern darum, wie sie sich in der Jetztzeit der im jeweiligen Hier und Heute befindlichen liturgischen Subjekte aktuiert.

Bereits aus dem soeben Festgestellten geht hervor, dass ein zu entwerfendes Lösungskonzept sich zuallererst der Frage zu stellen hat, wie das Zueinander von „Altem“ und „Neuem“ zu denken ist. Die sprachliche Bedeutungsvielfalt bewusst selektierend, setzen wir „Altes“ als etwas der Gegenwart vorgelagertes chronolgisch Abgeschlossenes und „Neues“ als etwas der Jetztzeit entspringendes zuvor

vor noch nicht Dagewesenes an.[394] Somit stehen die Eigenschaften „alt" und „neu" nicht einem konträren, sondern in einem lediglich *relativen Gegensatz*. Sie schließen sich bloß beziehungsweise aus, insofern sie *total* nicht am selben Träger und in derselben Richtung zusammen auftreten können. Ihre gegenseitige Relation impliziert zwei entgegengesetzte Richtungen und lässt kein Mittleres zu. Die beiden Eigenschaften „alt" und „neu" bzw. ihre Träger fügen sich in eine Ganzheit. Ihre relative Gegensätzlichkeit besteht mithin in einem *polaren Gegensatz* bzw. in einer *Polarität*. Bei diesem Sonderfall der Gegensatz-Relation sind die beiden Relate so bestimmt, dass zwar jedes das spezifische Extrem des andern darstellt, aber es selbst nur ist gerade durch den Bezug zum anderen. Der Bezug zu diesem anderen ist konstitutiv für das Selbstsein des einen und umgekehrt.[395]

Die Polarität „alt"-„neu" bzw. „Altes"-„Neues" ist ein Grunddatum des menschlichen Lebensvollzuges. Sie erfährt dabei eine häufige Fehldeutung im Sinne eines konträren Gegensatzes, demzufolge sich zwei Inhalte innerhalb eines begrenzten Bezirkes ausschließen:[396] Dies kann zum einen geschehen, indem das „Alte", welches hinsichtlich der menschlichen Interaktion als aus der Geschichte in Wahrheitsüberzeugung, Sozialordnung, Sprache, Sitte und Brauch Überkommenes *Tradition* genannt wird, absolut gesetzt wird. Hierbei wird alles „Neue" abgelehnt bzw. der Einzelvernunft des in der Gegenwart lebenden Menschen eine Wahrheitserkenntnis ohne das im „Alten" Vorgegebene abgesprochen. Insofern ist diesbezüglich von *Traditionalismus* im weiteren Sinne zu sprechen. Bei Übermächtigwerden der Tradition fixiert sich Letztere als Selbstzweck, wodurch der Zukunftsbezug überdeckt und damit das Leben letztlich sinnlos wird.[397] Eine Fehldeutung der Polarität liegt aber auch vor, wenn das „Neue", manifestiert im Fortschritt und Modernen, dahingehend verabsolutiert wird, dass die mit dem „Alten" synonyme Tradition als obsolet und anachronistisch abgetan und ihr Wert für den in der Gegenwart lebenden Menchen negiert wird. Hier liegt die Haltung des *Progressismus* bzw. *Modernismus* vor. Bei Übermächtigwerden des Modernen unterbleibt eine Reflexion der in der Tradition als gleichsam „gegenwärtige Vergangenheit" sich meldenden Dimension des Historischen, wodurch die Gegenwart konturlos und flach wird.[398]

Es zeigt sich also, dass jeder Versuch die Polarität zwischen „Altem" und „Neuem" zugunsten eines Poles hin auflösen zu wollen, der Sinnerfülltheit der Gegenwart abträglich ist. Die Konsequenz aus dieser fundamentalen Erkenntnis besteht darin, die permanente elliptische Spannung unaufgelöst zu akzeptieren, ja es sogar als Aufgabe zu begreifen, die sich aus ihr ergebende lebensnotwendige Dynamik als Triebfeder menschlicher Existenz zu wahren.[399] *Romano Guardini* (1885-1968)

---

[394] „Neu" meint in unseren Überlegungen also nicht, dass ein Inhalt/eine Sache lediglich chronologisch *jünger* als ein anderer Inhalt/eine andere Sache ist, demzufolge z.B. etwas im Jahre 1900 Entstandenes „*verhältnismäßig* neu" in der Relation zu etwas im Jahre „1800" Entstandenem wäre.

[395] Vgl. etwa EISLER Bd. 2.

[396] Vgl. hierzu etwa BRUGGER 121.

[397] Vgl. etwa SCHMIDT/SCHISCHKOFF 725.

[398] Vgl. MÜLLER / HALDER 280.

[399] Vgl. hierzu etwa GERHARDS, Koinonia (Communio) und die Gestalt einer Liturgie im Werden 116.

beschrieb das Phänomen der in allem Sein anzutreffenden generellen Gegensätzlichkeit in seiner „*Gegensatzlehre*“ als das Prinzip des Lebendigen schlechthin: „Von der Gegensatzlehre her geformte Haltung gewinnt ein tiefes Wissen um die Bedingungen, unter denen das Leben lebendig bleiben kann. Sie weiß um die Tatsache der Spannung, und wie immer eines das andere trägt. Um die sprechbaren Rationalitäten, die das unsprechbare Geheimnis umschließen. Um das stete Gleiten und sein inneres Gesetz. [...] Heil sein, innerlich unversehrt, bedeutet Spannung, Zucht und die Fähigkeit, immerfort zu schreiten, immerfort ‚hindurchzugehen‘“.[400] Nach Guardini ist der Gegensatz die Polarität des Lebendigen, ohne welche es nichts Lebendiges gibt. Leben ist die spannungsvolle Aufrechterhaltung einer instabilen Harmonie nicht voneinander ableitbarer polarer Gegensätze, die nicht als auseinander treibende Widergesetzlichkeit aufgefasst werden dürfen, sondern als „ ... sich selbst justierende Spannung“[401].

Von den obigen philosophischen Überlegungen soll nun der Brückenschlag zur Liturgie erfolgen, ist sie doch als „Höhepunkt, dem das Tun der Kirche zustrebt“ (SC, Art. 10)[402] wesensmäßig Manifestation des „Konkret-Lebendigen“[403] im Guardinischen Sinne. Und deshalb trifft gerade auf sie in besonderer Weise die Spannung polarer Gegensätze zu, von welchen uns vorerst weiterhin primär der Gegensatz „alt“ –„neu“ interessieren soll. Wie aber kann das Zueinander von „Altem“ und „Neuem“ gemäß den dargelegten philosophischen Erkenntnissen auch in der Liturgie als fruchtbare Chance gedacht werden? Eine metaphorische Sichtweise der Liturgie soll hier Antwort geben. Während etwa die auf die Liturgie angewandten Metaphern „Bauwerk“ oder „Baum“[404] zwar auf das Moment des in Einem vereinten Disparaten, Unregelmäßigen und sukzessive Gewachsenen hinweisen, ist dabei doch dem Aspekt der notwendigen und konstruktiven Polarität zu wenig entsprochen. Im folgenden soll daher versucht werden, den bestehenden eine neue Metapher hinzuzufügen: Liturgie als *Collage*. Dieses bildhafte Analogon versteht sich dabei keinesfalls im Sinne eines Ersatzes der oben genannten anderen Metaphern, sondern lediglich als Ergänzung, welche einen neuen Aspekt hinzufügen möchte. „Collage“ ist ursprünglich der Fachterminus für eine Arbeitstechnik der bildenden Kunst, bei der meist disparate, annähernd zweidimensionale Materialien unterschiedlicher stofflicher Konsistenz, Form, Farbe und somit optischer Erscheinung sowie in der Regel auch unterschiedlichen Alters innerhalb eines Schaffensprozesses zu einem neuen Ganzen zusammengestellt werden, indem die Bestandteile mittels Klebstoff auf einer Unterlage montiert werden. Hierbei können auch malerische, koloristische und zeichnerische Zugaben verarbeitet werden, womit also nicht nur unterschiedliche Gegenstände sondern auch künstlerische

---

[400] GUARDINI 180 f.
[401] GERL 258.
[402] Deutsche Übersetzung zitiert nach LTHK-SONDERBAND „Das Zweite Vatikanische Konzil. Konstitutionen, Dekrete, Erklärungen (lat./dt.) und Kommentare“ Bd. 1 25.
[403] GUARDINI 15.
[404] So etwa JUNGMANN, Missarum sollemnia Bd. 1 2-6. Zur bildhaften Darstellung der Liturgie siehe auch ADAM, Grundriß Liturgie 19.

Techniken in Einem vereint sind.[405] Charakteristisch für eine gelungene Collage ist, dass das Disparate nicht völlig willkürlich gesammelt und neben-/aufeinander plaziert wird, sondern der genetische Prozess derart verläuft, dass die sukzessive applizierten Materialien und Techniken subtil in eine spannungsvolle Beziehung gebracht werden; das jeweils neu Hinzutretende wird (wohl meist intuitiv) auf das bereits Vorhandene abgestimmt. Ohne krampfhaft den Kontrast zu suchen, erkennt der geübte Collagist ebenso wie der spätere Betrachter, dass die applizierten Materialien und Techniken in ihrer Beschaffenheit niemals identisch sein dürfen, weil dadurch der künstlerische Ausdruck einseitig, spannungs- und leblos wird. So liegt also gerade in der organisch gewachsenen, nicht angestrengt gewollten instabilen Harmonie des Disparaten der besondere Reiz der Collage. Zugleich ist in unserem Zusammenhang der Hinweis relevant, dass die Collage auch durch das gegebene Format (Längenmaße der Flächenbegrenzungen) und die Oberflächenbeschaffenheit (Materialstruktur und -konsistenz) jener flächigen Unterlage, auf welche die disparaten Materialien montiert werden, eine fixe Vorgabe zu berücksichtigen hat. Auch in dieser Hinsicht ist also einer eventuellen Willkür im gestalterischen Umgang mit den disparaten Materialien eine Grenze gesetzt.

Die Metapher der Collage beinhaltet im Transfer auf die Liturgie folgende Analogien: Der flächigen Montage-Unterlage als fest vorgegebener, „de-finierter" Basis entspricht das normative Fundament urchristlicher Liturgie in seiner direkten Rückbindung an die Stiftung des christlichen Kultes durch Jesus Christus. Den disparaten Materialien, welche sukzessive auf die Unterlage montiert werden, entsprechen die im Laufe der Jahrhunderte jeweils neu hinzukommenden liturgischen Zeremonien, Riten, Rubriken, Texte und kalendarischen Eigenheiten unterschiedlichster Provenienz. Diese können nicht losgelöst von der festen Unterlage zusammenmontiert werden, weil sie sonst in ihrer Haltlosigkeit und Beliebigkeit auseinander fallen würden, sondern sie müssen an der vorgegebenen Basis Halt finden. Dadurch erlangt die Liturgie eine Identität im Wandel. Ein neues Feier-Element im Sinne der Collage-Metapher in die Liturgie einzufügen bedeutet also, es zum einen „passgerecht" dem vorgegebenen Fundament zu applizieren und zum anderen, es sensibel auf die anderen, zuvor bereits sukzessive applizierten Elemente abzustimmen und in eine Wechselwirkung treten zu lassen.

Es ist in der Tat zu beobachten, dass in der christlichen Liturgie von den Wurzeln ihres Entstehens an auf übertragene Weise all jene Elemente der Collage anzutreffen sind, die soeben beschrieben wurden. Im Grunde ist bereits jenes für die christliche Liturgie konstitutive Handeln Jesu von Nazaret im Abendmahlssaal eine Collage, wobei hier in besonderer Weise auch ein neu geschaffenes Zueinander von „Altem" und „Neuem" zu bemerken ist. Ohne auf Details näher eingehen zu wollen, sei das Gesagte nur exemplarisch belegt. Das letzte Abendmahl Jesu und seiner Jünger war gemäß dem markinischen Bericht (Mk 14,22-26)

---

[405] Vgl. ALSCHER/FEIST 461 f. Der Begriff „Collage" wird heute auch zur Beschreibung abstrakter soziokultureller Phänomene gebraucht: „Die Collage ist ... zunehmend eine Form geworden, in der man heute denkt. [...] Wir fügen alle Dinge, die uns umgeben, zusammen. Aber durch die Auswahl und die Art und Weise des Zusammenfügens entsteht das Neue und Besondere." OTTINGER 49.

in der Grundstruktur ein jüdisches rituelles Mahl, wie es die Tradition vorgab, wobei es sich entweder um ein Pascha- oder um ein Toda (Dankopfer)-Mahl handelte. Als „alt", d.h. als traditionell verifizierbare kultische Elemente sind das „Nehmen", „Segnen" und „Brechen" des Brotes als Termini technici des jüdischen Vortischgebetes, die Eulogie (Berakah) und das Darreichen der Brotstückchen zu konstatieren. Auch die Weinbenediktion und das Darreichen des „Bechers nach dem Mahl" (möglicherweise ein jüdischer Terminus technicus für den Wein nach dem Essen) entspricht als rituelle Becherhandlung dem traditionellen Ritual. Traditionsgemäß ist überdies das Singen des Lobgesanges (wohl des kleinen Hallels) am Ende der Feier.[406] Diesen vorgegebenen Riten fügt Jesus von Nazaret nun neue Elemente solchermaßen hinzu, dass sie als noch nicht Dagewesenes weder in einen Widerspruch zum überkommenen Erbe geraten, noch konturlos in das Alte eingehen. Sie behaupten sich vielmehr zusammen mit dem Alten in einer spannungsvoll harmonisierten Selbstständigkeit. Hier können etwa erwähnt werden die für die Mazzen ungewöhnliche Aufforderung zu nehmen, das Deutewort, das sich nicht auf den Akt des Brechens, sondern auf das gebrochene und ausgeteilte Brot bezieht sowie die für jüdisches Empfinden schwer zumutbare Vorstellung vom Bluttrinken. Neu war möglicherweise auch der gemeinsame Becher (im Unterschied zum mutmaßlichen Einzelbecher beim jüdischen Festmahl).[407] Was im letzten Abendmahl als kultische Collage geschah, kann gewissermaßen als Ur-Modell der gesamten christlichen Liturgiegeschichte gelten. Die Praxis der Collage erstreckt sich innerhalb der Liturgiehistorie vom Kleinen (etwa die sog. Centonisierung) bis zum Großen (Vereinigung unterschiedlichster, auch paganer Traditionsschichten im liturgischen Kalendarium). Dies kann an den liturgiegeschichtlichen Darlegungen des ersten und zweiten, aber auch des fünften großen Kapitels der vorliegenden Publikation verifiziert werden, auf die als hinreichende Belege verwiesen sei. Dort wird allerdings auch deutlich, wie geglückte liturgische Collage mitunter einer Demontage anheim fiel, sodass bestenfalls noch ein unstrukturiertes Mixtum compositum wenn nicht gar nur noch eine monochrome oder gänzlich farblose Unterlage zurückblieb.

So ist das, was anhand der Metapher der Collage deutlich zu machen versucht wurde, eine grundlegende und bleibende Aufgabe hinsichtlich der christlichen Liturgie: Mobilisiert durch das dynamische Kraftfeld jener in konstruktivem Bemühen ständig neu zu justierenden Spannungen „immerfort zu schreiten" – um mit Guardini zu sprechen. D.h. gemäß dem Bild vom wandernden Gottesvolk, Liturgie als eine „liturgia semper reformanda" zu begreifen.[408] „Es wäre fatal, würden wir eine Epoche, gleich welche, favorisieren und zum Ideal erheben. [...] In der Geschichte gibt es nicht die ewige Form, die Antwort geben könnte auf die Verwerfungen und Umbrüche, die Menschen je erfahren. Die Geschichte legt sich nicht auf eine Form fest. [...] Die Tatsache, daß es immer Veränderungen in der Kirche gegeben hat, weist darauf hin daß wir uns nicht mit der Reproduktion des

---

406 Vgl. GNILKA 240-248 sowie MEYER, Eucharistie. Geschichte, Theologie, Pastoral 64-68.
407 Vgl. GNILKA 240-245.
408 Vgl. etwa GERHARDS/OSTERHOLT-KOOTZ 122.

Alten begnügen dürfen."[409] Liturgie als Collage ist gleichwohl keine Aufforderung zu „ ... ungehemmter Diversifikation. [...] doch ergibt sich die Aufgabe, unter Beachtung der Pole eine Liturgie zu gestalten, die aus der Einbettung in die kirchliche Gemeinschaft von Tradition und Gegenwart heraus heutigen Menschen eine angemessene Weise der Gottesbegegnung und Artikulation des christlichen Glaubens zu geben vermag."[410]

4.2 Künstlerische Liturgie-Gestaltung und ihre konkreten Kontexte: Liturgiewissenschaftliche Quellenforschung als Fundament der doppelten Werkkontextualisierung

Wie aus dem Titel der vorliegenden Abhandlung ersichtlich ist, geht es ihr nicht zuvörderst um die Relation des „Alten" zum „Neuen" in der Liturgie unter generellem Aspekt. Die obigen Überlegungen möchten ja nur propädeutisch hinführen zum eigentlichen Kern der Untersuchung, welcher wie gesagt die traditionelle mehrstimmige Messe in der erneuerten Liturgie betrifft. Wenn wir uns also nunmehr diesem Kern methodisch sukzessive annähern, muss der nächste Schritt die Frage nach der künstlerischen Liturgie-Gestaltung und ihren *Kontexten*[411] sein. Denn um kultische Kunst in ihrer liturgischen Geltung und Aussage wirklich verstehen zu können, müssen wir möglichst fundierte Kenntnisse darüber erlangen, welches die konkrete Liturgie war, die sich in ihnen widerspiegelt und auf die hin sie konzipiert ist. Dies impliziert die kritische Anfrage an die Quellen der Liturgiewissenschaft, inwiefern diese ein tieferes Verstehen künstlerischer Liturgie-Gestaltung zu ermöglichen imstande sind.

4.2.1 Künstlerische Liturgie-Gestaltung und die traditionellen Quellen der Liturgiewissenschaft

Im folgenden gilt es zu untersuchen, was die traditionellen Quellen der Liturgiewissenschaft zum Erfassen eines für die Liturgie geschaffenen Kunstwerkes bei-

---

409 KÖHLER (Joachim), Vielfalt der Formen in der Geschichte der Kirchenmusik – Reichtum der Liturgie heute 28 f.

410 GERHARDS, Koinonia (Communio) und die Gestalt einer Liturgie im Werden 117 f. Vgl. auch GERHARDS, „Liturgie feiern mit Menschen von heute". Perspektiven der Liturgieerneuerung im deutschen Sprachgebiet 217-226.

411 Mit dem Abstraktum „*Kontext*" ist in der vorliegenden Arbeit im Unterschied zur sprachwissenschaftlich-philosophischen Hermeneutik nicht der Umfeldbezug eines literarischen Textes bezeichnet. Der Sinngehalt des Wortes versteht sich im Folgenden eher im Sinne des biblisch-hermeneutischen Begriffes „Sitz im Leben", reicht aber in seinem Bedeutungsumfang noch weit darüber hinaus. Es geht dabei um die je eigene soziokulturelle, biographische oder auch individuell-religiöse Situation und den in ihr lebenden und schaffenden konkreten Menschen, womit also Kontext immer auch zugleich seine nach außen sich manifestierenden Lebensäußerungen meint. In der theologischen Wissenschaft wird der Kontextbegriff vor allem von der sog. *Kontextuellen Theologie* verwendet. Diese geht von einem Kontextbegriff aus, welcher die Indigenisierung bzw. Inkulturation des Christentums und damit eine Fragestellung betrifft, welche nicht unmittelbar in das Themenfeld der vorliegenden Arbeit fällt und daher hier nicht näher behandelt werden soll.

tragen können. Denn besonders im Hinblick auf „alte“, also in einer unserer Gegenwart vorausgehenden Epoche entstandene Kunstwerke, sind wir mit dem zwischen uns und der Vergangenheit liegenden „historischen Graben“ konfrontiert. Wir rezipieren das für die Liturgie geschaffene Kunstwerk betrachtend (sakrale bildende Kunst und Architektur), hörend (Musica sacra) oder in Ausnahmefällen auch hörend und betrachtend (geistliches Schauspiel) und finden in ihm bestenfalls die verschwommene Widerspiegelung seines historischen Produktionskontextes vor.[412] Um aber ein scharf konturiertes Bild des Produktionskontextes zu erlangen, bedürfen wir der schriftlichen Quellen, welche in der Epoche des Kunstwerkes niedergeschrieben wurden. Da es bei unserer Untersuchung um für die Liturgie geschaffene Kunst geht, sind wir dabei folglich zuallererst auf die Quellen der Liturgiewissenschaft verwiesen.

Bereits in einem der ersten bedeutenderen liturgiewissenschaftlichen Lehrbücher, dem im Jahre 1883 erschienenen „*Handbuch der katholischen Liturgik*“ von *Valentin Thalhofer* (1825-1891) erfahren wir, welches die Quellen der Liturgik sind[413]: Die alttestamentlichen Bücher, die neutestamentlichen Schriften, die patristische Literatur, die alten liturgischen Bücher, die Lektionare und Antiphonarien, das Psalterium, Homiliarium und Hymnarium, die alten liturgischen Kalendarien und Martyrologien, die mittelalterlichen Ordines romani, die Akten der allgemeinen und der Provinzialkonzilien sowie Diözesansynoden, die päpstlichen Konstitutionen, die griechischen und orientalischen liturgischen Bücher sowie als „wichtigste Quelle für die Liturgik“[414] das jeweils aktuelle Missale, Brevier, Pontifikale und römische Rituale. Die bei Thalhofer aufgeführten Einzelquellen bildeten fortan bis zur Schwelle zum 21. Jahrhundert den liturgiewissenschaftlichen Quellenfundus, auf den sich die traditionelle Liturgiewissenschaft beschränkte.[415] Hinsichtlich des Produktionskontextes christlich-kultischer Kunst erweisen sich die aufgeführten Quellen durchaus erhellend, da sich vermittels ihrer die objektive Liturgie der jeweiligen Epochen exakt oder aber zumindest approximativ rekonstruieren läßt: Die liturgischen Zeremonien, Riten, Rubriken, Texte und kalendarischen Eigenheiten aber auch die liturgisch relvanten kirchenrechtlichen Direktiven lassen sich aus ihnen authentisch ersehen. Diese erweisen sich für die künstlerische Liturgie-Gestaltung insofern als relevant, als letztere sich an den Vorgaben der objektiven Liturgie zu orientieren hatte. Die Einhaltung der objektiven Richtlinien des Gottesdienstes war ein wichtiges Kriterium für die liturgische Eignung bzw. Nicht-Eignung des Kunstwerkes. Deduktiv vermag folglich das Erfassen der

---

[412] Beim literarischen Kunstwerk (Dichtung, Lyrik, Belletristik) fällt diese Problematik kaum ins Gewicht, da es oft Kunstwerk und Quelle in einem ist.
[413] Vgl. THALHOFER 32-57.
[414] THALHOFER 46.
[415] Bei der Aufzählung der Quellen der Liturgik wird in den wichtigen liturgiewissenschaftlichen Handbüchern des 20. Jahrhunderts der Quellenfundus im Wesentlichen in Benennung und Reihenfolge übereinstimmend mit den oben aufgeführten Quellen definiert. In neueren Liturgik-Handbüchern wird diese Auflistung mitunter noch durch den Hinweis auf *Hilfsmittel* zur Erschließung der Quellen ergänzt, wozu Sammlungen, Kommentare sowie liturgiehistorische, liturgietheologische und pastoralliturgische Zeitschriften gezählt werden (So etwa im 1985 erschienenen „Grundriß Liturgie“ von *Adolf Adam* (* 1912) 58 f.

objektiven Liturgie die konkrete *äußere, formalästhetische* Gestalt (Form, Struktur, Oberfläche) des für den Kult geschaffenen Kunstwerkes und damit einen Teil seines So-Seins zu erklären. In Bezug auf das Streben nach einer tieferen Erkenntnis des Wesens des Kunstwerkes, nämlich seines dem subjektiven Willen des Urhebers entpringenden künstlerischen Ausdruckes, vermögen die traditionellen Quellen der Litugiewissenschaft indes keinen nennenswerten Beitrag zu liefern. Dies rührt zuvörderst daher, daß sie die Subjekte der Liturgie nur dann thematisieren, wenn es sich dabei um Vorsteher des Gottesdienstes handelt. Die gottesdienstliche Gemeinde ist hingegen lediglich insofern von Belang, als es um deren rituell und rubrizistisch korrekte Einfügung in das objektive liturgische Konzept geht. Darüber hinaus besteht an dem Gottesdienstteilnehmer als *personalem Individuum* kein Interesse. Dies gilt nicht nur für die vorkonziliaren liturgiewissenschaftlichen Quellen. Ein diesbezüglich zentraler Faktor ist „ ... ein stark verobjektiviertes Liturgieverständnis, das lange Zeit exklusiv den Klerus betraf. Die Reformen des 20. Jahrhunderts haben ... der Liturgie vor Ort wieder ihre kirchliche Dimension zugesprochen. Im Grunde bleibt es aber – auch auf dem Konzil – bei einem auf den objektiven Vollzug bezogenen Verständnis ...“[416].

Das verobjektivierte Liturgieverständnis soll nachfolgend anhand dreier Definitionen des Begriffes „Liturgie“ illustriert werden. Es kann hier keinesfalls darum gehen, die Bedeutungsgeschichte des Liturgie-Begriffes auch nur annähernd vollständig aufzuzeigen – dies würde den Forschungsschwerpunkt der vorliegenden Monographie auf inadäquate Weise verschieben.[417] Die ausgewählten Zitate sollen das oben Gesagte nur *exemplarisch* verdeutlichen. Im Codex Iuris Canonici von 1917 wird die Liturgie folgendermaßen umschrieben: „Der Kult, insofern er im Namen der Kirche von den gesetzlich dazu beauftragten Personen und mittels von der Kirche angeordneter Handlungen Gott, den Heiligen und Seligen erwiesen wird, wird als ‚öffentlicher‘ [Kult] bezeichnet; andernfalls wird er ‚privater‘ [Kult] genannt. Es ist ausschließlich Sache des Apostolischen Stuhles, die heilige Liturgie zu regeln ...“[418] (CIC Pii X Pontificis maximi c. 1256 et c. 1257). Da über diese juridische Begriffsfassung hinaus seitens der römischen Amtskirche keine alternative *pastoraltheologisch* ausgerichtete Definition von Liturgie formuliert worden war, lehrte folglich auch die Liturgiewissenschaft im erstgenannten Sinne. Dies sei paradigmatisch etwa anhand eines Zitates aus dem im Jahre 1920 veröffentlichten „*Grundriß der Liturgik*“ von *Richard Stapper* (1870-1939) belegt: Der „ ... Gottmensch Jesus Christus ... [hat] bei Stiftung der Kirche Anordnungen getroffen, wonach gewisse amtliche Personen in derselben äußere Kultakte kraft einer ihnen übertragenen Teilnahme am Priestertume des Erlösers ausführen. Dieser von amt-

---

416 GERHARDS, Menschwerden durch Gottesdienst? Positionsbestimmung der Liturgie zwischen kirchlichem Anspruch und individuellem Erleben 25.

417 Ein kompakter aber instruktiver Überblick über die Geschichte des Begriffes „Liturgie“ findet sich etwa bei HÄUSSLING, Art. Liturgie. I.Begriff II. Systematisch-theologisch 970.

418 Deutsche Übersetzung: Jakob Johannes Koch. Der lateinische Text lautet: „Cultus, si deferatur nomine Ecclesiae a personis legitime ad hoc deputatis et per actus ex Ecclesiae institutione Deo, Sanctis ac Beatis tantum exhibendos, dicitur publicus; sin minus, privatus. Unius Apostolicae Sedis est tum sacram ordinare liturgiam ...“.

lichen Personen auf Grund gesetzlicher Regelung im Namen Christi und der Kirche für die Gemeinschaft der Gläubigen vollzogene Kult wird Liturgie genannt."[419] In dem im Jahre 1935 publizierten Lehrbuch „*Liturgik*" von *Franz Unterkircher* (1884-1953) ist die lapidare Formulierung zu lesen: „Demnach versteht man unter Liturgie die Gesamtheit der von Christus und der Kirche angeordneten öffentlichen Gebete und Kulthandlungen."[420] In diesen Formulierungen zeigt sich deutlich die Eigenart der westlichen Kirche, den Begriff „Liturgie" vom Kirchenrecht und der strittigen Frage nach der Regelungsvollmacht her zu bestimmen. Gemäß einer solchen Auffassung sind für die Liturgiewissenschaft in der Tat ausschließlich jene Quellen relevant, welche die Regelung der Zeremonien, Riten und Rubriken des objektiven Kultes betreffen. Die Dominanz des juridischen Aspektes bei der Definition von Liturgie wurde von der Liturgischen Bewegung zwar als gravierendes Problem erkannt, welches aber in ihren öffentlichen Äußerungen über die Liturgie durch Formulierungs-Unschärfen überwiegend bewusst in der Schwebe gelassen wurde. Das Zweite Vatikanische Konzil und die ihm folgenden Dokumente verzichteten ebenfalls auf eine exakte Definition der Liturgie und billigten damit der als notwendig erkannten Klärung noch eine weitere Phase der Reflexion des Problems zu.[421] Die liturgiebezogenen Äußerungen im Codex Iuris Canonici von 1983 (CIC auctoritate Joannis Pauli Papae II promulgatus c. 834-838) lassen gegenüber den Konzilsdokumenten keine neuen Akzente erkennen.

Aus den bisherigen Ausführungen geht hervor, daß die traditionellen Quellen der Liturgiewissenschaft zwar die objektive Form der Liturgie und damit die äußere Gestalt des für die Liturgie geschaffenen Kunstwerkes zu erklären vermögen, aber hinsichtlich dessen künstlerischer Aussage nicht erkenntnisfördernd sind. Dies rührt daher, daß sie keine Anhaltspunkte bezüglich des Echos aufweisen, welches die objektive Liturgie in ihren individuell-personalen Subjekten hervorruft. Die traditionellen Quellen der Liturgiewissenschaft schweigen über das individuelle Liturgieerleben.

4.2.2 Das konkrete Zeugnis individuellen Liturgieerlebens im biographischen Kontext – eine liturgiewissenschaftliche Quelle?

4.2.2.1 Das konkrete Zeugnis individuellen Liturgieerlebens und sein biographischer Kontext als Gegenstand des personalen Ansatzes in der modernen Liturgiewissenschaft

Innerhalb der traditionellen Quellen der Liturgiewissenschaft Zeugnisse individuellen Liturgieerlebens zu vermissen und sich nunmehr jenseits des konventionellen Quellenfundus auf die Suche nach solchen zu begeben, bedeutet, sich wiederum mit der oben bereits reflektierten Polarität des „Konkret-Lebendigen" konfrontiert

---

[419] STAPPER 1.
[420] UNTERKIRCHER 5.
[421] Vgl. etwa HÄUSSLING, Art. Liturgie. I.Begriff II. Systematisch-theologisch 970. Obgleich das Konzil Liturgie also nicht definierte, gab es durch die Betonung ihrer soteriologischen Bedeutung doch Impulse für den weiteren Verlauf der Diskussion, wobei zumindest implizit der katabatische und anthropolgische Aspekt ins Spiel gebracht wurde.

zu sehen: Denn indem man sich auf das vielschichtige Beziehungsgeflecht zwischen *Subjektivem* und *Objektivem* einlässt, hat man es ja ein weiteres Mal mit einem fundamentalen polaren Gegensatz zu tun. Ein erneuter Einstieg in die philosophischen Grundlagen der Gegensatzlehre ist hier indes nicht mehr erforderlich – diesbezüglich kann auf die obigen Reflexionen verwiesen werden. Die folgenden kurzen Überlegungen sollen lediglich als Einstiegsimpulse fungieren. Zunächst sei der Begriff des Subjektiven gesetzt für das, was in Beziehung zum *Subjekt* steht. Als ontologisches Subjekt wiederum wollen wir im Folgenden jenes bezeichnen, was als in sich selbst Bestehendes Träger einer von ihm getragenen Wirklichkeit ist. Unter „Träger" ist eine selbstständige, *tragende* Wirklichkeit zu verstehen, auf welcher eine andere Wirklichkeit gleichsam aufruht. Tragende Wirklichkeit und aufruhende Wirklichkeit sind also nicht identisch, stehen aber in einer spezifischen Relation zueinander, insofern die aufruhende Wirklichkeit die Seinsbestimmung und weitere Ausformung der tragenden Wirklichkeit ist. Diese philosophische Grundbedeutung von „Subjekt" trifft in besonderer Weise auf das menschliche Ich zu, weshalb dieses als *psychologisches Subjekt* einen Sonderfall des ontologischen Subjektes darstellt: Als Träger seiner Akte richtet sich das menschliche Ich erkennend, strebend und fühlend auf einen Gegenstand und tritt diesem somit gegenüber. Das wirklich denkende und erkennende Ich kann aber letztlich nur das *individuelle* Ich sein.[422] Als in seiner Einzigkeit, Einmaligkeit und Geschichtlichkeit gegenüber dem Allgemeinen Einzelseiendes sei das individuelle Ich als *Individuum* bezeichnet. Gegenüber dem naturhaften Individuum tritt beim Menschen als zentrales Konstituens noch die Personalität hinzu: Als geistigem Einzelwesen, d.h. als *Person* stellt sich ihm die unentrinnbare Aufgabe der Selbstverwirklichung in der Wirklichkeit seiner Werke (Werke des Denkens, des Handelns, der Gemeinschaft), womit die menschliche Personalität gegenüber der rein naturhaften Individualität immer auch die Überwindung sowohl des absoluten Individualismus als auch des totalen Kollektivismus impliziert.[423] *Objekt* meint in unseren nachfolgenden Darlegungen im engeren, Kant'schen Sinne den Gegenstand als das dem Subjekt Gegen-Stehende, welches als die Synthetisierung des Mannigfachen, durch die anschauende Erfahrung Gegebenen, sich in einem gedachten Einheitspunkt vereinigt. Da aber das Objekt nicht schlechterdings sinngleich mit dem „wirklich Seienden" ist, ist auch die Verwendung von „*objektiv*" im Sinn von „wirklich"=„real" im Gegensatz zu „subjektiv"=„unwirklich" abzulehnen. Das Objektive sei hier lediglich als das dem Gegenstand als solchem Eigene bzw. als das von ihm Bestimmte bezeichnet. Innerhalb der Polarität „Subjektives"–„Objektives" schließen sich beide Pole gegenseitig ein. Das Objektive ist in seiner Berechtigung als Allgemeingültiges ohne das Subjetive nicht denkbar, ja es wird überhaupt erst durch die Kategorien des transzendentalen Subjektes zum Allgemeingültigen (für alle denkenden Wesen Gültiges) geformt.[424]

---

422 Vgl. DE VRIES 383 f.
423 Vgl. MÜLLER / HALDER 203 f.
424 Vgl. HOFFMEISTER / REGENBOGEN 465 f.

Die soeben beschriebene Polarität zwischen Subjektivem und Objektivem gehört ebenso wie die Polarität zwischen Vielfalt und Einheit[425] sowie Altem und Neuem zu den konstitutiven Spannungsfeldern einer lebendigen, geschichtlich fortschreitenden Liturgie. Sosehr einerseits dieses Spannungsfeld im Sinne einer dynamischen Triebkraft Chancen birgt, sosehr impliziert es auch gefährliche Potenzen: Es besteht stets die Gefahr, dass die Polarität ihrer Justierung verlustig geht. „Es geht um die schwierige Gratwanderung zwischen dem Moment des Objektiven, das schnell ins Objektivistische oder Ritualistische abkippen kann und dem des Subjektiven, das immer der Gefahr des Subjektivismus oder der Willkür ausgesetzt ist."[426] Wie aus der obigen Erörterung früherer Auffassungen des Liturgie-Begriffes hervorgeht, entstand die Liturgiewissenschaft als theologische Disziplin in einer Zeit, als die Polarität „subjektiv"–„objektiv" innerhalb der Liturgie dejustiert war: Die einseitige Betonung des Objektiven hatte das Subjektive verdrängt – die Liturgiekonzeption war einem weitgehenden Objektivismus anheim gefallen. Signifikant für die Haltung des Objektivismus ist die Einschätzung, das Objektive sei eine vom Subjekt völlig unabhängige Gegenstandswelt, welche alleiniger Maßstab der wahren Erkenntnis sei. Erst mit dem Erwachen der Liturgischen Bewegung kündigte sich ein Paradigmenwechsel an, dessen Rezeption seitens des kirchlichen Lehramtes jedoch noch einige Jahrzehnte dauern sollte. Das Zweite Vatikanum nahm sich schließlich der schwierigen Aufgabe an, die aus dem Lot geratene Polarität wieder zu äquilibrieren. So verkündete das Konzil das, was als Charakteristikum der neueren Theologie „anthropologische Wende"[427] genannt wurde: Die Theologie und die Aktuierung ihres Reflektierens im Kult muss immer vom Heil des Menschen reden und deshalb bei ihm, seinen Fragen und bei der Welt, in der er fragt und die ihn zum Fragen herausfordert, ansetzen.[428] Das gewandelte Selbstverständnis der Kirche, welches fortan auch im Ringen um eine neu ausgerichtete Theologie im Sinne einer Volk-Gottes-Theologie zu Tage trat, veränderte das Erscheinungsbild der Liturgie grundlegend. Man erkannte, dass „ ... der in den Extremen sich manifestierende Gegensatz von ‚objektiv'–‚subjektiv' ... nur innerhalb eines im Personalen gründenden Liturgieverständnisses fruchtbar gemacht werden [kann]. Dies bedeutet die Abkehr von Objektivismus und Individualismus gleichermaßen."[429] Die juridische und vertikal-priesterzentrierte Praxis, nach welcher für den gültigen Vollzug der Liturgie im Grunde einzig das rubrizistisch korrekte Tun des Vorstehers unter weitgehender Ausblendung der übrigen gottesdienstlichen Gemeinde konstitutiv war, wurde aufgebrochen zugunsten einer vom Communio-Gedanken bestimmten, pastoral und kommunikativ orientierten Feiergestalt (actuosa participatio, Rollenverteilung etc.

Die durch das Konzil initiierten neuen liturgischen Konzepte hatten selbstverständlich auch auf die Liturgiewissenschaft erhebliche Auswirkungen. Gemäß der

---

425 Siehe hierzu die zusammenfassenden Schlussgedanken am Ende des Buches.
426 GERHARDS, Interview-Äußerung in der Zeitschrift Herder-Korrespondenz „Der Schritt vom Ritus zur Feier ist vollzogen" 618.
427 Dieser Begriff geht auf *Karl Rahner* (1904-1984) zurück. Vgl. hierzu RAHNER 43-65.
428 Vgl. KUNZLER 19.
429 GERHARDS, Katechese und Liturgie – ein schwieriges Verhältnis? 264.

gegebenen Fragestellung soll uns dabei besonders interessieren, welche Konsequenzen der konziliare Paradigmenwechsel in Bezug auf die liturgiewissenschaftliche Quellenforschung nach sich zog und zieht. Die Beantwortung dieser Frage soll wieder durch einige wenige, lediglich der „Illustration" des zu Erörternden und nicht einer vollständigen Dokumentation dienende Zitate aus neueren Publikationen exemplifiziert werden.[430] Bereits in dem 1985 erschienen „*Grundriß Liturgie*" von *Adolf Adam* (* 1912) ist zu lesen: „Weil ... Liturgie von ortsgebundenen Gemeinden und damit auch von zeitabhängigen und sich wandelnden Individuen gefeiert wird, muß Liturgiewissenschaft auch *den konkreten Menschen* ins Auge fassen. [... Deshalb] muß sich Liturgiewissenschaft auch für die gesicherten Erkenntnisse der *Humanwissenschaften* offenhalten. Hierfür kommen in Frage die Psychologie einschließlich der Gruppen- und Tiefenpsychologie, Sprach- und Kommunikationswissenschaft, Phänomenologie, Soziologie, Semiotik ..., Kunstgeschichte und die Musikwissenschaft. [...] Zu den Aufgaben der Liturgiewissenschaft zählt – sicher nicht an letzter Stelle – auch die Erforschung und Vermittlung dessen, was wir *liturgische Spiritualität* nennen."[431] In ähnlicher Weise formuliert auch *Michael Kunzler* (* 1951) in dem 1995 publizierten Lehrbuch „*Die Liturgie der Kirche*": „Die Aufgaben der Liturgiewissenschaft lassen sich mit folgenden thematischen Fragestellungen umschreiben: Wie wurde zu einer gewissen Zeit Gottesdienst gefeiert? Warum wurde er so gefeiert, wie die Quellen ihn überliefern, und nicht anders? Wie haben die Menschen einer gewissen Epoche ‚Gottesdienst' verstanden, und wie wirkte sich dieses Verständnis auf die Gestalt der Liturgie aus? Wie wirken sich geänderte kulturelle (geistige, philosophische, gesellschaftliche und auch theologische) Gegebenheiten auf den Fortbestand von Liturgie aus?"[432]. Noch repräsentativer als die beiden soeben angeführten Exzerpte ist ein richtungsweisendes Memorandum, welches im Jahre 1991 gemeinsam von den Liturgiewissenschaftlerinnen und Liturgiewissenschaftlern der „*Arbeitsgemeinschaft katholischer Liturgiedozenten im deutschen Sprachgebiet*" (AKL)[433] verabschiedet wurde: Es handelt sich hierbei um ein „*Zur Standortbestimmung der Liturgiewissenschaft*" betiteltes Papier, welches die zuvor in den deutschsprachigen Ländern mit unterschiedlichem Schwerpunkt vollzogene jahrelange liturgiewissenschaftliche Selbstreflexion bündelt und somit weitgehende Konvergenz beanspruchen kann.[434] Hinsichtlich der liturgiewissenschaftlichen Quellenfrage gibt das Dokument Folgendes zu bedenken: „Es handelt sich beim christlichen Gottesdienst um auch soziologisch faßbare Versammlungen von Menschen. Als strukturierte Gemeinschaft unterliegt die gottesdienstliche Versammlung Gesetzmäßigkeiten, die es zu erfassen gilt und die dann ihrerseits im Sinne möglicher Korrektur und Optimierung der Form und Gestalt des Gottesdienstes dienen können. [...] Dies bedeutet, daß die Liturgiewissenschaft die theologische und die

---

[430] Eine Aufstellung der wichtigsten neueren Literatur zum Thema Liturgiewissenschaft ist einsehbar bei GERHARDS / OSTERHOLT-KOOTZ 127.
[431] ADAM, Grundriß Liturgie 55-57.
[432] KUNZLER 145.
[433] Vgl. hierzu RICHTER, Art. Liturgiewissenschaft, Liturgik. III. Arbeitsgemeinschaft katholischer Liturgikdozentinnen und –dozenten im deutschen Sprachgebiet 992.
[434] Vgl. GERHARDS, Zur Standortbestimmung der Liturgiewissenschaft 165.

anthropologische Dimension der gottesdienstlichen Feier gleichermaßen zu berücksichtigen hat. [...] Die Versammlung als Konstitutivum der Liturgie verweist die Liturgiewissenschaft auf den konkreten Menschen als einen ... wesentlichen Bezugspunkt ihrer Fragestellung. Damit hat sie verstärkt den Dialog mit den Wissenschaften aufzunehmen, die sich aus unterschiedlicher Perspektive und anhand verschiedener Methoden mit dem Menschen und seinen Ausdrucksformen befassen (z.B. Sprach- und Kommunikationswissenschaft, Philosophie, Psychologie, Soziologie). Es geht darum, die Gesetzmäßigkeiten individueller und kollektiver Äußerungen zu erfassen und auf das gottesdienstliche Ereignis zu beziehen."[435] In den drei Zitaten spiegelt sich eine neue Ausrichtung innerhalb der liturgiewissenschaftlichen Forschung wider: Es wird zunehmend die Relevanz eines „*personalen Ansatzes*"[436] entdeckt. Das personale menschliche Individuum als Subjekt der Liturgie und paradigmatische Manifestation des *sensus fidei* gerät dabei in zweifacher Weise ins Blickfeld. Zum einen soll eruiert werden, was das „objektive" liturgische Geschehen beim personalen Individuum an Gefühlen, Artikulationen und Handlungen auslöst, zum anderen gilt es herauszufinden, was das Individuum an Persönlich-Subjektivem in die „objektive" Liturgie hineinträgt. Um hier zu einer Erkenntnis zu gelangen, muss – wie aus den obigen Zitaten kohärent hervorgeht – all das berücksichtigt werden, was das menschliche Subjekt zum personalen Individuum macht, nämlich seine je eigene geschichtliche, soziokulturelle, psychische, psychophysische, charakterliche, geistig-weltanschauliche und intellektuelle Befindlichkeit sowie seine unmittelbarste zwischenmenschliche „Beziehentlichkeit".[437] „Die Befindlichkeit des konkreten Menschen ist nicht bloß dispositiv, sondern konstitutiv. Dies impliziert z.B. das Wahr- und Ernstnehmen der Lebensgeschichte der einzelnen Menschen mit ihren Begrenzungen und Leiden. Persönliche Zeugnisse ... gewinnen zunehmend an Bedeutung."[438] Die anthropologische Wende in der Liturgiewissenschaft bedeutet also nicht, dass sie zu einer reinen Kulturwissenschaft mutieren soll, die den religösen, betenden und Liturgie feiernden Menschen nur noch als ein bloßes anthropologisches Phänomen betrachtet, dessen Durchdringung nichts weiter als eine Mehrung des Wissens vom Menschen ist. Denn solchermaßen könnte Liturgiewissenschaft als wissenschaftliche Symptomatik von Religion missbraucht werden, die im Extremfall gar als Teilgebiet einer umfassenden Pathologie des Menschen fungieren würde.[439] Dies hieße, das

---

[435] GERHARDS, Zur Standortbestimmung der Liturgiewissenschaft 166 f.

[436] GERHARDS, Menschwerden durch Gottesdienst? Positionsbestimmung der Liturgie zwischen kirchlichem Anspruch und individuellem Erleben 28 ff. Vgl. ebenso auch GERHARDS, Emotionalität in der Kirche. Das „Objektive" und das „Subjektive" in der Liturgie – ein unauflösbarer Gegensatz? 51-55.

[437] Einer der ersten Liturgiewissenschaftler, welcher diesen Aspekt in seinen Forschungen berücksichtigte, war *Anton Ludwig Mayer* (1891-1982), der in seinen liturgiehistorischen Publikationen stets die Interdependenz der jeweils konkreten geschichtlichen Liturgiegestalt mit der religionssoziologischen, philosophisch-geistesgeschichtlichen und soziokulturellen Signatur ihrer Epoche aufzeigte. Freilich ist das Forschungsinteresse hierbei noch primär historiographisch orientiert und weniger an impulsgebenden Rückschlüssen für die Liturgie der Gegenwart interessiert.

[438] GERHARDS, Menschwerden durch Gottesdienst? Positionsbestimmung der Liturgie zwischen kirchlichem Anspruch und individuellem Erleben 30. Vgl. ähnlich etwa auch WAHL 161.

[439] Vgl. KUNZLER 138.

anthropologische und pastorale Anliegen des Konzils mutwillig zu verkürzen und damit zu pervertieren. Das erwähnte Papier der AKL spricht demgegenüber davon, dass im Erfassen der anthropologischen Grundlagen ein höheres Ziel intendiert ist: Die mögliche „Korrektur und Optimierung der Form und Gestalt des Gottesdienstes". Mit dieser hochbedeutsamen Aussage ist aber innerhalb der Liturgiewissenschaft jegliche Berechtigung einer autonomistischen Stellung der Humanwissenschaften als Selbstzweck a priori ausgeschlossen. Insofern sie sich für den Liturgiker als erkenntnisfördernd erweisen, sind sie zweifellos unerlässlich[440]; ihre Funktion ist dabei indes nur die einer mäeutischen Hilfswissenschaft. Demgemäß ist es also von eklatanter Wichtigkeit, das über das individuell-personale liturgische Subjekt Erkannte nicht als isoliertes wissenschaftliches Ergebnis auf sich beruhen zu lassen, sondern es wiederum an die Liturgie rückzubinden und für sie pastoralliturgisch nutzbar zu machen.[441] Es handelt sich dabei zwar um ein wirksames Korrektiv gottesdienstlichen Feierns, was aber nicht heißt, dass dadurch das andere große Korrektiv der Formen und Formeln, wie sie die Bibel und die Tradition vorgeben, zwangsläufig in den Hintergrund tritt. Letztere ist selbstverständlich weiterhin gültig, da es der christlichen Liturgie ja immer auch um die Einbettung des einzelnen Menschen in die Glaubengeschichte Israels und der Kirche geht[442]. Da die Liturgie der Polarität „subjektiv"–„objektiv" als mobilisierender, indispensabler Spannung bedarf, müssen das Korrektiv des persönlichen Zeugnisses des personalen Individuums und das Korrektiv der „objektiven" Vorgaben von Bibel und Tradition als zwei gleichstarke Pole existieren und berücksichtigt werden. Einzig diese ständig neu zu definierende bipolare Ausgewogenheit ist das Anliegen des personalen Ansatzes der Liturgiewissenschaft. Ebenso wenig wie der in adäquatem Maße Traditionsbewusste verhindern kann, dass andere sich der Depravation des Traditionalismus und Objektivismus hingeben, kann man im Vorhinein den subjektivistisch-individualistischen Missbrauch des subjektiv-personalen Ansatzes gänzlich unterbinden.[443] Aus einer gerechten und differenzierten Beurteilung heraus wird man jedoch nicht leugnen können, dass die Potenz zur Extremisierung ein ontologisches Grunddatum jeder geistigen Wirklichkeit ist. Beliebigkeit und Subjektivismus als Absolutsetzung der Beschaffenheit des Subjektes sowie Individualismus als Behauptung des absoluten Vorranges der Individualität des Einzelnen gegenüber den „objektiven" Konstituenzien der Gemeinschaft sind demzufolge zwar eine potentielle Gefährdung des personalen Ansatzes, die es im Keime zu ersticken gilt, gehen aber keinesfalls a priori kausal aus ihm hervor.

Bezogen auf unsere Frage nach den Quellen der Liturgiewissenschaft ergibt sich aus deren anthropologisch-personaler Neuorientierung die Aufgabe einer Auswei-

---

[440] Vgl. etwa auch RICHTER, Art. Liturgiewissenschaft, Liturgik. I. Aufgabe und Methode 989 f.

[441] Vgl. hierzu etwa auch NUßBAUM 17.

[442] Vgl. etwa auch GERHARDS, Emotionalität in der Kirche. Das „Objektive" und das „Subjektive" in der Liturgie – ein unauflösbarer Gegensatz? 55 sowie GERHARDS, Die Psalmen in der römischen Liturgie 357.

[443] Vgl. hierzu etwa auch GERHARDS, Emotionalität in der Kirche. Das „Objektive" und das „Subjektive" in der Liturgie – ein unauflösbarer Gegensatz? 53.

tung und Akzentverschiebung der konventionellen liturgiewissenschaftlichen Quellenforschung. Aufgrund der obigen Darlegungen dürfte deutlich geworden sein, dass das Postulat einer den heutigen Menschen existentiell betreffenden „liturgia semper reformanda" nur dann realisierbar ist, wenn Liturgiker und liturgisch Verantwortliche gemeinsam nach *Zeugnissen individuellen Liturgieerlebens im biographischen Kontext des konkreten liturgischen Subjektes* suchen, diese als gleichberechtigte liturgiewissenschaftliche Quelle anerkennen und deren Impulse für die gegenwärtige gottesdienstliche Praxis fruchtbar zu machen trachten. Zugleich geht aus dem Gesagten hervor, dass mit „konkreten Zeugnissen individuellen Liturgiereerlebens im biographischen Kontext" weniger *wissenschaftlich* analysierende, interpretierende oder apologetisierende Reflexionen von Individuen gemeint sind, sondern vielmehr deren Äußerungen unmittelbaren, emotionalen und konkret-situativen Erlebens. Es gerät hier also das ins Zentrum des Blickfeldes, was oben als *liturgische Spiritualität* bezeichnet wurde. Das bedeutet, dass zur Auswertung von Zeugnissen individuellen Liturgieerlebens zusätzlich immer auch jene *Zeugnisse persönlicher Religiosität* derselben Person herangezogen werden sollten, die nicht explizit von Liturgie sprechen, aber implizit natürlich dennoch in das Liturgieerleben mit hinein spielen. Diese Selbstzeugnisse des Individuums werden als Korrektive und Impulsgeber zweifellos umso fruchtbarer sein, je mehr sie nicht isoliert, sondern in der Zusammenschau mit anderen liturgiewissenschaftlichen Quellen ausgewertet werden.

Der nächste logische Schritt unserer Untersuchung wird nun sein, zu überprüfen, welchen Quellenwert das Zeugnis individuellen Liturgieerlebens hinsichtlich künstlerischer Liturgie-Gestaltung besitzt. Ein Künstler, der sich entschließt, ein Opus im Dienste einer bestimmten liturgischen Funktion zu schaffen, wird dies in der Regel nur tun, wenn er in irgendeiner Weise persönliche Kenntnisse über die konkrete Liturgie, für die er tätig wird, besitzt. Es wurde immer wieder darüber diskutiert, ob für die Schaffung kultischer Kunst ein objektives, emotional neutrales Faktenwissen über die Liturgie ausreiche oder ob darüber hinaus auch ein individuell-wertender, subjektiver Bezug vorhanden sein müsse. Die Antwort auf diese Frage liegt im jeweiligen Kunstwerk selbst, aus dem sehr wohl ersehen oder erhört werden kann, welcher der beiden genannten Fälle den Schaffensprozess bedingte. In beiden Fällen ist eine künstlerische Aussage möglich, aber nicht zwingend, da die Grenze zwischen den beiden Extremen „realsymbolische Kunst" und „rein funktionales Kunsthandwerk" bekanntlich fließend ist. Letztlich aber zeigt ein Blick auf die Geschichte sakraler bildender Kunst, Architektur und Musik, dass die Mehrzahl der Künstler zu der Liturgie, für die sie schufen, in einer über rein faktisches Wissen hinausreichenden Beziehung standen. Diese subjektive Beziehung aber konnten sie nur mittels ihres individuell-personalen *Liturgieerlebens* aufbauen. Ein wesentlicher Teil der künstlerischen Aussage des liturgischen Kunstwerkes gründet darin und kann vom Rezipienten letztlich nur dann voll erfasst werden, wenn er um die Beschaffenheit des individuellen Liturgieerlebens und der persönlichen Religiosität des Künstlers weiß. Beides ist wie gesagt von dessen geschichtlicher, soziokultureller, psychischer und geistiger Befindlichkeit nicht zu trennen, sondern befindet sich damit in einem interdependenten Konnex.

Der hohe Wert, welchen das Zeugnis individuellen Liturgieerlebens und persönlicher Religiosität für die Erschließung künstlerischer Liturgie-Gestaltung besitzt, ist damit evident. Rezeption und Interpretation eines Kunstwerkes werden diesem letztlich nur dann wirklich gerecht, wenn die ihm inhärierende Intention seines Urhebers nicht einfach negiert, sondern in aufrichtigem Bemühen erforscht wird. Wer hier nicht Eisegese sondern Exegese betreibt, wird die sich daraus ergebende Weitung seines Erlebnishorizontes als ungeahnte Bereicherung erfahren.

4.2.2.2 Das konkrete schriftliche Zeugnis individuellen Liturgieerlebens und seine Fundorte

Zu zeigen, dass die Zeugnisse individuellen Liturgieerlebens und die mit ihnen im Zusammenhang stehenden Zeugnisse persönlicher Religiosität ebenso wertvolle wie indispensable liturgiewissenschaftliche Quellen sind, welche besonders im Hinblick auf die künstlerische Liturgiegestaltung eine Schlüsselfunktion wahrnehmen, war Sinn und Zweck der bisherigen Darlegung. Nunmehr stellt sich jedoch die berechtigte Frage, wo solche Zeugnisse konkret zu finden sind. Sie existieren selbstverständlich nicht als eine monolithisch zusammengefügte Quelle, sondern verbergen sich in vielen verschiedenen autobiographischen Einzelquellen, welche im Folgenden je für sich behandelt werden sollen. Da es in der vorliegenden Publikation um die Kontexte *traditioneller*, also einer *vergangenen* Epoche entspringender künstlerischer Liturgiegestaltung geht, ist in den nachfolgenden Ausführungen die der empirischen Sozialforschung zuzurechnende Methode der mündlichen Befragung des personalen Individuums ausgeklammert. Es werden mithin nur die Quellen schriftlicher Selbstzeugnisse aufgezeigt und erörtert.

4.2.2.2.1 Das Tagebuch

Das *Tagebuch* ist die unmittelbarste Form der autobiographischen Aufzeichnung. Es handelt sich hierbei um meist täglich, zumindest aber in regelmäßigen Abständen verfaßte, chronologisch aneinandergereihte Skizzen, in denen der Autor Erfahrungen mit sich selbst und seiner Umwelt unmittelbar festhält.[444] Der Entstehung des Tagebuches liegen fundamentale Urkräfte des menschlichen Geistes zugrunde: Das Bedürfnis nach Mitteilung, der Drang nach Äußerung sowie das Gefühl für Chronologie. Im nichtliterarischen Tagebuch ist gleichwohl das Mitteilungsbedürfnis nicht auf die Mitwelt bzw. den Mitmenschen ausgerichtet. Es liegt somit nicht wie beim Brief ein offener, sondern ein nach außen verschlossener Mitteilungsgdrang vor. Ein wesentliches Charakteristikum des Tagebuches ist somit im allgemeinen eine Verinnerlichung. Der Blick seines Verfassers wird auf Vorgänge des eigenen Seelenlebens gelenkt. Obgleich die unterschiedlichen Ausprägungen des Tagebuches wechselseitig interferieren und folglich nicht strikt voneinander zu trennen sind, können doch im Wesentlichen fünf „Funktionen" eruiert werden: Das registrierende Tagebuch reflektiert kaum, sondern fixiert bare

---

444 Vgl. HABICHT / LANGE Bd. 3 484.

Fakten. Das schwärmerische Tagebuch fungiert gleichsam als emotionales Ventil in einer Phase überbordenden Hochgefühls oder Nicht-Einordnen-Könnens erstmalig erlebter Emotionen in die eigene seelische Gesamtkonstitution. Das introvertiert-egozentrische Tagebuch dient dem psychischen Halt in Phasen der Vereinsamung oder inneren Krise. Der Schriftsteller verwendet sein Tagebuch mitunter als Stoffsammlung für spätere Werke. Schließlich ist das *literarische Tagebuch* zu nennen, das im Verhältnis zu den vorher aufgezählten Ausprägungen eine relativ autonome Textgattung dartellt. Es ist auf bestimmte Themen hin angelegt und demgemäß noch einmal zu unterteilen in Kriegs- oder Reisetagebücher, in Tagebücher mit philosophischen, kunstkritischen oder zeitkritischen Reflexionen und Analysen. Eine Sonderform des literarischen Tagebuches ist das *fingierte Tagebuch*, daß seine literarische Funktion teils offenlegt (z.B. im *Tagebuchroman*), teils aber auch vorgibt, authentisch zu sein.[445] Tagebuchähnliche Formen sind bereits in der Antike in den Gattungen der *Hypomnemata*, *Ephemeriden*, *Annalen* und *Chroniken* anzutreffen. Seit dem 17. Jahrhundert gewann das Tagebuch als sog. *Diarium* besonders in den bürgerlichen Schichten zunehmend an Bedeutung. Gegen Mitte des 18. Jahrhunderts erreichte es den Gipfel seiner Beliebtheit und wird seitdem als wichtiger Bestandteil des kulturellen Lebens angesehen.[446]

Das registrierende Tagebuch erscheint als Quelle für die Liturgiewissenschaft kaum geeignet. Da nur wenige oder gar keine persönlich-emotionalen Wertungen erfolgen, bleibt das fixierte Faktenmaterial die Antwort schuldig, ob und auf welche Weise der Verfasser in das Geschilderte seelisch involviert war.

Anders verhält es sich beim schwärmerischen Tagebuch. Hier begegnen wir sogar einer emotionalen Überfrachtung. Selbst Ereignissen und Gegenständen, die dem außenstehenden Common sense in ihrer Unscheinbarkeit belanglos erscheinen möchten, wird eine hohe Bedeutung zugemessen. Das sich artikulierende Ich interpretiert alle ihm begegnenden Manifestationen von „Welt“ in unreflexer oder aber auch bewusster Negierung deren objektiver Seinsweise und fügt sie in einen einseitig subjektiven, seiner komplexen Gefühlslage entsprechenden Daseinsentwurf ein. Eine adäquate Beurteilung dieser Selbstäußerung wird mithin die speziellen psychologischen Faktoren zu berücksichtigen haben, welche der Genese zugrundeliegen. Wird die psychologische Analyse kompetent geleistet, kann dabei gegebenenfalls auch in Bezug auf das individuelle Liturgieerleben und die persönliche Religiosität durchaus Erhellendes herausfiltriert werden.

„Die Tagebuchform ... ist immer schon mit dem Zustand der Einsamkeit verbunden gewesen, nur aus ihm konnte sie entstehen.“[447] Damit ist aber nicht unbedingt eine äußerlich-soziale, sondern vielmehr eine von innen her kommende Vereinsamung gemeint. Der Verfasser emigriert gewissermaßen seelisch aus seiner Umwelt und konzentriert sich verstärkt auf sein eigenes Ich. Die Gründe für diesen psychischen Prozess sind äußerst vielfältig und können in dem hier bewusst knapp gehaltenen Abriss nicht aufgeführt werden. Unbedingt bedenkenswert ist

[445] Vgl. GRÄSER 15.
[446] Vgl. Vgl. HABICHT / LANGE Bd. 3 484.
[447] GRÄSER 101.

der Hinweis, dass das Moment der Einsamkeit in mehr oder weniger intensiver Weise bei einem Großteil der Tagebuchverfasser den Entstehungsprozess mitbedingt. Bei dieser Ausprägung des Diariums treffen wir ein hohes Maß an Selbstreflexion und -verstehen an, das auf die Erfassung des Seins hinzielt oder auch um ein umfassendes Verstehen der Welt ringt. So die schreibende Person hier ihr individuelles Liturgieerleben oder ihre persönliche Religiosität reflektiert, darf ihren Äußerungen uneingeschränkte Authentizität zuerkannt werden.

Für das in Zeiten seelischer Krisis entstandene Tagebuch ist charakteristisch, dass es vom Verfasser nur während des krisenhaften Zustandes (oder der krisenhaften Zustände) herangezogen wird, er seine schriftlichen Reflexion aber beendet, sobald die betreffende Phase überwunden ist. Die schriftliche Aufzeichnung dient hier der Wiedergabe der eigenen Entwicklung innerhalb der krisenhaften Phase, wobei die letztendliche Überwindung des seelischen Konfliktes in vielen Fällen nicht mit einer gänzlichen Lösung der Krise identisch ist. Es ist zu beobachten, dass die im Tagebuch widergespiegelte Überwindung oft nur das Widerherstellen eines Schwebezustandes ist, in welchem der innere Zwiespalt nicht aufgehoben, sondern in eine erträgliche Balance gebracht ist. Bei „ ... den meisten Tagebuchschreibern hängt ihre Krise eng mit dem *Religiösen* zusammen. Wie im anderen Falle das Verhältnis des Einzelnen zum Du, zur Gemeinschaft gestört ist, so hier zu *Gott*. Das kann sich unmittelbar im religiösen Erlebnis äußern ..., aber auch dann, wenn die Stellung zum Glauben oder zu einer bestimmten Religion zu wanken beginnt."[448] Es zeigt sich, dass in etlichen Fällen der um den persönlichen Glauben ringende Verfasser auch das individuelle Erleben der kultischen Praxis der eigenen Konfession zur Sprache bringt. Letzteres kann sich dabei unter Umständen sogar als eigentlich auslösendes Moment der religiösen Krise entpuppen. Mithin wird die liturgiewissenschaftliche Quellenforschung gerade auf solche Zeugnisse ihr besonderes Augenmerk zu richten haben, tritt doch in ihnen auch zu Tage, warum der Gläubige zu bestimmten liturgischen Erscheinungsformen keinen rechten Zugang findet, warum sie ihm unverständlich oder fremd sind, warum er gar an ihnen leidet, zweifelt oder verzweifelt.

Das literarische Tagebuch ist als liturgiewissenschaftliche Quelle nur in sehr spezieller Hinsicht geeignet. Aus dem Willen zur Kunst hervorgegangen, ist es stets schon im Hinblick auf eine spätere Veröffentlichung konzipiert und damit oft stilisiert. In ihm ist das rein Private bewusst zurückgedrängt. Insofern kann – vom fiktiven Tagebuch abgesehen – nicht eindeutig gesagt werden, wann das authentische Ich des Autors spricht oder wann es sich in die Rolle eines entworfenen, stilisierten Ichs begibt. Eventuelle Äußerungen über Liturgie und Religion müssen in diesem Genre daher stets unter dem Gesichtspunkt beurteilt werden, welche Intention der Autor mit der Publikation jeweils verfolgt. In Einzelfällen dient das literarische Tagebuch dem Autor auch der für die Öffentlichkeit bestimmten chronologischen Darstellung eigener künstlerischer Schaffensprozesse.[449] So es sich hierbei um einen für die Liturgie tätigen Künstler handelt, können solche Aufzeichnungen

---

[448] GRÄSER 103.
[449] Vgl. HABICHT / LANGE Bd. 3 484.

für die Liturgiewissenschaft den Stellenwert von Zusatzinformationen einnehmen, welche den konkreten biographischen und soziokulturellen Hintergrund des Produktionskontextes aufzeigen.

Die aufgezeigten fünf Ausprägungen des Diariums treten wie gesagt selten in Reinform, hingegen häufig in Verknüpfung auf. Insgesamt garantiert die Form des Tagebuches als überwiegend spontane, von verfälschenden Faktoren in der Regel nicht gefährdete Selbstäußerung des personalen Individuums einen hohen Grad an Authentizität. Wofern es zum Zeugnis individuellen Liturgiereerlebens und persönlicher Religiosität wird, darf es innerhalb der am personalen Ansatz orientierten liturgiewissenschaftlichen Forschung als eine der wichtigsten Quellen angesehen werden.

4.2.2.2.2 Der Brief

Der *Brief* ist eine schriftliche Mitteilung an einen bestimmten Adressaten als Gesprächsersatz. Da der Brief von seiner Grundfunktion her also als Redesubstitut mit dem Zweck eines dialogischen Austausches zu gelten hat, unterliegt er den Regeln jeder zwischenmenschlicher Kommunikation. Er ist nicht nur individueller Beziehungsträger, sondern auch Träger einer pragmatischen Intentionalität, d.h. er stellt einen Anspruch an die reale Umwelt und nimmt damit Einfluß und Bezug auf reale Verhaltensweisen, Handlungen, Gedankenbewegungen und Stimmungen. Dadurch löst er Reaktionen aus oder intendiert diese zumindest. Demgemäß fungiert er stets als Vehikel einer zielorientierten Sprechhandlung in einem konkreten Interaktionsrahmen. Auch der Brief erweist sich genuin als multifunktional: Er informiert (sach-orientiert), appelliert (partner-orientiert) oder manifestiert (selbst-orientiert). Demgemäß ist zu differenzieren zwischen *Privatbriefen*, offiziellen *Schreiben* bzw. Urkunden, *fingierten (literarischen) Briefen* bzw. *Episteln*, *offenen Briefen* und der journalistischen Sonderform der *„Korrespondenz" in Periodika*. Wie beim Tagebuch ist selbstverständlich auch hier keine exakte Kategorisierung möglich; in praxi überschneiden sich die genannten Funktionen. Historisch betrachtet, gehört der Brief zu den ältesten schriftlichen Äußerungen überhaupt – er ist so alt wie die Schrift selbst. Die ältesten erhaltenen Beispiele datieren circa von 2200 v. Chr. Da auch nach der Zeitenwende bis ins Spätmittelalter hinein nur eine kleine soziale Schicht Gebildeter des Schreibens kundig war, blieb der Brief in den ersten Jahrtausenden zunächst primär eine pragmatische Gebrauchsform (Urkunde, amtliches Schreiben, Geschäftsbrief). Erst ab circa 1300 lernten auch Teile des Bürgertums in den Städten das Schreiben womit sich die Gepflogenheit des privaten Briefwechsel langsam aber stetig ausbreitete. Aber selbst in Renaissance und Humanismus sind die Briefe noch wenig persönlich gestaltet. Der Schwerpunkt liegt auf Kanzleischreiben, kaufmännisch-geschäftlichen Mitteilungen und gelehrt-philosophischen Korrespondenzen, weshalb auch in der Privatkorrespondenz das Formelhafte noch dominiert. Erst als im ausgehenden 17. Jahrhundert die bürgerliche Schicht dank ihrer zunehmenden wirtschaftlichen Bedeutung ein ihr vorher unbekanntes Gefühl für den eigenen Wert entwickelte, wählte sich das neu gewonnene Selbstgefühl den Brief zum Medium: Das Bürgertum begann, seine

Gedanken und Empfindungen wichtig zu nehmen und strebte demzufolge nach Selbstmitteilung und Austausch, was zu der Blütezeit der freundschaftlichen Privatkorrespondenz in Pietismus, Aufklärung, Empfindsamkeit, Sturm- und Drang, Klassik und Romantik führte. Im 20. Jahrhundert vollzog sich zwar ein Bedeutungswandel des Briefes, insofern er als privater Brief seine gesellschaftlich-kulturelle Relevanz einbüßte und dafür fortan mehr als Vehikel *öffentlich*-subjektiver Kommunikation (Geschäftsbrief, Leserbrief, offener Brief) fungierte, konnte aber seine Gesamtbedeutung doch noch bis zum ausgehenden 20. Jahrhundert bewahren. Mit der Wende zum 21. Jahrhundert kristallisierte sich jedoch heraus, daß die nahezu unbegrenzten Möglichkeiten digitaler Telekommunikation den Brief auf wohl irreversible Weise entbehrlich machten.[450]

Die wesensmäßige Grundaufgabe des Briefes ist die Erfüllung informationeller Funktionen, d.h. sein minimales Konstitutivum ist das Befördern von Mitteilungen als bare Sachinformation z.B. geschäftlichen, offiziell-amtlichen, politischen, wissenschaftlichen, didaktischen, konspirativen usw. Inhalts. Auch persönlich-intime Inhalte können auf rein informationeller Ebene mitgeteilt werden. Die informationelle Grundfunktion begünstigt in besonderer Weise eine Standardisierung und Konventionalisierung der Schreibweise gemäß den brieflichen Schreibbräuchen der jeweiligen Epoche. Mithin spiegeln sich Charakter und individuelle Persönlichkeit des Adressanten in rein sach-orientierten Briefen nur wenig bis gar nicht wider. Wenn zu der genannten Grundfunktion nicht noch andere Funktionen hinzutreten, sind die traditionellen Quellen der Liturgiewissenschaft dem die Liturgie rein sachlich schildernden Brief vorzuziehen, da sie diesbezüglich umfassender und vor allem verlässlicher zu dokumentieren vermögen. Der ausschließlich sach-orientierte Brief kann dann allenfalls dort als Überbrückung dienen, wo die traditionelle Quellenlage Lücken aufweist. Zeugnisse persönlicher Religiosität und liturgischer Spiritualität wird man in ihm vergeblich suchen.

Neben der informationellen Funktion ist als Nächstes die appellative, partnerorientierte Funktion zu nennen. Innerhalb offizieller Schreiben konkretisiert sich diese in Wünschen, Befehlen, Verordnungen, Forderungen, Aufforderungen und Weisungen. Sie dominiert aber auch in Briefen belehrenden oder (meist religiös) erbauenden Charakters, welche den Adressaten anhalten wollen etwas zu lernen, einzusehen, sich zu Herzen zu nehmen oder aber getrost zu sein bzw. den Sinn auf das (transzendente) Wesentliche zu richten. Darüber hinaus ist die appellative Funktion im privaten Brief stets da anzutreffen, wo ein Adressant, ohne seine Intentionen mittels juristischer und/oder geschäftlicher Sanktionen und Maßnahmen durchsetzen zu können, den Adressaten im Sinne eigener Absichten und Vorstellungen zu beeinflussen versucht, indem er wünscht, erwartet, bittet, ersucht, verlangt, fordert oder gar droht. Als liturgiewissenschaftlich relevante Quelle erweist sich der appellative Brief dann, wenn der Schreiber seinem Briefpartner gegenüber entweder den Wunsch oder die Aufforderung artikuliert, liturgische Vorgaben umzusetzen, auf die Liturgie bezogene Handlungen und Äußerungen zu erfüllen bzw. zu unterlassen oder aber wenn er ihm bestimmte Formen und

---

[450] Vgl. NICKISCH 10-13.29-70 sowie THIES 462 f.

Inhalte der Liturgie zur Beherzigung und Praxis anempfiehlt. Überdies kann der appelative Briefe zum einen den Wunsch oder die Forderung enthalten, der Adressat möge sich bestimmte religiöse Überzeugungen aneignen oder sich davon lossagen sowie zum anderen den Briefpartner affirmativ und erbauend dazu anhalten, sich an gewissen religiösen Inhalten zu orientieren. In all diesen Fällen spiegelt sich im Appell das individuelle Liturgieerleben und/oder die persönliche Religiosität des Adressanten wider. Allerdings ist bei der Analyse zu beachten, dass der Appell oft überpointiert wird, um ihm besonderen Nachdruck zu verleihen. Dies lässt das in ihm Geäußerte oft dezidierter oder extremer als die ihm zugrunde liegende reale persönliche Einstellung erscheinen. Mithin sollte der appellative Brief nach Möglichkeit stets in Kohärenz mit anderen einschlägigen, nicht-appellativen Äußerungen derselben Person ausgewertet werden.

Am aufschlussreichsten ist für die liturgiewissenschaftliche Quellenforschung der manifestierende, d.h. selbst-orientierte Brief. Die auf das Selbst des Schreibers orientierte Kommunikationsform dominiert dort, wo Briefe von vornherein als Vehikel der Selbstbekundung, Selbstdarstellung, Selbstbetrachtung oder Selbstdeutung in Anspruch genommen werden. Das Selbst des Adressanten bekundet sich überdies auch in jenen Fällen, in welchen der Schreiber aus eigener Sicht oder aus persönlichem Interesse zu Vorkommnissen, Erscheinungen, Personen, Meinungen u. Ä.. persönlich Stellung bezieht. Gemeint sind also jene Briefe, in denen eine über das in jedem Brief gegebene normale Maß der Ich-Repräsentierung hinausgehende Ausnutzung der Selbstmanifestation des Schreibers gegeben ist. Diese Funktion erfüllt sich vornehmlich innerhalb der freundschaftlichen Privatkorrespondenz im Bekenntnis- und Freundschaftsbrief. Es liegt gewissermaßen in der Natur des manifestierenden, selbst-orientierten Briefes, auch über das individuelle Liturgieerleben zu reflektieren – er bietet diesbezüglich, je nach Entstehungsepoche, das reichste und ergiebigste Material.[451]

In Bezug auf fingierte Briefe, offene Briefe und Episteln gilt im Wesentlichen das oben bereits über das literarische Tagebuch Gesagte: Als liturgiewissenschaftliche Quelle sind sie ebenfalls nur in sehr spezieller Hinsicht geeignet. Sie haben keine private, sondern eine öffentliche Wirkungsabsicht. Nur scheinbar an einen bestimmten Briefpartner gerichtet, sind sie Traktate, Essays, Reden, Predigten oder Satiren in Form des Briefes. Der Brief als literarisches Genre wird in den verschiedensten Kombinationen und Kontexten als Rahmen für informelle Erörterungen, Rollenprosa bzw. -gedichte und Briefromane verwendet.[452] Wie auch beim literarischen Tagebuch geht aus dem literarischen Brief nicht hervor, inwieweit der Schreiber sein authentisches, sich autobiographisch äußerndes Selbst oder ein mit einer bewusst fingierten Rolle versehenes, stilisiertes Ich sprechen lässt.

„Briefe sind nicht allein wesentliche Bestandteile und Dokumente unserer Literatur-, Geistes-, Bildungs- und Sozialgeschichte, sondern ebenso unschätzbare Quellen und Zeugnisse der Persönlichkeits-, Rechts-, Kultur- und Kommunikationsgeschichte. Sie reflektieren und belegen besonders konkret, anschaulich und

[451] Vgl. NICKISCH 14-17.
[452] Vgl. THIES 462 f.

lebensnah die jeweiligen persönlichen und soziokommunikativen Verhältnisse sowie den jeweiligen Kulturstand. Seit es den Privatbrief gibt, sind Briefe natürlich in erster Linie ganz persönliche, u.U. geradezu psychogrammatische Lebenszeugnisse von erstrangigem biographischen Wert"[453]. Hinsichtlich der Analyse und Interpretation von Einzelbriefen gilt es gleichwohl, die den Brief konstituierenden Faktoren je exakt zu bestimmen und in ihrem spezifischen Wirkungskonnex zu berücksichtigen. Danach muss der Quellenforscher vor der inhaltlichen Interpretation eines Briefes immer eruieren, „wer (Selbsteinschätzung, Rollenzuweisung) wem (Fremdeinschätzung, Rollenerwartung) worüber (Thema) warum (Anlaß) wozu (Ziel) wann und wo einen Brief schreibt."[454] Daneben hat der textpragmatische Analytiker möglichst auch die Stellung eines Briefes innerhalb des Kommunikationsprozesses zu bestimmen, in welchen er eingebettet ist (als Vorgängerbrief, Nachfolgebrief usw.). Das Erfassen der Relation Emittent–Rezipient muss insofern als besonders wichtig angesehen werden, als sich im Brief ja stets ein Zusammentreffen von „Selbst-Konstitution" des schreibenden Ichs und „Setzung des Anderen"[455] (des Empfängers) ereignet. Jeder Briefschreiber übernimmt daher, je nach der Intention seiner brieflichen Sprechhandlung, eine entsprechende Rolle. Damit ist nicht die das Ich im Sinne einer expliziten literarischen Kunstform fingierende bzw. stilisierende Rollenkonzeption gemeint, sondern jene informelle Rolle, welche der Briefschreiber für sich im Hinblick auf die einmalig-konkrete, private Sprechhandlung wählt. Er orientiert sich dabei an dem Bild, das er sich vom Briefempfänger macht bzw. an der Vorstellung der Rolle, welche er dem Rezipienten zugunsten der intendierten Sprechhandlung vorgibt, zuweist oder auch aufnötigt. Dabei ist freilich meist nicht erkennbar, ob der „geheime" Rollenentwurf mehr intuitiv-unreflex oder eher aus bewusstem psychologischem Kalkül heraus geschieht.[456] Um dies beurteilen zu können, sollten über den Brief hinaus noch weitere biographische Zeugnisse eingesehen werden, welche über die Charakter- und Persönlichkeitsstruktur des Briefschreibers Auskunft geben. Der grundsätzlich auch für die Liturgiewissenschaft hohe Quellenwert des Briefes ist durch die beschriebene Rollenkonzeption in keinster Weise infrage gestellt, wenn die biographischen und psychologischen Faktoren in angemessener Weise berücksichtigt und bei der Briefinterpretation entsprechend in Rechnung gezogen werden. Das solchermaßen aus dem Brief herausfiltrierte essentielle Substrat der eigentlichen Textaussage darf dann als durchaus authentisches autobiographisches Zeugnis eingestuft werden.

4.2.2.2.3 Die Autobiographie

„*Autobiographie*" ist die Bezeichnung für die „ ... literarische Darstellung des eigenen Lebens, die aus einer meist übergeordneten Perspektive die innere Ent-

---

[453] NICKISCH 212.
[454] LANGEHEINE 199.
[455] Beide Begriffe zitiert nach AMÉRY 23 f.
[456] Vgl. NICKISCH 10-11.

wicklung und äußere Zeitgebundenheit zu einem geschlossenen Ganzen fügt. [...] Sie beschreibt die Entwicklung einer Persönlichkeit in Form der sinngebenden Verknüpfung von chronologisch geordneten Fakten und individuellen Erfahrungen."[457] In der Literaturwissenschaft unterscheidet man zwischen zum Ziel führenden Autobiographien und gleichsam permanent offen selbstreflektierenden Formen.[458] Etliche der oben genannten Charakteristika der Autobiographie treffen auch auf andere Textgattungen der *Erinnerungs-* und *Bekenntnisliteratur* sowie auf das *schriftliche Testament* (als geistiges Vermächtnis)[459] zu. Namentlich zu den *Memoiren*, zum *autobiographischen Roman*, zur *Ich-Erzählung*[460] und zur *philosophischen Selbstreflexion* ergeben sich Überscheidungen. Historisch sind die Ursprünge der Autobiographie sowohl in der religiösen Selbsterforschung als einer Darstellung der eigenen seelischen Läuterung auf dem Weg zu Gott zu suchen als auch in der profanen Chronik, mittels derer der Autor die Rolle eines Zeitzeugen übernimmt. Beide Vorformen der Autobiographie treffen wir bereits in der Spätantike an. Bis in das Spätmittelalter hinein bleiben die autobiographischen Selbstzeugnisse noch durchweg in einen chronographischen oder religiösen Kontext eingebunden. Erst in dem Maße, als sich in der Renaissance die festen Bindungen an ein übergeordnetes traditionelles System aufzulösen begannen und das Individuum zunehmend als innerweltliche Erscheinung und Persönlichkeit ins Blickfeld rückte, trat die religiöse Bindung insgesamt hinter der eigentlichen Selbstdarstellung zurück. Es war zum einen die Wertung wie auch Rechtfertigung von Ereignissen und eigenen Tätigkeiten sowie zum anderen das Bestreben, die eigene Lebensleistung in die Familiengeschichte einzubetten, was den Hauptimpuls für autobiographische Aktivitäten gab.[461] Die familiengeschichtliche Autobiographik verknüpfte mit der historischen Orientierung auch oft die Fixierung aktueller familiärer Nachrichten und buchhalterische Aufzeichnungen. Während etwa in Italien und Spanien im 16. und 17. Jahrhundert die Autobiographie noch mehr im geistesgeschichtlichen und künstlerischen Bereich verwurzelt ist, kristallisiert sich im Deutschland des 17. Jahrhunderts der pragmatisch-häusliche Lebensbericht und die Berufsbiographie heraus. Nach 1830 werden jedoch die Grundbedingungen autobiographischen Schreibens zunehmend problematischer: Die subjektive Persönlichkeit wird von Zweifeln heimgesucht, Umwelt und Weltbild werden brüchig. Die Problematik der fragwürdig gewordenen Vermittlung von Individuum und Geschichte, welche noch im 19. und frühen 20. Jahrhundert durch die Erprobung neuer Erzählverfahren zu umgehen versucht wird, verschärft sich im 20.

---

[457] KOEPP, Art. Autobiographie 257.
[458] Vgl. MEIER 21.
[459] *Testamente* als letztwillige schriftliche Verfügung des Individuums artikulieren nicht nur den letzten Willen in Bezug auf die materielle Erblassung, die Bestattung und das Totengedenken des Verstorbenen, sondern können darüber hinaus als sog. *geistiges Vermächtnis* eine wichtige Quelle sein. Die Äußerung persönlicher Lebensmaximen, Wünsche, Vorstellungen und Absichten kann sich gegebenenfalls auch hinsichtlich der persönlichen Religiosität des Verfassers als aufschlussreiche Quelle erweisen. Vgl. etwa auch SCHWEIKHART
[460] Hinsichtlich des liturgiewissenschaftlichen Quellenwertes des autobiographischen Romanes und der Ich-Erzählung sei auf das bereits im Zusammenhang mit dem literarischen Tagebuch und dem fingierten Brief obig Gesagte rückverwiesen.
[461] Vgl. WENZEL 59-75 sowie SCHWEIKHART 7-10.

Jahrhundert: Es entsteht einerseits eine neue Bekenntnisliteratur, welche mit teilweise naiven Innerlichkeitsvorstellungen unmittelbare Selbsterkenntnis erstrebt, andererseits aber aus erhöhter Selbstreflexion gezeugte hypothetische Autobiographien und Selbstzeugnisse voller komplexer Identitätszweifel.[462]

Da Autobiographie immer auf mehr oder minder ausgeprägte Weise die eigene Lebensgeschichte ganz bewusst *konzipieren* will, d.h. das schreibende Ich explizit Subjekt *und* Objekt seines Schreibens in einem ist, ergeben sich gewisse Probleme, welche bei der Beurteilung ihres Quellenwertes nicht unerheblich ins Gewicht fallen. Zunächst sollen jedoch die grundsätzlichen Chancen der Autobiographieforschung im Hinblick auf die Liturgiewissenschaft aufgezeigt werden. Ein bedeutsames Argument, welches eindeutig für eine produktive Arbeit mit Autobiographien spricht, ist ihre Tauglichkeit, das ganze Leben des Individuums in den Blick zu nehmen und somit die reduktionistischen Tendenzen beispielsweise der zwangsläufig standardisierten empirischen Sozialforschung zu ergänzen. Gerade die in individueller Selektion und Konstruktion gegebene Subjektivität der autobiographischen Darstellung entspricht ja dem darin zur Entfaltung kommenden Recht des menschlichen Individuums auf seine Einmaligkeit und Würde. Nur es selbst hat das Recht, seinen ureigensten Weg im Sinne eines unbedingten Zu-sich-Selbst-Kommens, ja vielleicht auch Zum-Unbedingten-Kommens zu berichten oder zu bekennen. Der Autobiograph bringt die Erfahrung eigener langer (Glaubens-)Wege, die der kurzfristigen Wertung überlegen sind, gleichsam als Essenz verdichtet zur Darstellung und es ist legitim, dass er dabei selbst bestimmt, welche Motive er explizit und welche er nur implizit artikulieren will. Des Individuums spezifisches Menschsein, seine langfristigen und tiefschichtigen inneren Entwicklungsprozesse treten in seiner eigenen Darstellung wohl am authentischsten zu Tage. Eine weitere Chance der Autobiographie besteht in ihrer Eignung, die Eigenperspektive als Gegengewicht zu vermeintlich objektiven Theorien und Methoden zu setzen. Es ist nicht nur erhellend, sondern notwendig, an den tatsächlichen Lebens- und Glaubensgeschichten wirklicher Menschen die etablierten Theorien über liturgiehistorische und religions- bzw. frömmigkeitsgeschichtliche Entwicklung zu messen und bei deren liturgiewissenschaftlicher Einbindung die sich aus ihrer Überprüfung ergebende Resultate als Kriterien zu berücksichtigen. Ein wirklicher Zugang zum sensus fidei kann letztlich nur dann gewonnen werden, wenn der Zugang zum freien Subjekt gangbar gemacht wird. Ein wesentlicher Schritt in diese Richtung ist das Akzeptieren der selbstgewählten und je individuell erfahrenen Lebensgeschichte des Menschen.[463]

Autobiographik als liturgiewissenschaftliche Quelle ernst zu nehmen, heißt, auch in aller Deutlichkeit ihre Grenzen aufzuzeigen. Der häufigste Einwand gegenüber der Autobiographieforschung ist die Mutmaßung, bei der Lebensschilderung könne es sich weniger um die Wirklichkeit als vielmehr um spätere Rückprojektionen des Autobiographen handeln. In der Tat wird ein Autobiograph nicht einmal im dezidiertesten Bemühen um Faktizität jenem psychisch-mnestischen

---

[462] Vgl. KOEPP, Art. Autobiographie 258.
[463] Vgl. MEIER 34 f.

Mechanismus obsiegen, welcher ihn trotz sozialgeschichtlicher Verflechtung und Rückgebundenheit an objektiv-gesellschaftliche Bewegungen das Ich im Hinblick auf seinen subjektiv vorgestellten Entwicklungsstand stilisieren, ja erfinden lässt.[464] Bereits die menschliche Grundgegebenheit selektiver Wahrnehmung führt zwangsläufig zu einem partiellen Mangel an Faktizität. Da Autobiographien geschrieben werden, um eine Identität im Jetzt zu stiften, unterliegen sie einer unleugbar konstruktivistischen und teleologischen Tendenz. Das Individuum sucht überdies bewusst oder unbewusst nach Motiven der Rechtfertigung seiner aktuellen Identität. Da dieses Problem in Tagebuch und Brief als spontanen Äußerungen des jeweiligen Augenblicks nicht besteht, sind sie diesbezüglich als liturgiewissenschaftliche Quellen der Autobiographie vorzuziehen. Aber auch für Letztere gilt: Wenn sie nicht isoliert für sich betrachtet, sondern in Kohärenz mit anderen Selbstäußerungen des Individuums betrachtet werden, lichtet sich die authentische Essenz der Autobiographie aus dem Dunst möglicher Verfälschungen. „Die *selektive Wahrnehmung* darf als Chance begriffen werden, denn in ihr sind eben gerade bedeutsame Erfahrungen aufgehoben; bekanntlich merkt man sich das, was prägend war, eher. [...] Vielleicht können Autobiographien durchaus als Manifestationen einer – oft kritischen – anonymen Transzendenzsuche verstanden werden, die in dieser Gestalt wichtig für die Theologie der Gegenwart sein müssen."[465]

Am Schluss unserer Beschäftigung mit der Autobiographie muss aufgrund der notwendigen Abgrenzung noch das verwandte Genre der *Memoiren* behandelt werden. Als „Memoiren" werden schriftlich fixierte Lebenserinnerungen bezeichnet, die das eigene Leben erzählerisch frei gestalten. Dabei werden häufig nur ganz bestimmte Zeitabschnitte schlaglichtartig dargestellt. Da auch in den Memoiren als einem Genre der Erinnerungsliteratur ein vergangenes individuelles Leben chronologisch wiedergegeben und mit persönlichen Wertungskategorien Rechenschaft über einen Werdegang abgelegt wird, sind sie auf den ersten Blick nicht immer von der Autobiographie zu unterscheiden. Das Hauptkriterium für die Abgrenzung zur Autobiographie besteht darin, dass Memoiren „ ... weniger stark die Frage nach der inneren Entwicklung und der eigenen Existenz stellen, als vielmehr gesellschaftliche Ereignisse und persönliche Kontakte des geschilderten Ichs betonen. ... [Sie] nähern sich daher vielfach dem lockeren Erzählton andekdotischer Geschichten und zeigen das Wunschbild eines beispielhaft gelungenen Lebens. Die unverbindlich erscheinende Plauderei dient zwar auch der Hervorhebung zeitgeschichtlicher Ereignisse des öffentlichn Lebens oder der Politik, zielt aber durch den damit erreichten Eindruck von Unmittelbarkeit und authentischer Stimmung vor allem auf die Verfestigung des Mythos von der eigenen, großen Persönlichkeit. Die jeweilige Person wird wirkungsstrategisch geschickt mit außergewöhnlichen Menschen, ungewöhnlichen Zeitumständen oder grandiosen Schauplätzen verknüpft ... . Dies findet sich besonders häufig in den Erinnerungen prominenter Personen des öffentlichen Lebens."[466] Erste Ansätze der Memoiren

---

[464] Vgl. KOEPP, Art. Autobiographie 257.
[465] MEIER 36.39.
[466] KOEPP, Art. Memoiren 1965 f.

bildeten sich bereits zwischen Antike und Mittelalter heraus. Als eigenständiges literarisches Genre blühte diese Art der Erlebnismitteilung jedoch erst ab 1300 in Frankreich auf. In Deutschland können die ab dem 16. Jahrhundert verfassten Versuche persönlicher Chroniken als Vorformen angesehen werden. Dort erschienen allerdings erst im 19. Jahrhundert bedeutende Memoiren. Im 20. Jahrhundert wurden neben bekannten Politiker-Memoiren auch Memoiren aus den Bereichen der literarischen Kultur oder der populären Unterhaltungsgenres publiziert.[467]

Da die Memoiren im Gegensatz zur Autobiographie nicht auf existentielle Weise nach der Bildung eines selbstständigen Ichs fragen, sondern das Ich unter Einsatz suggestiv-stilistischer Kunstgriffe bewusst idealisieren, bleibt dem Leser die wahre Persönlichkeit des Verfassers verborgen. Auch eventuelle Äußerungen über die persönliche Religiosität und das individuelle Liturgieerleben werden mithin meist manipulierend instrumentalisiert, um das stilisiert dargestellte Ich vor dem Leser im gewünschten Sinne erscheinen zu lassen (z.B. als betont religiösen oder aber prononciert areligiösen Menschen). Da dies eines der Grundprinzipien der Memoiren ist, können mit Recht alle über das rein Sachlich-faktische hinausgehende Aussagen als in mehr oder weniger starkem Maße verfälscht angesehen werden. Da also im Gegensatz zur Autobiographie die für die Liturgiewissenschaft relevanten Bereiche der Memoiren in ihrer Authentizität a priori anfechtbar sind, ist der Quellenwert dieses Genres der Erinnerungsliteratur für unsere Belange als sehr gering einzustufen.

4.2.2.2.4 Die Widmungsinschrift (Dedikation)

Unter „*Dedikation*" versteht man die Widmungsinschrift in einem Buch, welche sich meist auf einer besonderen Seite hinter dem Haupttitel befindet. Sie wird auch als *Widmungsvorrede* und *Widmungs-*, *Zueignungs-* oder *Dedikationstitel* bezeichnet. Die Widmungsinschrift erfüllt verschiedene, entweder isoliert gegebene oder aber miteinander verknüpfte Funktionen: Sie kann die eigentliche Publikation begründen oder erläutern, kann den Empfänger der Dedikation in der Öffentlichkeit ehren und/oder ihn als Gönner gewinnen, kann mit dem Namen des Gönners für die eigene Kundgebung werben und den Autor in Verbindung mit ihm selbstbewußter vor die Öffentlichkeit treten lassen. Die äußere Form der Widmungsinschrift ist die des Briefes, welchen der Verfasser, der Herausgeber, nicht selten aber auch der Drucker oder Verleger an einen Zeitgenossen schreibt und ihm damit seine Veröffentlichung widmet. Darin integriert der Verfasser alles, was ihn bewegt: Sein Verhältnis zum Empfänger, das Ziel seiner literarischen Gabe sowie seine Stellungnahme zu Geschehnissen oder wissenschaftlichen Themen der Zeit. Obgleich in der Form mit dem gewöhnlichen Brief vergleichbar, besteht der entscheidende Unterschied darin, daß er mit seiner Veröffentlichung eine unausbleibliche Wirkung auf einen weiten Leserkreis bzw. auf die Mitwelt ausübt. Der Widmungs-„Brief" tritt aus der persönlichen Gebundenheit heraus und wird als

---

[467] KOEPP, Art. Memoiren 1966.

publizistisches Erzeugnis zu einem öffentlichen Vorgang. Hinsichtlich des Movens, welches der Verfassung einer Widmungsinschrift jeweils zugrundeliegt, muß differenziert werden, wobei auch hier wieder Überschneidungen auftreten können. Die einfachste und selbstloseste Dedikation ist die des Freundes an den Freund. Die durch die Publikation erfolgte Ehrung des Freundes ist hier schlichtweg ein Beweis der Zuneigung und Verbundenheit. Hier spielt mitunter auch erkennbar der Wunsch mit hinein, den Empfänger in einer gemeinsam vertretenen wissenschaftlichen oder geistig-weltanschaulichen Richtung zu bestärken. Gelegentlich zeigt sich ein Verfasser mittels des Zueignungstitels auch für eine bereits genossene Wohltat, etwa gastliche Bewirtung und Beherbergung, erkenntlich. Als Grund zu dankbaren Dedikationen läßt sich auch die fördernde Mithilfe durch die für das eigentliche Opus nötige Erschließung von Bibliotheken und Handschriften eruieren. Auch ehrenvolle Berufungen waren Anlaß für Widmungstitel. Als besonders häufiges Movens für das Entstehen von Widmungsvorreden ist schließlich der Wunsch des Verfassers oder Herausgebers zu nennen, einen Beschützer oder Gönner zu gewinnen, der die ihm zugeeignete Publikation mit seinem Namen decken und die Dedikation mit irgendeiner Gegengabe in Form einer Empfehlung, eines Geschenkes oder eines Ehrensoldes beantworten würde. Um mit der Widmung eine erhöhte Bedeutung der eigenen Veröffentlichung erreichen zu können, legte es sich für die Verfasser nahe, die Empfänger ihrer Dedikationen in den angesehensten und höchsten sozialen Schichten zu suchen: Abhängig davon, über welches soziale Ansehen der Verfasser selbst verfügte, richtete er seine Inschrift an Päpste, Kardinäle, Bischöfe oder Äbte, an Kaiser, Könige, Herzöge, kaiserliche Räte oder sonstige Adelige, an Bürgermeister oder Räte der Städte. Die Dedikation hat ihren Ursprung in der Antike. „*Dedicatio*" meinte bei den Römern ursprünglich die Zueignung einer Sache, vor allem einer Kultstätte, an eine Gottheit. In der Spätantike wurde er christianisiert und bezeichnet seitdem auch die Widmungsinschrift in einem Buch. Die frühesten gedruckten Widmungsvorreden finden sich in Textausgaben von Kirchenvätern und antiken Klassikern, welche von den ersten Druckern Roms in der zweiten Hälfte des 15. Jahrhunderts veröffentlicht und dem Papst gewidmet wurden, um diesen zum einen für die Unternehmungen der römischen Druckerei zu gewinnen und zum anderen der Veröffentlichung mit seinem Namen stärkeres Gewicht zu verleihen. Motiviert durch das u.a. aufgrund des Buchdruckes vermehrte Mitteilungsbedürfnis, den gesteigerten humanistischen Geltungswillen, die Notwenigkeit der Werbung auf dem Büchermarkt und die Erwartung materieller wie ideeller (für die Herausgabe eines Buches erforderlicher) Gunst, bürgerte sich die Widmungsinschrift rasch auch im übrigen italienischen Schrifttum ein und wurde so allmählich ein festes Zubehör des gedruckten Buches. In Deutschland konnte sich die Gepflogenheit der Dedikationsinschrift erst zu Beginn des 16. Jahrhunderts unter dem Einfluss des sich allmählich von Italien her ausbreitenden Humanismus etablieren. Sie blieb in der unmittelbaren Folgezeit eine ständige Zugabe des Buches, fiel aber in dem Maße, als sich im 17.

Jahrhundert ein selbstständiges Verlagswesen zu entwickeln begann, schließlich der Bedeutungslosigkeit anheim.[468]

Die Widmungsinschrift ist insofern eine unbedingt zu berücksichtigende Quelle für die an einem personalen Ansatz ausgerichtete Liturgiewissenschaft, als sie uns besonders innerhalb jener Epochen, in der sonstige schriftliche Selbstzeugnisse (Tagebuch, Brief, Autobiographie) noch sehr rar sind, aufschlussreiche Widerspiegelungen individueller Persönlichkeiten rezipieren lässt. Selbst bei historisch bedeutenden Exponenten des damaligen Kultur- und Geisteslebens sind die von ihnen verfassten Dedikationen mitunter ihre einzigen autobiographisch relevanten Äußerungen. Ein „... besonderer Reiz der Widmungsvorrede ruht im Persönlichen der Anrede. In ihr tritt der Mensch jener Tage öffentlich hervor [...]. Das Persönliche der Widmungsvorrede bringt immer etwas Lebensgeschichtliches mit sich. Geber und Empfänger kommen uns näher und verraten uns zugleich ihr gegenseitiges Verhältnis zueinander. In einzelnen Widmungsbriefen sind ... Berichte über Verfasser zu förmlichen Lebensbeschreibungen erweitert. [...] Eine wertvolle Ergänzung zu den lebensgeschichtlichen Nachrichten stellen die ebenfalls zahlreich in die Widmungen eingestreuten Selbstzeugnisse und Lebensläufe von Verfassern und Herausgebern dar."[469] Auch religiöse Bekenntnisse und Äußerungen über die Liturgie sind uns aus der Feder einzelner Dedikations-Verfasser erhalten. Um diese in einer adäquaten Weise interpretieren zu können müssen, wie auch bei jeglichen anderen autobiographischen Dokumenten, die konstitutiven Faktoren der Dedikation exakt bestimmt und in ihrem spezifischen Wirkungskonnex berücksichtigt werden. Da die Dedikation in formaler Hinsicht ein Äquivalent zum Brief darstellt, steht auch bei ihr am Anfang jeder Analyse die Eruierung, wer wem welche Publikation betreffend (Inhaltlicher Gegenstand der Publikation) worüber warum wozu wann und wo die Ehrbezeugung der Widmung angedeihen lässt. Auch im Zueignungstitel ereignet sich ein Zusammentreffen von Selbst-Konstitution des schreibenden Ichs und Setzung des Anderen. Dieses ist besonders subtil bei Widmungsvorreden, welche an Mäzene gerichtet sind. Zunächst einmal erstrebt ja der Verfasser vom Widmungsträger eine ganz bestimmte, sich selbst möglichst zuträgliche Leistung. Gelehrte, Dichter, Schriftsteller und Künstler wenden sich an ihre freigebigen Gönner, welche ihre wissenschaftlichen, literarischen oder künstlerischen Bestrebungen unterstützen, Stipendien erteilen, fertige Schriften belohnen oder künftige Arbeiten fördern. Daher könnte zunächst mit einigem Recht angenommen werden, es handele sich möglicherweise um reine Schmeichelrede, in der nahezu jedes Wort des Emittenten mit psychologischem Kalkül auf größtmögliche Wirksamkeit beim Rezipienten abzielt. Es darf jedoch nicht übersehen werden, daß die Aussicht auf die Veröffentlichung der Widmungsvorrede auch für den Empfänger eine nicht zu unterschätzende Attraktivität besaß, näherte sich ihm der Verfasser oder Herausgeber doch nicht mit leeren Händen, sondern mit einer hoch geschätzten Gabe: Die öffentliche Huldigung bedeutete eine Auszeichnung vor aller Welt und dies umso mehr, als der Wid-

[468] Vgl. SCHOTTENLOHER 1-3.175-177.
[469] SCHOTTENLOHER 208 ff.

mungsbrief meist allerlei Verdienste des Empfängers, seine vornehme Abkunft sowie seine ruhmreichen Handlungen erwähnte. Damit war das zunächst zuungunsten des Verfassers einseitige Abhängigkeitsverhältnis wenn auch nicht egalisiert, so doch zumindest ein stückweit relativiert.[470]

Der grundsätzlich auch für die Liturgiewissenschaft hohe Quellenwert der Dedikation ist durch das beschriebene Emittent-Rezipient-Verhältnis also mitnichten von vornherein infrage gestellt. Es ist vielmehr auch bei der Widmungsinschrift meist deutlich zu erkennen, wo berechnende Schmeichei oder persönlich aufrichtige Äußerungen vorliegen. Ein überaus hilfreiches Indiz ist hierbei die verbosschwülstige Topik, welche besonders in der Renaissance fest zum stilistischen Kanon gehörte. Die schmeichelnden Passagen ergehen sich stets in unschwer zu erkennenden, aneinander gereihten topischen Versatzstücken, während persönlich-aufrichtige, nicht auf Wohlwollen abzielende Äußerungen in einem verhältnismäßig natürlichen Sprachduktus gehalten sind. Die sich in solchen Sätzen gelegentlich manifestierenden bekenntnishaften Selbstzeugnisse des Verfassers sind oft die authentischsten autobiographischen Quellen, derer wir aus bestimmten Epochen habhaft werden können. Die Liturgiewissenschaft sollte auf sie, sofern sie Zeugnisse persönlicher Religiosität und/oder individuellen Liturgieerlebens sind, nicht verzichten.

4.2.2.2.5 Ergänzende Quellen

Nachdem oben die für die liturgiewissenschaftliche Quellenforschung relevanten autobiographischen Quellen aufgezeigt wurden, sollen im Folgenden in aller Kürze weitere ergänzende Quellen erwähnt werden, die schriftliche Zeugnisse persönlicher Religiosität und/oder individuellen Liturgieerlebens enthalten können. Bei den oben dargelegten Einzelquellen Tagebuch, Brief, Autobiographie und Widmungsinschrift handelt es sich um schriftliche Selbstzeugnisse, die folglich manupropria vom sich darin artikulierenden Individuum zu Papier gebracht oder von ihm einem anderen diktiert wurden. Es finden sich gleichwohl noch weitere Aussagen autobiographischen Inhaltes, die – in wörtlicher Rede überliefert – konkreten Individuen zugeschrieben werden. Es handelt sich hierbei um angeblich authentische Zitate historischer Persönlichkeiten, welche in skizzenhafte biographische Erzählungen über dieselben eingebettet sind. Die Autoren dieser knappen, einsträngigen Erzählungen sind entweder Zeitgenossen der zitierten Persönlichkeit oder nach deren Ableben Geborene. Es handelt sich bei der beschriebenen Textgattung um die sog. *Anekdote*, welcher in der antiken Literatur in etwa das Apophtegma und in der mittelalterlichen Literatur das Bispel entspricht. Die Anekdote muss durchaus nicht immer einen wörtlichen Ausspruch der in ihrem Mittelpunkt stehenden historischen Persönlichkeit zitieren, erhält aber natürlich erst durch die meist als Pointe fungierende wörtliche Rede den Anschein einer authen-

---

[470] Vgl. SCHOTTENLOHER 192-195.212.

tischen biographischen Fundierung.[471] Wie die anderen oben genannten Quellen kann also die Anekdote in einem wörtlichen Zitat autobiographische Aussagen beinhalten, jedoch mit dem gravierenden Unterschied, dass die zitierte verbale Äußerung in der Anekdote nicht der Feder ihres Emittenten entstammt. Der Zitierende bürgt zwar mit seinem Namen für die Echtheit des Zitates und dessen erzählerischen Rahmens, kann seine Behauptung allerdings nicht beweisen. Dieser Umstand führte zu der Forderung, Anekdoten prinzipiell in der Forschung auszuklammern. Es gibt aber mittlerweile einen jüngeren wirkungsgeschichtlichen Ansatz, der unter bestimmten Prämissen von einer kritisch verfahrenden Integration ins Persönlichkeitsbild ausgeht.[472] Die erste dieser Prämissen lautet, Anekdoten in Novellen, Romanen, volkstümlichen Schwänken, Fazetien, Satiren und Memoiren für die Arbeit der seriösen Quellenforschung nicht in Betracht zu ziehen, da diese oft gänzlich fingiert sind und aufgrund ihrer unterhaltenden sowie gegebenenfalls erheiternden Funktion (sog. *populäre Anekdote*) keine Seriosität beanspruchen können. Überdies handelt es sich hierbei nicht selten auch um sog. *Wanderanekdoten*, welche unter Missachtung jeglicher Faktizität beliebig auf verschiedene historische Figuren übertragen werden. Einzig die zeitgenössische *anekdotische Biographie* und *anekdotische biographische Notiz* sowie der *Nekrolog*, d.h. die Biographie und der lebensgeschichtliche Nachruf, welche mit ernsthaften Anekdoten illustriert sind, eignen sich für die wissenschaftliche Forschung. Dabei sind folgende Kriterien zu beachten: Der Biograph muss ein Zeitgenosse der von ihm dargestellten historischen Persönlichkeit sein und mit dieser in nachweislich mehrmaligem, möglichst langjährigem persönlichen Kontakt gestanden haben. Zugleich ist die Rekonstruktion der Motive, welche zur Entstehung der anekdotischen Biographie führten, von erheblicher Bedeutung. Dazu gehört die Frage, inwieweit hierbei die Anekdote der Glorifizierung eines Freundes oder Idols, der persönlichen, entlarvenden Abrechnung nach einem späteren Zerwürfnis, einer reißerischen, auflagensteigernden Werbestrategie oder aber dem im Grunde wissenschaftlich orientierten Bemühen um eine möglichst vollständige, dabei aber lebendige und abwechslungsreiche Darstellung dient. Überdies sollte die Anekdote wenn irgend möglich immer in Kohärenz mit authentischen autobiographischen Äußerungen der in ihr dargestellten historischen Person betrachtet und daraufhin überprüft werden, ob und inwieweit sich die biographischen Fakten vereinbaren lassen bzw. im Fall der wörtlichen Rede der sprachliche Stil übereinstimmt.[473] Sie darf mithin niemals als einzige biographische Quelle herangezogen werden, sondern kann bei spärlicher Quellenlage allenfalls eine Ergänzungsfunktion wahrnehmen. Bei Beachtung der genannten Kriterien vermag die Anekdote, so sie Zeugnisse persönlicher Religiosität und/oder individuellen Liturgieerlebens transportiert, der an einem personalen Ansatz orientierten Liturgiewissenschaft durchaus bedenkenswerte Impulse zu geben.

---

[471] Vgl. etwa Böker 47.
[472] Vgl. Partsch 52.
[473] Vgl. etwa auch Partsch 52.

4.3 Die Spannung zwischen Produktions- und Rezeptionskontext als hermeneutisches Grundproblem des Kunstwerkes

In den obigen Ausführungen wurden die philosophischen und theologischen Grundlagen des personalen Ansatzes für die Liturgiewissenschaft dargelegt sowie seine quellenmäßige Fundierung kritisch erörtert. Die solchermaßen gewonnen Teilerkenntnisse bedürfen für ihre Einbindung in ein wissenschaftlich praktikables Verfahren nunmehr noch eines methodischen Überbaus. Bevor jedoch die Methode sowohl im Ganzen als auch in ihren systematischen Schritten vorgestellt wird, soll im Folgenden eine einführende Bemerkung in die hermeneutische Grundproblematik des Kunstwerkes erfolgen, welche, indem sie die Berechtigung und Notwendigkeit der zu entwickelnden Methode belegt, als unerlässliche Propädeutik fungiert: Es geht um die für jedes Kunstwerk konstitutive Spannung zwischen Produktions- und Rezeptionskontext.

Das Kunstwerk, welches wesensmäßig immer eine aus dem ästhetischen Spiel des Menschen in das objektive Dasein hinausgetretene sinnlich-rezeptible und realsymbolische „Verwandlung ins Gebilde“[474] ist, entsteht niemals in einem neutralen, „luftleeren“ Raum. Es zeigt sich vielmehr, dass die das Kunstwerk hervorbringende Kunst als solche „ ... sich nicht zulänglich verstehen läßt unter dem Aspekt nur des ... Schönen, als Darstellung einer Idee oder in ihrem Bezug auf ein menschliches Vermögen wie etwa des ästhetischen Genußstrebens, des Bedürfnisses nach ‚Ergänzung der Wirklichkeit‘ usw. Kunst ist vielmehr die Weise, wie in einem einzelnen Menschenwerk das Ganze des Seienden, die Wahrheit oder die Welt als das geschichtlich je andere und neue Grund- und Ordnungsgefüge all dessen, was ist, dem Menschen anschaulich gegenwärtig wird und wie umgekehrt so der Mensch einer Geschichtszeit sich durch dieses Werk vor die Wahrheit und zur Besinnung auf sein eigenes Wesen bringt.“[475] Eine rein abstrakte Kunst, die einfach „ist“, gibt es nicht, sie muss sich *ereignen*. Kunst als Ereignis vollzieht sich wiederum stets in konkreten Kontexten, sie kann nicht losgelöst von diesen produziert, interpretiert und rezipiert werden. Die Vielfalt der Kontexte von Kunst lässt sich hinsichtlich des aus ihr hervorgehenden Kunstwerkes in zwei subsumierenden Kontext-Begriffen bündeln: Das Kunstwerk konstituiert sich im elliptischen Spannungsfeld von „Produktionskontext“ und „Rezeptionskontext“.

Unter *Produktionskontext* sei die multifaktorielle Signatur des konkretgeschichtlichen Zeitraumes verstanden, in welchen der Schaffensprozess eines Kunstwerkes situativ eingebettet ist. Es interessiert also nicht die Gesamt-Signatur des Entstehungszeitraumes, sondern es sind nur jene Bereiche gemeint, die in irgendeiner Weise für die Entstehung des jeweils konkret intendierten Kunstwerkes relevant sind, wobei die diesbezüglichen regionalen Besonderheiten des geographischen Entstehungsortes besonders zu berücksichtigen sind. Zwecks Strukturierung dieser Bereiche sei der Produktionskontext in Makro- und Mikrokontext

---

[474] GADAMER 105.
[475] MÜLLER / HALDER 147 f.

unterteilt. Der *Makrokontext* umschließt die Gesamtheit aller die Genese des Kunstwerkes beeinflussenden Faktoren, welche außerhalb des individuell-personalen Ichs des schaffenden Künstlers liegen (soziokulturelle, religionssoziologische, philosophisch-geistesgeschichtliche und/oder politische Signatur des Entstehungszeitraumes). Der *Mikrokontext* umschließt die Gesamtheit aller die Genese des Kunstwerkes beeinflussenden Faktoren, welche innerhalb des individuell-personalen Ichs des schaffenden Künstlers liegen und auch dort auftreten, wo das Ich in einen es ganz persönlich-existentiell betreffenden zwischenmenschlichen Austausch involviert ist (psychische, psychophysische, charakterliche, bildungsmäßige, geistig-weltanschauliche und/oder intellektuelle Befindlichkeit sowie unmittelbarste Formen zwischenmenschlicher „Beziehentlichkeit" wie z.B. Ehe und Freundschaft). Da Mikro- und Makrokontext natürlich ineinander greifen, sei die Unterscheidung nur als methodisch strukturierende, keinesfalls aber definitorische Maßnahme verstanden. Der in den Produktionskontext eingebettete Schaffensvorgang ist kommunikationstheoretisch als *Kodierungsvorgang* zu verstehen.

Unter *Rezeptionskontext* sei die multifaktorielle Signatur des konkret-geschichtlichen Zeitraumes verstanden, in welchen die Perzeption sowie die emotionale und rationale Rezeption des Kunstwerkes durch einen oder mehrere Rezipienten sowie gegebenfalls die performative Interpretation des Kunstwerkes (objektiv-werkgetreue Wiedergabe der Musik oder des Schauspiels) durch einen oder mehrere performative Interpreten situativ eingebettet ist. Es interessiert also hier nicht die Gesamt-Signatur des Rezeptions- und Interpretationszeitraumes, sondern es sind nur jene Bereiche gemeint, die in irgendeiner Weise für den Rezeptions- und Interpretationsvorgang des jeweils konkret intendierten Kunstwerkes relevant sind. Auch hier erweist sich zwecks größerer Perspikuität der Analyse eine Unterteilung in Makro- und Mikrokontext als sinnvoll. Die Rezeption und gegebenenfalls erfolgende performative Interpretation des Kunstwerkes wird im Wesentlichen durch die oben im Zusammenhang mit der Genese genannten Faktoren beeinflusst, auf die folglich hier nur rückverwiesen sei. Ein gegebenenfalls in den Rezeptionskontext eingebetteter Interpretationsvorgang ist kommunikationstheoretisch als *Umkodierungsvorgang* zu verstehen, der Rezeptionsvorgang selbst als *Dekodierungsvorgang*.

Wie aus den bisherigen Betrachtungen gefolgert werden kann, ereignet sich Kunst in der Kommunikationskette Expedient–Perzipient oder Expedient–Kanal–Perzipient. Des Kanals bedarf nur die *Zeitkunst* als jene Kunst, welche ausschließlich während ihrer zeitlich-linear verlaufenden und zugleich zeitlich begrenzten performativen Aktuierung zu sich selbst kommt (Musik und darstellende Kunst), während die bildende Kunst in der Regel ohne die Mittelbarkeit eines performativen Kanals sinnlich rezipiert werden kann. Da das sich über das Medium des Kunstwerkes vollziehende kommunikatorische Geschehen wie oben erwähnt eine Abfolge von Kodierung, Umkodierung und Dekodierung ist[476], sind wir hier mit der fundamentalen Problematik der *Deutung* konfrontiert. Indem der Rezipient

---

[476] Vgl. hierzu etwa auch PREU 324 f.

und der performative Interpret das Kunstwerk zu dekodieren bzw. umzukodieren suchen, *deuten* sie die Intention des Urhebers des Kunstwerkes (in der Zeitkunst: *Autorintention*). Der Rezipient ist überdies gegebenenfalls mit der *Interpretenintention* konfrontiert, die von ihm ebenfalls in den Deutungsvorgang miteinbezogen sein will.[477] Indem der Rezipient das von ihm Rezipierte dekodiert, bringt wiederum auch er in die Deutung seine eigene Intention ein. Somit verlangt das „Ereignis Kunst“ nach einer vielschichtigen *Hermeneutik*, welche sich zwischen den Polen einer *Produktionsästhetik* und einer *Rezeptionsästhetik* als komplexes Problem erweist, wie nachstehend aufgezeigt werden soll.

Die Hermeneutik des Kunstwerkes wird zunächst anhand der lediglich zweigliedrigen Kommunikationskette zwischen dem Urheber und dem Rezipienten eines Kunstwerkes aufgezeigt. Der Interpret als mögliches drittes Glied soll in der nachfolgenden Darlegung vorerst noch ausgeklammert werden. Somit ergeben sich zwei Basismodelle. Das erste Modell sei folgendermaßen beschrieben: Ein Individuum schöpft ein Kunstwerk und gibt es der Rezeption durch andere Individuen frei. Der Urheber des Kunstwerkes kommuniziert aber nicht direkt mit dessen Rezipienten, sondern transportiert die von ihm intendierte Aussage ausschließlich mittels des von ihm geschaffenen Werkes. Es entsteht mithin kein Dialog zwischen Künstler und Rezipient, was bedeutet, dass sich der kommunikatorische Akt nicht zu einem Zirkel schließt, sondern lediglich in eine Richtung vollzieht. Demgegenüber ist das zweite Modell ein *Interaktions*modell: Ein Individuum schöpft ein Kunstwerk und gibt es der Rezeption durch andere Individuen frei. Der Urheber des Kunstwerkes begibt sich nun auf zweierlei Weise mit dessen Rezipienten in einen Kommunikationsprozess: Er transportiert mittels des von ihm geschaffenen Werkes eine Aussage zum Rezipienten und tritt zusätzlich mit ihm in einen unmittelbaren Dialog ein. Der Rezipient transportiert also auch seinerseits eine das Kunstwerk betreffende Aussage zum Künstler, womit sich der kommunikatorische Akt zu einem Zirkel schließt. Da sich das letztgenannte Modell im Gesamt der faktischen Kunstrezeption als sehr seltene Ausnahme erweist, sei es in den nachfolgenden Ausführungen nicht weiter dargelegt. Das Standardmodell der faktischen Kunstrezeption ist vielmehr das erstgenannte. Hierbei sind folgende Submodelle denkbar. I. Der Künstler transportiert mittels des von ihm geschaffenen Kunstwerkes eine Aussage, die vom Rezipienten in ihrem vollen Sinngehalt erfasst wird. II. Der Künstler transportiert mittels des von ihm geschaffenen Kunstwerkes eine Aussage, die vom Rezipienten in ihrem vollen Sinngehalt erfasst wird. Zusätzlich rezipiert der Rezipient aber noch eine andere Aussage (die er eventuell für vom Künstler beabsichtigt hält), die der Künstler jedoch nicht reflexiv intendierte. III. Der Künstler transportiert mittels des von ihm geschaffenen Kunstwerkes eine Aussage, die vom Rezipienten in ihrem Sinngehalt nur *partiell* erfasst wird. Zusätzlich rezipiert der Rezipient aber noch eine andere Aussage (die er eventuell für vom Künstler beabsichtigt hält), die der Künstler jedoch nicht reflexiv intendierte. IV. Weder die vom Künstler mittels des von ihm geschaffenen Kunstwerkes transportierte noch eine andere – von ihm nicht reflexiv intendierte – Aussage wird

---

[477] Vgl. hierzu etwa DANUSER 1055 ff.

vom Rezipienten rezipiert. Das Kunstwerk bleibt für den Rezipienten aussagelos.
V. Der Künstler transportiert mittels des von ihm geschaffenen Kunstwerkes eine Aussage, die vom Rezipienten in ihrem Sinngehalt nicht erfasst wird. Der Rezipient rezipiert jedoch eine andere Aussage (die er eventuell für vom Künstler beabsichtigt hält), die der Künstler jedoch nicht reflexiv intendierte.

Anhand der obigen modellhaften Darlegungen wird evident, dass sich zwischen Produktions- und Rezeptionskontext eines Kunstwerkes ein vielschichtiges Spannungsfeld auftut. Je weiter der einem Kunstwerk zugrunde liegende Produktionskontext etwa von der soziokulturellen und geistig-weltanschaulichen Disposition des Rezipienten und/oder Interpreten entfernt ist – dies kann sowohl geographisch als auch temporal der Fall sein – desto weniger ist ein reflexiv steuerbarer Dekodierungsvorgang (etwa des im Werk verwendeten Symbolkanons) möglich. Ausschlaggebend ist also die zwischen dem Code des Urhebers und dem Code des Rezipienten bzw. Interpreten bestehende Schnittmenge. Dem Dekodierungsvorgang sind folglich in vielen Fällen Grenzen gesetzt: Wo beispielsweise interkulturell bestehende Schnittmengen nicht mehr gegeben sind, wird eine reflexive Dekodierung unmöglich. Eine rein emotional gesteuerte Dekodierung kann hingegen potentiell stets unabhängig von der Existenz von Code-Schnittmengen erfolgen, ist jedoch durch subjektivistische Beliebigkeit gefährdet. In den Bereich des Subjektivistischen führt auch die Mutmaßung seitens des Rezipienten, der Urheber des Kunstwerkes transportiere damit neben den bewussten Aussagen auch noch andere Inhalte, die er zwar nicht reflexiv intendierte, die aber dennoch als unreflexe Projektion seines Unterbewusstseins oder als Sublimation in seinem Ich gründen. Obgleich eine solche Annahme im Prinzip natürlich legitim ist, muss ihre vereinseitigende Absolutsetzung jedoch in eine relativistische, ja letztlich sogar totale Beliebigkeit der Kunstrezeption und -interpretation führen, die in jedes Kunstwerk potentiell unendlich viele Aussagen eben nicht nur exegetisch herausdeutet, sondern auch eisegetisch hineindeutet.[478] So lehnt etwa auch *Hans-Georg Gadamer* (* 1900) in seiner „*Kritik der Abstraktion des ästhetischen Bewußtseins*“ eine vornehmlich auf die unbewusste Produktion des Genies setzende Ästhetik, gemäß derer „ ... jede Begegnung mit dem Werk den Rang und das Recht einer neuen Produktion“[479] hat, dezidiert ab, da sie ihm als „ ... ein unhaltbarer hermeneutischer Nihilismus“[480] dünkt. Ungehemmte Beliebigkeit der Kunstdeutung wird der geschichtlichen Einmaligkeit des Kunstwerkes nicht gerecht, sondern führt dazu, dass sich dessen Wirkung ins Nichtssagende verflüchtigt.

Einen Halt in der drohenden Beliebigkeit der Kunstrezeption und -interpretation kann nach Gadamer nur die Rückbindung an die *Okkasionalität* des Kunstwerkes bieten. Dies stellt freilich nur den ersten Schritt dar, durch den allein das Kunstwerk noch nicht zu sich selbst zu kommen vermag. Erst die auf der Re-

---

478 Ein gängiges psychologisches Phänomen ist hierbei die *Invarianztendenz*, die im Perzeptionsvorgang in der Weise wirksam ist, dass man das Perzipierte möglichst immer genauso sieht oder hört. Das bedeutet, dass aus der Vielfalt der Reize nur diejenigen selektiert werden, die in das eigene prädisponierte Perzeptionsraster passen.

479 GADAMER 90.

480 GADAMER 90.

konstruktion des Produktionskontextes beruhende konstruktive Integration des Kunstwerkes in den jeweiligen Rezeptionskontext entbirgt seine ganze realsymbolische Wirkmächtigkeit.[481] Um diesen für die Entfaltung des Kunstwerkes fundamentalen „hermeneutischen Aufgaben" entsprechen zu können, soll im nächsten Kapitel im Entwurf der „doppelten Werkkontextualisierung" eine methodische Hilfestellung gegeben werden.

4.4 Die doppelte Werkkontextualisierung, dargelegt am Beispiel der traditionellen mehrstimmigen Messe: Entwurf einer Hermeneutik künstlerischer Liturgie-Gestaltung

Gegenstand dieses Kapitels ist die Entwicklung einer Methode, welche gleichsam eine Anleitung dazu sein will, die beschriebene Spannung zwischen Produktions- und Rezeptionskontext fruchtbar zu machen. Da aber die Produktions- und Rezeptionskontexte von Kunst in ihrer potentiellen Beschaffenheit unendlich variabel sind, bedarf unsere Methodologie eines Paradigmas. Dieses sei ein für die christliche Liturgie geschaffenes Kunstwerk: Die *traditionelle mehrstimmige Messe*.

Hans-Georg Gadamer formuliert als Grundpostulat jedes Kunst-Ereignisses „*Die Ästhetik muß in der Hermeneutik aufgehen.*"[482] Und er fügt lapidar hinzu „Wie jeder andere zu verstehende Text muß ein jegliches Kunstwerk – nicht nur das literarische – verstanden werden, und solches Verstehen will gekonnt sein."[483] Wir stellten oben fest, dass Kunst an sich niemals nur „ist", sondern sich immer in konkreten Kontexten ereignet. Insofern ist die Konstruktion einer „ästhetischen Bildung", wie sie etwa von *Friedrich Schiller* (1759-1805) als die von den außerästhetischen Momenten des Geschichtlich-Okkasionellen (Zweck, Funktion, Inhaltsbedeutung) abstrahierte reine Wahrnehmung des Kunstwerkes entworfen wird[484], nichts weiter als eine bloße Idealvorstellung. Es mag zwar eine Eigenwirksamkeit des Kunstwerkes geben, die beim Rezipienten etwas auslöst, was der Urheber und gegebenenfalls der performative Interpret weder reflexiv noch unbewusst intendiert haben.[485] Bei der Kunstrezeption einzig auf die Eigenwirksamkeit zu setzen hieße aber, die „Gestalttiefe"[486] des Kunstwerkes nicht weitestmöglich aktiv abzuschreiten, sondern sich gleichsam mit zufällig erhaschten Schlüssellochblicken zu begnügen. Somit muss dem schönen Trugbild einer eigenwirksamen, reinen Kunst-Wahrnehmung eine Absage erteilt werden: „Das Pantheon der Kunst ist nicht eine zeitlose Gegenwärtigkeit, die sich dem reinen ästhetischen Bewußtsein darstellt, sondern die Tat eines geschichtlich sich sammelnden und versammelnden Geistes. [...] Es gilt daher, dem Schönen und der Kunst gegenüber einen Standpunkt zu gewinnen, der nicht Unmittelbarkeit prätendiert, sondern der ge-

---

[481] Vgl. hierzu GADAMER 137-152.157-161.
[482] GADAMER 157.
[483] GADAMER 157.
[484] Vgl. SCHILLER, Über die ästhetische Erziehung des Menschen in einer Reihe von Briefen 570-669.
[485] Vgl. hierzu etwa WELLEK 251 ff.
[486] WELLEK 251.

schichtlichen Wirklichkeit des Menschen entspricht. Die Berufung auf die Unmittelbarkeit, auf das Geniale des Augenblicks, auf die Bedeutung des ‚Erlebnisses' kann vor dem Anspruch der menschlichen Existenz auf Kontinuität und Einheit des Selbstverständnisses nicht bestehen. Die Erfahrung der Kunst darf nicht in die Unverbindlichkeit des ästhetischen Bewußtseins abgedrängt werden. Diese negative Einsicht bedeutet positiv: Kunst ist Erkenntnis und die Erfahrung des Kunstwerkes macht dieser Erkenntnis teilhaftig. Damit ist die Frage gestellt, wie man der Wahrhheit der ästhetischen Erfahrung gerecht werden ... kann ... . [...] Es sind die Geisteswissenschaften insgesamt, in denen sich eine Antwort auf diese Frage finden lassen muß. Denn sie wollen die Vielfältigkeit aller Erfahrungen, ob die des ästhetischen oder die des historischen, ob die des religiösen oder die des politischen Bewußtseins, nicht überbieten, sondern verstehen, d.h. aber: in ihrer Wahrheit sich zumuten."[487] Diese umfangreiche programmatische Äußerung Gadamers erschien es wert, hier zitiert zu werden, denn sie bringt das Movens der nachfolgend zu entwickelnden Methode unüberbietbar auf den Punkt. Indem sie hinsichtlich eines umfassenden Verständnisses des Kunstwerkes an die hermeneutische Hilfestellung der Geisteswissenschaften appelliert, schließt sich damit zugleich der Kreis zu jenem Anliegen eines personalen Ansatzes in der Liturgiewissenschaft, wie er oben dargelegt wurde: Eine seiner Aufgaben soll es sein, durch eine liturgiewissenschaftliche und zugleich interdisziplinär ausgerichtete Hermeneutik die Kunst zu sich selbst zu bringen. Die Kunst, um deren Erkenntnis es uns hier geht, ist die künstlerische Liturgiegestaltung. Diese Kunst aufrichtig zu erkennen und verstehen trachten, heißt zu allererst, ihren Produktionskontext inwendig zu durchdringen. Erst wenn dieser erste Schritt in adäquatem Maße geleistet ist, kann der zweite Schritt erfolgen, welcher die aus der Durchdringung des Produktionskontextes gewonnen Erkenntnisse innerhalb des Rezeptionskontextes fruchtbar machen soll. Damit ist zugleich erklärt, was die Bezeichnung *doppelte* Werkkontextualisierung meint. Die erste Werkkontextualisierung bedeutet: Das Werk aus seinem Produktionskontext heraus verstehen lernen. Die zweite Werkkontextualisierung bedeutet: Das in der ersten Werkkontextualisierung geistig erschlossene Werk in den Kontexten heutiger Liturgie konstruktiv verorten.

Die Bezeichnung „Werk*kontextualisierung*" ist für unser methodisches Vorgehen konstitutiv. Sofern es nämlich nur um „*Kontextualität*" geht, kann diese leicht im Blick auf in sich geschlossene Kontexte aufgefaßt werden, welche einander statisch gegenüberstehen. Die notwendige mobilisierende Spannung bzw. die fundamentale Polarität des Seienden, welche dem Konkret-Lebendigen überhaupt erst seine voranschreitende Dynamik verleiht, bräche hier auseinander. Da es innerhalb unserer Fragestellung mithin auf eine falsche Fährte führen würde, aus dem Attribut „kontextuell" das Substantiv „Kontextualität" abzuleiten, erschien es notwendig, einen treffenderen Terminus zu suchen. Es kann „ ... hinter dem Attribut ‚kontextuell' auch das Substantiv ‚*Kontextualisierung*' stehen. In diesem Fall geht es genau um jene Dynamisierung und Prozessualisierung, die im Substantiv „Kontextualität' leicht vermißt wird. Die Beachtung der geschichtlichen Kontexte

[487] GADAMER 92.

wie der grundsätzlichen Kontextualität aller in der Geschichte sich ereignenden Vermittlungen ruft aber in der Tat nach einem ständigen Prozeß neuer Kontexualisierung."[488] Auf unser Paradigma „traditionelle mehrstimmige Messe" bezogen, bedeutet dies, daß es nicht damit getan ist, nur ihre Kontextualität im Sinne eines Konglomerates historischer Fakten zu eruieren. Dies allein wäre noch kein wirksamer Beitrag zu dem Bemühen, sie mit den Konzepten erneuerter Liturgie in ein kompatibles Zusammenspiel zu bringen. Bliebe man bei der rein kulturwissenschaftlichen Analyse stehen, wäre dies zwar zweifellos der Mehrung des Faktenwissens über ein museales Kunstwerk zuträglich, bedeutete aber an sich noch keine organische Einbindung in den heutigen Gottesdienst. Der traditionellen mehrstimmigen Messe zwischen musikliturgischem Dogmatismus und laissez faire, zwischen rigorosem Purismus und leichtfertiger Problemnivellierung, zwischen Traditionalismus und Ikonoklasmus dennoch den ihr auch in der heutigen Liturgie zustehenden Ort zuweisen zu können, wird nur dann gelingen, wenn sie – um wiederum mit Gadamer zu sprechen – in einer „*denkenden Vermittlung mit dem gegenwärtigen Leben*"[489] aktuiert wird. Wie der Weg zu diesem Ziel methodisch gangbar gemacht werden kann, soll nachfolgend aufgezeigt werden.

4.4.1 Erste Werkkontextualisierung: Das Werk aus seinem Produktionskontext heraus verstehen lernen

Wir haben oben den *Produktionskontext* des Kunstwerkes als die multifaktorielle Signatur des konkret-geschichtlichen Zeitraumes bezeichnet, in welchen der Schaffensprozess eines Kunstwerkes situativ eingebettet ist. Daraus folgerten wir, dass jedes Kunstwerk in irgendeiner Weise den Charakter des Okkasionellen besitzt: Es erfüllt einen Zweck und eine Funktion, es hat eine Inhaltsbedeutung. Darin erschöpft es sich freilich nicht. Während das kunsthandwerkliche Erzeugnis durch seine okkasionellen Faktoren im Wesentlichen konstituiert wird, erhebt sich das Kunstwerk über sie potentiell unendlich hinaus. Aber ebenso, wie seine reine Wahrnehmung eine dogmatistische Abstraktion ist, muss auch das oft erstrebte, aber doch nie erreichte vermeintliche Ideal totaler Zweckfreiheit, völliger Funktionslosigkeit sowie absolut zeit- und geschichtsloser Inhaltlichkeit eine Utopie bleiben. Freilich ist die graduelle Bandbreite innerhalb des Okkasionellen unauslotbar, aber selbst die abstrakteste, freieste Kunst wird sich den genannten Postulaten allenfalls approximativ annähern können. Dem jedem Kunstwerk unweigerlich innewohnenden Konkret-Geschichtlichen haben wir uns mithin explizit zu stellen.[490] Dessen Erfassen ist der erste methodische Schritt, um das Kunstwerk verstehen zu lernen. „Okkasionalität besagt, daß die Bedeutung sich aus der Gelegenheit, in der sie gemeint wird, inhaltlich fortbestimmt, so daß sie mehr enthält als ohne diese Gelegenheit. [...] Es bleibt dabei entscheidend, daß die gekennzeichnete Okkasionalität im Anspruch des Werkes selbst gelegen ist und ihm nicht

---

[488] WALDENFELS 155.
[489] GADAMER 161.
[490] Vgl. hierzu etwa auch KOCH 553-555.

etwa von seinem Interpreten erst aufgenötigt wird. [...] Okkasionalität ... liegt unzweideutig in dem Sinnanspruch eines Werkes selbst, im Unterschied zu all dem, was gegen den Anspruch des Werks an ihm beobachtet und aus ihm geschlossen werden kann. [...] Es gilt anzuerkennen, daß das, was wir hier Okkasionalität nennen, keineswegs eine Minderung des künstlerischen Anspruchs und der künstlerischen Eindeutigkeit solcher Werke darstellt. [...] Ein Kunstwerk gehört mit dem, worauf es Bezug hat, so sehr zusammen, daß es dessen Sein wie durch einen neuen Seinsvorgang bereichert."[491] Was Gadamer hier in genere formuliert, trifft auf die musikalische Kunstform der traditionellen mehrstimmigen Messe par excellence zu. Der Großteil des Repertoires traditioneller mehrstimmiger Messen ist im besten Sinne des Wortes Gebrauchskunst, also Kunst, die sich nicht als Selbstzweck genügt, sondern die im Hinblick auf eine konkrete Aktuierung in einem konkreten, multifaktoriell geprägten Kontext geschaffen wurde. Ihre Urheber waren Menschen, die zum einen als Kinder ihrer Zeit durch die sie umgebende vielschichtige Umwelt geprägt und zum anderen als konkrete Subjekte durch die individuelle Befindlichkeit ihres Ichs signifiziert sind.

Das gravierendste Argument gegen eine Einbindung traditioneller mehrstimmiger Messen in die erneuerte Liturgie besteht ja in der zunächst faktisch korrekten Feststellung, dass diesen Kompositionen ein uns heute teilweise fremdes religiöses und philosophisch-geistiges Empfinden zugrundeliege und dass sie den Erfordernissen einer Liturgie angeglichen worden seien, welche liturgietheologisch sowie liturgiepraktisch von den Konzepten der erneuerten Liturgie unserer Tage eklatant differierte. Es ist in der Tat unbestreitbar: Primär okkasionelle Elemente der traditionellen Messvertonungen wie etwa die strukturelle Zergliederung des Ordinariumstextes, der in ihnen topisch verwendete musikalische Symbolkanon, die zu langen, zu kurzen oder reziprok scheinbar unausgewogenen Proportionen der einzelnen Ordinariumssätze, die expressiv ausdeutende Hervorhebung punktueller, scheinbar aus dem Textzusammenhang gerissener Lexeme oder Syntagmen usw. – all dies lässt die Komposition als Fremdkörper erscheinen, wenn der darin verborgene ursprüngliche Sinn nicht erschlossen wird. Erfolgt diesbezüglich keine gezielte Anleitung, wird aus der Rat- und Hilflosigkeit des Unwissens heraus die Konsequenz nur lauten können, die traditionellen mehrstimmigen Messen aus der heutigen Liturgie zu verbannen. Gelingt es aber mittels eines methodischen Vorgehens, das aus seinem genuinen Kontext gerissene Unverstandene derart in den ursprünglichen historischen Kontext rückzuprojizieren, dass es wieder als organischer Bestandteil eines stimmigen Ganzen erkenntlich wird und dadurch seinen originären Sinn preisgibt, so erscheint das Fremde unversehens weniger widerständig und anstößig als zuvor, da man es nunmehr in seinem So-Sein gänzlich nachvollziehen und damit auch akzeptieren kann. Die Spannung zwischen „Altem" und „Neuem" wird dadurch nicht ausgetilgt, aber sie wird annehmbar: Das Wissen um den Produktionskontext der Komposition versetzt den Rezipienten in die Lage, die Spannung nicht mehr als unerträgliche Zumutung, sondern als belebende Anregung zu werten, deren Fehlen eine Verarmung der Gegenwart bedeuten würde.

---

[491] GADAMER 137 ff.

Zusammenfassend lässt sich festhalten: „Geschichtliche Formen können in die Gegenwart übertragen werden, wenn wir den zeitgenössischen Kontext so weit wie möglich zu erfassen versuchen. Ob es sich um einen historischen Text oder um ein Kunstwerk handelt, wir müssen versuchen, die Welt dessen zu erschließen, der sich im Text oder im Kunstwerk ausgesprochen hat. Die Botschaft kann ich heute nur entziffern, decodieren, wenn ich den Prozeß des Codierens so gut wie möglich rekonstruieren kann."[492] Um den Erfolg ihres diesbezüglichen Bemühens nicht von vornherein zu schmälern, ist die Liturgiewissenschaft hierbei auf eine *interdisziplinäre Methodenkombination* im Rückgriff auf die oben bereits genannten einschlägigen Kulturwissenschaften angewiesen.[493] Im Falle der traditionellen mehrstimmigen Messe handelt es sich dabei zuvörderst um Musikologie, Philosophie, Soziologie und Religionswissenschaft.

4.4.1.1 Der religionsgeschichtliche und liturgiehistorische Makrokontext der traditionellen mehrstimmigen Messe

Bei der Untersuchung des Produktionskontextes erscheint es sinnvoll, vom Allgemeinen (Makrokontext) in einer allmählichen Fokussierung zum Speziellen (Mikrokontext) vorzudringen. Wir definierten oben den Makrokontext als die Gesamtheit aller die Genese des Kunstwerkes beeinflussenden Faktoren, welche außerhalb des individuellen Ichs des schaffenden Künstlers liegen. Es geht also wie gesagt darum, jene Bereiche der soziokulturellen, religionssoziologischen, philosophisch-geistesgeschichtlichen und/oder politischen Signatur des Entstehungszeitraumes zu rekonstruieren, die für die Genese des Kunstwerkes Relevanz besitzen.

Da das Paradigma der traditionellen mehrstimmigen Messe der sakralen Musik im weiteren Sinne bzw. der Kirchenmusik im engeren Sinne zugehört, zieht dies für uns zunächst die Frage sowohl nach der generellen philosophisch-geistesgeschichtlichen, religionssoziologischen und religiösen Signatur als auch nach der liturgischen Praxis und den liturgietheologischen Strömungen ihrer Entstehungsepoche nach sich.

Sinn und Zweck der *Makrokontextualisierung* seien folgendermaßen umrissen: Sie fungiert inmitten der Haltlosigkeit eines „hermeneutischen Nihilismus" als nächstliegendste, haltgebende Orientierung. Sie gibt den konkreten Rahmen vor, in welchem sich das hermeneutische Bemühen zu bewegen hat. Wenn es zwar gemäß unserer obigen Erörterungen unmöglich ist, die einer traditionellen mehrstimmigen Messe zugrunde liegende Autorintention jemals vollständig und gültig zu definieren, so kann doch ohne weiteres eruiert werden, welches die konkreten religiösen, religionssoziologischen und philosophisch-geistesgeschichtlichen Vor-

---

[492] KÖHLER (Joachim), Vielfalt der Formen in der Geschichte der Kirchenmusik – Reichtum der Liturgie heute 29.

[493] Vgl. GERHARDS / OSTERHOLT-KOOTZ 132 f. Vgl. ebenso auch GERHARDS, Die Künste und die Kirche. Anmerkungen zu einem spannungsvollen Dialog aus liturgiewissenschaftlicher Sicht 234 ff. sowie RICHTER, Art. Liturgiewissenschaft, Liturgik. I. Aufgabe und Methode 989 f.

gaben jener Epoche waren, in welcher der Komponist lebte und schuf. Es ist eine empirische Tatsache, dass der Mensch als Sozialwesen unweigerlich zu einem großen Teil durch seine Umwelt geprägt wird. Die logische Konklusion ist, dass die Autorintention partiell eine Widerspiegelung dieser Umwelt darstellt. Damit ist keinesfalls gerechtfertigt, in einem Fehlschluss „post hoc, ergo propter hoc" zu unterstellen, die komplette Signatur einer ganzen Epoche sei in all ihren Facetten und Nuancen im Autorenwillen anwesend. Das wäre eine Leugnung des individuellen Willens des Komponisten, der aus seiner Umwelt ja nur das ihm Gemäße selektiert. Ebenso wenig ist es zulässig, in einem Fehlschluss „ex tacendo" zu behaupten, ein Bestandteil der jeweiligen historischen Signatur, den wir in der Autorintention *nicht* wieder finden, sei vom Autor dezidiert abgelehnt worden. Solche unstatthaften Determinationen liegen der Zielsetzung der Makrokontextualisierung fern. Die Rekonstruktion des Makrokontextes soll vielmehr dazu verhelfen, die Strukturen des Denkens, der Mentalität, der sozialen Interaktion und Kommunikation des Menschen in einer bestimmten Epoche nachvollziehen zu lernen und von daher auf deduktive Weise ein Verständnis der oben genannten okkasionellen Gegebenheiten der konkreten Messkomposition zu erlangen. Die Makrokontextualisierung kann überdies auch als eine – freilich nicht absolut zu verstehende – „Ausschlussdiagnostik" im Sinne einer Gegenkraft zur totalen Beliebigkeit des Deutens verstanden werden: Da durch die generelle geschichtliche Signatur des Makrokontextes ein Rahmen vorgegeben ist, muss das, was sich außerhalb dieses Rahmens bewegt, in den Bereich des Spekulativen verwiesen werden. Interaktions-, Kommunikations-, Denk- und Mentalitätsstrukturen, die einer bestimmten Epoche in genere völlig fremd sind, können, wenn sie sich in specie am Komponisten ebenfalls nicht anhand von Faktenmaterial verifizieren lassen, als Beweggründe seines künstlerischen Schaffens mit hoher Wahrscheinlichkeit ausgeschlossen werden. Die Makrokontextualisierung vermag daher, die subjektivistische Hypothese von der unbewussten Produktion des Genies in die Grenzen des Faktischen zu verweisen. Davon abgesehen ist die auf den historischen Tatsachen basierende Kenntnis des Makrokontextes das wirksamste Korrektiv gegenüber der Gefahr, bei der Dekodierung traditioneller mehrstimmiger Messen heutige Vorstellungen leichtfertig auf die Vergangenheit rückzuprojizieren. Initialer Anhaltspunkt der Rezeption und besonders der Interpretation ist demnach nur das, was sich eindeutig innerhalb des historischen Makrokontext nachweisen lässt. Wo sich eine unserem heutigen Denken geläufige, vermeintliche Aussage des Kunstwerkes zu seinem Makrokontext eklatant inkompatibel verhält, ist die kritische Anfrage zu stellen, ob hier nicht vielmehr eine Eisegese aus der Perspektive der Gegenwart vorliegen könnte.[494]

[494] Vgl. zu dieser Problematik etwa auch SMALL 87-93.

4.4.1.1.1 Eruierung der generellen philosophisch-geistesgeschichtlichen, religionssoziologischen und religiösen Signatur der Produktions-Epoche

Die Geschichte der mehrstimmige Messe weist diese als eine musikalische Gattung aus, welche wesensmäßig aus der christlichen Liturgie hervorging und ohne sie nicht denkbar ist. Die Konzertmesse, welche a priori für das außerliturgische, profane Podium bestimmt ist, ist hingegen eine sekundäre, historisch spät anzusiedelnde Abzweigung. Am Beginn der Rekonstruktion des Produktionskontextes der traditionellen mehrstimmigen Messe steht also die Erkenntnis, dass sie für den Kult geschaffen wurde, der wiederum als objektive Konkretion von *Religion* zu begreifen ist. Fokussierung vom Allgemeinen zum Speziellen bedeutet in diesem Fall, dem Befassen mit dem konkreten liturgiehistorischen Kontext als übergeordnete Perspektive die Eruierung der generellen *philosophisch-geistesgeschichtlichen*, *religionssoziologischen* und *religiösen* Signatur der Produktions-Epoche voranzustellen. Diese drei Bereiche greifen in jeder Epoche fließend ineinander. Religion ist von sich her, schon weil sie in die vermittelnde Form des Kultes und der Gemeinschaft drängt, auf die Kultur in ihren wesentlichen Erscheinungsformen sowie auf die Formen des gesellschaftlichen Lebens hingeordnet. Innerhalb der Menschheitsgeschichte befindet sich die Religion beständig in einer jeweils signifikanten Wechselbeziehung zur Kultur. Von ihr gehen fundamentale Antriebe zur Entfaltung der Kultur aus, sodass diese ohne ihren religiösen Ursprung nicht gedacht werden kann. Diese Zuordnung erweist sich etwa in der Legitimation von Rechtsordnungen und Herrschaftsformen durch die Religion. Mithin hat die Makrokontextualisierung in einem ersten Schritt Religion – bezogen auf das gegebene Paradigma: die *christliche* Religion[495] – zunächst als ein kulturelles und soziologisches Phänomen in den Blick zu nehmen und zu untersuchen, welches ihre spezifischen Ausprägungen innerhalb der Entstehungsepoche der konkreten Komposition sind. Sie hat die für diese Epoche charakteristischen Grundeinstellungen des religiösen Menschen in seinem Hingeordnetsein auf das Heilige und auf Gott phänomenologisch zu erfassen. Dazu gehört auch die Untersuchung, wie sich in der betreffenden geschichtlichen Phase das allgemein Philosophisch-Geistesgeschichtliche und das Religiöse im Bereich der Geschichtsdeutung, der Erkenntnislehre, der Ethik, der Anthropologie, der Kosmologie, der Ontologie und der Theologie wechselseitig durchdringen und befruchten. Folgende Fragen wollen beantwortet sein: *Wie, d.h. mit welchen für diese jeweilig intendierte Epoche unverwechselbaren Akzenten stellt der Mensch die Grundfrage nach der Geschichts-Zeit, nach der Wahrheit, nach dem Sittlich-Guten, nach dem Wesen und der Seele des Menschen, nach dem Ganzen der Welt, nach dem Seienden als solchen und nach dem höchsten Seienden alles Seienden?* Es ist also vonnöten, unter

---

[495] Da die traditionelle mehrstimmige Messe in der Regel im Hinblick auf die konkrete Liturgie einer bestimmten christlichen *Konfession* konzipiert ist, genügt es, bei der Frage nach der geschichtlichen Ausprägung der christlichen Religion einer Epoche primär die für die betreffende Komposition zutreffende Konfession zu berücksichtigen. Andere Konfessionen sind lediglich insofern miteinzubeziehen, als sie eventuell eine interkonfessionelle Beeinflussung bewirkten.

gestrenger Selektion des Wesentlichen die diesbezügliche Essenz der Epoche herauszufiltrieren, um ihre spätere Verknüpfung mit der musikalischen Komposition präzise leisten zu können.

Der zweite Schritt führt von der generell religionssoziologischen zur *religiösen* Signatur. Damit tritt der christliche *Glaube* in den Vordergrund. Unter dem Anspruch der historischen Kontextualisierung haben wir auch hier wieder zuvörderst die geschichtliche und soziale Gestalt des Glaubens der jeweils intendierten historischen Phase zu untersuchen. Es interessieren uns dabei aber noch nicht die konkreten Glaubenswahrheiten der kirchlichen Tradition; diese werden erst später im Zusammenhang mit ihrer Manifestation in der Liturgie behandelt. Zunächst soll vielmehr der frömmigkeitsgeschichtliche Aspekt beleuchtet werden. Obzwar sich *Frömmigkeit* bzw. *Spiritualität* als solche in der Theorie nie ganz einholen lässt, können doch ohne weiteres kollektive Tendenzen innerhalb einer Epoche aufgewiesen werden, deren Kenntnis sich bei der späteren Mikrokontextualisierung als überaus dienlich erweisen werden. Im Rekurs auf die religionssoziologischen Ergebnisse gilt es, zu erforschen, welche kollektiven Frömmigkeitsphänomene in einer bestimmten Epoche aufblühen und warum sie dies tun. Insofern die *Geschichtsschreibung der wissenschaftlichen Theologie* daraufhin Auskunft gibt, ob und welcherart der wissenschaftlich-theologische Diskurs einer Epoche auf deren religionssoziologische und frömmigkeitsgeschichtliche Phänomene einen direkten Einfluss ausübte, muss sie explizit berücksichtigt werden. Ansonsten ist es für die Makrokontextualisierung der traditionellen mehrstimmigen Messe ausreichend, ihre Gesamtfunktion in der Geschichte der christlichen Religion integrativ zur Kenntnis zu nehmen. Selbiges gilt auch für die *kirchenpolitische Historiographie*.

4.4.1.1.2 Liturgiehistorische Erforschung der liturgischen Praxis und liturgietheologischen Strömungen der Produktions-Epoche

Die Liturgie als genuiner Ereignis-Ort der traditionellen mehrstimmigen Messe ist als primäre Konkretion des geschichtlich-sozialen Glaubensvollzuges evident in die historische Prozessualität eingebunden. Dass zur Makrokontextualisierung in einem weiteren methodischen Schritt die Erforschung der liturgiehistorischen Spezifika der Entstehungsepoche der Komposition gehört, bedarf mithin keiner Begründung. Dabei können wir nun die im ersten Teil der Makrokontextualisierung erarbeiteten Ergebnisse im Transfer auf die nunmehrige *liturgiegeschichtliche Untersuchung* anwenden: Wir stellen schlichtweg fest, welches die konkrete Gestalt der Liturgie in der besagten Epoche war, bringen sie mit der im ersten Teil eruierten philosophisch-geistesgeschichtlichen, religionssoziologischen und religiösen Signatur in eine synthetische Zusammenschau und erhalten somit die Erklärung dafür, *warum* die epochenspezifische Gestalt der Liturgie so und nicht anders ist. Dieser Konnex muss deutlich erkannt und herausgestellt werden.

Um die konkrete, *objektive* Gestalt der Liturgie einer bestimmten Epoche authentisch rekonstruieren zu können, sind zu allererst die in Kapitel 4.2.1 dargelegten traditionellen Quellen der Liturgiewissenschaft heranzuziehen. Aus den entsprechenden liturgischen Bücher lassen sich die *liturgischen Zeremonien, Ri-*

ten, Rubriken, Texte und kalendarischen Eigenheiten ersehen, welche für die jeweils gültige Liturgie konstitutiv und verbindlich waren. Ein Blick auf die Liturgiegeschichte zeigt jedoch, dass es Epochen gab, in welchen die *Paraliturgie* eine enorme Eigendynamik entwickelte und im Bewusstsein des Volkes teilweise einen höheren Stellenwert innehatte, als der objektive kirchliche Gottesdienst. Da der überwiegende Teil der Komponisten mehrstimmiger Messen der Liturgie aus der Perspektive der gottesdienstlichen Gemeinde beiwohnte, muss die Paraliturgie als ein wesentlicher Bestandteil in die Untersuchung mit einbezogen werden. Obzwar im Hinblick auf die traditionelle mehrstimmige Messe grundsätzlich nur die Liturgie der *Messfeier* relevant ist und folglich die anderen Actiones liturgicae wie die Feiern zur Spendung der Sakramente und Sakramentalien, die Feier des Stundengebetes sowie die sonstigen in den liturgischen Büchern verbindlich vorgeschriebenen besonderen liturgischen Handlungen im Ablauf des Kirchenjahres nicht weiter berücksichtigt werden müssen, führt das Ernstnehmen der sich innerhalb der Messfeier parallel zur objektiven Liturgie ereignenden Paraliturgie (z.B. Rosenkranzgebet, Litaneien, Messallegoresen und -erklärungen [seit dem 19. Jahrhundert zusammengefaßt in sog. Messandachten]) dennoch über die Messliturgie hinaus. Die Paraliturgie ist nämlich überhaupt nur dann verständlich, wenn ihre Interdependenz mit den sich *außerhalb* der Messe vollziehenden *Sacra exercitia* und *Pia exercitia* berücksichtigt wird. Aus diesen Kulminationsbereichen der Volksfrömmigkeit wurde das entsprechende Gebets-, Text-, und Liedgut zu einem großen Teil in die parallel zur Messe stattfindende Paraliturgie hineingetragen. Insofern sind diese Bereiche zumindest in ihren Grundrissen zu rekonstruieren und in den Makrokontext miteinzubeziehen. Die Quellen bestehen hierbei – soweit vorhanden – in den einschlägigen Gebet-, Andachts- und Gesangbüchern sowie in den entsprechenden informellen zeitgenössischen Aufzeichnungen der jeweiligen Epoche.

Die Rekonstruktion von Paraliturgie, Sacra exercitia und Pia exercitia bringt gleichsam von selbst das Befassen mit den zahlreichen epochenspezifischen Depravationen von Liturgie mit sich. Auch hier vermögen die im ersten Teil gewonnenen philosophisch-geistesgeschichtlichen, religionssoziologischen und frömmigkeitsgeschichtlichen Ergebnisse Hinweise bezüglich der Ursächlichkeit zu geben. Die *liturgischen Depravationen, Missbräuche und Einseitgkeiten* sind für die konkrete Gestalt der traditionellen mehrstimmigen Messe von mindestens partieller Bedeutung und müssen deshalb analysiert und im Makrokontext berücksichtigt werden.

Ein für das Verständnis der zeitbedingten Liturgiegestalt unverzichtbarer Untersuchungsgegenstand besteht schließlich in der jeweiligen *liturgietheologischen Fundierung*, also den Bestrebungen, die Liturgie auf einer theologischen Meta-Ebene zu reflektieren. Dabei sind freilich nur jene Ansätze in den Blick zu nehmen, welche auf die konkrete Liturgie einer Epoche auch erkennbare Auswirkungen hatten. In diesem Zusammenhang sind in Sonderheit liturgiegeschichtliche Wandlungsprozesse zwischen Reform und Reaktion daraufhin zu befragen, welche liturgietheologischen Anschauungen jeweils als ausschlaggebende Impulse zugrundelagen. Da liturgische Reformen selten ohne Auswirkung auf die Kirchenmusik blieben, ist die Analyse solcher historischen Prozesse gerade auch für das Verständnis der traditionellen mehrstimmigen Messe indispensabel.

4.4.1.2 Der konkrete historische Mikrokontext der traditionellen mehrstimmigen Messe: Entbergung inhärenter liturgisch-theologischer Impulse

„Eine (streng genommene) Formalästhetik läßt die Beziehung zwischen Schöpfer und Werk unberührt; denn Spiel ist Spiel und kann von jedem gespielt werden, der über das ‚Können' verfügt. Dagegen bringt eine Ausdrucksästhetik – und folglich auch eine noch so ‚gemäßigte' Form-Ausdrucks-Ästhetik – unausweichlich die Frage herauf, wer es ist, der sich da ausdrückt, und ‚was für einer' er ist. Es ist dies also die Frage nach einem Schöpfer, dessen Artung oder auch nur augenblickliche Gestimmtheit und ‚Situation' hinter dem Ausdruck als sein ‚Träger', als das sich Ausdrückende, stehen."[496] Die mit dieser Frage angegebene Richtung unseres nächsten methodischen Schrittes führt uns zur *Mikrokontextualisierung* der traditionellen mehrstimmigen Messe. Als Mikrokontext definierten wir oben die Gesamtheit aller die Genese des Kunstwerkes beeinflussenden Faktoren, welche innerhalb des individuell-personalen Ichs des schaffenden Künstlers liegen und auch dort auftreten, wo das Ich in einen es ganz persönlich-existentiell betreffenden zwischenmenschlichen Austausch involviert ist (psychische, psychophysische, charakterliche, bildungsmäßige, geistig-weltanschauliche und/oder intellektuelle Befindlichkeit sowie unmittelbarste Formen zwischenmenschlicher „Beziehentlichkeit" wie z.B. Ehe und Freundschaft). Sinn und Ziel der Mikrokontextualisierung ist es, die in einer konkreten Komposition zum Ausdruck kommende, ihr innewohnenden *Autorintention* nicht nur zu konstatieren, sondern vor allem verstehend zu durchdringen. Damit treten wir nun in eine vorwiegend biographisch orientierte Untersuchungsphase ein, denn die innerhalb des individuellen Ichs des schaffenden Künstlers liegenden Faktoren befinden sich ja in wesenhafter Interdependenz mit der biographischen Prozessualität. „Eine radikale Position könnte die Autorintentionalität insofern als wesentlichen Aspekt verabschieden, als sie einerseits in der Textintentionalität aufgeht, andererseits außerhalb dieser für das Verständnis irrelevant erscheint. [...] Dem ist entgegenzuhalten, daß es im biographischen wie quellenkritischen Bereich Dokumente gibt, die aufgrund ihrer zeitlichen Position und Qualität autorintentional ernstzunehmen sind. Auf die Ebene der Rezeption abgeschoben würde deren produktionsästhetische Bedeutung innerhalb des Verstehensprozesses fahrlässig ignoriert – besonders deutlich wird das ... bei dezidiert autobiographisch orientierten Konzepten."[497] Auch wenn die Verflochtenheit von Biographie und Werk graduell erheblich divergiert, wäre es anmaßend, sie völlig zu negieren. Freilich kann ein um größtmögliche Objektivität bemühter Komponist sich selbst bewusst eine strikte Trennung seines Seelenlebens vom Schaffensakt verordnen; jene Werke, in welchen ihm dies über

---

[496] WELLEK 254.
[497] MAUSER, Entwurf einer Grundlegung musikalischer Hermeneutik 53.

weite Strecken gelingt, sind aufgrund ihres ausdrucksmäßigen Nivellements unschwer zu erkennen. Wirkliche Expressivität, die mehr als nur ein topisches Stilmittel ist, wird stets aus dem eigenen Erleben des schöpfenden Individuums geboren. Da es unter den Großen des traditionellen Messenrepertoires kaum einen gibt, der sich in seinem Messenschaffen gänzlich des subjektiven Lebensbezuges zu enthalten vermochte, ist der biographische Ansatz für unsere Methode zwingend. Hier finden nun jene schriftlichen autobiographischen Quellen ihre Anwendung, die in Kapitel 4.2.2 dargelegt wurden: Das Tagebuch, der Brief, die Autobiographie, die Widmungsinschrift (Dedikation) und als ergänzende Quellen ferner auch die zeitgenössische anekdotische Biographie und anekdotische biographische Notiz sowie der Nekrolog.

Das eigentliche und oberste Ziel der Mikrokontextualisierung ist es, die Brücke zwischen der ersten und der zweiten Werkkontextualisierung zu schlagen. Die Mikrokontextualisierung sucht innerhalb des konkreten Opus nach den Tiefenschichten, in denen sich jene liturgisch-theologischen Impulse verbergen, die unsere heutige Liturgie beleben und bereichern können. „*Entbergung*" meint also nichts weiter, als das bereits inhärent Vorhandene aber noch Verborgene ans Licht zu fördern und zu decodieren. Die Impulse nach denen wir suchen sind deshalb „*liturgisch-theologisch*", weil es weder um rein liturgiepraktische noch um rein wissenschaftlich-theologische Inhalte geht. In diesem Sinne sind liturgisch-theologische Impulse liturgisch, insofern sie einen pastoralliturgischen und spirituellen Liturgiebegriff meinen und theologisch, insofern sie einen meditativen und kerygmatischen, d.h. existentiell beteiligten Theologiebegriff jenseits der festen Grenzziehung zwischen „vorwissenschaftlich" und „wissenschaftlich" meinen.

4.4.1.2.1 Propädeutik der Werkerschließung: Erhellung der persönlichen Religiosität und des individuellen Liturgieerlebens des Komponisten

In Bezug auf den nächsten methodischen Schritt soll eine bereits oben angeklungene Erwägung noch einmal in Erinnerung gerufen werden: Ein Künstler, der sich entschließt, ein Opus im Dienste einer bestimmten liturgischen Funktion zu schaffen, wird dies in Regel nur tun, wenn er in irgendeiner Weise persönliche Kenntnisse über die konkrete Liturgie, für die er tätig wird, besitzt. Je mehr ein Künstler dabei dem innersten Wesen der Liturgie gerecht zu werden strebt, desto weniger wird ihm ein rein objektives, emotional neutrales Faktenwissen über die Liturgie ausreichen. Strebt er aber danach, so kann ungeachtet der Frage nach der Religiosität oder Areligiosität des Komponisten davon ausgegangen werden, dass seine Einfühlung in die Liturgie auch eines individuellen Liturgie*erlebens* bedarf. Das mit dieser Überlegung Intendierte ist mithin nicht die musikalisch-technische Qualität der kompositorischen Faktur – diese ist selbstverständlich vom Fehlen oder Vorhandensein eines individuellen Liturgieerlebens des Komponisten unabhängig. Gemeint ist vielmehr jene „Qualität", welche in der Potenz liturgisch-theologischer Impulse besteht. Wofern aber diese „Qualität" in objektiver Unvoreingenommenheit zunächst einmal in jeder Ordinariumskomposition bis zum

Erweis des Gegenteils für möglich gehalten wird, kann auch auf die Frage nach einer persönlichen Religiosität des Messenkomponisten nicht verzichtet werden.

Da beim Großteil traditioneller Messenkomponisten in irgendeiner Weise von einem konkreten liturgischen Erlebnishorizont auszugehen ist, besteht mithin der nächste methodische Schritt in der Suche nach *Zeugnissen individuellen Liturgieerlebens* und *Zeugnissen persönlicher Religiosität* des betreffenden Messenkomponisten. Als erstes ist folglich eine präzise Bestandsaufnahme sämtlicher schriftlicher Hinterlassenschaften des Komponisten vorzunehmen. Dem folgt anschließend die systematische Eruierung aller seiner autobiographischen Äußerungen, wie sie potentiell in den oben genannten Quellen zu finden sind. Die kursorische Lektüre dieser Selbstzeugnisse hat zunächst unter den Gesichtspunkten zu erfolgen: *In welcher individuellen Lebenssituation reflektierte der Komponist über welchen subjektiv-religiösen (jegliche Ausprägung von Transzendentalität betreffenden) oder objektiv-religiösen (jegliche Ausprägung von Kult betreffenden) Gegenstand? Welche innere Einstellung oder Bewertung gewinnt er im Zuge seines Reflexionsprozesses gegenüber dem intendierten Gegenstand? Inwiefern stehen diese Reflexionen gegebenenfalls auch mit seinem Messenschaffen in Verbindung? Inwiefern spiegeln sich spezifische Charaktereigenschaften des Komponisten in der Art und Weise seiner religiösen Reflexion wider? Inwiefern ist die persönliche Religiosität des Komponisten durch seine unmittelbaren zwischenmenschlichen Beziehungen (z.B. Ehe und/oder Freundschaft) beeinflusst und wie wirkte sich dies gegebenenfalls auf sein Messenschaffen aus? In welcher geographischen Region erlebte der Komponist wann warum welche konkrete Liturgiegestalt? Wie bewertet er diese intellektuell und emotional? In welchen unmittelbaren außerliturgischen biographischen Ereigniskonnex ist das Liturgieerleben eingebettet und welche Wechselwirkungen ergeben sich hieraus? Inwiefern steht die Reflexion des eigenen Liturgieerlebens gegebenenfalls auch mit seinem Messenschaffen in Verbindung?* Selbstverständlich muss die Beantwortung dieser Frage unter Berücksichtigung der oben genannten textpragmatischen Kriterien erfolgen, um die Selbstzeugnisse hermeneutisch adäquat bewerten zu können.

Die Erforschung der unmittelbaren autobiographischen Quellen unter den genannten Kriterien wird sich, je weiter man sich chronologisch zurückbegibt, desto schwieriger gestalten. Wir sind mit der Tatsache konfrontiert, dass die Quellen vor dem Ausgang des 17. Jahrhunderts nur sehr spärliche Äußerungen über die persönliche Religiosität und das individuelle Liturgieerleben beinhalten. Da das Bürgertum vor dem genannten Zeitpunkt noch kein ausgeprägtes Bewusstsein des eigenen Wertes besaß, war es unüblich, eigene Gedanken und Empfindungen schriftlich festzuhalten, zumal die Analphabetismusrate ohnehin noch verhältnismäßig hoch war. Überdies empfand ein von Kindesbeinen an organisch in seinen Kult hineingewachsener Christgläubiger gerade die fixe Größe der Liturgie als etwas dermaßen Selbstverständliches, dass eine explizite Artikulation darüber kaum in Betracht kam. Aus soziologischer und psychologischer Perspektive muss hierbei auch das Moment der religiösen Scham in Betracht gezogen werden, wonach die religiöse Einstellung als Bestandteil des Persönlich-Intimen oft nur gegenüber engsten Vertrauten artikuliert wird. Durch das psychisch-mental aufwühlende Ereignis einer Bekehrung oder Konversion wird hingegen die religiöse Scham erfahrungsgemäß außer Kraft gesetzt. Die damit mitunter einhergehende Euphorie kann freilich zu einer Überzeichnung des religiösen Selbstzeugnisses führen, was bei der Auswertung entsprechend zu berücksichtigen ist.

Die sich als aussagekräftig erweisenden Zeugnisse individuellen Liturgieerlebens und persönlicher Religiosität des betreffenden Komponisten sind in einem weiteren Schritt in eine biographisch chronologische Reihenfolge zu bringen. Dies ist insofern wichtig, als sich hieraus der auch das parallele Messenschaffen prägende religöse Werdegang ersehen lässt. Diesbezügliche Wandlungsprozesse, Wendepunkte oder Krisen lassen sich erst in der chronologischen Zuordnung der Selbstzeugnisse angemessen beurteilen. Nicht selten zeigt sich, dass zwischen stilistischen Veränderungen in der kompositorischen Laufbahn (besonders in Bezug auf das Wort-Ton-Verhältnis) und seelischen Wandlungsprozessen gewisse Zusammenhänge bestehen. Auf diese ist gegebenenfalls ein besonderes Augenmerk zu richten.

4.4.1.2.2 Kontextuelle Annäherung an das konkrete musikalische Opus: Die traditionelle mehrstimmige Messe in ihrem So-Sein verstehen lernen

Vom Allgemeinen des Makrokontextes dringen wir nach dem anschließend erfolgten Befassen mit der Komponistenpersönlichkeit nunmehr zum konkreten Opus vor – unsere Fokussierung konzentriert sich auf die traditionelle mehrstimmige Messe selbst. Bevor jedoch seine liturgisch-theologischen Impulse decodiert werden können, muss als letzter Schritt der Klärung die Verortung des Einzelwerkes innerhalb der Biographie und innerhalb des Gesamtœuvres des Komponisten erfolgen. Das aus seinem genuinen Kontext herausgerissene Werk wird wie ein fehlender Mosaikstein wieder in das organisch-stimmige Gesamtbild, in welchem es seinen eigentlichen Ort hat, reintegriert. Dadurch wird ersichtlich, dass seine spezielle Ausprägung keine Willkür ist, sondern mit seinem Produktionskontext auf solch stringente Weise verzahnt ist, dass es überhaupt nur in diesem seinem So-Sein berechtigt und sinnvoll ist. Alle die oben aufgezählten, zuvor noch widerständig und fremd erschienenen okkasionellen Elemente werden nunmehr für den Rezipienten grundsätzlich nachvollziehbar, ungeachtet dessen, ob er sie von seinem ästhetischen Geschmack und seiner sonstigen Grundeinstellung her bejahen kann. Das Werk nachvollziehen zu können, bedeutet also mitnichten, es in jedem Fall uneingeschränkt positiv zu bewerten. Akzeptanz und Wertung müssen sorgfältig voneinander geschieden werden.

Ein erster Schritt zur methodischen Reintegration des Werkes in seinen Produktionskontext ist ein Überblick über seine *Wirkungsgeschichte*[498]. Dieser dient der kritischen Hinterfragung, ob und inwieweit der heutige Rezipient des Werkes

---

[498] Eine umfassende hermeneutische Theorie der *Wirkunsgeschichte* wird erstmals bei Hans-Georg Gadamer entwickelt. Diese Theorie lehrt uns, dass in jedem Fall beim Verstehen bzw. beim Interpretieren einer geschichtlichen Erscheinung oder eines überlieferten Werkes eine „Horizontverschmelzung“ zwischen Vergangenheit und Gegenwart stattfindet. Vgl. GADAMER 284-290. 324-360.

in seine Wertung unreflex angeeignete Präjudize übernommen hat, welche aus bestimmten Phasen der Wirkungsgeschichte suggestiv auf ihn übergingen und welche es mithin zu tilgen gilt. Nur in der bewussten Distanzierung von allen früheren Urteilen und Interpretationen, welche das Werk je erlebte, kann man ihm wahrhaft gerecht werden. Sich *nach* der eigenen Urteilsbildung eventuell wieder durch die Wirkungsgeschichte bestätigt zu sehen und auf sie zu rekurrieren, ist freilich legitim, wenn die eigene Wertung vorher um aufrichtige Unvoreingenommenheit bestrebt war. In einem zweiten Schritt ist es vonnöten, das gesamte Messenœuvre des betreffenden Komponisten auf mögliche *strukturelle Entwicklungen innerhalb des kompositorischen Werdeganges* zu befragen. Dazu gehört notwendig die Untersuchung, welche stilistischen Lern- und Entwicklungsprozesse der Komponist durchschritt, wann er zum ersten Mal einen selbstursprünglichen Stil fand und ob er diesen bis zum Ende seines Schaffens beibehielt oder später wieder modifizierte. Dabei müssen jene Personen und Schulen besondere Beachtung finden, welche die kompositorische Entwicklung maßgeblich beeinflussten. Diese Nachforschungen sind im Hinblick auf die stilistische und formale Gestalt der konkreten Messe unerlässlich, da deren spezifische Faktur erst dadurch als ein innerhalb der Biographie notwendig so und nicht anders Geformtes zur Geltung kommt.

Eines der wichtigsten Untersuchungskriterien ist schließlich die Eruierung des *Entstehungsmotives* der Komposition. Gerade diesbezüglich ist eine hochpräzise Analyse erforderlich, da die faktische Genese gewisser exponierter Werke des traditionellen Messenrepertoires unter dem verfälschenden Einfluss zahlreich wuchernder Fables convenues oftmals verschleiert ist. So sind auch hier grundsätzlich als Erstes die autobiographischen Quellen zu befragen. Sie geben über das Entstehungsmotiv am authentischsten Auskunft. Eine diesbezügliche Dauerdiskussion entzündet sich dabei an der vermeintlichen Unvereinbarkeit einer den Künstler fremdbestimmenden Auftragskunst und dem Anspruch des gänzlich der freien Inspiration und Intuition überlassenen Schaffens des autark waltenden Genies. Diese beiden Möglichkeiten werden oft nicht als die beiden Enden einer breiten Skala gesehen, sondern als kontradiktorisches, in alternativlosen Extremen bestehendes Gegensatzpaar. Wir haben es heute mit einer „ ... Diskreditierung dessen [zu tun], was man Auftragskunst nennt. In dem vom Zeitalter der Erlebniskunst beherrschten öffentlichen Bewußtsein bedarf es der ausdrücklichen Erinnerung daran, daß das Schaffen aus freier Inspiration ohne Auftrag, vorgegebenes Thema und gegebene Gelegenheit ehedem der Ausnahmefall im künstlerischen Schaffen war ...“[499]. Eine weitere Zuspitzung der Problematik ergibt sich, wenn sie mit der traditionellen mehrstimmigen Messe in Bezug gesetzt wird: Es wird mitunter behauptet, eine sakrale Komposition, die unter kommerziellem Aspekt entstanden sei, sei es nicht wert, zum liturgischen Ausdrucksmedium gläubiger Christen gemacht zu werden. Inmitten solch unsachlich vereinseitigender Debatten kommt unserem Forschen nach dem authentischen Entstehungsmotiv eine besonders wichtige, da klärende und entschärfende Funktion zu. Denn es lässt sich erfahrungsgemäß bei den meisten traditionellen mehrstimmigen Messen nachweisen,

---

[499] GADAMER 83.

dass ihre Genese nicht monokausal zu begründen ist. Wir haben es vielmehr stets mit einer Gemengelage verschiedener mehr oder weniger organisch ineinander greifender initialer Motive zu tun. Ein gegebenenfalls vorliegender *Auftrag* erfordert im Übrigen immer eine Rekonstruktion seiner für den Künstler verbindlichen Konditionen stilistischer, formaler, inhaltlicher oder aufführungspraktischer Art, da hierdurch die konkrete Gestaltung des Werkes zu einem wesentlichen Teil erklärt wird.

Was wir aus der zuvor bereits erfolgten Erforschung der liturgischen Praxis und liturgietheologischen Strömungen der Produktionsepoche sowie der Eruierung des individuellen Liturgieerlebens als Ergebnis sichern konnten, erfüllt nunmehr im Transfer mit den historisch-konkreten Entstehungs- und Aufführungsbedingungen der einzelnen Messkomposition seinen eigentlichen Zweck: Indem die betreffende Messvertonung auf ihren *spezifischen liturgischen Entstehungsanlass* hin untersucht wird, bedarf es nun nur noch eines einfachen Rückgriffes auf bereits Erarbeitetes, um die liturgische Funktion des intendierten Opus durchsichtig und verständlich zu machen. Im Rekurs darauf wollen folgende Fragen beantwortet sein: *Welche Merkmale der Messkomposition sind in ihrer charakteristischen Ausprägung auf die zeitbedingten liturgischen Gegebenheiten zurückzuführen? Wie lassen sich die Auswirkungen damals eventuell bestehender liturgischer Vorschriften am Werk verifizieren? Welche epochenabhängigen liturgietheologischen Schwerpunkte treten in welchen Teilen des Werkes zu Tage?*.

Die Erforschung des Entstehungsmotives wird innerhalb unerer Fragestellung von einem leitenden Interesse flankiert: Es geht nicht nur um die äußeren Entstehungsmotive, sondern zuvörderst um das *innere Movens* des Komponisten. Der hierbei erforderliche Transfer hat die Erkenntnisse, welche wir zuvor durch die Erhellung der persönlichen Religiosität und des individuellen Liturgieerlebens des Komponisten gewannen, am konkreten Opus derart zu verifizieren, dass deutlich wird, inwieweit der Komponist möglicherweise religiös-spirituell in die Entstehung seines Werkes involviert war.

Damit erreichen wir den eigentlichen Kern der ersten Werkkontextualisierung. Denn in der Zusammenschau mit den autobiographischen Quellen werden nun zuletzt die *liturgisch-theologischen Impulse* entborgen. Dies geschieht anhand einer detaillierten Analyse des in der Vertonung des Ordinariumstextes gebenenen *Wort-Ton-Verhältnisses*. „Die Verbindung der Musik mit der Sprache hat durch die jeweilige Akzentuierung der beiden Komponenten stets eine unterschiedliche Deutung gefunden. Das Wort-Ton-Problem ... muß ... im Bereich der Kirchenmusik durch den sakralen Charakter der liturgischen Texte als fundamentale Frage schlechthin angesehen werden ...“[500]. Um dem je individuellen Wort-Ton-Verhältnis auf die Spur zu kommen, müssen zunächst schrittweise die Sedimente objektiv *fehlerhafter und topischer Textbehandlung* abgetragen werden, um zum dahinter liegenden Wesentlichen zu gelangen. Zunächst also erfolgt eine Analyse der Textauslassungen, Textvertauschungen und deklamationsrhythmischen Fehler, so weit hierdurch das Verständnis des Textsinnes beeinträchtigt ist.

---

[500] Vgl. IRMEN, Gabriel Josef Rheinberger als Antipode des Cäcilianismus 82.

Zu dieser Analyse gehört auch die Erklärung, warum – so weit heute noch feststellbar – solche Fehler erfolgten. Das weitere Vorgehen erfordert eine genaue Benennung der Textpassagen, in denen kirchenmusikalische Topoi der Textauslegung vorliegen: Damit sind jene tradierten Stereotype bzw. topischen Traditionalismen gemeint, die auf Tonmalereien basieren, also Textvertonungen, die dem Prinzip des „Imitar le parole", d.h. der deskriptiven Nachahmung des Sensuellen folgen. Sind solche Fremdanleihen eindeutig benannt, wenden wir uns schließlich der *individuellen Wortausdeutung* des Werkes zu. Hier nun tritt gegebenenfalls die eigentliche individuell-subjektive Spiritualität, ja in manchen Fällen vielschichtige Theologie des Komponisten zu Tage. Mit großer Sorgfalt müssen daher tonartliche Beziehungen einzelner thematischer Motive aufgedeckt werden. Insbesondere ist darauf zu achten, welche Tonarten nur bestimmten Textstellen vorbehalten sind, und welchen Inhalts diese besagten Textstellen sind. Gleiches gilt für die Instrumentierung, denn auch hier hängt die Verwendung bestimmter Instrumentengattungen oftmals dezidiert mit dem Textinhalt zusammen. Im Allgemeinen deutet eine in mehreren musikalischen Hauptmerkmalen (Melos, Rhythmus, Harmonie, Dynamik) gleichzeitig einsetzende Veränderung meist auf eine Textaussage (einzelne Lexeme oder Syntagmen) hin, welche der Komponist besonders hervorheben und ausdeuten will. Die subtilste Weise individuellen musikalischen Theologisierens erfolgt zum einen durch inhaltliche Kontrafaktur und zum anderen durch motivische Verknüpfungen. Letzteres geschieht dadurch, dass ein zuvor bereits mit einer bestimmten Textstelle verbundenes thematisches Motiv unversehens bei einer anderen Textstelle wieder zitiert wird. Oft sind solche Verknüpfungen so eindeutig, dass sich die vom Komponisten intendierte theologische Aussage bei der semantischen Synthese der verknüpften Textstellen gewissermaßen von selbst ausdeutet. Gleichsam als mäeutische Hilfestellung sind bei der Decodierung solcher theologisierender Textgestaltungen stets die verbalen religiösen Äußerungen der autobiographischen Quellen heranzuziehen. Die Kohärenz zwischen musikalischer und verbaler Aussage des Komponisten ist das wichigste Kriterium der Decodierung des Wort-Ton-Verhältnisses.

Im Befassen mit dem Wort-Ton-Verhältnis wird die verstehende Durchdringung der traditionellen mehrstimmigen Messe abgerundet: Das in der ersten Werkkontextualisierung Erarbeitete findet in seiner Rückbindung an den individuell vertonten *Text*, ohne den ja die Messvertonung gar nicht denkbar ist, seine liturgisch-theologische Bestätigung und Überhöhung: „Wer theologisch ‚Kontext' sagt, muß auch theologisch ... ‚Text' sagen und diesen ‚Text' benennen."[501] Nach Durchführung der ersten Werkkontextualisierung sollte im Optimalfall der Text des Ordinarium missae in seiner je individuellen künstlerischen Ausgestaltung derart benennbar geworden sein, dass wir seine liturgisch-theologischen Impulse in einer uns heute verständlichen Weise zu empfangen in der Lage sind.

---

[501] WALDENFELS 156.

4.4.2 Zweite Werkkontextualisierung: Das geistig erschlossene Werk in den aktuellen Kontexten heutiger Liturgie konstruktiv verorten

„... Kunst und Literatur, die uns aus der Vergangenheit überliefert sind, sind ihrer ursprünglichen Welt entrissen. [...] Folgt daraus nicht, daß das Kunstwerk nur dort seine wirkliche Bedeutung hat, wo es ursprünglich hingehört? Ist also die Erfassung seiner Bedeutung eine Art von Wiederherstellung des Ursprünglichen? Wenn man erkennt und anerkennt, daß das Kunstwerk nicht zeitloser Gegenstand des ästhetischen Erlebens ist, sondern einer Welt zugehört, die seine Bedeutung erst voll bestimmt, scheint zu folgen, daß die wahre Bedeutung des Kunstwerkes aus dieser Welt, also vor allem aus seinem Ursprung und seiner Entstehung allein zu verstehen ist. [...] Nun ist die Wiederherstellung der Bedingungen, unter denen ein überliefertes Werk seine ursprüngliche Bestimmung erfüllte, für das Verständnis gewiß eine wesentliche Hilfsoperation. [...] Die Erforschung des Okkasionellen, das die Bedeutung von Kunstwerken ergänzt, vermag sie [jedoch] nicht wiederherzustellen. Es bleiben vom Baum gebrochene Früchte."[502] Mit diesen Worten Hans-Georg Gadamers lassen sich treffend Funktion und Problematik der *ersten* Werkkontextualisierung umreißen. Sie ist eine wesentliche, ja *die* wesentliche Hilfsoperation für das umfassende Verstehen des Kunstwerkes. Die Bezeichnung „Hilfsoperation" impliziert zugleich, dass die eigentliche, hauptsächliche Operation noch aussteht: Die *zweite* Werkkontextualisierung. Deren Sinn und Ziel ist es, die in der ersten Werkkontextualisierung decodierten liturgisch-theologischen Impulse im heutigen je konkreten Rezeptionskontext so zu verorten, dass sie darin fruchtbar werden können.

„Die Erfahrung der Kunst soll nicht in ein Besitzstück ästhetischer Bildung umgefälscht und damit in ihrem eigenen Anspruch neutralisiert werden. Wir werden sehen, daß darin eine weitreichende hermeneutische Konsequenz liegt, insofern alle Begegnung mit der Sprache der Kunst Begegnung mit einem unabgeschlossenen Geschehen und selbst ein Teil dieses Geschehens ist."[503] Die argumentative Grundlegung der zweiten Werkkontextualisierung bringt hier abermals Gadamer auf den Punkt: Erst indem die Kunst sich im interpretatorischen Akt gegenüber einem Rezipienten performativ aktuiert, gelangt sie zu ihrem ontischen Selbst. So ist etwa Musik nur in dem Moment Musik, in dem die vollständige Kommunikationskette Expedient–Kanal–Perzipient gegeben ist. Was der Expedient zunächst dinglich hinterlässt, ist lediglich die Partitur als bloßes Konglomerat werktextlicher Vortragsbezeichnung für den Interpreten. Die von Komponisten intendierte Musik inhäriert der Partitur nur in ihrer Potenz und ist insofern unabgeschlossen, als sie noch ihrer Aktuierung harrt. Aktuierung aber meint mehr als die Reproduktion der Summe aller in der Partitur vorhandenen werktextlichen Vortragsbezeichnungen und besitzt aufgrund ihrer potentiell unendlichen Variabilität eine Eigendynamik, die durch die Gegebenheiten des jeweiligen Rezeptionskontextes gelenkt wird. „Es liegt also im Wesen ... musikalischer Werke, daß ihre

---

[502] GADAMER 158 ff.
[503] GADAMER 94.

Aufführung in verschiedenen Zeiten und bei verschiedenen Gelegenheiten eine veränderte ist und sein muß. [...;] grundsätzlich sind auch spezifisch okkasionelle Kunstformen ... Ausformungen der allgemeinen Okkasionalität, die dem Kunstwerk dadurch eignet, daß es sich von Gelegenheit zu Gelegenheit neu bestimmt. Auch die einmalige Bestimmtheit, durch die sich ein in diesem Sinne okkasionelles Moment am Kunstwerk erfüllt, gewinnt im Sein des Kunstwerkes an der Allgemeinheit teil, die es zu neuer Erfüllung fähig macht – so daß zwar die Einmaligkeit seines Gelegenheitsbezuges uneinlösbar wird, aber der uneinlösbar gewordene Bezug im Werke selber anwesend und wirksam bleibt."[504] Die zwischen Produktions- und Rezeptionskontext bestehende Spannung, welche Gadamer hiermit zur Sprache bringt, kann nach seinen im Rekurs auf die Philosophie *Georg Wilhelm Friedrich Hegel*s (1770-1831) formulierten Worten nur dann fruchtbar werden, wenn die Aktuierung des aus der Vergangenheit überkommenen Kunstwerkes „... in der *denkenden Vermittlung mit dem gegenwärtigen Leben* besteht."[505] Diese Formulierung gibt das eigentliche Anliegen unseres gesamten methodischen Entwurfes in konziser Weise wieder; es ist damit die *Aktualisierung* des Kunstwerkes im Rezeptionskontext gemeint. Zugleich ist damit eine Größe intendiert, die über die bisher entwickelte Methode hinausragt. Das „gegenwärtige Leben" lässt sich methodisch nicht einholen. Unternähmen wir diesen Versuch dennoch, so wäre das von uns Erfasste eben nicht das gegenwärtige Leben selbst, sondern nur das Beschreiben willkürlich-selektiv festgelegter Phänomene eines als „Gegenwart" apostrophierten Ausschnittes der linearen Geschichtszeit, welcher noch während unseres Bemühens Vergangenheit wird. Die traditionelle mehrstimmige Messe mit dem gegenwärtigen Leben als jeweiligem Hier und Jetzt denkend vermitteln kann also nur, wer es mit einem konkreten Werk in einem konkreten Kontext zu einem konkreten Zeitpunkt zu tun hat. Dem Vermittelnden kommt innerhalb des Rezeptionskontextes eine aktive Schlüsselrolle zu. Er ist es, der die Brücke zwischen Werk und Rezipienten baut. Die Brücke selbst aber besteht im konstruktiven Zusammenspiel der Konstituenzien des Rezeptionskontextes mit den Konstituenzien des performativen Aktes. „Denkend" muss die Vermittlung insofern sein, als es nicht damit getan ist, das Werk einfach in seinen Rezeptionskontext hineinzustellen und abzuwarten, sondern der Vermittelnde kreativ nach Wegen suchen muss, die Konstituenzien des performativen Aktes auf die Erfordernisse des Rezeptionskontextes und die Konstituenzien des Rezeptionskontextes auf die Erfordernisse des performativen Aktes derart abzustimmen, dass sie nicht nur zueinander kompatibel werden, sondern einander *synergistisch* (im Sinne einer συνεργία, d.h. eines sich gegenseitig fördernden Zusammenwirkens) bereichern.

---

504 GADAMER 141.
505 GADAMER 161. Dieses Postulat formuliert Gadamer in Anknüpfung an HEGELS „*Phänomenologie des Geistes*" (Ausgabe Johannes HOFFMEISTER 524 ff.).

4.4.2.1 Makrokontext: Wichtige Aspekte für die erste Annäherung an den konkreten und aktuellen Rezeptionskontext der traditionellen mehrstimmigen Messe bei der Planung des Gottesdienstes

Es wurde aufgezeigt, dass eine traditionelle mehrstimmige Messe nur dann mit der heutigen erneuerten Liturgiegestalt vereinbar ist, wenn ihr Produktions- und Rezeptionskontext gänzlich ausgelotet und aus deren Synthese konstruktive liturgisch-theologische Impulse gewonnen werden. Hierbei ist zunächst die Frage zu stellen, wem in der heutigen Liturgie die große Verantwortung der „denkenden Vermittlung" traditioneller mehrstimmiger Messen mit der aktuellen Realität des Rezeptionskontextes obliegt. Eine traditionelle mehrstimmige Messe im Kontext eines ganz konkreten Gottesdienstes zur „Aufführung" zu bringen, impliziert neben der intellektuellen Vorleistung eine ganze Reihe von pragmatischen Problemen, die keinesfalls von einem Einzelnen im Alleingang gelöst werden können.

Wer also ist im Vorfeld der gottesdienstlichen „Aufführung" einer Messvertonung für die erste Annäherung an deren Rezeptionskontext verantwortlich? Diese Frage mit dem Hinweis auf den Interpreten vollständig beantwortet zu glauben, liegt nahe. In der Tat ist der Interpret einer der für die liturgische Aktuierung des jeweiligen Opus Hauptverantwortlichen, könnte ohne ihn das Werk doch nicht verklanglicht werden. Die Liturgiekonstitution des Zweiten Vatikanums mahnte zwar eine liturgisch-dramaturgische Rollenverteilung an, in der jeder Rollenträger den Freiraum zur Entwicklung eines eigenen, unverwechselbaren Profils hat. Liturgische Dramaturgie im Sinne des Konzils bedeutet gleichwohl nicht, dass jeder Rollenträger sich auf einer je eigenen „Bühne" produzieren dürfe, sondern alle auf einer gemeinsamen „Bühne" in *Interaktion* zu treten haben. Das Postulat dieser Interaktion der Rollenträger zieht auch Konsequenzen für die liturgische Verortung traditioneller mehrstimmiger Messen nach sich: Der Interpret ist mitnichten der Einzige, der hinsichtlich der „denkenden Vermittlung" Verantwortung zu übernehmen hat – die anderen liturgisch Verantwortlichen tragen diese Verantwortung je auf ihre Weise mit, ohne dass dadurch die eigentliche performative Kompetenz des Interpreten zwangsläufig beschnitten wird. Das gemeinsame Ziel ist ja, die der Komposition innewohnenden Impulse mit den Impulsen der liturgischen Zeremonien, Riten und Texte zu einem *sich potenzierenden Synergismus* zusammenzuführen, der im Optimalfall beim Rezipienten ein spirituelles Evidenzerlebnis evoziert, welches in dieser Weise weder die Musik noch die Liturgie je für sich alleine hätten hervorrufen können. So sind also auch neben dem performativen Interpreten alle anderen liturgischen Verantwortlichen dazu aufgerufen, Konzepte zur Aktualisierung der traditionellen mehrstimmigen Messe zu kreieren, welche dem jeweiligen Rezeptionskontext entsprechen.

Bei der Planung der gottesdienstlichen „Aufführung" einer traditionellen mehrstimmigen Messe sollte im Vorfeld zuallererst eine „Bestandsaufnahme" des am „Aufführungs"-Tag faktisch Gegebenen unter folgenden Fragen erfolgen: *Welcher liturgische Anlass liegt vor? Welche liturgisch-praktischen Besonderheiten sind demzufolge zu beachten? Welche spezifischen liturgisch-theologischen Akzente setzt die gegebene Tagesliturgie? Welche ortskirchlichen bzw. lokalen liturgischen Spezifika sind zu berücksichtigen? Aus welchen Gläubigen setzt sich die gottesdienstliche Gemeinde zusammen (Altersstruktur, geistliche und kulturelle Bildungsstruktur, gegebenenfalls Struktur der nationalen Zugehörigkeiten etc.)? Welche räumlich-architektonischen Verhältnisse sind gegeben?* etc.[506] Im Anschluss an die Eruierung dieser Faktoren ist zu überlegen, welche konkrete Messkomposition mit dem ihr inhärierenden liturgisch-theologischen Impulspotential zu den benannten Gegebenheiten die größte Kompatibilität aufweist und zu den tagesliturgischen Akzentsetzungen am besten passt. Gegebenenfalls ist überdies zu erwägen, ob im Gegenzug bestimmte fakultative Texte, Zeremonien oder Riten der Liturgie speziell auf eine bestimmte Messkomposition abgestimmt werden könnten. Es ist unbestreitbar, dass eine solch differenzierte Planung bei allen Beteiligten unbedingte Sensibilität sowie Dialogfähigkeit und -willigkeit voraussetzt.

4.4.2.1.1 Koordinierender Dialog zwischen Kirchenmusikern / Kirchenmusikerinnen und liturgisch Verantwortlichen

In Kapitel 3.1 (Seite 91-95) wurde eine statistische Umfrage erwähnt, welche für die vorliegende Publikation durchgeführt wurde. Dabei handelte es sich wie gesagt um eine mittels standardisierter Fragebogen erfolgte postalische Befragung in Form einer Gesamterhebung unter den Hauptverantwortlichen der Kirchenmusik an allen katholischen Kathedralen Deutschlands. Hierbei ging es ausschließlich um die traditionelle mehrstimmige Messe in der erneuerten Liturgie. Wie bereits erwähnt, konnte dabei bis auf einen kleinen Rest von 7% die intendierte Grundgesamtheit im Wesentlichen erfasst werden. An dieser Stelle soll ein weiteres Teilergebnis der Befragung vorgestellt werden, welches im gegebenen Kontext erhellend ist. Die angeschriebenen Personen sollten folgende Frage beantworten:

„*Welche Gesichtspunkte sind für Sie hinsichtlich der Aufführung einer Messkomposition in einer Messfeier wichtig?*“

Als mögliche Gesichtspunkte wurden zehn vorformulierte Antworten vorgegeben, wobei hinter jeder Antwort gemäß einer Werteskala anzugeben war, wie wichtig ihr Inhalt eingeschätzt wird („1“ = „unwichtig“; „10“ = „von höchster Wichtigkeit“). Bei 24 von 25 zurückgesandten Fragebogen (96 %) war diese Frage beantwortet. Bei einem Fragebogen wurden diesbezüglich keine Angaben gemacht. Das Ergebnis der statistischen Auswertung sei mittels einer Tabelle wiedergegeben:

---

506 Vgl. ähnlich etwa auch BLIJLEVENS 288.

	Antwort 1: Aufführungstechnische Perfektion	**Antwort 2:** Niedriger Kostenaufwand	**Antwort 3:** Höchstmögliche Professionalität der engagierten Instrumentalmusiker	**Antwort 4:** Religiöse Motivation der Aufführenden	**Antwort 5:** Aufführende sollten vor der Aufführung mit dem Entstehungshintergrund der Komposition und der individuellen Religiosität des Komponisten vertraut gemacht werden
Bewertung „1“	12,50 %	29,12 %	8,33 %	8,33 %	12,50 %
Bewertung „2“		4,17 %	4,17 %		
Bewertung „3“		4,17 %			4,17 %
Bewertung „4“		4,17 %			4,17 %
Bewertung „5“	16,67 %	37,50 %	20,83 %	20,83 %	16,67 %
Bewertung „6“		4,17 %	8,33 %		12,50 %
Bewertung „7“	4,17 %		4,17 %		12,50 %
Bewertung „8“	33,33 %	16,67 %	20,83 %	20,83 %	16,67 %
Bewertung „9“	16,67 %		8,33 %	8,33 %	8,33 %
Bewertung „10“	16,67 %		25,00 %	41,67 %	12,50 %
Arithmetisches Mittel der Bewertungen	**„7,08“**	**„4,12“**	**„6,92“**	**„7,71“**	**„6,21“**

	Antwort 6: Die Komposition sollte dem Chor (dem Orchester) Möglichkeit zur Demonstration seines Könnens geben	**Antwort 7:** Zuhörende Gottesdienstbesucher sollten einen ästhetisch möglichst hohen Musikgenuss haben	**Antwort 8:** Die Aufführenden sollten auch außerhalb des Musizierens an den anderen Teilen der Messfeier aktiv teilnehmen	**Antwort 9:** Den zuhörenden Gottesdienstbesuchern sollte ein religiöses Erlebnis vermittelt werden	**Antwort 10:** Der Zelebrant sollte in Statio oder Homilie auf die Komposition eingehen
Bewertung „1“	45,83 %	25,00 %	4,17 %		16,67 %
Bewertung „2“	12,50 %	4,17 %			
Bewertung „3“	8,33 %	8,33 %			20,83 %
Bewertung „4“	4,17 %	4,17 %			8,33 %
Bewertung „5“	12,50 %	12,50 %	20,83 %	12,50 %	33,33 %
Bewertung „6“	4,17 %	4,17 %		4,17 %	4,17 %
Bewertung „7“	8,33 %	12,50 %		4,17 %	
Bewertung „8“		12,50 %	25,00 %	4,17 %	
Bewertung „9“			4,17 %	8,33 %	4,17 %
Bewertung „10“	4,17 %	16,67 %	45,83 %	66,67 %	12,50 %
Arithmetisches Mittel der Bewertungen	**„3,00“**	**„5,17“**	**„8,04“**	**„8,92“**	**„4,67“**

Tabelle 3: Aspekte der liturgischen Aufführung von Messkompositionen (Befragungsergebnis)

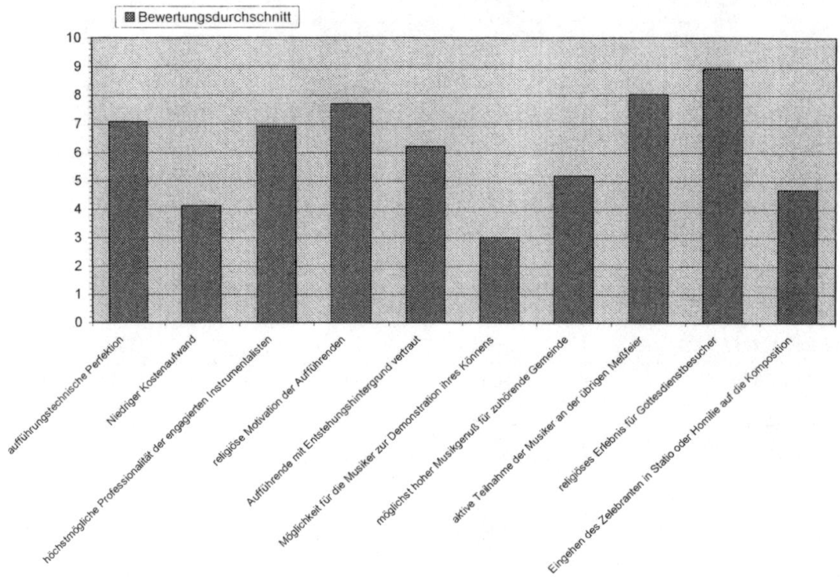

Abbildung 6: Aspekte der liturgischen Aufführung von Messkompositionen (Befragungsergebnis)

Die Bewertung der zehn vorgegebenen Antworten durch die betreffenden Kirchenmusiker zeigt, dass die Hauptverantwortlichen der Kirchenmusik an den 24 hier erfassten katholischen Kathedralen Deutschlands unverkennbar bemüht sind, inmitten der problematischen Polarität zwischen musikalisch-ästhetischen und liturgietheologischen Intentionen im Umgang mit traditionellen mehrstimmigen Messen einen Mittelweg zu gehen: Musikalischen Faktoren, welche für eine hohe, der Bedeutung der Liturgie angemessene Aufführungsqualität der Messkomposition von Belang sind (Antwort 1, Antwort 3) wird im Durchschnitt eine erhöhte Relevanz zuerkannt. Monetären Kalkulationen, künstlerischem Prestige-Gewinn und ästhetischem Musikgenuss (Antwort 2, Antwort 6, Antwort 7) wird hingegen nur eine geringe bis allenfalls mittlere Relevanz zugebilligt. Am höchsten wurden jedoch die liturgietheologisch-spirituellen Kriterien bewertet: Die religiöse Motivation der Aufführenden, die aktive Teilnahme der Musiker an der Messfeier sowie das religiöse Evidenzerlebnis der Gemeinde (Antwort 4, Antwort 8, Antwort 9) gelten durchschnittlich als sehr wichtig. Bemerkenswerterweise ist unter den Befragten beim größten Teil der vorgegebenen Antworten kein absoluter Konsens erkennbar – bei neun von zehn Antworten erstrecken sich die Bewertungen über die gesamte Skala zwischen „1“ (= „unwichtig“) und „10“ (= „von höchster Wichtigkeit“), lediglich hinsichtlich der Notwendigkeit des religiösen Erlebens der Gemeinde beträgt die Spannweite der Bewertungen nur fünf Bewertungsstufen, welche einheitlich ab der mittleren Stufe aufwärts erteilt wurden. Sehr unterschiedlich bewertet wurden auch die Antworten 5 und 10: Bei diesen geht es um die pragmatische Umsetzung der doppelten Werkkontextualisierung, nämlich zum einen um die Einweisung der Interpreten in den Produktionskontext und die liturgisch-theologischen Intentionen des Werkes und zum anderen um die Propädeutik und mentale Aktualisierung der Messkomposition für die konkrete gottesdienstliche Gemeinde. Beidem wurde zwar Wichtigkeit zugebilligt (im ersten Fall ein erhöhter, im zweiten Fall ein mittlerer Relevanzgrad), ein Konsens über dessen musikliturgischen Stellenwert besteht indes nicht. Dies dürfte auch mit daher rühren, dass auf diesem Gebiet seitens der liturgisch Hauptverantwortlichen noch zu wenig Interesse besteht. So gilt wohl auch hier, was der Kirchenmusiker *Matthias Kreuels* (* 1952) Ende der 1990er-Jahre feststellte: „So klar läßt sich die Ursache für manches heutige kirchenmusikalische Praxisproblem erkennen: Liturgie und Kirchenmusik sind zwei Gleise statt eines. Selbstverständlich gehören (früher wie heute!) zwei Seiten zum liturgisch-musikalischen Alltag der Kirchengemeinden, die Seite der Liturgen wie die Seite der kirchenmusikalisch Tätigen. Aber es ist müßig, diese Konstellation stets dahingehend zu interpretieren, daß die Gegenseite der Grund für das ‚zweite Gleis' ist."[507]

Die Bewältigung des Problems der Vereinbarkeit von traditionellen mehrstimmigen Messen und erneuerter Liturgie liegt also durchaus nicht an einer grundsätzlich fehlenden Bereitschaft, die Kirchenmusikpraxis an den Vorgaben erneuerter Liturgie auszurichten, wie das obig aufgezeigte Befragungsergebnis zur deutschen Kathedralmusik ja unverkennbar zeigte. Dies anzuerkennen, ist Voraussetzung einer objektiven Beurteilung der gegebenen Problematik. Das Problem scheint vielmehr in der Tat darin zu bestehen, dass manch wertvolle Chance im Umgang mit der traditionellen mehrstimmigen Messe vertan wird, weil eine koordinierende Kommunikation, d.h. ein fruchtbarer Dialog zwischen Kirchenmusikern/Kirchenmusikerinnen und Liturgie-Verantwortlichen oft nicht im erforderlichen Maße stattfindet. Wenn wir oben die Notwendigkeit einer „Dramaturgie" für die Liturgie erläuterten, so muss auch derjenige erwähnt werden, der für sie verantwortlich ist: Der Dramaturg. Im Bühnenfach ist der Dramaturg der „ ... Berater ..., zu dessen Aufgaben die Sichtung, Auswahl, Bearbeitung und Realisierung der (neuen) Stücke gehören."[508] Das „δράμα" Liturgie ist in seinen Hochformen, etwa einem Festgottesdienst, derart vielschichtig, dass es einem einzigen „Chefdramaturgen" nicht überzeugend gelingen kann, die vielschichtigen, in unterschiedliche Kompetenzbereiche fallenden Handlungsebenen stimmig zu realisieren. Es bedarf vielmehr eines „Dramaturgen-Teams" – in unserem Fall bestehend aus dem hauptverantwortlichen Kirchenmusiker/der hauptverantwortlichen Kirchenmusikerin und dem Liturgievorsteher, welches *gemeinsam* sichtet, *gemeinsam* auswählt, *gemeinsam* bearbeitet und *gemeinsam* realisiert.[509] Hier liegt der Schlüssel zum Erfolg der zweiten Werkkontextualisierung. Dass das Miteinander mehrerer „Dramaturgen" gelingen kann, hängt auch wesentlich von der Toleranz und dem Einfühlungsvermögen des einen gegenüber dem Anderen ab. Das bedeutet, seine eigenen Qualifikationen in dem der Sache dienlichen Maße einzubringen, dabei aber zugleich auch die Grenzen eigener Kompetenz realistisch einzuschätzen. So

---

[507] KREUELS 479 f.
[508] DUDEN. DAS GROßE WÖRTERBUCH DER DEUTSCHEN SPRACHE Bd 2 563.
[509] Vgl. hierzu etwa auch KOHLSCHEIN 55.

sollte zumindest nicht die Möglichkeit ausgeschlossen werden, dass der Commonsense des anderen „Kon-Dramaturgen“ durchaus auch einmal innerhalb des eigenen Kompetenzbereiches etwas Zutreffendes erkennen kann, wo das eigene fachlich-komplexe Wissen sich mitunter selbst blockiert. Sofern der Liturgie-Vorsteher gegebenenfalls der arbeitsrechtliche Vorgesetzte des Kirchenmusikers/der Kirchenmusikerin ist, ist gerade hier ein hohes Maß an Sensibilität gefordert, damit das Subsidiaritätsprinzip in rechter Weise gewahrt bleibt. Der koordinierende Dialog zwischen Kirchenmusikern/Kirchenmusikerinnen und Liturgie-Verantwortlichen ist ein Desiderat, welches sich aus dem Anspruch einer Communio-Liturgie ergibt, dessen Verwirklichung aber in der Praxis vielen Hemmnissen – seien es persönliche Vorbehalte, sei es schlichtweg die Arbeitsüberlastung und der daraus resultierende Zeitmangel der betreffenden Personen – ausgesetzt ist. Nur im Dialog der für die Gottesdienstgestaltung kirchenmusikalisch und liturgisch Verantwortlichen können einseitig-intolerante Überzeugungen aufgebrochen werden, die sich im Kreisen um den je eigenen Standpunkt verhärtet haben. Dies soll wieder am Beispiel der traditionellen mehrstimmigen Messe aufgezeigt werden: Wenn einerseits ein Kirchenmusiker behauptet „ ... daß es ... aus organisatorischen und finanziellen Gründen blanker Unsinn ist, eine Orchestermesse nur stückweise in der Liturgie zu musizieren.“[510] und andererseits ein Liturgiker äußert: „Es ist eigentlich nur bei Gemeinden, die sich ihrer tragenden Rolle im Gottesdienst nur wenig bewußt sind, denkbar, daß sie ihre Rechte, die ihnen jahrhundertelang vorenthalten wurden, nun wieder leichtfertig auf Stellvertreter [sc. Interpreten chorisch-orchestraler Kirchenmusik] übertragen.“[511], so könnte in einem konstruktiven Dialog z.B. der Liturge dem Kirchenmusiker auf sachliche Weise vermitteln, dass hinsichtlich der Liturgiegestaltung organisatorische und finanzielle Kriterien niemals der oberste Maßstab sein dürfen und der Kirchenmusiker könnte dem Liturgen seine persönliche Erfahrung darüber nahe bringen, dass auch eine liturgisch mündige Gemeinde bei festlichen Anlässen aus einer reflexiven Option heraus eine musikalische Stellvertretung durch den Chor als kultisch angemessen erachtet. Wer dem Gesprächspartner signalisiert, Kritik annehmen zu können, wird bei diesem umso eher eine modifizierende Korrektur eingleisigen Denkens erreichen. Soll es gelingen, die traditionelle mehrstimmige Messe für die gottesdienstliche Gemeinde heute als spirituelles Evidenzerlebnis und nicht nur als Konzertdarbietung in der Liturgie zu verorten, dann muss alles daran gesetzt werden, um das beschriebene Desiderat in die Realität umzusetzen.

Das obig Dargelegte zeigt: Ein entsprechender Dialog zwischen dem Kirchenmusiker/der Kirchenmusikerin und dem jeweiligen liturgisch Verantwortlichen ist unbedingt vonnöten. Gemeinsam wird man sich dabei in wechselseitigem Austausch des je eigenen fachlichen Wissens und persönlichen Empfindens an die optimale Feiergestalt der konkret intendierten Messfeier herantasten, bis sich herauskristallisiert, wie musikalisches Werk und Liturgiegestalt am besten im spezifischen Sinne des betreffenden liturgischen Anlasses synergistisch verschmelzen

---

[510] So zu lesen bei STINGL 114.
[511] So zu lesen bei RAU 405 f.

können. Die tatsächliche Durchführung eines solch differenzierten und komplexen Vorbereitungsprozesses ist ein unbestreitbar sehr hoch angesetztes Ideal, welches – da es einen enormen Zeitaufwand erfordert – in praxi gewiss nicht im wünschenswerten Maß realisierbar ist.[512] Es sollte dennoch versucht werden, diesem Ideal, wann und wo irgend möglich, zu entsprechen. Schließlich geht es nicht um irgendein kulturelles Projekt oder einen künstlerischen Event, sondern um die Messfeier als Höhepunkt, dem das Tun der Kirche zustrebt und als Quelle, aus der sie ihre Kraft schöpft (SC, Art. 10).

4.4.2.1.2 Die „Makrodramaturgie" des Kirchenjahres als Hilfe für die liturgisch-theologische Erschließung der traditionellen mehrstimmigen Messe – Anregungen für eine „Mystagogik des vertonten Ordinarium missae"

Damit die traditionelle mehrstimmige Messe mit der heutigen liturgischen Feiergestalt nicht in Widerspruch gerät, sondern synergistisch verschmelzen kann, sollten bereits im Vorfeld jenes Gottesdienstes, bei dem sie erklingen soll, von den hierfür Verantwortlichen einige Grundkriterien beachtet werden. So muss als Erstes dem Umstand Rechnung getragen werden, dass ein Gottesdienst nicht nur eine „Binnen-Dramaturgie" aufweist, d.h. in sich selbst strukturiert ist, sondern dass er auch Teil der „Makro-Dramaturgie" des Kirchenjahres ist. Das Pascha-Mysterium Christi ist zwar die Quelle und Mitte des liturgischen Jahres, d.h. es geht in jedem Gottesdienst um die Begegnung mit dem erhöhten Herrn. Um aber den Gläubigen die göttliche Heilsfülle in ihrer Vielgestaltigkeit zu erschließen, zeigt ihnen die Kirche das eine Christus-Mysterium über den Jahreslauf verteilt unter je besonderen Aspekten und Akzenten auf. Sie feiert die mannigfachen Weisen der heilsgeschichtlichen Zuwendung Gottes in zahlreichen Festen, wobei sie in der zugehörigen Liturgie den jeweils intendierten Aspekt durch unterschiedliche Gebete, Gesänge, Lesungen, Symbole etc. einholt. Hierdurch erhält das Kirchenjahr eine immanent-dynamische Struktur, in welche jeder Gottesdienst eingebettet ist.[513] Um die spezifische theologische Akzentuierung jedes einzelnen Festes plastisch werden zu lassen, ist es notwendig, auch in der gesanglichen Gestaltung zu differenzieren und zwar sowohl hinsichtlich des vertonten Textes, als auch von der graduellen Stufung der Festlichkeit her. Letzteres ist durch die offizielle heortologische Kategorisierung in bestimmte Rangstufen vorgegeben.[514] Durch die unterschiedlich nuancierte musikalische Gestaltung kann die Verortung der einzelnen Feier innerhalb des Kirchenjahres auf noch charakteristischere Weise erfolgen. Hierin ist auch eine der wesentlichen Aufgaben der traditionellen mehrstimmigen Messe in der heutigen Liturgie zu sehen: Sie kann helfen, gewisse Grundstimmungen einzelner Abschnitte des liturgischen Jahres in der dynamischen Spannung zwi-

---

[512] Vgl. WALTER (Meinrad), Daß das neue Lied nicht alt erklingt. Klärungsbedarf zur Rolle der Kirchenmusik und ihrer Akteure 521 f.

[513] Vgl. ADAM, Das Kirchenjahr mitfeiern 30-33.

[514] Der römische Generalkalender differenziert diesbezüglich in Hochfeste (Sollemnitates), Feste (Festa), gebotene Gedenktage (Memoria obligatoria) und nichtgebotene Gedenktage (Memoria ad libitum).

schen Erwartung und Erfüllung zu unterstreichen.[515] So vermögen bestimmte schlichte Formen der altklassischen Vokalpolyphonie etwa den Charakter der vorbereitenden Besinnung (Buße, Umkehr) zu verdeutlichen, wie er der Adventszeit und der Quadragesima eignet. Zum musikalischen Medium des Ausdruckes der Freude und des Jubels, welcher im Tempus natalicium und in der Pentekoste vorherrscht, eignet sich beispielsweise ein beträchtlicher Teil der Orchestermessen der Wiener Klassik.

Über die allgemein atmosphärische Verdichtung hinaus kann das mehrstimmige Ordinarium in Bezug auf das Kirchenjahr eine noch speziellere Aufgabe erfüllen: In Kapitel 5 („Die traditionelle mehrstimmige Messe in der doppelten Werkkontextualisierung") wurde an vielen Paradigmen ausführlich aufgezeigt, dass die großen Meister der Messvertonung in ihren bedeutendsten Werken ganz persönliche theologische Akzentuierungen vornahmen. Wenn diese heute „decodiert" werden – und hierfür ein anleitendes Modell zu schaffen, war ja eines der Hauptanliegen der vorliegenden Abhandlung – dann bieten sie sich förmlich dazu an, der gottesdienstlichen Gemeinde bestimmte Aspekte der Tagesliturgie nahe zu bringen, wie es das gesprochene Wort allein oft nicht zu vollbringen weiß. Ohne bereits Gesagtes wiederholen zu wollen, seien nur in aller Kürze einige Beispiele angeführt: Palestrinas Missa „*Alma Redemptoris*" à 6 mit ihrer mariologischen Relecture im „Christe eleison" kann z.B. eine Brücke zu liturgietheologischen Akzenten von Marienfesten schlagen, Haydns „*Kleine Orgelsolomesse*" mit ihrem tiefsinnigen Gloria-Zitat bei „Et ressurexit" vermag einen direkten Anknüpfungspunkt zur Botschaft des Osterfestes herzustellen, Mozarts viele Messen mit eindringlichen „Et incarnatus"-Vertonungen werden im Tempus natalicium den Inhalt des Festes wirksam verdeutlichen, Bruckners e-Moll-Messe mit ihrem im subtil gestalteten „Jesu Christe" enthaltenen Hinweis auf die Kreuzerhöhung kann an manchem Herrenfest (durchaus nicht nur am Fest Kreuzerhöhung) als Impuls dienen, Rheinbergers Messen mit ihrer Trinitätssymbolik laden ein, etwa am Hochfest der Dreifaltigkeit dieses Mysterium in der Analogie der Musik zu erahnen. Aber nicht nur Aspekte des Kirchenjahres, sondern auch bewegende Geschehnisse der Gegenwart können anhand einer Messkomposition von den Gläubigen tiefer erfasst werden. So erklang etwa an einem deutschen Dom an Pfingsten 1999 im Hinblick auf den gleichzeitigen Kosovo-Krieg keine Komposition freudigen Ausdrucks, sondern Haydns „*Missa in angustiis*" („*Messe in Zeiten der Bedrängnis*"), was durch eine entsprechende homiletische Verknüpfung zwischen Produktionskontext und Gegenwart einen tieferen Eindruck bei den Gläubigen hinterließ, als es eine noch so aufrüttelnde Predigt für sich allein vermocht hätte. Das hier exemplarisch Dargelegte ist selbstverständlich nur *eine* Handhabungsweise unter *vielen anderen* Weisen der Aktualisierung traditioneller mehrstimmiger Messen – einen einzigen optimalen, jederzeit und überall geltenden Modus procedendi gibt es hier natürlich nicht. Die Chance der oben vorgeschlagenen Aktualisierung besteht jedoch darin, Ordinarium und Proprium, welche ehemals strikt

---

[515] Vgl. etwa HILDENBRAND 204 f. sowie ferner PRASSL, „Entkleidet den Katholicismus nicht seiner Kunstgewänder!" 139.

voneinander abgegrenzt waren, in eine einander erhellende Wechselwirkung zu bringen, da ja die Messvertonung nun ebenfalls einen „Propriums-Effekt" erhält. Es geht dabei keineswegs um eine Funktionalisierung der Messvertonung im Sinne „liturgischer Programmmusik". Wo aber ein Anknüpfungspunkt der Musik zur Tagesliturgie, d.h. zum liturgischen Hier und Jetzt vorhanden ist, wird es der zuhörenden Gemeinde leichter fallen, *aktiv* zuzuhören. Die Musik ist dann nicht mehr ein „Importiertes", sondern wird eins mit der Liturgie. Das gewissenhafte Befassen mit dem jeweiligen Œuvre gemäß den Richtlinien der doppelten Werkkontextualisierung wird diesbezüglich noch ein weites Spektrum erschließen, welches sich in einer theoretischen Abhandlung nicht einmal ansatzweise einfangen lässt, sondern erst aus dem konkreten Rezeptionskontext erwachsen wird.

Die obigen Ausführungen wollen verdeutlichen, wie viele echte Chancen sich aus der aktualisierenden Verknüpfung der liturgisch-theologischen Impulse traditioneller mehrstimmiger Messen mit den Akzenten des Kirchenjahres, den Eigenheiten der Tagesliturgie oder dem konkreten zeitgeschichtlichen Kontext ergeben können. Zugleich steht fest: Die liturgisch-theologischen Impulse der Ordinariumsvertonungen sind oft in der „Gestalttiefe" [516] des Werkes verborgen und können durch rein stimmungshaftes Hören allenfalls rudimentär aufgenommen werden. So muss das Ver-borgene für die zuhörende Gemeinde erst ent-borgen werden. Wie aber kann dies geschehen? Hier bietet sich in erster Linie die *Homilie* der Messfeier an. Sie ist besonders dafür geeignet, das in der ersten Werkkontextualisierung Erarbeitete der gottesdienstlichen Gemeinde – selbstverständlich didaktisch reduziert – mitzuteilen, um ihr ein wirkliches Verstehen der Messkomposition zu ermöglichen.[517] Nur wenn die Gemeinde das So-Sein der Komposition nachvollziehen kann, ist ihr ein innerlich aktives Zuhören möglich. Es geht also darum, der Gemeinde die geistig-substantielle Verbindung zwischen der Messkomposition und dem liturgischen Hier und Jetzt verbal zu erschließen. Insofern die Ordinariumsvertonung ja selbst Liturgie ist, entspricht dies zudem einer generellen pastoralliturgischen Notwendigkeit: Denn eine solche Homilie ist eine die Liturgie „aufschließende" *mystagogische Predigt*, welcher angesichts der zunehmenden Säkularisierung unserer Epoche und der daraus resultierenden schwachen kirchlichen Sozialisation vieler sporadischer Gottesdienstbesucher eine gesteigerte Bedeutung zukommt.[518] Dass die „Mystagogik des vertonten Ordinariums" durch den Homileten nicht erst im Gottesdienst ex tempore improvisiert werden kann, versteht sich von selbst.

Das Problem des soeben Ausgeführten ist, dass im zeitlichen Ablauf der Messfeier *vor* der Predigt in der Regel bereits zwei Sätze des mehrstimmigen Ordinariumszyklus erklungen sind – sie kommt also diesbezüglich zumindest partiell zu spät. Es wird also nötig sein, zusätzlich bereits zu Beginn der Messe in der Einfüh-

---

[516] WELLEK 251.
[517] Vgl. etwa auch KÖHLER / BECKER 187. Aus pastoralliturgischen Gründen heraus ist es überdies sinnvoll, einer solchen Predigt bereits zu Beginn der Messfeier eine kurze Werkeinführung vorausgehen zu lassen.
[518] Vgl. SAUER (Ralph) 217 f. sowie WAHL 166.

rung direkt nach der liturgischen Begrüßung[519] in einigen wenigen, auf das Wesentliche konzentrierten Worten der Gemeinde mitzuteilen: Wer schuf das Opus, in welcher Lebenssituation schuf er es und welches persönliche Movens bewegte ihn hinsichtlich der Entstehung seines Werkes? Was ist (gegebenenfalls) sein Spezifikum bei der Vertonung von Kyrie und Gloria (z.B. freudiger statt zerknirschter Ausdrucksduktus beim Kyrie o. Ä.)? Was will er damit theologisch aussagen? Diese wenigen Sätze sind zunächst ausreichend, um die Motivation der Gemeinde zum aktiven Zuhören zu wecken. Alles weitere, d.h. die inhaltliche Verknüpfung des Werkes mit dem besonderen liturgischen Anlass des Tages und die theologisch-spirituelle Erschließung des Werkes („Mystagogik des vertonten Ordinarium missae") kann dann ausführlicher in der Homilie erfolgen, wobei es ja durchaus nicht ausgeschlossen ist, dass sich hierbei auch zu den Schriftlesungen des Tages ein innerer Bezug herstellen lässt. Übrigens ist auch und besonders dann, wenn die Homilie nicht direkten Bezug auf die Messkomposition nimmt, weil eine einführende Erläuterung bereits vorher erfolgte, eine subtile Abstimmung der Predigt mit der mehrstimmigen Musik dringend erforderlich. „Ein kirchenmusikalisch sorgsam gestalteter Gottesdienst, der ... eine theologische Aussage vermitteln will, wird manchmal durch die gesprochene Predigt in eine völlig andere Richtung geführt. Und kaum ein Gemeindemitglied wird imstande sein, die verschiedenen oder sogar gegensätzlichen Aussagen jeweils nach Gebühr zu würdigen. Selbst wenn am Ende *eine* Aussage, ein Gefühl dominiert – die bewußte oder unbewußte Irritation über das Gegeneinander wird Spuren hinterlassen ..."[520]. Das bedeutet nicht, dass die Aussagen von Predigt und Musik in jedem Fall vollkommen koinzidieren müssten. Beides kann auch in eine gezielt eingesetzte Kontrapunktik der Aussagen gebracht werden. Das ist allerdings etwas ganz anderes als eine Kontradiktion. Denn in der kontrapunktischen Zuordnung verhalten sich Predigt und Musik zueinander komplementär, während sie andernfalls in einen sich gegenseitig hemmenden Widerspruch geraten. Eine Kontrapunktik der theologischen Aussage in Predigt und Musik „ ... kann, bewußt und behutsam eingesetzt, Aussagen pointierter hervorheben als pure Harmonie. [...] Wenn musikalisch etwas riskiert wird, wenn Hörgewohnheiten verletzt und Geborgenheitswünsche nicht erfüllt werden, dann können die Wortbeiträge das benennen, versuchen, es aufzufangen und ein Gleichgewicht herzustellen. Wenn andererseits die Predigt konfrontiert, Unheilszusammenhänge thematisiert, wenn ihr Evangelium in Gericht besteht, können Trost und Zuspruch durch die Musik erfolgen. Eine Verteilung der Affirmation auf verschiedene Beteiligte ermöglicht, daß eine nicht auflösbare Spannung wie zum Beispiel die zwischen der Liebe Gottes und seiner Fremd-

---

[519] In einem Beschluss des Diözesanrates des Bistums Würzburg vom 02.07.1996 „Die Liturgie im Leben der Kirche. Gespräche. Ergebnisse. Aufgaben" (Seite 18) wird vorgeschlagen, kirchenmusikalische Werke auch in Kurzeinführungen *vor* dem jeweiligen Gottesdienst zu erschließen. Dies ist ohne Zweifel eine ebenfalls diskutable Möglichkeit. In der pfarrgemeindlichen Praxis fällt der diesbezügliche Erfolg gleichwohl durchaus unterschiedlich aus. Mitunter zeigt sich, dass die innere Sammlung und Aufnahmebereitschaft der Gemeinde größer ist, wenn die Werkeinführung *innerhalb* des Gottesdienstes erfolgt. Welche von beiden Varianten die geeignetere ist, muss mithin aus der Erfahrung vor Ort entschieden werden.

[520] DAHLGRÜN 148.

heit ohne Angst vor völliger Überforderung der Gemeinde zugemutet werden kann ...“[521].

Eine Ordinariumsvertonung im liturgischen Rezeptionskontext fruchtbar zu verorten, bedeutet auch, sich darüber Gedanken zu machen, inwieweit der in der traditionellen mehrstimmigen Messe vertonte lateinische Text der gottesdienstlichen Gemeinde erst erschlossen werden muss. Dabei richtet sich der Fokus unserer Fragestellung auf die ganz normale, sozial, alters- und bildungsmäßig durchmischte Gemeinde – wissenschaftlich-theologisch und altphilologisch kompetente Gruppen (Theologie-Studierende, Ordensgemeinschaften, Religionslehrer etc.) sind aufgrund ihrer relationalen Minderheit hier nicht relevant. In Kapitel 3.4.3 („Lateinische Sprache versus Volksprache“) wurde bereits angedeutet, dass die Erschließung des Ordinariumstextes weniger das rein grammatikalische Verstehen der Fremdsprache Latein („Langue“) meint, sondern vielmehr die Inkulturation und Akkomodation der Kirchensprache im Sinne einer „‚Fleischwerdung‘ des Wortes für die jeweilige Zeit.“[522] Dies gilt insbesondere für jene Teile des Ordinariums, deren Sprache theologisch-dogmatisch komplex ist, was vor allem auf das Credo (Nicaeno-Constantinopolitanum) zutrifft. Auch hier vermag die Homilie eine wichtige Brückenfunktion zwischen historisch tradiertem Ordinariumstext und aktuellem Rezeptionskontext zu übernehmen. Insofern die spätantike Sprache des Ordinarium missae für den heutigen Menschen in der Tat oft ein verschlüsseltes Mysterium darstellt, für dessen „Decodierung“ er den Schlüssel nicht besitzt, bedarf es hier ebenfalls einer wirklichen Mystagogie, d.h. im wortwörtlichen Sinne einer Einführung in das Mysterium. Blickt man jedoch auf die heutige gottesdienstliche homiletische Praxis, „ ... so trifft man entweder auf themenbezogene Predigten oder auf Schriftauslegungen. Dagegen wird die Chance einer mystagogischen Predigt nicht genutzt. Wann erschließt eine Predigt schon einmal den Gottesdienst ...? [...] Daher sollte den mystagogischen Predigten mehr Raum in unseren Gottesdiensten gegeben werden, das wäre ein hilfreicher Beitrag zur nötigen Bildung.“[523] Das Ordinarium missae als Gegenstand einer solchen mystagogischen Homilie wird in der AEM – im Rekurs auf die Instruktion „*Inter Oecumenici*“ (1964) – expressis verbis genannt: „Die Homilie ... soll unter Berücksichtigung des Mysteriums, das gefeiert wird, und der besonderen Bedürfnisse der Hörer die Schriftlesungen *oder andere Texte der Tagesmesse (Ordinarium* oder Proprium) unter einem bestimmten Gesichtspunkt auslegen.“[524] Selbst ein scheinbar allen verständlicher Text wie das Kyrie bedarf im Hinblick auf bestimmte Kyrie-Vertonungen einer Erschließung. Wenn das traditionell zerknirscht-demütige musikalische Ausdrucksidiom des Kyrie beispielsweise in vielen Messen Haydns und Mozarts zugunsten einer heiteren, gelösten Stimmung durchbrochen wird, so kann diesbezüglich ein Hinweis auf den historischen Ursprung dieses Ordinari-

---

521 DAHLGRÜN 149.
522 GERHARDS, Theologische Aspekte des volkssprachlichen Gottesdienstes 143.
523 SAUER (Ralph) 217.
524 Deutsche Übersetzung zitiert nach der OFFIZIELLEN DEUTSCHEN ÜBERSETZUNG DER AEM IM MEßBUCH FÜR DIE BISTÜMER DES DEUTSCHEN SPRACHGEBIETES (Kursivsetzung: Jakob Johannes Koch).

umsteiles das Verständnis erleichtern. Dabei müsste beispielsweise erklärt werden, dass „ελεέειν" nicht nur „erbarmen" im Sinne einer gnädigen Behandlung des Schuldigen bedeutet, sondern dass im begeisterten, an den Herrscher gerichteten Jubelruf auch ein „Mitleiden" im Sinne eines huldvollen Sich-herab-Lassens intendiert sein konnte, ohne dabei den Aspekt von Sünde und Schuld des Rufenden zu meinen und dass die Urkirche zunächst diese letztgenannte Bedeutung auf Christus übertrug, während die Erstere erst später entstand.[525] Wenn der Hörer um diese Hintergründe weiß, wird er an der vermeintlich unangemessen „heiteren" Vertonung etwa eines Haydn oder Mozart nicht mehr Anstoß nehmen, sondern sie in ihrem So-Sein akzeptieren und sich von ihr betreffen lassen können. Dies einzelne Beispiel der Erklärung eines Ordinariumsteiles möge verdeutlichen, dass die Mystagogie des Ordinarium missae für ein *aktives*, dem musikalischen Werk ebenso wie der Liturgie gerecht werdendes Hören letztlich unabdingbar ist.

Mitunter wird eine verbale Bezugnahme auf die jeweils erklingenden musikalischen Werke innerhalb des Gottesdienstes insofern abgelehnt, als man befürchtet, das gesprochene Wort werde dadurch gegenüber der Eigenwirksamkeit der Musik übergewichtet. Man befürchtet, der Drang, alles und jedes innerhalb der Liturgie zu kommentieren, könne in einer „Sermonitis" ausarten, wodurch die Gemeinde „zugetextet" werde; die Liturgie drohe ohnehin schon in einer Flut von Worten zu ersticken. Dieser Einwand mag in gewisser Weise berechtigt sein, aber lediglich sofern er nicht nur die Thematisierung der gottesdienstlichen Musik betrifft, sondern *jegliche* verbale Äußerung innerhalb der Liturgie: Generell besteht bei allen Formen subjektiv verfasster Rede im Gottesdienst, also bei jeglichen Arten von Erläuterungen, Kommentaren, Einführungen, Meditationen, Homilien, Ansprachen etc. potentiell immer die Gefahr, dass nur viel geredet, aber nichts gesagt wird. Wer mit diesem Argument aber etwa die Erläuterung traditioneller mehrstimmiger Messen innerhalb des Gottesdienstes zu unterbinden sucht, müsste stringenter Weise in der Liturgie jegliche Art der freien Rede, also auch die Homilie abschaffen. Dies als einzige sich aus der Gefahr einer „Sermonitis" ergebende Konsequenz anzusehen, brächte zweifellos eine Verarmung der Liturgie mit sich. Einer „inflationären" Entwertung aufgrund ausufernder Quantifizierung des gesprochenen Wortes kann am wirkunsgvollsten dadurch begegnet werden, dass die innere Gesetzlichkeit der liturgischen Binnen-Dramaturgie, wie sie oben dargelegt wurde, gewissenhaft beachtet wird, d.h., dass beim gesprochenen Wort immer die Relation und die Gewichtung in Bezug auf die anderen Feier-Elemente gewahrt bleiben muss. So muss auch die erläuternde Rede über die Musica sacra innerhalb des Gottesdienstes luzide, didaktisch reduziert, einzig auf den Skopus konzentriert und nicht umfangreicher als irgend nötig sein. Die anderen Feier-Elemente wie Stille, Musik, visuelle, motorische, olfaktorische Riten und Zeremonien müssen in adäquatem Maße ein Gegengewicht zum Wort bilden.

Als Ergänzung sei noch angemerkt, dass die aktualisierende Erschließung einer traditionellen mehrstimmigen Messe (bezüglich Produktionskontext, Komponistenintention, Text des Ordinarum missae, liturgisch-theologischer Impulse) nicht

---

[525] Vgl. hierzu bereits ausführlich Kapitel 1.2.3.

ausschließlich innerhalb des Gottesdienstes, sondern durchaus auch ergänzungsweise an anderen Kommunikationsorten geschehen kann. Die Möglichkeiten sind in dieser Hinsicht prinzipiell unbegrenzt. Einführungen in Werke der Musica sacra können etwa im Pfarr- oder Bistumsblatt, in der Jugendarbeit oder in Bildungsveranstaltungen der Erwachsenenbildung und -katechese erfolgen.[526] Hierbei ist jedoch stets zu beachten, dass es nicht bei reiner Information bleibt, sondern dass eine „denkende Vermittlung mit dem gegenwärtigen Leben“ erfolgt mit dem obersten Ziel, die Musica sacra für den Menschen von heute zu einem spirituellen Evidenzerlebnis werden zu lassen.

4.4.2.2 Mikrokontext: Wichtige Aspekte für den konstruktiven Umgang mit traditionellen mehrstimmigen Messen während der konkreten liturgischen Feier

In Kapitel 3.4.2 (Seite 104-106) wurde bereits auf den durch Kernriten sowie vor- und nachbereitende Feier-Elemente gegliederten Ablauf des Gottesdienstes hingewiesen, welcher sich in Wort, Musik, Bewegung, Raumgestalt, aber auch in Phasen der Stille ereignet. Die Liturgiewissenschaft weiß seit langem um die „gestufte Wertigkeit primärer und sekundärer liturgischer Elemente“[527] Für die Beschreibung des Charakteristikums der Liturgie, ein durch unterschiedliche Höhepunkte und Aktuierungsweisen strukturierter Handlungsverlauf zu sein, kristallisierte sich infolgedessen in der neueren Liturgiewissenschaft der aus der Theater- und Bühnenwelt entlehnte Begriff „Dramaturgie“ heraus. Insofern Liturgie ein „δραμα“ im ursprünglichsten Sinne des Wortes, nämlich „Handlung“ interagierender und miteinander kommunizierender Subjekte ist, treffen in der Tat auch gewisse Gesetzmäßigkeiten des „Dramas“ auf sie zu. Aufgabe einer „Dramaturgie“ der Messfeier ist es also einerseits, „ ... die Verbindung der Feier zum Pascha-Mysterium deutlich werden zu lassen, und zum anderen, gerade das ‚Stück‘ zu wählen, welches in die Lebenssituation des ‚Empfängers‘ paßt, d.h. gerade jene ‚Gedächtnisfeier‘ der Zuwendung Gottes in Jesus Christus, die für diesen lebensgeschichtlichen Augenblick geeignet ist ... . [...] Die Tektonik – der kunstvolle Aufbau – einer dramatischen Handlung wird nur gefunden und vermittelt, wenn die ‚Dramaturgie‘ das Kerngeschehen erfaßt und es im Höhepunkt des Geschehens zur Darstellung zu bringen vermag. Wer einfach mit der Anfangsszene beginnt und dann Element an Element reiht, erhält ein ‚szenisches Gummiband‘, das er vorn leicht überdehnt und das in seiner Überspanntheit, am Ende halten zu wollen, leicht den Atem verschlägt. Jede dramatische Handlung lebt von ihrem ‚Ablaufrhythmus‘, der sorgsam geplant sein muß und dem mancherlei Dekoratives geopfert werden muß. [...] Freilich wird die Dramaturgie erst dort zur Kunst, wo die Einheit des Ganzen gewahrt wird und erlebt werden kann.“[528]

---

[526] Vgl. SCHEELE 186.
[527] REIFENBERG 99.
[528] HAHNE 138.143 f.

4.4.2.2.1 Die traditionelle mehrstimmige Messe und die Dramaturgie des gottesdienstlichen Ablaufes

Ein indispensabler Maßstab für das Gelingen eines liturgisch-dramaturgischen Konzeptes, welches dem inneren Wesen der Messfeier entspricht, besteht im Erkennen der den einzelnen Feier-Elementen im Gesamtzusammenhang zukommenden je spezifischen Funktion. Die Liturgiewissenschaft spricht diesbezüglich vom Kriterium der „Funktionsgerechtigkeit". Hierbei geht es schlichtweg um die Berücksichtigung dessen, dass ein liturgisches Feier-Element, wie z.B. das Element „Wort", nicht eine fixe Funktion hat und immer gleich gestaltet oder in jeden beliebigen Kontext „importiert" werden kann, sondern dass es kontextabhängig viele verschiedene Funktionen zu erfüllen hat (beim Beispiel „Wort": Verkündigung, Lobpreis, Akklamation, Meditation, Psalmodie etc.) und demgemäß in der Ausdrucksweise auf seinen jeweiligen Ereignis-Ort innerhalb des Gesamtablaufes sensibel abgestimmt werden muss. Funktionsgerechtigkeit bedeutet somit immer auch Auswahl unter mehreren disponiblen Funktionen und Ereignis-Orten.[529] Wie aber lässt sich ein adäquater Transfer dieser Erkenntnisse hinsichtlich der traditionellen mehrstimmigen Messe leisten? Dies soll nachstehend in Form einiger kursorisch am Verlauf der Messfeier orientierter Hinweise geschehen, die sich lediglich als Impulse verstehen.

Es wurde oben festgestellt, dass viele mehrstimmige Ordinariumszyklen bereits dem Eröffnungsteil der Messe ein großes ausdrucksmäßiges Gewicht verleihen. Auch wenn dies weder mit dem genuinen Spannungsbogen der Messfeier noch mit den Erfordernissen der Gemeindebeteiligung harmoniert, muss man es im Ausnahmefall als gegeben hinnehmen und versuchen, damit liturgisch sinnvoll umzugehen. Wenn etwa der mehrstimmigen Kyrie- und Gloria-Vertonung ein entsprechend bedeutender Eröffnungsgesang gegenübergestellt wird, hat die Gemeinde einen fast ebenso breiten Raum, sich zu artikulieren. Im Sinne dramaturgischer Abwechslung wird dies mithin ein vielstrophiges Gemeindelied sein, welches z.B. durch sog. Überchor, colla parte geführte unterschiedliche Instrumente oder instrumentale Oberstimmen bei jeder Strophe unterschiedlich gestaltet wird und somit für die Gemeinde besonders motivierend ist.[530]

Im Wortgottesdienst sollte darauf geachtet werden, dass zu einem monumentalen orchesterbegleiteten Credosatz auch durch entsprechend ausdrucksvolle und musikalisch ansprechende Vertonungen des Antwortpsalmes und des Rufes vor dem Evangelium ein Gegengewicht geschaffen wird. Unbegleitete Kantorengesänge wirken nämlich neben klanglich pastosen Credo-Vertonungen, wie sie etwa die Wiener Klassik und Romantik schuf, mitunter etwas dürftig und können dann schon rein akustisch gar nicht mehr ihrer theologischen Bedeutung entsprechen. Wird also eine symphonisch konzipierte mehrstimmige Messe „aufgeführt", böte es sich an, neuere Zwischengesang-Kompositionen zu wählen, in welchen instrumentale Begleitstimmen hinzutreten. Die in jüngerer Zeit kreierte Form des *sym-*

---

529 Vgl. etwa PACIK, Probleme des „Hochamts" 161 f.

530 Vgl. PRASSL, Orchestermessen in der heutigen Liturgie 317 und PACIK, Probleme des „Hochamts" 166.

phonischen Antwortpsalmes wäre hier etwa eine Möglichkeit. Ganz unbestreitbar gehört es auch zu den Kriterien liturgischer Dramaturgie, darauf zu achten, dass neben dem gesungenen auch das gesprochene Wort nicht zu kurz kommt. Da dies aber in der Regel durch die Einführung zu Beginn der Messe, durch die Lesungen, durch die Homilie sowie durch die Fürbitten bereits in ausreichendem Maße gewährleistet ist, wäre es in einem musikalisch gestalteten Festgottesdienst eigentlich angemessen, das Evangelium als Höhepunkt des Wortgottesdienstes kantilliert vorzutragen. Die Gemeinde bei den Fürbitten mit einem mehrstimmigen Ruf zu beteiligen, entspräche ebenfalls dem Anliegen eines Gegengewichtes im obig beschriebenen Sinne.[531]

Je ausladender eine mehrstimmige Sanctus-Vertonung ist, umso mehr wird der Eindruck entstehen, dass das eucharistische Hochgebet durch dieses autonome musikalische Gebilde in zwei Teile zerissen wird. Diesem Problem ließe sich etwa dadurch begegnen, dass man ein Hochgebet wählt, dessen inhaltliche Struktur eine Unterbrechung am ehesten verträgt. Hier bietet sich das vierte Hochgebet an, da seine Präfation keine Präfation im römischen Sinne, sondern vielmehr die erste Strophe eines großen, „durchkomponierten“ Danksagungshymnus ist. Vor dem Sanctus erfolgt lediglich eine entfaltete Gottesanrede, während das für die römische Präfation Typische – die Preisung des Vaters durch Christus für die Heilstaten in Christus – erst nach dem Sanctus beginnt. Damit wäre zugleich auch einem proportionalen Ausgleich gedient, insofern das vierte Hochgebet allein schon von seiner Länge her den Kernritus der Eucharistiefeier gegenüber dem mehrstimmigen Sanctus-Benedictus und Agnus Dei angemessen zur Geltung bringt (der letztgenannte Aspekt träfe freilich auch auf den Canon Romanus zu).[532] Es entspräche überdies der Festlichkeit eines herausragenden liturgischen Anlasses und dem dramaturgischen Höhepunkt-Status des Kanons, die betreffenden Teile des Hochgebetes zu kantillieren. Bei ausgedehnteren mehrstimmigen Ordinariumszyklen[533] müsste zum Ausgleich der Feier-Elemente etwa auch – nach einer ausreichenden Phase der Stille zugunsten der je individuellen Danksagung nach dem Kommuniongempfang – der Dankgesang nach der Kommunion eine relational angemessene Gewichtung als Gemeindelied bekommen.

Da die liturgische „Aufführung“ traditioneller mehrstimmiger Messen ja ohnehin nur bei exzeptionellen Fest-Anlässen erfolgen sollte, sind bei diesen wenigen Ausnahmefällen hinsichtlich der zeitlichen Dauer des Gottesdienstes keine Skrupel nötig. Es wird oft argumentiert, dass, wenn schon die mehrstimmigen Musikstücke so viel Zeit in Anspruch nähmen, wenigstens der „Rest“ (?) der Messfeier möglichst kurz gehalten werden müsse. Wie oben dargelegt, bedarf aber die litur-

---

[531] Vgl. PRASSL, „Entkleidet den Katholicismus nicht seiner Kunstgewänder!" 135-137.
[532] Vgl. etwa auch PACIK, Probleme des "Hochamts" 167.
[533] Bei monumentalen, symphonischen Messen ist mitunter auch das Agnus Dei so ausladend, dass es sich auf den organischen liturgischen Fluss zwischen dem kurzen Akt der Brotbrechung und der Kommunion hemmend auswirkt. Hier bietet es sich als Kompromiss an – wie es in der Praxis schon häufig praktiziert wird, – die Agnus-Dei-Vertonung als Begleitgesang zur Kommunion zu singen. Mit dieser Anpassung wird dem Grundsatz der Funktionsgerechtigkeit nicht zuwider gehandelt, weil der Charakter des Begleitgesanges ja erhalten bleibt.

gische Ars celebrandi immer der proportionalen Ausgewogenheit der Feier-Elemente und wo diese wirklich glückt, wird auch ein 90-minütiger Gottesdienst von der Gemeinde nicht als zu lange empfunden. Wo sie allerdings nicht erreicht wird, kann bereits bei einer nur einstündigen Dauer ein innerlich beteiligtes Liturgieerleben erschwert werden.

In Kapitel 3.4.5 wurde bereits auf die Problematik verwiesen, welche das Auslassen eines einzelnen Satzes hinsichtlich eines mehrstimmigen Ordinariumszyklus bedeutet. Dabei gingen wir jedoch vor allem von jenen Ordinariumszyklen aus, in welchen der Komponist anhand motivisch-thematischer, zwischen den Einzelsätzen geknüpfter Verbindungen individuelle theologische Aussagen zum Ausdruck bringt. Solche subtilen Querverbindungen sind freilich nur bei einigen genialen Exponenten des spätklassischen und romantischen Messenschaffens vorhanden und treffen durchaus nicht auf das gesamte traditionelle Repertoire mehrstimmiger Ordinariumsvertonungen zu. Liegt eine theologisch motivierte Querverbindung zwischen den Sätzen einer mehrstimmigen Messe jedoch nicht vor, spricht im Einzelfall durchaus nichts dagegen, etwa eine besonders ausladende Sanctus-Benedictus-Vertonung nicht aufzuführen, um dadurch den organischen Fluss des liturgisch-dramaturgischen Ablaufes zu erleichtern. Wenn das zyklusbildende Moment in einer Messvertonung als rein kompositionstechnischer Kunstgriff vorliegt – etwa im Verwenden desselben Cantus firmus in allen fünf Sätzen – erscheint es fraglich, ob diese ausschließlich formal herbeigeführte Geschlossenheit der Komposition vom Hörer überhaupt wahrgenommen werden kann, wenn zwischen Gloria und Credo eine beispielsweise zwanzigminütige Phase liegt, in welcher die Aufmerksamkeit der Gemeinde auf andere Texte und Gesänge gelenkt wird. Man möchte insofern doch immerhin bezweifeln, dass sich der Hörer danach noch an das thematische Material des vorangegangenen Satzes erinnert und das Auslassen eines Satzes als Einbuße seines Rezeptionserlebnisses erachtet. Im Übrigen – auch darauf wurde bereits hingewiesen – gibt es ja nicht nur fünfsätzige Ordinariumsvertonungen, sondern auch sehr qualitätvolle zwei-, drei- oder viersätzige Werke. Hier ist zu nennen der italienische Typus der lediglich aus Kyrie und Gloria bestehenden Messa di Gloria, oder das etwa von den lutherischen Komponisten des 17. Jahrhunderts oder den Vertretern des Stile misto und der Vorklassik verwendete Genre der Kurzmesse, in der nur Kyrie, Gloria und/oder Credo vertont sind. Auch im Bereich dieser beiden Ausprägungen der Ordinariumskomposition gibt es substanzvolle Werke zu entdecken, wenn man sich vom falschen Ehrgeiz und Prestigestreben frei macht, immer nur die fünfsätzigen Werke der prominentesten Messenkomponisten aufzuführen, welche den Interpreten möglichst viel Gelegenheit zur Demonstration ihres Könnens geben.[534]

Bei einer solchen gemeinsamen Vorbereitung sollten auch ganz pragmatische Details nicht übersehen werden. Dazu gehört etwa – um nur ein einziges Beispiel

---

[534] Vgl. etwa auch KOHLHASE 204. Unter Umständen kann die Aufführung nur eines einzelnen, aus einer zyklischen Ordinariumsvertonung herausgegriffenen Satzes dessen Wirkung innerhalb der Liturgie sogar mehr zur Geltung bringen, als wenn er im zyklischen Konnex zusammen mit den anderen zugehörigen Sätzen erklingt. Vgl. PACIK, Probleme des „Hochamts" 166.

zu nennen –, dass der Kirchenmusiker dem Liturgen mitteilt, in welchen Sätzen der mehrstimmigen Messe die Intonationsworte gegebenenfalls mitvertont sind und somit vom Zelebranten nicht gesungen werden sollten. Nicht selten erlebt man nämlich, dass die Intonationsworte zweimal ertönen: Einmal vom Zelebranten und einmal vom Chor, was liturgisch unsinnig ist.

4.4.2.2.2 Die traditionelle mehrstimmige Messe und die Dramaturgie des gottesdienstlichen Raumes

War bislang nur von einer Dramaturgie des Zeitablaufes und der auditiven Wahrnehmung die Rede, so muss als Ergänzung noch angemerkt werden, dass die konstruktive Einbettung der traditionellen mehrstimmigen Messe auch durch eine räumlich-visuelle Dramaturgie gefördert werden kann. Bereits in der Instruktion „*Inter Oecumenici*" (1964) heißt es in Art. 97: „Der Platz für Schola und Orgel soll so gewählt sein, daß Vorsänger und Organist deutlich als Teil der versammelten Gemeinde in Erscheinung treten und so, daß sie ihr liturgisches Amt möglichst gut ausüben können."[535] Ist hier der Sängerchor noch nicht explizit angesprochen, so wird dies in der Instruktion „*Musicam sacram*" (1967) nachgeholt. Dort lesen wir in Art. 23 „Der Sängerchor soll unter Berücksichtigung der räumlichen Gegebenheiten der einzelnen Kirchen einen solchen Platz finden, ... daß klar erscheine, was er ist, nämlich ein mit einer besonderen Aufgabe betrauter Teil der versammelten Gemeinde der Gläubigen; ... daß den einzelnen Sängern die volle ... Teilnahme an der Messe leicht möglich sei."[536] Liturgische „Dramaturgie" erfordert zwar einerseits eine möglichst abwechslungsreiche Abfolge unterschiedlich gewichteter, kontextuell-funktionaler Feier-Elemente; andererseits muss aber die Einheit des Ganzen im Sinne einer großen, organischen Linie des Geschehens stets gewahrt bleiben. Dies gilt selbstverständlich auch in räumlich-visueller Hinsicht. Wo einzelne Feier-Elemente räumlich abgesondert und dabei kaum oder gar nicht sichtbar sind, ist das Empfinden der Ganzheit beeinträchtigt. Da die Kirchenmusik laut SC, Art. 112 ein „integrierender Bestandteil der feierlichen Liturgie" ist, sollte dies – wo irgend möglich – für die gottesdienstliche Gemeinde wie für die Musiker selbst ganzheitlich spürbar werden. Die Gemeinde wird den Chor umso leichter als ihren Stellvertreter im Ausnahmefall akzeptieren können, als sie ihn bei seinem musikliturgischen Tun nicht nur hören, sondern auch in ihrer räumlichen Mitte, also sinnvollerweise in Altarnähe, sehen und erleben kann. Zweifellos ist dies in Kirchenräumen mit beengten Platzverhältnissen, insbesondere in historischen Gotteshäusern, oft schwerlich möglich. In Kirchen, wo die architektonischen Gegebenheiten es zulassen, sollte aber auf die Anregung von „*Inter Oecumenici*" und „*Musicam sacram*" keinesfalls verzichtet werden.[537]

Nach den obigen Ausführungen erreichen wir nun schließlich konsequenterweise die Grenze dessen, was unsere Methodik leisten will und leisten kann: Sie

---

[535] Deutsche Übersetzung zitiert nach RENNINGS / KLÖCKENER (Rand-Nr. 295) 137.
[536] Deutsche Übersetzung zitiert nach RENNINGS / KLÖCKENER (Rand-Nr. 755) 411.
[537] Vgl. hierzu etwa auch RAU 408.

ist eine Anleitung dazu, das Werk zu verstehen und seine Impulse zu entdecken, entlässt aber dann den diesbezüglich „mündig" Gewordenen in den konkreten Rezeptionskontext, da nur er um dessen spezifische Erfordernisse weiß. Sie ist mithin nur als *initiatives Modell* für den sich in concreto vollziehenden konstruktiven Umgang mit dem Werk gedacht. Maßte sie sich jedoch an, der liturgischen Praxis eine immer und überall absolut gültige methodisch-systematische Handhabung der traditionellen mehrstimmigen Messe vorzuschreiben, liefe das auf eine Kettung des Konkret-Lebendigen hinaus. Dies zeigen jene Versuche, welche die traditionellen mehrstimmigen Messen als unnahbar-museale Artefakte unter ausschließlicher Fixierung auf die vermeintliche Authentizität ungeachtet heutiger pastoralliturgischer Bedürfnisse reproduzieren wollen. Dieses Ansinnen konsequent weiterzudenken, hieße, auch die vorkonziliare Liturgie zu restituieren.[538] Das „ ... historische Genießen eines Vergangenen als Fremdes und gleichwohl in seiner ästhetischen Präsenz heute zu uns Sprechendes, diese spezifisch historistische Position steht ja völlig quer zur Forderung nach der Intensivierung des Rituals."[539] Ob es gelingen wird, sakrale Musik vergangener Epochen innerhalb der heutigen Liturgie im Sinne einer Evokation existentieller Betroffenheit (d.h. *nicht* zweckrationaler Funktionalisierung) zu aktualisieren, hängt zu einem wesentlichen Teil auch von der Verhältnisbestimmung von Ästhetik und Liturgie ab. Votierte man hierbei für eine *ästhetische Liturgie*, so würde damit das gottesdientliche Geschehen den Kriterien von Museum bzw. Konzertsaal unterworfen. Nicht dieses, sondern eine *liturgische Ästhetik* muss mithin das Ziel sein.[540] „Eine so verstandene liturgische Ästhetik nimmt die Liturgie als ein Ensemble oder eine Konstellation verschiedener ästhetischer Aspekte wahr, die in der gefeierten Liturgie jeweils ein ‚ästhetisches Gebilde' darstellen. [...] Sollte also die *Liturgie* als ein ästhetisches Gebilde ... verstanden werden, dann wird sie nicht nur etwas Inhaltliches, Aussagbares darstellen, sondern sie kann uns zugleich lehren, *auf welche* Weise wir in der Liturgie unsere Sinne öffnen lassen, um zum Widerfahrnis der Nähe fleischgewordener Transzendenz zu kommen, die uns berührt und verwandelt. Die liturgische Wahr-nehmung, die sehr wohl die ekstatische Ergriffenheit der Sinne kennt, muß immer wieder zurücklenken in die Nähe der Mitbetenden ..."[541]

Während die Gesetzmäßigkeiten einer ästhetischen Liturgie durchaus methodisch eingeholt werden können, entzieht sich eine im obig angedeuteten Sinne verstandene liturgische Ästhetik letztlich einem solchen Zugriff: Die Vielfalt der möglichen Aktualisierungskontexte der traditionellen mehrstimmigen Messe lässt sich nicht in das Prokrustesbett einer Methode zwingen und somit hat die Litur-

---

538 Damit soll keinesfalls professionelle historische Aufführungspraxis als solche diskreditiert werden. Solange sie bei der liturgischen „Aufführung" von Kirchenmusik nicht das einzige Kriterium ist, sondern zugleich auch die pastoralliturgischen und liturgietheologischen Belange beachtet werden, ist sie sogar eine besonders adäquate Interpretationsweise. Es ist indes darauf zu achten, dass die Ehrfurcht vor dem kompositorischen Text nicht die Ehrfurcht vor dem Anliegen der Liturgie zurückdrängt.

539 STENZL 22. Vgl. ähnlich etwa auch KÖHLER (Joachim), Vielfalt der Formen in der Geschichte der Kirchenmusik – Reichtum der Liturgie heute 28 f.

540 Vgl. WOHLMUTH 15 f.

541 WOHLMUTH 17. 36.

giewissenschaft, nachdem sie die Propädeutik leistete, den liturgischen Praktikern die weitere Sorge um diesen Teil des kirchenmusikalischen Thesaurus anheim zu geben. Diesen ist die verantwortungsvolle Aufgabe zugedacht, die traditionelle mehrstimmige Messe über den Status des reinen Kunstwerkes herauszuheben: Der „... Einsatz von Orchestermessen [und vokal-polyphonen Messen] ... muß dergestalt ‚lebendig‘ geschehen, daß die Gemeinde in die dankende Antwort auf das von Gott am Menschen vollzogene Heilsgeschehen (eucharistia) sinnvoll aktiv miteinbezogen werden kann und daß die alten Kunstwerke die neuen Strukturen nicht lähmend überlagern und somit aufsprengen.“[542] „Gefragt wird heute nicht mehr abstrakt und ungeschichtlich nach der ‚wahren Kirchenmusik‘, sondern situationsbezogen: Welche Musik bewährt sich in welchen konzertanten, liturgischen und seelsorglichen Konzepten? Dabei sind die Kriterien der 'theologischen‘ Eignung (Musik als Theo-logie, d.h. als Kunde von Gott) und der musikalischen Qualität ... eng aufeinander zu beziehen und es sind hierbei auch liturgiewissenschaftlich begleitende Prozesse des Experimentierens vonnöten, die Klärung bringen, Korrekturen ermöglichen und sensibel auf die Rezeption reagieren.“[543] Gelingt es, das Werk in „denkender Vermittlung“ sensibel im gegenwärtigen liturgischen Leben zu aktualisieren, dann ist es nicht mehr nur Kunstwerk innerhalb der Liturgie, sondern es selbst *ist* Liturgie und vermag als solche für den Rezipienten zum *spirituellen Evidenzerlebnis* zu werden. Diese hohe Bestimmung, selbst Liturgie zu sein, hat die Kirchenmusik allen anderen in der Liturgie vertretenen Künsten voraus. Den konkreten Bemühungen, sie zu dieser ihrer Bestimmung gelangen zu lassen, will die doppelte Werkkontextualisierung eine Orientierungshilfe sein.

---

[542] KLÖCKNER, Stellungnahme zu „Die Eucharistie als Konzertmesse“ 20. Vgl. ähnlich etwa auch THE SNOWBIRD STATEMENT ON CATHOLIC LITURGICAL MUSIC Art. 22.

[543] WALTER (Meinrad), Ein neues Lied? Pop, Rock und Techno im kirchenmusikalisch-pastoralen Dialog 526.

5 Die doppelte Werkkontextualisierung der traditionellen mehrstimmigen Messe zwischen altklassischer Polyphonie und Spätromantik. Konkretion einer musikliturgischen Hermeneutik

Die Zielsetzung der vorliegenden Publikation, nach Wegen zu suchen, ob und wie die traditionelle mehrstimmige Messe mit der erneuerten Liturgie unserer Tage synergistisch verschmelzen kann, konfrontiert uns mit der Tatsache, dass es *die* traditionelle mehrstimmige Messe als monolithische musikalische Gattung nicht gibt. Hinsichtlich einer Hermeneutik der Ordinariumsvertonung, wie sie in der Methode der doppelten Werkkontextualisierung grundgelegt wurde, helfen uns auch die diversen spezifizierenden Typisierungen (z.B. Alternatimmesse, Chormesse, Orgelmesse, symphonische Messe, usw.) nicht wesentlich weiter. Denn die großen Meister der musikalischen Gattung „Messe“ gaben jedem ihrer Werke ein weitgehend singuläres Gepräge, d.h. die jeweilige „Gestalttiefe“[544] einer mehrstimmigen Messe entzieht sich letztlich der Gattungs-Klassifikation und kann nur dann ergründet werden, wenn der zugrunde liegende je einzigartige und unwiederholbare Produktionskontext rekonstruiert wird. Erst dann wird das jeweils individuelle Opus seine liturgisch-theologischen Impulse dem heutigen Rezipienten unverschleiert preisgeben. Wer aber ist es, der die verantwortungsvolle Aufgabe zu leisten hat, die einzelne, konkrete Messvertonung innerhalb der heutigen Liturgie fruchtbar zu verorten? Dies sind weder die Musikwissenschaftler/-innen noch die Liturgiewissenschaftler/-innen, sondern die Kirchenmusiker/-innen und liturgisch Verantwortlichen in der musikliturgischen Praxis. Von diesen auf dem praktischen Einsatzfeld Tätigen zu erwarten, auf jede einzelne Messvertonung die Methode der doppelten Werkkontextualisierung anzuwenden, wäre unrealistisch, da der damit verbundene Anspruch einer breit gefächerten Wissenskombination in den Bereichen Liturgik, Musikologie, Philosophie, Soziologie und Religionswissenschaft für den außerwissenschaftlichen Bereich zweifellos eine Überforderung darstellt.

Damit das Ziel der doppelten Werkkontextualisierung nicht ein in praxi unerfüllbares Desiderat und somit ein „Glasperlenspiel“ bleibt, erscheint es unbedingt geboten, das, was die Liturgiewissenschaft diesbezüglich zu leisten imstande ist, tatsächlich auch am *konkreten* Opus zu leisten. Dies bedeutet aber nichts weniger, als die erste Werkkontextualisierung an den in der heutigen Liturgie am häufigsten zur Aufführung gebrachten traditionellen mehrstimmigen Messen zu konkretisieren. Somit bedürfen wir zunächst statistischer Daten, welche uns über das derzeit gängige Repertoire traditioneller mehrstimmiger Messen Auskunft geben. Da es aus den bereits genannten Gründen nicht möglich war, alle deutschen hauptberuflichen Kirchenmusiker/-innen zu befragen, greifen wir auch diesbezüglich wieder auf die für die vorliegende Abhandlung durchgeführte Gesamterhebung unter den *Hauptverantwortlichen der Kirchenmusik an allen katholischen Kathedralen Deutschlands* zurück[545]. Alle 27 für die jeweilige Kathedrale kirchenmusikalisch

---

[544] WELLEK 251.
[545] Vgl. hierzu bereits Kapitel 3.1 (Seite 91 ff.).

Hauptverantwortlichen wurden über das von ihnen liturgisch realisierte einschlägige Repertoire befragt. 25 der 27 angeschriebenen Personen sandten ihren ausgefüllten Fragebogen zurück, womit die Rücklaufquote bei annähernd 93 % (92,592 %) lag. Die Befragten hatten anzugeben, welcher Komponisten Messen (traditionelle mehrstimmige Messen bis einschließlich erste Hälfte des 20. Jahrhunderts) sie wie oft im Zeitraum 1993-1997 innerhalb von Messfeiern „aufführten". Das Gesamtergebnis dieses Teiles der Erhebung, der von 25 Personen beantwortet wurde, sei nachfolgend aufgezeigt:

Komponist	*Gesamt 1993-97*	*Komponist*	*Gesamt 1993-97*	*Komponist*	*Gesamt 1993-97*
Aiblinger, J. K. → →	31	Eccard, J. → → →	1	Lotti, A. → → → → →	43
Aichinger, G. → → →	11	Ett, C.→ → → → →	3	Machaut, G. de → →	5
Albrechtsberger, J. G.	29	Fischer, J.C. → →	4	Mangon, F. → → →	1
Amon, B. → → → →	12	Franck, C. → → →	9	Martin, F → → → →	5
Anerio, G. F. → → →	14	Frescobaldi, G. →	8	Mayr, J. S.→ → → →	1
Asola, G. M. → → →	4	Fux, J. J. → → →	12	Mendelssohn, A.L.→	12
Bach, J. S. → → →	15	Gabrieli, A.→ → →	15	Monte, P. de → → →	6
Bartolini, G. → → →	4	Gabrieli, G. → →	43	Monteverdi, C. → →	40
Beethoven, L. van →	19	Gallus, J. → → →	21	Mozart, L. → → → →	25
Bernabei, G.A. → →	3	Gastoldi, G. G. →	12	Mozart, W. A.→ → →	237
Britten, B. → → → →	12	Goller, V. → → →	17	Nekes, F. → → → →	14
Brixi, F. → → → → →	1	Gounod, C. → →	42	Nicolai, O. → → → →	2
Bruckner, A. → → →	116	Griesbacher, P. →	17	Palestrina, G. P. da →	467
Byrd, W. → → → →	24	Gruber, J. → → →	13	Rathgeber, V. → →	28
Caldara, A. → → →	2	Haller, M. → → →	36	Rheinberger, J. → →	227
Casali, G. B. → → →	28	Hasse, J. A. → →	1	Rosenmüller, J. → →	1
Casciolini, C. → →	7	Haßler, H. L. → →	273	Rossini, G.→ → → →	4
Charpentier, M. A. →	6	Haydn, J. → → →	151	Scarlatti, A. → → →	1
Cherubini, L. → → →	3	Haydn, M. → → →	28	Schnabel, J. J. → →	2
Crassini, A. → → →	10	Hummel, J.F. → →	11	Schubert, F. → → →	116
Croce, G. → → → →	54	Isaak, H. → → →	8	Senfl, L. → → → →	8
Desprez, J. → → →	9	Kodàly, Z. → → →	6	Viadana, G. da → →	35
Diabelli, A. → → →	1	Koenen, Fr. → →	5	Victoria, T.L. de → →	119
Dufay, G. → → → →	3	Langlais, J. → →	14	Vierne, L. → → → →	9
Dvorak, A.→ → → →	29	Lasso, O. di → →	246	Weber, C. M. von →	7
Eberlin, J. E. → → →	22	Liszt, F. → → → →	15	Zelenka, J. D. → →	2

Tabelle 4: Traditionelle mehrstimmige Messen in erneuerter Liturgie. Repertoireforschung 1993-97: Aufführungsfrequenz Messenkomponisten (Befragungsergebnis)

Damit ergibt sich hinsichtlich der musikhistorischen Epochen folgendes Ranking:

1.	Altklassische Vokalpolyphonie:	47,01 %
2.	Wiener Klassik/Frühromantik:	20,65 %
3.	Spätromantik:	11,16 %
4.	Hochromantik:	6,50 %
5.	Vorklassik:	5,70 %
6.	Generalbasszeitalter:	4,15 %
7.	Caecilianismus:	2,34 %

8.	Tonale Musik erste Hälfte 20. Jahrhundert:	1,35 %
9.	Franko-flämische Schule:	0,97 %
10.	Ars nova:	0,17 %

Tabelle 5: Traditionelle mehrstimmige Messen in erneuerter Liturgie. Repertoireforschung: Epochenranking 1993-1997 (Befragungsergebnis)

Die statistische Auswertung sei nachstehend graphisch verdeutlicht:

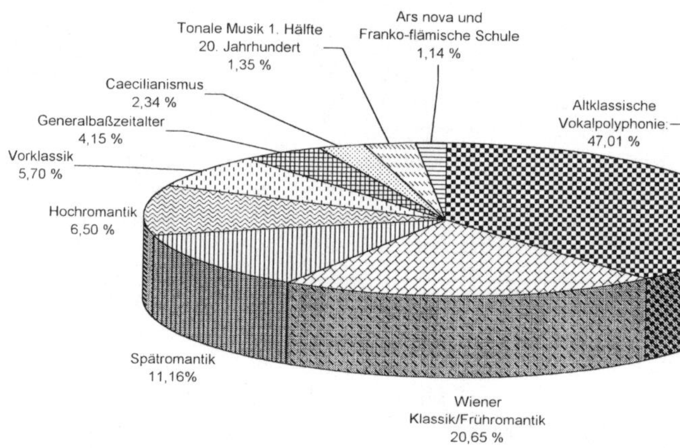

Abbildung 7: Traditionelle mehrstimmige Messen in erneuerter Liturgie. Repertoireforschung 1993-97 (Befragungsergebnis)

Da eine Anwendung der ersten Werkkontextualisierung auf sämtliche Werke aller 78 in der Befragung eruierten Messenkomponisten den Rahmen der vorliegenden Abhandlung bezüglich des Umfanges sprengen würde, konzentrieren wir uns im Folgenden auf jene drei Epochen, welche derzeit den Kern des liturgischen Messenrepertoires bilden: Die altklassische Vokalpolyphonie, die Wiener Klassik und die Romantik. Da aber auch nach dieser Selektion die Anzahl der Komponisten für eine ausführliche Behandlung noch zu hoch ist, seien von jeder der drei genannten Epochen jeweils die beiden am häufigsten zur Aufführung gebrachten Komponisten ausgewählt. Dies sind für die altklassische Vokalpolyphonie *Giovanni Pierluigi da Palestrina* und *Hans Leo Haßler*, für die Wiener Klassik *Joseph Haydn* und *Wolfgang Amadeus Mozart* sowie für die Romantik *Anton Bruckner* und *Josef Gabriel Rheinberger*. Mit dieser Auswahl ist bei der nachfolgenden paradigmatischen Werkkontextualisierung zugleich ein vierhundertjähriger gattungsgeschichtlicher Zeitraum fast lückenlos abgedeckt: Palestrina = altklassische Polyphonie, Haßler = Übergang zum musikalischen Barock, Haydn = Übergang von der Vorklassik zur Wiener Klassik, Mozart = Wiener Klassik, Bruckner = Hochromantik, Rheinberger = Übergang zur Spätromantik. Damit ist es auch möglich, in der Makrokontextualisierung die religions- und liturgiegeschichtliche Entwicklungslinie ausgehend vom Renaissance-Humanismus, über Reformation, Katholische Reform, Barock, Aufklärung, Romantik bis zur Restauration im 19. Jahrhundert kontinuierlich aufzuzeigen. Da die Makrokontextualisierung die Gesamtheit aller die Genese der traditionellen mehrstimmigen Messe beeinflussenden *generellen* Faktoren darlegt, kann das, was diesbezüglich in der vorliegenden Abhandlung erarbeitet wird, ohne weiteres auch auf das Œuvre der hier *nicht* behandelten Messenkomponisten übertragen werden.

Die doppelte Werkkontextualisierung wird nachfolgend nicht etwa nur an einem einzigen paradigmatischen Opus, sondern an annähernd einhundert mehrstimmigen Messen exemplifiziert[546], welche sich chronologisch gleichmäßig über den Großteil des gattungshistorischen Kontinuums erstrecken. Dies geschieht in der Absicht, einer oftmals aus Unwissenheit wahllos-willkürlichen und damit unfruchtbaren „Handhabung" dieses wertvollen kirchenmusikalischen Thesaurus mit der Schaffung eines das gesamte Genre im Querschnitt erfassenden liturgisch-theologischen Wissensfundus zu begegnen. Es wäre ein langfristig orientiertes Anliegen, dass dieser Wissensfundus über den wissenschaftlichen Bereich hinaus auch der musikliturgischen Praxis als Hilfestellung dienlich sein dürfte.

5.1 Die mehrstimmige Messe der altklassischen Polyphonie und des musikalischen Frühbarocks am Beispiel G. Pierluigi da Palestrinas und H. L. Haßlers

Wer sich mit den mehrstimmigen Messen des 16. und 17. Jahrhunderts auseinander setzten möchte, sieht sich einem äußerst umfangreichen Repertoire gegenüber und bedarf, so er nicht Gefahr laufen will, sich im Uferlosen zu verlieren, eines Auswahlkriteriums. Ein solches bietet wie gesagt die im Rahmen des vorangegangenen dritten Kapitels dargelegte, eigens für die hier vorliegende Abhandlung bundesweit durchgeführte Befragung: In dem von den beiden Zielgruppen zur innerliturgischen „Aufführung" gebrachten Messenrepertoire konnte innerhalb des Messenschaffens des 16. Jahrhunderts das Œuvre Giovanni Pierluigi da Palestrinas als das in der heutigen Liturgie am häufigsten aufgeführte eruiert werden. Im Messenfundus des 17. Jahrhunderts sind es hingegen die mehrstimmigen Messen Hans Leo Haßlers, denen derzeit die höchste Aufführungsfrequenz zukommt. Das Messen-Werk der beiden Komponisten dient mithin in den folgenden Ausführungen als erstes Paradigma, anhand dessen der Ansatz der doppelten Werkkontextualisierung entfaltet werden soll.

[546] Aufgrund dieser hohen Anzahl musste darauf verzichtet werden, die werkbezogenen Aussagen durch Notenbeispiele zu illustrieren. Andernfalls hätte dadurch der Umfang der vorliegenden Monographie um weitere circa 100-150 Seiten zugenommen. Es gibt überdies kein stichhaltiges Kriterium, welches es legitimieren könnte, einige wenige Werke anhand von Notenbeispielen zu erläutern, dies aber bei anderen zu unterlassen. Eine Beschränkung hätte somit nur willkürlich erfolgen können, was wissenschaftlich anfechtbar wäre.

5.1.1 Der religionsgeschichtliche und liturgiehistorische Makrokontext

5.1.1.1 Die Religion des abendländischen Christentums zwischen Renaissance-Humanismus und frühbarocker Mentalität, zwischen Reformation und Katholischer Reform

Ohne auf die kulturgeschichtlichen, politischen und sozialen Umwälzungen in der frühen Neuzeit im Detail eingehen zu wollen – dies würde den für die vorliegende Untersuchung gesetzten Rahmen sprengen – muss man sich als Grundvoraussetzung für ein adäquates Verständnis der Religion und Philosophie jener Epoche vor Augen führen, dass sie gekennzeichnet ist durch einen weitreichenden, alle Bereiche des Lebens durchdringenden Übergangsprozess von der sich auflösenden Tradition des Mittelalters hin zu einer experimentierenden, die Möglichkeiten des Individuums auslotendenden Neuorientierung. Die große Wende, welche die Zersplitterung, ja Auflösung des mittelalterlichen Universalismus mit sich brachte, zeichnete sich ja bereits im fortgeschrittenen Spätmittelalter ab, als die Geistesbewegung des Humanismus die erstarrte Tradition der Scholastik zu überwinden trachtete und eine Wiedergeburt („*Renaissance*") des menschlichen Individuums aus dem antiken Geist heraus forderte. Daraus resultiert eine gerade für die Religiosität des Cinquecento bedeutsame Tendenz: Die objektive Seelenhaltung tritt zurück zugunsten einer zunehmend subjektiven Auffassung von Kult und Kunst, ja Leben an sich. Diese neue Denkweise des *Individualismus* als geistige, bewegende Macht des Subjekts, welches die Natur als Objekt und Raum seiner Entfaltung wählt, gepaart mit der Sehnsucht nach Vollkommenheit des Menschlichen innerhalb der Grenzen des Menschlichen, fand zunächst in Italien ihre deutlichste Ausprägung.[547] Die weltanschauliche Wandlung erlebte selbstverständlich auch in der Theologie und Religiosität ihren spürbaren Niederschlag. Die Religiosität der vorangegangenen Jahrhunderte war bestimmt durch die scholastische Theologie, für welche nicht nur der Glaubens*inhalt*, sondern auch seine in fest formulierten Sätzen dogmatisch-autoritativer Dignität bestehende sprachliche Form als starre, auch in ihren Akzidenzien unwandelbare Wahrheit von vorneherein feststand. Das Individuum sah sich nicht als Subjekt einer eigenen Glaubensansicht, sondern trat hinter dem fest gefügten Gebäude aus Dogmen, Aussprüchen der Kirchenväter und philosphischen Autoritäten in seiner unmaßgeblichen Bedeutungslosigkeit völlig zurück.[548] Demgegenüber betont das christlich-humanistische Konzept der freiheitlichen Subjektivität das Ideal der geistigen Selbstbestimmung, die es dem Menschen aufgibt, aufgrund seiner freien Betrachtung alles von Gott Geschaffenen sich sein eigenes Wesen und sein eigenes Weltbild zu schaffen. Auch die Frömmigkeit, das Verhältnis zu Gott und – sofern das Kirchliche zur aktuellen Disposition steht – zur Kirche erscheinen stets vom menschlichen Individuum her, d.h. von dessen Wollen, Bedürfnissen und individuellen Sehnsüchten, also von dessen ganz konkreter individuell-kontextueller Verfasstheit her. Wie bereits in der Devotio moderna, allerdings auf eine ausgeprägtere Weise, tritt eine immer stärker

---

[547] Vgl. ASTER 171-174 und MAYER, Renaissance, Humanismus und Liturgie 125-130.
[548] Vgl. ASTER 137 f.

werdende Aufspaltung des religiösen Wollens im Sinne des individualistischen Subjektivismus zutage: Der Mensch – auch und gerade der religiöse – erfährt sich selbst in der Abgrenzung.[549] Da dadurch in ihm das Bestreben keimte, sich in autonomer Freiheit auch die vordem exklusiv dem Klerus vorbehaltenen Glaubens- und Bildungsgüter geistig anzueignen, kam – da die Verantwortlichen in der Kirche nicht von sich aus zu einer Veränderung bereit waren – der Tag, an dem sich die neuen Kräfte selbst den nötigen Lebensraum verschafften. Obgleich diese neuen Kräfte aus der einen, gemeinsamen Wurzel des christlichen Humanismus erwuchsen, war der Verlauf ihrer Wirkungsgeschichte zunehmend dichotom: Sie verzweigten sich in zwei Hauptströmungen: der *Reformation* und der *inneren kirchlichen Selbsterneuerung* (später *Katholische Reform* genannt).

Der Nährboden der Reformation fand sich im humanistischen Laizismus, der ihr durch seine Kirchenkritik den Weg bereitete. Der Begriff der *Freiheit*, der ja gleichsam das Losungswort der Neuzeit war, schien für den damaligen Menschen in der Reformation Realität zu erlangen, da sie ihn aus den mittelalterlichen Missständen herauszuführen versprach und ihm das zu geben verhieß, was er schon lange vergebens gefordert oder unterbewusst ersehnt hatte – hierin bestand ihr werbendes Pathos. Nicht von ungefähr war ihre (vielfach auch missverstandene) Parole die „*Freiheit des Christenmenschen*“[550]. Mithin muss die Reformation als revolutionäre Antwort auf das Scheitern der Reform des 14. und 15. Jahrhunderts gesehen werden: Ihre Ursache ist alles, was damals im kirchlich-religiösen Bereich reformbedürftig war oder der Reform entgegenstand. Die im guten Sinne anspruchsvoller und kritischer gewordenen Christen standen den kirchlichen Missständen nicht mehr indifferent gegenüber. Die Tatsache, dass der gesteigerten Mündigkeit der nicht-klerikalen Christgläubigen nicht adäquat Rechnung getragen wurde, gab der Reformation großen Auftrieb. Sie wurde mithin nicht erst, wie vielfach behauptet, von *Martin Luther* (1483-1546) durch die Verbreitung seiner Ablassthesen initiiert: Lange vorher waren Ideen verbreitet, Gefühle erweckt, Maßnahmen getroffen und Tatsachen bereitet worden, die den, in der Person Luthers allerdings kulminierenden, Konflikt mit der damaligen Kirche bedingten, ja letztlich unumgänglich machten.[551] Die also bereits vorhandene religiöse Problematik der Zeit wurde von Martin Luther freilich in einer Weise verstanden und ins Wort gebracht, die gerade hinsichtlich der damaligen Heilsangst der Menschen als etwas ebenso Erlösendes wie Befreiendes empfunden wurde und demzufolge eine enorme Resonanz erlebte. Indem er den Nerv der existentiellen Fragen der Religiosität und des Kultes jener Epoche traf, wurde er zur Schlüsselfigur der Reformation. Der Kern seines reformatorischen Ansatzes war ein neues Verständnis der Gerechtigkeit Gottes: Gemäß dieser *Rechtfertigungslehre* wird der Mensch in seiner ausweglos sündigen Situation allein durch die unverdienbare und unverdiente Gnade Gottes (*sola gratia*) gerechtfertigt. Abseits jeglicher frommen „Wer-

---

[549] Vgl. MAYER, Renaissance, Humanismus und Liturgie 148-154 sowie SCHWEIKHART 7.

[550] Dieser Begriff entstammt dem Titel der dritten großen Programmschrift der drei so genannten reformatorischen Schriften *Martin Luthers* (1483-1546) aus dem Jahre 1520 „*Von der Freiheit eines Christenmenschen*“.

[551] Vgl. ISERLOH 12-15.

kerei“ wird er Gott einzig durch das auf ihn gerichtete gläubige Vertrauen gerecht (*sola fide*). Gemäß der für Luthers Lehre zentralen Botschaft des *Evangeliums* (*sola scriptura*) ist die für das Verhältnis Gott-Mensch einzig maßgebliche Instanz seitens des Christen dessen freies Gewissen und nicht die Observanz menschlicher Gebote, Verbote und Leistungen. Diese Gewissensfreiheit will Luther aber streng begerenzt wissen auf die Gott-Mensch-Beziehung: In Bezug auf die zwischenmenschliche Interaktion bleibt das Gesetz in Kraft. Ein weiterer Skopus der programmatischen Schriften Luthers ist das allgemeine Priestertum aller Christen, woraus er differenzierte Konklusionen bezüglich der Sakramente und deren kultischer Praxis ableitet. Die theologische Erkenntnis betreffend, sieht Luther die Philosophie nicht mehr als Dienerin der Theologie, sondern er konstatiert einen Gegensatz beider Quellen, da die menschliche Vernunft an der „Weisheit des Kreuzes“ zerbrechen müsse.[552]

Obgleich der soeben konzis umrissenen Lehre Luthers, die zunächst in Mittel- und Norddeutschland sowie einige Zeit später auch in Süddeutschland ihre Anhänger fand, innerhalb der Reformation eine führende Rolle zukommt, gab es daneben auch in West- und Nordeuropa parallele[553] und konsekutive[554] reformatorische Ansätze bedeutenden Einflusses. Da diese jedoch hinsichtlich des eigentlichen Sujets des vorliegenden Kapitels, der mehrstimmigen Messe der altklassischen Polyphonie und des musikalischen Frühbarocks, allenfalls einen marginalen Stellenwert besitzen, sollen sie aus dem hier aufzuzeigenden Makrokontext bewusst ausgeklammert werden.

Luther hatte zunächst gehofft und gewünscht, dass der neue Glaube sich selbst seine Formen schaffen würde. Dann hatten die Unruhen und Wirren gezeigt, dass dem neuen Bekenntnis auch bald eine feste Ordnung gegeben werden müsse. Obgleich Luther die eigene Position nicht verbindlich verabsolutieren, sondern sie zur Grundlage einer Einigung der Kirche machen wollte, scheiterten die Einigungsversuche durch mangelnde Verständnisbereitschaft sowohl seitens der alten Kirche

---

552 Vgl. WITTSTADT 54-57.

553 Die bedeutendste, sich parallel zum Ansatz Luthers entwickelnde reformatorische Bewegung war die *Zwinglische Reformation*, die durch *Huldrych Zwingli* (1484-1531) zunächst in der Schweiz initiiert worden war, aber später auch in Holland, England (Puritaner), Frankreich (Hugenotten), Mähren und der Slowakei aufgegiffen wurde. Nach einer kurzen Phase der Annäherung geriet die Zwinglische Reform insbesondere aufgrund der Negation der Realpräsenz Christi im Abendmahl in einen unüberbrückbaren Gegensatz zum Ansatz Luthers.

554 Konsekutiv aus der lutherischen Reform hervorgegangen, entstand in England aus der Trennung König *Heinrich VIII.* (1491-1547) vom Papsttum die *Anglikanische Kirche*. Eine durchgreifende Änderung des alten Bekentnisses erfolgte zu Heinrichs Zeiten nicht. Erst unter seinem Nachfolger erhielt die Anglikanische Kirche eine reformatorische Glaubenslehre und Liturgie. Später spaltete sie sich in drei Richtungen auf.
Ebenfalls durch Luthers Programm angeregt, entwickelte der dritte große Reformator, der Franzose *Jean Caucin Calvin* (1509-1564), in der Schweiz seine spezifische Theologie, deren konfessionelle Ausformung als *Calvinismus* bezeichnet wurde. Der Calvinismus – theologisch geprägt von der Lehre der Prädestination und des bedingungslosen Gehorsams gegenüber Gott und seinem Wort – war zunächt signifiziert durch ein rigoroses, tief ins bürgerliche Leben eingreifendes Sittenregiment. Er fand über die Schweiz hinaus auch in Böhmen, Mähren, Österreich, Litauen, Polen, Siebenbürgen, Ungarn, Frankreich, Holland und Schottland, sowie ferner in England und Deutschland Anhänger. Die Zwinglianischen und Calvinistischen Kirchen wurden später unter dem Begriff *Reformierte Kirchen* subsumiert.

als auch seitens der Protestanten. Mit der reichsrechtlichen Anerkennung des lutherischen Bekenntnisses und dessen Einzwängung durch das Landeskirchentum war die fundamentale Glaubensspaltung vollzogen.[555] Damit hatte Luther sein Ziel als Reformator ebenso wenig erreicht wie die katholische Kirche ihr Ziel, die Reformation zu überwinden.

Die oben in ihren Umrissen dargestellte Reformation war wie gesagt nur die eine der beiden Hauptströmungen, in denen sich die Erneuerungskräfte des christlichen Humanismus bündelten. Die andere große Strömung war die *innere kirchliche Selbsterneuerung* im Sinne einer Besinnung auf das katholische Lebensideal. Wie bereits erwähnt wurde, brachte der christliche Humanismus durch das Erwachen des individualistischen Subjektivismus eine Relativierung des kirchlich-religiösen Objektiven mit sich. Es muss jedoch betont werden, dass sich dieses Objektive eben nicht einfach auflöst, sondern durchaus außerhalb des Individuums als Eigenständiges bestehen bleibt, dem man weiterhin in einer gewissen Ehrfurcht und Glorifikation begegnet. Aber es wird eben nicht mehr der selbstverständliche, im Übergeordneten aufgehende Anteil des Menschen an diesem Objektiven, sondern vielmehr in einem voluntaristischen religiösen Akt das Religiöse, ja die religiöse Vollkommenheit innerhalb des Menschen selbst erstrebt. Dieser nach der neuen Denkweise indispensable Schritt geht jeglicher Teilnahme am Objektiven voraus. Erst von hier aus findet der Gläubige den Weg zur Kirche und ihren Mysterien, die solchermaßen für ihn in ihrer Größe und Heiligkeit neu gesichert werden.[556] Die religiöse Neuorientierung führte zu einer innerkirchlichen Reform, der sog. *Katholischen Reform*, die allerdings aufgrund des Scheiterns der konziliaren Bewegung zunächst nicht von oben nach unten, sondern als Selbstreform einzelner Gruppen und Gemeinschaften erfolgte. In der Verflechtung von individualisierter Frömmigkeit und objektivierender Kirchlichkeit ist deutlich jener für diese Epoche charakteristische Dualismus spürbar, der aber gerade im Hinblick auf den Transzendenzverweis des Religiösen durchaus als *Coincidentia oppositorum* verstanden wurde.[557] Die im Diesseits niemals völlig erreichte Koinzidenz, sondern das vielmehr spannungsvolle Neben- und Miteinander von Subjektivem und Objektivem, sollte sich gerade auch in Bezug auf das Messenœuvre der altklassischen Vokalpolyphonie als überaus belangvoll erweisen.

Im Interesse einer adäquaten Einschätzung des Phänomens der Katholischen Reform muss hervorgehoben werden, dass sie schon vor dem Auftreten Luthers bzw. unabhängig davon an mehreren Stellen Europas in Kreisen, Bruderschaften und Orden lebendig war.[558] Zentren der Katholischen Reform waren u.a. die bruderschaftlichen Zusammenschlüsse von Laien und Priestern sowie Genossen-

---

[555] Vgl. etwa ISERLOH 52-65.76-68.123-134.

[556] Vgl. MAYER, Renaissance, Humanismus und Liturgie 150-156.

[557] Die *Coincidentia oppositorum* ist der Grundbegriff der theologischen Metaphysik des *Nicolaus Cusanus* (*um 1401, † 1464) im Zweiten Buch seiner philosophischen Abhandlung „*De docta ignorantia*" (Kapitel 2, 100), womit er die unbegreifliche Einheit des Alleseins im Ausblick auf das unendliche Sein Gottes umschreibt.

[558] Die Katholische Reform darf mithin keinesfalls gleichgesetzt werden mit der *Gegenreformation*, unter der man heute nur noch die politisch militante, gewaltsam rekatholisierende Selbstbehauptung der katholischen Kirche gegenüber dem Protestantismus versteht.

schaften von nach einer gemeinsamen Regel lebenden Seelsorgepriestern, die in den verschiedenen Städten Italiens um die Wende vom 15. zum 16. Jahrhundert entstanden. Der entscheidende Antrieb der Reform ging von der Pyrenäenhalbinsel aus, worin die Eigenständigkeit der Katholischen Reform gegenüber der Reformation evident wird: Sie wurde also mitnichten durch die Letztere hervorgerufen. Der erneuerte Episkopat und die katholischen Könige setzten sich in Spanien in enger Zusammenarbeit für die Kirchenreform ein. Wichtige Impulse gingen auch von einigen bedeutenden christlichen Humanisten aus.[559] War nun die Glaubensspaltung des 16. Jahrhunderts einerseits ein enormer Schock für die katholische Kirche, so verhalf sie nun ungewollt der Katholischen Reform endlich zum Durchbruch und schließlich zur Erneuerung vom Haupt aus – allerdings in einer erheblich verkleinerten Kirche. Tragender Grund der katholischen Selbstbesinnung wurde das *Tridentinische Konzil* (1545-1563), welches viele Glaubenslehren neu formulierte und umfassende Reformdekrete erließ.[560] Die katholische Kirche war infolge der Reformation nicht nur räumlich begrenzter, sondern in manchen Bereichen auch geistig enger geworden. Der römische Zentralismus nahm zu und echte, notwendige Kritik war nahezu unmöglich geworden, da die Kirche aus ihrer Verteidigungsstellung heraus meinte, das Bild einer geschlossenen Einheit nach innen und außen zeigen zu müssen. Andererseits spiegeln sich das nunmehr wiedererlangte kirchliche Selbstbewusstsein nach einer langen Zeit der Mutlosigkeit sowie die Vitalität des erneuerten Katholizismus im durchaus imponierenden Ausdruck des schließlich machtvoll aufblühenden religiös-kulturellen Reichtums des *Barocks* wider.[561] Dabei ist der Hiatus zwischen Renaissance und Frühbarock gewiss nicht so eklatant, wie er bisweilen dargestellt wird: Beide Epochen stehen in unmittelbarer Kontinuität, die lediglich von diversen Akzentverschiebungen flankiert ist. Das geistige Prinzip, welches beide Epochen verbindet, ist nichts anderes als der anthropozentrische Individualismus. Der Unterschied, der hier allenfalls bemerkbar ist, besteht darin, dass die „Ichgerichtetheit" in der Struktur der barocken Seele eine Erweiterung und Steigerung der Unbhängigkeit des Individuums der Renaissance darstellt. Das Neue gegenüber der Renaissance ist dabei, dass sich „ ... um das Nur-Menschliche ... ein neues Geistiges legt, das über die ästhetische Befriedigung ... hinauswirken möchte, das den Menschen an allen seinen Sinnen – nicht beruhigen, sondern ergreifen, aufreizen, mitreißen möchte, und dann doch wieder seine im Bewußtsein schlummernde Sehnsucht nach dem Außer- und Übernatürlichen kennt und stillt. ...Das große Ziel ... [des] Barocks ... [ist] die Sublimierung und Intensivierung des renaissancistischen Menschen- und Menschheitsideal über sich selbst hinaus [...,] die bewegenden Grundtendenzen, die den Barock als etwas Neues gegen die Renaissance abgrenzen ... sind überall die nämlichen: ein neuer und energischer und bewußter *Sensualismus* und ein

---

559 Vgl. JEDIN 84 f.

560 Zum Themenkomplex „Tridentinum und Liturgische Erneuerung" siehe ausführlich das folgende Kapitel 5.1.1.2 „Die vorreformatorische Messliturgie und die dichotome liturgische Erneuerung der Messe im Kontext der Reformation und des Tridentinums".

561 Vgl. KÖHLER (Joachim), Politische, wirtschaftliche und kirchliche Vorauussetzungen barocker Kultur und Frömmigkeit 62-64.

neuer, Welt und Überwelt verbindender *Irrationalismus.*"[562] Die barocke Religiosität ist auf eigenartige Weise bestimmt von dem spannungsreichen Einheitserlebnis von Sinnlichkeit und Geistigkeit, Natur und Übernatur, Laxismus und Spiritualismus. Nicht nur in der Volksfrömmigkeit der großen Masse geht die religiöse Leidenschaft mit Sensualismus einher; auch in der barocken Mystik mit ihrer Sentimentalität und Ekstatik finden wir Elemente des Sinnlichen vertreten.[563] Die aufgezeigte Charakteristik barocker Religiosität ist im *Früh*barock, durch den der geschichtliche Ausschnitt der Makrokontextualisierung dieses Kapitels bewusst begrenzt ist, allerdings noch nicht so markant reliefiert wie im Hoch- und Spätbarock. Die unleugbare Problematik einer solch ambivalenten Frömmigkeit tritt in ihrer ganzen Schärfe erst in einem fortgeschrittenen Stadium des Barocks zutage, in welchem Veräußerlichung und Triumphalismus auch vor der Liturgie nicht mehr Halt machten. Die Auseinandersetzung mit dieser historischen Phase soll indes erst im Zusammenhang mit der Makrokontextualisierung der mehrstimmigen Messe der Wiener Klassik erfolgen.[564]

5.1.1.2 Die vorreformatorische Messliturgie und die dichotome liturgische Erneuerung der Messe im Kontext der Reformation und des Tridentinums

Die soeben im Überblick wiedergegebene religions- und geistesgeschichtliche Entwicklung vollzog sich nicht losgelöst von den Sektoren soziokultureller Interaktion. Innerhalb der schwerfälligen binnenkirchlichen Strukturen dauerte es freilich eine gewisse Zeit, bis die Veränderungstendenzen der übrigen gesellschaftlichen Bereiche auch hier zum Tragen kamen. Am eindringlichsten vermag dies der Blick auf die Liturgiegeschichte zu zeigen, denn der Kult des westlichen Abendlandes war selbst zu Beginn des 16. Jahrhunderts vom Humanismus noch weitgehend unberührt geblieben. Er war größtenteils noch identisch mit der in vielen Teilen starren, in ihrem Kern seit dem 12. Jahrhundert nahezu unverändert beibehaltenen Klerusliturgie des Mittelalters.[565] Am Ende des Mittelalters war aus der ursprünglich lebendigen abendländischen Liturgie der ersten Jahrhunderte ein fast arkanes Zeremoniell geworden, welches zudem den Balast mehr oder weniger unreflex übernommener Akzidenzien mit sich schleppte. Durch die besonders im Spätmittelalter verbreitete verkürzende Auffassung der Eucharistie als dinglich-magisch wirkendes Wundermittel[566] zur Erlangung der göttlichen Gnade, das

---

562 MAYER, Liturgie und Barock 72.

563 Vgl. MAYER, Liturgie und Barock 117-121.

564 Siehe hierzu ausführlich Kapitel 5.2.1.1 „Der Katholizismus im Spätbarock und in der Epoche der Aufklärung", Seite 252.

565 Siehe hierzu unter etwas anderem Blickwinkel bereits die Kapitel 1.2.3 „Die fünf Teile des Ordinarium missae unter besonderer Berücksichtigung ihrer historischen Entwicklung zwischen Gemeinde- und Klerusliturgie".

566 Aus dieser Auffassung erwuchs etwa jener Bereich der Messopferlehre, der sich mit den *Wirkungen* des Messopfers befasste und der im ausgehenden Mittelalter zum Hauptthema der Predigt über die Messe geworden war. Es entstehen formelhafte Aufzählungen von so genannten *Messfrüchten*, die dem Gläubigen schon vom bloßen Anhören der Messe mit unfehlbarer Wirkung zukämen, so z.B. die Zusicherung, dass man in der Zeit, während der man die Messe (andächtig) höre, nicht altere und dass die Seelen der mit der Messe intendierten Verstorbenen in dieser Zeit im Purgatorium nicht leiden

unter völliger Ausblendung der sozialen Dimension lediglich heilsindividualistisch als Vehikel zur „Rettung der Seele" des isolierten – lebenden oder verstorbenen – Einzelnen angesehen wurde, hatte sich ein quantitatives Eucharistieverständnis herausgebildet: Je mehr (Votiv-)Messen für das eigene und das ewige Seelenheil der Verstorbenen gestiftet wurden, desto größer wurde die zu erwartende Gnade Gottes bewertet. Aus der Praxis der *Tarifbuße* ging überdies das System der *Bußumwandlungen* hervor, nach welchem es möglich war, die vom Priester auferlegten Bußleistungen, z.B.Fastentage, durch Messfeiern zu ersetzen. Hierbei war es nicht einmal nötig, dass der Pönitent selber der Messfeier beiwohnte – die Spendung eines Messstipendiums genügte bereits für die Ableistung der Tarifbuße, da der Priester in diesem Fall als der Vertreter des Pönitenten betrachtet wurde. Damit war eine der Hauptursachen für die *Missa sine populo* (auch: *Missa specialis, Missa solitaria)*, die Messe ohne sichtbare Kirchengemeinde, gegeben. Da die aus der allgemeinen Heilsangst resultierende enorme Nachfrage der Gläubigen nach Messen, insbesondere *Votivmessen*, trotz der hohen Zahl von Klerikern nicht mehr befriedigt werden konnte, verfielen die Priester auf die Depravationsform der *Missa bifaciata* bzw. *trifaciata*: Man wiederholte die Texte der Eröffnung und Wortliturgie eines Messformulars (oder auch verschiedener Formulare) zwei- bzw. dreimal, ebenso Secreta und Postcommunio und betete die Offertorialgebete sowie den Kanon nur einmal, nahm dafür aber zwei bzw. drei Stipendien.[567] Dieses „zeitsparende" Verfahren ermöglichte es den sog. *Altaristen*, d.h. den Priestern, die ihren ganzen Lebensunterhalt ausschließlich aus den Messstipendien und Honoraren bezogen, an einem Tag möglichst viele Messen zu lesen, um einen höchstmöglichen monetären Gewinn zu erreichen.[568] Ein ähnlicher Missbrauch wurde auch mit der sog. *Missa sicca* getrieben.[569] Die konkrete Gestalt der Messe jener Zeit war wie gesagt durch eine Fülle von sekundären, unverständlichen Akzidentien geprägt, die sich um die unveränderlichen Riten rankten: Es waren zahlreiche persönliche Privatim-Gebete des Priesters vorgeschrieben, vor allem die sog. *Apologien*, worin der Zelebrant seine Unwürdigkeit bekennt und die göttliche Barmherzigkeit um Verzeihung bittet. Sämtliche Tätigkeiten des Priesters vor und die liturgischen Gesten während der Liturgie wurden von still gebeteten Formeln und Segnungen begleitet, etwa beim Anlegen der Paramente, beim Stufengebet, beim Offertorium, vor der Kommunion und bei diversen anderen vorgeschriebenen

---

müssten, oder auch dass die leibliche Nahrung, die man nach der Messe zu sich nehme, besser anschlage etc. Vgl. hierzu ausführlicher FRANZ 36-72.

567 Das Pendant bei der gesungenen Messe waren die so genannten *Schachtelämter*, die so aufeinander folgten, dass das erste nur bis zum Offertorium oder Sanctus gesungen und dann still fortgesetzt wurde, während an einem anderen Altar desselben Gotteshauses schon das nächste gesungene Amt begann. Vgl. JUNGMANN, Missarum sollemnia Bd. 1 172 f.

568 Vgl. METZGER 127-133 und JUNGMANN, Der Stand des liturgischen Lebens am Vorabend der Reformation 87-107.

569 Die *Missa sicca* war ein Ersatz der sakramentalen Messe, d.h. sie hatte weder Offertorium noch Kanon und Kommunion. Ihr Missbrauch bestand in dem Usus, das Messopfer normal zu beginnen, aber in dem Fall, dass dem Zelebranten während der Messe die Nachricht eines ungenügenden Sammlungsergebnisses von Ablassgeldern zugetragen wurde, die Messe abzubrechen und als „Bestrafung" der Gemeinde in der rein kommemorativen Form der Missa sicca weiterzulesen. Vgl. WITTSTADT 48.

Handlungen. Zu letzteren gehörten eine immense Anzahl an Kniebeugen, Bekreuzigungen, Altarküssen und Umschreitungen des Altares, die in einem geradezu magischen Verständnis in peinlich genauer Observanz des sich zunehmend ausdifferenzierenden Regelwerkes erfolgten.[570] Der Zug ins Subjektive und Private zeigte sich auch darin, dass die Kleriker sich häufig über den Lauf des Kirchenjahres hinwegsetzten, indem sie täglich Votivmessen[571] nach eigener Wahl oder nach dem Prinzip der sog. Messreihen[572] vornahmen, die jeweils ein bestimmtes, von der Tagesmesse unabhängiges Formular hatten. Die Gemeinde wohnte dem zum heiligen Schauspiel gewordenen Gottesdienst zwischen den liturgischen Aktivitäten des Priesters mit seiner Assistenz einerseits und gegebenenfalls der Tätigkeit der Musiker auf der Empore andererseits nur passiv bei, allenfalls mit privater Andacht (z.B. seit dem Ende des 15. Jahrhunderts mit dem Rosenkranz) beschäftigt. Selbst die Kommunionfrequenz der Gläubigen war sehr gering. Abgesehen von einigen strengen regionalen kirchenamtlichen Verfügungen wie etwa der jedesmaligen Beichte, der sechstägigen Abstinenz von Fleischspeisen oder dem halbwöchigen Fasten vor jedem Kommunionempfang lag die Ursache hierfür vor allem in der Vorstellung eines Ersatzes der sakramentalen Kommunion durch die *geistliche Kommunion*. Allein dem geistigen Verlangen nach dem sakramentalen Empfang sowie dem andächtigen Betrachten der Hostie (Elevationsfrömmigkeit) schrieb man eine der sakramentalen Kommunion ebenbürtige Wirkung zu – zumal man ja die Kommunion des Priesters als stellvertretende Kommunion der ganzen Gemeinde ansah. Die sakramentale, zunehmend individualistisch aufgefasste Kommunion des einzelnen Gläubigen erfolgte meist nur an speziellen Kommuniontagen, welche üblicherweise auf drei bis vier festgesetzte Zeitpunkte des Kirchenjahres beschränkt waren.[573]

Neben Missständen wie dem in mancherlei Hinsicht verantwortungslosen, ja mitunter drakonischen Renaissancepapsttum, dem Versagen großer Teile des Klerus in Lebenswandel und Pastoral, den dogmatischen (besonders ekklesiologischen) Unklarheiten und der Veräußerlichung der Volksfrömmigkeit waren es in nicht unwesentlichem Maße jene oben geschilderten Ausfallserscheinungen in der Liturgie, die als Ursachen der Reformation im engeren Sinne bezeichnet werden müssen.[574] Zusammen mit den anderen Reformatoren prangerte namentlich auch Martin Luther die genannten Missstände mit Nachdruck an und entwarf, basierend

---

570 Vgl. METZGER 128.132.

571 Vgl. zur Votivmessenpraxis ausführlich ANGENENDT, Geschichte der Religiosität im Mittelalter 493-499.

572 Es wurde den Gläubigen empfohlen, nicht nur *eine* Votivmesse zu stiften, sondern gleich ganze Reihen von – im Extremfall – bis zu 45 Votivmessen, wobei z.B. bei der ersten Messe ein Almosen, bei der zweiten Messe zwei, bei der dritten Messe drei Almosen u.s.w. vorgeschrieben waren. Vgl. JUNGMANN, Missarum sollemnia Bd. 1 171.

573 Vgl. LURZ, Die Feier des Abendmahls nach der Kurpfälzischen Kirchenordnung von 1563 78-80 sowie JUNGMANN, Missarum sollemnia Bd. 2 449-454. Die kirchlich als Mindestmaß dringlich anempfohlenen Kommuniontage waren Weihnachten, Ostern und Pfingten. Auch am Gründonnerstag wurde den Gläubigen die Kommunion nahe gelegt. Darüberhinaus gab es wohl auch an einem nicht mehr näher bestimmbaren Tag im Herbst einen fixen Kommuniontag. Eine jährlich viermalige oder gar noch häufigere Kommunion war die Ausnahme und erfolgte nur in sehr frommen Kreisen (z.B. in einigen geistlichen Orden). Vgl. LURZ, Die Feier des Abendmahls nach der Kurpfälzischen Kirchenordnung von 1563 80.

574 Vgl. ISERLOH 16-23.

auf seiner neuen Heilslehre, ein eigenes Reformkonzept, wobei unser Augenmerk im Hinblick auf den gegebenen thematischen Rahmen nur seiner *Reform der römischen Messe* gelten soll. Gemäß dem protestantischen Schriftprinzip sah Luther alle nicht unmittelbar im Evangelium grundgelegten Elemente des Kultes als unevangelische menschliche Satzungen an, die es zu bekämpfen und entfernen gelte. So lehnt er etwa die Siebenzahl der Sakramente ab und lässt nur Taufe, Abendmahl und allenfalls noch die Buße als Sakrament gelten. Es war Communis opinio der Reformatoren, dass die Gegenwart Christi in der Eucharistie in einem symbolischen Sinne verstanden werden müsse. Luther hält allerdings – im Gegensatz zu den Reformierten, welche die eucharistische Präsenz Christi als *nicht somatische* Realpräsenz (Calvinisten) oder gar nur noch als *abstrakt-kommemorierende* Vergegenwärtigung (Zwinglianer) auffassen – entschieden am *realen* Charakter dieser Gegenwart Christi „mit und unter" den Gaben von Brot und Wein fest (*Konsubstantiation*), ohne das Wie der Unio sacramentalis erklären zu wollen. Die Wirkweise des Sakramentes deutete Martin Luther dabei mehr im Sinne des Ex-opere-operantis-Verständnisses. Überdies hatten die vormaligen Missbräuche dazu geführt, dass Luther vor allem den Mahlcharakter der Eucharistie betonte und ihren Opfercharakter leugnete.[575]

Die Neugestaltung des lutherischen Hauptgottesdienstes erfolgte nach den liturgischen Anordnungen des „Begründer[s] der evangelischen Liturgie"[576] Martin Luther, die Letzterer in seinen beiden Schriften „*Formula missae et communionis pro ecclesia Vittebergensi*" (1523) und „*Deutsche Messe und Ordnung Gottesdiensts, zu Wittenberg fürgenommen*" (1526) traf. Wie bereits deren Titel andeuten, behielt der Wittenberger Reformator – in dieser Hinsicht in gewisser Weise konservativ – den Namen und die Ordnung des katholischen Gottesdienstes, der *Messe* gemäß ihrer vermeintlich „reinen" frühmittelalterlichen Gestalt, im Wesentlichen bei, gleichwohl unter anderen theologischen Vorzeichen. Auf dem Gebiet der Liturgie zeigt sich eindrücklich, dass er hier nur eine Reinigung von sekundären, entstellenden Überwucherungen erstrebte, keinesfalls aber eine radikal freie liturgische Neugestaltung oder gar Abschaffung der Messe. Überdies wollte er seine messliturgischen Darlegungen durchaus nicht als gesetzlich-verbindlich verstanden wissen, sondern er stellte ihre Rezeption dem jeweils fakultativen Ermessen anheim.[577] Die wesentlichsten Veränderungen, die Luther in seiner *Formula missae* gegenüber der katholischen Messliturgie vorschlägt, sind Folgende: Während die Predigt im Mittelalter aus dem Gottesdienst herausgelöst worden war bzw. als Unterbrechung der Messe praktiziert wurde[578], wird sie bei Luther zum gleichberechtigten zweiten Zentrum der Messe und erhält ihren Ort nach dem

---

575 Hinter diesem Ansatz stand die Befürchtung, das „Ein-für-Allemal" des Sühneopfers Christi könne durch das „Messopfer" der Kirche als gleichsam eigenständiges kirchliches Opferhandeln in seiner Geltung geschmälert werden. Vgl. etwa JORISSEN 181.

576 STAHL 15.

577 Vgl. SCHMIDT-LAUBER 226.228 sowie STAHL 1-6.

578 Zur Predigt zog der Zelebrant Messgewand und Manipel aus, während die Gemeinde ein Predigtlied (meist Heiliggeistlied) sang. Der Sakristan löschte dabei die Kerzen. Wenn der Zelebrant nicht selber predigte, verließ er während der Predigt des anderen Geistlichen den Kirchenraum.

Evangelium. Das Offertorium wird wegen des ihm inhärierenden Opfer-Aspektes verworfen und durch Psalmverse oder andere Schriftworte ersetzt. Brot und Wein sollen während des Credo zur Segnung gebracht werden. Aus dem Canon missae entfernt Luther einen Großteil. Nach der erheblich abgekürzten Präfation erfolgt der Einsetzungsbericht, wobei Luther alle in der Schrift nicht enthaltenen Zusätze und Ausschmückungen streicht, ihm aber andererseits biblische Worte hinzufügt. Das Sanctus-Benedictus wird erst nach den Einsetzungsworten durch den Chor gesungen. Beim Vaterunser, welches mit dem Friedensgruß zusammengebunden wird, verzichtet die Formula missae auf den Embolismus. Das Agnus Dei wird erst während der Distribution gesungen. Nach der Schlusscollecta tritt an die Stelle des Entlassungsgrußes „*Ite, missa est*" der *Aaronitische Segen* (Num 6, 24-26). Mit Ausnahme der Predigt wurde für den ganzen Gottesdienst die lateinische Sprache beibehalten.[579]

Obgleich Luther den Gebrauch der Volkssprache für die Messe von Anfang an erstrebte, zögerte er – angesichts der hohen Verantwortung eines solchen Unterfangens – mit der pragmatischen Umsetzung. Die somit erst drei Jahre später herausgegebene *Deutsche Messe* stimmt in Anordnung und Auswahl der liturgischen Stücke nicht ganz mit der Formula missae überein. Dennoch ist auch sie an die römische Messe angelehnt, wenn auch in etwas freierer Weise als die Formula missae. Während Letztere den Wochengottesdiensten verbleiben soll, sieht Luther die Deutsche Messe für den Sonntag-Vormittag vor, allerdings ebenfalls nicht als bindende Form. Der exakte Verlauf der Deutschen Messe ist für die nachfolgenden Kapitel nicht relevant und bedarf hier deshalb keiner detaillierten Darlegung. Es sei lediglich auf das Hauptcharakteristikum verwiesen: Während der Wortteil überwiegend noch der üblichen Struktur folgt, ist der Mahlteil de facto auf den Kommunionritus reduziert. Nach der Predigt folgt eine volkssprachliche Paraphrase des Vaterunsers und – unter Wegfall der als „Vorrede" missverstandenen und damit vermeintlich entbehrlichen Präfation[580] – die *Exhortatio*, d.h. eine Abendmahlsvermahnung an die Kommunikanten.[581] Im weiteren Verlauf fehlen alle anderen Stücke des römischen Kanon bis auf den laut gesungenen Einsetzungsbericht, in dessen Übersetzung Luther die einleitende Zeitangabe, die Erwähnung des Aufblicks zum Vater, das „Mysterium fidei" und andere schmückende Erweiterungen weglässt. Die Einsetzungsworte sind zugleich die Spendeformeln, da sich nämlich an das Brot- bzw. Kelchwort unmittelbar die Distribution anschließt – das Agnus Dei wird von Luther nicht erwähnt. Während der Distribution, die sub utraque specie erfolgt, singt die Gemeinde als deutsches Sanctus ein entsprechen-

---

579 Vgl. SCHMIDT-LAUBER 226 f. sowie RIETSCHEL / GRAF 344 f.

580 Vgl. hierzu etwa MEYER, Luther und die Messe 175-177.

581 Bei der *Abendmahlsvermahnung* handelt es sich nicht – wie vielfach behauptet – um einen äquivalenten Ersatz der Präfation, sondern um eine weitgehend neue und eigenständige liturgische Textgattung. Diese ist eine an die Gemeinde gerichtete, im Wortlaut festgelegte und damit ritualisierte Redeform, welche eine doppelte Funktion erfüllt: Zum einen will sie *appellativ* vor unwürdigem Empfang warnen und/oder zu einem christlichen Leben aufrufen, zum anderen geht es ihr um die als Christus-Anamnese ausgestaltete Dimension des *Erinnerns*. Vgl. LURZ, Die Feier des Abendmahls nach der Kurpfälzischen Kirchenordnung von 1563 101-120.

des Gemeindelied.[582] Im Vergleich der Deutschen Messe mit der Formula missae wird vor allem das unterschiedliche Maß der Gemeindebeteiligung evident: Während die evangelische Kirche anfangs die hergebrachte Ausführung der liturgischen Stücke übernahm und außer dem Liturgen nur den Chor singen ließ, wird in der Deutschen Messe gemäß dem evangelischen Grundsatz vom allgemeinen Priestertum die Gemeinde zur Mittätigkeit herangezogen, indem etliche Teile vom Chor an die Gemeinde übergehen. Introitus und Credo werden sogar zu reinen Gemeindeakten umgewandelt. Die sich hier abzeichnende Entwicklung weitete sich später zunehmend aus.[583]

Die beiden soeben dargelegten Schriften Luthers wurden zum Vorbild für die diversen evangelischen gottesdienstlichen Ordnungen in den Agenden des 16. Jahrhunderts, obgleich diese im Verhältnis zu Luthers Vorschlägen manche Abweichungen, namentlich in der Reihenfolge der einzelnen liturgischen Stücke, aufweisen. Von einem näheren Eingehen auf diese regional differierenden Besonderheiten soll indes an dieser Stelle abgesehen werden, da hieraus hinsichtlich unseres Forschungsgegenstandes keine wesentlichen Erkenntnisse hervorgehen. Auch die reformierten und anglikanischen Gottesdienstordnungen sind für den hier aufgezeigten Makrokontext irrelevant und werden daher nicht näher beleuchtet.

Das Bildungsniveau der breiten Bevölkerung war durchweg so niedrig, dass ihr der Glaubenswechsel oft gar nicht recht bewusst wurde. Dass dies vornehmlich im Bereich des Luthertums zutraf, resultiert aus der – oben exemplifizierten – großzügigen Beibehaltung der alten Zeremonien. Der Wegfall großer Teile des Canon missae fiel den Gottesdiensbesuchern nicht auf, da ja vordem die Praxis der Privatim-Rezitation geübt worden war. Darüber hinaus ging in manchen Regionen die Beibehaltung katholischen Kirchen- und Brauchtums so weit, dass selbst die früheren liturgischen Gewänder, die Heiligen- und Marienfeste, der Altar mit Kerzen oder die Privatbeichte mit Absolution noch lange in der kultischen Praxis verankert blieben. Da solchermaßen die konfessionellen Unterschiede vom einfachen Volk vielfach gar nicht wahrgenommen wurden, ist die Leichtigkeit, mit der ganze Untertanenschaften der Reformation zugeführt bzw. rekatholisiert wurden, nicht weiter verwunderlich. Der Vorgang der eigentlichen Konfessionbildung war mithin ein langwieriger Prozess, der sich über eine Zeitspanne von mehr als 100 Jahren erstreckte.[584]

Wie bereits oben erwähnt, keimte die Kritik gegen die zunehmenden Entartungen und Überwucherungen der Messliturgie nicht nur bei den Reformatoren auf, sondern auch bei den Vorläufern der Katholischen Reform. Aber erst die ebenso treffsicheren wie schonungslosen Anklagen der Reformatoren sowie deren zunächst verheerende Wirkung, nämlich eine um sich greifende Verachtung der Messe in weiten Teilen des Volkes, führten zu einer durch den enormen Handlungsdruck bedingten tief greifenden Veränderung durch den Apostolischen Stuhl:

---

[582] Vgl. RIETSCHEL / GRAF 351-353.
[583] Vgl. STAHL 11.
[584] Vgl. ISERLOH 191 f.

Indem die Gegenreformation den Bestrebungen der Katholischen Reform das Feld freikämpfte und sie gegen äußere Bedrohung abschirmte, führten diese endlich zu einer umfassenden Reform durch die Synode des Weltepiskopates. Das Tridentinische Konzil intendierte im Hinblick auf die Liturgie eine Vereinfachung, eine Entfernung des Akzidentellen und eine Befreiung von sekundären Sedimenten, die sich im Zuge der mittelalterlichen Entwicklung über Messritus und Offizium gelagert hatten. Die bestimmende Maxime war – ganz im Sinne des Humanismus – die Rückkehr zum Ursprünglichen, zur sauberen, abgeschlossenen Form.[585] Obgleich die vorbereitende Kommission ausnahmslos alle *Abusus missae* beim Namen nannte, scheiterte eine wirkliche Repristination der Urgestalt der stadtrömischen Messliturgie daran, dass die wenigen Mitglieder der Kommission diesem, das damalige wissenschaftliche Instrumentarium überfordernden, Vorhaben nicht gerecht werden konnten.[586] So waren die Maßnahmen des Konzils weit weniger effektiv, als man angesichts der vorhandenen Missstände hätte erwarten mögen. Dennoch wurde 1562 in generellen Formulierungen die Eindämmung der entarteten Stipendienpraxis, der Messfeiern an nicht geweihter Stätte, des ehrfurchtlosen Benehmens während der Liturgie, der Textunverständlichkeit und lasziv-unreiner Elemente in der liturgischen Figuralmusik, der Willkür des Priesters in Riten und Gebeten der Messe sowie der abergläubischen Beobachtung der Zahl bei bestimmten Messen rechtskräftig beschlossen.[587] Die Umsetzung dieser allgemeinen Richtlinien[588] geschah allerdings nicht in verstreuten Einzelbestimmungen, sondern durch die Einführung des Einheitsmissale *Pius' V.* (1504-1572, Pontifikat 1566-1572). Die wesentlichste Neuerung des Missale war, dass es in der Folgezeit für alle Kirchen – ausgenommen jene, deren Messordnung eine über zweihundertjährige Gewohnheit aufweisen konnte – verpflichtende Norm war und nichts mehr daran geändert werden durfte. Für die Liturgie bedeutete dies fortan eine Epoche des Stillstandes und der Rubrizistik.[589] In den dem Text des Messbuches vorangestellten *Rubricae generales Missalis* und *Ritus servandus in celebratione missae* wird nach Eliminierung der abergläubischen Texte durch genaue Regeln zur Auswahl und Einrichtung der Messformulare die Votivmessenpraxis in die gebührenden Grenzen verwiesen. Weitere Neuerungen waren die Einführung von Vollformularen im Commune Sanctorum, die Reinigung des vordem völlig überwucherten Kalendariums durch Abschaffung einer großen Anzahl unwesentli-

---

585 Vgl. MAYER, Renaissance, Humanismus und Liturgie 157 f.

586 Es war für die relativ kleine Kommission völlig unmöglich, innerhalb der kurzen Zeit die für eine Repristination des liturgischen Urzustandes erforderlichen liturgiegeschichtlichen Kenntnisse zu sammeln, für deren Erarbeitung unzählige Wissenschaftler später mehrere Jahrhunderte benötigen sollten. Vgl. JUNGMANN, Missarum sollemnia Bd. 1 181.

587 Dieser Beschluss findet sich im „*Decretum de observandis et evitandis in celebratione missarum*" der 22. Konzilssitzung vom 17.09.1562 (Siehe hierzu bereits Fußnote 113). Um das Vorgehen des Konzils gegen bestimmte Auswüchse der kunstvolleren Figuralmusik rankten sich bald etliche Legenden, insbesondere was die Rolle Giovanni Pierluigi da Palestrinas in diesem Zusammenhang anbelangt. Siehe zu diesem Themenkomplex ausführlich die entsprechenden Ausführungen im folgenden Kapitel 5.1.2.2 „Kontextuelle Erschließung des Messenœuvres G. Pierluigi da Palestrinas".

588 Vgl. zur Liturgiereform des Tridentinums etwa auch HÄUSSLING, Liturgiereform. Materialien zu einem neuen Thema der Liturgie-Wissenschaft.

589 Vgl. JUNGMANN, Missarum sollemnia Bd. 1 178-187.

cher Feste und Gedenktage, die Auswahl von nur noch vier Sequenzen aus der vormaligen Überfülle, die Abschaffung der marianischen Einschaltungen beim Gloria und andere kleinere Modifikationen. Damit war das, was man mit dem Rüstzeug jener Epoche zu leisten im Stande war, im Wesentlichen geleistet. Tiefgreifendere Veränderungen, etwa hinsichtlich der Wiederherstellung einer stärkeren Gemeinschaft zwischen Priester und gottesdienstlicher Gemeinde, hätten anderer geistiger Voraussetzungen auch bei den Gläubigen bedurft.[590] „Die Leugnung des priesterlichen Amtes durch die Reformatoren hatte es nötig gemacht, gerade das Unterscheidende zwischen Priester und Volk zu betonen und das Verbindende zurücktreten zu lassen. [...] Man kann also schwerlich behaupten, dass das Konzil von Trient ... auf dem [Gebiet] der Liturgie unmittelbar zu einem eigentlichen Aufbruch führte. Wohl war es ein lebensvolles Aufblühen der vorhandenen Formen, aber die tieferen Schichten des Kultischen waren vorerst unberührt."[591]

Auch wenn die Liturgiereform des Tridentinums durch ihre uniformierend-rechtskasuistische Festschreibung des Kultes die katholische Liturgie aus dem organisch-evolutorischen Prozess der Weiterentwicklung herausgenommen hatte, darf dennoch nicht ihr positives Verdienst übersehen werden: In ihrem Streben nach einer großen, würdigen Form, in ihrer Rückkehr zur klassischen Einfachheit, d.h. zur von störendem Beiwerk befreiten Geschlossenheit bedeutete sie sowohl eine Rettung vor einer Ausuferung individualistischer Mystik und sektiererischen Zersplitterung als auch einen spürbaren Anstoß zu einer existentiellen eucharistischen Frömmigkeit, die genährt wurde aus einer neuen, tiefen Ehrfurcht vor der unfassbaren Größe des Sanctissimums.[592] Diese verinnerlichte eucharistische Frömmigkeit unterschied sich zwar zunächst deutlich vom magisch-dinglichen vortridentinischen Eucharistieverständnis, führte aber andererseits dazu, dass das abstrakte Ersehnen eines möglichst innigen Durchdringens des sakramentalen Mysteriums schließlich so drängend wurde, dass es erneut nach Ganzheitlichkeit verlangte. Damit verband sich nun in zunehmendem Maße ein Streben nach der Schau, Ausstellung, Aussetzung der Eucharistie, dem ein gewisser Drang zum Großartigen eignete, worin letztlich doch wieder – zumindest partiell – Elemente vortridentinischer Frömmigkeit durchschimmerten: Es ist der barocke Eucharistiekult, der hier in Statu nascendi erkennbar wird. Neben dieser Sonderform der Christusfrömmigkeit machen sich alsbald auch frühbarocke Ausweitungen der Heiligen- und Marienverehrung bemerkbar, die zu einer gewaltigen Klimax anhuben. In der Liturgie finden sie ihren repräsentativ-glänzenden Schauplatz. Denn vornehmlich in der Masse der feiernden Gemeinde gelangten die psychagogischen Tendenzen der Barockfrömmigkeit zu besonders kraftvoller Auswirkung. Der Renaissance-Subjektivismus ballt sich in einem Kollektivsubjektivismus zusammen, der genährt wird von der Schaubarkeit und Theatralik des liturgischen Geschehens, dessen sensualistisch-bildhaften Elemente qualitativ und quantitativ bis

---

590 Vgl. JUNGMANN, Missarum sollemnia Bd. 1 178-182 und JUNGMANN, Das Konzil von Trient und die Erneuerung der Liturgie 326-331.

591 JUNGMANN, Das Konzil von Trient und die Erneuerung der Liturgie 336. Vgl. ebenso auch MAYER, Renaissance, Humanismus und Liturgie 159-162.

592 Vgl. MAYER, Renaissance, Humanismus und Liturgie 165.168 f.

zur Übersättigung kumulieren.[593] Aus dem sich hierin bereits deutlich abzeichnenden Konfliktpotential erwuchsen etliche schwer wiegende Probleme, die jedoch erst in Kapitel 5.2 behandelt werden sollen.

5.1.2 Das Messenœuvre und sein Mikrokontext, dargelegt am Beispiel G. Pierluigi da Palestrinas

5.1.2.1 Die persönliche Religiosität und das individuelle Liturgieerleben G. Pierluigi da Palestrinas

In der Musikgeschichte gibt es nur wenige Komponisten, die zu einer solchen „Mythosgestalt" emporstilisiert wurden, wie es der Person *Giovanni Pierluigi da Palestrina*s (* wahrscheinlich um 1525, † 1594) nicht erst nach seinem Tode, sondern bereits zu Lebzeiten widerfuhr. Nur wenige Jahre nach seinem Ableben entfernen sich die schriftlichen Äußerungen über Palestrina zunehmend von der historischen Faktizität: Es bilden sich jenseits der historischen Verifizierbarkeit zahlreiche Anekdoten und Legenden um den großen Tonsetzer, die zudem in häufig tendenziösem Sinne zur Instrumentalisierung der subjektiven Interessen bestimmter Personen bzw. Personengruppen lanciert wurden. Wie bereits der gattungshistorische Aufriss in Kapitel 1.3 zeigte, gab es im zeitlichen Anschluss an das Wirken Palestrinas in den folgenden Jahrhunderten eine Richtung, die den „Palestrina-Stil" als die der Liturgie einzig adäquate Kompositionsweise betrachtete, während andere den Stil Palestrinas „überwanden" bzw. als vermeintlich obsolet hinter sich ließen, wobei jede dieser Anschauungen ein ihrer jeweiligen Intention assimiliertes Palestrinabild vor Augen hatte. Insofern lässt sich folgende Aussage auf die Palestrina-Wirkungsgeschichte übertragen: „Von der Parteien Gunst und Haß verwirrt[,] schwankt sein Charakterbild in der Geschichte"[594]. Dieses Schwanken des Charakterbildes rührt wohl auch wesentlich daher, dass die Quellenlage in Bezug auf die Persönlichkeit und das Œuvre Palestrinas sehr spärlich ist. Der Komponist hinterließ keine autobiographischen Schriften. Dies hat seine Ursache zum einen darin, dass die hier neben der Autobiographie infrage kommenden Quellen, nämlich das private Tagebuch und die literarische Form der freundschaftlichen Privatkorrespondenz im 16. Jahrhundert nicht bzw. kaum verbreitet waren. Auch die Praxis des privaten Diariums wurde in Italien in den bürgerlichen Schichten erst circa 100 Jahre nach dem Tod Palestrinas zur allgemeineren Gepflogenheit.[595] Auch sonstige (literarische) Autographe und persönlich autorisierte Erstdrucke von (literarischen) Urschriften des „Princeps musicae" – wie Pierluigi bereits zu Lebzeiten von seinen Verehrern genannt wurde – existieren nur in verschwindend geringer Zahl. Neben einigen merkantilen Urkunden aus des Meisters privaten Handelsgeschäften liegen heute als charakteristischere Originaldokumente nur noch seine zehn Briefe an den Mantovaner Herzog *Guglièlmo*

---

[593] Vgl. JUNGMANN, Das Konzil von Trient und die Erneuerung der Liturgie 128-131.140 f.

[594] Dieses Wort prägte *Friedrich Schiller* (1759-1805) über *Albrecht von Wallenstein* (1583-1634). SCHILLER, Wallenstein. Ein dramatisches Gedicht. Prolog zu Wallensteins Lager, Zeile 102-103, zitiert nach FRICKE/GÖPFERT 273.

[595] Siehe hierzu bereits ausführlich Kapitel 4.2.2.2.

Gonzaga (1550-1587) sowie etliche an verschiedene geistliche Würdenträger und Regenten gerichtete Dedikationsschreiben zu den Erstdrucken seiner mehrstimmigen Messen, Motetten, Offertorien, Hymnen, Lamentationen und Madrigale vor.[596] So weit sich diese letztgenannten, allesamt als authentisch verifizierten Primärquellen im Hinblick auf unsere Themenstellung als ergiebig erweisen, sollen sie im Folgenden als maßgebliche Größen herangezogen werden – ermöglichen sie doch als vergleichsweise unmittelbare Selbstäußerungen Palestrinas am ehesten eine gewisse Annäherung an seine Persönlichkeitsstruktur. Freilich bleiben sie letztlich einzelne, unzusammenhängende Mosaiksteine, die für sich genommen noch kein aussagekräftiges Gesamtbild ergeben. Dieses kann nur durch eine verantwortungsbewusste Rekonstruktion geschaffen werden, d.h. durch eine Anfrage an den soziokulturellen und geistesgeschichtlichen Kontext, in welchen der Lebenslauf Pierluigis eingebettet ist. Nach dieser Vorbemerkungen zur Quellenlage soll nun gleichsam als Propädeutik der an späterer Stelle zu unternehmenden Werkerschließung die Untersuchung der persönlichen Religiosität und des individuellen Liturgieerlebens Giovanni Pierluigi da Palestrinas im Kontext seiner Epoche erfolgen.

Hinichtlich des speziellen Fokus unserer Fragestellung vermögen die wenigen authentischen Aufzeichnungen über Kindheit und Jugend Palestrinas nur recht bescheidene Beiträge zu leisten, die gleichwohl durchaus Beachtung verdienen. Obgleich keine detaillierteren biographischen Notizen über die Erziehung des jungen Giovanni vorliegen, kann davon ausgegangen werden, dass der Knabe, der als erstes Kind eines katholischen, gut beleumundeten und sozial angesehenen Ehepaars in dem kleinen Städtchen Palestrina in der Nähe Roms geboren wurde[597], eine durch die ausgeprägte Volksfrömmigkeit der Landbewohner der Ciociari[598] geprägte Erziehung genoss. Das selbstverständliche enge Verwobensein von Religion und allen Bereichen sozialer Interaktion begünstigte ein organisches Hineinwachsen des Kindes in die religiöse Praxis von Liturgie, Paraliturgie und Pia exercitia. Eine persönliche Einbindung in das liturgische Geschehen wurde dem Siebenjährigen zuteil, als er Chorknabe an San Agapito, der Kathedrale seiner Heimatstadt, wurde. So erhielt die tägliche Liturgie in ihren verschiedenen Formen einen prägenden Stellenwert im Leben des jungen Pierluigi. Zugleich war dies der Beginn eines kontinuierlichen lebenslangen Werdegangs im Dienste der Musica sacra: Die sängerische Laufbahn führte Pierluigi nach einigen wechselnden Stationen in den Sängerkapellen verschiedener Orte und einer zwischenzeitlichen Organistentätigkeit schließlich nach Rom, wo er als Sechsundzwanzigjähriger aufgrund der persönlichen Berufung durch den Papst eine Kapellmeisterstelle antrat.[599] In der kulturellen und politischen Metropole kam Palestrina in der Folgezeit intensiv mit den – oben aufgezeigten – Strömungen der Renaissance in Berührung, welche die geistesgeschichtliche Situation Italiens in der zweiten Hälfte des Cinquecento prägten: Humanismus und Katholische Reform. Sie sollten

---

596 Vgl. Kinsky 108.
597 Vgl. Heinemann 9.
598 Landstrich östlich der Stadt Palestrina.
599 Vgl. Fellerer, Palestrina. Leben und Werk 19-24.

einen tief greifenden Einfluss auf seine Persönlichkeitsentwicklung und sein kompositorisches Schaffen erlangen.

Bei der Erforschung des Œuvres eines Tonsetzers in Verknüpfung mit seiner Biographie zeigt sich, dass das Wort-Ton-Verhältnis einer textgebundenen musikalischen Komposition sehr oft die geistig-seelischen Befindlichkeiten ihres Urhebers widerspiegelt. Insofern ist auch das musikalische Werk Palestrinas eine wertvolle, authentische Quelle hinsichtlich der Frage nach seiner persönlichen Religiosität. In diesem Zusammenhang muss festgestellt werden, dass die Aussage *Michael Heinemanns* (* 1959), die Objektivierbarkeit der universell verwendbaren polyphonen Kompositionen Palestrinas bedinge eine „Preisgabe von Individualität“[600], jene *in* seinem Œuvre unübersehbaren Kennzeichen einer subjektiven seelisch-geistigen Entwicklung außer Acht lässt. Der in der Gesamtschau seines Œuvres evident zutage tretende Wandel des künstlerischen Ausdrucks gibt nämlich untrügliche Hinweise auf einen diesem zugrunde liegenden „seelischen Wandel“[601] Palestrinas. Während in den Frühwerken noch das rein ästhetische Moment der Bellezza die treibende Kraft der Werkgestaltung und daraus resultierend die ausschließlich musikalische Struktur dem Wort gegenüber im Vordergrund steht, ist mit Beginn der 1570er-Jahre ein in einer vertiefenden geistigen Einstellung begründetes neues Verhältnis zum Wortsinn zu erkennen. „Während ... die erstgenannte Einstellung des Musikers zum Wort der des Predigers gleichzustellen ist, ist sie im letzten Fall der des beschaulichen Beters, der in dem eigenen Erfassen des inneren Wertes die letzte Befriedigung findet, entsprechend. Wenn die ... im Zusammenhang mit den äußeren Lebensumständen ... [gegebene] innere Entwicklung Palestrinas berücksichtigt wird, so wird klar, daß Palestrina die zweitgenannte Richtung vertreten mußte. Seine geistige Entwicklung stand im Banne der Ideen der ... kirchlichen Erneuerung und ging den Weg zunehmender Verinnerlichung.“[602] Dass diese Feststellung des bedeutenden Palestrina-Forschers *Karl Gustav Fellerer* (1902-1984) kein schönfärbendes Klischee-Bild ist, sondern der historischen Realität entspricht, lässt sich anhand biographischer Gegebenheiten verifizieren: Spätestens seit 1570 verbanden Palestrina freundschaftliche Bande mit *Filippo Neri* (1515-1595), der eine der führenden Gestalten der Katholischen Reform war. Neri, der sich 1551 der Priestergemeinschaft von S. Girolamo della Carità angeschlossen hatte, sammelte seit 1552 im Beetsaal („Oratorium“) des Priesterhauses seine Mitbrüder zu geistlichen Konferenzen. Durch Filippo Neri begeistert, entschlossen sich die Priester zu einem gemeinsamen Leben im Gebet und seelsorglicher Tätigkeit. Diese Kongregation wurde 1575 durch den Papst offiziell anerkannt und erhielt nach ihrem Versammlungsort den Namen *Congregazione dei Preti dell'Oratorio* (geläufige Kurzbezeichnung: „*Oratorium*“). Das Anliegen Neris war die religiös-sittliche Erneuerung Roms. Durch neue pastorale Methoden wie beispielsweise religiöse Unterweisungen auf öffentlichen Plätzen, Kinderpredigt, volkssprachliches geistliches Lied und außerliturgische Andachten

---

[600] HEINEMANN 149.
[601] FELLERER, Palestrina. Leben und Werk 13. Vgl. ad verbum auch WEINMANN 133.
[602] FELLERER, Palestrina. Leben und Werk 166.

erlangten Neri und seine Kongregation bald einen bedeutenden Einfluss weit über Rom hinaus.[603] Im Bemühen um eine Intensivierung der Frömmigkeit gerade auch außerhalb der Liturgie initiierte Neri in seinem Oratorium geistliche Andachtsübungen, die sog. *Esercizi dell'Oratorio*, in denen er dialogisierende religiöse Texte – teils im poetisch-dramatischen Stil – sowohl in der lateinischen als auch in der Volkssprache verwendete. Diese wurden zunehmend in umfangreichen Vertonungen dargeboten, wobei die neue Kompositionsform, wiederum in Würdigung ihres Aufführungsortes, *Oratorium* (bei lateinischem biblischem Text) bzw. *Oratorio volgare* (bei volkssprachlichem poetischem Text) genannt wurde.[604] Auf diese Weise kam auch Palestrina in Berührung mit der religiösen Erneuerungsbewegung: Er wurde gebeten, für die Esercizi dell'Oratorio einige Kompositionen zu schreiben. Dies führte zu einem engen persönlichen Kontakt mit Filippo Neri, der Palestrinas Beichtvater und Seelenberater wurde und somit in religiös-spiritueller Hinsicht einen großen Einfluss auf den Tonsetzer ausübte – die oben beschriebene Wandlung vom äußerlichen Ästheten hin zur verinnerlichten Haltung des „beschaulichen Beters"[605] koinzidiert mit Sicherheit nicht zufällig mit der Phase geistigen Austausches mit Neri und seinem Oratorium.[606] Ein hinzutretendes weiteres Movens für die religiöse Verinnerlichung war eine Reihe von schweren Schicksalsschlägen, die am 20.11.1572 mit dem Hinscheiden seines ersten Sohnes *Rodolfo Pierluigi* (1549-1572) anhub, am 01.01.1573 mit dem Ableben seines Bruders *Silla Pierluigi* (Geburtsjahr unbekannt) sowie am 11.12.1575 mit dem Tod seines zweiten Sohnes *Angelo Pierluigi* (1551-1575) ihren Fortgang nahm und schließlich darin gipfelte, dass am 02.08.1580 seine Gemahlin *Lucrezia Gori* (Geburtsjahr unbekannt) nach fast dreiunddreißigjähriger Ehe von einer Epidemie dahingerafft wurde. Auch wenn heute anhand der Primärquellen kein faktischer Kausalzusammenhang verifizierbar ist, erscheint es doch mehr als wahrscheinlich, dass Palestrinas nur wenige Wochen nach dem schmerzvollen Verlust seiner Ehefrau gefasster Entschluss, sich zum Priester weihen zu lassen, auf den durch die existentielle Erschütterung ausgelösten Wunsch nach einem der Glaubensverkündigung und Liturgie gewidmeten Leben zurückzuführen ist. Seinem im November 1580 an den Papst gerichteten Gesuch um baldigste Zulassung zur Priesterweihe wurde umgehend stattgegeben. Als erster Schritt empfing Pierluigi einen Monat später die niederen Weihen. Warum er den zweiten Schritt nicht tat, sondern stattdessen am 28.03.1581 erneut heiratete, ist heute anhand authentischen Quellenmaterials nicht mehr rekonstruierbar.[607] Nichts berechtigt dagegen zu dem Urteil, welches Michael Heinemann – im Hinblick auf die mit der Priesterweihe übertragenen und mit lukrativen Benefizien verbundenen Präbenden – in apodiktischer Weise fällt: „Sein Eintritt in den Klerikerstand ist zweifellos primär auf opportunistische Motive zurückzuführen"[608]. Es ist vielmehr anzunehmen, dass für seinen

---

[603] Vgl. Bäumer 881.
[604] Vgl. Reimer 1 und Massenkeil 1086 f.
[605] Siehe Fußnote 602.
[606] Vgl. Weinmann 133.
[607] Vgl. Weinmann 133 f.
[608] Heinemann 147.

Entschluss zur Priesterweihe neben der augenblicklichen Depression vor allem die neugewonnene innerlich-religiöse Einstellung bestimmend war, die in ihm durch seinen regen geistigen Austausch mit der charismatischen Person Filippo Neris, dessen überzeugend gelebtes pastoral-karitatives Priester-Ethos gewiss als Vorbild wirkte, erwacht war.[609] Die Unterstellung Heinemanns, die als Beweggrund „zweifellos primär" gegebenen Opportunismus nennt, muss als letztlich ungesicherte Spekulation verworfen werden. Obschon aus der Biographie Palestrinas unleugbar hervorgeht, dass er beruflich im Sinne des eigenen materiellen Vorteils durchaus auch merkantilistische Interessen verfolgte[610], weist Heinemann sogar selber darauf hin, dass der materielle Wohlstand des Komponisten im Vergleich mit der luxuriösen Lebensführung von Kurienmitgliedern sehr bescheiden gewesen sei.[611] Da es der vorliegenden Abhandlung mitnichten um eine „Hagiographie" der Vita Palestrinas geht, sondern nur um eine an den historischen Fakten orientierte Eruierung seiner persönlichen Religiosität, muss letztlich die Frage offen gelassen werden, ob in seine Entscheidung für das Priesteramt implizit und marginal eventuell auch pekuniärer Egoismus involviert gewesen sein könnte. Letzteres jedoch als vordringliches oder gar alleiniges Movens zu bewerten, ist historiologisch höchst anfechtbar. Hinsichtlich des wirtschaftlichen Denkens Palestrinas, das man heute möglicherweise als Argument gegen seine Religiosität ins Feld führen möchte, sollten jedoch die von unserer heutigen Denkweise differierenden soziokulturellen Patterns der Renaissance berücksichtigt werden, was dann auf jeden Fall zu einer Relativierung führen muss. „Der Renaissance-Egoismus ist ... ein Egoismus von Persönlichkeiten, die ... sich kopfüber in eine bewegte Zeit stürzen und schöpferisch tätig sind. So ist ihr Egoismus keineswegs der negativen moralischen Attitüde gleichzusetzen, die dem allgemeingültigen egozentrischen Egoismus in der bereits entstandenen bürgerlichen Gesellschaft entspricht. Der Egoismus der Renaisance ist der *schöpferische Egoismus*, der nicht die Partikularität des einzelnen betrifft, sondern vor allem sein Werk. [...] Die [Werte-] Hierarchie ist klar: Sie reicht vom Unwesentlichen bis zum Wesentlichen, vom Geld über den Ruhm bis zum ‚bloßen' Werk."[612] Dass Palestrina diese Werthierarchie konsequent verinnerlichte, ersieht man auch daran, dass er sich im Jahre 1584 einer religiösen Vereinigung anschloss. Die in Rom gegründete *Vertuosa Comagnia dei musici* ging als genuin religiöse Musikervereinigung aus der mit karitativen Zielen befassten *Venerabile Comagnia di San Luca et Nobil Accademia delle pittori* hervor, einer Bruderschaft, die ihrerseits der religiösen Erneuerungsbewegung des Oratoriums Filippo Neris nahe stand.[613] Der persönliche Kontakt zu Neri, dem großen Seelenführer der Kirche, war Palestrina lebenslang ein inneres Anliegen.

---

609 Vgl. FELLERER, Palestrina. Leben und Werk 106.

610 So etwa JEPPESEN, Art. Palestrina 662 oder FELLERER, Palestrina. Leben und Werk 100.106 f.

611 Vgl. HEINEMANN 147.

612 HELLER 223 f.

613 Vgl. FELLERER, Palestrina. Leben und Werk 122 f. und HEINEMANN 50. Später entwickelte sich aus der *Vertuosa Comagnia dei musici* eine Berufsgenossenschaft für Musiker, welche die Reform und Pflege der Kirchenmusik an den Kirchen Roms sowie die Ausbildung des musikalischen Nachwuchses vorantrieb.

Gemäß den historisch nicht belegbaren ausführlichen Berichten *Giuseppe Baini*s (1775-1844) über Palestrinas letzte Tage soll der (1622 heilig gesprochene) Filippo Neri schließlich auch am 02.02.1594 als geistlicher Beistand am Sterbebett Pierluigis gestanden haben.[614]

In den obigen Ausführungen wurde dargelegt, dass das Leben Palestrinas durch eine seelische Wandlung geformt wurde: Während der junge Komponist in seinem Werk noch zuvörderst auf eine Ästhetik der äußerlich-musikalischen Struktur bedacht war, vollzog sich in der Phase der Lebensmitte – angestoßen durch den persönlichen Kontakt mit der religiösen Erneuerungsbewegung der Katholischen Reform und vertieft in der späteren existentiellen Suche nach Wegen zur Krisenbewältigung – ein tiefgreifender Prozess religiöser Verinnerlichung, der sich auch im abgeklärt-durchgeistigten Musikstil seiner späteren Werke zeigt: Er gelangt darin zu einer versöhnenden Synthese von Subjektivem und Objektivem.[615]

Die soeben zusammenfassend formulierte Beobachtung lässt sich auch anhand von Primärquellen, also authentischen Aussagen aus der Feder Pierluigis selbst, belegen. Es handelt sich hierbei um die bereits oben erwähnten Dedikationen zu einigen Individualdrucken seiner Kompositionen. Da diese schriftlichen Zeugnisse aufgrund ihrer Einordnung in die Dedikationsliteratur den stilistischen Merkmalen der Widmungstopik unterliegen, müssen sie freilich anders gelesen werden, als wenn es sich hierbei um Privatkorrespondenz oder Diarium-Einträge handelte. Auch wenn möglicherweise in die Entstehungs*ursache* der Dedikationen auch karriereorientierte berufliche Interessen des Komponisten involviert gewesen sein können[616] – weder diese Möglichkeit noch deren Entkräftung können heute bewiesen werden – wäre es zweifellos inadäquat, deswegen die Aufrichtigkeit des *Inhalts* pauschal in Frage stellen zu wollen. Für eine angemessene Deutung dieser Quellen ist vielmehr eine behutsam analysierende Differenzierung der Syntagmen erforderlich, um tatsächliche Topoi von den unzweifelhaft mehrheitlich vorhandenen un-topischen Aussagen zu scheiden.

Nicht selten sind bei Dedikationen das Lob des Adressaten und der Bescheidenheitsgestus des Autors affektiert und von schwülstiger Verbosität. Bei den im Folgenden zitierten Dedikationsschreiben Palestrinas ist dies weitestgehend nicht der Fall. Meist stehen unaufdringliche, aber in ihrer aufrichtigen Klarheit durchaus bekenntnishafte religiöse Aussagen im Vordergrund. Bei Palestrina wird zudem deutlich, dass die Faktizität von Topik, die in einem literarischen Dokument vorhanden ist, noch keine negative Konnotation bezüglich der Aufrichtigkeit ihres

---

[614] Vgl. BAINI 254-255.382.

[615] Auf dieses wichtige Kennzeichen des reifen Schaffens Palestrinas wird das folgende Kapitel 5.1.2.2 „Kontextuelle Erschließung des Messenœuvres G. Pierluigi da Palestrinas" näher eingehen.

[616] Michael Heinemann wittert auch hier „Diplomatisches Geschick", wenn er darauf hinweist, dass Pierluigi zum einen Personen, „... deren Reichtum eine besonders großzügige Gratifikation versprach" und zum anderen Kardinäle auswählte, bei denen „... die interessante Option [bestand], im Falle ... [der] Wahl zum Papst sich ... [des] Wohlwollens bereits im Vorfeld versichert zu haben". HEINEMANN 147 f. Vgl. in etwas abgemilderter Form auch FELLERER, Palestrina. Leben und Werk 87-88.127. Heinemann behauptet sogar, dass manche Widmung „... auch als Indiz zu werten [sei], welcher Kirchenfürst seinerzeit als papabel galt." HEINEMANN 147 f.

Inhalts nahe legen muss: Topoi sind gleichsam Gefäße, in die man Wasser oder Wein schütten kann – bei Palestrina sind sie mit Wein gefüllt. Die beiden klassischen Widmungstopoi, nämlich Preis des Adressaten (amplifikatorisch) und Bescheidenheitsgestus des Autors (Modestia-Formeln) sind natürlich als indispensable Elemente des literarischen Genres auch bei ihm vorhanden, sind aber im Vergleich mit Dedikationsschreiben anderer Zeitgenossen sehr maßvoll. Die hohe, theologische Begründung überragt bei Palestrina die Lob- und Bescheidenheitstopik, was beweist, dass die eventuell erhoffte Protektion oder materielle Zuwendung durch den Adressaten allenfalls im Bereich des Marginalen anzusiedeln ist.[617] Sämtliche Widmungen sind unprätentiös und auf eine eher sachliche Weise von einer spürbaren Frömmigkeit des Autors geprägt.

Für unsere Untersuchungen besonders wertvoll ist die sehr gehaltvolle Widmungsinschrift des *Missarum cum quatuor et quinque vocibus Liber Quartus*, welches Pierluigi Papst *Gregor XIII.* (1502-1585, Pontifikat 1572-1585), seinem wohl engagiertesten Förderer, im Jahre 1582 dedizierte. Hier deutet Palestrina selbst seinen oben erläuterten seelischen Wandlungsprozess an, was in Bezug auf die Fragestellung dieses Kapitels überaus aufschlussreich ist. Da nicht nur die exzellente rhetorische Durchformung, sondern auch der Gedankengang an sich bemerkenswert ist, sei der Hauptteil der Dedikation im Folgenden als Ganzes wiedergegeben:

„Summam Dei bonitatem principium et causam esse bonorum omnium, quaecumque sunt, et monet Apostolus, et ratio ipsa ab eadem bonitate nostris animis insita nos dubitare non sinit. Quae vero in nobis sunt bona, ea, nisi divinae quoque bonitati accepta referamus, non modo praedicatione et verbis, sed, quod maxime opus est, factis: iis scilicet ipsis bonis ad Dei laudem adhibendis, ingratissimi sumus. Ex quo autem sic cogitare coepi, statui, quantum in musica, cui quidem scientiae totum me a puero dedissem, profecisse existimarer (videor enim multis aliquantum processisse, ipse autem quam parum id sit plane intelligo) sed tamen quantum quantum [sic!] illud est, decrevi totum divinis laudibus consecrare. Cum vero in his constet celeberrimas, Deoque acceptissimas esse eas, quae in sacrosancto missae sacrificio concinuntur, cumque multa essent a me in hoc genere elaborata, delegi haec pauca, quae tuae Sanctitati Gregori Pont. Max. offerem, tuoque permissu ederem."[618]

---

[617] Vgl. hierzu bereits die Anmerkungen zur Wertehierarchie von Agnes Heller (Fußnote 612).

[618] Zitiert nach Baini Bd.2 134 f.
Die Übertragung ins Deutsche (Übersetzung: Jakob Johannes Koch) lautet: „Dass die höchste Güte Gottes Anfang und Ursache aller Güter ist, welche auch immer es seien, das lehrt der Apostel, und die Vernunft selber – von eben derselben Güte unseren Seelen eingepflanzt – lässt uns nicht daran zweifeln. Wenn wir aber diejenigen Güter, die in uns sind, nicht auch der göttlichen Güte als Empfangenes zurückgeben – nicht nur durch Lobpreis und Worte, sondern auch, was am meisten nötig ist, durch Taten, d.h. durch die Verwendung der Güter selber zum Lobe Gottes – sind wir undankbar. *Seit ich aber so zu denken begonnen hatte*, beschloss ich, wie viel ich in der Musik – denn dieser Wissenschaft hatte ich mich von Kindesbeinen an ganz gewidmet – nach dem Urteil der Leute erreicht hatte (denn ich scheine in den Augen vieler beträchtlich vorangekommen zu sein, selber aber, wie wenig das ist, sehe ich wohl), dennoch wie wenig das auch ist: ich beschloss, es ganz den göttlichen Lobpreisungen zu widmen. Da aber feststeht, dass unter diesen diejenigen am feierlichsten und Gott am wohlgefälligsten sind,

Während die Eröffnung noch ganz im klassisch-theologischen Sinne gehalten ist: Gott als die Quelle aller Güter in der Welt – gebunden quasi an einen Beweis aus der Schrift und einen aus der Vernunft als die beiden klassischen Quellen aller Theologie –, wird im weiteren deutlich, dass Palestrina auf diesen herkömmlichen theologischen Ansatz zurückgreift, um die sich daraus ergebende Verpflichtung der menschlichen Kreatur gegenüber ihrem Schöpfer als deren Daseinszweck auf sein eigenes Ich zu übertragen. Diese tiefgründige Erkenntnis Pierluigis zeugt von der Demut des Künstlers gegenüber dem von ihm geglaubten Schöpfergott, dem er sich, da er dessen *bonitas* die Existenz der ihm anvertrauten Begabungen/Befähigungen ursächlich zuweist, zur tätigen Dankbarkeit verpflichtet weiß. Hinsichtlich der Konkretion dieser Verpflichtung, die Pierluigi tiefsinnig als *relatio acceptorum* ansieht, bekennt sich der Tonsetzer zur persönlichen Priorität der mit seinen Begabungen zu vollbringenden Taten (*facta*), denen er Latrie und Verkündigung nachordnet. Höchst wertvoll für unsere Erörterung ist nun besonders der dritte Satz „Ex quo autem sic cogitare coepi ...". Hier bestätigt Pierluigi ipsissimis verbis seinen seelischen Wandel, der sich bereits in unseren bisherigen Untersuchungen herauskristallisiert hatte: Jenes zutiefst religiöse Ethos des Komponisten, der seine Kunst als eine innere Verpflichtung Gott gegenüber begreift, war ihm nicht von jeher eigen, sondern erwuchs ihm erst an einem bestimmten, entscheidenden Zeitpunkt seines Lebens („Ex quo"). Geläutert durch das Bestehen von schweren Lebens-Prüfungen und gelenkt durch geistliche Strömungen der religiösen Erneuerung drängt es ihn seitdem, seine Begabung durch die *facta* des kompositorischen Schaffens nicht mehr zu weltlichen Zwecken einzusetzten, sondern sie „ ... totum divinis laudibus consecrare", wobei er den Messkompositionen den höchsten Rang zuweist.

Ein weiteres, ebenfalls von Palestrina selbst verfasstes Zeugnis seiner Religiosität finden wir im Dedikationsschreiben zum Erstdruck der 1589 publizierten Hymnen, die er Papst *Sixtus V.* (1521-1590, Pontifikat1585-1590), dem Nachfolger Gregors XIII., dedizierte. Auch dieser Text fällt wieder wohl tuend aus dem sonstigen zeitgenössischen Dedikations-Genre heraus. Der unkonventionell-sachliche sprachliche Duktus lässt ihn un-topisch erscheinen und legt nahe, dass der Inhalt aufrichtig gemeint ist. Selbst der – hier nicht zitierte – Lob/Modestia-Teil am Ende ist ohne Übertreibung, ja in seiner Schlichtheit durchaus würdevoll.

Nachfolgend sei der für uns hier relevante Teil des Schreibens zitiert:

„sed institutum meu teneo, ea complectendi, quibus Dei laudes maxime continentur, quæq. & suo verborum, ac sententiarum pondere, ac dignitate examinata, & aliquo etiam Musicæ artificio adiuta facile possunt hominum animos ad pietatem excitare. Quo quidem in genere, multa iam pridem edidi. Quid enim haberem potius, quod pangerem? aut, quanam alia in re duo illa, quæ à Domino haberem, temporis, atque ingenij talenta, quouis auro præstantiora, insumerem? præsertim

die bei dem hochheiligen Opfer der Messe gesungen werden, und da viel von mir in diesem Genre ausgearbeitet ist, habe ich dieses [sc. Nachstehende] wenige hier ausgewählt, um es Deiner Heiligkeit dem Pontifex Maximus Gregor darzubringen und mit Deiner Erlaubnis herauszugeben."

ab Apostolo edoctus illis verbis: Commonentes vosmet ipsos, in psalmis, hymnis, & cantibus spiritualibus, in gratia, canentes in cordibus vestris Domino."[619]

Auch hier gibt Pierluigi wieder eine sehr feinsinnige theologische Begründung seines Arbeitens. Der Text befindet sich inhaltlich in Kontinuität mit der oben zitierten Dedikation von 1589, bringt aber eine neue Aussage hinzu. Es geht um das Selbstverständnis des text-vertonenden Komponisten als eines musikalischen Exegeten schriftlicher Glaubenszeugnisse. Im Sinne seines neu gewonnenen religiösen Ethos ist für Palestrina das Kriterium einer rechten Auswahl der zu vertonenden Texte nicht mehr deren Subordinierbarkeit unter die gegebene musikalische Struktur, sondern vielmehr deren Eignung, „... Musicæ artificio adiuta facile ... *hominum animos ad pietatem excitare*". Diese zum christlichen Verkündigungsauftrag äquipolente Maxime ist nach dem Bekenntnis Palestrinas der alleinige Grund seines Schaffens bzw. das einzige Ziel, für welches es sich lohnt, seine gottgegebenen Befähigungen einzusetzen. In ihr tritt das gesamte religiöse Empfinden des Komponisten verdichtet zutage. Sie bietet uns auf unsere Frage nach dem innersten Movens seines Lebens und Arbeitens die bestmögliche Antwort, nämlich die Antwort aus dem Munde des Komponisten selbst.

Nach diesen Darlegungen zur persönlichen Religiosität Giovanni Pierluigi da Palestrinas soll nun der zweite wesentliche methodische Schritt der am Paradigma der traditionellen mehrstimmigen Messe angewandten doppelten Kontextualisierung erfolgen: Die Rekonstruktion, auf welche Weise und unter welchen besonderen Umständen der Urheber der mehrstimmigen Messe die Liturgie seiner Zeit erlebte: Der *Komponist als Rezipient von Liturgie* tritt damit in den Mittelpunkt unserer Untersuchung.

Es erweist sich gerade auch für die geistige Durchdringung des Messenœuvres Palestrinas, also jener musikalischen Werke, die er unmittelbar für konkrete liturgische Situationen komponierte, als überaus belangvoll, zu erkennen, dass der oben beschriebene seelksche Wandel nicht in einem luftleeren Raum stattfand, d.h. sich nicht nur abstrakt-gedanklich vollzog. Er befindet sich vielmehr in enger Interdependenz zur Liturgie der Kirche, welche die religiöse Heimat des Künstlers war und in der sich ja ebenfalls ein Veränderungsprozess vollzog. Es ist für unsere Erörterung grundlegend, diesen Zusammenhang der persönlichen religiösen Entwicklung Pierluigis mit der Liturgie- und Theologieentwicklung der Renaissance zu erfassen.

---

[619] Zitiert nach ESPAGNE 5.
Die Übertragung ins Deutsche (Übersetzung: Jakob Johannes Koch) lautet: „Indessen betrachte ich es als meine Pflicht, das zu pflegen, worin das Lob Gottes am meisten enthalten ist und was – nachdem es geprüft wurde in Wort und Inhalt auf sein Gewicht und seine Würde – mit der Hilfe auch einer bestimmten Kunst der Musik leicht die Herzen der Menschen zur Frömmigkeit anregen kann. Von dieser Art habe ich selbst vor langem vieles herausgebracht. Denn welchen besseren Grund hätte ich, zu komponieren? Oder für welche andere Sache könnte ich jenes beides, das ich vom Herrn habe, nämlich die Talente Zeit und Begabung, die trefflicher sind als jegliches Gold, aufwenden? Zumal vom Apostel belehrt wird mit jenen Worten: ‚Ermahnt euch gegenseitig; mit Psalmen, Lobliedern und geistlichen Liedern singt dem Herrn in euren Herzen in Gnade.' [Kol 3,16]"

Wie eingangs bereits besprochen, müssen wir bei diesem Schritt unseres Vorgehens weitgehend auf primäre Quellen verzichten. Denn für den von Kindheit an kontinuierlich im praktizierten Katholizismus aufgewachsenen Pierluigi war ein schriftliches Reflektieren über sein Liturgieerleben jenseits des Nahliegenden bzw. jenseits dessen, was zu seiner Zeit sowie in seinem Umfeld üblich war. Es ist mithin eine sorgsame Rekonstruktion der liturgischen Situation im Kontext der Biographie Pierluigis erforderlich.

Zu einer Zeit, in der die politischen, sozialen und kulturellen Lebensbereiche schon durch die umwälzende Dynamik des Humanismus und der Renaissance in tief greifenden Veränderungen begriffen waren, erlebte der junge Giovanni Pierluigi da Palestrina noch eine Liturgie, die von alledem zunächst weitgehend unberührt geblieben war. Es war die (bereits einlässlich behandelte) in ihrem Kern seit dem 12. Jahrhundert nahezu unverändert beibehaltene abendländische Kleresliturgie des Mittelalters. Pierluigi wuchs mithin auf mit einem Kult, der durch Entartungen und akzidentelle Sedimente gegenüber seiner Urgestalt entstellt war. Allerdings muss angemerkt werden, dass solche Missstände in Italien im Vergleich zu den übrigen Ländern des westlichen Abendlandes, wo sie den Messordo in einer bedenklichen Eigendynamik überwucherten, sich noch in verhältnismäßig maßvollen Grenzen hielten.[620]

Die Normalform der Liturgie, die Pierluigi an den römischen Kathedralen, an denen er das Amt des Kapellmeisters versah, erlebte, war die tägliche Missa in cantu. Da er aber zudem seit 1565 offiziell als *Maestro compositore* (*Modulator pontificus*) für die päpstliche Kapelle tätig war und überdies seit 1571 an S. Pietro das Amt des *Maestro della Cappella Giulia* (*Magister in musica et cantu*) ausübte, erhielt für sein Schaffen auch eine liturgische Ausnahmeform der Messfeier, nämlich die *Missa papalis*, eine gewisse Bedeutung. Die feierliche Papstmesse war durch eine Reihe von exzeptionellen Zeremonien – zum Teil höfischer Provenienz – ausgezeichnet, die der gewöhnlichen Missa sollemnis und selbst dem Pontifikalamt fehlten. Der Papst wurde mit der Tiara auf dem Haupt auf der *Sedia gestatoria*, dem Tragsessel des Papstes, in das Gotteshaus getragen und setzte sich auf den „Thron der Terz". Dort sitzend nahm er während des Kyrie die Obedienz der anwesenden Kardinäle bzw. gegebenfalls auch Bischöfe und Äbte entgegen. Während des Gesanges der Terz wurde er mit den Paramenten bekleidet. Nach Beendigung der Terz schritt der Papst zum Altar. Beim weiteren Messritus fungierten außer dem lateinischen Diakon und Subdiakon noch ein griechischer Diakon und Subdiakon, die die Epistel und das Evangelium in griechischer Sprache sangen. Vor dem Offertorium fand die *Praegustatio* statt: Der *Episcopus sacrista* (päpstlicher Sakristan) musste zum Schutz des Papstes die für die Konsekration bestimmten Oblationen vorkosten.[621] Während des Sanctus wechselten die Kardinäle (sowie Bischöfe und Äbte) ihre Plätze. Bei der großen Elevation wandte sich der

---

[620] Vgl. JUNGMANN Missarum sollemnia Bd. 1 169.

[621] Die im Spätmittelalter eingeführte Gepflogenheit der Praegustatio sollte vor einer Ermordung des Papstes schützen, d.h. sie gründet in der Toxophobie einer Epoche, in der insbesondere einflussreiche geistliche Würdenträger und Regenten oft vergiftet wurden. Vgl. hierzu JUNGMANN Missarum sollemnia Bd. 2 55.

Papst nach rechts und links; währenddessen wurde ein eigenes Musikstück, die sog. *Elevazione* gespielt. Beim Agnus Dei gaben sich die Kardinäle (gegebenenfalls auch Bischöfe und Äbte) den Friedenskuss. Der Papst kommunizierte am Thron; den konsekrierten Wein genoss er mittels der *Fistula*, einem silbernen Röhrchen. Die Missa papalis schloss gewöhnlich mit dem von der äußeren Loggia aus vom Papst gespendeten Segen.[622] Für eine angemessene Beurteilung des Messenœuvres Giovanni Pierluigi da Palestrinas ist die Kenntnisnahme der soeben beschriebenen Sonderliturgie unverzichtbar, da Pierluigi etliche seiner mehrstimmigen Messen speziell auf die besonderen Zeremonien abstimmte.[623]

Während die soeben kurz umrissene Form der Papstliturgie, wie sie Palestrina seit 1565 erlebte, durch die liturgische Erneuerung unberührt blieb[624], war Pierluigi in die Veränderung der übrigen Liturgie aufgrund seiner kirchenmusikalischen Tätigkeiten unmittelbar involviert. Die spirituelle Dimension der liturgischen Erneuerung dürfte er vor allem im Oratorium Filippo Neris erfahren haben. Die zum Wesentlichen vordringende Ehrfurcht der neuen eucharistischen Frömmigkeit des nachtridentinischen Katholizismus ist es, die auch in der religiösen Verinnerlichung Palestrinas zumindest implizit spürbar wird, wenn er in der Dedikation zu seinem 1567 publizierten *Missarum Liber Secundus*[625] schreibt: „... faciendum mihi putavi, ... , ad rem in christiana religione omnium maximam, et divinissimam, hoc est, sanctissimum Missae sacrificium novo modorum genere decorandum, omne meum studium, operam, industriamque conferrem. Elaboravi ergo, quanta maxima potui cura has Missas ad Dei Opt. Max. cultum cohonestandum, a quo mihi munus hoc et beneficium, quantumque est, tributum, et impartitum agnosco."[626] Obgleich in diesen wenigen – im übrigen sehr unkonventionellen und damit un-topischen Zeilen – die einzige authentische Äußerung erkennbar ist, in der aus Palestrinas eigener Feder etwas zu seinem individuellen Liturgieerleben angedeutet wird, so darf diese doch gleichsam als eine Zusammenfassung dessen betrachtet werden, was wir bis hierhin eruieren konnten: Nur derjenige, der in der Liturgie der katholischen Kirche eine existentielle seelische Heimat gefunden hat und sich dort in seinen geistlichen Bedürfnissen wiederfindet, vermag aufrichtig solche Worte zu sprechen. Natürlich kann die Lauterkeit der Worte Palestrinas nicht empirisch verifiziert werden, was freilich ein generelles Problem jeglicher verbaler Sprachäußerung ist. Andererseits besteht gerade bei dieser Dedikation

---

[622] Vgl. BRINKTRINE 448 f. und WAGNER (Peter Joseph) 453.

[623] Siehe hierzu ausführlicher das folgende Kapitel 5.1.2.2 „Kontextuelle Erschließung des Messenœuvres G. Pierluigi da Palestrinas".

[624] Die Missa papalis wurde erst nach dem Zweiten Vatikanischen Konzil (1962-1965) modifiziert.

[625] Siehe hierzu ausführlicher das folgende Kapitel 5.1.2.2.

[626] Zitiert nach HABERL, Zweites Buch der Messen von Pierluigi da Palestrina. (Pierluigi da Palestrina's Werke Bd. 11) 3.
Die Übertragung ins Deutsche (Übersetzung: Jakob Johannes Koch) lautet: „Deshalb glaubte ich, ... dass ich meinen ganzen Eifer, Mühe und Fleiß auf die Sache richte, die in der christlichen Religion von allen Dingen die größte und erhabenste ist, und das ist, das allerheiligste Messopfer in einem neuen Kompositionsstil [wörtl.: auf eine neue Art der Weisen] zu schmücken. Also habe ich mit der größtmöglichen Sorgfalt diese Messen komponiert, um den Dienst an Gott, dem Besten und Höchsten, mitzuehren, von dem mir dieses Geschenk und Verdienst – wie klein es auch ist – gegeben und verliehen ist, wie ich anerkenne."

kein begründeter Anlass, die Aufrichtigkeit des Gesagten anzuzweifeln: Es wird darin deutlich, daß für Pierluigi die Messliturgie und in ihr das *Sanctissimum Missae sacrificium* einen zentralen Lebensbezug darstellen, woraus sich für ihn auch sein Selbstverständnis als Komponist ableitet, dessen vordringlichstes, unüberbietbares Anliegen im *Dei cultum cohonestandum* besteht. Dieses *Mit-Ehren* begreift er im Sinne der tätigen Dankbarkeit[627] gegenüber Gott als eine aktive Teilnahme am *Cultus Dei*, also an der Liturgie. Als selbstverantwortetes Individuum setzt er mit seinem künstlerischen Schaffen einen voluntaristischen religiösen Akt, was durchaus als Ausdruck der oben erläuterten humanistischen Denkweise interpertiert werden kann. Damit ist unsere Frage nach dem individuellen Liturgieerleben Palestrinas wiederum durch den Komponisten selbst beantwortet und zugleich wird der Hintergrund jenes Satzes ersichtlich, mit dem *Hans Joachim Moser* (1889-1967) sein „Lebensbild Giovanni Pierluigi da Palestrina" beschließt: „ ... Palestrina ... [war] Katholik in der fraglosen Hingegebenheit an den Dienst Gottes und der Heiligen"[628].

5.1.2.2 Kontextuelle Erschließung des Messenœuvres G. Pierluigi da Palestrinas

Eine historisch-kontextuelle Annäherung an die mehrstimmigen zyklischen Ordinariumsvertonungen Pierluigis hat zu allererst nach Entstehungsursache und -umfeld der einzelnen Werke zu fragen. Denn die detaillierte Untersuchung einzelner Kompositionen unter dem Gesichtspunkt unserer speziellen Fragestellung ist nur dann sinnvoll, wenn geklärt ist, welche konkreten Faktoren für die Schaffung der zyklischen Messkompositionen ausschlaggebend waren, da ja der Mikrokontext immer nur auf der Folie eines ihn bedingenden Makrokontextes in seiner vollen Bedeutung verständlich ist.

Die Palestrinaforschung weist einhellig darauf hin, dass Pierluigis Gesamtœuvre nur schwer in eine Systematik gebracht werden könne.[629] Angesichts der Überfülle des Messenwerkes, das uns heute aus der Feder des Komponisten überliefert ist – das gesamte Messenschaffen umfasst immerhin 104 mehrstimmige zyklische Ordinariumsvertonungen – soll dennoch der Versuch unternommen werden, strukturelle Schwerpunkte innerhalb des Œuvres zu eruieren, die eine Zusammenfassung zu Gruppen ermöglichen. Solche ergeben sich aus der stilistisch-formalen Anlage, aus der Textvorlage und aus dem Entstehungsanlass. Das letztgenannte Kriterium soll zunächst der Leitfaden der weiteren Ausführungen sein.

Um den thematischen Komplex des Entstehungskontextes einer mehrstimmigen Messe angemessen beurteilen zu können, ist zunächst ein kurzer Blick auf die Soziologie des Kirchenmusikers vonnöten. Die presbyteriale Aufgabe der Führung des liturgischen Gesanges wurde in der Frühzeit der Kirche vom *Lektor* wahrgenommen, dessen Amt eine Stufe zum Priestertum war. Seit dem vierten Jahrhun-

---

[627] Die tätige Dankbarkeit gegenüber Gott ist der Gegenstand der oben zitierten Dedikation Palestrinas zum Vierten Messenbuch von 1582.
[628] MOSER (Hans Joachim) 113.
[629] Vgl. etwa BESUTTI 164.

dert ließen die gestiegenen Anforderungen an die musikalischen Kenntnisse der Chorleitung, des Gesanges und der Musikerziehung das Amt des *Kantors*, der ebenfalls dem Klerus angehören musste, entstehen. In der West- und Ostkirche wurden dem Kantor bestimmte Aufgaben und eine besondere Stellung innerhalb der Schola zuteil, womit die Kantorentätigkeit ein kirchliches Amt wurde (Amtsbezeichnung: *Chorepiscopus* bzw. *Cantor*), welches in den mittelalterlichen Stiften zur Dignität erhoben wurde. Die mit diesem Amt verbundenen gesteigerten musikalischen Kompetenzerfordernisse sowie das Bestreben der Dignitäre, die liturgischen Pflichten durch Vikare ausüben zu lassen, führten dazu, dass die spezifischen Aufgaben der Chorepiscopi und Cantores auf Chorvikare, sog. *Succentores* und *Concentores* übertragen wurden. Mit dem Aufkommen der Mehrstimmigkeit war also eine Aufspaltung des Kantorenamtes verbunden. Der Succentor war der Leiter des einstimmigen Chorals und der Concentor stand dem Figuralgesang vor, wobei mit der Gründung der Cappellae im 14. Jahrhundert dem Concentor die Bezeichnung *Maestro di cappella* zukam. Mithin wirkten in der Liturgie fortan Succentor und Concentor parallel mit unterschiedlichen Wirkungsschwerpunkten. Während die künstlerische Relevanz der Schola und ihres Leitungsamtes mit dem Erstarken der Mehrstimmigkeit stetig schwand, stieg die Bedeutung der Cappella, die sich sukzessive vom Altar loslöste. Dies führte dazu, dass das Amt des *Maestro di cappella* nun überwiegend von musikalischen Fähigkeiten dominiert wurde. Die stringente Entwicklung war, dass im 17. Jahrhundert erstmals ungeweihte Christgläubige in diese Stellung berufen wurden, womit sich folglich die soziale Stellung des kirchlichen Kapellmeisteramtes von der klerikalen Hierarchie in die Gesellschaftsordnung der musikalischen Berufe verschob. Das Aufgabenfeld des *Maestro di cappella* umfasste nicht nur die Leitung der Figuralmusik, sondern auch die Komposition der erforderlichen Werke – eine exklusive kompositorische Betätigung gab es zunächst noch nicht. Erst ab dem ausgehenden 16. Jahrhundert kommt es in Einzelfällen zu einer Dichotomie der vordem gekoppelten Betätigungsfelder, womit die Berufsbezeichnung *Maestro di compositore* entsteht.[630] Wie oben bereits erwähnt, kann Giovanni Pierluigi da Palestrina zu den ersten Vertretern dieser neuen Situation gezählt werden: Er übte die Ämter des *Maestro di cappella* und des *Maestro di compositore* (im päpstlichen Dienst als *Modulator pontificus* sowie freiberuflich) sowohl in gegenseitiger Koppelung als auch sachlich voneinander unabhängig aus. Im Folgenden soll aufgezeigt werden, ob und gebenenfalls wie sich diese beruflichen Gegebenheiten im Zusammenspiel mit anderen biographischen Faktoren auf das Messenœuvre prägend auswirkten.

Der Beginn des Messenschaffens Pierluigis setzt mit dem Jahre 1551 ein[631], als er durch Papst *Julius III.* (1487-1555, Pontifikat 1550-1555) zum *Maestro di cappella* (bzw. *Magister in musica et cantu*) der *Capella Giulia* an S. Pietro berufen wurde. Der mit diesem Amt verbundenen Kompositionsverpflichtung für die Ka-

---

630 Vgl. FELLERER, Soziologie der Kirchenmusik 69-70.74.

631 Eventuell komponierte Palestrina bereits vor 1551, also während seines vorherigen Wirkens an der Kathedrale von Palestrina einige Messen, wozu die Messen „*O Regem coeli*“ à 4 und „*Ad coenam Agni providi*“ à 5 zählen könnten. Dies ist allerdings heute nicht mehr verifizierbar. Vgl. FELLERER, Palestrina. Leben und Werk 24.

pelle kam Palestrina alsbald nach. Das bis zur Berufung Palestrinas gepflegte Messenrepertoire der Kapelle bestand aus mehrstimmigen Messen seines Vorgängers *Costanzo Festa* (* um 1480, † 1545) im durchimitierenden Motettenstil sowie aus zahlreichen zyklischen Messvertonungen der großen niederländischen Meister, womit für die ersten Ordinariumskompositionen des Sechsundzwanzigjährigen in gewisser Weise Maßstäbe gesetzt waren. Im Bemühen um Kontinuität mit dem vorhandenen Repertoire sind die frühesten mehrstimmigen Messen Pierluigis, bei denen es sich noch vorwiegend um Cantus-firmus- und Kanonmessen handelt, noch ganz im streng kontrapunktischen niederländischen Stil (traditionelle Manieren wie z.B. erweiterte Cambiata, Durchkomposition, Kanontechnik, Imitatorik, Mehrtextigkeit, Cantus-firmus-Technik) gehalten.[632] Obgleich der junge Komponist sich bereits einen Namen gemacht hatte, stand er unter dem Druck, sich im neuerworbenen exponierten Kapellmeisteramt durch eine Demonstration virtuosen Beherrschens der niederländischen kompositorischen Kunstgriffe zu profilieren, die als nahezu narzistisch-artfizielle Zurschaustellung musikalischer Raffinesse oft den Textsinn überdeckten.[633] Insofern hatten die Umstände des ersten bedeutenderen Arbeitsverhältnisses Pierluigis durchaus prägenden Einfluss auf die Gestalt seiner frühen mehrstimmigen Messen.

Die öffentliche Verbreitung der mehrstimmigen Messen (wie auch der anderen Kompositionen) Pierluigis wurde von keinem seiner Dienstherren exklusiv übernommen.[634] Pierluigi selbst, der um Prestige und Einträglichkeit seiner künstlerischen Betätigung bemüht war, blieb damit nur die Publikation eines möglichst großen Teiles seiner Werke aus eigenen finanziellen Mitteln in der Form von Individualdrucken. Dies wäre ihm ohne Druckkostenzuschüsse der Widmungsträger (seine Dienstherren und andere Mäzene) gerade in den Anfangsjahren seiner Kapellmeistertätigkeit keinesfalls möglich gewesen. Dementsprechend war die kompositorische Betätigung Pierluigis in den Zeiten mäzenatischer Förderung stets hoch, während sie ansonsten nachweislich evident zurückging, so z.B. nach seiner plötzlichen Suspension aus dem Kapellmeisteramt an S. Pietro aufgrund der restaurativen Entlassungsmaßnahme (1555) gegenüber allen verheirateten Musikern der Capella Giulia durch *Paul IV.*. (1476-1559, Pontifikat 1555-1559), den Nachfolger Julius III.[635] Palestrina, der daraufhin an zwei anderen römischen Basiliken Anstellungen finden konnte, vertonte das Ordinarium Missae in der

---

632 Vgl. FELLERER, Palestrina. Leben und Werk 24-38. Es handelt sich hierbei um die ersten 13 Messen der *Missarum Libri Primus* et *Secundus* (1554 bzw. 1567 publiziert).

633 Vgl. hierzu etwa WAGNER (Peter Joseph) 444.

634 Überdies sah sich keiner der Dienstherren bzw. Auftraggeber Palestrinas veranlasst, für eine der ihm vorgelegten Kompositionen einen exzeptionellen Status zu reklamieren. Gegebenenfalls hätte dann nämlich eine sofortige Sperrklausel sämtliche Publikationen und öffentlichen Aufführungen außerhalb der Basilika bzw. Hofkirche des Auftraggebers interdiziert, um durch den Seltenheitswert die Berühmtheit der Kompostition und damit auch ihres Urhebers zu steigern – eine auch in Rom durchaus verbreitete Gepflogenheit (Man denke hier beispielsweise an das berühmte „Miserere" *Gregorio Allegris* [1582-1652], für das etwa 50 Jahre nach dem Tod Palestrinas eine solche Sperrklausel erlassen wurde). Offenbar erkannte man im Œuvre Palestrinas noch kein schützenswertes Opus magnum. Da man sich auch sonst nicht um die aktive Steigerung seines Bekanntheitgrades bemühte, musste dies der Komponist durch eine umfangreiche eigene Publikationstätigkeit selbst in die Hand nehmen. Vgl. HEINEMANN 144 f.

635 Vgl. HEINEMANN 144 f.

unmittelbaren Folgezeit nur wenige Male. Aus den 1560er-Jahren ist dann jedoch wieder eine große Anzahl von Messen überliefert. Dies rührte aus den Entwicklungen um die kirchenmusikalischen Diskussionen des Tridentinums her. Ohne auf die sehr komplexen Vorgänge detaillierter eingehen zu wollen – dies wäre hinsichtlich unseres Forschungsschwerpunktes inadäquat – soll dennoch kurz der für das rechte Erfassen des Messenwerkes Pierluigis relevante Konnex aufgezeigt werden: Aufgrund der Bestimmungen des Tridentinischen Konzils gegen die Textunverständlichkeit und lasziv-unreinen Elemente in der liturgischen Figuralmusik befürchteten einige fortschrittlich denkende Konzilsteilnehmer die inhärente Möglichkeit, dass zukünftig alle kunstvollen mehrstimmigen Kompositionen aus der Liturgie verbannt werden könnten. Daher bemühte sich eine Gruppe von gleichgesinnten synodalen Kardinälen, die Eignung polyphoner Musik für den Gottesdienst nachzuweisen. Welche Rolle Giovanni Pierluigi da Palestrina in diesem Zusammenhang faktisch gespielt hat, ist heute im Detail nicht mehr nachweisbar. Es bieten sich zwei geringfügig divergierende Rekonstruktionen an: Bei der Suche nach geeigneten mehrstimmigen Werken, die dennoch zugleich die Konzilsforderungen erfüllen sollten, könnte höchstwahrscheinlich neben Werken anderer Komponisten auch Palestrinas Missa „*Sine titulo*" à 6[636] in den Blick geraten sein. Möglicherweise regte man daraufhin im Jahre 1562 Pierluigi zur Anfertigung einer weiteren Messe diesen Stils an, woraufhin dieser dann die Missa „*Sine nomine*" à 6 (später Missa „*Papae Marcelli*" genannt)[637] komponiert habe. Die durch den Komponisten durchgeführte Übernahme einer Passage aus der Missa „*Sine titulo*" à 6 in das Gloria der Missa „*Sine nomine*" à 6 (bzw. Missa „*Papae Marcelli*") ist hierbei als Hinweis auf einen direkten Zusammenhang der beiden Messen zu deuten.[638] Die andere Variante lautet, dass die Missa „*Papae Marcelli*" schon vor 1555 komponiert wurde. Angesichts der im Zuge der Kapellen-Reform drohenden Streichung der Pension Palestrinas habe dieser dann die besagte Messe aus eigenem Antrieb den beiden Kardinälen vorgelegt, die mit der Reform der Camera Apostolica in genere und der päpstlichen Kapelle in specie offiziell beauftragt worden waren und sich zugleich bereit erklärt, weitere Werke in diesem Stil ad commodum capellae zu komponieren.[639] Hinsichtlich der weiteren Vorgänge besteht heute wieder ein allgemeiner wissenschaftlicher Konsens: Im Jahre 1565 fand vor kleinem Auditorium im Privatdomizil eines Kardinals eine historisch

---

636 Diese unveröffentlichte, lediglich handschriftlich überlieferte Parodiemesse, in der durch den Zusatz „*Sine titulo*" die parodierte Vorlage bewusst verschwiegen wird, wurde erst in der späteren Sekundärliteratur nach ihrem Modell „*Benedicta es*" aus der Feder Josquin Desprez benannt. Vgl. etwa KLASSEN 55.

637 Die Missa „*Sine nomine*" à 6 des *Missarum Liber Secundus* erhielt erst mit der Publikation dieses Buches den heute geläufigen Namen „*Missa Papae Marcelli*". Palestrina erbrachte damit eine posthume Hommage an seinen kunstsinnigen Förderer und Exponenten der Katholischen Reform Papst *Marcellus II.* (1501-1555, Pontifikat 1555). Vgl. etwa HABERL, Die Cardinalskommission von 1564 und Palestrina`s Missa Papae Marcelli 96.

638 Diese These wird heute etwa von *Michael Heinemann* vertreten. Vgl. HEINEMANN 31-32.35.

639 Diese von *Franz Xaver Haberl* (1840-1910) stimmig dargelegte These konnte bis heute weder bestätigt, noch eindeutig widerlegt werden. Zu den Einzelheiten der These siehe HABERL, Die Cardinalskommission von 1564 und Palestrina`s Missa Papae Marcelli 88-89.96. Vgl. ferner auch WAGNER (Peter Joseph) 451.

eindeutig verifizierbare interne Probeaufführung etlicher mehrstimmiger Messen verschiedener Komponisten statt, um zu überprüfen, ob sie den Konzilsbestimmungen entsprächen. Möglicherweise hörte die anwesende Kardinalskommission hierbei auch die Missa „*Papae Marcelli*". Die Aufführung muss sie wohl davon überzeugt haben, dass nicht die kunstvolle Polyphonie als solche an der Beeinträchtigung des liturgischen Textes Schuld trage. Denn im weiteren Verlauf des Konzils gewannen die der Figuralmusik wohlgesinnten Konzilsväter die Oberhand, was dazu führte, dass keine weiteren einschränkenden Dekrete mehr erlassen wurden.[640] Alle anderen, gelegentlich auch heute noch kursierenden Versionen bezüglich der Rolle Palestrinas im Zusammenhang mit der tridentinischen Kirchenmusikreform müssen in den Bereich des Legendarischen verwiesen werden.[641]

Sowohl in Würdigung der den Konzilsbestimmungen entsprechenden Missa „*Papae Marcelli*" als auch in Erwartung weiterer, ähnlich qualitätvoller Kompositionen wurde Pierluigi 1565 offiziell zum Komponisten der päpstlichen Kapelle ernannt. Der in ihn gesetzten Erwartung entsprach der Komponist tatsächlich. Sensibilisiert durch den kirchenmusikalischen Reformgedanken hinsichtlich Textverständlichkeit und Würde des Ausdrucks bahnte sich in seinem Messenschaffen in der Folgezeit jene bereits oben angedeutete musikalisch-mentale Wende an. Die große Anzahl von zyklischen Vertonungen des Ordinarium Missae, die der Künstler in seiner mittleren Schaffensperiode (nach 1565) für Rom schuf, zeigen, dass er sukzessive die Reste niederländischer Tradition überwindet und dem Textsinn in der schlichten Klarheit eines homophon geprägten Satzes eine gesteigerte Bedeutung beimisst, womit die musikalische Struktur sich nun dem vertonten Wort unterordnet.[642]

Ein anschauliches Beispiel für den direkten Zusammenhang von historischem Kontext und musikstilistischer Messen-Gestaltung ist die Gruppe jener zyklischen Ordinariumsvertonungen, die Pierluigi speziell für die oben dargelegte Papstliturgie komponierte und die eine besonders glanzvolle Facette im breiten Spektrum seines Messen-Gesamtwerkes bilden, welches sich ja von den einfachsten bis zu den aufwändigsten Schöpfungen erstreckt. Denn Palestrina komponierte sowohl Ordinariumszyklen für einfache liturgische Verhältnisse und bescheidene Chöre wie auch für den imposanten Apparat der Missa papalis. Neben Kleinodien innigster Meditation stehen Werke voller Festesfreude und Glanz. Zu letzteren gehören nun eben die für die päpstliche Kapelle geschriebenen Messen, die nach 1565

---

640 Vgl. KÖRNDLE, Das musikalische Ordinarium missae nach 1400 175 f. und BECK, Das Konzil von Trient und die Probleme der Kirchenmusik 110.

641 Die legendarisch verklärte Version des Geschehens behauptet, das Konzil habe offiziell geplant, die Mehrstimmigkeit generell aus der Kirche zu verbannen. Daraufhin habe Palestrina seine Missa Papae Marcelli vor dem gesamten Konzilsplenum aufgeführt und sei dadurch – indem er die Konzilsväter vom verhängnisvollen Entschluss abgebracht habe – zum „Retter der Kirchenmusik" geworden. Diese bereits durch den Komponisten *Agostino Agazzari* (1578-1640) verbreitete Schilderung erlebte eine umfangreiche Wirkungsgeschichte. Schon im 17. Jahrhundert wird sie in neun Publikationen rezipiert. Eine prominente musikdramatische Umsetzung fand der literarische Stoff im Jahre 1917 durch die Künstleroper „*Palestrina. Musikalische Legende in drei Akten*" von *Hans Pfitzner* (1869-1949).

642 Vgl. FELLERER, Palestrina. Leben und Werk 83-86.

aus seiner Tätigkeit als Modulator pontificus der päpstlichen Kapelle[643] und Magister in musica et cantu an S. Pietro entstanden. Diese Werke sind in mehrfacher Hinsicht durch ihre spezifische Verwendung geprägt: Die Papstliturgie fand meist in einem extrem großdimensionierten Kirchenraum statt. Hierbei machte man die Beobachtung, dass die üblichen vierstimmigen Sätze, selbst wenn sie von einem großen Chor ausgeführt wurden, keine raumfüllende Wirkung erzielten, sondern in der weitläufigen Akustik dünn und spröde wirkten. Palestrina löste das Problem durch den Einsatz von Polychorik, d.h. er komponierte den Satz teilweise achtstimmig und ließ ihn durch zwei vierstimmige Chöre ausführen, die über weite Strecken je eigenständig geführt sind, meistens sogar in homophoner Stimmbewegung. Selbst in den Passagen, in denen die Chöre in echter Achtstimmigkeit direkt zusammenwirken, wahrt jede Stimme ihre Autonomie. Auf diese Weise wirkt auch in einer Überakustik der Satz nicht brüchig, sondern lässt einen geschmeidig-dichten Klangteppich bei gleichzeitiger Perspikuität entstehen. Ein weiteres Merkmal der für die Missa papalis vertonten Ordinariumszyklen ist die aus heutiger Sicht unausgewogene Proportionalität der einzelnen Ordinariumsteile im Verhältnis zueinander. In Berücksichtigung der Obedienz während des Kyrie, die bei der meist großen Anzahl anwesender Kardinäle, Bischöfe und Äbte viel Zeit beanspruchte, ist das Kyrie der betreffenden Messkompositionen sehr ausgedehnt, während es sonst in den anderen mehrstimmigen Messen Palestrinas eher gedrängt dimensioniert ist. Das Sanctus ist bei diesen Werken ebenfalls deutlich umfangreicher als sonst, da es bei der Missa papalis aufgrund des obligatorischen Platzwechsels länger dauerte. Auch das Austauschen des Friedenskusses während des Agnus Dei wirkte sich auf dessen Vertonung aus, die infolgedessen länger als üblich dauern musste.[644] Die für die Papstliturgie geschriebenen Messvertonungen sind mithin – ganz unabhängig von ihrer Textbehandlung – als Ganzes nicht unbesehen in einen anderen liturgischen Kontext integrierbar, da hier eine Inkompatibilität nicht ausgeschlossen werden kann.[645] Gegebenfalls wäre hier eine Beschränkung auf die beiden „normal" dimensionierten Ordinariumsteile sinnvoll. Zu der genannten Gruppe von mehrstimmigen Messen gehören als wichtigste die vier achtstimmigen Missae parodiae des 13. Messenbuches *Missae quatuor octonis vocibus concinendae* sowie eine Reihe unveröffentlichter Kompositionen wie z.B. die Choralmessen „*Beatus Laurentius*" à 5, „*O sacrum convivium*" à 5, „*In majoribus duplicibus*" à 4 und „*In minoribus duplicibus*" à 4. Ungeachtet der aufgezeigten Proportionalitätsproblematik sind die genannten Messen überwiegend durch die stilistische Klarheit und gewissenhafte Textbehandlung der zweiten Schaffenshälfte gekennzeichnet.

Umso erstaunlicher nimmt sich im Vergleich zu den übrigen zyklischen Messkompositionen eine Gruppe von elf Alternatimmessen aus der Feder Pierluigis aus, welche als explizite Auftragswerke für *Guglièlmo Gonzaga* (1550-1587), den Her-

---

[643] Pierluigi war 1571 unter Papst *Pius V.* (1504-1572, Pontifikat 1566-1572) wieder in das Kapellmeisteramt an S. Pietro berufen worden, aus dem ihn Paul IV. entlassen hatte.

[644] Vgl. WAGNER (Peter Joseph) 452 f., FELLERER, Palestrina. Leben und Werk 163 sowie FELLERER, Soziologie der Kirchenmusik 76.

[645] Vgl. etwa WALTER (Rudolf), Statement in „Kirchenmusik im Gespräch" 201.

zog von Mantua, in den Jahren 1578-1579 entstanden. Das Problematische an diesen *Messe di Mantova* ist die Tatsache, dass Palestrina hier weder nach seinen neugewonnenen stilistischen Richtlinien vorgehen, noch die Choralvorlage frei wählen konnte, sondern durch restaurative musikstilistische Auflagen seines Auftraggebers eingeengt war. Guglièlmo Gonzaga war bestrebt, durch die Verpflichtung möglichst vieler illustrer Künstler seiner Zeit sowie durch Schaffung eines unverwechselbaren kulturellen Gepräges seines Hofes, Mantua als exzeptionelle Kulturmetropole berühmt zu machen. Für seine zu diesem Zweck neu erbaute Hofkirche S. Barbara kreierte er eine von der römischen Liturgie abweichende Eigenliturgie und ließ diese von Rom approbieren. Neben etlichen Sonderzeremonien und -riten, auf die hier aufgrund ihrer Irrelevanz für die Ordinariumsvertonung nicht näher eingegangen werden soll, grenzte sich die Mantuaner Eigenliturgie vor allem durch die Verwendung eines eigenen, vom authentischen römischen Vorbild abweichenden Choralrepertoires ab. Die darin enthaltenen Ordinariumsgesänge sollte Palestrina nach dem Willen des Herzogs zu mehrstimmigen Messen verarbeiten. Als noch erschwerendes Moment kam aber hinzu, dass Gonzaga, der selber komponierte, mit seinem Auftrag eben jene verbindlichen Stilvorgaben artifizieller Polyphonie verknüpfte, die sich sowohl über die tridentinischen Richtlinien hinwegsetzten als auch im persönlichen Messenkonzept Pierluigis bereits längst überwunden worden waren: Fugenmäßige Cantus-firmus-Technik („*fugato continovamente*“[646]), streng kanonische Imitatorik und formale Großdimensioniertheit.[647] Es mag zunächst mit Recht befremdlich erscheinen, dass sich ein erfolgreicher, finanziell abgesicherter Tonsetzer freiwillig durch Vorgaben gängeln ließ, die seinem Konzept nicht mehr entsprachen. Dass Pierluigi bereit war, seine Stil-Prinzipien dem Willen seines Auftraggebers zu opfern, wird besonders in seinem ersten Brief an den Herzog deutlich, worin er sich demütigbeflissen nach dessen Wünschen erkundigt: „se li piacera comandarmi, com(e) la uoglia, *o, breue, o, longa, o che si sentan le parole*, io mi p(ro)varò seruirla secondo il mio poter(e) il quale tutto spenderò sempr(e) in seruitio dell'Eccellenza u(ost)ra ...“[648]. Verwunderlich ist vor allem, dass hier die Textverständlichkeit lediglich als Alternative zur Debatte gestellt und nicht als unumstößliche Conditio sine qua non vorausgesetzt wird. Dies wirkt in gewisser Weise, als ob Pierluigi seinen bereits erreichten textorientierten Satzausgleich leichtfertig preisgeben wolle. Es ist aber kaum vorstellbar, dass Palestrina, der materiell wie hinsichtlich dienstlicher Obliegenheiten sonst durchaus seine Souveränität zu wahren wusste, hier durch reinen Opportunismus bestimmt war. Es wird vielmehr deutlich, dass der Komponist sein kompositorisches Schaffen – ob bewusst oder unreflex, sei

---

646 Originalformulierung der Anweisung Guglièlmo Gonzagas. Zitiert nach Besutti 159.
647 Vgl. Besutti 157-159.
648 Brief Giovanni Pierluigi da Palestrinas an Guglièlmo Gonzaga vom 02.02.1568. Zitiert nach Jeppesen, Le messe di Mantova. Inedite dai manoscritti di Santa Barbara. Prefazione (Le opere complete di Giovanni Pierluigi di Palestrina Vol. 18) 13 (Kursivsetzung: Jakob Johannes Koch). Die deutsche Übersetzung (Jakob Johannes Koch) lautet: „Befehlen Sie mir, wie Sie [die Komposition] wünschen, ob kurz oder lang, oder so, dass man die Worte verstehen kann. Ich werde versuchen, Ihnen nach meinem Vermögen zu dienen und alles aufbieten, um Eurer Durchlaucht gefällig zu sein.“

dahingestellt – in zweierlei Kategorien differenzierte: Auf der einen Seite stehen jene Werke, die er aus einem persönlichen, seelischen Movens heraus komponierte, was durchaus auch der Fall sein konnte, wenn diese Werke zu seinen dienstlichen Verpflichtungen gehörten. Man könnte hier als Beispiele etliche der religiös sehr tief empfundenen mehrstimmigen Messen *des Missarum cum quatuor et quinque vocibus Liber Quartus* nennen, die in den Jahren der oben erwähnten Schicksalsschläge entstanden und spürbar von der dadurch ausgelösten Verinnerlichung zeugen. Daneben gab es dann aber auch jene Auftragsarbeiten, die gleichsam wie Warenbestellungen mit ganz bestimmten Ausstattungswünschen der „Kunden" versehen waren. Auf „Messen-Orders" wie im Falle des Mantuaner Auftrages reagierte Pierluigi dann eher wie ein Ausführender von Dienstleistungen. Es scheint, „... als habe ... Palestrina ... [in solchen Fällen] seine Kompositionen als Produkte betrachtet, die nicht nur reihenweise oder als zyklische Vertonungen liturgischer Textsammlungen herzustellen waren, sondern ebenso nach Prinzipien des Marktes abgesetzt werden mußten. In solchem Kontext können ... [die zitierten brieflichen Äußerungen] fast als ... Rückfragen eines Handwerkers angesehen werden, der sich ... der Befriedigung seines Auftraggebers vergewissern will."[649] Im soziokulturellen Kontext des Cinquecento war eine solche Haltung durchaus nicht moralisch verwerflich. Die Kompatibilität von „marktorientierten" Tendenzen im Kunstschaffen mit dem Axiom geistiger Autonomie der Kunst war in der Renaissance unbedingt gegeben.[650]

Die mehrstimmigen Messen der letzten 15 Lebensjahre Palestrinas, die „... er aus einer inneren Verpflichtung der Kirche geweiht hat"[651], sind als Früchte einer durch die persönlichen Lebens-Ereignisse gewonnenen seelischen Reife geformt von dem innigen Bemühen einer Vervollkommnung seines Schaffens. In ihrer deklamatorischen Perspikuität und klaren Stimmführung sowie im vollendeten Ausgleich von Polyphonie und Homophonie verwirklichen sie die tridentinischen Reformbestrebungen. Gerade in den späten Messen tritt ein hohes Maß an persönlicher Souveränität zutage. Interessanter Weise bleibt Pierluigi hier auch den Neuerungen der musikalischen Ausdruckskunst seiner Zeit fern.[652] Indem er in vielen dieser Kompositionen den gregorianischen Choral zur Grundlage der Melodik und Thematik macht, wird das Anliegen einer religiös motivierten Verbindung seiner Kunst mit der Liturgie deutlich.

Die genannten Messen der 1580er- und 1590er-Jahre sind die letzte der Gruppen, in welche wir das Messenœuvre Pierluigis gemäß ihrem Entstehungskontext eingeteilt haben. Ein solch schematisches Vorgehen kann freilich nur die groben Linien aufzeigen. Da zu viele Interferenzen und Verflechtungen vorliegen, ist eine exakte Scheidung der Gruppen voneinander nicht möglich und letztlich im Detail auch gar nicht notwendig. Wichtig ist vielmehr die Erkenntnis, dass die konkrete Werkgenese, welche sich im Problemfeld der beiden Pole „Freies inneres Movens" und „Auftragsorientierte Dienstpflicht" bewegt, ein hochrelevanter Kontext hin-

---

649 HEINEMANN 140.
650 Vgl. HELLER 462-467.
651 FELLERER, Palestrina. Leben und Werk 117.
652 Vgl. FELLERER, Palestrina. Leben und Werk 119.126.

sichtlich des „So-Seins" der einzelnen mehrstimmigen Messen ist, dessen Nachvollzug für eine heutige Fruchtbarmachung der Werke essentiell ist.

Bevor wir die bisherigen Ausführungen zum Messen-Gesamtwerk Pierluigis im Folgenden anhand einiger Werkbeispiele vertiefen, sei die Problematik des soeben Dargelegten noch anhand einer authentischen Aussage Pierluigis illustriert. In dem bereits erwähnten Dedikationsschreiben zum Erstdruck seiner 1589 publizierten Hymnen schreibt er: „Nihil omnino facio libentius, Pater Beatissime, quàm cum in ea, in qua tota ætate versor Musicæ facultate, versor meo arbitratu; hoc est cum minime ab alijs cogor præstantissimam facultatem demittere ad res leuissimas"[653] Dieser unscheinbare Satz – formuliert mit einer für das gegebene Genre geradezu erschütternden Offenherzigkeit – stimmt nachdenklich. Wenn sich Pierluigi hier dazu bekennt, nichts lieber zu tun, als nach *Gutdünken, fern aller Zwänge durch andere* zu komponieren, so verrät dies seine Sehnsucht nach dem Idealzustand eines völlig autonomen Kunstschaffens (wie es beispielsweise 200 Jahre später *Ludwig van Beethoven* [1770-1827] vergönnt war) und damit im Grunde sein Leiden an einer fortwährenden Fremdbestimmung. Dieses Bekenntnis ist ein Beleg der schicksalshaften Verwobenheit von biographischem Kontext und Œuvre, und man möchte wohl fragen, welche Werke uns Palestrina hinterlassen hätte, wenn ihm sein Wunsch nach einer von äußeren Zwängen freien kompositorischen Tätigkeit erfüllt worden wäre.

Die in der voranstehenden Untersuchung geleistete Analyse der Verwobenheit von Kontext und Œuvre möge als Basis der weiteren Fragestellung dienen, die eruieren möchte, wo diese Verwobenheit ihre Spuren in den konkreten musikalischen Text eingegraben hat. Dies soll exemplarisch in der Reihenfolge der oben angeführten Werkgruppen erfolgen.

Die frühen zyklischen Messvertonungen Pierluigis charakterisiert ein noch unausgewogenes Wort-Ton-Verhältnis. Die kontrapunktischen Künste der Niederländer, deren sich Pierluigi hier bedient, haben mit dem, was wir heute unter sinngemäßem Textausdruck verstehen, meist wenig zu tun. Bereits die erste Messe des *Missarum Liber primus*, die Cantus-firmus-Messe *„Ecce sacerdos magnus"* à 4, vermag dies zu verdeutlichen. Die ganze Messe ist über den Cantus firmus *„Ecce sacerdos magnus"* der gregorianischen Choralantiphon gearbeitet, den der Tonsetzer hier ganz bewusst als Huldigungsgestus gegenüber dem Widmungsträger Papst Julius III. auswählte.[654] Das auffallendste Merkmal dieses Opus ist seine Mehrtextigkeit: Während der Cantus firmus seine ursprünglichen, ordinariumsfremden Worte „Ecce sacerdos" usw. beibehält, bringen die übrigen drei Stimmen gleichzeitig den Ordinariumstext, wodurch weder der eine noch der andere Text verständlich ist. Daneben treten viele musikbedingte Wort- und Abschnittswiederholungen auf, die das Wort untertan machen. Die Textgliederung folgt kaum dem

---

653 Zitiert nach ESPAGNE 5.
Die Übertragung ins Deutsche (Übersetzung: Jakob Johannes Koch) lautet: „Nichts tue ich lieber, Seligster Vater, als mich mit der Gabe der Musik, mit der ich mich mein ganzes Leben lang beschäftige, *nach Gutdünken* zu beschäftigen, und das heißt, *fern aller Zwänge durch andere* die allertrefflichste Gabe auf die allerleichtesten Inhalte hinabzusenken."

654 Vgl. HEINEMANN 25.

semantischen Konnex, sondern gehorcht überwiegend den vom Textinhalt unabhängigen musikalischen Abschnitten.[655] Ähnlich signifikant für den Messenstil der frühen Periode ist die Missa „*Ad fugam*“ à 4, die als strenge Kanonmesse ebenfalls das Wort der Musik unterordnet. Es lassen sich keinerlei homophon geführte Verse aufweisen, da die einheitliche Textdeklamation der Kontrapunktik geopfert wird. Textliche Periodisierungen wie z.B. im Kyrie (das in Ignorierung der üblichen Dreiteilung ohne Ruhepunkt in einem Satz verläuft, wobei die tradierte Wiederholung der Anrufungen zum Teil weggelassen wird) werden zugunsten der musikalischen Struktur übergangen. Bei zentralen theologischen Inhalten, wie dem „Et incarnatus est“, vermisst man die Texteinheitlichkeit besonders. Die genannten Messen, wie auch etliche der anderen im selben Zeitraum entstandenen Ordinariumszyklen Pierluigis, befinden sich in größerer Nähe zur absoluten Musik als zur textbedingten Ausdrucksmusik.

Wie bereits erwähnt, lässt sich bei Palestrina in der ab den 1560er-Jahren einsetzenden Schaffensphase ein zunehmender Einfluss der humanistischen Studien erkennen, die eine neue Stellung zum Wort, d.h. im Sinne einer semantisch orientierten Deklamationsrhythmik eine Zeichnung des Wortakzentes und eine grammatikalische Gliederung der Lexeme innerhalb des Satzes mit sich brachten. Durch den persönlichen Kontakt zu den Trägern der Katholischen Reform wurde die neue Stellung des Humanismus zum Wort direkt an ihn herangetragen, was in ihm die Intention weckte, vom starren kontrapunktischen Prinzip abzurücken. In der bereits zitierten Dedikation zum *Missarum Liber Secundus* schreibt er ipsissimis verbis: „ ... faciendum mihi putavi, *ut gravissimorum, et religiosissimorum hominum secutus consilium*, ... hoc est, sanctissimum Missae *sacrificium novo modorum genere decorandum*, omne meum studium, operam, industriamque conferrem.“[656] Mit diesen Formulierungen dürfte wohl besonders die in demselben Band enthaltene Missa „*Sine nomine*“ à 6 (später Missa „*Papae Marcelli*“ genannt) gemeint sein, wo ja der *Novo modorum genus sacrificium decorandum* am intensivsten verwirklicht ist. In diesem Opus ist stilisitisch bereits im Ansatz die für das Spätwerk so charakteristische Coincidentia oppositorum der Satzbehandlung gegeben. Es scheint allerdings fast grotesk, dass Pierluigi die zentrale Reformbestimmung des Konzils, keine weltlichen Textvorlagen zu verwenden, ausgerechnet in diesem kirchenamtlich „kanonisierten“ Werk heimlich hintergeht. Die vermeintliche Missa sine nomine verarbeitet nämlich stellenweise die populäre Chanson *L'homme armé*.[657] Dies ist entweder als humorvolle Täuschung gegenüber den strengen Reformern zu deuten[658] oder als impliziter Referenzerweis an

---

[655] Vgl. FELLERER, Das Credo in Palestrinas Missa Ecce Sacerdos. Ein kleiner Beitrag zur Stilkunde des 16. Jahrhunderts 44.52 f.

[656] Zitiert nach HABERL, Zweites Buch der Messen von Pierluigi da Palestrina (Pierluigi da Palestrina's Werke Bd. 11) 3 (Kursivsetzung: Jakob Johannes Koch).
Die Übertragung ins Deutsche (Übersetzung: Jakob Johannes Koch) lautet: „Deshalb glaubte ich, ... ich müsse *dem Rat höchst gewichtiger und religiöser Menschen folgend* zusehen, dass ich meinen ganzen Eifer, Mühe und Fleiß auf die Sache richte, ... welche da ist, das allerheiligste Messopfer *in einem neuen Kompositionsstil* [wörtl.: auf eine neue Art der Weisen] zu schmücken.“

[657] Vgl. CASIMIRI 10.

[658] So etwa FELLERER, Palestrina. Leben und Werk 72.

den Widmungsträger König *Philipp II.* von Spanien (1527-1598), der damit gleichsam als wehrhafter, unbesiegbarer Mann glorifiziert werden sollte.[659] Stilistisch steht die Missa „*Papae Marcelli*" genau zwischen den frühen und den späten Messen, d.h. zwischen der Dominanz kontrapunktischer Polyphonie und dem Leitgedanken akkordischer Homophonie. Die wenig Text umfassenden Ordinariumssätze Kyrie und Agnus Dei des panegyrisch verklärten Opus brechen keinesfalls kategorisch mit dem niederländischen Stil, sondern sind unter Verwendung von Kanontechnik kontrapunktisch recht dicht angelegt, was jedoch die Wirkungsgeschichte nicht wahrhaben wollte. In den textreichen Sätzen, besonders in Gloria und Credo, ist dagegen im akkordischen Satz in der Tat eine mustergültige Umsetzung des Textverständlichkeit-Postulates gegeben. Die einzelnen Passagen werden in kurzen Phrasen homorhythmisch und weitgehend syllabisch vorgetragen, auf Wortwiederholungen wird überwiegend verzichtet, Melismen oder Ornamente sind seltene Ausnahmen. Die vertiefte geistige Einstellung Palestrinas zeigt sich besonders darin, dass er semantisch zentrale Inhalte herausarbeitet. Schon in den ersten Takten des Gloria hebt er die Worte „terra" und „pax" durch harmonische und rhythmische Akzente sowie Akkordwechsel hervor, wobei ein subtiles exegetisches Moment in der gleichzeitigen Verküpfung mit dem Anfangsmotiv des vorausgehenden Kyrie-eleison-Satzes (in der Bassstimme) erkennbar ist.[660] Diese tiefsinnige Koinzidenz des Hymnus angelicus mit der Bitte des Kyrie schon zu Beginn des Gloria scheint dabei mehr zu bedeuten als eine bloße inhaltliche Prolepsis der „Miserere nobis"-Bitten im zweiten Teil des Gloria und verdiente es, theologisch weitergedacht zu werden. Auch im Credo ist die Sensibilität Pierluigis im Umgang mit der Hintergründigkeit der Glaubensaussage erkennbar, so z.B. beim Artikel der Inkarnation. Die quasi im Sinne eines Reimes bestehende sprachliche Entsprechung von „Et incarnatus est" und „Et homo factus est" wird zunächst musikalisch abgebildet, womit im Hörerlebnis auch ein semantisch atmosphärischer Konnex evoziert wird. Zugleich setzt der Komponist aber auch den Unterschied zwischen beiden Syntagmen adäquat um, indem die Überleitung des „Et incarnatus est" zum „Spiritu Sancto ..." musikalisch nachvollzogen wird, während das „Et homo factus est" als abschließende, für sich dastehende Aussage zum Tragen kommt. Diese beiden Beispiele mögen verdeutlichen, dass Pierluigi in seiner in diesem Opus zutage tretenden neuen Einstellung zum Wort nicht nur den sprachlichen Satzablauf musikalisch erfasst, sondern darüber hinaus erstmals auch gewisse Seiten des theologischen Vorstellungsgehaltes zum Ausdruck bringt.[661]

Zeichnete sich also in der mittleren Schaffensperiode bereits eine Vergeistigung des Messen-Stils ab, so tritt gleichwohl dieses Charakteristikum in den Mantuaner Messen wieder zurück und zwar nicht aufgrund einer eventuellen Sinnesänderung seitens des Komponisten, sondern bedingt durch die Einzwängung in das Korsett restriktiver Vorschriften des Auftraggebers. Die Choräle des Kyriale der Mantuaner Hofkirche, deren Melodien Guglièlmo Gonzagas als Cantus firmi der georder-

---

[659] So etwa HEINEMANN 81.
[660] Vgl. HEINEMANN 90 f.
[661] Vgl. GEORGIADES 46.

ten Alternatimmessen[662] vorschrieb, gehören nicht zum authentischen gregorianischen Repertoire, sondern sind einer wenig qualitätvollen Neo-Gregorianik zuzurechnen (was sich auch in der Wahl der Intervalle und dem Gebrauch der Dominante zeigt). Sie sind teils ex novo komponiert, teils gegenüber dem Vorbild des fränkisch-römischen Cantus gregorianus mit erheblichen Abänderungen versehen und entstammen wohl der Feder einer einzigen Person. Die Abänderungen sind hier insbesondere: strenge Einhaltung der modalen Einheit jeder Messe und zwar auch auf der Ebene der einzelnen Versetti, die stete Einhaltung des Oktavambitus für jede Melodie sowie ein völlig unüblicher Gebrauch der Repercussio bei den plagalen Modi. Unter den Messen des Mantuaner Kyriale ist die über ein einziges Thema geschaffene Missa „*Beatae Mariae virginis*" besonders signifikant, die eine größtenteils eigenständige Komposition ist und die Palestrina für die Hofkirche dreimal fünfstimmig vertonte.[663] Im Zusammenhang mit diesen Vertonungen tut er in einem Brief an den Herzog auf erstaunlich direkte Weise kund, wie er die Qualität der Cantus firmi einschätzt. Er bezeichnet deren Eigenheiten drastisch als „ ... barbarismi et ... mali suoni ..."[664], welche es zu entfernen gelte – offenbar weil sie die freie Entfaltung des harmonischen Potentials hinderten. Sowohl diese Gegebenheit als auch die erzwungene retrospektive Kompositionstechnik lassen die Mantuaner Messen hinsichtlich der mit der Missa „*Papae Marcelli*" angebrochenen neuen Wort-Ton-Ausgewogenheit als einen gewissen Rückschritt erscheinen.[665] Theologische Ausdeutungen wird man hier schwerlich finden. „Le Messe di Mantova per la loro genesi, per la particolarità del canto piano sulle quali sono elaborate, per l'ambito liturgico a cui sono destinate, costituiscono un *unicum* all'interno della produzione palestriniana."[666] Dies gilt es im Hinblick auf eine eventuelle Verwendung in der heutigen Liturgie zu berücksichtigen.

Mit dem Eintreten in das letzte Viertel seiner Lebenszeit vervollkommnete Pierluigi seine Kompositionsweise zu dem, was als „Palestrina-Stil" zum Maßstab einer jahrhundertelangen Wirkungsgeschichte („Stilus ecclesiasticus") werden sollte. Musik und Wort werden zu einer inneren Synthese geführt, in der ebenso die Wortbedeutung der Musica reservata wie auch die Perspikuität alter Wortgestaltung zusammenwirken. Wir erkennen in seinen mehrstimmigen Messen nun ein deutliches Zurückdrängen der Cantus-firmus-Gestaltung. Der auch und gerade in den späteren zyklischen Messvertonungen Palestrinas solchermaßen evozierten

---

662 Die Alternatimteilung der Mantuaner Messen geschieht nicht in der gewöhnlichen, dem doppelchörigen Choralvortrag entsprechenden Weise, sondern es werden nur die wechselnden Teile mehrstimmig festgehalten, während die anderen choraliter oder von der Orgel vorgetragen werden, was ebenfalls auf die Besonderheit der Mantuanischen Liturgie hinweist. Vgl. FELLERER, Palestrina. Leben und Werk 94.163.

663 Vgl. BESUTTI 160-162.

664 Brief Giovanni Pierluigi da Palestrinas an Guglièlmo Gonzaga vom 05.11.1578, zitiert nach BESUTTI 159.

665 Dies trifft nicht auf die Missa *Sine nomine „A voci mutate*" (Die einzige vierstimmige Messe unter den Mantuaner Messen) zu, welche in deutlicher Anlehnung an die Missa „*Papae Marcelli*" die Textverständlichkeit in besonderem Maße zu fördern sucht.

666 BESUTTI 164. Die deutsche Übersetzung (Jakob Johannes Koch) lautet: „Die Mantuaner Messen stellen aufgrund ihrer Genese, aufgrund der Eigentümlichkeit des Cantus planus, über welchen sie gearbeitet sind und aufgrund des liturgischen Bereiches, für den sie bestimmt sind, ein *Unikum* innerhalb des Schaffens Palestrinas dar."

Wirkung hoher, abgeklärter Schönheit liegt auf stilistischer Ebene „... eine alle Stimmen des mehrstimmigen Verbands durchdringende Vokalität [zugrunde], die, verbunden mit sprachgerechter Deklamation, den Eindruck einer idealen Ausgewogenheit zwischen Linearem und Klanglichem hervorruft, wozu auch die oft besonders herausgestellte konsequente Dissonanzbehandlung ... gehört."[667] Zugleich ersehen wir – exemplarisch auch für das übrige Œuvre – an diesen abgeklärten Messen die Kehrseite der durch einen solchen Stil gewonnenen Universalität: Dass nämlich selbst bei affektiv reichen Vorlagen die Musik sich nur in Ausnahmefällen über eine rein prosodisch korrekte Behandlung des Textes hinaushebt und eine wirkliche Leidenschaftlichkeit eher selten spürbar ist.[668] Dennoch sind innerhalb des ausladenden Messen-Gesamtwerkes – gleichsam als dessen Essenz – unübersehbar etliche mehrstimmige Ordinariumszyklen anzutreffen, die einen für alle Zeiten unanfechtbaren Ausnahmestatus beanspruchen dürfen, da in ihnen das eigentlich Unmögliche geleistet ist: eine enorme, religiös beseelte Expressivität bei gleichzeitiger vollkommener Wahrung des objektiven theologischen Sinngehaltes. Sie sind in gewisser Weise gerade in ihrer Zeitbedingtheit zeitlos, und die heutige Liturgie bedarf ihrer je neu erlebbaren religiösen Impulse. Zu dieser Gruppe von Messen dürfen gemäß der Communis opinio gezählt werden die Messen „*Tertia*" à 4 („*Jesu nostra redemptio*"), „*Assumpta est Maria*" à 6, „*O admirabile commercium*" à 5 und „*Ecce ego Ioannes*" à 6.

Das im Zusammenhang mit der Biographie Pierluigis erwähnte Bestreben zur Abklärung und spirituellen Ausrichtung des reifen Alters ist – abgesehen von den Mantuaner Messen – im Messen-Werk der zweiten Lebenshälfte Pierluigis anhand mehrerer spezieller Merkmale nachweisbar. So ist in den Messen eine zunehmende Vorliebe für Tonmalereien erkennbar, in denen man „... nicht eine bloße Äußerlichkeit erblicken [darf] ... , sondern vielmehr eine für die Musik Palestrinas charakteristische Betrachtungsweise des Vorstellungsgehalts der Sprache."[669] Diese Tonmalerei geht an vielen Stellen über das „*Imitar le parole*" der altklassischen Vokalpolyphonie hinaus; sie will nicht verstanden sein als deskriptive Nachahmung des Sensuellen, sondern als *Sym-bolik* im etymologischen Sinne, als „Zusammengeworfensein" von absolutem, transzendentem Grund mit der entsprechenden Bildgestalt, womit sich in ihr eine aktualpräsentische Dimension ereignet. Besonders in den späteren Messen Palestrinas kristallisieren sich bestimmte, immer wiederkehrende Stellen heraus, in denen der Komponist die symbolischen Tiefenschichten des Wortes musikalisch auslotet. An erster Stelle sind hier zu nennen die beiden Aussagen des nicaeno-konstantinopolitanischen Symbolums „propter nostram salutem *descendit de caelis*" sowie „(Et resurrexit tertia die ...) *Et ascendit in caelum*". Bereits anhand des Credo der Missa „*Papae Marcelli*" lässt sich die musikalische Ausdeutung des deszendenten Aspektes christologischer Soteriologie aufzeigen. Der kurze Satz „descendit de coelis" wird zweimal

---

667 SCHLÖTTERER 1295. Vgl. hierzu etwa auch FELLERER, Der Palestrinastil und seine Bedeutung in der vokalen Kirchenmusik des achtzehnten Jahrhunderts. Ein Beitrag zur Geschichte der Kirchenmusik in Italien und Deutschland 74-80.

668 Vgl. HEINEMANN 109.

669 GEORGIADES 47.

hintereinander gebracht (Takte 53-58), was keine überflüssige Wiederholung, sondern ein sehr bewußtes Ausmeditieren bedeutet. Jedesmal wird nämlich ein anderer Aspekt erfasst. Beim ersten Mal steht „descendit" im Blickpunkt, wobei die anderen Stimmen der verbal-aktivischen Konnotation mit einer gewissen rhythmischen Aktivität entsprechen. Die Stimmen steigen von einem höher gelegenen Klangzentrum zu einem tieferen stufenweise hinab. Beim zweiten Mal wird in der Oberstimme das zeitlich Entgrenzte des Vorstellungshintergrundes, des umhüllenden „de coelis", fokussiert, was durch rhyhthmische Statik ausgedrückt wird. Der kadenzähnliche Ablauf umschreibt nur *ein* Klangzentrum.[670] Weniger differenziert gibt sich die Vertonung des „Et ascendit in coelum" (Takt 92-94), das als einfache aufsteigende Bewegung von einem tiefer gelegenen Klangzentrum zu einem höheren umgesetzt wird. Aber auch hier fällt bei „coelum" die symbolhafte rhythmische Statik auf.[671] Auch wenn heute nicht mehr eruierbar ist, anhand welcher konkreten gedanklichen Vorstellungen sich Palestrina die genannten Glaubensartikel in seiner persönlichen religiösen Wirklichkeitssicht vergegenwärtigte, wird anhand seines Messenœuvres dennoch deutlich, dass die beiden Kernsätze der Pole christologischer Soteriologie, Heilsrelevanz der Inkarnation einerseits und Heilsrelevanz des österlichen Doppelereignisses andererseits, in seiner Gedankenwelt verinnerlicht waren. Wohl mehr deskriptive, „objektive" Tonmalerei ist in einigen anderen Messen bei den Worten des Credo „Et expecto resurrectionem mortuorum" gegeben, wo durch eine charakteristische Rhythmik und Stimmführung das Heraustrommeln der Toten aus ihren Gräbern illustriert werden soll.[672]

Ein für heutige Interpreten und Hörer der Palestrina-Messen gleichermaßen hochbedeutsamer Verständnis-Horizont ist ebenfalls inhärent in die Kompositionen eingebettet und entbirgt sich nur durch gezielte Erforschung: Es handelt sich hierbei um bewusste Zusammenhänge zwischen den Choral- bzw. Parodiemessen und dem ursprünglichen Text des ihnen zugrunde liegenden Chorals bzw. parodierten Modells nach Art der *inhaltlichen* Kontrafaktur. Solche tiefgründigen Gedankenverbindungen mittels musikalisch-stilistischer Verknüpfungstechnik lassen sich vornehmlich im späteren Messenwerk Pierluigis häufig antreffen[673] und sind ebenfalls aus einer zunehmenden Vergeistigung heraus gezeugt. Bei der Komposition einer Choralmesse wird für gewöhnlich der ordinariumsfremde gregorianische Cantus firmus, welcher als Incipit der Messe ihren Namen gibt, von

---

670 Vgl. GEORGIADES 46 f. Analoge bzw. ähnlich gestaltete Vertonungen des „Et descendit ..." finden sich etwa in den Messen „*Spem in alium*" à 4 (Takte 61-70), „*Secunda*" à 4 [„*Primi toni*"] (Takte 42-45), „*Tertia*" à 4 [„*Jesu nostra redemptio*"] (Takte 52-56), „*Iam Christus astra ascenderat*" à 4 (Takte 53-57), „*Nigra sum*" à 5 (Takte 67-73) oder „*Dies sanctificatus*" à 4 (Takte 55-58) – um nur einige Beispiele zu nennen.

671 Analoge bzw. ähnlich gestaltete Vertonungen des „Et ascendit ..." finden sich etwa in den Messen „*De beata Virgine*" à 6 (Takte 120-124), „*Tertia*" à 4 [„*Jesu nostra redemptio*"] (Takte 87-90), „*Secunda*" à 5 (Takte 112-116), „*Panis, quem ego dabo*" à 4 (Takte 110-114) oder „*Dies sanctificatus*" à 4 (Takte 95-100) – um nur einige Beispiele zu nennen.

672 Vgl. WIDMANN, Sechsstimmige Messen Palestrinas. Ein Beitrag zur Stilkritik (In: KMJ 28 [1933]) 30. Repräsentativ für andere sei hier nur die Missa „*Alma Redemptoris*" à 6 genannt.

673 Palestrinas Tätigkeit an den römischen Kathedralen, an denen täglich ein gesungenes Amt stattfand, veranlasste ihn, in vielen seiner Messen den *Cantus gregorianus* als melodisches Material zugrunde zu legen.

seinem originären Text getrennt und zunächst nur als rein melodisches Material für den Text des Ordinarium missae verwendet. Die vergeistigende Überhöhung, wie sie nicht nur bei Palestrina, sondern auch bei anderen Tonsetzern des ausgehenden 16. Jahrhunderts anzutreffen ist, unterlegt nun den ordinariumsfremden Cantus firmus solchermaßen dem Ordinariumstext, dass an bestimmten Stellen der erklingende Ordinariumstext in einen semantischen Konnex mit dem originär zur Melodie gehörenden, nicht erklingenden (d.h. nur gedachten) ordinariumsfremden Text gebracht wird (*inhaltliche* Kontrafaktur). Dies geschieht an jenen Textstellen des Ordinariums, wo sich durch die gedankliche Parallelsetzung mit der entsprechenden Stelle des originären Textes eine semantische Äquivalenz ergibt, sich durch den gedachten ordinariumsfremden Text des gregorianischen Propriums im jeweils gegebenen Fall hinsichtlich des liturgischen Kalendarium eine zusätzliche Sinngebung anbietet oder eine Aussage des Ordinarium für eine Relecture geeignet erscheint.[674] Das soeben geschilderte Verfahren wurde bei Parodiemessen ebenfalls angewandt mit dem einzigen Unterschied, dass die parodierten Modelle Motetten-, Madrigal- oder Chansonsätze aus eigener oder fremder Feder waren.[675]

Auf welche Weise Pierluigi das textlich-semantische In-Beziehung-Setzen in concreto realisierte, sei modellhaft anhand einiger weniger Beispiele verdeutlicht. Semantische Äquivalenz liegt etwa in der Choralmesse „*Alma Redemptoris*“ à 6 vor, wenn in Takt 10 des zweiten Kyrie der gedachte Originaltext der namengebenden marianischen Antiphon zu „Kyrie eleison“ „Peccatorum miserere“ lautet oder im Credo der Parodiemesse „*Dum complerentur*“ à 6 bei der Paralellsetzung von „cum gloria“ mit „Alleluja“ aus der eigenen gleichnamigen Motette.[676] Ein besonders tiefgründiges Beispiel für Relecture des Ordinariumstextes im Lichte eines anderen, neuen Kontextes ist die mariologische Relecture des „Christe eleison“ in der Choralmesse „*Alma Redemptoris*“ à 6. Das „Christe eleison“ wird nämlich parallel gesetzt zu „Quae pervia coeli (porta manes), Maria“ aus der gleichnamigen marianischen Antiphon, worin folgende theologische Aussage zum Ausdruck kommt: Das Heilshandeln Gottes wird dem um Erbarmen bittenden Menschen durch Maria als Mediatrix zuteil – er erfährt sie mithin als „Pforte des Himmels“.[677] Eine Hinordnung auf das liturgische Kalendarium lässt sich beispielsweise anhand der Choralmesse „*Emendus*“ à 4 belegen, welche den mit dem Incipit bezeichneten gregorianischen Choral zum Aschermittwoch als Vorlage nimmt. Entsprechend dem Ernst bei der Austeilung der Asche (während derer das Responsorium „Emendus“ gesungen wird) ist die ganze Messe von sehr schlich-

---

674 Vgl. etwa KÖRNDLE, Das musikalische Ordinarium missae nach 1400 178 f.

675 Palestrina parodierte in seinen 46 nachweisbaren Parodiemessen Modelle von elf verschiedenen Komponisten. Vgl. KLASSEN 54.

676 Vgl. WIDMANN, Sechsstimmige Messen Palestrinas. Ein Beitrag zur Stilkritik (In: KMJ 26 [1931]) 63 sowie FELLERER, Palestrina. Leben und Werk 120. Als weitere Beispiele wären etwa zu nennen: In der Missa „*Ascendo ad Patrem*“ à 5: „cum sancto spiritu“ = „spiritum veritatis“ oder in der Missa „*Dum complerentur*“ à 6: „Laudamus“ = „Alleluja“ oder „spiritum sanctum“ = „tamquam spiritus vehementis“. Vgl. FELLERER, Palestrina. Leben und Werk 120.171.

677 Vgl. hierzu WIDMANN, Sechsstimmige Messen Palestrinas. Ein Beitrag zur Stilkritik (In: KMJ 26 [1931]) 61. Als weitere Beispiele für Relecture wäre etwa zu nennen: In der Missa „*Tu es Petrus*“ à 6: „et unam sanctam“ = „aedificabo ecclesiam meam“ Vgl. FELLERER, Palestrina. Leben und Werk 171.

tem, düsteren Gesamtduktus. Man vermeint nahezu eine Todesvorahnung Pierluigis zu verspüren, der kurz nach der Komposition dieser Messe verstarb.[678] Neben diesen direkten Textzusammenhängen lassen sich auch Verknüpfungen aufweisen, die mehr atmosphärischer Natur sind. So ist beispielsweise die Parodiemesse „*Dum complerentur*" à 6, der die eigene Pfingst-Motette „*Dum complerentur dies Pentecostes* " als Modell zugrundeliegt, auf eindrückliche Weise geprägt von einer Synthese festlichen Glanzes und nahezu übersprudelnder Pfingstfreude.[679]

Die soeben aus dem Messen-Gesamtwerk herausgegriffenen Paradigmen, die nur einen sehr kleinen Ausschnitt aus dem reichen Schatz der durch musikalisch-symbolische Techniken betriebenen theologischen Ausdeutung bedeuten, weisen eindringlich auf die erhebliche Relevanz eines intensiven Studiums des Zusammenhanges von Modell und Messkomposition hin. Denn die diesbezügliche Situation hat sich grundlegend geändert: Während zu Lebzeiten Palestrinas wohl jeder gebildetere Hörer von Choral- oder Parodiemessen die ihm geläufigen gregorianischen Choräle bzw. populären Chansons, Madrigale etc. kannte und somit auch die Symbolik der Modellbehandlung zu deuten wusste, fehlen bei den meisten heutigen Hörern diese Kenntnisse. Somit verwundert es nicht, wenn heute die Messliturgie und die in ihr aufgeführten mehrstimmigen Messen Palestrinas oft beziehungslos je für sich nebeneinander stehen. Hier wäre mithin bei den entsprechenden Messvertonungen eine Erschließung der theologischen Symbolik durch die jeweiligen Verantwortlichen ein wesentlicher Schritt, um den zyklischen Messkompositionen Palestrinas wieder jene konstitutive Meta-Dimension zurückzugeben, die heute auf Anhieb nicht mehr zugänglich ist.

Unsere aus einem speziellen Blickwinkel betriebenen Untersuchungen des Messenœuvres Palestrinas wollen nur als initiatives Modell für einen konstruktiven Umgang mit diesem bedeutenden kirchenmusikalischen Vermächtnis verstanden sein. Daher wurde aus den insgesamt 104 mehrstimmigen Messen nur ein kleiner, repräsentativer Querschnitt ausgewählt. Dabei wurde deutlich – und dieses aufzuzeigen ist ja die Hauptintention der hier durchgeführten Untersuchung – dass die historisch-kontextuellen Faktoren in ihrer Auswirkung auf die musikstilistische Gestalt und theologische Haltung der mehrstimmigen Messen keinesfalls akzidentell sind, sondern deren geistige Durchdringung vielmehr eine Conditio sine qua non für eine fruchtbare liturgiepraktische Verortung in der heutigen Zeit ist.

---

678 Vgl. HABERL, Siebentes Buch der Messen von Pierluigi da Palestrina. Vorwort (Pierluigi da Palestrina`s Werke Bd. 16) 3.

679 Vgl. HABERL, Achtes Buch der Messen von Pierluigi da Palestrina. Vorwort (Pierluigi da Palestrina`s Werke Bd. 17) 3. Als weitere Beispiele könnten etwa auch genannt werden die Missa „*Vestiva i colli*" ≅ Sequenz „*Victimae Paschali laudes*" Vgl. HABERL, Neuntes Buch der Messen von Pierluigi da Palestrina. Vorwort (Pierluigi da Palestrina`s Werke Bd. 18) 2 oder die Missa „*Assumpta est Maria*" à 6 ≅ eigene Motette „*Assumpta est*". Vgl. WIDMANN, Sechsstimmige Messen Palestrinas. Ein Beitrag zur Stilkritik (In: KMJ 26 [1931]) 63.

5.1.3 Das Messenœuvre und sein Mikrokontext, dargelegt am Beispiel H. L. Haßlers

5.1.3.1 Die persönliche Religiosität und das individuelle Liturgieerleben H. L. Haßlers

Die für die hier vorliegende Abhandlung bundesweit durchgeführte Befragung, welche zu Beginn des 5. Kapitels dargelegt wurde (Seite 190-193), zeigt, dass hinsichtlich der Aufführungsfrequenz des eruierten Messenrepertoires die sog. altklassische Vokalpolyphonie nach wie vor an erster Stelle steht: Giovanni Pierluigi da Palestrina und Orlando di Lasso sind hier gemäß einer langen katholischen Tradition führend. Erstaunlich ist jedoch, dass man etwa beim derzeitigen Messenrepertoire der katholischen deutschen Dome bereits an dritter Stelle von den dort genannten 78 Messenkomponisten die mehrstimmigen Messen *Hans Leo Haßler*s (1564-1612) angeführt findet. Nachdem dessen zyklische Ordinariumsvertonungen bereits im 19. Jahrhundert im Zuge der caecilianischen Restauration zumindest teilweise wieder zu neuen musikliturgischen Ehren gekommen waren und zu Beginn des 20. Jahrhunderts durch das neu entstehende musikalische Denkmälerwesen auch in kritischen Ausgaben zugänglich gemacht wurden, ebbte dieser Trend – indem auch der Caecilianismus zunehmend an Bedeutung verlor – nach einer gewissen Zeit langsam wieder ab.[680] Danach waren die Haßlerschen Messen während mehrerer Dezennien in der römisch-katholischen Liturgie nur noch mäßig vertreten. Offenbar kam es dann in den 1980er-Jahren wieder zu einem Anstieg der Aufführungsfrequenz. Die uns heute vorliegenden Statistiken erlauben es, hinsichtlich der Präsenz des Haßlerschen Messenœuvres geradezu von einer „Haßler-Renaissance" zu sprechen. Hierfür dürfte wohl vor allem die editorische Situation verantwortlich sein, die einige verbesserte Messen-Ausgaben der jüngeren Zeit aufweisen kann. Dadurch wurde vielen Chorleitern wieder ins Bewusstsein gerufen, dass der Messenschatz aus der Feder des großen fränkischen Meisters ein hohes Maß an Praktikabilität – auch für weniger leistungsfähige Chöre – besitzt: Diese Werke sind technisch überwiegend leicht zu bewältigen und verfehlen dennoch aufgrund ihrer Volkstümlichkeit mitnichten ihre Wirkung. Obgleich als Grund für die momentane Aktualität der Messen Haßlers vorderhand besonders deren aufführungspraktische Qualitäten zu konstatieren sind, sollten doch auch die theologisch-religiösen „Qualitäten" dieses bedeutenden Œuvres in das heutige Blickfeld genommen werden. Denn ein liturgisch verantwortungsbewusster Umgang mit diesen wertvollen Messvertonungen verpflichtet alle Beteiligten, d.h. Liturgen, Interpreten und Hörer gleichermaßen, die ihnen innewohnende Substanz nicht unerkannt brachliegen zu lassen, sondern als mögliche Bereicherung des eigenen Kontextes zu nutzen.

Bei der Auseinandersetzung mit dem Messenœuvre Hans Leo Haßlers muss man sich mit einer lückenhaften Quellenlage abfinden. Das Problem liegt hierbei in dem weitgehenden Fehlen von Briefen und anderen autobiographischen Zeugnissen aus des Komponisten eigener Feder, die auch nur ansatzweise Erhellendes

---

[680] Vgl. KRAUTWURST 160 f.

zu seinem Messenschaffen beitragen könnten. Die uns heute vorliegenden, bestens kommentierten umfangreichen Korrespondenzen Haßlers sind ausnahmslos offizielle Schreiben juristischen, administrativen und merkantilen Inhaltes.[681] Die fundierten *sekundären* Quellen liefern allerdings über die biographisch-kontextuellen Zirkumstanzien des Haßlerschen Œuvres sehr differenzierte Aussagen, wodurch die auf ihnen basierende Rekonstruktion des Entstehungskontextes seiner mehrstimmigen Messen wohl recht nahe an den genuinen Kontext heranreichen dürfte.

Hans Leo Haßler war zweifelsohne einer der bedeutendsten Musiker an der Wende der Renaissance zum Barock. Er nimmt unter den deutschen Komponisten noch vor dem geringfügig jüngeren *Michael Praetorius* (1571-1621) den obersten Rang zwischen *Leonhard Lechner* (* um 1553, † 1606) und *Heinrich Schütz* (1585-1672) ein. Es muss offenbar neben der unbestreitbaren technischen Qualität seines Œuvres im Allgemeinen wie im Besonderen seiner mehrstimmigen Messen vor allem auch „ ... die persönliche Färbung seiner klangprächtigen Musik gewesen sein, ... [die] den Zeitgenossen Bewunderung abnötigte. Eine ... reine Schönheit des ... Satzes verbindet sich in seinen Motetten und Messen mit harmonischer Fülle ... [und] Wärme des Empfindens“[682]. Diese in seiner Musik zum Ausdruck kommende Gefühlswärme Haßlers korreliert in den mehrstimmigen Messen mit seiner persönlichen Religiosität, die sich von der verinnerlicht-mystischen Religiosität Palestrinas deutlich unterscheidet. Sie ist geformt durch die biographisch bedingte Fühlungnahme mit den vielschichtigen Einflüssen einer bewegten Epoche: Sie steht im Spannungsfeld von Reformation und Gegenreformation.

Bereits der Großvater des Komponisten, *Hans Haßler d.Ä.* († 1565), hatte sich der Lehre Martin Luthers angeschlossen. In der Kontinuität dieses Bekenntnisses ließ der in Nürnberg lebende Vater Hans Leos, *Isaak Haßler* (* um 1530, †1591) seinen Sohn als Lutheraner taufen.[683] In seinem am 10.06.1612 am Grab Hans Leo Haßlers gehaltenen Leichensermon bezeugt der kurfürstlich sächsische Hofprediger *Daniel Hänichen* (1566-1619), dass Isaak Haßler seinen Sohn „ ... zur Gottesfurcht ... fleißig erziehen und unterweisen ...“[684] ließ. Während seines Besuches einer namentlich nicht näher zu eruierenden Nürnberger Lateinschule, wo er eine umfassende hohe Schulbildung erhielt, dürfte der Knabe neben ersten musikalischen Kenntnissen und dem Erwerb einer hervorragenden lateinischen Sprachfertigkeit vor allem auch auf fundierte Weise im lutherischen Glauben unterwiesen worden sein.[685] Nürnberg war bereits im Jahre 1525 förmlich zum Luthertum übergetreten und hatte sich seit der Mitte des 16. Jahrhunderts zu einem „Bollwerk des Luthertums“[686] entwickelt. Es war dabei ein eher konservativ zu nennender Protestantismus, der den persönlichen Glauben des jungen Haßler in seiner Heimatstadt prägte. Der Hiatus zum katholischen Bekenntnis war hier nicht so mar-

---

681 Vgl. hierzu SCHMID (Ernst Fritz), Hans Leo Haßler und seine Brüder 70-199.
682 WAGNER / BLUME 1808.
683 Vgl. KRAUTWURST 140.
684 HÄNICHEN 24.
685 Vgl. KRAUTWURST 141.
686 KIST 1074.

kant wie in den anderen regionalen Ausprägungen der Reformation. Auf zwanglose Weise kam der Zwanzigjährige mit dem Katholizismus in Berührung, als er in den Jahren 1584-85 in Venedig weilte. Als Schüler des bedeutenden Renaissancekomponisten *Andrea Gabrieli* (1510-1586) und Intimus *Giovanni Gabrielis* (1554-1612) erlebte er eine befruchtende Inspiration durch die blühende katholische Kirchenmusik der Lagunenstadt, ohne jedoch sein evangelisches Ethos preiszugeben.[687] Diese italienischen Jahre sind somit grundlegend für den bei Hans Leo Haßler später zu beobachtenden weiten religiösen Gesamtentwurf, in welchem auf eine ebenso unskrupulöse wie selbstverständliche Weise Luthertum und Katholizismus miteinander verwoben sind, ohne dass dies zu einer Nivellierung seiner stets unangefochten protestantischen Gesinnung geführt hätte. Diese interkonfessionelle Offenheit liegt auch der Entscheidung Haßlers zugrunde, sich in direktem Anschluss an seine italienischen Studien als Kammerorganist in die Dienste des Barons von Kirchberg und Weißenhorn *Oktavian Secundus Fugger* (1549-1600) nach Augsburg zu begeben. Dies ist insofern bemerkenswert, als das schwäbische Handelsherrengeschlecht der Fugger seit 1546 in die Auseinandersetzung mit den deutschen Protestanten maßgeblich involviert war. Der orthodox katholische Zweig der Familie, der zwar zunächst trotz aktiver Unterstützung des Tridentinums noch um Aussöhnung beider Lager bemüht gewesen war, tat sich seit dem Scheitern solcher Bemühungen durch tatkräftige Förderung der Gegenreformation hervor. Nach dem Augsburger Religionsfrieden, der für die schwäbische Reichsstadt eine Gleichberechtigung der religiösen Bekenntnisse festgesetzt hatte, verhalfen die Fugger z.B. durch die Gründung eines Jesuitenkollegs und die Unterstützung von katholischen Bildungseinrichtungen der Katholischen Reform in Augsburg zu wachsendem Erfolg.[688] Auf diesem Hintergrund ist es in der Tat erstaunlich, dass einerseits Haßler als Lutheraner für Oktavian II. Fugger musikalisch tätig wurde, „... ohne sich im geringsten in ... [seinem] evangelischen Gewissen beunruhigt zu fühlen“[689], und andererseits der Baron keine Hemmungen hatte, einen Protestanten in Dienst zu stellen.[690] Offenbar half auch die gegenseitige Sympathie zwischen dem Kammerorganisten und seinem Dienstherren sowie die Fähigkeit, die musikfachliche Tätigkeit Haßlers unabhängig von religiösen Fragen zu objektivieren, über eventuelle Hindernisse hinweg. Ein weiterer Hinweis auf Haßlers Eigenschaft, zugunsten der hohen Aufgabe der liturgischen Musik die sich zuspitzenden konfessionellen Gegensätze seiner Epoche überwinden zu können, zeigen seine Kontakte zu jesuitischen Kreisen, die ja ebenfalls auf Katholische Reform und Gegenreformation einen nicht zu unterschätzenden Einfluss hatten. So veröffentlichte er etwa im *Thesaurus Litaniarum* des Kapellmeisters an der Münchener St. Michaels-Kirche, *Georg Victorinus* († 1624), eine von ihm für

---

687 Vgl. SANDBERGER, Bemerkungen zur Biographie Hans Leo Haßlers und seiner Brüder, sowie zur Musikgeschichte der Städte Nürnberg und Augsburg im 16. und zu Anfang des 17. Jahrhunderts 44 f.

688 Vgl. PÖLNITZ

689 SANDBERGER, Bemerkungen zur Biographie Hans Leo Haßlers und seiner Brüder, sowie zur Musikgeschichte der Städte Nürnberg und Augsburg im 16. und zu Anfang des 17. Jahrhunderts 88.

690 Vgl. etwa WAGNER / BLUME 1804 oder KRAUTWURST 149.

die katholische Liturgie komponierte sechsstimmige Litanei.[691] Dass diese hier zu beobachtende geistige Haltung Hans Leo Haßlers keineswegs selbstverständlich war, wird an seinem Verhältnis zu den katholischen Augsburger Kirchenmusikkollegen deutlich. Die konfessionellen Gegensätze behinderten – verbunden mit evidenten Mentalitätsunterschieden – jegliche nähere Beziehungen Haßlers zu den führenden katholischen Musikern Augsburgs.[692]

Die Möglichkeit eines Durchdringens der innersten Sphäre der persönlichen Religiosität Hans Leo Haßlers bleibt uns verwehrt. Das aus den Quellen zu Tage tretende Charakterbild des Nürnberger Tonsetzers zeigt uns, dass der Kern seiner Persönlichkeit von einer „... lauten, geschäftigen und nicht immer ganz makellosen Wesensart ...“[693] überdeckt wurden. Wenn hier von „überdecken“ gesprochen wird, so ist diese Formulierung sehr bewusst gewählt. Denn die demütige, dem Anliegen der Liturgie gegenüber stets dienende und darin religiös motivierte Kirchenmusik Haßlers lässt auf einen ganz anderen Kern seiner Persönlichkeit schließen, als derjenige, den man aufgrund des äußeren Habitus vielleicht voreilig anzunehmen geneigt sein konnte. In der Person Haßlers begegnet uns vielmehr jene eigentümliche, gerade auch im Charakterbild bedeutender historischer Gestalten immer wieder anzutreffende Koinzidenz einander widersprechender Kräfte, deren adäquate Beurteilung aus der veränderten Perspektive heutigen Denkens problematisch ist. Das hinter der ambivalenten Persönlichkeitsstruktur Haßlers – der „ ... ziemlich skrupellose, das Maß des Erlaubten überschreitende ...“[694] Geschäftsmann einerseits und der „ ... gute, ... fromme ... Mann“[695] andererseits – sich verbergende innerste Wesen kann aber wohl am ehesten in der ungekünstelten Lauterkeit seiner Musik erahnt werden.

Während also der größte Teil des Curriculum Vitae Hans Leo Haßlers bezüglich seiner Religiosität keine tieferen Einblicke gestattet, gab der Komponist in der Situation der Todesnähe – kurz bevor er der Phthisis, mit der er bereits seit Mitte der 1590er-Jahre kämpfte, im Alter von erst 48 Jahren erlag – seiner persönlichen Religiosität im Beisein seines geistlichen Beistandes, des oben bereits zitierten Hofpredigers Daniel Hänichen, auf existentielle Weise Ausdruck. Hänichen berichtet: „ ... nachdem er [sc. Haßler] vermercket, das seines Lebensende verhanden, hat er sich ...[am] Freytage nach der Predigt mit Gott versöhnet, in warer hertzlicher rew vnd leide sein Sünde erkandt, dagegen in warem Glauben vnd hertzlicher zuversicht, die erhöhete Schlange JEsum Christum angeblicket, seines teuren verdienstes, Leydens vnd Sterbens hertzlich getröstet, vnd nach empfangener Absolution vnd vergebung seiner Sünden, den waren Leib und Blut Christi genossen, dem HErrn Christo vor sein schmertzliches Leyden hertzlich gedanket, zugesaget, dasz er in Christlicher gedult vnd bestendigkeit in der erkandten vnd bekandten seligmachenden Warheit, in warem Glauben bisz an sein ende durch

---

691 Vgl. SANDBERGER, Bemerkungen zur Biographie Hans Leo Haßlers und seiner Brüder, sowie zur Musikgeschichte der Städte Nürnberg und Augsburg im 16. und zu Anfang des 17. Jahrhunderts 68.

692 Vgl. KRAUTWURST 149 und WAGNER / BLUME 1804.

693 SCHMID (Ernst Fritz), Hans Leo Haßler und seine Brüder 160.

694 ROTH 48.

695 MOSER (Hans Joachim) 158.

Gottes Gnade verharren, vnd gewiszlich ein Kind vnd Erbe der ewigen Seligkeit sein vnd bleiben wolte. Eben solches bekendnus hat er auch am Sontage noch repetirt ..., vnd das er nochmals dabey biß in Tod verharren wolte, mit Hand vnd Munde zugesaget, Sehen wir alhier einander nicht mehr, so wolten wir ob Gott wil dort im ewigen Leben einander sehen. Worauff er denn Montags ... sanfft vnd selig eingeschlaffen ...“[696]

Nach diesem Blick auf die persönliche Religiosität Hans Leo Haßlers soll im Folgenden der Komponist als Rezipient von Liturgie in den Mittelpunkt unserer Untersuchung treten: Gegenstand der nachstehenden Ausführungen ist die Rekonstruktion, auf welche Weise und unter welchen besonderen Umständen Hans Leo Haßler die Liturgie seiner Zeit erlebte.

Gemäß dem eingangs angeführten Zeugnis Daniel Hänichens, ließ Isaak Haßler seinem Sohn Hans Leo von Kindheit an eine religiös orientierte Erziehung und Unterweisung angedeihen. Die lutherischen Gottesdienste in der regionalen Ausprägung seiner Heimatstadt Nürnberg stellten somit für den Knaben die erste Begegnung mit liturgischen Feiern dar. Mit dem Eintritt Hans Leos in eine Nürnberger Lateinschule, an der die Musik bevorzugte Pflege fand, gehörte es zu den Aufgaben des Schülers, am gottesdienstlichen Chorgesang regelmäßig teilzunehmen. Nach der protestantischen Tradition hatten die Schülerchöre unter anderem in den Kirchen die Musik zu stellen oder zu verstärken.[697] In Nürnberg waren dies zur damaligen Zeit vor allem die drei Hauptkirchen St. Sebald, St. Lorenz und die Liebfrauenkirche.

Initiiert durch den Nürnberger Humanistenkreis, der bereits Anfang der 1520er-Jahre im dortigen Augustinerkloster eigenmächtig die Messliturgie im Sinne der reformatorischen Bewegung feierte (u.a. Communio sub utraque specie), entschied der reichsstädtische Rat wenige Jahre später offiziell unter Lossagung von Papst und Bischof, dass in der ganzen Stadt der Gottesdienst nur noch gemäß den Anweisungen Luthers zu feiern sei.[698] Bei der Kultusreform hatten sich gleichwohl zwei unterschiedliche Richtungen herauskristallisiert: Eine volkstümliche, welche die Volkssprachlichkeit für den gesamten Gottesdienst erstrebte, und eine konservative, der es um eine partielle Beibehaltung der lateinischen Liturgiesprache und anderer überkommener liturgischer Bestandteile ging. Die erstgenannte Richtung konnte sich allerdings nicht durchsetzten. Sie wurde von ihren Vertretern in der Folgezeit lediglich im kleinen Kreis in der Kirche des Heilig-Geist-Spitals praktiziert. Der überwiegend konservative Nürnberger Rat lehnte hingegen die Einführung des deutschen Gottesdienstes ab, sodass sich die liturgische Neuordnung an den Pfarrkirchen nach dem Vorbild der „Formula missae et communionis pro ecclesia Vittebergensi“ Martin Luthers vollzog. Der Gottesdienst der Nürnberger Pfarrkirchen war mithin ein lateinisch-deutscher Gottesdienst: lateinisch in der

---

696 Hänichen 26.
697 Vgl. Butler 209.213.
698 Vgl. Schlemmer 365-368 sowie Schmid (Alois) 950 f.

Liturgie und deutsch in Predigt, Lektionen und evangelischen Gemeindeliedern.[699] Der Unterschied zur vorreformatorischen Liturgie erschien wohl somit – zumindest von der äußeren Gestalt her – eher geringfügig und es „... muß ... bezweifelt werden, ob der einfache Christ in Nürnberg die volle Tragweite dieser Entscheidung [sc. für die lutherische Lehre] und der noch vorsichtigen gottesdienstlichen Veränderungen erfaßte und durchschaute.“[700] Die vordergründig gegebene Nähe des Nürnberger Gottesdientes zur katholischen Liturgie blieb bis zur Mitte des 18. Jahrhunderts bestehen; ja selbst im 19. Jahrhundert kam die lateinische Sprache als Liturgiesprache noch teilweise zur Geltung.[701] Mithin befand sich zu Lebzeiten Hans Leo Haßlers die oben angesprochene konservativere Gottesdienstgestalt noch umfassend in Geltung. Dass die Liturgie, die der junge Musiker in seiner Vaterstadt erlebte, jene konservativere der Pfarrkirchen und nicht die volkstümliche der Spitalkirche war, sollte besonders im Hinblick auf sein späteres Messenœuvre von erheblichem Belang sein. Denn die noch verbliebenen vier Teile des Ordinariums wurden weiterhin meist in chorischer Vokalpolyphonie und in lateinischer Sprache ausgeführt: Kyrie und Credo fakultativ (abhängig vom Grad der Feierlichkeit), sowie Sanctus-Benedictus und Agnus Dei obligatorisch.[702]

Infolge der soeben geschilderten liturgischen Gegebenheiten in der Vaterstadt Haßlers zur Zeit der Kindheit und Jugend des Komponisten wird sein bemerkenswerter Schritt eher nachvollziehbar, sich nach dem Italienaufenthalt im Jahre 1586 als Kirchenmusiker in die Dienste des katholischen Barons Octavian II. Fugger nach Augsburg zu begeben. Als Kammerorganist erlebte Hans Leo Haßler die tägliche Messliturgie an der Augsburger Fuggerkapelle bei St. Anna, der unter *Georg I. Fugger* (1453-1506) erbauten ersten deutschen Renaissancekirche. Diese Liturgie vollzog sich in strenger Observanz der im obigen Makrokontext dargelegten tridentinischen Reformbestimmungen. Dass Haßler nun mit dieser Form des Gottesdienstes nicht in einen inneren Konflikt geriet, ist mithin auf die in gewisser Weise durchaus vorhandene Nähe des Nürnberger Gottesdienstes zur katholischen Liturgie zurückzuführen.[703] Während eines Zeitraumes von 15 Jahren, bis zum Tode seines Dienstherren Fugger, begleitete die katholische Liturgie berufsbedingt das Tagewerk des Tonsetzers. Erst mit seiner Rückkehr nach Nürnberg wurde er im Zuge seiner Ernennung zum Archimusicus der Stadt wieder für den evangelischen Gottesdienst an den großen Pfarrkirchen, mit Schwerpunkt in der Liebfrauenkirche, tätig. Die Untersuchung der Gestalt des evangelischen Gottesdienstes in Ulm, wo Haßler zwischen 1605 und 1608 wohnte sowie der Liturgie am kursächsischen Hof zu Dresden, welche er im Rahmen seiner dortigen Tätigkeit als kurfürstlicher Kammerorganist erlebte, ist im Hinblick auf den Fokus der vorliegen-

[699] Zum detaillierten Ablauf des Nürnberger Hauptgottesdienstes, wie er 1533 in der vom reichsstädtischen Rat veröffentlichten *Kirchenordnung Brandenburg-Nürnberg* festgeschrieben wurde, vgl. ausführlich BUTLER 207-214 sowie PAHL 70.
[700] SCHLEMMER 368.
[701] Vgl. RIETSCHEL / GRAF 351.
[702] Vgl. BUTLER 208-213.
[703] Vgl. SANDBERGER, Bemerkungen zur Biographie Hans Leo Haßlers und seiner Brüder, sowie zur Musikgeschichte der Städte Nürnberg und Augsburg im 16. und zu Anfang des 17. Jahrhunderts 87 f.

den Abhandlung nicht vonnöten, da in diesem Zeitraum keine mehrstimmigen Messen mehr aus des Komponisten Feder entstanden.

Wie bereits erwähnt, existieren keinerlei persönliche Aufzeichnungen Haßlers, in welchen er sich zu seinem subjektiven Liturgieerleben unmittelbar äußert. Dies rührt wohl vor allem von dem charakterlichen Naturell des Tonsetzeres her, dessen religiöses Erleben durch sein Verfolgen oberflächlicher Interessen für Außenstehende zugedeckt blieb. Demgegenüber müssen nun freilich jene Kompositionen beachtet werden, die der fränkische Meister für die Messliturgie schuf. Denn wenn er auch keine verbalen Zeugnisse seines Liturgieerlebens hinterließ, so ist in der liturgischen Musik Haßlers doch implizit ein sehr bewusstes Reflektieren über die Liturgie erkennbar. Dieser geistigen Auseinandersetzung mit dem Wesen der Liturgie entspricht auch die anhand von Quellen verifizierbare Tatsache, dass Hans Leo Haßler sich der hohen Aufgabe der von ihm geschaffenen gottesdienstlichen Musik überaus bewusst ist. Am deutlichsten dürfte dies in der Dedikation zu dem 1599 in Nürnberg erschienen Messenbuch *Missae quaternis, V. VI. et VIII. vocibus* zu Tage treten, die an seinen Augsburger Dienstherren Octavian II. Fugger gerichtet ist. Während die Dedikationen zu anderen sakralen Werken Haßlers unleugbar in hohem Maße von artifizieller Topik gekennzeichnet sind, nehmen in der vorliegenden Dedikation die Höflichkeitsfloskeln im Verhältnis zu den untopischen Ausführungen über das Wesen der Musik lediglich einen marginalen Stellenwert ein. Modestia-Formeln sind allenfalls rudimentär erkennbar, auch der Preis des Adressaten hält sich in Grenzen. Im Folgenden sei die aussagekräftigste Passage der Widmung zitiert:

„Quanta verò eius vis sit in Ecclesia: cùm sacræ literæ nos docent, tum ipsa experientia. Sumus enim naturâ segniores ad virtutis studium: cujus præcepta ut aliud quasi agentibus instillarentur: divina providentia hoc velut remedium esse voluit, quo ad sacra perdiscenda homines invitarentur. Hinc psalmodiæ, hinc hymni: quibus partim erudimur, partim Deum omnis boni autorem celebramus. Qua de causa Liturgiæ quoque institutæ sunt, sive (ut verius dicam) id genus cantica, quæ in illarum administratione adhibentur, ut cælestis illius Musicæ sitim in nobis accenderent."[704] Neben der Betonung der ethischen Relevanz der (sakralen) Musik, worin sich der Lutheraner Haßler in Übereinstimmung mit dem Wittenberger Reformator befindet[705], fällt in Sonderheit auf, dass er den liturgischen Gesang mit der Liturgie per se synonym setzt. Hierin kommt ein wesentliches Moment des

[704] Zitiert nach AUER / CROSBY 22.
Die Übertragung ins Deutsche (Übersetzung: Jakob Johannes Koch) lautet: „Wie groß aber ihre Macht [sc. der Musik] in der Kirche ist, das lehren uns einesteils die heiligen Schriften, besonders aber die Erfahrung selbst. Wir [sc. die Menschen als solche] sind von Natur aus ziemlich träge, wenn es um Eifer für Tugend geht: deren Weisungen dringen allenfalls tropfenweise in solche, die gewissermaßen eigentlich auf etwas anderes aus sind. Die göttliche Vorsehung wollte, dass [die Musik] wie ein Heilmittel vorhanden ist, durch das die Menschen eingeladen werden sollten, den Bereich des Heiligen gründlich in sich aufzunehmen. Daher gibt es Psalmengesänge, daher Hymnen, durch die wir teils Erziehung erhalten, teils Gott als den Urheber alles Guten feiern. Aus diesem Grund sind auch Liturgien eingerichtet oder – um es richtiger zu sagen – diese Gesangsart, die man bei der Verrichtung [der Liturgie] verwendet, damit sie in uns den Durst nach jener himmlischen Musik wecken."

[705] Vgl. etwa STAHL 15 f.

reformatorischen Liturgie- und Musikverständnisses zum Ausdruck: Jene Musik, die sich in der Liturgie ereignet, wird nicht mehr als kontingente Paraliturgie jenseits des eigentlichen Gottesdienstes verstanden. Sie ist vielmehr selber in uneingeschränktem Sinne Liturgie. Wenn Haßler die genuine Bestimmung liturgischer Musik darin sieht, *ad sacra perdiscenda homines invitare* sowie *Deum omnis boni autorem celebrare*, so ist für ihn damit zugleich der tiefste Sinn jeglicher Liturgie zur Sprache gebracht. Er begreift mithin auch sein eigenes Wirken als aktive Teilnahme an der Liturgie. Die zitierte Passage macht deutlich, dass Haßlers Wirken als Komponist gottesdienstlicher Musik durchaus in einer sehr bewussten, individuellen geistigen Auseinandersetzung mit dem Wesen der Liturgie gründet, was im folgenden Kapitel auch und gerade an seinem konkreten Messenœuvre deutlich werden wird.

5.1.3.2 Kontextuelle Erschließung des Messenœuvres H. L. Haßlers

Eine kontextuelle Annäherung an das konkrete Messenschaffen Hans Leo Haßlers erscheint zumindest in rein quantitativer Hinsicht weniger aufwändig als bei Giovanni Pierluigi da Palestrina: 104 mehrstimmigen Messen des „Princeps musicae" stehen nur zehn Messen des knapp vierzig Jahre jüngeren Nürnberger Meisters gegenüber, von denen heute wiederum nur acht ediert sind. Innerhalb des sakralen Œuvres Haßlers nehmen die Messen nicht den obersten Rang ein, womit freilich nichts über die Qualität seiner Ordinariumskompositionen ausgesagt ist. Gemäß seiner lutherischen Musikauffassung besaß für ihn das mehrstimmige Setzen des evangelischen deutschen Kirchengesanges eine größere Bedeutung. Die verstärkte Pflege des Gemeindeliedes, die unter calvinistischem Einfluss auch im lutherischen Gottesdienst zunehmend an Relevanz gewann, veranlasste ihn zu vierstimmigen Bearbeitungen des einschlägigen lutherischen Gesangs-Repertoires, die wohl als die eigentliche Essenz des Haßlerschen Schaffens angesehen werden dürfen. In ihnen verdichtet sich die Individualität Haßlers.[706] „Stücke von einerseits solcher Innigkeit neben der Noblesse, andererseits aber von solch tunlichst pietätvoller Rücksicht auf die strophische Struktur des evangelischen Kirchenlieds und solch tiefgründiger Meisterschaft ... konnte allemal nur ein ... deutscher Protestant schreiben. ... [Die] Kirchengesänge ... sind volkstümlich ... mit ihren erdwüchsigen, kernigen Harmonien und ihrem aparten Satz ..."[707] Demgegenüber nehmen nun die mehrstimmigen Messen Haßlers insofern einen Sonderstatus ein, als sie zwar in gewisser Weise ebenfalls Züge des lutherischen Musikverständnisses tragen, aber zum größten Teil für die *katholische* Messliturgie konzipiert sind. Wären sie für die evangelische Liturgie geschaffen worden, hätte dies Konsequenzen hinsichtlich ihrer zyklischen Gestalt gehabt: Um die Wende vom 16. zum 17. Jahrhundert entstand nämlich der Typus der *lutherischen Missa brevis* (*Kurzmes-*

---

[706] Vgl. MOSER (Hans Joachim) 150-151.157.

[707] SANDBERGER, Bemerkungen zur Biographie Hans Leo Haßlers und seiner Brüder, sowie zur Musikgeschichte der Städte Nürnberg und Augsburg im 16. und zu Anfang des 17. Jahrhunderts 45.

se), also einer zyklischen Ordinariumskomposition, die nur drei oder zwei Ordinariumsteile (Kyrie, Gloria und gegebenenfalls Credo) umfasst. Anstelle der ausgesparten Ordinariumssätze traten entsprechende Gemeindelieder.[708] Aufgrund ihrer Bestimmung für die katholische Messfeier vertonte Haßler hingegen bei seinen meisten mehrstimmigen Messen alle fünf Teile des Ordinarium missae.

Zu Beginn des Kapitels 5.1.2.2 „Kontextuelle Erschließung des Messenœuvres G. Pierluigi da Palestrinas" wurde ein kurzer historischer Aufriss der Soziologie des Kirchenmusikers bis zum 17. Jahrhundert gegeben. Es wurde dargelegt, dass das Amt des Kirchenmusikers bis zum ausgehenden 16. Jahrhundert selbstverständlich auch die Dienstverpflichtung des Komponierens mit einschloss. Wenn also der einundzwanzigjährige Hans Leo Haßler im Jahre 1586 Privatbediensteter mit dem Titel und Aufgabenbereich eines *Kammerorganisten* wurde, bedeutete dies zugleich, dass er fortan alle kompositorischen Aufträge des Arbeitgebers auszuführen hatte.[709] Es lässt sich etwa anhand der Vorrede zu dem Sammelband *Sacrae symphoniae diversorum excellentissimorum autorum 4-16 vocum Kaspar Haßler*s (1562-1618), des ebenfalls kompositorisch tätigen Bruders Hans Leos, belegen, dass gerade der Musikliebhaber und Mäzen Octavian II. Fugger, der etwa auch mit Orlando di Lasso und den ersten Komponisten Italiens in Verbindung stand, auf die durchgängig musikalische Ausgestaltung der Liturgie größen Wert legte. Hans Leo Haßler selbst spricht in diesem Zusammenhang von der „glühenden Liebe zu jener frommen Anwendung der Musik"[710] seines Dienstherren. Ganz im Sinne der an der Schwelle zum Frühbarock aufkommenden eucharistischen Frömmigkeit galt dem Baron die mehrstimmige Messe als die zentrale Hochform sakraler Musik. Mithin hatte auch der Protestant Haßler sich dem katholischen Kompositionsgenus der fünfsätzigen zyklischen Ordinariumsvertonung zu widmen. Dass er dies aus eigenem Antrieb verständlicher Weise wohl nicht getan hätte, geht auch aus der diesbezüglichen Formulierung in der bereits oben zitierten Dedikation zu seinem ersten und einzigen Messenbuch *Missae quaternis,V.VI.et VIII. vocibus* (1599) hervor, wenn es dort heißt: „Quod genus Liturgica melodemata ut & componerem, & in lucem ederem; *persuaderi mihi sum passus*"[711]. Haßler war gleichwohl nicht der einzige protestantische Komponist, der für den Bedarf der katholischen Kirchen schrieb. Die spezielle Situation in Süddeutschland, nämlich ein gewisses Festhalten mancher evangelischen Kirchen an Bestandteilen des katholischen Kultes gepaart mit einer starken kirchenmusikalischen Tradition, begünstigte für etliche lutherische Komponisten die Entscheidung

---

708 Vgl. SENN, Die mehrstimmige Messe 86 sowie FINSCHER / LÜTTEKEN 202.

709 Neben dem genannten Aufgabenbereich schloss das Amt des Kammerorganisten am Hofe Octavian II. Fuggers auch die Pflicht ein, das tägliche Leben seines Herren und dessen Gastmähler mit Musik auszuschmücken. Vgl. SANDBERGER, Bemerkungen zur Biographie Hans Leo Haßlers und seiner Brüder, sowie zur Musikgeschichte der Städte Nürnberg und Augsburg im 16. und zu Anfang des 17. Jahrhunderts 64.

710 Die originale Diktion lautet: „ardens ... amor in pium illum Musicæ usum". HAßLER, Dedikation zu *Missae quaternis,V.VI.et VIII. vocibus*, zitiert nach AUER / CROSBY 22.

711 Zitiert nach AUER / CROSBY 22 (Kursivsetzung: Jakob Johannes Koch).
Die Übertragung ins Deutsche (Übersetzung: Jakob Johannes Koch) lautet: „Dass ich diese Art liturgischer Melodien [sc. Messvertonungen] komponiere und ans Licht bringe, dazu *ließ ich mich überreden*."

für eine kirchenmusikalische Tätigkeit in katholischen Diensten.[712] Das Bemerkenswerte an der Entscheidung Hans Leo Haßlers, welcher bereits vor seiner Augsburger Zeit durchaus eine gewisse Berühmtheit erlangt hatte, ist wie gesagt, dass er für einen erklärten Förderer der Gegenreformation tätig wurde, der selbst innerkatholisch betrachtet zu den besonders orthodoxen Angehörigen seiner Konfession gehörte. Insofern ist ein Nachvollziehen dieses biographischen Kapitels nur möglich, wenn hier die obigen Erläuterungen zu den kirchlichen Gegebenheiten Nürnbergs als ausschlaggebend berücksichtigt werden. Denn die „.. Überlieferungen lassen, wie der Vergleich mit anderen evangelischen Städten ergibt ..., die nürnberger Gottesdienstordnung als eine jener Ordnungen erscheinen, welche von allen bestehenden überhaupt am meisten an der Übung der alten Kirche festgehalten haben."[713] Da „ ... die altnürnberger Liturgie ... viele Bestandteile der katholischen Zeremonien ... konservierte, ... erklärt sich auch für unsere Zeit ohne weiteres, warum ... Hans Leo Haßler in Augsburg seine Messen schreiben konnte ... . Es wirkte ... [der] Künstler damit direkt und indirekt ja nur im Sinn ... [seiner] eigenen heimischen liturgischen Anschauungen."[714] Die „ ... Nürnberger Liturgie [hatte] Haßler ... geradezu vorbereitet ..., sich in der Messenkomposition mit solchem Glück zu betätigen."[715]

Im Gegensatz zu den mehrstimmigen Messen Giovanni Pierluigi da Palestrinas, die sukzessive in einem Zeitraum von über 40 Jahren entstanden, wurden jene acht in dem Messenbuch von 1599 enthaltenen Messen Hans Leo Haßlers in einem Zeitraum von wohl nicht einmal zehn Jahren komponiert. Das Moment der sich im Messenstil Pierluigis widerspiegelnden seelischen – und damit auch religiösen – Wandlung ist bei Haßler nicht merklich. Auch stilistisch befinden sich die zyklischen Ordinariumsvertonungen des Messenbuchs in weitgehender Übereinstimmung untereinander; eine Entwicklung ist nicht auszumachen. Der Stil ist im Vergleich zum herb-kräftigen Duktus späterer geistlicher Werke wie etwa der vierstimmigen „*Psalmen und christlichen Gesäng*" noch verhältnismäßig weich und glatt. Ganz offenkundig hatte bei Haßler der zum Zeitpunkt des Entstehens der Messen ja erst kurze Zeit zurückliegende Italienaufenthalt als Schüler Andrea Gabrielis nicht zu einer Aufgabe der deutschen Stilmerkmale geführt, sondern vielmehr zu einer höchst reizvollen, individuell geprägten Synthese.[716] Obgleich der junge Nürnberger Komponist in Venedig mit Sicherheit auch die moderne musikstilistische Tendenz der italienischen Affektendarstellung kennen gelernt hatte, meidet er diese in seinem Œuvre. Auch seine Satztechnik bleibt noch am „alten Stil", d.h. an der *Prima practica*[717] orientiert, die ihm aus seiner Nürnberger

---

[712] Vgl. ZIMMERHOF 276.

[713] SANDBERGER, Bemerkungen zur Biographie Johann Pachelbels 11.

[714] SANDBERGER, Bemerkungen zur Biographie Hans Leo Haßlers und seiner Brüder, sowie zur Musikgeschichte der Städte Nürnberg und Augsburg im 16. und zu Anfang des 17. Jahrhunderts 87 f.

[715] SANDBERGER, Bemerkungen zur Biographie Hans Leo Haßlers und seiner Brüder, sowie zur Musikgeschichte der Städte Nürnberg und Augsburg im 16. und zu Anfang des 17. Jahrhunderts 69.

[716] Vgl. MOSER (Hans Joachim) 152 f.

[717] „*Prima practica*" ist die Bezeichnung für den strengen Kontrapunkt des „alten Stils", wie er in dem grundlegenden Lehrbuch *Le istitutioni harmoniche* (Venedig 1558) des

Zeit bereits vertraut war und bei seinem Lehrer Gabrieli ebenfalls anzutreffen ist. Hierin kann Haßler der Orlando-di-Lasso-Nachfolge zugerechnet werden. Die *Missae quaternis,V.VI.et VIII. vocibus* sind geprägt von dem Zusammentreffen italienischen und deutschen Kunstgefühls: Die ausgefeilten stilistischen Mittel und die geschliffene formale Struktur entspringen der Anregung italienischer Tradition; eher deutsch ist hingegen die spürbare Lust an der polyphonen Entfaltung und die Neigung, die rein ästhetische Schönheit der Proportion mit der Fülle der Phantasie zu durchbrechen. Diese kommt besonders in der überaus gewählten Motivsprache zum Audruck. Auch der Gesamtduktus des musikalisch-gestischen Ausdrucks kommt in seinem individuellen Kolorit ebenfalls erst durch eine Synthese zustande: Italienisch mutet die unverkennbare Eleganz an, die zuweilen etwas von der Vornehmheit und repräsentativ weltmännischen Atmosphäre des Lebensstils der Augsburger Fugger ausstrahlt, zuweilen aber auch durchaus zu betören vermag. Von deutscher Mentalität zeugt die stete Wahrung des Gemessenen, die mitunter trauliche Zierlichkeit sowie die gemütvolle Volkstümlichkeit. Diese beiden bei Haßler sich in vollendeter Harmonie befindenden Elemente bedürfen und befruchten einander. Das eine ohne das andere wäre je für sich genommen verhältnismäßig reizlos. Erst das so charakteristische Verwobensein, zu dem es eines wahrhaften Genius bedurfte, macht die Messen Haßlers – freilich auf der Basis seiner überragenden Meisterschaft in der Satztechnik – zu jenen Kleinodien, denen bis heute ein exzeptioneller Rang zukommt.[718] Haßler tritt uns in seinen acht Augsburger Messen weder als Neuerer noch als Traditionalist entgegen – er nimmt eine Mittelposition zwischen linearer Renaissancekunst und farbig-flächigem Frühbarock ein. Vergleicht man seine *Missae quaternis,V.VI.et VIII. vocibus* freilich mit den konservativen Ordinariumskompositionen seiner protestantischen Zeitgenossen, deren Stil oft eine herbe Unsinnlichkeit und Strenge eignet, wirken sie fast modern: Die gefällige Melodik, der Ausgleich zwischen Homophonie und strenger Polyphonie, die Überwindung der Kirchentonarten zugunsten des Dur-Moll-Systems sowie die Abkehr von der mensuralen Rhythmik hin zu den modernen akzentbetonten Taktbildungen weisen den fränkischen Tonsetzer als einen durchaus fortschrittlich denkenden Musiker aus.[719]

Die im ionischen Modus komponierte Missa prima 4 vocum des Messenbuches ist eine Parodiemesse. Gemäß ihrem ordinariumsfremden Cantus firmus der ebenfalls aus der Feder Haßlers stammenden Motette *„Dixit Maria ad Angelum“*, welche als Incipit der Messe ihren Namen gibt, ist die Messe in der Veröffentlichung von 1599 mit *„Missa super: Dixit Maria“* bezeichnet. Allerdings unterscheidet sich die Haßlersche Modellbehandlung insofern fundamental von derjenigen Palestrinas, als man hier meist vergeblich nach subtilen Gedankenverbindungen suchen wird. Haßler verwendet das parodierte Modell überwiegend als rein melodisches Material für den Text des Ordinarium missae. Die bei Palestrina vorhandene vergeistigende Überhöhung, die den ordinariumsfremden Cantus firmus

italienischen Musiktheoretikers und Komponisten *Gioseffo Zarlino* (1517-1590) kodifiziert wurde.

[718] Vgl. WAGNER / BLUME 1808-1810.

[719] Vgl. ZIMMERHOF 276.

solchermaßen dem Ordinariumstext unterlegt, dass an bestimmten Stellen der erklingende Ordinariumstext in einen semantischen Konnex mit dem originär zur Melodie gehörenden, nicht erklingenden ordinariumsfremden Text gebracht wird, bleibt bei Haßler aus. Dies ist vor allem auf die Mentalitätsdifferenz der beiden Tonsetzer zurückzuführen. Die subtile religiöse Mystik Palestrinas liegt dem nüchternen Lutheraner Haßler gänzlich ferne. Sein unmittelbarer, geradliniger Habitus findet nicht den Weg zur hintergründigen und aus heutiger Sicht diffizilen Modellbehandlung des „Princeps musicae". Was allerdings die auf glanzvolle Wirkung verzichtende stilistische Schlichtheit der Missa prima anbetrifft, so sind hier schon eher Berührungspunkte mit dem Messenœuvre Pierluigis erkennbar: Als gleichmäßiger musikalischer Strom ist sie melodisch sehr zurückhaltend und – abgesehen von den kurzen imitierenden Einleitungen der einzelnen Messteile und den beiden Bicinium-Abschnitten im Credo – streng homophon. In ihrer Schmucklosigkeit kann die *„Missa super: Dixit Maria"* als die „lutherischste" unter den acht Werken des Messenbandes bezeichnet werden und kommt gerade dadurch – mirabile dictu – dem auf das Wesentliche reduzierten Spätstil Palestrinas sehr nahe, also jenes katholischen Tonsetzers, der auf solch dezidierte Weise die Dekrete des Tridentinums einhielt.[720] In der Lichte der Harmonik und der Verständlichkeit der melodischen Linien erreicht diese zyklische Ordinariumsvertonung eine nahezu volkstümliche Wirkung. Der katholische Priester und Musikforscher *Carl Proske* (1794-1861), der die Missa Prima 1853 zum ersten Mal wieder veröffentlichte, nennt sie eine Tonschöpfung „ ... von unbeschreiblicher Anmut und Klarheit, welche bei reinem Vortrage nie die beabsichtigte Wirkung eines schönen, frommen Eindruckes verfehlen kann."[721]

Die Missa secunda 4 vocum, die nach einer langen Periode des Verschollenseins erst Anfang der 1870er-Jahre wieder entdeckt wurde, erscheint im Messenbuch von 1599 als Missa *„Sine nomine"*. Auch wenn diese Bezeichnung suggeriert, dem Cantus firmus liege kein bestimmtes Modell zugrunde, deutet doch einiges auf die Verwendung einer volkstümlichen thematischen Vorlage hin.[722] Hinsichtlich ihrer Anmut und Klarheit steht die Messe unter allen anderen Ordinariumkompositionen Haßlers der Missa prima wohl am nächsten. Allerdings sind die kurzen, gelegentlich fast „abgehackten" Motive nicht unproblematisch.

Im Gegensatz zur Missa secunda ist die Missa tertia 4 vocum eine wirkliche Missa *„Sine nomine"*, die ohne parodiertes Modell frei gestaltet ist. Die nächsten vier mehrstimmigen Messen des Buches, die Missae quarta, quinta, sexta und septima sind hingegen wieder Parodiemessen, von denen drei über eigene Motetten des Komponisten und eine über ein weltliches Lied geschrieben sind. Die Tatsache, dass sich unter den acht Ordinariumszyklen nicht eine einzige Choralmesse befindet, deutet darauf hin, dass ihr Urheber ein Lutheraner ist. Selbst in Nürnberg hatte sich in den letzten Dezennien des 16. Jahrhunderts ein Rückgang des Proprium missae innerhalb der protestantischen Liturgie abgezeichnet, was wohl auf den

---

[720] Vgl. LANGLOIS 6 f.
[721] PROSKE 67.
[722] Vgl. WAGNER (Peter Joseph) 343.

jungen Haßler abfärbte. Für ihn besitzt das lateinische Proprium nicht mehr jene geistig beziehungsvolle Relevanz, wie sie etwa bei Palestrina noch in hohem Maße gegeben ist.[723] Wenn Haßler als thematisches Modell für die teils von hoher Schönheit, teils von fast fremd anmutender Strenge geprägte Missa quarta super „*Verba mea*" 5 vocum seine gleichnamige Motette Nr. 22 aus dem von Kaspar Haßler herausgegebenen Sammelband *Sacrae Symphoniae diversorum excellentissimorum autorum 4-16 vocum* heranzieht, so ist hierbei seine Motivation ebenfalls nicht das Herstellen semantischer Verbindungen. Das melodische Material des motettischen Themas dient ihm lediglich dazu, jeweils alle Ordinariumssätze in der Weise zu durchwirken, dass eine geschlossene musikalische Einheit entsteht.

Die selbe Intention verfolgte der Komponist auch mit der Wahl des Modells für die Missa quinta super „*Ecce quam bonum*": Er parodiert damit seine gleichnamige Motette. Das weitgehende Vorherrschen von Homophonie gepaart mit Luzidität, Fasslichkeit und Ausgewogenheit der Deklamationsrhythmik lassen dieses Werk, das überdies in seiner Kürze bemerkenswert konzentriert wirkt, für eine liturgische Verwendung sehr geeignet erscheinen.[724]

Die besondere Situation, dass Haßler als evangelischer Musiker für die katholische Liturgie komponierte, wird auch anhand der Missa sexta super „*Come fuggir*" 6 vocum deutlich. Das Tridentinische Konzil hatte – wie bereits mehrfach erwähnt – nur wenige Jahrzehnte vor dem Entstehen dieser Komposition im „*Decretum de observandis et evitandis in celebratione missarum*" offziell verboten, weltliche Lieder zur musikalischen Grundlage kirchlicher Kompositionen zu nehmen. Gerade im Dienste der Fugger, welche ja die Maßnahmen zum Schutz des Tridentinums förderten und die Gegenreformation aktiv unterstützten, wäre ein striktes Beachten dieses Verbotes durchaus nahe liegend gewesen. Dass Hans Leo Haßler dessen ungeachtet als Motiv der Missa sexta ein weltliches Lied (dessen Text mit den Worten „Come fuggir" begann) verwendet, ist indes mit ziemlicher Sicherheit nicht als bewusste Provokation zu deuten – dies ließe sich mit der historischen Tatsache einer gegenseitigen Sympathie zwischen dem Tonsetzer und Octavian II. Fugger nicht in Einklang bringen – sondern dürfte primär auf Unkenntnis der Konzilsbestimmungen zurückzuführen sein[725]: In Haßlers musikalischer Ausbildung, die ja zum größeren Teil unter evangelischen Lehrern erfolgt war, spielte die katholische Kirchenmusik-Gesetzgebung keine Rolle. Die Missa sexta, deren Charakteristikum eine große Agilität in der Stimmführung ist, gehört zu den bedeutendsten der Epoche.

In der Missa septima super „*Quem in coelo*" 6 vocum, deren Motive zwei eigenen Motetten des Komponisten entstammen, ist der einzige evidente Fall einer auch auf den Textinhalt bezogenen bewussten Verknüpfung von Modell und Parodiemesse vorhanden. Im Credo unterlegt Hans Leo Haßler die Melodie der Vorlage solchermaßen dem Ordinariumstext, dass der in ihr enthaltene ungewöhnliche Sprung einer großen Sext abwärts mit dem Textsinn des Credo konvergiert: Haßler

---

[723] Vgl. hierzu SENN, Die mehrstimmige Messe 86.
[724] Vgl. BÄUERLE 58.
[725] Vgl. AUER (Joeph) 11.

loziert das Sextmotiv des Modells exakt an der Textstelle „descendit". Dieser kurze Sextsprung ist dabei nicht vergleichbar mit der teilweise theologisch ausdeutenden Tonmalerei, wie wir sie beispielsweise in manchen Messen Palestrinas antreffen. Es handelt sich hierbei lediglich um das sich der Denotation des einzelnen Wortes (parola separata) anschmiegende „Imitar le parole", d.h. in diesem speziellen Fall um die rein assoziative Form der Tonmalerei, welche einen komplexen Vorgang selektiv auf die ihn symbolisierende Bewegungsart reduziert.

In Kapitel 5.1.2.2 „Kontextuelle Erschließung des Messenœuvres G. Pierluigi da Palestrinas" wurden paradigmatisch einige mehrstimmige Messen Palestrinas angeführt, die spezielle Gegebenheiten im Rahmen von Sonderliturgien berücksichtigen. Auch bei Hans Leo Haßler findet sich ein solches Opus: Es handelt sich hierbei um die grandiose Missa octava „*Sine nomine*" 8 vocum, die vielfach als sein bedeutendstes Werk angesehen wird. Die bewusst auf repräsentativen Glanz und festliche Klangwirkung hin angelegte Komposition ist von Haßler wohl explizit für liturgische Hochformen konzipiert. Der Anlass ihrer Uraufführung ist indes heute nicht mehr eruierbar. Um diese Festmesse für Aufführungen in größten Kirchenräumen geeignet zu machen, setzte Haßler Polychorik ein, d.h. er komponierte den Satz teilweise achtstimmig und ließ ihn durch zwei vierstimmige Chöre ausführen. Die Doppelchörigkeit ist bei Haßler eine Frucht seines Studiums in Venedig.[726] Im dortigen Markusdom erlebte er jene Kompositionen der großen italienischen Meister, die eigens für dieses Gotteshaus geschaffen wurden: Die Musiker wurden auf die diversen Emporen, Kanzeln und Galerien verteilt. „Die Chöre auf den gegenüberliegenden Orgelemporen, ... Consort-Sänger auf den Balkonrängen am Lettner – eine theaterähnliche Zurschaustellung des Musikapparates ..., der das Publikum im Kirchenschiff mitlauschend beiwohnen darf. ... Die „Echo"-Solisten ... [wurden] in einiger Entfernung aufgebaut, unsichtbar. Ihre Töne brachen sich an jedem Quadratzentimeter der herrlich reflektierenden Flächen der Basilika und ließen kein Fleckchen ungenutzt."[727] „Die Akustik von S. Marco gestattet auf wunderbare Weise beides: Intimität und Großartigkeit."[728] Ebendiese Verbindung von Intimität und Großartigkeit ist es, welche Haßler durch die Übernahme der spezifischen Anwendung venezianischer Polychorik anstrebt. Die Scheidung der beiden miteinander musizierenden Chöre geschieht so konsequent, dass die Stimmen des einen Chores mit solchen des anderen Chores größtenteils nicht zusammen erklingen. Der Chorus primus beginnt mit sukzessive einsetzenden Stimmen und in der Kadenz oder auf dem Schlussakkord hebt der Chorus secundus mit ähnlichem oder gleichem Tonsatz an, um dem nunmehr pausierenden Chorus primus an der gleichen Stelle das Wort zurückzugeben, selbst zu pausieren und den Verlauf solchermaßen weiterzuführen. Lediglich an exponierten Höhepunkten vereinigen sich die beiden Chöre zu echter Achtstimmigkeit. Die durch diese Doppelchorgestaltung hervorgerufene Raumwirkung war in der deutschen Chormusik zur damaligen Zeit noch ein Novum. Die potentiell

[726] Vgl. WAGNER (Peter Joseph) 347.
[727] GARDINER 30.
[728] GARDINER 29.

ergreifende Wirkung der genial komponierten Echowirkungen und kanonartigen Imitationen kommt allerdings nur dann zum Tragen, wenn die Chöre tatsächlich in größerem Abstand aufgestellt werden sowie eine Raumakustik mit optimaler Diffusität und ausreichender Nachhallzeit gegeben ist.[729] Eine der erschütterndsten Passagen der Messe dürfte wohl die Stelle in Takt 16 des Kyrie sein, wenn sich die aus verschiedenen Richtungen des Raumes erklingenden Stimmen zu einem gewaltigen (synkopiert gestalteten) Ausruf vereinen. Dass sich die genannten Bedingungen heute hinsichtlich einer generellen liturgischen Aufführungspraxis dieses Werkes nur schwerlich realisieren lassen, liegt auf der Hand. Wo die ideale stereophone Wirkung nicht erreicht werden kann, ist die Missa octava eines ihrer Hauptmerkmale beraubt, welches gleichwohl gerade hinsichtlich der psychischen Wirkung seitens der Rezipienten von eminenter Bedeutung ist.

Der quantitative Umfang des Gesamtœuvres Hans Leo Haßlers ist im Vergleich zur Produktivität anderer Zeitgenossen recht bescheiden. In diversen Selbstzeugnissen spricht der fränkische Tonsetzer ipsissimis verbis von seinem „sterile ingegno" und „ingenium tarditatum". Dies mag ein wesentlicher Grund sein, warum Haßler, obgleich ihm sein mäzenatischer Dienstherr neben den beruflichen Verpflichtungen stets in ausreichendem Maße Zeiten der Muße ermöglichte, alles andere als ein Vielschreiber war.[730] Besonders in seinen letzten zehn Lebensjahren ist noch einmal ein deutliches Zurückgehen des kompositorischen Ertrages zu bemerken. Einerseits ist hierfür die nach 1600 vermehrte kaufmännische Tätigkeit des Künstlers – Montanunternehmungen, umfangreiche Edelstein- und Juwelengeschäfte sowie Kreditwesen – verantwortlich, andererseits liegt die Ursache sicherlich auch in der ihm bereits Jahre vor seinem Tode zusetzenden Phthisis, welche seine Schaffenskraft lähmte.[731] Auf der Folie dieser Gegebenheiten erstaunt es nicht, dass Haßler nach 1600 nur noch zwei mehrstimmige Messen komponierte: Es handelt sich hierbei um jene beiden mehrstimmigen Ordinariumszyklen, die erst postum in dem 1630 in Erfurt gedruckten Messen-Sammelband *Missae ad praecipuos dies festos accommodatae, quinque, sex & octo vocibus* des Naumburger Organisten *Georg Vintz(ius)* († 1661) erschienen.[732] Beide Werke, die im Gegensatz zu den acht Augsburger Messen nicht für die katholische, sondern für die lutherische Liturgie komponiert wurden, sind seitdem nicht mehr publiziert worden. Als Erklärung für die Tatsache, dass sie heute weder in der Liturgie noch im Konzert aufgeführt werden, genügt demnach der lapidare Hinweis auf das Fehlen einer den modernen aufführungspraktischen Anforderungen entsprechenden Edition. Während der Entstehungskontext der Ersten der beiden posthumen Messen, der Missa super „*Cantate Domino*" 5 vocum, die wohl über eine eigene gleichnamige Motette mit dem Text des Psalmes 98 komponiert ist, völlig im Dunkeln liegt, lässt sich das andere Opus mit hoher Wahrscheinlichkeit biographisch ein-

---

729 Vgl. ZIMMERHOF 279.
730 Vgl. KRAUTWURST 148 und SANDBERGER, Bemerkungen zur Biographie Hans Leo Haßlers und seiner Brüder, sowie zur Musikgeschichte der Städte Nürnberg und Augsburg im 16. und zu Anfang des 17. Jahrhunderts 64.
731 KRAUTWURST 159.
732 Vgl. WAGNER / BLUME 1808 sowie MÜLLER / ZIRNBAUER 159.

ordnen. Hans Leo Haßler hatte für die Hochzeit eines Nürnberger Ratsherren, eines Förderers und Verehrers seiner Kunst, eine mehrstimmige Messe komponiert, bei der es sich mit ziemlicher Sicherheit um die zweite bei Vintzius publizierte Missa *„Laudate Dominum omnes gentes"* 8 vocum handelt. Obwohl der Auftraggeber selber Rathsherr war, wurde es von dessen Kollegen als Anmaßung empfunden, dass bei der (sc. lutherischen) Trauungsliturgie eines bürgerlichen Paares eine mehrstimmige Messe erklang. Da solcher „übergroßer Aufwand"[733] gemäß der Nürnberger Hochzeitsordnung über die übliche Trauungsmusik hinausging und folglich nicht vorgesehen war, erfolgte prompt eine offzielle Bestrafung durch den Rat der Reichsstadt. Offenbar befürchtete man auch eine Nachahmung durch andere Bürger. Im Nürnberger Ratsprotokoll vom 16.11.1607 heißt es zu diesem Vorfall: „Item Hans Leo Haßler eine Meß seiner E. vberschickt, welche zu der Kirchen angerichtet vnd gesungen worden. Ist verlassen, solchs alles für vngenau zu halten ... dem Neuderffer aber ein Streffliche Red zu sagen, damit sein fürnemen nitt In ein Consequenz gezogen werde."[734]

Überblickt man das Gesamt des Messenschaffens Haßlers, so lässt sich feststellen, dass seine „sprühend lebensvollen ... Messen"[735] „... keineswegs Routine- oder Klischeearbeiten [sind]; jede ist ein individuell abgerundetes Werk"[736]. Was die objektive Behandlung des Ordinariumstextes anbetrifft, so wahrt Haßler durchwegs den exakten, d.h. ohne Verkürzungen oder Zusätze versehenen Wortlaut des Missale Romanum Pius V.. Lediglich in einigen Kyrie-Sätzen findet sich die kleine Unkorrektheit, dass die Lexeme „Kyrie" und „eleison" zu „Kyrieleison" elidiert werden sowie bei „Kyrie" der Wortakzent in stets dreisilbigen Verwendung oft auf der Pänultima oder gar Ultima liegt.[737] In den meisten der heutigen revidierten Ausgaben sind diese problematischen Stellen – sofern dies möglich war – korrigiert. Ansonsten zeichnen sich die Haßlerschen Messkompositionen durch Fasslichkeit, Perspikuität und ausgewogene Deklamationsrhythmik aus.

Als abschließender Schritt unserer Beschäftigung mit dem Haßlerschen Messenœuvre soll noch ein Blick auf das Wort-Ton-Verhältnis geworfen werden. Bei Palestrina erkannten wir das Bemühen, das Objektive des Vorstellungsgehaltes wiederzugeben. Musik und Wort werden vom „Princeps Musicae" zu einer inneren Synthese geführt, in der ebenso die Wortdeutung der Musica reservata wie auch die Klarheit der Wortgestaltung früherer Jahrhunderte zusammenwirken. Die Musik wirkt bei ihm wie ein Naturvorgang. Auf die Messen Haßlers trifft dieses nicht zu. In ihnen ist nirgendwo das Bestreben spürbar, eine musikalische Exegese am Text entlang erfolgen zu lassen. Die musikalischen Ausdrucksmittel werden

---

733 Nürnberger Ratsprotokolle (Ratsverlässe), Notiz vom 16.11.1607. Zitiert nach SANDBERGER, Bemerkungen zur Biographie Hans Leo Haßlers und seiner Brüder, sowie zur Musikgeschichte der Städte Nürnberg und Augsburg im 16. und zu Anfang des 17. Jahrhunderts 111.

734 Nürnberger Ratsprotokolle (Ratsverlässe), Notiz vom 16.11.1607. Zitiert nach SANDBERGER, Bemerkungen zur Biographie Hans Leo Haßlers und seiner Brüder, sowie zur Musikgeschichte der Städte Nürnberg und Augsburg im 16. und zu Anfang des 17. Jahrhunderts 111.

735 MOSER (Hans Joachim) 158.

736 ZIMMERHOF 276 f.

737 Vgl. AUER (Joseph) 6 f.

vom Komponisten nicht als Mittel theologischer Textausdeutung eingesetzt, weswegen der Stil seiner Messen nicht textstruktur-orientiert dem geistigen Gehalt nachspürend, sondern flächig, d.h. den intuitiven Gesamtausdruck einfangend ist. Für Haßler ist die „ ... Aufgabe [der Messkomposition] ... nicht die Interpretation des Wortes, sondern die reiche Ausschmückung des Gottesdienstes."[738] Auch darin erweist er sich als einer, der sich im Aufbruch befindet, d.h. die Renaissancementalität abzustreifen im Begriffe ist und die Entwürfe des Barocks bereits vorkostet: Indem er die klangprächtige Verherrlichung des sich in der Messliturgie vollziehenden Glaubensmysteriums jener Haltung vorzieht, der es um den demütigen Dienst am Gotteswort bzw. um das Erspüren der einzelnen liturgisch-theologischen Elemente geht, antizipiert er den barocken Sensualismus. Andererseits ist er noch weit entfernt von der psychagogischen Theatralik des Hochbarocks, der sich nicht selten in manieristischen Übersteigerungen gefällt. Der folgenden Charakteristik des Haßlerschen Œuvres ist im Wesentlichen zuzustimmen: „Heftige Leidenschaft und übersinnliche Verzückung sind Haßler ebenso fremd wie affekthaftes Pathos oder realistische Gegenständlichkeit. Die große Geste der barocken Gebärde, die verzehrende Inbrunst der Hingabe an Wort und Bild, die selige Süßigkeit des rauschhaft ausgekosteten Schmerzes, diese Kennzeichen barocker Musikgesinnung wird man bei ihm vergeblich suchen."[739]

Haßler geht es im Gegensatz zur Kunstanschauung des Hochbarocks um die Herausstellung des Allgemeinverständlichen. Wenn dies in gewisser Hinsicht dem Anliegen der heutigen Liturgie durchaus entgegenzukommen vermag, birgt es dennoch zugleich auch eine Problematik: Zentrale, punktuelle theologische Aussagen werden durch die flächige Anlage seines Messenstils mitunter nivelliert und gehen damit ihres Verkündigungscharakters verlustig. Noble Zurückhaltung und eine mitunter berückende stilistische Gewandtheit „ ... kennzeichnen ... seine Messen ... weit eher als die Not einer bedrängten Seele."[740]

Dies sei anhand einiger Beispiele verdeutlicht. Im Kyrie der Missa secunda „*Sine nomine*" 4 vocum fällt etwa auf, dass die beiden Themen sowohl der Kyrie- als auch der Christusanrufung nicht mit dem theologischen Gehalt konvergieren. Keiner der beiden möglichen Stimmungsgehalte – d.h. weder inständiges Flehen, noch begeistertes Jubeln – werden durch Melodik und Rhythmik evoziert: Beide Themen fließen in einer in freundlich-hellem Duktus gehaltenen Belanglosigkeit dahin. Sie sind durchaus gefällig, lassen aber keinerlei Ringen um den Textsinn deutlich werden. Ähnliches kann etwa auch anhand der Missa quarta super „*Verba mea*" 5 vocum aufgezeigt werden: Das Hauptthema, welches wie gesagt der eigenen gleichnamigen Motette entnommen ist, steht von seinem Charakter her an etlichen Textpassagen des Ordinariumstextes in einem Zwiespalt zur Semantik. Bereits im Kyrie will das von einer anspruchslosen Heimeligkeit geprägte Thema dem Wortsinn nicht gerecht werden. Erst recht beim „Crucifixus" des Credo erscheint die heitere Leichtigkeit der Rhythmik und Melodik unpassend.[741] Dies lässt

---

[738] WAGNER / BLUME 1810.
[739] WAGNER / BLUME 1808.
[740] WAGNER / BLUME 1808.
[741] Vgl. etwa auch WAGNER (Peter Joseph) 343 f.

sich auch im „Crucifixus" der ansonsten sehr ausdrucksstarken Missa octava „*Sine nomine*" 8 vocum beobachten. Das eigentlich Erschütternde des textlich wiedergegebenen Geschehens der Passion Christi vermag in der Haßlerschen Komposition an dieser Stelle nicht durchzudringen. Die erklingende Musik ist stattdessen geprägt von „ ... deutsche[r] Treuherzigkeit und Gemütlichkeit"[742]. Es ließen sich für den solchermaßen zu konstatierenden Hiatus zwischen Wortsinn und musikalischem Duktus noch manch andere Stellen anführen, die obigen Beispiele mögen gleichwohl als Verifikation des Explanandum genügen.

Um dem Komponisten Haßler mit einer rechten Einschätzung zu entsprechen, sollte das Dargelegte nicht schlechthin als generelles Defizit angesehen werden. Hans Leo Haßler gestaltet nämlich bewusst volkstümlich, ja die Volkstümlichkeit ist ihm ein regelrechtes Anliegen. Wo das auch und gerade in heutigen liturgischen Kontexten wieder neu zu entdeckende Element der Sinnlichkeit, das „irdische Vergnügen in Gott"[743] zum Tragen kommen soll, können einzelne Messen oder Messen-Sätze Haßlers durchaus fruchtbar werden. Da er den Text des Ordinarium missae aber nicht punktuell ausdeutet bzw. keine individuellen Akzente auf partielle Textaussagen legt, sondern das liturgische Wort als ästhetische und theologische Ganzheit behandelt, eignen sich seine Messen für eine Verdeutlichung des Anliegens der jeweiligen Tagesliturgie innerhalb des heutigen Gottesdienstes weniger. Dass die Haßlerschen Messvertonungen keine heortologischen Anknüpfungspunkte bieten, disqualifiziert sie indes in keinster Weise. Denn gerade in ihrer atmosphärisch-ausdrucksmäßigen Offenheit lassen sie sich heute in sehr vielen verschiedenen liturgischen Kontexten problemlos verorten. Sie unterstreichen mit ihrem würdevollen und zugleich zuversichtlichen Gesamtduktus die Feierlichkeit des kultischen Geschehens, oktroyieren aber keine spezifischen Stimmungen auf. Sie laden in ihrer ausgewogen-ruhigen Gefälligkeit und zugleich tiefgründigen Tonsprache zur Meditation ein, geben aber nicht den Meditationsgegenstand vor. D.h. sie drängen sich nicht auf, bereichern aber den Gottesdienst spürbar. Gerade die Messen Hans Leo Haßlers vermögen es also – wie auch aus der musikliturgischen Praxis immer wieder bestätigt wird – wie nur wenig andere Werke des Genres, die zuhörende Gemeinde in eine innere Gelöstheit und dadurch größere Aufnahmebereitschaft für das Mysterium der Messfeier zu versetzen. Diese Chance sollte in der gegenwärtigen liturgischen Praxis unbedingt wahrgenommen werden.

5.2 Die mehrstimmige Messe der Wiener Klassik am Beispiel J. Haydns und W. A. Mozarts

Im folgenden Kapitel soll die hermeneutische Methode der doppelten Werkkon-

---

[742] WAGNER (Peter Joseph) 349.

[743] So lautet wörtlich der Titel des Hauptwerkes von *Barthold Hinrich Brockes* (1680-1747), der als Barockdichter jene Geisteshaltung sinnlicher Religiosität zum Ausdruck brachte, die in den Messen Haßlers schon deutlich spürbar ist (bibliographische Angaben zu Brockes siehe Literaturverzeichnis am Ende des Buches).

textualisierung auf das Messenœuvre der Wiener Klassik angewandt werden. „Da die Wertkomponente, die Implikation des Vorzüglichen, aus dem Wort [„Klassik“] nicht zu tilgen ist, ist seine Anwendung zu beschränken auf das Werk der drei weit herausragenden Komponisten J. Haydn, W.A. Mozart u.[nd] L. van Beethoven; das janusköpfige Werk F. Schuberts nimmt eine Sonderstellung ein.“[744]

Dass von den vier soeben genannten Komponisten zwei für unsere paradigmatische Behandlung ausscheiden, sei nachfolgend kurz begründet: Gegenüber dem Messenwerk Haydns, Mozarts und Schuberts spielen die beiden zyklischen Messvertonungen Beethovens in der heutigen Liturgie nur eine marginale Rolle.[745] Dies liegt daran, dass Beethoven seine Messen weniger für die konkrete Liturgie als vielmehr auch für den Konzertsaal konzipierte.[746] Insofern besitzen sie für das heute liturgisch relevante Messenœuvre der Wiener Klassik keine Typizität. Daher soll das Messenschaffen Beethovens bei der nachfolgenden paradigmatischen Werkkontextualisierung nicht berücksichtigt werden. Auch das Messenschaffen Franz Schuberts erscheint im Rahmen unserer Anforderungen als Paradigma nicht geeignet, da es dem Überschneidungsfeld zwischen Klassik und Romantik zugehört. Mithin stehen im weiteren Verlauf dieses Kapitels die beiden markantesten Messe-Komponisten der Wiener Klassik im Fokus der gegebenen Fragestellung: Joseph Haydn und Wolfgang Amadeus Mozart.

5.2.1 Der religionsgeschichtliche und liturgiehistorische Makrokontext

5.2.1.1 Der Katholizismus im Spätbarock und in der Epoche der Aufklärung

Der Skopus der vorliegenden Darlegungen ist die katholische Religiosität in *Barock*[747] und *Aufklärung*. Kirchen- und theologiegeschichtliche Einzelfakten sind lediglich insofern relevant, als ihre Erwähnung im Hinblick auf den Verständnishorizont bestimmter Aspekte unverzichtbar ist.

Bereits in Kapitel 5.1.1.1 wurden die komplexen historischen Voraussetzungen barocker Frömmigkeit aufgezeigt. In der Zusammenschau mit dem inneren Wesen der Renaissance wurde deutlich, dass – basierend auf dem Prinzip des *anthropozentrischen Individualismus* – der Barock durchaus in einem organischen Kontinuum mit dieser vorangegangenen Epoche steht. Das barocke Menschheits- bzw. Menschenideal bricht nicht mit jenem der Renaissance, sondern sublimiert, ergänzt, ja intensiviert dieses in ausladender Steigerung, wobei unleugbar auch ein neues Wollen hinzutritt. Der Akzent verschiebt sich hierbei von der renaissancisti-

---

744 BOCKHOLDT 116.

745 Anhand des bereits vorgestellten Rankings der Messenkomponisten (siehe Seite 190-193) lässt sich dies auch empirisch belegen: An den deutschen Domen wurden in den vergangenen fünf Jahren innerhalb der Messliturgie traditionelle mehrstimmige Messen von 78 Komponisten zur Aufführung gebracht. Hinsichtlich der Aufführungsfrequenz rangiert Mozart an 4., Haydn an 6., Beethoven jedoch erst an 27. Stelle.

746 Vgl. BECK, Das Religiöse in der nichtliturgischen Musik Ludwig van Beethovens 68 f. Siehe hierzu bereits die Ausführungen in Kapitel 1.3.7.

747 In Österreich und Deutschland (auf diesen Länder liegt im Hinblick auf die Wiener Klassiker im vorliegenden Kapitel der Schwerpunkt) kam der Barock erst nach dem Dreißigjährigen Krieg, (also nach 1648) allgemein zum Durchbruch. Das Ende der Barock-Epoche ist zwischen 1750 und 1760 verifizierbar.

schen nur-menschlichen Entelechie zu einem dualistischen Seinsentwurf, welcher eine Koinzidenz von Welt und Überwelt im Ich des Individuums erstrebt. Es wäre mithin eine Fehlinterpretation der geschichtlichen Zusammenhänge, wollte man jenen obsoleten Topos bemühen, welcher den Barock als Reaktion *gegen* die Renaissance bezeichnet.[748]

Das gegenüber der Renaissance neu hervortretende Hineinnehmen des Außer- und Übernatürlichen in das Menschenbild ereignet sich im Barock durch die signifikante Synthese von *Irrationalismus* und *Sensualismus*: Das Suprarationale wird am Empirischen gemessen (in den unmittelbar vorangehenden Epochen war dies umgekehrt der Fall) bzw. dem Sinnlich-Diesseitigen solchermaßen im Sinne einer geistigen Überformung appliziert, das Letzteres dadurch glorifiziert und in seiner emotionalen Wirkung über sich selbst hinausgehoben wird. Dass dies in Sonderheit für den damaligen Katholizismus erstrebenswert war, erklärt sich aus der kirchengeschichtlichen Situation heraus. Nachdem die Reformation die meisten Konstituenzien der alten Kirche infrage gestellt hatte, galt es nun, die dadurch bedingte Unsicherheit zu überwinden, indem eben gerade das In-Frage-Gestellte apologetisch überpointiert wurde.[749] Dies konnte am wirksamsten vor allem durch eine sensualistisch-plakative Veräußerlichung der Religiosität geschehen, welche die wiedergewonnene Selbstsicherheit triumphalistisch und zentralistisch-einheitsbetont zur Geltung zu brachte.[750]

Die enorm vitale Barock-Religiosität konzis darstellen zu wollen, erweist sich beinahe als „Quadratur des Kreises". Bereits die Etymologie des ursprünglich polemisch konnotierten Lexems „baroque" weist auf die Eigenschaft der Bizarrerie und *Unregelmäßigkeit* hin.[751] In der Tat folgt auch die barocke Religiosität keiner benennbaren Regel, wonach sie etwa monolithisch umrissen werden könnte. Vordergründig könnte hier eine Widersprüchlichkeit moniert werden, denn zentralistisches Einheitsstreben einerseits und individualistische Vielschichtigkeit andererseits scheinen unvereinbar. Die Religiosität des Barocks bedarf indes gerade dieser Spannung, ja sie macht diese fruchtbar – „ ... das ... gemeinsam Gültige löscht den Subjektivismus nicht aus, es entspringt vielmehr aus der Popularität und aus der nach allen Seiten hin ansprechenden Verbindlichkeit dieses religiösen Subjektivismus; so entsteht ... ein *Kollektiv-Subjektivismus*"[752]. Die „ ... barocke Frömmig-

---

[748] Vgl. MAYER, Liturgie und Barock 67-75.144.

[749] Gleichwohl darf hieraus nicht voreilig eine Gleichsetzung der Barock-Kirchlichkeit mit der Gegenreformation erfolgen, gab es doch unabhängig vom katholischen auch einen ausgeprägten *protestantischen Barock*. Überdies war die rationale und antisensualistische Haltung der Gegenreformation mit den Erscheinungsformen des Barock schwerlich kompatibel. Vgl. etwa FLEMMING 884-890 und HAGER 881.

[750] Die katholische Kirche als institutionelle Trägerin dieser neu erstarkten konfessionellen Identität war geprägt durch Zentralismus (Romanisierung der Strukturen und Ideologisierung des Papsttums), Verrechtlichung, Repräsentationsstreben, Totalitätsanspruch und Traditionalismus (Übergewichtung der fides quae gegenüber der fides qua); ihr Motor war die sieghafte Dynamik der ecclesia militans. Vgl. KÖHLER (Joachim), Politische, wirtschaftliche und kirchliche Vorauussetzungen barocker Kultur und Frömmigkeit 62 f.

[751] Das französische Lexem „baroque" leitet sich ab vom portugieschen „berrueca", dessen etymologische Provenienz seinerseits wohl auf das lateinische „verruca" = „warzig", „leicht fehlerhaft" zurückgeht. Das portugiesische Adjektiv wurde angewandt auf Perlen und Juwelen von unregelmäßiger oder knolliger Form. Vgl. PALISCA 1.

[752] MAYER, Liturgie und Barock 116 (Kursivsetzung: Jakob Johannes Koch).

keit besaß eine ungeheure soziologische Breite; sie [...] sprach alle an – weil sie dem Subjektivismus in weitestem Maße antwortete. Sie faßt die Individuen zusammen ohne sie aufzuheben, ohne etwas im letzten Sinn Überindividuelles zu sein oder zu schaffen. Sie macht aus der Vielheit der Erscheinungen eine große, imponierende, unendlich reiche, ... schimmernde ... Masse und erweckt so die Illusion einer Geschlossenheit. Sie bleibt subjektivistisch, auch wenn sie expansiv ist. [...] Der barocke Aktivismus, ... dieses ... voluntaristische barocke Gesamterlebnis ..., konnte die weitesten Kreise ziehen, konnte alle Schichten umfassen, alle Formen annehmen und anwenden; jeder oder fast jeder Subjektivismus fand hier eine Heimstatt."[753] Dem Kollektiv-Subjektivismus des Barocks eignete eine eminent *psychagogische Tendenz*.

Für die breitenwirksame, zur Ganzheitlichkeit hindrängende Barockfrömmigkeit gibt es letztlich keinen Bereich der Wirklichkeit, der außerhalb ihres Erlebens und Durchformens bliebe. Alles Seiende wird miteinbezogen, wird vom Zentrum „Christus und Kirche" her bestimmt.[754] Da aber die komplexe Realität des Diesseitigen voller Antithesen ist, muss folglich auch der Versuch, das tranzendente „Heilige" in das Menschliche hineinzuziehen (bzw. das Heilige sensualistisch zu verlebendigen) zu einer enormen Spannungsgeladenheit führen, worin zum einen die Größe, zum anderen aber auch die Tragik, ja das bisweilen Groteske des Barocks liegt. So lassen sich vier *fundamentale Antithesen* barocker Religiosität eruieren.

Als Erstes sei die Antithese „Geist-Natur" genannt. Neben einer fast gewaltsam erstrebten Spiritualität steht ein dezidierter Naturalismus, neben mystischer Auflösung eine realistisch-dingliche Körperlichkeit, neben Ekstatik und Exaltation eine erdnahe Diesseitsschau, neben Visionärem nüchterne Stofflichkeit. All diese gegensätzlichen Elemente werden in der Barockfrömmigkeit durch die Klammer des Anthropozentrismus zusammengehalten. Der inhärente Antagonismus wird dadurch entschärft, dass das Transzendente nicht mehr als etwas Unerreichbares betrachtet wird, sondern ihm mittels einer subjektiven, vom Menschlichen her erfolgenden Versinnlichung der Schein der Verfügbarkeit verliehen wird. So entsteht als Synthese von Irrationalismus und Sensualismus ein typisches Merkmal barocker Mentalität: Der *Illusionismus*. Ein Illusionismus freilich, der sich mitunter mit dem *Sensationalismus* verschwägert. Eine zweite Antithese tritt zu Tage in dem Gegensatz Verkünstelung-Natürlichkeit. Auch dieser wird egalisiert, indem nämlich die beiden Momente univalent nur einem Zweck dienen: Das Numinose soll sich – basierend auf dem Eindruck der göttlichen Schönheit der Schöpfung – vermittels des Sinnfälligen Bahn brechen zu Gemüt und Andacht des Gläubigen. Durch diesen obersten Zweck ist die mitunter antinomische Mannigfaltigkeit der Mittel legitimiert; immer ist der konkrete Kontext ausschlaggebend: Ist die Kleinheit des Menschlichen angesichts der Größe des Heiligen intendiert, zeigt sich *Maniriertheit* und gekünstelte Überhöhung. Soll Nähe und Geborgenheit des

---

753 MAYER, Liturgie und Barock 122 f.

754 Vgl. KÖHLER (Joachim), Politische, wirtschaftliche und kirchliche Vorauussetzungen barocker Kultur und Frömmigkeit 49 f.

Menschlichen im Verhältnis zum Transzendenten im Vordergund stehen, ist ein unmittelbar-natürlicher Duktus des religiösen Ausdrucks anzutreffen. Ähnlich verhält es sich bei der dritten großen Antithese: Sentimentalität-Intellektualismus. Ob sich das religiöse Wollen in *affektvollem Pathos* oder berechnendem, raffiniert überfeinertem *Allegorismus* und aufdringlicher Gelehrsamkeit artikuliert – es will doch stets nur die verdinglichende Illusion des Ewigen dem Menschen vorführen, damit dieser für das Transzendente empfänglich werde. Die vierte Antithese tut sich schließlich in dem Gegensatz zwischen Ernst und Heiterkeit auf. Denn gerade im Barock ist ja allenthalben der Verweis auf die Hinfälligkeit („Eitelkeit") alles Daseienden gegeben: Die Angst, das Grauen, der Tod sowie die zeitliche und ewige Vernichtung werden als ein Gegenstück zu irdischer Herrlichkeit bzw. Macht ins Bewusstsein gerufen; auch die des endlichen Lebens satte Todessehnsucht ist ein immer wiederkehrendes Motiv. Andererseits ist aber der Barock auch jene Epoche, in welcher mit Nachdruck an die Mitteilsamkeit und Mitteilbarkeit des himmlischen, unbeschwerten Glücks und das Recht des Menschen auf die angenommene Heiterkeit des Göttlichen geglaubt wird. In der Palette möglicher Ausdrucksformen der Frömmigkeit, die durchaus den unanfechtbaren Jubel über die Erlösung kennt, klammert man selbst *derbste Komik* und inadäquate *Verniedlichung* (besonders im *Rokoko*) nicht aus – die Toleranz war in dieser Hinsicht erstaunlich groß. Hieraus nun, aus dieser Gefahr des Nur-Fröhlichen, erklärt sich das tiefernste *Vanitas-Motiv* als unterschwellig omnipräsentes Menetekel. Es versteht sich zugleich auch als heilsames Korrektiv der materiell dominierten weltlichen Wertehierarchie.[755]

Es ist also die soeben aufgezeigte Antithetik, welche der barocken Religiosität ihre Intensität verleiht. Dort aber, wo das labile Gleichgewicht der Dualismen gestört wurde, ging die Religiosität ihrer Lauterkeit verlustig. Aus Fülle wurde Übersättigung, aus Kraft Bramarbasismus, aus Vision Lüge, aus Spiel Überdruss, aus Glanz Hohlheit, aus Phantasie Willkür. Hierin lag die große Anfechtung des Barockfrommen, der die katholische Kirche nur allzu oft erlag. Pastorale Versäumnisse, Missbrauch und Veräußerlichung waren die tragische Folge.

Eine weitere Problematik ergab sich u.a. aus der antireformatorischen Haltung des barocken Katholizismus: Lehnte der Protestantismus die Rechtfertigung durch menschliche Werke[756] entschieden ab, betrieb die katholische Volksfrömmigkeit ebenso demonstrativ eine begeisterte Übung vielgestaltigster Werkfrömmigkeit. In der Betonung des Opus hominis entwickelte sich hier eine Eigendynamik, welche nicht nur über den Willen der Amtskirche hinausging, sondern auch häufig in den Dunstkreis des *Aberglaubens* führte. Im Anknüpfen an einschlägige Gepflogenheiten des Mittelalters geschah gegenüber den Weisungen des Tridentinums ein Rückschritt. So war u.a. im Zuge des immer noch existenten Hexenwahns[757] die Vorstellung von der Macht des Teufels sehr präsent bzw. ausdifferenziert. Besonders

---

755 Vgl. MAYER, Liturgie und Barock 90-101.

756 Vgl. hierzu bereits die entsprechenden Ausführungen zum *sola gratia-/sola fide-Prinzip* in Kapitel 5.1.1.1.

757 Die letzte Hinrichtung infolge eines Hexenprozesses fand erst im Jahre 1793 statt. Vgl. SEGL 80.

ders aber hinsichtlich des Kultischen erstarkte wieder eine magische, quantitative und mechanistische Auffassung; z.B. ist Wundersucht zu jener Zeit ein verbreitetes Phänomen. Zur pseudowissenschaftlichen Untermauerung abergläubischer Inhalte bemühte man etwa Astrologie und Theosophie oder führte die neuplatonische Philosophie zu einer Verschmelzung mit okkultistischen Elementen der jüdischen Kabbala. Auch hiergegen hätte seitens der Amtskirche ein entschiedeneres Eingreifen erfolgen müssen.[758]

Zweifellos gab es aber auch Dimensionen barocker Frömmigkeit, denen wirkliche Tiefe und Echtheit eignete. Hierzu gehört vorrangig die *Mystik* – ein Bereich, welcher sich freilich fern alles religiösen Massen-Aktivismus befand. Inmitten der allgemeinen Diesseitsorientierung treffen wir hier wahre Spiritualität sowie aszetische Disziplin an. Die Affinität der barocken Religiosität zur Mystik ist dabei nahe liegend, konnte doch der konstitutive Subjektivismus hier besonders intensiv zum Durchbruch kommen. Während in der gotischen Mystik noch die Elemente ruhig-sanfter Kontemplation, inniger Schlichtheit, maßvoller Verhaltenheit und Klarheit gegenüber der Ekstatik überwiegen, steht die ganze Bandbreite barocker Mystik letztlich durchweg unter der Affektbeladenheit eines fast schmerzlich spannungsvollen Pathos. Selbst Askese oder Introspektion sind hiervon nicht ausgenommen.[759] Weit mehr als die meist ichvergessene Mystik des Mittelalters empfindet die barocke Mystik aus der ekstatischen Subjektivität menschlicher Sinnlichkeit heraus, wobei gelegentlich die Tendenz „ ... eines fassungslosen und hybriden Triebes nach letzter Einsicht“[760] spürbar ist.

Ein weiteres, die Barock-Frömmigkeit zumindest partiell tangierendes Moment besteht in der damaligen wissenschaftlichen Theologie, denn mit dem Abnehmen theologischer Spekulation wurde zunehmend auch das konkrete kirchliche Leben in die theologische Erkenntnis aufgenommen, welche ihrerseits wiederum auf die allgemeine Spiritualität zurückwirkte. Obgleich nach dem Niedergang der lediglich kurz währenden Spätscholastik theologisch nur noch wenig Neues erbracht und auf einem zunehmend abstrakteren Niveau gedacht wurde, gab es pastoral relevante Diskussionen: So etwa die Erörterung des Zusammenspiels der göttlichen Gnade und menschlichen Freiheit (sog. „*Gnadenstreit*“) sowie die durch die neuzeitliche Gewissheitsproblematik initiierte Untersuchung des Glaubensaktes („*Analysis fidei*“), besonders aber die moraltheologische Frage, ob in Zweifelsfällen eine Handlung erlaubt ist, wenn gute Gründe dafür sprechen[761] (positiv beantwortet im *Probabilismus*[762]).

Bereits am Ende des 17. Jahrhunderts hatte sich eine Tendenz geistiger Entwürfe angebahnt, welche schließlich zwischen 1765 und 1790 zum endgültigen

---

758 Vgl. etwa VEIT / LENHART 28-35.43 f. und MÜLLER (Wolfgang), Liturgie und Volksfrömmigkeit. Neue Orden 601 f. sowie ferner auch SMOLINSKY 27 f.
759 Vgl. MAYER, Liturgie und Barock 104-105.113.117.119-121.
760 HANKAMER 116.
761 Vgl. WALTER (Peter) 23-25 sowie ferner MÜLLER (Wolfgang), Kirchliche Wissenschaft im 18. Jahrhundert 575 f.
762 Hierbei forderte der *Tutiorismus* das Vorliegen probabler Gründe, der *Laxismus* ließ auch schwache Gründe zu. Gegen die letztgenannte Richtung wandte sich der religiössittliche Rigorismus des *Jansenismus*.

Sterben des Barocks führte: Der infolge der Glaubensspaltung stetig zunehmende *religiöse Indifferentismus*, die weiterwirkenden Ideen des *Humanismus* und die neue, vom *naturwissenschaftlichen Denken* geprägte Philosophie führten in das Zeitalter der *Aufklärung*[763]. Im Barock hatte die individualistische, nahezu ungehemmte Phantasie gerherrscht, welche sich unbekümmert um alles Intellektuelle und Rationale zu weitestgehender Freiheit entwickelte. Die negative Folge dieser Einseitigkeit war – auch und gerade im religiösen Leben – vielfach eine innere Verarmung und Leere. Als Reaktion gegen die Zurückdrängung des Intellekts folgte nun in der Aufklärung das *Übergewicht der Vernunft*. Was freilich als Verbindendes blieb, war der anthropozentrische *Individualismus* und *Subjektivismus*: Innerhalb des Seins des Individuums ereignete sich lediglich ein Verschieben der Gewichtung. Der neue rationale Subjektivismus, welcher den irrationalen überwand, bestand im intellektuellen Selbstbewusstsein des denkenden und handelnden Subjektes, welches sich in selbstbestimmter Freiheit von Tradition und Autorität im Besitz der Fähigkeit zu einer rationalen Lösung aller Fragen glaubt.[764] Die Anhänger der Aufklärung waren überzeugt, dass durch die Bildung der menschlichen Ratio ein ständiger Fortschritt möglich sei, welcher zu einer möglichst großen Glückseligkeit der majorenn gewordenen Menschheit führen solle. Dies aber bedeutete eine Konzentration aller Kräfte auf die Bewältigung des Diesseits und eine Dominanz des Sinnes für das Praktische und Nützliche.[765] Der neue philosophische Ansatz wurde in zwei Richtungen unterschiedlich akzentuiert: Im *Rationalismus* und *Empirismus*[766].

Als „europäische Großmacht"[767] beschäftigte sich die Aufklärung mit sämtlichen Kultur- und Bildungsfragen. Somit übte sie auch einen bedeutenden Einfluss auf die Religiosität aus, zu welcher sie aufgrund ihrer Skepsis gegen Überlieferung und Autorität eine kritische Haltung einnahm. Die geoffenbarte Religion wurde gewissermaßen einem Rationalisierungsverfahren unterworfen, wodurch sie die übernatürlichen Elemente verlieren und auf wenige, rational verfügbare Wahrheiten reduziert werden sollte: So. z.B. die Existenz eines Gottes als höchstem Wesen, welches als unendlich gut und allwissend begriffen wird sowie die Pflicht aller Menschen zu gegenseitiger Liebe und Achtung. Jegliche anderen religiösen Sätze werden als kontingente Zusätze, ja als Betrug und Aberglaube angesehen. Im *Deismus*, einer typischen Erscheinungsform des aufgeklärten Religionsverständnisses, wird Gott als der Schöpfer einer perfekten Welt gesehen, der nach der Erschaffung aber keinen weiteren Einfluss mehr auf sie ausübt. Da die durch die

---

763 Die Aufklärung begann in England, griff auf Frankreich über und kam zuletzt nach Deutschland. Jede der genannten Nationen brachte den aufklärerischen Geist in je eigener, charakteristischer Weise zum Ausdruck.

764 Vgl. MAYER, Liturgie, Aufklärung und Klassizismus 81-84.

765 Vgl. etwa HOLLERWEGER, Die Reform des Gottesdienstes zur Zeit des Josephinismus in Österreich 37.

766 Der *Rationalismus* sucht aus dem reinen Prinzip des Denkens heraus den Aufbau der Wirklichkeit aufgrund der gesetzten logischen Ordnung der Welt *deduktiv* zu erfassen. Der *Empirismus* sieht in der (Sinnes-) Erfahrung die Grundlage aller Erkenntnis. Wirklich sind nur einzelne Gegenstände und Phänomene. Der rechte Vernunftgebrauch kann diese ordnen und *induktive Schlüsse* aus ihnen ziehen. Vgl. etwa ASTER 200-203.216-233.257.

767 GLOCKNER 543.

Amtskirche vermittelte Offenbarung als Diktat kirchenpolitischer Interessen beargwöhnt wird, proklamiert die Aufklärung die Vernunft des Individuums als eigentliches Organon der Offenbarung. Gemäß dieser Ansicht hängt das ethische Handeln einzig von einem instinktiven, angeborenen Sensus für das Gute und Schöne ab, welchen Gott allen Menschen eingegossen habe (Idee der sog. *natürlichen Religion*).[768]

Das Verhältnis Ratio-Transzendenz wird innerhalb der Aufklärung durchaus unterschiedlich interpretiert. Während einseitige Radikalisten diesbezüglich nur ein Entweder-oder gelten ließen[769] und aufgrund ihrer antimetaphysischen Einstellung in die Nähe des *Atheismus* gerieten, sahen besonnene Systematiker auch die Vorzüge des Sowohl-als-auch ein. Denn das 18. Jahrhundert war durchaus keine Zeit ausschließlicher Verstandesherrschaft. Nicht der Rationalismus dominierte, sondern der freie Gebrauch des Geistes. In diesem Sinne war auch eine Selbstbewusstwerdung des Gefühls und der Phantasie, der Gestaltungskraft und der Anschauung vorhanden, zugleich gepaart mit der Einsicht der Endlichkeit des menschlichen Erkenntnisvermögens. Auf einem solchen Horizont konnte die Religion auch weiterhin von Bedeutung sein: Besonders in der deutschen Aufklärung, deren Hauptthemen der Endzweck des menschlichen Lebens und die Würde der menschlichen Natur waren, wurden die tranzendenten Werte auf der Basis einer grundsätzlichen Harmonie zwischen Vernunft und Offenbarung als wichtige Faktoren der Menschenbildung angesehen.[770] Hierin bestand nun die Brücke, welche für den Katholizismus den Weg zu einem Anknüpfen an die Aufklärung gangbar machte.

Der Katholizismus reagierte im Gegensatz zum Protestantismus erst spät auf die neue Weltanschauung, nämlich erst ab ca. 1740 (in Deutschland und Österreich). Er rezipierte diese auch konfessionsintern auf sehr differenzierte Weise und insgesamt weniger tief gehend als der Protestantismus[771]. Die Aufklärung zwang durch die deistische Offenbarungskritik, die Absolutsetzung einer reinen Vernunftreligion, die Kritik der biblischen Schriften sowie das sittlich ausgerichtete Verständnis der Sendung und Botschaft Jesu den Katholizismus zu einer Neubesinnung, welche in der sog. *katholischen Aufklärung* geschah. Im „ ... mehr oder minder starken Glauben an die Möglichkeit und Notwendigkeit eines rationellen Erfassens letzter metaphysischer Dinge und im Glauben an die Verbundenheit des Religiösen mit der subjektiven Welt des verstehenden Individuums ... entspringt ... jene bewußt-individualistische Tendenz ... der christlichen Aufklärung, die sich bald in einem harten Rationalismus, bald in einem aufdringlichen oder sanften Moralismus, bald in einem frommen oder lächerlichen Eudämonismus offenbart: ... Nicht [mehr primär] um die Größe und Heiligkeit des Göttlichen, sondern um die Sittlichkeit und das Wohl und die Erbauung und das Verständnis des Menschen baute

---

768 Vgl. etwa CIAFARDONE 1207.

769 Innerhalb der französischen Aufklärung bildete sich beispielsweise als Gegenrichtung zu den Vertretern der natürlichen Religion ein dezidierter *Materialismus* heraus, der ein *atheistisches Gepräge* annahm.

770 Vgl. CIAFARDONE 1207 f.

771 Die protestantische Aufklärungs-Rezeption geschah vor allem im *Pietismus* und in der *Physikotheologie*.

sich die Welt des Religiösen auf."[772] Es sind im Wesentlichen zwei Richtungen, nämlich eine radikale und eine gemäßigte, welche sich hierbei herauskristallisierten. Die radikale Auffassung betonte den Gegensatz zwischen natürlicher Religion und positivem Christentum: Ihr *Skeptizismus* (Negation christlicher Offenbarungs- und Grundwahrheiten) führte nicht nur zu einer destruktiven Verflüchtigung der Religion in eine bloße Idee sondern vielfach auch zu einem regelrechten Bruch mit dem Christentum. Was blieb war ein rein praktischer Vernunftglaube, der die Offenbarungswahrheiten von ihrem abstrakt-metaphysischen Gehalt auf die konkret-geschichtliche Funktion reduzierte. Indem nur noch ihr moralisch-erbaulicher Charakter gesehen wurde, hatte das Ethos im religiösen Bewusstsein gegenüber dem Logos einen dominanten Rang inne. Mit diesem geistesgeschichtlichen Strom vermengten sich zunehmend *Materialismus*, *Hylozoismus*, *Empirismus* und das mechanische Prinzip des *Naturalismus*, wodurch die Grundlage des zunächst noch vorherrschenden Deismus aufgelöst wurde: Die Vorstellung einer Personalität Gottes wurde zersetzt.[773] Der *gemäßigten* Richtung sind jene Vermittlungstheologen zuzurechnen, welche die kirchliche Lehre grundsätzlich stehen lassen wollten, jedoch die einzelnen Dogmen im Sinne der sog. moralischen Religion deuteten. Die konstruktivste, fruchtbarste Synthese zwischen Christentum und Aufklärung ereignete sich indes dort, wo man – mit gewissermaßen *klassizistischer* Intention – aus einer tiefgründigen und aufrichtigen Erkenntnis der Zeitschäden eine Änderung anstrebte und unter Bewahrung der dogmatischen Essenz der katholischen Lehre mit dem lautersten Vorsatz, dem Wesentlichen des Christentums wieder Geltung zu verschaffen, nach einer Reform der Theologie und der religiösen Praxis trachtete.[774] Den Vertretern dieser Auffassung ging es um die Beseitigung der Depravationsformen barocker Religiosität. So bemühten sie sich um den Aufweis einer Konformität von Vernunft- und Offenbarungswahrheit. Mittels eines erweiterten, inhaltlich bestimmten Verständnisses der Ratio versuchten sie zugleich, die Offenbarung in ihrer akzidentell-historischen Form als vernünftig anzueignende Größe neu zu verstehen. Indem man die christliche Offenbarung als etwas für den Menschen Befreiendes verdeutlichte und als solche in steter Anstrengung eines vorurteilsfreien Denkens „zur Vernunft kommen" ließ, ereignete sich hier eine Umprägung des Offenbarungsbegriffes, die durchaus nicht nur als rationalistische Verflachung angesehen werden darf.[775]

Freilich war diese vom Grundsatz her fruchtbare Ausprägung eines gemäßigten *Reformkatholizismus* nur bei einem sehr kleinen Personenkreis anzutreffen und ihre Wirkung folglich nicht die erhoffte. Vielmehr wurde sie zunehmend von plattvernünftigem *Utilitarismus*, moralisierendem *Doktrinarismus*, intellektualistisch-didaktischem *Ethizismus* und sentimentaler *Trivialität* überdeckt. „Es ist ein folgenschweres Verhängnis der geschichtlichen Entwicklung, daß sich diese kirchliche Aufklärung nicht durchsetzen konnte, sondern von einer Richtung abgedrängt wurde, die einen engen Anschluß an die allgemeine Aufklärungsbewegung suchte

---

[772] MAYER, Liturgie, Aufklärung und Klassizismus 83.
[773] Vgl. MÜHLHER 18.
[774] Vgl. MAYER, Liturgie, Aufklärung und Klassizismus 78.
[775] Vgl. CIAFARDONE 1214 f.

und daher von deistischen, jansenistischen ... [und] antikirchlichen ... Affekten und Anschauungen nicht frei war. Ihre Vertreter hatten meistens großen Einfluß auf das Volk. Sie suchten zur Durchführung ihrer Reformpläne engen Kontakt mit dem Staat [so z.B. im habsburgischen *Josephinismus*[776]], und wo sie ihn fanden, wurde die Kirche auch gegen ihre hierarchische Leitung reformiert. [... So wurden] breite Schichten des Volkes, vor allem das Bürgertum ... der Kirche entfremdet.“[777] Dennoch waren die redlichen Bemühungen der *gemäßigten* katholischen Aufklärung nicht gänzlich vergeblich gewesen, wie der Blick auf ihre liturgischen Errungenschaften im folgenden Kapitel zeigen wird.

5.2.1.2 *Die Messliturgie unter dem Einfluss des tridentinischen Katholizismus und der Katholischen Aufklärung: Liturgische Entwicklungen zwischen antireformatorischer Barock-Kirchlichkeit und aufklärerischem staatskirchlichen Reformismus*

Wie bereits in Kapitel 5.1.1.2 aufgezeigt, entfalteten die im Rahmen des Tridentinums zentralistisch erarbeiteten liturgischen Bücher in den meisten Diözesen ihre uniformierende Kraft. Hiervon waren lediglich jene Bistümer ausgenommen, die eine mindestens zweihundert Jahre lang kontinuierlich praktizierte Eigenliturgie vorweisen konnten.[778] Aufgrund dieser Gegebenheit trat anstelle der organischen Weiterentwicklung eine rechtsformalistische und kasuistische Umschreibung des einmal Festgesetzten. Liturgiegeschichtlich erscheint mithin die nachtridentinische Periode als „Epoche des Stillstandes oder der Rubrizistik“[779]. „Der mächtige Vorstoß der aufbrechenden historischen Forschung gerade im Bereich der Liturgie ... blieb ... ohne jede Rückwirkung auf die eigene, starr und unbeweglich gewordene Weise, den offiziellen Gottesdienst zu feiern.“[780] Die Kluft zwischen objektiver Liturgie und gläubigem Volk, welche bereits seit dem Mittelalter bestand, war nicht etwa überwunden, sondern im Gegenteil noch weiter vertieft worden. Obgleich die gröbsten Missbräuche zunächst eingedämmt worden waren, blieb die Liturgie nach wie vor eine reine *Klerusliturgie* und somit der Gedanke einer Teilnahme der Gläubigen am Beten des Priesters oder eines Mitopferns in weiter Ferne.[781]

---

776 Unter *Josephinismus* versteht man im engeren Sinne die Summe aller Reformmaßnahmen des römisch-deutschen Kaisers *Joseph II.* (1741-1790) sowie im weiteren Sinne die österreichische Form des Staatskirchentums zwischen circa 1750 und 1855, deren Ziel die totale Integration der Kirche in den Staat war.

777 HOLLERWEGER, Die Reform des Gottesdienstes zur Zeit des Josephinismus in Österreich 39

778 Während das Missale Romanum ex decreto Sacrosancti Concilii Tridentini restitutum Pii V. für alle von der Ausnahmeregelung nicht betroffenen Diözesen verbindlich war, wurde das Rituale Romanum von 1614 quasi nur als fakultatives Modell angeboten, neben dem sich weiterhin die vielfältigen Diözesanritualien behaupten konnten. Wo diese aber nicht vorhanden waren – so z.B. in den Missionen – war das Rituale Romanum alternativlos. Vgl. MÜLLER (Wolfgang), Liturgie und Volksfrömmigkeit. Neue Orden 598 f.

779 JUNGMANN, Missarum sollemnia Bd. 1 187.

780 MÜLLER (Wolfgang), Liturgie und Volksfrömmigkeit. Neue Orden 599.

781 Vgl. JUNGMANN, Missarum sollemnia Bd. 1 188. Freilich gab es auch regional begrenzte Bestrebungen, den Gläubigen (u.a. durch muttersprachliche Übersetzungen des Ordo

Es ist charakteristisch für den tridentinisch geprägten Katholizismus, dass die Liturgie zunehmend zu einem Pars pro toto für die Religiosiät schlechthin wurde: Die ganze Bandbreite des religiösen Anthropozentrismus, d.h. Irrationalismus, Sensualismus, Illusionismus und zuvörderst Kollektivsubjektivismus, ist in der barocken Liturgie κατ' εξοχην verifizierbar.[782] Zweifellos ermangelte es den Gläubigen an Zugängen, welche ihnen ein adäquates Verständnis des Wesens der Liturgie hätten erschließen können. Vielmehr „... wurde der Grundsatz vertreten, daß die Liturgie ... den Gläubigen gerade durch den Schleier des Geheimnisses verehrungswürdig erhalten werden müsse“[783]. Diese seitens des Klerus gewollte Unmündigkeit des Kirchenvolkes hatte zur Folge, dass ein sachgerechter Vollzug des Gottesdienstes unmöglich war. Die Liturgie als nicht mehr nachvollziehbares, arkanes Zeremoniell[784] tangierte das Volk nur insofern, als sie ihm zum Schauspiel dienen konnte. Denn unter allen psychagogischen Tendenzen des Barockfrommen kam die sensuelle Rezeptibilität des katholischen Kultes der zeitbedingten Sehnsucht nach Ganzheitlichkeit am meisten entgegen. Gerade durch die quantitative *Kumulation* vielfältigster Versinnlichungen religiöser Inhalte entwickelte sich der Gottesdienst zunehmend zu einem Gesamtkunstwerk voll wuchtvoller Theatralik und imponierender Großartigkeit, welchem potentiell gewiss ein tiefer Erlebniswert eignete. Allerdings war diesem Liturgie-Erleben nicht nur der Weg zum innersten Zentrum der Liturgie verwehrt, sondern ihm fehlte überdies die Einbettung in eine spirituell wirkmächtige Feiergemeinschaft intersubjektiver Teilnahme. Obgleich der liturgische Massen-Aktivismus des Barocks vordergründig eine überindividuelle Geschlossenheit suggerieren mag, lässt sich bei realistischer Betrachtungsweise nicht leugnen, dass die barocke Liturgie letztlich nur den äußeren Rahmen für die vom objektiven Geschehen und vom versammelten Kollektiv weitgehend unabhängige, subjektive Devotion des einzelnen Individuums bildete.[785]

Es ist ein Spezifikum des katholischen Kultes des Barocks, dass er einen kultischen Inhalt in verschiedene Verehrungs- und Betrachtungsobjekte *zersplittert*, um sich ihm in subjektiv-sinnlicher Menschlichkeit mittels einer Vielzahl von Einzelandachten und Devotionsübungen möglichst von allen Seiten her annähern zu können. Zunächst sei hier die *Heiligenverehrung* genannt. Innerhalb einer Epoche, in welcher wie selten zuvor eine anthropozentrische Diesseitsschau vorherrschte, standen die Heiligen mit ihren menschlichen Lebensschicksalen dem Gemüt des

---

missae) Anleitung zu geben, sich an das Tun des Priesters anzuschließen. Basierend auf klassizistisch-liturgischen Bestrebungen, trat zwischen 1640 und 1700 ein solches Bemühen innerhalb der französischen liturgiehistorischen Forschung sowie Barock-Mystik auf. Diese Bewegung blieb indes eine einsame Ausnahme und verhallte klanglos. Vgl. MAYER, Liturgie und Barock 147-151.

782 Vgl. etwa MAYER, Liturgie und Barock 125 f.

783 JUNGMANN, Missarum sollemnia Bd. 1 190.

784 Die Befolgung des tridentinischen Einheitsmissale hieß beispielsweise für den Zelebranten, „... alle zwei Minuten eine Kniebeuge zu machen, alle 35 Sekunden ein Kreuzzeichen, alle drei Minuten einen Altarkuß; genau gesagt: 16 Kniebeugen, 52 Kreuzzeichen, 10 Altarküsse.“ (RENNINGS, Aus Treue zur Tradition: Reform der Liturgie 153).

785 Vgl. HOLLERWEGER, Art. Barock. VII. Liturgie 30 sowie MAYER, Liturgie und Barock 122 f.

Volkes besonders nahe. Die mittelalterliche Überwucherung des Herrenjahres durch ein Übermaß an *Heiligenfesten*, welches das im Zuge des Tridentinums gereinigte Kalendarium zunächst eingedämmt hatte, wurde im Barock zunehmend restituiert. Dem entsprach in der Volksfrömmigkeit die übermäßige Ausdifferenzierung hinsichtlich der Hilfe in Nöten.[786] Ein gewisser Teil der Heiligenverehrung wurde durch eine expansive Marienverehrung ersetzt. Eine Häufung neuer *Marienfeste* hub an. Die damit einhergehende Spezialisierung verließ dabei zusehends den Rahmen der biblischen Heilsgeschichte. Ausschlaggebend wurden neu benannte Einzelaspekte und -eigenschaften der Gottesmutter. Die Heiligen- und Marienfeste wurden mit größtem liturgischen Aufwand gefeiert.[787] Die höchste liturgische Vitalität erreichte der christozentrische Barock-Katholizismus indes in der *Christusfrömmigkeit*, welche in drei Haupt-Aspekte unterteilbar ist: 1. Der leidende Christus und das Herz Jesu, 2. Der triumphierende Christus (Christkönig), 3. Der eucharistische Christus. Der erste Aspekt aktuierte sich liturgisch durch mannigfache Gebete und Betrachtungen über das Leiden und Sterben Christi, wobei jedes Körperteil Jesu besonders bedacht wurde. Die *Herz-Jesu-Verehrung* verselbstständigte sich dahingehend, dass unter Missachtung der christologischen Dogmen eine Art Verpersönlichung emporkam. Auch die Verbindung des Archetyps des Königsbildes mit dem Christusmysterium musste der sensualistisch-irrationalistischen Barock-Frömmigkeit besonders entgegenkommen. Die starke Eigendynamik der liturgischen Entfaltung idealisierender Triumph-Phantasien verlor sich gleichwohl oft im Peripheren.[788] Der dritte Aspekt ist gleichsam das Zentrum des barocken liturgischen Lebens schlechthin. Die Messfeier war demnach der Angelpunkt der barocken Religiosität. Als Ort der Eucharistie wurde sie verkürzend mit Letzterer synonym gesetzt, während die Verkündigung des Wortes in den Hintergrund trat.[789] „Die Messe war nur noch die feierliche Gegenwärtigsetzung des eucharistischen Herrn, dessen Realpräsenz im Sakrament in stärkster Weise betont wurde."[790]

---

786 Die Heiligen wurden gemäß ihren Biographien unterteilt in Berufs-, Vieh- und Krankheitspatrone. Der allgemeine Zug zum Konkreten, Sinnfälligen legte hier ein besonderes Gewicht auf die dingliche Verehrung (z.B. Votivgaben und Geldopfer) mittels künstlerischer Abbildungen der Heiligen-Gestalten. Vornehmlich die Josephs- und Märtyrerverehrung erlebte eine Blütezeit.Vgl. etwa SCHAUERTE 107 f.

787 So wurde Maria etwa als Schmerzensmutter, Friedenskönigin, „Maria Hilf", Königin des Rosenkranzes etc. verehrt. Der konkrete marianische Kult vollzog sich in einer Hochflut von *Marienwallfahrten*, -andachten (hier besonders die neu entstandene *Maiandacht*) und –gebeten (hier erlebte vor allem das *Rosenkranzgebet* einen mächtigen Aufschwung). Auch die vielschichtige *Madonnen*-Ikonographie der Barock-Kunst spiegelt diese Zersplittung der Marienfrömmigkeit anschaulich wider. Vgl. etwa JUNGMANN, Liturgisches Leben im Barock 116 f. sowie VEIT / LENHART 194-200.

788 Vgl. MAYER, Liturgie und Barock 137-140.

789 Dies wird exemplifiziert durch den barocken Usus, die Predigt nicht mehr unmittelbar nach dem Evangelium zu halten. Da sie inhaltlich ohnehin meist nicht mehr auf den Text des Evangeliums rekurrierte, wurde sie zunehmend aus der Messe herausgelöst. Bei normalem Umfang wurde die Predigt direkt *vor* der Messe gehalten. Bei größerem Umfang konnte sie auch zu einem anderen Zeitpunkt in Form eines eigenen Predigtgottesdienst stattfinden. Vor der Predigt sang die Gemeinde gewöhnlich das volkssprachliche Predigtlied. Vgl. etwa JUNGMANN, Missarum sollemnia Bd. 1 194-196.

790 MÜLLER (Wolfgang), Liturgie und Volksfrömmigkeit. Neue Orden 600.

Somit übertrug sich die allgemeine Schaulust gleichsam gebündelt auf die Eucharistie: Man wollte auf möglichst intensive Weise die Gegenwart des Sanctissimum erleben. Daher galt als feierlichster Gottesdienst (besonders an Feiertagen) die sog. *Expositions-* bzw. *Segensmesse*, d.h. das Amt vor ausgesetztem Allerheiligsten: Gleich zu Beginn wurde der eucharistische Segen erteilt, der nach der Sequenz und am Schluss jeweils wiederholt wurde.[791] Der neben der sakramentalen Realpräsenz ebenfalls hervorgehobene Opfercharakter der Eucharistie wurde ausschließlich vom Opfer Jesu Christi her begriffen, während die Darbringung durch die Kirche ausgeklammert blieb. Das eucharistische Mysterium tritt hinter der Gorifikation und dem Besitzjubel weitgehend zurück. So ist die Wandlung zwar einziges und absolutes Zentrum der nahezu mit höfischem Prunk gestalteten Messe, aber aus der Sicht des Gläubigen verliert die eigentliche Opfer*handlung* immer mehr an Bedeutung. An ihre Stelle tritt die subjektive betende Andacht.[792] Bedingt durch diesen Änderungsprozess, wird auch die Kommunion mehr und mehr als eine in sich stehende Andachtsübung gesehen, deren Sinn nicht in der Teilnahme am Opfer der Kirche, sondern einfach im Empfang des nur noch isoliert betrachteten Sakramentes liegt. Zwar hatte die tridentinische Erneuerung in der Tat einen Anstieg der Kommunionfrequenz berwirkt[793], aber aufgrund der gewandelten Sicht findet die Kommunion der Gläubigen immer regelmäßiger *nach* und damit *außerhalb* der Messe statt, und zwar nicht einmal nach dem Pfarrgottesdienst, sondern wegen des Nüchternheitsgebotes nach einer der Frühmessen.[794]

Da die mittelalterliche Messallegorese dem Volk nicht mehr genügte, versuchte man, „ ... die Fremdheit der anwesend Abwesenden durch gemeinsames Beten und Singen zu überwinden“[795]. Den einigermaßen gebildeten Gläubigen waren – initiiert durch die *Volksmissionen* – fortan diözesane *Gebet- oder Andachtsbücher* an die Hand gegeben, aus welchen parallel zur Messhandlung vorformulierte volkssprachliche Texte gebetet und/oder Lieder gesungen werden konnten. Diese paraliturgischen Texte folgten – abgesehen von der Wandlung – dem Gang der Messe meist nur vage. Selbst bei den wenigen Gebetbüchern, welche Inhaltsangaben der Gebete des Missale enthielten, blieb der Kanon ausgeschlossen. Neben der Verwendung von Gebetbüchern vollzog sich die Paraliturgie der gottesdienstlichen Gemeinde auch im gemeinsamen, laut gesprochenen *Rosenkranzgebet* (auch mit erweiternden Einschüben). Während einiger Teile des Propriums (Graduale, Of-

---

791 Vgl. JUNGMANN, Missarum sollemnia Bd. 1 199. Auch die architektonische Kirchenraumgestaltung trug dem eucharistischen Kult Rechnung: Der frühere Sakramentenschrein wird ersetzt durch den Tabernakel, über welchem sich der Aussetzungsthron für die nunmehr als Sonne gestaltete Monstranz befindet. Der Tabernakel verschmilzt mit dem Altar zum Tabernakelhochaltar. Die Mensa, das eigentliche Wesensmerkmal des Altares, verliert hingegen an Bedeutung – sie wird nicht mehr ihrer Würde gemäß betont.

792 Vgl. MAYER, Liturgie und Barock 142.

793 Viele Gläubige kommunizierten nicht nur zur österlichen Zeit, sondern auch an den anderen Hochfesten oder sogar einmal im Monat. Mitglieder von Ordensgemeinschaften kommunizierten in der Regel alle 14 Tage. Vgl. VEIT / LENHART 110.

794 Vgl. JUNGMANN, Missarum sollemnia Bd. 1 196. Das eucharistische Brot wurde überdies nicht mehr wie im Mittelalter am Altar selbst, sondern an einer Bank gespendet, welche an die Stelle der Chorschranken (Cancelli) getreten war. Vgl. VEIT / LENHART 111.

795 JUNGMANN, Missarum sollemnia Bd. 1 193.

fertorium, Communio) sowie nach dem Sanctus, nach dem Agnus Dei und nach der Wandlung wurden nun in wachsendem Maße *volkssprachliche Gemeindegesänge* offiziell gestattet. Diese durften gleichwohl zunächst nur während der Missa lecta, nicht aber während des Hochamtes gesungen werden. Außerdem galten sie selbstverständlich noch nicht als liturgische Messgesänge sondern als paraliturgische Gesänge zur Messe.[796] Im Hochamt erfolgte die musikalische Ausgestaltung des Ordinarium und einiger Teile des Propriums überwiegend durch Vokalpolyphonie, gegebenenfalls mit Instrumentalbegleitung. Die Tendenz einer Verselbstständigung der Kirchenmusik gegenüber der Messliturgie wurde durch die Gepflogenheiten seitens des Zelebranten noch verstärkt: Es verbreitete sich der Usus, während der Chor das Credo sang, schon zum Offertorium überzugehen, den Altargesang in Präfation und Pater noster auf die Anfangsworte zu reduzieren und ansonsten Chor, Intrumentalisten und Orgel gewähren zu lassen.[797] So entstand während des Hochamtes der Eindruck von „Kirchenkonzerten mit liturgischer Präsenz"[798].

„Es ist nicht verwunderlich, daß bei der starken Diskrepanz zwischen dem offiziellen kirchlichen Gottesdienst und der für das Volk faßbaren Frömmigkeit, dieses die außerliturgischen Formen intensiv pflegte."[799] Dies geschah in vielfältigsten *Sacra exercitia* und *Pia exercitia*, wobei hier die religiösen Kräfte des Volkes vor allem durch *Kongregationen* und *Bruderschaften* organisatorisch gesammelt und koordiniert wurden.[800] Die diesbezügliche enorme Fomenvielfalt umfasste u.a. mannigfache *Wallfahrten*[801] (oft marianisch motiviert), *Prozessionen*[802] (meist theophorisch), *Volks- bzw. Gemeinschaftsandachten*[803] (vornehmlich eucharistisch und marianisch), *religiöse Spiele* (mit Schwerpunkt auf der Passion Christi), *Ablaßpraktiken* (vor allem die *„Ablassfeste"*) und *Sakramentalien im Bereich der*

---

796 Vgl. VEIT / LENHART 180-193.

797 Vgl. JUNGMANN, Missarum sollemnia Bd. 1 197 f.

798 URSPRUNG 219. Diese Entwicklung zeigte sich auch architektonisch, indem der Sängerchor vom Lettner auf eine eigens errichtete Sängerempore in den Westchor übersiedelte. Vgl. etwa JUNGMANN, Liturgisches Leben im Barock 110.

799 MÜLLER (Wolfgang), Liturgie und Volksfrömmigkeit. Neue Orden 600.

800 Aus der nahezu unübersehbaren Menge von Kongregationen und Bruderschaften seien besonders die *marianisch* und *eucharistisch* orientierten herausgehoben (bei letzteren besonders die *Corpus-Christi-* und *Fronleichnamsbruderschaften*), da sie sich als überaus fruchtbar für die außerliturgischen Formen und das volkstümliche Brauchtum erwiesen. Vgl. etwa HABIG-BAPPERT 22.

801 Das barocke Wallfahrtswesen knüpfte sich vor allem an Erinnerungsstätten von Mariophanien und Theophanien, Heiligenräber, -reliquien, Christus-, Marien- und Heiligenbilder (so genannte „Gnadenbilder") sowie Erinnerungsstätten von Wundern und Mirakeln.

802 Unter den vielfältigen Bittprozessionen, Flur-und Stadtumgängen ragten als Wichtigstes die Sakramentsprozessionen und unter ihnen besonders die Fronleichnamsprozessionen hervor, die der barocken Christozentrik zutiefst entsprachen. In der triumphalistischen Glorifikation des eucharistischen Sakramentes wurde Fronleichnam im Barock zum Fest schlechthin. Im Barock wurden „ ... die Feste des Kirchenjahres ... im eigentlichen Sinn des Wortes ‚begangen'" (HOLLERWEGER, Die Reform des Gottesdienstes zur Zeit des Josephinismus in Österreich 35).

803 Hierunter sind vornehmlich zu nennen die Sakramentsandachten in Form des *Großen Gebetes* und des *Vierzigstündigen Gebetes*, das *Rosenkranzgebet*, der *Kreuzweg*, die *Maiandacht* und als eucharistisch-marianische Mischform die *Abendandacht* (*„Salveandacht"*), in welcher der eucharistische Segen den unentbehrlichen Schlusspunkt bildete (daher auch *„Segen"* oder *„Segensandacht"* genannt). Vgl. etwa VEIT / LENHART 193-208.

Benediktionen[804]. Gerade im Umgang mit den genannten Sakramentalien herrschte eine Fixierung auf deren Wirkung vor, welche man oft quantitativ, magisch und mechanistisch auffasste. Dem fließende Übergang zu einem uferlosen Aberglauben war damit der Weg gewiesen.[805] Die expansive Sakramentalienpraxis exemplifiziert drastisch den *generellen Zug des barocken Kultes zum Peripheren.* „Immer mehr Ringe legen sich um das alte Zentrum ... [des] kirchlichen Gottesdienstes, so daß dieser Kern ... optisch und gefühlsmäßig in ein verkleinertes Verhältnis zur anschwellenden Umgebung treten mußte. [...] es geschah, daß der Glanz und die Glorie von außen her an das Mysterium herangetragen ... wurde ..., dessen eigenes, inneres, abgründiges Leuchten man nicht mehr sah und erkannte“[806]. Der hier und da rudimentär erkennbare Weg einer positiven Ausnutzung des Kollektiv-Subjektivismus, der sich eventuell gleichsam als Umweg zu echter liturgischer Gemeinschaft hätte entwickeln können, wurde tragischerweise nicht zu Ende gegangen.[807]

Es konnte nicht ausbleiben, dass die unaufhaltsam heraufdämmernde Aufklärung Anstoß an den Entartungen des barocken Kultes nahm – der Widerspruch zwischen deren überbordenden, irrationalistischen Übertreibungen und der neuen Maxime eines nüchternen, utilitaristisch ausgerichteten Rationalismus war unüberbrückbar geworden. Daher strebte die *katholische Aufklärung* eine Reinigung der Liturgie von tatsächlich oder vermeintlich störenden Sedimenten an.[808] In diesem Bestreben traten zwei Richtungen auf: eine philosophisch und eine historisch orientierte. Bei den philosophisch motivierten Reformtendenzen ist eine Instrumentalisierung der Liturgie mit dem Ziel einer radikalen Verwirklichung der Aufklärungs-Ideale erkennbar. Hinsichtlich der Realisierung einer sittlichen und politischen Mündigkeit sowie moralischen Besserung des Menschen erkannte man in der Liturgie ein willkommenes didaktisches Vehikel für die nötige *Belehrung* und *Erbauung*, fand man hier doch einen der direktesten und einfachsten Zugänge zum Volk. Alles, was den philanthropisch-pädagogischen Postulaten nicht unmittelbar zuträglich oder gar abträglich erschien, sollte eliminiert werden. Ein solches, einem rationalistischen Nutzen-Kalkül entspringendes Vorhaben führte zwangsläufig zu einem stark verkürzten Gottesdienstkonzept, da für die Grenzziehung zwischen Wesentlichem und Kontingentem objektive Maßstäbe fehlten und sie damit letztlich der Willkür anheim fallen musste. So erlitt die Liturgie neben der zweifellos berechtigten Eindämmung des Peripheren in der Unterdrückung

---

804 Dieser Bereich war beim Volk besonders beliebt, erlebte es doch hier die ersehnte Einheit von Religion und Leben. Es gab die begrenzte Anzahl von Segnungen und Weihen, die gemäß dem Rituale Romanum und den Diözesanritualien an bestimmten Tagen des Kirchenjahres vorgenommen wurden. Außerhalb dieses offiziellen Rahmens existierte eine unüberschaubare Segnungspraxis, die sich auf Menschen in bestimmten Situationen, Tiere, Lebensmittel, Örtlichkeiten und Gegenstände bezog. Auch diese war oft an bestimmte Tage gebunden. Darüber hinaus richtete sich die Volksfrömmigkeit auch auf alle zum Vollzug der Benediktionen erforderlichen Sakramentalien wie z.B. (Weih-)Wasser, Weihrauch, Kreuz (-zeichen) etc. Vgl. dazu ausführlich VEIT / LENHART 23-35.

805 Vgl. MÜLLER (Wolfgang), Liturgie und Volksfrömmigkeit. Neue Orden 601 f.

806 MAYER, Liturgie und Barock 144.

807 Vgl. MAYER, Liturgie und Barock 145.

808 Vgl. etwa MÜLLER (Wolfgang), Liturgie und Volksfrömmigkeit. Neue Orden 603. Zur geographischen Ausbreitung der katholischen Aufklärung vgl. bereits Fußnote 186.

manch wertvoller, bewährter Elemente drastische Einbußen hinsichtlich ihrer Realsymbolik und Formenvielfalt. Vornehmlich ihrer wesensmäßig latreutisch-sakramentalen Dimension ging sie mehr und mehr verlustig. Der unleugbaren Fehlentwicklung der barocken Überbetonung des opus operatum begegnete man mit einer einseitigen Akzentuierung des opus operantis. Man vermochte das Mysterium nicht mehr zu erspüren. Was blieb war oft nur noch die karge Atmosphäre einer sanft moralisierenden, trivial-gefühlsfrommen Lehrveranstaltung.[809]

Auch der zweiten, historischen Ausrichtung der Liturgiereform ging es um die Befreiung der Liturgie von überflüssigem Ballast. Kriterium sollte dabei aber nicht der selbstherrliche Maßstab eigener Willkür sein, sondern das Ideal der Liturgie des alten Christentums. In gewisser Weise war dieser *katholische Klassizismus* – trotz seines inhärenten Hanges zu retrospektiver Ideologisierung – liturgischer als die oben dargelegte philosophische Richtung. Das Problematische, ja Tragische war indes, dass das ersehnte Vorbild der christlichen Frühzeit falsch interpretiert wurde: Der nach mehr als tausend Jahren erheblich gewandelte Denk- und Mentalitätshorizont erschwerte eine wirkliche Empathie derart, dass man in der Begeisterung für die äußere Form das ihr originär zugrunde liegende Geistige und Emotionale verfehlte.[810] Da das „importierte" liturgische Gerüst nicht mit neuem Leben erfüllt wurde, blieb es nicht nur museal, sondern wirkte sich durch seine Absolutsetzung geradezu hemmend auf organische Weiterentwicklungen aus.[811]

Die beiden aufgezeigten Reformansätze innerhalb der katholischen Aufklärung traten selten in Reinform, dagegen oft im Zusammenklang auf. Von der Intention her verschieden, waren die ihnen de facto eignenden Tendenzen im Hinblick auf die konkreten liturgischen Auswirkungen durchaus äquipolent. Hier können im Wesentlichen drei Tendenzen eruiert werden: Die Tendenz zur Vereinfachung, die Tendenz zum Gemeinschaftscharakter und die Tendenz zu Verständnis und Erbauung.[812]

Zunächst lässt sich eine innere und eine äußere Vereinfachung benennen. Die Absicht innerer Vereinfachung tat sich mehr als theoretisches Konstrukt denn in praktischer Konsequenz hervor. In der Verschmelzung von rationalistischer Ethik und klassizistischer Ästhetik geht es ihr um eine fundamentale Umdeutung der Liturgie: Das sakramentale Geschehen in Sonderheit der Messe wird nicht mehr als performativer sondern als kommemorativer Akt gesehen. Das Messopfer, nunmehr nur als moralisches Opfer verstanden, bedarf somit keiner realen Mahlgemeinschaft mehr. Infolgedessen werden z.B. Offertoriums- und Kommunionvers, Teile des Kanongebetes sowie die Kommunion der Gläubigen als überflüssig erachtet. Solch radikale Bestrebungen fanden gleichwohl kaum einen konkreten pastoralliturgischen Niederschlag.[813] Demgegenüber zeitigten die äußeren Vereinfachungstendenzen weit reichende Folgen für die liturgische Praxis vor Ort. Sie

---

809 Vgl. MAYER, Liturgie, Aufklärung und Klassizismus 86-91.
810 Vgl. etwa JUNGMANN, Missarum sollemnia Bd. 1 202.
811 In stringenter Folge mündete die historisch orientierte Reform der katholischen Aufklärung in die Epoche des kirchlichen Historismus (19. Jahrhundert). Vgl. hierzu Kapitel 5.3.1.2.
812 Vgl. MAYER, Liturgie, Aufklärung und Klassizismus 97.
813 Vgl. MAYER, Liturgie, Aufklärung und Klassizismus 98-100.

ließen die Essenz der objektiven Liturgie möglichst unangetastet, ja bemühten sich sogar, diese durch Beseitigung des Beliebigen wieder zugänglich zu machen. Ein entschiedener Kampf wurde eingeleitet gegen jegliche Formen kumulativen Kultes, d.h. gegen die eigendynamischen Protuberanzen im Wallfahrts-, Prozessions- und Bruderschaftswesen, gegen die zahlreichen Missbräuche mit Benediktionen und Exorzismen, gegen die quantitativ übertriebene Verwendung des sakramentalen Segens, gegen die Überwucherung des liturgischen Kalendariums[814], gegen die Zersplitterung der Christusfrömmigkeit und deren theologisch unklare Vermengung mit Heiligen- und Marienverehrung.[815]

Die Tendenz zum Gemeinschaftscharakter konkretisierte sich etwa im Bestreben um die räumliche Sammlung der gottesdienstlichen Gemeinde: Demnach sollte der Pfarrgottesdienst am Sonntag der einzige Gottesdienst innerhalb der Pfarrei sein, während die Konkurrenz der ob ihres Prunkes beliebteren Kloster-Gottesdienste unterbunden wurde. Privatmessen, ja sogar stille Messen wurden eingedämmt. Weiterhin wurde das Bestreben um die objekive Einheitlichkeit des Gottesdienstes wirksam: Mit der Messliturgie nicht unmittelbar zusammenhängende Volksandachten *während* der Messe (z.B. der Rosenkranz) sowie neben der Hauptmesse herlaufende Nebenmessen wurden abgeschafft, Seitenaltäre entfernt. Überdies trat das Bestreben um eine Teilnahme und Gemeinschaft der Gläubigen an der Liturgie z.B. in Versuchen der Restituierung einer gemeinsamen Kommunion von Priester und Gläubigen während der Messe, der Wiederbelebung des Opferganges der Gläubigen und der Konzelebration sowie der Abschaffung ablenkenden, nicht originär zur Messe gehörenden Gebetsgutes zu Tage.[816]

Die dritte grundlegende Tendenz, das Streben nach Verständnis (und damit Erbauung) der Liturgie sollte zum einen durch die Einführung der Muttersprache erreicht werden: Der Gläubige sollte so die Sakramente und Riten in ihrem Wesen auch intellektuell erfassen können.[817] Man hoffte überdies, dass das Volk sich angesichts der nunmehr rational erkannten Hoheit und Größe der objektiven Liturgie von unechten, „minderwertigeren" Elementen abwende. Muttersprachlichkeit wagte man gleichwohl zunächst nur bei der Sakramentenspendung und bei Benediktionen sowie beispielsweise bei der Einsetzung eines Pfarrers oder bei neu eingeführten Feiern wie der gemeinsamen Erstkommunion.[818] Da man jedoch davon Abstand nahm, auch originäre Messtexte in die Muttersprache zu übertragen, wurden gleichsam als paraliturgischer muttersprachlicher „Ersatz" volkssprachliche Gemeindelieder angeboten, welche inhaltlich analog dem Aufbau der Messe *zyklisch* miteinander kombiniert wurden – so entstand eine Art Betsingmes-

---

[814] Die Reformen des Staatskirchentums verknüpften mit der Reduzierung der Feiertage nahe liegenderweise auch massive ökonomische Interessen.

[815] Vgl. MÜLLER (Wolfgang), Liturgie und Volksfrömmigkeit. Neue Orden 603 f.

[816] Vgl. MAYER, Liturgie, Aufklärung und Klassizismus 114-117.

[817] Hier spielte zweifellos auch die Intention mit hinein, die moralisch-didaktische Wirkung des Gottesdienstes auf die Gläubigen zu verstärken. Als Motive für die Einführung der Muttersprache mögen am Rande auch nationalistische und antirömische Neigungen wirksam gewesen sein.

[818] Vgl. MÜLLER (Wolfgang), Liturgie und Volksfrömmigkeit. Neue Orden 604 f.

se (in Österreich und Deutschland „*deutsche Singmesse*“ genannt).[819] Das Verständnis der Liturgie und die damit verbundene Erbauung der Gläubigen suchte man neben der Muttersprachlichkeit auch durch eine starke Betonung der homiletischen und katechetischen Elemente zu bewirken. Die Predigt, welche nun besonders gefördert wurde, sollte möglichst wieder innerhalb der Messe gehalten werden und sowohl äußerlich als auch inhaltlich stärker mit dem Evangelium verbunden sein. Teilweise wurde sogar die Predigtdauer vorgeschrieben.[820] Alle Riten, Handlungen und Sakramente wurden mit einer Fülle von Ansprachen und Predigten verknüpft, z.B. sollte bei der Kommunion nicht nur am Anfang und Schluss eine bestärkende und ermahnende Ansprache erfolgen, auch die Spendeformel verband man mitunter mit belehrenden Denksprüchen.[821]

Die aufgezeigten Reformanliegen wurden überwiegend mittels staatskirchlicher Strukturen ihrer Realisierung entgegengeführt. Nützlichkeitserwägungen der weltlichen Obrigkeit koinzidierten dabei mit dem kirchlichen Reformeifer. Während hierbei das Vorgehen der einschlägigen geistlichen Behörden eher durch den Tenor vermittelnder Besonnenheit als durch kulturkämpferischen Fanatismus gekennzeichnet war, wurde staatlicherseits die Liturgiereform oft von inkompetenten Personen und größtenteils mit unpsychologischer Härte, törichter Rigorosität und bürokratischer Kleinlichkeit durchgeführt. Die Tradition des Bestehenden wurde allzu jäh untergraben, sodass zwischen Altem und Neuem mitunter gleichsam ein Vakuum eintrat, in welchem sich Laxheit und Skepsis ausbreiten konnten.[822] Da die Reformen folglich tief in das kultisch-religiöse Leben des Volkes eingriffen (besonders auch beliebte Formen der Sacra exercitia betreffend), regte sich in weiten Teilen des einfachen Volkes, aber auch im klerikalen Bereich passiver Widerstand. Wo er aktiv zu werden drohte, wurde er nicht selten gewaltsam zurückgedrängt.[823] So war für die Liturgiereform der katholischen Aufklärung trotz ihres im Kern begrüßenswerten Anliegens letztlich ein Scheitern vorgezeichnet. Positiv zu werten ist unbestreitbar ihre zentripetale Bewegung, d.h. das Streben weg vom Zufälligen hin zum Ursprünglich-Wesentlichen. Ihr kommt das Verdienst zu, in der Kirche erstmals seit langem wieder ein Problembewusstsein hinsichtlich der Liturgie geweckt zu haben. Indem die Liturgie überhaupt erst einmal als ein Gegenstand des Reflektierens ins Bewusstsein gerufen wurde, entstand in Ansätzen so etwas wie eine volksliturgische Bewegung. Aber zugleich war eben auch „ ... das Lehrhafte ... allzusehr betont, der schon im Barock aufsprießende Subjektivismus ist herrschend geworden, und der Gedanke der Liturgie als eines Dienstes vor Gott ist allzusehr zurückgetreten. Und es ist kein Zweifel, daß im Tiefsten die Ansätze einer Gottesdienstreform der Aufklärungszeit deswegen ohne Erfolg blie-

---

[819] Zum muttersprachlichen Gemeindegesang der katholischen Aufklärung siehe ausführlich bereits Kapitel 2.1 „Die liturgische und kirchenmusikalische Situation am Vorabend der Liturgischen Bewegung“, Seite 49.

[820] So verordnete etwa die josephinische Gottesdienstreform für jede Frühmesse eine mindestens viertelstündige, für die Hauptgottesdienste aber eine wenigstens halbstündige Predigt. Vgl. HOLLERWEGER, Die Reform des Gottesdienstes zur Zeit des Josephinismus in Österreich 401.

[821] Vgl. MAYER, Liturgie, Aufklärung und Klassizismus 120 f.

[822] Vgl. MAYER, Liturgie, Aufklärung und Klassizismus 104-105.124-125.

[823] Vgl. etwa ZINNHOBLER 1009 f.

ben, weil die Theozentrik des Gottesdienstes zu sehr übersehen war und der Versuch, vor allem von der Form her zu bessern, die Wirklichkeit der Kultmystik verfehlte."[824]

5.2.2 Das Messenœuvre und sein Mikrokontext, dargelegt am Beispiel J. Haydns

5.2.2.1 Die persönliche Religiosität und das individuelle Liturgieerleben J. Haydns

In der heutigen katholischen Liturgie erfreuen sich – auch über Mitteleuropa hinaus – die Messvertonungen *Joseph Haydns* (1732-1809) einer enormen Beliebtheit. Angesichts ihrer scheinbar von alters her fest verankerten Popularität ist es schwerlich vorstellbar, dass die Haydn-Messen einmal umstritten gewesen seien. Und doch war dies in der Tat der Fall, wie ein Blick auf ihre Wirkungsgeschichte zu belegen vermag. In Sonderheit war es hier der Caecilianismus, welcher im 19. Jahrhundert mittels stereotyper, oft unqualifizierter Invektiven das Messenschaffen des österreichischen Meisters dermaßen in Misskredit brachte, dass ihm erst ab der Mitte des 20. Jahrhunderts wieder eine adäquate Wertschätzung zuteil wurde.[825] Dass es der caecilianischen Polemik seinerzeit gelingen konnte, den haydnschen Ordinariumsvertonungen das Stigma des „Weltlichen" bzw. „Unliturgischen" als umfassend rezipiertes Präjudiz aufzuzwingen, lag gewiss auch am Fehlen einer fundierten wissenschaftlichen Erschließung des Œuvres. Letztere wurde mittlerweile längst nachgeholt und soll im Folgenden durch den Versuch einer doppelten Werkkontextualisierung ergänzt werden.

Entsprechend den beiden vorangegangenen Komponisten-Paradigmen werden die nachfolgenden Untersuchungen nach Möglichkeit durch autobiographische Primärquellen – sofern vorhanden – untermauert. Bei Joseph Haydn existieren diese nur in spärlicher Zahl. Neben den nicht sehr zahlreichen und oft wenig aufschlussreichen Briefen, unter denen viele geschäftlichen Inhalts sind[826], liegen drei

---

[824] MÜLLER (Wolfgang), Liturgie und Volksfrömmigkeit. Neue Orden 605.

[825] Die zunächst schon zu Haydns Lebzeiten vorhandene breite Popularität seines Messenœuvres erlitt bereits kurz nach seinem Ableben erste Einbußen. In dem Maße, als der stürmische Geist der frühromantischen Musik hervordrängte, wurde Haydns kompositorisches Schaffen nur noch als evolutorische Vorstufe des Neuen angesehen. Die Haydn-Verehrung verengte sich auf einzelne Ausschnitte seines sinfonischen und kammermusikalischen Schaffens, wohingegen seine Kirchenmusik als ästhetischer Rückfall gegenüber dem übrigen Œuvre erachtet wurde. Der caecilianische Vorwurf, das Ordinarium missae finde bei Haydn keine der Würde der Liturgie angemessene Umsetzung, zeitigte schwer wiegende Folgen: So die Haydn-Messen nicht generell aus der Liturgie verbannt wurden, mussten sie sich rigorose Bearbeitungen gefallen lassen, die aus heutiger Sicht nur noch befremden können. Die Suggestionskraft der caecilianischen Kritik bemächtigte sich sogar der profanen Musikwissenschaft (bis weit ins 20. Jahrhundert hinein) und führte zu erheblichen Fehlschlüssen (etwa der Deutung der sechs großen Hochämter als „Vokalsymphonien" [So etwa CHUSID 125-135]). Vgl. zur Wirkungsgeschichte etwa BRAND 511-539, KALISCH 159, LARSEN / LANDON 1893 f. und PASS, Bemerkungen zu Werk- und Wirkungsgeschichte von Haydns Messen 476 f.

[826] Vgl. LARSEN / FEDER 87 und LARSEN / LANDON 1859.

Tagebücher[827] über die beiden Englandreisen (1790-1792 und 1792-1794) sowie eine konzise briefliche Lebensskizze vor.[828] Die genannten Dokumente entstanden größtenteils erst nach den frühen Wiener Jahren (1740-1761), sodass dieser für die Persönlichkeitsentwicklung Haydns besonders relevante Zeitraum nur aus den späteren Erinnerungen des reifen und alten Mannes rekonstruiert werden kann.[829] Wenn „ ... es sich darum handelt, eine Darstellung seines Lebens zu geben, die auch nur die Hauptereignisse und Hauptzüge seiner menschlichen und künstlerischen Entwicklung ... in sich schließen soll, so versagen die [Primär-]Quellen."[830] Es ist also ergänzungsweise vonnöten, Zeugnisse von Haydn-Zeitgenossen heranzuziehen. Den größten Quellenwert besitzen hier zweifellos die biographischen Aufzeichnungen jener zwei Männer, welche als mit Haydn unmittelbar in Kontakt stehende Persönlichkeiten „ ... im Grunde nur als Sprachrohre des Meisters selbst zu betrachten sind"[831]: Der Legationssekretär der sächsischen Gesandtschaft in Wien *Georg August Griesinger* (1768-1828) und der Landschaftsmaler *Albert Christoph Dies* (1755-1822) hatten Gelegenheit, in den letzten Lebensjahren des großen Tonsetzers mit diesem mehrere Unterredungen zu führen, in welchen sie ihn über sein Leben befragten.[832] Die von ihnen gefertigten authentischen Niederschriften wurden kurz nach Haydns Tod publiziert.[833] Verlässlich dürfte auch das biographische Material sein, welches der italienische Literat *Giuseppe Antonio Carpani* (1752-1825), Übersetzer des Haydn-Oratoriums *„Die Schöpfung"* Hob. XXI: 2, zusammentrug.[834] Aus heutiger Sicht ist es hochwahrscheinlich, dass er ebenfalls persönlich mit dem Komponisten zusammentraf.[835]

In Orientierung an den oben aufgeführten Quellen gilt unser Interesse zunächst der persönlichen Religiosität Joseph Haydns. Gerade hier gilt es, die Fables convenues zu hinterfragen, die sich dieses Bereiches bemächtigt haben.

Joseph Haydn verlebte seine ersten Lebensjahre im Burgenland/Niederösterreich, d.h. die persönlichkeitsrelevante kindliche Sozialisation ereignete sich in einer „ ... von volkstümlich-kath.[olischer] Lebenshaltung gesättigten Umgebung"[836]. Das ländliche Milieu des Dorfes Rohrau, in welchem der junge Joseph als Sohn des Wagnermeisters und Landwirtes *Mathias Haydn* (1699-1763) heranwuchs, war zu dieser Zeit zweifellos noch ganz von spätbarocker Reli-

---

[827] Das vierte Reisetagebuch Haydns ist verschollen. Man nimmt an, dass es aus Versehen vernichtet wurde. Vgl. BARTHA / LANDON 551. Zur biographischen Einordnung der Reisetagebücher vgl. FEDER (Georg) 294 f.

[828] Letztere entstand, als Haydn im Jahre 1776 aufgefordert wurde, für das von *Ignaz de Lucca* (1746-1799) verfasste Werk *„Das gelehrte Österreich"* (eine Art biographisches Lexikon) eine kurze Autobiographie zu verfassen. Vgl. NOWAK, Joseph Haydn 257, GEIRINGER 91 f. sowie KAHL 75.f.

[829] Vgl. FEDER (Georg) 291 und GEIRINGER 31.

[830] LARSEN / LANDON 1858.

[831] GEIRINGER 31 f.

[832] Vgl. MARGGRAF 9.

[833] Diese Schriften sind wie folgt: Georg August Griesinger, Biographische Notizen über Joseph Haydn, in: Allgemeine Musikalische Zeitung (Leipzig) 11 (1809) 641-776, auch als selbstständiges Buch erschienen (Leipzig 1810) sowie Albert Christoph Dies, Biographische Nachrichten von Joseph Haydn, Wien 1810.

[834] Der Titel der Publikation lautet: Giuseppe Antonio Carpani, Le Haydine, ovvero lettere su la vita e le opere del celebre maesto Giuseppe Haydn, Milano 1812.

[835] Vgl. GEIRINGER 47.

[836] LARSEN / LANDON 1909.

giosität geprägt. Während in den Städten bereits ein aufklärerischer Bewusstseinswandel heraufdämmerte, vermochten es die neuen Entwürfe zunächst nicht, im Bewusstsein des ländlichen Volkes Fuß zu fassen.[837] Auf dem Lande, wo die katholische Frömmigkeit überwiegend von naturalistischem Sensualismus und handfester Diesseitsbezogenheit geprägt war, waren die fest umrissenen sozialen Strukturen auf organische Weise von der christlich-kirchlichen Religiosität durchwirkt. Es gab quasi keinen Bereich, der davon ausgespart blieb. Dieses selbstverständliche Ineinander von Transzendenz und Immanenz formte die persönliche Religiosität Joseph Haydns spürbar, wie sich auch an seinem künstlerischen Œuvre aufzeigen lässt. „Für Haydn ... bestand kein prinzipieller Gegensatz zwischen weltlich und geistlich.“[838] Das unmittelbare Erleben der Kindheit ist der fundamentale Nährboden „ ... seiner völlig unkomplizierten Religiosität, die nicht zwischen Erhabenem und Irdischem getrennt hat.“[839]

Als allmählich die überdurchschnittliche Begabung des Knaben deutlich wurde, erwachte bei dessen Mutter *Anna Maria Haydn geborene Koller* (1707-1754) der Wunsch, der vielversprechende Sohn möge einst die Priesterweihe empfangen. Obzwar Joseph Haydn dann als junger Mann nie ernstlich einen solchen Schritt erwog, wird daran doch die dezidierte kirchliche Bindung seines Elternhauses evident.[840] In Einklang damit befindet sich die Tatsache, dass Haydn zeitlebens regen Kontakt mit Klerikern pflegte.[841] Er war mit den kirchlichen Strukturen bestens vertraut. Sein Biograph Griesinger schreibt diesbezüglich „Ohne über Gegenstände des Glaubens zu spekulieren, nahm er an, was und wie es seine katholische Kirche lehrte, und sein Gemüt war dabei beruhiget.“[842] Obgleich die katholische Kirche im Leben Joseph Haydns eine Konstante war, ist seine Gesin-

---

837 Vgl. etwa Röhrig 119 und Müller (Wolfgang), Liturgie und Volksfrömmigkeit. Neue Orden 603.

838 Geiringer 432.

839 Biba, Die kirchenmusikalischen Werke Haydns 149.

840 Vgl. Geiringer 22.38.

841 Hervorzuheben sind hier etwa die – zunächst beruflich initiierten – freundschaftlichen Beziehungen zu Ordensangehörigen der Barmherzigen Brüder vom hl. Johannes von Gott (Ordo Hospitalarius Sancti Joannis de Deo). Nachdem Haydn in der Lage persönlichen materiellen Notstandes (1750-1759) in der Klosterkirche des Ordens in Wien-Leopoldstadt eine kleine Verdienstmöglichkeit als Erster Primgeiger („Vorspieler“) gefunden hatte und ihm später im Ordenshaus Eisenstadt die ärztliche Kunst der Brüder vorübergehend Linderung seines Nasenleidens brachte, widmete er dem Orden aus Dankbarkeit einige Kompositionen und ließ ihm auch von anderen Werken Abschriften zukommen. Namentlich mit dem OSJD-Pater *Primitivus Niemecz* (1750-1807) verband Haydn eine herzliche Freundschaft (Vgl. etwa Nowak 248, Larsen / Feder 89 und Brand 133). Ein persönlicher Kontakt bestand etwa auch zu dem Piaristenpater *Joseph Hofmann* (1771-1840) (Vgl. Botstiber 111 f.)

842 Griesinger 70. Als Beispiel für die Festigkeit seiner kirchlichen Gesinnung sei Folgendes angeführt: Als Haydns erste Liebe, seine Klavierschülerin *Therese Keller* (1733-1819), welche seine Zuneigung erwiderte, aufgrund eines elterlichen Gelübdes 1755 in den Klarissenorden eintreten musste und es somit nicht zu einem Verlöbnis kommen konnte, setzte der junge Musiker seine Besuche bei der Familie Keller auch nach dem Weggang Theresens weiter fort. (Vgl. Marggraf 46) „Er, der selbst der katholischen Religion auf das innigste verbunden war, mag es [mithin] den Eltern nicht allzusehr verargt haben, daß sie an ihrem Gelübde, Therese der Kirche zu weihen, festhielten.“ (Geiringer 53) Zur feierlichen Ablegung der Gelübde Therese Kellers (welche den Ordensnamen *Josepha* annahm) im St.-Nikolaus-Kloster in Wien, schuf Haydn sogar eigens zwei Kompositionen: Das Orgelkonzert Nr. 1 in C-Dur Hob. XVIII: 1 und das Salve Regina in E-Dur Hob. XXIIIb: 1 (Vgl. etwa Hurwitz 143).

nung diesbezüglich niemals ostentativ. Gegenüber seinem Biograph Georg August Griesinger kritisierte er gar seine Ehefrau *Maria Anna Aloysia Haydn geborene Keller*[843] (1729-1800), weil sie „ ... bigott war, die Geistlichen fleißig zu Tische lud, viele Messen lesen ließ und zu milden Beiträgen bereitwilliger war, als es ihre Lage gestattete."[844]

In den Biographien wird oft behauptet, Haydns Religiosität sei kindlich und naiv gewesen. Es wird darauf hingewiesen, dass er sich zeit seines Lebens die unreflektierte Frömmigkeit der Kinderjahre bewahrt habe. Es ist jedoch „ ... eine intellektuelle Zumutung, die einem schöpferischen Genie damit unterstellt wird. Seine religiöse, vielfach dokumentierte Geisteshaltung ist wohl zutreffender mit *Gottvertrauen* zu bezeichnen und hat mit der begrifflichen Umschreibung *naiv-kindlich* selbstverständlich nicht das geringste zu tun."[845] Die Tatsache, dass Haydn stets seine persönlichen Gefühle zu verbergen wusste, besonders aber hinsichtlich seiner persönlichen Religiosität nach außen hin nur Weniges durchschimmern ließ[846], erschwert zweifellos eine Entkräftung des Topos. Es gibt einige Indizien für eine schwere Lebenskrise des etwa Vierzigjährigen, wodurch das Klichee der Unbedarftheit und Unerschütterlichkeit seiner Glaubensüberzeugung zumindest relativiert wird. Die schwere seelische Erschütterung, welche die Kompositionen der Jahre 1769-1772 unmissverständlich widerspiegeln[847], war wohl nicht durch ein punktuelles Ereignis ausgelöst, sondern dürfte einen vielschichtigen Hintergrund haben, wie etwa das Fehlen existentieller Freundschaften (auch seine Ehefrau bedeutete ihm nichts)[848], die Kinderlosigkeit der Ehe (was nach damaliger Auffassung ein Zeichen mangelnden göttlichen Segens war[849]) und die Kettung an künstlerisch beengende Lebensumstände. So deutet „ ... vieles ... darauf hin, daß uns hier jenes Phänomen begegnet, das die moderne Psychologie als Krise der Lebensmitte, als ‚mid-life-crisis', bezeichnet."[850] Retrospektiv erbrachte die im Jahre 1773 schließlich überwundene Krise für Haydn eine Katharsis, welche ihn durch die gesteigerte Reife des Geläuterten zu neuen Höhen führte. Beflügelt wurde er hierbei gewiss primär durch die außereheliche Liebesbeziehung mit einer

---

[843] Maria Anna Aloysia Haydn geborene Keller war die Schwester der oben erwähnten Therese (Josepha) Keller. Die Ehe mit der älteren Schwester, die wohl wusste, dass sie nicht aus Liebe, sondern nur als Ersatz für Therese geehelicht wurde, war (möglicherweise infolgedessen) nach übereinstimmenden Angaben der Biographen äußerst unglücklich. Vgl. etwa MARGGRAF 46-48.

[844] GRIESINGER 26.

[845] HURWITZ 62.

[846] Vgl. etwa LARSEN / FEDER 88 f. und LARSEN / LANDON 1909.

[847] Obgleich die Lebenskrise Haydns nur in seiner Musik zu Tage tritt, ist sich die Mehrzahl der Biographen über deren Faktizität einig. Sie wird gemeinhin als „romantische Krise" oder haydnsche „Sturm und Drang-Periode" bezeichnet. Denn nach Jahrzehnten konventionellen Schaffens ereignete sich bei Haydn um 1770 ein Ausbruch hochgradiger Subjektivität. Ein Großteil der Werke steht in Moll. Sie sind (die Opern ausgenommen) von tiefer Verstörtheit und düsterer Leidenschaft, ja bisweilen Verzweiflung geprägt. Vgl. etwa MARGGRAF 79-89, GEIRINGER 99 f., LARSEN / LANDON 1899, EBERT 74-78 sowie LARSEN / FEDER 101 f.

[848] Vgl. GEIRINGER 99 f.

[849] Vgl. MARGGRAF 48.

[850] MARGGRAF 90.

Sängerin des Hoftheaters zu Eszterháza.[851] Von großer Relevanz für die sich ihm nun neu eröffnenden künstlerischen und seelischen Tiefendimensionen war aber unleugbar auch die in den 1780er-Jahren beginnende Freundschaft mit *Wolfgang Amadeus Mozart* (1756-1791), deren Erwähnung gerade im Kontext der persönlichen Religiosität Haydns unabdingbar ist: Haydn wurde am 11.02.1785 in die Wiener Freimaurer-Loge „*Zur wahren Eintracht*" aufgenommen und Mozart dürfte diesbezüglich eine nicht unwichtige Rolle gespielt haben.

Während eines längeren Wien-Aufenthaltes im Jahre 1784 war Haydn in einige elitäre Kultur- und Gesprächs-Zirkel eingeführt worden, in welchen sich führende Männer aus Politik, Wissenschaft und Kunst zum geistigen Austausch trafen. In diesen Kreisen, wo er wohl auch Mozart erstmals begegnete, wurde er mit den aufklärerischen Gedanken eines neuen Bürgertums und mit freimaurerischen Inhalten vertraut gemacht. Der hier ebenfalls verkehrende Naturwissenschaftler *Ignaz von Born* (1742-1791), Meister vom Stuhl der Bauhütte „*Zur wahren Eintracht*" oder ein anderes Logenmitglied dürften Haydn durchaus im Eigeninteresse (im Hinblick auf den Renommeezuwachs der Loge) gezielt für einen Beitritt angeworben haben.[852] Es waren dann wohl Wolfgang Amadeus Mozart sowie der ebenfalls mit Haydn befreundete Wiener Großhändler *Johann Michael Puchberg* (1741-1822)[853], die Haydn zuredeten, dem an ihn herangetragenen Ansinnen zu entsprechen.[854] Welche innere Motivation aber bewegte Joseph Haydn zu diesem Schritt? Von dem Künstler selbst erfahren wir diesbezüglich nur Vages. In dem von ihm gestellten Aufnahmegesuch an einen seiner drei masonischen Paten heißt es „Die vortheilhaffte Begriffe, die ich von der Freymaurerey habe, haben schon längst in mir den aufrichtigsten Wunsch erwecket, in diesen seiner *menschenfreundlichen und weisen Grundsätze* wegen beruffenen Orden aufgenommen zu werden."[855] Dieses Briefzitat lässt erkennen, dass Haydn nicht nur Kenntnis vom maurerischen Wesen und Ethos besaß[856], sondern Letzteres auch als persönlich

---

[851] Im Jahre 1779 wurde die ebenfalls unglücklich verheiratete Mezzosopranistin *Luigia Polzelli geborene Moreschi* (1760-1832) Haydns Geliebte. Nach 1800 erkaltete jedoch diese Beziehung. Vgl. LARSEN / FEDER 51.

[852] Vgl. HURWITZ 27 f.

[853] Puchberg beriet Haydn u.a. in Geldangelegenheiten.

[854] Vgl. GEIRINGER 119.

[855] Brief an den k.k. Hofsekretär und damaligen Meister der Wiener Loge „*Zur wahren Eintracht*" *Franz Philipp von Weber* (1738-1801) vom 29.12.1784 (Kursivsetzung: Jakob Johannes Koch). Zitiert nach BARTHA / LANDON 143. Da nur die Unterschrift des Briefes von Haydn selbst geschrieben wurde, der Rest des Briefes aber eine fremde Handschrift aufweist, wird vermutet, dass der Text von dem Logenbruder *Anton Georg Graf Apponyi von Nagy-Appony* (1755-1817) verfasst worden sei, der sich für Haydns Aufnahme in den Orden einsetzte (so etwa DEUTSCH 289 f.).

[856] Unter Verwendung einer der mittelalterlichen Werkmaurerei entnommenen Symbolik praktizierte die österreichische Freimaurerei zu jener Zeit eine humanistisch-liberale Weltanschauung auf der Basis einer allgemeinen, natürlich-ethischen Vernunftreligion deistischer Prägung. Ihr Bestreben waren Rechtsgleichheit, größere Freiheiten, Toleranz und Achtung für den Einzelnen. Trotz ihrer partiellen Nähe zum radikal-aufklärerischen Illuminatenorden spielte sie in Österreich zu keinem Zeitpunkt die Rolle einer revolutionären Organisation. Vielmehr wirkte sie im Sinne ihrer Ideale auch auf sozialem, karitativem und wirtschaftlichem Gebiet. Basierend auf den Grundsätzen der Brüderlichkeit und Gleichheit stellte sich die Maurerei in Gegensatz zu den absolutistischen Zeitströmungen. Die Überwindung religiöser, gesellschaftlicher und nationaler Abgrenzungen war nur unter dem Schutz der Verschwiegenheit möglich. Um 1780 existierten in Wien sechs Logen mit insgesamt circa 200 Mitgliedern. Um 1784/85 erreichte die

erstrebenswert ansah. Differenziertere, unmittelbare Äußerungen seinerseits liegen darüber hinaus allerdings nicht vor. Mit Sicherheit dürfte ihn aber die Ideologie der Brüderlichkeit und Gleichheit fasziniert haben: Aus bescheidenen Verhältnissen stammend, bot sich ihm, der als Bediensteter des fürstlichen Hauses Esterházy ja beständig an den nahezu unüberbrückbaren Gegensatz zwischen Bürgern und Adeligen gemahnt wurde, nun Gelegenheit, sich vollkommen frei und gleichberechtigt unter den Protagonisten des damaligen Österreich zu bewegen.[857]

Zunächst mag es erstaunen, dass der Katholik Haydn einem Bund beitrat, welcher von der römischen Amtskirche damals soeben erst – nämlich in den Jahren 1738 und 1751 – durch zwei Bannbullen (daneben aber auch durch andere einschlägige päpstliche Allokutionen) verurteilt worden war; stand doch die deistische, laizistische und an einem dogmenfreien Christentum orientierte Freimaurer-Doktrin in einem evidenten Widerspruch zur katholischen Lehre.[858] Unter dem aufklärerischen Staatskirchentum des Josephinismus wurden die päpstlichen Verbote gleichwohl kaum beachtet oder aber sehr lax interpretiert: Da die erwähnten päpstlichen Verlautbarungen nicht ex cathedra erlassen worden waren, wurde im nationalkirchlichen Österreich, wo die Anwendung und Ausführung päpstlicher Erlasse ganz vom Placet des Kaisers abhing, davon abgesehen, eine Exkommunikation katholischer Logenbrüder einzuleiten. Konnte der betreffende Katholik gute Gründe für seinen Logenbeitritt anführen, blieb er kirchenrechtlich unbehelligt. Diese in Österreich generelle Handhabung muss Haydn geläufig gewesen sein.[859]

Obgleich Haydn in dem oben zitierten Brief unmissverständlich seine geistige Affinität zur Freimaurerei bekennt, war er nur bei einer Arbeit seiner Loge, nämlich der Rezeptionsarbeit am 11.02.1785 anwesend. Darüber hinaus nahm er zumindest in Wien an keiner weiteren maurerischen Arbeit teil, weswegen er auch nicht zum Gesellen und Meister befördert wurde.[860] Daher wird vermutet, er habe

---

Freimaurerei in Wien ihren absoluten Höhepunkt. Ein Großteil der progressiven Prominenz war Mitglied des Geheimbundes. Die durch das kaiserliche Freimaurerpatent vom Dezember 1785 initiierte Logenreform leitete indes einen raschen Niedergang der Österreichischen Freimauerei ein und noch vor Ende des Jahrhunderts war innerhalb der Monarchie das faktische Ende der Existenz des Ordens erreicht. Vgl. hierzu ausführlich HURWITZ 9-23.

857 Daneben fühlte sich der Wagnersohn wohl auch von der hohen symbolischen Wertschätzung handwerklicher Tätigkeit angesprochen. Dass er sich überdies durch einen Logenbeitritt ein präsumptives, anspruchsvolles Konzertpublikum seiner eigenen Kompositionen erhoffte – die Musik nahm im Ritualgeschehen einen hohen Stellenwert ein – ist ebenfalls nahe liegend. Schließlich muss als mögliches Movens schlichtweg auch seine Sehnsucht nach geistiger Befruchtung genannt werden, war er doch im geographisch abgelegenen Eszterháza von den geistigen Zeitströmungen weitgehend abgeschnitten und hatte er doch bislang in Wien vor allem das enge, kleinbürgerliche Milieu erlebt. Vgl. etwa GIESE 168 f.

858 Überdies galten der bei der Rezeption auferlegte Eid und die Geheimhaltung nach kanonischem Recht als ungesetzlich.

859 Dass sich im Gegensatz zur radikal antikirchlichen Einstellung der französischen Freimaurer die Freimaurerei in Österreich in weitgehender Harmonie mit der Kirche befand, wird auch daran deutlich, daß damals nicht wenige, auch hoch stehende katholische und protestantische Kleriker zu ihren Mitgliedern zählten. Vgl. HURWITZ 12.16.31.34 sowie BRAND 209.

860 Möglicherweise besuchte Haydn von Eisenstadt aus sporadisch eine Loge in Preßburg, wofür allerdings keine Belege vorhanden sind. Obzwar also eine regelmäßige Anwesenheit Haydns im Logenleben nicht nachweisbar ist (er wurde in den Protokollen der Wiener Loge „*Zur wahren Eintracht*“ nach dem 11.02.1785 stets als „abwesender Bru-

„... bei den Brüdern Freimaurer nicht das gefunden, was er suchte ...“[861]. Nahe liegender ist jedoch die ganz banale Tatsache, dass er aufgrund seiner enormen beruflichen Belastungen schlichtweg keine Zeit für Besuche der Wiener Loge hatte, zumal die Belastungen der für damalige Verhältnisse aufwändigen Reise hinsichtlich eines jeweils nur sehr kurzen Aufenthaltes in Wien unverhältnismäßig gewesen wären.[862] Nach seiner endgültigen Rückkehr aus England hätte Haydn, selbst wenn er es gewollt hätte, ohnehin nicht mehr an Arbeiten seiner Bauhütte teilnehmen können, da diese infolge des kaiserlichen Freimaurerpatentes[863] in die Sammelloge „*Zur Wahrheit*“ aufgegangen war, welche sich ihrerseits im Jahre 1789 auflöste. Der verbleibende kleine Rest der Maurerei war in den Untergrund abgewandert und diesbezügliche Kontakte wären für Haydn im neuen politisch-reaktionären Klima Österreichs nicht unriskant gewesen.[864] Auch wenn bis heute unklar geblieben ist, wie weit sich Haydn mental in das maurerische Weltbild involvierte, stimmt es nachdenklich, dass sich in seinem Nachlass keinerlei römisch-katholische Erbauungsliteratur finden ließ, wohingegen man auf acht, damals von der staatlichen Zensur verbotene Bücher aus dem Bereich der Esoterik stieß, worunter sich auch eine von seiner Mutterloge herausgegebene Sammlung freimaurerischer Lieder sowie die sog. maurerische Verräterschrift „*L'Ordre des Francs-Maçons trahi*“ des Abbé *Gabriel Louis Calabre Pérau* (1700-1767) befand.[865] Offenbar hatte sich Joseph Haydn doch intensiver mit der Maurerei auseinander gesetzt als man gemeinhin wahrhaben wollte. „Haydn dürfte sein Maurertum als Bestandteil seiner Identität empfunden haben. [...] Haydns Bindung an die Maurerei mag nicht so sehr auf der subtilen Kenntnis maurerischer Symbolik beruht haben, sondern auf der Kraft der emotionalen Bindung an das, wofür die Freimaurerei überhaupt steht: Menschenliebe, Toleranz und Brüderlichkeit.“[866]

Wie soeben aufgezeigt wurde, bedeutete für Joseph Haydn seine Zuwendung zur Freimaurerei mitnichten eine Abkehr vom Katholizismus. Hiervon zeugt auch sein

---

der“ geführt), ergaben sich für ihn doch in der Folgezeit gelegentlich beruflich bedingte Zusammentreffen mit Brüdern, so etwa mit dem Konzertunternehmer *Johann Peter Salomon* (1745-1815), Mitglied der berühmten Londoner Pilgrim Lodge, welcher die England-Aufenthalte Haydns initiierte und schließlich einer seiner engsten Freunde wurde. Daneben bestand wohl auch ein Austausch mit Brüdern einiger Pariser Logen, welche maßgeblich dazu beitrugen, Haydns Namen in Frankreich bekannt zu machen. Vgl. GIESE 168 f. Zu erwähnen ist auch, dass neben anderen Mitgliedern der Esterházyschen Familie Haydns Dienstherr *Nikolaus Joseph Fürst Esterházy von Galántha, Graf zu Forchtenstein, genannt „Der Prachtliebende“* (1714-1790) ebenfalls Mitglied einer Loge war und eventuell sogar auf Eszterháza eine Privatloge installiert hatte. Vgl. HURWITZ 41.72.

861 BRAND 214.

862 Haydns musik- und theaterbegeisterter Dienstherr Nikolaus Joseph Fürst Esterházy achtete stets auf korrekte Einhaltung der Vertragspflichten seiner Angestellten. So hatte der fürstliche Kapellmeister beispielsweise im Jahre 1786 125 Opernaufführungen zu dirigieren (darunter acht Neueinstudierungen). Überdies oblag ihm die Verwaltung und Organisation des gesamten fürstlichen Musikbetriebes einschließlich der Wartung aller Musikinstrumente. Bedenkt man, dass er außerdem noch unterrichtete und komponierte, wird die Unmöglichkeit regelmäßiger Besuche der Wiener Loge unbestreitbar. Vgl. HURWITZ 35 f.

863 Siehe hierzu bereits Fußnote 856.

864 Vgl. HURWITZ 37-39.55 sowie GIESE 170.

865 Vgl. HURWITZ 62-63.73.

866 HURWITZ 72 f. Vgl. ferner auch COTTE 125 ff.

musikalisches Schaffen. Den Großteil der Manuskripte seiner Kompositionen überschrieb er bis zum Ende seiner kompositorischen Tätigkeit mit den Worten „In nomine Domini“ und beendete sie mit „Soli Deo gloria“ oder noch häufiger „(Finis: [auch: Fine.]) Laus Deo“ mit dem gelegentlichen Zusatz „ ... et Beatissimae Virgini Mariae“.[867] Sollte diesbezüglich der Einwand ins Feld geführt werden, es handele sich bei solchen Einträgen um unreflektierte, tradierte fromme Floskeln, so steht dem die durch seine Biographen bezeugte Tatsache entgegen, dass der Meister zu Beginn und während des Schaffensprozesses eines neuen Opus meist um himmlischen Beistand betete. Dies deutet darauf hin, dass er sich die angeführten Worte sehr wohl als persönlichen Glaubensakt zueigen machte. Georg August Griesinger teilt diesbezüglich folgenden Wortlaut Haydns mit: „*Wenn es mit dem Komponieren nicht so recht fort will, ... so gehe ich im Zimmer auf und ab, den Rosenkranz in der Hand, bete einige Ave, und dann kommen mir die Ideen wieder.*“[868] Unabhängig von Griesinger bezeugt auch Giuseppe Antonio Carpani das Rosenkranzgebet Haydns im Falle eines plötzlichen Hemmnisses beim Komponieren: „La sua confidenza negli ajuti del Cielo, da cui riconosceva ogni talento, era tale, che allora quando nel comporre gli si inarivida la vena, o qualche aspra difficoltà lo arrestava, nè sapeva come uscire, s'alzava dal cembalo, pigliava il suo rosario, e camminando per la camera si metteva a recitarlo.“[869] Hieraus wird übrigens auch das Vorhandensein einer marianischen Komponente der Religiosität Haydns ersichtlich, deren Provenienz aus der generellen Hochblüte spätbarocker Marienfrömmigkeit heraus erklärbar ist.[870] Über die Arbeit an dem Oratorium „*Die Schöpfung*“ Hob. XXI: 2 sagte Haydn zu Griesinger: „*ich war auch nie so fromm als während der Zeit, da ich an der ‚Schöpfung‘ arbeitete; täglich fiel ich auf meine Knie nieder und bat Gott, daß er mir die Kraft zur glücklichen Ausführung dieses Werkes verleihen möchte.*“[871] In einer Zeit dicht gedrängter kompositorischer Produktion[872] schrieb er an seine Freundin *Marianne von Genzinger geborene von Kayser* (1750-1793): „mein geist ist in der That müde. nur der Beystand des Himmels kan das ersetzen, das meinen Kräften mangelt. ich bitte Ihn

---

[867] Diese Einträge sind verifizierbar in den Haydn-Autographen des Esterházy-Archives des National-Museums Budapest, des Esterházy-Archives Eisenstadt, des Musikvereinsarchives der Gesellschaft der Musikfreunde Wien, der Österreichischen Nationalbibliothek Wien, der Westdeutschen Bibliothek Marburg, der Universitätsbibliothek Tübingen, der Bayerischen Staatsbibliothek München, der Bibliothèque Nationale Fonds du Conservatoire Paris u.a..

[868] Griesinger 70.

[869] Carpani 267. Die deutsche Übersetzung (Jakob Johannes Koch) lautet: „Sein Vertrauen in die Hilfe des Himmels, dem er jede Geistesgabe zuschrieb, war derart, dass er – wenn ihn beim Komponieren die Inspiration verließ oder ihn irgendeine herbe Widrigkeit hemmte und er keinen Ausweg mehr wusste – sich vom Cembalo erhob, seinen Rosenkranz nahm und diesen im Zimmer umhergehend zu beten begann.“

[870] Vgl. hierzu bereits Kapitel 5.2.1.2 „Die Messliturgie unter dem Einfluss des tridentinischen Katholizismus und der Katholischen Aufklärung: Liturgische Entwicklungen zwischen antireformatorischer Barock-Kirchlichkeit und aufklärerischem staatskirchlichen Reformismus“.

[871] Zitiert nach Griesinger 71.

[872] Während seines ersten England-Aufenthaltes hatte Haydn beschlossen, bei jedem der Londoner „Salomon Concerts“ ein neues eigenes Werk zu präsentieren, um mit dem zu jener Zeit ebenfalls dort weilenden Komponisten *Ignaz Pleyel* (1757-1831) konkurrieren zu können, welcher bei den „Professional Concerts“ jeweils eine neue Eigenkomposition vorstellte. Der enorme Schaffensdruck setzte ihm sehr zu. Vgl. Marggraf 161 f.

täglich darum, dan ohne Seinen beystand bin ich ein armer Tropf!"[873] All diese biographischen Zeugnisse zeigen, dass Joseph Haydn seinen künstlerischen Genius letztlich nicht als autark verfügbare Eigenleistung, sondern als gnadenhaftes Geschenk, ja gleichsam als Leihgabe seines Schöpfers erachtete. Gerade zu einem Zeitpunkt, als er international bereits höchsten Ruhm genoss, kommt diese demütige Haltung auch in einem Brief konkret zum Ausdruck: „... so werde ich ... alsdan dort in der Ewigkeit Meinem Allmächtigen für Seine mir geliehenen Gnaden dancken ..."[874]. Das Verständnis des eigenen Talentes als unverdiente Gottesgabe war ihm so wichtig, dass er es in der oben erwähnten brieflichen Lebensskizze für „*Das gelehrte Österreich*" sogar als persönliches Bekenntnis vor einer breiten Öffentlichkeit formuliert „Gott der allmächtige (welchen ich alleinig so unermessene gnade zu dancken) gab mir besonders in der Music so viele leichtigkeit ..."[875]. Die Konsequenz aus dieser inneren Haltung war für ihn, auch den großen Ruhm, welcher ihm aus seinem künstlerischen Wirken erwachsen war, nicht für sich zu verbuchen, sondern Gott gleichsam zu rededizieren. In demselben Dokument schreibt er: „alle lobes Erhebungen widme ich gott dem Allmächtigen, welchen alleinig für solche zu dancken habe: mein wunsch sey nur dieser, weder meinen nächsten, ... vielweniger mein unendlich barmherzigen gott zu beleydigen"[876].

Besonders in den letzten Lebensjahren des großen Tonsetzers war das Gebet auch außerhalb des künstlerischen Bereiches ein Konstituens seines alltäglichen Lebens.[877] Der französische Musikverleger und Klavierbauer *Camille Pleyel* (1788-1855) berichtet über einen Besuch, welchen er Haydn im Jahre 1805 abstattete: „*Wir fanden ihn mit einem Rosenkranz in der Hand und ich glaube, er verbringt fast den ganzen Tag im Gebet.* [...] *Wir blieben nicht lange, da wir merkten, daß er zu beten wünschte.*"[878] Die Spiritualität Joseph Haydns blieb gleichwohl bis zu seinem Lebensende diesseitsbezogen und nüchtern. „Die romantische Anschauung vom reinen Künstler, der mit den Niederungen der Welt nichts zu tun haben will, war Haydn entweder ... fremd, oder er hielt sie nicht für praktikabel. Haydn war ein vernünftig denkender Mann ..."[879]. In Kindheit und Jugend geprägt von der Atmosphäre spätbarocken Sensualismus', war sein Seinsentwurf keineswegs dialektisch, sondern vereinte im ganzheitlichen Sinne alles menschlich Rezeptible zu einer stringenten Einheit.[880] Insofern war seine Religiosität bar alles Grüblerischen oder gar Skeptizistischen. Abgesehen von der oben erwähnten Zeit der Krisis sind als Grundzüge des haydnschen Wesens stets Heiterkeit, Humor, Charme und Optimismus erkennbar,[881] wovon auch seine Frömmigkeit nicht untangiert

---

873 Brief an Marianne von Genzinger vom 02.03.1792. Zitiert nach BARTHA / LANDON 280.
874 Brief an *Maximilian Friedrich Freiherr von Droste-Hülshoff* (1764-1840) vom 20.05.1801. Zitiert nach BARTHA / LANDON 365 f.
875 Skizze zu einer Autobiographie vom 06.07.1776. Zitiert nach BARTHA / LANDON 76. Vgl. hierzu auch GRIESINGER 70.72.
876 Skizze zu einer Autobiographie vom 06.07.1776. Zitiert nach BARTHA / LANDON 78.
877 Vgl. etwa RUTZ 121.
878 Brief Camille Pleyels an seine Familie vom 16.06.1805. Zitiert nach GEIRINGER 234.
879 FEDER (Georg) 295.
880 Dabei war es dieser Mangel an Zwiespältigkeit und innerer Zerissenheit, welcher der stilisierten Gestalt des „guten Papa Haydn" den Ruf des Philisterhaften und Ungenialischen eintrug.
881 Vgl. etwa auch GRIESINGER 74, GEIRINGER 483 oder LARSEN / FEDER 89.128.

blieb. Griesinger schreibt hierzu: „Überhaupt war seine Andacht nicht von der düsteren, immer büßenden Art, sondern heiter, ausgesöhnt und vertrauend ...“[882]. Die Bedingungslosigkeit seines Gottvertrauens war gerade auch in existentiellen Situationen konkret verifizierbar. Als am 10.05.1809 infolge der Kanonade Wiens durch die napoleonischen Truppen vier Artilleriegeschosse in unmittelbarer Nähe des haydnschen Wohnhauses mit derartiger Wucht detonierten, dass die Fenster zersprangen und Türen aufgedrückt wurden, rief der Greis (gemäß brieflicher Mitteilung seines Dieners und Kopisten *Johann Florian Elßler* [1769-1843]) den geängstigten Mitbewohnern zu: „Kinder fürchtet euch nicht; denn wo Haydn ist, kann euch nichts geschehen!“[883]

Wenn die Haydnforscher *Howard Chandler Robbins Landon* (* 1926) und *Jens Peter Larsen* (1902-1988) schreiben „Es fragt sich, ob man nicht seinen [sc. Haydns] religiösen Grundcharakter etwas überbetont hat. [...] es findet sich nichts, was auf eine betont religiöse persönliche Einstellung schließen ließe“[884], so mögen sie zu dieser Aussage durch manche Klischeebilder veranlasst worden sein, in denen Joseph Haydn als frömmelnde Heiligengestalt dargestellt wird. In der Tat lag es Haydn gänzlich ferne, seine persönliche Religiosität zu betonen oder gar zur Schau zu stellen – dazu war sie viel zu selbstverständlich mit seinem Dasein verwoben. Gleichwohl wird aus den bisherigen Darlegungen ersichtlich, dass Glaube und Spiritualität unleugbare Essentialien im Leben des Komponisten waren. Griesinger, der hier wie kaum ein anderer zu einer Würdigung berechtigt ist, fasst dies Folgendermaßen zusammen: „Haydn war sehr religiös gesinnt, und dem Glauben, in welchem er aufgewachsen war, treu ergeben. Sein Gemüt war von der Überzeugung, daß alle menschlichen Schicksale unter der leitenden Hand Gottes stehen, daß Gott der Vergelter des Guten und Bösen sei ... aufs lebhafteste durchdrungen. In der Religion fand er auch den kräftigsten Trost für seine körperliche Gebrechlichkeit“[885].

Nach der obigen Auseinandersetzung mit der persönlichen Religiosität Haydns soll im folgenden sein individuelles Liturgieerleben untersucht werden – eine Conditio sine qua non hinsichtlich eines adäquaten Umganges mit seinem Messenœuvre in der heutigen Liturgie.

Ab dem Beginn seines siebten Lebensjahres begann für Joseph Haydn die katholische Liturgie in seinem Alltag eine führende Rolle einzunehmen: Er wurde von seinen Eltern nach Hainburg a.d.Donau geschickt, um dort die Volksschule zu besuchen. Unter der Leitung des Schulrektors und Chorregenten *Johann Mathias Franck* (1708-1783)[886] wurde er zugleich Sängerknabe an der Stadtpfarrkirche des Landstädtchens. In der zu jener Zeit gültigen *„Instruction für den Schulmeister*

---

882 GRIESINGER 71.

883 Brief Johann Florian Elßlers an Georg August Griesinger vom 30.06.1809, geschrieben vier Wochen nach dem Tod Haydns. Zitiert nach RUTZ 132. Wohl auf diesen Brief bezieht sich die Schilderung derselben Episode, welche Griesinger später in seine „Biographischen Notizen“ aufnahm. Vgl. GRIESINGER 66.

884 LARSEN / LANDON 1909.

885 GRIESINGER 70.

886 Franck war ein entfernter Verwandter des Vaters Franz Joseph Haydns, bei dessen Familie der Knabe in den folgenden zweieinhalb Jahren auch wohnte.

oder Rector" der Volksschule Hainburg heißt es u.a.: „*Kinder gehen ... in die Schull, früh um 7 uhr kommen sie, um 10 in die H: Mess nach gehörter Mess nach Hauss.*"[887] Neben diesem alltäglichen Messbesuch, dessen Normalform zu jener Zeit überwiegend die Missa lecta war, wirkte der junge Joseph aktiv als Sopranist in den Missae cantatae und Hochämtern der Pfarrkirche mit: An den Sonn- und Festtagen hatte der Chor der Pfarrkirche die Messe durch mehrstimmige Vokalkompositionen musikalisch auszugestalten. Zu den kirchenmusikalischen Obliegenheiten, an welchen der Knabe beteiligt war, gehörten überdies zahlreiche Vespern, Litaneien und Prozessionen.[888] Die frühe regelmäßige Einbindung Haydns in den katholischen Kult erfuhr bald eine Intensivierung, als er im Sommer 1740 zum Domsängerknaben an St. Stephan in Wien avancierte. Im mariatheresianischen Wien war die Liturgie noch ganz vom Spätbarock geprägt.[889] Die Kantorei sang nicht nur täglich zweimal in der Messfeier sowie in der musikalischen Litanei und im Vespergottesdienst sondern auch bei Begräbnissen, Prozessionen usw.[890] Neben den gesungenen Messen wurden im Übrigen in der Domkirche täglich circa 80 überwiegend gestiftete Privatmessen und eine Expositionsmesse gehalten sowie drei Rosenkranzandachten gebetet.[891] Zu jener Zeit waren die Ämter und Hochämter in St. Stephan weitgehend zu „Kirchenkonzerten mit liturgischer Präsenz"[892] depraviert. In Koinzidenz mit dem damals offenbar niedrigen Qualitätslevel der Dommusik führte dies zu einer dem Wesen der Liturgie abträglichen Situation, die sogar vom Wiener Stadtrat moniert wurde, insofern nämlich „ ... *die Kirchenmusik dem [...] der Andacht abwartenden Volk vielmehr zu einer Gemüths-Zerstreuung und zum Ekel, denn als anmuthige christliche Auferbauung gereiche.*"[893]

Nach der Entlassung des Siebzehnjährigen aus dem Kapellhaus weitete sich für ihn der kirchenmusikalische Wirkungskreis, indem er zu seinem Broterwerb diverse Aushilfstätigkeiten annehmen musste. Als Erster Primgeiger wirkte er in den folgenden Jahren bei den Gottesdiensten der Klosterkirche der Barmherzigen Brüder in Wien-Leopoldstadt mit. Überdies war er von 1759 bis 1761 als Organist und Leiter der figuralen Kirchenmusik an der dem Palais Haugwitz zugehörigen St.-Anna-Kapelle in Wien-Josephstadt in Diensten des österreichischen Hofkanzlers *Friedrich Wilhelm Graf Haugwitz* (1702-1765) tätig.[894] Dort wurden täglich zwei

---

887 Zitiert nach NOWAK 93.
888 Vgl. NOWAK 93 f. sowie MARGGRAF 19 f.
889 Vgl. RÖHRIG 116.
890 Vgl. GEIRINGER 32 und HOLLERWEGER 477. „Besonders der Wiener ... nahm jede Gelegenheit zu einer Prozession war. [...] Besonders beliebt waren [auch] musikalische Litaneien mit instrumentaler Begleitung. Solche Litaneien wurden selbst in kleinen Kapellen gern gefeiert, wo für eine personenreiche Liturgie kein Platz war." RÖHRIG 114.
891 Ein Teil der Gottesdienste wurde finanziell durch die fünf Bruderschaften ermöglicht, welche damals an St. Stephan existierten. Vgl. HOLLERWEGER 117 f.
892 URSPRUNG 219. Vgl. hierzu bereits Kapitel 5.2.1.2 „Die Messliturgie unter dem Einfluss des tridentinischen Katholizismus und der Katholischen Aufklärung: Liturgische Entwicklungen zwischen antireformatorischer Barock-Kirchlichkeit und aufklärerischem staatskirchlichen Reformismus".
893 Zitiert nach GEIRINGER 31.
894 Da Haydn zwischen 1759 und 1761 gleichzeitig Musikdirektor und Kammerkomponist des Grafen *Carl Joseph Franz Morzin* (1717-1783), musste er auch bei dessen alljährlichem Sommeraufenthalt auf Schloss Unter-Lukavec (Dolni Lukavice) bei Pilsen zuge-

Messen (eine davon als Expositions- bzw. Segensmesse) sowie eine Segensandacht mit Rosenkranzgebet gefeiert. Sonn- und feiertags war der Hauptgottesdienst ein figurales Hochamt.[895] Wie Joseph Haydn persönlich die Liturgie jener Zeit empfand, kann heute nicht mehr eruiert werden. Gerade über die Periode bis zu seinem 18. Lebensjahr liegen so gut wie gar keine Selbstzeugnisse, ja nicht einmal Schilderungen seiner Biographen vor.[896] Auch aus späteren Jahren ist hinsichtlich unserer Fragestellung nur spärliches Material auf uns gekommen.[897] So muss die Rekonstruktion des konkreten liturgiehistorischen Kontextes hier gleichsam als Ersatz fungieren, aus welchem sich gleichwohl wertvolle Rückschlüsse ziehen lassen.

Noch während Haydns früher Wiener Zeit (1740-1761) traten in der Liturgie die zentripetalen Kräfte des katholischen Klassizismus zutage.[898] So konnte es nicht ausbleiben, dass die österreichische Barock-Liturgie, wie sie Joseph Haydn noch als junger Mann erlebt hatte, bald ihren unweigerlichen Niedergang erlebte: Das geistige Klima von Aufklärung, Jansenismus und Febronianismus erfasste in Österreich innerhalb kurzer Zeit die führenden Kräfte des Staates und der Kirche. Die römisch-deutsche Kaiserin *Maria Theresia* (1717-1780) vertrat zwar grundsätzlich noch die barocken Ausformungen der traditionellen Pietas Austriaca, wurde aber insofern zur Wegbereiterin der historischen Wende, als sie durch einschneidende kirchenpolitische Maßnahmen (u.a. Pfarregulierung, Reduzierung der kirchlichen Feiertage, Einschränkung von Wallfahrten und Vorgehen gegen Aberglauben) die Basis für die späteren gravierenden Reformen schuf[899]: Mit Beginn der Alleinregierung des römisch-deutschen Kaisers *Joseph II.* (1741-1790) im Jahre 1780 hob die Phase eines radikalen Staatskirchentums, des sog. *Josephinismus*, an, dessen Auswirkungen auf die katholische Liturgie gerade auch im Hinblick auf das Wirken Haydns äußerst einschneidend waren. Die Liturgiereform – ein Hauptanliegen des josephinischen Staatswesens – begann zunächst in Wien,

---

gen sein. Während dieser Zeit ließ er sich in der St. Anna-Kapelle vertreten. Vgl. BIBA, Haydns Kirchenmusikdienste für Graf Haugwitz 284.

895 Die den Pfarrkirchen vorbehaltenen liturgischen Osterzeremonien waren an der St. Anna-Kapelle nicht gestattet; die adventlichen Rorate-Messen und die weihnachtliche Missa („Weihnachtshochamt"), welche sonst in Kapellen ebenfalls verboten waren, durften allerdings aufgrund einer dem persönlichen Ehrgeiz des Grafen zuzurechnenden Ausnahmebewilligung stattfinden. Vgl. BIBA, Haydns Kirchenmusikdienste für Graf Haugwitz 281 f.

896 Vgl. etwa GEIRINGER 31.

897 Dies verhält sich durchaus stimmig zu der bereits oben konstatierten verbalen Zurückhaltung Haydns im religiösen Bereich.

898 In Sonderheit in Wien kamen zu den durch die Aufklärung ohnedies sich abzeichnenden Neuerungsbestrebungen noch die Entwürfe des Jansenismus hinzu: Diese Geisteshaltung, welche das tätige Christentum in den Vordergrund stellte und sich nicht nur im sittlichen, sondern auch im liturgischen Bereich durch einen ausgeprägten Rigorismus hervortat, war mit der barocken Schau- und Prunkfrömmigkeit nicht recht vereinbar. Die Jansenisten erstrebten eine Konzentration des gottesdienstlichen Geschehens auf die Darstellung des Messopfers und ein Zurücktreten aller anderen, peripheren liturgischen Elemente (Vgl. etwa RIEDEL [Friedrich Wilhelm], Liturgie und Kirchenmusik 123). Da man sich nicht mehr in der Lage sah, den von den Jansenisten geforderten strengen Vorbereitungen auf den Sakramentsempfang zu entsprechen, blieb man den Sakramenten fern. „Auf diese Weise wurde in Wien der Jansenismus zu einem Wegbereiter der Aufklärung" RÖHRIG 116. Vgl. auch HOLLERWEGER 38.

899 Vgl. etwa ZINNHOBLER 1008 f.

um so gewissermaßen als Muster für das übrige Österreich zu fungieren. Am 14.12.1782 erließ der Kaiser eine Resolution, in welcher die Abschaffung aller Ämter an Ferialtagen (ausgenommen das Konvent- und Seelenamt), das Verbot über das Seelenamt hinausgehender weiterer Messen für einen Verstorbenen, das Verbot von Predigten außerhalb der Pfarrkirchen, das Verbot sämtlicher Hochämter, Predigten und Andachten in Klöstern, die gänzliche Abschaffung der Instrumentalmusik in Vespern und Litaneien, die Einschränkung der Wallfahrten sowie das Verbot aller Prozessionen außer der Fronleichnamsprozession und der Prozession in der „Kreuzwoche“ festgesetzt wurden. Zugleich wurde ausnahmslos die maximal halbstündige Messe verfügt. Die Umsetzung der neuen liturgische Ordnung wurde zunächst von der niederösterreichischen Regierung in Angriff genommen, ohne dass kirchlicherseits ein Einlenken erwirkt werden konnte.[900] Die „ ... Neuordnung kam zu überraschend und war zu umfassend, um zu einer einvernehmlichen Lösung zu kommen. Die Machtlosigkeit den überheblichen Regierungsbeamten gegenüber in einem bisher ureigensten kirchlichen Bereich mußte die Kräfte lähmen und entmutigen.“[901]

Ihren Höhepunkt erreichten die liturgischen Reformmaßnahmen Josephs II. mit der *Gottesdienstordnung* vom 20.04.1783, welche alle Vorschriften der Resolution von 1782 zum Staatsgesetz für die österreichischen Länder erhob und überdies umfangreiche Verfügungen hinzufügte. Die zentrale Stellung der Messe blieb grundsätzlich erhalten, auch die Texte des Missale Romanum wurden nicht angetastet. Die Änderungen betrafen vor allem den liturgischen Rahmen und erstreckten sich hauptsächlich auf die Beteiligung des Volkes. Hierbei wurde jedoch eine totale Muttersprachlichkeit der Messe nicht realisiert.[902] Die Schwierigkeiten des Volkes mit der lateinischen Sprache sollten hingegen durch eine breitflächige Förderung des volkssprachlichen Gesanges anstelle der Figuralmusik überbrückt werden.[903] Zugleich trug die Gottesdienstordnung auch zu einer neuen Klerikalisierung der Liturgie bei: Im Zuge des staatlichen Verbotes der Bruderschaften wurde der Einfluss der sog. „Laien“ zurückgedrängt.[904] Damit fielen fortan – besonders in der Klosterkirchen – sehr viele Andachten und Messen weg. Mit Ausnahme der Wiener Metropolitankirche St.Stephan wurde des Weiteren das gleichzeitige Feiern mehrerer Messen innerhalb eines Gotteshauses verboten. Verbote erstreckten sich etwa auch auf das sog. „Heilige Grab“, die Auferstehungsfeier, die Reliquienverehrung, die Weihnachtskrippe, den übermäßigen Kirchenschmuck etc..[905]

Die soeben dargelegte liturgische Resolution und Gottesdienstordnung traten in Kraft, als Haydn bereits in Eszterháza südlich des Neusiedler Sees und Eisenstadt

---

[900] Vgl. HOLLERWEGER 128-130.134.
[901] HOLLERWEGER 135.
[902] Obgleich der Kaiser eigentlich persönlich das Postulat der Muttersprachlichkeit vertrat, sah er von dessen Erfüllung aus Angst vor einer Überlastung der Staatsfinanzen (bezüglich Übersetzung, Neudruck und Verteilung der liturgischen Bücher) und den sonstigen organisatorischen Problemen einer pragmatischen Umsetzung ab. Vgl. HOLLERWEGER 403 f.
[903] Vgl. HOLLERWEGER 142.401-405.
[904] Vgl. RÖHRIG 117.
[905] Vgl. ZINNHOBLER 1010.

(Kismarton) als Vizekapellmeister der Fürsten Esterházy tätig war. Auch dort wurden die josephinischen Liturgiereform-Bestimmungen wirksam. In Eisenstadt besuchte Haydn bis zum Jahr 1766 wohl nur selten die Gottesdienste der Schlosskapelle, sondern erlebte die neu regulierte Liturgie hauptsächlich in der Stadtpfarrkirche St. Martin mit.[906] Später wohnte er zudem den figural gestalteten Gottesdiensten der Schlosskirche Eszterháza, der Kapelle des Schlosses Esterházy sowie der Eisenstädter Bergkirche in aktiver kirchenmusikalischer Funktion bei. Als Kaiser *Leopold II.* (1747-1792) im Jahre 1790 die Nachfolge seines verstorbenen Bruders Joseph II. antrat, erfüllte sich die Erwartung einer Zurücknahme der rigorosen Direktiven bei weitem nicht im erhofften Maße. Die Gottesdienstordnung von 1783 bestand in ihren Grundzügen weiter. Aus psychologischem Kalkül heraus gab der Kaiser in wenigen Punkten geringfügig nach, womit er dem offenen Widerstand des Volkes die Spitze abbrach.[907] Für Haydn war die minimale Milderung gleichwohl von Relevanz, wie im nächsten Kapitel dargelegt wird.

Angesichts seines Curriculum Vitae steht fest, dass „ ... Haydn ... untrennbar mit ... den ihm völlig vertrauten Gebräuchen seiner angestammten Kirche verbunden“[908] war und dass „ ... Haydn ... ganz und gar von der liturgischen Tradition getragen war ... [und] sich darin sicher fühlte. Die Messe als Liturgie ist ihm selbstverständlich.“[909] So selbstverständlich, dass er beispielsweise unmittelbar vor seiner ersten Seereise (nach England) noch der Messliturgie beiwohnt. In einem Brief schreibt er: „berichte demnach, daß ich den ersten dieses als an neuen Jahres tag früch um halb 8 uhr nach angehörter H: Meß in das schif stiege, und nachmittag um 5 uhr dem höchsten sey gedanckt wohlbehalten und gesund zu Dower ankame ...“[910]. Dies ist zugleich das einzige Selbstzeugnis Haydns, in welchem er einen eigenen (außerberuflichen) Besuch eines katholischen Gottesdienstes erwähnt. Das Epitheton „angehörter“ ist insofern signifikant, als es die passive Zuhörer- und Zuschauer-Rolle der gottesdienstlichen Gemeinde während der Messe bezeichnet.

Für Joseph Haydn besaß die katholische Liturgie einen Stellenwert, der subjektiv über seinen Tod hinausverweist: In seinem Testament verfügte er: „ 4. vermache ich auf heilige Messen 12 Gulden, welche in der Pfarrkirche, wo ich sterbe, zum Trost meiner Seele sollen gelesen werden.“[911] Im Rekurs auf die katholische

---

906 Vgl. DREO 138.

907 Kleinere Zugeständnisse waren beispielsweise die Erlaubnis der gleichzeitigen Feier mehrerer Messen innerhalb eines Gotteshauses sofern eine festgelegte Anzahl nicht überschritten wurde, die Erlaubnis von Predigten und Litaneien am Nachmittag, die Restitution der Instrumentalmusik in Hochämtern und Litaneien sowie die Billigung von allgemeinen Bittgängen in besonderen Notfällen. Vgl. HOLLERWEGER 316.320-321.

908 BRAND 444.

909 GEORGIADES 98.

910 Brief an Marianne von Genzinger vom 08.01.1791. Zitiert nach BARTHA / LANDON 250. Über den greisen Haydn weiß Georg August Griesinger etwa auch zu berichten, dass „ ... er sich ... am Feste des heiligen Peregrinus, des Patrons kranker Beine, vor das Servitenkloster fahren und eine Messe lesen [ließ].“ GRIESINGER 70.

911 Zitiert nach RUTZ 124. Weiter heißt es in Haydns Testament: „5. legiere ich zu eben diesem Endzweck dem Stadtpfarrer der königl. ungarischen Freistadt Eisenstadt 5 Gulden, den beiden Vikaren alldort jedem 2 Gulden, und dem dortigen Benefizianten auch 2 Gulden ... zu gleichem Zwecke für heilige Messen vermache ich dem Pfarrer zu

Lehre vom angenommenen Zwischenzustand der menschlichen Seele zwischen individuellem Tod und Auferstehung der Toten, machte sich Haydn den Glauben seiner Kirche zueigen, nach welchem die eucharistische Vergegenwärtigung des Kreuzesopfers Jesu sich u.a. auch als Hilfe für die Seelen der Verstorbenen auswirkt: Insbesondere hinsichtlich der Endentscheidung der Seele im Purgatorium erhoffte sich dieser tradierte Glaube nicht nur, dass durch die Wirkung des Messopfers der Seele ein zu ihrer endgültigen Rettung führender Beistand während ihres Läuterungsprozesses erwachse, sondern auch, dass die Leiden des Verstorbenen eine Abkürzung erfahren mögen. Indem Haydn als Stipendiengeber für das eigene Seelenheil die posthume Applikation von Votivmessen veranlasst, verweist dies neben einem habituell-konventionellen Liturgiebezug auf seine persönliche, existentielle Erfahrung: Angesichts seiner jenseitigen, nicht mehr selbst verfügbaren Zukunft erhofft er sich durch das Messopfer „Trost". Das Beispiel zeigt ein Generelles: Einem unreflektierten, gewohnheitsmäßigen und zeitbedingten Kultverständnis (verifizierbar etwa an der barockfrommen quantitativen Häufung der Messstipendien[912]) ist bei Joseph Haydn organisch eine individuelle Meta-Dimension übergeordnet, in der sich ihm die Liturgie als Ort von Transzendenzerfahrung erweist. Sein individuelles Liturgieerleben deckt sich vordergründig im Wesentlichen mit jener des österreichischen „Durchschnitts-Katholiken" des 18. und frühen 19. Jahrhunderts. Alles darüber Hinausgehende lässt sich empirisch nicht erweisen, gleichwohl aber aus seiner Kirchenmusik erahnen.

5.2.2.2 Kontextuelle Erschließung des konkreten Messenœuvres J. Haydns

Im Folgenden soll es darum gehen, auf der Basis des oben Erarbeiteten die vielschichtigen Kontexte der zyklischen Messkompositionen Joseph Haydns aufzuzeigen. „Jede ernsthafte Auseinandersetzung mit diesen Vertonungen wird es ... bestätigen, daß man beim ‚Bestimmen und Bewerten' dieser Kompositionen vor allem davon auszugehen hat, daß sie von einem in einem sehr starken Maße religiös sozialisierten Menschen geschrieben wurden ..."[913]. Das Messenœuvre Haydns umfasst dreizehn vollständige mehrstimmige Ordinariumszyklen sowie ein Messenfragment.[914] Es nimmt innerhalb seines Gesamtschaffens gegenüber anderen Kompositionsgattungen einen verhältnismäßig kleinen Raum ein.

Die Messen des Jugend- und Hauptwerkes Haydns erwecken durchaus nicht den Eindruck, als seien sie Schöpfungen eines bahnbrechenden Neuerers. In der Tat haben wir es hier ja mit Werken eines Tonsetzers zu tun, der von Kindesbeinen an

---

Möllendorf als auch jenem zu St. Georg in Ungarn jedem 2 Gulden; wie auch ... dem Pfarrer meines Geburtsortes Rohrau 12 Gulden." Zitiert nach Rutz 124.

912 Siehe hierzu Fußnote 911.

913 Pass Bemerkungen zu Werk- und Wirkungsgeschichte von Haydns Messen 477.

914 Das gesamte Messenœuvre Haydns lässt sich in drei Phasen einteilen. Das Jugendwerk umfasst die Jahre von 1749/50 bis circa 1765. Das Hauptwerk erstreckt sich über die Jahre 1766-1782. Beide Schaffensphasen können als vorjosephinische Periode bezeichnet werden. Die Messen des Spätwerkes bzw. der nachjosephinischen Periode wurden zwischen den Jahren 1796 und 1802 geschaffen. Haupt- und Spätwerk werden durch eine vierzehnjährige „messenlose Zeit" (1782-1796) voneinander abgegrenzt. Vgl. etwa Brand 169.

mit der Tradition des Genres bestens vertraut war und gar keinen Anlass hatte, dies zu leugnen.[915] Es steht allerdings „ ... eine etwas ‚steif' gewordene Kirchenmusik an der Wiege seines künstlerischen Daseins; sie wird aber durch die Lebendigkeit des werdenden Stils: süddeutsch wie italienisch wettgemacht."[916] Der Anschluss an die bodenständige Kirchenmusik-Tradition manifestierte sich bereits in der möglicherweise ersten Messvertonung des siebzehnjährigen Joseph Haydn, der Missa brevis in F-Dur („*Jugendmesse*") Hob. XXII: 1 für zwei Solo-Soprane, vierstimmigen Chor, Kirchentrio und Orgelcontinuo. Das 1749/50 noch im Kapellhaus zu St. Stephan entstandene Opus ist ein einfaches, zumeist homophon gesetztes Stück mit einem ansprechenden, volkstümlich-fröhlichen Duktus; dabei weist die Ausdruckshaltung durchweg Aufrichtigkeit der Gesinnung auf. Bereits hier ist die für den späteren Haydn charakteristische Synthese aus gelehrter und naiver Musik, d.h. aus der abendländisch normierten Faktur eines kunstvoll durchgeformten Tonsatz-Regelwerkes und dem Schmelztiegel österreichischer Folklore erkennbar.[917] Die F-Dur-Messe war – wie auch die anderen Messen des Jugend- und Hauptwerkes – Gelegenheitsarbeit und Gebrauchsmusik im positiven Sinne. Bei der unüblichen Besetzung der Gesangssoli dürfte der jugendliche Tonsetzer sich selbst und seinen Bruder Michael als Interpreten im Sinn gehabt haben.[918] Ohne äußeren Auftrag entstand dieses Opusculum aus jugendlicher Experimentierfreude.[919] Obzwar die neapolitanisch und venetianisch beeinflusste Satztechnik stellenweise recht gewandt erscheint, sind mitunter Tonsatz-Fehler anzutreffen. Haydn schreibt diesbezüglich: „ ... ich schriebe fleissig, doch nicht ganz gegründet ..."[920]. Noch mehr Satzfehler weist die erst 1957 als haydnsche Komposition identifizierte Messe in G-Dur = „*Missa Rorate coeli desuper*" Hob. XXII: 3 für vierstimmigen Chor, Kirchentrio und Orgelcontinuo auf, was auf eine eventu-

---

915 Als Chorknabe in Hainburg a.d.Donau sang er regelmäßig die einfache liturgische Gebrauchsmusik des Wiener Kreises um *Johann Joseph Fux* (1660-1741), *Antonio Caldara* (1670-1736), *Georg Reutter den Älteren* (1656-1738) und *Georg Reutter den Jüngeren* (1708-1772).Als er unter der Leitung des Letztgenannten, welcher zu jener Zeit Domkapellmeister in Wien war, neun Jahre lang in der Dommusik-Kapelle an St. Stephan wirkte, trat zu dem bisher liturgisch praktizierten Repertoire noch die Kirchenmusik anderer damals beliebter, in Wien wirkender Zeitgenossen wie *Joseph (Giuseppe) Bonno* (1710-1788), *Matteo Palotta* (* um 1688, † 1758), *Franz Tuma* (1704-1774), *Georg Christoph Wagenseil* (1715-1777) oder *Pietro Andrea Ziani* (um 1620-1684) hinzu. Daneben standen auch sakrale Werke früherer Komponisten wie etwa *Johann Kaspar Kerll* (1627-1693) oder *Christoph Strauß* (* wohl um 1575, † 1631) auf dem Programm der Dommusik. Vgl. NOWAK 42.94.

916 NOWAK 42. Bei der Aufführung von Werken im historisierenden Stilus ecclesiasticus („Palestrina-Stil") oder Stil der Niederländer wirkte Haydn ebenfalls mit.

917 Vgl. SCHENK 247.

918 Vgl. etwa BIBA, Die kirchenmusikalischen Werke Haydns 142.

919 Haydn äußerte sich im Alter gegenüber seinem Biographen Albert Christoph Dies folgendermaßen über seine F-Dur-Messe: „Was mir ... an diesem Werkchen besonders gefällt, ist ... ein gewisses jugendliches Feuer ..." (Zitiert nach DIES 72). Dies veranlasste ihn, als betagter Greis in den Jahren 1805/1806 der Streicherbesetzung noch eine erweiterte Besetzung mit Bläsern und Pauken hinzuzufügen. Insofern darf dieses Opus als die wahrscheinlich erste und letzte kompositorische Arbeit Haydns gelten. Vgl. BRAND 13 f.

920 Skizze zu einer Autobiographie vom 06.07.1776. Zitiert nach BARTHA / LANDON 77. Die kompositorischen Unsicherheiten wurden überwunden, als der junge Autodidakt ab dem Jahre 1750 Kompositionunterricht bei dem italienischen Komponisten *Nicola Antonio Giacinto Porpora* (1686-1768) in Wien erhielt.

elle Entstehung noch vor der oben besprochenen Messe verweist.[921] Die fast primitiv anmutende Messe verarbeitet im Kyrie einen Ausschnitt aus der Melodie des gregorianischen Introitus des vierten Adventssonntages (Jes 45,8), woraus sich ihr lateinischer Titel erklärt. Haydn wurde zu dieser Komposition, die ihm als Übungsstück diente, möglicherweise durch Reutter angeregt.[922]

Wie bereits oben erwähnt, erhielt Joseph Haydn im Jahre 1761 eine Anstellung als Vizekapellmeister des Fürsten *Paul Anton Esterházy von Galántha, Graf zu Forchtenstein* (1711-1762) auf Schloss Esterházy in Eisenstadt (Kismarton). Damit trat die weltliche Musik in den Vordergrund, denn für die Kirchenmusik war Haydns unmittelbarer Vorgesetzter, der fürstliche Erste Kapellmeister *Gregorius Joseph Werner* (1693-1766) allein zuständig, während dem Zweiten Kapellmeister die Profanmusik oblag.[923] Gerade auch in Bezug auf sein späteres Messenschaffen ist der nachfolgend zitierte Passus des Anstellungsvertrages Haydns aufschlussreich: „Auf allmaligen Befehl Sr. Hochfürstl. Durchlaucht solle er Vice-Capel-Meister verbunden seyn, solche Musicalien zu componiren, was vor eine Hochdieselbe verlangen werden, sothane neue Composition mit niemanden zu comuniciren, viel weniger abschreiben zu lassen, sondern für Ihro Durchlaucht eintzig, und allein vorzubehalten, vorzüglich ohne vorwissen, und gnädiger erlaubnuss für niemand andern nicht zu componiren."[924] Kompositionen galten gemeinhin als Ware, die vom Dienstherren bzw. Auftraggeber gegen Gehaltszahlung automatisch erworben wurde. Urheberrechte des Komponisten kannte man nicht. Paul Anton Fürst Esterházy betrachtete Haydns Werke daher als sein Eigentum.[925] Es ist gleichwohl kein Fall bekannt, in welchem Haydn, der seit 1780 sogar hauptsächlich und offiziell für andere Besteller komponierte, um die Bewilligung der Annahme eines auswärtigen Auftrages hätte einkommen müssen. Somit bestand stets

---

921 Als Entstehungszeitraum nimmt man die Jahre 1748 bis 1779 an. Obgleich dieses höchstwahrscheinlich mit der im Hoboken-Verzeichnis separat aufgeführten Messe in G-Dur Hob. II: 73 identische Opus alle Merkmale eines Jugendwerkes trägt, ist eine chronologisch exakte Einordnung heute nicht mehr möglich.

922 Aus der Titel-Beischrift *„alla cappella"* folgert Howard Chandler Robbins Landon eine Bestimmung der Messe für die Gnadenbildkapelle des Wiener Stephansdomes (Vgl. LANDON, Chronicle and Works Bd. 1 56). Bei anderen Werken verwendet Haydn die Worte „alla capella" jedoch, um die Besetzung zu bezeichnen. Insofern erscheint die These Landons als sehr fraglich. Vgl. DACK / FEDER 11.

923 Vgl. DREO 138.

924 Anstellungsvertrag vom 01.05.1761. Zitiert nach RUTZ 38. Es galt im 18. Jahrhundert noch als grundlegende Voraussetzung für die Tätigkeit eines Kapellmeisters, dass er sein Ensemble mit eigenen Kompositionen versorgte. Das Komponieren, welches als handwerkliche Kunstfertigkeit galt, wurde in der Regel nicht eigens bezahlt, zählte es doch zu den selbstverständlichen Dienstverpflichtungen, die summarisch durch ein festes, regelmäßiges Gehalt vergütet wurden. Im Gegensatz zu freischaffenden Musikern oder Musiklehrern mit privatem Schülerkreis bezogen Musiker mit festem Anstellungsverhältnis mindestens das Einkommen des guten bürgerlichen Mittelstandes. Abgesehen von Theatern waren nur der Adel und die Kirche wirtschaftlich in der Lage, Musikern ein festes Arbeitsverhältnis zu bieten. Mitglieder einer Hofkapelle zählten innerhalb des Hofstaates zwar zu den Bedienten, kamen jedoch meist in den Vorzug offizieller Vergünstigungen. Vgl. BIBA, Der Sozialstatus des Musikers 105-107.

925 Gleichwohl – und davon hatte ein realistischer Dienstherr auszugehen – war es unmöglich, eine heimliche Verbreitung der Kompositionen zu verhindern, zumal Abschriften sogar oft ohne Wissen des Tonsetzers durch Dritte angefertigt wurden, der arbeitnehmende Vertragspartner also in diesem Falle keine Schuld an der Nichteinhaltung der Vertragsklausel trug.

eine informell akzeptierte Differenz zwischen Vertragstext und Realität.[926] Dem späteren negativen Klischee der „Bedienten-Musik“ widerspricht die Tatsache, dass der Musikerberuf in höfischen Diensten damals hocherstrebt war und einen arrivierten sozialen Status behaupten konnte. Haydn war kein Livreebedienter, sondern privilegierter Hausoffizier mit überdurchschnittlichem Gehalt, dem überdies vom Fürsten eine besondere Vertrauensstellung gewährt wurde.[927] Letzteres traf vor allem auf *Nikolaus Joseph Fürst Esterházy von Galantha, Graf zu Forchtenstein genannt der „Prachtliebende“* (1714-1790) zu, der 1762 die Nachfolge seines verstorbenen Bruders antrat und bei dem Haydn ipsissimis verbis „ ... zu leben und zu sterben ... wünsch[t]e.“[928]. Zwischen den beiden Männern „ ... wurde ... der seltene Fall der Übereinstimmung von Gesinnung des Auftraggebers und Wollen des Beauftragten zum Ereignis, und zwar im Zeichen der Aufklärung, des zweiten Humanismus.“[929]

Als Haydn nach dem Tod Werners zum Ersten Kapellmeister avancierte, bedeutete dies hinsichtlich der Esterházyschen Kirchenmusik zunächst keine wesentliche Änderung: Das geistliche Repertoire der Hofkapelle wurde in erster Linie von anderen Komponisten abgedeckt, Haydn steuerte nur kleine Werke bei. Mithin entstand seine dritte Messe, die glanzvolle Missa Cellensis in honorem B.V.M.[930] in C-Dur („*Cäcilienmesse*“) Hob. XXII: 5 für Soli, vierstimmigen Chor, Orchester und Orgelcontinuo nicht für die Hofkapelle, sondern einen auswärtigen Auftraggeber. Dem authentischen Titel nach handelt es sich bei diesem Opus aus dem Jahre 1766 um eine Festmesse[931] zu Ehren der Seligsten Jungfrau Maria, wie sie im Gnadenbild zu Mariazell/Steiermark verehrt wird. Es ist gleichwohl mehr als unwahrscheinlich, dass das Werk tatsächlich in der steirischen Wallfahrtskirche zur Aufführung kam, da im dortigen Repertoire keine einzige Ordinariumsvertonung dieses Umfangs und Typs verifizierbar ist und die enormen musikalischen Anforderungen außerdem über die dortigen aufführungspraktischen Möglichkeiten hinausgingen.[932] Die spätere Bezeichnung „*Cäcilienmesse*“ stützt vielmehr die Hypothese, dass die Komposition ursprünglich nicht in Mariazell selbst, sondern in Wien innerhalb einer Festmesse zu Ehren des Gnadenbildes erklingen sollte[933]

---

926 Vgl. BIBA, Der Sozialstatus des Musikers 109, FEDER (Georg) 296 sowie KAHL 80.

927 Vgl. FEDER (Georg) 296 und SANDGRUBER 79.

928 Franz Joseph Haydn, Skizze zu einer Autobiographie vom 06.07.1776. Zitiert nach BARTHA / LANDON 77. Nikolaus Joseph Fürst Esterházy errichtete im Jahre 1766 das neue Schloss Eszterháza südlich des Neusiedler Sees und verlagerte die fürstliche Hofhaltung in das neue Domizil, welches bald seine Lieblingsresidenz wurde. Nur wenige Wochen des Winters verbrachte der Fürst noch in Eisenstadt. Haydn behielt zwar sein Eisenstädter Haus bis 1778, musste aber den Fürsten stets nach Estarháza begleiten.

929 SCHENK 253.

930 Diese Abkürzung steht für „Beatissimae Virginis Mariae“.

931 Die Cäcilienmesse ist die einzige Ordinariumsvertonung Haydns, welche den reinen Typus der Missa solemnis (bzw. Missa longa solemnitatis) verkörpert. In Anlehnung an die Wiener Lokalpraxis der Mitte des 18. Jahrhunderts sind in allen anderen seiner Messen die Merkmale der Missa solemnis/longa und Missa brevis/brevissima miteinander kombiniert, liegen also als Mischform mit Prävalenz entweder des einen oder des anderen Typs vor. Vgl. MACINTYRE 482-494.

932 Vgl. BIBA, Die kirchenmusikalischen Werke Haydns 142 f.

933 In Wien bestanden damals verschiedene Gelegenheiten zur Aufführung einer Messe zu Ehren der Muttergottes von Mariazell, da verschiedene Bruderschaften existierten, die sich die Verehrung dieses Gnadenbildes zum Anliegen gemacht hatten und es überdies

und auch mit dieser Intention bestellt worden war, dann aber aus heute nicht mehr rekonstruierbaren Gründen für die Wiener „Caecilien-Bruderschaft“[934] und deren Festgottesdienst am Fest der hl. Caecilia (11. November) umgenutzt wurde.[935] Die gigantischen Dimensionen[936], die Vielsätzigkeit[937], die virtuos-wuchtige Chorbehandlung und die mitunter geradezu artifizielle Kontrapunktik der stilistisch konservativen, an die Barocktradition angelehnten Messe zeigen, dass Haydn damit unter Aufbietung seiner geballten Kunstfertigkeit vor den versammelten Musikkennern eine „Visitenkarte seines Könnens“[938] vorzulegen und ihnen „ ... einen für ihn wertvollen Achtungserfolg abzunötigen trachtete.“[939] Die Komposition weist noch nicht die Ausdrucksdichte der späteren Haydn-Messen auf und sprengt aufgrund ihrer Unproportioniertheit[940] jeglichen liturgischen Rahmen – sollte sie doch nicht in demütiger Bescheidung die Liturgie ausdeuten, sondern feierliche Ästhetik und musikalische Artistik repräsentieren. Um dies zu realisieren, scheute Haydn nicht einmal vor einer Missachtung der erst wenige Jahre zuvor promulgierten Enzyklika „*Annus qui*“[941] und der sich darauf stützenden kaiserlichen Verbote zurück.[942]

Vermutlich bereits zwei Jahre nach der Missa Cellensis in honorem B.V.M. in C-Dur schuf Haydn eine betont schlichte Messe für die Adventszeit. Die Messe in d-Moll = „*Missa Sunt bona mixta malis*“[943] Hob. XXII: 2 für vierstimmigen Chor a

---

mehrere Gotteshäuser mit Kopien des Gnadenbildes gab. Vgl. hierzu etwa DACK / FEDER 9.

934 Die Caecilien-Bruderschaft (auch: „Musikalische Congregation“) wurde 1725 in Wien als Musiker-Sozietät für Berufs- und Amateurmusiker mit spirituellen und sozialkaritativen Zielen gegründet. Ihr Hauptfest feierte sie am Caecilientag u.a. mit mehreren Gottesdiensten. Vgl. BRAND 55 f.

935 Vgl. BIBA, Die kirchenmusikalischen Werke Haydns 144.

936 Allein die Aufführung des Gloria-Satzes nimmt circa 40 Minuten in Anspruch.

937 Die fünf Ordinariumsteile weisen eine pasticcioartige Zusammenstellung mehrerer Einzelstücke auf (Vgl. hierzu Fußnote 137). Nach dem Vorbild der nur aus Kyrie und Gloria bestehenden italienischen *Messa di gloria* ist das Gloria der „*Cäcilienmesse*“ in sieben Nummern unterteilt. Das ebenfalls umfangreiche Credo weist jene tradierte Gestaltung auf, nach welcher rondoartig die Initiumsworte „Credo in unum Deum“ ganz oder teilweise (hier durch den Solosopran) affirmativ wiederholt werden, weshalb in der Gattungstradition eine solche Messe als *Credo-Messe* bezeichnet wird. Vgl. SCHÜTZEICHEL, Der Aufbau der späten Messen Haydns im Vergleich zu den frühen 70.79.

938 NOWAK 210.

939 BRAND 96.

940 Die Messe ist nicht nur als Ganzes außergewöhnlich ausladend, sondern auch die einzelnen Sätze stehen von ihrem Umfang her in einem reziproken Missverhältnis. So dauert etwa das Sanctus, um nicht mit dem den Einsetzungsbericht ankündigenden Glockenzeichen zu konfligieren (der Priester betete ja privatim weiter), lediglich 4-5 Minuten, also nur einen Bruchteil der Zeit der übrigen Sätze. Auch das Benedictus ist recht kurz gehalten, weil Haydn hier auf das formale Vorbild der italienischen Missa solemnis zurückgreift, wo Sanctus und Benedictus einen Satz bildeten und beide vor der Konsekration aufgeführt wurden (Bei Haydn wurde das Benedictus allerdings *nach* der Wandlung gesungen). Vgl. SCHÜTZEICHEL, Der Aufbau der späten Messen Haydns im Vergleich zu den frühen 82.

941 Siehe hierzu bereits ausführlich Kapitel 1.3.6.

942 Vgl. FELLERER, The liturgical basis of Haydn's masses 165.

943 Der authentisch von Haydn herrührende lateinische Titel der Messe geht auf das Sprichwort „Sunt bona mixta malis, sunt mala mixta bonis“ zurück. Georg August Griesinger berichtet in diesem Zusammenhang über den Komponisten „Von seinen eigenen Werken sagte er: *Sunt mala mixta bonis, es sind wohl und übel geratene Kinder, und hier und da hat sich ein Wechselbalg eingeschlichen.*“ (Vgl. GRIESINGER 72). „Ob er mit dem Beinamen in ähnlicher Weise ein selbstkritisches Urteil über den ... Versuch abge-

cappella war in Berücksichtigung des Buß-Charakters der Adventsliturgie einfach, ernst und ohne eigenständige Intrumente im „Palestrinastil“ konzipiert. Warum sie indes nur als Fragment (lediglich das Kyrie und der erste Teil des Gloria sind erhalten) auf uns gekommen ist, kann heute allenfalls hypothetisch beantwortet werden.[944] Stellt bereits dies archaisch anmutende Fragment einen erstaunlichen Kontrast zu den beiden vorangegangenen Ordinariumsvertonungen dar, so manifestiert sich die kirchenmusikalische Vielseitigkeit Joseph Haydns erst recht in seiner Hinwendung zur Expressivität, wie sie in der wohl zwischen 1768 und 1769 geschaffenen Missa in honorem B.V.M. in Es-Dur = „*Missa Sancti Josephi*“ („*Große Orgel[solo]messe*“) Hob. XXII: 4 für Soli, vierstimmigen Chor, Orchester und obligate (konzertierende) Orgel zu Tage tritt. Es ist dies ein Werk, das seine Bestimmung für die opulent ausgestaltete, sinnenfreudige Liturgie eines barocken Hochamtes unmittelbar erkennen lässt: Eine prunkvoll angelegte, reich instrumentierte und von lyrisch-schwelgenden Klangfarben geprägte Vertonung des Ordinarium missae, deren Urheber sich erstmals anschickte, selbstständigere Wege zu beschreiten. Fast scheint es, „ ... als hätten die abgerundeten höfischen Ausdrucksformen auch seinem musikalischen Denken Glätte und Eleganz verliehen.“[945] Das Streben nach klassischer innerer Geschlossenheit führt allerdings in einigen Passagen zu einer Präponderanz des rein musikalischen Konzeptes, wodurch freilich keinesfalls das grundsätzlich erkennbare Bemühen um Liturgizität in Abrede gestellt werden soll. Über den Entstehungsanlass kann nur gemutmaßt werden. Dass der (fehlerhafte) Stimmensatz im Esterházy-Archiv erst einige Jahrzehnte nach der Urschrift angefertigt wurde, spricht für eine auswärtige Anregung bzw. Bestellung. Wer der Auftraggeber war und in welchem Rahmen die Uraufführung stattfand, liegt indes im Dunkeln.

Gesicherte Informationen liegen hingegen über die sechste Messe Haydns, die Messe in G-Dur = „*Missa Sancti Nicolai*“ („*Nikolaimesse*“, „*Sechsviertel[Takt]Messe*“[946]) Hob. XXII: 6 für Soli, vierstimmigen Chor, Orchester und Orgelcontinuo vor, die er im Jahre 1772 für den Namenstag seines Dienstherren *Nikolaus* Joseph Fürst Esterházy (6. Dezember) komponierte: Die Hofkapelle hatte zu diesem Anlass üblicherweise innerhalb eines feierlichen Hochamtes in der Eisenstädter Schlosskirche eine solenne Ordinariumsvertonung aufzuführen. Dass hierbei in jenem Jahr nicht auf ein Repertoirestück zurückgegriffen wurde, sondern eine Neukomposition Joseph Haydns erklang, liegt vermutlich in einer persönlichen Motivation desselben begründet. Bei Griesinger lesen wir: „Unter der Kapelle des Fürsten Esterhazy befanden sich mehrere junge, rüstige Ehemänner,

---

ben wollte, eine orgelbegleitete *A-Cappella*-Messe im alten Stil zu schreiben, muß Spekulation bleiben.“ DACK / HELMS 10.

944 Unter den Hypothesen scheint jene Version die plausibelste, nach welcher es sich bei dem heute vorliegenden Autographfragment um die mutmaßliche Reinschrift einer vorangegangenen vollständigen Urschrift handelt. Haydn konnte vermutlich die Reinschrift nicht mehr zu Ende bringen, weil die Urschrift beim ersten Brand seines Eisenstädter Wohnhauses am 02./03.08.1768 vernichtet wurde. Vgl. DACK / HELMS 10.

945 BRAND 36.

946 Dieser Beiname geht auf die beiden Ecksätze der Messe zurück: Das mit patoralem Duktus im Sechsvierteltakt dahinschreitende Kyrie kehrt am Schluss der Messe im „Dona nobis pacem“ wieder.

die im Sommer, wo sich der Fürst auf seinem Schlosse Esterhaz aufhielt, ihre Weiber in Eisenstadt zurücklassen mussten. Gegen seine Gewohnheit wollte der Fürst einst den Aufenthalt in Esterhaz um mehrere Wochen verlängern; die zärtlichen Eheleute, äußerst bestürzt über diese Nachricht, wandten sich an Haydn und baten ihn, Rat zu schaffen. Haydn kam auf den Einfall, eine Sinfonie zu schreiben ..., in welcher ein Instrument nach dem anderen verstummt. [...] Der Fürst ... verstand ... den Sinn dieser Pantomime sogleich, und den andern Tag erfolgte der Befehl zum Aufbruch ..."[947]. Landon vermutet, Haydn habe mit der Komposition der „*Nikolaimesse*" dem Fürsten für seine verständnisvolle Reaktion danken wollen.[948] Dieses Anliegen war ihm derart wichtig, dass er die Anstrengung auf sich nahm, binnen der kurzen Frist von maximal drei Wochen das umfangreiche Werk zu schreiben.[949] Nach Griesinger benötigte er sonst für eine zyklische Messvertonung etwa drei Monate.[950] Und so erklärt sich auch, warum in einem während Haydns Midlifecrisis entstandenen Werk nicht die Verstörtheit und Verzweiflung jener Phase die Oberhand gewinnen konnten, sondern im Gegenteil durch liedhafte Innigkeit und freundliche Idylle eine Stimmung von „versonnene[r] Weichheit"[951] evoziert wird. Lediglich im abgründig dräuenden „Crucifixus" oder stellenweise dramatischen Agnus Dei treten die Schatten des seelischen Konfliktes zu Tage. „Vertiefung des Ausdrucks nach der deklamatorischen Seite und andererseits Einbauen des Textes in ein vorkonzipiertes Melos ... treten als Antagonismen auf"[952] – auch dies ist ein Indiz für die Krise.

Die Messen des Jugend- und Hauptwerkes Haydns weisen – abgesehen von der Cäcilienmesse – größtenteils einen intimen Charakter auf: Ihr Schöpfer berücksichtigte damit die kleinen bis mittleren Raumverhältnisse, in denen die Uraufführungen stattfanden.[953] Auch in der zwischen 1733 und 1777 entstandenen Missa brevis in B-Dur = „*Missa brevis Sancti Joannis de Deo*" („*Kleine Orgel[solo]messe*"[954]) Hob. XXII: 7 für Solosopran, vierstimmigen Chor, Kirchentrio und obligate (konzertierende) Orgel hatte er auf architektonisch beengte aufführ-

---

947 GRIESINGER 30. Bei der besagten Symphonie handelt es sich um die Symphonie Nr. 45 in fis-Moll („Abschiedssinfonie") Hob. I: 45.
948 Vgl. LANDON, Missa Sancti Nicolai (Preface) 3.
949 Auf die Zeitknappheit weist auch die unausgeglichene und gelegentlich widersprüchliche Beschaffenheit des Autographs hin. Vgl. DACK / HELMS und BRAND 103 f.
950 Vgl. GRIESINGER 79.
951 GEIRINGER 436. Es gibt Hinweise darauf, dass auch Nikolaus Joseph Fürst Esterházy der gewaltige subjektive Ausdruckswille und die progressive Tendenz der in jener Zeit entstandenen „Sturm-und-Drang-Werke" seines Kapellmeisters nicht entgangen waren, er daran Anstoß nahm und dies auch Haydn gegenüber kritisch äußerte. Die unbefangene „Leichtigkeit" der „*Nikolaimesse*" darf mithin als Haydns Versuch gedeutet werden, dem Fürsten zu willfahren. Vgl. LARSEN / LANDON 1905 sowie LARSEN / FEDER 42.
952 BRAND 109.
953 Vgl. etwa BRAND 109.
954 Der Fachterminus „*Orgelsolomesse*" (nicht zu verwechseln mit der „*Orgelmesse*" vgl. Fußnote 111) besagt, dass hier die Orgel nicht als klangfüllendes Begleitinstrument der Continuogruppe zugewiesen ist, sondern konzertierend einen obligaten, eigenständigen Part übernimmt. Solistisches Orgelspiel ist in der Orgelsolomesse meist in allen Ordinariumssätzen vorgesehen, kann sich aber in Ausnahmefällen auch nur auf einzelne Sätze beschränken. Ein häufiges Charakteristikum dieses Genres ist ein besonders exponiertes Orgelsolo zwischen Sanctus und Benedictus, welches als Elevationsmusik zur Wandlung diente. Orgelsolomessen waren seit dem 18. Jahrhundert vor allem in Stifts- und Wallfahrtskirchen in Gebrauch. Die früheste bekannte Komposition dieses Typs datiert von 1760.

rungspraktische Gegebenheiten Rücksicht zu nehmen.[955] Indem Haydn seine Messe mit dem Namen des *hl. Johannes von Gott* (1495-1550) betitelte, tat er deren Widmung an den von diesem sozialkaritativen Heiligen gegründeten geistlichen Krankenpflegeorden der Barmherzigen Brüder vom hl. Johannes von Gott (Ordo Hospitalarius Sancti Joannis de Deo) kund. Die Dedikation an den Eisenstädter Konvent war Ausdruck seiner freundschaftlichen Verbundenheit mit den Brüdern des Ordens[956], denen er ja schon seit seiner Wiener Zeit in mancherlei Hinsicht zu Dank verpflichtet war.[957] Die *„Kleine Orgelsolomesse"* darf gewiss zu den schönsten Werken des Meisters gezählt werden. Konzentriert-luzide in der Struktur[958], dicht im musikalischen Ausdruck und reizvoll in der Rokoko-Heiterkeit offenbart sie einen Genius, der sich bereits mitten in der Blüte ausgereifter Meisterschaft befindet. Während in einzelnen Textabschnitten durchaus Zeugnisse tief empfundener Wortausdeutung vorhanden sind, müssen diesbezüglich – bedingt durch die konkreten liturgischen Erfordernisse – in den textreichen Sätzen erhebliche Einbußen in Kauf genommen werden: Da ja die Privatim-Rezitation des Zelebranten für einen korrekten liturgischen Vollzug der Messfeier ausreichend war, wurde besonders ab der Mitte des 18. Jahrhunderts seitens des Klerus gefordert, dass an einfachen Sonntagen bzw. in Ämtern ohne Festcharakter die kirchenmusikalischen Beiträge nicht wesentlich länger als die duplizierend (still) gesprochenen Messtexte dauern sollten. Die Tonsetzer konnten diesem Ansinnen nur durch drastische Maßnahmen wie etwa die auch in der *„Kleinen Orgelsolomesse"* angewandte *Polytextur*[959] entsprechen. „It is clear that the musical form alone determined this church music, not a musical interpretation of the significance of the text."[960] Diese Problematik sollte sich im Josephinismus noch verschärfen.[961]

Die letzte haydnsche Ordinariumsvertonung der vorjosephinischen Periode ist die ungemein volkstümliche Missa Cellensis in C-Dur (*„Mariazeller Messe"*) Hob. XXII: 8 für Soli, vierstimmigen Chor, Orchester und Orgelcontinuo. Joseph Haydn schuf sie im Jahre 1782 als Auftragswerk für den Militär-Verwalter *Anton Liebe Edler von Kreutzner* († 1802), mit dessen Familie er eng befreundet war. Was Liebe von Kreutzner letztlich zu der Bestellung bewog, ist heute nicht mehr eindeutig benennbar. Am nahe liegendsten gilt nach wie vor die Hypothese des Haydn-Biographen *Carl Ferdinand Pohl* (1819-1887): „Unwillkürlich werden wir ... zu der Vermuthung gedrängt, daß der edle Verpflegs-Oberverwalter bei der zu

---

[955] Da für ein ganzes Orchester auf der engen Chorempore kein Platz war, beschied sich Haydn mit dem Wiener Kirchentrio, das möglicherweise sogar nur einfach besetzt war. Der Orgelpart für die kleine, einmanualige Brüstungsorgel sieht kein Pedal vor. Vgl. BIBA, Die kirchenmusikalischen Werke Haydns 147.

[956] Vgl. NOWAK 248.

[957] Vgl. hierzu ausführlicher bereits Fußnote 841. Es ist allerdings auch nicht auszuschließen, dass die *„Kleine Orgelsolomesse"* aufgrund einer Bestellung seitens des Eisenstädter OSJD-Klosters entstand. Vgl. BRAND 133.

[958] Die Geschlossenheit des Gesamteindrucks wird nicht zuletzt durch das solistische Orgelspiel erreicht.

[959] Die sich aus dieser Textschichtung ergebenden Folgen für das Wort-Ton-Verhältnis sollen aus systematischen Gründen erst am Ende dieses Kapitels dargelegt werden.

[960] FELLERER, The liturgical basis of Haydn's masses 168.

[961] Vgl. hierzu etwa HOCHRADNER 235-239.

erhoffenden Erhebung in den Adelsstand [erfolgt am 20.03.1781] das Gelübde ablegte, dem gnadenreichen Wallfahrtsort Mariazell in der Steiermark ein Dankopfer in Form einer Messe zu bringen ...“[962]. Haydn, dessen Leben, wie wir oben sahen, ebenfalls von Marienfrömmigkeit durchwirkt war, dürfte von daher zur Durchführung dieses mutmaßlichen Exvoto-Auftrages besonders motiviert gewesen sein. Die große Natürlichkeit des weihevollen Ausdrucks des Opus scheint eine solche Annahme zu bestätigen. In ihm sind zugleich alle wichtigen Wesenszüge der vorangegangenen Messen auf ungezwungene Weise zusammengeschmolzen. Daneben kristallisiert sich in der Anwendung sinfonischer und sonatensatzartiger Prinzipien sowie der Ablösung arioser Elemente durch Soloensembles[963] aber auch ein Neues heraus, das bereits auf die späten Messen verweist. Davon abgesehen liegt im Benedictus ein Unikum im Messenœuvre Haydns vor: Er schuf für diesen Satz keine Originalkomposition, sondern entschloss sich zur Bearbeitung eines seiner früheren Werke. Als Vorlage diente ihm die ausdrucksmäßig tief gehende Arie Nr. 19 des Ernesto „*Qual che volta non fa male*“ aus dem Dramma giocoso „*Il mondo della luna*“ Hob. XXVIII: 7 (1777). Dass Haydn melodisches Material aus einer komischen Oper für ein sakrales Werk heranzog, wurde vielfach als Verstoß gegen die Enzyklika „*Annus qui*“ gewertet. Dies ist jedoch eine Fehleinschätzung, da es sich im Fall der Mariazeller Messe nicht um eine Kontrafaktur im engen Sinne handelt, sondern um eine subtil modifizierende Behandlung der Vorlage, die verantwortungsbewusst dem kirchenmusikalischen Idiom angepasst wurde.[964] Der Würde der Liturgie wird hierbei unbedingt entsprochen. Insgesamt berückt die Messe durch ihren melodischen Reichtum. Die in einigen Passagen anklingende Trauer und Wehmut könnte möglicherweise über die Textorientierung hinaus auch subjektive Gründe haben.[965]

---

[962] POHL Bd. 2 197. Die Vermutung Pohls kongruiert mit der für jene Epoche typischen Hochblüte des Marienkultes. Für Marien-Wallfahrtskirchen bestimmte Votiv- und Weihegaben als Erfüllung von Gelübden bei Gebetserhörungen waren auch im Spätbarock noch weit verbreitet. Vgl. SCHAUERTE 897 f. (Vgl. hierzu auch Fußnote 787 des vorangegangenen Kapitels). Der Auftrag Liebe von Kreutzners ist zugleich ein Beispiel für die in jener Zeit anhebende zaghafte Entwicklung der durch das Bürgertum getragenen Kirchenmusikpflege, welche im 19. Jahrhundert ihren Höhepunkt fand. Vgl. BIBA, Die kirchenmusikalischen Werke Haydns 149.

[963] Diese neue Praxis ist weniger ein „Fortschritt“ Haydns, als vielmehr seine Reaktion auf die veränderten aufführungspraktischen Bedingungen des ausgehenden 18. Jahrhunderts: Waren früher die Tutti-Vokalstimmen oft nur einfach, allenfalls aber als Doppelquartett besetzt, bildete sich nun die uns heute geläufige Chorbesetzung mit jeweils mehreren SängerInnen pro Stimme heraus. Früher war als wirkungsvoller Kontrast zu chorischen Passagen nur die Soloarie denkbar. Erst mit dem massiveren Klangbild eines großen Chores wurde es möglich, das Soloquartett als musikalisches Ausdrucks- und Stilmittel den Tuttipassagen gegenüberzustellen. Vgl. BIBA, Die kirchenmusikalischen Werke Haydns 147.

[964] Vgl. HOCHRADNER 256 f. Haydn arbeitete die ursprüngliche Solo-Arie für Chor und Soloquartett um; nirgends kommt Sologesang vor. Der Schluss der Arie wird überdies nicht verwendet. Die Instrumentierung ist teilweise erheblich verändert, allzu opernhafte Effekte wurden eliminiert. Ein beziehungsvoller Rekurs auf den ursprünglichen Text der Arie ist nicht vorhanden. Vgl. BRAND 177.

[965] Ungewöhnlich existentiell kommen Schmerz und Trauer im Gloria bei „Qui tollis peccata mundi, suscipe ...“, im Credo bei „Crucifixus“und im Agnus Dei beim „Agnus Dei“-Anruf zum Ausdruck. Im Konnex mit dem besonders leidenschaftlich ausgestalteten Wunsch nach ewigem Frieden im „Dona nobis pacem“ am Schluss der Messe mag hier bei Haydn der Tod seiner kurz zuvor verstorbenen Schwester *Anna Maria Franzis-*

Das Anbrechen des sog. Josephinismus in den Jahren der Alleinregierung (1741-1790) Kaiser Josephs II. führte zu einer vierzehnjährigen Pause im Messenschaffen Joseph Haydns: Die liturgische Resolution vom 14.12.1782 sowie besonders die Gottesdienstordnung vom 20.04.1783[966] änderten die kirchenmusikalische Situation grundlegend. Die Verfügung der maximal halbstündigen Messen, die Abschaffung von Ämtern an Wochentagen, die Förderung der Gemeindelieder (sog. „Normallieder") anstelle der Figuralmusik sowie insgesamt das Streben nach einer Reduzierung der Vielfalt und Pracht der katholischen Liturgie führten dazu, dass manche kirchenmusikalischen Gattungen gar nicht mehr benötigt wurden: Hierzu gehörte primär die Missa solemnis/longa. Musiker, die zum Komponieren von Kirchenmusik verpflichtet waren, konzentrierten sich nun auf die Kurzform der Missa brevis/brevissima. Tonsetzer wie Haydn, die ihren Lebensunterhalt nicht mit Kirchenmusik bestritten und Ordinariumsvertonungen überwiegend auf Bestellung schufen, wandten sich mithin vom Messenschaffen ab: Zum einen blieben nun auswärtige Aufträge aus[967], zum anderen war die einzig mögliche Kurzform künstlerisch letztlich unattraktiv.[968] Erst mit der Regierung Kaiser Leopolds II. wurden die josephinischen Direktiven etwas abgemildert. Im *Protokoll der Beratung der Geistlichen Hofkommission* vom 18.12.1790 hieß es völlig überraschend, dass Instrumentalmusik in der Kirche nicht generell verboten sei und nur davon abhänge, ob das Kirchenvermögen zu ihrer Finanzierung ausreiche.[969] Der Kaiser schloss sich dieser Weisung in seiner *Resolution* vom 29.12.1790 an. Überdies wurden lokale Ansätze, die vorgeschriebene Gottesdienstdauer zu überschreiten, in der Folgezeit von den zuständigen Beamten meist geduldet.[970]

Die minimal gelockerten liturgischen Vorschriften ermöglichten es auch *Nikolaus II. Fürst Esterházy von Galantha, Graf zu Forchtenstein* (1765-1833), Erbfolger seines 1794 verstorbenen Vaters *Paul Anton II. Fürst Esterházy* (1738-1794)[971], die gewohnten Hochämter an seinem Hof zu restituieren. Er rief die durch seinen Vater aufgelöste Hofkapelle wieder zusammen und übertrug dem

---

ka Traumbauer geb. Haydn verwitwete Vieltzwieser (1730-1781) mit hineingespielt haben.

966 Zu den beiden Verordnungen siehe die ausführlicheren Erläuterungen im vorangegangenen Kapitel.

967 Von den Auftraggebern wurden üblicherweise hauptsächlich Missae solemnes/longae gewünscht. Kaum jemand wäre auf die Idee gekommen, die Komposition von Missae breves in Auftrag zu geben.

968 Die weit verbreitete Meinung, die Unterbrechung im Messenschaffen Franz Joseph Haydns sei auf ein generelles Verbot der gottesdienstlichen Figuralmusik durch Joseph II. zurückzuführen, ist eine Fable convenue, die jeglicher Faktizität entbehrt. Vgl. BIBA, Die kirchenmusikalischen Werke Haydns 149.

969 Diese „Erleichterung" war eher eine rhetorische Formulierung, denn eine Finanzierung der figuralen Kirchenmusik durch Bruderschaften und Stiftungen blieb ja nach wie vor ausgeschlossen. Überdies wurde staatlicherseits das Kirchenvermögen hoch besteuert und nicht selten eine Verweigerung des Verfügungsrechtes über dasselbe erteilt. Vgl. FELLERER, Die Kirchenmusik W.A. Mozarts 40.

970 Vgl. HOLLERWEGER 310.316.320, FELLERER, The liturgical basis of Haydn's masses 166 sowie ferner PASS, Josephinism and the Josephinian reforms concerning Haydn 171.

971 Paul Anton II. Fürst Esterházy war wiederum der Erbfolger seines (oben bereits erwähnten) 1790 verstorbenen Vaters Nikolaus Fürst Esterházy.

1795 aus England zurückgekehrten Haydn erneut die Leitung.[972] „Ihn interessierte in erster Linie Kirchenmusik, wobei er pompösen Werken ... und mehr konventionellen Produkten der eigenen Zeit den Vorzug gab. [...] Es schmeichelte ihm natürlich, an seinem Hof einen berühmten Kapellmeister wirken zu sehen, um den ihn gar mancher Fürst beneidete."[973] In einem Brief aus dem Jahre 1799 berichtet der betagte Haydn über eine ihm vom Fürsten zu jener Zeit auferlegte Dienstpflicht: „Nachdem ich in meinen alten tagen aus billiger anordnung meines dermahligen Jungen Fürsten ... alljährlich eine neue Mess zu Componiren habe ..."[974]. Anfang September wurde auf Schloss Estarházy die Jagdsaison eröffnet.[975] Jene Wochen waren bei Hof üblicherweise mit diversen Vergnügungen angefüllt wie Festen, Bällen, Opern- und Theateraufführungen. Es schien dem Fürsten opportun, in jedem Jahr zum Beginn dieser feierfreudigen Zeit eine je neue, vertraglich beorderte Messe seines Kapellmeisters aufführen zu lassen. Darin bestand ab 1796 Haydns Hauptobliegenheit. Da die Gemahlin des Fürsten, *Maria Josepha Hermenegild Fürstin Esterházy geborene Prinzessin von und zu Liechtenstein* (1768-1845), überdies im September Namenstag hatte, nutzte man nahe liegenderweise meist diesen Termin zur jeweiligen Uraufführung.[976] Gemäß dem Rufnamen der Fürstin wurde deren Namenstag in der Regel am Fest Mariä Namen gefeiert. Dieses war zu jener Zeit noch ein bewegliches Kirchenfest, das immer an einem Sonntag begangen wurde.[977] Mitunter erfolgten die Namenstagsfeierlichkeiten für

---

972 Weil Paul Anton II. Fürst Esterházy die musikalischen Interessen seines Vaters nicht teilte, hatte er 1790 die Mehrzahl seiner Kapellmusiker entlassen. Haydn wurde hingegen als nomineller Kapellmeister mit einer Pension beibehalten.

973 GEIRINGER 189. Die Beziehungen zwischen Haydn und Nikolaus II. Fürst Esterházy waren eher von kühler Art. Letzterer war nur schwer zufrieden zu stellen und hatte im Grunde für die Leistungen seines Kapellmeisters nicht viel übrig, weil ihm eine adäquate Sachkenntnis fehlte. Gleichwohl gestaltete sich die Kapellmeistertätigkeit für den betagten Haydn nunmehr durchaus erträglich, da er im Gegensatz zu früher nur noch ein geringes Arbeitspensum zu verrichten hatte und sich ansonsten seinen privaten Projekten widmen konnte. Die Alltagsarbeit der Hofkapelle übernahmen andere für ihn. Vgl. GEIRINGER 188-193.

974 Brief an den Musikdirektor *Cornelius Knoblich* (Biographische Daten unbekannt) vom 10.08.1799. Zitiert nach BARTHA / LANDON 331.

975 Nikolaus II. Fürst Esterházy hatte von jeher an Schloss Eszterháza nur wenig Gefallen gefunden und verbrachte dort – wenn überhaupt – nur wenige Wochen im Sommer. Er zog es vor, während des Frühjahrs und Herbstes in Eisenstadt zu residieren. In den Wintermonaten weilte er oft in seinem Palais in Wien.

976 In der gesamten Haydn-Literatur galt bis in jüngter Zeit die Fable convenue, dass die sechs großen Hochämter Haydns ohne Ausnahme explizit für die Namenstage der Fürstin komponiert worden seien. Erst 1998 konnte aufgrund gravierender, stringent kombinierter Fakten (die aufzuzählen den Rahmen der vorliegenden Abhandlung sprengen würde) plausibel dargelegt werden, dass zumindest für die Messen Hob. XXII: 9-11 die Verknüpfung mit den Namenstagsfeierlichkeiten wohl *sekundär* war, zumal der Namenstag ja auch in der fürstlichen Vertragsklausel in keinster Weise erwähnt wird. Die Details dieser neuen Erkenntnisse sind einsehbar bei Jeremiah W. MCGRANN, Of Saints, name days, and Turks: Some Background on Haydn's masses written for Prince Nikolaus II Esterházy, in: The journal of musicological research 17 (1998) 195-210.

977 Das Fest Mariä Namen hat seinen Ursprung in Spanien, wo es im 16. Jahrhundert bekannt ist. Nach der Befreiung Wiens von der Belagerung durch die Türken am 12.09.1683 dehnte es Papst *Innozenz XI.* (1611-1689, Pontifikat 1676-1689) zur Erinnerung an dieses Ereignis auf die gesamte römisch-katholische Kirche aus. Es war also – besonders in Österreich – ein Fest mit erheblicher politischer Konnotation. Das neue Fest wurde zunächst nicht am 12. September begangen, sondern stets am Sonntag in der Oktav von Mariä Geburt. Erst Papst *Pius X.* (1835-1914, Pontifikat 1903-1914) setzte es auf den 12. September. Vgl. ADAM, Das Kirchenjahr mitfeiern 180.

die Fürstin aber auch schon am Fest Mariä Geburt (8. September). Das feierliche Hochamt fand jeweils in der Bergkirche (selten auch in der Schlosskirche) zu Eisenstadt statt. So entstanden in den Jahren 1796-1802 die „Sechs großen Hochämter" Joseph Haydns.

Das erste der Hochämter war die in Wien[978] entstandene Messe in B-Dur = „*Missa Sancti Ber-nardi von Offida*" („*Heiligmesse*") Hob. XXII: 10 für Soli, vierstimmigen Chor, Orchester und Orgelcontinuo aus dem Jahre 1796.[979] Obgleich diesem Werk höchstwahrscheinlich die fürstliche „Messenorder" zugrundeliegt, verrät der Beiname doch zugleich auch eine persönliche Motivation des Komponisten: Papst *Pius VI.* (1717-1799, Pontifikat 1775-1799) hatte am 25.05.1795 den Kapuzinermönch *Bernhard von Offida* (1604-1694) selig gesprochen. Joseph Haydn war stark beeindruckt von der Persönlichkeit dieses damals aktuell Beatifizierten, der sein Leben der Aufgabe, anderen zu helfen widmete.[980] „his goodness and simplicity may even be felt in this Mass ... ."[981] Kenntnis über den neuen Seligen hatte Haydn möglicherweise bereits in seinen frühen Wiener Jahren 1750-1759 erlangt, als er in unmittelbarer Nähe zum Kapuzinerklosters am Mehlmarkt (Neuer Markt) wohnte. Da das Namensfest des von Haydn bewunderten Mannes damals terminlich mit Mariä Namen koinzidierte (11. September), nahm er die Gelegenheit wahr, mit der Messe eine zweifache Huldigung darzubringen.[982] Der sekundäre Beiname „*Heiligmesse*" rührt daher, dass Haydn zu Beginn des Sanctus in den Mittelstimmen die ersten Takte des alten Segenliedes „Heilig, Heilig" anklingen lässt.[983] Die Vorliebe Haydns für Kanonlieder, wie sie in den 1790er-

---

978 Außerhalb seiner spärlichen Tätigkeit in Eisenstadt weilte Haydn oft in Wien, wo er bereits im Jahre 1793 im Vorort Gumpendorf ein eigenes Wohnhaus erworben hatte.

979 Die korrekte Chronologie der ersten beiden großen Hochämter, der bereits erwähnten Messe in B-Dur = „*Missa Sancti Bernardi von Offida*" („*Heiligmesse*") Hob. XXII: 10 und der ebenfalls im Jahre 1796 entstandenen Messe in C-Dur = „*Missa in tempore belli*" („*Paukenmesse*", „*Kriegsmesse*") Hob. XXII: 9 konnte bis dato nicht zweifelsfrei geklärt werden. *Alfred Schnerich* (1859-1944) versuchte im Jahre 1935 nachzuweisen, dass die „*Heiligmesse*" später als die „*Paukenmesse*" entstanden sei (Vgl. SCHNERICH, Zur Chronologie der Messen Haydns 472 ff.). Dieselbe These legte 1941 der Musikologe *Carl Maria Brand* ausführlich dar (Vgl. BRAND 217 ff.). Beide Abhandlungen sind jedoch aus heutiger Sicht anfechtbar, da sie nicht auf dem originalen Aufführungsmaterial der betreffenden Messen basieren. Das im Esterházy-Archiv zu Eisenstadt befindliche Aufführungsmaterial der „*Heiligmesse*" wurde von beiden Wissenschaftlern nicht berücksichtigt. So behauptet etwa Brand, die „*Heiligmesse*" sei erst im Jahre 1797 entstanden (Vgl. BRAND 264). Das Eisenstädter Material der „*Heiligmesse*" ist jedoch mit „1796" bezeichnet, womit die Behauptung Brands eindeutig widerlegt ist. *Joseph Carl Rosenbaum* (1770-1829), Sekretär am Esterházyschen Hof und persönlicher Bekannter Haydns, berichtet in seinem Tagebuch von der Aufführung „der neuen Messe von Haydn in C" im September 1797 in Eisenstadt (ROSENBAUM 26). Es ist kaum denkbar, dass die „*Paukenmesse*" in zwei direkt aufeinander folgenden Jahren (d.h. 1796 *und* 1797) am Hof zu Eisenstadt aufgeführt wurde. Daher erklang an Mariä Namen 1796 wohl die „*Heiligmesse*", weswegen sie auch die frühere Messe sein dürfte. Im Autograph der Heiligmesse sind mehrere Änderungen und Einfügungen vorhanden, die auf eine Unsicherheit Haydns hinsichtlich der adäquaten Dimensionen der einzelnen Ordinariumsätze hinweisen. Auch dies spricht dafür, dass die „*Heiligmesse*" die erste Messkomposition Haydns nach der vierzehnjährigen Pause war: Der Komponist war nach der langen „messenlosen Zeit" in diesem Genre gewissermaßen aus der Übung gekommen. Vgl. hierzu ausführlicher LANDON, Chronicle and works Bd. 4 103 f.

980 Vgl. GEIRINGER 440.

981 LANDON, Chronicle and works Bd. 4 104.

982 Vgl. BOTSTIBER 111 f. und MCGRANN 201.

983 Vgl. etwa GEIRINGER 440.

Jahren zur Mode geworden waren, zeigt sich im Mittelteil des Credo: Das „Et incarnatus est" ist als liedartiger Canon a tre nach einer eigenen weltlichen Kanonvertonung des volkstümlichen Vierzeilers „Gott im Herzen, ein gut Weibchen im Arm ..." gefertigt. Die Übernahme der weltlichen Vorlage in das Credo der „*Heiligmesse*" brachte allerdings solch gravierende Veränderungen bezüglich Tempo, Ausdruck und Rhythmik mit sich, dass durch die weitgehende Loslösung vom Modell die Liturgizität der „*Heiligmesse*" nicht gefährdet wurde.[984] Haydn nahm übrigens den weltlichen Kanon bewusst nicht in sein Werkverzeichnis auf. „Wir müssen ... daraus folgern, daß Haydn das Bekanntwerden dieses Kanonliedes kaum erwünscht sein konnte, da es ‚die hehre Eingebung' des Incarnatus dieser herrlichen Messe profanieren mußte, was der Beurteilung dieses großen Werkes in der damaligen musikalischen Welt schweren Schaden hätte zufügen müssen."[985]

Als zweite zyklische Ordinariumsvertonung der nachjosephinischen Periode entstand ebenfalls im Jahre 1796 die Messe in C-Dur = „*Missa in tempore belli*" („*Paukenmesse*", „*Kriegsmesse*") Hob. XXII: 9 für Soli, vierstimmigen Chor, Orchester und Orgelcontinuo. Durch den vom Komponisten gewählten Titel wird der zeitgeschichtliche Kontext angedeutet: *Napoleon Bonaparte* (1769-1821) drang, siegreich von Italien kommend, über die Ostalpen in Richtung auf Wien vor. Diese Situation massivster Bedrohung für Österreich ließ Haydn in seiner Messe musikalisch Widerhall finden.[986] Im Kyrie ertönt die Pauke mit elementarer Wucht, während sie im Agnus Dei wie aus weiter Ferne dumpf grollend die damaligen Angstgefühle wiedergibt. Im „Dona nobis pacem" bricht eine lärmende Kriegsmusik hervor. Aus diesen Elementen individuellen Gestaltens erwuchsen später die Beinamen „*Paukenmesse*" und „*Kriegsmesse*".[987] Das Werk erklang erstmals am 26.12.1796 in der Piaristenkirche Maria Treu in Wien-Josephstadt anlässlich der Primiz von Pater *Joseph Hofmann* SP (1771-1840), mit dessen Familie Haydn befreundet war. Als „Vertragsmesse" für das fürstliche Haus Esterházy erlebte es in leicht veränderter Instrumentierung seine Eisenstädter „Uraufführung" am 29.09.1797 in der dortigen Bergkirche.[988] Das Opus durchbricht in mancher Hinsicht die bisherige Gattungstradition: Der sinfonische Charakter der Orchesterbehandlung, die variable und freie Behandlung des Chores und die klassische, formvollendete Einfachheit der Faktur sind bemerkenswert innovativ. „This represents a new mode of the expression of feelings. [It ...] evoked an intensification of form

---

[984] Vgl. NOWAK 452 f.

[985] BRAND 292.

[986] Gewiss schwingt in dem Werk auch Haydns tiefe Trauer über den Tod des an Phtisis gestorbenen, erst neunzehnjährigen *Pietro Polzelli* (1777-1796) (der Sohn seiner Geliebten Luigia Polzelli) mit, zu dem er eine herzliche Zuneigung gefasst hatte. Vgl. GEIRINGER 211 sowie HURWITZ 157.

[987] Vgl. etwa GEIRINGER 439. Zugleich kann in der prononcierten Verwendung von Pauken auch ein kirchenpolitisch demonstrativer Akt gesehen werden: Während der mariatheresianischen und josephinischen Periode waren Pauken in der sakralen Musik nicht erwünscht. Unter Leopold II. gab es diesbezüglich wieder mehr Freiheiten. Vgl. HOLLERWEGER 479.

[988] Der Fürst dürfte wohl keinen Anstoß daran genommen haben, dass die Messe bereits vorher aufgeführt worden war: Da dies in einer wenig beachteten Wiener Vorstadtkirche geschehen war, konnte die Messe in Eisenstadt in der Tat als „neues" Werk präsentiert werden. Vgl. LANDON, Chronicle and works Bd. 4 sowie HOCHSTEIN, Zum Entstehungsprozeß der „Paukenmesse" von Joseph Haydn 117 f.

and sound in Haydn's Masses, wich grew both out of Haydn's own artistic development and also from a reaction of the externally rationalistic concept of the liturgy during the Enlightenment, as manifested by the Josephinian decrees. [...] The liturgical decrees not only caused an interruption in Haydn's compositions for the church, they also necessitated an inner confrontation with the problems of church music ...".[989]

Als Drittes der sechs großen Hochämter schuf Joseph Haydn im Jahre 1798 die Messe in d-Moll = „*Missa in angustiis*" („*Nelsonmesse*") Hob. XXII: 11 für Soli, vierstimmigen Chor, Orchester und obligate (konzertierende) Orgel. Auch die Genese dieses Werkes steht im Kontext der kriegerischen Auseinandersetzungen zwischen Österreich und Frankreich. Der lateinische Titel des Opus ist eine eigenhändige Eintragung des Meisters in seinem persönlichen Entwurfkatalog und damit ursprünglich nicht für die Öffentlichkeit bestimmt. „ ... Haydn [war] keineswegs eine konkrete Auslegung ... erwünscht ... und ... das Wissen um den in dieser Messe niedergelegten Gefühlsinhalt gab er nicht der Öffentlichkeit preis."[990] Die in der späteren Rezeptionsgeschichte anzutreffende Deklaration der Messe als „kriegerisch-sieghaft" gestaltete Programmusik geht auf ein psychologisches Phänomen zurück: Der schon zu Lebzeiten Haydns kreierte Vulgotitel „*Nelsonmesse*" wirkte so suggestiv, dass man zu hören glaubte, was niemals komponiert worden war. Es trifft zwar zu, dass Napoleons Flotte – während Haydn an dem Werk arbeitete – durch die Engländer unter Admiral *Horatio Viscount Nelson* (1758-1805) vor der Küste Alexandrias in die Enge getrieben und am 03.08.1798 in der Seeschlacht von Abukir vernichtet wurde. Die Nachricht drang allerdings erheblich verzögert nach Österreich und nach Eisenstadt gelangte sie gar erst, als die „*Missa in angustiis*" schon nahezu vollendet war: Haydn war bis zur Mitte des Benedictus gediehen und schloss die Arbeit bereits vierzehn Tage später ab – die Nachricht vom Sieg Nelsons kann sich also keinesfalls programmatisch auf das ganze Opus ausgewirkt haben.[991] Zweifellos ist das martialische B-Dur-Trompetensignal für eine Benedictus-Vertonung ungewöhnlich, wird doch dieser Satz in der damaligen Gattungstradition sonst meist dahin gehend interpretiert, dass hier analog zum historisch-punktuellen Ereignis der Menschwerdung der im eucharistischen Sakrament sich real vergegenwärtigende Christus begrüßt wird.[992] Da man dabei die Vorstellung des neugeborenen Jesus von Nazaret auf das sakramentale Geschehen übertrug, war der musikalische Duktus hier herkömmlicherweise pastoral oder zumindest zart. Haydn durchbrach diese Tradition, indem er im Altarsakrament nicht mehr das Kind, sondern den allmächtigen Gott begrüßt, dem als König

---

989 FELLERER, The liturgical basis of Haydn's masses 168.
990 BRAND 312.
991 Vgl. BRAND 308-311. Für die Toposbildung ist eine unverbürgte Anekdote aus dem Jahre 1800 verantwortlich: „Von jetzt an habe er [sc. Haydn] das Bild eines blasenden Kouriers durchaus nicht aus seiner Phantasie verdrängen können, und da die Idee seines Benedictus mit jener so verwandt gewesen, so habe er die obligate Trompete [sc. drei Trompeten im Einklang, Takte 122-135] dazu gesetzt." Notizen eines anonymen Verfassers „Ueber Musik und Schauspielkunst in Wien (Aus dem Tagebuche eines Reisenden)", in: Journal des Luxus und der Moden 15 (1800) 330 f. Zitiert nach THOMAS 6.
992 Hierbei muss als Verstehenshorizont berücksichtigt werden, dass die Benedictus-Vertonung als vom Sanctus losgelöster Satz erst nach der Wandlung erklang.

Trompetenfanfaren zustehen. Seine Motivation zu diesem unkonventionellen kompositorischen Element war also primär theologisch begründet. Im Zustand existentieller Kriegsangst war für ihn der Glaube an die rettende Allmacht Gottes zentral.[993] Auch wenn die Haydn unterstellten patriotischen Beweggründe[994] nicht völlig ausgeschlossen werden können und sollen, dürften diese doch nebensächlich sein. Die Behauptung, Haydn habe mit seinem Benedictus den siegreichen Nelson begrüßen bzw. ihm sogar das ganze Opus widmen wollen, ist aber eine legendarische Fiktion, die jeglicher Faktizität entbehrt.[995] Vielmehr artikuliert er in dieser Messe, die vielleicht überhaupt sein dramatischstes Werk ist, auf erschütternde Weise die damaligen Bedrängnisse („angustiae"): Teils herbe, teils schwermütige Klangwirkungen, erdrückend wuchtige Stimmführung und mitunter exponierte Dissonanzen herrschen in weiten Teilen des Werkes vor und verleihen ihm einen flehentlichen, stellenweise auch düsteren Ausdruck – selbst der Jubel des Gloria ist eigenartig gedämpft. Die Hoffnung auf Frieden („Dona nobis pacem") am Ende der Messe mündet jedoch ganz zuletzt in triumphale Zuversicht.

Im Jahre 1799 komponierte Haydn die Messe in B-Dur („*Theresienmesse*") Hob. XXII: 12 für Soli, vierstimmigen Chor, Orchester und Orgelcontinuo. Diese Ordinariumsvertonung war nicht – wie es die ältere Haydn-Literatur aufgrund des suggestiven Vulgotitels behauptet – für die Kaiserin *Marie Therese*[996] (1772-1807) bestimmt, sondern eine Namenstagsmesse für Eisenstadt.[997] In dem ausgesprochen musizierfreudigen Werk befinden sich freudiger und ernster Ausdruck in subtil abgestimmter Balance. Die Haltung weist insgesamt feierlich-würdevolle Verinnerlichung des Wesentlichen auf. Subjektive Momente treten zugunsten einer konsentischen Liturgieauffassung weitgehend zurück.

---

[993] Vgl. BIBA, Die kirchenmusikalischen Werke Haydns 150.

[994] So etwa BRAND 349-351.

[995] Vgl. hierzu BRAND 316. Ein weiterer Faktor, der zur Legendenbildung beitrug, war der Besuch Admiral Nelsons und seiner Geliebten *Emma Hamilton* (1765-1815) auf Schloss Esterházy vom 06. bis 09.09.1800. Da Haydn im Jahre 1800 an seinem Oratorium „*Die Jahreszeiten*" Hob. XXI: 3 arbeitete, hatte ihm Nikolaus II. Fürst Esterházy wohl von der Schaffung einer neuen Namenstagsmesse eine Dispens erteilt (Vgl. LARSEN / FEDER 80). Man griff für Mariä Namen 1800 vielmehr auf die bereits zum Namensfest 1798 aufgeführte „*Missa in angustiis*" zurück, die sich hinsichtlich ihres speziellen Ausrucksduktus für ein Fest, an dem man in Österreich zugleich stolz des Habsburgischen Sieges von 1683 über die Türken gedachte (vgl. Fußnote 977) übrigens hervorragend eignete (Vgl. MCGRANN 203). Bei dieser Wiederaufführung waren höchtwahrscheinlich Nelson und seine Geliebte zugegen. Entsprechende Berichte aus dem Munde Lady Hamiltons dürften dann in der Folgezeit nicht unwesentlich zu der Legendenbildung beigetragen haben. Vgl. BRAND 313-315, NOWAK 490 sowie PFANNHAUSER, Glossarien zu Haydns Kirchenmusik 499.

[996] Zweite Gattin des römisch-deutschen Kaisers *Franz II.* (bzw. Franz I. als Kaiser von Österreich) (1768-1835).

[997] Die Zuordnung der Messe an den Hof der Esterházy nach Eisenstadt wird alleine schon durch die eingeschränkte Besetzung beglaubigt: Haydn hatte dort nur ein kleines Orchester zur Verfügung und konnte demnach außer den Streichern lediglich zwei Klarinetten, zwei Trompeten und Pauken disponieren. Auf alle anderen Holzbläser musste er verzichten. Vgl. NOWAK 478. Der Vulgotitel „*Theresienmesse*" entstand vermutlich schon zu Lebzeiten Haydns im Wiener Raum: Denn nur neun Monate nach der Uraufführung anlässlich des Namensfestes der Fürstin Esterházy in Eisenstadt wurde die Messe bereits in der Wiener Hofburgkapelle in mutmaßlicher Gegenwart der Kaiserin aufgeführt. Da man in Wien von der ursprünglichen Bestimmung des Werkes für die Familie Esterházy keine Kenntnis gehabt haben dürfte, brachte man es fälschlicherweise mit der Kaiserin in Verbindung. Die genauen Umstände der falschen Benennung bleiben indes im Dunkeln. Vgl. THOMAS 7 sowie PFANNHAUSER 499.

Liturgisch umstritten war lange Zeit das Fünfte der sechs großen Hochämter, die Messe in B-Dur („*Schöpfungsmesse*") Hob. XXII: 13 für Soli, vierstimmigen Chor, Orchester und Orgelcontinuo aus dem Jahre 1801. Man nahm Anstoß an einem Selbstzitat im Basssolo des ersten „Qui tollis" im Gloria: Haydn greift hier als Überraschungseffekt auf ein Thema aus dem Allegro-Teil des Duetts Nr. 32 „Holde Gattin" aus dem bereits damals populären Oratorium „*Die Schöpfung*" Hob. XXI: 2 zurück. Obwohl hier mitnichten eine explizite formale Parodie vorliegt[998], empfand man den Anklang an „*Die Schöpfung*" als zu weltlich für eine Ordinariumsvertonung. Das Vorgehen Haydns war angesichts einschlägiger Direktiven wie etwa „*Annus qui*" ein scandalum datum et acceptum. Nikolaus II. Fürst Esterházy, der den hohen künstlerischen Wert der „*Schöpfungsmesse*" sofort erkannte, untersagte Haydn im Jahre 1801 – dies geht aus einem Brief des Letzteren hervor[999] – trotz des vertraglich bereits bestehenden generellen Verbotes ausdrücklich, irgendeiner dritten Person die Ur- oder Abschrift der Messe zukommen zu lassen. Als Kaiserin Marie Therese, die höchstwahrscheinlich bei einer der ersten Aufführungen selbst die Sopranpartie des Werkes sang, eine Abschrift desselben wünschte, sagte ihr Nikolaus II. Fürst Esterházy eine solche nur unter der Bedingung zu, dass sie ihm im Gegenzug die ihr gehörende *Missa sotto il titulo di S. Teresia* von Michael Haydn zukommen lasse. Beim Abschluss dieses „Handels" verlangte die Kaiserin von Haydn, in ihrer persönlichen Abschrift die von ihr als ungebührlich empfundene Schöpfungs-Reminiszenz abzuändern. Der Tonsetzer kam dieser Forderung in der Tat nach.[1000] Es bleibt festzustellen, dass diese Messe ingesamt eine ruhige, heitere und ausgeglichene Haltung verkörpert. Es mangelt zwar nicht an wirkungsvollen Chorsätzen, doch treten wirklich dramatische Akzente, wie sie etwa noch der „*Missa in angustiis*" eigen sind, zurück zugunsten lyrischer Gelassenheit; aufwühlende Gegensätze werden vermieden. Genialische Momente beinhaltet diese Komposition gewiss nicht in dem Maße wie etwa die großen Hochämtern Hob. XXII: 9 und 11, doch die „Objektivität" des Gesamtduktus weist ihr die nicht zu unterschätzende Qualität dienender Liturgizität zu.

Seine letzten Messen schuf Haydn „ ... nicht mehr in der untergeordneten Stellung eines Schloßkomponisten, der beim Lever die huldvolle Zustimmung Serenissimi zum Tagewerk untertänigst einholen muß und mit ‚Er' angeredet wird, sondern als der weltberühmte Künstler, der die Einmischung des Fürsten in künstleri-

---

[998] Original und Reminiszenz unterscheiden sich in mehrerlei Hinsicht: In der Messe wird das Thema in doppelt langen Notenwerten gebracht. Die gebundene Achtelbegleitung der Messe ist im Oratorium nicht vorhanden. Der solistische Hörnerklang des Oratoriums wird in der Reminiszenz durch die gegenüber dem Original neu hinzutretenden Klarinetten weich überdeckt und so gewissermaßen entschärft. In der Messe kamen überdies die Verzierungen der Blasinstrumente in Wegfall. Der möglicherweise in der Messe als zu „weltlich" empfundene Charakter wurde solchermaßen bewusst modifiziert. Vgl. BRAND 427 f.

[999] Haydn schreibt diesbezüglich in einem Brief an Nikolaus II. Fürst Esterházy vom 14.06.1802: „ ... da aber Ihro Hochfürstl. Durchlaucht Sich dazumal gnädigst Eusserten, daß diese Mess niemandem sol Communicirt werden, so konte ich mich auch nicht unterfangen dieselbe ohne vorwissen Euer Durchlaucht jemanden zu geben ...". Zitiert nach BARTHA / LANDON 404.

[1000] Vgl. BECKER-GLAUCH 7. Die früher überwiegend als legendarisch eingestufte Episode konnte im Jahre 1966 anhand des authentischen Stimmenmaterials als historisch verifiziert werden. Vgl. PFANNHAUSER, Glossarien zu Haydns Kirchenmusik 498.

sche Dinge ... zurückweist ...“[1001]. Obzwar also künstlerisch eigentlich unabhängig, gesellt sich in seinem Messenschaffen doch zu den unleugbar religiösen Motiven immer auch als letztlich für jeden Kunstschaffenden lebensnotwendige Triebfeder die Sehnsucht nach Erfolg, was einmal mehr das für Haydn charakteristische Zugleich von Weltlichem und Geistlichem dokumentiert und seinem Wirken menschliche Züge verleiht.[1002] Erhellend ist hier etwa ein Brief des Meisters, in welchem er auf seine letzte Messe, die 1802 in Wien und Eisenstadt entstandenen Messe in B-Dur („*Harmoniemesse*“)[1003] Hob. XXII: 14 für Soli, vierstimmigen Chor, Orchester und Orgelcontinuo, bezug nimmt: „indessen bin ich an der Neuen Mess sehr MÜHESAM fleissig, noch mehr aber FORCHTSAM, ob ich noch einigen beyfall werde erhalten können.“[1004] Hier spiegelt sich unverkennbar jenes Streben nach Anerkennung wider, was aber niemals die Grenzen einer grundsätzlich vorhandenen Bescheidenheit überschritt. Mit der „*Harmoniemesse*“, der „ ... schönste[n] Messe nach Beethovens Missa solemnis“[1005] schuf Haydn ein Werk voll würdevoller Feierlichkeit. Die Traditionen der altösterreichischen Barockmusik aus Haydns Jugend verschmelzen mit seinem sinfonischen Spätstil zu einer einzigartigen Synthese, die solchermaßen wohl nur unter den speziellen Gegebenheiten Wiens entstehen konnte und den Begriff „Wiener Klassik“ schlechthin verkörpert.[1006] So darf dieses Opus gewissermaßen als „Summa Missarum Josephi Haydn“[1007] angesehen werden. Ein biographischer Zug kann im Agnus Dei erahnt werden. „Gerade in diesem letzten Chor- und Ensemblesatz, den Haydn in seinem Leben schrieb, ... hat er uns ... die ergreifendste Schilderung vom Tode des Menschen und Eingehen in den himmlischen Frieden hinterlassen, die eines Menschen Geist mit gleicher Kühnheit und Freizügigkeit vielleicht nie zuvor ... entworfen hat.“[1008] Diese Musik klingt nie berechnend konstruiert, sondern existentiell erfühlt: Während der Arbeit an diesem letzten Ordinariumssatz starb *Anna Maria Rafler geborene Haydn verwitwete Fröhlich* (1739-1802). Sie war Haydns Lieblingsschwester gewesen.

Der Großteil des Messenœuvres Joseph Haydns entstand, wie wir gesehen haben, aufgrund an ihn herangetragener Bestellungen, Aufträge und Wünsche. Zu urteilen, „ ... daß Haydn seine Messen nicht aus freiem Antrieb und [nicht] in

---

1001 SCHENK 268.

1002 Haydn war zwar kein Materialist, aber dennoch durchaus auf eine angemessene finanzielle Vergütung seiner Kompositionsarbeit – auch in der Kirchenmusik – bedacht. Er besaß nachweislich ein großes Geschick in monetären Angelegenheiten, ohne dabei jedoch geizig oder habgierig zu sein. Vgl. etwa Feder (Georg) 295 und LARSEN / FEDER 89.

1003 Seinen Beinamen erhielt das Opus wahrscheinlich im Kreis der Eisenstädter Musiker: Die aus Holz- und Blechblasinstrumenten gemischte Bläserbesetzung – „Harmoniemusik“ nach dem Sprachgebrauch des 18. Jahrhunderts – wurde damals als ungewöhnlich reichhaltig empfunden (Vgl. LIPPMANN 6). Haydn konnte nunmehr solchermaßen disponieren, weil die Esterházysche Hofkapelle im November 1800 um acht Mitglieder erweitert worden war. Vgl. BECKER-GLAUCH 6.

1004 Brief an Nikolaus II. Fürst Esterházy vom 14.06.1802. Zitiert nach BARTHA / LANDON 404.

1005 SCHNERICH, Joseph Haydn und seine Sendung 141.

1006 Vgl. LARSEN / LANDON 1908.

1007 NOWAK

1008 BRAND 503.

schaffensfreudigen Stunden ...“[1009] komponiert habe, wäre gleichwohl durch nichts gerechtfertigt. Es wurde oben aufgezeigt, dass zwar die initialen Impulse für die einzelnen Ordinariumsvertonungen überwiegend extrinsisch waren, Haydn sich aber in vielen Fällen seelisch involvierte und eigene biographische Bezüge herstellte. Während er in den Messen der vorjosephinischen Periode offenbar nicht immer über die rechte Empathie in das innere Wesen der Liturgie verfügte, glückt ihm dies später durchwegs. „Das gefühlbildende, aus dem Unbewußten ... hervorbrechende Bedürfnis nach Religion, wird mit rationalem Einsatz durchgesetzt. Haydn, dem man diese Fähigkeit oft abgesprochen hat[[1010]], gelang es, seine (und zweifellos auch seiner Auftraggeber und Adressaten) Religiosität auf eine besonders feinsinnige und kunstvolle Art in den letzten Messen ... zum Ausdruck zu bringen.“[1011]

Das Wort-Ton-Verhältnis innerhalb des haydnschen Messenœuvres entwickelt sich von anfänglicher Konvention zu universaler Entgrenzung. Die Ordinariumsvertonungen des Jugend- und Hauptwerkes behandeln den Text noch überwiegend im Sinne der vorgegebenen Gattungstradition: In der Musik des Spätbarocks und der Wiener Klassik wird das Wort als Vergegenständlichung aufgefasst. Das Wort-Ton-Verhältnis orientiert sich am außerindividuell Gegebenen, da man das Wort als etwas auffasst, was sich nur dort ereignet, wo das Ich die Außenwelt berührt. Signifikant ist also ein Bedürfnis nach Verobjektivierung des Ich und zugleich nach Verinnerlichung der das Ich umgebenden objektiven Zirkumstanzien. Verklanglichte Sprache ist demnach ein quasi-performatives Geschehen, ein Vernehmen einer in der Gegenwart hier und jetzt stattfindenden Begebenheit. Die klassische Satzsstruktur besteht mithin aus kleinen selbstständigen Impulsen. Der musikalische Ablauf ist nicht mehr wie etwa noch bei Palestrina oder Haßler ein stetiges Werden, sondern ein diskontinuierliches Konglomerat jeweils unvorhersehbarer Einzelglieder.[1012] „Die Einheit ... entsteht erst in der vom Gegenstand (also von der Musik) überhaupt abstrahierten, rein geistigen Sphäre der Spontaneität unseres Ich, in der jeder Gegenständlichkeit baren Einheit unseres auffassenden Bewußtseins.“[1013]

Es ist unverkennbar, dass Haydn aus seiner Kindheit und Jugend das reiche Erbe der traditionellen Kirchenmusik mitbrachte. Bezüglich des Wort-Tonverhältnisses fand er hier ein bewährtes Repertoire mannigfacher Topoi und Idiome vor, dessen er sich weidlich bediente[1014]: Es handelt sich hier um Traditionalismen, die in erster Linie deskriptive Nachahmung des Sensuellen sind. Tradierte Stereotype liegen beispielsweise vor, wenn im Gloria „et in terra pax“ kontrastreich in ein Subito-Piano fällt[1015]. Besonders geeignet für kirchenmusikalische

---

[1009] BOTSTIBER 346.

[1010] So heißt es bei *Thrasybulos Georgiades* (1907-1977): „Wenn man erfahren möchte, was der große Haydn musikalisch auszusagen vermag, so muß man außerhalb seiner Messen suchen ...“ (GEORGIADES 99).

[1011] PASS, Bemerkungen zu Werk- und Wirkungsgeschichte von Haydns Messen 479.

[1012] Vgl. GEORGIADES 115-121.

[1013] GEORGIADES 119.

[1014] Vgl. etwa SCHÜTZEICHEL, Der Aufbau der späten Messen Haydns im Vergleich zu den frühen 80.

[1015] Una pro multis sei hier etwa die „*Cäcilienmesse*“ angeführt..

Patterns ist aber das Credo: Bei „descendit de caelis" findet sich gerne eine Katabasis-[1016] sowie bei „Et ascendit in caelum" eine Anabasis-Wendung[1017]. Bei „crucifixus" und „passus" erfolgt der Tonschritt einer absteigenden kleinen Sekund, um Schmerz auszudrücken (sog. *Affectus tristitiae*)[1018]. Einschlägig ist etwa auch der *Saltus duriusculus*[1019] bei „passus", die Anabasis[1020] bei „Et resurrexit", die Verwendung der Prim bei der Textstelle „sedet ad dexteram", womit die Statik des Sitzens wiedergegeben wird[1021], die Verwendung von Blechbläsern (Trompeten- oder Hörnerfanfaren)[1022] bei „judicare" als Signal zur Ankündigung des Allgemeinen Endgerichts (=Weltgericht)[1023], das Unisono[1024] bei „et unam, sanctam ... ecclesiam", welches die Einheit der Kirche symbolisiert sowie die katabatische Wendung[1025] bei „resurrectionem mortuorum" mit noematischer Hervorhebung des Wortes „mortuorum". Im Sanctus ist die anabatische Linie bei „in excelsis"[1026] ebenfalls traditionell. Trotz des unleugbar tonmalerischen Prinzips gelingt es Haydn meist – im Gegensatz zu vielen seiner unmittelbaren Vorläufer –, anhand subjektiver geistiger Überformung die Ebene eines trivial-platten Realismus hinter sich zu lassen. Das „ ... liegt daran, daß hinter der ... Diktion der Vokalparte eine durchaus ernste und echte Empfindung steht, die immer wieder zu sich zurückzwingt, und so ein Zerflattern und Abirren verhindert."[1027] Wenn die musikalische Metaphorik Haydns „ ... in derber Aufführung zu veristischer Programm-Musik wird"[1028], liegt das Verschulden somit einzig aufseiten der Interpreten.

Neben den erwähnten Topoi rezipiert Haydn besonders in seinen frühen Messen häufig auch traditionelle kirchenmusikalische Idiome wie etwa die fast schmerzhaft rührselige, mitunter pastoral gefärbte Darstellung der Menschwerdung („et incarnatus est")[1029] oder das Benedictus pastoralen Charakters, worin Christus gemäß volkstümlicher Religiosität als neugeborenes Kind im eucharistischen Sak-

---

1016 Als stellvertretende Beispiele seien hier die „*Missa in angustiis*" und „*Schöpfungsmesse*" genannt.

1017 Eindrückliche Paradigmen sind etwa die „*Cäcilienmesse*", „*Schöpfungsmesse*" und „*Harmoniemesse*".

1018 So z.B. in der „*Cäcilienmesse*", „*Großen Orgelsolomesse*" und „*Missa in angustiis*".

1019 Als Saltus duriusculus („harter Sprung") bezeichnet man in der Figurenlehre einen Melodiesprung in ein „unnatürliches" Intervall wie etwa den Tritonus, die verminderte Quarte oder die Septime. Stellvertretend verifizierbar etwa in der „*Schöpfungsmesse*".

1020 So z.B. in der „*Cäcilienmesse*", „*Großen Orgelsolomesse*", „*Mariazeller Messe*" und „*Missa in angustiis*".

1021 Stellvertetend sei hier z.B. die „*Große Orgelsolomesse*" angeführt.

1022 So z.B. in der „*Großen Orgelsolomesse*", „*Cäcilienmesse*", „*Heiligmesse*" (hier überdies mit Pauken-Fortissimo) und „*Theresienmesse*".

1023 Diese Ausdeutung erfolgt im Rekurs auf Jes 27,13, Joel 2,1 und Sach 9,14 sowie ferner Mt 24,31, 1 Kor 15,52, 1 Thess 4,16 und Offb 11,15 ff.

1024 So z.B. in der „*Großen Orgelsolomesse*", „*Nikolaimesse*", „*Heiligmesse*" und „*Harmoniemesse*".

1025 Besonders ausgeprägt ist diese Wendung in der „*Paukenmesse*" vorhanden.

1026 So z.B. in der „*Heiligmesse*".

1027 Brand 259.

1028 Rajecky 481.

1029 Obligatorische Merkmale sind hier etwa die Moll-Tonart, das getragene, feierliche Tempo, die sordinierten Streicher, die anhand von Appoggiaturen „schluchzend" gestaltete Melodie sowie die Continuo-Begleitung in strikt repetierten gleichen Notenwerten (Vgl. MacIntyre 485). Dieses Idiom ist ganz oder teilweise in folgenden Haydn-Messen rezipiert: „*Cäcilienmesse*", „*Große Orgelsolomesse*", „*Nikolaimesse*", „*Kleine Orgelsolomesse*" und „*Mariazeller Messe*".

rament begrüßt wird.[1030] Im ersten Drittel des haydnschen Messenœuvres verhinderte die Präponderanz der Gattungstradition oft noch die Entfaltung individueller Gestaltungsansätze. Ab den 1770er-Jahren setzte dann zunehmend das Bestreben ein, eigenkreativ den Text zu vertonen – auch dies zunächst noch in einer tendentiell atomistischen, deskriptiven Manier. Von einem Theologisieren kann hier noch keine Rede sein. Exemplifizierend sei etwa die „*Nikolaimesse*" angeführt, wo im Sanctus bei „Pleni sunt caeli et terra" alle Stimmen in die untere Oktave zurückgehen, um das Oben und Unten zu versinnbildlichen. Überdies wird die Weite des Himmels und der Erde mittels jeweils vier durchgehaltener Takte angedeutet. Im „Et incarnatus est" der „*Paukenmesse*" sind die ersten Worte auf zwei ihrer Lage nach konträre Stimmen verteilt, da die Aussage sowohl Jesus Christus (angedeutet durch die Bass-Stimme) als auch Maria (Sopran) betrifft. Ebenfalls im Credo der „*Paukenmesse*" sowie der „*Schöpfungsmesse*" evoziert Haydn an der Textstelle „resurrectionem mortuorum" mittels Wechsels in die Mollunterdominante, dynamischer Abschwächung, Absinkens in tiefere Stimmlagen und Verstummen der hellen Holzbläser wirkungsvoll das Grauen, welches der Anblick der Toten hervorruft. Das Kyrie wird in der „*Theresienmesse*" als inständiger Flehruf um Erbarmen angesichts der Sündhaftigkeit des Rufenden interpretiert. Starke Akzente auf der ersten Battuta, gefolgt von abgerissenen, in auffälligen Intervallwechseln zwischen Terz, Quint und Septime geführten Staccatos der Violinen suggerieren heftige Gemütserregung: „Es ist ... nichts anderes als das konvulsivische Zucken verhaltenen Weinens, jener physiologischen Entäußerung, die ein starkes Gefühl der Reue stets auslöst ..."[1031]. Im Credo derselben Messe setzt Haydn die mit dem Wort „unum" (in *unum* Deum) bezeichnete Ousia der drei göttlichen Subsistenzen durch ein Unisono des Chores musikalisch um. Beim „Incarnatus" bildet er den an dieser Stelle erfolgenden liturgischen Gestus der Proskynese bzw. Inklination durch langsam fallende, unisone Bewegung der Streicher nach. Im Credo der „*Schöpfungsmesse*" wird das Problem der Darstellung des Unsichtbaren („invisibilium") solchermaßen gelöst, dass vor dieser Textstelle Pausen eintreten, die Bässe ganz schweigen, ja die ganze Deklamation auf dem zweimal hervorgestoßenen Wort „et" zu stocken beginnt bis schließlich nach einem Subitopiano das Wort "Invisibilium" erfolgt. Das Unsichtbare wird also dem Unaussprechlichen analog gesetzt. Ähnlich originell ist auch die nachfolgende Textstelle „descendit de caelis" vertont: Indem Tenor und Bass erst im Laufe der in fallenden Terzenschritten erfolgenden Katabasis sukzessive hinzutreten, symbolisiert Haydn das Größerwerden desjenigen, der sich der Erde in majestätisch großen Schritten (Terzen!) nähert.[1032] Ebenfalls im Credo (derselben Messe) lässt Joseph Haydn bei „Passus" die Streicher in Zweiunddreißigsteln tremulieren – Tonmalerei für das fassungslose Zittern des Betrachters der Leidensgeschichte. Auch „Et iterum venturus est" verdeutlicht er auf recht sinnreiche Weise: Während dieser Worte kehrt ein kurzes, prägnantes Motiv dreimal zum Ausgangspunkt

---

[1030] Dieses Vorbild ist etwa in „*Nikolaimesse*", „*Kleinen Orgelsolomesse*" und „*Mariazeller Messe*" verwirklicht.

[1031] BRAND 380 f.

[1032] Vgl. BRAND 433 f.

zurück, womit ein schlichtes Symbol für die Parusie geschaffen ist. Das dieser Aussage folgende eschatologische Bekenntnis der unendlichen Basileia ist als negative Aussage (apophatische Gottesrede) musikalisch nicht äquivalent darstellbar. Haydn umgeht diese Problematik anhand eines deklamatorischen Kunstgriffes. Er unterdrückt das Wort „finis" mehrmals: „Cujus regni non erit ... non (Pause), non erit ... (Pausentakt), non erit, non erit finis." Bei „Qui tollis peccata mundi" des Gloria der „*Harmoniemesse*" verknüpft Haydn die Lamm-Metapher direkt mit dem historischen Sühneleiden Jesu von Nazaret: Die gleichmäßig hervorgestoßenen Achtel der fortlaufend imitatorisch gearbeiteten Singstimmen sowie die Achteleinwürfe der taktweise alternierenden Oboen- und Klarinettenpaare (stellenweise auch der Hörner) stellen die Exekution durch die römischen Soldaten dar.[1033]

Wird einerseits anhand der oben angeführten Beispiele deutlich, dass Joseph Haydn grundsätzlich bemüht war, den einzelnen Glaubensaussagen des Ordinariums mittels musikalischer Symbolik (vor allem Tonmalerei) gerecht zu werden – wobei durchaus seine fundierte Kenntnis der katholischen Lehre zu Tage tritt –, finden sich andererseits besonders in den frühen Messen vereinzelt auch Stellen oberflächlicherer Textbehandlung. „Sie treten stets dort auf, wo der absolute Musiker in Haydn die Oberhand gewinnt und ihn zu einem Hinwegkomponieren über markante Textstellen verleitet."[1034] Rein musikalisch gezeugt erscheint beispielsweise das Benedictus der „*Kleinen Orgelsolomesse*". Im Gloria der „*Cäcilienmesse*" ist der Zusammenhang zwischen Wort und Ton so locker, dass sich in späteren Bearbeitungen ohne Einbußen des Gesamtduktus einzelne Textpassagen beliebig auf Subsektionen des Satzes aufteilen ließen, für die ursprünglich ein anderer Text vorgesehen war[1035]. Auch in der „*Großen Orgelsolomesse*" überwiegen musikalische über inhaltlich-textliche Gestaltungsprinzipien. Diese drei Beispiele mögen stellvertretend für andere einschlägige Fälle genügen. Weitaus problematischer ist indes das von Haydn unter dem äußeren Zwang liturgischer Vorgaben häufig praktizierte Verfahren der *Polytextur*.[1036] Die eigentlich sukzessive hintereinander folgenden verschiedenen Syntagmen des Ordinariumstextes werden in den vier Stimmen simultan übereinander geschichtet, sodass der Text liturgisch vollständig ist, aber nur wenige Takte braucht.[1037] Diese in den textreichen Sätzen Gloria und Credo angewandte Praxis hatte den Effekt, „ ... daß der Chor wegen der vierfachen Raffung ebenso schnell fertig war wie der Priester."[1038] Am Paradigma des Gloria der „*Kleinen Orgelsolomesse*" möge dies deutlich werden: Dort beginnt der Bass

[1033] Konkret sind hier wohl die Peitschenhiebe bei der Geißelung auf dem Vorplatz des Jerusalemer Prätorium intendiert. Der musikalisch ähnlichen Gestaltung derselben Textstelle in der „*Theresienmesse*" dürfte hingegen eher die Kreuzannagelung (Hammerschläge) als Idee zugrundegelegen haben. Vgl. BRAND 482 f.

[1034] GEIRINGER 443.

[1035] So geschehen im Erstdruck von Breitkopf & Härtel, Leipzig 1807. Vgl. DACK / FEDER 9.

[1036] Vgl. zum liturgischen Hintergrund der Polytextur die obigen Darlegungen zur „*Kleinen Orgelsolomesse*".

[1037] Eine Variante der Polytextur besteht in der Überschneidung der Singstimmen, wenn z.B. bei zwei aufeinander folgenden Soli die zweite Stimme bereits einsetzt, bevor die erste ihre Phrase beendigt hat.

[1038] SCHNEIDER, Ordinarium und Proprium als liturgisch-musikalische Einheit 188.

„Et in terra pax" und schon eine Viertelnote später folgen gleichzeitig der Sopran mit „Gratias agimus", der Alt mit „Domine Fili unigenite" und der Tenor mit „Domine Deus, Agnus Dei". Erst ab „Cum Sancto Spiritu" läuft der Text in allen Stimmen in gleichem Wortlaut synchron. „Mit Verkündigung hatte so etwas allerdings nichts zu tun, denn welchem Text galt die Musik jeweils und für welchen Text soll ... sich die Gemeinde entscheiden?"[1039] Insgesamt sind in immerhin sechs Haydn-Messen Textschichtungen anzutreffen.[1040]

Ein weiteres nicht unerhebliches Problem besteht darin, dass Haydn bei der Vertonung der lateinischen Texte etliche Wörter und Syntagmen auslässt[1041] oder (seltener) vertauscht[1042]. Joseph Haydn hatte sich zwar am Wiener St.-Stephans-Konvikt eine fundierte Kenntnis des Lateinischen angeeignet[1043], gleichwohl aber litt er seit den 1790er-Jahren unter einem schwachen Gedächtnis. Da Haydn beim Komponieren den lateinischen Text wohl stets auswendig kommemorierte, wird erklärlich, warum gerade die späten sechs Hochämter mit Textauslassungen behaftet sind.[1044] Dies „ ... bestätigt ... die Ansicht, daß Textauslassungen ... in Haydns Meßkompositionen ... nicht nur für einen unbefangen-undogmatischen Umgang mit den sanktionierten Texten sprechen, sondern vor allem als Versehen und Vergeßlichkeiten zu erklären sind."[1045] Gelegentlich dürften textliche Auslassungen oder Vertauschungen auch phonetische und deklamationsrhythmische Gründe gehabt haben.[1046] Wie aus der obigen Auseinandersetzung mit Haydns persönlicher Religiosität hervorgeht, gibt es keinerlei Anhaltspunkt für die etwaige Unterstellung, Haydn habe mittels der Textauslassungen eine persönliche theologische Auslegung demonstrieren wollen.

Eine Eigenheit, welche am haydnschen Messenœuvre oft bemängelt wurde, ist die Disgruenz einzelner Ordinariumssätze mit den traditionellen Idiomen. Bei manchen seiner Kyrievertonungen kritisierte man, dass deren heiter-unbeschwerter

---

1039 SCHNEIDER, Ordinarium und Proprium als liturgisch-musikalische Einheit 188. Vgl. ähnlich GEIRINGER 123.

1040 Polytextur liegt in der *„Missa brevis in F-Dur"*, *„Missa Rorate coeli desuper"*, *„Nikolaimesse"*, *„Kleinen Orgelsolomesse"*, *„Mariazeller Messe"* und *„Paukenmesse"* vor.

1041 *„Missa brevis in F-Dur"*: „Et in unum Dominum Jesum Christum, Filium Dei unigenitum", *„Heiligmesse"*: „Qui ex Patre Filioque procedit", *„Paukenmesse"*: „Qui ex Patre Filioque procedit. Qui cum Patre et Filio simul adoratur et conglorificatur", *„Missa in angustiis"*: „Et in unum Dominum Jesum Christum Filium Dei unigenitum" sowie „Qui ex Patre Filioque procedit", *„Theresienmesse"*: „Et in unum Dominum Jesum Christum Filium Dei unigenitum" sowie „Qui ex Patre Filioque procedit".

1042 So z.B. in der „Mariazeller Messe" (Gloria): Statt des zweiten „Qui tollis peccata mundi" ist „Suscipe" gesetzt.

1043 Georg August Griesinger bescheinigt Haydn: „von der lateinischen [Sprache] verstand er alles, was in dieser Sprache bei dem katholischen Kultus vorkommt." (GRIESINGER 69). Dies zeigt sich auch an der stets mustergültigen Deklamation des lateinischen Textes in den Haydn-Messen.

1044 Vgl. FEDER (Georg) 291.

1045 HOCHSTEIN, Zum Entstehungsprozeß der ‚Paukenmesse' von Joseph Haydn 122.

1046 Beispielsweise dürfte Haydn in der *„Paukenmesse"* beim entsprechenden Themeneinsatz die vier- bzw. fünffache Folge des spitzen Vokals „i" bei „visibilium" und „invisibilium" als unästhetisch empfunden habe, weswegen er das Syntagma erst später in einer weniger exponierten Stimme erfolgen lässt. Das mehrmalige Weglassen des Satzes „Qui ex Patre filioque procedit" (auch in einigen anderen Messen) dürfte ebenfalls aufgrund des unausgewogenen Rhythmus und der Konsonantenhäufung dieses Syntagmas erfolgt sein. Vgl. etwa BRAND 241.342 f.

Duktus nicht mit der zerknirschten Erbarmensbitte eines Sünders vereinbar sei.[1047] Hinsichtlich der historischen Genese des Kyrie ist Haydns subjektiver Deutung jedoch recht zu geben, da die originäre Bedeutung der Kyrieakklamation jene eines begeisterten Jubelrufes war.[1048] „Haydns gläubigem Optimismus war die Bitte um Erbarmen gleichbedeutend mit der Gewißheit der Erhörung des Flehens."[1049] Das Sanctus der „*Schöpfungsmesse*" widerspricht mit seinem kontemplativ-zurückhaltenden Ausdruck dem üblichen Idiom jubelnden Lobgesanges. Dem liegt aber nicht Unachtsamkeit zugrunde, sondern vielmehr die subtile Einfühlung Haydns in die Tagesliturgie. Die letzten Worte der Präfation an Marienfesten[1050] lauten: „ ... deprecamur, *supplici* confessione dicentes: (Sanctus etc.)". An dieser demütigen Haltung orientiert sich der Ausdrucksgestus. Es zeigt sich also, dass Haydn durchaus auch eine subjektive theologische Exegese des Ordinariumstextes betreibt. So entpuppt sich etwa eine motivische Querverbindung in der „*Kleinen Orgelsolomesse*" als hintergründige christologische Aussage: Bei „Et resurrexit" des Credo kehrt das Motiv vom Anfang des Gloria wieder: Heilsökonomisch unüberbietbarer Erweis der Herrlichkeit Gottes ist demnach die österliche Offenbarung seiner Schöpfermacht und Bundestreue an dem Boten seiner Basileia Jesus Christus. Auch was sich im Credo der „*Paukenmesse*" und „*Missa in angustiis*" zunächst nur wie eine reine Stichwortassoziation ausnimmt, ist subtile Auslegung: Die Worte „(venturus est) cum *gloria*" motivieren Haydn, beim folgenden „judicare" das Motiv aus dem jeweils vorangehenden *Gloria*-Satz zu zitieren.[1051] Es ist damit ausgesagt, dass in der Parusie die Herrlichkeit des Gottessohnes ihre endgültige Bestätigung erfährt. Wenn Haydn in der „*Theresienmesse*" beim „crucifixus" die Dur-(!)Tonart und Motivik des „et homo factus est" beibehält, deutet er das Kreuz im Lichte des bereits vorösterlich präexistenten Heilsplanes Gottes. Zeugnis persönlicher Religiosität ist auch im Gloria der „*Schöpfungsmesse*" bei den Worten „qui tollis peccata mundi" das oben erwähnte Zitat aus „*Die Schöpfung*" (Duett Adam/Eva)[1052]. Da, wie oben aufgezeigt, Haydn dem Gedankengut der Aufklärung nahestand – gerade „*Die Schöpfung*" ist dafür ja ein beredtes Dokument –, scheint hier vielmehr deren spezifisches Menschen- und Gottesbild zum Tragen zu kommen: Das Ideal hoher und selbstloser Liebe zwischen Mann und Frau wird mit jener zwischen Christus und den Menschen in Relation gesetzt. Jesu stellvertretendes Sühneleiden bzw. seine liebende Pro-

---

[1047] Besonders auffällig tritt der fröhliche Charakter im Kyrie der „*Missa brevis in F-Dur*" und der „*Mariazeller Messe*" zu Tage.
[1048] Vgl. hierzu bereits ausführlich Kapitel 1.2.3, Seite 10 f.
[1049] GEIRINGER 432
[1050] Vier der sechs großen Hochämter wurden – wie oben bereits erwähnt – an Marienfesten uraufgeführt.
[1051] Vgl. FELLERER, The liturgical basis of Haydn's masses 168.
[1052] Vgl. NOWAK 493. Bei dem Zitat handelt es sich genauerhin um die Takte 75-79 (bzw. 178-181) „Der tauende Morgen, o wie ermuntert er!" (Adam). Georg August Griesinger versucht folgende Deutung: „In der Messe ... fiel ihm bei ... *qui tollis peccata mundi* ein, daß die schwachen Sterblichen doch meistens nur gegen die Mäßigkeit und Keuschheit sündigten. Er setzte also die Worte ... ganz nach der tändelnden Melodie der Worte in der Schöpfung ..." (GRIESINGER 80). In dieser Auslegung scheint allerdings eher der aufkeimende Zeitgeist des 19. Jahrhunderts auf Haydn zurück-projiziert zu werden.

Existenz macht für die Menschen wieder den verlorenen Ort der Gnade zugänglich und ist zugleich unüberbietbares Vorbild menschlicher Liebe.[1053]

Nach der vierzehnjährigen „messenlosen Zeit" realisierte Haydn in seinen nachjosephinischen Messen ein neu ausgerichtetes Wort-Ton-Verhältnis. Nicht mehr die am lexikalischen Inhalt orientierte atomistische, sondern eine dem sinfonischen Konzept folgende atmosphärische Textbehandlung bricht sich Bahn. Haydn kommt es nunmehr auf das von Einzellexemen unabhängige Einfangen durchgängiger Stimmungsbilder an. „Nicht mehr das liturgische Zeremoniell, sondern die gefühlsmäßige Ausdeutung des Textes steht im Vordergrund."[1054] Anhand einer „ ... Synthese national und zeitlich weltweit distanzierter Ausdruckselemente gelingt Haydns Genius die ... Verwirklichung einer Tonsprache, die ‚alle verstehen'. Und auch diese letzte, wundervolle Synthese war Frucht eines Gehorsams. Des Gehorsams gegenüber den unerschütterlichen Grundsätzen der Großen in der Musik: Glaube an Gott und an sich selbst als dessen Geschöpf und Erfüller eines spirituellen Auftrags ...; allumfassende Universalität als Ausdruck der Ehrfurcht vor dem Gewordenen und Werdenden, der Liebe zur Natur und der Menschenwürde."[1055] Wenn auch in den letzten Ordinariumsvertonungen das Einzelwort an Bedeutung verliert, so verzichtet Haydn dennoch nicht auf die Hervorhebung der für ihn persönlich hochbedeutsamen Textstelle „Et incarnatus est ... *ex Maria Virgine*". „In allen sechs Spätmessen hat Haydn gerade diese Stelle mit besonderer Liebe und Sorgfalt ausgearbeitet und man kann wohl sagen: nie ist das Geheimnis der Immaculata conceptio in der Meßkomposition so ergreifend zum Ausdruck gebracht worden, wie in den letzten Hochämtern Haydns ..."[1056]. Schon in der „*Nikolaimesse*" und „*Mariazeller Messe*" fällt auf, dass dem in Moll anhebenden „incarnatus" jeweils eine Wendung in lichtes Dur (Paralleltonart) folgt, sobald der Name der Gottesmutter ertönt. In der „*Heiligmesse*" ist beim Bekenntnis der Mutterschaft Mariens der Aspekt der Weiblichkeit betont, indem das Mysterium nur von den Frauenstimmen verkündet wird. Die „*Paukenmesse*" bringt einen wirkungsvollen Kontrast zwischen dem mystisch-dunklen „incarnatus" und dem hellen, strahlenden „ex Maria". Über schwebend-zartem Akkompagnement werden die Worte vom Sopran-Diskant vorgetragen. In der „*Harmoniemesse*" wird bei dem ebenfalls vom Sopran gesungenen „ex Maria" durch das Hinzutreten von Blechbläsern und Pauken die Vorstellung der „freudenreichen Gottesmutter" evoziert, während im anschließenden „et homo" das Frömmigkeitsmotiv der „Schmerzen Mariä" anzuklingen scheint.[1057] Bei diesen Textgestaltungen geht es Haydn letztlich immer um die Herausstellung der heilsgeschichtlichen Bedeutung

---

1053 Vgl. etwa auch PASS, Bemerkungen zu Werk- und Wirkungsgeschichte von Haydns Messen 478. Das in der „*Schöpfungsmesse*" exemplarisch verifizierbare Vorhandensein von aufklärerisch-humanistischen Elementen in den Altersmessen Haydns ist möglicherweise auch auf freimaurerische Einflüsse zurückzuführen. Vgl. HURWITZ 54.

1054 RIEDEL (Friedrich Wilhelm), Liturgie und Kirchenmusik 133.

1055 SCHENK 271.

1056 BRAND 166. Vgl. ähnlich SCHNERICH, die katholischen Glaubenssätze bei den Wiener Klassikern 233 sowie SCHNERICH, Haydns religöse Einstellung 35. Äußerer Impuls für die Hervorhebung der mariologischen Textstellen war die Uraufführung der sechs großen Hochämter an Marienfesten.

1057 Vgl. BRAND 491.

Mariens, d.h. um ihre personale Indienstnahme bei der Inkarnation, durch welche sie unter allen Menschen ausgezeichnet ist und durch welche sie teilhat an der Heiligkeit ihres Sohnes.

Nach dem bis hierher Eruierten kann als Ergebnis gesichert werden, dass der überwiegende Teil der Messen Haydns eine Fülle theologischer und spiritueller Momente in sich birgt. Der anfängliche Fokus des Details weicht dabei zunehmend dem Erfassen des Ganzen. „Ausdruck in der Musik ist nicht mehr an ihre Verwendung in Kirche und Hof gebunden, sondern versucht sich in allgemeinmenschlicher Weise zu artikulieren. Der Verständlichkeitsgrad des Komponierens ist dabei so hoch, daß Haydn auf ... unterlegten ... Text verzichten könnte. [...] Der Text stellt somit für Haydn keineswegs nur eine mehr oder weniger verbindliche Traditionsübernahme dar, sondern ermöglicht ihm eine persönlich motivierte Form der Auseinandersetzung mit einzelnen Aussageinhalten der Worte durch Musik [...] Diese bewußt allgemein formulierten theologischen Gehalte weisen über die konfessionelle Bindung ... hinaus und zeigen Haydn in seiner Kirchenmusik, wie er mit seiner grundsätzlich komponierten, betont persönlichen Gläubigkeit alle Christen anzusprechen in der Lage ist. Seine Kirchenmusik verdient ihren Namen zu Recht, sie ist weder ‚triviales Tongeklingel' noch rein äußerlich bleibende, illustrierende Musik zum Ablauf der Liturgie"[1058]. „Haydns Messen gehörten ... zu keinem *stile x*. Sie waren Musik für die Liturgie, begründet in ... einem ‚Leben in der Liturgie' ... [sowie] neben ausgereiftem Eigenstil in einer ausnehmenden Aufrichtigkeit und Unmittelbarkeit im religiösen Ausdruck. [...] Zur Aufführung Haydnscher Messen gehört also ... vor allem ein demütiges, dem des Verfassers ähnliches, dem Gedanken dienendes Verhalten: im ganzen ein neuer Vortragsstil. Wenn der zustandekommt, verschwindet auch von selbst das Problem der liturgischen Brauchbarkeit. Die Messen Haydns sollten so aufgeführt werden, daß sie Haydns Messen bleiben."[1059] Obgleich in die Messen Joseph Haydns die Subjektivität ihres Urhebers Eingang fand, setzt sich diese doch niemals absolut, sondern ist nur Nährboden und Gefäß einer extrinsischen Intuition. Insofern vermögen die Haydn-Messen auch in der heutigen Liturgie in mannigfachen konkreten Kontexten verortet zu werden. Sie eignen sich zur Verdeutlichung thematischer Liturgiekonzepte ebenso wie zur mystagogischen Erschließung einzelner Teile und Elemente des Gottesdienstes.

5.2.3 Das Messenœuvre und sein Mikrokontext, dargelegt am Beispiel W. A. Mozarts

5.2.3.1 Die persönliche Religiosität und das individuelle Liturgieerleben W. A. Mozarts

In der heutigen musikliturgischen Praxis der katholischen Kirche Mitteleuropas gehören die Messen *Wolfgang Amadeus Mozarts* (1756-1791) zu den am häufigs-

---

1058 KALISCH 169.
1059 RAJECZKY 480 f.

ten aufgeführten Ordinariumsvertonungen. Dass dies nicht immer so war, zeigt ein Blick auf die Rezeptionsgeschichte[1060] insbesondere des 19. Jahrhunderts: Das im vorigen Kapitel bereits aufgezeigte Schicksal der Haydn-Messen ereilte auch die Messkompositionen Mozarts, der Caecilianismus sprach ihnen die liturgische Eignung ab. Ähnliches geschieht – freilich von anderer Seite und mit gänzlich differierender Begründung – seit dem Vaticanum II erneut: „Auch heute ist die liturgische Verwendbarkeit der Kirchenmusik Mozarts umstritten – komponierte er seine Werke doch für die Liturgie des 18. Jahrhunderts mit den damals geltenden Bestimmungen. Der heutige katholische wie auch evangelische Gottesdienst folgen jedoch einem grundlegend anderen Gottesdienstverständnis. So muss die Frage gestellt werden, ob und in welcher Form Mozarts kirchenmusikalische Werke in der heutigen Liturgie Verwendung finden können."[1061] Zur Beantwortung dieser Frage, die selbstverständlich nur konkret vor Ort jeweils neu und anders gelöst werden kann, möchte das folgende Kapitel durch die Klärung der historischen Kontexte und der Erhellung der dem mozartischen Werk innewohnenden theologischen Impulse Anregungen geben.

Selbstzeugnisse aus der Feder Mozarts sind in reicher Fülle erhalten, da die Privatkorrespondenz innerhalb der Familie Mozart einen hohen Stellenwert innehatte. „Nie vor ihm und selten nach ihm hat ein Musiker so viele ... und so anschaulich-treffende Briefe geschrieben wie er."[1062] Besonders aus dem Briefwechsel zwischen Wolfgang Amadeus Mozart und seinem Vater *Leopold Mozart* (1719-1787) lassen sich wertvolle Rückschlüsse hinsichtlich des hier zugrunde liegenden Weltbildes und Ethos ziehen. Freilich „ ... bedürfen auch sie der Kritik und der Ergänzung durch die Werke. Nur diese offenbaren uns, was Mozart wirklich war ..."[1063]. Unter Berücksichtigung psychologischer Gesichtspunkte sind die Briefe

---

[1060] Während in der Rezeptionsgeschichte der meisten anderen Messenkomponisten Phasen des Vergessenwerdens (mit gegebenenfalls anschließender „Wiederentdeckung") konstatierbar sind, blieb das Messenœuvre Mozarts von dessen Lebzeiten bis heute ununterbrochen im öffentlichen Bewusstsein präsent, was als absolute Ausnahme zu bewerten ist. Gleichwohl gerieten seine Messkompositionen bald zwischen die Fronten massiver Interessenkonflikte. Eine Abspaltung der Frühromantik stilisierte Mozart zum „Mystiker" empor und machte seine Kirchenmusik zum Synonym für Frömmigkeit und Spiritualität schlechthin. Dieser Richtung standen auch die Gegner moderner Strömungen nahe, welche Mozarts Werk zur Untermauerung ihrer Invektiven gegen das Neudeutschtum missbrauchten. Der Caecilianismus hingegen ließ in doktrinärer Eingleisigkeit nur noch den kirchenamtlich kanonisierten Palestrinastil gelten und lehnte alle anderen Stilrichtungen ab. „Opernstil", „Rokoko-Trivialität", „Tanzmusik", „Verweltlichung", „unreligiöse Heiterkeit" – dies waren die gegenüber den Mozartmessen erhobenen Vorwürfe, die schließlich zum Verdikt der Unkirchlichkeit führten. Versuche einer adäquaten musikalischen Hermeneutik seiner Kirchenmusik wurden von den selbst ernannten Wächtern der „wahren Kirchenmusik" hingegen a priori abgelehnt. Erst das 20. Jahrhundert führte zu – zunächst recht zaghaften – Ansätzen, die originären liturgischen Bindungen der Mozartmessen deutlich zu machen und sie von daher wieder in der Liturgie zu verorten. Die ablehnende Haltung der Amtskirche blieb allerdings bis über die Mitte des 20. Jahrhunderts hinaus bestehen. Vgl. hierzu etwa auch PRASSL, „Entkleidet den Katholicismus nicht seiner Kunstgewänder!" 112, BLUME, Art. Wolfgang Amadeus Mozart 808.810 f., RIEDEL (Friedrich Wilhelm), Mozarts Kirchenmusik 32 f., FELLERER, Die Kirchenmusik W.A. Mozarts 148-196 sowie SCHMID (Manfred Hermann) 513.

[1061] SCHÜTZEICHEL, Vorwort 8.

[1062] BLUME, Art. Wolfgang Amadeus Mozart 737.

[1063] ABERT Bd. 2 1. Vgl. etwa auch TSCHUGGNALL 69.

Mozarts in Bezug auf unsere Fragestellungen überaus ergiebig und werden selbstverständlich vorrangig herangezogen. Der Äußerungen über Persönlichkeit und Werk Mozarts aus dem Munde seiner Zeitgenossen bedürfen wir somit nur ergänzungsweise.

Wolfgang Amadeus Mozart wuchs in einer in hohem Maße religiös sozialisierten Umgebung auf. Um die Mitte des 18. Jahrhunderts zeigte seine Geburtsstadt Salzburg noch typische Merkmale des katholischen Spätbarocks: Religiös-kirchlicher Konservatismus, verspielter Rokoko-Sensualismus und eine mannigfache Volksfrömmigkeit beherrschten die Atmosphäre.[1064] Auch das Elternhaus hielt an der ererbten religiösen Tradition entschieden fest: Der Vater *Leopold Mozart* (1719 - 1787) hatte als Schüler dem Jesuitenkolleg St. Salvator in Augsburg angehört und dort u.a. auch eine fundierte theologisch-humanistische Ausbildung erhalten. Auch wenn er den anfänglichen Plan, sich an der Benediktinerakademie in Salzburg zum Priester ausbilden und weihen zu lassen, fallen ließ, tat dies seiner dezidierten katholischen Gesinnung keinen Abbruch.[1065] Aus seinen zahlreich auf uns gekommenen Briefen spricht immer wieder ein über das rein Konventionelle hinausgehender echter Glaube, dessen herausragendes Merkmal ein großes Gottvertrauen ist: Sowohl bei Erfolgen als auch bei Schicksalsschlägen gab er zu allererst stets Gott die Ehre.[1066] Diese Glaubenshaltung suchte er von Anfang an auch seinen Kindern zu vermitteln. Wenn er hierbei auch in der ihm eigenen Starrköpfigkeit[1067] und damals üblichen kompromisslosen Pädagogik mitunter zu viel des Guten tat, war die zugrunde liegende Absicht jedoch von lauterer Art. Das aufrichtige Bemühen des Vaters, seinem Sohn ein religiöses Ethos zu vermitteln, geht etwa aus einem Namenstagswunsch für Wolfgang Amadeus hervor: „ ... was kan ich dir itzt wünschen, was ich dir nicht immer wünsche? – – Ich wünsche dir die Gnade Gottes, die dich aller Ort begleite, die dich niemals verlassen wolle, und niemals verlassen wird, wenn du die Schuldigkeiten eines wahren Catholischen Christen auszuüben beflissen bist. du kennest mich. – Ich bin kein Pedant, kein Bettbruder [sic], noch weniger ein Scheinheiliger: allein deinem vatter wirst du wohl eine Bitte nicht abschlagen? – Diese ist: daß du für deine Seele besorgt seyn wollest, daß du deinem Vatter keine Beängstigung in seiner Todesstund verursachest ... als hätte er an der Sorge für dein SeelenHeil etwas vernachlässiget."[1068] In der Glaubenspraxis der Familie Mozart kam den täglichen Pia exercitia eine wichtige Bedeutung zu; das gemeinsame Gebet (namentlich das Rosenkranzgebet[1069]) oder etwa das Segnen der Kinder mit Weihwasser war selbstverständlich.[1070] Auch

---

1064 Vgl. hierzu etwa AMMERER, Siegmund Christoph Graf von Schrattenbach 102.
1065 Vgl. etwa WALTERSKIRCHEN 24.
1066 Siehe hierzu etwa seine Briefe an *Johann Lorenz Hagenauer* (1712-1792) vom 22.02.1764 (einsehbar bei BAUER / DEUTSCH Bd. 1 131), vom 10.11.1767 (einsehbar bei BAUER / DEUTSCH Bd. 1 244.246), vom 29.11.1767 (einsehbar bei BAUER / DEUTSCH Bd. 1 248), vom 29.06.1768 (einsehbar bei BAUER / DEUTSCH Bd. 1 269) sowie vom 30.07.1768 (einsehbar bei BAUER / DEUTSCH Bd. 1 271 f.).
1067 Vgl. HINTERMAIER, Leopold Mozart 332.
1068 Brief Leopold Mozarts an seine Frau *Anna Maria Mozart geb. Pertl* (1720-1778) (Beilage für Wolfgang Amadeus) vom 23.10.1777. Zitiert nach BAUER / DEUTSCH Bd. 2 79.
1069 Vgl. HOLBÖCK 31.
1070 Hierauf weist indirekt der Brief Leopold Mozarts an Johann Lorenz Hagenauer vom 19.07.1763 hin. Einsehbar bei BAUER / DEUTSCH Bd. 1 80.

die Fastengebote wurden stets gewissenhaft beachtet. Selbst angesichts der körperlichen Anstrengungen des Reisens wurde hiervon keine Ausnahme gemacht.[1071] Als Wolfgang Amadeus schließlich ohne seinen Vater auf Reisen ging, gab ihm Letzterer ein lateinisches Gebet- und Andachtsbuch mit.[1072] Er erkundigte sich, ob sein Sohn in der Fremde die Sakramente empfinge. Dies geschah etwa auch, als Wolfgang Amadeus mit seiner Mutter Ende 1777 in Mannheim weilte: „... darf ich wohl fragen, ob der Wolfg: nicht auf ‹*das beichten*› *vergessen* hat? – – Gott geht vor allem!“[1073]. Hierbei ging es wohlgemerkt nicht etwa um die jährlich verpflichtende Osterbeichte, sondern um eine Beichte zur Adventszeit. Die ihm anerzogenen religiösen Praktiken waren für Wolfgang Amadeus Mozart zunächst ein selbstverständlicher Bestandteil seines Alltags. So ist durch sein eigenes Zeugnis belegt, dass er vor Konzerten um gutes Gelingen betet, nach geglückten Aufführungen eigener Kompositionen zum Dank das Rosenkranzgebet spricht oder in besonderen Anliegen ein Gelübde ablegt.[1074]

In den Briefen, welche Wolfgang Amadeus Mozart an seinen Vater schrieb, mangelt es nicht an mannigfachen Zeugnissen persönlicher Religiosität. Diesen widerfährt in der Mozartliteratur gleichwohl eine sehr divergente Beurteilung. Denn es wird – zweifellos nicht ganz zu Unrecht – auf die Problematik psychologischen Kalküls hingewiesen. Gilt doch für das hier zwischen Adressant und Adressat bestehende Interaktionsmodell eine grundlegende Prämisse: „Es gibt in der gesamten Kulturgeschichte wohl keinen einzigen Fall gleichartiger und gleichstarker Vaterbindung. Praktisch stand Wolfgang zeit seines Lebens unter dem mächtigen Einfluß seines tüchtigen Vaters ...“[1075]. Daher kann zumindest nicht ausgeschlossen werden, dass der auf Harmonie mit seinem überaus religiösen Vater bedachte Wolfgang Amadeus Mozart diesen „Idealzustand“ u.a. auch anhand frommer Äußerungen zu wahren trachtete.[1076] Es fällt dabei jedoch nicht allzu schwer, Floskeln von Aufrichtigem zu scheiden. Mozarts charakterliches Naturell entriet jeglicher Verstellungskunst. Sein Handeln war stets von einer enormen Spontaneität und Echtheit geprägt, seine Kommunikationsformen geradeheraus und undiplomatisch. Analytische Reflexion lag ihm gänzlich ferne.[1077] Die mitunter vorhandene kirchlich-religiöse Topik Mozarts soll durchaus nicht bestritten werden. Sie wird jedoch überwogen von eindeutig lauteren persönlichen Bekenntnissen. Als Paradigmen für eher floskelhafte einschlägige Formulierungen, die

---

1071 Siehe hierzu den in Paris geschriebenen Brief Leopold Mozarts an Johann Lorenz Hagenauer vom 04.03.1764, einsehbar bei BAUER / DEUTSCH Bd. 1 134 f.

1072 Vgl. HOLBÖCK 31.

1073 Brief Leopold Mozarts an seine Frau vom 15.12.1777. Zitiert nach BAUER / DEUTSCH Bd. 2 188. Die mit ‹...› eingeklammerten Lexeme bzw. Syntagmen sind ursprünglich in jenem Geheimcode verfasst, welchen die Familie Mozart im Hinblick auf eventuell unbefugte Leser des Briefes untereinander vereinbart hatte (Vgl. hierzu etwa IRMEN, Mozart. Mitglied geheimer Gesellschaften 14).

1074 Vgl. etwa die Briefe an Leopold Mozart vom 03.07.1778 (einsehbar bei BAUER / DEUTSCH Bd. 2 388 f.) oder vom 04.01.1783 (einsehbar bei BAUER / DEUTSCH Bd. 3 247 f.)

1075 SCHULER, Mozart und die Freimauerei 63. Vgl. auch WALTERSKIRCHEN 24.

1076 Vgl. etwa KASPAR 291 und TSCHUGGNALL 69.

1077 Vgl. etwa ELIAS 28, PAUMGARTNER 29, PUBLIG 215 oder BLUME, Art. Wolfgang Amadeus Mozart 736.

tatsächlich wohl eher auf die Beruhigung des Vaters abzielen, seien nachfolgend drei Briefstellen zitiert. Von seiner Mannheim-Paris-Reise (1777) schreibt der Einundzwanzigjährige: „lebe der Papa unbesorgt. ich habe gott immer vor augen. ich erkenne seine Allmacht, ich fürchte seinen Zorn: ich erkenne aber auch seine liebe sein mitleiden und barmherzickeit gegen seine geschöpfe. er wird seine diener niemalen verlassen – – wenn es nach seinem willen geht, so gehet es auch – – nach meinem; mithin kann es nicht fehlen – – ich muß glücklich und zufrieden seyn."[1078] Und wenig später: „ ... was nuzen doch die überflüssige speculationen, was geschehen wird, wissen wir doch nicht, doch – – wir wissen es! – – was gott will."[1079] Nachdem in Paris *Anna Maria Mozart geborene Pertl* (1720-1778) nach kurzer, heftiger Krankheit verstarb, teilte der Sohn dies seinem Vater zunächst nicht mit, sondern schrieb nur, seine Mutter sei „sehr kranck". Weiter heißt es: „ ... haben wir unser vertrauen auf gott, und trösten wir uns mit diesem gedancken, daß alles gut gehet, wenn es nach den willen des allmächtigen geht, indemm er an besten weis was uns allen sowohl zu unsern zeitlichen als Ewigen glück und heyl erspriesslich und nutzbar ist – [...] geben wir uns lieber standhaft in seinen göttlichen willen, mit gänzlicher überzeügung daß es zu unsern nutzen seyn wird, weil er nichts ohne ursache thut ...".[1080] Mozart rekurriert in den zitierten Äußerungen unleugbar auf Versatzstücke, welche an Katechismus-Lektionen gemahnen. Nichtsdestoweniger tritt hierbei doch auch eine persönliche Akzentuierung zu Tage, die über den frommen Gemeinplatz hinausgeht: In den angeführten Zitaten geht es jeweils in unterschiedlicher Weise um die göttliche Prädestination – hier scheint ein Schwerpunkt der individuellen Religiosität Mozarts zu liegen. Und in der Tat finden sich daneben auch ganz und gar un-topische Äußerungen des Komponisten, wo er diese gedankliche Auseinandersetzung im Hinblick auf den Tod des Menschen spezifiziert: „ ... ich bin getröstet, es mag ausfallen wie es will – weil ich weis daß es gott, der alles | wens uns noch so quer vorkömmt | zu unsern besten anordnet, so haben will; denn ich glaube | und dieses lasse ich mir nicht ausreden | daß kein Doctor, kein mensch, kein unglück, kein zufall, einem menschen das leben geben, noch nehmen kann, sondern gott allein – das sind nur die instrumenten derer er sich meistentheils bedienet, – und auch nicht allzeit – wir sehen ja daß leüte umsincken, umfallen und tod sind – wenn einmahl die zeit da ist, so nutzen alle mitteln nichts, sie befördern eher den tod als daß sie ihn verhindern [...] – ich mache mir ... gerne solche gedancken, und tröstungen, weil ich mich hernach beherzt, ruhiger und getröst finde ..."[1081]. Einem Freund der Familie teilt er seine Empfindungen über den Tod der Mutter mit: „Meine liebe Mutter ist nicht mehr! – gott hat sie zu sich berufen – er wollte sie haben, das sahe ich klar – mithin habe ich mich in willen gottes gegeben – Er hatte sie mir gegeben, er konnte sie mir auch nehmen. [...] ich bin der Meynung daß sie hat sterben müssen – gott hat es so wollen haben. [...] ich bin nicht izt, sondern schon lange her ge-

---

[1078] Brief an Leopold Mozart vom 23./25.10.1777. Zitiert nach BAUER / DEUTSCH Bd. 2 85.
[1079] Nachschrift Wolfgang Amadeus Mozarts zum Brief Anna Maria Mozarts an ihren Mann vom 26.11.1777. Zitiert nach BAUER / DEUTSCH Bd. 2 146.
[1080] Brief an Leopold Mozart vom 03.07.1778. Zitiert nach BAUER / DEUTSCH Bd. 2 387 ff.
[1081] Brief an Leopold Mozart vom 03.07.1778. Zitiert nach BAUER / DEUTSCH Bd. 2 387 f.

tröstet! – ich habe aus besonderer gnade gottes alles mit standhaftigkeit und gelassenheit übertragen."[1082] Dem schwer kranken Vater schreibt er kurz vor dessen Tod: „da der Tod ... der wahre Endzweck unsers lebens ist, so habe ich mich seit ein Paar Jahren mit diesem wahren, besten freunde des Menschen so bekannt gemacht, daß sein Bild nicht allein nichts schreckendes mehr für mich hat, sondern recht viel beruhigendes und tröstendes! und ich danke meinem gott, daß er mir das glück gegönnt hat mir die gelegenheit ... zu verschaffen, ihn als den *schlüssel* zu unserer wahren Glückseeligkeit kennen zu lernen. – ich lege mich nie zu bette ohne zu bedenken, daß ich vielleicht |: so Jung als ich bin :| den andern Tag nicht mehr seyn werde ... und für diese glückseeligkeit danke ich alle Tage meinem Schöpfer und wünsche sie vom Herzen Jedem meiner Mitmenschen."[1083] Die Erkenntnis der absoluten Souveränität und Initiative Gottes führt Mozart nicht zu einem destruktiv-fatalistischen Determinismus – auch wenn dies vordergründig so scheinen mag[1084] – sondern vielmehr zur Überzeugung, dass der Mensch das göttliche Wirken als zwar letztlich unbegreifliches aber doch gänzlich unbezweifelbares *Heils*wirken rückhaltlos zum obersten Maßstab seines Lebens machen dürfe. So begreift er auch den Tod einerseits als total durch die Allwirksamkeit Gottes gewirkt und akzeptiert ihn zugleich in eigenem Wollen. Somit wird hier der Akt des individuellen Todes zu einer Koinzidenz von Fremd- und Selbstverfügung. Das Ja zum Tod gründet bei Mozart in einer bedingungslos vertrauenden Heilsgewissheit, die in Verbindung mit dem eigenen sittlichen Streben keine haltlose Angst vor dem eschatologischen Gericht kennt.

Die große Relevanz des Todes in Symbolik und Ritus, wie sie der Freimaurerei essentiell eignet[1085], spielte – freilich neben manch anderem Beweggrund – denn wohl auch in die Entscheidung Mozarts hinein, Mitglied einer Bauhütte zu werden.[1086] Am 14.12.1784 erfolgte die Rezeption Wolfgang Amadeus Mozarts als Lehrling (= 1.Grad) in die Wiener Loge *„Zur Wohltätigkeit"*.[1087] Was Mozart dem Geheimbund beitreten ließ, war sein allgemeines Interesse an geistigen Kontakten, die Möglichkeit, sich im Kreise Hochgebildeter austauschen und Grenzprobleme

---

[1082] Brief an *Joseph Bullinger* (1744-1810) vom 03.07.1778. Zitiert nach BAUER / DEUTSCH Bd. 2 390 f.

[1083] Brief an Leopold Mozart vom 04.04.1787. Zitiert nach BAUER / DEUTSCH Bd. 4 41.

[1084] So behauptet etwa *Wolfgang Hildesheimer* (* 1916), Mozart habe – auch aus einer gewissen Bequemlichkeit heraus – in Gott den „Zerstörer der individuellen Willensfreiheit" gesehen. HILDESHEIMER 373. Vgl. in diese Richtung etwa auch EINSTEIN 98 f.

[1085] Als Beispiel sei hier etwa das Eingangsritual des Meistergrades genannt, welches mit einer dramatisch gestalteten Meditation über den Tod beginnt. Vgl. SCHULER, Mozart und die Freimaurerei 44.

[1086] Vgl. ABERT Bd. 2 21, SIEGMUND-SCHULTZE 188 sowie EINSTEIN 106.

[1087] Hinsichtlich des damaligen historischen status quo der Maurerei sowie ihrem Verhältnis zur Kirche in Österreich sei auf die entsprechenden Ausführungen im Zusammenhang mit Joseph Haydn rückverwiesen (Seite 273 ff. sowie Fußnote 856). Bereits ein Jahr nach dem Logenbeitritt Mozarts ordnete Kaiser Joseph II. in seinem berühmt-berüchtigten Freimauerpatent (Dezember 1785) eine Zusammenlegung aller großstädtischen Logen auf nur zwei bzw. maximal drei pro Stadt an. So wurden etwa in Wien anstelle der bisherigen Logen zwei Sammellogen neu installiert. Einer dieser beiden, der am 13.01.1786 installierten Sammelloge *„Zur neugekrönten Hoffnung"* trat Mozart bei und blieb ihr als aktiver Bruder lebenslänglich verbunden. Vgl. SCHULER, Die Freimauerei im 18. Jahrhundert 263 sowie ferner IRMEN, Mozart. Mitglied geheimer Gesellschaften 156-162.

erörtern zu können sowie sein Bedürfnis nach rückhaltloser Freundschaft.[1088] Wahrscheinlich bildeten auch die sich neu ergebenden sozialen Kontakte, potentielle Kompositionsaufträge sowie die im Notfall durch Mitbrüder zu erwartende finanzielle Hilfe, welche Mozart angesichts seiner zunehmenden Verschuldung dringend benötigte, einen gewissen Anreiz[1089], doch mögen solche Faktoren an der Entscheidung zum Logenbeitritt eher marginal beteiligt gewesen sein. Das primär Anziehende war mit Sicherheit das menschlich konkrete Ideal des Bundes, die Verbrüderung aller auf dem Wege der Humanität. Mozart, vom Adel oft als Mensch zweiter Klasse behandelt, durfte sich nun völlig ebenbürtig unter Gleichgesinnten bewegen. Moralische Läuterung[1090], Arbeit für das Wohl der Menschheit, Toleranz gegenüber dem Anderen – dies waren die einzigen Werte, die hier etwas galten und die Mozarts eigenem Ethos zutiefst entsprachen.[1091] Somit waren Freimaurertum und Katholizismus für Mozart zwei konzentrische Sphären bzw. zwei kompatible Systeme. Die masonische Ideologie sprach in der Seele des Komponisten etwas an, was seit je in ihm wesensmäßig verwurzelt war: Seine Philanthropie, welche eine Quelle seines ganzen Schaffens war. Begnadet mit einer phänomenalen Menschenbeobachtungsgabe, suchte Mozart in jedem Menschen unabhängig von Rang und Einfluss das Wesentliche zu erkennen und darzustellen.[1092] „Die Menschen sind für ihn so, wie sie sind, und nicht so, wie sie sein sollten oder wie er etwa wünschte, daß sie zu seinem Vorteil sein möchten. Er untersucht sie vor allem nicht auf gut und Böse. [... Dies] hat ihn ... zu immer größerer Reinheit auch im äußeren Verkehr mit Menschen emporgeführt und vor ... Neid und Eitelkeit bewahrt."[1093] In seiner Überzeugung, dass der Mensch um seiner Menschenwürde willen wert gehalten werden müsse und dass es gegenüber reiner Menschlichkeit keinen Standesunterschied geben dürfe, vollzieht Mozart eine individuelle Synthese aufklärerischen und christlichen Gedankengutes. Der von ihm rezipierten Toleranzidee der Aufklärung entspricht seine feste Überzeugung von der Bonität der Schöpfung, welche in dem für ihn zentralen Inkarnationsglauben wurzelt: Durch die in Jesus von Nazaret geschehene Geschöpfwerdung des Schöpfers fühlt sich Mozart zur intersubjektiven Solidarität der Geschöpfe aufgerufen. Hierin gründet seine unbedingte Humanität und Lebensbejahung, ja Lebensfreude. „Voilà

[1088] Vgl. etwa SIEGMUND-SCHULTZE 188.

[1089] Vgl. etwa RIEDEL (Friedrich Wilhelm), Mozarts Kirchenmusik 34.

[1090] Als Argument einer vermeintlichen „Sittenlosigkeit" Mozarts wurde immer wieder sein mitunter zu beobachtender Hang zum Animalischen und Primitiven ins Feld geführt, wie er etwa in der zügellosen Verbalerotik, dem derben Fäkalhumor und den albernen Plattheiten seiner Briefe an seine Cousine („Bäsle") *Maria Anna Thekla Mozart* (1758-1841) begegnet (einsehbar etwa bei EIBL / SENN). Überdies verwies man auf seine diversen Amouren oder seine Spielleidenschaft. Solche Kritik verwechselt freilich zwei völlig unterschiedliche Ebenen, insofern hier eine bloße Zivilisationsproblematik mit Beurteilungskriterien bezeichnet wird, die eigentlich etwas ganz anderes, nämlich die *ethische Kompetenz* eines Menschen meinen. Und gerade Letztere steht bei Mozart völlig außer Frage. Die solchermaßen überbewerteten wenn auch natürlich keineswegs zu verharmlosenden „Entgleisungen" Mozarts fungierten bei ihm als „Ventil für den Druck des Inneren" (BLUME, Art. Wolfgang Amadeus Mozart 737), also als eine zwanghafte Transformation psychischer Höchstbelastung während künstlerischer Schaffensprozesse. Vgl. etwa ELIAS 180.

[1091] Vgl. etwa BLUME, Art. Wolfgang Amadeus Mozart 736.

[1092] Vgl. etwa PAUMGARTNER 29 und BLUME, Art. Wolfgang Amadeus Mozart 736.

[1093] ABERT Bd. 2 5.

où s'enracine la conception de l'homme sous-jacente à la musique de Mozart. Il n'y a pas de frontière entre le profane et la sacré: nature et surnature sont indissociables, la création est sans rupture. [...] Pour Mozart, l'Incarnation est la réalité fondamentale, celle sur quoi repose toute sa connaissance de l'homme, celle qui fait qu'aucun des personnages de son théâtre n'est entièrement négatif, même pas Don Giovanni, même pas Electre dans *Idomeneo* ...“[1094]. Dass diese innere Einstellung sich in Leben und Werk des nunmehr zur Selbstursprünglichkeit Herangereiften so eindrücklich entfalten konnte, darf wohl mit Recht auch dem freimaurerischen Einfluss angerechnet werden. Im Gegensatz zu Haydn, der ja nur nominelles Logenmitglied war, nahm Mozart regelmäßig an den Arbeiten seiner Bauhütte teil, wobei sich seine Aktivitäten durchaus nicht nur auf musikalische Beiträge[1095] im Rahmen der rituellen Tempelarbeiten oder etwaige Logenkonzerte beschränkten. Er durchschritt die Laufbahn der masonischen Grade und wurde Mitte Januar 1785 zum Meister erhoben.[1096] Wolfgang Amadeus Mozart blieb dem Freimaurerbund bis zum Ende seines kurzen Lebens treu und innig verbunden.[1097]

Konträr diskutiert und aus heutiger Sicht wohl auch nicht mehr eindeutig klärbar ist die Frage, ob und inwieweit die Freimauerei bei Mozart einen Verlust an Kirchlichkeit bewirkt habe. Sowohl diese Erwägung als auch andere Indizien für Mozarts mutmaßliche Entfremdung vom *kirchlich-institutionell praktizierten* Katholizismus können nicht einfach übergangen werden. Wenig stichhaltig ist diesbezüglich indes der Hinweis auf Mozarts vermeintlich „antiklerikale“ Äußerungen. Denn hierbei handelt es sich lediglich um Beispiele jener oben bereits

---

1094 DE NYS, Mozart. Musicien de l'incarnation 76. Die deutsche Übersetzung (Jakob Johannes Koch) lautet: „Hier liegt die Wurzel für das Menschenbild, das der Musik Mozarts zugrundeliegt. Es gibt keine Grenze zwischen dem Profanen und dem Sakralen: Natur und Übernatur sind untrennbar, die Schöpfung ist ohne Bruch. [...] Für Mozart ist die Inkarnation die grundlegende Realität, auf der seine ganze Menschenkenntnis fußt und die dazu führt, dass keine der Figuren seines Musiktheaters ausschließlich negativ ist, nicht einmal Don Giovanni oder Elektra in Idomeneo ...“. Vgl. ferner MOSER (Dietz-Rüdiger) 87, HAMMER 377 und SCHÜTZEICHEL, Vorwort 7.

1095 Die bedeutungsvolle Rolle ernster Musik im Logenleben fand bei Mozart zweifellos Resonanz. Da er wohl ausnahmsweise taxfreie Aufnahme in die Loge gefunden hatte, erwartete man dort von ihm ohnehin gewisse Gegenleistungen, die er in der Funktion eines maurerischen Musikmeisters in Form von Kompositionen und Musikdarbietungen für die rituellen Logensitzungen erbringen sollte – eine Aufgabe, die er sehr gerne übernahm. So entstanden für die Wiener Loge „*Zur Wohltätigkeit*“ sieben Vokalkompositionen und drei Instrumentalwerke. Daneben können noch mindestens fünf weitere Werke als maurerisch inspiriert bezeichnet werden (Vgl. SCHULER, Mozart und die Freimauerei 38.54-62.215-228 sowie SIEGMUND-SCHULTZE 188-193). In seiner Freimaurermusik setzt Mozart die masonische Symbolik musikalisch sinnfällig um: Dreierrhythmus sowie punktierte und daktylische Rhythmen (dreimaliges Anklopfen, Rhythmus des Suchenden), Ligatur zweier Noten (Band der Freundschaft), parallele Terzengänge (Symbol der Brüderlichkeit), Dreiklang (Dreizahl als Trinitätssymbol alter Hochkulturen), Tonart Es-Dur (Humanität, Heroik, Milde), Holzbläser (Mystik, Feierlichkeit). Vgl. etwa EINSTEIN 398 f.

1096 Am 07.01.1785 war Mozart auf dem Deputationsweg in der Loge „*Zur wahren Eintracht*“ zum Gesellen befördert worden. Das genaue Datum seiner Meistererhebung war möglicherweise der 13.01.1785, was indes nicht gesichert ist. Neben den rituellen Arbeiten seiner Mutterloge „*Zur Wohltätigkeit*“ nahm er über die Gesellenbeförderung hinaus noch mehrfach an den Logenarbeiten der Wiener Schwesterloge „*Zur wahren Eintracht*“ teil, welche die berühmteste Bauhütte des 18. Jahrhunderts im deutschen Sprachraum war. Wahrscheinlich machte Mozart überdies von seinem ihm als Meister zukommenden maurerischen Besuchsrecht (d.h. auf Reisen fremde Logen besuchen zu dürfen) Gebrauch. Auf seinen Reisen nach Dresden, Leipzig, Potsdam, Berlin, Frankfurt a.M. und Prag besuchte er nachweislich Freimaurer-Brüder. Vgl. SCHULER, Mozart und die Freimauerei 45-49.

1097 Vgl. SCHULER, Die Freimauerei im 18. Jahrhundert 263.

konstatierten Menschenbeobachtungsgabe, die Mozart ja nicht nur auf Geistliche, sondern auf jeden ihm Begegnenden unabhängig von dessen Stand anwandte. Obgleich er hierbei gewiss nichts beschönigte, waren seine Äußerungen doch gerecht und differenziert.[1098] Es gab nachweislich sogar etliche Kleriker, die er schätzte oder die gar zu seinem Freundeskreis gehörten.[1099] So schreibt er etwa über den Abt der Zisterzienserabtei Kaisheim *Coelestin II. Angelsprugger* (1726-1783): „... er ist |: obwohlen er ein Pfaff und Prälat ist :| ein recht liebenswürdiger Mann“[1100]. Diese paradigmatisch zitierte Sympathiebekundung Mozarts betreffs eines Klerikers lässt zugleich aufgrund ihrer speziellen Formulierung aufhorchen: Indem Mozart anhand seiner eigenen beruflichen Tätigkeit (1770-1781 und 1791)[1101] in Diensten der Societas perfecta bereits als Jugendlicher detaillierte Blicke hinter die Kulissen ihrer hierarchischen Strukturen warf, ja werfen musste, wurde er förmlich gezwungen, deren Anspruch auf Heiligkeit zu hinterfragen: Er wurde mit dem Problem konfrontiert, dass die Kirche schier unerfüllbare ethische Forderungen aufstellte, ihre Amtsträger sich aber keineswegs immer an ihnen zu orientieren schienen, was das Wort „obwohlen“ in dem obigen Zitat erklärt. Die Folge war eine tief gehende Desillusionierung, an der – und dies gilt es zu betonen – seine persönliche Spiritualität aber mitnichten zerbrach. Das Erlebnis von Arroganz und moralischer Doppelbödigkeit in partiellen Bereichen der Amtskirche führte vielmehr zu einer Modifikation seines persönlichen Glaubens dahingehend, dass der Glaube mündiger, persönlicher und selbstursprünglicher wurde, dass er das mitunter sklavische, quantitative und mechanisch-magische Leistungsdenken barocker Frömmigkeitspraxis überwand.[1102] Erhellend ist in dieser Hinsicht ein Brief Mozarts an seinen Vater aus dem Jahre 1781: „wegen meinen Seelenheyl

---

[1098] Vgl. etwa auch HOLBÖCK 59 f. sowie ABERT Bd. 2 19.

[1099] Unter den priesterlichen Freunden Wolfgang Amadeus Mozarts ist an erster Stelle Abbé *Joseph Bullinger* (1744-1810) zu nennen, der seit Mitte der 1770er-Jahre als ebenso vertrauter wie geschätzter Ratgeber ein Intimus der Familie Mozart war. Diesem klugen und übrigens auch musikalischen Mann teilte Wolfgang Amadeus z.B. als Erstem den Tod seiner Mutter mit und erfuhr von ihm daraufhin seelischen Beistand (Vgl. VALENTIN 41). Dankbar zugetan war Mozart etwa auch dem Salzburger Domdechanten *Ferdinand Christoph Graf von Zeil und Trauchburg* (1719-1786), welcher einer seiner frühen Förderer war und ihm z.B. die beiden Münchener Opernaufträge verschaffte. Freundschaftliche Sympathie brachte Mozart überdies dem Musik liebenden Salzburger Domkapitular *Anton Willibald Graf von Waldburg zu Wolfegg und Waldsee* (1729-1821) entgegen, der ihm Freundschaftsdienste in Rat und Tat angedeihen ließ. Als weiterer Gönner des jungen Mozart ist der Salzburger Domkapitular *Joseph Graf Starhemberg* (1748-1819) zu nennen, welcher ihm u.a. bei der Beschaffung des Domorganistenpostens behilflich war. Auch zu Ordenspriestern, vor allem zu Benediktinern, unterhielt Wolfgang Amadeus Mozart gute bis herzliche Beziehungen. Hier gebührt die erste Erwähnung seinem ehemaligen Salzburger Jugendgespielen, dem OSB-Abt *Kajetan Rupert Hagenauer* (1746-1811), welchem er zeitlebens herzlich zugetan war. Selbiges gilt auch für den Prior des Benediktinerstifts Seeon *Marian Wimmer* (1725-1793), dem Autor des von Mozart vertonten Stückes „*Die Schuldigkeit des ersten Gebotes*“ (KV/KV^6 35) sowie für den dortigen Konventualen *Johann Baptist von Haasi* (1746-1821), welchem er das Offertorium „*Inter natos mulierum*“ KV 72 (KV^6 74 f) dedizierte. Als weiterer Mozart nahe stehender Ordenskleriker sei namentlich noch der Lambacher Abt *Amand Schickmayr* (1716-1794) angeführt. Zuletzt sei etwa noch auf Mozarts Kontakte zu den Benediktiner-Mönchen der niederösterreichischen Abtei Melk verwiesen. Vgl. HOLBÖCK 45-58.

[1100] Brief an Leopold Mozart vom 03.12.1778. Zitiert nach BAUER / DEUTSCH Bd. 2 517.

[1101] Zu Mozarts beruflicher Tätigkeit in kirchlichen Diensten siehe die Ausführungen weiter hinten.

[1102] Vgl. etwa auch TSCHUGGNALL 77.

seyen sie ohne Sorgen, mein bester vatter! ... – sie glauben vieleicht sachen von mir, die nicht also sind; – der hauptfehler bey mir ist daß ich *nach dem scheine* nicht allzeit so handle, wie ich handeln sollte. – daß ich mich geprahlt hätte ich Esse alle fast=täge fleisch, ist nicht wahr; aber gesagt habe ich daß ich mir nichts daraus mache, und es für keine sünde halte; denn fasten heisst bey mir sich abrechen; weniger essen als sonst. [...] – übrigens seyn sie versichert daß ich gewis Religion habe ...“[1103]. Der Tenor dieser Worte ist beschwörend. Offenbar war dem Vater seines Sohnes Abkehr von der strengen Observanz katholischer Frömmigkeitspraxis hinterbracht worden und Wolfgang Amadeus versuchte nun, sich zu rechfertigen. Anhand des exemplarisch genannten Abstinenzgebotes wird Mozarts Anschauungswandel erkenntlich: Das Kirchenrecht schrieb an den festgesetzten Abstinenztagen unmissverständlich den totalen Verzicht auf Fleischgenuss vor. Für Mozart bedeutet religiöse Fastenpraxis nicht blindes, mechanisches Befolgen einer minutiösen Gesetzeskasuistik, sondern er fragt nach ihrem existentiellen Sinn im Leben des Menschen, welchen er im „sich abrechen“ erkennt. Dies mag als Paradigma für die generelle Akzentverschiebung innerhalb des persönlichen Glaubenvollzuges Wolfgang Amadeus Mozarts dienen: Er emigriert nahezu unmerklich aus den statischen Strukturen einer juridischen, rubrizistischen und autoritär hierarchischen Societas inaequalis, ohne jedoch der lebendigen Essenz seiner Konfession untreu zu werden. Da das brüskierende Vorgehen des radikalen Reformkatholizismus gewiss auch Mozart eher abschreckte als anzog, konnten die redlichen Versuche der *gemäßigten* katholischen Aufklärung wohl nicht mehr zu ihm durchdringen und ihm eine neue Konzeption von Kirche vermitteln. Als am 05.12.1791 seine Todeskrankheit in die Krise geraten war, bat die Gattin *Constanze Mozart geb. Weber* (1762-1842) ihre Schwester *Sophie Haibl geb. Weber* (1767-1846), einen Geistlichen zu holen. Sophie Haibl berichtet hierüber „dis dat ich auch, allein ... Selbe weigerten sich Lange, und ich hätte Vile Mihe einen solgen Geistlichen Unmenschen dazu zubewegen.“[1104] Dass ein Priester sich doch noch dazu durchringen konnte, an das Sterbelager zu kommen, wird weder von Sophie Haibl noch in einem der anderen zeitgenössischen Sterbeberichte erwähnt. So ist davon auszugehen, dass Mozart ohne Empfang der Sterbesakramente hinschied. In Bezug auf die Weigerungsgründe der Geistlichkeit existieren keine gesicherten Hinweise.

Nach der bis zu diesem Punkt erfolgten Darlegung der wichtigsten Grundzüge der persönlichen Religiosität Mozarts soll im Folgenden der zweite für sein Messenschaffen relevante Kontext aufgezeigt werden: Das individuelle Liturgieerleben des Komponisten.

Wie oben bereits festgestellt wurde, wirkten auf Wolfgang Amadeus Mozart quasi von seiner Geburt an die vielfältigen Faktoren einer dezidiert religiösen Sozialisation ein. Der Vater Leopold Mozart brachte seiner Familie jene Konstituenzien des süddeutsch-österreichischen Katholizismus nahe, wie sie gemäß der

---

1103 Brief an Leopold Mozart vom 13.06.1781. Zitiert nach Bauer / Deutsch Bd. 3 129 f.

1104 Brief Sophie Haibels geb. Weber an *Georg Nikolaus Nissen* (1761-1826) vom 07.04.1825. Zitiert nach Deutsch / Eibl 187.

Wertehierarchie spätbarocker Volksfrömmigkeit rangierten: Wichtiger als die persönliche Spiritualität war die unbedingte Observanz der Praxis des objektiven kirchlichen Kultes. Selbstverständlich begleitete der Knabe Wolfgang Amadeus seine Eltern beim regelmäßigen, möglichst täglichen Gottesdienstbesuch. Selbst während der damals generell beschwerlichen Reisen galt es der Familie als unumstößliche Pflicht, unter allen Umständen die Teilnahme an den Sakramenten zu praktizieren, wobei Probleme wie körperliche Anstrengungen, kulturelle Differenzen, terminliche Disposition, Ortsunkundigkeit etc. nicht als Hinderungsgründe gesehen wurden.[1105] So geht aus den Briefen Leopold Mozarts hervor, dass es die Familie während ihrer Westeuropa-Reise (09.06.1763-29.11.1766) beispielsweise auch nicht versäumte, in Calais die obligatorische Osterbeichte abzulegen sowie in Paris und London die Messe zu besuchen[1106]. In Frankreich erlebten die Salzburger Reisenden die seit *Ludwig XIV.* (1638-1715) eingeführten *Messe basses solenelles*. Diese brachten keine Messgesänge zur Liturgie, sondern ausgedehntes solistisches Orgelspiel und umfangreiche Motetten, die unabhängig von der Liturgie gesungen wurden.[1107] „Der Priester feierte nicht eine *Missa cantata*, sondern las eine *stille Messe* während solcher Konzerte geistlicher Musik."[1108] Die sehr genauen Vorstellungen, die Leopold Mozart persönlich von der rechten Gestalt der Liturgie hatte, dürften gewiss auf Wolfgang Amadeus einen nicht zu unterschätzenden Einfluss ausgeübt haben. In einem Brief aus der Feder Leopolds, gleichfalls während der Westeuropareise geschrieben, lesen wir etwa: „Ja ich muß sagen, daß ich in der That mich sehr gewundert über die Lauigkeit, und schmutzige, nachlässige und recht bäuerische Art, mit welcher die Kirchen Ceremonien in Maynz und Coblenz gehalten werden. Es ist kein Wunder, wenn es ... mehr zur Aergerniß als zur Auferbauung dienet. [...] unser Hof [sc. in Salzburg] ist wirklich ein zweyter Römischer Hof, und unser gnädigster Erzbischof ein anderer Pabst."[1109] Welche liturgischen Eindrücke sich Sohn und Vater Mozart während ihrer ersten Italienreise (13.12.1769-28.03.1771) in Mailand und Neapel darboten, ließ Letzterer seine in Salzburg zurückgebliebene Gattin postwendend wissen: „Du must dir nicht einbilden, daß ich dir eine Beschreibung der hiesigen Andachten machen werde; ich könnte es für ärgerniß nicht thun: alles bestehet in der Musik, und im kirchen aufputz, das übrige ist alles die abscheulichste Ausgelassenheit. Nun komme eben von einer Vesper so über 2 Stunden gedauert ..."[1110]. Vier Monate später schreibt er: „ ... hundert schöne Sachen machen mir meine Abreise aus Neapl traurig ... [aber:] die unglaubliche ausgelassenheit so gar in den Kirchen macht, daß man auch das gute mit ruhigerem gemüthe verlässt."[1111] Diese Zitate

---

[1105] Vgl. etwa HOLBÖCK 30.

[1106] Siehe hierzu die Briefe Leopold Mozarts an Johann Lorenz Hagenauer vom 04.03.1764 und 08.06.1764, einsehbar bei BAUER / DEUTSCH Bd. 1 135 und 153.

[1107] Vgl. FELLERER, Die Kirchenmusik W.A. Mozarts 48.

[1108] FELLERER, Die Kirchenmusik W.A. Mozarts 48.

[1109] Brief Leopold Mozarts an Johann Lorenz Hagenauer vom 26.09.1763. Zitiert nach BAUER / DEUTSCH Bd. 1 95.

[1110] Brief Leopold Mozarts an seine Frau Anna Maria vom 10.02.1770. Zitiert nach BAUER / DEUTSCH Bd. 1 313.

[1111] Brief Leopold Mozarts an seine Frau Anna Maria vom 09.06.1770. Zitiert nach BAUER / DEUTSCH Bd. 1 359.

sind ein beredtes Zeugnis der Liturgiekritik, wie sie am Ende des Spätbarocks bei intellektuellen, kritisch reflektierenden Zeitgenossen aufzukeimen begann: Die zunehmende Entleerung und Überwucherung („Aufputz", „Ausgelassenheit") der Liturgie wird von Leopold Mozart scharf moniert, zugleich stellt er diesen Depravationen die rubrikentreue Gottesdienstpraxis der heimatlichen Salzburger Bischofskathedrale als erstrebenswert gegenüber. Dass Wolfgang Amadeus diese einschlägige väterliche Meinung zunächst übernahm, darf als selbstverständlich gelten. Nachdem der Knabe durch seine Reisen bereits in jungen Jahren die ganze Bandbreite der damaligen römisch-katholischen Liturgie auch in ihren Entartungen kennen gelernt hatte, dürfte ihm der heimische Gottesdienst umso mehr als rechte Norm des Kultes erschienen sein: Seit dem Jahre 1772 unterstand das Erzbistum Salzburg, welches als landesfürstlicher Kleinstaat territoriale Eigenständigkeit besaß, dem Fürsterzbischof *Hieronymus Josephus Franz de Paula Graf Colloredo von Waldsee und Mels* (1732-1812), einem gebildeten, reformfreudigen und aufgeklärt denkenden Mann, der bereits vor seiner Inthronisation Kontakte zum Reformkatholizismus geknüpft hatte. Seine Intention war es, das Erzstift konsequent in einen aufgeklärten geistlichen Musterstaat umzuwandeln[1112], was für die konkrete Liturgie selbstverständlich nicht folgenlos bleiben konnte. Schon bald nach seinem Regierungsantritt ließ er seine Absicht erkennen, gegen die Exzesse der Volksfrömmigkeit sowie das Periphere und Kumulative der Barockliturgie anzugehen. Bis zu einer umfassenden Liturgiereform für das Erzbistum Salzburg sollten allerdings noch zehn Jahre vergehen.[1113] Vorerst setzte Colloredo nur einzelne Akzente, die sich weniger auf die Pfarreien als vielmehr auf die Metropolitankirche bezogen. Leopold Mozart, der als Vizekapellmeister der Salzburger Hofkapelle in den Gottesdiensten des Salzburger Domes mitwirkte, nahm seinen Sohn bereits von dessen früher Kindheit an regelmäßig dorthin mit.[1114] So gehörten die dortigen Gottesdienste – neben jenen der Pfarrkirche[1115], welchen die Familie natürlich noch öfter beiwohnte – für Wolfgang Amadeus Mozart zu den ersten und grundlegenden liturgischen Erfahrungen seines Lebens. Mit Beginn seines vierundzwanzigsten Lebensjahres wirkte er als Hoforganist überdies aktiv an der Domliturgie mit.

Das nüchterne, rational-utilitaristische Denken des neuen Fürsterzbischofs Colloredo[1116] wirkte sich zu allererst auf jene Gottesdienste aus, welche er selbst

---

[1112] Vgl. AMMERER, Die Stadt Salzburg zur Zeit Mozarts 62 sowie GATZ 1258 f. Seit den ersten Säkularisierungsversuchen seitens Bayerns um die Mitte des 18. Jahrhunderts orientierten sich die Salzburger Fürsterzbischöfe verstärkt am Wiener Hof – eine Tendenz, die wiederum von Wien aufgegriffen und durch eine strategische Einflussnahme auf die Wahl von Fürsterzbischöfen, welche dem österreichischen Kaiserhaus genehm waren, konsolidiert wurde. Vgl. HOLLERWEGER, Die Reform des Gottesdienstes zur Zeit des Josephinismus in Österreich 285.

[1113] Dieser Umstand wird im Großteil der Mozartliteratur nicht beachtet. Es wird meist davon ausgegangen, dass die offizielle Salzburger Liturgiereform direkt mit dem Regierungsantritt des Fürsterzbischofs Hieronymus Graf Colloredos (also bereits 1772) in vollem Umfange begonnen habe, was faktisch falsch ist. Sie trat vielmehr erst 1782 in Kraft. (Siehe hierzu die späteren Ausführungen dieses Kapitels).

[1114] Vgl. HOLBÖCK 78.

[1115] Die Pfarrkirche der Familie Mozart war seit 1773 die Salzburger Dreifaltigkeitskirche. Vgl. HOLBÖCK 24.

[1116] Vgl. etwa AMMERER, Hieronymus Graf Colloredo 106.

zelebrierte: die Pontifikalämter des regierenden Ortsordinarius im Dom. Der Salzburger Erzbischof pontifizierte ausschließlich bei einer genau festgelegten Gruppe von Hochfesten. Traditionell hatte er dabei stets seine metropolitane Insignie, das *Pallium*[1117] zu tragen, woraus der Terminus *Festa Pallii* für diese speziellen Feste resultiert. Für die Metropolie Salzburg waren ingesamt fünfzehn Festa Pallii festgelegt;[1118] die Hauptgottesdienste des Domes an den übrigen Feiertagen und Sonntagen, auf die kein Kirchenfest fiel, waren gemäß der kirchlichen Hierarchie den Dignitären, Kanonikern und Vikaren des Domes vorbehalten.[1119] Spätestens seit Beginn des 18. Jahrhunderts hatte sich in Österreich die liturgische Regelung herauskristallisiert, dass jene Gottesdienste, welchen das regierende Staatsoberhaupt beiwohnte, in ihrer zeitlichen Ausdehnung möglichst kurz zu halten seien, um den Herrscher nicht zu lange von den Regierungsgeschäften abzuhalten.[1120] Im Transfer auf Salzburg bezog sich diese Maxime mithin auf die Missae pontificales der Festa Pallii, da deren Zelebrant ja zugleich auch weltlicher Regent war.[1121] Während der vorangegangene Fürsterzbischof *Siegmund Christoph Graf von Schrattenbach* (1698-1771), der als „... ein echter Vertreter der Rokoko-Zeit ... verspielt [war]“[1122], auf möglichst kurze Pontifikalämter noch nicht allzu viel Wert gelegt haben dürfte, maß sein Nachfolger Hieronymus Graf Colloredo der oben erläuterten Regelung erhöhtes Gewicht bei. Dies geht aus einem Brief hervor, den Wolfgang Amadeus Mozarts am 04.09.1776 an *Giovanni Battista Martini* (1706-1784) schrieb: „la nostra Musica di chiesa è aßai differente di quella d'Italia, e sempre piu, che una Meßa con tutto = Il *Kyrie, Gloria, Credo*, la *Sonata all' Epistola, l'offertorio ò sia Mottetto, Sanctus ed agnus Dei* ed anche la piu Solenne, quando dice La Messa il Principe steßo non ha da durare che al piú longo 3 quarti d'ora.“[1123]. Die weit verbreitete Ansicht, Mozart kritisiere hier eine der

---

[1117] Das Pallium wird dem Erzbischof als Insignie seiner spezifischen Amtsgewalt vom Papst verliehen. Es handelt sich dabei um eine über den priesterlichen Ornat um die Schultern gelegte handbreite, weißwollene Binde, in welche sechs schwarze Kreuze eingewebt sind und von der zwei Streifen über Brust und Rücken herabhängen.

[1118] Zu den Festa Pallii primae classis gehörten in Salzburg: Epiphanie, Gründonnerstag, Ostersonntag, Christi Himmelfahrt, Fronleichnam, Petrus und Paulus, Hl. Rupert (= Erster Bistumspatron. Fest der Translation seines Leichnams am 24. September), Kirchweihe (25. September), Allerheiligen, Hl. Virgil (= Zweiter Bistumspatron. Fest am 27. November) sowie der erste Weihnachtsfeiertag. Zu den Festa Pallii secundae classis gehörten: Neujahrstag, Mariä Lichtmess, Mariä Verkündigung, Hl. Rupert, Hl. Augustinus, Mariä Geburt, Hl. Virgil (Fest der Translation seines Leichnams am 26. September) sowie Hl. Martin. Vgl. SENN, Vorwort zu Messen Bd. 2 (NMA I: 1: 1) 7 f.

[1119] Die vom liturgischen Rang den Festa Pallii direkt untergeordneten Festa Praepositi wurden vom Domprobst gefeiert. Den Dignitären oblag es, den abwesenden oder verhinderten Erzbischof an höheren Feiertagen im Dom zu vertreten. Vgl. etwa BIERBAUM 498.

[1120] In Wien ließ aus diesem Grunde z.B. Kaiser *Karl VI.* (1711-1740) in seinen letzten Regierungsjahren die Dauer der öffentlichen Hofgottesdienste erheblich verkürzen. Vgl. RIEDEL (Friedrich Wilhelm), Kirchenmusik am Hofe Karls VI. 62 f.

[1121] Vgl. hierzu RIEDEL (Friedrich Wilhelm), Mozarts Kirchenmusik 31.

[1122] AMMERER, Siegmund Christoph Graf von Schrattenbach 102.

[1123] Brief an Giovanni Battista Martini vom 04.09.1776. Zitiert nach BAUER / DEUTSCH Bd. 1 532 f. Die deutsche Übersetzung (Jakob Johannes Koch) lautet: „Unsere Kirchenmusik unterscheidet sich sehr von jener Italiens, und zwar umso mehr, als eine Messe mit allem, d.h. dem Kyrie, Gloria, Credo, der Epistelsonate, dem Offertorium und der Motette, dem Sanctus und Agnus Dei, und sei es auch die feierlichste, wenn der Fürst selbst zelebriert, nicht länger als drei Viertelstunden dauern darf.“

neu eingeführten Maßnahmen der Liturgiereform Colloredos, ist schon allein deshalb falsch, weil die Reform Colloredos erst 1782 erfolgte (als Mozart bereits in Wien wohnte); außerdem ist der zitierte briefliche Passus völlig wertungsfrei formuliert.[1124] Es geht in dem Brief an Martini vielmehr um die erwähnte liturgische Regelung für die Festa Pallii, die Colloredo ja mitnichten erfunden hatte, sondern lediglich konsolidierte, da sie seinen eigenen liturgischen Vorstellungen entsprach. Dabei ist es durchaus möglich, dass das genannte zeitliche Limit von 45 Minuten auf Colloredo selbst zurückgeht, der damit eine bereits vorhandene Vorschrift konkretisierte und verschärfte. In seinem Brief verschweigt Mozart, dass von der Festum-Pallium-Direktive in seltenen Fällen auch Ausnahmen gemacht wurden, wenn der Fürsterzbischof dies gestattete bzw. sogar explizit wünschte, weil ein besonders festlicher oder repräsentativer Anlass es erforderte.[1125] In Ritus und Struktur folgten die Pontifikalämter der Festa Pallii ansonsten im Wesentlichen dem Pontificale Romanum von 1596 sowie dem Caeremoniale Episcoporum von 1600. Hinsichtlich des liturgischen Ablaufes differierten sie mithin nicht wesentlich vom priesterlichen Hochamt.[1126]

Es darf nicht vergessen werden, dass alle übrigen Gottesdienste des Salzburger Domes wie der anderen Kirchen der Stadt von zeitlichen oder sonstigen Beschränkungen zunächst nicht betroffen waren. Vor Beginn der Reformen in den 1780er-Jahren wurde durchaus nicht in allen Gotteshäusern eine rubrikentreue Messliturgie zelebriert. Bei Hochämtern erlitt vor allem das Proprium missae vielfach eine erhebliche Vernachlässigung. Anstelle der Propriumsgesänge traten freie Motetten oder auch textlose Instrumentalmusik.[1127] Letztere fungierte vor allem in Form der *Sonata all'epistola* als Ersatz des Graduale und Alleluja und wurden „ ... zum Ärgernis andächtiger Seelen herabgeleiert“, wie es in einer zeitgenössischen Publikation heißt.[1128] „Mozart avait toujours considéré qu'il était regrettable de remplacer le chant du graduel, du trait et du verset alleluiatique par une musique instrumentale“[1129]. Die italienische Unsitte, innerhalb der Messe gar komplette instrumentale Solokonzerte aufzuführen, wurde in Salzburg

---

1124 Da Mozart in einem früheren Brief (an seine Mutter vom 06.10.1770, einsehbar bei BAUER / DEUTSCH Bd. 1 395) die lange Dauer eines Festgottesdienstes in Bologna moniert, hätte er sich wohl kaum über zu kurze Pontifikalämter in Salzburg beklagt. Vgl. RIEDEL (Friedrich Wilhelm), Mozarts Kirchenmusik 31 f.

1125 Vgl. SENN, Vorwort zu Messen Bd. 2 (NMA I: 1: 1) 16, SENN, Vorwort zu Messen Bd. 3 (NMA I: 1: 1) 10 sowie LANDON, The Mozart essays 170.

1126 Im Gegensatz zum normalen priesterlichen Hochamt wird das Pontifikalamt stets „presbyter assistens“ gefeiert. Eigenheiten sind etwa der an der Sedilie begangene Wortgottesdienst, der Gebrauch des Canon pontificalis und der jeweils zustehenden Pontifikalinsignien.

1127 Dies gilt selbstverständlich nicht für die Adventszeit und die Quadragesima.

1128 Dieses Zitat über das Problem der Sonata all' epistola ist zu finden auf Seite 18 der „Biographische[n] Skizze von Michael Haydn. von des verklärten Tonkünstlers Freunden entworfen, und zum besten seiner Wittwe herausgegeben“ (Herausgeber: Georg Schinn und Franz Joseph Otter), Salzburg 1808.

1129 DE NYS, Mozart et la musique liturgique à Salzbourg 98. Die deutsche Übersetzung (Jakob Johannes Koch) lautet: „Mozart war immer der Auffassung gewesen, dass es bedauerlich sei, den Gesang des Graduale, des Tractus und des Alleluja-Verses durch Instrumentalmusik zu ersetzen.“

nur in Ausnahmefällen praktiziert.[1130] An Ferialtagen blieb der Choral erhalten.[1131]

Im Jahre 1781 verließ Mozart aufgrund beruflicher Ursachen[1132] seine Heimatstadt Salzburg für immer und übersiedelte nach Wien. Bereits ein Jahr nach seiner dortigen Ankunft nahm von eben dieser Stadt jene tief greifende Gottesdienstreform des habsburgischen Josephinismus ihren Ausgang, die gerade auch für die Kirchenmusik erhebliche Folgen zeitigte.[1133] Welchen Stellenwert die römisch-katholische Liturgie für den fünfundzwanzigjährigen Mozart während seiner letzten zehn Lebensjahre persönlich besaß, lässt sich allenfalls vage erahnen. Der unmittelbaren, wachsamen Beobachtung seitens des Vaters, welchem in Salzburg und während der gemeinsamen Reisen der Gottesdienstbesuch seines Sohnes ein stetes Anliegen war[1134], unterlag Wolfgang Amadeus Mozart seit 1781 nicht mehr im vorherigen Maße. Leopold Mozart, nunmehr ohne Möglichkeit direkter Einflussnahme, hegte daher offenbar die Besorgnis, Wolfgang Amadeus könne in dieser Hinsicht nachlässig werden. Ob diese ihn beunruhigende Vermutung durch konkrete Anhaltspunkte genährt wurde, ist nicht eruierbar. Wolfgang Amadeus Mozart war indes um eines halbwegs unbelasteten Verhältnisses zu seinem Vater willen zunächst angelegentlich bestrebt, solche Sorgen zu zerstreuen. Im Juni 1781 schreibt er an Leopold Mozart: „Ich höre alle sonn= und feyertäge Meine Messe, und wenn es seyn kann, die werktäge auch, das wissen sie, mein vatter.“[1135] Die fünf letzten, floskelhaften Worte verleihen der Aussage dabei eine unverkennbar suggestive Note. Als Wolfgang Amadeus Mozart im Jahre 1782 seine Verlobte Constanze Weber trotz massiver, die Familie und den Charakter der Braut betreffender Einwände seines Vaters[1136] ehelicht, „ ... wirft [er], um Constanze dem Vater ‚schmackhaft‘ zu machen, ... seine wie ihre Bereitwilligkeit, die Kirche als Institution anzuerkennen und die Sakramente zu empfangen, in das Gefecht“[1137]. Kurz nach der Hochzeit schreibt er nach Salzburg: „Ich habe lezthin vergessen ihnen zu schreiben daß meine frau und ich zusamm am Purtiunkula[[1138]] tage bey

---

[1130] Vgl. RIEDEL (Friedrich Wilhelm), Mozarts Kirchenmusik 22 sowie FELLERER, Die Kirchenmusik W.A. Mozarts 49. In einem Brief an seine Frau vom 12.08.1773 berichtet Leopold Mozart über einen solchen Ausnahmefall: „Am fest des hl: Caietani haben uns die H: Patres zum ... Amt eingeladen, und ... der Wolfg: [hat] vom H: Teiber ein Violin und ein Concert entlehnt, und hat die Keckheit gehabt ein Concert auf der Violin zu spielen.“ Zitiert nach BAUER / DEUTSCH Bd. 1 486.

[1131] Vgl. RIEDEL (Friedrich Wilhelm), Mozarts Kirchenmusik 22 f.

[1133] Da im Zusammenhang mit dem Messenschaffen Joseph Haydns die Wiener Liturgie der Mariatheresianischen Epoche sowie die liturgischen Maßnahmen Josephs II. bereits ausführlich behandelt wurden, sei an dieser Stelle lediglich darauf rückverwiesen. Siehe hierzu bereits Seite 279 ff.

[1134] Vgl. etwa auch TSCHUGGNALL 69.

[1135] Brief an Leopold Mozart vom 13.06.1781. Zitiert nach BAUER / DEUTSCH Bd. 3 129.

[1136] Vgl. hierzu etwa SADIE 90-93.

[1137] TSCHUGGNALL 70.

[1138] Gemeint ist der Tag des *Portiunkula-Ablasses* (02. August): Neben vielen anderen Ordenskirchen war auch den Kirchen des Theatinerordens vom Papst das Privileg des Portiunkula-Ablasses gewährt worden, welcher auf den vom hl. Franziskus von Assisi während einer Erscheinung in der Portiunkula-Kapelle erflehten Ablass zurückgeht. Zur Gewinnung des Portiunkula-Ablasses bedarf es des Empfanges des Bußsakramentes und der Kommunion sowie als Minimum des Betens von sechs Pater noster, Ave Maria und Gloria Patri nach der Meinung des Papstes (heute nur noch *ein* Gebet erforderlich). Vgl. etwa LANG 434 f.

den Theatinern[[1139]] unsere Andacht verrichtet haben – wenn uns auch wirklich die andacht nicht dazu getrieben hätte, so musten wir es der Zettel wegen thun, ohne welche wir nicht hätten Copulirt werden können. – wir sind auch schon eine geraume Zeit lediger allzeit mitsammen so wohl in die hl: Messe als auch zum Beichten und Communiciren gegangen – und Ich habe gefunden daß ich niemalen so kräftig gebetet, so andächtig gebeichtet und Communicirt hätte als an ihrer Seite; – und so gieng es ihr auch ...“[1140]. Mit „Andacht“ meint Mozart in diesem Zusammenhang das Ablegen der sog. Brautbeichte sowie den Empfang der Kommunion, was beides für die kirchliche Eheschließung offiziell vorgeschrieben war. Die erfolgte Brautbeichte musste anhand des anschließend ausgegebenen Beichtzettels nachgewiesen werden. Obgleich Mozart in seinem Brief als Beweggrund des Sakramentenempfanges beflissentlich sein eigenes religiöses Streben betont, weist er dennoch zugleich darauf hin, dass Beichte und Kommunion auch unabhängig vom persönlichen Movens als kirchenamtliche Vorschrift erforderlich gewesen seien. Da er damit zugibt, dass der Sakramentenempfang nicht aus völlig freier Entscheidung erfolgte, sondern als Vehikel eines anderweitig erstrebten Zweckes, wird die Überzeugungskraft seiner Aussage relativiert. Ob Mozart hierin unbewusst eine gewandelte Einstellung im Sinne einer eventuellen Abkehr vom katholischen Kult durchschimmern lässt, soll hier weder bejahend noch abschlägig beschieden werden. Tatsache ist, dass er in seinen Briefen nach 1782 keinen weiteren Gottesdienstbesuch mehr erwähnt. Nachdem Mozart wahrscheinlich ja bereits kurze Zeit nach seiner Übersiedlung nach Wien, d.h. um 1782/83, erste Kontakte zum Freimaurerorden geknüpft hatte und am 14.12.1784 diesem Geheimbund beitrat, ist nicht auszuschließen, dass das mutmaßliche Zurücktreten des persönlichen Liturgieerlebens mit seiner nunmehrigen Teilnahme an den rituellen Logenarbeiten diverser Bauhütten in einem Kausalzusammenhang steht. Demnach könnte für ihn die Freimaurerei mit ihren quasi-liturgischen Elementen nahezu zu einer Art „Ersatz“ für den Ritus der katholischen Kirche geworden sein.[1141] Denn es ist denkbar, dass er eines solchen Ersatzes bedurfte, nachdem die allzu jähen und radikalen Maßnahmen der josephinischen Gottesdienstreform, welche er damals in Wien hautnah erlebte, ihm (wie ja auch einem Großteil der allgemeinen Bevölkerung) die Liturgie zunehmend entfremdete.[1142] Solche Erwägungen können jedoch allenfalls Spekulation bleiben.

Im Zusammenhang mit dem Messenœuvre Mozarts erscheint noch ein liturgiehistorisch relevantes Detail erwähnenswert: Als Mozart im Jahre 1783 erstmals wieder Salzburg aufsuchte[1143], wählte er als Ort der Uraufführung seiner unvollen-

---

[1139] Die Vorliebe Mozarts für den Theatinerorden ist auffällig. Für die Theatiner in Mailand komponierte er die Motette *„Exultate, jubilate“* in F-Dur KV 165 (KV[6] 158 a) und bei den Wiener Theatinern führte er 1773 – wie bereits erwähnt – im Hochamt ein Violinkonzert auf. Die Theatiner waren überdies Mozarts Beichtväter, bis sie von Joseph II. vertrieben wurden. Vgl. RIEDEL (Friedrich Wilhelm), Mozarts Kirchenmusik 32.

[1140] Brief an Leopold Mozart vom 17.08.1782. Zitiert nach BAUER / DEUTSCH Bd. 3 220.

[1141] Vgl. hierzu etwa auch MOSER (Dietz-Rüdiger) 82.

[1142] Vgl. hierzu etwa auch FELLERER, Die Kirchenmusik W.A. Mozarts 41.

[1143] Während der zwei Jahre (Mitte 1781 bis Mitte 1783), welche dem Konflikt mit dem Salzburger Fürsterzbischof (siehe dazu weiter hinten) folgten, mied Mozart die Stadt

deten Messe in c-Moll („*Große Messe*") KV 427 (KV^6 417 a) am 26.10.1783 mit Bedacht die Salzburger Stiftskirche St. Peter: In der Zwischenzeit hatte Hieronymus Graf Colloredo seinen berühmten *Jubiläums-Hirtenbrief* (vom 29.06.1782) vorgelegt, womit die lange geplante Salzburger Liturgiereform initiiert worden war. Neben zahlreichen anderen Anordnungen[1144] trat ein weitgehendes Verbot lateinischer Instrumentalämter in Kraft, welche nur noch dort genehmigt werden konnten, wo auch das Chorgebet lateinisch verrichtet wurde. Als Norm wurde das Deutsche Hochamt mit lateinischem priesterlichen Gesang und deutschen Kirchenlieder verfügt. Um nicht mit diesen Bestimmungen zu kollidieren, erklang das oben genannte Opus in der besagten Benediktinerabtei, welche überdies ohnehin nicht dem Salzburger Fürsterzbischof unterstand.[1145]

Der viel diskutierten, aber letztlich unlösbaren Frage, ob Mozart in seiner zweiten Lebenshälfte ein praktizierender Katholik oder ein reiner Gesinnungschrist gewesen sei, ist vielleicht am konstruktivsten dadurch zu begegnen, dass man beide Möglichkeiten nicht gegeneinander ausspielt, sondern diese Klassifizierungen überwindet. Denn wie relativ solche Begrifflichkeiten sind, wird durch das Zeugnis eines Zeitgenossen aus Mozarts letzten Lebensjahren deutlich: Mozart war während seines Aufenthaltes in Leipzig im April 1789 Gast des Thomaskantors *Johann Friedrich Doles* (1715 - 1797), wobei u.a. auch der Musikschriftsteller *Johann Friedrich Rochlitz* (1769-1842) zugegen war. Als das Gespräch auf die Kirchenmusik kam, äußerte sich Mozart gemäß der schriftliche Notiz Rochlitz' folgendermaßen: „Ihr fühlt gar nicht, was das will: *Agnus Dei, qui tollis peccata mundi, dona nobis pacem.* u. dgl. Aber wenn man von frühester Kindheit, wie ich, in das mystische Heiligthum unsrer Religion eingeführt ist; wenn man da, als man noch nicht wußte, wo man mit seinen dunklen, aber drängenden Gefühlen hinsolle, in voller Inbrunst des Herzens seinen Gottesdienst abwartete, ohne eigentlich zu wissen was man wollte; und leichter und erhoben daraus wegging, ohne eigentlich zu wissen was man gehabt habe; wenn man die glücklich pries, die unter dem rührenden *Agnus Dei* hinknieeten und das Abendmal empfingen, und beym Empfang die Musik in sanfter Freude aus dem Herzen der Knieenden sprach: *Bene-*

Salzburg kategorisch. Vermutlich befürchtete er, Colloredo könne ihn dort festnehmen lassen. Vgl. SADIE 94.

1144 Colloredo verfügte u.a. die Säuberung der Kirchen und Altäre von allem überflüssigen Prunk und Zierrat, die Reduzierung der Anzahl der Kerzen (Maximum wurde genau festgesetzt), die Verminderung der Benediktionen, Exorzismen, Andachten und Expositionen des Allerheiligsten (Letzteres nur noch beim sonntäglichen Hauptgottesdienst oder bei der Frühmesse in der Pfarr- oder Filialkirche gestattet), die Ausweitung der Predigten (auch in Frühmessen) auf der Basis der heiligen Schrift, die Reduzierung der kirchlichen Feiertage, die Reduzierung von äußerem Prunk bei Prozessionen, die Abschaffung der Palmsonntags- und Karfreitagsprozession sowie die Abschaffung des Heiligen Grabes. Die strenge Durchführung der Reform währte jedoch nur bis zum Jahre 1787. Eine darüber hinausgehende dauerhafte Gottesdienstordnung kam in Salzburg nicht zustande, weil das mit der Durchführung beauftragte Konsistorium hinsichtlich des weiteren Vorgehens in sich gespalten war. Weil Colloredo überdies auf die Gunst des Volkes, welches gegen die Reform heftig aufbegehrte, angewiesen war (es drohte die Aufhebung der geistlichen Fürstentümer), schreckte er vor einem Einsatz der staatlichen Gewalt zurück. Daher konnte das große Konzept der Reformpläne letztenendes nicht dauerhaft aufrechterhalten werden. Vgl. HOLLERWEGER, Die Reform des Gottesdienstes zur Zeit des Josephinismus in Österreich 286-291.298-301.

1145 Vgl. HOLL / KÖHLER 10.

dictus qui venit etc. dann ist's anders. Nun ja, das gehet freylich dann durch das Leben in der Welt verlohren: aber - wenigstens ist's mir so - wenn mann nun die tausendmal gehörten Worte nochmals vornimmt, sie in Musik zu setzen, so kommt das alles wieder, und steht vor Einem, und bewegt Einem die Seele"[1146]. Wenn Mozart sich hier aus der Perspektive eines äußerlich passiven Beobachters der Messliturgie – nicht er selbst, sondern die anderen knien nieder und kommunizieren – äußert, liegt dem möglicherweise seine eigene Rolle als mit der gottesdienstlichen Musik Betrauten zugrunde. Das wörtlich genannte *Abwarten* des Gottesdienstes und das *Unwissen* des eigenen liturgischen Status quo deuten zugleich auf die generelle Passivität des Gottesdienstbesuchers und das Moment des Arkanen hin, was beides für die spätbarocke Liturgie charakteristisch ist. Andererseits zeigen diese Worte Mozarts sein bis zuletzt ungebrochenes Verlangen nach dem in der Liturgie Erspürten. Denn es ist unüberhörbar, dass er es zutiefst bedauert, der Unmittelbarkeit kindlichen Liturgieerlebens verlustig gegangen zu sein. Der Blick auf die Biographie lässt das mit „Leben in der Welt" Konnotierte ahnen: Die Erfahrung der Doppelmoral in Kirche und Gesellschaft aber auch eigene Grenzerfahrungen. Die nüchterne, utilitaristisch ausgerichtete Liturgie des Josephinismus war da wohl wenig geeignet, dem Suchenden den Pfad zum Mysterium zurückzuweisen.

5.2.3.2 Kontextuelle Erschließung des Messenœuvres W. A. Mozarts

Wolfgang Amadeus Mozarts Messen standen lange Zeit im Schatten seiner Opern- und Instrumentalwerke. Von der Warte eines objektiven Überblicks aus lässt sich jedoch nicht leugnen, dass sie einen bedeutenden und vollwertigen Teil seines Gesamtwerks darstellen.[1147] Als eindeutig authentisch können dem mozartischen Messenœuvre heute sechzehn vollständige mehrstimmige Ordinariumszyklen[1148], fünf vollständig ausgeführte Ordinariumseinzelsätze, zwei Messenfragmente sowie elf Fragmente (und Entwürfe)[1149] von Ordinariumseinzelsätzen zugerechnet werden. Unter dem Gesichtspunkt der aktuellen katholischen Kirchenmusikpraxis soll indes im Folgenden nur auf die vollständigen Ordinariumszyklen eingegangen werden.

Mozarts Messenschaffen fällt mit wenigen Ausnahmen in seine Jugendzeit (zwischen dem dreizehnten und fünfundzwanzigsten Lebensjahr). Bereits als Knabe wirkte das Genre der Kirchenmusik intensiv auf ihn ein, war doch sein Vater

---

1146 Zitiert nach ROCHLITZ 495.

1147 Die gesamte Kirchenmusik Mozarts nimmt in seinem Schaffen einen Anteil von ca. 15 % des Gesamtwerkes ein.

1148 Hier ist nicht Mozarts Requiem in d-Moll KV/KV^6 626 für Soli, vierstimmigen Chor, Ochester und Orgelcontinuo miteinbegriffen, da dieses unter dem vorliegenden Forschungsschwerpunkt gemäß der zu Beginn dieser Arbeit gegebenen Definition nicht zu den normalen Ordinariumsvertonungen gezählt wird.

1149 Bei den Einzelsätzen und Fragmenten von Einzelsätzen ist heute überwiegend nicht mehr eruierbar, ob sie a priori als Einzelsätze vorgesehen waren, ob es sich um bloße Studien oder aber um angefangene Messen handelt. Vgl. etwa BLUME, Art. Wolfgang Amadeus Mozart 783.

Leopold seit 1757 als Hofkomponist[1150] in Diensten des Fürsterzbischofs Siegmund Christoph Graf von Schrattenbach angestellt.[1151] Seinen Sohn Wolfgang ließ Leopold Mozart bewusst am eigenen beruflichen Wirken teilhaben[1152], traten doch bereits in den ersten Lebensjahren des Knaben exzeptionelle Anzeichen einer phänomenalen musikalischen Frühbegabung zu Tage. So war es nur selbstverständlich, dass Wolfgang Amadeus Mozart, der bereits im Alter von fünf Jahren unter den Fittichen seines Vaters zu komponieren begann[1153], letzteren zumindest während des ersten Drittels seiner Kompositionstätigkeit zum Vorbild erkor.[1154] Da der junge Wolfgang – wie oben bereits erwähnt – durch seinen Vater schon früh den polyphonen Ämtern der Salzburger Kirchen beiwohnte, lernte er rasch das umfangreiche kirchenmusikalische Repertoire der Salzburger Lokaltradition und der süddeutschen Klöster kennen. In seinem unmittelbaren geographischen Umfeld vollzog sich damals in wechselseitiger Befruchtung der deutschen und italienischen Musica sacra jene charakteristische Synthese von „gelehrtem" und „galantem" Stil bzw. von barocker Tradition und elegantem Rokoko.[1155] Bestand also in dieser speziellen Ausprägung des Stile moderno die empirisch gebildete Ausgangsbasis des kompositorischen Werdeganges Mozarts, so konnte er in den folgenden Jahren noch beträchtliche neue Repertoirekenntnisse hinzugewinnen. Vor allem die vom ehrgeizigen Vater Leopold mit erstaunlicher Energie durchgeführten Reisen, die als „Kombination von Bildungs- und Wunderkindreise"[1156] konzipiert waren, weiteten seinen künstlerischen Horizont enorm.[1157] Angesichts

---

1150 Im Jahre 1763 wurde Leopold Mozart überdies zum Vizekapellmeister der Salzburger Hofkapelle ernannt.

1151 Wie alle Herrscher seinesgleichen hatte der Salzburger Fürsterzbischof – wenn auch auf reduzierte Weise – die volle Ämterorganisation eines absolutistischen Hofes inne, wozu eben auch eine Musikkapelle gehörte. Vgl. etwa ELIAS 25.

1152 Aufgrund der am Hof extensiven Praxis figuraliter gestalteter Liturgie spätbarocker Prägung war der Bedarf an Kirchenmusik damals noch weit größer als an allen anderen Gattungen. Leopold Mozart war folglich beständig mit der Komposition, Einstudierung und Aufführung sakraler Musik beschäftigt.

1153 Vgl. etwa SADIE 12 ff.

1154 Vgl. etwa WALTERSKIRCHEN 24.

1155 Bereits ab dem 16. Jahrhundert hatten die Salzburger Fürstbischöfe italienische Komponisten an ihren Hof verpflichtet. Da im 17. Jahrhundert die künstlerischen Beziehungen zu Italien noch intensiviert wurden, fand die italienische Monodie schon früh in Salzburg Eingang. Wolfgang Amadeus Mozart lernte die typische deutsch-italienische Synthese der Salzburger Kirchenmusik während seiner Jugendjahre exemplarisch vor allem in der liturgischen Gebrauchsmusik von *Heinrich Ignaz Franz Biber* (1644-1704), *Johann Ernst Eberlin* (1702-1762), *Anton Cajetan Adlgasser* (1729-1777), *Domenico Fischietti* (1725-1810), *Luigi Gatti* (1740-1817) und *Johann Michael Haydn* (1737-1806) kennen. Exponenten der süddeutschen klösterlichen Sakralmusik, deren Werke der junge Mozart in Salzburg hörte, waren beispielsweise *Marianus Königsperger* (1708-1769), *Johann Georg Zechner* (1716-1778) und *Johann Georg Albrechtsberger* (1736-1809). Die musikalische Wurzel dieses Musikschaffens war der „kaiserliche Stil" Wiens, wie er vor allem durch *Antonio Caldara* (1670-1736) vertreten wurde. Jedoch nicht nur mit diesen Stilrichtungen, sondern auch mit dem Stile antico wurde Mozart vertraut: In der Advents- und Fastenzeit erklangen in den Salzburger Kirchen überwiegend streng kontrapunktische Werke, deren traditionelle Grundlagen etwa durch die Musikerziehung des *Johann Joseph Fux* (1660-1741) weitergeführt wurde. Vgl. FELLERER, Die Kirchenmusik W.A. Mozarts 11 sowie RIEDEL (Friedrich Wilhelm), Mozarts Kirchenmusik 18 f.

1156 BLUME, Art. Wolfgang Amadeus Mozart 702.

1157 Die Reisen nach München vom 12.01.-03.02.1762, nach Wien vom 18.09.1762-05.01.1763 und vom 11.09.1767-05.01.1769 sowie nach Westeuropa (Paris, London, Holland, Schweiz) vom 09.06.1763-29.11.1766 führten Mozart zu vielen Klöstern, Residenzen und Kulturmet-

der Vielfalt der auf den jungen Wolfgang einwirkenden stilistischen Einflüsse verwundert es nicht, dass er diese in seinen ersten Messen gleichsam kompendiös amalgamiert, wobei freilich von Anfang an ein persönlicher Ausdruck durchschimmert.

Bereits in der ersten Messe[1158] geht die Individualität des frühreifen Genies mit der rezipierten Gattungstradition eine bemerkenswerte Synthese ein: In seiner Missa solemnis in c-Moll[1159] („*Waisenhausmesse*") KV 139 (KV^6 47a) für Soli, vierstimmigen Chor, Orchester[1160] und Orgelcontinuo greift der zwölfjährige Mozart einerseits auf traditionelle Formtypen und Ausdrucksidiome zurück, entwickelt den Stile moderno aber andererseits zu einem markanten Duktus voll dramatischer, fast opernhafter Kontraste, sodass ihm dadurch gegenüber den übrigen Tonsetzern seiner Zeit stellenweise eine durchaus eigenständige und erstaunlich souveräne Profilierung gelingt. Spätestens während ihres zweiten Wien-Aufenthaltes (vom 11.09.1767-05.01.1769) war die Familie Mozart mit dem Volksmissionar und Direktor des Wiener Waisenhauses am Rennweg, dem Jesuitenpater *Ignaz Parhamer* (1715-1786) in freundschaftlichen Kontakt gekommen.[1161] Letzterer beauftragte Mozart, anlässlich der Einweihung der seit März 1768 im Bau befindlichen neuen Kirche des Waisenhauses ein musikalisches Hochamt zu schreiben. Ob und inwieweit mit dieser Bestellung eine materielle Vergütungszusage verbunden war, ist nicht bekannt. Da die Familie Mozart wirtschaftlich gut situiert war, dürfte ein eventueller monetärer Aspekt allenfalls sekundär gewesen sein. Primäres Movens war für den religiös sozialisierten jungen Komponisten wohl vor allem die Möglichkeit, seine Fähigkeiten dem Zentrum des katholischen Kultes, der Messliturgie, widmen zu dürfen und damit zugleich einem familiären Freund dienlich sein zu können. Das Opus „ ... mußte zum Ausdruck seiner Frömmigkeit und seines Gebetes in kindlicher Freude werden. [...] es scheint ..., daß aus der Tiefe des Religiösen der jugendliche Mozart alle ihm zu Gebote stehenden Mittel, auch die in der Oper entwickelte Dramatik, zur Größe

---

ropolen, wo er auch auf dem Gebiet der liturgischen Komposition wichtige Anregungen erhielt. Zwecks persönlichen Studiums machte er sich Abschriften diverser Werke, welche er neu kennen lernte: Hierzu gehörten etwa Schöpfungen von *Quirino Gasparini* (1717-1778), *Eugenio Ligniville* (1730-1778), *Egidio Romoaldo Duni* (1709-1775) *Karl Georg Reutter* (1708-1772), *Johann Philipp Kirnberger* (1721-1783), *Carl Friedrich Abel* (1723-1787), *William Byrd* (1543-1623), *Johann Jacob Froberger* (1616-1667) und *Johann Christian Bach* (1735-1782). Vgl. FELLERER, Die Kirchenmusik W.A. Mozarts 13.

1158 Vor diesem ersten *vollständigen* Ordinariumszyklus hatte Mozart im Jahre 1766 bereits in Paris das Kyrie in F-Dur KV/KV^6 33 für vier Singstimmen und Streicher geschrieben.

1159 Mit der Tonart c-Moll ist nicht – wie vielfach vermutet wurde – ein Trauer-Anlass intendiert, sondern die Erhöhung der feierlichen Wirkung. Daher stehen auch nur die Einleitungen in Moll, während sich die übrigen Teile hauptsächlich in Dur bewegen. Vgl. EINSTEIN 366.

1160 Die reiche Orchestrierung der Messe u.a. mit vier Trompeten und drei Posaunen erklärt sich daraus, dass sich die Musikkapelle des Waisenhauses aus den Waisenkindern rekrutierte, worunter sich mehr als 90 Instrumentalisten (davon alleine 38 Blechbläser!) befanden. Mozart machte von diesen üppigen musikalischen Gegebenheiten dankbar Gebrauch. Vgl. PFANNHAUSER, Zu Mozarts Kirchenwerken von 1768 164.

1161 Möglicherweise hatte sich diese Bekanntschaft schon während der Salzburger Volksmission 1758 ergeben, welche Parhamer dort auf Einladung Schrattenbachs durchführte. Vgl. HOLBÖCK 62 f.

seiner Aufgabe herangezogen hat."[1162] Die als Kantatenmesse konzipierte Ordinariumsvertonung erklang am 07.12.1768 beim ersten Hochamt in der neuen Kirche[1163] in Gegenwart der Kaiserin Maria Theresia, des Kaisers Joseph II. sowie deren höfischen Gefolges und erntete bei allen Anwesenden höchstes Lob – ein nicht zu unterschätzender Nebeneffekt für die Karriere des jungen Tonsetzers.[1164] Wenn im Benedictus das thematische Material des mozartischen Klavierliedes „*Freude, Königin der Weisen*" KV 53 (KV^6 47e) nahezu als Dublette verwendet wird, liegt nicht – wie vermutet werden könnte – eine inhaltliche Kontrafaktur vor. Die Erklärung dafür besteht vielmehr darin, dass Mozart das betreffende Lied und die „*Waisenhausmesse*" etwa zur selben Zeit (nämlich Ende Oktober bzw. Anfang November 1768) schuf und er von daher das Lied-Zitat eher unreflex übernahm.[1165]

Ignaz Parhamer nahm neben seinem Waisenhaus-Direktorat u.a. auch die Funktion eines Jugendbildners und geistlichen Beraters im Wiener Ursulinen-Kloster wahr, woselbst er den Status einer Persona gratissima innehatte. Als die Ursulinen nach der 1768 erfolgten Beatifikation[1166] ihrer Ordensstifterin *Angela Merici* (1474-1540) dieses Ereignis am ersten Gedenktag (31. Mai) der neuen Seligen mit einem Triduum vom 31.05.-02.06.1769 zu begehen planten, dürfte Parhamer aller Wahrscheinlichkeit nach den jungen Wolfgang Amadeus Mozart angeregt haben, hierfür eine Festmesse zu komponieren.[1167] So entstand die Missa brevis in G-Dur KV 49 (KV^6 47d) für Soli, vierstimmigen Chor, Streicher und Orgelcontinuo. Äußerst ungewöhnlich ist an diesem Opus ein 47-taktiges Bass-Solo im Credo, welches als eigener Satz über die Worte „Et in Spiritum Sanctum, Dominum" konzipiert ist. Ungewöhnlich ist es insofern, als die traditionelle Form der Missa brevis verlangt, dass Gloria und Credo jeweils in sich nicht unterteilt sein dürfen, sondern durchkomponiert werden müssen.[1168] Wenn Mozart nun wissentlich in Kauf nahm, mit diesem Regelbruch den Verdacht der Unkenntnis traditioneller Vorgaben auf sich zu ziehen, intendierte er damit folglich etwas Besonderes: Zu jener Zeit wirkte im Wiener Ursulinenkloster die Nonne *Maria Johanna Nepomucena Kern* (1708-1774), welche aufgrund einer durch einen formalen Virilismus bedingten Kehlkopfanomalie über eine offenbar klangschöne *Bass*-Stimme verfügte.[1169] Man nimmt sogar an, dass „ ... der weibliche Baß als musikalischer Kunsttypus im Theresianischen Wien eine weittragende Rolle gespielt

---

[1162] FELLERER, Die Kirchenmusik W.A. Mozarts 59.
[1163] Der Zelebrant war Weihbischof *Franz Anton Marxer* (1703-1775).
[1164] Vgl. etwa LANDON, The Mozart essays 166 f.
[1165] Vgl. PFANNHAUSER, Zu Mozarts Kirchenwerken von 1768 163 f.
[1166] Die Kanonisation erfolgte im Jahre 1807.
[1167] Hierfür spricht auch das durch die Annalen des Wiener OSU-Klosters bezeugte Faktum, dass zwischen der Kirchenmusik von St. Ursula und der des Waisenhauses die engsten Beziehungen bestanden. Vgl. PFANNHAUSER, Zu Mozarts Kirchenwerken von 1768 165 f.
[1168] Einzige Ausnahme ist das „Et incarnatus est", für welches auch die Gattung der Missa brevis einen Tempowechsel vorsieht.
[1169] Diese Nonne war in ganz Wien derart prominent, dass sie sogar in zeitgenössischen literarischen Stadtbeschreibungen erwähnt wird. Vgl. etwa NEUBERGER, Beyträge zur Schilderung Wiens 75 sowie NEUBERGER, Ueber die Kirchenmusik in Wien 14 f.

hat."[1170] Mozart erschien diese aufführungspraktische Rarität offenbar so reizvoll, dass er sich das traditionswidrige Bass-Solo nicht versagen mochte.[1171] Die in lebhaftem Duktus gehaltene Messe ist in ihrer Anlehnung an die streng kontrapunktische süddeutsche Kirchenmusiktradition ansonsten recht konventionell, wobei das musikalisch-formale Interesse das liturgische Anliegen oft überdeckt.[1172] Es wird im Übrigen bereits anhand der ersten beiden Messen Mozarts evident, dass er weder auf Vorrat noch gar gänzlich für die Schreibtischlade schrieb, sondern bereits bei der Kompositionsarbeit stets die Umstände der Uraufführung (d.h. auch einen festen Aufführungstermin) ganz konkret im Sinn hatte und dementsprechend in der Werkkonzeption berücksichtigte.[1173] Seine Messen sind mithin überwiegend Gebrauchsmusik, worin er sich völlig im Einklang mit der diesbezüglichen Gepflogenheit seiner Epoche befand. Über den liturgischen und künstlerischen Wert der solcherart entstandenen Musik ist damit in keinerlei Richtung etwas ausgesagt.

Soeben erst nach Salzburg zurückgekehrt, ergab sich für Mozart Anfang 1769 sogleich der nächste Anlass für eine Vertonung des Ordinarium missae: In der Salzburger Universitätskirche (Kollegienkirche) wurde üblicherweise vor Beginn der Quadragesima das sog. Vierzigstündige Gebet abgehalten. Während der Faschingstage sollte es als Sühneandacht vor dem ausgesetzten Altarsakrament die Gläubigen läuternd auf die Fastenzeit einstimmen. Die Andacht sollte am 05.02.1769 mit einer Messfeier eröffnet werden und Wolfgang Amadeus Mozart wurde gebeten, dafür eine zyklische Ordinariumskomposition zu fertigen: Es entstand die Missa brevis in d-Moll KV 65 (KV^6 61 a) für Soli, vierstimmigen Chor, Streicher und Orgelcontinuo – auch sie wieder eine Gelegenheitskomposition aus Gefälligkeit.[1174] Dem Anlass angemessen, steht die Tonart des an die Salzburger Lokaltradition angelehnten Opus in Moll. Erkennbar auf den Ernst der Fastenzeit zugeschnitten ist allerdings nur der Beginn des Kyrie und Agnus Dei sowie das empfindsame Benedictus, während in den übrigen Teilen mitunter Anzeichen einer gewissen Oberflächlichkeit zu Tage treten und somit der Würde der Liturgie nicht durchwegs entsprochen wird. Dies erscheint aber durchaus entschuldbar, wenn man bedenkt, dass der Komponist erst dreizehn Jahre alt war und das Maß seiner Lebenserfahrung zu jener Zeit noch verhältnismäßig gering war. Von daher „ ... ist [es] selbstverständlich, daß die ersten Messen des Knaben noch nicht die Tiefe und den Reichtum des Ausdrucks der späten Messen kundtun."[1175]

Seit 1747 bewohnte die Familie Mozart ein Stockwerk in dem Salzburger Wohnhaus des Handelsmannes *Johann Lorenz Hagenauer* (1712-1792). Schon bald verband beide Familien eine herzliche Freundschaft und Wolfgang fand in

---

[1170] Vgl. PFANNHAUSER, Zu Mozarts Kirchenwerken von 1768 153.
[1171] Vgl. BIBA, Am Beispiel Mozart:Komponist – Werk – Aufführungspraxis 277.
[1172] Vgl. etwa FELLERER, Die Kirchenmusik W.A. Mozarts 52-54.
[1173] Es ist mehrfach belegt, dass Mozart im Falle des unerwarteten Ausfalls der projektierten Verwendung eines noch in der Entstehung befindlichen Opus, die Arbeit an diesem sofort abbrach. Die Partitur blieb dann entweder Fragment oder wurde – wenn sich zufällig wieder ein konkreter Verwendungszweck dafür ergeben sollte – erst Jahre später vollendet. BIBA, Am Beispiel Mozart: Komponist – Werk – Aufführungspraxis 274.
[1174] Vgl. hierzu etwa EINSTEIN 363.
[1175] HAMMER 397.

dem zehn Jahre älteren *Kajetan Rupert Hagenauer* (1746-1811), dem Sohn des Hausherren, einen treuen Jugendgespielen, dem er zeitlebens verbunden blieb. Nachdem der junge Hagenauer 1764 als Novize in das Salzburger St. Petrische Benediktinerkloster eingetreten war, wurde er im Jahre 1769 zum Priester geweiht. Anlässlich der Primiz in der Stiftskirche St. Peter am 15.10.1769 dedizierte Wolfgang Amadeus Mozart seinem Freund, der den Ordensnamen Dominicus angenommen hatte, gleichsam als persönliches Geschenk die für dessen Ehrentag eigens geschaffene Messe in C-Dur („*Dominicus-Messe*") KV/KV^{6} 66 für Soli, vierstimmigen Chor und Orchester.[1176] Die persönliche Festesfreude und das Wissen um die Musikliebe des Freundes ließen Mozart auf die Großform einer ausgedehnten, sektional angelegten Missa solemnis zurückgreifen. So verwundert es nicht, dass das Hochamt gemäß einer schriftlichen Notiz des Primizianten über zwei Stunden dauerte.[1177] Trotz der unverkennbaren Rezeption altbewährter kompositorischer Vorbilder Wiener, Salzburger und Neapolitanischer Provenienz offenbart diese Messe einen gesteigerten individuellen Ausdruckswillen, der mit einem insgesamt freieren und selbstbewussteren Duktus einhergeht. Erscheint in manchen Passagen die Textbehandlung inadäquat, so erklärt sich dies wohl primär aus dem subjektiven biographischen Entstehungskontext. So kennzeichnet beispielsweise die „... walzerartige Begleitung im Kyrie ... die familiär unbeschwerte Haltung der Primizmesse, die als Ausdruck der Freundschaft des jungen Paters und der Erinnerungen an Jugendspiele gelten mag."[1178] Auch der unbekümmerte „Polonaisenrhythmus"[1179] des „Quoniam" wird auf diesem Hintergrund verständlich.

Nur knappe zwei Monate nach der erwähnten Primiz unternahm Leopold Mozart zusammen mit seinem Sohn eine Italienreise (13.12.1769-28.03.1771), welcher sich bereits im Jahre 1771 eine zweite Reise mit demselben Ziel anschloss (13.08.-15.12.1771). Diese Auslandsaufenthalte sind insofern für das Messenschaffen Wolfgang Amadeus Mozarts hochbedeutsam, als er in der Begegnung mit der italienischen Kirchenmusik insbesondere durch den konzertierenden Kirchenstil und den Stile osservato wertvolle Impulse empfing.[1180] Die neu rezipierten

---

1176 Vgl. HINTERMAIER, Kajetan Rupert (Pater Dominikus) Hagenauer 78 sowie HINTERMAIER, Leopold Mozart 332.

1177 Vgl. EINSTEIN 369. Zusätzlich zur „*Dominikusmesse*" komponierte Mozart für die besagte Primiz noch das festliche Offertorium „*Benedictus sit Deus*" KV 117 (KV^{6} 66a) für Solo-Sopran, vierstimmigen Chor, Orchester und Orgelcontinuo, welches ebenfalls einen bemerkenswerten Umfang hat.

1178 FELLERER, Die Kirchenmusik W.A. Mozarts 56.

1179 SENN, Vorwort zu Messen Bd. 1 (NMA I: 1: 1) 8.

1180 Bleibende Wirkung zeitigte der Kompositionsunterricht, den Mozart in Bologna bei *Giovanni Battista Martini* (1706-1784) erhielt. Letzterer war der führende Exponent des *Stile osservato*, d.h. einer am cantus-firmus-gebundenen Palestrina-Stil orientierten, streng kontrapunktischen Musikrichtung. In Mailand lernte er – personifiziert in der Person *Johann Adolf Hasse*s (1699-1783) – den konzertierenden Stil der in ihrem letzten musikgeschichtlichen Stadium befindlichen, verfeinerten italienischen Oper und der von ihr abhängigen Gattungen (das waren in Italien so ziemlich alle) intensiv kennen. Hinzu traten Berührungen mit der Kirchenmusik Roms und Venedigs. Das zeitgebundene musikalische Idiom der italienischen Kirchenmusik etwa von *Baldassare Galuppi* (1706-1785), *Niccolò Jommelli* (1714-1774), *Giuseppe Sarti* (1729-1802), *Niccolò Vito Piccinni* (1728-1800), *Pietro Alessandro Guglielmi* (1728-1804), *Domenico Cimarosa* (1749-1801), *Giovanni Paisiello* (1740-1816) u.a. beherrschte Mozart bald

stilistischen Vorwürfe ließ Mozart sogleich mit seinem individuellen kompositorischen Wirken verschmelzen.[1181] Er fixierte sich nicht auf einen bestimmten Typus, sondern variierte bezüglich des Verhältnisses von Wort und Ton, von Instrumenten und Gesang, von Kontrapunkt und Homophonie beständig. Kaum zwei seiner Messen sind stilistisch gleich und gerade darin beweist er eine kritische Einstellung gegenüber den Vorbildern. „Mozart, kosmopolitisch erzogen ..., hat durch die Hälfte seines Schaffens einer Art genialem Eklektizismus gehuldigt, hat sich gewandt den wechselnden Bedürfnissen angepaßt ...“[1182]. Neuen Bedürfnissen hatte Mozart, kaum aus Italien nach Salzburg zurückgekehrt, in der Tat schon bald zu entsprechen. Noch während seiner Abwesenheit war der Salzburger Fürsterzbischof Schrattenbach, welcher als Freund der Künste auch ein ideeller und materieller Förderer des jungen Tonsetzers gewesen war[1183], gestorben (am 16.12.1771). Am 14.03.1772 wurde als sein Nachfolger Hieronymus Josephus Franz de Paula Graf Colloredo von Waldsee und Mels gewählt. Der neue Fürsterzbischof ernannte den erst sechzehnjährigen Mozart am 09.08.1772 zum definitiven Konzertmeister der Salzburger Hofkapelle.[1184] Im Rahmen seiner regulären Dienstpflichten wurde es fortan von ihm erwartet, für den weltlichen und liturgischen Bedarf des erzbischöflichen Hofes diverse Kompositionen je nach Anlass beizutragen.[1185] Hierzu gehörten natürlich auch Vertonungen des Ordinarium missae und zwar gemäß den im vorigen Kapitel beschriebenen liturgischen Richtlinien, welche unter dem neuen Fürsterzbischof eine große Relevanz besaßen. Die erste nach der Inthronisation Colloredos datierende Ordinariumsvertonung Mozarts ist die im Juni 1773, also nach der dritten Italienreise Mozarts entstandene Messe in C-Dur = „*Missa in honorem SS:^{mae} Trinitatis*“ KV/KV^6 167 für vier Singstimmen, Orchester und Orgelcontinuo. Gerade bei dieser Messe ist aber nicht gesichert, ob sie ein von Amts wegen komponiertes Werk ist. Es scheint, als schwanke Mozart in dem Opus noch zwischen der erwünschten Knappheit und seinem Drang nach instrumentaler Ausbreitung: Das Credo ist in seinen Dimensionen mit fast vierhundert Takten kantatenartig zergliedert und sehr ausladend, die

---

genauso gewandt wie die Italiener selbst. Dabei hatte er ein sicheres Gespür für Qualität. Von seichten, rein musikalisch dominierten Kompositionen, wie sie etwa bei seinen Zeitgenossen *Pasquale Anfossi* (1727-1797) oder *Nicola Antonio Zingarelli* (1752-1837) anzutreffen sind, hielt er sich bewusst fern. Einen fortdauernd hohen Stellenwert maß er jedoch der älteren Kirchenmusik *Francesco Durantes* (1684-1755), *Giovanni Battista Pergolesis* (1710-1736) und *Alessandro Scarlattis* (1660-1725) bei, deren Werke seiner eigenen Musikauffassung besonders entgegenkamen und gerade in der Salzburger Zeit unverkennbaren Anteil an seinem Stil erhielten. Vgl. FELLERER, Die Kirchenmusik W.A. Mozarts 11-14, EINSTEIN 372 sowie RIEDEL (Friedrich Wilhelm), Mozarts Kirchenmusik 12.

1181 Vgl. BLUME, Art. Wolfgang Amadeus Mozart 706.

1182 BLUME, Art. Wolfgang Amadeus Mozart 752.

1183 Vgl. AMMERER, Siegmund Christoph Graf von Schrattenbach 102, HOLBÖCK 60 f.67 sowie HINTERMAIER, Dekret der Hofkammer an das Hofzahlamt 110.

1184 Wolfgang Amadeus Mozart war bereits am 27.12.1770, also noch unter Fürsterbischof Schrattenbach, zum dritten Konzertmeister der Salzburger Hofkapelle ernannt worden. Dieser Posten war zunächst unbesoldet, war aber per Dekret mit der Zusage einer festen Bezahlung ab März 1771 verbunden. Durch den Tod Schrattenbachs verzögerte sich die Einlösung dieses Versprechens. Colloredo verwirklichte die Ankündigung seines Vorgängers erst auf das explizite Ansuchen Mozarts hin. Vgl. HINTERMAIER, Dekret der Hofkammer an das Hofzahlamt 110.

1185 Vgl. BLUME, Art. Wolfgang Amadeus Mozart 785.

übrigen Sätze hingegen weisen hinsichtlich Aufbau und Themenbildung konzentrierte Geschlossenheit auf. Der Verzicht auf Sologesang und das Fehlen von Partituranweisungen für die im Dom stets verwendete zweite Orgel lässt vermuten, dass diese Chormesse wohl ursprünglich nicht für die Salzburger Metropolitankirche, sondern für ein anderes Gotteshaus der Stadt bestimmt war. Der Titel des Autographs deutet zwar auf eine mögliche Aufführung am Dreifaltigkeitssonntag am 05.07.1773 hin, darüber hinaus liegen aber keine weiteren Anhaltspunkte für den konkreten Uraufführungs-Kontext vor; die auffallend reiche Orchesterbesetzung spricht allerdings für einen ganz besonderen Anlass, der höchste Feierlichkeit gebot.[1186] Trotz des langen Credo erscheint das sinfonisch angelegte Werk formal abgerundet und spiegelt Mozarts Willen zu einem bewussten Kirchenstil wider. Die „... Auseinandersetzung mit dem liturgischen Wort und das Streben nach einem liturgischen Ausdruck, freilich mit den Mitteln und in der Auffassung seiner Zeit, [ist] nicht zu verkennen."[1187]

Ebenfalls unbekannt sind Genese und Anlass der im Jahre 1773 entstandenen Missa brevis in G-Dur KV 140 (KV^6 Anhang C 1.12) für Soli, vierstimmigen Chor und Kirchentrio.[1188] Das in mehreren Merkmalen deutlich ausgeprägte Weihnachtsidiom ordnet diese Komposition eindeutig dem Typus der Pastoralmesse[1189] zu. Als einzige Messe dieses Typs aus der Feder Mozarts nimmt sie innerhalb seines Gesamtœuvres eine stilistisch isolierte Sonderstellung ein. Von ihrer spezifischen Anlage her ist es nahe liegend, sie mit Dezember (d.h. Weihnachtszeit) 1773 zu datieren. Wie in keiner anderen Mozartmesse dominiert hier eine liedhaft-anmutige Melodik. Insgesamt lässt das ansonsten in teils energischem, teils munterem Duktus gehaltene Opus individuelle Züge seines Urhebers weitgehend vermissen.[1190] Das Vorstoßen zu sakralen Tiefendimensionen gelang hier noch nicht durchgehend.

Mozarts Ringen um einen bewussten Kirchenstil, der sich durch gesammelte Ernsthaftigkeit und würdevollen Gestus deutlich von der Profanmusik des höfischen Amüsements abheben sollte, führte im Jahre 1774 zu einem sehr überzeugenden Ergebnis: Mit der Missa brevis in F-Dur („*Kleine Credo-Messe*") KV 192 (KV^6 186 f) für Soli, vierstimmigen Chor, Kirchentrio (Urfassung) und Orgelcontinuo legte der achtzehnjährige Konzertmeister seinem Dienstherren Colloredo ein Werk vor, welches sich gegenüber dem von ihm zuvor Geschaffenen[1191] durch eine

---

1186 Vgl. SENN, Vorwort zu Messen Bd. 2 (NMA I: 1: 1) 11.

1187 FELLERER, Die Kirchenmusik W.A. Mozarts 62.

1188 Da es sich bei diesem Opus um eine offenkundige Stilkopie handelt und überdies das Autograph verschollen ist, glaubte man lange Zeit, dessen Echtheit bezweifeln zu müssen. Aufgrund der Kohärenz vieler sorgfältig recherchierter Fakten darf aber heute davon ausgegangen werden, dass es sich um ein authentisches Werk des siebzehnjährigen Wolfgang Amadeus Mozart handelt. Vgl. hierzu SENN, Vorwort zu Messen Bd. 1 (NMA I: 1: 1) 13.

1189 Siehe hierzu ausführlicher bereits Fußnote 165 in Kapitel 1.3.7.

1190 Erwähnenswert sind Reminiszenzen in drei Sätzen des Ordinariumszyklus: In das Gloria und Sanctus ist melodisches Material aus der Balettmusik zu „*Le gelosie del serraglio*" KV Anhang 109 (KV^6 135a) eingearbeitet. Im Credo erscheinen Anklänge zum Ballo secondo der Festa teatrale „*Ascanio in Alba*" KV/KV^6 111. Eine beabsichtigte Parodietechnik ist diesbezüglich indes nicht eindeutig belegbar. Vgl. SENN, Vorwort zu Messen Bd. 1 (NMA I: 1: 1) 15.

1191 Von 1768 bis 1774 hatte Mozart nicht nur sechs vollständige Ordinariumszyklen, sondern auch ein Messenfragment und sechs Ordinariumseinzelsätze komponiert. Es han-

erstaunliche Reife auszeichnet. Bereits die prägnante Konzentration der Form[1192] musste dem persönlichen Geschmack des Fürsterzbischofs entgegenkommen. Die imitatorisch-kontrapunktische, aufgelockerte Setzweise präsentiert sich viel fließender und flexibler als in früheren Messen und lässt in Verbindung mit einer subtilen Behandlung des Instrumentalparts und einem vielschichtigen Kolorit den Eindruck eines kleinen Meisterwerkes entstehen. Die spezielle Gestaltung des Credo erklärt die Bezeichnung „*Credomesse*": Die Einheit des Textes wird hier durch den seit Fux belegten Kunstgriff einer regelmäßigen, affirmativen Wiederholung des Wortes „Credo" unterstrichen.[1193] Das Vierton-Motiv dieses als thematische Klammer dienenden „Credo"-Rufes ist – auch dies eine dezidierte Demonstration von Liturgizität – dem Cantus gregorianus entnommen.[1194] Trotz der gerafften Gesamtkonzeption der Messe herrscht überwiegend eine außerordentlich dichte Textbehandlung vor.

Mit der „*Kleinen Credo-Messe*" hatte sich Wolfgang Amadeus Mozart trotz des Erreichens eines vorläufig neuen Grades künstlerischer Reife noch nicht festgelegt. Das Ausloten eines hinsichtlich der Messliturgie adäquaten Stils ging weiter. Ausdruckselemente strenger Kirchlichkeit (kompositorisch verkörpert im Kontrapunkt des Stile antico) treten in der im Sommer 1774 geschaffenen Missa brevis in D-Dur KV 194 (KV^6 186h) für Soli, vierstimmigen Chor, Kirchentrio und Orgelcontinuo wieder etwas zurück. Es bricht sich hier vielmehr jene für Mozart charakteristische Spiritualität Bahn, welche Transzendenz und Immanenz als universale Einheit empfindet. Der Vorgänger-Messe hinsichtlich des Satzes vergleichbar und wie diese in Form und Ausdruck konzentriert, ist die D-Dur-Messe doch ungleich lyrischer und liedhafter als die Erstere. Als unbeschwert-heiteres Musizierstück

---

delt sich hierbei im Einzelnen um die unvollendete Missa solemnis in C-Dur KV 45 (KV^6 626 b) für vier Singstimmen, Orchester und Orgelcontinuo (nur Kyrie, Gloria und Credo erhalten), das Kyrie in G-Dur (Kanon 5 in 1) KV 89 (KV^6 73 k) für fünf Singstimmen, das Kyrie in d-Moll KV/KV^6 90 für vier Singstimmen, das Osanna in G-Dur KV 223 (KV^6 166 e) für vier Singstimmen, Streicher und Orgelcontinuo, das Kyrie in C-Dur (Fragment – nur 49 Takte ausgeführt) KV Anhang 18 (KV^6 166 f) für vier Singstimmen und Orchester, das Kyrie in D-Dur (Fragment) KV Anhang 19 (KV^6 166 g) für vier Singstimmen, Orchester und Orgelcontinuo sowie das Kyrie in D-Dur (Entwurf – nur 32 Takte ausgeführt) KV 91 (KV^6 186 i).

1192 Die konzise Form der „*Kleinen Credo-Messe*" erreicht Mozart zum einen schon durch reine Zeitersparnis: Nur Kyrie und Agnus Dei haben ein instrumentales Vorspiel; alle anderen Sätze setzen gleich mit voller Vokalität ein. Zum anderen sind alle Motive per se konzis formuliert, der Text wird in zügig voranschreitender Chordeklamation vertont und die wortreichen Textpassagen sind auf die Soli verteilt. All dies macht das Opus zu einem Musterbeispiel einer Missa brevis.

1193 Vgl. hierzu auch bereits Fußnote 937. In der „*Kleinen Credo-Messe*" wird das Wort „Credo" zehnmal als freier Einschub, und das „Credo"-Thema zwölfmal (meist variiert) wiederholt.

1194 Es handelt sich hierbei um die Gloria-Intonation der Missa IV [In festis Duplicibus I.] oder auch die Intonation des 3. Cantica-Tones. Dieses gregorianische Motiv, auf welches vor Mozart etwa auch Heinrich Ignaz Franz Biber sowie Michael und Joseph Haydn zurückgriffen, sollte Wolfgang Amadeus Mozart fortan lebenslang begleiten. So verarbeitete er es z.B. später in folgenden Werken: Dixit Dominus und Magnificat in C-Dur KV 193 (KV^6 186g), Sinfonie Nr. 33 in B-Dur KV/ KV^6 319 (1. Satz), Vesperae de Dominica in C-Dur KV/ KV^6 321 (1. Satz), Streichquartett in G-Dur KV/ KV^6 387 (Finale), Duo für Violine und Viola in B-Dur KV/ KV^6 424 (Adagio), Fünf Divertimenti KV Anhang 229 (KV^6 439b) (Divertimento Nr. 1, 1. Satz), Sonate für Klavier und Violine in Es-Dur KV/ KV^6 481 (1. Satz), Sinfonie Nr. 41 in C-Dur KV/ KV^6 551 (Schlussfuge), Messe in C-Dur KV/ KV^6 257 (Sanctus) sowie Singspiel „Die Zauberflöte" KV/ KV^6 620 (2. Finale). Vgl. SENN, Vorwort zu Messen Bd. 2 (NMA I: 1: 1) 10 sowie LANDON, The Mozart essays 169 f.

liegt der Schwerpunkt unverkennbar auf dem musikalischen Moment ohne jedoch jemals die Textaussage zu übergehen oder gar trivial zu wirken. In gewisser Weise spiegelt dieses Werk treffend die Auffassung der Messliturgie während der Wende vom Spätbarock zur Aufklärung wider: Sensualistische Festlichkeit und klassizistische Fokussierung des Wesentlichen gehen hier eine signifikante, durchaus geglückte Synthese ein. Über den historischen Entstehungsanlass des Opus kann heute nur gemutmaßt werden. Ging man früher davon aus, sie sei für den Salzburger Dom geschrieben worden[1195], so spricht gemäß neuesten Forschungen doch einiges für eine Uraufführung in der bei Salzburg gelegenen Wallfahrtskirche Maria Plain, welche im Jahre 1674 konsekriert worden war. Zum hundertjährigen Jubiläum der Kirchweihe am 19.08.1774 erklang dann wahrscheinlich die D-Dur-Messe.[1196]

Wie bereits angedeutet, war Mozart ernstlich bestrebt, der schon erwähnten liturgischen Richtlinie des Salzburger Domes, nach welcher die Pontifikalämter an den Festa Pallii nicht länger als 45 Minuten dauern sollten, kompositorisch zu entsprechen. In dem bereits zitierten Brief vom 04.09.1776 an Giovanni Battista Martini schreibt er hinsichtlich seiner diesbezüglichen Bemühungen: „ci vuole un Studio particolare per questa Sorte di Compositione. e che deve però essere una Meßa con tutti Stromenti – Trombe di guerra, Tympani etc: ...“[1197]. Mithin griff Mozart an den Festa Pallii auf die bereits seit Beginn des 18. Jahrhunderts in der österreichischen Gattungstradition vorhandene[1198] Sonderform der kurzen, aber feierlichen Messe, d.h. der *Missa brevis et solemnis* (in Bezug auf die liturgische Rangordnung auch „*Missa brevis e festivalis*“ genannt[1199]) zurück.[1200] Es handelte sich dabei um einen zwitterhaften Typus mit der Knappheit einer Missa brevis aber der Besetzung einer Missa solemnis. Raum für ausgedehnte Arien oder ebensolche Fugen war gemäß dieser Konzeption nicht gegeben, vielmehr war eine durchkomponierte, vorwiegend homophon deklamierende Komposition geboten. Als erste Ordinariumsvertonung in der Form des speziellen Genres schuf Wolfgang Amadeus Mozart die zwischen 1775 und 1776 entstandene Missa brevis in C-Dur („*Spatzenmesse*“[1201]) KV 220 (KV^6 196 b) für Soli, vierstimmigen Chor, Orchester und Orgelcontinuo, die zu den kürzesten Messen des Meisters zählt: Gloria und Credo beanspruchen fast weniger Zeit als die gregorianische Fassung dieser Ordinariumsteile. Mehr noch als in der D-Dur-Messe weicht in diesem

---

[1195] So etwa SENN, Vorwort zu Messen Bd. 2 (NMA I: 1: 1) 12.

[1196] Diese Annahme wird gestützt durch das von Mozart eigenhändig auf dem Autograph vermerkte Datum der Fertigstellung: 8. August 1774. Rechnet man hierzu die Zeit für die Kopie der Stimmen und die Einstudierung, erscheint der Termin 19.08.1774 realistisch. Die den eingeschränkten aufführungspraktischen Möglichkeiten der Wallfahrtskirche entgegenkommende Schlichtheit der Besetzung lässt diese These ebenfalls begründet erscheinen.

[1197] Zitiert nach BAUER / DEUTSCH Bd. 1 533. Die deutsche Übersetzung (Jakob Johannes Koch) lautet: „Es ist ein besonderes Studium für diese Kompositionsart erforderlich, da es doch eine Messe mit allen Instrumenten – Trompeten, Pauken etc. – sein muss.“

[1198] Vgl. hierzu etwa SENN, Vorwort zu Messen Bd. 2 (NMA I: 1: 1) 9.

[1199] Vgl. BIBA, Am Beispiel Mozart: Komponist – Werk – Aufführungspraxis 275.

[1200] Vgl. hierzu bereits ausführlicher Fußnote

[1201] Der Vulgotitel nimmt auf eine charakteristische „zwitschernde“ Figur der Violinen im Sanctus (Takte 8, 10, 12-14, 16, 17, 19) und Benedictus (Takte 32, 33, 35-37, 39, 40, 42) Bezug.

Opus die Kontrapunktik zurück zugunsten einer empfindsamen Melodik; das Orchester dominiert über den Vokalpart. Die Haltung ist insgesamt von gefälliger Volkstümlichkeit geprägt, allerdings verleiht die rapide Kürze dem Werk bisweilen die Note einer gewissen Unpersönlichkeit. Die zügige Erledigung des Textes lässt der je eigenen liturgischen Charakteristik der einzelnen Teile des Ordinarium missae nicht immer den erforderlichen Freiraum. Die Fixierung auf das strikte Einhalten einer musikliturgischen Richtlinie wirkte sich diesbezüglich also nicht günstig aus. Was blieb, war „ ... kaum mehr als bloße Andeutung alles Mystischen und alles Affektiven."[1202]

Wie oben bereits dargelegt, ließ Fürsterzbischof Colloredo hinsichtlich der Salzburger musikliturgischen Festum-Pallium-Direktive durchaus auch Ausnahmen zu, wenn ein besonderer Anlass dies erforderlich machte. Daher spricht gar nichts gegen die durch gewichtige Fakten[1203] gestützte These, dass die wohl im Juni/Juli 1775 entstandene Missa longa in C-Dur KV 262 (KV^6 246 a) für Soli, vierstimmigen Chor, Orchester und Orgelcontinuo – ein gewaltiges Opus mit 824 Takten Umfang und circa 30 Minuten Aufführungsdauer – als im Rahmen der Dienstpflicht geschaffenes Opus bei einem Festum Pallium im Salzburger Dom erklungen sei. Welch hochfeierlicher Anlass aber eine so eklatante Ausnahme vom sonst geltenden Usus gerechtfertigt haben könnte, ist indes heute nicht mehr eruierbar.[1204] Durch die mutmaßliche Exzeptionalität des Anlasses fühlte Mozart sich bemüßigt, der Kontrapunktik wieder ein größeres Gewicht einzuräumen. Die großen Prunkfugen in Gloria und Credo evozieren gemäß der Absicht des Komponisten einen festlich-stolzen Eindruck. Dem umfangreich besetzten Orchester wird in den sinfonisch angelegten Sätzen reichlich Gelegenheit zu effektvoller Entfaltung gegeben; neben Passagen voll dramatischer Ausdruckskraft stehen bisweilen auch geradezu anmutige Abschnitte. Wenn die Monumentalität dieser Ordinariumsvertonung dazu führt, dass der in anderen Mozartmessen anzutreffende Duktus warmer Herzlichkeit und persönlicher Intimität hier nicht zum Tragen kommen kann, so entspricht dies dem hochoffiziellen, repräsentativen Anlass.[1205] Vornehmlich auf äußere Wirkung hin konzipiert, ist die Missa longa KV 262 (KV^6 246 a) gewiss nur in eingeschränktem Maße mit den vielschichtigen Ansprüchen heutiger erneuerter Messliturgie kompatibilisierbar. Dennoch versteht es der Komponist, auch bei einer solchen Festmesse nicht wirklich „kühl" zu wirken, sondern auch hier noch volkstümlich zu bleiben. „Mozart ist weit davon entfernt, seine Kirchenmusik aus dem Bereich des Menschlichen zu heben."[1206]

1202 EINSTEIN 381.
1203 Das Hauptargument, welches für die Uraufführung der Messe KV 262 (KV^6 246 a) in der Salzburger Metropolitankirche spricht, ist die Beschaffenheit des authentischen Aufführungsmaterials, das nach der Anzahl der Auflagestimmen, nach der Besetzung des Instrumentalbasses und im Hinblick auf die transponierend in D notierten Oboen nur für den Dom zu Salzburg bestimmt gewesen sein kann. Vgl. SENN, Vorwort zu Messen Bd. 2 (NMA I: 1: 1) 16.
1204 Stichhaltige Anhaltspunkte, welche die von *Walter Senn* (* 1904) vertretene Hypothese, die Missa longa sei eventuell für die am 17.11.1776 im Salzburger Dom vorgenommene Bischofsweihe des Mozart-Freundes *Ignaz Josef Grafen von Spaur* (1727-1779) geschrieben worden, untermauern könnten, existieren nicht. Zur Hypothese Senns vgl. SENN, Vorwort zu Messen Bd. 2 (NMA I: 1: 1) 16 f.
1205 Vgl. hierzu SENN, Vorwort zu Messen Bd. 2 (NMA I: 1: 1) 17.
1206 FELLERER, Die Kirchenmusik W.A. Mozarts 71.

Eine langjährige, freundschaftliche Beziehung, welche sich zwischen der Familie Mozart und dem Salzburger Kanonikus *Ignaz Joseph Graf Spaur* (1727-1779) gebildet hatte, verdient im Hinblick auf die von Wolfgang Amadeus Mozart im Jahre 1776 geschaffene Messe in C-Dur („*[Große] Credo-Messe*") KV/KV^6 257 für Soli, vierstimmigen Chor, Orchester und Orgelcontinuo eigens erwähnt zu werden. Der Domherr war ein eifriger Musikdilettant und musizierte als Bratschist auch zusammen mit Vater und Sohn Mozart. Es erscheint heute entgegen früheren anderweitigen Vermutungen[1207] erwiesen, dass die „*(Große) Credo-Messe*" als persönliche Freundesgabe für Spaur komponiert wurde, als nämlich dieser am 17.11.1776 zum bischöflichen Koadjutor der Diözese Brixen mit dem Titel eines Weihbischofs von Chrysopel geweiht wurde.[1208] Das Werk – im Umfang nicht viel kleiner als die Missa longa KV 262 (KV^6 246 a) – ist vom Typus her eine Missa solemnis in Reinform, die mithin eine Ausnahme von der ansonsten in der Bischofskathedrale geltenden Pontifikalamt-Regelung erforderlich machte. Obwohl Colloredo zu den Kon-Konsekratoren des Weiheritus gehörte, dürfte er wohl kaum ernstlich erwogen haben, dem Musik liebenden Ordinanden den Wunsch abzuschlagen, zu dessen Bischofsweihe eine großzügig dimensionierte Missa solemnis erklingen zu lassen. Bereits der Beiname des Werkes weist übrigens auf den hier verwendeten speziellen Messtypus hin: Achtzehnmal wird der „Credo"-Ruf emphatisch wiederholt und fungiert im Sinne einer jeweiligen Bekräftigung der Glaubensartikel wie ein „liturgisches Motto"[1209]. So liedhaft-schlicht wie dieses Vierton-Motiv ist auch die ganze übrige Messe. „It is one of the most endearing of the young Mozart's church pieces: full of life, energy and youthful spirits, combined with a certain innocent devotion ..."[1210]. „Nicht eine Verweltlichung der Kirchenmusik ist für Mozart hier ... gegeben, sondern ein kirchlicher Ausdruck, der die Mittel, die er in seiner gesamten Kunst gefunden hat, zu einer Abklärung ‚im Schönen' führt ..."[1211]. Die „*(Große) Credo-Messe*" bildet nicht nur von der Chronologie her, sondern besonders auch stilistisch und ausdrucksmäßig eine Einheit mit den nachfolgenden Messen KV/KV^6 258 und KV/KV^6 259; es scheint, als habe Wolfgang Amadeus Mozart vor der Arbeit an dieser Trias gleichsam in einer Besinnungsphase über seine kirchenmusikalische Anschauung grundlegend reflektiert: Das Ergebnis war größere Einfachheit, Natürlichkeit und Unmittelbarkeit sowie ein persönlicherer Gestus – also eine bewusste Abkehr vom „gelehrten" Stilus ecclesiasticus.[1212] In der „*(Großen) Credo-Messe*" lässt sich dies besonders daran ersehen, dass der Kontrapunkt ins Marginale abgedrängt wird. Bestimmend

[1207] *Walter Senn* vermutet, dass es sich bei der für die Bischofsweihe Spaurs geschriebenen Mozartmesse um die Missa longa in C-Dur KV 262 (KV^6 246 a) gehandelt habe. *Alfred Einstein* (1880-1952) hingegen weist diesem Anlass die Missa brevis in C-Dur KV/KV^6 258 zu. Bei beiden Autoren fehlt eine fundierte Begründung der jeweiligen Hypothese. Vgl. SENN, Vorwort zu Messen Bd. 2 (NMA I: 1: 1) 16 f. sowie EINSTEIN 386.

[1208] Vgl. LANDON, The Mozart essays 173 f. Der damalige Fürstbischof von Brixen war *Leopold Maria Joseph Graf Spaur* (1696-1778) der Onkel des neu Ordinierten. Nach dem Tod des Fürsterzbischofs wurde sein Neffe sein Nachfolger, überlebte ihn aber nur um ein Jahr.

[1209] ABERT Bd. 1 12.

[1210] LANDON, The Mozart essays 174.

[1211] FELLERER, Die Kirchenmusik W.A. Mozarts 67.

[1212] Vgl. etwa auch EINSTEIN 385 f. sowie SENN, Vorwort zu Messen Bd. 3 (NMA I: 1: 1) 12.

ist ein enormer, gleichwohl mit der Sicherheit des gereiften künstlerischen Intellekts geeinter Erfindungsreichtum, umgesetzt in einer fast kammermusikalischen, geschmeidig-transparenten Satzweise. Es gelingt hier dem Zwanzigjährigen, die Angelpunkte des Kultes atmosphärisch treffend zu umfassen und in der musikalischen Annäherung des menschlichen Erlebens der Messliturgie eine annähernd konsentische Kirchenkunst zu schaffen.

Möglicherweise im Dezember 1776 schuf Mozart die Missa brevis in C-Dur („*Spaur-Messe*", „*Piccolomini-Messe*"[1213]) KV/KV^6 258 für Soli, vierstimmigen Chor, Orchester und Orgelcontinuo. Nachdem oben erläutert wurde, dass es höchstwahrscheinlich die „*(Große) Credo-Messe*" war, die Mozart zur Bischofskonsekration seines Freundes Ignaz Joseph Graf Spaur komponierte, ist die Verknüpfung des Beinamens „*Spaur-Messe*"[1214] mit der Messe KV/KV^6 258 wohl die Folge eines Irrtums.[1215] Über die konkreten Umstände der Uraufführung ist jedenfalls nichts bekannt. Mozart hält sich in dieser Messe wieder strikt an die erwünschte Knappheit, d.h. er konzipierte sie gemäß dem Spezialtypus der Missa brevis et solemnis, was dieses Werk eigentlich als Gebrauchsmesse für Colloredo ausweist. Das Opus erreicht nicht ganz die Ausdrucksdichte der „*[Großen] Credo-Messe*", strahlt aber dennoch die Aura aufrichtig religiöser Gesinnung aus. Abgesehen davon gewinnt man fast den Eindruck, als habe Mozart seine Abkehr vom traditionellen Stilus ecclesiasticus als zu weitgehend empfunden. Darauf deuten „die kleinen ‚polyphonen' Episoden"[1216] hin, die aber im Gesamt des Werkes nurmehr untergeordnete Bedeutung haben.

Das letzte Werk der Trias der im Jahre 1776 entstandenen Messen ist die Missa brevis in C-Dur („*Orgelsolo-Messe*") KV/KV^6 259 für Soli, vierstimmigen Chor, Orchester und obligate (konzertierende) Orgel. Auch sie verkörpert gemäß der Salzburger Sonderregelung den Typ Missa brevis et solemnis. Ihr Beiname weist sie im Hinblick auf die solistische (konzertierende) Mitwirkung der Orgel korrekt als Orgelsolomesse[1217] aus. Allerdings trifft dies nicht auf alle Messensätze, sondern nur auf das Benedictus zu. Was Mozart dazu bewog, der Orgel in diesem einen Ordinariumsteil eine solche Sonderrolle zuzuweisen, konnte bis heute nicht geklärt werden. Möglicherweise war hierfür das Vorbild der wohl kurz zuvor ent-

---

1213 Den zweiten Vulgotitel „*Piccolomini-Messe*" versuchte die Mozartforschung mehrfach mit dem alten italienischen Adelsgeschlecht Piccolomini in Verbindung zu bringen, was jedoch in Bezug auf KV/KV^6 258 keinen Sinn ergibt. Hinter dem Beinamen steckt vielmehr eine banale Etymologie: „Piccolomini" ist im Falle der Mozartmesse lediglich die volkstümlich italianisierende Umformung des italienischen Adjektives „piccolo" und meint nichts anderes als den kleinen Umfang der Messe (Aufführungsdauer der gesamten Messe: nur circa siebzehn Minuten). Vgl. LANDON, The Mozart essays 173.

1214 Diesen Beinmanen verwendet erstmals Leopold Mozart in seinem Brief an Anna Maria und Wolfgang Amadeus Mozart vom 28.05.1778 (einsehbar bei BAUER / DEUTSCH Bd. 2 362). Es ist aus dem Schreiben jedoch in keinster Weise ersichtlich, welche Messe mit dem Titel „*Spaur Messe*" gemeint ist.

1215 Immerhin im Bereich des Potentiellen ist der Erklärungsversuch *Howard Chandler Robbins Landons* (* 1926), dass eventuell beide Messen, also KV/KV^6 257 *und* KV/KV^6 258 Spaur gewidmet sind – die erstere für den konkreten Anlass der Bischofsweihe, die letztere vielleicht einfach aus allgemeiner, freundschaftlicher Wertschätzung heraus. Vgl. hierzu LANDON, The Mozart essays 173.

1216 EINSTEIN 386.

1217 Vgl. hierzu bereits ausführlicher Fußnote 954.

standenen Missa brevis in B-Dur = „*Missa brevis Sancti Joannis de Deo*" („*Kleine Orgel[solo]messe*"[1218]) Hob. XXII: 7 Joseph Haydns ausschlaggebend.[1219] Entsprechend der mozartischen Kompositionsweise dürfte darüber hinaus aber mit Sicherheit auch eine konkrete lokale Gegebenheit – etwa die Mitwirkung eines besonders prominenten und/oder befreundeten Organisten – intendiert gewesen sein.[1220] Über den Entstehungsanlass und die Uraufführung liegen jedoch keine Quellen vor. Das dezidiert klein dimensionierte Werk lässt insgesamt den Einfallsreichtum der beiden vorangegangenen Messen vermissen. Sehr persönliche Auseinandersetzung mit der Textaussage des Ordinariums liegt im ausdrucksvollen „Et incarnatus" sowie im kantablen, gleichsam schwebenden Agnus Dei[1221] vor.

Wenn auch Hieronymus Graf Colloredo hinsichtlich des Berufsethos seines Konzertmeisters nicht über Mangel an Fleiß zu klagen hatte[1222], so scheint es doch musikästhetische Unstimmigkeiten gegeben zu haben. Offenbar erschien dem Fürsterzbischof wie auch manch anderem Zeitgenossen Mozarts Kompositionsmanier zu wenig konventionell.[1223] Hinter diesen Divergenzen müssen als Ursache für die zu jener Zeit auftretenden Reibungen zwischen dem jungen Komponisten und seinem Dienstherren aber noch tief gehendere Gründe vorhanden gewesen sein: „Mozart hatte sich durch sein ungewöhnliches Talent als Virtuose und Komponist schon in jungen Jahren bei der musikliebenden Aristokratie an den Höfen Europas einen Namen gemacht. Aber in Salzburg bekleidete er eine Position, die sich formell von der eines Kochs oder Kammerdieners nicht sehr unterschied. [...] Mozart ... war [jedoch] ein stolzer junger Mann, der seinen eigenen Wert kannte; er mußte

---

[1218] Der Fachterminus „*Orgelsolomesse*" (nicht zu verwechseln mit dem Typus der „*Orgelmesse*" Vgl. Fußnote 111) besagt, dass hier die Orgel nicht als klangfüllendes Begleitinstrument der Continuogruppe zugewiesen ist, sondern konzertierend einen obligaten, eigenständigen Part übernimmt. Solistisches Orgelspiel ist in der Orgelsolomesse meist in allen Ordinariumssätzen vorgesehen, kann sich aber in Ausnahmefällen auch nur auf einzelne Sätze beschränken. Orgelsolomessen waren seit dem 18. Jahrhundert vor allem in Stifts- und Wallfahrtskirchen in Gebrauch. Die früheste bekannte Komposition dieses Typs datiert von 1760.

[1219] Auch in der Polytextur der textreichen Sätze folgt Mozart dem haydnschen Vorbild. Er geht gleichwohl nicht so weit, simultan in jeder Stimme einen anderen Text zu bringen, sondern lässt bei kontrapunktischen Stimmenzusammenfassungen die Stimmen in paariger Imitation auftreten oder in einer Art Pseudofugierung den Text des Themenkopfes jeweils einmal durch alle Stimmen durchlaufen. Vgl. FELLERER, Die Kirchenmusik W.A. Mozarts 69.

[1220] Vgl. hierzu etwa BLUME, Art. Wolfgang Amadeus Mozart 784.

[1221] Auf das thematische Material des Agnus Dei griff Mozart circa zehn Jahre später in der Kavatine der Gräfin „*Porgi amor qualche ristoro*" seiner Opera buffa „*Le nozze di Figaro*" KV/KV[6] 492 (Zweiter Akt, Nummer zehn) zurück.

[1222] Vom Zeitpunkt seiner Einstellung als defintiver Konzertmeister bis zum Jahr 1777 hatte Mozart für Colloredo mindestens sieben vollständige Ordinariumszyklen komponiert. Daneben schrieb er überdies mehrere Ordinariumseinzelsätze. Im Einzelnen handelt es sich bei letzteren um das Kyrie in C-Dur (Fragment – nur 49 Takte ausgeführt) KV Anhang 18 (KV[6] 166 f) für vier Singstimmen und Orchester, das Kyrie in D-Dur (Fragment) KV Anhang 19 (KV[6] 166 g) für vier Singstimmen, Orchester und Orgelcontinuo, das Kyrie in D-Dur (Entwurf – nur 32 Takte ausgeführt) KV 91 (KV[6] 186 i), das Kyrie in G-Dur (Fragment) KV Anhang 16 (KV[6] 196 a) sowie das Kyrie in C-Dur (Fragment) KV Anhang 13 (KV[6] 258 a) für vier Singstimmen, Orchester und Orgelcontinuo.

[1223] Dies traf allerdings wohl mehr auf den weltlichen Teil seines Œuvres zu, woraus sich auch erklären könnte, dass Mozart, der allein in den ersten drei Jahren seiner definitiven (besoldeten) Konzertmeistertätigkeit siebzehn Sinfonien geschrieben hatte, nach 1774 für Colloredo kein weiteres vollständiges Werk dieser Gattung mehr schuf (Vgl. etwa BLUME, Art. Wolfgang Amadeus Mozart 708). Wie bereits in Kapitel 5.2.2.2 dargelegt, hatte interessanter Weise ungefähr zur selben Zeit auch Joseph Haydn mit seinem Fürsten ähnliche musikästhetische Differenzen. Vgl. hierzu auch Fußnote 951.

sich zu der untertänigen Haltung zwingen, die in Salzburg der Fürst und viele, wenn auch nicht alle, Hofadligen von ihm verlangten ...“[1224] Mozart fühlte sich gedemütigt und schikaniert, reichte im August 1777 seine Entlassung ein und fasste in einer gewissen Naivität den Entschluss, an anderen europäischen Höfen eine neue Anstellung zu suchen. *Alfred Einstein* (1880-1952) stellt nun in diesem Zusammenhang die These auf, die kurz vor der Abfahrt aus Salzburg im September 1777 entstandene Missa brevis in B-Dur KV 275 (KV[6] 272 b) für vier Singstimmen, Kirchentrio und Orgelcontinuo habe Mozart als Votivmesse komponiert mit dem Anliegen eines glücklichen Gelingens der bevorstehenden Reise.[1225] Hinsichtlich einer Ex-voto-Entstehung dieses Opus gibt es gleichwohl keine stichhaltige Beweislage. Dessen unbenommen dürfte es sich jedenfalls um eine für den Salzburger Hof komponierte Messe handeln.[1226] Es präsentiert sich uns hier eine besonders intime, in lieblichem Duktus gehaltene Vertonung des Ordinarium missae, welche in ihrer Bescheidenheit durchaus die Nuance des Privaten aufweist. Die gefällige Satzentwicklung geht mit weicher Melodik einher. Gelegentliche polyphone Bildungen[1227] bleiben nur eine Facette in der vielschichtigen Gestaltung – Mozart fasst in dieser Komposition gewissermaßen noch einmal alle stilistischen Gegebenheiten der vorangegangenen Messvertonungen in einer volkstümlich anmutenden Manier zusammen. Ein Zeugnis der ja gerade auch für Mozart charakteristischen volkstümlichen Religiosität des Spätbarocks, welche Diesseits und Jenseits, Natur und Geist, Heiterkeit und Ernst vereint, ist auch der Anklang des Volksliedes „*Bauer, häng dein Bummerl an*“ im Credo dieser Messe.[1228] „Warum sollen einem Kirchenmusiker nicht die fröhlichen Volksweisen zu Gebote stehen, wenn er sie so zu modifizieren weiß für den kirchlichen Gebrauch wie Mozart ...? Freilich, diese Modifikation ist notwendig. Sie ist eine Aufgabe des Geschmacks und Taktes. Es braucht nicht jeder gleich auf Anhieb in einem Credo ein bekanntes Volkslied zu erkennen. Worum es hier allein gehen kann, das ist die sinnhafte *Zuordnung* der *Welt zur Kirche* ... . Auf solche Weise ist nicht nur die Kunst *eine*, sondern auch der Mensch, in dessen Dienst sie steht, ist *einer*, hier wie dort ein unverkürzter, aber auch ungespaltener Mensch.“[1229] Hinter dem erwähnten Volksliedzitat eine subtile inhaltliche Kontrafaktur zu vermuten, wäre also im gegebenen Fall eine interpretatorische Überstrapazierung. Ihre mutmaßliche Uraufführung erlebte die B-Dur-Messe übrigens am 21.12.1777 in der Stiftskirche St. Peter, also zu einem Zeitpunkt, an dem Mozart Salzburg längst verlassen hatte.[1230]

1224 ELIAS 147. Gegen das dem adeligen Establishment unreflex eignende soziale Pattern, nach welchem Bürgerliche Menschen zweiter Klasse waren, begann Mozart – zunächst innerlich, zunehmend aber auch nach außen – zu revoltieren. Seine Kommunikationsformen waren von Kindesbeinen an undiplomatisch spontan, freimütig und zunehmend selbstbewusst. Allein dies musste dem Autokraten Colloredo, determiniert durch den Soziokontext seiner Epoche, als Illoyalität erscheinen, was er seinen Konzertmeister auch deutlich spüren ließ. Vgl. etwa BLUME, Art. Wolfgang Amadeus Mozart 709.

1225 Vgl. EINSTEIN 387.

1226 Vgl. HOLL, Vorwort zu Messen Bd. 4 (NMA I: 1: 1) 9.

1227 Die Imitatorik wird in Teilen des Credo durch Polytextur gelöst, was jedoch innerhalb des Mozartschen Messenœuvres nur selten vorkommt.

1228 Vgl. HAAS (Robert) 80 sowie SCHMID (Ernst Fritz), W.A. Mozart 24.

1229 HAMMER 377 f. Vgl. hierzu ferner auch EINSTEIN 387.

1230 Vgl. HOLL, Vorwort zu Messen Bd. 4 (NMA I: 1: 1) 11.

Die ausgedehnte Reisephase erstreckte sich vom 23.09.1777 bis Mitte Januar 1779. Auf der Suche nach einer anderweitigen Anstellung stellte sich Wolfgang Amadeus Mozart am Münchener Hof, bei den Augsburger Patriziern, in Mannheim und Paris vor, wo er vergebens und zunehmend verbittert beim einflussreichen Adel antichambrierte. Möglichkeiten für die Vertonung des Ordinarium missae boten sich ihm, der ja ausschließlich für konkrete Anlässe komponierte, in diesem Zeitraum nicht. Da in Mannheim die kirchenmusikalischen Verhältnisse unzulänglich waren[1231] und Mozart in Paris von anderen Projekten in Beschlag genommen war, entstand zu jener Zeit im Bereich der Ordinariumsvertonung lediglich ein einziger und überdies abgebrochener Versuch einer Messe.[1232] Indirekt war die große Reise Mozarts dennoch bedeutend für sein kirchenmusikalisches Schaffen: Die musikstilistische Vielfalt der regional differierenden Schulen, welche Mozart nun neu kennenlernte[1233], gab ihm wichtige Impulse, deren Auswirkungen auch in seinen späteren Messen greifbar sind. Hinsichtlich seiner ursprünglich hoffnungsvollen beruflichen Pläne musste er jedoch aufgrund mannigfacher Widrigkeiten[1234] bald die endgültige Aussichtslosigkeit seines Bemühens erkennen.

„Äußerlich gescheitert, innerlich gereift"[1235] kehrte Wolfgang Amadeus Mozart schließlich nach Salzburg zurück. Es blieb ihm nichts anderes übrig, als sich – widerwillig und enttäuscht –wieder in die Dienste des Fürsterzbischofs Colloredo zu begeben, der sich seinerseits sehr wohl bewusst war, welchen Vorteil es dem kulturellen Ruf seines Hofes brachte, den berühmten Komponisten wieder an sich zu binden. Mozart schreibt diesbezüglich an seinen Vater: „ ... der Erzbischof kan mich gar nicht genug bezahlen für die sclaverey in salzbourg! wie ich sage, ich empfinde ... lauter verdruß und angst, wenn ich mich wieder in diesen bettl-hof sehe! – Der Erzbischof darf mit mir gar noch nicht den grossen, wie er es gewohnt war, zu spiellen anfangen – es ist gar nicht unmöglich daß ich ihm eine Nase Drehe!"[1236]. Am 17.01.1779 wurde Wolfgang Amadeus Mozart zum Salzburger Hoforganisten in der Nachfolge Cajetan Adlgassers berufen. Für unsere Darlegungen

---

[1231] Vgl. BLUME, Art. Wolfgang Amadeus Mozart 711.

[1232] Es handelt sich hierbei um das bedeutende Kyrie in Es-Dur KV 322 (KV^6 296 a) für vier Singstimmen, Orchester und Orgelcontinuo (1778). Vgl. hierzu ausführlich HINTERMAIER, Mozart: Kyrie (Fragment) in Es-Dur 196 f.

[1233] Komponisten, deren Schaffen Mozart während seiner Reise kennen lernte und deren Einfluss sich in seinem Œuvre niederschlug, waren z.B. *Johann Christian Cannabich* (1731-1798), *Johann Gottfried Eckard* (1735-1809), *Leontzi Honauer* (1735-1792), *Ernst Dietrich Eichner* (1740-1777), *Luigi Boccherini* (1743-1805) *Johann (Jean) Schobert* (1740-1767), *Pierre-Alexandre Monsigny* (1729-1817) und *François-André Philidor* (1726-1795). Vgl. etwa BLUME, Art. Wolfgang Amadeus Mozart 752.

[1234] Indifferenz und Arroganz einer gegenüber Fremden abgeschotteten Musikszene, ungünstige politische Umstände sowie hemmende Zufälle verbauten Mozart den Weg zu einer festen Anstellung. Mozarts für einen Arbeitssuchenden mitunter unkluges Beharren auf den eigenen Ideen wirkte sich ebenfalls nicht gerade förderlich aus. Vgl. etwa SADIE 66-73. „Von Paris an scheint ... bei ihm der Eindruck stärker geworden zu sein, daß es sich nicht nur um diesen oder jenen höfischen Aristokraten handelte, der ihn in ärgerlicher Weise erniedrigte, sondern daß die gesellschaftliche Welt, in der er lebte, irgendwie falsch eingerichtet war. [...] Er fand die Behandlung, die ihm zuteil wurde, ungerecht, empörte sich darüber und kämpfte auf seine Weise dagegen. Aber es war und blieb ein höchst persönlicher Kampf. Nicht zuletzt deswegen mußte er ihn verlieren." ELIAS 31 f.

[1235] BLUME, Art. Wolfgang Amadeus Mozart 713.

[1236] Brief an Leopold Mozart vom 12.11.1778. Zitiert nach BAUER / DEUTSCH Bd. 2 507.

ist folgender Passus des Anstellungsdekretes relevant: „Demnach Wir den Supplikanten ... gnädigst an- und aufgenommen haben, daß derselbe ... seine aufhabende Verrichtungen sowohl in dem Dom, als bey Hof, und in dem Kapelhauß mit embsigen Fleis ohnklagbar versehe, auch den Hof, und die Kirche nach Möglichkeit mit neüen von Ihme verfertigten Kompositionen bedienne“[1237]. Mithin gehörte auch das Vertonen des Ordinarium missae fortan wieder zu seinen Dienstpflichten. In der Tat legte Mozart bereits zwei Monate nach seiner Wiedereinstellung die Messe in C-Dur („*Krönungsmesse*“) KV/KV^6 317 für Soli, vierstimmigen Chor, Orchester und Orgelcontinuo vor. Selbst heute noch wird in der Mozartliteratur der Beiname im Sinne der verbreiteten Fable convenue gedeutet, nach welcher das Opus für das Krönungsfest[1238] der oben bereits erwähnten Wallfahrtskirche Maria Plain geschrieben worden sei.[1239] Mittlerweile liegt allerdings authentisches Quellenmaterial vor, welches beweist, dass sich der Vulgotitel „*Krönungsmesse*“ auf eine erst etliche Jahre *nach* der Uraufführung erfolgte Aufführung bezieht: Demnach erklang die Messe bei den Krönungsfeierlichkeiten von 1791/92 in Prag.[1240] Ein Zusammenhang mit Maria Plain kann ausgeschlossen werden. Der eigentliche Entstehungsanlass hängt mit der Wiedereinstellung Mozarts bei Colloredo zusammen: „Mit der großen und reich instrumentierten Komposition ... wollte er bei dem Salzburger Hof sicherlich seine Qualifikation für das neue Amt unter Beweis stellen.“[1241] Dem Datumsvermerk des Autographes nach zu schließen, fand die Uraufführung wohl im Hochamt eines der beiden Osterfeiertage am 04. oder 05.04.1779 statt. Die mitkomponierte Gegenüberstellung von Soloquartett und Chor ereignete sich im Salzburger Dom auch räumlich, was hinsichtlich der heutigen Aufführungspraxis berücksichtigt werden sollte.[1242] Mit Recht darf diese populärste Mozartmesse zugleich auch als die Gelungenste der Salzburger Ordina-

---

1237 Anstellungsdekret Mozarts als Salzburger Hoforganist vom 17.01.1779. Zitiert nach ANGERMÜLLER, Anstellungsdekret Mozarts als Organist vom 17. Januar 1779 113.

1238 Das Gnadenbild der bei Salzburg gelegenen Wallfahrtskirche Maria Plain wurde im Jahre 1751 gekrönt. Zur Erinnerung an dieses Ereignis fand in Maria Plain in der Folgezeit jährlich (immer am fünften Sonntag nach Pfingsten) das sog. „Krönungsfest“ statt. Vgl. FELLERER, Die Kirchenmusik W.A. Mozarts 129.

1239 So etwa SADIE 82, SIEGMUND-SCHULTZE 181 oder SCHELLHORN 53.

1240 Die „*Krönungsmesse*“ wurde dabei entweder bereits im Rahmen der Krönung *Leopold*s *II.* (1747-1792) und dessen Gemahlin *Maria Luisa (Ludovica)* (1745-1792) Ende August/Anfang September 1791 aufgeführt oder aber – und dies mit ziemlicher Sicherheit – zwei Jahre später nach dem plötzlichen Tod Leopolds II. bei der Krönung dessen Nachfolgers *Franz II.* (bzw. *Franz I.* als Kaiser von Österreich) (1768-1835) am 09. und 11.08.1792. Vgl. PFANNHAUSER, Mozarts „Krönungsmesse“ 3-11, HOLL, Vorwort zu Messen Bd. 4 (NMA I: 1: 1) 14 f. sowie LANDON, The Mozart essays 180.

1241 HOLL, Vorwort zu Messen Bd. 4 (NMA I: 1: 1) 13.

1242 Im Salzburger Dom wurde gemäß einer aus dem 17. Jahrhundert stammenden Tradition das für die damaligen Verhältnisse ungewöhnlich große Vokalensemble (circa dreißig Sänger) auf die vier Emporen an den Kuppelpfeilern und auf das Presbyterium aufgeteilt. Die Solisten standen auf der linken Empore, der Chor im rechten Teil des Presbyteriums. Um die vielschichtige Klangwirkung in dem riesigen Raum angemessen zur Geltung zu bringen, verstärkte Mozart die Chorstimmen Alt, Tenor und Bass stets durch drei colla parte geführte Posaunen (die durchdringende Sopranlage bedurfte keiner instrumentalen Unterstützung). Den von Mozart intendierten authentischen Klangeffekt der „*Krönungsmesse*“ (wie übrigens etwa auch der „*Orgelsolomesse*“) wird man heute mithin nur in einer vergleichbaren Lozierung des Ensembles erreichen, was auch hinsichtlich der liturgischen Dramaturgie eine Bereicherung bedeuten würde. Vgl. BIBA, Am Beispiel Mozart: Komponist – Werk – Aufführungspraxis 275-277 sowie KRUTMANN 289 f.

riumsvertonungen angesehen werden. In berückender Vollendung gelingt hier in Form und Klangkolorit eine seltene Geschlossenheit, welche den Vorstellungen Colloredos in nahezu idealer Weise entsprechen musste. Das fast Unmögliche ist hier meisterlich verwirklicht, nämlich die Fülle der auf engstem Raum bewusst entwickelten Detailarbeit und deren Kontrastreichtum solchermaßen in eine kompakte Einheit zusammenzuschließen, dass der Gesamteindruck niemals kompliziert, überbordend oder gar narzistisch-artifiziell sondern luzid und natürlich wirkt. Die musikalische Gestalt, obgleich symphonisch-dramatisch ausgerichtet und konventionelle Vorwürfe berücksichtigend (u.a. auch im Rekurs auf die neuen Mannheimer und Pariser Erfahrungen), dominiert nicht über den liturgischen Wortausdruck. Es scheint, als hätten die Krisen der großen Reise – der Tod der Mutter und das Scheitern beruflicher Alternativen – die Persönlichkeit Mozarts kathartisch auf eine neue Stufe seelischer Reife gehoben, welche ihm nun auch die sakralen Tiefendimensionen des Ordinarium missae in neuem Licht erschloss. Innere theologische Zusammenhänge, die er sonst überging, werden hier erstmals entborgen.[1243] Auch die Tatsache, dass Mozart das Andante sostenuto der „*Krönungsmesse*“ einige Jahre später in einer seiner Opern zitiert, ist in diesem Konnex zu sehen.[1244]

„Mozart's musical language was changing after his visit to Paris. It is infinitely darker-hued, even sombre at times, and there is a permanent sense of drama, even in non-dramatic works.“[1245] Diese Feststellung lässt sich paradigmatisch an der letzten vollendeten Messe Mozarts verifizieren. Die Missa solemnis in C-Dur KV/KV^6 337 für Soli, vierstimmigen Chor, Orchester und Orgelcontinuo, trotz ihrer symphonischen Form vom Umfang her zutreffender als Missa brevis zu bezeichnen, hebt schon zu Beginn in düsteren harmonischen Ausweichungen mit getragenem Ernst an. Abgründig trauernd auch das Unisono des „Crucifixus“, von strenger Herbheit die a-Moll-Chorfuge des Benedictus. Gerade Letzteres erstaunt, da das traditionelle Benedictus-Idiom ja freudigen Jubel oder pastorale Idylle nahe legte. Waren bis 1780 die Messkompositionen Mozarts in ihrer Musiksprache noch den herkömmlichen Vorgaben verpflichtet, so brach sich nun in KV/KV^6 337 endgültig die Subjektivität des gereiften Individualstils Bahn. Dies geschah nicht auf spektakuläre Weise, sondern eher unterschwellig in einer subtilen, sich nicht plakativ darbietenden Detailfeinheit und Phantasiefülle. Der sehr textorientierte Gesamtduktus dieser Messe, die wahrscheinlich für das Ostersonntags-Hochamt 1780 im Salzburger Dom bestimmt war[1246], orientiert sich unbedingt an der Würde der Messliturgie. Gleichwohl wird evident, dass Mozarts Kirchenmusik „ ... so frei, so persönlich geworden [war], daß auch sie über kurz oder lang ein Anlaß

[1243] Vgl. die Ausführungen zum Wort-Ton-Verhältnis weiter hinten.

[1244] Das Sopransolo des „Agnus Dei“ legt Mozart der Arie der Gräfin „*Dove sono i bei momenti*“ seiner Opera buffa „*Le nozze di Figaro*“ KV/KV^6 492 (Dritter Akt, Achte Szene, Nummer neunzehn) thematisch zugrunde. Mit diesem Selbstzitat eines für die Eucharistie komponierten Stückes deutet Mozart die Erinnerung der Gräfin an die glückliche Zeit ihrer Erstkommunion an in einer Situation, in der die Gegenwart Verzweiflung bedeutet. Vgl. DE NYS, Mozart musicien de l'incarnation 79 f.

[1245] LANDON, The Mozart essays 178

[1246] Vgl. HOLL, Vorwort zu Messen Bd. 4 (NMA I: 1: 1) 15.

zum Bruch mit dem Erzbischof hätte werden müssen – man glaube nicht, daß Colloredo, der ja auch Werke anderer Meister zu hören bekam ..., kein Ohr gehabt hätte für die Subjektivitäten oder musikalischen Aufsässigkeiten seines Hoforganisten."[1247]

Das Streben nach künstlerischer Integrität und Autonomie wurde zum Gegenstand fundamentaler Meinungsdivergenzen zwischen dem Hoforganisten und seinem Dienstherren. Beim Untergebenen kam das folgenschwere Gefühl auf, die demütigende Fremdbestimmung nicht länger ertragen zu können. Ende 1780 schrieb Mozart an seinen Vater: „... mir wird bey meiner Ehre nicht ‹Salzburg› – sondern ‹der Fürst – die stolze Noblesse› alle tage unerträglicher – ich würde also mit vergnügen erwarten, daß ‹er mir› schreiben ‹liesse, er brauche mich nicht mehr› ...".[1248] Fortan gab er sich keine Mühe mehr, Konfrontationen zu vermeiden, ja er provozierte diese geradezu. Er missachtete seine von Amts wegen geforderte tägliche Präsenz beim Lever[1249] und ließ Dienste ausfallen, indem er seinen Urlaub überzog. Andererseits machte der Fürsterzbischof seine Herrenrechte gegenüber seinen Musikern in sehr rüder Form geltend, indem er ihnen befahl, in anderen Adelshäusern zu musizieren, ohne sie dafür in der üblichen Weise zu entschädigen, sie aber zugleich auch daran hinderte, selbstständig aufzutreten und Verdienst zu suchen. Als Wolfgang Amadeus Mozart sich diesem Vorgehen widersetzte, kam es am 9./10.05.1781 zu einem dramatischen Konflikt mit Colloredo, der – womit der Fürsterzbischof niemals gerechnet hätte – darin gipfelte, dass Mozart seinen Dienst quittierte und sich in Wien niederließ.[1250] Kurz danach schreibt Mozart: „... ich hasse den Erzbischof bis zur raserey"[1251] und „... sollte ich betteln gehen, so möchte ich keinem solchen Herrn mehr dienen ... ."[1252] Statt als fester Angestellter eines Patrons wollte er sich nun als „freier Künstler" etablieren. „So ging Mozart, als er mit seinem Dienstherrn brach, ob er es wußte oder nicht, ein außerordentliches Risiko ein. Er setzte sein Leben, seine ganze soziale Existenz aufs Spiel."[1253]

[1247] EINSTEIN 393.

[1248] Brief an Leopold Mozart vom 16.12.1780. Zitiert nach BAUER / DEUTSCH Bd. 3 60. Die mit ‹...› eingeklammerten Stellen beinhalteten codierte Lexeme oder Syntagmen, die die Salzburger Zensoren nicht verstehen sollten.

[1249] Siehe diesbezüglich den Brief an seinen Vater vom 12.05.1781: „Ich wuste nicht daß ich kammerdiener wäre, und das brach mir den hals – ich hätte sollen alle Morgen so ein Paar stunden in der ante Camera verschlenndern – man hat mir freylich öfters gesagt, ich sollte mich sehen lassen – ich konnte mich aber niemalen errinern daß dies mein dienst seye, und kamm nur allzeit richtig wenn mich der Erzbischof rufen ließ." Zitiert nach BAUER / DEUTSCH Bd. 3 113.

[1250] Vgl. zu den Details dieser Vorgänge etwa BIBA, Mozart an seinen Vater in Salzurg 254 sowie SOLOMON 242-246.

[1251] Brief an Leopold Mozart vom 09.05.1781. Zitiert nach BAUER / DEUTSCH Bd. 3 112.

[1252] Brief an Leopold Mozart vom 16.05.1781. Zitiert nach BAUER / DEUTSCH Bd. 3 116.

[1253] ELIAS 41 f. Mozarts Schritt zum freiberuflichen Musikschaffen fiel allerdings in eine Zeit, in der von der Sozialstruktur her selbst für Musiker hohen Ranges ein solcher Platz noch nicht vorgesehen war. Die Institutionalisierung eines freien Musikmarktes steckte noch in den Anfängen: Die Einrichtung von Konzerten für ein zahlendes Publikum und die Tätigkeit von Verlegern, welche Werke bekannter Tonsetzer verkauften und ihnen dafür Honorare vorschossen, befanden sich bestenfalls in statu nascendi. Vgl. ELIAS 41 f.

Auf das Messenschaffen Mozarts hätte die Phase freiberuflicher Tätigkeit wohl keine einschränkenden Auswirkungen gehabt, wenn nicht kurz danach, nämlich am 14.12.1782, mit der „*Resolution Josephs II. zum Vortrag der Hofkanzlei vom 01.12.1782, betreffend die Gottesdienstordnung von Wien*" die liturgischen Reformmaßnahmen des habsburgischen Josephinismus wirksam geworden und mit der *Gottesdienstordnung* vom 20.04.1783 konsolidiert worden wären.[1254] Wie bereits im vorigen Kapitel dargelegt, entzogen diese Direktiven der Missa solemnis/longa weitestgehend die liturgischen Grundlagen. Damit bestand für den freischaffenden Mozart kein Anlaß mehr, das Ordinarium missae zu vertonen.[1255] Mozart, seit seiner Kündigung materiell auf sich gestellt, musste fortan primär im Hinblick auf künstlerisches Renommee und monetären Ertrag komponieren. So schreibt er etwa an seinen Vater: „Mein ‹Wunsch, und meine hofnung› ist –‹mir Ehre, Ruhm› und ‹Geld› zu machen ..."[1256] – eine Aussage die mithin weniger von materieller Verblendung als vielmehr von der Sorge um den bloßen Broterwerb zeugt. Wahllos komponierte Missae breves hätten hierzu in keinster Weise beigetragen. Vielmehr traten für Mozart nun die Genres der Oper und des Klavierkonzertes in den Vordergrund. „Es ist keine künstlerische Selbstverleugnung, wenn ein Komponist, der in der Musikszene anerkannt und auf dem Markt des musikalischen Repertoires erfolgreich sein will, auf die Bedürfnisse und Erwartungen des Marktes reagiert."[1257] In Berücksichtigung dieses Hintergrundes muss die mitunter anzutreffende Unterstellung, dem Fehlen weiterer vollständiger Mozartmessen nach 1780 liege eine Abkehr Mozarts vom Katholizismus zugrunde, als unbegründet zurückgewiesen werden.[1258] Ganz im Gegenteil gründet gerade die einzige Messe Mozarts aus der Zeit nach 1780 wie kaum eine seiner übrigen Ordinariumsvertonungen in seiner persönlichen Religiosität. Es handelt sich hierbei um die unvollendete Messe in c-Moll („*Große Messe*") KV 427 (KV⁶ 417 a) für Soli,

---

[1254] Die musikrelevanten Inhalte der josephinischen Liturgiereform wurden ausführlich im vorangegangenen Kapitel 5.2.2.1, Seite 281 ff. behandelt.

[1255] Vgl. BLUME, Art. Wolfgang Amadeus Mozart 722. Vor In-Kraft-Treten der Reformen waren von auswärtigen Auftraggebern üblicherweise hauptsächlich Missae solemnes/longae gewünscht worden. Kaum jemand wäre nunmehr auf die Idee gekommen, die Komposition von Missae breves in Auftrag zu geben. Die geringfügige Abmilderung der josephinischen Gottesdienstordnung unter Kaiser *Leopold II.* (1747-1792), der im Jahre 1790 die Nachfolge seines verstorbenen Bruders Joseph II. antrat, setzte sich nur zögerlich durch, sodass Mozart, der am 05.12.1791 starb, davon nicht mehr profitieren konnte. Vgl. hierzu bereits Kapitel 5.2.2.1, Seite 282.

[1256] Brief an Leopold Mozart vom 16.05.1781. Zitiert nach BAUER / DEUTSCH Bd. 3 116.

[1257] BIBA, Am Beispiel Mozart: Komponist – Werk – Aufführungspraxis 277. Vgl. auch FELLERER, Soziologie der Kirchenmusik 70.

[1258] Erwiesenermaßen bewarb sich Mozart Ende der 1780er-Jahre sogar wieder um ein kirchenmusikalisches Amt. Wenige Monate vor seinem Tod, am 09.05.1791, wurde er zum unbesoldeten Kapellmeister an der Wiener Domkirche St. Stephan ernannt mit der Zusage, im Falle des Ablebens des amtierenden Domkapellmeisters *Leopold Hofmann* (1738-1793) auf dessen Posten nachzurücken. Wohl, um sich im Hinblick auf diese Bewerbung mit aktuellen Werken profilieren zu können, komponierte Mozart in den Jahren 1787-1791 sechs Ordinariumseinzelsätze für vier Singstimmen, Orchester und Orgelcontinuo: Das Kyrie in G-Dur (Fragment) KV Anhang 16 (KV⁶ 196 a), das Kyrie in C-Dur (Fragment) KV Anhang 15 (KV⁶ 323), das Gloria in C-Dur (Fragment) KV Anhang 20 (KV⁶ 323 a), das Kyrie in D-Dur (Fragment) KV Anhang 14 (KV⁶ 422 a), das Kyrie in C-Dur (Fragment) KV Anhang 13 (KV⁶ 258 a) sowie das exzeptionelle Kyrie in d-Moll KV 341 (KV⁶ 368 a).

vierstimmigen Chor, Orchester und Orgelcontinuo[1259], über die der Komponist an seinen Vater schreibt: „... wegen der Moral hat es ganz seine richtigkeit; – es ist mir nicht ohne vorsatz aus meiner feder geflossen – ich habe es in meinem herzen wirklich versprochen, und hoffe es auch wirklich zu halten. – meine frau war als ich es versprach, noch ledig – da ich aber fest entschlossen war sie bald nach ihrer genesung zu heyrathen, so konnte ich es leicht versprechen – zeit und umstände aber vereitelten unsere Reise, wie sie selbst wissen; – zum beweis aber der wirklichkeit meines versprechens kann die spart von der hälfte einer Messe dienen, welche noch in der besten hoffnung da liegt."[1260] Was Mozart hier etwas nebulös andeutet, ist der Umstand, dass er mit der seinem Vater gegebenen Zusage eines danach mehrmals verschobenen Salzburg-Besuches die ebenfalls versprochene Aufführung eines offenbar ex voto projektierten Werkes dortselbst verknüpfte. Welches aber das eigentliche Anliegen des Gelübdes war, bleibt uneindeutig. Mittels der Einlösung des Gelübdes suchte Mozart entweder für die Genesung seiner Frau oder für die trotz erheblicher Widerstände seitens seines Vaters erfolgte Heirat (04.08.1782) eine Votivgabe darzubringen. Überdies schreibt Constanze Mozarts zweiter Gatte *Georg Nikolaus Nissen* (1761-1826) in seiner Mozartbiographie, dass die „*Große Messe*" in c-Moll als religiöser Dank für die komplikationslose Entbindung des ersten Kindes *Raimund Leopold Mozart* (17.06.1783) begonnen wurde.[1261] Demnach wäre das Opus wohl beim Tod des kleinen Sohnes am 19.08.1783 abgebrochen worden und somit die erhaltenen Teile (Kyrie, Gloria, Sanctus, Benedictus sowie Partiturentwurf eines bis einschließlich „Et incarnatus est" ausgeführten Credo) innerhalb von nur zwei Monaten entstanden. Welches der genannten Motive zutrifft, ob eventuell alle drei Anlässe koinzidieren und warum das Opus ein Torso blieb, ist indes nicht mehr verifizierbar; „... sicherlich entstand das Werk auch aus vertieftem religiösem Empfinden während der ersten gemeinsamen Zeit mit Constanze, doch es entstand losgelöst von allen Gedanken an kirchliche Einschränkungen."[1262] In der Tat war ja diesmal kein konkreter liturgischer Kontext zu berücksichtigen und die liturgische Praktikabilität angesichts des Votivgedankens nahezu irrelevant. Da allein die Aufführungsdauer der ausgeführten Teile mehr als fünfzig Minuten beansprucht, hätte das in den vorgebenen Dimensionen vollendete Opus sogar bei einem Hochfest die gottesdienstlichen Proportionen gesprengt. Zur Erfüllung seines Gelübdes ließ Wolfgang Ama-

---

[1259] Aus den ersten beiden Sätzen der „*Großen Messe*" in c-Moll entstand im Jahre 1785 ohne jegliche Veränderung der musikalischen Substanz die Kantate Davidde penitente KV/KV[6] 469: Die Wiener Musiker-Societät hatte Mozart gebeten, für eine Konzertaufführung zugunsten des Pensionsfonds der Musikerwitwen am 13.03.1785 (Wiederholung am 15.03.1785) eine Neukomposition beizutragen. Es war jedoch „... die Frage, wie er eine solche zeitlich hätte bewältigen können bei den enorm vielen Konzert- und Kompositionsverpflichtungen, auf die er sich in dieser Saison eingelassen hatte" (HOLL, Vorwort zu Davidde penitente [NMA I: 4: 3] 11). Aufgrund des Zeitdrucks verwendete er daher das Kyrie und Gloria der „*Großen Messe*" in c-Moll für eine Kontrafaktur italienischer (eventuell von *Lorenzo da Ponte* [1749-1838] verfasster) Verse und stellte daraus unter Hinzügung zweier neuer Arien und einer Kadenz die besagte Kantate zusammen. Vgl. etwa FELLERER, Die Kirchenmusik W.A. Mozarts 133.

[1260] Brief an Leopold Mozart vom 04.01.1783. Zitiert nach BAUER / DEUTSCH Bd. 3 247 f.

[1261] Vgl. NISSEN 476.

[1262] HOLL / KÖHLER 9.

deus Mozart also die Votivgabe in unfertigem Zustand – möglicherweise ergänzt durch Sätze aus seinen früheren Messen – erklingen.[1263] Mozart wählte als Ort der Uraufführung am 26.10.1783[1264] mit Bedacht die Salzburger Stiftskirche St. Peter, weil das Kloster wie gesagt nicht dem Salzburger Fürsterzbischof unterstand. Es ist übrigens durchaus nicht abwegig, in der Monumentalität der „*Großen Messe*" in c-Moll auch eine Protest-Geste Mozarts hinsichtlich der josephinischen Liturgiereform zu sehen, die ja gerade für ihn persönlich erhebliche berufliche Einbußen zeitigte: Entstand doch dieser gewaltige Torso just zu der Zeit, als die Auseinandersetzung um die Beschränkung der Kirchenmusik zwischen Kirche und Regierung ihren Höhepunkt erreichte. Überdies steht dieses Werk als klassische Nummern-Messe stilistisch in manchen Teilen dem konservativen „kaiserlichen Stil" Caldaras und Reutters nahe und rekurriert ausdrucksmäßig auf die barocke Affektenlehre – auch dies ein demonstrativer Verweis auf die vorjosephinische Ära.[1265] Daneben greift Mozart besonders in den beiden gewaltigen Fugen (Gloria: „Cum Sancto Spiritu" und Sanctus: „Osanna") und dem Doppelchor des „Qui tollis" auf die in Süddeutschland zur damaligen Zeit nahezu fremde Kunst Händels und Bachs zurück, deren elementare Kraft ihn faszinierte.[1266] Constanze hatte bereits seit Anfang 1782 großes Gefallen an der Kontrapunktik der alten Meister gefunden und somit erfüllte Mozart mit den entsprechenden Passagen der „*Großen Messe*" in c-Moll auch den Wunsch seiner Gattin.[1267] In ihrem genialen Facettenreichtum wurde diese Komposition zum Opus summum aller seiner Messkompositionen, in welchem er „ ... sein Jahrhundert zusammenfaßt und dessen musikali-

---

[1263] Vgl. FELLERER, Die Kirchenmusik W.A. Mozarts 16.

[1264] Auch der Uraufführungstermin war möglicherweise bewusst gewählt: In St. Peter wurde am 26. Oktober das Fest des *hl. Amandus* († 679), des zweiten Patrones des Klosters, gefeiert. Da die entsprechenden Rubriken der Messliturgie an Heiligenfesten, die keine Marien-, Apostel-, oder eigens angegebene Kirchenlehrerfeste sind, die Verwendung des Credo nicht vorsehen, entfiel das Glaubensbekenntnis mithin auch am Fest des hl. Amandus. Dieses Fest fiel zwar im Jahre 1783 auf einen Sonntag, was wiederum die Verwendung des Credo nahe legt. „Ob nun aber an diesem Tage vielleicht trotzdem auf ein gesungenes Credo verzichtet wurde, darüber kann man nur Vermutungen anstellen. Für Mozart, der über die liturgischen Gepflogenheiten bei Heiligenfesten sicherlich Bescheid wußte, wäre das Wegfallen des Credo jedenfalls eine elegante Gelegenheit gewesen, die Unvollständigkeit seiner Komposition einigermaßen zu kaschieren" (HOLL / KÖHLER 10).

[1265] Vgl. RIEDEL (Friedrich Wilhelm), Mozarts Kirchenmusik 35.

[1266] War Mozart bereits in London sporadisch mit einem Teil des Händelschen Œuvres in Berührung gekommen, so wurde er in Wien bei den Sonntagsmatineen im Hause des Präsidenten der Studien- und Bücherzensur-Hofkommission *Gottfried Bernhard Freiherr van Swieten* (1733-1803) systematisch in die spätbarocke Musik eingeführt. Dort wurde u.a. neben dem Oratorienwerk Händels vor allem das kontrapunktische Schaffen Johann Sebastian Bachs ausgiebig gepflegt. Mozart widmete sich daraufhin einem intensiven Selbststudium dieses Stils: Das plötzliche Gewahrwerden der Bedeutung der spätbarocken Meister führte bei ihm zunächst zu einer Art schöpferischer Krise, die er erst in dem Maße überwand, als er das Vermächtnis der Alten für sein eigenes Schaffen fruchtbar zu machen verstand. Vgl. etwa EINSTEIN 396 und SADIE 100.

[1267] Vgl. FELLERER, Die Kirchenmusik W.A. Mozarts 76 f. Übrigens berücksichtigte Mozart seine Gemahlin in der „*Großen Messe*" in c-Moll auch noch auf andere Weise: Der Part des ersten Soprans ist ihrem Gesangsfach bewusst angepasst. So ist Mozarts kurz nach der Hochzeit eigens für Constanze geschriebenes Solfeggio in F-Dur KV 393 (KV^6 385 b) Nr. 2 größtenteils nahezu identisch mit dem ersten Sopransolo des Kyrie der unvollendeten c-Moll-Messe (einen Ganzton tiefer als das Solfeggio). Tatsächlich sang Constanze Mozart bei der Uraufführung am 26.10.1783 den ersten Sopran. Vgl. LANDON, The Mozart essays 183.

sche Sprache transfiguriert."[1268] Die bereits seit der „*Krönungsmesse*" anzutreffende vertiefte Textausdeutung erreichte nunmehr die höchste Ebene mozartischer Wortdarstellung. Im Gegensatz zur damaligen zeitgenössischen liturgischen Gebrauchsmusik geht es hier nicht um das Absingen der Texte in einheitlicher Grundhaltung, sondern um das Einholen theologischer Inhalte. „Die c-Moll-Messe ist ... ein Werk persönlicher Prägung. Der Komponist, der ... auch bittere Erfahrungen erlebt hatte, kannte nicht mehr das kindliche Beten im Jubel der Gottesfreude. Es ist der Ernst des Gebets, das aus der c-Moll-Messe spricht und Mozart zu einer breiten inneren Auseinandersetzung mit dem liturgischen Text brachte. Im Zwang eigener Verpflichtung fand er zum liturgischen Text und zur künstlerischen Gestaltung aus seinem Geist."[1269]

Die mit der „*Großen Messe*" in c-Moll abgeschlossene Klärung der vielschichtigen Kontexte des mozartischen Messenœuvres macht deutlich, dass die Texte des Ordinarium missae für ihn durchaus nicht nur „‚geistliche Libretti' [waren, die er] ebenso gut bediente wie die weltlichen"[1270]. Als unleugbar religiöser Mensch hatte er ein über das rein Musikalische und Materielle hinausgehendes Interesse an der Gattung Messe. „Dieser Komponist, der von Herkommen, Umgebung und beruflicher Stellung zur katholischen Kirche und zu ihrem ... Gottesdienst starke Beziehungen hatte, mußte ihr im äußeren und inneren Auftrag kompositorisch verbunden sein ... . Es war ihm durchaus ein inneres Anliegen, für solche Gelegenheiten zu schreiben; und die Kirche bot ja auch wunderbare Gelegenheiten für die Entfaltung einer musikalischen Sprache, die gerade in der Dialektik von dogmatischer Strenge und freier Phantasie zu höchsten Leistungen angespornt wurde, die schöpferische Subjektivität immer wieder an höchsten Ideen messen zu können schien."[1271]

Bei der Erforschung des Wort-Ton-Verhältnisses innerhalb des mozartischen Messenœuvres zeigt sich, dass zwischen der Textbehandlung Wolfgang Amadeus Mozarts und derjenigen Joseph Haydns eklatante Parallelen bestehen. Dies trifft sowohl auf das beiderseitige Verhältnis zur Gattungstradition als auch auf den je individuellen kompositorischen Werdegang zu. Da sie einander Zeitgenossen waren und im selben geographischen Großraum aufwuchsen, waren beide Tonsetzer in Bezug auf das Wort-Ton-Verhältnis auf eine identische Ausgangsbasis verwiesen: Es ist jene Textbehandlung des Spätbarocks und der Wiener Klassik, welche das Wort primär als Vergegenständlichung auffasst.[1272] Wie Haydn stand Mozart von Kindesbeinen an unter dem dominanten Einfluss eines reichen kirchenmusikalischen Thesaurus, welcher ihm ein weitgespanntes Repertoire an textvertonenden Topoi und Idiomen vorgab. An erster Stelle befanden sich hier Tonmalereien, also Textvertonungen, die dem Prinzip des deskriptiven „*Imitar le parole*", d.h. der Darstellung des sinnlich Re-

---

[1268] EINSTEIN 396.
[1269] FELLERER, Die Kirchenmusik W.A. Mozarts 81.
[1270] KASPAR 291.
[1271] SIEGMUND-SCHULTZE 187.
[1272] Hinsichtlich diesbezüglicher Einzelheiten sei auf die einschlägigen Ausführungen in Kapitel 5.2.2.2, Seite 300 rückverwiesen.

zeptiblen folgten. Hierzu zählen innerhalb des Genres der Messe jene stereotypen Traditionalismen insbesondere der textreichen Sätze, die schon im Zusammenhang mit dem Messenœuvres Haydns ausführlich dargelegt wurden und deswegen hier nur in aller Kürze noch einmal in Erinnerung gerufen seien: Im Gloria das kontrastreiche Subito-Piano bei „et in terra pax", im Credo die Katabasiswendung bei „descendit de caelis" sowie die Anabasis-Wendung bei „Et ascendit in caelum", der Affectus tristitiae bei „crucifixus" und „passus", der Saltus duriusculus bei „passus", die Anabasis bei „Et resurrexit", die Verwendung der Prim bei „sedet ad dexteram" (Statik des Sitzens), die Verwendung von Blechbläsern bei „judicare" (Ankündigung des Weltgerichtes), das Unisono bei „et unam, sanctam ... ecclesiam" (Einheit der Kirche), die katabatische Wendung bei „resurrectionem mortuorum" mit der erschaudernden Tremulo-Figur auf „mortuorum", im Sanctus die anabatische Linie bei „in excelsis". Ein weiterer bei Haydn noch nicht erwähnter Topos tritt bei Mozart charakteristisch zu Tage: Den Worten „Et in Spiritum Sanctum, Dominum ..." wird eine tändelnd „luftige" ¾-Takt-Melodie appliziert, womit die biblischen nicht-personalen Ruach-/Pneuma-Metaphern (Wind, Atem, Lebensodem) dargestellt werden sollen.[1273] Die hier aufgezählten Traditionalismen sind insbesondere in den früheren Ordinariumsvertonungen Wolfgang Amadeus Mozarts ein fester Bestandteil der Textbehandlung. „In den Jugendmessen zeigt er sich noch ganz im Banne der Tradition, die er in Salzburg und auf seinen Reisen erlebte. Die selbstständige Erfassung des Messetextes, wie in der c-Moll-Messe KV 417 a = 427 oder im *Requiem* KV 626, fehlt seinen frühen Werken."[1274] Sachlich verwandt mit den oben aufgeführten punktuellen Traditionalismen sind jene kirchenmusikalischen Idiome, die sich nicht nur über wenige Takte, sondern über ganze Sätze oder Satzteile erstrecken. Hierzu gehört etwa die als lyrisches Weihnachtsidyll („Hirtenmusik"/"Engelsgesang") gestaltete Textstelle „Et incarnatus est"[1275] (die bei Mozart freilich darüber hinaus noch tiefere Bedeutung erlangt, wie weiter hinten noch erläutert wird), des Weiteren das traditionelle Fugato bei „Et vitam venturi saeculi" mit dem vielfältig wiederholten „Amen"[1276], welches „ ... als eine Prolongation des Credo aus der Zeit in die Ewigkeit"[1277] verstanden sein will[1278] sowie das Benedictus pastoralen Charakters, worin Christus gemäß volks-

---

[1273] So etwa in der „*Dominicus-Messe*" oder in der „*Missa in honorem SS:*^{mae} *Trinitatis*".
[1274] FELLERER, Die Kirchenmusik W.A. Mozarts 52. Eine detailierte Verifizierung der Topoi am konkreten Messenœuvre Mozarts erbringt gegenüber den bereits bei Haydn gewonnenen Erkenntnissen keine neuen Resultate und soll aus diesem Grunde hier nicht eigens durchgeführt werden.
[1275] Als besonders charakteristische Paradigmen seien hier etwa die „*Waisenhausmesse*", die „*Dominicus-Messe*", die „*Missa longa*", die „*(Große) Credo-Messe*", die „*Orgelsolo-Messe*", die Missa solemnis in C-Dur KV/KV^6 337 sowie die „*Große Messe*" in c-Moll genannt.
[1276] Bei einigen Messen setzt das Fugato erst auf dem Wort „Amen" ein, während das „Et vitam venturi saeculi" noch homophon gesetzt ist.
[1277] HAMMER 406.
[1278] Dieses Idiom rezipiert Mozart in circa zwei Dritteln seines gesamten Messenœuvres. Lediglich in der Missa brevis in G-Dur KV 140 (KV^6 Anhang C 1.12), der „*Spatzenmesse*", der „*Spaur-Messe*"/„*Piccolomini-Messe*", der „*Orgelsolo-Messe*", der Missa brevis in B-Dur KV 275 (KV^6 272 b) und der Missa solemnis in C-Dur KV/KV^6 337 ist diese Textstelle überwiegend homophon vertont.

tümlicher Religiosität als neugeborenes Kind im eucharistischen Sakrament begrüßt wird.[1279]

Mozarts Sprachbegabung – er besaß bereits als Siebenjähriger Französisch-Kenntnisse, sprach als Vierzehnjähriger fließend Italienisch und eignete sich später noch Grundkenntnisse in Englisch an – ließen ihn schon als kleinen Knaben über eine fundierte Fertigkeit in der lateinischen Sprache verfügen.[1280] Einzelne Schreibfehler und Texteliminationen[1281] resultieren mithin nicht aus diesbezüglichem Unvermögen, sondern daher, dass Mozart keine Vorlage benutzte und den Text aus dem Gedächtnis schrieb.[1282] In den Kyrie-Vertonungen hält er sich mitunter nicht an die vorgegebene Dreiteilung.[1283] Wenn Mozart in Gloria und Credo der Missae solemnes und Missae breves et solemnes des Öfteren auch die Intonationsworte des Priesters mit vertonte, so folgte er darin dem bereits seit dem 17. Jahrhundert nachweisbaren, nicht als liturgiewidrig angesehenen Beispiel anderer Komponisten. Einige vereinzelte deklamationsrhythmische Fehler treten fast nur in den frühen Messen auf und sind keinesfalls gravierend. Die drei- statt viersilbige Vertonung des Wortes „eleison" ist hingegen in fast allen mozartischen Ordinariumsvertonungen anzutreffen. Es sollte hinsichtlich der aufgezählten Unregelmäßigkeiten gleichwohl beachtet werden, dass sie in Bezug auf den großen Umfang des gesamten mozartischen Messenschaffens verhältnismäßig selten auftreten. „Im Gegensatz zu anderen Komponisten der Zeit hat Mozart den Messetext mit wenigen Ausnahmen streng beobachtet."[1284] Problematischer als diese sporadischen Unkorrektheiten ist innerhalb der Mozartmessen die bereits im Zusammenhang mit dem Messenœuvre Haydns behandelte Polytextur in den textreichen Sätzen Gloria und Credo[1285], „... which was one of the bad traditions of the *missa brevis* form in Austria"[1286]. Damit reagierte Mozart auf die mit der katholischen Aufklärung aufgekommene Tendenz zu liturgischer Vereinfachung. Demgemäß sollte bei normalen Sonntagsmessen bzw. Ämtern ohne Festcharakter die zeitliche Ausdehung der figuralen Textvertonungen der Dauer der vom Zelebranten privatim

---

1279 Besonders charakteristisch tritt diese Gestaltung etwa in der Missa brevis in G-Dur KV 140 (KV⁶ Anhang C 1.12), der „*Orgelsolomesse*" und der Missa brevis in B-Dur KV 275 (KV⁶ 272 b) zu Tage.

1280 Vgl. etwa BLUME, Art. Wolfgang Amadeus Mozart 699 sowie SADIE 20.

1281 Im Credo der „*Missa longa*" fehlt nach Takt 223 der Versteil „et conglorificatur", im Credo der „*(Großen) Credo-Messe*" wurde „Deum verum de Deo vero" ausgelassen, im Gloria der „*Spaur-Messe*"/„*Piccolomini-Messe*" ist das Wort „Tu" vor „solus Altissimus" nicht vertont

1282 Vgl. SENN, Vorwort zu Messen Bd. 1 (NMA I: 1: 1) 16.

1283 In der Missa brevis in G-Dur KV 49 (KV⁶ 47 d), der „*Dominicus-Messe*" sowie der Missa brevis in G-Dur KV 140 (KV⁶ Anhang C 1.12) wird die ursprünglich dreiteilige Textstruktur jeweils noch durch eine weitere anschließende Wiederholung von „Christe eleison" und „Kyrie eleison" erweitert.

1284 FELLERER, Die Kirchenmusik W.A. Mozarts 47

1285 Siehe hierzu bereits ausführlicher Seite 303. Bei Mozart begegnet Polytextur im Credo (Takte 16 ff., 24 ff. und 84) der Missa brevis in d-Moll KV 65 (KV⁶ 61 a), im Credo (Takte 118-125) der Missa brevis in D-Dur KV 194 (KV⁶ 186 h), im Credo (Takte 47-50, 51-54, 176-179, 180-183, 262-263, 264-265, 266-269) der „*(Großen) Credo-Messe*", im Credo (Takte 110, 114, 116) der „*Spaur-Messe*"/„*Piccolomini-Messe*", im Gloria (Takte 12-14, 26-29) und Credo (Takte 62-66) der „*Orgelsolo-Messe*", im Credo (Takte 61-69) der Missa brevis in B-Dur KV 275 (KV⁶ 272 b) sowie im Gloria (Takte 67-77) der „*Krönungsmesse*".

1286 LANDON, The Mozart essays 175.

gebeteten Texte angeglichen werden. Hinzu kam die oben bereits erwähnte Festum-Pallium-Regelung. Dies erklärt, warum bei Mozart Polytextur ausschließlich in seinen Missae breves und Missae breves et solemnes auftaucht.

Nach der Erläuterung der topischen und formalen Momente der Textvertonung Mozarts gilt es im Folgenden, der individuellen religiösen Aussagekraft seiner musikalischen Wortexegese nachzuspüren. Zunächst soll dabei der Blick auf die je eigenen atmosphärischen Stimmungsgehalte der einzelnen Ordinariumssätze gerichtet werden. Es fällt auf, dass Wolfgang Amadeus Mozart sich diesbezüglich bewusst von den einschlägigen Vorgaben der Gattungstradition abhebt, was schon anhand seiner Kyrie-Vertonungen exemplifiziert werden kann. Das tradierte Idiom war die Gestaltung der Kyrieakklamation als inständiger Flehruf um Erbarmen angesichts der Sündhaftigkeit des Rufenden.[1287] Mozart modifiziert diese Vorgabe nicht nur in etlichen seiner Messen, sondern durchbricht sie auch in vielen Ordinariumsvertonungen. Zwar beginnen etwa auch die „*Waisenhausmesse*", die Missa brevis in d-Moll KV 65 (KV^6 61a), die „*Dominicus-Messe*", die „*(Große) Credo-Messe*" oder die „*Krönungsmesse*" mit gesetzter Feierlichkeit. Die solenne Adagio- bzw. Andante-maestoso-Einleitung nimmt dort jedoch nur die Funktion einer jeweils kurzen Einleitung wahr, die zu einem freudigen Allegroteil hinführt. Noch deutlicher setzt sich der Komponist in der „*Kleine Credo-Messe*", der „*Spatzenmesse*", der „*Spaur-Messe*"/„*Piccolomini-Mes*se", der „*Missa longa*" oder der Missa brevis in B-Dur KV 275 (KV^6 272 b) über das konventionelle Kyrie-Idiom hinweg. Wie auch partiell in den Kyrie-Vertonungen Haydns ist hier der Duktus fröhliche, heitere Gelöstheit, woran etwa der Caecilianismus Anstoß nahm. Dabei lässt der Blick auf die historische Genese des Kyrie das vermeintliche Skandalum in einem anderen Licht erscheinen. Handelt es sich doch wie gesagt um einen originär paganen Jubelruf versammelter Volksmassen, welchen die frühchristliche Liturgie auf Jesus Christus übertrug. Unbewusst geht Mozarts Intention in die gleiche Richtung, wenn er die Akklamation an den Kyrios nicht als ängstlich Zerknirschter sondern als bedingungslos, kindlich Vertrauender in froher Selbsthingabe an die Allwirksamkeit Gottes artikuliert. Über das Kyrie hinaus kommt dies übrigens auch in den Tonarten seiner Messen zum Ausdruck. Für fast 60% seiner vollständigen Ordinariumszyklen wählte Wolfgang Amadeus Mozart C-Dur. Mozart verwendet diese Tonart meist, wenn er den Eindruck von Klarheit, Wahrheit, Helligkeit, Macht und Stärke evozieren will[1288]: Er macht die Vertonung des Ordinarium missae mithin bewusst zum Medium seiner persönlichen Heilsgewissheit, die etwa in den C-Dur-Messen „*Spatzenmesse*", „*(Große) Credo-Messe*" oder „*Krönungsmesse*" fast triumphale Züge annimmt. Die niederdrückenden und demütigenden Erfahrungen der Parisreise und der Salzburger Streitigkeiten sowie die damit zusammenhängende Phase religiöser Neuausrichtung ließen Mozart in spä-

---

1287 Die dementsprechenden Merkmale waren die hier häufig gebrauchte Moll-Tonart, emphatisch-schwerer, wuchtig geschichteter Chorsatz sowie durchgehend düstere, ernste Klangfarben.

1288 Vgl. etwa MERK 92 und GREITHER 105 ff. So ist etwa auch das Helden-Epos „*La clemenza di Tito*" KV/KV^6 621 oder die „*Jupiter-Symphonie*" KV/KV^6 551 in C-Dur gehalten. Auch etliche seiner anderen Sinfonien oder Klavierkonzerte stehen in dieser Grundtonart.

teren Werken, wie etwa der Missa solemnis in C-Dur KV/KV^6 337 oder dem Kyrie in d-Moll KV 341 (KV^6 368 a) vom vormaligen Duktus getroster und zuversichtlicher Geborgenheit zwischenzeitlich wieder etwas abrücken. Im Ringen um die Gespaltenheit des Daseins erreicht Mozart dann schließlich einen neuen Grad der Reife: Der fundamentalen ontischen Ur-Dialektik Licht–Finsternis, Leben–Leblosigkeit, Liebe–Tod begegnet er im Kyrie der „*Großen Messe*" in c-Moll KV 427 (KV^6 417 a) mit einem persönlichen Bekenntnis. Der „ ... schlichte Charakterwechsel von dem Kyrie zum Christe bedeutet nicht weniger als die entscheidende Wende vom Tod zum Leben. [...] Nur wenn wir uns an Christus wenden ..., dürfen wir auf Gnade hoffen. In ihm *haben* wir aber auch Gnade und Leben. [...] Diese, im kirchenmusikalischen Werk Mozarts durchaus neue und von jeder Einseitigkeit nach beiden Seiten befreite Gestaltung des Kyrie ist nicht subjektives Gefühlsschwelgen, sondern liturgische Allgemeingültigkeit ..."[1289].

Den Ton expressiver Klage, den Mozart im Kyrie überwiegend vermissen lässt, finden wir hingegen oft im „Qui tollis peccata mundi" seiner Gloriavertonungen. Für den Qui-Tollis-Satz, der in nahezu allen seiner Messen besonders hervorgehoben wird, wählt er in fast der Hälfte seiner Messen eine Tonart, die er in seiner Kirchenmusik sonst sorgfältig vermeidet[1290], nämlich die „Schicksalstonart" g-Moll[1291], welche den Eindruck von Verinnerlichung, Läuterung und Schmerz evozieren soll – Schmerz des Menschen sowohl über die eigene Schuld als auch über das Leiden des Gottessohnes.[1292] In einigen seiner Messen symbolisiert Mozart zudem das Einsinken unter der erdrückenden Last der Sünden durch eine absteigende melodische Linie[1293]. Indem der Komponist meist weniger das „miserere nobis" und „suscipe deprecationem nostram" akzentuiert, sondern vielmehr das ganze gestalterische Gewicht auf „Qui tollis" legt, betont er prononciert die *alternativlose* Verwiesenheit des Menschen auf den, welcher mit dem Personalpronomen „Qui" bezeichnet wird: Jesus Christus, der durch seine im Kreuzestod erfüllte Pro-Existenz zum σωτηρ wurde. „Mozart weiß, ... daß unser Bitten um Vergebung *nur* als *Nach*satz auf diesen *Vorder*satz Sinn hat und ihre Erhörung sich nicht außerhalb Jesu Christi postulieren läßt durch noch so heroisches Anflehen der Gottheit."[1294]

Auch die Credo-Vertonungen des Salzburger Meisters weisen überaus selbstständige Textgestaltung auf, welche zum Teil individuelle theologische Deutungen

---

1289 HAMMER 415.

1290 Lediglich im „Crucifixus" der Missa brevis in B-Dur KV 275 (KV^6 272 b) und der „*Krönungsmesse*" erscheint ebenfalls g-Moll, überdies auch bei „Tremendum" der Litaniae de venerabili altaris sacramento in B-Dur KV/KV^6 125 sowie bei „Viaticum morientium" der Litaniae de venerabili altaris sacramento in Es-Dur KV/KV^6 243, also bei zwei Textstellen, die semantisch mit dem Sterben zu tun haben.

1291 So im „Qui tollis" des Gloria der „*Dominicus-Messe*", der „*Missa longa*", der „*(Großen) Credo-Messe*", der „*Spaur-Messe*"/„*Piccolomini-Messe*", der „*Orgelsolo-Messe*", der Missa solemnis in C-Dur KV/KV^6 337 und der „*Großen Messe*" in c-Moll KV 427 (KV^6 417 a).

1292 Vgl. etwa MERK 95 f.

1293 Am eindrücklichsten geschieht dies in der „*Großen Messe*" in c-Moll KV 427 (KV^6 417 a), wo der Rhythmus überdies an die Geißelung gemahnt. Absteigende Melodik beim „Qui tollis" findet sich etwa auch in der „*Dominicus-Messe*" (Takte 191-195) oder der „*Orgelsolo-Messe*" (Takte 34-36).

1294 HAMMER 401.

enthält. Wenn z.B. in etlichen Messen der erste und zweite Glaubensartikel zunächst nicht durch eine formale Zäsur getrennt sind und erst bei „descendit de caelis" ein neuer musikalischer Charakter eintritt, so ist dies keine Willkür. Hierdurch wird vielmehr gemäß der dogmatischen Intention des Nicaeno-Constantinopolitanums die Seinseinheit des Vaters und des Sohnes als konkrete Realität veranschaulicht. Es wird versucht, die Selbstvergegenwärtigung Gottes in Jesus Christus und damit zugleich die personale Identität des Menschen Jesus im Wesen Gottes „hörbar" zu machen. Den höchsten Grad der Intensität erreicht das Wort-Ton-Verhältnis aber in allen Ordinariumszyklen Mozarts bei „Et incarnatus est". Nicht nur in den Missae solemnes/longae und Missae breves et solemnes ist diese Glaubensaussage, mitunter sogar mittels eines eigenen Satzes, aus dem übrigen Text hervorgehoben[1295], auch in den Kurzmessen erfolgt – einmal ganz abgesehen vom Ausdrucksduktus – stets irgendeine Pointierung anhand Veränderung der Dynamik, Wechsel der Taktart[1296] oder Verlangsamung des Tempos[1297]. Wenn auch das gestalterische Herausheben des „Et incarnatus est" per se nichts Neues ist, sondern als Topos pastoralen Charakters Mitte des 18. Jahrhunderts bereits eine Tradition hatte (siehe oben), übersteigt Mozart das Niveau reiner Weihnachtsidyllik doch bei weitem. Er bleibt nicht bei der naturalistischen Schilderung stehen, sondern bildet bei seiner Textauslegung durch eine zuvor nie dagewesene Empfindsamkeit und Ausdrucksdichte einen individuellen Skopus heraus: Seine tiefe Humanität und Lebensbejahung deutet darauf hin, dass für ihn neben der soteriologischen Relevanz vor allem auch die schöpfungstheologische und damit anthropologische Konsequenz der Menschwerdung im Vordergrund zu stehen scheint. Die Aufwendung höchster künstlerischer Subtilität widerspiegelt Mozarts maßloses Verwundern über das Wunder der Inkarnation, in der Gottes Ja zu seiner Schöpfung auf unüberbietbare Weise ergeht. Der von Mozart daraus gefolgerte ethische Auftrag zur Achtung der Menschenwürde lässt sich freilich aus der reinen Musik nicht heraushören, ist in Kohärenz mit seiner zutiefst humanistisch geprägten Religiosität aber gewiss implizit in seinen Messen mit intendiert. Während in der Gattungstradition das „Et incarnatus est" vom „Crucifixus" deutlich abgehoben ist, ist in der musikalischen Ausgestaltung Wolfgang Amadeus Mozarts das Trennende verwischt.[1298] Selbst dort, wo ein Tonartwechsel zwischen beiden Textstellen stattfindet, bleibt der Grundcharakter derselbe. Auf diese Weise verdeutlicht der Komponist, dass – aus nachösterlicher Perspektive – Menschwerdung und stellvertretender Sühnetod Jesu Christi als zwei Akte der *einen* selbstentäußernden Liebesintiative Gottes in untrennbarem heilsökonomischen Konnex stehen und

---

[1295] Verifizierbar etwa in der „*Waisenhausmesse*", der „*Dominicus-Messe*", der „*Missa longa*", der „*(Großen) Credo-Messe*", der „*Orgelsolo-Messe*", der Missa solemnis in C-Dur KV/KV^6 337 sowie der „*Große Messe*" in c-Moll.

[1296] So z.B. in der Missa brevis in D-Dur KV 194 (KV^6 186 h), der „*Missa longa*", der „*Spaur-Messe*"/„*Piccolomini-Messe*" oder der „*Orgelsolo-Messe*".

[1297] So beispielsweise in der Missa brevis in G-Dur KV 49 (KV^6 47 d), der „*Missa in honorem SS.^{mae} Trinitatis*", der „*Spatzenmesse*", der Missa brevis in B-Dur KV 275 (KV^6 272 b), der „*Krönungsmesse*" oder der Missa solemnis in C-Dur KV/KV^6 337.

[1298] Dies gilt besonders für die Missae breves in G-Dur KV 49 (KV^6 47 d), d-Moll KV 65 (KV^6 61 a), D-Dur KV 194 (KV^6 186 h) und B-Dur KV 275 (KV^6 272 b) sowie die „*Spaur-Messe*"/„*Piccolomini-Messe*".

insofern bereits dem punktuellen Inkarnationsereignis der sich schließlich auf Golgatha konkretisierende liebende Erlösungswille inhäriert.[1299] Interessanter Weise weist Mozart in seinen Messen auch dem „Crucifixus" eine speziell für diesen Textpassus „reservierte" Tonart zu: Es ist c-Moll, welches bei ihm oft als Chiffre für Todesnähe und Angst fungiert. Im Gegensatz zum subjektiven Schmerz des g-Moll im „Qui tollis" soll mit dem c-Moll des „Crucifixus" gleichsam die objektive Faktizität des Todes Christi herausgestellt werden.[1300]

Auch dem letzten Satz seiner Messen gibt Mozart eine sehr persönliche textexegetische Note. Die oft düstere und schwere Atmosphäre des „Agnus Dei, qui tollis peccata mundi" wird meist bewusst durch ein umso freudigeres, sich in rapidem Stimmungswechsel präsentierendes „dona nobis pacem" relativiert, um nicht zu sagen entkräftet. Die Friedensbitte ertönt überwiegend in strahlender Siegesgewissheit.[1301] „Mozart muß der Erhörung seiner Bitte um Friede, um Erlösung ganz sicher gewesen sein. Sonst ist dieser Finalejubel sinnlos und unmotiviert. [...] Es ist in der mozartschen Intensivierung vielmehr der persönliche Ausdruck freudigen Vertrauens des Kindes zu seinem himmlischen Vater, bei dem es sich geborgen weiß."[1302]

Die Auseinandersetzung mit dem in den Mozartmessen realisierten Wort-Ton-Verhältnis zeigt, dass gerade bei diesem Komponisten der Entfaltung des seinen Messen innewohnenden theologischen und liturgischen Impuls-Potentials eine Beschäftigung mit seinem biographischen Kontext überaus zuträglich ist. Erst hierdurch können die in über zweihundert Jahren aufgetürmten hermeneutischen Barrieren abgetragen werden, damit Mozarts Messen (wieder) das sein dürfen, was sie nach dem Willen ihres Urhebers sein sollen: Verkündigung eines lebendigen Glaubens und seelisch erhebende Bereicherung einer festlichen Liturgie. Fast erübrigt sich der Hinweis, dass nicht alle Messen des Meisters gleichermaßen qualitätvoll sind – auch er erlebte nicht ausschließlich künstlerische Sternstunden. So gehört zu einem verantwortungsvollen Umgang mit diesem Teil des Thesaurus musicae sacrae vor allem, ihn im Hinblick auf die unterschiedlichen Kontexte heutiger Liturgie flexibel einzusetzen. Hierfür Kriterien bereitgestellt zu haben, war mit den obigen Ausführungen beabsichtigt.

5.3 Die mehrstimmige Messe der Hoch- und Spätromantik am Beispiel A. Bruckners und J. G. Rheinbergers

Die Hermeneutik der doppelten Werkkontextualisierung auf das Messenœuvre der Hoch- und anzuwenden, kann angesichts der Komplexität dieser Epoche nur eine gezielte Fokussierung bedeuten. Das hierfür geltende Kriterium liegt im Hinblick auf die übergreifende Themenstellung der vorliegenden Monographie nahe: Aus-

1299 Vgl. etwa auch HAMMER 404 f.
1300 Vgl. MERK 96.
1301 Als besonders charakteristische Beispiele seien hier genannt: Die „*Waisenhausmesse*", die „*Spatzenmesse*", die „*Missa longa*", die „*(Große) Credo-Messe*" und die „*Krönungsmesse*".
1302 HAMMER 411.

schließlich jene kompositorischen Strömungen des Messenrepertoires sollen in das Blickfeld genommen werden, die in der heutigen innerliturgischen Praxis noch von erkennbarer Relevanz sind. In Kapitel 1.3.7 wurde als Charakteristikum des Messenschaffens des 19. Jahrhunderts bereits dessen Stildivergenz dargelegt. Dabei traten drei signifikante Entwicklungsstränge zu Tage: das Weiterverfolgen der konzertanten symphonischen Orchestermesse, deren ins Heroische tendierende Übersteigerung als verschachtelte Großform im Sinne einer liturgiefernen Individualisierung sowie die Neubelebung des Messentypus des Stilus ecclesiasticus („Palestrina-Stil").

Die in der Einleitung des 6. Kapitels vorgestellte bundesweite Befragung (Seite 190-193) ergab, dass der Anteil caecilianischer Kompositionen am Gesamtrepertoire aller liturgischen „Aufführungen" von traditionellen mehrstimmigen Messen in den deutschen Bichofskathedralen im Zeitraum der vergangenen fünf Jahre nur 2,34 % betrug. Auch wenn das Messenrepertoire aller übrigen deutschen Kirchenchöre in die Erhebung mit einbezogen wird, überschreitet der prozentuale Anteil caecilianischer Ordinariumszyklen nicht 6% .[1303] „Die Geschichte ist über die Vielzahl solcher cäcilianischer Kompositionen nahezu spurlos hinweggegangen. Cäcilianische Komponisten sind in der kirchenmusikalischen Praxis schon längst [so gut wie] nicht mehr vertreten."[1304] In Berücksichtigung dieses Faktums erscheint es vertretbar, in einer Abhandlung, die auf die *aktuellen* kirchenmusikalisch-liturgischen Gegebenheiten hin konzipiert ist, die Messkompositionen des Caecilianismus nicht einlässlicher zu behandeln: Von einer paradigmatischen Behandlung wird mithin abgesehen.[1305]

Der zweite Messentypus der zu behandelnden Epoche, die Sonderform der symphonischen Messe, die bewusst als großdimensionierte Konzertmesse angelegt ist, findet in der heutigen Messliturgie ebenfalls nur in Ausnahmefällen Verwendung. Daher soll auch dieses Genre hier nicht näher beleuchtet werden.[1306]

Gegenstand der folgenden Werkkontextualisierung seien jene Ausprägungen der Ordinariumkomposition des 19. Jahrhunderts, die in der Liturgie unserer Tage nach wie vor einen unangefochten hohen Rang behaupten: Die *romantische symphonische Orchestermesse und orgelbegleitete Messe* sowie die *romantische A-cappella-Messe*. Die an den deutschen katholischen Domen für die Messliturgie am häufigsten herangezogenen zyklischen Messvertonungen, die diesen Ausprägungen zuzurechnen sind, entstammen dem kompositorischen Nachlass Franz Schuberts, Anton Bruckners und Josef Gabriel Rheinbergers. Für die paradigmatische Werkkontextualisierung dieses Kapitels sollen die beiden letztgenannten

---

[1303] Vgl. hierzu etwa HUCKE / RENNINGS et al. 155.
[1304] MASSENKEIL, Art. Cäcilianismus 6.
[1305] Zur allgemeineren Auseinandersetzung mit den Grundzügen des Caecilianismus siehe bereits die Kapitel 1.3.7 „Die mehrstimmige Messe des Caecilianismus, die Orchestermesse der Hoch- und Spätromantik und die traditionelle mehrstimmige Messe des 20. Jahrhunderts (19. und 20. Jahrhundert)" sowie 2.1 „Die liturgische und kirchenmusikalische Situation am Vorabend der Liturgischen Bewegung".
[1306] Zur musikhistorischen Genese und dem Wort-Ton-Verhältnis der romantischen Konzertmesse siehe Kapitel 1.3.7 „Die mehrstimmige Messe des Caecilianismus, die Orchestermesse der Hoch- und Spätromantik und die traditionelle mehrstimmige Messe des 20. Jahrhunderts (19. und 20. Jahrhundert)".

Tonsetzer ausgewählt werden. Wenn Schubert nicht als Paradigma berücksichtigt wird, so deshalb, weil sein Messenœuvre für die Romantik nicht typisch genug ist. Es befindet sich vielmehr stilistisch in der Mitte zwischen Wiener Klassik und anbrechender deutscher Romantik und nimmt von daher eher eine Scharnier-Position ein.

5.3.1 Der religionsgeschichtliche und liturgiehistorische Makrokontext

5.3.1.1 Der Katholizismus in Romantik und Restauration

Es ist zweifellos unmöglich, den Katholizismus des 19. Jahrhunderts auf einem konzisen Dutzend Buchseiten erschöpfend darzustellen. Dies ist auch gar nicht die Absicht dieses Unterkapitels, das ja gleichsam nur die Exposition der Auseinandersetzung mit den konkreten Komponistenpersönlichkeiten sein will. Es geht vielmehr darum, aus dem schier unüberschaubaren historiographischen Material unter einem ganz speziellen Blickwinkel eine leicht überschaubare Struktur markant zu relifieren: Im Mittelpunkt unseres Interesses steht die katholische *Religiosität*. „Dabei ist eine einheitliche Klassifizierung der Epochen des 19. Jahrhunderts auch in kirchengeschichtlicher Hinsicht kaum möglich. Einander scheinbar widersprechende Tendenzen sind gleichzeitig am Werk."[1307] Dennoch lässt sich eine gewisse Binnenstruktur wahrnehmen: Am Beginn des 19. Jahrhunderts steht eine Phase des Ab- und Nachklingens der Aufklärung, die geprägt ist durch das Bemühen um eine bessere Bildung für Volk und Klerus, durch die Tendenz autoritativer Regulierung des kirchlichen Kunstschaffens und durch die Stärkung der Verantwortlichkeit der Ortsordinarien. Diese erste Phase wird interferiert von der katholischen Rezeption romantischer Entwürfe, die sich im Hang zum Historismus und zur Restauration des Mittelalters äußert. Damit verbunden sind ferner nationalistische Bestrebungen, teilweise auch gekoppelt mit ökumenischen Ideen (nationale Kircheneinheit). Schließlich treten aber auch ghettoisierende antiromantische Tendenzen auf, die sich in einer zentralistischen Orientierung nach Rom und damit einer erneuten Erstarrung konfessioneller Trennung äußern.[1308]

Eine Empathie in die Religiosität der Romantik dürfte aus der heutigen Perspektive wohl nur dann gelingen, wenn sie chronologisch nicht isoliert betrachtet, sondern im Konnex mit der geistigen Signatur des Vorausgehenden erfasst wird: Die Romantik muss verstanden werden als Reaktion gegen die Aufklärung, allerdings nicht im Sinne einer endgültigen Ablösung, sondern eines überlagernden Nebeneinanders, ja in gewissen Bereichen sogar Ineinanders.[1309] Zwischen Aufklärung und Romantik besteht also kein abrupter Hiatus, sondern ein zeitgeschichtlich stringenter Übergang, der metaphorisch mit der unbeirrbaren Gleichmäßigkeit einer Pendelbewegung verglichen werden kann. Dies gilt nicht nur generell, sondern lässt sich auch und gerade an der Religiosität aufweisen. Die Religiosität im

---

[1307] Gerhards, Der liturgische Hintergrund der Palestrina-Renaissance im 19. Jahrhundert 186. Vgl. etwa auch Scholder 1181.

[1308] Vgl. Harnoncourt, Der Liturgiebegriff bei den Frühcaecilianern und seine Anwendung auf die Kirchenmusik 78.

[1309] Vgl. Mayer, Liturgie, Romantik und Restauration 79.

Zeitalter der Aufklärung trug gegen Ende des 18. Jahrhunderts größtenteils nur noch die Züge des Rationalismus. Letztendlich war selbst der Deismus zersetzt worden: Die Vorstellung einer Personalität Gottes wurde negiert, es bildete sich eine Sichtweise, welche die Welt als durchweg einheitliches Universum dachte. Der vorherige anthropozentrische Seinsentwurf schwand zugunsten eines kosmischen Bewusstseins. Und genau hier lässt sich das oben Gesagte verifizieren. Vom kosmischen Bewusstsein zur pantheistischen Gefühlsreligion der Frühromantik war es nur ein kleiner Schritt. Hier fand die Romantik einen Anknüpfungspunkt und wurde zugleich zum weltanschaulichen Gegenprinzip.[1310]

Basierend auf den geistes- und religiongeschichtlichen Voraussetzungen der soeben dargelegten Übergangsphase kristallisierte sich das Unverwechselbare romantischer Religiosität heraus: *Universalität* und *Subjektivismus*. Beide sind in der Romantik wesensmäßig eng verschränkt. Der Kern religiösen Empfindens ist das Zusammenfallen der Welt im Menschen und das Eingehen des eigenen Ich in die ganze Welt bzw. in das All-Ewige. Menschenseele und Naturseele umarmen sich in einem einzigen, großen Weltgefühl. Diese subjektivistisch-individualistische Grundgeistigkeit, die in einem unverkennbaren Egozentrismus gründet, beraubt die Religiosität ihrer Objektivität und macht sie zu einem schöpferischen Spiel der eigenen Emotionen des Individuums, d.h. nicht mehr Gott wird absolut gesetzt, sondern das subjektive Wollen ins Göttliche hineinprojiziert. Die elementare Antiobjektivität der Romantik führt zu einem Ineinanderfließen von Verstand und Phantasie: Der *Irrationalismus* wird zum alles bestimmenden Element. Das Individuum entwickelt eine geradezu lustvolle Sehnsucht nach dem Unendlichen und Unfassbaren, eine Liebe zum Transitorischen, zum ewigen Übergang alles Seienden. Damit lösen sich auch alle vordem dogmatisch allgemein gültigen Glaubensgüter in wogendes, unbegrenztes Gefühl auf.[1311] Der sich hieraus ergebende Hang zur religiösen Willkür brachte freilich problematische Erscheinungen mit sich, insofern das Christentum und seine Symbole oft nur noch zu Vehikeln einer „... ästhetisierende[n] Stimmungsfrömmigkeit“[1312] degradiert wurden.

Im dritten und vierten Dezennium des 19. Jahrhunderts ist in kirchen- und religionsgeschichtlicher Hinsicht ein allmählicher, gleichwohl unaufhaltsamer Wandel zu beobachten: Die undogmatische, von kirchlich-institutioneller Objektivität ledige Gefühlsfrömmigkeit flüchtete sich angesichts eines in der gesellschaftlichen Weltanschauung aufkommenden areligiösen *Liberalismus* in den festgemauerten Hafen des traditionellen Katholizismus: Dies war der initiale Impuls für das Anbrechen der *katholischen Restauration*. Das vermeintlich nahtlose Ineinanderübergehen von Romantik und Restauration verleitet die Historiographie oft zur Gleichsetzung beider Strömungen. Dies muss gleichwohl entschieden als Fehlschluss abgetan werden, da sich bei genauerer Betrachtung die erdrückende Last der Gegensätze als fundamental, die geringe Menge von Gemeinsamkeiten hingegen als akzidentell erweist. Auf der Seite der Romantik beobachten wir individualistische

---

[1310] Vgl. MÜHLHER 18.
[1311] Vgl. MAYER, Liturgie, Romantik und Restauration 80-90.
[1312] MARTIN 322.

Selbstbehauptung gegenüber der Tradition, Bewegtheit, Unklarheit, Sinnlichkeit und Sehnsucht nach dem Entgrenzten. Dem setzt die Restauration rückhaltlose Selbsthingabe an die Tradition, normative Linearität, Luzidität, Gedanklichkeit und ein ruhig-feierliches Gefühl des Geborgenseins entgegen. Der Wechsel der romantischen Geisteswelt zur Restauration kann also nicht mit einer vermeintlichen Verwandtschaft der Strömungen erklärt werden, sondern ist vielmehr im Sinne einer „Konversion" zu deuten, die einen Bruch mit dem Alten und ein Eingehen in ein Neues bedeutet.[1313] Diesem Phänomen liegt wohl vor allem das Faktum einer weitgehenden Vernichtung der politischen Macht der Kirche zugrunde. Nachdem gegen Ende des 18. Jahrhunderts die Belehnung der geistlichen Fürstentümer mit weltlicher Autorität und weltlichem Reichtum das religiöse Wirken der Kirche geschwächt hatte, erwies sich nun die durch Revolution und Säkularisation gewaltsam bewirkte Zäsur als ungeahnter Segen und bildete die Ausgangsbasis für eine als dringend notwendig erkannte kirchlich-religiöse Wiedergeburt. Auf der Suche nach einem Leitmotiv der Erneuerung erlangte das *Geschichtsbild* der romantischen Bewegung eine maßgebliche Bedeutung: Im Gegensatz zu dem an der Fortschrittsidee orientierten Geschichtsbegriff der Aufklärung sieht die Romantik die Historie als universal-menschliche Entwicklung, in welcher sich die einzelnen Völker gemäß dem Plan Gottes individuell entfalteten, in der aber später eine Phase des Verfalls folgte, die nun – rückgreifend auf die heile Anfangszeit des christlichen Mittelalters, der vermeintlichen Blütezeit abendländischen Lebens – durch einen Vollendungsprozess abgelöst werden soll. In ebendiesem *Historismus* bestand die schmale Brücke, über welche zahlreiche Romantiker (aber beileibe nicht alle) in die kirchliche Bindung schritten. In der Überzeugung, dass Religion nicht im Abstrakten bestehen könne, sondern ausschließlich in konkreter historischer Verwirklichung, blieb der neu aufkommende Historismus nicht nur theoretisches Konstrukt, sondern äußerte sich in mannigfaltigen *Repristinationsbestrebungen*.[1314]

In der Anfangsphase des kirchlichen Historismus waren die Ansätze zur Repristination zunächst mehr von einem innerlichen Pathos geleitet denn von einem methodisch seriösen Vorgehen; man näherte sich dem Ideal des zum Vorbild erkorenen Mittelalters nämlich meist auf präjudizierende Weise. Indem man nur einzelne Ausschnitte auswählte, die sich für die eigenen Intentionen instrumentalisieren ließen, missachtete man die historische Kontextualität und kam dadurch zu einem Pseudo-Geschichtsbild, das den authentischen historischen Fakten mitunter regelrecht zuwiderlief. Die vorrangigste Intention aber, in deren Dienst das Bemühen um die glorifizierte Vergangenheit letzlich stand, war es, den Gläubigen eine erbauliche Moralität zu vermitteln sowie die Kirche in ihrer Festigkeit und dogmatischen Geschlossenheit wieder ins Bewusstsein zu stellen. Der Historismus der katholischen Restauration ist also unverkennbar didaktisch ausgerichtet; darin ist er der Aufklärung – als deren Gegenbewegung er sich ja eigentlich begreift – gar nicht so ferne. Neben der Tendenz zu einem auf das Gestrige gerichteten Konser-

[1313] Vgl. etwa MAYER, Liturgie, Romantik und Restauration 106-109 oder MÜHLHER 19.
[1314] Vgl. HOLBORN 193.

vatismus scheint in einer gewissen Gefühlsbetontheit eine Parallele zwischen Romantik und Restauration zu bestehen. Eine genauere Erforschung zeigt jedoch eine Akzentverschiebung. Die romantische Gefühlsbeseeltheit ist als bewusster Gegensatz zur Ratio subjektivistisch, exzessiv, persönlich-motorisch, stürmisch-voluntaristisch. In der Restauration ist nun das Gefühl nicht mehr Kraftzentrum individueller Willkür, sondern ein erbaulicher Zustand der Selbstbescheidung, welcher in der fest umrissenen Gesetzmäßigkeit frommer, stiller, ruhiger und spannungsloser Ausrucksmodi zum Tragen kommt. Auch hier wird also das Bemühen um eine Objektivierung der Religiosität deutlich. In der Instrumentalisierung der historischen Vorbilder gelangt sie aber gerade *nicht* zum ersehnten Absoluten. Der romantische Subjektivismus ließ sich eben nicht abrupt aus der Mentalität verbannen; er lebte in abgemildeter Form weiter in der Verkleidung vermeintlich unbeeinflusster Objektivität. In einem speziellen Bereich der Frömmigkeitshaltung der restaurativen Epoche blieb ein Relikt romantischer Gefühlsreligiosität sogar relativ unverhohlen bestehen: In der Erscheinungform eines pietistischen Mystizismus zeigt sich immer noch der Hang zum Irrationalen, zur entrückten Hingabe an verborgene Mächte. Die antinomische Durchmischung dieser Erscheinungsform mit nüchternem Formalismus führte allerdings bisweilen zu fast grotesken Auswüchsen.[1315]

Bis zur Mitte des 19. Jahrhunderts hatte das kirchlich-religiöse Leben wieder einen aktiven, gesellschaftlich präsenten Stellenwert erlangt. Durch die sog. *Katholische Bewegung* war eine Freiheitsbewegung von erstaunlicher Dynamik entstanden, welche – getragen von der breiten, „demokratischen" Unterstützung des katholischen Kirchenvolkes – effiziente Impulse zu einer Befreiung der katholischen Kirche von den erdrückenden polizeistaatlichen Machtinstrumenten der Staatskirchentümer gebracht hatte.[1316] Dass die Kirche in der Folgezeit trotzdem immer mehr zu einem Getto wurde und in eine defensive Haltung geriet, ist auf die allgemeinen geistesgeschichtlichen Veränderungen der zweiten Jahrhunderthälfte zurückzuführen: In dem Maße, in dem die durch Aufklärung und Rationalismus ohnehin schon gelockerte kulturelle Ganzheit nun endgültig auseinander brach, wurde das menschliche Individuum aus der bindenden überindividuellen Wirklichkeit herausgelöst. Sosehr dies einerseits Freiheit und Autonomie bedeutete, sosehr sah sich der Mensch andererseits der bedrohlichen Unwägbarkeit und Einsamkeit seines Daseins gegenüber. Einen wahrhaften Ersatz für die verlorene suprarealistische Bindung vermochten auch die in dieser Epoche gängigen Weltanschauungen der idealistischen und neuhumanistischen Philosophie nicht zu geben. Der Neuhumanismus drang letztlich nicht wirklich zu den Tiefendimensionen der im antiken Ethos verkörperten hehren Menschlichkeits-Werte vor und der Idealismus spannte – sofern das Christliche überhaupt noch explizit thematisiert wurde

---

[1315] Vgl. MAYER, Liturgie, Romantik und Restauration 116-130.

[1316] Vgl. HOLBORN 195-199. Aus den aufgezeigten Entwicklungen erwuchs schließlich auch der *Ultramontanismus*, d.h. die auf einem übernationalen konfessionellen Einheitsbestreben fußende Ausrichtung auf den Papst als Garant einer katholischen Identität und Leitfigur einer übergreifenden Phalanx gegen den antikirchlichen bzw. areligiösen Liberalismus.

– den Gottesbegriff als vom Menschen geschaffenes Postulat in sein vernunftbestimmtes philosophisches System ein: Die als letztes Unbedingtes gesetzte „Idee" dient nur der Verwirklichung vollkommener Sittlichkeit der menschlichen Gattung im Vernunftstaat. Damit zeichnete sich eine Entthronung des Geistes ab – der Weg führte unaufhaltsam zum Positivismus und Materialismus. In der Philosophie des Positivismus bildete sich ein mitunter bis zum Wahrheitsfanatismus gehender Wissenschaftsglaube heraus, der den letzten Sinn allen Seins durch die Erkenntnis der in den Dingen ruhenden „Gesetze", d.h. der konstanten Tatsachen der Natur, aufzudecken erstrebte.[1317] Die zunehmenden Triumphe der Einzelwissenschaften, die in der Tat zu unleugbar bedeutenden Erkenntnissen über die empirisch erforschbare Materie führten, bewirkten, dass das Bewusstsein letzter, transzendenter Wesenheiten und deren Einordnung in das Ganze des Seins verdrängt wurde. Der Homo humanus, dessen sinngebendes Trachten die Ausformung seiner Eigenpersönlichkeit sowie die Hinordnung der Lebensumstände auf dieselbe war, wurde zum Homo faber, dessen Lebenssinn nunmehr im Befassen mit den materiellen Tatsachen und in der eigenen Bindung an diese bestand. Das Kulturganze driftete infolgedessen in Einzelgebiete und –phänomene auseinander, weg von der ursprünglichen Mitte. Damit hub eine Epoche der Unübersichtlichkeit, ja Uneinheitlichkeit an. Determinismus, Agnostizismus, Skepsis, Pessimismus und Fatalismus spiegeln in dieser historischen Periode letztlich nur das Gefühl eines hoffnungslosen Ausgeliefertseins gegenüber dem unergründlichen Dasein wider. In einer Welt, in der das gesamte Sein nur noch von den Gesetzen der Materie bestimmt war, konnte freilich das Göttliche nicht mehr als Bestandteil des Wirklichen geglaubt werden.[1318] Das anthropologische Wesen der Religion dominierte fortan über das theologische, d.h. selbst dort, wo Gott nicht explizit geleugnet wurde, ging die Erkenntnis „Gottes" vielfach nicht mehr über die menschliche Selbsterkenntnis hinaus – die bürgerliche Tradition „konservierte" sich einen „Gott der Selbsttäuschung".[1319] Zugleich wurde der positivistische Fortschrittsoptimismus zu einem Surrogat für Religion und Theologie.

Auf die katholische Kirche hatte der geschilderte Prozess insofern spürbare Auswirkungen, als sie nun nicht mehr dominierende Trägerin der Weltanschauung war. Ihre Beziehung zur Außenwelt hatte sich fundamental gewandelt. Da die Kirche eine Infiltrierung und damit Zersetzung durch den überwiegend areligiösen Zeitgeist befürchtete, zog sie sich in eine eigene, von der Umwelt isolierte Kultur zurück. Sie existierte fortan nicht mehr im Strom der Zeit, sondern neben ihm.[1320] Die christliche Jenseitsausrichtung drohte in eine pauschale Weltfeindlichkeit umzuschlagen. So degenerierte etwa das Postulat der Sittenstrenge vielfach zu Prüderie und Rigorismus. Die stete Konzentration auf die Defensive gegenüber anbrandenden geistigen Bedrohungen lähmte die kirchliche Kreativität; es dran-

1317 Vgl. GLOCKNER 761-770 sowie RIEDEL (Manfred) 267-268.
1318 Vgl. MAYER, Die Stellung der Liturgie von der Zeit der Romantik bis zur Jahrhundertwende 5-9.
1319 BERNHART 13.
1320 Diese Ghettostimmung erwuchs auch aus den politischen Gegebenheiten des so genannten *Kulturkampfes*, welcher die Atmosphäre zwischen Kirche und Staat nachhaltig vergiftete. Vgl. MIKO 675.

gen keinerlei fruchtbare Impulse mehr nach außen. Das nahezu Paradoxe der weiteren kirchlichen Entwicklung bestand darin, dass sie zu ihrer Selbstbehauptung eben auf jene Mittel zurückgriff, die dem gefürchteten säkularen Zeitgeist entstammten: Im Aufgreifen organisatorischen Denkens, autoritativ-pädagogischen Führens, apologetischen Kämpfens, ja teilweise sogar wissenschaftlich-positivistischen Vorgehens bestand eine unverkennbare Adaption und Assimilation. In dieser problematischen Situation konnte eine vulgarisierende Verflachung des Religiösen, ein Abfärben des allgemeinen Relativismus auch auf die kirchliche Gläubigkeit, nicht ausbleiben. Echte Frömmigkeit wich in wachsendem Maße einer form- und inhaltslosen Überbetonung des Sentimentalen. Die religiösen Ausdrucksformen erstarrten häufig im Konventionellen und Trivialen, da man sie zur Befriedigung des subjektiven Ästhetizismus missbrauchte. Es mutet fast tragisch an, dass sich die echtesten, tief gehendsten religiösen Zeugnisse jener Epoche meist nur bei *außerhalb* der Kirche stehenden Einzelpersönlichkeiten aufweisen lassen, die in ihren erschütternden Äußerungen von der verzweifelten Sinnsuche des innerlich zerrissenen und verlassenen Individuums künden. Andere außerkirchliche religiöse Äußerungen der Zeit wie etwa die pantheistische Naturheiligung, der mystische Naturalismus oder die sinnlich-melancholische Bibel-Frömmigkeit entlarven sich hingegen bei genauer Betrachtung nicht selten als Schein-Christentum bzw. Pseudo-Religiosität.[1321]

In Kapitel 2.1 „Die liturgische und kirchenmusikalische Situation am Vorabend der Liturgischen Bewegung" wurde bereits aufgezeigt, – und aus diesem Grunde sei an dieser Stelle nicht mehr darauf eingegangen, sondern auf die erwähnten Ausführungen verwiesen – dass die katholische Religiosität des 19. Jahrhunderts durchaus nicht durchwegs von leerem Traditionalismus und sentimentaler Verflachung signifiziert ist. Es gab besonders im Zusammenhang mit dem methodisch durch Historimus und Positivismus geweckten Interesse an den christlichen Anfängen Aufbrüche zu religiöser Verinnerlichung gepaart mit Bestrebungen, akzidentelle Elemente zu überwinden; „ ... alles das hat [jedoch] der Zeit nicht das Siegel aufgedrückt, es blieb sporadisch, theoretisch und zunächst wirkungslos. [... Erst als ...] Materialismus, Naturalismus und Positivismus fragwürdig wurden und zu Ende gingen, als das Un- und Übermaterielle, das Überindividuelle, die Metaphysik wieder ihre Rechte forderten ... [... vollzog] sich in der Zeitkultur eine Wende ...".[1322]

5.3.1.2 Die Messliturgie im 19. Jahrhundert – Stagnation, Restauration und Repristination

Bereits in Kapitel 2.1 „Die liturgische und kirchenmusikalische Situation am Vorabend der Liturgischen Bewegung" wurde aufgezeigt, dass die Bemühungen der

---

1321 Vgl. MAYER, Die Stellung der Liturgie von der Zeit der Romantik bis zur Jahrhundertwende 11-40.

1322 MAYER, Die Stellung der Liturgie von der Zeit der Romantik bis zur Jahrhundertwende 76 f.

katholischen Aufklärung um eine Überwindung der innerliturgischen Zerspaltung (Zelebrant – Gemeinde – Chor) ihr Ziel nicht im umfassenden Sinne erreichten. Übergewichtung eines nüchternen Intellektualismus, mangelnde Rücksichtnahme auf wertvolle Bestandteile der Tradition, vor allem aber ungenügende Sensibilität gegenüber dem Kirchenvolk führten dazu, dass bei letzterem die Reformansätze keinen Widerhall fanden.[1323]

Die katholische Aufklärung hatte in der Liturgie die Ausformung einer realen gottesdienstlichen Gemeinschaft angestrebt, in der im Idealfall alle Versammelten am objektiven Kultmysterium aktiv teilhaben sollten. Diesem – freilich gescheiterten – Bestreben war nun die *Romantik* per se entgegengesetzt: Die ihr wesenhaft eignenden Züge von Subjektivismus, Egozentrik und Anti-Objektivität ließen sich mit dem Gedanken einer gemeinschaftlichen Participatio am gegebenen Objektiven letztlich nicht in Einklang bringen. Die Romantik birgt überdies insofern eine Tendenz zur Unkirchlichkeit in sich, als die Kirche vielfach nur noch als äußeres Konstrukt der Religiosität angesehen und die in ihr verkörperte Glaubens- und Kultnorm nachgerade als Hindernis für eine verinnerlichte Religiosität erachtet wird. Die romantische Religiosität lehnt deshalb eine überindividuelle, objektive Liturgie, die als Medium zwischen Gott und dem Menschen gemeinschaftsstiftende Funktion erfüllt, ab und ist so gesehen gemeinschaftslos. Dies darf jedoch nicht als Gemeinschaftsfeindlichkeit interpretiert werden. Auch das romantische religiöse Empfinden kennt den Gemeinschaftsgedanken. Das Wesen dieser Gemeinschaft ist allerdings ein völlig anderes als jenes der damaligen katholischen Liturgie. Als Spielart eines kollektiven Irrationalismus ist sie eine Gemeinschaft, deren Kern im intersubjektiven Austausch individuellen religiösen Erlebens besteht. Indem sie sich als Widerspiegelung der ersehnten universalen, naturhaften Menschengemeinschaft auffasst, geht es ihr letztlich nur um eine Erweiterung des subjektiven Lebensgefühls. Da sie dabei im Gegensatz zur liturgischen Gemeinschaft objektive Konstituenzien ablehnt, befindet sie sich im Zustand einer gewissen Labilität. Manifestation des Religiösen im Kult ist für sie nur in dem Maße von Relevanz, als das Kultische der subjektiven Stimmung des menschlichen Individuums dienend untergeordnet ist. Aufgrund der Negation stabilisierender Normen – Ausdrucksform einer generell ablehnenden Reaktion auf den Rationalismus der Aufklärung – verfällt man in das andere Extrem: Jegliche Eingrenzung des Subjektes wird gemieden. In der Furcht vor der Endlichkeit alles Empirischen entgrenzt man das Individuum hin zu einem unendlichen Lebensgefühl, verschließt sich aber damit zugleich auch der Realpräsenz des Transzendenten in der Endlichkeit religiöser Symbolik. Das Anliegen der Liturgie, dem Un-de-finierbaren eine analoge Form zu geben, blieb infolgedessen ohne Rezeption. Die Liturgie wird in der Romantik mithin kaum thematisiert. Sie rangiert allenfalls im Bereich des Marginalen, insofern sie etwa als Illustration des romantischen Ästhetizismus brauchbar erscheint.[1324]

[1323] Vgl. etwa GERHARDS, Aus der Geschichte lernen? 475.
[1324] Vgl. MAYER, Liturgie, Romantik und Restauration 102-105.

Erst die Periode der *Restauration* wies der Liturgie wieder einen erkennbaren Stellenwert im Leben des religiösen Menschen zu. War bereits durch die Romantik eine mentale Gegenbewegung zur vorausgegangenen liturgischen Neubesinnung erweckt worden, so wurden nun auch pragmatische Initiativen ergriffen, welche die meisten Ergebnisse der innerkirchlichen Reform – auch die gelungenen – innerhalb kürzester Zeit zunichte machten. Die katholische Restauration ging über ihr ursprüngliches Ziel, nämlich Korrektiv zu sein gegenüber etlichen verunglückten Ansätzen der katholischen Aufklärung, hinaus. Sie bekämpfte deren Einseitigkeiten mit ebensolchen. „Es ist bezeichnend für die Macht dieser Gegenbewegung, daß sie sich sogar zu einer Häresie verdichtet hat, zur These des Traditionalismus: In Sachen Religion und der sittlichen Ordnung sei die menschliche Vernunft, die Einzelvernunft überhaupt unfähig; alle wertvollen Erkenntnisse müßten hier von der Kirche als Hüterin der Überlieferung und schließlich von der Offenbarung und von der Uroffenbarung hergeleitet werden. [... Es] ... verschwanden wie mit einem Schlag alle Entwürfe und Versuche aus der Reformperiode. Die besten Gedanken waren, als ob sie nie dagewesen wären. [...] Auf die Gesamtheit der liturgischen Reformideen der Aufklärungszeit gesehen, muß man sagen, daß sie um die Mitte des Jahrhunderts einen völligen Zusammenbruch erlitten haben. Es wurden nur noch einzelne Rückzugsgefechte geliefert."[1325]

Bereits aus der rein lexikalischen Bedeutung des Wortes „Restauration" wird evident, welches das Anliegen dieser Bewegung ist: die Wiederherstellung eines früheren Zustandes bzw. eines zerstörten Gewesenen. Appliziert auf den kirchen- und religionsgeschichtlichen Kontext des 19. Jahrhunderts ist sie also identisch mit dem Bestreben, die Werte und Strukturen, welche die Aufklärung außer Kraft gesetzt oder destruiert hatte, wieder neu erstehen zu lassen, d.h. die Kirche zu jenem chronologischen Punkt zurückzuführen, wo die vorherige, organische Entwicklung durch die gewaltsame Zäsur unterbrochen worden war und von dort aus den Weg fortzusetzen. Konkret ergab sich hieraus auch und gerade auf dem Gebiet der Liturgie ein retrospektives Anknüpfen an den vorrevolutionären Zustand, an den *Barock*.[1326] So keimte etwa in der Restauration eine neuerliche Tendenz zum dekorativen Ausbau und zur Quantifizierung der Liturgie auf. Das *Wallfahrtswesen* erlebte eine neue Blütezeit, eine ästhetisierende *Marienfrömmigkeit* machte sich breit[1327], mannigfache *Prozessionen* wurden wiedereingeführt. Allerdings kamen diese Ansätze keiner totalen Restituierung barocker Kirchlichkeit gleich. Das Rad der Geschichte ließ sich nicht wirklich zurückdrehen – zu tief hatte der Geist der katholischen Aufklärung bereits seine Spuren im evolutorischen Prozess des abendländischen Geistes hinterlassen. Allen gegenläufigen Bemühungen zum Trotz blieb in vielen Bereichen, auch demjenigen der Liturgie, ein Abdruck der

---

1325 JUNGMANN, Liturgische Erneuerung zwischen Barock und Gegenwart 9 ff.

1326 Darüber konnte auch die vermeintliche, von der katholischen Restauration mitunter vordergründig vertretene „Barockfeindlichkeit" nicht hinwegtäuschen. Vgl. MAYER, Liturgie und Barock 153.

1327 Die im Katholizismus der zweiten Hälfte des 19. Jahrhunderts zentrale Marienfrömmigkeit ist zu einem bedeutenden Teil die Frucht der Verkündigung des *Immaculata-Dogmas* (Dogma von der Unbefleckten Empfängnis Marias) durch Papst *Pius IX.* (1846-1878) am 08.12.1854.

aufklärerischen Prägung implizit bestehen. Die barocke Liturgie und Frömmigkeit des 17.und 18. Jahrhunderts waren aus dem komplexen Kontext ihrer Zeit heraus entstanden, waren spontaner Ausdruck der Gesamtmentalität ihrer Epoche. Der Versuch, diese nun in den Kontext einer anderen Epoche zu „importieren“, musste zwangsläufig dazu führen, dass sie ihres innersten Movens verlustig gingen: Die Spontaneität, die große schwungvolle Linie, die naturhafte Fröhlichkeit und das üppige Schwelgen konnten in das veränderte Umfeld des 19. Jahrhunderts nicht hinübergerettet werden. Das Gleiche gilt für den historistischen Rückgriff auf die vermeintlich heile Zeit des christlichen Mittelalters. Insofern ist die Liturgie der katholischen Restauration keine authentische Kopie ihres historischen Vorbildes, sondern stellt im Grunde eine willkürlich selektierende Synthese von (Spät-)Mittelalter, Barock, Aufklärung und Romantik dar. Insgesamt tritt eine Vereinfachung und Erstarrung gegenüber der barocken Liturgie zu Tage. Aus der Aufklärung blieb eine stärkere Akzentuierung des homiletisch-didaktischen Teiles bestehen sowie die besondere Pflege des volkssprachlichen Gemeindegesanges. Aus der Romantik flossen schließlich Elemente des Gemütvollen, des Lieblich-Anmutigen, des Erbaulichen mit ein.[1328]

Das Hauptmerkmal der Liturgie wird somit ein Eklektizismus, hervorgegangen aus der Überzeugung, dass dem Übel der materialistisch dominierten Gegenwart nur durch das Konservieren des Alt-Bewährten begegnet werden könne. Menschliche Dynamik, die Originäres hätte hervorbringen können, wurde durch eine solche Haltung freilich gehemmt. Mit diesem Konservatismus gingen zugleich ein bewusster Subjektivismus und Individualismus einher, worin keineswegs ein Widerspruch lag. Durch den Subjektivismus erfolgte vielmehr die notwendige Kompensation gegenüber der objektivierten Tradition. Der historistische Repristinationsprozess konzentrierte sich infolgedessen auch auf jene Elemente des früheren christlichen Kultes, die dem Bereich der *Sacra exercitia* und der *Pia exercitia* zuzurechnen sind. Es fand eine Zersplitterung in eine Vielzahl diverser Andachtsformen und -gegenstände[1329] statt; Heiligen- und Reliquienverehrung, Bilderverehrung, Wallfahrten und Prozessionen erlebten – wie bereits oben erwähnt – einen enormen Zuspruch.[1330] Bei all diesen religiösen Ausdrucksformen steht selbst dort, wo es sich um Gemeinschaftskulte handelt, im Rückgriff auf das Vorbild mittelalterlicher Mystik das subjektive, private Gebet im Vordergrund. Dies gilt jedoch nicht nur für die genannten außerliturgischen Formen, sondern auch für die Paraliturgie der Gemeinde innerhalb der Messe. Die eigentliche Messliturgie galt als eine „ ... für alle Zeiten fertige ..., starre ... Größe, die in ihrer geheimnisvollen Objektivität nicht nur jede Rücksichtnahme auf die Gläubigen, sondern

---

1328 Vgl. MAYER, Liturgie, Romantik und Restauration 132-135.

1329 Inhalte der ausgeprägten Andachtspraxis lieferten etwa die *Herz-Jesu-Verehrung*, die *marianische Frömmigkeit* und der *Kult der heiligen Familie* (hier auch *Josefsverehrung*). Generell neigte der Gesamtduktus des damaligen Andachtswesens zu einer einem gewissen moralischen Rigorismus entspringenden skrupulösen „Beichtspiegelfrömmigkeit“. Vgl. etwa KANTNER 65.

1330 Da der damalige Katholizismus in seiner Praxis religiöser Verehrung das Glaubensgut immer mehr in Einzelinhalte aufsplittete, nahm auch die Zahl der kirchlichen Festtage drastisch zu. So wies in der zweiten Hälfte des 19. Jahrhunderts z.B. in Oberösterreich das liturgische Kalendarium 150 Memoriae obligatoriae auf.

auch jede Annäherung derselben ausschließt. [...] Wir erkennen in solcher Haltung den Ausdruck einer müde gewordenen Zeit, die bei allem technischen Können gewohnt ist, Aufgaben der geistigen Kultur nicht aus selbständiger Einsicht in die Dinge, sondern im Aufblick zu fertigen Mustern zu lösen, die nun als unveränderlicher Kanon gelten."[1331] Da dem nicht-klerikalen Kirchenvolk jegliche aktive Teilnahme an der Liturgie vorenthalten wurde, stand es dem gottesdienstlichen Geschehen gleichsam in feierlicher Fremdheit gegenüber, betrachtete es interessiert, ehrfürchtig oder sehnsüchtig wie eine Staatsaktion, von deren Bedeutung und Macht man zwar überzeugt ist, die man aber ausschließlich passiv aus einer vorgeschriebenen Distanz erleben darf. Der gottesdienstlichen Gemeinde blieb nur das Verharren in der Passivität reinen „*Anhörens*". Gemäß dem allgemein vorherrschenden Subjektivismus galt Letzteres aber als menschliches Werk zur individuellen Heiligung. Die Bedeutung und der Erfolg dieses als asketische Verrichtung angesehenen, verpflichtenden Werkes wurde dabei häufig rein quantitativ, d.h. additiv aufgefasst. Durch die bewusste Isolierung der Gemeinde vom eigentlichen Zentrum der Messliturgie war die frühere Dreiteilung der Feiernden sogar in noch markanterer Ausprägung als zuvor restituiert worden. Dem Bedürfnis der Gläubigen nach persönlich-mystischer Erbauung entgegenkommend, wurde ein Ersatz für die verwehrte aktive Teilnahme praktiziert: die sog. *Messandacht*.[1332] „... Wegen ihrer Beschränkung auf die lateinische Sprache ermöglichte es die Liturgie im Westen den Laien nicht, sich im Gebet bewußt zu äußern, sie mußten Worte sprechen, die sie nicht verstanden. Die [Meß-]Andachten dagegen boten ihnen ein Gebet in ihrer eigenen Sprache."[1333] Es handelte sich hierbei um eine Aneinanderreihung freier volkssprachlicher Gebete, die der einzelne Gläubige parallel zur Klerusliturgie beten konnte. Die Struktur solcher Gebetsreihen war dem Aufbau der Messliturgie gleichwohl nur sehr lose angeglichen. Die Gebete waren zum größten Teil nicht einmal Paraphrasen der liturgischen Texte, sondern hatten außerliturgische Inhalte zum Gegenstand. Bevorzugter Skopus der schließlich auch in die Diözesangebetbücher aufgenommenen Messandachten war die *Passion Jesu Christi*. Dabei griff man auf die schon im Mittelalter praktizierte Praxis der *Messallegorese* zurück, welche das Prinzip der diversen *Messerklärungen* war.[1334] Die einzelnen Elemente der Messliturgie deutete man als Allegorien von Szenen bzw. Handlungen des Leidens und Sterbens Jesu. Infolge solch subjektiv-individualistischer Devotion wurde der Gedanke eines Mitfeierns oder -handelns aus dem Denkhorizont nachhaltig eliminiert. Diese verhängnisvolle Akzentverschiebung ging so weit, dass dem nicht-ordinierten Kirchenvolk die gesamte Messe letztlich nur noch als äußerer, nebensächlicher Rahmen für die als das Wichtigste angesehenen privaten Gebete der Gemeinde erschien.[1335] Die Entwicklung gipfelte in der Entstehung der sog. *Volksandacht* zur Messe (*„Andachtsmesse"*),

---

[1331] JUNGMANN, Missarum sollemnia Bd. 1 209.
[1332] Vgl. MAYER, Die Stellung der Liturgie von der Zeit der Romantik bis zur Jahrhundertwende 49-59.
[1333] METZGER 139.
[1334] Vgl. hierzu etwa ANGENENDT, Geschichte der Religiosität im Mittelalter 499-503.
[1335] Vgl. MAYER, Die Stellung der Liturgie von der Zeit der Romantik bis zur Jahrhundertwende 59-60.

bei der die Gläubigen die außerliturgischen Gebete nicht mehr privat (d.h. still) für sich beteten, sondern vom Beginn bis zum Schluss der Messe eine laut gesprochene bzw. gesungene gemeinschaftliche Andacht feierten – parallel und unabhängig von der objektiven Liturgie. Hierbei wurde etwa bis zum Offertorium gemeinsam der Rosenkranz oder eine Litanei gebetet. Während des Kanons erfolgte eine Messallegorese, an die sich bis zum Schluss des Gottesdienstes beliebige Gemeindegesänge anschlossen. Die Messliturgie wurde auf diese Weise von den paraliturgischen Devotionen der gottesdienstlichen Gemeinde meist völlig überdeckt.[1336]

Die soeben aufgezeigte Entwicklung lässt sich auch an der eucharistischen Frömmigkeit der katholischen Restauration verifizieren. Auch dort geht die Bewegung weg vom Zentrum in das Periphere. Man erstrebt nicht mehr primär den gemeinschaftlichen Empfang des eucharistischen Brotes, sondern vor allem die Schau und Anbetung der göttlichen Gegenwart im Altarsakrament, im Tabernakel, in der Monstranz. Auch darin geschah ein Anknüpfen an Spätmittelalter und Barock. In *Expositions- oder Segensmessen*, aber auch in *theophorischen Prozessionen* und *Sakramentsandachten*[1337] suchte sich diese Frömmigkeit ihre Ausdrucksformen bevorzugt außerhalb der eigentlichen Messliturgie. Die Kommunion als substantieller und ekklesialer Mittelpunkt der Messfeier hatte im Bewusstsein des Kirchenvolkes erheblich an Relevanz verloren. Der sakramentale Charakter wurde ebenso wie die ursprüngliche Ausrichtung auf eine zwischen Priester und Volk bestehende Mahlgemeinschaft nicht mehr erfasst. Es setzte sich fast überall die Gepflogenheit durch, den Gläubigen das eucharistische Sakrament nicht im Anschluss an die Kommunion des Priesters zu spenden, sondern vor oder nach der Messe – die Kommunikanten wurden gemäß der vielfach üblichen Terminologie „*abgespeist*". Dies bewirkte, dass jene verkürzte Auffassung, welche den Kommunionempfang nur noch als besondere Andachtsübung ansah, weiter gefestigt wurde. Die Kommunionfrequenz innerhalb der Messe ging mithin drastisch zurück. In den Gebet- und Andachtsbüchern war der sakramentale Empfang durch die *geistliche Kommunion*, d.h. einen rein *abstrakten* „Mitvollzug" in Gebeten und Akten der Demut, der Sehnsucht, der Anbetung und des Dankes, ersetzt. Der sakramenale Kommunionempfang galt hingegen als Ausnahme, für die es sowohl einer speziellen Vorbereitung als auch einer besonderen Danksagung bedurfte. Der Gläubige konnte hierfür auf zahlreiche, inhaltlich von der Messliturgie und dem liturgischen Kalendarium unabhängige, private *Kommunionandachten und -gebete* zurückgreifen, die ganz auf die subjektive Betrachtung hin konzipiert waren.[1338]

Der in den obigen Ausführungen dargelegte Umgang mit der katholischen Liturgie in Romantik und Restauration trug nicht dazu bei, die Gläubigen für die ihr

---

[1336] Vgl. HACKER 131.

[1337] Hier war es besonders die auch heute noch im ländlichen Bereich verbreitete Form der *Ewigen Anbetung* die durch eine organisatorische Durchbildung große Bedeutung erlangte.

[1338] Vgl. MAYER, Die Stellung der Liturgie von der Zeit der Romantik bis zur Jahrhundertwende 55-56.63-64.

innewohnende gemeinschaftsstiftende Kraft und ihr innerstes Mysterium empfänglich zu machen. Der Einzelne fühlte sich noch nicht als organisches Glied einer heiligen Gemeinschaft. Er konnte sie allenfalls als etwas über oder neben sich Existierendes erahnen. Und dennoch finden sich – aus der heutigen Perspektive eines klärenden Überblickens – innerhalb des Ansatzes der katholischen Restauration Elemente, die auf indirekte Weise als Voraussetzungen der späteren liturgischen Erneuerung anzusehen sind: Die defensiv-apologetische Konzentration brachte der katholischen Kirche wieder jene alle Kräfte an sich ziehende Geschlossenheit, die dem nachfolgenden Neuaufbruch den stützenden Rückhalt eines intakten Systems bieten konnte. Eine weitere Bedingung für den späteren Wandlungsprozess waren die Bemühungen um eine wissenschaftlich fundierte Erforschung der Liturgiegeschichte, die als die ebenso konstruktive wie seriöse Seite des ansonten überwiegend unfruchtbaren Historismus gelten dürfen.[1339] Und schließlich schuf die Romantik mit ihrem Sinn für Innerlichkeit den Nährboden für das Erwachen einer neuen Sicht der Liturgie, die in der Überwindung des Akzidentellen zum Wesentlichen vorzudringen suchte.[1340]

Aber „... wir dürfen uns nicht täuschen: die zahlreichen ... stets neu auftauchenden Versuche ... [die Liturgie] pastoral fruchtbar zu machen, die immer wieder aufleuchtenden Tendenzen, sie zu einem Mittelpunkt und Gradmesser des kirchlichen und gottesdienstlichen Lebens zu formen, ... darf uns nicht dazu verführen, in dieser Zeit etwa die Epoche einer ‚liturgischen Bewegung‘ zu sehen; alles das blieb [...] in den allermeisten Fällen ... esoterisch, auf das Monastische oder auf die Wissenschaft eingeschränkt. Das kirchliche und gottesdienstliche Leben selbst, die allgemeine Geltung in Kult und Frömmigkeit, war wie das Kirchenbild der Zeit überwiegend von Gedanken, Traditionen und Affekten beherrscht, die der Liturgie und dem Mysterium keinen Zugang gewährten. Ihre Feier war meistens ... eine fertige, starre Größe und ein hochwertiger Besitz, der aber, entrückt in eine falschverstandene Objektivität, nicht erworben und nicht erlebt wurde.“[1341]

5.3.2 Das Messenœuvre und sein Mikrokontext, dargelegt am Beispiel A. Bruckners

5.3.2.1 Die persönliche Religiosität und das individuelle Liturgieerleben A. Bruckners

Mehrere gewichtige Gründe legen es nahe, ja fordern geradezu dazu auf, als Paradigma für die mehrstimmige Messe des 19. Jahrhunderts das Messenœuvre *Anton Bruckner*s (1824-1896) heranzuziehen. Von allen Ordinariumsvertonungen der

---

1339 Das Entstehen einer wissenschaftlich-methodischen Erforschung der Liturgiegeschichte ist wohl die wichtigste Voraussetzung der Liturgischen Bewegung. Siehe in diesem Zusammenhang die Ausführungen in Kapitel 2.1 „Die liturgische und kirchenmusikalische Situation am Vorabend der Liturgischen Bewegung“.

1340 Vgl. MAYER, Liturgie, Romantik und Restauration 138 f.

1341 MAYER, Die Stellung der Liturgie von der Zeit der Romantik bis zur Jahrhundertwende 76 f.

Hochromantik werden die seinigen in der heutigen Liturgie (zumindest des deutschsprachigen Raumes) mit Abstand am häufigsten zu Gehör gebracht. Überdies lässt sich an der Person des großen oberösterreichischen Tonsetzers das unmittelbare Einwirken religions- und geistesgeschichtlicher Kontexte auf das Messenschaffen auf hervorragende Weise exemplarisch aufzeigen.

Gleichsam als Endpunkt einer emotionslastigen und damit verwirrenden Wirkungsgeschichte[1342], die gerade auch in Bezug auf die Messvertonungen des österreichischen Meisters eine deutliche Zersplitterung aufweist, darf das Bruckner-Jahr 1996 als Kairos gesehen werden, wurden doch zu diesem Anlass Publikationen vorgelegt, die durch umfangreichste Recherchen eine ebenso fundierte wie objektive Annäherung an den „authentischen" Bruckner erlauben und darin eine gewisse Mittlerfunktion erfüllen. Die vorliegende Abhandlung wird aus diesem Grunde bevorzugt die jüngeren einschlägigen Veröffentlichungen berücksichtigen.

Die in diesem Kapitel durchzuführende Erforschung der Religiosität und des Liturgieerlebens Bruckners soll nach Möglichkeit an den autobiographischen Primärquellen und zeitgenössischen Berichten aus dem Freundeskreis des Tonsetzers ausgerichtet werden. Solches Material ist in Fülle verfügbar: Annähernd 700 Briefe, zahlreiche kalendarische Aufzeichnungen, die sog. „Gebetsaufzeichnungen" sowie eine große Anzahl von Zeitzeugnissen und Anekdoten liegen heute in überwiegend unanfechtbarer Edition vor. Problematisch ist hinsichtlich unseres Interesses, dass die Briefe kaum Äußerungen über die Persönlichkeit des Komponisten, geschweige denn über dessen Religiosität und Liturgieerleben enthalten. Der Inhalt ist insbesondere ab der zweiten Lebenshälfte größtenteils in der epochentypischen Manier sog. Formelbücher gehalten, anhand derer in den vormärzlichen Elementarschulen der Briefstil gelehrt wurde.[1343] „Die Formelsprache war ein Resultat der klösterlichen Bildung und als Strategie nicht nur bequem, sondern

---

1342 Die Wirkungsgeschichte des kompositorischen Vermächtnisses Anton Bruckners ist in rezeptionspsychologischer Hinsicht bemerkenswert und die Kenntnis ihrer Grundzüge gerade auch für eine adäquate Einschätzung seiner mehrstimmigen Messen vonnöten. Statt eines linearen Verlaufes weist sie ein Pendeln zwischen den Extremen auf: Zu Lebzeiten von den Opinionleaders des österreichischen Musiklebens und den deutschen Caecilianern überwiegend mit Unverständnis oder bestenfalls Indifferenz bedacht, erfuhr das Werk Bruckners erst ab der Jahrhundertwende eine breitere Anerkennung. Die Schüler des Komponisten, etliche bedeutende Dirigentenpersönlichkeiten und nicht zuletzt die Vertreter des entradikalisierten Caecilianismus bemühten sich mit zunehmendem Erfolg, dem vordem vielfach geschmähten Œuvre zu einem weit reichenden Durchbruch zu verhelfen. Die Bruckner-Literatur der ersten Jahrzehnte des 20. Jahrhunderts stand ebenfalls ganz im Banne solchen Bestrebens. Dieses – aus überaus ehrenwerter Gesinnung erwachsend – führte zu einem mitunter übersteigerten Rehabilitationsdrang, der durch eine unkritisch-verklärende Überhöhung jenes Bruckner-Klischee des gleichsam kanonisierten „Musikanten Gottes" (Titel der 1924 in Wien erschienenen Bruckner-Biographie von *Ernst Decsey* [1870-1941]) schuf. Auch Lokalpatrioten, Nationalisten, ja sogar rassistische Deutschtümler instrumentalisierten die Kunst Bruckners in ihrem Sinne. Ab der zweiten Hälfte dieses Jahrhunderts erkannte man die Notwendigkeit, sich angesichts der Fülle dessen, was aus einer unwissenschaftlichen, extrem subjektiven Hermeneutik an spekulativen Deutungen entstanden war, stärker auf das faktische biographische Material zu stützen. Aus der Intention, ein Gegenwicht zum Klischee zu schaffen, fällte man aber auch hier einseitig apodiktische Urteile, die durch ihre Eindimensionalität Werk und Persönlichkeit Bruckners ebenso wenig gerecht wurden. Vgl. hierzu etwa LIEBISCH 352-388 sowie WAGNER, Anton Bruckner. Sein Werk – sein Leben 1-5

1343 Vgl. HARRANDT 102 f. und MAIER, Persönlichkeit 334 f.

auch erfolgreich."[1344] Die wenigen aussagekräftigeren Ausnahmen aus der Linzer Zeit und den ersten Jahren des Wiener Aufenthaltes werden nachfolgend herangezogen. Hinsichtlich der persönlichen religiösen Praxis Bruckners sind die in den Jahren 1876-1896 eigenhändig verfassten Gebetsaufzeichnungen überaus aufschlussreich. Daneben liefern die kalendarischen Notizen ebenfalls Informationen über Pia exercitia des Tonsetzers. Auch die mannigfachen Andekdoten sollten in ihrer Bedeutung für die gegebene Fragestellung nicht unterschätzt werden. Von der Brucknerforschung der 1960er- bis 1980er-Jahre als unbrauchbar abgetan, werden sie im jüngsten wirkungsgeschichtlichen Ansatz unter Anwendung streng kritischer Maßstäbe wieder in das Persönlichkeitsbild integriert, da die erstaunliche Übereinstimmung mit den biographischen Tatsachen und die Ernsthaftigkeit der zeitgenössischen Berichte heute in vielen Fällen zweifelsfrei nachgewiesen werden kann.[1345] Nach diesen kurzen Vorbemerkungen zu Wirkungsgeschichte und Quellenlage soll im Folgenden konkret auf die persönliche Religiosität Bruckners eingegangen werden.

Die Religiosität Bruckners wurzelt bereits in der frühkindlichen Sozialisation. In seinem Geburtsort, dem oberösterreichischen katholischen Dorf Ansfelden, das im Gegensatz zu den Städten noch von einer gesellschaftlich dominierenden Kirchlichkeit geprägt war, wuchs der junge Anton zwischen den Polen Elternhaus – Pfarrhaus – Kirche auf besonders intensive Weise in die religiöse Praxis und Volksfrömmigkeit seiner Konfession hinein: Seinem Vater *Anton Bruckner sen.* (1791-1837), der als Lehrer des Ortes in der informellen Dorfhierarchie an zweiter Stelle nach dem Pfarrer rangierte, kam infolge dieser sozialen Position das Privileg eines frequenten Zuganges zum Pfarrhaus zu. Überdies fungierte er als Messner. Es liegt auf der Hand, dass der Knabe seinen Vater bei vielen der einschlägigen dienstlichen Verrichtungen begleitete. Der Ortspfarrer entwickelte dabei zu dem Jungen eine solche Zuneigung, dass er ihn als Vierjährigen an sein Sterbebett rufen ließ um ihn zu segnen. Bereits dieses Erlebnis dürfte für das Kind prägend gewesen sein.[1346] Der Mittelpunkt des traditionell religiös ausgerichteten Elternhauses war der sog. Herrgottswinkel. Das Wohngebäude war überdies ausgeschmückt mit Kruzifixen, Heiligen- und Marienbildern.[1347] Neben solchen eher äußeren Phänomenen erlebte der Knabe etwa auch das allabendliche Gebet seiner Mutter vor einem Maria-hilf-Bild. Nicht nur die soeben genannten Beispiele, sondern auch viele andere dieser schon früh erlebten Elemente häuslicher Privatfrömmigkeit hatten für Bruckner bis in sein hohes Alter hinein eine konstante, haltgebende Bedeutung.[1348]

1344 WAGNER, Anton Bruckner. Sein Werk – sein Leben 72.
1345 Vgl. etwa PARTSCH 51 f.
1346 Vgl. KANTNER 66 f.
1347 Vgl. WAGNER, Anton Bruckner. Sein Werk – sein Leben 17.
1348 So hing später auch der erwachsene Bruckner – selbst in der Großstadt Wien – gemäß dem Vorbild des Elternhauses diverse Devotionalien an die Zimmerwände, wie Fotografien seiner Wohnungen belegen. Vgl. etwa KANTNER 66 und LIEBISCH 69. Außerdem wird von einem „Weihbrunnkessel" berichtet, welcher an der Wand besfestigt war. Vgl. GÖLLERICH / AUER Bd. 3 Teil 1 20.

Die frühe organische Bindung an das kirchlich-spirituelle Leben wurde entscheidend gefestigt, als der Dreizehnjährige nach dem Tod seines Vaters als Sängerknabe in das Augustiner-Chorherrenstift St. Florian bei Linz aufgenommen wurde. Die sakrale Aura und die klösterlichen Lebensformen dürften den halbbäuerlichen Jungen nachhaltig beeindruckt haben. Gleichwohl wäre es übertrieben, anzunehmen, dass die Weihe des Ortes Bruckner mit einem Schlag zu einem durchgeistigten Mystiker geformt hätte, wie die frühe Bruckner-Literatur mitunter suggeriert. Vielmehr blieb er nach dem Zeugnis von Mitschülern ein fröhlicher und in seinem Verhalten keinesfalls über das Übliche der Altersstufe hinausgehender Knabe. Auch während der Adoleszenz war das Leben Bruckners von einem harmonischen Nebeneinander sinnlicher Lebenslust und unspektakulärer Religiosität geprägt. Freilich lässt sich bereits in dieser Zeit eine unbedingte Observanz der christlichen Ethik sowie der sittlichen Gebote der Kirche beobachten.[1349] Für die charakteristische Ausprägung der Religiosität Anton Bruckners ist die Tatsache überaus bedeutsam, dass er relativ lange Zeit von der liberalen, aufgeklärten Atmosphäre der österreichischen Großstädte unbeeinflusst blieb: Nach Aufenthalten in kleinen Dörfern wie Windhaag bei Freistadt/Oberösterreich und Kronstorf bei Steyr, die durch seine Lehramts-Praktika bedingt waren, kehrte er wieder nach St. Florian zurück, ab 1845 zunächst als *systemisierter Schulgehülfe* an der dortigen Pfarr- und Marktschule, ab 1848 überdies als *Stiftsorganist*. Während dieser nochmaligen zehnjährigen Phase im Stift wurde – mitbedingt durch das ihn überzeugende Vorbild der Chorherren und Scholaren – die Kirche für Bruckner endgültig zu einer ebenso fixen wie maßgeblichen Größe, die er als Institution bis an sein Lebensende völlig unbeirrt akzeptierte.[1350] Als er 1855, getrieben von der Sorge um die Existenzsicherung, St. Florian, mit dem er „ ... innig verwachsen“[1351] war, verließ, um die Stelle des Linzer Domorganisten anzutreten, war seine individuelle Relgiosität so sehr gefestigt, dass die Irritationen und Krisen der Folgezeit niemals zu ernsthaften Glaubensanfechtungen führten. In Linz arrangierte sich Anton Bruckner zunächst bis zu einem gewissen Grad mit dem öffentlichen Leben, ja zeigte durchaus selbstbewusstes Auftreten, wenn es darum ging, seine eigene Karriere voranzutreiben. Dabei hielt er, der wegen seiner offenkundigen Glaubenshaltung nicht selten verspottet wurde, jedoch allen extrinsischen Versuchen stand, ihn von seiner Religion oder sittlichen Grundhaltung abzubringen.[1352] Der mit Bruckner schon seit den 1840er-Jahren befreundete St. Florianer Chorherr *Ignaz Traumihler* (1815-1884), urteilt über die Linzer Zeit: „Es war eine Notwendigkeit für Bruckner, daß er in die Welt hinaus mußte, um das zu werden, was er jetzt ist. Bruckner ist nämlich durch dies sehr fromm geworden, Beweis, daß ihm die Welt nicht schaden konnte, weil er ein fester, treuer Glaubenscharakter ist.“[1353] Diese Aussage wird bestätigt durch das Zeugnis von *August Göllerich* (1859-1923), dem vom Komponisten noch zu Lebzeiten autorisierten ersten Bio-

---

1349 Vgl. KANTNER 67 f.
1350 Vgl. MAIER, Persönlichkeit 336 f.
1351 BLUME, Art. Josef Anton Bruckner 345.
1352 Vgl. hierzu etwa GÖLLERICH / AUER Bd. 3 Teil 1 21.
1353 Zitiert nach GÖLLERICH / AUER Bd. 2 Teil 1 238.

graphen, der im Zusammenhang mit der Linzer Zeit folgenden Ausspruch Bruckners zitiert: „Man darf nicht stolz sein, da man ja aus sich selbst nichts ist; die Religion allein ist mein Trost, warum soll ich ihr untreu werden?“[1354]

Ab dem Jahre 1865 bemerken wir bei Bruckner ein „ ... jähe[s] Umschlagen in ein gesellschaftliches Unangepaßt-Sein [;] ... durch Bruckners Leben [verläuft] um diese Zeit eine harte Bruchlinie ...“[1355], welche auch und gerade in der Gestalt seiner Religiosität evident wird. Dass Bruckner sich selbst zu diesem Zeitpunkt in einem Brief unvermittelt als „ ... Welt- u. Menschenfeind ...“[1356] bezeichnet, deutet die schwer wiegende Wende an. Die Ablehnung seines wahrscheinlich einzigen *ernsthaften* Heiratsantrages, die permanente Überlastung durch das enorme berufliche Arbeitspensum, die Angst vor der als notwendig erkannten Eroberung einer Wirkungsstätte, die seiner Begabung mehr entsprach – die Koinzidenz dieser Belastungen kumulierte bald derart, dass sie die psychischen Kräfte des sensiblen Künstlers überstieg: Die Folge war eine *Neurasthenie*, welche einer sofortigen stationären Behandlung bedurfte.[1357] Bruckners Nervenkrankheit äußerte sich in einer *Spinalirritation*. Neben etlichen anderen Symptomen stellte sich eine *Zählmanie* und ein obsessiver *Kontrollzwang* ein – zwei Faktoren, welche die konkrete Manifestation seiner Glaubenspraxis empfindlich beeinflussen sollten. Die Wesensart Bruckners erschien nun eher verschlossen, sein Auftreten wurde unbürgerlich.[1358] Auch zeigt die Biographie, dass er sich offenbar gegen jene weltlichen Zeitströmungen abschottete, welche ihn weltanschaulich hätten verunsichern können, weshalb er besonders nach seiner Übersiedlung in die Großstadt Wien im Jahre 1868 zunehmend weltfremder wurde. „Wir wissen nicht, ob Bruckner absichtlich sich stärkeren Irritationen gar nicht aussetzen wollte oder es nicht konnte. [...] Bruckners Bildung ... [blieb] im wesentlichen auf das beschränkt, was ihm das Stift St. Florian an Gegenständen, Reflexion und Beispiel angeboten hatte“.[1359] In Sankt Florian hatte der Tonsetzer beispielsweise die Gebetsverpflichtungen der Laienbrüder kennen gelernt. Letztere hatten anstelle des gemeinsamen Chorgebetes, zu dem nur die Kleriker verpflichtet waren, über den Tag verteilt unter anderem 84 Vaterunser zu beten. Betrachten wir nun die bereits eingangs erwähnten akribischen Gebetsaufzeichnungen Bruckners, die er bezeichnenderweise erst *nach* Ausbruch seiner Nervenkrankheit begann, so sind sowohl hinsichtlich der Anzahl als auch der Struktur bemerkenswerte Übereinstimmungen erkennbar.[1360] In (selbstverständlich nicht für fremde Augen bestimmten) Terminkalendern und Notizbüchern legte Anton Bruckner für beinahe jeden Tag des oben erwähnten

---

[1354] Zitiert nach GÖLLERICH / AUER Bd. 3 Teil 1 21.
[1355] MAIER, Persönlichkeit 333.
[1356] Brief Anton Bruckners an seinen engen Freund *Rudolf Weinwurm* (1835-1911) vom 29.01.1865. Zitiert nach AUER, Anton Bruckner. Gesammelte Briefe. Neue Folge 65.
[1357] Bruckners überaus verständnisvoller und wohl wollender Diözesanbischof *Franz Joseph Rudigier* (1811-1884), der um den verzweifelten seelischen Zustand seines Domorganisten wusste, gab ihm für die Dauer des Aufenthaltes in der Hydrotherapieanstalt Bad Kreuzen einen Priester als geistlichen Beistand mit. Vgl. SCHEDER, Anton Bruckner Chronologie. Textband 166.
[1358] Vgl. MAIER, Persönlichkeit 334-336.
[1359] WAGNER, Anton Bruckner. Sein Werk – sein Leben 59 ff.
[1360] Vgl. ANGERER 49 und WAGNER, Anton Bruckner. Sein Werk – sein Leben 69.

Zeitraumes peinlich genaue Rechenschaft über seine jeweiligen Pia exercitia, sowie ferner Kirchenbesuche und Beichten ab.[1361] Die Aufzeichnungen lassen eine quantitative, mathematische Frömmigkeitspraxis erkennen. Dieses Phänomen ist polygen. Dass sich der neurotische Zwang zum Zählen und Kontrollieren solchermaßen auf die persönliche Religiosität richtete, wurde durch die religiöse Haltung der katholischen Restauration nicht etwa gehemmt, sondern im Gegenteil noch gefördert. Wie im vorangegangenen Kapitel aufgezeigt, war der Katholizismus jener Epoche ja – besonders im ländlichen Bereich – durch einen additiven Leistungsanspruch geprägt, welcher den einzelnen Gläubigen im Grunde überforderte und in der Glaubenspraxis eine Atmosphäre von Skrupulosität erzeugte. Diese Gegebenheit in genere im Konnex mit einer psychischen Krankheit in specie führten bei Bruckner zu einer fatalen Wechselbeziehung: „Die Religion ... war [für ihn] eine mögliche Therapieform gegen jene Neurosen, die möglicherweise durch die Nichtbewältigung ihrer Ansprüche erst entstanden waren."[1362] Sein in allen Lebensbereichen erkennbares extremes Sicherheits- und Absicherungsbedürfnis suchte folglich auch im Bereich des Religiösen nach festen Rahmenbedingungen. Bestärkt wurde Bruckner in diesem seinen Bestreben noch durch seine Wiener Beichtväter: *Karl Schneeweiß* (1808-1886), der sich vom Beginn der Wiener Zeit an um die Cura animae des Tonsetzers kümmerte, sowie sein Nachfolger *Karl Graff* (1827-1902) waren Jesuitenpatres. Ein Einfluss der Jesuitenfrömmigkeit auf das Gebetsleben Anton Bruckners ist somit nicht nur hochwahrscheinlich, sondern wird angesichts der deutlichen Parallelen zwischen den Anweisungen der *Spiritualia Exercitia* des *Ignatius von Loyola* (1491-1556) und den Gebetsaufzeichnungen des Tonsetzers nahezu zur Gewissheit.[1363] Ein Zusammenhang mit dem in der katholischen Restauration weit verbreiteten Buch *Der himmlische Hof*, das, auf Visionen *Luitgard von Wittichen*s (1291-1348) basierend, von dem Franziskanerpater *Johann Ludwig Ungelehrt* (1599-1662) alias *Johann Ludwig a Musis* ediert worden war, ist ebenfalls unübersehbar.[1364] Auch hier wird die Einfügung von Betrachtungen zwischen den Vaterunser empfohlen. Die dem Benutzer des Opusculums an die Hand gegebene Vaterunser-Tabelle deckt sich teilweise auf frap-

---

[1361] Vgl. beispielsweise die besonders exemplarischen Einträge vom 02.10.1886, 03.10.1886, 28.10.1886, 31.10.1886, 22.12.1886, 23.12.1886, 24.03.1888, 19.05.1888 oder 15.04.1889 (Einsehbar etwa bei SCHEDER, Anton Bruckner Chronologie. Textband 516-521.551-576).
Das Repertoire seines täglichen Gebetspensums umfasste: Vaterunser, Ave Maria, Salve Regina, Gloria patri, Lauretanische Litanei, Glaubensbekenntnis und vor allem den *Rosenkranz*, der für Bruckner einen zentralen Stellenwert einnimmt. Des Komponisten Marienfrömmigkeit entspricht dabei durchaus einer generellen Strömung innerhalb der Katholischen Restauration (siehe hierzu Fußnote 1327). Dabei trägt Bruckners Verehrung der Gottesmutter kindlich-naive Züge. Vgl. etwa HORN 469.

[1362] WAGNER, Anton Bruckner. Sein Werk – sein Leben 57.

[1363] Vgl. KANTNER 70 f. Die vom Schüler und späteren Privatsekretät Bruckners *Anton Meißner* (1862-1945) bezeugte Gepflogenheit Bruckners, nach jedem Vaterunser eine Betrachtung folgen zu lassen, entspricht exakt den Anweisungen des Ordensgründers der SJ. Vgl. GÖLLERICH / AUER Bd. 4 Teil 3 525.

[1364] Auf dieses Buch könnte Bruckner eventuell von Karl Graff hingewiesen worden sein, was durch August Göllerichs nicht näher ausgeführten Hinweis auf die „ ... ihm vom Beichtvater auferlegten Tugendübungen" (GÖLLERICH / AUER Bd. 4 Teil 1 390) gedeckt würde.

pante Weise mit Bruckners Aufzeichnungen.[1365] Die Angst, durch Unterlassen von Gebetspflichten die Wirkung des Quantitativen zu gefährden, zeigte sich bei Bruckner etwa darin, dass er nach dem Zeugnis seines damaligen Studenten *Friedrich Klose* (1862-1942) sogar als Professor seine Wiener Vorlesungen unterbrach, um den Angelus Domini zu beten oder während einer weltlichen Konversation in der Öffentlichkeit hinter (zum Zwecke des Verbergens) vorgehaltenem Taschentuch ein Kreuzzeichen zum Angelusläuten schlug.[1366] Neben der beschriebenen Gebetspraxis ging ganz offensichtlich auch Bruckners dezidierte Keuschheit auf das Vorbild der St. Florianer Chorherren zurück. Der Komponist entwickelte gegenüber Frauen einen moralischen Rigorismus. Gemäß dem Bericht August Göllerichs legte er sich an Beichttagen für den Fall, dass er Damen mit Handschlag begrüßen müsse, einen Handschuh zurecht. Dass er sich für eine Ausnahme von dieser selbstgesetzten Auflage die explizite Erlaubnis seines Beichtvaters einholte, belegt eine authentische Kalendereintragung Bruckners „19. Mai H[eilige]. B[eichte]. Fr[auen]. u. M[ädchen]. auch bloße Hand erlaubt zu geben, eig[enhändige]. Berühr[ung].“[1367]

Nicht nur auf dem Gebiet der Sexualität, sondern auch in den Ernährungsgepflogenheiten kamen – bestärkt durch eine im damaligen Katholizismus häufig anzutreffende Werkgerechtigkeit – Bruckners neurotisch beeinflusste Gepflogenheiten zum Tragen. So notierte er sich etwa in seinem Kalender nicht nur penibel, was und wie viel er an Fasttagen aß, sondern gab auch (nur zu seiner eigenen Kontrolle!) Zeugen an, welche die Richtigkeit der Angaben bestätigen könnten.[1368] Für bestimmte Speisen ließ sich Bruckner eigens vom Linzer Bischof detaillierte Dispensen erteilen.[1369]

Das in psychologischer Hinsicht Typische an der rigorosen religiösen Praxis Anton Bruckners ist die Tatsache, dass er darin einseitig Schwerpunkte setzte, während er in anderen Handlungsfeldern ethisch durchaus unbekümmert blieb – charakteristisches Phänomen einer *zwangsneurotischen Scrupulose*. Im Gegensatz zur strikten Observanz in den oben genannten Bereichen schien die christliche Ethik für Bruckner in Bezug auf seinen materiellen und beruflichen Erfolg weniger relevant zu sein. Wir beobachten in der Vita des Tonkünstlers und Komponis-

---

1365 Demjenigen, der 34000 Vaterunser, Ave Maria und Ehre sei dem Vater betet, wird gleichsam eine Garantie für das ewige Seelenheil gegeben. Vgl. MUSIS 37 f.

1366 Vgl. KLOSE 97 und GÖLLERICH / AUER Bd. 3 Teil 1 445.

1367 Kalendereintragung vom 19.05.1888. Zitiert nach SCHEDER, Anton Bruckner Chronologie. Textband 554. An Tagen ohne Beichte achtete Bruckner meist darauf, dass er bei Konversation mit Frauen niemals allein, sondern immer eine Gardedame zusätzlich anwesend war. Auch sonst lässt sich bei ihm im Sinne der Meidung der Occasio proxima eine stets strikte und kontrollierte Abwehr sexueller Versuchung beobachten. Dies bedeutete gleichwohl nicht, dass Bruckner die einzige geregelte Form der Sexualität, die Ehe, für sich prinzipiell ausgeschlossen hätte, wie seine diversen Heiratspläne zeigen (allerdings blieben alle Heiratsbemühungen lebenslänglich erfolglos). Vgl. WAGNER, Anton Bruckner. Sein Werk – sein Leben 70.

1368 Vgl. etwa als besonders charakteristisch die Kalendereinträge vom 04.10.1886 und 09.10.1886, ferner 08.10.1886, 11.10.1886, 12.10.1886, 24.10.1886, 25.10.1886, 16.10.1886, 09.11.1886, 16.11.1886, 17.11.1886 oder 21.12.1886 (Einsehbar etwa bei SCHEDER, Anton Bruckner Chronologie. Textband 516-521).

1369 Siehe hierzu seine diesbezüglichen Eingaben an Bischof Franz Joseph Rudigier von Linz vom 23.02.1876 bzw. 01.01.1884, 12.01.1885 und 01.01.1887 (Einsehbar etwa bei AUER, Anton Bruckner. Gesammelte Briefe. Neue Folge 135).

ten einen „ ... zweifellos vorhandene[n] Materialismus ..., ausgerichtet auf den Erwerb von immer mehr Geld ...“[1370], der bisweilen fast als „Geldhunger“[1371] erscheint. Als minderndes Moment ist gleichwohl zu berücksichtigen, dass in der sittlichen Wertehierarchie des bürgerlichen Katholizismus jener Epoche, welcher mit den dinglichen Annehmlichkeiten des traditionellen Mittelstandes eine gewisse Zweckehe einging, die Tugend der materiellen Armut bzw. Entsagung keine Rolle spielte. Askese war allenfalls im Bereich der Ernährung und Sexualität ein Thema.[1372] Im karrieristischen Streben nach lukrativen beruflichen Positionen schlich sich in die Persönlichkeit bisweilen aber auch ein bedenklicher Opportunismus ein. Weniger dass Anton Bruckner gegenüber (auch nur vermeintlich) Höhergestellten oft eine peinlich anmutende Devotion an den Tag legte, sondern vor allem, dass er um des Erreichens von Protektionen willen Kontradiktionen innerhalb seiner weltanschaulichen Meinungsäußerung in Kauf nahm, muss in diesem Zusammenhang erwähnt werden. Ob er sich beispielsweise über Angehörige der evangelischen Konfession wohlwollend oder abqualifizierend äußerte, machte er von der Einstellung seines Gesprächspartners abhängig.[1373] In Bezug auf jüdische Mitbürger lässt sich Ähnliches beobachten. „Einige antisemitische Züge [einerseits] ... und die kleinlaute Beteuerung ‚i hab ja nix gegn die Herrn Israeliten‘ [andererseits] legen die Vermutung nahe, daß die Frage des Antisemitismus im Prinzip Bruckner völlig gleichgültig war, er jedoch ängstlich bemüht war, es sich nach keiner Seite zu verderben, um sich nicht Hindernisse zu schaffen.“[1374] Abqualifizierungen anderer Religions- und Konfessionsgemeinschaften in Einzelfällen entsprachen mithin nicht der Grundhaltung des Tonsetzers. Diese war vielmehr eigentlich von Toleranz gekennzeichnet. Abgesehen von unbedeutenden Ausnahmen ist bei Bruckner auch keine Tendenz erkennbar, andere zu „missionieren“.[1375]

Anton Bruckner setzte innerhalb der theologischen Inhalte, an welche er glaubte, subjektive Akzente. Die göttliche Person Jesus Christus bedeutete für ihn das absolute Zentrum der Metaphysik, während in seiner Spiritualität die dritte Subsistenz, der Heilige Geist, eher zurücktrat. Die Vernachlässigung des pneumatischen Aspektes ist dabei freilich auch ein allgemeines Kennzeichen der damali-

---

[1370] WAGNER, Anton Bruckner. Sein Werk – sein Leben 16.

[1371] KANTNER 122.

[1372] Dennoch birgt der Materialismus auch im Hinblick auf die persönliche Religiosität des Komponisten eine gewisse Problematik: Obgleich er in den Wiener Jahren als *Alleinstehender* ein beträchtlich höheres Einkommen hatte, als es zu jener Zeit einer österreichischen vierköpfigen Familie im Durchschnitt verfügbar war (Vgl. SCHAEFER 46 und WAGNER, Bruckner. Monographie 91), berichten unter anderen der damals mit ihm in Kontakt stehende Kirchenmusiker und Komponist *Johann Evangelist Habert* (1833-1896) sowie die befreundete Schriftstellerin *Gertrud Elisabeth Bollé-Hellmund* (Lebensdaten unbekannt) von einem ständigen unwürdigen Lamentieren über seine angeblich schlechte materielle Situation (Vgl. GÖLLERICH / AUER Bd. 4 Teil 3 79 sowie GRÄFLINGER, Anton Bruckner. Gesammelte Briefe 12). Selbst wenn man als Grund hierfür „ ... noch zu seinen Gunsten ... krankhafte Unsicherheit und Angst vor einer unversorgten Zukunft ... [annähme], könnte man schon fragen, ob bei einem Menschen, der so oft ... Gott im Munde führt, das Gottvertrauen nicht weiterträgt.“ KANTNER 122.

[1373] Vgl. KANTNER 122 f.

[1374] KANTNER 122. Die hier angeführten Worte Bruckners werden bezeugt durch den Bruckner-Biographen August Göllerich: GÖLLERICH / AUER Bd. 4 Teil 2 229.

[1375] Vgl. MAIER, Persönlichkeit 337.

gen Theologie. Beim Studium der Briefe und sonstiger verbaler Äußerungen des Tonsetzers fällt auf, dass Gott für ihn immer „der *liebe* Gott" war und nichts von den geheimnisvollen Schattenseiten des Göttlichen an sich hatte. Das Dunkle, sich den menschlichen Denkkategorien Verbergende, verarbeitet Bruckner hingegen eher unbewusst auf musikalische Weise.[1376] Der Glaube an die Personalität Gottes bestimmte zentral das Brucknersche Gottesbild, welches ihm gänzlich aus der biblischen Offenbarung erwuchs.[1377] „Bruckners Vorstellung vom Menschen und vom Universum war die Umsetzung der alten christlichen Schöpfungsgeschichte, die durch Leiden, Tod und Auferstehung des Gottessohnes zum Heil führte. Der Komponist glaubte von Anfang an und nachweisbar bis zu seinem Verlöschen nicht nur, daß alle Substanz in Gott gegründet sei, und nicht nur, daß die erlösende Tat am Kreuz für das Heil aller Menschen begangen wurde, sondern auch, daß im Respekt und der Verehrung etwas an menschlicher Leistung zurückgegeben werden müsse ... . [...] Für Bruckner war selbstverständlich, daß der Anfang und das Ende der Welt in Gottes Hand liegt, er das A und O dieser Welt ist und sein Sohn Jesus als Katalysator dieses Verständnisses und der Annäherung fungiert."[1378] Die gesamte ältere Bruckner-Literatur zeichnet und überzeichnet das Klischeebild des „Mystikers" Anton Bruckner. Bei differenzierter Betrachtungsweise wird jedoch deutlich „ ... daß Bruckner nur einige Züge mit reiner Mystik gemeinsam [hatte] und andere nicht. Im Unterschied zu dieser glaubte er fest ... an den persönlichen ... Bezug [Gottes] zur individuellen Seele. [...] Während ein reiner Mystiker sein individuelles Selbst für nichtig ansieht, und, wie ein Tropfen im Meer, in der impersonalen Gottheit aufgehen möchte, war Bruckner leidenschaftlich um sein individuelles Fortleben nach dem Tode besorgt."[1379]

Die obige Untersuchung von Religiosität und Spiritualität Bruckners zeigt, dass dieser Tonsetzer ein in hohem Maße religiöser Mensch war. Da er wie kaum ein anderer Komponist die persönliche Einbindung in den Organismus Kirche verinnerlichte, war auch deren Kult Angelpunkt seines Alltags. Dass seine Ordinariumskompositionen erst auf dem Hintergrund dieser biographischen Gegebenheit voll erfasst werden können, ist angesichts der bei Anton Bruckner anzutreffenden engen Verwobenheit von Religiosität und Werk keinesfalls von der Hand zu weisen. Im Sinne der für die vorliegende Abhandlung entworfenen Methodik gilt es folglich, dem individuellen Liturgieerleben, d.h. der Bedeutung der katholischen Liturgie im Leben dieser einzigartigen Künstlerpersönlichkeit nachzuspüren.

Das lebenslange Nahverhältnis Bruckners zur Kirche als Institution wurde, wie eingangs aufgezeigt, schon in der Zeit seiner frühen Kindheit grundgelegt. Als Ministrant wurde bereits dem Knaben eine gewisse aktive Einbindung in das liturgische Geschehen zuteil. Es wird berichtet, er habe das dort Erlebte in Mess- und Predigtspielen spielerisch reflektiert.[1380] Die Heimatpfarrei Ansfelden war dem Stift St. Florian inkorporiert und unterlag infolgedessen nicht den liturgischen

---

[1376] Vgl. etwa MÖRCHEN, Mystiker der Monumentalität 37.
[1377] Vgl. WIORA, Über den religiösen Gehalt in Bruckners Symphonien 175.
[1378] WAGNER, Anton Bruckner. Sein Werk – sein Leben 58.
[1379] WIORA, Über den religiösen Gehalt in Bruckners Symphonien 175.
[1380] Vgl. WAGNER, Anton Bruckner. Sein Werk – sein Leben 61.

Bestimmungen der Diözese Linz, sondern jenen des Klosters[1381] Da die sich hieraus ergebenden Differenzen aber lediglich unbedeutend sind, kann man davon ausgehen, dass der junge Anton Bruckner im Wesentlichen die allgemein übliche eklektizistische Liturgie der katholischen Restauration mit ihren Volksandachten und ihrer homiletisch-didaktischen Akzentuierung erlebte, wie sie im vorangegangenen Kapitel konzis behandelt wurde: Auf dem Hintergrund eines Kultverständnisses, welches das „Anhören" der Messe als quantitativ verpflichtendes Werk auffasste, wird manches in der Brucknerschen Frömmigkeitsausübung besser verständlich. Die musikliturgische Grundhaltung des späteren Messekomponisten wurde durch seine Sängerknaben- und Kirchenmusikerzeit im Augustiner-Chorherrenstift St. Florian maßgeblich grundgelegt. Hier wirkte er musikalisch an der Klosterliturgie mit, welche – im Unterschied zu den Stiftspfarreien – auf die Spezifika der Kollegiatskirche sowie das Gewohnheitsgut der Lateranensischen Chorherrenkongregation rekurrierte. Das für die damalige Zeit Bemerkenswerte an der liturgisch-kirchenmusikalischen Praxis des Stiftes war, „ ... daß man in St. Florian auf der einen Seite der bewährten Musiziertradition treu geblieben, andererseits allen Erneuerungsbestrebungen offen gegenübergestanden sein dürfte, ohne in Einseitigkeiten zu verfallen oder die eigene Tradition zu verleugnen. Nach den [dortigen] Aufzeichnungen ... gab es bereits damals eine gelegentliche Beteiligung des Volkes am Kirchengesang."[1382] Genau diese ausgewogene Mischung kirchenmusikalischer Ausdrucksformen ist kennzeichnend für das sakrale Œuvre Bruckners, wie an späterer Stelle noch näherhin zu zeigen sein wird. Am Beispiel St. Florian lässt sich mithin das bereits im vorausgegangenen Kapitel Gesagte verifizieren: Es war primär das monastische Umfeld, in welchem die liturgischen Reformansätze initial aufkeimten. So bemühte man sich im Augustiner-Chorherrenstift St. Florian etwa auch um eine Wiederbelebung des Cantus gregorianus – nicht in der exklusiven Weise wie in Solesmes, sondern in harmonischer Koexistenz mit der Figuralmusik und dem Kirchenlied. Die deutlichen Einflüsse von gregorianischen Melodien, welche in den „Sprachformeln" Bruckners eine wichtige Rolle spielen, haben ohne Zweifel in St. Florian ihren Ausgang genommen.[1383]

Welch hohe emotionale Affinität sich bei Bruckner in Bezug auf die St. Florianer Liturgie entwickelt hatte, wurde erst nach seinem Weggang aus dem Stift deutlich. Besonders an den Herrenfesten Ostern und Weihnachten drängte es ihn, einige Tage im Stift zu verweilen, um dem Gottesdienst der Kollegiatskirche bei-

---

1381 Im Jahre 1824 standen zwei St. Florianer Chorherren im Dienst der Pfarrei. Die konkrete Gestaltung der Liturgie basierte auf dem *Directorium Florianense*. St. Florian hatte auf diese Weise einen sehr direkten Einfluss auf seine Stiftspfarreien, besonders in Bezug auf das liturgische Kalendarium: Die gottesdienstliche Gestaltung einiger Kirchenfeste divergierte z.B. geringfügig von den diözesanen Richtlinien. Überdies wurden in den Stiftspfarreien auch etliche Eigenfeste des Stiftes begangen. Die Liturgie der Stiftspfarreien war dennoch nicht identisch mit jener, die innerhalb des Stiftes gefeiert wurde: Das Directorium differenzierte selbstverständlich zwischen Kollegiatskirche und Stiftspfarreien. Außerdem brachten die Sonderregelungen keinerlei gravierende Abweichungen von der römischen Liturgie mit sich, weshalb sie hinsichtlich unseres Forschungsinteresses nicht weiter relevant sind. Vgl. ANGERER 42 f.

1382 ANGERER 46. Vgl. auch SCHULTEN 19.

1383 Vgl. ANGERER 46 f.

zuwohnen und sich mit den befreundeten Geistlichen auszutauschen. Diesen Wunsch konnte er sich allerdings erst seit den 1870er-Jahren, also nach seiner Linzer Zeit erfüllen, da er vorher als Domorganist stets an den Hochfesten den Organistendienst in der Bischofskathedrale versehen musste. Seit seinem Wiener Aufenthalt reiste er dann nahezu in jedem Jahr bis zu zweimal an die ihm lieb gewordene Stätte zurück.[1384] Als diese Reisen gesundheitlich zu beschwerlich wurden, wählte er für seinen traditionellen klösterlichen Weihnachtsaufenthalt das nahe gelegene Augustiner-Chorherrenstift Klosterneuburg bei Wien (die spätere Keimzelle der Volksliturgischen Bewegung) gleichsam als Ersatz.[1385] Aber auch sonst war bei ihm „ ... ein wahres Heimweh nach geistlichen Stiften ..."[1386] erkennbar.[1387] Auch nach den St. Florianer Jahren legte Bruckner hinsichtlich des Messbesuches eine bedingungslose Observanz an den Tag. Die in der damaligen volksfrommen Mentalität ohnehin als sehr zentral angesehene hohe Frequenz des Gottesdienstbesuches wurde von Bruckner überaus gewissenhaft praktiziert, wobei in der einschlägigen Selbstdokumentation (in seinen Gebetsaufzeichnungen) sein pathologischer Zähl- und Kontrollzwang wieder sichtbar wird.[1388] Selbst als er in den ersten Linzer Jahren aufgrund des hohen Arbeitspensums häufig bis spät in die Nacht hinein mit Kompositionsprojekten befasst war, ging er trotz nur weniger Stunden Schlaf regelmäßig zur Frühmesse.[1389] Die sonntägliche Messfeier war ihm eine solch eherne Pflicht, dass nicht einmal Ausnahmesituationen ihn davon abhalten konnten: So führte ihn z.B. nach einer gänzlich in der Eisenbahn verbrachten Nacht direkt nach seiner Ankunft am Zielort München sein erster Weg in die Sonntagsmesse. Als er in den letzten Lebensjahren durch fortgeschrittene Gesundheitsschwäche schwer gezeichnet war, beharrte er darauf, in die Kirche getragen bzw. gefahren zu werden, obgleich ja vom kirchlichen Standpunkt aus dem Sonntagsgebot bei Krankheit nicht nachgekommen werden musste.[1390]

Im Gegensatz zu der reformorientierten Liturgie der Kollegiatskirchen war im damaligen Wien ein „Desinteresse des Klerus an ... Reformen"[1391] vorhanden. Im Rahmen seiner dortigen kirchenmusikalischen Tätigkeit als *Hoforganist* wohnte

---

1384 Vgl. hierzu etwa SCHEDER, Anton Bruckner Chronologie. Textband 303.403.457.458.482.502.521.552. 576.597.635.662.694.707.736.
Die Verbundenheit zu St. Florian ging sogar so weit, dass Bruckner in seinem Testament ad verbum den Wunsch äußerte „ ... in der Gruft unter der Kirche des reguliert lateranischen Chorherrenstiftes" beigesetzt zu werden. Zitiert nach AUER, Anton Bruckner. Gesammelte Briefe. Neue Folge 276.

1385 Vgl. hierzu etwa SCHEDER, Anton Bruckner Chronologie. Textband 543.723.752.

1386 KANTNER 69.

1387 In den Stiften Admont, Kremsmünster, Seitenstetten, Schlierbach und Wilhering kehrte Bruckner ebenfalls zur Feier der Liturgie oder zum persönlichen Gebet ein. Vgl. SCHEDER, Anton Bruckner Chronologie. Textband 567 und KANTNER 69.

1388 Siehe hierzu Fußnote 1361. Neben den Gebetsaufzeichnungen können als Quellen für Bruckners Kirchenbesuch z.B. auch folgende eigenhändige Briefe des Komponisten angeführt werden: Brief an *Johann Baptist Schiedermayer* (1807-1878) vom 08.12.1868 (1.), Brief an *Maria Anna Lederer* (Lebensdaten unbekannt) vom 31.12.1885 (2.) und Brief an *Rosalia Hueber* (1829-1898) vom 14.03.1889 (3.). Einsehbar etwa bei AUER, Anton Bruckner. Gesammelte Briefe. Neue Folge 100 f.224 (Briefe 1. und 3.) sowie GRÄFLINGER, Anton Bruckner. Gesammelte Briefe 66 f. (Brief 2.).

1389 Vgl. SCHAEFER 59.

1390 Vgl. KANTNER 119.

1391 LITSCHAUER 97.

Anton Bruckner regelmäßig den sonntäglichen Hochämtern sowohl in der Kapelle der Hofburg als auch in der Hofpfarrkirche St. Augustin bei. Diese dürften in mancherlei Hinsicht der Liturgie, wie er sie in den Stiften und Klöstern erlebte, entgegengesetzt gewesen sein. Der Regens chori und Hofpfarrkapellmeister an der Augustinerkirche *Leopold Eder* (1823-1902) legte es darauf an, seine dortigen Hochämter zu gesellschaftlich begehrten Spektakeln zu machen, die aufgrund ihrer prunkhaften musikalischen Ausgestaltung besonders bei der Wiener Aristokratie en vogue waren. Dass von „ ... Eder [dabei] ... durch viele Soloeinlagen und Nichteinhaltung der liturgischen Korrektheit gegen die kirchlichen Vorschriften verstoße[n]"[1392] wurde, nahm man billigend in Kauf. Bruckner fand inmitten einer solch veräußerlichten Zurschaustellung gewiss keine innere Andacht. Daher suchte er außerhalb seiner organisten-dienstlichen Verpflichtungen meist die Messfeiern der Schlosskapelle des Wiener Belvedere auf, welche in kleinem Kreis und einer intimen Atmosphäre stattfanden. In seinen beiden letzten Lebensjahren wechselte er dann nach St. Michael.[1393]

Ein besonders tiefes inneres Verhältnis entwickelte Anton Bruckner, wie bereits oben angedeutet, zur Liturgie der Feriae maiores privilegiatae, des Gründonnerstags und des Triduum sacrum.[1394] Die theologische Bedeutung des Gründonnerstags – die Einsetzung der Eucharistie und der Beginn des Leidens Christi – hatte in Bruckners Religiosität einen zentralen Stellenwert inne, was sich auch innerhalb seines Messenœuvres zeigt.[1395] Zusätzlich zur Feier der Karfreitagsliturgie betete Bruckner stets mehrere Stunden vor dem sog. „Heiligen Grab".[1396]

Gemäß den (in Kapitel 5.3.1.2 beschriebenen) Gepflogenheiten, nach welchen sich die gottesdienstliche Gemeinde während der Messfeier der paraliturgischen Messandacht widmete, verrichtete auch Anton Bruckner parallel zur Liturgie sein privates Gebet. *Richard Maria Heller* (1867-1934), der Hausarzt Bruckners, berichtet in diesem Zusammenhang Folgendes: „In dieser Kapelle [sc. der Schlosskapelle des Belvedere] waren meist nur sehr wenige Leute und ein ebenfalls greiser Pfarrer, der die hl. Messe las. Bruckner pflegte nun ohne Rücksicht auf den kleinen Raum und Pfarrer ... ganz laut zu beten, so daß eines Tages der Pfarrer ihn bitten ließ, seine Stimme etwas zu mäßigen, da er selbst in der heiligen Handlung gestört würde. Ich traf ihn damals in einer fürchterlichen Stimmung, da er sich dadurch gekränkt und beleidigt fühlte und immer und immer wiederholte, man könne einem Menschen nicht verbieten, zu Gott zu beten wie er es gewohnt sei. – Er fuhr von damals ab alle Sonntag in die Stadt ... zur hl. Messe und betrat die Kapelle nicht mehr."[1397] Aus dieser signifikanten Episode wird neben der generellen liturgischen Problematik jener Zeit vor allem Anton Bruckners „ ... Spannungsverhältnis zwischen persönlicher Frömmigkeit und liturgischer Bindung"[1398]

[1392] LITSCHAUER 98 f.
[1393] Vgl. SCHEDER, Anton Bruckner Chronologie. Textband 766.
[1394] Vgl. SCHEDER, Anton Bruckner Chronologie. Textband 457.
[1395] Vgl. hierzu GÖLLERICH / AUER Bd. 1 275.
[1396] Vgl. hierzu den authentischen Bericht des St. Florianer Stiftsorganisten *Josef Gruber* (1855-1933) in GÖLLERICH / AUER Bd. 4 Teil 2 303.
[1397] Zitiert nach GÖLLERICH / AUER Bd. 4 Teil 3 524.
[1398] GERSTMEIER, Art. Bruckner 710.

evident. Dieses *Spannungsverhältnis* ist für das Liturgieverständnis Bruckners konstitutiv und spiegelt sich gerade auch in seinen großen Orchestermessen wider. Aufzuzeigen, wie sich das individuelle Liturgieerleben und die persönliche Religiosität des großen romantischen Meisters auf sein Messenœuvre auswirkte, sei Gegenstand des folgenden Kapitels.

5.3.2.2 Kontextuelle Erschließung des Messenœuvres A. Bruckners

Auch für das Messenwerk Anton Bruckners gilt, was bereits in unserer Beschäftigung mit den vorausgehenden Komponisten deutlich wurde: Ein tiefgründiges Erfassen der Konzeption und des Anliegens seiner einzelnen Ordinariumsvertonungen ist letztlich nur dann möglich, wenn diese im konkreten Kontext ihrer Genese verstanden werden. Erst aus diesem umfassenden Verstehen heraus kann den mehrstimmigen Messen des großen oberösterreichischen Tonsetzers auch in unserer Gegenwart wieder ihre ihnen potentiell innewohnende Wirkkraft im veränderten Kontext heutigen Feierns, Denkens, Fühlens und Kommunizierens entborgen werden. Am Beispiel Bruckners und seines Œuvres wird – wie kaum bei einem anderen Komponisten – deutlich, dass die Ordinariumszyklen geformt sind durch die individuelle Biographie ihres Urhebers. Das Messenœuvre Anton Bruckners umfasst sechs vollständige mehrstimmige Ordinariumszyklen und drei unvollendete Messkompositionen (Messenfragmente).[1399] Die nachstehende Abhandlung wird sich ihnen zunächst chronologisch widmen.

Musikalische Einflüsse, die für das spätere Messenschaffen prägend wurden, wirkten auf Anton Bruckner bereits seit der frühen Kindheit ein. Als hierfür ursächlich ist zuvörderst die berufliche Betätigung seines Vaters zu nennen, welcher – wie bereits oben erwähnt – Lehrer an der Trivialschule[1400] des Geburtsortes Ansfelden bei Linz war: Kaiser *Franz I.* von Österreich (1768-1835) hatte 1850 die enge Verbindung von Schule und Kirche verfügt. Dies hatte zur Folge, dass die naturwissenschaftlichen Disziplinen weitgehend aus dem Fächerkanon herausfielen.[1401] Zentralen Stellenwert hatten hingegen selbstverständlich die Religionslehre und jene Bereiche der Musik inne, welche der Kirche dienstbar waren. Diese damals übliche Koppelung brachte unweigerlich mit sich, dass besonders im ländlichen Bereich der Lehrer in Personalunion Pädagoge, Kantor, Organist sowie Musikmeister des Dorfes für besondere Anlässe war.[1402] Mithin oblag es auch *Anton Bruckner sen.*, in der Pfarrei Ansfelden als Regens chori die Gottesdienste musikalisch zu gestalten und dies umso mehr, als die Schulaufsicht durch das Augustiner-Chorherrenstift St. Florian wahrgenommen wurde, welches sowohl in

---

[1399] Seine zwei Requiems und die erhaltene Requiemskizze sind gemäß der am Anfang der vorliegenden Monographie gegebenen Definition nicht Forschungsgegenstand dieser Abhandlung.

[1400] „Trivialschule" war damals der übliche Terminus für eine Volksschule bzw. Grund- und Teilhauptschule.

[1401] Wie bereits in Kapitel 5.3.1.1 „Der Katholizismus in Romantik und Restauration" dargelegt, war die katholische Kirche während der Restauration antimaterialistisch und antipositivistisch ausgerichtet.

[1402] Vgl. SCHAEFER 11 f.

den inkorporierten Stiftspfarreien als auch innerhalb seines Schulbezirkes nachweislich auf eine fundierte Kirchenmusikpflege Wert legte. Als Mitglied der *Gesellschaft der Musikfreunde Linz* ging *Anton Bruckner sen.* in der Auswahl des Messenrepertoires des von ihm geleiteten Kirchenchores höchtwahrscheinlich über das Niveau der sonst üblichen Land- oder Bauernmessen (Missae rurales) hinaus, sodass anzunehmen ist, dass sein Sohn, welchen die im Chor mitsingende Mutter regelmäßig auf die Sängerempore mitnahm, bereits damals die Ordinariumsvertonungen der Wiener Klassik und anbrechenden deutschen Romantik kennen lernte.[1403] Mit Sicherheit belegt ist Letzteres dann für die Zeit des ersten Kompositionsunterrichtes, den der Elfjährige bei seinem Firmpaten, dem Komponisten und Organisten *Johann Baptist Weiß* (1813-1850) in Hörsching bei Linz erhielt.[1404] Die Kenntnis der Messenliteratur des 18. und beginnenden 19. Jahrhunderts wurde entscheidend vertieft während des Aufenthaltes in St. Florian als Sängerknabe (ab 1837). Anhand exakter Aufzeichnungen des Stiftes sind für den besagten Zeitraum Aufführungen zahlreicher Messen u.a. von Johann Georg Albrechtsberger, Joseph Haydn, Michael Haydn, Wolfgang Amadeus Mozart und Franz Schubert verifizierbar.[1405]

Es ist nichts weiter als stringent, dass der soeben dargelegte intensive Einfluss der musikalischen Klassik und Romantik bereits in der ersten Ordinariumsvertonung Anton Bruckners seinen Niederschlag findet: Nach Abschluss der Präparandie wurde Bruckner durch das bischöfliche Konsistorium, d.h. die Schulbehörde, der er fortan dienstlich unterstellt war, der Posten eines Schulgehilfen an der Marktschule Windhaag bei Freistadt/Oberösterreich zugewiesen. In diesem circa 200 Einwohner zählenden Dorf war die kirchenmusikalische Situation mehr als dürftig. Das Repertoire des dortigen Kirchenchores umfasste die bestenfalls mediokren Kompositionen aus der Feder lokaler und südbayerischer Musiker.[1406] Hinsichtlich der Entstehung der ersten Ordinariumsvertonung Anton Bruckners treten in diesem Kontext zwei Ursachen zu Tage: Zum einen dürfte dem überdurchschnittlich begabten Achtzehnjährigen angesichts der kompositorisch minderwertigen Qualität des Kirchenchor-Repertoires das Bedürfnis erwachsen sein, die Liturgie durch ein anspruchsvolleres Opus zu bereichern. Der zweite Anlass aber ist sicherlich der nahe liegendere: Bruckner verliebte sich in die dreiundzwanzigjährige *Anna Jobst* (1818-1887), die aufgrund ihrer wohlklingenden Altstimme Solistin des Chores war. Gleichsam als Liebeserklärung widmete er ihr seine Messe in C-Dur WAB 25, später „*Windhaager Messe*" genannt.[1407] Die Entstehungs-

---

1403 Vgl. WAGNER, Anton Bruckner. Sein Werk – sein Leben 29-32.

1404 So wird etwa über Weiß berichtet, er habe als Leiter eines Chores z.B. die großen Oratorien Joseph Haydns und die Missa solemnis c-Moll KV 427 (417a) von Wolfgang Amadeus Mozart zur Aufführung gebracht. Vgl. WAGNER, Anton Bruckner. Sein Werk – sein Leben 33.

1405 Vgl. PASS, Studie über Bruckners ersten St. Florianer Aufenthalt 11 f.

1406 Hierzu zählten Messkompositionen etwa von *Franz Bühler* (1760-1823), *Karl Ludwig Drobisch* (1803-1854), *Robert Führer* (1807-1861) oder *Benedikt Hacker* (1769-1829). Vgl. SCHEDER, Anton Bruckner Chronologie. Textband 37.

1407 In einem überwiegenden Teil der aktuellen Bruckner-Literatur wird der Irrtum widerlegt, der durch die früheren Biographen lange Zeit verbreitet wurde, bei der Widmungsträgerin habe es sich um *Maria Zeitlhofer geborene Jobst* (1814-1891) gehandelt. Vgl. hierzu neueste Publikationen wie etwa SCHEDER, Anton Bruckner Chronolo-

ursache dieser Komposition besteht damit ausschließlich im inneren Movens des jungen Komponisten. Es handelt sich hierbei also nicht um ein Auftragswerk; Bruckner erhielt keinerlei materielle Vergütung dafür, dass er die Messe dem Windhaager Kirchenchor zur Verfügung stellte. Als Lehramtskandidat im kirchlichen Dienst war sein Lebensunterhalt überdies bereits zu diesem Zeitpunkt auf unabsehbare Zeit gesichert.[1408] Was die Konzeption der „*Windhaager Messe*" anbetrifft, so ist diese vollkommen durch den speziellen Entstehungskontext bedingt. Um ein möglichst wirkungsvolles Podium für Anna Jobst zu schaffen, sah der jugendliche Urheber der Tonschöpfung eine Besetzung für Alt-Solo, zwei Hörner und Orgel vor.[1409] Obzwar eigentlich unzulässig, waren innerhalb der Liturgie mancher Landpfarreien, so auch in Windhaag, gravierende Kürzungen des Ordinariumstextes zur Usance geworden, worauf auch Anton Bruckner gezwungenermaßen Rücksicht zu nehmen hatte. Stilistisch zeugt die Ordinariumsvertonung zwar von einer beachtlichen Geschicklichkeit ihres Schöpfers, bewegt sich gleichwohl noch gänzlich im traditionellen Rahmen der Klassik. Topische Wendungen in Satztechnik und Melodik zeigen eine deutliche Bindung an die Konvention.[1410]

Ein ähnliches, letztlich beengtes Festhalten an der gattungsgeschichtlichen Tradition zeigt sich in der zweiten Brucknerschen Vertonung des Ordinariums Missae. Die Messe in d-Moll = „Messe ohne Gloria (und Credo)" WAB 146 für vierstimmigen Chor a cappella entstand 1843 in Kronstorf bei Steyr, weshalb sie in der Literatur auch als „*Kronstorfer Messe*" angeführt wird.[1411] In dem von etwa 100 Personen bewohnten Dorf traf der junge Schulgehilfe ähnliche soziale und kirchliche Verhältnisse wie in Windhaag an. Die an der Wiener Klassik und Frühromantik geschulte Kompositionsweise des Aufstrebenden erfuhr in dieser Zeit eine Verfeinerung durch den Unterricht beim Organisten und Chorregenten *Leopold von Zenetti* (1805-1892) im benachbarten Städtchen Enns, einem „ausgepichten Mozartianer"[1412]. Bei ihm lernte Bruckner möglicherweise auch erstmals eine Messkomposition von Beethoven (die Messe in C-Dur op. 86) kennen[1413] – eine insofern wichtige Begebenheit, als das Beethovensche Vorbild für sein späteres Messenschaffen prägend werden sollte. Im vorangegangenen Kapitel wurde

---

gie. Registerband 183, SCHEDER, Anton Bruckner Chronologie. Textband 37 oder MAIER, Messe in C-Dur („Windhaager Messe", WAB 25) 282.

1408 Ein ernstlicher finanzieller Zuerwerb durch Kompositionstätigkeit wäre – realistisch betrachtet – in diesem frühen Stadium des musikalischen Werdeganges ohnehin noch nicht in Betracht gekommen.

1409 Da die Messe für die konkrete lokale Aufführungspraxis Windhaags komponiert worden war, wäre eine größere instrumentale Besetzung angesichts der bescheidenen Möglichkeiten unrealistisch gewesen..

1410 Die traditionellen Stilmittel und Topoi dürften Anton Bruckner wohl vor allem durch *Johann Nepomuk August Dürrnberger* (1800-1880) vermittelt worden sein, der während des Besuches der Linzer Präparande in den Jahren 1840-1841 sein Musiklehrer war. Vgl. MAIER, Messe in C-Dur („Windhaager Messe", WAB 25) 282.

1411 An die Trivialschule Kronstorf war der junge Schulgehilfe im Jahre 1843 durch den verständnisvollen und ihm wohl wollenden St. Florianer Abt *Michael Arneth* (1771-1854) versetzt worden, nachdem der Windhaager Schulmeister als unmittelbarer Vorgesetzter Bruckners diesem auf dessen evidente intellektuelle und musikfachliche Überlegenheit hin mit kleinlichen Demütigungen zugesetzt hatte. Vgl. LIEBISCH 76-78.

1412 MAIER / ZAMAZAL 115.

1413 Vgl. GRUBER 129.

erwähnt, dass die Liturgie der Karwoche für Anton Buckner in religiöser Hinsicht hochbedeutsam war. In Kronstorf nun drängte es den Künstler erstmals, dieser seiner inneren Affinität musikalisch Ausdruck zu verleihen. Dem liturgischen Kalendarium gemäß vertonte er den Text des Gloria nicht und kennzeichnete die spezielle Verwendung des Werkes durch das Attribut „Sine Gloria".[1414] Die Uraufführung erfolgte wahrscheinlich am Gründonnerstag 1843; nicht ganz auszuschließen ist aber auch eine spätere Aufführung in der Quadragesima des Jahres 1844.[1415] Stilistisch und satztechnisch spiegelt dieses Opus deutlich die Lerninhalte des Unterrichtes bei von Zenetti wieder: Elemente des evangelischen Chorals sind durchmischt mit schlichtem nachklassischen Kirchenstil, wobei die harmonischen Wendungen noch zuweilen gewollt, ja nachgerade gewagt erscheinen. Manche ungewöhnlichen Akkordfolgen und Modulationen scheinen somit Ergebnisse einer intensiven, experimentellen Beschäftigung des jungen Komponisten mit der neu erlernten Harmonielehre zu sein.[1416] Als Impuls für die Entstehung der Messe ist übrigens kein konkreter Kompositionsauftrag verifizierbar, woraus sich auch das Fehlen eines Widmunsgträgers erklärt. Der Kontext der Religiosität und des Liturgieerlebens Bruckners deutet durchaus auf ein spirituelles Motiv hin.

Nur kurze Zeit später ging (ebenfalls in Kronstorf) aus der künstlerischen Auseinandersetzung mit der Karwochenliturgie eine weitere Messvertonung hervor. Es handelt sich hierbei um die Messe in F-Dur = *„Choralmesse ‚Christus factus est'* [1] *für den Gründonnerstag* WAB 9, welche in Ansehung des liturgischen Anlasses nur für A-cappella-Chor konzipiert und unter Berücksichtigung der besonderen Gegebenheiten der Missa in Cena Domini an den Typus der Plenarmesse angelehnt ist[1417]: Im Gegensatz zum gewöhnlichen fünfteiligen Ordinariumszyklus sind die Teile Kyrie und Gloria nicht vertont.[1418] Stattdessen reihen sich zwei Stücke des Gründonnerstag-Propriums, nämlich das Graduale „Christus factus est pro nobis" und das Offertorium „Dextera Domini fecit virtutem" in die restlichen Ordinariumsätze ein. Den Sanctus-Satz übernahm Bruckner mit geringen Änderungen aus der *„Kronstorfer Messe"*. Auch die zweite in Kronstorf entstandene Messe präsentiert sich als direkte Frucht des Unterrichtes bei Leopold von Zenetti.[1419] Neben den überwiegend homophonen Partien sind nun auch Elemente polyphoner Gestaltung (Kontrapunkt) erkennbar, wie z.B. kleine imitatorische Einsätze in den

---

1414 Warum überdies die kompositorische Umsetzung des Credo, dessen Planung aus entsprechenden Vermerken des Autographes eindeutig hervorgeht, letztlich nicht mehr realisiert wurde, bleibt indes im Dunkeln.

1415 Vgl. SCHEDER, Anton Bruckner Chronologie. Textband 39.

1416 Vgl. MAIER, Messe ohne Gloria in d-Moll („Kronstorfer Messe", WAB 146) 289 und NOWAK, Anton Bruckners Kirchenmusik 89.

1417 Vgl. hierzu bereits Fußnote 106.

1418 Um die Messe über die Quadragesima hinaus verwendbar zu machen, fügte Anton Bruckner im Jahre 1845 noch nachträgliche Vertonungen von Kyrie und Gloria hinzu. Diese Ergänzung blieb allerdings bis heute verschollen. Vgl. SCHEDER, Anton Bruckner Chronologie. Registerband 53.

1419 Für die Tatsache, dass von Zenetti seine Musikdidaktik nicht nur anhand der Werke Wolfgang Amadeus Mozarts und Joseph Haydns illustrierte, sondern auch die Ordinariumskompositionen *Michael Haydns* als Paradigmen heranzog, ist die Messe des 19-jährigen Bruckner ein sprechender Beweis. Vgl. BLUME, Art. Josef Anton Bruckner 343 und GRUBER 129.

beiden Proprium-Sätzen und Passagen des verschollenen Kyrie, welches der Komponist in der noch erhaltenen Titelbemerkung als „fug[iert]" bezeichnet.[1420] Der im kirchlichen Gebrauchsstil der Wiener Klassik gehaltene Gesamtduktus weist das Werk aber ansonsten dem Genre der Landmesse zu, weswegen auch hier wieder erhebliche Verstümmelungen des Ordinariumstextes hingenommen werden müssen. Das initiale Movens der Werkgenese aus dem individuellen religiösen Erleben heraus zu erklären, erscheint angesichts der „Dedikation" nicht nur legitim, sondern nahezu geboten: „A. m. D. g." („Ad maiorem Dei gloriam" – „Zur größeren Ehre Gottes") ist die Partitur überschrieben.[1421] Dieses „... Signum ... ist [für Bruckner] mehr als ein ‚Steinmetzzeichen'. Es ist ein Bekenntnis"[1422]. Das gilt insbesondere auch für die hier untersuchte Messe, in derem Zentrum das Gründonnerstag-Graduale „*Christus factus est*" steht: Das besagte Graduale war Bruckner so wichtig, dass er es später noch zwei weitere Male ohne äußeren Anlass vertonte.[1423] Obzwar sich Bruckner zu seinen Gründonnerstags-Kompositionen nicht näher äußerte, erlaubt die in unmittelbarem geistigen Konnex stehende Vertonung des Karfreitags-Hymnus „*Vexilla Regis*" WAB 51 eine erhellende Konklusion. Der Komponist schreibt über dieses Opus: „Ich habe es nach reinem Herzensdrange componirt."[1424] Rückbezogen auf die zweite Kronstorfer Ordinariumsvertonung, dürfte also mit der Feststellung, dass „... die[se] *Gründonnerstag-Messe* ... ganz und gar ... [dem] inneren Verhältnis Bruckners zur Liturgie dieses Tages entsprang"[1425], die Frage nach der dem Werk zugrunde liegenden Motivation adäquat beantwortet sein.

Gegen Ende der zweiten St. Florianer Phase komponierte Bruckner – nachdem er in den Jahren 1845-46 zwei Messkompositions-Versuche in statu nascendi abgebrochen hatte[1426] – seine erste große Orchestermesse: Die Missa solemnis in b-Moll WAB 29 für Soli, vierstimmigen Chor, Orchester und Orgel. Anton Bruckner, der zu dieser Zeit nicht nur Unterlehrer an der St. Florianer Pfarr- und Marktschule war, sondern überdies auch das Amt des *Definitiven Stiftsorganisten* an der Kollegiatskirche ausübte, wurde zur Schaffung dieses Opus durch einen speziellen Anlass bewegt. Am 24.03.1854 war der langjährige Stiftspropst *Michael Arneth*

1420 Vgl. NOWAK, Anton Bruckners Kirchenmusik 89 und MAIER, Messe ohne Gloria in d-Moll („Kronstorfer Messe", WAB 146) 282.

1421 Dieses tradierte, etwa auch von so bedeutenden Komponisten wie Johann Sebastian Bach oder Joseph Haydn programmatisch verwendete Signum, stellt Bruckner auch einigen seiner späteren sakralen Werke voran. Siehe dazu auch weiter hinten Fußnote 1435.

1422 BLUME, Art. Josef Anton Bruckner 359.

1423 Die angesprochenen Kompositionen sind im Einzelnen wie folgt: Graduale „*Christus factus est*" (2) in d-Moll WAB 10 aus dem Jahre 1873 und Graduale „*Christus factus est*" (3) in d-Moll WAB 11 aus dem Jahre 1884.

1424 Brief an den St Florianer Regens chori *Bernhard Deubler* (1842-1906) vom 07.03.1892. Zitiert nach AUER, Anton Bruckner. Gesammelte Briefe. Neue Folge 257.

1425 NOWAK, Anton Bruckners Kirchenmusik 85. Vgl. ähnlich auch LIEBISCH 85.

1426 Diese beiden Fragmente waren von Bruckner ursprünglich projektiert als Messe in g-Moll = „Missa pro Quadragesima" (bezeichnenderweise also wieder *für die Fastenzeit*), von der nur das Kyrie WAB 140 unvollständig existiert sowie als Messe in Es-Dur, deren einziger (skizzenhaft) realisierter Satz das Kyrie WAB 139 ist. Die Gründe für das Abbrechen der Arbeiten sind nicht eindeutig belegt Vgl. MAIER, Messe in Es-Dur (WAB 139, nur Kyrie, Fragment) 287-288 und MAIER, Missa pro Quadragesima in g-Moll (WAB 140, Fragment) 288.

(1771-1854) verstorben, welchem sich Bruckner aus mehreren Gründen dankbar verbunden fühlte: Zum einen hatte er den Dreizehnjährigen trotz dessen unmittelbar bevorstehender Mutation als Sängerknaben aufgenommen, zum anderen bewirkte er die als seelische Befreiung empfundene Versetzung nach Kronstorf. Nach dem Hinscheiden dieses Förderers stand nun die Infulierung eines Nachfolgers, nämlich des Stiftspfarrers *Friedrich Theophil Mayr* (1793-1858) bevor – auch dies ein Mann, der sich, indem er die Zuweisung des St. Florianer Lehrerpostens an den jungen Schulgehilfen initiierte, als Wohltäter erwiesen hatte. Die Festmesse der feierlichen Benediktion und Inthronisation des neuen Propstes, die als Pontifikalamt am 14.09.1854 stattfand, war für Bruckner mithin ein Impuls, seinem doppelten Dank musikalisch Ausdruck zu verleihen.[1427] Seitens des leitenden Stiftsklerus ist zwar kein offizieller Auftrag zu dieser Ordinariumsvertonung verifizierbar, man dürfte gleichwohl eine vom Stiftsorganisten zu solch prominentem Anlass gefertigte Komposition wenn auch nicht erwartet, so doch als selbstverständliche Leistung im Rahmen der Dienstpflichten hingenommen haben. Der Komponist wurde noch ganz als Domestik behandelt, worunter der sensible Bruckner sehr litt. Gegenüber August Göllerich äußerte er sich später über diese Lebensphase „I hätt' eahna zu dö Fest ... all's mögliche Zeugs komponier'n soll'n, war aber sunst als reiner Diener g'halt'n, der nur am Diener-Tisch hat essen derf'n und den's so schlecht wia mögli b'handelt hab'n. Dessentweg'n war i ganz melancholisch."[1428] In einem Brief schreibt er: „Unser Stift behandelt Musik und folglich auch Musiker ganz gleichgültig ... . Ich kann hier nie heiter sein."[1429] Die b-Moll-Messe, bei deren Komposition Bruckner auf Skizzen aus der Kronstorfer Zeit zurückgriff, stellt in stilistischer Hinsicht die Summe des bisherigen Befassens Bruckners mit der gattunsgeschichtlichen Tradition dar: In der Dramaturgie greift er auf Haydn zurück, die harmonischen Wendungen gemahnen stellenweise an Schubert, der Gesamtduktus knüpft an die großen Messen Beethovens an. Wohl als bewusste Hommage können nahezu wörtliche melodische Zitate gedeutet werden.[1430] Insgesamt trägt die b-Moll-Messe das Gepräge eines groß angelegten musikalischen Hochamtes, weswegen sie auch die erste Ordinariumskomposition aus der Feder Bruckners ist, die keinerlei Textkürzungen aufweist. Auch wenn in ihr bereits vereinzelt kostbare Eingebungen des Künstlers zu Tage treten, verleihen ihr die vielen Einflüsse unterschiedlicher Traditionsströmungen eine gewisse Uneinheitlichkeit und wirkt sie insgesamt noch sehr konventionell. „Bruckner ... hat sich bis zum Alter von 40 Jahren unfrei gefühlt, sich eng an die Meister ... geklammert, die Regeln der Satzlehre für unumstößliche Weisheit gehalten und als Komp.[onist] ohne viel Wahl oder Urteil geschrieben ... . Dieses Frühwerk hält

---

[1427] Vgl. MAIER, Missa solemnis in b-Moll (WAB 29) 286 und PFANNHAUSER, Zu Anton Bruckners Mess-Vertonungen. 1. Teil 19.
[1428] Zitiert nach GÖLLERICH / AUER Bd. 2 Teil 1 187 f.
[1429] Brief an *Ignaz Aßmayr* (1790-1862) vom 30.07.1852. Zitiert nach AUER, Anton Bruckner. Gesammelte Briefe. Neue Folge 20. Als er freilich etliche Jahre später in Wien nicht die erhoffte Anerkennung fand, war all das vergessen und wurde gerade St. Florian zu einem Zufluchtsort für den Angefeindeten.
[1430] So z.B. aus Haydns Missa „*Sancti Bernardi von Offida*" in B-Dur (Hob. XXII: 10) und aus Mozarts Requiem in d-Moll (KV 626).Vgl. GRUBER 133 und MAIER, Missa solemnis in b-Moll (WAB 29) 287.

sich auf einem nicht mehr als durchschnittlichen Niveau. Das hat Bruckner selbst durchaus gewußt."[1431]

Die große Wende, das Durchbrechen wahrhaft künstlerischer Autonomie und Selbstursprünglichkeit bahnte sich bei Bruckner erst Anfang der 1860er-Jahre an. Die Tatsache, dass der berühmte Wiener Musiktheoretiker *Simon Sechter* (1788-1867) ihn in einer Art „Fernstudiengang" (1855-1861) als Schüler angenommen hatte, ließ den von Selbstzweifeln Heimgesuchten und in Zukunftsangst Verzagten 1856 den entscheidenden Schritt weg vom Lehrerberuf hin zum künstlerischen Hauptberuf als *Definitiver Domorganist* und *Definitiver Organist der Stadtpfarrkirche Linz* tun.[1432] Nach weiteren, ergänzenden Jahren des Theorieunterrichtes bei dem Linzer Cellisten und Kapellmeister *Otto Kitzler* (1834-1915) ereignete sich für Bruckner am 10.07.1863 ein mehr als nur symbolischer Wendepunkt: Beim ländlichen Mahl in einem Jägerhaus ließ sich Bruckner von Kitzler einen förmlichen „Freispruch" erteilen, durch welchen er sich als fast Vierzigjähriger endlich in die volle künstlerische Freiheit entlassen fühlte.[1433] Er empfand sich in dieser Situation gemäß seinen eigenen Worten wie „ ... ein Kettenhund, der sich von seiner Kette losgerissen hat"[1434] und wurde fortan von einem regelrechten Schaffensrausch erfasst. Nur wenige Monate später schuf er ohne äußeren Auftrag, aus gänzlich eigenem Antrieb die mit der „Widmung" „O.a.m.D.g."[1435] überschriebene Messe „Nr. 1" in d-Moll WAB 26 für Soli, vierstimmigen Chor, Orchester und Orgel – ein beeindruckendes „ ... Zeugnis eruptiver Selbstbefreiung ... .[...] Damit hat er selbst bestätigt, was die Kenntnis seiner Werke ohnehin offenbart: von den Früh- zu den Spätwerken führt keine Brücke. Es gibt [bei ihm] keine eigentliche künstlerische ‚Entwicklung' im Sinne eines allmählichen Fortschreitens vom Schülertum zur Meisterschaft, von der Unfreiheit zur Souveränität, vom Primitiven zum Vollkommenen, vom Kindheitsversuch zur Altersreife. Es gibt nur einen scharfen Schnitt."[1436] Nicht nur, dass mit dieser Schöpfung erstmals einer beeindruckten breiteren Öffentlichkeit der gänzlich unverwechselbare und eigenständige „Bruckner-Stil" präsentiert wurde, sondern vor allem, dass diese Messe ein kongeniales Fortschreiben der Gattungsgeschichte nach Beethoven und Schubert bedeutete, erweist ihre exponierte Stellung. Das Geniale dieses Werkes muss vor allem darin gesehen werden, dass es in ihm überzeugend gelungen ist, das Ordinarium Missae auf eine geglückte Weise einerseits mit der Tonprache neuromantischer Symphonik zu umkleiden ohne jedoch andererseits die klassische Gattungstradition aufzugeben. Der hier zu konstatierende Rückgriff auf die diversen musikhistorischen Schichten umfasst nahezu dreihundert Jahre – es werden Stilelemente der Römischen und Venezianischen Schule des 16./17. Jahrhunderts

---

1431 BLUME, Art. Josef Anton Bruckner 367.
1432 Vgl. SCHEDER, Anton Bruckner Chronologie. Textband 57.75.97.
1433 Vgl. SCHEDER, Anton Bruckner Chronologie. Textband 117.131.
1434 Solchermaßen äußerte sich Bruckner retrospektiv gegenüber seinem Biographen August Göllerich. Zitiert nach GÖLLERICH / AUER Bd. 3 Teil 1 143.
1435 Abkürzung für „Omnia ad maiorem Dei gloriam". Bruckners Rezeption dieser Devise geht wahrscheinlich auch auf den Einfluss seiner jesuitischen Beichtväter zurück. Vgl. KANTNER 70. Siehe hierzu bereits Fußnote 1421.
1436 BLUME, Art. Josef Anton Bruckner 347.367.

sowie der Wiener Klassik (vor allem Haydn) rezipiert – und zugleich erfolgt eine Antizipation des von Wagner inspirierten Spätstils, wobei jedoch nicht im Geringsten der Eindruck von Ekklektizismus erweckt wird: Alles ist mit intuitiver Sicherheit zu einer zwanglosen und doch fest gefügten Einheit verschmolzen.[1437] Dabei ist die alles durchziehende persönliche Expressivität durchaus durch die konkrete Biographie bedingt. „Daß aus der Barockzeit ... auch deren Architektur, Malerei und Plastik, zumal in St. Florian, seinen Stil mitgeprägt haben, ist schon früh bemerkt worden. [...] Jahrzehntelang mit bedeutenden Schöpfungen des österreichischen Spätbarock zusammenlebend, hat Bruckner sich manches von dessen Wesenszügen zu eigen gemacht und später ... ausgewertet: Wucht der Bewegung, Überschwang der Affekte, beschwörende Eindringlichkeit, religiös[e] ... Inbrunst, grelle Konflikte."[1438] Aus der Phase neuen genialen Schaffens heraus distanzierte sich der Komponist zunehmend von seinem Frühwerk, also auch von seinen ersten Messen. Manches ließ er einem Autodafé anheim fallen, anderes beschriftete er mit „ganz und gar ungültig"; nur wenige Kompositionen ließ er bedingt gelten, wozu etwa auch die oben behandelte Missa solemnis in b-Moll gehörte.[1439] Auch an der Nummerierung der Messen ersieht man, dass für Bruckner erst im Alter von vierzig Jahren das gültig bleibende Schaffen einsetzt – ein Unikum in der Musikgeschichte: Obgleich er vor 1864 bereits viermal das Ordinarium vertont hatte, bezifferte er die Messe in d-Moll WAB 26 mit der Nummer 1. Dieses im Sinne des Komponisten erste nennenswerte Opus seines Œuvres, das er selbst als „ ... sehr ernst u. sehr frei ..."[1440] bezeichnete, war ihm zeitlebens besonders kostbar. So war es ihm etwa nach seiner Rückkehr aus der Hydrotherapieanstalt Bad Kreuzen ein inneres Anliegen, die Messe im Ignatiusdom zu Linz unter eigener Stabführung aufzuführen: „ich führ sie auf zur schuldigen Danksagung, daß ich wieder so weit genesen bin."[1441] Als er 28 Jahre später in Vorahnung des nahen Todes jenes berühmte, feierliche Tuben-Thema im Adagio der unvollendeten Symphonie Nr. 9 in d-Moll WAB 109 als „Abschied vom Leben"[1442] bezeichnet, zitiert er nur wenige Takte später das wehmütige „Miserere" aus der d-Moll-Messe: Am Ende seines Lebens verweist er dankbar auf jene Komposition, welche den eigentlichen Beginn seines Lebens, nämlich seine künstlerische Selbstfindung bedeutete.[1443]

Von der d-Moll-Messe war vor allem Bruckners Linzer Dienstherr, Bischof *Franz Joseph Rudigier* (1811-1884), tief beeindruckt. In der Absicht, für die Gläubigen der kirchengeschichtlich noch jungen Diözese ein Identifikationssymbol zu schaffen, hatte er die am 08.12.1854 erfolgte Verkündigung des *Immaculata-*

1437 Vgl. WESSELY 413-417.
1438 WIORA, Über den religiösen Gehalt in Bruckners Symphonien 174.
1439 Vgl. BLUME, Art. Josef Anton Bruckner 367.
1440 Brief an Rudolf Weinwurm vom 26.12.1864. Zitiert nach AUER, Anton Bruckner. Gesammelte Briefe. Neue Folge 59.
1441 Brief an den Wiener Komponisten und Dirigenten *Johann Herbeck* (1831-1877) vom 30.12.1867. Zitiert nach GRÄFLINGER, Anton Bruckner. Gesammelte Briefe 156.
1442 Diese im Gespräch mit August Göllerich formulierte Bezeichnung ist verifizierbar bei GÖLLERICH / AUER Bd. 4 Teil 3 487 f.
1443 Bei dem Zitat handelt es sich genauerhin um die Takte 100 ff. des Gloria, welche in Takt 181 ff. und Takt 219 ff. der IX. Symphonie verarbeitet werden. Vgl. etwa KURTH 733 f. oder NOWAK, Messe d-Moll. Studienpartitur. Vorwort 2.

Dogmas (Dogma von der Unbefleckten Empfängnis Marias) zum Anlass eines Kathedralneubaues genommen, dem der Namen „Mariä-Empfängnis-Dom" zugedacht war.[1444] Für die Fertigtellung des ersten Teil-Raumes, der Votivkapelle, beauftragte der hohe geistliche Bauherr im Jahre 1866 seinen Domorganisten mit der Vertonung des Ordinarium missae, welche für die Einweihungsmesse am 29.09.1869 vorgesehen war. Bruckner hatte dabei vor allem zwei Rahmenbedingungen zu erfüllen: Der neuen Messe einen solennen Charakter zu verleihen und sie für die Aufführung im Freien geeignet zu machen, da die Pontifikalliturgie auf dem Domplatz gefeiert werden sollte. Beides verwirklichte er in der Messe „Nr. 2" in e-Moll WAB 27 für vierstimmigen Chor mit Holz- und Blechharmoniebegleitung (15 Bläser).[1445] Dass Bruckner diese Messe, die zu den bedeutendsten Beiträgen ihres Genres gezählt werden darf, nicht primär als Dienstleistung ansah, sondern sich vor allem auch seelisch involvierte, beweist in erster Linie ihre religiöse Ausdrucksdichte und Liturgizität, ferner aber auch ein einschlägiges Briefzitat: „Die Messe ... [wurde] 1869 von mir einstudiert u. dirigiert an dem *herrlichsten meiner Lebenstage* bei der Einweihung der Votivkapelle."[1446] Die an die erste Fassung[1447] gestellte pragmatische Anforderung einer Freilicht-Tauglichkeit sah der Meister nicht als beeinträchtigende Auflage an, sondern sie inspirierte ihn zu einer beeindruckenden Klangdisposition[1448], die in der gesamten Messenliteratur ihresgleichen sucht. Kunstvolle Kontrapunktik, Ästhetik der formalen Anlage sowie urwüchsige Klangfarben vereinen sich in berückender Ausgewogenheit, wodurch Bruckner bewusst die differenzierte und doch ebenmäßige Architektur des (neu-)gotischen Domes musikalisch widerspiegelte. Wie bereits in der d-Moll-Messe, gleichwohl in noch gesteigerter Reife, vereint Bruckner in diesem exzeptionellen Opus den Stil der altklassischen Vokalpolyphonie mit kühnen Harmoniefolgen, die in ihrer Modernität der damaligen Zeit weit voraus waren. Auch die Liturgie der St. Florianer Kollegiatskirche findet ihren Niederschlag: Einflüsse des gregorianischen Chorals, den Bruckner bereits als Sängerknabe verinnerlicht hatte, sind unüberhörbar. Trotz dieser Vielschichtigkeit entsteht – genau wie in der St. Florianer Liturgie – niemals der Eindruck eines Nebeneinanders, sondern stets einer überraschenden Verwobenheit zu einem kunstvollen Ganzen.[1449] Im Grunde realisierte Bruckner mit seiner e-Moll-Messe all das, was der Caecilianismus kurze Zeit später proklamierte, aber selber nicht zu erreichen vermochte. „Leider er-

---

1444 Siehe hierzu auch Fußnote 1327.

1445 Vgl. etwa MAIER, Messe in e-Moll (WAB 27) 284 f.

1446 Brief an den Linzer Domkapellmeister *Johann Baptist Burgstaller* (1840-1925) vom 18.05.1885. Zitiert nach AUER, Anton Bruckner. Gesammelte Briefe. Neue Folge 187 (Kursivsetzung: Jakob Johannes Koch).

1447 Von den großen Messen Nr. 1-3 fertigte Bruckner jeweils noch eine zweite Fassung. Zwischen 1876 und 1896 ließ er ihnen mehrere Revisionen (u.a. Regulierung des Periodenbaues) angedeihen. Das hierbei erfolgte nachgerade obsessive Abzählen und Korrigieren von Taktzahlen muss wohl auch im Zusammenhang mit der neurotischen Zählmanie und dem pathologischen Kontrollzwang gesehen werden.

1448 Chorsätze in teils realer Achtstimmigkeit, teils in Polychorik, verbunden mit „modern" geführter Bläserbegleitung.

1449 Vgl. NOWAK, Messe e-Moll. Fassung von 1866. Studienpartitur. Vorwort 1 und MAIER, Messe in e-Moll (WAB 27) 285 sowie ferner auch WIORA, Die Ausbreitung des Historismus über die Musik 322.

kannten (oder anerkannten) die Cäcilianer nicht, daß es Komponisten in ihrer Umgebung gab, die von sich aus derartige Kriterien bereits erfüllten. Diese ... lehnte [man] ... als moderne Neuerer ab."[1450]

Ein eindrückliches Beispiel, wie eine „Messen-Order" aufgrund persönlicher Schicksalsereignisse zu einem inneren Ausdrucksmdedium ihres Urhebers wurde, vermag die letzte Ordinariumsvertonung des oberösterreichischen Meisters zu geben. Die Messe „Nr. 3" in f-Moll WAB 28 für Soli, vierstimmigen Chor, Orchester und Orgel verdankt den Anstoß ihres Entstehens zunächst einem rein sachlichen Umstand: Am 10.02.1867 erklang mit der d-Moll-Messe (WAB 26) zum ersten Male ein Werk Bruckners in der Kaiserstadt Wien. Infolge des glänzenden Erfolges jener Aufführung beauftragte das k.k Obersthofmeisteramt Anton Bruckner umgehend, eigens für die Hofburgkapelle eine weitere Messe zu komponieren. Doch noch bevor er der ebenso ehrenvollen wie lukrativen Bestellung nachkommen konnte, brach seine oben bereits erwähnte schwere Nervenkrise aus.[1451] In einem während der Therapie in Bad Kreuzen verfassten Brief schrieb Bruckner über seinen verzweifelten Zustand: „ ... gänzliche Verkommenheit und Verlassenheit – gänzliche Entnervung u. Überreiztheit!! Ich ... [befinde] mich in dem schrecklichsten Zustande; [...] Noch eine kleine Spanne Zeit, u. ich bin ein Opfer – bin verloren. Dr. F.... in Linz kündigte mir den Irrsinn als mögliche Folge schon an. [...] Darf ... gar nichts spielen, studieren oder arbeiten ... welch ein Schicksal!"[1452] Kurz nach der Rückkehr aus der Heilanstalt ereignete sich für Bruckner ein weiteres erschütterndes Ereignis: Am 10.09.1867 verstarb sein ehemaliger Wiener Kompositionslehrer Simon Sechter, der seine künstlerische Lebenswende ja entscheidend mitbedingt hatte. In diesem Zusammenhang drängte es Bruckner regelrecht – trotz des Abratens seitens der Ärzte – seinen Zustand musikalisch zu artikulieren. Als Bruckner zwei Tage nach der Beerdigung Sechters am Fest Kreuzerhöhung mit den Arbeiten an der f-Moll-Messe begann, fühlte er sich nach eigenem Bekunden als „ ... kranker Mann"[1453], der sich überdies in tiefer Trauer befand. So wählte er als Tonart des Werkes bewusst f-Moll: „f-moll [ist] schwermütig"[1454] soll er während einer der Wiener Vorlesungen geäußert haben. Dass er das Kyrie, in welchem er mit flehendem Duktus seiner momentanen Niedergeschlagenheit Ausdruck verlieh, trotz gesundheitlicher Beeinträchtigung komponierte, begründete er gegenüber August Göllerich mit den lapidaren Worten

---

1450 HORN 470. Dass umgekehrt die Meinung Anton Bruckners über die Caecilianer ebenfalls von wenig Wertschätzung geprägt war, belegt ein durch August Göllerich bezeugter Ausspruch des Meisters im Rahmen eines Gespräches mit Kardinal *Franz de Paula Graf Schönborn* (1844-1899): „Eminenz, Palestrina à la bonheur! Das is' 'was, aber die Cäcilianer, die san' nix! nix nix!" Zitiert nach GÖLLERICH / AUER Bd. 4 Teil 3 194. Zum problematischen Verhältnis Bruckners und der Caecilianer vgl. auch FELLERER, Bruckners Kirchenmusik und der Cäcilianismus 405-412.

1451 Vgl. SCHAEFER 173 und PFANNHAUSER, Zu Anton Bruckners Mess-Vertonungen. 2. Teil 20.

1452 Brief an Rudolf Weinwurm vom 19.06.1867. Zitiert nach AUER, Anton Bruckner. Gesammelte Briefe. Neue Folge 82 f.

1453 Solchermaßen äußerte sich Bruckner später gegenüber August Göllerich. Zitiert nach GÖLLERICH / AUER Bd. 3 Teil 1 473.

1454 Zitiert nach GÖLLERICH / AUER Bd. 4 Teil 2 691.

„I' hab' müß'n!".[1455] Eine durchgreifende psychische Genesung blieb auch in den folgenden Monaten aus. Erst am 24.12.1867 trat eine plötzliche und völlig überraschende Besserung ein. Der mit Bruckner befreundete Musikkritiker und -schriftsteller *Theodor Otto Helm* (1843-1920), notierte, was der Meister ihm hierüber ipsissimis verbis mitgeteilt hatte: „Am Weihnachtsabend ..., nach einer Stunde brünstiger Andacht, sei ihm die Melodie des Benediktus zur F-Moll-Messe eingefallen, mit der er, der dem Irrsinn nahe gewesen, sich wieder gefunden habe. Zum Dank für die Rettung vom geistigen Tode habe er eine Stelle des Benediktus dann in den zweiten Satz seiner zweiten Symphonie[[1456]] aufgenommen."[1457] In der Tat ragt gerade das Benedictus als eine der expressivsten Eingebungen aus dem gesamten Œuvre des bedeutenden Tonsetzers heraus.

Die Messe in f-Moll ist gewissermaßen das Opus summum des Brucknerschen Messenœuvres. Als Schöpfung reinster Vokalsymphonik überschreitet sie sowohl vom aufführungspraktischen Niveau, als auch von der formalen Anlage und subjektiven Ausdrucksdichte her die üblichen Gegebenheiten der Messliturgie. „Wüßte man nicht, daß Bruckner selbst sie [1872] in Wien zum Hochamt aufgeführt hat, so müßte man annehmen, daß sie dem liturgischen Rahmen durchaus entwachsen sei."[1458] Dennoch, und auch dies zeigt die Echtheit des Genies, stört nirgendwo theaterhafte Effekthascherei. Im Grunde ist die f-Moll-Messe nur die stringente Weiterentwicklung der gattungsgeschichtlichen Großkonzeption, wie sie in den monumentalen Bekenntnismessen Bachs, Schuberts und Beethovens bereits vorgegeben war. Neben die „modernen" Elemente spätromantisch-symphonischen Stils treten als weitere für Bruckner charakteristische Konstituenzien auch hier eine klassisch kontrapunktische Gestaltung und intensive Orientierung am Cantus gregorianus.[1459] Als der Oberhofkaplan *Karl Schnabl* (1846-1917) Bruckner vorschlug, die Messe durch Kürzungen für die konkrete Liturgie geeigneter zu machen, antwortete Bruckner (gemäß den authentischen Aufzeichnungen Göllerichs): „I' hab's eh kurz g'macht. Wann i' All's, was mir zur Ehre Gottes eing'fall'n is', aufg'schrieb'n hätt', war's no' länger wor'n."[1460] In der f-Moll-Messe wird die traditionelle Kompositionsgattung von einem solch überbordenden Formulierungsbedürfnis persönlich-religiöser Motive bedrängt, dass sie den ins Unendliche gerichteten Ausdruckswillen nicht mehr zu bergen vermag und zwangsläufig gesprengt wird. Als Bruckner die f-Moll-Messe vollendet hatte, war aus einer von außen initiierten, gesellschaftlich ehrenvollen Auftragsarbeit schließlich eine persönlich motivierte Votivgabe religiösen Dankes geworden: „Dem Höchsten zur Verherrlichung geschrieben, wollte ich das Werk ... aufführen"[1461], schreibt er in

---

[1455] Zitiert nach GÖLLERICH / AUER Bd. 3 Teil 1 410.

[1456] Bei der angesprochenen Stelle handelt es sich um die Takte 23-26, die in das Adagio (Takte 181-185) der Symphonie Nr. 2 c-Moll WAB 102 übernommen wurden. Im Finale dieses Opus (Takte 200-209) zitiert Bruckner überdies auch die Takte 124-128 des Kyrie der f-Moll-Messe.

[1457] Zitiert nach GÖLLERICH / AUER Bd. 3 Teil 1 473.

[1458] BLUME, Art. Josef Anton Bruckner 350.

[1459] Vgl. MAIER, Messe in f-Moll (WAB 28) 286.

[1460] Zitiert nach GÖLLERICH / AUER Bd. 4 Teil 3 314 f.

[1461] Brief an Johann Baptist Schiedermayer vom 23.06.1872. Zitiert nach AUER, Anton Bruckner. Gesammelte Briefe. Neue Folge 121.

einem Brief. Daher ließ Bruckner auch die Dedikation an den Kanzleidirektor des Obersthofmeisteramtes *Anton Imhof von Geißlinghof* (1816-1872), die letzterer wohl „ ... mit ‚sanftem Druck' erzwungen"[1462] hatte, nach dem Ableben des Widmungsträgers nicht nur bewusst in Vergessenheit geraten, sondern stritt sie trotz des Vorliegens schriftlicher Beweise regelrecht ab.[1463] Die f-Moll-Messe war von Bruckner selbst nicht mehr überbietbar und stellt nicht nur den Gipfel- sondern auch den chronologischen Endpunkt seines Messenschaffens dar.[1464]

Mit der Kontextualisierung des Messenwerkes Anton Bruckners wurde in den vorausgegangenen Ausführungen ein Einblick gegeben in Entstehungsursache und -umfeld dieses innerhalb der Gattungshistorie exponierten Œuvres. Es wurde aufgezeigt, wie sich der Kontext persönlicher Religiosität und individuellen Liturgieerlebens auf die konkrete Gestalt der Ordinariumskompositionen auswirkte. Für die Subjekte heutigen liturgischen Feierns ist darüber hinaus aber auch das Erfassen des Wort-Ton-Verhältnisses innerhalb der Brucknerschen Messvertonungen eine Conditio sine qua non für deren fruchtbare Verortung im derzeitigen musikliturgischen Kontext. Als Kind einer von tendenzieller Egozentrik geprägten Epoche, in welcher die Prinzipien des Subjektivismus und Universalismus die gesellschaftliche Mentalität dominierten[1465], geht auch Anton Bruckner in seinen Werken vom eigenen Ich, von der Innenwelt aus. Jene Koinzidenz von Innen- und Außenwelt, wie sie etwa noch auf das Œuvre Beethovens zutrifft, werden wir bei Bruckner vergeblich suchen. Als Messenkomponist setzt sich Bruckner allerdings nicht wie die Schöpfer reiner Konzertmessen über die Verbindlichkeit des in der Liturgie verkörperten Objektiven gänzlich hinweg, da – wie wir oben gesehen haben – der Kult seiner Kirche für ihn ein lebensnotwendiges Essential ist. Zugleich wurde aber deutlich, dass das begrenzte Gefäß musikliturgischer Tradition die religiöse Botschaft seiner Musik nicht mehr zu fassen vermag und Bruckner sich dessen auch durchaus bewusst ist. Hieraus ergibt sich eben jenes bereits konstatierte „ ... Spannungsverhältnis zwischen persönlicher Frömmigkeit und liturgischer Bindung"[1466]. Hinsichtlich des Wort-Ton-Verhältnisses kann man bei Bruckner mithin von einem Schwebezustand zwischen den beiden potentiell möglichen antagonistischen Polen Drang nach

---

1462 MAIER, Messe in f-Moll (WAB 28) 286.

1463 Vgl. MAIER, Messe in f-Moll (WAB 28) 286.

1464 Dass Bruckner nach 1868 keine weiteren Messen mehr schrieb, ist nicht auf eine eventuelle Abwendung von der Kirche oder nachlassende Religiosität zurückzuführen, sondern rein pragmatisch begründbar. „Seit der Übersiedlung nach Wien [Bruckner war 1868 zum Professor für Musiktheorie und Orgel an das Wiener Konservatorium berufen worden] fand er im Bereich der Kirchenmusik keine produktive Atmosphäre, um mit seinem Talent wuchern zu können. Er wurde eher davon abgedrängt, für die Kirche zu schaffen, als dazu ermuntert. [...] Messen ... konnten nicht das Spezialgebiet sein, auf welchem er in dichter Folge ein Werk nach dem anderen schuf und seiner Mitwelt anbot." „Seine genialischen Besonderheiten konnte er [überdies] im liturgischen Gottesdienst weder als Organist noch als Komponist voll entfalten. [... Es] wuchsen seine ... Messen ... über Grenzen liturgischer Musik hinaus." (WIORA, Über den religiösen Gehalt in Bruckners Symphonien 164-166). Folglich erkor er nun zum Medium seiner Religiosität die absolute Musik, die Symphonie.

1465 Siehe hierzu die Ausführungen zum religions- und liturgiehistorischen Makrokontext der romantischen Ordinariumskomposition in Kapitel 5.3.1.1 „Der Katholizismus in Romantik und Restauration".

1466 GERSTMEIER, Art. Bruckner 710.

Vergegenständlichung einerseits und Transformation totaler Emotion andererseits sprechen. „Dies führt ihn im Erfassen des Wortes zwar über die bloße Stimmung, die es verbreitet, hinaus, aber allein vom Innerlichen her. [...] Das Erklingen des Wortes hat bei ihm eine Verbindlichkeit, die wir bei anderen Romantikern nicht finden."[1467] Als vom Wort selbst zutiefst Betroffener ist bei ihm mit zunehmender Schaffensreife ein hohes Verantwortungsbewusstsein gegenüber dem Text des Ordinarium missae erkennbar.

Die Jugendmessen des Windhaager, Kronstorfer und zweiten St. Florianer Aufenthaltes (erste Hälfte) zeigen auch hinsichtlich ihrer Textbehandlung ein nur sehr schwaches Vorhandensein individuell-markanten Gestaltens. Zu dominant lastete die gattungshistorische Tradition auf dem Schaffen des jungen Bruckner. Er findet nur sporadisch den Mut zu eigenmächtiger Textausdeutung, bedient sich ansonsten aber jener bewährten Wendungen und Topoi, welche ihm vor allem durch die Wiener Klassik sowie ferner auch durch die altklassische Vokalpolyphonie nahe gelegt wurden. Tradierte Topoi liegen beispielsweise vor, wenn im Credo bei „crucifixus" und „passus" der sog. Affectus tristitiae erfolgt, um Schmerz auszudrücken. Eigenständig kreativer Umgang mit dem Ordinariumstext ist hingegen erkennbar, wenn die Worte „crucifixus", „passus" und „et sepultus est" oder „crucifixus" und „et resurrexit" durch dieselbe melodische bzw. harmonische Floskel in einen Sinnzusammenhang gebracht werden.[1468] Das Vorgehen, in natürlichem semantischem Konnex stehende Syntagmen musikalisch in Beziehung zu bringen, ist gleichwohl nichts weiter als Wahrnehmen des Naheliegenden und noch kein Indiz für tiefergehende *theologische* Textausdeutung. Während einige wenige deklamationsrhythmische Fehler in den ersten Messen eher nebensächlich erscheinen, sind die erheblichen Textverstümmelungen, zu denen sich Bruckner angesichts der in Landpfarreien üblichen Praxis gezwungen sah, weitaus problematischer: So ist etwa in der „*Windhaager Messe*" das Gloria um ein gutes Drittel, das Credo gar um zwei Drittel des Textvolumens dezimiert. Der erste Teil des christologischen Glaubensartikels und der pneumatologische Glaubensartikel fehlen völlig, andere Glaubensartikel sind zum Teil fast sinnentstellend zerstückelt. Ähnliches ist auch in der „*Choralmesse für den Gründonnerstag*" feststellbar. (Bei der „*Kronstorfer Messe*" fehlt das Credo gänzlich, sodass es heute ganz im Sinne nachkonziliarer Liturgie von der Gemeinde gebetet bzw. gesungen werden kann.)

Mit der Missa solemnis in b-Moll deutet sich eine Vertiefung des Texterfassens an. Zunächst demonstriert Anton Bruckner allerdings auch hier wieder seine mittlerweile gewachsene Kenntnis des topischen Repertoires. Einschlägig ist etwa der Saltus duriusculus bei „passus", die tremulierend bewegte Erdbeben-Illustrierung bei „et resurrexit" in schriftgetreuer Anlehnung an Mt 28,2, die Verwendung der Prim bei der Textstelle „sedet ad dexteram", womit die Statik des Sitzens wiedergegeben wird, das Unisono bei „et unam, sanctam ... ecclesiam", welches die Einheit der Kirche symbolisiert, die katabatische Wendung bei „resurrectionem mortuorum" oder die Verwendung eines Posaunenmotives an Textstel-

---

[1467] GEORGIADES 126.
[1468] So z.B. in der C-Dur-Messe WAB 25. Vgl. GRUBER 130-132.

len, bei denen vom Tod die Rede ist: „passus et sepultus est", „mortuos" und „mortuorum".[1469] Daneben sind aber auch durchaus Akzente persönlicher Religiosität erkennbar – etwa der marianischen Frömmigkeit Bruckners, wenn er bei „ex Maria Virgine" durch eine rasche Modulation die Textaussage unterstreicht.

Indem Anton Bruckner sich im Zuge der oben erwähnten künstlerischen Wende vom beengenden Korsett der Konvention befreite und „ ... in der *Messe in d-Moll* erstmals eine ganz persönliche Musiksprache an[schlug]"[1470], wurde auch das Wort-Ton-Verhältnis seiner Ordinariumsvertonungen zunehmend von einer individuellen theologischen Reflexion geprägt. Vornehmlich den jeweiligen Credo-Satz macht er durch subtile Textausdeutung zu seinem persönlichen Glaubensbekenntnis. Beispielsweise wird das unbegreifbare Mysterium der Inkarnation in der d-Moll-Messe („Nr. 1") dadurch ausgedrückt, dass der Komponist bereits bei „genitum non factum" die Wiegefigur des „et incarnatus est" antizipiert und damit die Menschwerdung im Lichte der gotteigenen im Unterschied zur geschöpflichen Wirklichkeit hervorhebt sowie zugleich die konkrete heilsökonomische Konsequenz des Hervorganges des Sohnes aus dem Vater andeutet. Bei „judicare" desselben Credo-Satzes, einer der musikalisch eindringlichsten und eigenartigsten Passagen, ist – ganz im Sinne der persönlichen Religiosität Bruckners – wohl eher der Aspekt *individueller* Eschatologie konnotiert. Der über Paukentremolo und stampfendem Orgelpunkt erklingende schmerzliche Gesang der Tenorstimme scheint das *Selbstgericht* des Individuums im Weltgericht anzudeuten. Auch mithilfe harmonischer Möglichkeiten deutet Bruckner den Text aus. Die innerhalb seiner Religiosität erkennbare Christozentrik zeigt sich z.B. (ebenfalls im Credo) bei der mit Nachdruck versehenen Hervorhebung des Namens Jesu Christi mittels einer pointierten harmonischen Rückung auf „Jesum Christum". Auch andere Stellen werden harmonisch aus dem Textganzen als subjektiv besonders wichtige Aussagen herausgestellt, wie etwa „Deum de Deo", „Deum verum de Deo vero", „ex Maria Virgine" (marianische Frömmigkeit!) oder „crucifixus etiam pro nobis ...". Die in der Kirche verwirklichte „Einheit in Vielheit" illustriert der Komponist, indem er bei „et unam, sanctam ... ecclesiam" die vorherige Rhythmuspluralität plötzlich zugunsten eines einzigen rhythmischen Modells verlässt, während der Chor die Vielheit der Gläubigen symbolisiert. Die sinnreiche Verwendung des Equale-Motivs der Posaunen bei „et resurrexit" verrät in der Verknüpfung von Joël 2,1 und Sach 9,14 mit der christologischen Eschatologie eine fundierte Bibelkenntnis.[1471] Mit Sicherheit theologisch motiviert und keinesfalls zufällig ist wohl auch die völlig unübliche Textbehandlung im Sanctus, wenn Bruckner – der in seinen drei letzten Messen sonst stets auf korrekte Deklamation achtet – bei „gloria tua" nicht „gloria", sondern „tua" hervorhebt. Möglicherweise liegt hier jene Tendenz romantischer Religiosität zugrunde, der materialistisch geprägten weltlichen Macht eine dezidierte Jenseitsausrichtung, d.h. Betonung der ruhmvollen Allmacht Gottes entgegen zu setzen. Bei der Friedensbitte des Agnus Dei „Dona nobis

---

1469 Die genannten Topoi wendet Bruckner über die b-Moll-Messe hinaus auch in seinen späteren Messen „Nr. 1", „Nr. 2" und „Nr. 3" an. Vgl. GRUBER 130.134.

1470 MAIER, Messe in d-Moll (WAB 26) 283.

1471 Zu den musikologischen Details vgl. etwa GRUBER 135-137.

pacem“ greift der Komponist thematisch auf die Musik des „et vitam venturi saeculi“ (Credo) zurück.[1472] Die hierdurch intendierte Aussage ist unmissverständlich: Wirklicher Friede wird der Menschheit erst im jenseitigen ewigen Leben zuteil. Neben solch tiefsinnigen textexegetischen Beiträgen dürfen Gestaltungen wie etwa die Verwendung der *Terz* bei den Worten „et resurrexit *tertia* die“ oder der *Sekund* bei „*secundum* scripturas“ eher als spielerisches Moment ohne eigentliche Aussage aufgefasst werden.[1473]

Auch das Wort-Ton-Verhältnis der e-Moll-Messe ist geprägt durch die persönliche Religiosität ihres Urhebers. Bereits der Beginn des Kyrie, den „ ... man in seiner Schlichtheit und Tiefe nicht anders als ‚geistgewirkt‘ heißen“[1474] kann, ist äußerst sublim ausgedeutet. Die erste Silbe des Wortes „Kyrie“ lässt Bruckner im Piano singen, wodurch der Ausdruck demutsvoll wirkt. Erst auf der zweiten Silbe erfolgt ein Crescendo, welches in das „eleison“ hineindrängt und gleichsam eruptiv die existentielle Not des Sünders widerspiegelt. Ein gleichzeitig vom Bass ausgehaltener Orgelpunkt symbolisiert dabei die unerschütterliche Tragfähigkeit des göttlichen Erbarmens.[1475] Im Gloria tritt wieder die subjektive Christozentrik Anton Bruckners zutage, wenn er die Periode vor „Jesu Christe“[1476] nicht zur regelmäßigen Achttaktigkeit ergänzt, sondern mit Rücksicht auf den Namen des Gottessohnes die heilige Siebenzahl regelwidrig bestehen lässt. Um die theologische Bedeutung dieser Ausnahme zu verdeutlichen, vermerkt er im Autograph der 1. Fassung über den Worten „Jesu Christe“: „NB Misterium (unerwartet nach dem 7. Takt der Periode)“[1477]. Ehrfurcht und Demut gegenüber dem Sohn Gottes drückt sich bei diesen Worten in der dynamischen Anweisung eines Pianissimo aus. Dass Bruckner hierfür überdies Fis-Dur inmitten eines C-Dur-Satzes vorsieht, betont ebenfalls die weitest mögliche Ferne des Geheimnisses gegenüber dem menschlichen Verstand. Die musikalische Kreuz-Alteration symbolisiert dabei die Kreuzerhöhung Jesu Christi.[1478] Im Konnex mit zwei anderen Chorstücken[1479], in welchen Bruckner die „Christus-Kadenz“ der e-Moll-Messe fast identisch, wiederum mit mehreren vorgezeichneten Kreuzen bewusst nachbildet, nämlich bei den Worten „fulget crucis mysterium“ und „non confundar in aeternum“, ergibt sich retrospektiv folgende theologische Aussage: „*Jesus Christus ist der Höchste, der am Kreuz Erhöhte. Dieses Kreuz leuchtet uns als Zeichen der Erlösung. Im Zeichen des Kreuzes werde ich in Ewigkeit nicht zugrunde gehen*. Dem tiefreligiösen Komponisten darf man gewiß inhaltliche Querverbindungen dieser Art zutrauen.“[1480]

[1472] Vgl. etwa auch MAIER, Messe in d-Moll (WAB 26) 284 oder SCHAEFER 168.
[1473] Vgl. GRUBER 138.
[1474] HORN 464.
[1475] Vgl. etwa MÖRCHEN, Ekstatische Kommunion. Bruckners musikalische Kniebeugen vor dem Schöpfer 616.
[1476] Takte 106-112.
[1477] Siehe Takt 111 des Gloria in der Faksimile-Ausgabe bei NOWAK, Anton Bruckner. Musik und Leben 122.
[1478] Vgl. HORN 466.
[1479] Es handelt sich hierbei näherhin um die Motette „Vexila Regis“ WAB 51 und das „Te deum“ WAB 45.
[1480] HORN 466 f. Es fällt übrigens auch in den Messen Bruckners auf, dass einer Überbetonung der christologischen Glaubenssätze eine Vernachlässigung des pneumatologischen Aspektes entspricht.

Auch das „Amen" des Gloria entspricht nicht dem verobjektivierten Duktus des überlieferten Gattungsschemas, welches an dieser Stelle traditionell freudigen Charakter nahe legt. Bruckners „Amen" klingt eher gebrochen, ja schmerzvoll. Es endet nicht in prachtvollem Glanz, sondern in der Weihe eines tiefen Friedens und entspricht damit ganz der asketischen Weltferne, welche den Gesamtausdruck der Messe prägt.[1481] Im Credo kommt wiederum die kindlich-ehrfürchtige Marienverehrung des Komponisten zum Vorschein. Bereits das der Nennung Mariens vorausgehende „Et incarnatus est" ist – wie in nahezu jeder der Bruckner-Messen – besonders innig gestaltet. Bruckner lässt die Harmonik hier gewissermaßen in mentaler Sammlung für das rechte Erfassen der nachfolgenden Worte stillstehen. Die Textstelle „ex Maria Virgine" wird nun zweimal wiederholt, beim ersten Mal steht das Wort „virgine" in A-Dur, das zweite Mal in As-Dur. „Dieser Tonartenwechsel kann ohne weiteres symbolisch verstanden werden. Das helle A-Dur ist Symbol der ‚Virgo immaculata', das weiche As-Dur Symbol der ‚Mater misericordiae'"[1482] Außerdem soll die tonartliche Eindunkelung organisch das Bekenntnis der Passion vorbereiten. Als Beispiel für eine subtile Querverbindung kann die Credo-Passage „iudicare" genannt werden, wo Bruckner in abgewandelter Form das Hauptthema des Gloria verarbeitet und damit darauf hinweist, dass in der Parusie die Herrlichkeit des Gottessohnes ihre endgültige Bestätigung erfährt.[1483] Neben solchen Zeugnissen subjektiven Theologisierens wirken einige altbewährte Topoi, wie deszendente Melodik bei „et incarnatus est", aszendente Bewegung bei „et ascendit in coelum", die melodische Pendelbewegung (Ausdruck der Majestas) sowie Verwendung von Trompeten und Posaunen bei „cum gloria" bzw. „judicare" etc. konventionell.[1484]

Die in der f-Moll-Messe deutlich erkennbare Hinwendung zur Symphonik zeitigte auch Folgen für das Wort-Ton-Verhältnis. Im Gegensatz zu den beiden vorausgehenden Messen werden motivisch-thematische Beziehungen hier äußerst sparsam eingesetzt, während harmonische Merkmale viel mehr zur Geltung kommen. Die musikalische Umsetzung des literarischen Inhaltes geschieht hier relativ linear am Text entlang, wobei durch Rückungen zwischen den Tonarten einzelne Sinnabschnitte markiert werden, die mit der vordergründigen Formstruktur des traditionellen Messenschemas durchaus nicht immer konform gehen. Bruckner lässt „Szenen" entstehen, die fast programmmusik-artig nachgezeichnet werden. Aufgrund ihrer Seltenheit kommen bewusste, subjektiv-theologische Pointierungen deutlicher als sonst zur Geltung. So wird etwa die Ousia der drei göttlichen Hypostasen herausgestellt, indem bei „Patrem omnipotentem", „et in unum Dominum Jesum Christum" und „et in Spiritum Sanctum" jeweils dasselbe thematische Material (Anfangsmotiv des Credo) wiederkehrt. Ein direkter thematischer Zusammenhang wird auch zwischen „et resurrexit" und „et expecto resurrectionem" hergestellt und damit auf hochsubtile Weise der fundamentale Zusammenhang

---

[1481] Vgl. etwa auch KURTH 1224 f. sowie und NOWAK, Anton Bruckners Kirchenmusik 92.
[1482] NOWAK, Anton Bruckners Kirchenmusik 90. Vgl. ebenso WAGNER, Anton Bruckner. Sein Werk – sein Leben 67 sowie ferner HORN 470.
[1483] Vgl. ähnlich KURTHEN, Liszt und Bruckner als Messenkomponisten 47.
[1484] Vgl. MAIER, Messe in d-Moll (WAB 26) 285.

zwischen dem Osterereignis als Kernpunkt perfektischer Eschatologie und dessen soteriologischer Relevanz für die Individualeschatologie angedeutet. Gerade die Sorge um ein individuelles Fortleben nach dem Tod war ja in der persönlichen Religiosität Bruckners zeitlebens signifikant. Obgleich in der f-Moll-Messe weniger konkret benennbare Momente eines bewussten Theologisierens verifiziert werden können, hat man dennoch durchwegs den Eindruck, dass die Grundintentionen des Textes in der den Worten unterlegten nonverbalen musikalischen Gestaltung auf einer intuitiven Meta-Ebene bis ins Letzte erfasst sind – ein Phänomen, das empirisch freilich nicht nachweisbar ist, sondern im Ermessen des jeweiligen Rezipienten steht. Bezeichnend ist in diesem Zusammenhang ein biographisches Zeugnis August Göllerichs. Bruckner, befragt, ob er denn wirklich so fromm sei, wie man sage, habe geantwortet: „Wie hätt' ich denn sonst das ‚Credo' meiner F-Messe komponieren können?"[1485] Bruckner fühlte sich in seinem Messenschaffen von Gott berufen, wie die authentische Notiz folgender Äußerung aus seinem Munde belegt: „Die wollen, daß ich anders schreibe. Ich könnt's ja auch, aber ich darf nicht. Unter Tausenden hat mich Gott begnadigt und dies Talent mir, gerade mir gegeben. Ihm muß ich einmal Rechenschaft ablegen. Wie stünde ich dann vor unserem Herrgott da, wenn ich den anderen folgte und nicht ihm!"[1486]

Zusammenfassend lässt sich innerhalb der Ordinariumsvertonungen Anton Bruckners ein in hohem Maße theologisch motiviertes Wort-Ton-Verhältnis konstatieren, das erheblich durch den konkreten biographischen Kontext bedingt ist. Die Einladung zur spirituellen Reflexion, die Bruckner besonders in den drei großen Messen vollzieht, wird folglich in ihrem vollen Umfang nur dann wahrgenommen werden können, wenn sie in Koinzidenz mit einer hermeneutischen Hilfestellung, d.h. Vermittlung oder Aneignung des fundamentalen kontextuellen Vorwissens erfolgt. Unzweifelhaft kommt dem Messenwerk Bruckners auch im Kontext heutiger Liturgie Verkündigungscharakter zu, die Monumentalität gerade der drei letzten Messen legt allerdings eine frequente Verortung nicht nahe. Ausnahmekunstwerke fordern sinnvollerweise auch eine Präsentation in einem ausnahmsweisen Kontext. Bei gegebenem Anlass sollte jedoch keinesfalls die Chance vertan werden, Teile der Liturgie in thematischer Interdependenz mit der jeweiligen Brucknermesse zu gestalten. Wie dies konkret zu geschehen hat, muss freilich – basierend auf den kontextuellen Erkenntnissen – je im Einzelfall entschieden werden.

5.3.3 Das Messenœuvre und sein Mikrokontext, dargelegt am Beispiel J. G. Rheinbergers

5.3.3.1 Die persönliche Religiosität und das individuelle Liturgieerleben J. G. Rheinbergers

Erstellt man aus dem Ergebnis der aktuellen Messenrepertoire-Forschung, welche im Rahmen der für die vorliegende Publikation durchgeführten Befragung aller

---

[1485] Zitiert nach GÖLLERICH / AUER Bd. 3 Teil 1 474.

[1486] Zitiert nach den Aufzeichnungen des mit Bruckner befreundeten Klosterneuburger Abtes *Josef Eduard Kluger* (1865-1937): KLUGER 120.

deutschen Domkapellmeister, Dommusikdirektoren und Domchordirektoren geleistet wurde, ein Ranking der Messenkomponisten, so lässt sich eine erstaunliche Feststellung treffen: Weit häufiger als die Ordinariumsvertonungen solch weltberühmter Tonsetzer wie Anton Bruckner, Franz Schubert oder Joseph Haydn werden in der heutigen deutschen Kathedralliturgie die Messkompositionen *Josef Gabriel Rheinberger*s (1839-1901) zur „Aufführung" gebracht. Es findet derzeit also ganz unverkennbar – zumindest partiell – die künstlerische Rehabilitierung eines Mannes statt, über den bislang das Urteil galt, sein „ ... kompositorisches Werk ... [sei] heute zum größten Teil vergessen ..."[1487] und seine „ ... Geltung ... längst verblaßt ..."[1488]. Diese „Rheinberger-Renaissance" dabei ausschließlich mit den jüngsten editorischen Bemühungen[1489] erklären wollen, wäre zweifellos eine Verkürzung der tatsächlichen Hintergründe. Eine treffende Erklärung für die heutige bemerkenswerte Rezeption des Rheinbergerschen Messenœuvres wird erst eine einlässliche Beschäftigung mit dessen mannigfachen Kontexten erbringen.

Für das Messenschaffen Josef Gabriel Rheinbergers bedeutsam ist zweifellos der Kontext der persönlichen Religiosität und des individuellen Liturgieerlebens des Komponisten. Gerade diesbezüglich wird ein vordringliches Augenmerk den Selbstzeugnissen zu gelten haben. Diese allerdings sind nur in spärlicher Zahl auf uns gekommen, denn „Rheinberger war kein Freund des Briefschreibens. Im Vergleich mit Wagner, Cornelius, Liszt ist er geradezu wortkarg ... . Er selber hätte auch kaum ein Tagebuch geführt. Was er zu sagen hatte, legte er in seine Musik."[1490] Diese Aussage *Theodor Kroyer*s (1873-1945), Schüler Rheinbergers und Verfasser der ersten wissenschaftlichen Biographie seines Lehrers, wird ergänzt durch die biographischen Notizen des mit dem Komponisten befreundeten und in dessen Geburtsstadt Vaduz wirkenden Musiklehrers *Anton Hinger* (1823-1912), der berichtet, dass einige Tagebücher und Briefe des Liechtensteiner Tonsetzers gemäß testamentarischer Anordnung vernichtet wurden.[1491] Die noch erhaltenen Briefe sind teils Jugendbriefe von eher belanglosem Inhalt, teils fachliche Korrespondenz und vermögen hinsichtlich der hier gegebenen Fragestellung nur wenig Erhellendes zu bieten. Eine Ausnahme sind die im letzten Lebensjahr verfassten

---

[1487] THOMA, Art. Joseph Gabriel von Rheinberger 42.

[1488] WÜRZ 380. Im Gegensatz zur bewegten Wirkungsgeschichte etwa des Œuvres des Zeitgenossen Anton Bruckner (die wenigen Kontakte zwischen Bruckner und Rheinberger waren übrigens von kühler Distanz geprägt Vgl. etwa FELLERER, Bruckners Kirchenmusik und der Cäcilianismus 410 sowie WANGER / IRMEN Bd. 6 10) entwickelte sich die Rheinberger-Rezeption in der Tat vom Gipfel eines zu mittleren Lebzeiten erreichten breiten Ruhmes unter stetiger Abwärtsbewegung hin zum allmählichen Ersterben des Interesses: Bereits gegen Ende des 19. Jahrhunderts verschwand der Name des *Komponisten* Rheinberger (das international hervorragende Renommee des *Pädagogen* Rheinberger reichte bis weit ins 20. Jahrhundert hinein) aus den Opernhäusern und Konzertsälen und lebte lediglich in kaum nennenswertem Maße im musikliturgischen Bereich fort. Vgl. KROYER 231 und WÜRZ 380.

[1489] Erst durch die seit 1992 beim Carus-Verlag Stuttgart erscheinende historisch-kritische Gesamtausgabe („Josef Gabriel Rheinberger. Sämtliche Werke", herausgegeben vom Josef-Rheinberger-Archiv Vaduz) steht für die Aufführungspraxis eine vollständige und unanfechtbare Edition bereit. Viele bislang lediglich als Autograph existierende und damit nicht frei zugängliche Werke Rheinbergers werden so erstmals allgemein verfügbar, was auch für etliche seiner Messen gilt.

[1490] KROYER 26.

[1491] Vgl. HINGER 184.

Briefe an *Henriette Huber geb. Hecker* (1880-1941), aus denen an späterer Stelle zitiert werden wird. Unter den Zeugnissen nahe stehender Zeitgenossen besitzen unbestreitbar die Tagebuchaufzeichnungen und Briefwechsel seiner Ehefrau, der Schriftstellerin *Franziska Rheinberger geb. von Hoffnaaß [verwitwete Jägerhuber]*[1492] (1831-1892) aufgrund ihres hohen Grades an Authentizität die größte Relevanz. Dieser Quelle gilt daher in der vorliegenden Untersuchung ein besonderes Augenmerk.

Die erste religiöse Sensibilisierung erfuhr Josef Gabriel Rheinberger durch seine Eltern – praktizierende Katholiken, deren Leben auf selbstverständliche Weise von Frömmigkeit und Kirchlichkeit geprägt war. Der bereits oben zitierte Anton Hinger, der besonders in den Jahren 1857-1895 als enger Freund der Familie regelmäßig im Hause Rheinberger verkehrte, beschreibt die Mutter des Komponisten *Maria Elisabeth Rheinberger geb. Carigiet* (1801-1873) als „ ... treubesorgte Gattin und Mutter mit fromm-religiösem Sinne."[1493] Ihre Verbundenheit mit der katholischen Kirche drückte sich auch in dem Wunsch aus, Josef Gabriel möge später den Priester-Beruf ergreifen.[1494] Obzwar sich das Ersehnte bei dem Sohn nicht erfüllte, wurde das Ziel einer geistlichen Berufung doch zumindest bei einem der Geschwister erreicht: *Johanna Rheinberger* (1832-1917) trat 1851 in eine Kongregation der Barmherzigen Schwestern ein und wurde schließlich Generaloberin in Zams/Tirol.[1495] Dass auch die Persönlichkeit des Vaters, des Rentmeisters *Johann Peter Rheinberger* (1789-1874), von einer ausgeprägten Gläubigkeit durchwirkt gewesen sein muss, geht aus der nachfolgend umrissenen, historisch verifizierbaren Episode hervor: Als seine mit Josef Gabriel schwangere Ehefrau kurz vor der Niederkunft einen schweren Sturz von der Haustreppe erlitt, verlieh Johann Peter Rheinberger seinem verzweifelten Gebet durch ein Gelübde Gewicht: Im Falle einer glücklichen Geburt wolle er der Kirche des Ortes eine neue Orgel stiften. Nach der komplikationslosen Entbindung löste er in der Tat das feierliche religiöse Versprechen ein.[1496]

Da die Eltern bald die ungewöhnliche intellektuelle Begabung ihres Sohnes Josef Gabriel erkannten, ließen sie diesem zusätzlich zum Unterricht an der Volksschule des Heimatortes Privatstunden bei dem Prior *Johann Franz Fetz*[1497] (1809-1884) erteilen. Neben gesellschaftswissenschaftlichen und fremdsprachlichen Fächern stand hier nahe liegenderweise besonders der Religionsunterricht im Vordergrund. Die biographische Literatur hebt hervor, dass der Junge seinem geistlichen Lehrer stets mit Ernst und Dankbarkeit begegnet sei.[1498] Fetz dürfte bei seinem Schüler bereits zu einem gewissen Teil jene Glaubenshaltung grundgelegt haben, wie sie uns später aus seinen mehrstimmigen Messen heraus entgegentritt.

[1492] Franziska Rheinberger führte als Schriftstellerin das Pseudonym *Fanny von Hoffnaaß*.
[1493] HINGER 167.
[1494] Vgl. KROYER 9.
[1495] Johanna Rheinberger erhielt den Ordensnamen *Schwester Maxentia*. Vgl. IRMEN, Josef Rheinberger. Briefe an Henriette Hecker 149, KROYER 3 sowie „426" 72.
[1496] Vgl. IRMEN, Josef Rheinberger. Eine biographische Skizze 230.
[1497] Fetz war ab 1852 Fürstlicher Hofkaplan in Vaduz.
[1498] Vgl. HINGER 172 f.

Als der junge Rheinberger im Jahre 1851 in München als Student am Königlich Bayerischen Conservatorium der Musik[1499] aufgenommen wurde, fand er in dieser Stadt ein durchaus vertrautes kirchlich-religiöses Umfeld vor: Obschon durch die allgemeinen liberalistischen Strömungen bedrängt, hatte der Katholizismus dort eine große Dominanz inne, sodass Rheinberger diesbezüglich eine organische Kontinuität mit seiner Heimat erlebte. Auch wenn die Wesensbeschreibung, welche der lebenslange Förderer und väterliche Freund Rheinbergers, der Geologe, Physiker und Musikologe *Karl Franz Emil von Schafhäutl* (1803-1890), über den vierzehnjährigen Jungen in einem Brief an dessen Vater formuliert, in Bezug auf die Religiosität des Heranwachsenden keinen direkten Aufschluss gibt, geht daraus doch ein indirekt auch für unsere Fragestellung relevantes Charakterbild hervor: „Ich bemerkte ..., daß mein junger Freund ... eine außerordentliche Erscheinung sey ... . Wir fuhren in der Münchener Umgebung spazieren – und damit lernte ich ihn auch noch von der Seite seines Herzens kennen, die für mich nicht minder anziehend war als die seines Geistes. [...] Dabei ist er so gut von Herzen, so bescheiden im Umgange, daß ich ihn mit der vollsten Wahrheit das ... liebenswürdigste Kind nennen kann, das mir während meines langen Lebens vorgekommen ist ... [und er] ist noch so unverdorben, daß ich bei seinen naiven Fragen ... acht haben mußte ... . So wollen wir in der frohen Überzeugung leben, daß er ... ein guter Mensch werde und bleibe."[1500]

Nur wenige Jahre später, als Achtzehnjähriger, lernte Josef Gabriel Rheinberger seine spätere Gattin Franziska von Hoffnaaß kennen, welche damals bei ihm Unterricht in Musiktheorie nahm. Es entstand sofort eine tiefe Freundschaft, was besonders auch in religiöser Hinsicht bedeutsam werden sollte: Entwickelte Franziska von Hoffnaaß doch nicht nur im künstlerischen Bereich sondern gerade auch hinsichtlich der persönlichen Glaubenshaltung einen eminenten Einfluss auf Rheinberger. Dieses Faktum, was auch während der ganzen (1867 geschlossenen) Ehe zutraf, war zweifelsohne durch den Altersunterschied mitbedingt: „Wo die Frau an Jahren den Mann überragt, flicht sie in ihre Ehe gern ein Band mütterlicher Zärtlichkeit, hier umsomehr, als Fanny [sc. Franziska], die Reifere, Erfahrenere, in dem jüngeren Gatten eine gewisse Hilfsbedürftigkeit zu gewahren glaubte."[1501] „Franziskas ausgeprägte Individualität ist ‚ein Motiv, das stets durch Rheinbergers Leben leise klingt'; fühlte er auch selbst keine Einengung, ... so mag er unbewußt im Laufe der Zeit Urteile übernommen haben, die er früher nie besaß."[1502] Was sich mithin im Hinblick auf das kompositorische Schaffen des Liechtensteiner Tonsetzers als überaus problematisch auswirken sollte[1503], erwies sich in Bezug auf seine Religiosität als glückliche Konstellation. Denn anders als

[1499] Das Institut wurde damals nach seinem Gründer und ersten Direktor *Franz Hauser* (1794-1870) auch „*Hausersches Conservatorium*" genannt.
[1500] Brief Karl Franz Emil von Schafhäutls an Johann Peter Rheinberger vom 22.07.1853. Zitiert nach KROYER 30 f.
[1501] KROYER 72
[1502] IRMEN, Gabriel Josef Rheinberger als Antipode des Cäcilianismus 41 f.
[1503] Josef Gabriel Rheinberger übernahm die konservative Musikauffassung seiner Frau und verlor deshalb den Anschluss an die lebendige Weiterentwicklung. Vgl. IRMEN, Gabriel Josef Rheinberger als Antipode des Cäcilianismus 41 f.

etwa Anton Bruckner war Rheinberger von seiner charakterlichen Anlage her ein emotional verschlossener Mensch. Sein Schüler Theodor Kroyer beobachtete in seinem Habitus „... etwas Verhaltenes ... und ... Unnahbares ...“[1504]. Er spricht von „seiner ... Gemütsart [, der es] widersteht ..., Herzensgefühle vor aller Augen zu beträufeln.“[1505] Die hier erkennbare Verschließung des Religiösen in den fest umschlossenen Raum des unzugänglichen Innersten erweckt fast den Eindruck einer Tabuisierung, was sich auch in dem weitgehenden Fehlen einschlägiger Äußerungen in den schriftlichen Selbstzeugnissen zeigt. Dies kongruiert einerseits mit dem ohnehin tendentiell „melancholisch-ernsten Charakter“[1506] des Komponisten, ist andererseits aber auch eingebettet in eine generelle Erscheinungsform der romantischen Glaubenshaltung des 19. Jahrhunderts: religiöse Egozentrik und Gemeinschaftslosigkeit.[1507] Demgegenüber kann Franziska Rheinberger als Exponentin einer zweiten großen Mentalitätsströmung romantischer Religiosität bezeichnet werden: jene ebenfalls vorhandene, eher kollektiv ausgerichtete, extrovertierte Stimmungsfrömmigkeit entsprach ganz ihrem Naturell. Dass sie dementsprechend das Bedürfnis hatte, die Religiosität ihres Gatten mäeutisch aus der Verschlossenheit ans Licht zu holen, wird etwa in einem ihrer Tagebucheinträge aus der Anfangszeit der gemeinsamen Ehe deutlich, wo sie notiert: „Ich begieße sein reines religiöses Gefühl wie eine zarte Pflanze.“[1508]

Franziska Rheinberger war darauf bedacht, den katholischen Glauben als Zentrum ihrer Ehe so zu praktizieren, dass ihr Gemahl daraus psychische Kräftigung und Inspiration für seine Kunst gewänne. So ist etwa in einem ihrer Briefe zu lesen: „Ich habe, als wir heiratheten über Kurt's [[1509]] Schreibtisch die Madonna von Rafael gehängt – sie hat ihn oft während der Arbeit begeistert. [Es ist ...] mein hohes Glück ... daß ich fühle, daß Gott unsre Liebe, unsern Bund segnet.“[1510] In ihrem Tagebuch beschreibt sie die letzten Stunden vor der Uraufführung der Rheinberger-Oper „Die sieben Raben“ op. 20 am 23.05.1869 an der Königlichen Hofoper München: „ ... Nachmittag war dem armen Kurt ganz miserabel. Er konnte es allein in seinem Zimmer gar nicht aushalten ... . Endlich wurde es ½ 6 Uhr ... und er ging in das Theater, nachdem ich vorher im ‚Gnadenwinkelchen‘ (Betstuhl meines Schlafzimmers) ein paar Worte mit ihm gesprochen hatte.“[1511] Über die identische Situation schreibt sie in einem Brief ergänzend: „Ich machte ihm mit Weihwasser das Kreuz auf die Stirne und sagte ihm, wir wollten Gott die

---

1504 KROYER. Vorwort 3
1505 KROYER 71.
1506 IRMEN, Gabriel Josef Rheinberger als Antipode des Cäcilianismus 32.
1507 Vgl. hierzu bereits ausführlich die Kapitel 5.3.1.1 und 5.3.1.2.
1508 Tagebucheintrag Franziska Rheinbergers vom 22.02.1870. Zitiert nach WANGER / IRMEN Bd 3 161.
1509 „Kurt“ (auch „Curt“) war der Kosename Franziska Rheinbergers für ihren Mann. Vgl. HOCHSTEIN, Messen für gleiche Stimmen. Vorwort (Josef Gabriel Rheinberger. Sämtliche Werke Bd. 1) 10.
1510 Brief Franziska Rheinbergers an Johann Peter Rheinberger vom 23./24.05.1869. Zitiert nach WANGER / IRMEN Bd. 3 50.
1511 Tagebucheintrag Franziska Rheinbergers vom 23.05.1869. Zitiert nach WANGER / IRMEN Bd. 3 51.

Ehre geben, wie es auch käme."[1512] Diese nur exemplarisch ausgewählten Zitate belegen anschaulich, dass – angestoßen durch die Impulse der Gattin – die privaten Pia exercitia eine zunehmende Bedeutung im Alltagsleben des Ehepaares erlangten. In Sonderheit in Situationen besonderer psychischer Anspannung jeglicher Art scheint dies der Fall gewesen zu sein[1513], was auch im Zusammenhang mit dem Liturgieerleben Rheinbergers an späterer Stelle dargelegt werden wird.

Das gemeinsame Glaubenserleben des Ehepaares Rheinberger verwob sich in wachsendem Maße mit dem künstlerischen Arbeiten. Hierzu heißt es in der Kroyer-Biographie: „Man hat oft den Eindruck, als ob ... [Rheinberger], wie Haydn, bete, ehe er ans Schaffen geht. Er ist eine glaubensbedürftige und glaubensstarke Natur, und aus seinem Gottvertrauen schöpft er wunderbare Kräfte"[1514]. Dies gilt nicht etwa nur im Hinblick auf das sakrale Œuvre Rheinbergers[1515], sondern zieht sich als Leitmotiv durch das gesamte Schaffen des Tonsetzers, sodass bei ihm in Bezug auf das zugrunde liegende Movens eine strikte Scheidung in geistliche und weltliche Musik nicht möglich ist.[1516] In Ermangelung geeigneter autobiographischer Äußerungen des Komponisten soll auch hier auf die Aufzeichnungen seiner Frau zurückgegriffen werden, welche in ihrem Quellen-Wert als unanfechtbar gelten dürfen. Folgende Exzerpte mögen der Exemplifikation dienen: „Warum soll ich es nicht niederschreiben? Ich habe geschluchzt wie ein Kind, als mir Curt soeben den Chor ‚O Du mein lieber Herregott, bewahr' die Stadt vor Angst und Noth'[[1517]] vorspielte. Auch Curt hatte Thränen in den Augen, und konnte dann nicht mehr schreiben, so daß er den Hut nahm und in's Freie ging."[1518] Über die bereits oben erwähnte Uraufführung der Oper „Die sieben Raben" op. 20 schreibt sie: „Bei dem Schlußchor ‚o selig, wer auf Gott vertraut, auf Ihn allein sein Hoffen baut' da fühlte ich deutlich, daß diese herrliche Musik von Gott käme und mit gefalteten Händen betete ich mit."[1519]. Über das private Vorspiel des Passionsgesanges op. 46 in der Wohnung des Paares heißt es in einer weiteren Tagebuchnotiz: „Mit Curt die Passionsmusik durchgenommen. Sie ist in ihrer Einfachheit so erschütternd rührend. Bei dem C dur Schlusse mußte ich schluchzen. Ich glaube, es griff ihn selbst an."[1520] Als Rheinberger an einem Chor (Auftragskomposition) für die Enthüllung eines Goethestandbildes arbeitete, betete seine Frau um Inspiration. In ihrem Tagebuch ist zu lesen: „[Ich] ging in die Erzbischöfliche Capelle, um den Hl. Geist für Curt anzuflehen, da ich ahnte, daß er jetzt zu Hause über dem

---

1512 Brief Franziska Rheinbergers an Johann Peter Rheinberger vom 23./24.05.1869. Zitiert nach Wanger / Irmen Bd. 3 50.

1513 Vgl. etwa auch Kroyer 78.

1514 Kroyer 221.

1515 Der Frage nach dem inneren Movens der mehrstimmigen Messen Josef Gabriel Rheinbergers wird in Kapitel 5.3.3.2 ausführlich nachgegangen.

1516 Vgl. etwa Kroyer 183.

1517 Es handelt sich hierbei um den Schlusschor aus der Rheinberger-Oper „Türmers Töchterlein" op. 70. Das Libretto dieser Oper wurde von Franziska Rheinberger („Fanny von Hoffnaaß") selbst verfasst.

1518 Tagebucheintrag Franziska Rheinbergers vom 28.10.1971. Zitiert nach Wanger / Irmen Bd. 4 81.

1519 Brief Franziska Rheinbergers an Johann Peter Rheinberger vom 23./24.05.1869. Zitiert nach Wanger / Irmen Bd. 3 50.

1520 Tagebucheintrag Franziska Rheinbergers vom 22.02.1870. Zitiert nach Wanger / Irmen Bd 3 161.

Chor studierte. Als ich nach Hause kam, war der Chor fertig!"[1521] Diese Auszüge aus den Primärquellen sollen genügen, um das oben Gesagte zu illustrieren.[1522] Religiöse Gehalte in weltlichen Kompositionen anbetreffend, geht Rheinberger gleichwohl niemals über eine durch sein Naturell selbst gesetzte Grenze hinaus: Außerhalb der Musica sacra zeigt sich in seinem Œuvre das Religiöse stets äußerst sublim und zurückhaltend, weswegen er bestimmte Werke anderer Tonsetzer – etwa Richard Wagners – ablehnte. „Die Konvertiten zuweilen eigene Neigung zu seelischem Exhibitionismus, die Wagner künstlerisch sublimiert, war Rheinbergers Wesen zuwider ..."[1523].

Eine sich über etliche Jahre hinziehende Kette psychisch belastender Ereignisse führte bei Josef Gabriel Rheinberger zu einer wachsenden Verinnerlichung, welche sich auch in gesteigerter Reife des Ausdrucksgehaltes seiner Werke niederschlug. Nachdem im Jahre 1873 bereits die Mutter verstorben war, erlag nur drei Jahre später seine Schwester *Amalia Rheinberger* [genannt „Mali"] (1842-1876) – unter allen seinen Geschwistern war er mit ihr am engsten verbunden gewesen – einer schweren Krankheit. In den folgenden Jahren schieden zwei ältere Brüder hin, 1884 starb sein Vater, 1889 folgte als weiterer Bruder *David Rheinberger* (Geburtsjahr unbekannt), mit welchem er ebenfalls in sehr engem Kontakt gestanden hatte. 1891 verschlimmerte sich ein schon länger bestehendes Nervenleiden seiner Frau zu einer Paranoia, 1892 starb sie an Herzwassersucht. Im selben Zeitraum verstarben überdies sieben seiner besten Freunde.[1524] Erschüttert durch diese schweren Schicksalsschläge, beendete er alle öffentlichen Tätigkeiten und gab sich fortan einer quasi „monastischen Lebensweise"[1525] hin. Er selbst äußert sich diesbezüglich in einem Brief folgendermaßen: „*Jetzt* empfinde ich es als Segen, daß mein geistiges Leben von je mehr nach dem Innerlichen gerichtet war ... ."[1526] Die soziale Abschottung der letzten Lebensjahre führte Rheinberger zugleich auch zu einer Konzentration auf religiöse Inhalte und Reflexionen. Als überaus erhellend erweist sich hier der intensive Briefwechsel, den Rheinberger in seinem letzten Lebensjahr mit der damals zwanzigjährigen Henriette Hecker führte. Er hatte die junge Frau während seiner jährlichen Molkekuren in Wildbad Kreuth/ Oberbayern kennen gelernt und entwickelt zu ihr eine tiefe väterliche Zuneigung gepaart mit einer platonisch-lauteren Verehrung. Sie war zu jener Zeit die einzige Person seines rückhaltlosen Vertrauens; die sehr frequente, mitunter mehrmals wöchentlich geführte Korrespondenz kann somit heute gerade in Bezug auf seine persönliche Religiosität als das wichtigstes Selbstzeugnis des Komponisten angesehen werden. Mitunter tragen diese Briefe geradezu bekenntnishafte Züge, wenn er

---

1521 Tagebucheintrag Franziska Rheinbergers vom 01.08.1869. Zitiert nach WANGER / IRMEN Bd 3 87.

1522 Ergänzend sei angemerkt, dass Franziska Rheinberger die musikalischen Skizzenbücher ihres Mannes meist mit einem frommen Spruch (aus Psalmen, Kirchenliedern oder eigenen Dichtungen) eröffnete. Vgl. KROYER 78.

1523 IRMEN, Gabriel Josef Rheinberger als Antipode des Cäcilianismus 38.

1524 Vgl. HINGER 183 sowie IRMEN, Gabriel Josef Rheinberger als Antipode des Cäcilianismus 72.

1525 IRMEN, Gabriel Josef Rheinberger als Antipode des Cäcilianismus 73.

1526 Brief an Henriette Hecker vom 07.09.1900. Zitiert nach IRMEN, Josef Rheinberger. Briefe an Henriette Hecker 19.

Henriette Hecker etwa anvertraut: „Da saß ich ... [sc. an seinem Geburtstag] mit jenem krankhaft bohrenden Gefühl im Herzen: ... es möchte doch rasch *Alles* vorüber sein ... – solche Tage dauern lang, – und gehen *auch* vorüber – aber wie? Es gibt eben Tage und Stunden, die ohne Religion ganz unerträglich wären."[1527] Der lebhafte Gedankenaustausch beider Briefpartner erweist sich vielfach als Spiegelbild des geistesgeschichtlichen Makrokontextes jener Epoche. Als die in einer adoleszenten Orientierungsphase befindliche, praktizierende Protestantin Henriette Hecker sich im Jahre 1900 mit einem Mann anfreundete, der sie mit skeptizistisch-atheistischen Entwürfen indoktrinierte, versuchte Rheinberger verzweifelt – seine in diesem Bereich sonst übliche Scheu überwindend – , sie vor einem Glaubensabfall zu retten. Er schreibt ipsissimis verbis: „Es wäre mir *unendlich* leid, wenn *Sie* sich irre machen ließen. *Mir* hat in den schwersten Stunden, deren nicht wenige waren, Religion *immer*, Philosophie *niemals* Trost und Halt gegeben. Meine theure Freundin, ich habe mir *jedes dieser Worte überlegt*, bevor ich es niedergeschrieben!"[1528] In der Christnacht 1900 lässt er ihr noch einen letzten eindringlichen Appell zukommen: „Wie einfach, verständlich und erhaben ist doch die christliche Religion! Wenn ihr Stifter sagt: ‚*Ich bin der Weg*, die Wahrheit und das Leben' und dann das furchtbare: ‚Wer nicht *für* mich ist, ist *wider mich*' – so versteht das Jedermann, sogar ein Kind – ähnlich ist es mit fast allen Aussprüchen des Erlösers. [...] Und du gräbst weiter auf der falschen, abschüssigen Seite; armer Freund! arm, weil du schon den Glauben an ein jenseitiges Fortleben nach dem Tod preisgegeben hast ... . Armes Kind, wem verdankst du in deinen so glücklichen Jahren deinen so unnatürlichen Unglauben und den noch unnatürlicheren Trotz darin zu verharren, obschon dein eigenes Gewissen dich warnt? [... Es] findet sich ... [bei Dir nur] kühle Ablehnung: ‚Es hilft ja doch nichts, Sie können mir auch nicht helfen,' – d.h. in's Reale übersetzt: ‚Du, der geistig so beschränkt ist, noch an die *Göttlichkeit* der christlichen Religion zu glauben, bemühe Dich hierin nicht weiter.' – Warum bemühe ... ich mich aber doch weiter, so sehr das sonst nicht meine Art ist? Er [sc. der Freund] kehrt ja doch nicht zurück zu mir! [...] ‚Du aber, göttliches Kind in ärmlicher Krippe, ... leuchte auch Jenen, die sich absichtlich von dir abwenden ... . Je mehr du geschmäht, verleugnet, verachtet, ja gehaßt wirst, (selbst von Jenen, die sich gewohnheitsmäßig noch Christen nennen) ... um so theurer sollst du *mir* sein, umsomehr will ich dich lieben! Ich habe im Leben *viel gefehlt und viel geirrt* ... aber ich habe von jung auf *nie* an deiner Göttlichkeit gezweifelt ... .'"[1529] Die hier individuell hervortretende apologetische Haltung ist letztlich auch ein Ausdruck der allgemeinen Signatur jener Zeit: Der dramatische Konflikt zwischen romantischer Gefühlsfrömmigkeit und areligiösem Liberalismus wird durch Rheinbergers Worte erschütternd verifizierbar. Zugleich

---

[1527] Brief an Henriette Hecker vom 25.03.1901. Zitiert nach IRMEN, Josef Rheinberger. Briefe an Henriette Hecker 207 f.

[1528] Brief an Henriette Hecker vom 08.10.1900. Zitiert nach IRMEN, Josef Rheinberger. Briefe an Henriette Hecker 37.

[1529] Brief an Henriette Hecker vom 24.12.1900 und 01.01.1901, von Rheinberger in Anlehnung an den literarischen Stil des lyrisch-dramatischen Dichtungs-Genres der sogenannten „Idylle" mit „*Winteridyll*" überschrieben. Zitiert nach IRMEN, Josef Rheinberger. Briefe an Henriette Hecker 136 f.

wird verständlich, was Theodor Kroyer meint, wenn er von der „... helle[n], reine[n] Welt dieses merkwürdigen Mannes" redet, der „ in seiner ... Bescheidenheit ein machtvoller Prediger jener gottesfürchtigen, demütigen Schönheit [sei], die die Menschen labt und segnet."[1530] Als Rheinberger am 25.11.1901 in München starb, waren seine letzten Worte: „ich sterbe – der liebe Gott war immer gut zu mir"[1531]. In seinem Testament setzte er einen bemerkenswert hohen Geldbetrag für eine Stiftung an dem erzbischöflichen Seminar in Freising zur Förderung von Priesteramtskandidaten aus.[1532]

Nach diesen Darlegungen zur persönlichen Religiosität Rheinbergers, die ihn als einen Menschen aufwiesen, welchem der christliche Glaube Essential seines Lebens und Arbeitens war, soll es im Folgenden um sein individuelles Liturgieerleben gehen.

Die Nähe des Elternhauses Rheinbergers zur katholischen Liturgie war schon rein topographisch gegeben: Das Haus stand unmittelbar neben der Vaduzer Kirche, der Florinskapelle.[1533] Es wurde bereits erwähnt, dass der Vater des Komponisten diesem Gotteshaus aufgrund eines Gelübdes eine neue Orgel gestiftet hatte. Erstaunlicherweise wurde derjenige, dessen glücklicher Geburt wegen das Gelübde erfüllt worden war, auch der erste offizielle Organist an der Votivgabe: Bereits im Alter von sieben Jahren saß Josef Gabriel Rheinberger am Spieltisch des Instrumentes und begleitete bei den Gottesdiensten den Gemeindegesang.[1534] Durch diesen – damals freilich noch als paraliturgisch angesehenen – Dienst hatte die katholische Liturgie für den Komponisten bereits in der Kindheit einen überaus relevanten Stellenwert. Die Pfarrei Vaduz gehörte ebenso wie die anderen Pfarreien des Fürstentums Liechtenstein zur Diözese Chur. In diesem Bistum wurde die Liturgie bereits seit 1643 nach dem römischen Ritus gefeiert.[1535] Maßgeblich für die Messfeiern an St. Florin waren mithin primär das Missale Romanum ex decreto Sacrosancti Concilii Tridentini restitutum Pii V. und das Proprium Curense. Da die Liturgie der diözesanen Eigenfeste allenfalls im marginalen Bereich vom römischen Ritus differierte, ist sie für unsere Untersuchungen hier nicht weiter relevant. Die konkrete Gestalt der römisch-katholischen Liturgie im deutschsprachigen Raum während des 19. Jahrhunderts wurde in den vorangegangenen Kapiteln bereits einlässlich behandelt, sodass hier auf diese Ausführungen rückverwiesen sei.

Als Josef Gabriel Rheinberger von 1849-1851 behufs privaten Kompositionsunterrichtes im benachbarten Feldkirch/Vorarlberg weilte, welches damals erst seit wenigen Jahrzehnten dem Bistum Brixen unterstellt war, kam er dennoch weiterhin an jedem Sonn- und Festtag seiner organistendienstlichen Verpflichtung in

---

[1530] KROYER. Vorwort 5.

[1531] Die letzten Worte Rheinbergers werden bezeugt durch seine Nichte Olga Rheinberger, die ihm in den letzten Lebensjahren den Haushalt führte und ihn an seinem Sterbebett begleitete. Einsehbar bei IRMEN, Josef Rheinberger. Briefe an Henriette Hecker 225.

[1532] Vgl. IRMEN, Gabriel Josef Rheinberger als Antipode des Cäcilianismus 75.

[1533] Vgl. IRMEN, Josef Rheinberger. Eine biographische Skizze 230.

[1534] Vgl. HINGER 168 f.

[1535] Vgl. HÜBSCHER 1198.

Vaduz nach[1536], erlebte also auch in dieser Zeit hauptsächlich die Liturgie seiner Heimatkirche. Als Zwölfjähriger zog Rheinberger wie gesagt nach München, wo er bis zum Lebensende seinen Wohnsitz behalten sollte. Aufgrund seiner Studienerfolge hatte ihm ein Dozent bereits als Dreizehnjährigem die Stelle eines Vice-Organisten an St. Ludwig (von 1853-1857) verschafft. In den nächsten Jahrzehnten sollte sich berufsbedingt sein Liturgieerleben überdies auf die drei Hofkirchen St. Kajetan (Aushilfsorganist ab 1854, Königlich Bayerischer Hoforganist von 1857—1863), St. Michael (Aushilfsorganist ab 1852, Hoforganist von 1863-1867) und Allerheiligen (Hofkapellmeister von 1877-1894) konzentrieren. Eine kurze Aushilfstätigkeit als Organist an der Kirche in der Herzog-Max-Burg (Basilika) blieb nur ein Interludium. Während Rheinbergers Münchener Wirken waren gerade in der liturgischen Praxis deutlich die Nachwirkungen der katholischen Restauration zu spüren: Nicht nur ein tendentiell dekorativer Akzent, sondern vor allem auch eine quantifizierende Auffassung überlagerte den Kult: So schrieb etwa die Gottesdienstordnung an der Hofkirche St. Kajetan vor, dass täglich elf Messen gelesen werden sollten sowie in jedem sonntäglichen Hauptgottesdienst mehrstimmiger Vokalgesang und mindestens achtmal im Kirchenjahr Orchesterbegleitung erfolgen müsse.[1537] An den Hofkirchen hielten sich aber auch aus dem Mittelalter überkommene Gepflogenheiten wie etwa der aus der Messe herausgelöste Predigtgottesdienst vor der eigentlichen Messfeier. So geht etwa aus einem Instruktionsentwurf für die St. Michaels-Hofkirche hervor, dass sonntags um 8.00 Uhr der Prediger die Kanzel bestieg während die Gemeinde ein Predigtlied sang. Es folgte die Predigt. Nach Beendigung des Predigtgottesdienstes begann dann um 9.00 Uhr das eigentliche Hochamt.[1538] An der dritten Hofkirche, an welcher Rheinberger kirchenmusikalische Dienste ausübte, der Allerheiligen-Hofkirche, wurde die Liturgie im Hinblick auf den beiwohnenden Adel und die Hofbeamten besonders aufwändig gestaltet. Nicht einmal in der Quadragesima verzichtete man auf Musikinstrumente, sondern achtete lediglich auf ein graduelle Differenzierung. So wurde an exakt bezeichneten Tagen, wie z.B. in der Karwoche, der Instrumentalklang „sordiniert“: Dies wurde erreicht, indem man die Besetzung um hohe Stimmen reduzierte und so den solennen Charakter einschränkte.[1539]

Entsprechend seinem zurückhaltenden Wesen äußerte sich Josef Gabriel Rheinberger in den uns heute vorliegenden autobiographischen Quellen nur andeutungsweise über sein eigenes Liturgieerleben. Diese wenigen Aussagen sind zu vage, um daraus einen umfassenden Gesamteindruck gewinnen zu können. Wir bedürfen daher auch in dieser Fragestellung wieder der Aufzeichnungen seiner Ehefrau. Jene Tagebucheinträge, in welchen sie von gemeinsamen Gottesdienstbesuchen zusammen mit ihrem Gatten berichtet, fallen bezeichnenderweise in die Zeit von 1867 bis 1877, also in die Phase, in der Rheinberger nicht als Kirchenmusiker angestellt war. In den übrigen Jahren verfolgte Rheinberger die Liturgie wohl meist nur vom Spieltisch der Orgel oder vom Kapellmeisterpult der Sänger-

---

1536 Vgl. IRMEN, Gabriel Josef Rheinberger als Antipode des Cäcilianismus 16.
1537 Vgl. KOEGEL 126-131.
1538 Vgl. SCHAFHÄUTL 220.
1539 Vgl. IRMEN, Gabriel Josef Rheinberger als Antipode des Cäcilianismus 108 f.

empore mit. Konnte bereits eruiert werden, dass das Ehepaar Rheinberger sich besonders vor außergewöhnlich fordernden Lebenssituationen häuslichen Pia exercitia widmete, so entspricht dem die Beobachtung eines in solchen Situationen wohl geradezu „obligatorischen" Gottesdienstbesuches. Dies bestätigt auch der Biograph Theodor Kroyer, wenn er schreibt: „In erhabenen Augenblicken knien sie gemeinsam vor dem Hausaltar, vor wichtigen Unternehmungen stärken sie sich durch den Genuß des heiligen Abendmahles. Das religiöse Gefühl ist in ihnen außerordentlich stark."[1540] Die Tagebucheinträge Franziska Rheinbergers ermöglichen eine exemplarische Verifikation des Festgestellten. Beispielsweise heißt es dort unter dem Datum vom 23.05.1869: „Erste Aufführung der Oper „Die 7 Raben". [...] Morgens 9 Uhr gingen wir auf den Chor in der Michaelskirche. [...] Kraft geholt für den Abend."[1541] Vor der zweiten Aufführung der genannten Oper notiert Franziska Rheinberger: „Am Morgen waren wir zusammen in der Theatinerkirche. Der übrige Tag schien Curt sehr lang. Er saß ... in meiner blauen Grotte [sc. Zimmer Franziska Rheinbergers mit Betstuhl]"[1542].

Aber auch jenseits außergewöhnlicher Ereignisse war die Feier der Liturgie für Josef Gabriel Rheinberger ein Konstituens des Alltags. So berichtet etwa ein Schüler Rheinbergers, der bedeutende Organist *Émile Rupp* (1872-1948), der Meister habe nach dem Tode seiner Frau täglich die Frühmesse in der seiner Wohnung benachbarten Ludwigskirche mitgefeiert.[1543] Da aber der kirchliche Kult mit einer solchen Selbstverständlichkeit in sein Leben integriert war, musste ihm gemäß seiner nach außen verschlossenen Persönlichkeitsstruktur ein bewusstes, gar schriftliches Reflektieren als abwegig erscheinen. Aus der Zeit vor 1892 finden sich gleichwohl auch über solche „alltäglichen" Gottesdienstbesuche Aufzeichnungen, nämlich bei Franziska Rheinberger. Paradigmatisch sei zitiert: „Zusammen ... bei Dusmann in der Theatinerkiche gewesen. Glücklich!"[1544] oder: „Mit Curt in der Kirche zur H. Communion. Gott sei Dank."[1545] Anlässlich einer Urlaubsreise lesen wir etwa: „ ... dann die schönen Kirchenfeierlichkeiten des Gründonnerstags mitgemacht. So schön. In der Fremde diese katholische Heimat [sc. Dresden]. [...] Ostersonntag ... feierten Curt und ich als Catholiken in der katholischen Kirche [sc. in Leipzig]."[1546] Gerade dem letzten Zitat inhäriert ein Widerhall jener dezidierten katholischen Identität, wie sie um die Mitte des 19. Jahrhunderts durch die Katholische Bewegung auch in Deutschland bei vielen Gläubigen

---

1540 KROYER 78.
1541 Tagebucheintrag Franziska Rheinbergers vom 23.05.1869. Zitiert nach WANGER / IRMEN Bd. 3 51.
1542 Tagebucheintrag Franziska Rheinbergers vom 07.09.1869. Zitiert nach WANGER / IRMEN Bd. 3 103.
1543 Vgl. RUPP 135.
1544 Tagebucheintrag Franziska Rheinbergers vom 25.05.1870. Zitiert nach WANGER / IRMEN Bd. 3 185.
1545 Tagebucheintrag Franziska Rheinbergers vom 26.05.1870. Zitiert nach WANGER / IRMEN Bd. 3 185.
1546 Tagebucheintrag Franziska Rheinbergers vom 27.03.1872 und 31.03.1872. Zitiert nach WANGER / IRMEN Bd. 4 114. Weitere, hier nicht zitierte Tagebucheinträge, in denen Franziska Rheinberger gemeinsame Gottesdienstbesuche erwähnt, sind etwa: Tagebucheinträge vom 18.07.1869 und vom 01.08.1869 (siehe WANGER / IRMEN Bd. 3 80 und 87) sowie vom 21.11.1870 (siehe WANGER / IRMEN Bd. 4 28).

erwacht war. Auch in den spärlichen Selbstzeugnissen Josef Gabriel Rheinbergers findet sich eine Passage, die diese Haltung par excellence widerspiegelt. Aus des Komponisten eigener Feder heißt es in einem Brief an die Protestantin Henriette Hecker: „Sie werden mir es nicht zürnen, wenn ich erwähne, daß in diesem Punkte [sc. Katholizismus] (nach meiner Erfahrung) bei den Protestanten eine merkwürdige Unbekanntschaft herrscht. Ich kam z.B. einmal mit einem Berliner Kollegen, der sonst höcht *gebildet* ist, in eine katholische Kirche, wo eben Gottesdienst war. Nach demselben frug er mich, warum bei einer gewissen Stelle der Messe das Volk sich erhob und bekreuzte. Ich sagte: ‚Weil das Evangelium gelesen wurde und durch Erhebung und Bekreuzung der Glaube an dasselbe symbolisch bestäthigt wird‘ ‚Ja, habt ihr denn auch das Evangelium?‘ ‚Natürlich, und wenn Sie ein wenig nachdenken wollen, so werden Sie finden, daß Ihr es sogar von uns bekommen habt‘ Das ist nur ein Beispiel von Vielen.“[1547] An dieselbe Adressatin schreibt er in einem anderen Brief: „ ... als ich nach Kreuth gekommen war, ließ ich in dem dortigen ... Kirchlein Trauergottesdienst (Requiem) für meine Verstorbene [sc. Franziska Rheinberger] abhalten (es ist dies eine Feier, die Ihr Ritus nicht kennt).“[1548] Die in diesen Exzerpten überdies zutage tretende interkonfessionelle Problematik soll hier nicht erörtert werden. Was hier vielmehr deutlich wird, ist die Tatsache, dass Rheinberger sich mit dem Kult seiner Konfession in ausgeprägter Weise identifizierte, die katholische Liturgie mithin über den beruflichen Bereich hinaus eine existentielle Bedeutung für ihn hatte. So darf als Abschluss der bisherigen Untersuchungen zur persönlichen Religiosität und zum individuellen Liturgieerleben des Komponisten Josef Gabriel Rheinberger jener gewichtige Satz aus dem Nekrolog *Adolf Sandbergers* (1864-1943) als zutreffend bezeichnet werden: „Der Meister war eine tiefreligiöse und kirchlich strenggläubige Persönlichkeit.“[1549]

5.3.3.2 Kontextuelle Erschließung des Messenœuvres J. G. Rheinbergers

Josef Gabriel Rheinberger als tiefreligiöser und kirchlich-gläubiger Tonsetzer – diese Charakterisierung scheint in gewisser Weise auch mit der Struktur seines Gesamtœuvres zu korrelieren: Denn immerhin die Hälfte der von ihm geschaffenen 320 Kompositionen[1550] gehört dem Genre der geistlichen Vokalmusik an – sein erster und sein letzter Federstrich galt einer Messe.[1551] Innerhalb der Musica sacra Rheinbergers wiederum finden sich 18 vollständige mehrstimmige Ordinari-

---

[1547] Brief an Henriette Hecker vom 19.02.1901. Zitiert nach IRMEN, Josef Rheinberger. Briefe an Henriette Hecker 195.

[1548] Brief an Henriette Hecker vom 08.01.1901. Zitiert nach IRMEN, Josef Rheinberger. Briefe an Henriette Hecker 147.

[1549] SANDBERGER, Joseph Rheinberger 328.

[1550] Nur 197 Werke des Gesamtœuvres wurden vom Komponisten mit Opuszahlen versehen. Die 124 Jugendwerke (erfasst im Jugendwerkeverzeichnis JWV) ließ er in strenger Selbstkritik später nicht mehr gelten. Auch etliche Gelegenheitskompositionen wurden nicht mit Opuszahl versehen. Vgl. WÜRZ 377 f.

[1551] Vgl. IRMEN, Gabriel Josef Rheinberger als Antipode des Cäcilianismus 127 und SAUER (Florian) 5.

umszyklen[1552], 10 Ordinariumseinzelsätze, 2 Messenfragmente und 4 Requiems.[1553]

Seine erste mehrstimmige Ordinariumsvertonung und zugleich erste Komposition überhaupt schuf Josef Gabriel Rheinberger bereits im Kindesalter: Als erst Siebenjähriger legte der Frühbegabte, der im Jahre 1846 von dem Unterlehrer und Organisten *Sebastian Pöhly* (1808-1889) aus Schaan/Liechtenstein zum Komponieren angeregt worden war und von diesem auch in Klavier und Musiktheorie unterrichtet wurde, seine Messe in C-Dur JWV 1 für drei Singstimmen und Orgel vor, über welche er später in einem Brief schrieb: „Ich hatte schon damals eine dreistimmige Messe mit Orgel komponiert, die auch beim Gottesdienst gesungen wurde, was meinen strengen unmusikalischen Vater schon etwas weicher stimmte“[1554]. Der Knabe Josef Gabriel, wie gesagt bereits in zartem Alter Organist an St. Florin/Vaduz, konzipierte dieses sein frühestes Opus bewusst für den dortigen Kirchenchor, hatte also die einfachen liturgischen und kirchenmusikalischen Verhältnisse zu berücksichtigen. Dabei dürfte diese musikalische Schöpfung auch ein dezidierter Akt zur Hebung des kirchenmusikalischen Niveaus gewesen sein: Der junge Musiker empfand das damals in Vaduz gepflegte Messenrepertoire, namentlich die Werke von *Franz Bühler* (1760-1823), als so minderwertig, dass er die Noten einiger solcher einschlägigen Werke kurzerhand verbrannte.[1555] Bezeichnenderweise gehört bereits die erste Messe aus der Feder Rheinbergers dem Genre der *Orgelmesse* an: Der Komponist schätzte dieses Genre auch während seines weiteren Messenschaffens unter allen anderen am meisten; es besitzt daher unter seinen Messvertonungen auch zahlenmäßige Dominanz.[1556]

Ersten Kontakt mit den geistlichen Werken der musikgeschichtlichen Größen machte Rheinberger als Neunjähriger in Feldkirch, woselbst er zum Zwecke der Vertiefung seiner Fertigkeiten in Tonsatz und Klavierspiel einen zweijährigen Privatstudienaufenthalt (1849-1851) bei dem Chordirektor und Cellisten *Philipp Schmutzer* (1821-1898) absolvierte. Obschon in dieser Zeit keine weitere zyklische Messvertonung entstand[1557], vollzog sich währenddessen doch eine Weichenstel-

---

[1552] Hier sind auch die verschollene Messe in C-Dur JWV 1 für drei Singstimmen und Orgel sowie die ebenfalls verschollene Landmesse in D-Dur JWV 4 für vierstimmigen Chor und Orgel mitgezählt. Die nur bis zum Beginn des Sanctus ausgeführte Messe in a-Moll = „*Missa omnium sanctorum*“ op. 197 für vierstimmigen Chor und Orgel, welche von einigen Autoren der Sekundärliteratur zu den vollständig ausgeführten Messen hinzugenommen wird, muss korrekter Weise zu den *Messenfragmenten* gerechnet werden, weswegen sie in der vorliegenden Arbeit nicht in der Zählung der vollständig ausgeführten Messen berücksichtigt wurde.

[1553] Die grobe Binnenstruktur des Gesamtwerkes und somit auch des Messenœuvres umfasst drei Phasen: Das Jugendwerk (1846-1859), das Hauptwerk (1860-1894) und das Spätwerk (1895-1901). Das Hauptwerk wiederum lässt sich gemäß den beiden Schaffensperioden 1860-1877 und 1877-1894 (Hofkapellmeister-Tätigkeit) in zwei Subsektionen unterteilen.

[1554] Brief an Henriette Hecker vom 26.11.1900. Zitiert nach IRMEN, Josef Rheinberger. Briefe an Henriette Hecker 79.

[1555] Vgl. HINGER 169 f.

[1556] Vgl. HOCHSTEIN, Messen für gleiche Stimmen. Vorwort (Josef Gabriel Rheinberger. Sämtliche Werke Bd. 1) 9.

[1557] Während des Feldkirchener Aufenthaltes entstanden lediglich Ordinariums-Einzelsätze: Das Kyrie in a-Moll JWV 19 für vier Singstimmen und Streichorchester sowie das „Et incarnatus est“ JWV 150 für vier Singstimmen mit Instrumentalbegleitung, von dem

lung für das spätere Hauptwerk: Unter der Ägide seines Lehrers und einiger anderer im Musikleben der Stadt führender Musiker setzte er sich intensiv mit dem Schaffen von Bach sowie ferner auch von Händel, Mozart, Albrechtsberger, Beethoven, Hummel, Weber und Mendelssohn auseinander.[1558] Die frühe Schulung an Bach wurde organisch fortgesetzt, als der aufstrebende Musikschüler von seinen Mentoren nach München an das Königlich Bayerische Conservatorium[1559] geschickt wurde, welches eher konservativ ausgerichtet war. Dort vertrat nicht nur der Direktor, sondern auch die Trias der Hauptfachlehrer[1560] die *Leipziger Bachschule*[1561]. Darüber hinaus kam er im Einflussbereich des Konservatoriums auch mit der sog. „*Münchener Schule*"[1562] in intensive Berührung: Indem der lernbegierige Schüler während seines Studiums in besonderer Weise von *Franz Lachner* (1803-1890) und Karl Franz Emil von Schafhäutl betreut wurde – beide waren Schüler Caspar Etts und somit dessen Ansatzes engagierteste Verfechter[1563] – saß er gewissermaßen an der Quelle der Münchener Reform. Bach-Tradition einerseits und gemäßigte kirchenmusikalische Restauration andererseits waren mithin die beiden Hemisphären des weiteren Werdeganges Rheinbergers und verschmolzen in seinem Werk mehr und mehr zu einer signifikanten Synthese.

Dass die Musica sacra unter den kompositorischen Schaffensbereichen Rheinbergers schließlich eine eindeutige Vorrangstellung erlangte, ist wesentlich auf den Einfluss von Schafhäutls zurückzuführen. Der universal gebildete Hochschullehrer führte seinen Schützling in die kirchenmusikalischen Gegebenheiten Mün-

---

allerdings nur 37 Takte ausgeführt sind. Vgl. IRMEN, Gabriel Josef Rheinberger als Antipode des Cäcilianismus 16.

1558 Vgl. STOCKMEIER 274 f.

1559 Dieses Institut wurde 1867 als „Königliche Musikschule" neugegründet und trug ab 1892 die Bezeichnung „Akademie der Tonkunst".

1560 Der damalige Direktor des Münchener Konservatoriums war der international renommierte Opernsänger und Bach-Verehrer *Franz Hauser* (1794-1870), welcher das Institut 1846 selbst gegründet hatte. Die drei Hauptfachlehrer Rheinbergers in Musiktheorie, Klavier und Orgel waren *Julius Joseph Maier* (1821-1889), *Julius Emil Leonhard* (1810-1883) *und Johann Georg Herzog* (1822-1909).

1561 Exponent der von Leipzig ausgehenden Bach-Renaissance des 19. Jahrhunderts war der Thomaskantor *Moritz Hauptmann* (1792-1868), Gründer der Bach-Gesellschaft und Dozent für Musiktheorie am Leipziger Konservatorium.

1562 Die bereits in Kapitel 1.3.7 behandelten Komponisten Johann Kaspar Aiblinger und Caspar Ett waren in der ersten Hälfte des 19. Jahrhunderts zu Wegbereitern der kirchenmusikalischen Reform geworden, indem sie die Entdeckung und Aufführung Palestrinas und Lassos sowie vieler anderer alter Werke initiierten, zugleich aber auch weiterhin auf hohem Niveau die Kompositionen Haydns, Mozarts oder Voglers aufführten. So wurde München zum ersten – im Gegensatz zur späteren militanten Ausprägung der Regensburger Reform (durch den ACV) – *gemäßigten* Zentrum des Caecilianismus. Der Kompositionstil der Münchener Schule erstrebt die Synthese von Palestrina-Renaissance und zeitgenössischem symphonischen Kirchenstil, setzt also nicht wie später die Regensburger Linie den A-cappella-Stil absolut. Vgl. etwa SCHWERMER 227 f.

1563 Lachner, der ab 1854 dem jungen Rheinberger privaten Unterricht in Komposition erteilte, war ganz im Sinne Etts angelegentlich bestrebt, im Münchener Lokalstil die Stilprinzipien der Wiener Klassik als normatives Element fortleben zu lassen – war er doch selber ein persönlicher Freund Franz Schuberts gewesen. Auch von Schafhäutl kämpfte leidenschaftlich gegen die von den Regensburger Caecilianern verbreitete Abqualifizierung der Wiener Klassik. Gegenüber dem vom ACV erstrebten egalisierenden, inhaltsleer restituierenden Historismus vertrat er eine Reform, in der sich auch künstlerische Potenz und Individualität entfalten sollten. Er schrieb eine Streitschrift über die wahre katholische Kirchenmusik Vgl. IRMEN, Gabriel Josef Rheinberger als Antipode des Cäcilianismus 80 und SAUER (Florian) 4.

chens ein und wusste dessen beginnende berufliche Laufbahn durch sensibel motivierende Anteilnahme im Sinne des lokalen musikliturgischen Reformgedankens zu lenken: Stand doch dahinter auch der implizite Wunsch, die Reform einst in die Hände eines würdigen Erben legen zu können. In der Tat wurde die Produktivität des jungen Vaduzer Musikstudenten durch die fürsorgende Begleitung seines arrivierten Freundes sowohl quantitativ gesteigert als auch qualitativ geprägt.[1564] Auf diesem Hintergrund ist der programmatische Satz des Vierzehnjährigen zu verstehen: „... überhaupt habe ich zu kirchlichen Kompositionen mehr Lust und Talent als zu anderen."[1565] Die Musica sacra Rheinbergers entstand mithin von Anfang an aus eigenem Antrieb. So schuf er in stringenter Konvergenz mit diesem Bekenntnis 1853 die Messe in d-Moll JWV 2 für vierstimmigen Chor und Orchester. Der junge Josef Gabriel demonstriert mit diesem Opus seine Dankbarkeit gegenüber dem verehrten Mentor und macht ihn nahe liegenderweise zum Widmungsträger[1566]. „Meine Messe gab ich Hr. Prof. Schafhäutl an seinem Namenstag – er hatte eine ungemeine Freude"[1567] schreibt der Junge an seine Eltern. Hinsichtlich der Stilistik standen für die d-Moll-Messe jene Komponisten Pate, die von Schafhäutl dem jungen Tonsetzer besonders nahe gebracht hatte: Mozart und die beiden Brüder Haydn. Auch das Kolorit Aiblingers ist nicht zu verkennen. Dabei wirkt die orchestrale Instrumentierung noch recht unbeholfen, und es wird überdies der spezifische vokale sowie instrumentale Ambitus bisweilen bis an die Grenze der technischen Ausführbarkeit ausgereizt. Die Satztechnik macht allerdings bereits in dieser frühen Arbeit den Eindruck erstaunlicher Gewandtheit, sodass damit ein antizipatorischer Verweis auf den späteren brillanten Kontrapunktiker gegeben ist.[1568] Der bisweilen sentimentale Duktus der Messe lässt sich auf den damals generell ernst-melancholischen Habitus Rheinbergers zurückführen.[1569] Man hat beim ersten Viertel des Rheinbergerschen Messenœuvres noch den Eindruck suchenden Herantastens – als vollzöge sich dort gleichsam der gesamte evolutorische Prozess der Münchener kirchenmusikalischen Restauration noch einmal in komprimierter Form. So sind seine Ordinariumskompositionen zunächst noch im italienisierenden Wiener Stil gehalten, erfahren aber in der zunehmenden Orientierung an Michael Haydn eine Reduktion des instrumentalen Dekors und eine an den Gegebenheiten des vierstimmigen Satzes ausgerichtete Binnenstrukturierung.[1570]

Waren die ersten Messen Rheinbergers noch den instrumentalen Formen verpflichtet, finden sich ab 1854 in wachsendem Maße auch Ordinariumsvertonungen, die auf zunächst experimentelle Weise im A-cappella-Satz komponiert sind.

1564 Vgl. Irmen, Josef Rheinberger. Eine biographische Skizze 233-235.
1565 Brief an Maria Elisabeth und Johann Peter Rheinberger vom 14.12.1853. Zitiert nach Wanger / Irmen Bd. 1 136.
1566 Die Dedikation lautet: „Herrn Dr. Schafhäutl dankbarst gewidmet". (Manuskript 4495a der Musiksammlung der Bayerischen Staatsbibliothek München. Zitiert nach Irmen, Gabriel Josef Rheinberger als Antipode des Cäcilianismus 21).
1567 Brief an Maria Elisabeth und Johann Peter Rheinberger vom 11.11.1853. Zitiert nach Wanger / Irmen Bd. 1 134.
1568 Vgl. etwa auch Kroyer 46.
1569 Vgl. etwa Irmen, Gabriel Josef Rheinberger als Antipode des Cäcilianismus 32.129.
1570 Vgl. Irmen, Gabriel Josef Rheinberger als Antipode des Cäcilianismus 128 f.

Nach etlichen Ordinariums-Einzelsätzen[1571] entstand 1856 schließlich die Messe in Es-Dur 4 vocibus JWV 57. Josef Gabriel Rheinberger stimmte diese seine zweite Messe bewusst auf die musikpraktischen Erfordernisse der Münchener St. Ludwigskirche ab, wo er seit dem vierzehnten Lebensjahr die Stelle eines Vice-Organisten innehatte.[1572] Dort wurde das Werk – dank der generösen Subventionierung seitens des Widmungsträgers – von einem leistungsfähigen, aus Hofsängern bestehenden Klangkörper aufgeführt.[1573] Für Rheinberger kam die finanzielle Unterstützung durch von Schafhäutl nachweislich völlig unerwartet[1574], sodass ausgeschlossen werden kann, dass er etwa mit der Dedikation der vorangegangenen d-Moll-Messe schon materielle Hintergedanken verknüpft haben könnte. Der in der Es-Dur-Messe realisierte Satztypus ist nicht am repristinierenden „Palestrina-Historismus" orientiert, sondern trägt das ganz eigene Gepräge des A-cappella-Ideals der Münchener Schule: Es war dies eine „homophone Polyphonie", d.h. eine Pseudopolyphonie, die im Grunde nichts anderes war als ein archaisierendes Imitieren des Stile antico mit *modernen* Mitteln. Wenn überhaupt, so war diese Kompositionsweise eher am Bachschen Vorbild ausgerichtet, niemals aber am reinen Palestrinastil.[1575] Das musikalische Denken, welches Rheinberger hier rezipierte, war folglich mit demjenigen des Regensburger Caecilianismus inkompatibel. Die vierte, ebenfalls 1856 entstandene mehrstimmige Messe soll hier nur kurz erwähnt werden: Bei der Landmesse in D-Dur JWV 71 für vier Singstimmen und Orgel handelt es sich um ein sehr schlichtes Werk, welches gegenüber dem übrigen Messenœuvre qualitativ deutlich abfällt. Der siebzehnjährige Tonsetzer eignete dieses Opus dem Kirchenchor seiner Heimatpfarrei St. Florin/Vaduz zu[1576], woselbst es auch uraufgeführt wurde. Auch hinsichtlich der dortigen musikliturgisch einfachsten Gegebenheiten waren der Konzeption von vorneherein enge Grenzen gesetzt. So hatte Rheinberger etwa auch auf die ländliche Gepflogenheit der liturgischen Textkürzungen Rücksicht zu nehmen.

[1571] Bei diesen A-cappella-Einzelsätzen handelt es sich um das Kyrie in F-Dur 5 vocibus JWV 21-1, das Sanctus in F-Dur 6 vocibus JWV 21-2, das Sanctus in C-Dur 4 vocibus JWV 22 und den Canon 6 vocibus Tres in unum = Sanctus in a-Moll JWV 23.

[1572] Vgl. hierzu die Briefe Josef Gabriel Rheinbergers an Maria Elisabeth und Johann Peter Rheinberger vom 03.04.1856 und 31.05.1856, einsehbar bei WANGER / IRMEN Bd. 1 232 f.

[1573] Durch die mit einer Neueinstudierung verbundenen Proben, die sich die Musiker zusätzlich zur Aufführung vergüten ließen, entstanden hohe Kosten, welche nach der damaligen Gepflogenheit der Chorleiter selbst zu bestreiten hatte. Daher schreckten die Chorregenten meist vor neuen Werken zurück und brachten stattdessen lieber Repertoirestücke zur Aufführung. Sollte eine neue Komposition Aussichten auf eine Uraufführung haben, mussten somit zuerst die finanziellen Mittel für die Proben bereitgestellt werden. Vgl. IRMEN, Gabriel Josef Rheinberger als Antipode des Cäcilianismus 26.

[1574] In einem Brief vom 16.09.1857 an seine Eltern Maria Elisabeth und Johann Peter Rheinberger schreibt Josef Gabriel Rheinberger: „Am St. Maria-Geburtstag wurde endlich meine Messe ... aufgeführt. Die Proben der Messe bezahlte (ohne mein Vorwissen) Hr. Prof. Schafhäutl." Zitiert nach WANGER / IRMEN Bd. 1 297.

[1575] Vgl. IRMEN, Gabriel Josef Rheinberger als Antipode des Cäcilianismus 130-132.

[1576] Vgl. hierzu bereits die briefliche Ankündigung des Kompositionsvorhabens in einem Brief Josef Gabriel Rheinbergers an Maria Elisabeth und Johann Peter Rheinberger vom 30.11.1853, einsehbar bei WANGER / IRMEN Bd. 1 134.

Rheinberger war von Beginn der Konservatoriumsausbildung an darum bestrebt, seine Eltern, welche ihm einen Großteil des Studiums finanzierten[1577], so weit wie möglich finanziell zu entlasten. Daher nahm er – wie bereits oben erwähnt – schon im Knabenalter diverse kirchenmusikalische Aushilfsstellen an, verdingte sich als Korrepetitor des Münchener Oratorienvereines und erteilte überdies Privatstunden.[1578] Die dürftige materielle Situation besserte sich etwas, als der Achtzehnjährige eine offizielle Anstellung an der Theatinerkirche (Hofkirche) St. Kajetan erhielt.[1579] Vom einstigen kirchenmusikalischen Ruhm dieser Kirche war Mitte des 19. Jahrhunderts nichts mehr geblieben, da sie zur musikalischen Filiale der Metropolitankirche (= Frauenkirche) degradiert und diesbezüglich dementsprechend vernachlässigt worden war. Auch an etlichen anderen Münchener Kirchen war die Kirchenmusikpflege zu jener Zeit degeneriert, aber St. Kajetan nahm unter ihnen den letzten Platz ein. Rheinberger erfasste rasch die vielfach desolate Situation der Kirchenchöre und setzte seinen Eifer daran, anspruchsvolle Kirchenmusik zu schaffen, die aber dennoch zugleich von leistungsmäßig schwachen Klangkörpern bewältigt werden konnte. So fertigte er zunächst für den Chor der Theatinerkirche eine vereinfachte Version der Es-Dur-Messe JWV 57. Kurze Zeit später entstand als ebenfalls bewusst schlicht gehaltene Komposition eine Landmesse in D-Dur für vierstimmigen Chor und Orgel, die heute jedoch verschollen ist.[1580]

Im Jahre 1859 wurde der erst zwanzigjährige Rheinberger als Professor für Klavier an das Institut berufen, an welchem er zuvor selbst studiert hatte; nur ein Jahr später wechselte er den didaktischen Gegenstand: er wurde Professor für Komposition, Kontrapunkt, Harmonielehre und Musikgeschichte. Er litt aber unter dem Konflikt zwischen aufzehrendem Lehren, zu welchem es um des notwendigen Broterwerbes willen für ihn keine Alternative gab, und dem Drang nach schöpferischer Selbstverwirklichung derart, dass er von psychosomatischen Störungen heimgesucht wurde.[1581] Aus der Retrospektive des Alters schrieb er später an Henriette Hecker: „Bei all dem bedaure ich nur Eines (wenn ich Rückschau über meine Thätigkeit halte), daß ich wohl meine beste Zeit und Kraft Andern geben mußte und nicht für eigene Produktion verwenden konnte. Allein, das lag eben in den gegebenen Verhältnissen und war nicht eigene Wahl."[1582] So lässt die in jenen Jahren innerer Konflikte entstandene Missa brevis in d-Moll 4 vocibus op. 83 (1895/61) weithin künstlerische Selbstursprünglichkeit vermissen, ist eine „ ... tüchtige, aber nicht gerade glänzende Arbeit ..."[1583]. Die Stimmführung ist schlicht

---

[1577] Die restlichen Aufwendungen wurden von einigen Mäzenen der Münchener Kunstaristokratie bestritten. Vgl. IRMEN, Gabriel Josef Rheinberger als Antipode des Cäcilianismus 23.

[1578] Vgl. KROYER 25.34 f.

[1579] Vgl. IRMEN, Josef Rheinberger. Eine biographische Skizze 236.

[1580] Vgl. IRMEN, Gabriel Josef Rheinberger als Antipode des Cäcilianismus 100-101.106-107.136.

[1581] Vgl. KROYER 35 f. und IRMEN, Gabriel Josef Rheinberger als Antipode des Cäcilianismus 31 f.

[1582] Brief an Henriette Hecker vom 18.11.1900. Zitiert nach IRMEN, Josef Rheinberger. Briefe an Henriette Hecker 72.

[1583] KROYER 176.

und sanglich, das polyphone Element tritt zurück, wobei die formale Anlage durch die damalige Auseinandersetzung des Tonsetzers mit der Sonatenhauptsatzform geprägt ist.[1584]

Impulse für die Entstehung von Messkompositionen empfing Josef Gabriel Rheinberger auch von seiner Gattin. Auf ihre Anregung ist beispielsweise die Kompositon der Messe in f-Moll op. 62 für eine Singstimme und Orgel oder Harmonium = „*kurzer und leichter Meßgesang*"[1585] mit Graduale „Verbum supernum prodiens" zurückzuführen, eines schlichten, formal wohlgefügten und reizvoll harmonisierten Opus. Franziska Rheinberger war Mitglied des Vereins der ewigen Anbetung, welcher der Erzbruderschaft zur Ewigen Anbetung affiliert war. Der Erzbruderschaft ging es ganz im Sinne der katholischen Restauration um die Vertiefung der eucharistischen Frömmigkeit, sie betrieb aber darüber hinaus auch die Förderung sozialkaritativer Projekte. Für die regelmäßigen Gottesdienste der Bruderschaft sollte nun auf Wunsch der Gemahlin eine eigene Vertonung des Ordinarium missae geschaffen werden. Franziska Rheinberger, die nach einigen Jahren musiktheoretischen Unterrichtes bei ihrem Gatten schließlich auch selbst einige Opuscula zu Papier brachte, hatte die ersten Takte der f-Moll-Messe selbst entworfen.[1586] Die weitere Genese der Komposition soll hier paradigmatisch auch für viele andere Messen Rheinbergers ausführlich referiert werden. In den Tagebuchaufzeichnungen der Gattin des Tonsetzers lesen wir hierzu: „Vorabend des Dreifaltigkeitssonntags. [= 03.06.1871 ...] Ich holte mir Notenpapier, um eine einstimmige Messe zu skizzieren und habe eben angefangen. Da holt es Curt ... und während ich hier einschreibe, ist das ganze 47 Takte lange Kyrie nebst Begleitung fix und fertig! Um ¾ 8 Uhr setzte er die Feder an – um 8 Uhr sang ich es schon mit der kleinen Orgel."[1587] Am Abend des darauf folgenden Tages komponierte Rheinberger in nur 40 Minuten (Zeitangabe auf dem Autograph) und ohne jegliche Korrektur das in die Messe eingeschobene Graduale „Verbum supernum prodiens". Nur wenige Wochen später stellte er Sanctus und Agnus Dei fertig. Da die Messfeiern der Erzbruderschaft zur Ewigen Anbetung jeweils nur an einem gewöhnlichen Wochentag stattfanden, wurden die in diesem Fall fakultativen Ordinariumsteile Gloria und Credo zunächst nicht vertont. Überdies verzichtete Rheinberger vorerst auf das traditionell als eigener Satz behandelte Benedictus. Der als Graduale fungierende Text ist eigentlich der Hymnus zu Fronleichnam. Die an den übrigen Tagen des Kirchenjahres liturgisch nicht vorgesehene Heranziehung des Hymnus erklärt sich durch die konkrete historische Verortung der Komposition: Zentrale Inhalte der Frömmigkeitspraxis der Erzbruderschaft zur Ewigen Anbetung waren – in Einklang mit dem generellen religions- und liturgiehistorischen Kontext jener Epoche – Schau und Anbetung der göttlichen Gegenwart im Altar-

---

1584 Vgl. IRMEN, Gabriel Josef Rheinberger als Antipode des Cäcilianismus 134.

1585 Dieses Opus wurde im Jahre 1903 posthum in einer aus heutiger Sicht anfechtbaren Neubearbeitung unter dem Titel „Missa puerorum" in Turin veröffentlicht. Vgl. hierzu IRMEN, Gabriel Josef Rheinberger als Antipode des Cäcilianismus 158.

1586 Vgl. HOCHSTEIN, Messen für gleiche Stimmen. Vorwort (Josef Gabriel Rheinberger. Sämtliche Werke Bd. 1) 10.

1587 Tagebucheintrag Franziska Rheinbergers vom 03.06.1871. Zitiert nach WANGER / IRMEN Bd. 4 68 f.

sakrament, im Tabernakel, in der Monstranz, womit eine direkte Affinität zu Fronleichnam gegeben ist.[1588] Das noch fehlende Benedictus, ebenfalls binnen kürzester Zeit (30 Minuten) komponiert, wurde 1872 hinzugefügt.[1589] Die damit aufgezeigte Genese der f-Moll-Messe eignet sich in ihrer Rheinbergerschen Typizität als ein auch im Hinblick auf das übrige Messenœuvre des Liechtensteiner Meisters transferables Paradigma; ist sie doch ein beeindruckendes Zeugnis sowohl für seine mit Perfektionismus gepaarte enorme Diszipliniertheit, als auch für die frappante Leichtigkeit seines Schaffens.[1590]

Die konkreten musikliturgischen Kontexte vor Ort galten Josef Gabriel Rheinberger als stetes Movens und verbindlicher Maßstab für Neuschöpfungen.[1591] Er

---

[1588] Vgl. hierzu HOCHSTEIN, Messen für gleiche Stimmen. Vorwort (Josef Gabriel Rheinberger. Sämtliche Werke Bd. 1) 10.

[1589] Auch über die Entstehung dieses Satzes berichtet Franziska Rheinberger: „Abends war er dann noch so lieb, mir in die einstimmige Messe das noch fehlende Benedictus zu componiren ... . Er hatte sich dabei folgende Beschränkungen auferlegt: 1) Das Benedictus muß in einer halben Stunde componirt sein, 2) Es darf kein Schreibfehler gemacht werden und keine Note falsch geschrieben sein ...". Tagebucheintrag Franziska Rheinbergers vom 12.01.1872. Zitiert nach WANGER / IRMEN Bd. 4 93.

[1590] Insbesondere das letztgenannte Phänomen barg zugleich auch eine Tendenz zum Quantitativen. Des bei anderen epochalen Tonsetzern häufig zu beobachtenden existentiellen Ringens um Form und Inhalt bedurfte Rheinberger nicht und dies sollte ihm letztlich zum Nachteil gereichen: Da der Genese seiner Werke meist das „per aspera ad astra" abging, erlag sein Schaffen bisweilen der Anfechtung des Mechanischen und Akademischen, was einen „ ... spürbaren Mangel an Ursprünglichkeit und redemächtiger Intensität der Einfälle sowie eine ... gewisse ... Trockenheit seiner zwar niemals sachlich uninteressanten, doch selten wirklich blut- und geistvollen Werkgestaltungen ..." (WÜRZ 380. Vgl. ähnlich auch KROYER 225) zeitigte. „Es könnte [hierbei] der Eindruck entstehen, daß Rheinberger ... ein Vielschreiber ...[gewesen sei], dem die kontrapunktische Satztechnik ... perfekt und geistlos zu Diensten gewesen wäre. Rheinberger hat jedoch seine Kunst bei aller handwerklichen Meisterschaft und trotz der schlagfertigen Art des Schaffens niemals zu bloßer Artistik degradiert. Die große Zahl seiner Werke ist der Ertrag eines schier unbegreiflichen Fleißes" (IRMEN, Gabriel Josef Rheinberger als Antipode des Cäcilianismus 60). Diese „ ... ernste, untadelige Meistertüchtigkeit ..." (KROYER 87) eines Tonsetzers, für den das Problem der Inspiration nicht bestanden zu haben scheint, wenn er beispielsweise *täglich* nach einem strikt festgelegten Stundenplan seine Kompositionen wie maschinelle Produkte anfertigen konnte, rief bei bedeutenden Komponisten-Zeitgenossen wie *Richard Strauss* (1864-1949), *Richard Wagner* (1813-1883) und *Peter Cornelius* (1824-1874) mitunter Unverständnis und Spott hervor (Vgl. hierzu RUPP 135 und IRMEN, Gabriel Josef Rheinberger als Antipode des Cäcilianismus 48). Keiner der Außenstehenden ahnte indes etwas von dem unmittelbaren und existentiellen Konnex, welcher im Leben Rheinbergers zwischen schöpferischer Arbeit und körperlicher Hinfälligkeit bestand. Der Komponist laborierte bereits seit seinem vierundzwanzigsten Lebensjahr an einem chronischen Lungenleiden, später kam unter anderem eine jahrzehntelang offene Knochenfistel an der rechten Hand hinzu. Migräneartige Kopfschmerzen, Schweratmigkeit, Schlaflosigkeit sowie eine ausgeprägte Reizbarkeit des Nervensystems vervollständigten das Krankheitsbild. Trotzdem machte Josef Gabriel Rheinberger nach außen hin niemals einen kränklichen oder schwächlichen Eindruck, ja er vermochte es sogar, seiner besorgten Gattin den Schweregrad seines Lungenleidens zeitlebens zu verbergen (Vgl. IRMEN, Josef Rheinberger. Eine biographische Skizze 242 sowie IRMEN, Gabriel Josef Rheinberger als Antipode des Cäcilianismus 56 f.). Dass die schweren körperlichen Gebrechen die schöpferische Geisteskraft nicht psychosomatisch zunichte machten, war einzig die Frucht einer schier übermenschlichen Disziplinierung und Perfektionierung der eigenen künstlerischen Fähigkeiten. Der Rheinberger-Schüler Theodor Kroyer schreibt hierzu: „Es scheint zwischen Rheinbergers Selbstüberwindung und seiner vollendeten Kontrapunktik ein innerer Zusammenhang zu bestehen. Dem Meister wurde der Kontrapunkt ein wunderbares Mittel, sich über den Zwang des Körperlichen zu erheben: ein Symbol seines Lebens" (KROYER 216). Nur auf dem Hintergrund dieser biographischen Gegebenheiten kann das Gesamtœuvre und damit auch das Messenœuvre des Liechtensteiner Künstlers heute in seiner Bedeutung adäquat eingeschätzt werden.

[1591] Vgl. etwa URSPRUNG 274.

war als Komponist niemals darauf bedacht, alle kompositorischen Gattungen in kontinuierlicher Simultaneität parallel und gleichgewichtet zu berücksichtigen. Vielmehr lassen sich diverse Schaffensperioden voneinander abgrenzen, in denen stets eine Gattung dominiert. Für welche er sich jeweils entschied, lag an seinem jeweiligen beruflichen Wirkungskreis, hing aber auch von privaten Lebensumständen ab.[1592] Dementsprechend verwundert es nicht, dass in den Jahren 1877-1894 allein acht Messen (worunter sich auch die beiden Hauptwerke befinden), also nahezu die Hälfte des gesamten Messenœuvres, entstanden – übte doch der Tonsetzer in diesem Zeitraum das Amt des Hofkapellmeisters an der Münchener Allerheiligen-Hofkirche[1593] aus, womit er zugleich die Leitung aller königlichen Kirchendienste innehatte. Nach der Phase der Beschäftigung als Solo-Repetitor an der Königlichen Hofoper in den Jahren 1864-1867 und dem langen Wirken für den Oratorienverein (1854-1877) hatte er nun endlich die Tätigkeit gefunden, die seinen inneren Anlagen vollkommen entsprach. Bei Franziska Rheinberger lesen wir diesbezüglich: „Der Dienst selbst machte ihm so viele Freude und Interesse, daß er mehr als einmal sagte, er würde sich in seinem Leben nach keiner anderen Stelle sehnen."[1594] Seit Jahrhunderten galt es quasi als informelle Dienstpflicht, dass der Hofkapellmeister für die Königliche Kapelle zu komponieren habe. Die musikalische Tradition des illustren Ensembles umschloss im 19. Jahrhundert Elemente der Mannheimer Klassik[1595], der oberitalienischen Schulen sowie primär den in München kontinuierlich gepflegten Stile antico (altklassische Vokalpolyphonie). Für Josef Gabriel Rheinberger wurde damit unvermittelt wieder die A-cappella-Satztechnik hochrelevant.[1596] In der Folgezeit machte es sich der neue Hofkapellmeister zum Anliegen, ausgehend vom Cantus gregorianus und dem A-cappella-Satz die traditionellen Ausprägungen der Kirchenmusik mit den harmonischen Mitteln seiner Epoche in Einklang zu bringen.[1597] Dies ist zunächst bereits in dem skizzenhaften Entwurf einer unausgeführt gebliebenen, instrumental begleiteten Messe in B-Dur für Chor und Orchester aus dem Jahre 1877 dokumentiert, tritt aber dann auch geradezu programmatisch in seiner im darauf folgenden

---

[1592] Vgl. IRMEN, Gabriel Josef Rheinberger als Antipode des Cäcilianismus 59.159. Exemplifizierend sei darauf verwiesen, dass etwa in den Jahren erster inniger Zuneigung zu Franziska Hoffnaaß mehr als die Hälfte der Klavierlieder entstanden oder dass Rheinberger als Dirigent des Münchener Oratorienvereins (Rheinberger war hier von 1854 bis 1859 als Korrepetitor, von 1859 bis 1864 als Zweiter Dirigent bzw. Hilfsdirigent und von 1864 bis 1877 als Erster Dirigent bzw. Leiter tätig) den Großteil seiner geistlichen Kantaten, Motetten und Hymnen sowie weltlichen Chorlieder und Gesangsensembles schuf.

[1593] Rheinberger stand als Hofkapellmeister an der Spitze der seit Orlando di Lassos Zeiten berühmten Münchener Hofkapelle. Dem Leiter der Hofkapelle kam traditionell ein großer Einfluss auf die kirchenmusikalischen Verhältnisse Süddeutschlands zu.

[1594] Brief Franziska Rheinbergers an David Rheinberger vom 22.04.1878. Zitiert nach WANGER / IRMEN Bd. 5 93 f.

[1595] Zu der Vokalkapelle war im 18. Jahrhundert ein großdimensioniertes Orchester hinzugekommen: Die Mannheimer Hofkapelle war mit 84 Instrumentalisten nach München übergesiedelt und ihr neuer Stil blieb nicht ohne Einfluss auf die Münchener und süddeutsche Musikentwicklung.

[1596] In seinem Bestreben, die Kirchenmusikpflege der Hofkapelle organisch fortzuführen, fand er in der Hofbibliothek eine hervorragende Quelle, waren doch dort die Originalpartituren der einschlägigen alten Meister archiviert.

[1597] Vgl. IRMEN, Gabriel Josef Rheinberger als Antipode des Cäcilianismus 66.107-108.159.

Jahr entstandenen Messe in Es-Dur = „*Cantus Missae*" 8 vocibus op. 109 für zwei vierstimmige Chöre a cappella zutage. „Die Komposition, äußerlich an die A-cappella-Vorbilder des 16.und 17. Jahrhunderts erinnernd, ist in ihrere harmonischen und kontrapunktischen Substanz ‚modern' .... Sie stellte eine Herausforderung an die Cäcilianer dar. Wer aber von den Vertretern dieser Partei hätte sich zu dieser Zeit mit Rheinberger messen können? Eine kritische Würdigung unter künstlerischem Aspekt war von dieser Seite nicht zu erwarten, daher schirmte der Komponist sein Werk geschickt durch eben die Mittel ab, die von den Cäcilianern im Streit um die wahre Kirchenmusik strapaziert wurden."[1598] Rheinberger dedizierte überdies das Opus dem regierenden Papst *Leo XIII.* (1810-1903, Pontifikat 1878-1903). Durch ein päpstliches Breve wurde er daraufhin zum Ritter des Gregoriusordens ernannt, womit zugleich sein musikliturgischer Standpunkt von höchster Seite bestätigt wurde.[1599] Die Es-Dur Messe op. 109, die in lediglich fünf Tagen entstand[1600], darf nicht nur innerhalb des Œuvres Rheinbergers als Opus summum, sondern auch auf das ganze 19. Jahrhundert bezogen als eine der eindrucksvollsten A-cappella-Kompositionen gelten. Sie ist die erste Ordinariumsvertonung des Meisters, welche über die technische Souveränität hinaus zutiefst persönliche Ausdrucksmomente offenbart: Es war zweifellos die religiöse Auseinandersetzung mit dem Tod der Mutter und der Lieblingsschwester, welche dem kurz danach entstandenen Werk seine anrührende Intensität verlieh. Die Stilistik anbetreffend, zeichnet sich die Komposition durch eine luzide formale Struktur, einen liedhaft-natürlichen, gefällig fließenden harmonischen Duktus sowie eine an Höhepunkten spätromantisch-dramatische Gestaltung aus. Auf modulatorische Expressivität wird größtenteils verzichtet, sodass die wenigen gezielten harmonisch-modernen Schärfen umso effektvoller wirken.[1601] Die neue palestrinisch-bachische Polyphonie (Kontrapunktik moderner Prägung) ist eine charakteristische Eigenleistung. Die Doppelchörigkeit wird hingegen im Rückgriff auf die tradierte Technik der altvenezianischen Cori spezzati angewandt.[1602] Die Es-Dur-Messe op. 109 besitzt insofern eine hohe Suggestionskraft, als sie trotz anspruchsvollster kompositorischer Kunstfertigkeit den Eindruck von unartifizieller Natürlichkeit vermittelt. „Diese äußere Schlichtheit der Mittel öffnet der innigen Wärme das Tor, die in der heutigen Zeit noch anzusprechen vermag, die ... [Rheinberger] aber auch den Vorwurf des Klassizismus eingetragen hat. Kaum zufällig hat Rheinber-

---

1598 IRMEN, Gabriel Josef Rheinberger als Antipode des Cäcilianismus 162. Vgl. etwa auch SAUER (Florian) 6.

1599 Vgl. SAUER (Florian) 6.

1600 Vgl. IRMEN, Gabriel Josef Rheinberger als Antipode des Cäcilianismus 66.

1601 Dabei war das Einbeziehen harmoniefremder Töne, chromatischer Alteration, Terzschichtung in Nonakkorden sowie Ausweichungen anstelle von Modulationen zum damaligen Zeitpunkt durchaus zukunftsträchtig. Kirchentonarten werden hingegen nur noch als Stilmittel mit Ausnahmestatus verwendet, wenn es etwa darum geht, historische Ehrwürdigkeit oder Transzendenz zu suggerieren. Vgl. GMEINWIESER 185.

1602 Beide Chöre werden nicht nur stereophon, sondern auch in klanglicher Scheidung derart eingesetzt, dass Frauen- und Männerchor dialogisch oder kontrastierend alternieren. Reale Achtstimmigkeit erscheint hingegen nur an zentralen Textstellen. Vgl. GMEINWIESER 176-185.

ger seine Messe ... nicht als ‚Missa', sondern als ‚Cantus Missae' ... bezeichnet."[1603]

Ebenfalls ganz auf die organische Repertoire-Kontinuität der Allerheiligen-Hofkirche angelegt ist die im Jahre 1880 (in nur 5½ Stunden) geschaffene Messe in F-Dur = *„Missa in honorem Sanctissimae Trinitatis"* 4 vocibus op. 117. „Sie zählt zu den schönsten Eingebungen des Komponisten"[1604], der hier seine Intention prononcierter Liturgizität mittels der durchgängigen Verwendung eines Themas aus der gregorianischen „Missa in Domenicis Adventus" kundtut. Die Komposition lehnt sich weit mehr als die Es-Dur-Messe op. 109 an den Stile antico an, allerdings niemals in der Weise jenes unkünstlerischen Puritanismus, wie ihn der orthodoxe Caecilianismus auf seine Fahnen geschrieben hatte. Bereits die in diesem Opus zahlreich auftretenden Instrumentalismen zeigen, dass Rheinberger dem Überkommenen stets auch das Neue in persönlich geprägter Synthese beizugesellen verstand[1605] und damit „ ... eine Musik von abgeklärter, innerlicher Modernität"[1606] hervorbrachte.

Die Weite seines geistigen Horizontes verlieh Rheinberger im Gegensatz zu den organisierten Caecilianern die Freiheit, zugunsten instrumental begleiteter Formen gegebenenfalls auch die damals normative A-cappella-Maxime relativieren zu können. Basierend auf dieser Einstellung komponierte er Anfang der 1880er-Jahre die Messen in A-Dur = *„Missa in nativitate Domini"* op. 126 für drei Frauenstimmen, Streichquintett, Flöte und Orgel (1881) und G-Dur = *„Missa Sanctae Crucis"* 4 vocibus op. 151 (1882). Beide Messen sind im Hinblick auf eine universale aufführungspraktische Verwendungsmöglichkeit angelegt und somit nahezu „ ... kantorenhaft simpel."[1607] Für die sehr kantable A-Dur-Messe war ursprünglich sogar nur eine Orgelbegleitung vorgesehen, zu der aber im Hinblick auf die feierliche Uraufführung in der Allerheiligen-Hofkirche zu Weihnachten 1881 ein Kammerorchester hinzugenommen wurde. Der Anlass der Uraufführung war gleichwohl nicht bestimmend für die Gestalt des Werkes, weswegen auch der Titel nicht darüber hinwegtäuschen darf, dass es sich von der Gesamtkonzeption her nicht um eine typische Pastoral- oder Weihnachtsmesse (Missa pastoritia) handelt.[1608] Auch die im Autograph mit „leicht aufführbar" überschriebene G-Dur-Messe ist praxisorientiert, wobei sich allerdings hier wie auch in der A-Dur-Messe keine spezifischen Impulse für die Gattungsentwicklung erkennen lassen.[1609]

Dass dem Rheinbergerschen Messeœuvre ein gewisses Konfliktpotential in Bezug auf den orthodoxen Caecilianismus inhärierte, kündigte sich indirekt bereits im Jahre 1888 an, als Josef Gabriel Rheinberger seine im selben Jahr entstandene

---

1603 SAUER (Florian) 7.

1604 KROYER 178.

1605 Vgl. IRMEN, Gabriel Josef Rheinberger als Antipode des Cäcilianismus 166.

1606 KROYER 178.

1607 IRMEN, Gabriel Josef Rheinberger als Antipode des Cäcilianismus 184. Rheinberger ging mithin wohl nicht vom hohen technischen Niveau der Hofkapelle aus, sondern achtete auf eine potentielle Bewältigung auch durch Laien-Ensembles.

1608 Vgl. HOCHSTEIN, Messen für gleiche Stimmen. Vorwort (Josef Gabriel Rheinberger. Sämtliche Werke Bd. 1) 11 sowie IRMEN, Gabriel Josef Rheinberger als Antipode des Cäcilianismus 166 f.

1609 Vgl. IRMEN, Gabriel Josef Rheinberger als Antipode des Cäcilianismus 168.

Messe in Es-Dur = „*Missa Sanctissimae Reginae Rosarii*" op. 155 für drei Frauenstimmen und Orgel dem ersten Leiter der Regensburger Kirchenmusikschule und Herausgeber des caecilianistischen Organs „Cäcilien-Kalender" *Franz Xaver Haberl* (1840-1910) zur Begutachtung vorlegte. Da gegenüber dem Missale Romanum tatsächlich Textauslassungen vorlagen[1610], monierte Haberl diese und legte dem Münchener Hofkapellmeister nahe, die Komposition gemäß dem korrekten Wortlaut zu korrigieren. Der auf Deeskalation bedachte Josef Gabriel Rheinberger erfüllte die Änderungswünsche umgehend, was eine positive Rezension aus der Feder Haberls in der ACV-Zeitschrift „Musica sacra"[1611] zeitigte. Durch eine solche Reaktion motiviert, widmete Rheinberger seinem Rezensenten die nächste zyklische Ordinariumsvertonung, die 1889 entstandene Messe in f-Moll op. 159 für vierstimmigen Chor und Orgel. Zu der Dedikation dürfte ihn wohl vor allem die Hoffnung veranlasst haben, dadurch bei den Caecilianern eine bleibende Anerkennung zu finden.[1612] Das Opus weist zwar eine am altklassischen Muster orientierte Satztechnik auf, ist aber harmonisch durch Merkmale der Münchener Schule und Spätromantik geprägt. Der Gesamtduktus ist dabei durchweg schlicht, klar und bar jeglicher Artistik.[1613] Dennoch erfüllte sich die mit der Widmung verbundene Hoffnung nicht – die Messe wurde von den meisten caecilianistischen Opinionleaders mit dem Vorwurf zu großer Weltlichkeit bzw. Unkirchlichkeit total verrissen und für den deutschen Caecilienvereins-Katalog als nicht geeignet erklärt.[1614] Den caecilianistischen Invektiven begegnete der geistig überlegene Rheinberger mit Indifferenz – er setzte seine früheren Versöhnungsinitiativen indes nicht weiter fort.[1615]

Bereits die nächste zyklische Messvertonung Rheinbergers ist jedoch Zeugnis einer impliziten Verarbeitung der caecilianistischen Kritik: „Nicht zu verkennen ist Rheinbergers Bestreben, mit seiner C-Dur-Messe op. 169 [Missa solemnis in C-Dur für Soli, vierstimmigen Chor und Orchester] ein Werk vorzulegen, das unter Berücksichtigung der kirchenmusikalischen Vorschriften den konservativen Kritikern möglichst wenig Anlass zur Missbilligung bot: Die zeitliche Aufführungs-

[1610] So fehlte beispielsweise im Credo die Textpassage „Qui propter nos homines et propter nostram salutem descendit de coelis" sowie nach „venturus est" die Worte „cum gloria". Das Sanctus endete statt mit „excelsis" mit „hosanna". Vgl. hierzu den Brief Franz Xaver Haberls an Josef Gabriel Rheinberger vom 30.01.1889. Einsehbar bei WANGER / IRMEN Bd. 6 93 f.

[1611] Die Besprechung erfolgte in *Musica sacra* 22 (1889) 37.

[1612] Vgl. HOCHSTEIN, Messen für gleiche Stimmen. Vorwort (Josef Gabriel Rheinberger. Sämtliche Werke Bd. 1) 14. Da Franz Xaver Haberl seinerseits zuvor seine Frescobaldi-Ausgabe Josef Gabriel Rheinberger gewidmet hatte, ist die Dedikation der f-Moll-Messe op. 159 zugleich auch als höfliche Erwiderung zu verstehen. Vgl. Brief Josef Gabriel Rheinbergers an den Kirchenmusiker *Johann Gustav Eduard Stehle* (1839-1915) vom 27.09.1891. Einsehbar bei WANGER / IRMEN Bd. 6 141.

[1613] Vgl. IRMEN, Gabriel Josef Rheinberger als Antipode des Cäcilianismus 179-181.

[1614] Siehe hierzu etwa die überaus polemische Besprechung eines anonymen „Rezensenten" in den *Fliegenden Blättern für katholische Kirchenmusik* (Regensburg) 25 (1890) 27-30.

[1615] Wie Rheinberger über den Caecilianismus dachte, geht aus einem von der Königlichen Musikschule angeforderten Gutachten über den ACV-Vorsitzenden Franz Xaver Witt hervor, wo er über letzteren schreibt: „ ... er [sc. Witt] bringt ... etwas zustande, das dem Laien wie alte Musik vorkommt, aber doch nur ein Zerrbild der Ächten ist, weil ihr die eigentliche Wärme, die musikalische Wahrhaftigkeit fehlt, weil diese Musik nur gewollt, nicht gewachsen ist." Zitiert nach WANGER / IRMEN Bd. 6 88.

dauer ... hält sich ... absolut im Rahmen des Normalen; ... der liturgische Text liegt ohne Auslassungen zugrunde ... und der Orchestersatz ist ... frei von äußerlichen Effekten."[1616] Die C-Dur-Missa solemnis ist die einzige Orchestermesse im Œuvre Rheinbergers und darf als sein modernstes geistliches Werk gelten. Für den festtäglichen liturgischen Gebrauch der Allerheiligen-Hofkirche konzipiert, ist diese Komposition nicht nur ein durch Klangschönheit bestechendes, fulminantes Kleinod sondern vor allem auch ein markantes Beispiel dienender Liturgizität voller Würde und Ernst. Die homogene Form und der tiefgründige Inhalt dieses Opus stimmen vollkommen überein. Trotz der spätromantischen Prägung gibt sich die Musik nicht rauschhaft-explosiv oder emotional überfrachtet, verleiht aber dennoch subjektiven Momenten Ausdruck. In diesem Opus demonstriert Rheinberger eindrucksvoll seine Begabung, mit einfachen Mitteln eine große Wirkung zu evozieren. Die gregorianische Motivik, welche die Binnenstruktur ebenso ungezwungen wie stimmig durchwirkt, unterstreicht dabei den ausgesprochen liturgischen Charakter.[1617]

In seinem Spätwerk gibt Rheinberger endgültig das klangliche Experimentieren mit verschiedenen Instrumentalbesetzungen auf und greift für die letzten vier zyklischen Ordinariumsvertonungen stets auf die Form der orgelbegleiteten Messe zurück. Das Genre der Orgelmesse ist also Ziel- und Schlusspunkt der Rheinbergerschen Musica sacra. Die Form der letzten Messen ist sorgfältig durchstukturiert, wirkt aber natürlich. Die Tonalität ruht gleichsam auf einem unerschütterlichen Fundament, der Satz ist kompakt und luzide zugleich, die Harmonik ausgewogen, die Melodik äußerst sanglich. Obschon eine klassizistische Färbung durchschimmert, sind die späten Arbeiten unverkennbar hochromantisch, dabei niemals eklektizistisch. Hierbei wusste Rheinberger um die zunehmende Unzeitgemäßheit seines Wirkens, blieb sich aber treu, weswegen gerade seine letzten Werke als Relikte einer fünfzigjährigen Restauration mehr und mehr übergangen wurden.[1618] Der im Jahre 1892 komponierten Messe in B-Dur op. 172 für vier Männerstimmen und Orgel (oder Blasorchester) – einem sehr praktikablen, zugleich von festlich-würdigem Duktus geprägten Werk – folgte fünf Jahre später als erste nach dem Ausscheiden aus dem Kapellmeisteramt geschriebene Ordinariumskomposition die Messe in g-Moll = „*Missa Sincere in memoriam*" op. 187 für drei Frauenstimmen und Orgel: Der Tonsetzer hatte soeben mit den Arbeiten zu der Komposition begonnen, als er vom Tod *Johannes Brahms*' (1833-1897) erfuhr, mit welchem ihn eine seit Jahren auf Gegenseitigkeit beruhende Wertschätzung verbunden hatte. Erschüttert von diesem Ereignis, drängte es ihn mithin, die Messe posthum dem verehrten Freund zu widmen.[1619] Nicht nur die Nähe zum Cantus gregorianus, sondern auch die edle, jeglicher Übertreibung abholde Haltung, verleihen dem Opus eine kirchliche Aura. Der tiefernste Ausdruck, welcher die Musik durch-

---

1616 HOCHSTEIN, Messe in C. Vorwort (Josef Gabriel Rheinberger. Sämtliche Werke Bd. 5) 14.

1617 Vgl. IRMEN, Gabriel Josef Rheinberger als Antipode des Cäcilianismus 168-178.

1618 IRMEN, Gabriel Josef Rheinberger als Antipode des Cäcilianismus 70-71.178 sowie WÜRZ 381.

1619 Vgl. HOCHSTEIN, Messen für gleiche Stimmen. Vorwort (Josef Gabriel Rheinberger. Sämtliche Werke Bd. 1) 14.

zieht, dürfte wohl nicht nur auf die Trauer über das Dahinscheiden Johannes Brahms', sondern auch auf den Schmerz angesichts des Verlustes der Ehefrau und die damit verbundene Einsamkeit zurückzuführen sein.

Die vorletzte der zyklischen Messkompositionen ist eine der bemerkenswertesten Schöpfungen Josef Gabriel Rheinbergers: In der 1898 geschaffenen Messe in F-Dur op. 190 für vier Männerstimmen und Orgel verdichtet sich die Reife seines Spätstils zu einer zwingenden Ausdrucksintensität voll milder Abgeklärtheit. Dieser Eindruck wird nicht zuletzt durch die liedhaft-innige Melodik, die selbstverständliche Leichtigkeit des aufgelockerten Satzes und die Perspikuität des nicht eigentlich polyphon wirkenden Kontrapunktes evoziert.[1620] Theodor Kroyer bezeichnet dieses Opus als „ ... Musik voll Vertrauen, voll Gläubigkeit, auf den frohmütigen Ton des alten Kyrie gestimmt“[1621] – worin auf beeindruckende Weise bezeugt wird, dass die Schicksalschläge der vorhergehenden Jahre den Lebensmut Rheinbergers nicht zu zerbrechen vermochten, sondern im Gegenteil seine Glaubenszuversicht unerschütterlich gefestigt wurde. Die letzte vollständig erhaltene zyklische Ordinariumsvertonung des Liechtensteiner Meisters ist die Messe in E-Dur = „*Missa Misericordias Domini*“ op. 192 für vierstimmigen Chor und Orgel. Sowohl von ihrer formalen Anlage als auch vom stilistischen Gesamtduktus her ähnelt sie den vorangegangenen Messen, weist bei einem insgesamt noblen, gemessenen Gepräge darüberhinaus jedoch keine exzeptionellen Merkmale auf.

Nicht nur das erste, sondern auch das letzte Werk, welches Josef Gabriel Rheinberger in seinem Leben schuf, war eine Vertonung des Ordinarium missae: Im Herbst des Jahres 1901 begann er mit der Komposition der Messe in a-Moll = „*Missa omnium sanctorum*“ op. 197 für vierstimmigen Chor und Orgel. Er arbeitete wie immer zügig und hatte bereits Kyrie und Gloria vollständig vertont sowie vorgreifend einige Takte des Sanctus notiert, als ihn mitten während der Komposition des Credo ein heftiges, fortdauerndes Asthma mit Erstickungsanfällen zum Niederlegen der Feder zwang. Dies war am Allerseelentag 1901. Drei Wochen später schloss er für immer die Augen.[1622] Bemerkenswerterweise ist das Credo nur bis einschließlich „Et resurrexit tertia die secundum scripturas“ vertont – nach diesen gerade auch im Kontext der Werkgenese bedeutungsvollen Worten bricht der Satz ab.[1623] Vom Sanctus sind lediglich die ersten sieben Takte ausgeführt, an deren Ende ein Auflösungszeichen steht.[1624] „Eine Persönlichkeit von lauterstem Charakter und vornehmster Gesinnung, war Rheinberger zugleich eine tiefreligiöse ... Natur, so daß er, auf den verschiedensten Gebieten der Komposition erfolgreich tätig, einem inneren Drange folgend immer wieder auf das Gebiet der Kir-

---

1620 Vgl. HOCHSTEIN, Messen für gleiche Stimmen. Vorwort (Josef Gabriel Rheinberger. Sämtliche Werke Bd. 1) 16.

1621 KROYER 182.

1622 Vgl. hierzu IRMEN, Gabriel Josef Rheinberger als Antipode des Cäcilianismus 127 sowie den Brief Olga Rheinbergers, der Nichte des Komponisten an Henriette Hecker vom 12.01.1902. Einsehbar bei IRMEN, Josef Rheinberger. Briefe an Henriette Hecker 224 f.

1623 Vgl. HINGER 184 f. sowie RENNER 18.

1624 Vgl. IRMEN, Gabriel Josef Rheinberger als Antipode des Cäcilianismus 127 und KROYER 219.

chenmusik zurückkehrte."[1625] Dieses Zitat *Joseph Renner*s *junior* (1868-1934), Schüler und Freund Rheinbergers, möge als Aussage aus berufenem Munde der Zusammenfassung der obigen Darlegungen dienen und folgendes Ergebnis gleichsam beglaubigen: Das primäre Movens des Messenschaffens Josef Gabriel Rheinbergers war seine persönliche Religiosität und seine existentielle Verbindung mit der katholischen Liturgie.

Im Folgenden soll unser Augenmerk dem Wort-Ton-Verhältnis des Rheinbergerschen Messenœuvres gelten. Das Wort-Ton-Verhältnis der vorromantischen Epoche, der Wiener Klassik, zeigte ein Bedürfnis nach Verobjektivierung des Ich, nach Verinnerlichung der das Ich umgebenden objektiven Zirkumstanzien. Einem solchen Verständnis musste die in einem unverkennbaren Egozentrismus gründende subjektivistisch-individualistische Grundgeistigkeit der Romantik zuwiderlaufen. Für den romantischen Tonsetzer ist das Wort einzig Ausdruck des Inneren – unabhängig von der Außenwelt. Seine musikalische Umsetzung geschieht nicht als Vergegenständlichung, sondern als Gefühl. Die emotionale Atmosphäre, die der Text beim Individuum evoziert, wird in Musik transformiert, wobei die verbale Sprache nur noch als Inhaltsangabe der sie übersteigenden Tonsprache fungiert. Hinsichtlich des Wort-Ton-Verhältnisses der romantischen Messvertonung gilt es noch ein weiteres zu bedenken: Ihr Publikum ist nicht mehr der überschau- und damit konkret benennbare Personenkreis aristokratischer oder zumindest elitärer Personen, welcher die Ordinariumskomposition mit einem gewissen Fundus an Vorkenntnissen rezipierte, ergo auch dort, wo auf den beziehungsvollen Überlieferungszusammenhang der Gattungstradition rekurriert wurde, das Beabsichtigte nachvollziehen konnte. Die romantische Messe hingegen erklingt inmitten eines indefiniten Publikums: Es ist das anonyme Bürgertum – Kollektiv beliebig austauschbarer Individuen, die in der Kirche Erbauung, Tröstung und Erlösung suchen.[1626] Als Ort, dieses Angestrebte zu erreichen, bot sich allerdings nicht die objektiv-tradierte Liturgie an, sondern die private, paraliturgische Andacht.[1627] Innnerhalb einer messliturgischen Praxis, die es nicht vermochte, die Gläubigen für die der tradierten Liturgie innewohnende gemeinschaftsstiftende Kraft und ihr innerstes Mysterium empfänglich zu machen, in welcher sich folglich der Einzelne auch nicht als organisches Glied einer heiligen Gemeinschaft fühlen konnte, sondern diese allenfalls als etwas über oder neben sich Existierendes erahnte, musste auch das verklanglichte Wort ohne existentiellen Bezug bleiben. „In dieser Atmosphäre wird das Wort in der Musik wie ein Lallen vernommen. Nicht auf die erklingende Sprache kommt es an, sondern auf das Unbestimmbar-Musikalische, auf das Innige, das Erhebende, das Umhüllende."[1628]

Die soeben umrissene generelle Signatur des romantischen Wort-Ton-Verhältnisses, welche sich aus dem Zusammenspiel der mannigfachen geistesge-

---

1625 RENNER 18. Vgl. ähnlich auch HINGER 181 und SANDBERGER, Joseph Rheinberger 328.
1626 Vgl. GEORGIADES 121-125.
1627 Siehe hierzu die Ausführungen zum religions- und liturgiehistorischen Makrokontext der romantischen Ordinariumskomposition in Kapitel 5.3.1.1 „Der Katholizismus in Romantik und Restauration".
1628 GEORGIADES 125.

schichtlichen und soziokulturellen Kontexte des 19. Jahrhunderts ergibt, lässt sich am Messenschaffen Josef Gabriel Rheinbergers par excellence verifizieren. Dabei ist es ein absoluter Ausnahmefall, diesbezüglich auf eine Meta-Reflexion aus der Feder eines Komponisten zurückgreifen zu können. Rheinberger äußert sich in einem Inspektionsbuch der Münchener Akademie für Tonkunst über seine Auffassung des Wort-Ton-Verhältnisses: „Die Rede nach ihrem Wortausdruck zu betonen, sie in ihren Einzelheiten zu nuancieren, kann die Aufgabe der Musik so wenig sein, als sie ihrer Natur nach eben das Entgegengesetzte zu thun hat: Sie hat in der Gefühlssprache *verbunden* auszudrücken, was die verständige Wortsprache *getrennt* auseinander und nacheinander setzen kann. Wo diese von *Freud* und *Leid* spricht und gesondert erst das Eine, dann das Andere nennen muß, da wird die Musik *Leid in der Freude* und *Freude im Leide* ausdrücken können und ... sollen; nicht aber das eine Wort freudevoll, das andere leidvoll zu betonen haben. [...] Der Wortausdruck ... [kann] an den musikalischen ... keinen ... Anspruch geltend machen, ... daß der musikalische in alle seine Einzelheiten eingeht und sie mit Tönen auszudrücken suche, *denn die Musik betont den Gefühlscomplex, der in den Worten enthalten, nicht die Worte selbst.*“ Diese programmatische Grundsatzerklärung ist insofern in hohem Maße aufschlussreich, als damit expressis verbis die Ursache für die in den Messen Rheinbergers oft anzutreffende inkorrekte Behandlung des liturgischen Textes genannt ist – ist doch dies das zentrale Problem seiner Ordinariumsvertonungen. Gravierende Textverstöße (besonders in den textreichen Teilen Gloria und Credo) lassen sich nicht nur im Jugend- sondern auch während eines Großteils des Hauptwerkes aufweisen: Hierbei handelt es sich sowohl um deklamationsrhythmische Unebenheiten als auch um das Weglassen einzelner Textteile. Ersteres tritt besonders eklatant in den Messen JWV 57, op. 109, op. 117, op. 155 und op. 192 zutage[1629], wo deutlich wird, „ ... daß Rheinberger, sein Hauptaugenmerk auf geschlossene, symmetrische Form richtend, sich dieser zuliebe in einigen Stellen ... Freiheiten erlaubte, die zu beanstanden sind.“[1630] Es wird dort die natürliche Deklamationsrhythmik des unleugbar oft sperrigen Prosatextes des Ordinarium missae der Rheinbergerschen Maxime eines ebenmäßigen Periodenbaus geopfert, d.h. die Textdeklamation wird durch das jeweilige Taktschema im modernen Sinne geprägt. Darüberhinaus wiederholt, vertauscht oder eliminiert Rheinberger aber auch einzelne Lexeme, Syntagmen oder gar ganze Textpassagen, sodass durch die sich daraus ergebende Zusammenfügung semantisch ursprünglich nicht aufeinander bezogener Textteile mitunter der Sinn entstellt wird.[1631] So ist etwa – um einige Beispiele zu nennen – das Gloria der Jugendmesse JWV 57 um mehr als zwei Drittel gekürzt. Auch das Credo der folgenden Jugendmesse JWV 71 weist erhebliche Verstümmelungen auf. In Gloria und Credo der Messe op. 62 ließ Rheinberger mehrere Textabschnitte unvertont. Auch in der Messe op. 151 fehlen im Gloria und Sanktus wichtige Satzteile. Wie bereits erwähnt, monierte Franz Xaver Haberl bei der ers-

---

1629 Vgl. IRMEN, Gabriel Josef Rheinberger als Antipode des Cäcilianismus 133 sowie KROYER 186.
1630 RENNER 20. Vgl. auch KROYER 183.
1631 Vgl. etwa SANDBERGER, Joseph Rheinberger 328.

ten Fassung der Messe op. 155 das Fehlen etlicher wichtiger Lexeme und Syntagmen. Selbst die späten Messen op. 172 und op. 190 lassen einzelne Lexeme vermissen.[1632] Von den 18 zyklischen Ordinariumsvertonungen Rheinbergers weisen erstaunlicherweise nur drei (op. 159, 169 und 187) eine liturgisch korrekte Textbehandlung auf.[1633] Dabei ist der Verweis auf „... seine ... Vorliebe für kurzgefaßte und ebenmäßige, lyrische Formen ...“[1634] als einzige Erklärung unzureichend. Die wahren Gründe sind banaler: Die Latein-Kentnisse Rheinbergers waren äußerst rudimentär, denn der von Johann Franz Fetz erteilte einjährige Lateinunterricht, welchen er als Elfjähriger genossen hatte, bildete in dieser Sprache das einzige und damit unzureichende Fundament.[1635] Später bot sich ihm keine Gelegenheit mehr, das Versäumte nachzuholen.[1636] Rheinberger selbst äußert sich hierüber wie folgt: „Über das Latein mußte ich mich oft ärgern, weil mir meine Frau darin ‚über‘ war: was ich *ungefähr* wußte, konnte sie *präzis*, und das war für den Mann doch ärgerlich.“[1637] Der Liechtensteiner Meister pflegte sich vor der Arbeit an einer Messe jeweils den Ordinariumstext aus dem Missale Romanum in seine Skizzenbücher zu übertragen. Hierbei müssen ihm dann aus Unachtsamkeit die genannten Fehler unterlaufen sein, welche später in die Kompositionen Eingang fanden.[1638]

Wenn, wie soeben gezeigt, bei Rheinberger eine Wortausdeutung im Sinne der klassischen Vokalpolyphonie gegenüber den musikalischen Erfordernissen zurückgedrängt wird, so heißt dies nicht, dass er innerhalb seines Messenœuvres auf Ansätze des im Sinne des Stile antico praktizierten „imitar le parole“ völlig verzichtet hätte. Zum einen geschieht dies im Rückgriff auf bewährte traditionelle Topoi als deskriptive Nachahmung des Sensuellen, zum anderen ist durchaus das Bestreben erkennbar, punktuellen theologischen Aussagen durch eine ebenso eigenständige wie individuelle musikalische Symbolik zu entsprechen. Als häufigste Topoi sind zunächst die melodische Anabasis bei „ascendit“ und die Katabasis bei „descendit“ zu nennen[1639]: Diese in der Gattungsgeschichte weit verbreiteten Gestaltungen werden im Großteil der Rheinbergerschen Messen verwendet. Auch

---

[1632] Vgl. hierzu ausführlicher STEHLE 45, HOCHSTEIN, Messen für gleiche Stimmen. Vorwort (Josef Gabriel Rheinberger. Sämtliche Werke Bd. 1) 11.13.15.16 sowie IRMEN, Gabriel Josef Rheinberger als Antipode des Cäcilianismus 133.

[1633] Vgl. KROYER 186. (Es muss allerdings angemerkt werden, dass Textverstöße nach der Auseinandersetzung mit den Caecilianern in den späten Messen deutlich weniger anzutreffen sind). In zweifellos bester Absicht brachte Josef Renner jun. die Messen seines Lehrers später in liturgisch ergänzten und bearbeiteten Neuausgaben heraus, indem er fehlende Textstellen ergänzte, mitkomponierte Intonationen strich und stellenweise die Textdeklamation änderte. Das Ergebnis war allerdings „... Depravation und Destruktion der Originalkomposition, die teilweise zu einem Konglomerat degradiert wird.“ (IRMEN, Gabriel Josef Rheinberger als Antipode des Cäcilianismus 207).

[1634] KROYER 187.

[1635] Vgl. hierzu der Brief Johann Franz Fetz’ an Franziska Rheinberger vom 29.08.1867. Einsehbar bei IRMEN, Gabriel Josef Rheinberger als Antipode des Cäcilianismus 16.

[1636] Vgl. KROYER 28.

[1637] Brief an Henriette Hecker vom 19.10.1900. Zitiert nach IRMEN, Josef Rheinberger. Briefe an Henriette Hecker 43.

[1638] Vgl. KROYER 187.

[1639] Von den zahlreichen betreffenden Messen seien als Beispiele nur die Messen in Es-Dur JWV 57 und in C-Dur op. 169 erwähnt. Vgl. etwa IRMEN, Gabriel Josef Rheinberger als Antipode des Cäcilianismus 134 sowie HOCHSTEIN, Messe in C. Vorwort (Josef Gabriel Rheinberger. Sämtliche Werke Bd. 5) 12.

andere Syntagmen des Credo werden topisch ausgedeutet: So gestaltet Rheinberger das „Et incarnatus est“ häufig als pastorale Episode etwa mittels Bordunquint und volksliedhafter Melodik.[1640] Beim „Crucifixus“ ertönt in den Streicherstimmen das traditionelle erschaudernde Tremolo.[1641] Bei „Passus et sepultus est“ erfolgt in etlichen Messen der Affectus tristitiae.[1642] „Et resurrexit“ wird gelegentlich durch eine aufsteigende Motivik illustriert.[1643] Diese soeben aufgezählten Kolorismen besaßen für Rheinberger allerdings nur marginalen Stellenwert. Wenn er sich ihrer bediente, so dürfte dies wohl eher als Referenzerweis gegenüber der Tradition erfolgt sein.[1644]

Weitaus größere Relevanz als die erwähnte Topik besaß für Rheinberger die Zahlensymbolik. Hierbei geht er über die einschlägigen tradierten Vorbilder hinaus und schafft symbolische Modelle von hoher Subtilität, in welchen er die fundamentalen Glaubenswahrheiten analogisch darzustellen sucht. Die Zahlensymbolik Rheinbergers ist mehr als nur ein geistvolles Spielen mit der Semantik des Textes; sie ist die Frucht seiner persönlichen, existentiell gewachsenen Theologie bzw. Spiritualität. Im Folgenden sollen einige Beispiele angeführt werden. So versucht bereits der Siebzehnjährige in der Es-Dur-Messe JWV 57, den trinitarischen Aspekt des Kyrie zu verdeutlichen. Der Dreiteiligkeit der Satzstruktur entspricht er, indem er das Kyrie als Fuge mit zwei Durchführungen und einem Zwischenspiel gestaltet. Der Satz umfasst dabei 27 (= 3^3, Symbol der Trinität) Takte. Im „Christe“ bringt er ein weiteres Analogon: Das in dem Gegenfugato realisierte Aufeinander-Bezogensein der Stimmen, indem jede aus demselben thematischen Material schöpft und dennoch zugleich eine voneinander differierende melodische Gestalt aufweist, dient als Sinnbild der hypostatischen Union. Auch in der Es-Dur-Messe op. 109 weisen arithmetische Relationen auf die theologischen Dimensionen der Trinität hin. Im Gloria sind die Textstellen „Domine Deus, rex coelestis“ (Ambitus Non, sieben verschiedene Töne), „Qui sedes ad dexteram patris“ (Ambitus Sept, sieben verschiedene Töne) und „Cum sancto spirito“ (Ambitus Non, neun [= 3^2] verschiedene Töne) durch die je unterschiedliche Verwendung der theologisch bedeutungsvollen Zahlen Drei und Sieben („heilige Zahl“) in Ambitus und Intervall in einen hintergründigen Konnex gebracht. Auch das Thema des Credo ist derart konzipiert, dass auf dem Wort „Deus“ der Ambitus einer Non gegeben ist. Das Thema umfasst insgesamt neun = 3^2 (bzw. sieben verschiedene) Töne. Auch innerhalb des zweiten großen Hauptwerkes Rheinbergers, der Messe in C-Dur op. 169, lassen sich zahlreiche tiefsinnige zahlensymbolische Deutungen

[1640] Paradigmatisch seien die Messen in f-Moll op. 159 und C-Dur op. 169 genannt. Vgl. etwa IRMEN, Gabriel Josef Rheinberger als Antipode des Cäcilianismus 174.180.

[1641] Beispiel par excellence ist hier die Messe in C-Dur op. 169. Vgl. etwa KROYER 181 sowie IRMEN, Gabriel Josef Rheinberger als Antipode des Cäcilianismus 174.

[1642] Als besonders markante Paradigmen lassen sich die Messen in f-Moll op. 62, in C-Dur op. 169 und in g-Moll op. 187 anführen. Vgl. etwa HOCHSTEIN, Messen für gleiche Stimmen. Vorwort (Josef Gabriel Rheinberger. Sämtliche Werke Bd. 1) 11 , IRMEN, Gabriel Josef Rheinberger als Antipode des Cäcilianismus 173 sowie KROYER 181.

[1643] Dies lässt sich exemplarisch etwa an den Messen in f-Moll op. 62 und in C-Dur op. 169 aufweisen. Vgl. HOCHSTEIN, Messen für gleiche Stimmen. Vorwort (Josef Gabriel Rheinberger. Sämtliche Werke Bd. 1) 11 sowie IRMEN, Gabriel Josef Rheinberger als Antipode des Cäcilianismus 173.176.

[1644] Vgl. hierzu etwa auch KROYER 181.

finden. Im Gloria stehen bei „Qui sedes ad dexteram patris" paarweise Imitationen gleichsam als Doppelfugato. Das Kontrasubjekt ist aus dem ersten Thema abgeleitet. Hierdurch wird die innergöttliche Relation zwischen Vater und Sohn symbolisiert, nämlich das Hervorgehen des Sohnes aus dem Vater sowie die relationale Identität Jesu mit Gott bei gleichzeitiger Verschiedenheit des Prosopons. Die Textstelle „Cum sancto spiritu in gloria Dei patris. Amen" vertont Rheinberger in Anknüpfung an die Gattungstradition als Doppelfuge. Innerhalb des Themas kommt die potenzierte Drei dreimal vor, überdies erscheint auch die Sieben als Zahl der Gaben des Heiligen Geistes: Das Thema besteht aus neun Takten, verwendet neun verschiedene Töne und hat den Ambitus einer Non. Zählt man alle Töne zusammen (ausgenommen die unwesentliche Punktierung bei „spiritu") ergibt sich die Struktur $3 \times 7 = 21$. Die beiden Themen (musikalische Symbole für Gott Vater und Sohn) stellen eine in sich korrespondierende Gestalteinheit dar. In ihrer einander entgegengesetzten Bewegung bilden sie zwei gegensätzliche Tendenzen aus, welche gleichwohl ausgewogen sind und äußerlich Spannungslosigkeit aufweisen. Die in zwei Richtungen orientierte, in sich ruhende Gestalt des Themas soll dabei die dritte göttliche Person symbolisieren. Die Doppelfuge als Ganzes umfasst im Übrigen drei Durchführungen zu jeweils 33 Takten und rekurriert somit ebenfalls auf die Dreiersymbolik. Die Nennungen der drei göttlichen Hypostasen bringt Rheinberger wiederum mittels Intervall- und Ambitussymbolik in eine verdeutlichende Relation: Er setzt als Ambitus die Terz für „Domine Deus", die Sext für „Filius Patris" und die Non für „Spiritus Sanctus", wobei jedes der zugehörigen Motive genau neun Töne umfasst.[1645]

Schließlich gilt es, auf einige individuell theologisierende Elemente im Messenschaffen Rheinbergers einzugehen. Im Messenœuvre Josef Gabriel Rheinbergers ist zu beobachten, dass der Komponist bestimmten religiösen Inhalten konsequent jeweils einen immer gleichen atmosphärischen Gestus zuweist. Hierin offenbart sich innerhalb seines Werkes wohl am stärksten seine persönliche Frömmigkeit. So interpretiert der Liechtensteiner Meister beispielsweise die im Kyrie geäußerte Bitte um Erbarmen nicht im traditionellen Sinne als Akt voller Zerknirschung und Verzagtheit, sondern mit dem Ausdruck milder, freudiger Zuversicht. Als besonders signifikante Beispiele seien hier nur die Messen in F-Dur op. 117, C-Dur op. 169 oder E-Dur op. 192 genannt.[1646] Wenn in der Messe op. 169 im Kopfmotiv des Kyrie ein wiegendes, hoffnungsfrohes 6/8-Motiv erscheint, so ist dies ein auch aus objektiver Sicht unleugbar „ ... freudiger Zug, eine gewisse Hochgemutheit, magnanimitas im thomistischen Sinne, die nicht nur durch dieses Werk, sondern durch Rheinbergers Kirchenmusik überhaupt geht. Musik ist für ihn ‚Ausfluß der Freude' [So Rheinberger in einem Brief an Josef Renner jun. vom 16.01.1896], pessimistische und tragische Momente sind seiner Muse fremd."[1647] „Wenn bei

---

[1645] Vgl. IRMEN, Gabriel Josef Rheinberger als Antipode des Cäcilianismus 133.164.172-173.

[1646] Vgl. HOCHSTEIN, Messe in C. Vorwort (Josef Gabriel Rheinberger. Sämtliche Werke Bd. 5) 11, IRMEN, Gabriel Josef Rheinberger als Antipode des Cäcilianismus 166.169-171 sowie KROYER 183.

[1647] IRMEN, Gabriel Josef Rheinberger als Antipode des Cäcilianismus 169-171.

Rheinberger die hellen Töne vorherrschen ..., [er] versöhnlichen, lieblichen Gedanken den Vortritt läßt ..., so äußert sich eben auch hier ... [seine] fast antike Kunstanschauung."[1648]

Die bombastisch-triumphale Ekstase, welche in konventionellen Ordinariumsvertonungen beim Gloria häufig anzutreffen ist, sucht man in den Messen Josef Gabriel Rheinbergers vergeblich. Der Gestus dieses Satzes ist bei ihm eher von einer milden Innerlichkeit geprägt denn von festlichem Jubel. Lob, Huldigung und Erbarmensbitte werden hier als Vorgänge stiller seelischer Sammlung aufgefasst, womit der Satz ganz im Sinne des romantischen Subjektivismus den Charakter eines privaten Gebetes erhält.[1649]

Eine von Rheinberger ebenfalls auf das persönlichste ausgedeutete Textstelle ist innerhalb des Credo der Glaubensartikel der Inkarnation, dessen musikalische Umsetzung ihm innerhalb seiner Messen stets als „ ... eines seiner poetischen Lieblingsbilder"[1650] galt. „Am eindringlichsten ..., geradezu unerschöpflich weiß er immer das ‚Incarnatus' zu gestalten. Das Geheimnisvolle, Tiefsinnige der göttlichen Botschaft umfaßt er mit behutsamer Nachdenklichkeit; es kommt ihm darauf an, das Unerhörte der Erscheinung auszudrücken, durch plötzliche Übergänge in Tempo, Takt, Tonart, durch helles Dur in der dunklen Umgebung, durch unvermitteltes Pianissimo, lange Sologruppen, Orgelpunkte, harmonische Steigerungen, verhauchende Akkorde, kurz, auf die intuitivste Weise."[1651] Als eindringliches Beispiel sei etwa die Messe in f-Moll op. 62 genannt, wo das „Et incarnatus est" unversehens in lichtes Dur getaucht wird. In der Es-Dur-Messe op. 155 rückt Rheinberger die besagte Textstelle nach A-Dur, also in die weiteste Entfernung von der Ausgangstonart – auch dies als Ausdruck der Unbegreiflichkeit des Geschehens. Eine weitere Gestaltungsvariante zeigt die Messe in B-Dur op. 172, wenn dort der Solo-Tenor die Worte zunächst „vorbetet" und daraufhin die übrigen Stimmen antworten.[1652] Überaus tiefsinnig deutet der Meister die Worte in den Messen in f-Moll op. 159 und C-Dur op. 169. In der ersten wird von der Orgel, in der zweiten von den Violinen jeweils der Beginn der gregorianischen Marienantiphon „Salve Regina" zitiert, wobei Tonart- und Tempowechsel das Exzeptionelle der Textaussage unterstreichen.[1653] Hinter dieser individuellen Interpretation steht ein komplexer theologischer Ansatz: Die Verkündigung des Immaculata-Dogmas, welche Rheinberger als in katholischem Umfeld aufgewachsener Jugendlicher schon bewusst wahrgenommen haben dürfte, hatte den Gläubigen die Inkarnation Gottes auch als Heiligung Marias nahe gebracht: Maria ist vom Beginn der Heils-

---

1648 KROYER 182 f.

1649 Diese Beobachtung lässt sich exemplarisch etwa in den Messen in Es-Dur op. 155 und in g-Moll op. 187 verifizieren. Vgl. etwa HOCHSTEIN, Messen für gleiche Stimmen. Vorwort (Josef Gabriel Rheinberger. Sämtliche Werke Bd. 1) 12.14.

1650 IRMEN, Gabriel Josef Rheinberger als Antipode des Cäcilianismus 180.

1651 KROYER 181.

1652 Vgl. etwa HOCHSTEIN, Messen für gleiche Stimmen. Vorwort (Josef Gabriel Rheinberger. Sämtliche Werke Bd. 1) 11.13.15. Als weiteres besonders eindrückliches Beispiel für eine pointierte Interpretation des Inkarnationsbekenntnisses kann außerdem die Messe in F-Dur op. 190 genannt werden. Vgl. etwa KROYER 182.

1653 Vgl. etwa IRMEN, Gabriel Josef Rheinberger als Antipode des Cäcilianismus 180 sowie HOCHSTEIN, Messe in C. Vorwort (Josef Gabriel Rheinberger. Sämtliche Werke Bd. 5) 12.

geschichte an in den ewigen Ratschluss Gottes zur Menschwerdung seines Sohnes einbezogen, folglich ist der erlösende Bezug zu Christus für sie vom Anfang ihrer Existenz an wirksam, woraus sich wiederum ihre sündenlose Geburt ergibt. Die romantische Marienverehrung befand sich somit in wesensmäßigem Konnex mit der Inkarnationsfrömmigkeit. Da nach dem soteriologischen Ansatz der kirchlichen Tradition Gott Mensch wird, damit der Mensch vergöttlicht werde, wirkt sich dies auch auf die Verehrung Marias aus: Vom Augenblick ihrer Empfängnis an hat sie teil an der Heiligkeit ihres Sohnes. Dies ist der Skopus der Rheinbergerschen Interpretation, hieraus ergibt sich für ihn der Gruß der Mutter des göttlichen Kindes. Für ihn ist Maria unlösbar mit dem Bekenntnis der Inkarnation verbunden.

Nach der Darlegung der soeben aufgezeigten theologisierenden Wortausdeutungen sind alle relevanten Aspekte des Wort-Ton-Verhältnisses innerhalb des Messenœuvres Rheinbergers umrissen. Es wurde deutlich, dass er einzelne zentrale Textstellen durchaus punktuell zu interpretieren weiß, es ihm aber wichtiger ist, den Grundcharakter eines Ordinariums-Satzes in selbstständiger und signifikanter Weise musikalisch zu erfassen.[1654] „Ganz im Geist der Romantik legte er es auf das Hervorrufen einer durchgängigen Stimmung an, – einer Stimmung, die das Herz des Hörers ergreifen und ihn für dasjenige empfänglich machen soll, was nach Rheinbergers Meinung mit Worten gerade nicht auszudrücken sei."[1655] Rheinberger bevormundet die Rezipienten seiner Messen nicht, d.h. er oktroyiert ihnen keine atomistisch fest gefügten glaubenskundlichen Lektionen auf, welche der persönlichen Religiosität des Hörers keine Entfaltungsmöglichkeit mehr lassen. Er betätigt sich vielmehr mäeutisch, indem er das Konsentische des gemeinsamen Bekenntnisses in der universalen Sprache der Musik atmosphärisch verdeutlicht und die über den bloßen Wortlaut unendlich hinausweisenden nonverbalen Tiefendimensionen des Textes entbirgt. In den Messen Rheinbergers sind Subjektivität des Urhebers und Objektivität der liturgischen Vorlage in ein vollkommenes Gleichmaß gebracht und befruchten sich in gewisser Weise gegenseitig. Seine Messvertonungen bieten daher den sonst so oft vermissten Freiraum für das Aktive Hören, womit sie ein Hauptpostulat des II. Vatikanischen Konzils erfüllen. Sie gewähren die gerade für die heutige Liturgie eminent wichtige Chance, dass sich in ihnen im pluralistischen Sinne potentiell sehr viele Rezipienten wieder finden können. Wo es nicht darum gehen soll, den Hörer durch expressive Impulsivität aufzuwühlen, sondern auf meditative Weise mit dem liturgischen Geschehen atmosphärisch einswerden zu lassen, sollten die Messen Rheinbergers auch in der Liturgie unserer Tage ihren Ort haben.

[1654] Vgl. Ursprung 274 und IRMEN, Gabriel Josef Rheinberger als Antipode des Cäcilianismus 164.

[1655] SAUER (Florian) 7.

6 Impulse und Perspektiven für die Interpreten/Interpretinnen und Hörer/-innen traditioneller mehrstimmiger Messen

Mit der Ergründung des Messenschaffens Josef Gabriel Rheinbergers beendeten wir die Kontextualisierung eines sich über nahezu vierhundert Jahre erstreckenden Repertoires traditioneller mehrstimmiger Ordinariumszyklen. Anhand circa einhundert Messvertonungen von sechs paradigmatisch ausgewählten Komponisten wurde ersichtlich, dass es *die* traditionelle mehrstimmige Messe als monolithische musikliturgische Gattung nicht gibt. Es zeigte sich vielmehr, wie jedes einzelne Opus aus einem geschichtlich unwiederholbar einmaligen Makro- und Mikrokontext erwuchs und durch ihn in seinem So-Sein geformt wurde. Das im vorangegangenen Kapitel Erarbeitete versteht sich wie gesagt nur als exemplifizierendes Modell der doppelten Werkkontextualisierung, nach dessen Vorbild auch die übrigen Werke des in der heutigen Liturgie verwendeten Messenrepertoires im je konkreten Fall kontextualisiert werden können. Indem die oben ausgewählten Werke in die biographische Prozessualität ihres jeweiligen Urhebers zurückprojiziert wurden, eröffnete sich uns ein Einblick in ihre „Gestalttiefe“[1656] jenseits des rein formalen Werktextes. Jene liturgisch-theologischen Impulse des behandelten Messenrepertoires, welche sich in Worte fassen lassen – nicht alle Dimensionen von Musik lassen sich verbalisieren – wurden „decodiert“ und harren nun ihrer *„denkenden Vermittlung mit dem gegenwärtigen Leben“*[1657], d.h. ihrer aktuierenden Verortung in der heutigen Messliturgie. Ob die dort erklingende Musik selber Liturgie sein und damit als spirituelles Evidenzerlebnis wirken darf oder aber als Musik *zur* Liturgie letztlich museales Artefakt bleiben muss, liegt zu einem wesentlichen Teil in der Hand derer, die für die Messfeier musikalisch und liturgisch verantwortlich sind. Der Erfolg der Kontextualisierung des Opus im heutigen konkreten Rezeptionskontext hängt von der Sensibilität, der Einfühlungsgabe, dem Differenzierungsvermögen, der Flexibilität und der Dialogbereitschaft der Verantwortlichen ab.

Kapitel 3 („Das Problem der Vereinbarkeit ...“) zeigte einige Teilprobleme auf, welche sich innerhalb der heutigen musikliturgischen Praxis im Umgang mit traditionellen mehrstimmigen Messen ergeben: die polare Spannung zwischen musikalisch-ästhetischen und liturgietheologischen Intentionen, musikalischen und liturgischen Proportionen bzw. Akzentuierungen, Latein und Volkssprache, Kommerz und Idealismus, Passivität und Aktivität der Gemeinde, vorkonziliarem und heutigem liturgischem Kontext. Dies sind Probleme, die keiner der am musikliturgischen Geschehen Beteiligten je für sich alleine lösen kann, sondern die nur im gemeinsamen, kommunikativen Ausloten der situativen Gegebenheiten, Befindlichkeiten und Möglichkeiten zu bewältigen sind. In Kapitel 4 („Die Methode der doppelten Werkkontextualisierung“) wurde bereits darauf hingewiesen, dass sich die aufgezählten Teilprobleme, welche überhaupt erst aus den je eigenen

---

[1656] WELLEK 251.
[1657] GADAMER 161.

Konstellationen vor Ort konkret benennbar sind, nicht schon vorab im Rahmen einer theoretischen Abhandlung lösen lassen. Da jeglicher Ansatz, dies dennoch zu versuchen, überflüssig ist, war mithin auch das in den vorigen Kapiteln Dargelegte nur als *initiatives Modell*, nicht aber als fertige Lösung konzipiert. Es ging dabei vorrangig um das *Verstehen* der traditionellen mehrstimmigen Messe. Denn dieses kann sich ja zunächst auch unabhängig von der Konkretion im Rezeptionskontext vollziehen. Somit ist unsere Abhandlung nunmehr am Ziel dessen, was sie leisten will und kann, angelangt. Dieses Ziel stellt aber bezogen auf das Ganze, d.h. bezogen auf die Aktuierung der traditionellen mehrstimmigen Messe vor Ort, nur ein Etappenziel dar. Die zweite Etappe auf dem Weg zum eigentlichen Ziel einer fruchtbare Verortung der Messvertonung innerhalb der Liturgie müssen die musikliturgischen Praktiker – gewappnet mit dem in der ersten Werkkontextualisierung Erarbeiteten – alleine gehen. An diesem Punkt darf also die vorliegende Abhandlung als abgeschlossen betrachtet werden.

Traditionelle mehrstimmige Messe in erneuerter Liturgie – ein Widerspruch? Dass die Chance grundsätzlich besteht, zwischen den Gegebenheiten des traditionellen mehrstimmigen Ordinariums und den Erfordernissen erneuerter Liturgie Kompatibilität zu erwirken, wurde anhand des Ansatzes der doppelten Werkkontextualisierung aufgezeigt. Die Beantwortung der Frage kann gleichwohl nicht axiomatisch erfolgen, sondern wird sich letztlich erst am liturgischen Ereignis-Ort des konkreten Rezeptionskontextes entscheiden.

Das nun folgende kurze Schlusskapitel will den Themenkomplex dieser Monographie noch durch einige zum Weiterdenken anregende Überlegungen abrunden: Es geht um die Akteure und Rezipienten/Rezipientinnen der traditionellen mehrstimmigen Messe, also die Interpreten und Interpretinnen sowie Hörer/-innen. Was können und müssen diese beiden Gruppen jeweils dazu beitragen, dass eine liturgisch sinnvolle bzw. spirituell fruchtbare „Aufführung" traditioneller mehrstimmiger Messen heute Wirklichkeit werden kann? Die nachstehenden Ausführungen wollen diesen Fragen durch einige generelle Überlegungen auf die Spur kommen.

6.1 Liturgietheologische Anforderungen an die performativen Interpreten und Interpretinnen traditioneller mehrstimmiger Messen

Unsere gesamte Erörterung wäre müßig, fände die traditionelle mehrstimmige Messe keine performativen Interpreten und/oder Interpretinnen. So lange die Notenvorlage des Werktextes lediglich ihrer Verklanglichung harrt, bleibt die Ordinariumsvertonung ein „unabgeschlossenes Geschehen", welches einzig der Interpret/die Interpretin zu vollenden in der Lage ist. Als Zeitkunst ist sie immer auf einen Kanal angewiesen, der die ihr zugrunde liegenden werktextlichen Vortragsbezeichnungen für die Dauer ihrer Aktuierung in sinnlich rezeptible Kunst transformiert. Diesen Vorgang der Darbietung von Kunst für einen bestimmten Rezipientenkreis nennen wir *performative Interpretation*. Performative Interpretation heißt objektiv-werkgetreue Wiedergabe der im Kunstwerk verarbeiteten Inhalte, Klangvorstellungen und dramaturgischen Konzeptionen, wobei als redundante

Merkmale auch subjektive, weltanschauliche, intellektuelle und emotional-expressive Auffassungen des Interpreten/der Interpretin einfließen, insoweit sie mit der kommunikativen Intention des Kunstwerkes übereinstimmen. Der Urheber des Kunstwerkes prägt mithilfe des Interpreten/der Interpretin den klingenden und/oder sprachlichen Zeichen Merkmale seiner oder einer von ihm intendierten emotionalen Haltung auf.[1658]

Bevor wir uns mit den an die Interpreten und Interpretinnen[1659] traditioneller mehrstimmiger Messen gestellten liturgietheologischen Anforderungen auseinander setzen, ist es erforderlich, einiges zur grundsätzlichen Problematik der performativen Interpretation von Musik zu sagen. Eine modellhafte Darlegung der interpretatorischen Konstellationen möge hierbei als Einstieg fungieren. Es lassen sich im Wesentlichen drei Modelle benennen: I. Der Interpret ist nicht der Komponist selbst. Die einzige ihm vorliegende Anleitung zur Verklanglichung ist die von ihm perzipierte Notenvorlage (*Werktext*) mit einer folglich begrenzten Anzahl an werktextlichen Vortragsbezeichnungen. Zusätzlich kann eventuell noch eine vom Komponisten selbst verfasste *schriftliche Vortragslehre* existieren, in welcher dieser sein Ideal einer mustergültigen Aufführung seines Werkes darlegt. II. Als Ersatz oder Zusatz zur Notenvorlage hat der Interpret die Möglichkeit der direkten dialogischen Kommunikation mit dem Urheber der Komposition. In diesem Kommunikationsprozess kann der Komponist dem Interpreten bei Bedarf beliebig viele Vortragsanweisungen vermitteln. In diesem Fall spricht man von *mündlicher Vortragslehre*. Hierdurch kann der Komponist – und dies ist der entscheidende Unterschied zum erstgenannten Modell – auf die Interpretation direkten Einfluss ausüben, d.h. sie gegebenenfalls gemäß seinen inhaltlichen und klanglichen Vorstellungen korrigieren. III. Der Komponist ist selber der performative Interpret seines eigenen Werkes und setzt – sofern ihm im Idealfall die interpretationstechnischen Mittel und Fertigkeiten zu Gebote stehen – das von ihm geschaffene Opus gemäß seinen eigenen Vorstellungen um.[1660] Das zuletzt beschriebene Modell ist logischerweise nur während der Lebenszeit des jeweiligen Komponisten möglich. Die allgemeine Musikpräferenz im Bereich Kirchenmusik bringt es jedoch mit sich, dass innerhalb der Liturgie überwiegend Messen bereits verstorbener Komponisten aufgeführt werden, weshalb das besagte Modell für unsere Erwägungen keine nennenswerte Relevanz besitzt. Das zweite Modell setzt voraus, dass Komponist und Interpret zum selben Zeitpunkt leben. Ist dies nicht der Fall, ist keine Möglichkeit gegeben, die intendierte Übereinstimmung von Autor- und Interpretenintention zu verifizieren[1661]: Das erstgenannte Modell ist das gängigste. Auch

---

[1658] Vgl. PREU 324.

[1659] Da die inklusive Sprache bei den folgenden Ausführungen die Perspikuität des Textflusses massiv behindern würde, sei bei den Lesern und Leserinnen um Verständnis gebeten, wenn im Folgenden bei dem Wort „Interpret" das feminine Endmorphem nicht mehr eigens angehängt wird. Selbstverständlich sind auch weiterhin die Interpret*innen* mit intendiert. Bei dem Wort „Komponist" ist der Verzicht auf das feminine Endmorphem insofern legitimiert, als im gesamten Repertoire traditioneller mehrstimmiger Messen keine Frau als Komponistin nachgewiesen werden kann.

[1660] Vgl. DANUSER 1055.

[1661] Dies gilt freilich nur dann, wenn keine Reproduktionen auf Tonträgern vorliegen, die durch den Komponisten selbst oder unter seiner Leitung aufgezeichnet wurden (sog.

wenn aufgrund des Vorhandenseins einer Notenvorlage und deren werktextlicher Vortragsbezeichnungen die Interpretation wohl niemals *total* von der Autorintention differieren kann, ist eine graduelle Diskrepanz gleichwohl niemals auszuschließen. Der Interpret ist in den ersten beiden Fällen ja immer auch zugleich Rezipient. Als Nachschaffender ist er teils empfangend, teils hervorbringend, d.h. er decodiert nicht nur, sondern codiert das Werk auch um. „Bei musikalischer Interpretation greifen Autor- und Interpretenintention ... ineinander. Die Kategorie *Autorintention* ist freilich mit der Schwierigkeit verbunden, daß zum einen es keineswegs ausgemacht ist, was im Einzelfall die Intention des Komponisten als des Autors seines Werkes sei, und zum anderen selbst dort, wo sie mehr oder weniger eindeutig rekonstruiert werden kann, ihre Relevanz für die Interpretation eines Werkes nicht feststeht, weil ihr unterschiedliche Bedeutungen zukommen und nach einem Grundsatz der neueren Hermeneutik Text und Werk ihre wirkungsgeschichtliche Bedeutung in jedem Fall unter Loslösung von dem Sinnhorizont des Autors entfalten. [...] Das Verhältnis von Autor- und Interpretenintention wirft [somit] die Frage auf, in welcher Weise der Interpret als handelndes Subjekt an die Stelle des Komponisten zu treten befugt sei."[1662] Die in Kapitel 4.3 in den fünf Modellen zur Produktions- und Rezeptionsästhetik dargelegte hermeneutische Grundproblematik trifft also gleichermaßen auch auf den Interpreten zu: So ist es etwa – um nur einen Teil der möglichen Probleme aufzuzeigen – möglich, dass der Interpret seine eigene Intention unkritisch in das Werk hineinprojiziert und sie gleichwohl für die Autorintention hält, wobei es Zufall wäre, wenn Interpreten- und Autorintention koinzidierten. Die zwischen beiden Intentionen bestehende graduelle Diskrepanz wird sich jedoch noch vergrößern, wenn der Interpret seine eigene Intention gegenüber der Autorintention autonomistisch bewusst verabsolutiert, wodurch eine Verfremdung der Komposition eintritt. Andererseits bedarf die Komposition bei ihrer Verklanglichung des individuellen Interpretationswillens, um nicht zu einer spannungslosen Reproduktion rein werktextlicher Vortragsbezeichnungen zu werden.[1663] Aus dem hier beschriebenen spannungsvollen Verhältnis zwischen Autor- und Interpretenintention ergeben sich drei grundsätzliche Interpretationsmodi. Der *historisch-rekonstruktive* Modus strebt durch die sog. *historische Aufführungspraxis* eine geschichtliche Rekonstruktion der ursprünglichen Aufführungsart eines Werkes an. Diese ist allerdings nicht nur durch die aufführungshistorisch lückenhafte Quellenlage infrage gestellt, sondern auch dadurch, dass hinsichtlich des Zieles der Rekonstruktion eine letztlich nicht entscheidbare Wahlmöglichkeit besteht: Orientiert man sich an der zufälligen Disposition, an eventuellen exzeptionellen Ausnahmebedingungen oder an vom Komponisten erstrebten idealen aber zu seiner Zeit unerfüllbaren Wunschvorstellungen der ursprünglichen Aufführungsart? Da aber keine der drei Optionen heute bis ins Detail rekonstruierbar ist, sind beim sog. historisch-rekonstruktiven Interpretati-

---

auktoriale Tonträger). Jedoch ist selbst in diesem Fall mit Einbußen an Authentizität zu rechnen, insofern aufnahme- oder reproduktionstechnische Manipulationen vorliegen können.

1662 DANUSER 1055 f.

1663 Vgl. hierzu etwa auch GRATZER 77.

onsmodus Rekonstruktion und Konstruktion kaum zu scheiden. Die zweite Interpretationsweise besteht im *traditionellen Modus*, welcher in den organisch fließenden Strom der musikalischen Wirkungsgeschichte eingebettet ist. Basierend auf der Überzeugung, dass die großen Werke der musikalischen Ausdruckskunst in der gestalterischen Kreativität des Interpreten ihre letzte Begründungsinstanz finden müssten, erachtet dieser Modus die historische Rekonstruktion als wenig relevant. Der traditionelle Modus hat a priori eine zumindest teilweise Loslösung von der Texttreue zur Folge. Als Drittes ist der *aktualisierende Modus* zu nennen, welcher eine Anpassung von Werken an einen zeitgenössischen Erwartungshorizont zu realisieren trachtet. Es geht ihm darum, die mutmaßliche Autorintention auch unter veränderten Umständen einzulösen und die Werke einer neuen Gegenwart zuzuführen, weshalb unter Umständen auch Maßnahmen wie Instrumentationsretuschen erfolgen können. Somit wird hierbei die Vergangenheit aus einem reflektierenden Geist der Gegenwart gedeutet, was wiederum die Idee widerspiegelt, eine problemgeschichtliche Beziehung zwischen musikalischen Denkformen der Gegenwart und Prinzipien älterer Musik aufzuspüren und Werke so wiederzugeben, dass ihre verborgenen Züge zu lebendiger ästhetischer Gegenwart erhoben werden.[1664]

Wie bereits in der Problemanzeige des dritten Kapitels der vorliegenden Monographie angedeutet wurde, kann der performative Interpret der traditionellen mehrstimmigen Messe nicht ausschließlich über seine aufführungspraktische Funktion definiert werden. Indem er innerhalb der Messe einen Dienst ausübt, welcher ein integrativer Bestandteil der Liturgie ist, wird sein Tun letztlich selbst zur Liturgie. Damit wird das rein aufführungspraktische Moment durch eine es unendlich übersteigende Dimension überhöht: Was sich als Verklanglichung einer musikalischen Reproduktionsvorgabe zunächst auf der horizontalen Ebene rein zwischenmenschlicher Interaktion abspielt, wird durch seine liturgische Indienstnahme in eine katabatische Richtung entgrenzt und hat zugleich – indem es in das heilsökonomische Kult-Geschehen einbezogen ist – Teil an der anabatischen Rückantwort aus dem Transzendenten. Wer als Musiker dieses Geschehen mitzuvollziehen berufen ist, steht mithin in einer doppelten Verantwortung: Er hat aus der Verpflichtung gegenüber dem Autorenwillen größtmögliche werktextliche Integrität zu wahren und hat zugleich die dem Werk inhärierenden liturgisch-theologischen Impulse des Werkes derart freizusetzen, dass das Werk als spirituelles Evidenzerlebnis mit der Liturgie eins werden kann. Die Instruktion „*Musicam sacram*“ drückt dies folgendermaßen aus: „Es ist dringend erforderlich, daß die ... Musiker nicht nur ihre Instrumente beherrschen. Sie müssen vielmehr so tief den Geist der Liturgie erfassen und in ihn eindringen, daß sie ... es verstehen, die heiligen Feiern gemäß der Eigenart der einzelnen Teile auszuschmücken und die Teilnahme der Gläubigen zu fördern“[1665] (MS, Art. 67). Diesen liturgietheologischen Anforderungen wird sich der Interpret mit einer hohen Bereitschaft zur

---

[1664] DANUSER 1057-1059.
[1665] Deutsche Übersetzung zitiert nach RENNINGS / KLÖCKENER (Rand-Nr. 799) 422. Vgl. in ähnlicher Weise auch MS, Art. 24.

Selbstkritk stellen müssen, wenn ihm das Recht zu einem die gläubige Gemeinde vertretenden Tun zuerkannt werden soll. Denn in seiner Person will die künstlerische zur liturgischen Funktion in ein adäquates Verhältnis gebracht werden. Im außerliturgischen Bereich ist es selbstverständlich, dass der Interpret im Hinblick auf die Hörer nicht nur gibt, sondern auch nimmt: Für das Darbieten seiner Kunstfertigkeit empfängt er eine ihm direkt geltende Rückmeldung seitens des Publikums. Trifft seine Interpretation die Präferenzen des Auditoriums, honoriert dieses seine Leistung ideell und materiell, was vom profanen Kulturverständnis her völlig legitim ist. So ergibt es sich meist unweigerlich, dass als Movens der Interpretation immer auch in unterschiedlichem Maße das Streben nach künstlerischem Erfolg beteiligt ist. Dieses Erfolgsmotiv kann vom Interpreten im Sinne einer notwendigen, aber künstlerisch marginalen Begleiterscheinung sachlich bewertet werden, kann aber auch zu einer Verzerrung seiner Selbstwahrnehmung führen, welche schließlich in einer narzisstischen, prestige-fixierten Egozentrik endet. Das Ziel liturgischer Musikinterpretation aber ist einzig „die Ehre Gottes und die Heiligung der Gläubigen“[1666] (Konstitution „*Sacrosanctum Concilium*“, Art. 112) und verhält sich damit fundamental inkompatibel zu jeglichem „do ut des“-Denken des Interpreten, was über das Maß einer kirchlich vertretbaren, gewöhnlichen materiellen Aufwandsentschädigung hinausgeht. Das Erheischen eines einzig der eigenen interpretatorischen Kunstfertigkeit geltenden Publikumserfolges verhält sich zur hohen Bestimmung der Musica sacra kontradiktorisch; eine nur durch Selbstdarstellung motivierte interpretatorische Perfektionierung geht am inneren Anliegen der Liturgie vorbei. Das einzig liturgiegemäße Erfolgs- und Perfektionierungsstreben ist jenes, welches alles interpretatorische Vermögen ausschließlich zur Verwirklichung einer möglichst makellosen kultischen Darreichung an Gott zum Einsatz bringt. Bei der performativen Interpretation der traditionellen mehrstimmigen Messe muss wie bei „ ... jedem akustischen Grundakt (Wortvortrag, Gesang, Musikstück) gefragt werden: wie wird Sprechen, Singen, Musizieren zum religiösen Akt, damit sich darin Epiphanie, Ankunft der lebendigen Botschaft ereignen kann?“[1667]

In der Tat gilt es zu fragen: Wie kann die Verklanglichung der Ordinariumskomposition tatsächlich zur vergegenwärtigenden Verkündigung werden? In dieser Frage gibt es widerstreitende Positionen. Während die einen behaupten, der Interpret müsse nicht unbedingt professionell, dafür aber ein gläubiger und praktizierender Christ sein, betrachten es andere als ausreichend, wenn der ausübende Musiker ungeachtet seiner inneren Einstellung das Werk mit einem Höchstmaß an performativer Professionalität interpretiert. Beide Haltungen zeugen von vereinseitigender Verkürzung. Die Erstere wird dem musikalischen Werk, die Letztere dem Anliegen der Liturgie nicht gerecht. Hier vermag der oben zitierte Art. 67 der Instruktion „*Musicam sacram*“ eine eindeutige Antwort zu geben, denn dort wird vom Interpreten nicht gefordert, dass er selber ein gläubiger und praktizierender

---

[1666] Deutsche Übersetzung zitiert nach LThK-Sonderband „Das Zweite Vatikanische Konzil. Konstitutionen, Dekrete, Erklärungen (lat./dt.) und Kommentare“ Bd. 1 95.
[1667] Gerhards, Hören – ein liturgischer Akt 163.

Christ sei, sondern dass er „ ... tief den Geist der Liturgie erfassen und in ihn eindringen ...“ soll. Es ist nicht nur berechtigt, sondern schlichtweg angemessen, die künstlerische Verherrlichung Gottes mit den bestmöglichen Interpreten auszuführen. Diese lassen sich in einer Zeit allgemeiner Säkularisation und dramatisch zunehmender Kirchenaustritte nicht mehr aus dem eigenen Reihen rekrutieren, womit die Forderung nach dem kirchlich praktizierenden Interpreten nicht länger aufrecht zu erhalten ist. Werden aber Musiker aus dem außerkirchlichen Bereich engagiert, so sind die Mindestvoraussetzungen durch den zitierten Art. 67 unmissverständlich genannt: Der Interpret muss in jedem Fall, ungeachtet seiner eigenen inneren Einstellung, den Willen nicht nur zur Toleranz, sondern zur aufrichtigen *Empathie* in das liturgische Geschehen mitbringen.[1668] Letztere wird nicht erreicht durch die oberflächlich imitierende Stilisierung eines vermeintlichen liturgischen Idioms, sondern nur durch personale Wahrhaftigkeit.[1669] Etwas – um die Wortwahl von MS, Art. 67 zu gebrauchen – „tief“ zu erfassen und „in seinen Geist einzudringen“ („intimum ... spiritum cognoscere et penetrare“) bedeutet zwar nicht zwangsläufig, sich seinen Inhalt existentiell zu Eigen zu machen, es erfordert aber immer sein weitestmögliches Verstehen. Der Interpret kann das Werk nur umcodieren, wenn er in der Lage ist, es zuvor zu decodieren. „Interpretation ... ist ein Akt ‚verstehenden Begreifens‘“[1670]. Daher fordert „*Musicam sacram*“ in Art. 24, den Musikern müsse vor Beginn ihrer liturgischen Tätigkeit „ ... eine angemessene liturgische und geistliche Unterweisung zuteil werden ...“[1671]. Diesem Postulat kann ebenfalls durch die Anwendung der doppelten Werkkontextualisierung entsprochen werden. Da diese nicht jeder Interpret allein zu leisten imstande ist, ist es mithin Aufgabe des Ensembleleiters, die Mitglieder des Klangkörpers (Chor sowie gegebenenfalls Orchester und Solisten) mit dem Produktionskontext und den liturgisch-theologischen Impulsen des Werkes vertraut zu machen. Eine solche liturgisch-theologische Werkeinführung wird in vielen Fällen gewiss nicht nur der Information des ausführenden Musikers dienen, sondern birgt zusätzlich die Chance, eventuell auch bei jenem Interpreten, welcher dem inneren Anliegen der Liturgie bislang ferne stand, hinsichtlich des christlichen Glaubens und Kultes persönliches Interesse oder gar existentielle Betroffenheit zu wecken.

Der der traditionellen mehrstimmigen Messe angemessene Interpretationsmodus kann nur in einer musikalisch *und* liturgietheologisch verstandenen Synthese des historisch-rekonstruktiven und des aktualisierenden Modus bestehen. Beim historisch-rekonstruktiven Modus muss über die aufführungspraktische Ebene hinaus auch die liturgisch-theologische Signatur des Produktionskontextes in den Blick genommen werden, während der aktualisierende Modus demnach nicht als Modifizierung des Werktextes, sondern in einem weiteren Sinne als Deutung der „Vergangenheit aus einem reflektierenden Geist der Gegenwart“[1672] praktiziert werden will. Die Synthese beider Modi bedeutet, die lediglich vortragsbezeichnen-

---

1668 Vgl. hierzu etwa auch Rau 404 oder Merkes 144.
1669 Vgl. etwa auch Harnoncourt, Wie wird unser Singen „liturgiefähig“? 219.
1670 Wellek 242.
1671 Deutsche Übersetzung zitiert nach Rennings / Klöckener (Rand-Nr. 756) 411.
1672 Danuser 1059.

de Oberfläche des Werktextes zu durchbrechen, in das essentielle Innere der Komposition vorzudringen und die darin entdeckten musikalisch-theologischen Impulse dem Hörer musikalisch so nahe zu bringen, dass dieser sie vernimmt als „ ... Sprache wo Sprachen enden."[1673]

6.2 „Aktives Hören": Wie ein Schlagwort mittels der doppelten Werkkontextualisierung zur sinnvollen Realität werden kann

Es ist faktisch unleugbar: Während der liturgischen „Aufführung" einer traditionellen mehrstimmigen Messe sind im *ganzheitlichen*, d.h. leibgeistigen Sinne nur die Interpreten produktiv tätig. Indem sie die Notenvorlage umcodieren, betätigen sie sich mental und indem sie ihren Stimm- und Atemapparat aktivieren bzw. ein Musikinstrument handhaben, betätigen sie sich zugleich physisch. Der Rest der gottesdienstlichen Gemeinde hört der Musik zu, was in physischer Hinsicht keine produktive Aktivität, sondern ein passives Rezipieren von Sinnesreizen ist. Dem Vorwurf, das bloße Zuhören der Gemeinde verstoße gegen das Actuosa-participatio-Postulat, wurde in der einschlägigen Debatte im Rekurs auf die Instruktion „*Musicam sacram*", Art. 15 a mit dem Hinweis begegnet, dass Hören ebenfalls *als aktiver Vollzug* möglich sei. Ob dieses Argument zu Recht angeführt wird und wie es im Zusammenhang mit der doppelten Werkkontextualisiserung zu bewerten ist, soll nachfolgend erörtert werden.

Um den Begriff des Musik-Hörens auf eine wissenschaftlich präzise Diskussionsgrundlage stellen zu können, müssen wenigstens überblickartig seine musikpsychologischen Grundlagen skizziert werden; unter physikalischen und medizinischen Gesichtspunkten bringt die Behandlung der Thematik hinsichtlich unserer Fragestellung hingegen keinen nennenswerten Erkenntnisgewinn. Innerhalb der Hörpsychologie ist der Rezeptionsvorgang im engeren Sinne noch einmal vom weiter gefassten Rezeptionsbegriff abzutrennen, welchletzterer nämlich auch den sehr komplexen Forschungsbereich der Urteils- und Meinungsbildung betrifft.[1674] Da aber die Hör-Reaktionen bei der traditionellen mehrstimmigen Messe innerhalb der Liturgie letztlich in völlig andere Dimensionen führen, als sie durch die Begriffe „Urteil", „Wertung" oder „Meinung" eingefangen werden könnten, erscheint es wenig sinnvoll, den weiter gefassten Rezeptionsbegriff hier anzuwenden. Hinsichtlich des gegebenen Themas ist die Heranziehung des enger gefassten musikpsychologischen Rezeptionsbegriffes völlig ausreichend. Dieser sei nachfolgend definiert: „Unter Rezeption ist der Vorgang der auditiven Wahrnehmung von Musik und die emotionale und rationale Verarbeitung bestimmter musikalischer Vorgänge im Gehirn des Hörers zu verstehen. [...] Die auf den Vorgang der Rezeption einwirkenden und die Qualität des Hörprozesses mitbestimmenden Faktoren, wie Hörerfahrung, Hörgewohnheiten und Hörerwartungen, wie die Fähigkeiten des musikalischen Voraus- und Zurückhörens, Faktoren wie bereits erworbenen musi-

---

1673 RILKE 111.
1674 Vgl. etwa NIKETTA 331.

kalischen Kenntnisse, Fähigkeiten und Fertigkeiten und wie die unmittelbare Umwelt des Hörers, stehen in ständigen Wechselbeziehungen mit den im Dekodierungsprozeß sich vollziehenden emotionalen und intellektuellen Vorgängen."[1675] Für unser Thema relevant ist der jeweilige Zugang zur Musik während des auditiven Vorganges, die *Hörweise*. Zunächst einmal gilt es, sich die Beziehung des Hörers zum Schallereignis zu vergegenwärtigen. Diese lässt sich in drei Kategorien einfangen. Das *gewöhnliche Hören* ist auf die Schallqualität gerichtet, das *sprachliche Hören* konzentriert sich auf Bedeutungsinhalte jenseits der Schallqualität, während das *musikalische Hören* sich sowohl auf die Schallqualität (primär die Klangfarbe) als auch auf die Bedeutungsinhalte (primär die formale Struktur) des Schallereignisses richtet. Diese Kategorien treten selbstverständlich selten in Reinform, hingegen meist in Überschneidung auf. Bei den eigentlichen *Zugangsweisen zur Musik während ihrer Aktuierung* können folgende Hörweisen unterschieden werden: Das *stimmungshafte Hören*, welches als ein Versinken in klangverhafteten Stimmungen im Sinne eines stimmungshaften Aufgehens in der Musik unter weitgehender Ausschaltung des rationalen Denkens umschrieben werden kann, das *assoziative Hören*, bei welchem der Hörer in einer emotional eher distanzierten Weise eine literarisch-illustrative Umdeutung der musikalischen Bewegung vornimmt sowie die *aufgeschlossene Hingabe an das Werk*, bei der die wesentliche Leistung des Hörers im inneren Nachvollzug liegt. Auch bei den hier genannten Hörweisen ist freilich eine exakte Abgrenzung nicht möglich, weil die Struktur der musikogenen Emotionen beim Rezipienten empirisch kaum systematisiert werden kann. Ein positiv wie negativ nutzbarer Effekt der Musikwahrnehmung besteht in ihrer Eigenschaft, die in einem bestimmten Kontext (etwa einem Gottesdienst) vorherrschende Stimmungslage zu verstärken oder abzuschwächen (sog. Kongruenz- bzw. Kontrastprinzip). Generell kann der Großteil des emotionalen Erlebens des Menschen gegebenenfalls durch dessen spezifische Weise der Musikrezeption beeinflusst werden.[1676]

Eines der Grundprobleme des auditiven Rezeptionsvorganges ist die Bestimmung der Relation von Fühlen und Denken, welche meistens antagonistisch, hingegen nur selten synergistisch oder komplementär zu Tage tritt. Dabei vermag der Rezipient bis zu einem gewissen Grad selbst das Verhältnis zwischen kognitiven und emotionalen Vorgängen zu steuern. Beim Erleben von Musik unterdrückt zwar in der Regel vermehrtes Denken die emotionalen Regungen, andererseits mindert zu stark ausgeprägtes emotionales Mitschwingen und Betroffensein die Bereitschaft zur vollen Wahrnehmung der Musik.[1677] Die Polarität „kognitiv"–„emotional" wirft die Frage auf, wie es musikpsychologisch einzustufen ist, wenn der Rezipient eine „Hör-Anleitung" erhält. Solche Versuche, welche durch zusätzliche Informationen beim Hörer eine Veränderung seiner Musikrezeption zu erreichen trachten, werden musikpsychologisch als „soziale Einflußversuche durch *beeinflussende Kommunikation*"[1678] verstanden. Hierbei interessiert uns jedoch nicht die Erschließung der formalen Struktur und des Tonsatzes eines Werkes.

[1675] PREU 324 f.
[1676] Vgl. HARRER 593 f.
[1677] Vgl. HARRER 593-598.
[1678] NIKETTA 336.

Erschließung der formalen Struktur und des Tonsatzes eines Werkes. Diesbezüglich ist empirisch erwiesen, dass Fachleute ein musikalisches Werk meist intensiver erleben, wenn sie es analysieren, während bei Laien eine kompositionstechnische Analyse häufig die Intensität des Erlebens mindert.[1679] Diese psychischen Mechanismen können hingegen auf die Eruierung der einem Werk zugrundeliegenden Autorintention durchaus nicht einfach übertragen werden. „Der musiktheoretisch ... nicht vorgebildete ‚Musikalische‘ hat einen genauso ästhetisch zureichenden und legitimen Zugang zur Musik wie der Musikforscher. Was andererseits doch zum Musikhören, auch des sogenannten Laien, notwendig dazugehört, ist eine gewisse psychologisch-akustische und auch kulturelle Vertrautheit mit dem Phänomen ‚Musik‘. Es [...] hängt [überdies] ... vom ästhetischen und allgemein vom Bildungsniveau des Hörers ab, ob und wieweit er den Intentionen eines Komponisten zu folgen und gerecht zu werden vermag, zumal, wenn ihm keine Hilfen und Hinweise geboten werden ...“[1680]. Dass solche „Hilfen und Hinweise“ für ein umfassendes Verstehen der Musik[1681] eine unabdingbare Voraussetzung sind, ist mithin durch die Erkenntnisse der Musikpsychologie gestützt. Welche Konsequenz sich hieraus für die Frage nach der „Aktivität“ bzw. „Passivität“ des auditiven Rezeptionsvorganges ableiten lassen, soll nachfolgend im Transfer dargelegt werden.

Verschiebt sich die spannungsvolle Polarität zwischen kognitiven und emotionalen Anteilen beim Hörvorgang, wird einer der beiden Bereiche passiver, während der andere dominiert – ein ausgewogenes Musikerleben ist nicht mehr möglich. Erst wenn beide Bereiche in gleichem Maße *aktiv* sind, können sie synergistisch verschmelzen; nur dann vermag das Hören den höchsten Grad von „Aktivität“ zu erreichen. „*Aktives Hören*“ ist mithin möglich, bedarf jedoch eines Impulses, welcher dem Hörer hilft, die beiden Pole Denken und Fühlen zu äquilibrieren, damit er der umfassendsten Hörweise teilhaftig werden kann: der oben genannten aufgeschlossenen Hingabe an das Werk im inneren Nachvollziehen. Ein solches „kreativ-kongeniales Hören“[1682] widerspricht in keinster Weise dem Actuosa-participatio-Postulat. Letzteres ausschließlich im Sinne einer leibgeistig-ganzheitlichen Aktivität, d.h. einer Koinzidenz von mentaler *und* physischer Betätigung zu verstehen, lässt auf einer Irreführung durch die deutsche Übersetzung schließen. Das deutsche Wort „Teilnahme“ suggeriert in der Tat durch die Vorstellung des Sich-seinen-Teil-Nehmens ein produktives Tun, das sich als dezidierter Handlungswille ganzheitlich aktiv in die Liturgie einbringen will. Die Bedeutung des lateinischen Lexems „participatio“ meint aber wohl eher „Teil*habe*“ – seine Semantik bezeichnet also durchaus nicht nur produktive, sondern auch rezeptive Tätigkeiten.[1683] Teilhabe setzt immer einen inneren Mitvollzug voraus, der äußere Mitvollzug ist nach dem Bedeutungsinhalt des Wortes hingegen lediglich

---

[1679] Vgl. HARRER 596.
[1680] WELLEK 215.240.
[1681] Vgl. hierzu ausführlich die Erklärungsmodelle des Musikverstehens bei LA MOTTE-HABER 414-453.
[1682] GERHARDS, Hören – ein liturgischer Akt 163.
[1683] Vgl. etwa auch BECKER 188 sowie GÖLLER 129.

fakultativ. Dies ist die eigentliche Intention, welche das Konzil mit der Forderung der actuosa participatio verknüpfte. Für alle Gottesdienstteilnehmer in der gesamten Liturgie eine pausenlose leibgeistige Aktivität zu erstreben, hieße die Aktivität zum Aktivismus zu pervertieren. Überdies verhält es sich durchaus nicht so, dass die äußere Teilnahme per se ein tieferes Verstehen der Liturgie garantiert als es die innere Teilhabe vermag. Vielmehr ist bei manchen liturgischen Zeremonien, Riten und Texten das Gegenteil der Fall.

Wie aber kann dem gottesdienstlichen Hörer der traditionellen mehrstimmigen Messe dazu verholfen werden, tatsächlich zur innerlich aktiven Teilhabe an diesem Werk zu gelangen? Die Lösung kann nur jene oben angeregte „Mystagogik des vertonten Ordinarium missae“ sein, deren Ort die Homilie (bzw. ergänzungsweise auch die Einführung zu Beginn der Messfeier) ist. Basierend auf der doppelten Werkkontextualisierung, ist es die ebenso anspruchsvolle wie schwierige Aufgabe dieser „Mystagogik“, dem Hörer die liturgisch-theologischen Impulse des Werkes so zu erschließen, dass weder die kognitiven noch die emotionalen Elemente übergewichtet werden. In dem in der Liturgie sich vollziehenden existentiellen Glaubensbezug sind beide Momente – das Denken und das Fühlen – zu einer wesensmäßigen Einheit verschmolzen. Dem sollte die homiletische Anleitung zum aktiven Hören Rechnung tragen. Andererseits ist auch dem hörenden Gottesdienstteilnehmer ein hohes Maß an selbstursprünglicher innerer Initiative abverlangt, will er ein wahrhaft „aktiver“ Hörer werden. So steht am Beginn des Hörvorganges der Wille zur unbedingten Aufmerksamkeit. „Hören ist Gabe *und* Aufgabe. Denn man kann sehr wohl hören, ohne zu hören. [...] Es genügt nicht, nur rein akustisch zu hören. Vielmehr bedarf es des verständigen Zuhörens. Aus solchem Hören kommt der Glaube.“[1684] Damit übersteigt das liturgische Hören jene Ebene, die mittels einer empirischen Musikpsychologie noch definierbar ist. Ein spirituell motiviertes Aufnehmen der liturgisch-theologischen Impulse der mehrstimmigen Messe erfordert „ ... ein Hören, das nicht nur die äußere Information, sondern auch die ‚Obertöne‘ aufzunehmen vermag, gleichsam akustisch ‚zwischen den Zeilen lesen‘ kann. Diese Art zu hören muß eingeübt werden. ...Wird dem Wort, dem Gesang, dem Musikstück ein ‚Klangraum‘ zugebilligt, in dem sie sich angemessen entfalten können? Ist der Gottesdienst eine pausenlose Beschallung, oder enthält er (an entsprechender Stelle) Phasen der Stille? Geben die Träger besonderer Dienste als Hörende ein Beispiel aktiven Hörens ...?“[1685] Wie etwa auch in Art. 30 der Konstitution *„Sacrosanctum Concilium“* und in Art. 17 der Instruktion *„Musicam sacram“* angemahnt wird, darf gerade auf die soeben angesprochenen Momente der Stille und des Schweigens zwischen den verschiedenen liturgischen Schallereignissen keinesfalls verzichtet werden[1686], um die hörende Gemeinde nicht zu überfordern. Aufmerksames, konzentriertes Zuhören stellt eine enorme psychische Anstrengung dar, die – wenn sie dem Hörer ohne

---

[1684] KLEBER 636 f.
[1685] GERHARDS, Hören – ein liturgischer Akt 163. Vgl. hierzu auch KURZSCHENKEL 560 und PACIK, Probleme des "Hochamts" 159.
[1686] Vgl. ebenso auch AEM, n. 23. Zur Relevanz der Stille innerhalb der Liturgie vgl. etwa auch GERHARDS, Gottesdienst – Ort der Weitergabe des Glaubens Teil II 108 f.

Unterbrechung über eine längere Zeitspanne hin zugemutet wird – bei diesem nicht nur eine mentale, sondern auch eine psychophysische Ermüdung zeitigt. Stille-Phasen können hier also auch der notwendigen Entspannung dienlich sein.[1687] Als Marginalie wäre schließlich noch die während des Hörens ausgeübte Körperhaltung anzusprechen: Sitzen kann leicht zur auch innerlich passiven, d.h. durch Musikkonsum gesättigten Haltung des bildungsbürgerlichen Konzertpublikums depravieren, welche ein mentales „Abschalten" nach sich zieht. Auch wenn dies selbstverständlich nicht zwangsläufig der Fall sein muss, könnte die alternative Variante bei kurzen Ordinariumssätzen (in Missae breves bzw. Missae brevissimae), die in der mehrstimmigen Vertonung nicht wesentlich länger als beim Gemeindegesang oder beim gesprochenen Text dauern, auch einmal die *stehende* Körperhaltung sein. Dadurch würde auf suggestive Weise unterstrichen, dass es sich beim vertonten Ordinarium um Liturgie im eigentlichsten Sinne handelt, die vollste Aufmerksamkeit und innere Beteiligung verdient.

Die letzten Ausführungen verstehen sich wie gesagt als abrundende Denkimpulse der in in den vorigen Kapiteln dargelegten musikliturgischen Hermeneutik. Das Problem der Vereinbarkeit traditioneller mehrstimmiger Messen mit der erneuerten Liturgie ist durch die „Hilfsoperation" einer interdisziplinär ausgerichteten liturgiewissenschaftlichen Methode selbstverständlich nicht grundsätzlich für künftige Zeiten aus der Welt geschafft, da die notwendige polare Spannung des Konkret-Lebendigen ja immer wieder neu und anders durch die Subjekte ihres Kontextes justiert sein will. Im Rekurs auf den personalen Ansatz der Liturgiewissenschaft besteht aber die Chance, dass das Vereinbarkeitsproblem nun nicht mehr als ein sich selbst blockierender konträrer Gegensatz missverstanden werden muss, sondern als fruchtbares Potential einer „Liturgie im Werden"[1688] positiv genutzt werden kann.

6.3 Schlussgedanken: Einmütige Vielfalt und vielfältige Einmütigkeit im musikalischen Gottes-Dienst

In Art. 32 der Dogmatischen Konstitution über die Kirche „*Lumen gentium*" (1964) lesen wir: „Die heilige Kirche ist kraft göttlicher Einrichtung in wunderbarer Mannigfaltigkeit geordnet ... . [...] So geben alle in der Verschiedenheit Zeugnis von der wunderbaren Einheit im Leibe Christi: den gerade die Vielfalt der Gnadengaben, Dienstleistungen und Tätigkeiten vereint die Kinder Gottes, weil ‚dies alles der eine und gleiche Geist wirkt' (1 Kor 12,11)"[1689] Was hier in genere über die Kirche in all ihren Lebensvollzügen gesagt wird, gilt natürlich auch für die Liturgie. So heißt es in der Liturgiekonstitution „*Sacrosanctum Concilium*": „In den Dingen, die den Glauben oder das Allgemeinwohl nicht betreffen, wünscht die Kirche nicht eine starre Einheitlichkeit der Form zur Pflicht zu machen, nicht

[1687] Vgl. etwa auch KOHLSCHEIN 56.
[1688] GERHARDS, Koinonia (Communio) und die Gestalt einer Liturgie im Werden 110.
[1689] Deutsche Übersetzung zitiert nach LTHK-SONDERBAND „Das Zweite Vatikanische Konzil. Konstitutionen, Dekrete, Erklärungen (lat./dt.) und Kommentare" Bd. 1 267.

einmal in ihrem Gottesdienst“[1690]. (Art. 37) „Unter Wahrung der Einheit des römischen Ritus im wesentlichen ist berechtigter Vielfalt und Anpassung an die verschiedenen Gemeinschaften, Gegenden und Völker ... Raum zu belassen.“[1691] (Art 38). Diese dezidierte Option des Konzils für die Einheit in Vielfalt als ein Wesensmerkmal des Katholischen betrifft selbstverständlich auch die Musica sacra (siehe hierzu etwa SC, Art. 119). Aus SC, Art. 37 geht hervor, dass die Glaubenssubstanz, welche von der Musica sacra transportiert und durch sie verkündet wird, immer in der *einen* Botschaft Christi, wie sie durch die Schrift grundgelegt und durch die Tradition des kirchlichen Lehramtes entfaltet ist, gründen muss. In dieser ihrer Grundausrichtung besteht die Einheit jeglicher liturgischer Musik. Da aber ihre kompositorisch-werktextliche Fixierung und ihre performatorische Ausführung als solche „... den Glauben oder das Allgemeinwohl nicht betreffen“ (SC, Art. 37), ist hier ein sehr großes Variationsspektrum im Rahmen des der Liturgie Angemessenen möglich.[1692]

So ist selbstverständlich auch die traditionelle mehrstimmige Messe, mit der wir uns in den vorangegangenen Ausführungen so ausführlich beschäftigten, nur eine von vielen verschiedenen musikalischen Weisen, Gott zu danken, zu loben, anzubeten, zu bekennen und zu bitten. Die traditionelle mehrstimmige Messe darf in ihren qualitätvollsten Konkretionen als Hochform liturgischer Musik gelten. Im Sinne der oben dargelegten graduellen Strukturierung des Kirchenjahres wird sie somit vornehmlich an exzeptionellen liturgischen Fest-Anlässen „aufgeführt“ werden. Erklingt sie nämlich innerhalb eines liturgischen Jahreslaufes zu oft, wird die „Makro-Dramaturgie“ nivelliert und dieses kirchenmusikalische Genre verliert durch seine „inflationäre“ Verwendung in der Sicht seiner Rezipienten den belebenden Reiz des Besonderen. Außerdem besteht auch an den Festen und Hochfesten unter den Gläubigen durchaus kein absoluter Konsens darüber, dass einzig das traditionelle mehrstimmige Ordinarium unangefochten und alternativlos dem Festcharakter musikalisch entspräche. Jugendliche drücken ihre gottesdienstliche Festesfreude in der Regel lieber durch moderne rhythmische, rock- und popähnliche Gemeindelieder (d.h. aktuelle Kompositionen im Bereich des sog. „Neuen“ geistlichen Liedes) aus, weil das ihrer alltäglichen Musikpräferenz noch am ehesten entspricht. Es sollte mithin durchaus nicht so sein, dass sich jüngere Gottesdienstbesucher immer dem Musikgeschmack der älteren Generationen beugen müssen. In diesem Sinne lässt sich „ ... Gottesdienst als Lernprozeß für eine Gemeinde [verstehen]. Glaube hat so vielfältige Ausdrucksgestalt, und es ist wert, daß Glaubende sich gegenseitig ihre Ausdrucksgestaltung zumuten.“[1693] „Das Verhältnis von Liturgie und Kirchenmusik wird immer ein spannungsvolles Verhältnis bleiben, da nur in dieser Dialektik Liturgie und Kirchenmusik lebendig bleiben können. Wer die Gegensatzpaare traditionell-fortschrittlich, sakral-profan,

---

[1690] Deutsche Übersetzung zitiert nach LThK-Sonderband „Das Zweite Vatikanische Konzil. Konstitutionen, Dekrete, Erklärungen (lat./dt.) und Kommentare“ Bd. 1 43.

[1691] Deutsche Übersetzung zitiert nach LThK-Sonderband „Das Zweite Vatikanische Konzil. Konstitutionen, Dekrete, Erklärungen (lat./dt.) und Kommentare“ Bd. 1 43 f.

[1692] Vgl. hierzu etwa auch Prassl, Art. Zweites Vatikanisches Konzil 1288 f.

[1693] Becker 202.

vorgegeben-kreativ zur einen oder zur anderen Seite hin auflöst, wird der Eigenart christlicher Liturgie nicht gerecht."[1694] Wo in der Kirche versucht wird, die ebenso mobilisierende wie spannungsvolle Weite des kirchenmusikalischen Horizontes der Gegenwart, wie sie in den theologischen Konzepten des Zweiten Vatikanums grundgelegt ist, einzuengen, muss dies unweigerlich zu einem uniformierenden Neo-Rubrizismus führen, welcher dem wandernden Gottesvolk unnötige Barrieren in den Weg legt und dadurch die Dynamik seines Fortschreitens schwächt. „Die legitime Vielfalt der Feiern vom kaum strukturierbaren Schulgebet bis zum im Jubilieren ‚endlosen' Pontifikalamt muß insgesamt gesucht werden, weil dies eine Dimension des Katholischen ist. [...] Die Vielfalt der Möglichkeiten von konkreter gottesdienstlicher Gestaltung gehört zu den schönsten Früchten der Liturgiereform. [...] Es soll in jeder großen Stadt mit einer gewissen Regelmäßigkeit jeder durchaus das wählen können, was ihm hilft, den Gottesdienst besser mitzufeiern. Auch das wirkt gemeindebildend. [...] Auch hier gilt, daß es um den Geist, nicht um den Buchstaben geht. Der Geist der erneuerten Liturgie freilich ist weit, in diesem Hause gibt es viele Wohnungen. Das ist eigentlich eine sehr erfreuliche Perspektive für die Zukunft."[1695]

Traditionelle mehrstimmige Messen in erneuerter Liturgie – ein Widerspruch? Wo die gebotene Vielfalt gottesdienstlicher Artikulationsmodi geleugnet und die traditionelle mehrstimmige Messe künstlerisch-autonomistisch als einzig würdige Gestaltung des Ordinarium missae angesehen und als von ihren Rezipienten unverstandener Fremdkörper in die Liturgie „importiert" wird, gerät sie in einen unweigerlichen *Widerspruch* zur erneuerten Liturgie. Wo sie aber als *ein* Beitrag unter vielen anderen innerhalb der vielfältigen Einmütigkeit und einmütigen Vielfalt der Musica sacra konstruktiv-synergistisch mit der Liturgie verschmilzt und somit von ihren Rezipienten verstehend angenommen wird, ist sie innerhalb der erneuerten Liturgie unverzichtbar und bildet zusammen mit ihr einen harmonischen *Einklang*. Einen Weg zur Erreichung dieses Zieles aufzeigen zu dürfen, ist das Anliegen der vorliegenden Publikation.

[1694] GERHARDS, „Von unschätzbarem Wert". Zur Wechselbeziehung zwischen Kirchenmusik und Liturgie 139.

[1695] PRASSL, „Entkleidet den Katholicismus nicht seiner Kunstgewänder!" 139-142. Vgl. hierzu etwa auch MERKES 144, HENKE 113, RAUH 507.

Abkürzungsverzeichnis

I. Allgemeine Abkürzungen

Art.	Artikel
Bd.	Band
Bde.	Bände
bearb.	bearbeitet
bzw.	beziehungsweise
ders.	derselbe
dt.	deutsch
etc.	et cetera
f.	und die folgende Seite, Spalte
ff.	und die beiden folgenden Seiten, Spalten
FS	Festschrift
hg.	herausgegeben
Hg.	Herausgeber (singularisch)
Hgg.	Herausgeber (pluralisch)
hl.	heilig (-e, -er, -es)
Kap.	Kapitel
lat.	lateinisch (-e, -er, -es)
n(n).	Nummer(n)
op.	Opus
sc.	scilicet
sog.	so genannt (-e, -er, -es)
u.a.	unter anderem, und andere
u.ä.	und ähnliche (s)
u.U.	unter Umständen
usw.	und so weiter
v.Chr.	vor Christus
vgl.	vergleiche
Vol.	Volume
z.B.	zum Beispiel
zus.	zusammen

II. Ordensbezeichnungen und Zeichen

OSB	Ordo Sancti Benedicti
OSJD	Ordo Hospitalarius St. Joannis de Deo
OSU	Ordo Sanctae Ursulae
SJ	Societas Jesu
SP	Ordo Clericorum Regularium Pauperum Matris Dei Scholarum Piarum
*	geboren
†	gestorben
§	Paragraph
%	Prozent
&	et
~	circa

III. Biblische Bücher

Num	Das Buch Numeri
Ps	Die Psalmen
Jes	Das Buch Jesaja
Joël	Das Buch Joël
Sach	Das Buch Sacharja
Mt	Das Evangelium nach Matthäus
Mk	Das Evangelium nach Markus
Lk	Das Evangelium nach Lukas
Röm	Der Brief an die Römer
1 Kor	Der erste Brief an die Korinther
2 Kor	Der zweite Brief an die Korinther
Phil	Der Brief an die Philipper
Hebr	Der Brief an die Hebräer
1 Petr	Der erste Brief des Petrus

IV. Konzilsdokumente, Verlautbarungen des Apostolischen Stuhles und kirchliche Rechtsquellen

AEM	Allgemeine Einführung in das Römische Meßbuch (1975)
CIC	Codex Iuris Canonici
LG	Constitutio dogmatica de Ecclesia „Lumen gentium“ (Vaticanum II, 1965)
MS	Instructio de musica in sacra Liturgia „Musicam sacram“ (Sacra Congregatio Rituum, 1967)
SC	Constitutio de sacra Liturgia „Sacrosanctum Concilium“ (Vaticanum II, 1963)

V. Musikalische Werkverzeichnisse

BWV Bach-Werke-Verzeichnis (= Thematisch-Systematisches Verzeichnis der musikalischen Werke von Johann Sebastian Bach, hg. von Wolfgang SCHMIEDER, Wiesbaden ^{3}1966).

Hob. Hoboken-Verzeichnis (= Joseph Haydn. Thematisch-bibliographisches Werkverzeichnis, hg. von Anthony van HOBOKEN. Bd. I: Instrumentalwerke, Bd. II: Vokalwerke, Bd. III: Register, Addenda und Corrigenda, Mainz 1957-1978).

JWV Jugendwerkeverzeichnis (= Thematischer Katalog Josef Gabriel Rheinberger. Bayerische Staatsbibliothek München – Musiksammlung 4736).

KV Köchel-Verzeichnis (= Ludwig Ritter VON KÖCHEL, Chronologisch-thematisches Verzeichnis sämtlicher Tonwerke Wolfgang Amadeus Mozarts, Leipzig 1862).

KV^6 Sechste Auflage des Köchel-Verzeichnisses (= Ritter von Köchel, Chronologisch-thematisches Verzeichnis sämtlicher Tonwerke Wolfgang Amadeus Mozarts, bearb. und neu hg. von Franz GIEGLING, Gerd SIEVERS und Alexander WEINMANN, Wiesbaden 1964).

WAB Werkverzeichnis Anton Bruckner (Hg. von Renate GRASBERGER, Tutzing 1977).

VI. Zeitschriften, Serien, Quellenwerke, Handbücher[1696]

AAS	Acta Apostolicae Sedis (Roma)
ALW	Archiv für Liturgiewissenschaft (Regensburg)
AMf	Archiv für Musikforschung (Leipzig)
AMZ	Allgemeine Musikalische Zeitung (Leipzig)
ASKG	Archiv für schlesische Kirchengeschichte (Breslau)
ASS	Acta Sanctae Sedis (Roma)
BEL.S	Bibliotheca Ephemerides Liturgicae. Sectio subsidia 1 (Roma)
BenM	Benediktinische Monatsschrift (Beuron)
BiKi	Bibel und Kirche (Stuttgart)
BiLi	Bibel und Liturgie (Klosterneuburg)
BSHST	Basler Studien zur historischen und systematischen Theologie (Zürich)
CiG	Christ in der Gegenwart (Freiburg i.B.)
DDT	Denkmäler Deutscher Tonkunst (Leipzig)
Diak	Diakonia. Internationale Zeitschrift für die Praxis der Kirche (Mainz/Wien)
DTB	Denkmäler der Tonkunst in Bayern (Leipzig/Augsburg)
EHS.T	Europäische Hochschulschriften Reihe 23 Theologie 1 (Bern u.a.)
EK	Evangelische Kommentare (Stuttgart)

1696 Abkürzungen gemäß $IATG^2$ = SCHWERTNER, Siegfried M., $IATG^2$. Internationales Abkürzungsverzeichnis für Theologie und Grenzgebiete, Berlin u.a. ^{2}1992 sowie ergänzungsweise
ITA^6 = LEISTNER, Otto / BECKER, Heike, ITA^6. Internationale Titelabkürzungen von Zeitschriften, Zeitungen, wichtigen Handbüchern, Wörterbüchern, Gesetzen, Institutionen usw. = International title abbreviations of periodicals, newspapers, important handbooks, dictionaries, laws, institutions etc., Osnabrück ^{6}1995 sowie ALKIRE, Leland G., Periodical Title Abbreviations: By title = Vol. 2, Michigan ^{5}1986.

EL	Ephemerides Liturgicae (Rom)
Etudes	Études, revue fondée en 1856 (Paris)
EuA	Erbe und Auftrag. Benediktinische Monatsschrift (Beuron)
EvErz	Der Evangelische Erzieher (Frankfurt a.M.)
FRA	Fontes rerum Austriacarum (Wien)
FVK	Forschungen zur Volkskunde (Münster i.W.)
Gd	Gottesdienst (Freiburg i.Br.)
GdK	Gottesdienst der Kirche. Handbuch der Liturgiewissenschaft, hg. von Hans Bernhard MEYER u.a., Regensburg 1983 ff.
GrBl	Gregoriusblatt für Katholische Kirchenmusik (Aachen)
$GDMM^6$	The New GROVE. Dictionary of Music and Musicians. 6. edition, ed. by Stanley SADIE, 22 Bde., London 1979 ff.
Haydn-Stud	Haydn-Studien. Veröffentlichungen des Joseph-Haydn-Institutes (München)
HerKorr	Herder-Korrespondenz [Orbis catholicus] (Freiburg i.B.)
HlD	Heiliger Dienst (Salzburg)
Hochl	Hochland (München)
IKaZ	Internationale katholische Zeitschrift Communio (Frankfurt a.M.)
ISM	Mitteilungen der Internationalen Stiftung Mozarteum (Salzburg)
JLW	Jahrbuch für Liturgiewissenschaft (Münster)
JMusicRes	The journal of musicological research (Newark)
KKTS	Konfessionskundliche und kontroverstheologische Studien (Paderborn)
KMJ	Kirchenmusikalisches Jahrbuch (Regensburg/Köln)
LJ	Liturgisches Jahrbuch (Münster)
LM	Lutherische Monatshefte (Hamburg)
LQ	Liturgiegeschichtliche Quellen (Münster)
$LThK^2$	Lexikon für Theologie und Kirche. 2. Auflage, hg. von Josef HÖFER und Karl RAHNER, 10 Bde. und Register-Bd., Freiburg i.B. 1957-1967.
$LThK^3$	Lexikon für Theologie und Kirche. 3. Auflage, hg. von Walter KASPER u.a., 10 Bde., Freiburg i.B. 1993-2001.
MD	Maison-Dieu. Revue de pastorale liturgique (Paris)
ME	Musikerziehung. Arbeitsgemeinschaft der Musikerzieher Österreichs (Wien)
MGG	Die Musik in Geschichte und Gegenwart. Allgemeine Enzyklopädie der Musik, hg. von Friedrich BLUME, 16 Bde., Kassel u.a. 1949-1979.
MGG^2	Die Musik in Geschichte und Gegenwart. Allgemeine Enzyklopädie der Musik. Sachteil, 9 Bde. und Register-Bd., hg. von Ludwig FINSCHER, Kassel u.a. 1994-1999.
MitIntBrucknerGes	Mitteilungen der Internationalen Bruckner Gesellschaft (Linz)
MS(D)	Musica Sacra (Deutschland) (Regensburg)
MThS. H	Münchener theologische Studien. Historische Abteilung (München)
MuGg	Musik und Geistesgeschichte (Würzburg)
MuK	Musik und Kirche (Kassel)
MusAl	Musik und Altar (Freiburg i.B.)
MusDiv	Musica divina (Wien)
NMA	Wolfgang Amadeus Mozart. Neue Ausgabe sämtlicher Werke, hg. von Ernst Fritz SCHMID, Wolfgang PLATH, Wolfgang REHM u.a. zus. mit der INTERNATIONALEN STIFTUNG MOZARTEUM SALZBURG, 10 Serien mit 35 Werkgruppen, Kassel u.a. 1955-1991.
ÖMZ	Österreichische Musikzeitschrift (Wien)

OR	L'Osservatore Romano (Città del Vaticano)
PTHe	Praktische Theologie heute (Stuttgart)
RGG^3	Die Religion in Geschichte und Gegenwart. Handwörterbuch für Theologie und Religionswissenschaft. Dritte Auflage, hg. von Hans Freiherr von CAMPENHAUSEN u.a., 6 Bde. und Register-Bd., Tübingen 1956-1965.
RPäB	Religionspädagogische Beiträge. Religionspädagogische Perspektiven (Kassel)
SBKAB	Studien und Berichte der Katholischen Akademie in Bayern (München)
SchwRd	Schweizer Rundschau (Zürich)
SingKir	Singende Kirche (Wien)
Skm	Sammlung Kirchenmusik (Regensburg)
SpicFri	Spicilegium Friburgense. Texte zur Geschichte des kirchlichen Lebens (Fribourg)
StMw	Studien zur Musikwissenschaft (Leipzig/Wien)
StPaLi	Studien zur Pastoralliturgie (Regensburg)
StZ	Stimmen der Zeit. Monatsschrift für das Geistesleben der Gegenwart (Freiburg i.B.)
ThGl	Theologie und Glaube (Paderborn)
US	Una sancta. Zeitschrift für ökumenische Begegnung (Meitingen)
WABF	Wolfenbütteler Arbeiten zur Barockforschung (Wolfenbüttel)
WdF	Wege der Forschung (Darmstadt)
WPKG	Wissenschaft und Praxis in Kirche und Gesellschaft (Göttingen)
WuA(M)	Wort und Antwort. Zeitschrift für Fragen des Glaubens (Mainz)
ZfMw	Zeitschrift für Musikwissenschaft (Leipzig)
ZHVS	Zeitschrift des historischen Vereins für Schwaben (Augsburg)
ZKTh	Zeitschrift für katholische Theologie (Innsbruck/Wien)

Literaturverzeichnis

I. Quellen und Quellensammlungen

I.1 Kirchliche Quellen und Dokumente

I.1.1 Konzilsdokumente, Verlautbarungen des Apostolischen Stuhles und kirchliche Rechtsquellen

BENEDICTUS XIV., Epistula encyclica „Annus qui" ad episcopos per ditionem constitutos (1749), in: ROMITA, Florentius, *Jus Musicae Liturgicae*, Roma 1947, 253-270.

JOANNES XXII., Constitutio „Docta sanctorum Patrum" (1324/25), in: ROMITA, Florentius, *Jus Musicae Liturgicae*, Roma 1947, 47-48.

JOANNES XXII., Constitutio „In agro dominico" (1329), in: COULON, Auguste u.a. (Hgg.), *Lettres secrètes et curiales du pape Jean XXII.* tome 4, Paris 1965, 95-97.

JOANNES PAULUS II., Codex Iuris Canonici. Auctoritate Joannis Pauli Papae II promulgatus, Civitas Vaticana 1983.

PAULUS VI., Motu proprio „Sacram Liturgiam", in: *AAS* 56 (1964), 139-144.

PIUS X., Motu proprio de Musica sacra „Inter pastoralis officii sollicitudines" (ital. „Tra le sollecitudini"), in: *ASS* 36 (1903-4) 329-339; Deutsche Übersetzung (Auszug) zitiert nach: MEYER, Hans Bernhard / PACIK, Rudolf (Hgg.), *Dokumente zur Kirchenmusik. Unter besonderer Berücksichtigung des deutschen Sprachgebietes*, Regensburg 1981, 23-34.

PIUS X., Codex Iuris Canonici Pii Pontificis Maximi iussu digestus Benedicti Papae XV auctoritate promulgatus. Typis polyglottis Vaticanis, Civitas Vaticana 1917.

PIUS XI., Constitutio Apostolica „Divini cultus sanctitatem", in: *AAS* 21(1929) 33-41; Deutsche Übersetzung (Auszug) zitiert nach: MEYER, Hans Bernhard / PACIK, Rudolf (Hgg.), *Dokumente zur Kirchenmusik. Unter besonderer Berücksichtigung des deutschen Sprachgebietes*, Regensburg 1981, 35-44.

PIUS XII., Encyclica „Mystici Corporis Christi", in: *AAS* 35 (1943) 193-248.

PIUS XII., Litterae Encyclicae de Sacra Liturgia „Mediator Dei", in: *AAS* 39 (1947) 521-595.

PIUS XII., Encyclica „Musicae sacrae disciplina" , in: *AAS* 48 (1956), 5-25.

SACRA CONGREGATIO PRO CULTU DIVINO, Instructio tertia ad Constitutionem de sacra Liturgia recte exsequendam „Liturgicae instaurationes", in: *AAS* 62 (1970) 692-704; Deutsche Übersetzung (Auszug) zitiert nach: RENNINGS, Heinrich / KLÖCKENER, Martin, *Dokumente zur Erneuerung der Liturgie. Bd. 1: Dokumente des Apostolischen Stuhls 1963-1973*, Kevelaer 1983, Dokument Nr. 132 (Rand-Nr. 2171-2186) 949-962.

SACRA CONGREGATIO PRO CULTU DIVINO, Instructio de quibusdam normis circa cultum mysterii eucharistici „Inaestimabile donum", in: *Notitiae* 16 (1980) 287-296.

SACRA CONGREGATIO PRO CULTU DIVINO, Epistula ad Praesides Conferentiarum Episcoporum atque ad Praesides Commissionum Nationalium de Liturgia „De concentibus in ecclesiis" (ital. „Concerti nelle chiese"), in: *OR* 06.12.1987 10; Deutsche Übersetzung (Auszug) zitiert nach: SEKRETARIAT DER DEUTSCHEN BISCHOFSKONFERENZ (Hg.), Kongregation für den Gottesdienst. Erklärung über „Konzerte in Kirchen" und Rundschreiben „Über die Feier von Ostern und ihre Vorbereitung" (Deutsche Übersetzung), in: *Verlautbarungen des Apostolischen Stuhls* 81, Bonn 1988.

SACRA CONGREGATIO RITUUM, Decretum „De lucis electricae usu, et de cantu mulierum in ecclesiis", in: *EL* 22 (1908)136-138.

SACRA CONGREGATIO RITUUM, Instructio „De Musica sacra et sacra Liturgia" ad mentem litterarum encyclicarum Pii Papae XII. „Musicae sacrae disciplina" et „Mediator Dei", in: *AAS* 50 (1958) 630-663; Deutsche Übersetzung (Auszug) zitiert nach: MEYER, Hans Bernhard / PACIK, Rudolf (Hgg.), *Dokumente zur Kirchenmusik. Unter besonderer Berücksichtigung des deutschen Sprachgebietes*, Regensburg 1981, 80-124.

SACRA CONGREGATIO RITUUM, Instructio ad exsecutionem Constitutionis de sacra Liturgia recte ordinandam „Inter oecumenici", in: *AAS* 56 (1964) 877-900; Deutsche Übersetzung (Auszug) zitiert nach: RENNINGS, Heinrich / KLÖCKENER, Martin, *Dokumente zur Erneuerung der Liturgie. Bd. 1: Dokumente des Apostolischen Stuhls 1963-1973*, Kevelaer 1983, Dokument Nr. 12 (Rand-Nr. 199-297) 102-138.

SACRA CONGREGATIO RITUUM, Instructio altera ad exsecutionem Constitutionis de sacra Liturgia „Tres abhinc annos", in: *AAS* 59 (1967) 442-448.

SACRA CONGREGATIO RITUUM et CONSILIUM AD EXSEQUENDAM CONSTITUTIONEM DE SACRA LITURGIA, Instructio de musica in sacra Liturgia „Musicam sacram", in: *AAS* 59 (1967) 193-229; Deutsche Übersetzung (Auszug) zitiert nach: RENNINGS, Heinrich / KLÖCKENER, Martin, *Dokumente zur Erneuerung der Liturgie. Bd. 1: Dokumente des Apostolischen Stuhls 1963-1973*, Kevelaer 1983, Dokument Nr. 64 (Rand-Nr. 733-801) 404-423.

SACROSANCTUM OECUMENICUM CONCILIUM TRIDENTINUM, Decretum de observandis et evitandis in celebratione Missae, in: Concilii Tridentini Actorum pars V, Sessio XXII, p. 963, lin. 13-16, Einsehbar etwa bei: ROMITA, Florentius, *Jus Musicae Liturgicae*, Roma 1947, 60-61.

SACROSANCTUM OECUMENICUM CONCILIUM VATICANUM SECUNDUM, Constitutio de sacra Liturgia „Sacrosanctum Concilium", in: *AAS* 56 (1964) 97-138; Deutsche Übersetzung zitiert nach: BRECHTER, Heinrich Suso u.a. (Hgg.), Sonder-Bd. 1: Das Zweite Vatikanische Konzil. Konstitutionen, Dekrete, Erklärungen (lat./dt.) und Kommentare Teil I, in: *LThK* ²1966, 15-109.

SACROSANCTUM OECUMENICUM CONCILIUM VATICANUM SECUNDUM, Constitutio dogmatica de divina revelatione „Dei verbum", in: *AAS* 58 (1966) 817-836. Deutsche Übersetzung zitiert nach: BRECHTER, Heinrich Suso u.a. (Hgg.), Sonder-Bd. 2: Das Zweite Vatikanische Konzil. Konstitutionen, Dekrete, Erklärungen (lat./dt.) und Kommentare Teil II, in: *LThK* ²1967, 504-582.

SACROSANCTUM OECUMENICUM CONCILIUM VATICANUM SECUNDUM, Constitutio dogmatica de Ecclesia „Lumen gentium", in: *AAS* 57 (1965) 5-75. Deutsche Übersetzung zitiert nach: BRECHTER, Heinrich Suso u.a. (Hgg.), Sonder-Bd. 1: Das Zweite Vatikanische Konzil. Konstitutionen, Dekrete, Erklärungen (lat./dt.) und Kommentare Teil I, in: *LThK* ²1966, 157-347.

SACROSANCTUM OECUMENICUM CONCILIUM VATICANUM SECUNDUM, Constitutio pastoralis de Ecclesia in mundo huius temporis „Gaudium et spes", in: *AAS* 58 (1966) 1025-1115. Deutsche Übersetzung zitiert nach: BRECHTER, Heinrich Suso u.a. (Hgg.), Sonder-Bd. 3: Das Zweite Vatikanische Konzil. Konstitutionen, Dekrete, Erklärungen (lat./dt.) und Kommentare Teil III, in: *LThK* ²1968, 280-591.

I.1.2 Teilkirchliche Dokumente

DEUTSCHE BISCHOFSKONFERENZ, „Richtlinien für die Feier der heiligen Messe in Gemeinschaft" vom 20.01.1965, in: *LJ* 15 (1965) 185-211.

DEUTSCHE BISCHOFSKONFERENZ, „Beschluß bezüglich muttersprachlicher liturgischer Gesänge in der Meßfeier“ vom 20.09.1967, in: *LJ* 18 (1968) 252-253.

GEMEINSAME SYNODE DER BISTÜMER IN DER BUNDESREPUBLIK DEUTSCHLAND, „Beschluß: Gottesdienst“ vom 21.11.1975, in: BERTSCH, Ludwig u.a. (Hgg.), *Gemeinsame Synode der Bistümer in der Bundesrepublik Deutschland. Beschlüsse der Vollversammlung. Offizielle Gesamtausgabe I,* hg. im Auftrag des Präsidiums der Gemeinsamen Synode der Bistümer in der Bundesrepublik Deutschland und der Deutschen Bichofskonferenz, Freiburg i.Br. ^{2}1976, 197-225.

JOSEPH II., Resolution zum Vortrag der Hofkanzlei vom 01.12.1782, betreffend die Gottesdienstordnung von Wien. AVA 37 Gen A – 1783 124/12/1782, in: HOLLERWEGER, Hans, *Die Reform des Gottesdienstes zur Zeit des Josephinismus in Österreich* (StPaLi Bd. 1), Regensburg 1976, 549-551.

JOSEPH II., Die Gottesdienstordnung von Wien. Eingeführt durch Hofdekret vom 25.02.1783 mit Ostersonntag, dem 20.04.1783. AVA 37 Gen A – 1783 532/4/1783, in: HOLLERWEGER, Hans, *Die Reform des Gottesdienstes zur Zeit des Josephinismus in Österreich* (Studien zur Pastoralliturgie Bd. 1), Regensburg 1976, 552-554.

LEOPOLD II., Resolution vom 29.12.1790 zum Protokoll der am 18.12.1790 abgehaltenen Beratung der Geistlichen Hofkommission über die Beschwerden der österreichischen Bischöfe. AVA 58 Gen B 445/3/1791, in: MAAß, Ferdinand (Hg.), *Der Josephinismus. Quellen zu seiner Geschichte in Österreich 1760-1850. Bd. 4: Der Spätjosephinismus 1790-1829* (FRA Bd. 74), Wien 1957, 219-224.

ÖSTERREICHISCHE BISCHOFSKONFERENZ, „Richtlinien für die Feier der heiligen Messe“ vom 08.02.1965, in: *Pastoralschreiben der österreichischen Bischöfe an die hochwürdigen Mitbrüder in der Seelsorge vom 8. Februar 1965 und Richtlinien der österreichischen Bischofskonferenz für die Feier der heiligen Messe*, Klosterneuburg 1965, 9-48.

ÖSTERREICHISCHE BISCHOFSKONFERENZ, „Beschluß: Prozessionsgesänge“ vom 07./08.11.1967, in: *Protokoll der Konferenz der Bischöfe Österreichs am 7./8. November 1967,* Punkt 4/IV.

PASTORALER DIALOG IM BISTUM WÜRZBURG „WIR SIND KIRCHE. WEGE SUCHEN IM GESPRÄCH“. Beschluß des Diözesanrates des Bistums Würzburg vom 02.07.1996, in: BISCHÖFLICHES ORDINARIAT DER DIÖZESE WÜRZBURG - HAUPTABTEILUNG SEELSORGE (Hg.), *Gespräche, Ergebnisse, Aufgaben Bd. 4: „Die Liturgie im Leben der Kirche“*, Würzburg 1996.

I.1.3 Liturgische Bücher

ALLGEMEINE EINFÜHRUNG IN DAS RÖMISCHE MEßBUCH. OFFIZIELLE DEUTSCHE ÜBERSETZUNG, in: *Meßbuch. Für die Bistümer des deutschen Sprachgebietes. Authentische Ausgabe für den liturgischen Gebrauch*, hg. im Auftrag der Bischofskonferenzen Deutschlands, Österreichs und der Schweiz sowie der Bischöfe von Luxemburg, Bozen-Brixen und Lüttich, Einsiedeln u.a. 1975.

CÆREMONIALE EPISCOPORUM EX DECRETO SACROSANCTI OECUMENICI CONCILII VATICANI II instauratum auctoritate Joannis Pauli PP. II. Promulgatum. Editio typica, Civitas Vaticana 1984.

GUILLELMUS DURANTIS, Guillelmi Durantis rationale divinorum officiorum I-IV, Ausgabe von Anselme DAVRIL, Turnholti 1995.

MISSALE ROMANUM EX DECRETO SACROSANCTI CONCILII TRIDENTINI RESTITUTUM Pii V. Pontificis Maximi iussu editum, Roma 1570.

MISSALE ROMANUM EX DECRETO SACROSANCTI OECUMENICI CONCILII VATICANI II INSTAURATUM auctoritate Pauli Papae VI promulgatum. Ordo Missae et Institutio generalis Missalis Romani. Editio typica, Civitas Vaticana 1969.

MISSALE ROMANUM EX DECRETO SACROSANCTI OECUMENICI CONCILII VATICANI II INSTAURATUM auctoritate Pauli Papae VI promulgatum. Editio typica, Civitas Vaticana 1970.

MISSALE ROMANUM EX DECRETO SACROSANCTI OECUMENICI CONCILII VATICANI II INSTAURATUM auctoritate Pauli Papae VI promulgatum. Editio typica altera, Civitas Vaticana 1975.

ORDO BENEDICTI A ST. PETRO CANONICO, Ausgabe von MABILLON, Jean, in: ders. (Hg.), Museum Italicum II, Paris 1689, Einsehbar bei MIGNE, Jacques-Paul (Hg.), *Patrologiae cursus completus. Patrologiae Latinae tomus LXXVIII. Series Latina prior*, Paris 1862, 937-1372.

ORDO CANTUS MISSAE, in: PAULUS VI., *Missale Romanum ex decreto Sacrosancti Oecumenici Concilii Vaticani II instauratum auctoritate Pauli Papae VI promulgatum. Ordo Cantus Missae. Editio typica*, Civitas Vaticana 1972.

ORDO EX ST. AMAND, Ausgabe von DUCHESNE, Louis, Einsehbar bei: ders., *Origines du culte chrétien*, Paris ^{5}1925, 475-500 sowie ergänzungsweise in der kritischen Ausgabe von ANDRIEU, Michel, in: ders. (Hg.), *Les Ordines Romani du haut moyen âge. Tome II: Les textes*, Louvain 1948, 155-170.

ORDO LECTIONUM MISSAE, in: PAULUS VI., Missale Romanum ex decreto Sacrosancti Oecumenici Concilii Vaticani II instauratum auctoritate Pauli Papae VI promulgatum. Ordo lectionum Missae. Editio typica, Civitas Vaticana 1969, IX-XXII.

ORDO ROMANUS PRIMUS, Kritische Ausgabe von ANDRIEU, Michel, in: ders. (Hg.), *Les Ordines Romani du haut moyen âge. Tome II: Les textes*, Louvain 1948, 65-108.

SACRAMENTARIUM GREGORIANUM, Rekonstruierte Ausgabe von LIETZMANN, Hans, *Das Sacramentarium Gregorianum nach dem Aachener Urexemplar* (LQ Bd. 3), Münster i.W. 1921.

TRADITIO APOSTOLICA ST. HIPPOLYTI A ROMA, Rekonstruierter Text in: BOTTE, Bernard, *La Tradition Apostolique de Saint Hippolyte. Essai de reconstitution. Fünfte verbesserte Ausgabe* (Liturgiewissenschaftliche Quellen und Forschungen Bd. 89) hg. von Albert GERHARDS, Münster i.W. 1989, 2-103.

ZEREMONIALE FÜR DIE BISCHÖFE IN DEN KATHOLISCHEN BISTÜMERN DES DEUTSCHEN SPRACHGEBIETES, hg. im Auftrag der Bischofskonferenzen Deutschlands, Österreichs und der Schweiz sowie der (Erz-)Bischöfe von Bozen-Brixen, Lüttich, Luxemburg und Straßburg, Freiburg i.B. u.a. 1998.

I.2 Briefe, Widmungsinschriften, Testamente und sonstige autobiographische Aufzeichnungen der Messenkomponisten

BRUCKNER, Anton, Briefe vom 30.07.1852, 26.12.1864, 29.01.1865, 19.06.1867, 30.12.1867, 08.12.1868, 23.06.1872, 23.02.1876, 01.01.1884, 12.01.1885, 18.05.1885, 01.01.1887, 14.03.1889 und 07.03.1892, in: AUER, Max (Hg.), *Anton Bruckner. Gesammelte Briefe. Neue Folge* (Deutsche Musikbücherei Bd. 55), Regensburg 1924.

BRUCKNER, Anton, Briefe vom 30.12.1867 und 31.12.1885, in: GRÄFLINGER, Franz (Hg.), *Anton Bruckner. Gesammelte Briefe* (Deutsche Musikbücherei Bd. 49), Regensburg 1924.

BRUCKNER, Anton, Gebetsaufzeichnungen (Auszüge), in: KOSCH, Franz, „Der Beter Anton Bruckner". Nach seinen persönlichen Aufzeichnungen (in: *Bruckner-Studien*, hg. von Franz GRASBERGER, Wien 1964, 67-73) sowie SCHEDER, Franz, *Anton Bruckner Chronologie. Text-Bd.*, Tutzing 1996, 516-521.551-576.

BRUCKNER, Anton, Kalendarische Notizen (Auszüge), in: SCHEDER, Franz, *Anton Bruckner Chronologie. Text-Bd.*, Tutzing 1996, 295-768.

BRUCKNER, Anton, Testament vom 10.11.1893, in: AUER, Max (Hg.), *Anton Bruckner. Gesammelte Briefe. Neue Folge*, Regensburg 1924, 276-278.

HASSLER, Hans Leo, Widmungsinschrift des Messenbuches „Missae quaternis, V. VI. et. VIII. vocibus" (1599) an den Baron von Kirchberg und Weißenhorn Octavian II. Fugger, in: AUER, Joseph / CROSBY, C. Russel (Hgg.), *Hans Leo Hassler. Messen für vier bis acht Stimmen. Kritisch revidierte Neuauflage* (DDT 1. Folge. Bd. 7), Wiesbaden 1961, 0.

HAYDN, Joseph, Briefe vom 29.12.1784, 08.01.1791, 02.03.1792, 10.08.1799, 20.05.1801 und 14.06.1802, in: BARTHA, Dénes / LANDON, Howard Chandler Robbins, *Joseph Haydn. Briefe und Aufzeichnungen*, Kassel u.a. 1965.

HAYDN, Joseph, Skizze zu einer Autobiographie für „*Das gelehrte Österreich*" (1776), in: BARTHA, Dénes / LANDON, Howard Chandler Robbins, *Joseph Haydn. Briefe und Aufzeichnungen*, Kassel u.a. 1965, 76-78.

HAYDN, Joseph, Testament, in: RUTZ, Hans (Hg.), *Joseph Haydn. Dokumente seines Lebens und Schaffens (Auswahl und verbindender Text)*, München 1953, 123 ff.

MOZART, Leopold, Briefe vom 19.07.1763, 26.09.1763, 22.02.1764, 04.03.1764, 08.06.1764, 10.11.1767, 29.11.1767, 29.06.1768, 30.07.1768, 10.02.1770, 09.06.1770 und 12.08.1773, in: BAUER, Wilhelm A. / DEUTSCH, Otto Erich, *Mozart. Briefe und Aufzeichnungen. Gesamtausgabe. Bd. 1: 1755-1776*, Kassel u.a. 1962.

MOZART, Leopold, Briefe vom 23.10.1777, 15.12.1777 und 28.05.1778, in: BAUER, Wilhelm A. / DEUTSCH, Otto Erich, *Mozart. Briefe und Aufzeichnungen. Gesamtausgabe. Bd. 2: 1777-1779*, Kassel u.a. 1962.

MOZART, Wolfgang Amadeus, Briefe an Maria Anna Thekla Mozart, in: EIBL, Joseph Heinz / SENN, Walter (Hgg.), *Mozarts Bäsle-Briefe. Mit einem Vorwort von Wolfgang Hildesheimer*, Kassel u.a. 1978.

MOZART, Wolfgang Amadeus, Briefe vom 06.10.1770 und 04.09.1776, in: BAUER, Wilhelm A. / DEUTSCH, Otto Erich, *Mozart. Briefe und Aufzeichnungen. Gesamtausgabe. Bd. 1: 1755-1776*, Kassel u.a. 1962.

MOZART, Wolfgang Amadeus, Briefe vom 23./25.10.1777, 03.07.1778, 12.11.1778 und 03.12.1778, in: BAUER, Wilhelm A. / DEUTSCH, Otto Erich, *Mozart. Briefe und Aufzeichnungen. Gesamtausgabe. Bd. 2: 1777-1779*, Kassel u.a. 1962.

MOZART, Wolfgang Amadeus, Briefe vom 16.12.1780, 09.05.1781, 12.05.1781, 16.05.1781, 13.06.1781, 17.08.1782 und 04.01.1783, in: BAUER, Wilhelm A. / DEUTSCH, Otto Erich, *Mozart. Briefe und Aufzeichnungen. Gesamtausgabe. Bd. 3: 1780-1786*, Kassel u.a. 1963.

MOZART, Wolfgang Amadeus, Brief vom 04.04.1787, in: BAUER, Wilhelm A. / DEUTSCH, Otto Erich, *Mozart. Briefe und Aufzeichnungen. Gesamtausgabe. Bd. 4: 1787-1857*, Kassel u.a. 1963.

PALESTRINA, Giovanni Pierluigi da, Brief vom 02.02.1568, in: JEPPESEN, Knud, *Le messe di Mantova. Inedite dai manoscritti di Santa Barbara. Prefazione* (Le opere complete di Giovanni Pierluigi di Palestrina Vol. 18), Roma 1954, 13.

PALESTRINA, Giovanni Pierluigi da, Brief vom 05.11.1578, in: BESUTTI, Paola, Giovanni Pierluigi da Palestrina e la liturgia mantovana, in: BIANCHI, Lino / ROSTIROLLA, Giancarlo (Hgg.), *Atti del II Convegno Internazionale di Studi Palestriniani: Palestrina e la sua presenza nella musica e nella cultura europea dal suo tempo ad oggi - Anno europeo della musica, 3-5 maggio 1986*, Palestrina 1991, 159.

PALESTRINA, Giovanni Pierluigi da, Widmungsinschrift des Missarum Liber Secundus (1567) an König Philipp II. von Spanien, in: HABERL, Franz Xaver (Hg.), *Zweites Buch der Messen von Pierluigi da Palestrina. Vorwort* (Pierluigi da Palestrina's Werke Bd. 11). Reprint, Farnborough 1968, 3.

PALESTRINA, Giovanni Pierluigi da, Widmungsinschrift des Missarum cum quatuor et quinque vocibus Liber Quartus (1582) an Papst Gregor XIII., in: BAINI, Giuseppe, *Memorie storico-critiche della vita e delle opere di Giovanni Pierluigi da Palestrina* vol. 2, Roma 1828, 134-136.

PALESTRINA, Giovanni Pierluigi da, Widmungsinschrift des Erstdruckes der Hymnen (1589) an Papst Sixtus V., in: ESPAGNE, Franz (Hg.), *Hymnen von Pierluigi da Palestrina. Vorwort* (Pierluigi da Palestrina's Werke Bd. 8), Leipzig 1878, 5.

RHEINBERGER, Josef Gabriel, Briefe vom 07.09.1900, 08.10.1900, 19.10.1900, 18.11.1900, 26.11.1900, 24.12.1900, 01.01.1901, 08.01.1901, 19.02.1901 und 25.03.1901, in: IRMEN, Hans-Josef (Hg.), *Rheinberger, Josef: Briefe an Henriette Hecker* (Wissenschaftliche Schriftenreihe des Kultur- und Jugendbeirates der Fürstlichen Regierung Vaduz Bd. 2), Vaduz 1970.

RHEINBERGER, Josef Gabriel, Briefe vom 11.11.1853, 30.11.1853, 14.12.1853, 03.04.1856, 31.05.1856 und 16.09.1857, in: WANGER, Harald / IRMEN, Hans-Josef (Hgg.), *Josef Gabriel Rheinberger. Briefe und Dokumente seines Lebens* Bd. 1, Vaduz 1982.

RHEINBERGER, Josef Gabriel, Brief vom 27.09.1891, in: WANGER, Harald / IRMEN, Hans-Josef (Hgg.), *Josef Gabriel Rheinberger. Briefe und Dokumente seines Lebens* Bd. 6, Vaduz 1985.

RHEINBERGER, Josef Gabriel, Brief vom 16.01.1896, in: WANGER, Harald / IRMEN, Hans-Josef (Hgg.), *Josef Gabriel Rheinberger. Briefe und Dokumente seines Lebens* Bd. 7, Vaduz 1986.

I.3 Sonstige Quellen, Quellensammlungen und Nachschlagewerke

ALSCHER, Ludger / FEIST, Günter u.a. (Hgg.), *Lexikon der Kunst. Architektur – Bildende Kunst – Angewandte Kunst – Industrieformgestaltung – Kunsttheorie*. Bd. 1, Leipzig 1968.

ANGERMÜLLER, Rudolph, Anstellungsdekret Mozarts als Organist vom 17. Januar 1779, in: SALZBURGER LANDESAUSSTELLUNGEN (Hg.), *Mozart. Bilder und Klänge. Ausstellungskatalog zur Sechsten Salzburger Landesausstellung Schloß Kleßheim Salzburg vom 23.03.-03.11.1991*, Salzburg 1991, 112-113.

AQUIN, Thomas von, Summa Theologica (Continuatio secundae secundae et tertia pars seu summa sacramentalis), Ausgabe von VIVÈS, Louis (Hg.), *Doctoris angelici divi Thomae Aquinatis. Sacri ordinis f. f. praedicatorum. Opera omnia. Volumen quartum. Summa Theologica. Continuatio secundae secundae et tertia pars seu summa sacramentalis*, Paris 1889.

AUGUSTINUS, Aurelius, In Psalmum XLI enarratio, Ausgabe von DEKKERS, Eligius / FRAIPONT, Johannes (Hgg.), *Corpus Christianorum, Series Latina XXXVIII. Aurelii Augustini opera. Pars X,1. Sancti Aurelii Augustini. Enarrationes in psalmos I-L*, Turnhout 1956.

BARATTA, Mario von, *Der Fischer Weltalmanach 1998*, Frankfurt a.M. 1997.

BROCKES, Barthold Hinrich, *Irdisches Vergnügen in Gott*, 9 Bde., Zürich 1721-1748.

CARPANI, Giuseppe Antonio, *Le Haydine ovvero lettere sulla vita e le opere del celebre maestro Giuseppe Haydn*, Padova 1823.

DIES, Albert Christoph, *Biographische Nachrichten von Joseph Haydn: Nach mündlichen Erzählungen desselben entworfen und herausgegeben von Albert Christoph Dies, Landschaftsmaler*, Wien 1810.

DUCHESNE, Louis, *Le Liber pontificalis* Bd. 1, Paris 1886.

EISLER, Rudolf, *Wörterbuch der philosophischen Begriffe* Bd. 2, [4]1929.

ELSSLER, Johann Florian, Brief vom 30.06.1809, in: RUTZ, Hans (Hg.), *Joseph Haydn. Dokumente seines Lebens und Schaffens (Auswahl und verbindender Text)*, München 1953, 132.

FETZ, Johann Franz, Brief vom 29.08.1867, in: IRMEN, Hans-Josef, *Gabriel Josef Rheinberger als Antipode des Cäcilianismus* (Studien zur Musikgeschichte des 19. Jahrhunderts Bd. 22), Regensburg 1970, 16.

GADAMER, Hans-Georg, *Wahrheit und Methode. Grundzüge einer philosophischen Hermeneutik*, Tübingen [2]1965.

GREGORIUS I. COGNOMENTO MAGNUS, Epistula XII ad Joannem Syracusanum episcopum, in: MIGNE, Jacques-Paul (Hg.), *Patrologiae cursus completus. Patrologiae Latinae tomus LXXVII. Series Latina prior. Sancti Gregorii papae I. (cognomento magni) opera omnia ad manuscriptos codices Romanos, Gallicos, Anglicos emendata, aucta, et notis illustrata tomus tertius*, Paris 1862.

GRIESINGER, Georg August, *Biographische Notizen über Joseph Haydn*. Neuausgabe der 1810 in Leipzig erschienen Buchpublikation, hg. von Karl-Heinz KÖHLER, Leipzig 1975.

HABERL, Franz Xaver, Brief vom 30.01.1889, in: WANGER, Harald / IRMEN, Hans-Josef (Hgg.), *Josef Gabriel Rheinberger. Briefe und Dokumente seines Lebens* Bd. 6, Vaduz 1985, 93-94.

HABICHT, Werner / LANGE, Wolf-Dieter (Hgg.), *Der Literatur-Brockhaus* Bd. 3, Mannheim 1988.

HÄNICHEN, Daniel, Leichensermon auf Hans Leo Haßler, Ausgabe von SPITTA, Philipp, Leichensermone auf Musiker des XVI. und XVII. Jahrhunderts, in: *Monatshefte für Musikgeschichte* 3 (1871), 24-26.

HAIBEL, Sophie, Brief vom 07.04.1825, in: DEUTSCH, Otto Erich / EIBL, Joseph Heinz (Hgg.), *Mozart. Dokumente seines Lebens. Auswahl*, Kassel 1963, 187.

HARENBERG, Bodo (Hg.), *Harenberg Lexikon der Gegenwart. Aktuell 1997*, Dortmund 1996.

HEGEL, Georg Wilhelm Friedrich, *Phänomenologie des Geistes*. Nach dem Text der Originalausgabe hg. von Johannes HOFFMEISTER (Philosophische Bibliothek Bd. 114), [6]1952.

HINTERMAIER, Ernst, Dekret der Hofkammer an das Hofzahlamt vom 21. August 1772 betreffend Mozarts Besoldung als Konzertmeister, in: SALZBURGER LANDESAUSSTELLUNGEN (Hg.), *Mozart. Bilder und Klänge. Ausstellungskatalog zur Sechsten Salzburger Landesausstellung Schloß Kleßheim Salzburg vom 23.03.-03.11.1991*, Salzburg 1991, 110.

HOFFMEISTER, Johannes / REGENBOGEN, Arnim u.a. (Hgg.), *Wörterbuch der philosophischen Begriffe*. Begründet von Friedrich KIRCHNER und Carl MICHAËLIS, Hamburg 1998.

KLOSE, Friedrich, *Meine Lehrjahre bei Bruckner. Erinnerungen und Betrachtungen*, Regensburg 1927.

MOZART, Anna Maria, Brief vom 26.11.1777, in: BAUER, Wilhelm A. / DEUTSCH, Otto Erich, *Mozart. Briefe und Aufzeichnungen. Gesamtausgabe. Bd. 2: 1777-1779*, Kassel u.a. 1962, 146.

MÜLLER, Max / HALDER, Alois (Hgg.), *Kleines philosophisches Wörterbuch*, Freiburg i.B. ^{2}1972.

NICOLAUS CUSANUS, *De docta ignorantia. Liber secundus. Capitulum II*, Ausgabe von WILPERT, Paulus (Hg.), Nicolai de Cusa. De docta ignorantia. Liber secundus, Hamburg 1967, 15-22.

NISSEN, Georg Nikolaus von / NISSEN-MOZART, Constanze, *Biographie W.A. Mozarts. Nach Originalbriefen, Sammlungen alles über ihn Geschriebenen, mit vielen neuen Beylagen, Steindrücken, Musikblättern und einem Facsimile*, Leipzig 1828.

OEHLMANN, Werner, *Reclams Chormusik- und Oratorienführer*, ^{7}1995.

PÉRAU, Gabriel Louis Calabre *L'Ordre des Francs-Maçons trahi*, Amsterdam 1745.

PLEYEL, Camille, Brief vom 16.06.1805, in: GEIRINGER, Karl, *Joseph Haydn. Der schöpferische Werdegang eines Meisters der Klassik. Eine Biographie* (neubearbeitete Auflage), München u.a. ^{2}1986, 234.

PROSKE, Carl, *Musica divina* Bd. 1, Regensburg 1853.

RAHNER, Karl / VORGRIMLER, Herbert, *Kleines Konzilskompendium. Sämtliche Texte des Zweiten Vatikanums*, Freiburg i. B. 1966.

RHEINBERGER, Franziska, Brief vom 22.04.1878, in: WANGER, Harald / IRMEN, Hans-Josef (Hgg.), *Josef Gabriel Rheinberger. Briefe und Dokumente seines Lebens* Bd. 5, Vaduz 1984, 93-94.

RHEINBERGER, Franziska, Brief vom 23./24.05.1869, in: WANGER, Harald / IRMEN, Hans-Josef (Hgg.), *Josef Gabriel Rheinberger. Briefe und Dokumente seines Lebens* Bd. 3, Vaduz 1983, 49-50.

RHEINBERGER, Franziska, Tagebücher, in: WANGER, Harald / IRMEN, Hans-Josef (Hgg.), *Josef Gabriel Rheinberger. Briefe und Dokumente seines Lebens* Bd. 3-5, Vaduz 1983-84.

RHEINBERGER, Olga, Brief vom 12.01.1902, in: IRMEN, Hans-Josef (Hg.), *Rheinberger, Josef: Briefe an Henriette Hecker* (Wissenschaftliche Schriftenreihe des Kultur- und Jugendbeirates der Fürstlichen Regierung Vaduz Bd. 2), Vaduz 1970, 224-225.

RILKE, Rainer Maria, An die Musik, in: RILKE-ARCHIV (Hg.), *Rainer Maria Rilke - Werke Bd. II/1: Gedichte und Übertragungen*, Frankfurt a.M. u.a. ^{4}1986, 111.

ROCHLITZ, Johann Friedrich, Anekdoten. Noch eine Kleinigkeit aus Mozarts Leben, in: *AMZ* II/29 (1801) 495.

ROSENBAUM, Joseph Carl, Tagebücher, hg. von Else RADANT, Die Tagebücher von Joseph Carl Rosenbaum 1770-1829, in: *Haydn-Jahrbuch (Wien)* 5 (1968) 7-159.

SCHAFHÄUTL, Karl Franz Emil von, Brief vom 22.07.1853, in: KROYER, Theodor, *Joseph Rheinberger* (Skm Bd. 14/15), Regensburg u.a. 1916, 30-31.

SCHAFHÄUTL, Karl Franz Emil von, Plan zu einer Instruction in Hinsicht auf die Dienstleistungen des Chordierktors an der St. Michaels Hofkirche, in: IRMEN, Hans-Josef, *Gabriel Josef Rheinberger als Antipode des Cäcilianismus* (Studien zur Musikgeschichte des 19. Jahrhunderts Bd. 22), Regensburg 1970, 220-227.

SCHILLER, Friedrich, Über die ästhetische Erziehung des Menschen in einer Reihe von Briefen, Ausgabe von FRICKE, Gerhard / GÖPFERT, Herbert G. (Hgg.), *Friedrich Schiller. Sämtliche Werke. Bd. 5: Erzählungen. Theoretische Schriften*, Darmstadt [9]1993, 570-669.

SCHILLER, Friedrich, Wallenstein. Ein dramatisches Gedicht. Prolog zu Wallensteins Lager, Ausgabe von FRICKE, Gerhard / GÖPFERT, Herbert G. (Hgg.), *Friedrich Schiller. Sämtliche Werke. Bd. 2: Dramen II*, Darmstadt 1981, 270-274.

SCHMIDT, Heinrich / SCHISCHKOFF, Georgi, *Philosophisches Wörterbuch*, Stuttgart 1974.

THE MADELEINE INSTITUTE (Hg.), *The Snowbird Statement on Catholic Liturgical Music*, Salt Lake City 1995.

UNGELEHRT, Johann Ludwig (alias Johann Ludwig A MUSIS), *Der himmlische Hof der seligen Luitgard*, Würzburg 1914.

II. Sekundärliteratur

ABERT, Hermann, *W. A. Mozart*, Neubearbeitete und erweiterte Ausgabe von Otto JAHNS Mozart Bd. 1 und 2, Leipzig [7]1956.

ACKERMANN, Peter, Art. Mehrstimmige Meßvertonungen des 17. bis 20. Jahrhunderts, in: FINSCHER, Ludwig (Hg.), *MGG² Sachteil* Bd. 6, Kassel u.a. [2]1997, 204-219.

ADAM, Adolf, *Das Kirchenjahr mitfeiern. Seine Geschichte und seine Bedeutung nach der Liturgieerneuerung*, Freiburg i.B. u.a. 1979.

ADAM, Adolf, *Grundriß Liturgie*, Freiburg i.B. u.a. 1985.

AMÉRY, Jean, Der verlorene Brief. V. Niedergang einer Ausdrucksform des Humanen, in: *SchwRd* 75 (1976) 21-24.

AMMERER, Gerhard, Die Stadt Salzburg zur Zeit Mozarts, in: SALZBURGER LANDESAUSSTELLUNGEN (Hg.), *Mozart. Bilder und Klänge. Ausstellungskatalog zur Sechsten Salzburger Landesausstellung Schloß Kleßheim Salzburg vom 23.03.-03.11.1991*, Salzburg 1991, 62-63.

AMMERER, Gerhard, Hieronymus Graf Colloredo, Fürsterzbischof von Salzburg, in: SALZBURGER LANDESAUSSTELLUNGEN (Hg.), *Mozart. Bilder und Klänge. Ausstellungskatalog zur Sechsten Salzburger Landesausstellung Schloß Kleßheim Salzburg vom 23.03.-03.11.1991*, Salzburg 1991, 106.

AMMERER, Gerhard, Siegmund Christoph Graf von Schrattenbach, Fürsterzbischof von Salzburg, in: SALZBURGER LANDESAUSSTELLUNGEN (Hg.), *Mozart. Bilder und Klänge. Ausstellungskatalog zur Sechsten Salzburger Landesausstellung Schloß Kleßheim Salzburg vom 23.03.-03.11.1991*, Salzburg 1991, 102.

ANGENENDT, Arnold, *Das Frühmittelalter. Die abendländische Christenheit von 400 bis 900*, Stuttgart u.a. 1990.

ANGENENDT, Arnold, *Geschichte der Religiosität im Mittelalter*, Darmstadt 1997.

ANGERER, Joachim F., Bruckner und die klösterlichen Lebenformen seiner Zeit, in: WESSELY, Othmar (Hg.), *Bruckner Symposion. Anton Bruckner und die Kirchenmusik im Rahmen des Internationalen Brucknerfestes Linz 1985. 19.-22. September 1985. Bericht*, Linz 1988, 41-51.

ARNOLD, Denis, Art. Mass. 1600-1975. 18th century. Viennese, in: SADIE, Stanley (Hg.), *GDMM*[6] Vol. 11, London u.a. 1980, 794.

ARNOLD, Denis, Art. Mass. 1600-1975. Italy 1600-1680, in: SADIE, Stanley (Hg.), *GDMM*[6] Vol. 11, London u.a. 1980, 790-792.

ARX, Walter von, Die gemeinsame Feier der Krankensalbung, in: KLÖCKENER, Martin / GLADE, Winfried (Hgg.), *Die Feier der Sakramente in der Gemeinde* (FS Heinrich Rennings), Kevelaer 1986, 263-271.

ASTER, Ernst von, *Geschichte der Philosophie*, Stuttgart 1950.

AUBRUN, Michel, *La paroisse en France des origines au XV*[e] *siècle*, Paris 1986.

AUER, Joseph / CROSBY, C. Russel (Hgg.), *Hans Leo Hassler. Messen für vier bis acht Stimmen. Kritisch revidierte Neuauflage* (DDT 1. Folge. Bd. 7), Wiesbaden 1961.

AUER, Joseph, Vorwort und Kritische Bemerkungen, in: AUER, Joseph / CROSBY, C. Russel (Hgg.), *Hans Leo Hassler. Messen für vier bis acht Stimmen. Kritisch revidierte Neuauflage* (DDT 1. Folge. Bd. 7), Wiesbaden 1961.

BAINI, Giuseppe, *Memorie storico-critiche della vita e delle opere di Giovanni Pierluigi da Palestrina* vol. 1 e vol. 2, Roma 1828.

BÄUERLE, Hermann, Hans Leo Haßlers Messen, in: *MS(D)* 66 (1936) 54-59.

BÄUMER, Remigius, Art. Filippo Neri, in: HÖFER, Josef / RAHNER, Karl (Hgg.), *LThK*[2] Bd. 7, Freiburg i. B. [2]1962, 881.

BAUMGARTNER, Jakob: Die Rezeption der vatikanischen Liturgiereform. In: *HlD* 40 (1986), 113-135.

BECK, Hermann, Das Konzil von Trient und die Probleme der Kirchenmusik, in: *KMJ* 48 (1964) 108-117.

BECK, Hermann, Das Religiöse in der nichtliturgischen Musik Ludwig van Beethovens, in: MASSENKEIL, Günter / NIEMÖLLER, Wolfgang / WIORA, Walter (Hgg.), *Religiöse Musik in nichtliturgischer Musik von Beethoven bis Reger*, Regensburg 1977, 59-82.

BECKER, Hansjakob, Statements in „Kirchenmusik im Gespräch. Ideen, Visionen und Realitäten in Beiträgen aus den Diskussionen“, in: SCHLAGER, Karlheinz / UNVERRICHT, Hubert (Hgg.), *Kirchenmusikalisches Erbe und Liturgie. Internationales wissenschaftliches Symposium an der Katholischen Universität Eichstätt am 18.-20. September 1989*, Tutzing 1995, 187-188.202.211.

BEINERT, Wolfgang, Der Heilige Geist und die Strukturen. Die Spannung von Amt und Charisma in der Kirche, in: KOCH, Günter / PRETSCHER, Josef (Hgg.), *Würzburger Domschulreihe Bd. 7: Wo der Geist des Herrn wirkt, da ist Freiheit*, Würzburg 1997.

BERNHART, Joseph, *De profundis*, München 1939.

BERON, Richard, Art. Anselm Schott, in: HÖFER, Josef / RAHNER, Karl (Hgg.), *LThK*[2] Bd. 9, Freiburg i. B. [2]1964, 477.

BERON, Richard, Liturgie oder Konzert? Eine Frage an unsere Kirchensänger, in: *BenM* 15 (1933) 136-143.

BESUTTI, Paola, Giovanni Pierluigi da Palestrina e la liturgia mantovana, in: BIANCHI, Lino / ROSTIROLLA, Giancarlo (Hgg.), *Atti del II Convegno Internazionale di Studi Palestriniani: Palestrina e la sua presenza nella musica e nella cultura europea dal suo tempo ad oggi - Anno europeo della musica, 3-5 maggio 1986*, Palestrina 1991, 157-164.

BIBA, Otto, Am Beispiel Mozart: Komponist – Werk – Aufführungspraxis, in: *MS(D)* 111 (1991) 274-280.

BIBA, Otto, Der Cäcilianismus, in: WESSELY, Othmar (Hg.), *Bruckner Symposion. Anton Bruckner und die Kirchenmusik im Rahmen des Internationalen Brucknerfestes Linz 1985. 19.-22. September 1985. Bericht*, Linz 1988, 123-128.

BIBA, Otto, Die kirchenmusikalischen Werke Haydns, in: AMT DER BURGENLÄNDISCHEN LANDESREGIERUNG (Hg.), *Joseph Haydn in seiner Zeit (Ausstellungskatalog)*, Eisenstadt 1982, 142-151.

BIBA, Otto, Haydns Kirchenmusikdienste für Graf Haugwitz, in: *Haydn-Stud* 6 (1994) 278-287.

BIERBAUM, Max, Art. Domkapitel, in: HÖFER, Josef / RAHNER, Karl (Hgg.), *LThK*[2] Bd. 3, Freiburg i. B. [2]1959, 496-500.

BLIJLEVENS, Adrianus J. M., Zeitgemäße Liturgie und klassische Polyphonie, in: CASPERS, Charles / SCHNEIDERS, Marc (Hgg.), *Omnes Circumadstantes. Contributions towards a history of the role of the people in the liturgy* (FS Herman Wegman), Kampen 1990, 279-289.

BLUME, Friedrich, Art. Josef Anton Bruckner, in: BLUME, Friedrich (Hg.), *MGG* Bd. 2, Kassel u.a. 1952, 341-382.

BLUME, Friedrich, Art. Wolfgang Amadeus Mozart, IN: BLUME, Friedrich (Hg.), *MGG* Bd. 9, Kassel u.a. 1961, 699-812.

BOCKHOLDT, Rudolf, Art. Klassik. II. Klassik in der Musik, in: KASPER, Walter u.a. (Hgg.), *LThK*[3] Bd. 6, Freiburg i. B. u.a. [3]1997, 116.

BÖKER, Uwe, Art. Anekdote, in: BONDY, François / FRENZEL, Ivo / KAISER, Joachim u.a. (Hgg.), *Harenbergs Lexikon der Weltliteratur. Autoren – Werke – Begriffe* Bd. 1, Dortmund 1989, 148-149.

BOTSTIBER, Hugo, *Haydn*. Bd. 3 (= Ergänzungsband zu POHL, Carl Ferdinand, *Haydn*. Bd. 1 und 2, Leipzig 1875 und 1882), Leipzig 1927.

BRAND, Carl Maria, *Die Messen von Joseph Haydn* (MuGg Bd. 2), Würzburg 1941.

BRETSCHNEIDER, Wolfgang, Der Kirchenchor in der Liturgie, in: *MS(D). Anhang: Tagebuchblätter für Kirchenchorsänger* 107 (1987) 17*-20*.

BRETSCHNEIDER, Wolfgang, Vorbemerkung zu „Die Eucharistie als Konzertmesse" von Stefan Rau, in: *MS(D)* 108 (1988) 404.

BRINKTRINE, Johannes, Art. Missa. Missa papalis, in: HÖFER, Josef / RAHNER, Karl (Hgg.), *LThK*[2] Bd. 7, Freiburg i. B. [2]1962, 448-449.

BRÜCKEN, Erwin, Huldigung oder flehentliche Bitte? Das Kyrie eleison in der Eröffnung der Meßfeier, in: *Gd* 25 (1991) 51.

BRUGGER, Walter, Art. Gegensatz, in: BRUGGER, Walter (Hg.), *Philosophisches Wörterbuch*, Freiburg i.B. [14]1976, 121-122.

BUGNINI, Annibale, *Die Liturgiereform 1948-1975. Zeugnis und Testament* (Deutsche Ausgabe), Freiburg i. B. u.a. 1988.

BUTLER, Bartlett Russell, *Liturgical music in Sixteenth-Century-Nürnberg. A socio-musical study*, Urbana (Illinois) 1970.

CARDINE, Eugene, Der gregorianische Choral im Überblick, in: *Beiträge zur Gregorianik (Regensburg)* 4 (1987) 5-46.

CASIMIRI, Raffaele (Hg.), *Il libro secondo delle messe à 4, 5 e 6 voci. Secondo la stampa originale del 1567 e la ristampa del 1600. Prefazione* (Le opere complete di Giovanni Pierluigi da Palestrina Vol. 4), Roma 1939.

CHUSID, Martin, Some observations on liturgy text and structure in Haydn's late masses, in: LANDON, Howard Chandler Robbins / CHAPMAN, Roger (Hgg.), *Studies in Eighteenth-Century Music: A Tribute to Karl Geiringer on his Seventeenth Birthday*, New York 1970, 125-135.

CIAFARDONE, Rafaele, Art. Aufklärung. I. Die Philosophie der Aufklärung, in: KASPER, Walter u.a. (Hgg.), *LThK*³ Bd. 1, Freiburg i. B. u.a. ³1993, 1207-1211.

COTTE, Roger, *La musique maçonnique et ses musiciens*, 2. édition revue et augmenté, LeMans ²1991.

CROCKER, Richard L., Art. Mass. Liturgy and chant. The Ordinary. Cycles of Ordinary Mass chants, in: SADIE, Stanley (Hg.), *GDMM*⁶ Vol. 11, London u.a. 1980, 774.

CROSSLEY, Peter, Die außereuropäische, nicht-abendländische Musik, in: ROBERTSON, Alec / STEVENS, Denis (Hgg.), *Geschichte der Musik* Bd. 1 (Deutsche Ausgabe), München 1990, 12-30.

DACK, James / FEDER, Georg, Vorwort, in: JOSEPH HAYDN-INSTITUT KÖLN (Hg.), *Joseph Haydn. Werke. Reihe XXIII - Bd. 1a Messen Nr. 1-2*, München 1992.

DAHLGRÜN, Corinna, „Christ ist erstanden" oder „der Marter alle"? Zum Miteinander von Text und Musik im Gottesdienst, in: *EvErz* 46 (1994) 146-151.

DAHLHAUS, Carl, Art. Historismus. VI. Alte Musik und „heilige Tonkunst", in: FINSCHER, Ludwig (Hg.), *MGG*² *Sachteil* Bd. 4, Kassel u.a. ²1996, 341-342.

DANUSER, Hermann, Art. Interpretation, in: FINSCHER, Ludwig (Hg.), *MGG*² *Sachteil* Bd. 4, Kassel u.a. ²1996, 1053-1069.

DAUSCH, Ernst, Haller, Michael. Vor 150 Jahren wurde „Palestrina des 19. Jahrhunderts" in Neusath (Stadt Nabburg) geboren, in: *Die Oberpfalz. Heimatzeitschrift für den ehemaligen bayerischen Nordgau (Kallmünz)* 78 (1990) 14-17.

DE VRIES, Josef, Art. Subjekt/Subjektiv, in: BRUGGER, Walter (Hg.), *Philosophisches Wörterbuch*, Freiburg i.B. ¹⁴1976, 383-385.

DECSEY, Ernst, *Der Musikant Gottes*, Wien 1924.

DEUTSCH, Otto Erich, Haydn bleibt Lehrling, in: *Musica* 13 (1959), 289-290.

DEUTSCHER ALTPHILOLOGENVERBAND (Hg.), *Latein für alle. OMNIBUS. Informationen zum Lateinunterricht für Schüler und Eltern*, München 1998.

DREO, Harald, Die Musiktradition der ehemaligen Stadtpfarrkirche zu Eisenstadt, in: AMT DER BURGENLÄNDISCHEN LANDESREGIERUNG (Hg.), *Joseph Haydn in seiner Zeit (Ausstellungskatalog)*, Eisenstadt 1982, 134-141.

DUFFRER, Günter, Der liturgische Dienst der Gemeinde. Zehn Thesen, in: KUHNE, Alexander, *Die liturgischen Dienste. Liturgie als Handlung des ganzen Gottesvolkes*, Paderborn 1982, 76-81.

EBERT, Johannes, *Joseph Haydn. Der Mann und das Werk*, Mainz 1939.

EINSTEIN, Alfred, *Mozart. Sein Charakter. Sein Werk*, Zürich u.a. 1953.

ELIAS, Norbert, Mozart. *Zur Soziologie eines Genies* (hg. von Michael SCHRÖTER), Frankfurt a.M. ³1991.

ESPAGNE, Franz (Hg.), *Hymnen von Pierluigi da Palestrina. Vorwort* (Pierluigi da Palestrina's Werke Bd. 8), Leipzig 1878.

FEDER, Alfred Leonhard, *Studien zu Hilarius von Poitiers III* (Situngsbericht der Kaiserlichen Akademie der Wissenschaften in Wien, Phil.-hist. Kl. 169. Bd.), Wien 1912.

FEDER, Georg, Joseph Haydn als Mensch und Musiker, in: AMT DER BURGENLÄNDISCHEN LANDESREGIERUNG (Hg.), *Joseph Haydn in seiner Zeit (Ausstellungskatalog)*, Eisenstadt 1982, 291-300.

FELLERER, Karl Gustav, Bruckners Kirchenmusik und der Cäcilianismus, in: *ÖMZ* 29 (1974) 404-412.

FELLERER, Karl Gustav, Das Credo in Palestrinas Missa Ecce Sacerdos. Ein kleiner Beitrag zur Stilkunde des 16. Jahrhunderts, in: BLUME, Friedrich (Hg.), *Gedenkschrift für Hermann Abert*, Halle 1928, 44-56.

FELLERER, Karl Gustav, *Der Palestrinastil und seine Bedeutung in der vokalen Kirchenmusik des achtzehnten Jahrhunderts. Ein Beitrag zur Geschichte der Kirchenmusik in Italien und Deutschland*, Augsburg 1929.

FELLERER, Karl Gustav, Die Kirchenmusik nach dem II. Vatikanische Konzil, in: FELLERER, Karl Gustav (Hg.), *Geschichte der katholischen Kirchenmusik* Bd. 2, Kassel u.a. 1976, 363-369.

FELLERER, Karl Gustav, *Die Kirchenmusik W.A. Mozarts*, Laaber 1985.

FELLERER, Karl Gustav, *Kirchenmusik im 19. Jahrhundert* (Studien zur Musik des 19. Jahrhunderts Bd. 2), Regensburg 1985.

FELLERER, Karl Gustav, Kirchlicher Volksgesang vom Mittelalter bis zur Gegenwart, in: *GrBl* 59 (1935) 52-55.

FELLERER, Karl Gustav, *Palestrina. Leben und Werk*, Düsseldorf ²1960.

FELLERER, Karl Gustav, Soziologie der Kirchenmusik. Materialien zur Musik- und Religionssoziologie, in: SILBERMANN, Alphons (Hg.), *Kunst und Kommunikation* (Schriften zur Kunstsoziologie und Massenkommunikation Bd. 9), Köln 1963, 4-148.

FELLERER, Karl Gustav, The liturgical basis of Haydn's masses, in: LARSEN, Jens Peter / SERWER, Howard / WEBSTER, James (Hgg.), *Haydn-Studies. Proceedings of the International Haydn Conference Washington D.C. 1975*, New York u.a. 1981, 164-168.

FELLINGER, Imogen, Zur Situation geistlicher Musik in der zweiten Hälfte des 19. Jahrhunderts, in: *Hamburger Jahrbuch für Musikwissenschaft* 8 (1985) 223-236.

FERMOR, Gotthard, Art. Musik. II. Religions- und kulturgeschichtlich, in: KASPER, Walter u.a. (Hgg.), *LThK³* Bd. 7, Freiburg i. B. u.a. ³1998, 544-545.

FINSCHER, Ludwig / LÜTTEKEN, Laurenz, Art. Messe. Mehrstimmige Meßvertonungen bis 1600, in: FINSCHER, Ludwig (Hg.), *MGG² Sachteil* Bd. 6, Kassel u.a. ²1997, 184-204.

FLEMMING, Willi, Art. Barock. II. Literatur des Barocks, in: GALLING, Kurt u.a. (Hgg.), *RGG³* Bd. 1, Tübingen ³1957, 884-892.

FLOTZINGER, Rudolf, Versuch einer Geschichte der Landmesse, in: WESSELY, Othmar (Hg.), *Bruckner Symposion. Anton Bruckner und die Kirchenmusik im Rahmen des Internationalen Brucknerfestes Linz 1985. 19.-22. September 1985. Bericht*, Linz 1988

FRANZ, Adolph, *Die Messe im deutschen Mittelalter: Beiträge zur Geschichte der Liturgie und des religiösen Volkslebens*, Darmstadt 1963.

GAMBER, Klaus, Die Textgestalt des Gloria, in: BECKER, Hansjakob / KACZYNSKI, Reiner (Hgg.), *Liturgie und Dichtung: Ein interdisziplinäres Kompendium II. Interdisziplinäre Reflexion*, St. Ottilien 1983, 227-255.

GARDINER, John Eliot, Vespers in Venice. Deutsche Übersetzung: Horst Leuchtmann, in: BUTCHART, David (Hg.), *Claudio Monteverdi. Vespro della Beata Vergine. ARCHIV-Produktion. CD-Booklet*, Hamburg 1990, 25-38.

GATZ, Erwin, Art. Hieronymus Graf Colloredo, in: KASPER, Walter u.a. (Hgg.), *LThK³* Bd. 2, Freiburg i. B. u.a. ³1994, 1258-1259.

GEIRINGER, Karl, *Joseph Haydn. Der schöpferische Werdegang eines Meisters der Klassik. Eine Biographie* (neubearbeitete Auflage), München u.a. ²1986.

GENNRICH, Paul, *Der Gemeindegesang in der alten und mittelalterlichen Kirche*, Leipzig 1936

GEORGIADES, Thrasybulos, *Musik und Sprache. Das Werden der abendländischen Musik, dargestellt an der Vertonung der Messe*, Berlin u.a. 1954.

GERHARDS, Albert, „Einheit in Vielfalt". Zum Stand der Liturgischen Erneuerung. 30 Jahre nach dem Zweiten Vatikanischen Konzil, in: *WuA(M)* 36 (1995) 106-109.

GERHARDS, Albert, „Liturgie feiern mit Menschen von heute". Perspektiven der Liturgieerneuerung im deutschen Sprachgebiet, in: *HlD* 49 (1995) 217-226.

GERHARDS, Albert, „Von unschätzbarem Wert". Zur Wechselbeziehung zwischen Kirchenmusik und Liturgie, in: *Gd* 20 (1986) 137-139.

GERHARDS, Albert, Aus der Geschichte lernen? Versuche über die Liturgie der Zukunft, in: *StZ* 207 (1989) 473-483.

GERHARDS, Albert, Das Sanctus, in: *Gd* 17 (1983) 49-51.

GERHARDS, Albert, Der liturgische Hintergrund der Palestrina-Renaissance im 19. Jahrhundert, in: KIRSCH, Winfried (Hg.), *Palestrina und die Idee der Klassischen Vokalpolyphonie im 19. Jahrhundert. – Bericht über ein Symposion in Frankfurt am Main (Palestrina und die Kirchenmusik im 19. Jahrhundert Bd. 1)*, Regensburg 1989, 181-194.

GERHARDS, Albert, *Die griechische Gregoriosanaphora. Ein Beitrag zur Geschichte des Eucharistischen Hochgebetes*, Münster i.W. 1984.

GERHARDS, Albert, Die Künste und die Kirche. Anmerkungen zu einem spannungsvollen Dialog aus liturgiewissenschaftlicher Sicht, in: *StZ* 212 (1994) 232-238.

GERHARDS, Albert, Die Präfationen, in: MEẞNER, Reinhard / NAGEL, Eduard / PACIK, Rudolf (Hgg.), *Bewahren und Erneuern. Studien zur Meßliturgie* (FS Bernhard Meyer), Innsbruck 1995, 203-218.

GERHARDS, Albert, Die Psalmen in der römischen Liturgie. Eine Bestandsaufnahme des Psalmengebrauchs in Stundengebet und Meßfeier, in: ZENGER, Erich (Hg.), *Der Psalter in Judentum und Christentum* (Herders biblische Studien Bd. 18) (FS Norbert Lohfink), Freiburg i.B. u.a. 1998, 355-379.

GERHARDS, Albert, Emotionalität in der Kirche. Das „Objektive" und das „Subjektive" in der Liturgie – ein unauflösbarer Gegensatz? Dokumentation einer Studienkonferenz in Zusammenarbeit mit dem Seminar für Liturgiewissenschaft an der Katholisch-Theologischen Fakultät der Universität Bonn und dem Referat für Kirchenmusik des Erzbischöflichen Generalvikariates Köln, in: ISENBERG, Wolfgang (Hg.), *Emotionalität erlaubt? Kitsch in der Kirche* (Bensberger Protokolle. Schriftenreihe der Thomas-Morus-Akademie Bensberg Bd. 91), Bensberg 1998,

GERHARDS, Albert, Entstehung und Entwicklung des Eucharistischen Hochgebets im Spiegel der neueren Forschung. Der Beitrag der Liturgiewissenschaft zur liturgischen Erneuerung, in: HEINZ, Andreas / RENNINGS, Heinrich (Hgg.), *Gratias agamus: Studien zum eucharistischen Hochgebet* (FS Balthasar Fischer), Freiburg i.B. u.a. 1992, 75-96.

GERHARDS, Albert, Gottesdienst – Ort der Weitergabe des Glaubens Teil II, in: *Gottes Volk* 5 (1995) 106-111.

GERHARDS, Albert, Gottesdienst und Menschwerdung. Vom Subjekt liturgischer Feier, in: DELGADO, Mariano / LOB-HÜDEPOHL, Andreas (Hgg.), *Markierungen. Theologie in den Zeichen der Zeit* (Schriftenreihe der Diözesanakademie Berlin 11), Berlin 1995, 275-291.

GERHARDS, Albert, Höhepunkt auf dem Tiefpunkt? Überlegungen zur musikalischen Gestalt des eucharistischen Hochgebets, in: RENHART, Erich / SCHNEIDER, Andreas (Hgg.), *Sursum corda. Variationen zu einem liturgischen Motiv* (FS Philipp Harnoncourt), Graz 1991, 167-177.

GERHARDS, Albert, Hören – ein liturgischer Akt, in: *CiG* 40 (1988) 163.

GERHARDS, Albert, Interview „Der Schritt vom Ritus zur Feier ist vollzogen“ (Ein Gespräch mit dem Liturgiewissenschaftler Albert Gerhards), in: *HerKorr* 48 (1994) 616-621.

GERHARDS, Albert, Katechese und Liturgie - ein schwieriges Verhältnis?, in: GERHARDS, Albert / BITTER, Gottfried (Hgg.), *Glauben lernen – Glauben feiern. Katechetisch-liturgische Versuche*, Stuttgart 1998, 258-269.

GERHARDS, Albert, Koinonia (Communio) und die Gestalt einer Liturgie im Werden, in: *LJ* 46 (1996) 110-118.

GERHARDS, Albert, Liturgisch – geistlich. Wandlungen und Entwicklungen der Kirchenmusikanschauung im 20. Jahrhundert, in: *KMJ* 75 (1992) 3-10.

GERHARDS, Albert, Lobt Gott mit Flöten und Saitenspiel, in: *Gd* 18 (1984) 97-99.

GERHARDS, Albert, Menschwerden durch Gottesdienst? Positionsbestimmung der Liturgie zwischen kirchlichem Anspruch und individuellem Erleben, in: KRANEMANN, Benedikt u.a. (Hgg.), *Die missionarische Dimension der Liturgie. Gott feiern in nachchristlicher Gesellschaft 1*, Stuttgart 1998, 20-31.

GERHARDS, Albert, Theologische Aspekte des volkssprachlichen Gottesdienstes, in: *LJ* 34 (1984) 131-144.

GERHARDS, Albert, Von der Synode in Pistoia (1786) zum Zweiten Vatikanischen Konzil? Zur Morphologie der Liturgiereform im 20. Jahrhundert, in: *LJ* 36 (1986), 28-45.

GERHARDS, Albert (Hg.), Zur Standortbestimmung der Liturgiewissenschaft (erstellt von den Mitgliedern der Arbeitsgemeinschaft katholischer Liturgiedozentinnen und -dozenten im deutschen Sprachgebiet), in: *HlD* 45 (1991) 165-168.

GERHARDS, Albert / KOHLHAAS, Emmanuela, Art. Musik. IV. Musik und Kirche, in: KASPER, Walter u.a. (Hgg.), *LThK*³ Bd. 7, Freiburg i. B. u.a. ³1998, 546-550.

GERHARDS, Albert / LURZ, Friedrich, Art. Gloria in excelsis Deo, in: KASPER, Walter u.a. (Hgg.), *LThK*³ Bd. 4, Freiburg i. B. u.a. ³1995, 751-752.

GERHARDS, Albert / OSTERHOLT-KOOTZ, Birgit, Kommentar zur „Standortbestimmung der Liturgiewissenschaft“, in: *LJ* 42 (1992) 122-138.

GERHARDS, Albert / WINTZ, Klaus, Art. Altar (liturgisch) , in: KASPER, Walter u.a. (Hgg.), *LThK*³ Bd. 1, Freiburg i. B. u.a. ³1993, 436-438.

GERL, Hanna-Barbara, *Romano Guardini (1885-1968). Leben und Werk*, Mainz ²1985.

GERSTMEIER, August, Art. Bruckner, in: KASPER, Walter u.a. (Hgg.), *LThK³* Bd. 2, Freiburg i. B. u.a. ³1994, 710.

GERSTMEIER, August, Art. Messe. III. Kirchenmusikalisch, in: KASPER, Walter u.a. (Hgg.), *LThK³* Bd. 7, Freiburg i. B. u.a. ³1998, 160-162.

GERSTMEIER, August, Art. Sanctus. II. Musikalisch, in: KASPER, Walter u.a. (Hgg.), *LThK³* Bd. 9, Freiburg i. B. u.a. ³2000, 5.

GIESE, Alexander, Einige Bemerkungen über Joseph Haydn als Freimaurer und die Freimaurerei seiner Zeit, in: AMT DER BURGENLÄNDISCHEN LANDESREGIERUNG (Hg.), *Joseph Haydn in seiner Zeit (Ausstellungskatalog)*, Eisenstadt 1982, 168-171.

GLOCKNER, Hermann, *Die europäische Philosophie von den Anfängen bis zur Gegenwart*, Stuttgart 1958.

GMEINWIESER, Siegfried, Joseph Rheinbergers doppelchörige Es-Dur-Messe op. 109 im stilistischen Spannungsfeld zwischen Restauration und zeitgenössischer Kirchenmusik, in: DECHANT, Hermann / SIEBER, Wolfgang (Hgg.), *Gedenkschrift Hermann Beck*, Laaber 1982, 173-187.

GMEINWIESER, Siegfried/ Wohnhaas, Theodor, Zur Geschichte der Augsburger Dommusik im 19. Jahrhundert, in: MAHLING, Christoph-Hellmut (Hg.), *Studien zur Kirchenmusik im 19. Jahrhundert* (FS Friedrich Wilhelm Riedel) (Mainzer Studien zur Musikwissenschaft Bd. 32), Tutzing 1994, 105-115.

GNILKA, Joachim, *Das Evangelium nach Markus* Bd. 2 (Evangelisch-Katholischer Kommentar zum Neuen Textament Bd. 2.2), Zürich ³1989.

GÖLLER, Gottfried, Struktur der Missa cantata in der Römischen Liturgie, in: OVERATH, Johannes (Hg.), *Musica sacra und Liturgiereform*, Regensburg 1968, 129-148.

GOLLER, Vincenz, Musikalisches zum Kyrie und Gloria, in: *BiLi* 2 (1927/28) 155-158.

GÖLLERICH, August / AUER, Max, *Anton Bruckner. Ein Lebens- und Schaffens-Bild* Bd. 1-4, Regensburg 1922-1937.

GÖLLNER, Theodor, Art. Mass. Polyphony to 1600. 14th-century mass cycles in France and Italy - The first half of the 15th century: England and the continent, in: SADIE, Stanley (Hg.), *GDMM⁶* Vol. 11, London u.a. 1980, 783.

GRÄFLINGER, Franz, *Anton Bruckner. Leben und Schaffen* (Umgearbeitete Bausteine), Berlin 1927.

GRÄSER, Albert, *Das literarische Tagebuch. Studien über Elemente des Tagebuchs*, Saarbrücken 1955.

GRATZER, Wolfgang, Musik als Geschichte in Erfahrung bringen, in: GRUBER, Gernot / MAUSER, Siegfried (Hgg.), *Musikalische Hermeneutik im Entwurf. Thesen und Diskussionen* (Schriften zur musikalischen Hermeneutik Bd. 1), Laaber 1994, 55-91.

GREITHER, Aloys, *Wolfgang Amadé Mozart*, Hamburg 1980.

GRUBER, Gerold Wolfgang, Die Credo-Kompositionen Anton Bruckners, in: WESSELY, Othmar (Hg.), *Bruckner Symposion. Anton Bruckner und die Kirchenmusik im Rahmen des Internationalen Brucknerfestes Linz 1985. 19.-22. September 1985. Bericht*, Linz 1988, 129-143.

GSCHWIND, Ludwig, „Herr, erbarme dich". Das Kyrie - ein Huldigungsruf?, in: *Gd* 24 (1990) 104.

GUARDINI, Romano, *Der Gegensatz. Versuche zu einer Philosophie des Lebendig-Konkreten* (Romano Guardini. Werke. Sachbereich Anthropologie und Kulturkritik. Hg. von Franz HENRICH), [4]1998.

GÜMPEL, Karl-Werner, Art. Gregorianischer Gesang, in: DAHLHAUS, Carl / EGGEBRECHT, Hans Heinrich (Hgg.), *Musiklexikon. Brockhaus Riemann* Bd. 2, Mainz [3]1989, 146-147.

GÜMPEL, Karl-Werner, Art. Messe, in: DAHLHAUS, Carl / EGGEBRECHT, Hans Heinrich (Hgg.), *Musiklexikon. Brockhaus Riemann* Bd. 3, Mainz [3]1989, 146-147.

HAAS, Max, Art. Organum, in: FINSCHER, Ludwig (Hg.), *MGG[2] Sachteil* Bd. 7, Kassel u.a. [2]1997, 851-881.

HAAS, Robert, *Wolfgang Amdeus Mozart*, Potsdam 1933.

HABERL, Ferdinand, Das Motuproprio des Papstes Pius X., in: FELLERER, Karl Gustav (Hg.), *Geschichte der katholischen Kirchenmusik* Bd. 2, Kassel u.a. 1976, 283-286.

HABERL, Ferdinand, Orlando di Lasso - 1530 (1532) bis 14. Juni 1594, in: *MS(D)* 102 (1982) 402-404.

HABERL, Ferdinand, Papst Pius XII. und die Kirchenmusik, in: *MS(D)* 103 (1983) 360-363.

HABERL, Franz Xaver (Hg.), *Zweites Buch der Messen von Pierluigi da Palestrina. Vorwort* (Pierluigi da Palestrina`s Werke Bd. 11). Reprint, Farnborough 1968.

HABERL, Franz Xaver (Hg.), *Siebentes Buch der Messen von Pierluigi da Palestrina. Vorwort* (Pierluigi da Palestrina`s Werke Bd. 16). Reprint, Farnborough 1968.

HABERL, Franz Xaver (Hg.), *Achtes Buch der Messen von Pierluigi da Palestrina. Vorwort* (Pierluigi da Palestrina`s Werke Bd. 17). Reprint, Farnborough 1968.

HABERL, Franz Xaver (Hg.), *Neuntes Buch der Messen von Pierluigi da Palestrina. Vorwort* (Pierluigi da Palestrina`s Werke Bd. 18). Reprint, Farnborough 1968.

HABERL, Franz Xaver, Die Cardinalskommision von 1564 und Palestrina`s Missa Papae Marcelli, in: *KMJ* 1892, 82-97.

HABIG-BAPPERT, Inge, *Eucharistie im Spätbarock. Eine kirchliche Bild-Allegorese im deutschsprachigen Raum* (FVK Bd. 49), Münster i.W. 1983.

HACKER, Josef, *Die Messe in den deutschen Diözesan-, Gesangs- und Gebetbüchern von der Aufklärung bis zur Gegenwart* (MThS.H Bd.1), München 1950.

HAGER, Werner, Art. Barock. I. Barockkunst, in: GALLING, Kurt u.a. (Hgg.), *RGG[3]* Bd. 1, Tübingen [3]1957, 881-884.

HAHNE, Werner, Die „Dramaturgie“ in Sakramentenfeiern, in: KLÖCKENER, Martin / GLADE, Winfried, *Die Feier der Sakramente in der Gemeinde* (FS Heinrich Rennings), Kevelaer 1986, 136-148.

HAMACHER, Theo, Der kirchliche Volksgesang, in: FELLERER, Karl Gustav (Hg.), *Geschichte der katholischen Kirchenmusik* Bd. 2, Kassel u.a. 1976, 294-307.

HAMELINE, Jean-Yves, Die liturgisch-musikalische Aufgabe des Chores, in: *MusAl* 22 (1970) 56-61. 110-16.

HAMMER, Karl, *W.A. Mozart – eine theologische Deutung. Ein Beitrag zur theologischen Anthropologie* (BSHST 3), Zürich 1964.

HANKAMER, Paul, *Deutsche Gegenreformation und deutsches Barock. Die deutsche Literatur im Zeitraum des 17. Jahrhunderts*, München 1935.

HANSSLER, Bernhard, Das Mess-Ordinarium: Historischer Hintergrund und Aussage, in: Prinz, Ulrich (Hg.), *Johann Sebastian Bach. Messe h-Moll. Opus ultimum BWV 232* (Schriftenreihe der Internationalen Bachakademie Stuttgart Bd. 3), Kassel 1990, 8-17.

HARNONCOURT, Der Liturgiebegriff bei den Frühcaecilianern und seine Anwendung auf die Kirchenmusik, in: UNVERRICHT, Hubert (Hg.), *Der Caecilianismus. Anfänge – Grundlagen – Wirkungen. Internationales Symposium zur Kirchenmusik des 19. Jahrhunderts (Eichstätter Abhandlungen zur Musikwissenschaft Bd. 5)*, Tutzing 1988, 75-108.

HARNONCOURT, Philipp, „So sie's nicht singen, so gleuben sie's nicht". Singen im Gottesdienst als Ausdruck des Glaubens oder liturgische Zumutung?, in: BECKER, Hansjakob / KACZYNSKI, Reiner (Hgg.), *Liturgie und Dichtung: Ein interdisziplinäres Kompendium II. Interdisziplinäre Reflexion*, St. Ottilien 1983, 139-171.

HARNONCOURT, Philipp, Der „Gregorianische Gesang" in unserer Zeit, in: *Katholische Kirchenmusik. Zeitschrift für die Musik in der Liturgie (St. Gallen)* 113 (1988) 158-161.

HARNONCOURT, Philipp, Die liturgische und apostolische Sendung der Musica Sacra, in: *HlD* 43 (1989) 49-71.

HARNONCOURT, Philipp, Gemeindegesang im christlichen Gottesdienst. Thesen zu seiner Geschichte und Theologie, in: *HlD* 42 (1988) 50-61.

HARNONCOURT, Philipp, Gesang und Musik im Gottesdienst, in: LITURGISCHE INSTITUTE SALZBURG / TRIER / ZÜRICH (Hgg.), *Liturgie im Fernkurs*. Lehrbrief 11(1987) 64-89.

HARNONCOURT, Philipp, Gesang und Musik im Gottesdienst, in: SCHÜTZEICHEL, Harald (Hg.), *Die Messe. Ein kirchenmusikalisches Handbuch*, Düsseldorf 1991, 9-25.

HARNONCOURT, Philipp, Katholische Kirchenmusik vom Cäcilianismus bis zur Gegenwart, in: SCHUHMACHER, Gerhard (Hg.), *Traditionen und Reformen in der Kirchenmusik* (FS Konrad Ameln), Kassel/Basel 1974, 78-133.

HARNONCOURT, Philipp, Liturgie als kommunikatives Geschehen, in: *LJ* 25 (1975) 5-27.

HARNONCOURT, Philipp, Liturgie und Gemeinde, in: *Werkblätter der Gemeinschaft Katholischer Erzieher in der Steiermark* 30 (1977) 12-14.

HARNONCOURT, Philipp, Miteinander und einander gegenüber. Eine dynamisch-dialogische Theologie der Liturgie", in: *Gd* 23 (1989) 137-139.

HARNONCOURT, Philipp, Von der lateinischen Messe des Mittelalters zum volkssprachlichen Gottesdienst der Protestanten, in: *HlD* 26 (1972) 78-84, 133-138.

HARNONCOURT, Philipp, Von der Liturgischen Bewegung zur Liturgiereform. Grundprinzipien, Die Liturgische Bewegung, Die Liturgiereform des II. Vatikanischen Konzils, in: *Katholische Kirchenmusik. Zeitschrift für die Musik in der Liturgie (St. Gallen)* 103 (1978) 158-161.

HARNONCOURT, Philipp, Wie wird unser Singen „liturgiefähig"?, in: *CiG* 41 (1989) 219.

HARRANDT, Andrea, Briefe, in: HARTEN, Uwe (Hg.), *Anton Bruckner. Ein Handbuch*, Salzburg u.a. 1996, 102-103.

HARRER, Gerhart, Beziehung zwischen Musikwahrnehmung und Emotionen, in: BRUHN, Herbert / OERTER, Rolf / RÖSING, Helmut (Hgg.), *Musikpsychologie. Ein Handbuch*, Reinbek 1993, 588-599.

HAUG, Andreas, Art. Gregorianischer Gesang, in: KASPER, Walter u.a. (Hgg.), *LThK*³ Bd. 4, Freiburg i. B. u.a. ³1995, 1033-1037.

HÄUSSLING, Angelus Albert, Akklamationen und Formeln, in: BERGER, Rupert u.a. (Hgg.), *Gestalt des Gottesdienstes. Sprachliche und nichtsprachliche Ausdrucksformen* (GdK Teil 3), Regensburg ²1990, 220-239.

HÄUSSLING, Angelus Albert, Art. Liturgie I. Begriff II. Systematisch-theologisch, in: KASPER, Walter u.a. (Hgg.), *LThK³* Bd. 6, Freiburg i. B. u.a. ³1997, 969-970.

HÄUSSLING, Angelus Albert, Liturgiereform. Materialien zu einem neuen Thema der Liturgie-Wissenschaft, in: *ALW* 31 (1989) 1-32.

HÄUSSLING, Angelus Albert, *Mönchskonvent und Eucharistiefeier. Eine Studie über die Messe in der abendländischen Klosterliturgie des frühen Mittelalters und zur Geschichte der Meßhäufigkeit* (Liturgiewissenschaftliche Quellen und Forschungen Bd. 58), Münster i.W. 1973.

HEINEMANN, Michael, *Giovanni Perluigi da Palestrina und seine Zeit*, Laaber 1994.

HELLER, Agnes, *Der Mensch der Renaissance*. Aus dem Ungarischen von Hans-Henning Paetzke, Frankfurt a.M. 1988.

HENKE, Ursula, Die Eucharistie als Konzertmesse?, in: *MS(D)* 109 (1989) 112-113.

HILDENBRAND, Udo, Die Stufung der Feierlichkeit in der Liturgie, in: *MS(D)* 111 (1991) 202-208.

HILDESHEIMER, Wolfgang, *Mozart*, Frankfurt a. M. 1977.

HINGER, Anton, Josef Rheinberger, in: *Jahrbuch des historischen Vereins für das Fürstentum Liechtenstein 1903*. Bd. 3, Vaduz 1903, 167-187.

HINTERMAIER, Ernst, Kajetan Rupert (Pater Dominikus) Hagenauer, in: SALZBURGER LANDESAUSSTELLUNGEN (Hg.), *Mozart. Bilder und Klänge. Ausstellungskatalog zur Sechsten Salzburger Landesausstellung Schloß Kleßheim Salzburg vom 23.03.-03.11.1991*, Salzburg 1991, 78.

HINTERMAIER, Ernst, Leopold Mozart, in: SALZBURGER LANDESAUSSTELLUNGEN (Hg.), *Mozart. Bilder und Klänge. Ausstellungskatalog zur Sechsten Salzburger Landesausstellung Schloß Kleßheim Salzburg vom 23.03.-03.11.1991*, Salzburg 1991, 332.

HINTERMAIER, Ernst, Mozart: Kyrie (Fragment) in Es-Dur, in: SALZBURGER LANDESAUSSTELLUNGEN (Hg.), *Mozart. Bilder und Klänge. Ausstellungskatalog zur Sechsten Salzburger Landesausstellung Schloß Kleßheim Salzburg vom 23.03.-03.11.1991*, Salzburg 1991, 196-197.

HOCHRADNER, Thomas, Das 18. Jahrhundert, in: MAUSER, Siegfried (Hg.), *Handbuch der musikalischen Gattungen. Bd. 9: Messe und Motette* (hg. zus. mit LEUCHTMANN, Horst), Laaber 1998, 189-269.

HOCHRADNER, Thomas, Das 20. Jahrhundert, in: MAUSER, Siegfried (Hg.), *Handbuch der musikalischen Gattungen. Bd. 9: Messe und Motette* (hg. zus. mit LEUCHTMANN, Horst), Laaber 1998, 333-376.

HOCHSTEIN, Wolfgang, *Messe in C. Vorwort* (Josef Gabriel Rheinberger. Sämtliche Werke. Abteilung I: Geistliche Vokalmusik. 1.Messen und Totenmessen. Bd. 5), Stuttgart 1993.

HOCHSTEIN, Wolfgang, *Messen für gleiche Stimmen. Vorwort* (Josef Gabriel Rheinberger. Sämtliche Werke. Abteilung I: Geistliche Vokalmusik. 1.Messen und Totenmessen. Bd.1), Stuttgart 1997.

HOCHSTEIN, Wolfgang, Zum Entstehungsprozeß der „Paukenmesse“ von Joseph Haydn, in: *KMJ* 77 (1993) 117-134.

HOLBÖCK, Ferdinand, *Wolfgang Amadeus Mozart. Der Salzburger Domorganist und seine Beziehungen zur katholischen Kirche*, Stein am Rhein 1978.

HOLBORN, Hajo, *Deutsche Geschichte in der Neuzeit. Bd. 2: Reform und Restauration, Liberalismus und Nationalismus (1790-1871)*, Frankfurt a.M. 1981.

HOLL, Monika / KÖHLER, Karl-Heinz, Vorwort, in: SCHMID, Ernst-Fritz / PLATH, Wolfgang / REHM, Wolfgang u.a. (Hg.), *NMA Serie I: Geistliche Gesangswerke. Werkgruppe 1: Messen und Requiem. Abteilung 1: Messen* Bd. 5, Kassel u.a. 1983, 9-19.

HOLL, Monika, Vorwort, in: SCHMID, Ernst-Fritz / PLATH, Wolfgang / REHM, Wolfgang u.a. (Hg.), *NMA Serie I: Geistliche Gesangswerke. Werkgruppe 4: Oratorien, Geistliche Singspiele und Kantaten*. Bd. 3: *Davide Penitente*, Kassel u.a. 1987, 7-22.

HOLL, Monika, Vorwort, in: SCHMID, Ernst-Fritz / PLATH, Wolfgang / REHM, Wolfgang u.a. (Hg.), *NMA Serie I: Geistliche Gesangswerke. Werkgruppe 1: Messen und Requiem. Abteilung 1: Messen* Bd. 2, Kassel u.a. 1975,

HOLLERWEGER, Hans, Art. Barock. VI. Liturgie, in: KASPER, Walter u.a. (Hgg.), *LThK³* Bd. 2, Freiburg i. B. u.a. ³1994, 29-30.

HOLLERWEGER, Hans, *Die Reform des Gottesdienstes zur Zeit des Josephinismus in Österreich* (Studien zur Pastoralliturgie Bd. 1), Regensburg 1976.

HORN, Erwin, Anton Bruckners Messe in e-Moll, in: *MS(D)* 116 (1996) 458-476.

HÜBSCHER, Bruno, Art. Chur, in: HÖFER, Josef / RAHNER, Karl (Hgg.), *LThK²* Bd. 7, Freiburg i. B. ²1958, 1196-1198.

HUCKE, Helmut / QUACK, Erhard / RENNINGS, Heinrich (Hgg.), *Musik in der feiernden Gemeinde. Hilfen zur Orientierung in der kirchenmusikalischen Theorie und Praxis*, Freiburg i. B. 1974.

HUCKE, Helmut, Das kirchenmusikalische Erbe in der liturgischen Erneuerung, in: *MS(D)* 100 (1980) 160-168.

HUCKE, Helmut, Die Kirchenmusik in der Liturgiekonstitution des 2. Vatikanischen Konzils, in: *MuA* 16 (1964) 8-16.

HUCKE, Helmut, Singen und Musizieren. Das Kirchenlied, in: BERGER, Rupert u.a., *Gestalt des Gottesdienstes: Sprachliche und nichtsprachliche Ausdrucksformen* (GdK Teil 3), Regensburg ²1990, 165-179.

HUCKE, Helmut, Singen und Musizieren. Geschichtlicher Überblick, in: BERGER, Rupert u.a., *Gestalt des Gottesdienstes: Sprachliche und nichtsprachliche Ausdrucksformen* (GdK Teil 3), Regensburg ²1990, 146-165.

HURWITZ, Joachim, *Joseph Haydn und die Freimaurer* (Schriftenreihe der Internationalen Forschungsstelle „Demokratische Bewegungen in Mitteleuropa 1770-1850“ Bd. 21), Frankfurt a.M. u.a. 1996.

HUSCHKE, Joachim, Orlando di Lassos Messen, in: *AMf* 5 (1940) 84-103. 153-178.

IRMEN, Hans-Josef, *Gabriel Josef Rheinberger als Antipode des Cäcilianismus* (Studien zur Musikgeschichte des 19. Jahrhunderts Bd. 22), Regensburg 1970.

IRMEN, Hans-Josef, Josef Rheinberger. Eine biographische Skizze, in: IRMEN, Hans-Josef (Hg.), *Josef Rheinberger. Briefe an Henriette Hecker*, Vaduz 1970.

IRMEN, Hans-Josef, *Mozart. Mitglied geheimer Gesellschaften*, Zülpich ²1991.

ISERLOH, Erwin, *Geschichte und Theologie der Reformation im Grundriß*, Paderborn 1980.

JANOTA, Johannes, Art. Kirchenlied. II. Mittelalter, in: FINSCHER, Ludwig (Hg.), *MGG² Sachteil* Bd. 5, Kassel u.a. ²1996, 62-67.

JASCHINSKI, Eckhard, *Musica sacra oder Musik im Gottesdienst? Die Entstehung der Aussagen über die Kirchenmusik in der Liturgiekonstitution „Sacrosanctum Concilium" (1963) und bis zur Instruktion „Musicam sacram" (1967)* (Studien zur Pastoralliturgie Bd. 8), Regensburg 1990.

JASCHINSKI, Eckhard, Musik, die dem Wort dient. Zur Gesangspraxis des Gregorianischen Chorals, in: *Gd* 19 (1985) 81-83.

JEDIN, Hubert, Art. Katholische Reform, in: HÖFER, Josef / RAHNER, Karl (Hgg.), *LThK²* Bd. 6, Freiburg i. B. ²1961, 84-87.

JEPPESEN, Knud, Art. Palestrina, in: BLUME, Friedrich (Hg.), *MGG* Bd. 10, Kassel u.a. 1962, 658-706.

JEPPESEN, Knud, *Le messe di Mantova. Inedite dai manoscritti di Santa Barbara. Prefazione* (Le opere complete di Giovanni Pierluigi da Palestrina Vol. 18), Roma 1954.

JONCAS, Jan Michael, *From Sacred Song to Ritual Music: Twentieth-Century Understandings of Roman Catholic Worship Music*, Collegeville 1997.

JORISSEN, Hans, Art. Meßopfer, in: KASPER, Walter u.a. (Hgg.), *LThK³* Bd. , Freiburg i. B. u.a. ³1998, 178-184.

JUNGMANN, Josef Andreas, Das Konzil von Trient und die Erneuerung der Liturgie, in: SCHREIBER, Georg (Hg.), *Das Weltkonzil von Trient*, Freiburg i.Br. 1951, 325-336.

JUNGMANN, Josef Andreas, Der Stand des liturgischen Lebens am Vorabend der Reformation, in: ders. (Hg.), *Liturgisches Erbe und pastorale Gegenwart. Studien und Vorträge*, Innsbruck u.a. 1960, 87-107.

JUNGMANN, Josef Andreas, Konstitution über die heilige Liturgie (Constitutio de sacra Liturgia). Einleitung und Kommentar, in: BRECHTER, Heinrich Suso u.a. (Hgg.), Zusatz-Bd. I zum *LThK²*. Das Zweite Vatikanische Konzil. Konstitutionen, Dekrete, Erklärungen (lat./dt.) und Kommentare Teil I, Freiburg i. B. ²1966, 10-109.

JUNGMANN, Josef Andreas, Liturgische Erneuerung zwischen Barock und Gegenwart. In: *LJ* 12 (1962) 1-15.

JUNGMANN, Josef Andreas, Liturgisches Leben im Barock, in: ders. (Hg.), *Liturgisches Erbe und pastorale Gegenwart. Studien und Vorträge*, Innsbruck u.a. 1960, 108-119.

JUNGMANN, Josef Andreas, *Missarum sollemnia. Eine genetische Erklärung der Römischen Messe*, Bd. 1 und 2, Freiburg i. B. ⁵1962.

KAHL, Willi, *Selbstbiographien deutscher Musiker des XVIII. Jahrhunderts*, Köln u.a. 1948.

KALISCH, Volker, Haydn und die Kirchenmusik. Ein analytischer Versuch am Beispiel des Benedictus aus der Schöpfungsmesse, in: *MuK* 54 (1984) 159-170.

KANTNER, Leopold M., Die Frömmigkeit Anton Bruckner, in: *ME* 40 (1986/87) 61-73.119-126.

KASPAR, Peter Paul, Mozart und die Religion, in: *MS(D)* 111 (1991) 291-292.

KAST, Paul, Art. Messe. Die mehrstimmige Messe. Bis 1600. Organum und frühe mehrstimmige Formen, in: BLUME, Friedrich (Hg.), *MGG* Bd. 1, Kassel u.a. 1961, 170-183.

KEHL, Medard, *Eschatologie*, Würzburg 1986.

KINDERMANN, Udo, Art. Latein, in: KASPER, Walter u.a. (Hgg.), *LThK³* Bd. 6, Freiburg i. B. u.a. ³1997, 660-661.

KINSKY, Georg, Schriftstücke aus dem Palestrina-Kreis, in: WEINMANN, Karl (Hg.), *Festschrift Peter Wagner zum 60. Geburtstag*, Leipzig 1926, 108-117.

KIST, Johannes, Art. Nürnberg, in: HÖFER, Josef / RAHNER, Karl (Hgg.), *LThK²* Bd. 7, Freiburg i. B. ²1961, 1073-1074.

KLASSEN, Johannes, Untersuchungen zur Parodiemesse Palestrinas, in: *KMJ* 37 (1953) 53-63.

KLEBER, Karl-Heinz, Art. Hören, in: SCHÜTZ, Christian (Hg.), *Praktisches Lexikon der Spiritualität*, Freiburg i.B. 1988, 635-638.

KLÖCKNER, Stefan, Art. Chor. II. Musikalisch, in: KASPER, Walter u.a. (Hgg.), *LThK³* Bd. 2, Freiburg i. B. u.a. ³1994, 1083-1084.

KLÖCKNER, Stefan, Stellungnahme zu „Die Eucharistie als Konzertmesse", in: *MS(D)* 109 (1989) 19-20.

KLÖCKNER, Stefan, Stellungnahme zu „Forum" MS(D) 2/'89, in: *MS(D)* 109 (1989) 198.

KLUGER, Josef, Schlichte Erinnerungen an Anton Bruckner, in: STIFT KLOSTERNEUBURG (Hg.), *Klosterneuburger Jahrbücher* III (1910), Klosterneuburg 1910.

KNOTZINGER, Kurt, Beethoven als Katholik, in: *SingKir* 18 Heft 2 (1970/71) 55-56.

KOCH, Günter, Was Künste und Kirche sich zu sagen haben. Die Künste als locus theologicus – die Kirche als locus inspirationis artium, in: HILLENBRAND, Karl / NIEDERSCHLAG, Heribert (Hgg.), *Glaube und Gemeinschaft* (FS Paul-Werner Scheele), Würzburg 2000, 550-565.

KOEGEL, Joseph, *Geschichte der St. Kajetans-Hofkirche, der Theatiner-Kirche und des königlichen Hof- und Kollegiatstiftes in München*, München 1899.

KOEPP, Jürgen H., Art. Autobiographie, in: BONDY, François / FRENZEL, Ivo / KAISER, Joachim u.a. (Hgg.), *Harenbergs Lexikon der Weltliteratur. Autoren – Werke – Begriffe* Bd. 1, Dortmund 1989, 257-258.

KÖHLER, Joachim, Politische, wirtschaftliche und kirchliche Vorauussetzungen barocker Kultur und Frömmigkeit, in: *ASKG* 44 (1986) 47-65.

KÖHLER, Joachim, Statement in „Kirchenmusik im Gespräch. Ideen, Visionen und Realitäten in Beiträgen aus den Diskussionen", in: SCHLAGER, Karlheinz / UNVERRICHT, Hubert (Hgg.), *Kirchenmusikalisches Erbe und Liturgie. Internationales wissenschaftliches Symposium an der Katholischen Universität Eichstätt am 18.-20. September 1989*, Tutzing 1995, 187.

KÖHLER, Joachim, Vielfalt der Formen in der Geschichte der Kirchenmusik – Reichtum der Liturgie heute, in: SCHLAGER, Karlheinz / UNVERRICHT, Hubert (Hgg.), *Kirchenmusikalisches Erbe und Liturgie. Internationales wissenschaftliches Symposium an der Katholischen Universität Eichstätt am 18.-20. September 1989*, Tutzing 1995, 25-35.

KÖHLER, Rafael, Kirchenmusik zwischen Choral und Richard Wagner. Peter Griesbacher und die Krise der cäcilianischen Kirchenmusik, in: *KMJ* 76 (1993) 91-100.

KOHLHASE, Thomas, Statement in „Kirchenmusik im Gespräch. Ideen, Visionen und Realitäten in Beiträgen aus den Diskussionen", in: SCHLAGER, Karlheinz / UNVERRICHT, Hubert (Hgg.), *Kirchenmusikalisches Erbe und Liturgie. Internationales wissenschaftliches Symposium an der Katholischen Universität Eichstätt am 18.-20. September 1989*, Tutzing 1995, 204.

KOHLSCHEIN, Franz, Bewußte, tätige und fruchtbringende Teilnahme. Das Leitmotiv der Gottesdienstreform als bleibender Maßstab, in: MAAS-EWERD, Theodor (Hg.), *Lebt unser Gottesdienst?: Die bleibende Aufgabe der Liturgiereform* (FS Bruno Kleinheyer), Freiburg i.B. u.a. 1988, 38-62.

KONRAD, Ulrich, Der Beitrag evangelischer Komponisten zur Messenkomposition im 19. Jahrhundert, in: *KMJ* 71 (1987) 65-92.

KÖRNDLE, Franz, Das musikalische Ordinarium missae nach 1400, in: MAUSER, Siegfried (Hg.), *Handbuch der musikalischen Gattungen. Bd. 9: Messe und Motette* (hg. zus. mit LEUCHTMANN, Horst), Laaber 1998, 154-188.

KOSCH, Franz, „Der Beter Anton Bruckner". Nach seinen persönlichen Aufzeichnungen, in: GRASBERGER, Franz (Hg.), *Bruckner-Studien* (FS Leopold Nowak), Wien 1964, 67-73.

KRÄTSCHMER, Barbara, Die deutsche Singmesse der Aufklärung unter besonderer Berücksichtigung der Deutschen Hochämter von Johann Michael Haydn, in: *SingKir* 33 (1986) 11-17.

KRAUTWURST, Franz, Hans Leo Hassler (1564-1612), in: WENDEHORST, Alfred / PFEIFFER, Gerhard (Hgg.), *Fränkische Lebensbilder* 11, Neustadt A. 1984, 140-162.

KREUELS, Matthias, Singt dem Herrn ein neues Lied? – Der Kirchenchor und sein liturgiemusikalisches Repertoire, in: *MS(D)* 117 (1997) 478-480.

KROYER, Theodor, *Joseph Rheinberger* (Skm Bd. 14/15), Regensburg u.a. 1916.

KRUTMANN, Johannes, Wolfgang Amadeus Mozarts Litaneien, in: *MS(D)* 111 (1991) 280-290.

KUNZLER, Michael, *Die Liturgie der Kirche* (Associazione Manuali di Theologia Cattolica vol. 10), Paderborn 1995.

KURTH, Ernst, *Bruckner*. Bd. 2, Berlin 1925.

KURTHEN, Wilhelm, Liszt und Bruckner als Messenkomponisten, in: *MusDiv* 13 (1925) 44.

KURTHEN, Wilhelm, Zur Geschichte der deutschen Singmesse, in: *KMJ* 26 (1931) 76-110.

KURZSCHENKEL, Winfried, *Die theologische Bestimmung der Musik. Neue Beiträge zur Deutung und Wertung des Musizierens im christlichen Leben*, Trier 1971.

LANDON, Howard Chandler Robbins (Hg.), *Missa Sancti Nicolai. Joseph Haydn. Hob. XXII: 6. Preface*, London 1969.

LANDON, Howard Chandler Robbins, *Chronicle and Works. Bd. 1: The early years 1732-1765*, London 1980.

LANDON, Howard Chandler Robbins, *Chronicle and Works. Bd. 4: The years of „The creation" 1796-1800*, London 1994.

LANDON, Howard Chandler Robbins, *The Mozart essays*, London 1995.

LANG, Justin, Art. Portiunkula, in: KASPER, Walter u.a. (Hgg.), *LThK*[3] Bd. 8, Freiburg i. B. u.a. [3]1999, 434-435.

LANGEHEINE, Volker, Textpragmatische Analyse schriftlicher Kommunikation am Beispiel des Briefes, in: GROSSE, Siegfried (Hg.), *Schriftsprachlichkeit* (Sprache der Gegenwart Bd. 9), Düsseldorf 1983), 190-211.

LANGLOIS, Frank, Préface, in: HARMONIA MUNDI FRANCE (Hg.), *Hans Leo Hassler. Missa I super Dixit Maria. Vater unser im Himmelreich. Motets*. Disques-brochure, Arles 1992, 5-7.

LARSEN, Jens Peter / FEDER, Georg, Haydn (Deutsche Übersetzung der Taschenbuchausgabe des Lexikon-Artikels in SADIE, Stanley [Hg.], *GDMM*[6], Reihe *The New GROVE – die großen Komponisten*), Stuttgart u.a. 1994.

LARSEN, Jens Peter / LANDON, Howard Chandler Robbins, Art. Haydn, Franz Joseph, in: BLUME, Friedrich (Hg.), *MGG* Bd. 5, Kassel u.a. 1956, 1857-1916.

LEECH-WILKINSON, Daniel, *Machaut's mass: an introduction*, Oxford 1990.

LEUCHTMANN, Horst, Art. Orlando di Lasso, in: KASPER, Walter u.a. (Hgg.), *LThK*[3] Bd. 6, Freiburg i. B. u.a. [3]1997, 656-657.

LIEBISCH, Haymo, *Anton Bruckner 1824-1896 – einst und jetzt. Ein Bericht*, Steyr1996.

LIPPMANN, Friedrich, Vorwort, in: LIPPMANN, Friedrich (Hg.), *Joseph Haydn. Messe Nr. 12 „Harmoniemesse". 1802*, München 1966.

LITSCHAUER, Walburga, Bruckner und die Wiener Kirchenmusik, in: WESSELY, Othmar (Hg.), *Bruckner Symposion. Anton Bruckner und die Kirchenmusik im Rahmen des Internationalen Brucknerfestes Linz 1985. 19.-22. September 1985. Bericht*, Linz 1988, 95-102.

LOCKWOOD, Lewis, Art. Mass. Polyphony to 1600. The Counter-Reformation - Palestrina, in: SADIE, Stanley (Hg.), *GDMM*[6] Vol. 11, London u.a. 1980, 788-789.

LODES, Birgit, Das 19. Jahrhundert, in: MAUSER, Siegfried (Hg.), *Handbuch der musikalischen Gattungen. Bd. 9: Messe und Motette* (hg. zus. mit LEUCHTMANN, Horst), Laaber 1998, 270-332.

LÖSCHBERGER, Erwin, Gemeinde, in: SCHÜTZEICHEL, Harald (Hg.), *Die Messe. Ein kirchenmusikalisches Handbuch*, Düsseldorf 1991, 248- 54.

LUEGER, Wilhelm, Art. Kirchenlied, in: HÖFER, Josef / RAHNER, Karl (Hgg.), *LThK*[2] Bd. 6, Freiburg i. B. [2]1961, 231-233.

LURZ, Friedrich, Art. Kirchensprachen, in: KASPER, Walter u.a. (Hgg.), *LThK*[3] Bd. 6, Freiburg i. B. u.a. [3]1997, 56-58.

LURZ, Friedrich, *Die Feier des Abendmahls nach der Kurpfälzischen Kirchenordnung von 1563: ein Beitrag zu einer ökumenischen Liturgiewissenschaft* (PTHe Bd. 38), Stuttgart u.a. 1998.

LÜTOLF, Max, *Die mehrstimmigen Ordinarium Missae Sätze vom ausgehenden 11. bis zur Wende des 14. Jahrhunderts*, Zürich 1970.

MAAS-EWERD, Theodor, Art. Liturgische Bewegung. I. Katholische Kirche, in: KASPER, Walter u.a. (Hgg.), *LThK*[3] Bd. 6, Freiburg i. B. u.a. [3]1997, 992-993.

MAAS-EWERD, Theodor, Auf dem Weg zur „Gemeinschaftsmesse". Romano Guardinis „Meßandacht" aus dem Jahre 1920, in: *EuA* 66 (1990) 450-468.

MAAS-EWERD, Theodor, *Die Krise der Liturgischen Bewegung in Deutschland und Österreich. Zu den Auseinandersetzungen um die „liturgische Frage" in den Jahren 1939-1944*, Regensburg 1981.

MAAS-EWERD, Theodor, *Liturgie und Pfarrei. Einfluß der Liturgischen Erneuerung auf Leben und Verständnis der Pfarrei im deutschen Sprachgebiet*, Paderborn 1969.

MACINTYRE, Bruce C., Viennese common practise in the early masses of Joseph Haydn, in: BADURA-SKODA, Eva (Hg.), *Joseph Haydn. Bericht über den internationalen Joseph Haydn Kongress Wien vom 5.-12. September 1982* (hg. für die Gesellschaft für Forschungen zur musikalischen Aufführungspraxis), München 1986, 482-496.

MAIER, Elisabeth, Leopold Zenetti. Werk und Wirken, in: MAIER, Elisabeth / ZAMAZAL, Franz (Hgg.), *Anton Bruckner und Leopold von Zenetti* (Anton Bruckner. Dokumente und Studien Bd. 3, hg. v. Franz Grasberger), Graz 1980, 108-126.

MAIER, Elisabeth, Messe in C-Dur („Windhaager Messe“, WAB 25), in: HARTEN, Uwe (Hg.), *Anton Bruckner. Ein Handbuch*, Salzburg u.a. 1996, 282.

MAIER, Elisabeth, Messe in d-Moll (WAB 26), in: HARTEN, Uwe (Hg.), *Anton Bruckner. Ein Handbuch*, Salzburg u.a. 1996, 282-283.

MAIER, Elisabeth, Messe in e-Moll (WAB 27), in: HARTEN, Uwe (Hg.), *Anton Bruckner. Ein Handbuch*, Salzburg u.a. 1996, 284-285.

MAIER, Elisabeth, Messe in Es-Dur (WAB 139, nur Kyrie, Fragment), in: HARTEN, Uwe (Hg.), *Anton Bruckner. Ein Handbuch*, Salzburg u.a. 1996, 287-288.

MAIER, Elisabeth, Messe in f-Moll (WAB 28), in: HARTEN, Uwe (Hg.), *Anton Bruckner. Ein Handbuch*, Salzburg u.a. 1996, 285-286.

MAIER, Elisabeth, Messe ohne Gloria in d-Moll („Kronstorfer Messe“, WAB 146), in: HARTEN, Uwe (Hg.), *Anton Bruckner. Ein Handbuch*, Salzburg u.a. 1996, 288-289.

MAIER, Elisabeth, Missa pro Quadragesima in g-Moll (WAB 140, Fragment), in: HARTEN, Uwe (Hg.), *Anton Bruckner. Ein Handbuch*, Salzburg u.a. 1996, 288.

MAIER, Elisabeth, Missa solemnis in b-Moll (WAB 29), in: HARTEN, Uwe (Hg.), *Anton Bruckner. Ein Handbuch*, Salzburg u.a. 1996, 286-287.

MAIER, Elisabeth, Persönlichkeit, in: HARTEN, Uwe (Hg.), *Anton Bruckner. Ein Handbuch*, Salzburg u.a. 1996, 332-337.

MARGGRAF, Wolfgang, *Joseph Haydn. Versuch einer Annäherung*, Leipzig 1990.

MARTIN, Alfred von, Romantischer „Katholizismus“ und katholische „Romantik“, in: *Hochl* 23,1 (1925/26), 315-337.

MARX, Adolph Bernhard, *Ludwig van Beethoven. Leben und Schaffen* Bd. 2, Berlin 1859.

MASSENKEIL, Günther, Art. Cäcilianismus, in: HONEGGER, Marc / MASSENKEIL, Günther (Hgg.), *Das Große Lexikon der Musik (aktualisierte Sonderausgabe)* Bd. 2, Freiburg 1987, 6.

MASSENKEIL, Günther, Art. Messe, in: HONEGGER, Marc / MASSENKEIL, Günther (Hgg.), *Das Große Lexikon der Musik* Bd. 6, Freiburg i. B. 1981, 291-297.

MASSENKEIL, Günther, Art. Oratorium, in: KASPER, Walter u.a. (Hgg.), *$LThK^3$* Bd. 7, Freiburg i. B. u.a. ^{3}1998, 1086-1087.

MASSENKEIL, Günther, Art. Ordinarium missae, in: MASSENKEIL, Günther (Hg.), *Das Große Lexikon der Musik* Bd. 6, Freiburg i. B. 1981, 134.

MAUSER, Siegfried, Entwurf einer Grundlegung musikalischer Hermeneutik, in: GRUBER, Gernot / MAUSER, Siegfried (Hgg.), *Musikalische Hermeneutik im Entwurf. Thesen und Diskussionen* (Schriften zur musikalischen Hermeneutik Bd. 1), Laaber 1994, 47-54.

MAYER, Anton Ludwig, Die geistesgeschichtliche Situation der Liturgischen Erneuerung in der Gegenwart, in: *ALW* 4,1 (1955) 1-51.

MAYER, Anton Ludwig, Die Stellung der Liturgie von der Zeit der Romantik bis zur Jahrhundertwende, in: *ALW* 3,1 (1953) 1-77.

MAYER, Anton Ludwig, Liturgie und Barock. In: *JLW* 15 (1941) 67-154.

MAYER, Anton Ludwig, Liturgie, Aufklärung und Klassizismus, in: *JLW* 9 (1929) 67-127.

MAYER, Anton Ludwig, Liturgie, Romantik und Restauration, in: *JLW* 10 (1930) 77-141.

MAYER, Anton Ludwig, Renaissance, Humanismus und Liturgie, in: *JLW* 14 (1934) 123-171.

MCGRANN, Jeremiah W., Of Saints, name days, and Turks: Some Background on Haydn's masses written for Prince Nikolaus II Esterházy, in: *JMusicRes* 17 (1998) 195-210.

MEIER, Uto, Über Glauben und Dichtung und Wahrheit. Autobiographieforschung in der Religionspädagogik und die Erhebung des Sensus fidelium, in: *RPäB* 39 (1997) 19-42.

MERK, Erika, Theologische Interpretation von Mozarts Kirchenmusik, in: HOLBÖCK, Ferdinand, *Wolfgang Amadeus Mozart. Der Salzburger Domorganist und seine Beziehungen zur katholischen Kirche*, Stein am Rhein 1978, 84-119.

MERKEL, Friedemann: Erneuerung der römisch-katholischen Liturgie. In: *WPKG* 69 (1980) 529-550.

MERKES, Wolfgang, Voraussetzungen einer lebendigen Kirchenmusik. Überlegungen besonders zum Chorgesang im Gottesdienst, in: *MS(D)* 113 (1993) 143-144.

METZGER, Marcel, *Geschichte der Liturgie* (Ausgabe in deutscher Sprache), Paderborn 1998.

MEUFFELS, Hans Otmar, *Kommunikative Sakramententheologie*, Freiburg i.Br. 1995.

MEURER, Wolfgang: Wir haben einen anderen Herrn : Erinnerungen an das Kyrie. In: *Praxis in der Gemeinde* 12 (1990), 28-29.

MEYER, Hans Bernhard, Art. Agnus Dei (liturgisch), in: KASPER, Walter u.a. (Hgg.), *LThK*³ Bd. 1, Freiburg i. B. u.a. ³1993, 243-244.

MEYER, Hans Bernhard, Art. Messe. I. Begriff, Begriffsentwicklung, in: KASPER, Walter u.a. (Hgg.), *LThK*³ Bd. 7, Freiburg i. B. u.a. ³1998, 159-160.

MEYER, Hans Bernhard, Eucharistie. Geschichte, Theologie, Pastoral (GdK Teil 4), Regensburg 1989.

MEYER, Hans Bernhard, *Luther und die Messe. Eine liturgiewissenschaftliche Untersuchung über das Verhältnis Luthers zum Meßwesen des späten Mittelalters* (KKTS Bd. 11), Paderborn 1965.

MIKO, Norbert, Art. Kulturkampf, in: HÖFER, Josef / RAHNER, Karl (Hgg.), *LThK*² Bd. 6, Freiburg i. B. ²1961, 673-675.

MIRANDA Y GÓMEZ, Miguel Dario, Die Funktion der Musica sacra und die „actuosa participatio“, in: OVERATH, Johannes (Hrsg.), *Musica sacra und Liturgiereform*, Regensburg 1968, 123-128.

MÖRCHEN, Roland, Ekstatische Kommunion. Bruckners musikalische Kniebeugen vor dem Schöpfer, in: *EK* 29 (1996) 616-617.

MÖRCHEN, Roland, Mystiker der Monumentalität. Anton Bruckner war kein demütiger Tor, aber ein heiliger Narr der Kunst, in: *LM* 32 (1993) 36-37.

MOSER, Dietz-Rüdiger, Wie katholisch war Mozart? Zwei Bemerkungen zur Widerspiegelung des Konfessionellen in Mozarts späten Werken, in: ZEMAN, Herbert / KREUTEL, Claudia (Hgg.), *Wege zu Mozart. W.A. Mozart in Wien und Prag. Die großen Opern* Bd. 2, Wien 1993, 79-90.

MOSER, Hans Joachim, *Musikgeschichte in hundert Lebensbildern*, Stuttgart 1952.

MOTTE-HABER, Helga de la, *Handbuch der Musikpsychologie*, Laaber ^{2}1996.

MÜHLHER, Robert, Art. Romantik. I. Geistesgeschichtlich, in: HÖFER, Josef / RAHNER, Karl (Hgg.), *LThK*^{2} (Sonderausgabe) Bd. 9, Freiburg i. B. 1986, 17-21.

MÜLLER, Frank, Pluralität statt Purismus, in: *MS(D)* 108 (1988) 508-509.

MÜLLER, Hannelore / ZIRNBAUER, Heinz (Hgg.), *Hans Leo Haßler. Zum Gedenken seines 400. Geburtstages. 1564-1964. Ausstellungskatalog der städt. Kunstsammlungen Augsburg und der Stadtbibliothek Nürnberg*, Nürnberg 1964.

MÜLLER, Wolfgang, Kirchliche Wissenschaft im 18. Jahrhundert, in: JEDIN, Hubert (Hg.), *Handbuch der Kirchengeschichte (Sonderausgabe)*. Bd. 7: *Die Kirche im Zeitalter des Absolutismus*, Freiburg u.a. 1970, 575-582.

MÜLLER, Wolfgang, Liturgie und Volksfrömmigkeit. Neue Orden, in: JEDIN, Hubert (Hg.), *Handbuch der Kirchengeschichte (Sonderausgabe)*. Bd. 7: *Die Kirche im Zeitalter des Absolutismus*, Freiburg u.a. 1970, 597-608.

MUSCH, Hans (Hg.): *Musik im Gottesdienst* Bd. 1, Regensburg ^{4}1993.

NEUBERGER, Johann u.a., *Beyträge zur Schilderung Wiens* Bd. 1, Wien 1781.

NEUBERGER, Johann u.a., *Ueber die Kirchenmusik in Wien*, Wien 1781.

NEUNER, Peter, Ekklesiologie – Die Lehre von der Kirche, in: BEINERT, Wolfgang (Hg.), *Glaubenszugänge. Lehrbuch der Katholischen Dogmatik* Bd. 2, Paderborn 1995, 400-578.

NEUNHEUSER, Burkhard, *Storia della liturgia attraverso le epoche culturali* (BEL.S Bd. 11), Roma 1977.

NICKISCH, Reinhard M. G., *Brief*, Stuttgart 1991.

NIKETTA, Reiner, Urteils- und Meinungsbildung, in: BRUHN, Herbert / OERTER, Rolf / RÖSING, Helmut (Hgg.), *Musikpsychologie. Ein Handbuch*, Reinbek 1993, 329-339.

NIKLAUS, Hans, Der liturgische Dienst des Kirchenchores, in: KUHNE, Alexander, *Die liturgischen Dienste. Liturgie als Handlung des ganzen Gottesvolkes*, Paderborn 1982, 149-163.

NIKOLASCH, Franz, Zur Einführung der erneuerten römischen Meßordnung im deutschen Sprachraum, in: *LJ* 20 (1970) 193-208.

NOWAK, Leopold, *Anton Bruckner. Musik und Leben*, Linz 1973.

NOWAK, Leopold, Anton Bruckners Kirchenmusik, in: WESSELY, Othmar (Hg.), *Bruckner Symposion. Anton Bruckner und die Kirchenmusik im Rahmen des Internationalen Brucknerfestes Linz 1985. 19.-22. September 1985. Bericht*, Linz 1988, 85-93.

NOWAK, Leopold, *Joseph Haydn. Leben, Bedeutung und Werk*, Wien u.a. 1951.

NOWAK, Leopold, *Messe d-Moll. Studienpartitur. Vorwort* (Anton Bruckner. Sämtliche Werke Bd. 16), Wien 1957, 1-2.

NOWAK, Leopold, *Messe e-Moll. Fassung von 1866. Studienpartitur. Vorwort* (Anton Bruckner. Sämtliche Werke Bd. 17/1), Wien 1977, 1-2.

NUSSBAUM, Otto, *Geschichte und Reform des Gottesdienstes. Liturgiewissenschaftliche Untersuchungen*, hg. von Albert GERHARDS und Heinzgerd BRAKMANN, Paderborn u.a. 1996.

NYS, Carl de, Mozart et la musique liturgique à Salzbourg, in: *MD* 186 (1991) 95-105.

NYS, Carl de, Mozart. Musicien de l'incarnation, in: *Études* 374 (1991) 73-82.

OTTINGER, Ulrike, „Die Collage ist die Form, in der man heute denkt". Ein Werkstattgespräch, in: *Filmbulletin* 38 (1996) 45-57.

OVERATH, Johannes, Die liturgisch-musikalischen Neuerungen des II. Vatikanischen Konzils, in: FELLERER, Karl Gustav (Hg.), *Geschichte der katholischen Kirchenmusik* Bd. 2, Kassel u.a. 1976, 370-380.

PACIK, Rudolf, Entwicklungen und Tendenzen in der Kirchenmusik, in: MAAS EWERD, Theodor (Hg.), *Lebt unser Gottesdienst?. Die bleibende Aufgabe der Liturgiereform* (FS Bruno Kleinheyer), Freiburg i. B. u.a. 1988, 265-300.

PACIK, Rudolf, Probleme des „Hochamts", in: *BiLi* 55 (1982) 157-169.

PAHL, Irmgard (Hg.), *Coena Domini I. Die Abendmahlsliturgie der Reformationskirchen im 16./17. Jahrhundert* (SpicFri Bd. 29), Fribourg 1983.

PALISCA, Claude, Barock, in: EGGEBRECHT, Hans Heinrich, *Handwörterbuch der musikalischen Terminologie.* Ordner 1, Stuttgart 1985, 1-9.

PARSCH, Pius, Volksliturgie und Kirchenmusik (Abdruck eines Referates von 1935), in: *BiLi* 57 (1984) 26-28.

PARTSCH, Erich Wolfgang, Anekdoten, in: HARTEN, Uwe (Hg.), *Anton Bruckner. Ein Handbuch*, Salzburg u.a. 1996, 51-52.

PASS, Walter, Bemerkungen zu Werk- und Wirkungsgeschichte von Haydns Messen, in: BADURA-SKODA, Eva (Hg.), *Joseph Haydn. Bericht über den internationalen Joeph Haydn Kongress Wien vom 5.-12. September 1982* (herausgegeben für die Gesellschaft für Forschungen zur musikalischen Aufführungspraxis), München 1986, 476-479.

PASS, Walter, Josephinism and the Josephinian reforms concerning Haydn, in: LARSEN, Jens Peter / SERWER, Howard / WEBSTER, James (Hgg.), *Haydn-Studies. Proceedings of the International Haydn Conference Washington D.C. 1975*, New York u.a. 1981, 168-171.

PASS, Walter, Studie über Bruckners ersten St. Florianer Aufenthalt, in: WESSELY, Othmar (Hg.), *Bruckner-Studien. Festgabe der Österreichischen Akademie der Wissenschaften zum 150. Geburtstag Anton Bruckners*, Wien 1975, 11-51.

PAUMGARTNER, Bernhard, *Mozart*, Zürich u.a. [6]1967.

PERSCH, Martin, Art. Deutsches Hochamt, in: KASPER, Walter u.a. (Hgg.), *LThK*[3] Bd. 3, Freiburg i. B. [3]1995, 135-136.

PESCH, Otto Hermann, *Das Zweite Vatikanische Konzil (1962-1965). Vorgeschichte – Verlauf – Ergebnisse – Nachgeschichte*, Würzburg 1993.

PFAFF, Maurus, Art. Mass. Liturgy and chant. The Ordinary. Evolution of the principal chants, in: SADIE, Stanley (Hg.), *GDMM*[6] Vol. 11, London u.a. 1980, 773-775.

PFAFF, Maurus, Aus der Frühgeschichte des Cantus Romanus, in: *Musices aptatio* (1984-1985) 101-117.

PFANNHAUSER, Karl, Mozarts „Krönungsmesse", in: *ISM* 11 (1963) 3-11.

PFANNHAUSER, Karl, Zu Anton Bruckners Mess-Vertonungen. 1. Teil, in: *MitIntBrucknerGes* 25 (1985) 15-21.

PFANNHAUSER, Karl, Zu Anton Bruckners Mess-Vertonungen. 2. Teil, in: *MitIntBrucknerGes* 26 (1985) 12-22.

PFANNHAUSER, Karl, Zu Mozarts Kirchenwerken von 1768, in: *Mozart-Jahrbuch* (1954) 155-168.

POHL, Carl Ferdinand, *Joseph Haydn* Bd. 2, Leipzig 1882.

PÖLNITZ, Götz von, Art. Fugger, in: HÖFER, Josef / RAHNER, Karl (Hgg.), *LThK²* Bd. 4, Freiburg i. B. ²1960, 441-442.

POMELLA, Anton, Der Kirchenchor, in: *Gd* 18 (1984) 71-72.

PRASSL, Franz Karl, „Entkleidet den Katholicismus nicht seiner Kunstgewänder!". Zur Praxis katholischer Mozartrezeption vor und nach dem Zweiten Vatikanum, in: SCHÜTZEICHEL, Harald (Hg.), *Mozarts Kirchenmusik* (Tagungsberichte der Katholischen Akademie der Erziözese Freiburg i.Br.), Freiburg i.Br. 1992, 112-142.

PRASSL, Franz Karl, Orchestermessen in der heutigen Liturgie. Anachronismus oder willkommene Bereicherung?, in: *IKaZ* 29 (2000) 305-321.

PRASSL, Franz Karl, Art. Kyrie. I. Liturgisch, in: KASPER, Walter u.a. (Hgg.), *LThK³* Bd. 6, Freiburg i. B. u.a. ³1997, 552-553.

PRASSL, Franz Karl, Art. Sanctus. I. Liturgisch, in: KASPER, Walter u.a. (Hgg.), *LThK³* Bd. 9, Freiburg i. B. u.a. ³2000, 4.

PRASSL, Franz Karl, Art. Zweites Vatikanisches Konzil, in: FINSCHER, Ludwig (Hg.), *MGG² Sachteil* Bd. 9, Kassel u.a. ²1998, 1287-1305.

PREU, Otto, Grundlagen der Musikrezeption, in: RÖSING, Helmut (Hg.), *Rezeptionsforschung in der Musikwissenschaft* (WdF Bd. 67), Darmstadt 1983, 322-329.

PROBST, Manfred, Art. Credo, in: KASPER, Walter u.a. (Hgg.), *LThK³* Bd. 2, Freiburg i. B. ³1994, 1340-1341.

PROBST, Manfred: Die Liturgiereform des II. Vatikanums - Eine Reform gegen die Frömmigkeit? In: *LJ* 36 (1986) 222-237.

PUBLIG, Maria, *Mozart. Ein unbeirrbares Leben*, München 1991.

RAHNER, Karl, Theologie und Anthropologie, in: RAHNER, Karl, *Schriften zur Theologie* Bd. 8, Einsiedeln u.a. 1967, 43-65.

RAINOLDI, Felice, *Sentieri della Musica sacra dall' Ottocento al Concilio Vaticano II* (BEL.S Bd. 87), Roma 1996.

RAJECZKY, Benjamin, Zu Haydns späten Messen. „Kirchenstil" und Vortragsweise, in: BADURA-SKODA, Eva (Hg.), *Joseph Haydn. Bericht über den internationalen Joseph Haydn Kongress Wien vom 5.-12. September 1982* (herausgegeben für die Gesellschaft für Forschungen zur musikalischen Aufführungspraxis), München 1986,

RAU, Stefan, Die Eucharistie als Konzertmesse? Zur Aufgabe der Kirchenchöre in der Liturgie, in: *MS(D)* 108 (1988) 404-409.

RAUH, Stefan, Zum Beitrag: Die Eucharistie als Konzertmesse? in MS(D) 5/'88, in: *MS(D)* 108 (1988) 507.

REIFENBERG, Hermann, Sakramentengottesdienst als aussagefähiges und verstehbares Symbol. Zur Phänomenologie und gestuften Wertigkeit primärer und sekundärer liturgischer Elemente, in: *ALW* 14 (1972) 99-138.

REIMER, Erich, Oratorium, in: EGGEBRECHT, Hans Heinrich, *Handwörterbuch der musikalischen Terminologie.* Ordner 4, Stuttgart 1972, 1-9.

RENNER, Joseph jun., Joseph Rheinbergers Messen. Ein Beitrag zur Würdigung des Meisters, in: *KMJ* 13 (1909), 17-48.

RENNINGS, Heinrich, Aus Treue zur Tradition: Reform der Liturgie, in: KATHOLISCHE AKADEMIE IN BAYERN (Hg.), *Liturgiereform im Streit der Meinungen* (SBKAB Bd. 42), Würzburg 1968, 145-161.

RENNINGS, Heinrich, *Gottesdienst im Geist des Konzils. Pastoralliturgische Beiträge zur Liturgiereform* (in Verbindung mit dem Deutschen Liturgischen Institut hg. von Martin KLÖCKENER), Freiburg i.B. u.a. 1995.

RICHTER, Klemens, Art. Liturgiewissenschaft, Liturgik. I. Aufgabe und Methode, in: KASPER, Walter u.a. (Hgg.), *LThK*³ Bd. 6, Freiburg i. B. ³1997, 989-990.

RICHTER, Klemens, Art. Liturgiewissenschaft, Liturgik. III. Arbeitsgemeinschaft katholischer Liturgiedozentinnen und -dozenten im deutschen Sprachgebiet, in: KASPER, Walter u.a. (Hgg.), *LThK*³ Bd. 6, Freiburg i. B. ³1997, 992.

RICHTER, Klemens, Die erneuerte Liturgie im Horizont der Fragestellung Romano Guardinis nach der Liturgiefähigkeit des Menschen von heute, in: RICHTER, Klemens / SCHILSON, Arno, *Den Glauben feiern. Wege liturgischer Erneuerung*, Mainz 1989, 136-163.

RICHTER, Klemens, *Was bedeutet die Liturgie für mein Leben? Zu Fragen aus der Gemeinde von heute*, Freiburg i.B. u.a. 1983.

RIEDEL, Friedrich Wilhelm, *Kirchenmusik am Hofe Karls VI. (1711-1740). Untersuchungen zum Verhältnis von Zeremoniell und musikalischem Stil im Barockzeitalter* (Studien zur Sozial- und Landesgeschichte der Musik 1), München u.a. 1977.

RIEDEL, Friedrich Wilhelm, Liturgie und Kirchenmusik, in: AMT DER BURGENLÄNDISCHEN LANDESREGIERUNG (Hg.), *Joseph Haydn in seiner Zeit (Ausstellungskatalog)*, Eisenstadt 1982, 121-133.

RIEDEL, Friedrich Wilhelm, Mozarts Kirchenmusik. Musikalische Tradition – liturgische Funktion – religiöse Aussage, in: SCHÜTZEICHEL, Harald (Hg.), *Mozarts Kirchenmusik* (Tagungsberichte der Katholischen Akademie der Erziözese Freiburg i.Br.), Freiburg i.Br. 1992, 11-36.

RIEDEL, Friedrich Wilhelm, *Musik und Geschichte. Gesammelte Aufsätze und Vorträge zur musikalischen Landeskunde* (Studien zur Landes- und Sozialgeschichte der Musik Bd. 10), München u.a. 1989.

RIEDEL, Manfred (Hg.), *19. Jahrhundert. Positivismus, Historismus, Hermeneutik* (Geschichte der Philosophie in Text und Darstellung Bd. 7), Stuttgart 1981.

RIETSCHEL, Georg / GRAF, Paul, *Lehrbuch der Liturgik. Bd. 1: Die Lehre vom Gemeindegottesdienst*, Göttingen ²1951.

RIGHETTI, Mario, *Manuale di storia liturgica* Vol. 1, Milano ³1964.

ROBERTSON, Alec, Liturgische Einstimmigkeit, in: ROBERTSON, Alec / STEVENS, Denis (Hgg.), *Geschichte der Musik* Bd. 1 (Deutsche Ausgabe), München 1990, 170-254.

RÖHRIG, Floridus, Das religiöse Leben Wiens zwischen Barock und Aufklärung, in: AMT DER BURGENLÄNDISCHEN LANDESREGIERUNG (Hg.), *Joseph Haydn in seiner Zeit (Ausstellungskatalog)*, Eisenstadt 1982, 114-119.

ROTH, Friedrich, Der große Augsburger Spieluhrenprozeß Hans Leo Haßlers von 1603-

1611, in: INTERNATIONALE MUSIKGESELLSCHAFT (Hg.), Sammelbände der internationalen Musikgesellschaft 14 (1912/13) 34-49.

RUF, Wolfgang, Art. alternatim, in: DAHLHAUS, Carl / EGGEBRECHT, Hans Heinrich (Hgg.), *Musiklexikon. Brockhaus Riemann* Bd. 1, Mainz [3]1989, 34-35.

RUF, Wolfgang, Art. Chor, in: DAHLHAUS, Carl / EGGEBRECHT, Hans Heinrich (Hgg.), *Musiklexikon. Brockhaus Riemann* Bd. 3, Mainz [3]1989, 244-245.

RUPP, Emile, Meister Joseph Rheinberger – ein Retter der absoluten Musik, in: *Jahrbuch des historischen Vereins für das Fürstentum Liechtenstein*, Vaduz 1940.

SADIE, Stanley, Mozart (Deutsche Übersetzung der Taschenbuchausgabe des Lexikon-Artikels in SADIE, Stanley [Hg.], *GDMM*[6], Reihe *The new GROVE – die großen Komponisten*), Stuttgart u.a. 1994.

SANDBERGER, Adolf, *Bemerkungen zur Biographie Hans Leo Hasslers und seiner Brüder, sowie zur Musikgeschichte der Städte Nürnberg und Augsburg im 16. und zu Anfang des 17. Jahrhunderts* (DDT. 2. Folge: DTB 5 [1904] Lieferung 1), 11-104.

SANDBERGER, Adolf, *Bemerkungen zur Biographie Johann Pachelbels* (DDT. 2. Folge: DTB 2 [1901] 1. Bd.: Klavierwerke von Johann Pachelbel nebst beigefügten Stücken von W. H. Pachelbel), 4-24.

SANDBERGER, Adolf, Joseph Rheinberger, in: SANDBERGER, Adolf, *Ausgewählte Aufsätze zur Musikgeschichte*, München 1921, 320-330.

SANDGRUBER, Roman, Wirtschaftsentwicklung, Einkommensverteilung und Alltagsleben zur Zeit Haydns, in: AMT DER BURGENLÄNDISCHEN LANDESREGIERUNG (Hg.), *Joseph Haydn in seiner Zeit (Ausstellungskatalog)*, Eisenstadt 1982, 72-81.

SAUER, Florian, Vorwort, in: CARUS-VERLAG STUTTGART (Hg.), *Josef Gabriel Rheinberger. Cantus Missae. CD-Booklet*, Stuttgart 1989.

SAUER, Ralph, *Die Kunst, Gott zu feiern. Liturgie wiederentdecken und einüben*, München 1996.

SCHAEFER, Hansjürgen, *Anton Bruckner. Ein Führer durch Leben und Werk*, Berlin 1996.

SCHARNAGEL, August, Das kirchenmusikalische Schaffen Peter Griesbachers im Spannungsfeld von Tradition und Fortschritt, in: *MS(D)* 103 (1983) 99-107.

SCHAUERTE, Heinrich, Art. Heiligenverehrung. IV. Volkstümliche Heiligenverehrung, in: HÖFER, Josef / RAHNER, Karl (Hgg.), *LThK*[2] Bd.5, Freiburg i. B. [2]1960, 107-108.

SCHAUERTE, Heinrich, Art. Votiv- und Weihegaben, in: HÖFER, Josef / RAHNER, Karl (Hgg.), *LThK*[2] Bd. 10, Freiburg i. B. [2]1965, 897-898.

SCHEDER, Franz, *Anton Bruckner Chronologie. Register-Bd.*, Tutzing 1996.

SCHEDER, Franz, *Anton Bruckner Chronologie. Text-Bd.*, Tutzing 1996.

SCHEELE, Paul-Werner, *Begnadete Kunst. Sprache und Kunst im Licht des Glaubens*, Würzburg 1986.

SCHELLHORN, Maurus, Art. Maria Plain, in: HÖFER, Josef / RAHNER, Karl (Hgg.), *LThK*[2] Bd. 7, Freiburg i. B. [2]1962, 53.

SCHENK, Erich, Das Weltbild Joseph Haydns, in: ÖSTERREICHISCHE AKADEMIE DER WISSENSCHAFTEN (Hg.), *Almanach 109 (1959)*, 245-272.

SCHILSON, Arno, Art. Guéranger, in: KASPER, Walter u.a. (Hgg.), *LThK*[3] Bd.4, Freiburg i. B. [3]1995, 1091-1092.

SCHILSON, Arno, Restauration und Erneuerung: Ein Blick auf den Ursprung und die erste Etappe der Liturgischen Bewegung, in: *EuA* 67 (1991) 424-434.

SCHINN, Georg / OTTER, Franz Joseph (Hgg.), *Biographische Skizze von Michael Haydn. Von des verklärten Tonkünstlers Freunden entworfen, und zum Besten seiner Wittwe herausgegeben*, Salzburg 1808.

SCHLEMMER, Karl, *Gottesdienst und Frömmigkeit in der Reichsstadt Nürnberg am Vorabend der Reformation*, Würzburg 1980.

SCHLÖTTERER, Reinhold, Art. Palestrina, in: KASPER, Walter u.a. (Hgg.), *LThK³* Bd.7, Freiburg i. B. ³1998, 1294-1295.

SCHMID, Alois, Art. Nürnberg, in: KASPER, Walter u.a. (Hgg.), *LThK³* Bd.7, Freiburg i. B. ³1998, 950-951.

SCHMID, Bernhold, Messensätze bis in das frühe 15. Jahrhundert, in: MAUSER, Siegfried (Hg.), *Handbuch der musikalischen Gattungen. Bd. 9: Messe und Motette* (hg. zus. mit LEUCHTMANN, Horst), Laaber 1998, 58-90.

SCHMID, Ernst Fritz, Hans Leo Haßler und seine Brüder, in: *ZHVS 54* (1941) 61-212.

SCHMID, Ernst Fritz, *W.A. Mozart*, Lübeck ³1955.

SCHMID, Hans, Kirchenlied. V. Katholisch, in: FINSCHER, Ludwig (Hg.), *MGG² Sachteil* Bd. 5, Kassel u.a. ²1996, 110-117.

SCHMID, Manfred Hermann, Art. Wolfgang Amdeus Mozart, in: KASPER, Walter u.a. (Hgg.), *LThK³* Bd. 7, Freiburg i. B. u.a. ³1998, 512-513.

SCHMID-KEISER, Stephan, *Aktive Teilnahme. Kriterium gottesdienstlichen Handelns und Feierns* (EHS.T Bd. 250), Bern u.a. 1985.

SCHMIDT-LAUBER, Hans-Christoph, Die Eucharistie, in: SCHMIDT-LAUBER, Hans-Christoph / BIERITZ, Karl-Heinrich (Hgg.), *Handbuch der Liturgik: Liturgiewissenschaft in Theologie und Praxis der Kirche*, Leipzig u.a. ²1995, 209-247.

SCHMITT, Theodor, *Kompositionen des Ordinarium Missae im süddeutschen konzertierenden Stil des 17. Jahrhundert*, Saarbrücken 1981.

SCHNEIDER, Josef, „Lobt Gott mit Flöten und Saitenspiel". Instrumentalmusik in der Liturgie, in: *Gd* 25 (1991) 89-91.

SCHNEIDER, Josef, Ordinarium und Proprium als liturgisch-musikalische Einheit, in: *MS(D)* 109 (1989) 187-193.

SCHNERICH, Alfred, Die katholischen Glaubenssätze bei den Wiener Klassikern, in: *ZfMw* 8 (1925/26) 231-235.

SCHNERICH, Alfred, Haydns religiöse Einstellung, in: *Jahrbuch des Burgenländischen Musikvereins Eisenstadt* 1934/35 34-36.

SCHNERICH, Alfred, *Joseph Haydn und seine Sendung*, Zürich ²1926.

SCHNERICH, Alfred, Zur Chronologie der Messen Haydns, in: *ZfMw* (1935) 472 ff.

SCHOLDER, Klaus, Art. Romantik. III. Kirchengeschichtlich, in: GALLING, Kurt u.a. (Hgg.), *RGG³* Bd. 5, Tübingen 1961, 1177-1181.

SCHOTTENLOHER, Karl, *Die Widmungsvorrede im Buch des 16. Jahrhunderts*, Münster i.W. 1953.

SCHUH, Josef, *Johann Michael Sailer und die Erneuerung der Kirchenmusik. Zur Vorgeschichte der cäcilianischen Reformbewegung in der ersten Hälfte des 19. Jahrhunderts*, Köln 1972.

SCHULER, Heinz, Die Freimaurerei im 18. Jahrhundert, in: SALZBURGER LANDESAUSSTELLUNGEN (Hg.), *Mozart. Bilder und Klänge. Ausstellungskatalog zur Sechsten Salzburger Landesausstellung Schloß Kleßheim Salzburg vom 23.03.-03.11.1991*, Salzburg 1991, 262-263.

SCHULER, Heinz, *Mozart und die Freimaurerei. Daten – Fakten – Biographien* (Taschenbücher zur Musikwissenschaft 113), Wilhelmshaven 1992.

SCHULTEN, Walter, *Anton Bruckners künstlerische Entwicklung in der St. Florianer Zeit (1845-1855)*, Mainz 1956.

SCHÜTZEICHEL, Harald, Agnus Dei - liturgisches Relikt vergangener Jahrhunderte oder sinnvoller Begleitgesang?, in: *MS(D)* 106 (1986) 451-458.

SCHÜTZEICHEL, Harald, Chor, in: SCHÜTZEICHEL, Harald (Hg.), *Die Messe. Ein kirchenmusikalisches Handbuch*, Düsseldorf 1991, 288-297.

SCHÜTZEICHEL, Harald, Der Aufbau der späten Messen Haydns im Vergleich zu den frühen, in: *StMw* (Beihefte der Denkmäler der Tonkunst in Österreich) 38 (1987) 65-88.

SCHÜTZEICHEL, Harald, Vorwort, in: SCHÜTZEICHEL, Harald (Hg.), *Mozarts Kirchenmusik* (Tagungsberichte der Katholischen Akademie der Erziözese Freiburg i.Br.), Freiburg i.Br. 1992, 7-9.

SCHÜTZEICHEL, Harald, Zur Situation der katholischen Kirchenmusik im deutschsprachigen Raum, in: *US* 50 (1995) 260-269.

SCHWAIGER, Georg, Art. Benedikt XIV., in: KASPER, Walter u.a. (Hgg.), *LThK*³ Bd. 2, Freiburg i. B. ³1994, 209.

SCHWEIKHART, Gunter, Vorwort, in: SCHWEIKHART, Gunter (Hg.), *Autobiographie und Selbstportät in der Renaissance* (Bonner Beiträge zur Renaissanceforschung Bd. 2), Köln 1998, 7-11.

SCHWENZER, Andreas, Liturgische Dienste und ihre „Beauftragungen“: Plädoyer für eine liturgische Beauftragungspraxis, in: *BiLi* 66 (1993) 215 - 229.

SCHWERMER, Johannes, Der Cäcilianismus, in: FELLERER, Karl Gustav (Hg.), *Geschichte der katholischen Kirchenmusik* Bd. 2, Kassel u.a. 1976, 226-236.

SEGL, Peter, Art. Hexen II. Hexen-Glaube und Hexen-Prozesse im Christentum, in: KASPER, Walter u.a. (Hgg.), *LThK*³ Bd. 5, Freiburg i. B. u.a. ³1996, 79-80.

SENN, Walter, Art. Messe. Die mehrstimmige Messe. Von 1600 bis zur Gegenwart, in: BLUME, Friedrich (Hg.), *MGG* Bd. 1, Kassel u.a. 1961, 183-218.

SENN, Walter, Die mehrstimmige Messe, in: TENHAEF, Peter (Hg.), *Die Messe. Musikalische Gattungen in Einzeldarstellungen* Bd. 2, Kassel u.a. 1985, 55-100.

SENN, Walter, Vorwort, in: SCHMID, Ernst-Fritz / PLATH, Wolfgang / REHM, Wolfgang u.a. (Hg.), *NMA Serie I: Geistliche Gesangswerke. Werkgruppe 1: Messen und Requiem. Abteilung 1: Messen* Bd. 1, Kassel u.a. 1968, 7-20.

SENN, Walter, Vorwort, in: SCHMID, Ernst-Fritz / PLATH, Wolfgang / REHM, Wolfgang u.a. (Hg.), *NMA Serie I: Geistliche Gesangswerke. Werkgruppe 1: Messen und Requiem. Abteilung 1: Messen* Bd. 2, Kassel u.a. 1975, 7-19.

SENN, Walter, Vorwort, in: SCHMID, Ernst-Fritz / PLATH, Wolfgang / REHM, Wolfgang u.a. (Hg.), *NMA Serie I: Geistliche Gesangswerke. Werkgruppe 1: Messen und Requiem. Abteilung 1: Messen* Bd. 3, Kassel u.a. 1980, 8-19.

SIEGMUND-SCHULTZE, *Wolfgang Amadeus Mozart. Ideal – Idol – Idee*, Trier 1994.

SMALL, Christopher, *Musicking. The meanings of performing and listening*, Hanover 1993.

SMOLINSKY, Heribert, Die Kirchen in der zweiten Hälfte des 16. Jahrhunderts. Kräfte und Mächte im Ringen um Glauben und Leben, in: BAUMSTARK, Reinhold (Hg.), *Rom in Bayern. Kunst und Spiritualität der ersten Jesuiten. Katalog zur Ausstellung des Bayerischen Nationalmuseums München vom 30.04.-20.07.1997*, München 1997, 19-28.

SOLOMON, Maynard, *Mozart. A life*, London 1995.

STÄBLEIN, Bruno, Art. Messe. Die lateinische Messe. Die einstimmigen Melodien, in: BLUME, Friedrich (Hg.), *MGG* Bd. 1, Kassel u.a. 1961, 150-158.

STÄBLEIN, Bruno, Die Gesänge des altrömischen Graduale Vat. lat. 5319, in: *Monumenta Monodica Medii Aevi II*, Kassel 1970, S. 52-61.

STAHL, Wilhelm, *Geschichtliche Entwicklung der evangelischen Kirchenmusik* (Max Hesses illustrierte Handbücher Bd. 33), Berlin ²1920.

STAPPER, Richard, *Grundriß der Liturgik*, Münster i.W. ²1920.

STEHLE, Johann Gustav Eduard, Die Messen von Rheinberger (op. 151) und Pembaur (op. 39), in: *Der Chorwächter* 13 (1888) 44-48.

STEIN, Franz A., Kleines Lexikon, in: MUSCH, Hans (Hg.), *Musik im Gottesdienst. Handbuch zur Grundausbildung in der katholischen Kirchenmusik* Bd. 2, Regensburg 1994, 441-517.

STEINER, Ruth, Art. Ordinary chants, in: SADIE, Stanley (Hrsg.), *GDMM⁶* Vol. 13, London u.a. 1980, 701.

STENZL, Jürg, Zur Veränderung des kirchenmusikalischen „Erbes“, in: SCHLAGER, Karlheinz / UNVERRICHT, Hubert (Hgg.), *Kirchenmusikalisches Erbe und Liturgie. Internationales wissenschaftliches Symposium an der Katholischen Universität Eichstätt am 18.-20. September 1989*, Tutzing 1995, 13-23.

STICH, Norbert, Die Wiedergeburt der Aura. Bachs h-Moll-Messe als kultische Inszenierung in Köln, in: *Bonner Generalanzeiger* vom 07.01.1997, 14.

STINGL, Anton, Sitz im Leben?, in: *MS(D)* 109 (1989) 113-114.

STOCKMEIER, Wolfgang, Rheinberger-Marginalien, in: *MuK* 62 (1992) 274-275.

THALHOFER, Valentin, *Handbuch der katholischen Liturgik* Bd. 1, Freiburg i.B. 1883.

THANNABAUR, Peter Josef, Sanctus, in: TENHAEF, Peter (Hg.), *Die Messe. Musikalische Gattungen in Einzeldarstellungen* Bd. 2, Kassel u.a. 1985, 395 ff.

THIES, Henning, Art. Brief, in: BONDY, François / FRENZEL, Ivo / KAISER, Joachim u.a. (Hgg.), *Harenbergs Lexikon der Weltliteratur. Autoren – Werke – Begriffe* Bd. 1, Dortmund 1989, 462-463.

THOMA, Dieter, Art. Joseph Gabriel von Rheinberger, in: DAHLHAUS, Carl / EGGEBRECHT, Hans Heinrich (Hgg.), *Musiklexikon. Brockhaus Riemann* Bd. 4, Mainz ³1989, 42.

TSCHUGGNALL, Peter, Religion – Musik – Alltag. Mozarts eigenwilliges Verhältnis zu Religion und Kirche, in: *ZKTh* 117 (1995) 68-79.

UNTERKIRCHER, Franz, *Liturgik*, Innsbruck u.a. 1935.

UNVERRICHT, Hubert, Statement in „Kirchenmusik im Gespräch. Ideen, Visionen und Realitäten in Beiträgen aus den Diskussionen“, in: SCHLAGER, Karlheinz / UNVERRICHT, Hubert (Hgg.), *Kirchenmusikalisches Erbe und Liturgie. Internationales wissenschaftliches Symposium an der Katholischen Universität Eichstätt am 18.-20. September 1989*, Tutzing 1995, 211.

URSPRUNG, Otto, Die katholische Kirchenmusik, in: BÜCKEN, Ernst (Hg.), *Handbuch der Musikwissenschaft* Bd. 9, Potsdam 1931.

VEIT, Ludwig Andreas / LENHART, Ludwig, *Kirche und Volksfrömmigkeit im Zeitalter des Barock*, Freiburg i.B. 1956.

VOLK, Ludwig, Die Kirche in den deutschsprachigen Ländern (Deutschland, Österreich, Schweiz). Die Situation im deutssprachigen Raum nach dem Zweiten Vatikanischen Konzil, in: JEDIN, Hubert (Hg.), *Handbuch der Kirchengeschichte*. Bd.7: *Die Weltkirche im 20. Jahrhundert*, Freiburg i. B. u.a. 1979, 558-561.

WAGNER, Johannes, Art. Liturgische Bewegung, in: HÖFER, Josef / RAHNER, Karl (Hgg.), *LThK*[2] Bd. 6, Freiburg i. B. [2]1961, 1097-1099.

WAGNER, Johannes, Neue eucharistische Hochgebete, in: *Gd* 2 (1968) 97-99.

WAGNER, Manfred, *Anton Bruckner. Sein Werk – sein Leben* (Musikportraits Bd. 1), Wien 1995.

WAGNER, Manfred, *Bruckner. Monographie*, Mainz 1983.

WAGNER, Peter Joseph, *Geschichte der Messe* Bd. 1, Leipzig 1913.

WAGNER, Rudolf / BLUME, Friedrich, Art. Hans Leo Haßler, in: BLUME, Friedrich (Hg.), *MGG* Bd. 5, Kassel u.a. 1956, 1801-1811.

WAHL, Heribert, Psychologische Aspekte der Spannung zwischen Glaubensvorstellungen und liturgischer Praxis, in: *Diak* 25 (1994) 159-166.

WALDENFELS, Hans, „Kontextuelle Fundamentaltheologie“ – Zum Anspruch eines Programms, in: *ThGl* 86 (1996) 146-156.

WALTER, Meinrad, Daß das neue Lied nicht alt erklingt. Klärungsbedarf zur Rolle der Kirchenmusik und ihrer Akteure, in: *HerKorr* 53 (1999) 520-523.

WALTER, Meinrad, Ein neues Lied? Pop, Rock und Techno im kirchenmusikalisch-pastoralen Dialog, in: *HerKorr* 50 (1996) 525-529.

WALTER, Peter, Art. Barock. III. Theologiegeschichte, in: KASPER, Walter u.a. (Hgg.), *LThK*[3] Bd. 2, Freiburg i. B. u.a. [3]1994, 23-25.

WALTER, Rudolf, *Katholischer Kirchenmusiker / Katholische Kirchenmusikerin* (Blätter zur Berufskunde. Hg. von der Bundesanstalt für Arbeit Nürnberg Bd. 2 – XI C 03), Bielefeld [6]1987.

WALTER, Rudolf, Statement in „Kirchenmusik im Gespräch. Ideen, Visionen und Realitäten in Beiträgen aus den Diskussionen“, in: SCHLAGER, Karlheinz / UNVERRICHT, Hubert (Hgg.), *Kirchenmusikalisches Erbe und Liturgie. Internationales wissenschaftliches Symposium an der Katholischen Universität Eichstätt am 18.-20. September 1989*, Tutzing 1995, 201.

WALTERS ROBERTSON, Anne, The Mass of Guillaume de Machaut in the Cathedral of Reims, In: KELLY, Thomas Forrest (Hg.), *Plainsong in the age of polyphony*, Cambridge 1992, 100-137.

WALTERSKIRCHEN, Gerhard, Leopold Mozart, in: SALZBURGER LANDESAUSSTELLUNGEN (Hg.), *Mozart. Bilder und Klänge. Ausstellungskatalog zur Sechsten Salzburger Landesausstellung Schloß Kleßheim Salzburg vom 23.03.-03.11.1991*, Salzburg 1991, 24.

WEINMANN, Karl, Palestrina und das Oratorium des hl. Filippo Neri, in: *GrBl* 50 (1926) 129-134.

WELLEK, Albert, *Musikpsychologie und Musikästhetik. Grundriß der systematischen Musikwissenschaft*, Frankfurt a.M. 1963.

WENZEL, Horst. Zu den Anfängen der volkssprachigen Autobiographie im späten Mittelalter, in: *Daphnis. Zeitschrift für mittlere deutsche Literatur* 13 (1984) 59-76.

WESSELY, Othmar, Vergangenheit und Zukunft in Bruckners Messe in d-Moll, in: *ÖMZ* 29 (1974) 412-418.

WESSLING, Bernd W., *Beethoven. Das entfesselte Genie*, München 1977.

WIDMANN, Wilhelm, Sechsstimmige Messen Palestrinas. Ein Beitrag zur Stilkritik, in: *KMJ* 26 (1931) 59-72.

WIDMANN, Wilhelm, Sechsstimmige Messen Palestrinas. Ein Beitrag zur Stilkritik, in: *KMJ* 28 (1933) 10-34.

WIESLI, Walter, „Darum singen wir ...“. Verstummt der Gesang am Altar?, in: *Gd* 18 (1984) 129-131.

WIESLI, Walter, Die Instrumente in der liturgischen Feier, in: *MusAl* 22 (1970) 33-41.

WIORA, Walter, Grenzen und Stadien des Historismus in der Musik (Hg.), in: WIORA, Walter (Hg.), *Die Ausbreitung des Historismus über die Musik. Aufsätze und Diskussionen* (Studien zur Musikgeschichte des 19. Jahrhunderts Bd. 14), Regensburg 1969, 299-327.

WIORA, Walter, Über den religiösen Gehalt in Bruckners Symphonien, in: WESSELY, Othmar (Hg.), *Bruckner Symposion. Anton Bruckner und die Kirchenmusik im Rahmen des Internationalen Brucknerfestes Linz 1985. 19.-22. September 1985. Bericht*, Linz 1988, 85-93

WITTSTADT, Klaus, Das Evangelium Christi in der Geschichte der Kirche, in: THEOLOGIE IM FERNKURS DOMSCHULE WÜRZBURG E.V. (Hg.), *Theologie im Fernkurs*. Lehrbrief 15, Würzburg 1994.

WOHLMUTH, Josef, *Jesu Weg – unser Weg: kleine mystagogische Christologie*, Würzburg 1992.

WÜRZ, Anton, Art. Joseph Gabriel Rheinberger, in: BLUME, Friedrich (Hg.), *MGG* Bd. 11, Kassel u.a. 1963, 377-381.

ZIMMERHOF, Franz-Josef, Hans Leo Hassler zu seinem 400jährigen Geburtstag, in: *MS(D)* 84 (1964), 275-280.

ZINNHOBLER, Rudolf, Art. Joseph. II.. Josephinismus, in: KASPER, Walter u.a. (Hgg.), *LThK*³ Bd. 5, Freiburg i. B. u.a. ³1996, 1008-1010.

Namen- und Werkregister

Sachregister

STUDIEN ZUR PASTORALLITURGIE

Herausgegeben von
Bruno Kleinheyer und Hans Bernhard Meyer

Band 5: Der Gottesdienst im deutschen Sprachgebiet. Liturgische Dokumente, Bücher und Behelfe. Unter Mitarbeit von J. Schermann herausgegeben und eingeleitet von Hans Bernhard Meyer (1982)

Band 6: Eberhard Amon, Lebensaustausch zwischen Gott und Mensch. Zum Liturgieverständnis Johannes Pinsks (1988)

Band 7: Peter Maier, Die Feier der Missa chrismatis. die Reform der Ölweihen des Pontifikale Romanum vor dem Hintergrund der Ritusgeschichte (1990)

Band 8: Eckhard Jaschinski, Musica sacra oder Musik im Gottesdienst? Die Entstehung der Aussagen über die Kirchenmusik in der Liturgiekonstitution „Sacrosanctum Concilium" (1963) und bis zur Instruktion „Musicam Sacram" (1967) (1990)

Band 9: Franz Frühmorgen, Bischof und Bistum – Bischof und Presbyterium. Eine liturgiewissenschaftliche Studie zu den Artikeln 41 und 42 der Liturgiekonstitution des Zweiten Vatikanums (1994)

Band 10: Thomas Vollmer, Agenda Coloniensis. Geschichte und sakramentliche Feiern der gedruckten Kölner Ritualien (1994)

Band 11: Bernhard Kirchgessner, Kein Herrenmahl am Herrentag? Eine pastoralliturgische Studie zur Problematik der sonntäglichen Wort-Gottes-Feier (1996, vergriffen)

Band 12: Rudolf Pacik, „Last des Tages" oder „geistliche Nahrung"? Das Stundengebet im Werk Josef Andreas Jungmanns und in den offiziellen Reformen von Pius XII. bis zum II. Vaticanum (1997)

Band 13: Winfried Haunerland, Die Primiz. Studien zu ihrer Feier in der lateinischen Kirche Europas (1997)

Band 14: Hans-Joachim Wensing, Die ökumenische Bedeutung des gregorianischen Singens. Untersuchungen zum Schaffen von Friedrich Buchholz (1999)

Band 15: Anton Thaler, Die gottesdienstliche Gemeinde hat Zukunft. Zur Theologie des Gottesdienstes (2000)

Verlag Friedrich Pustet D-93008 Regensburg